# 조상의 눈
## 아래에서

## 조상의 눈 아래에서

2018년 11월 27일 제1판 1쇄 발행
2019년 12월 23일 제1판 2쇄 발행

지은이    마르티나 도이힐러
옮긴이    김우영, 문옥표
펴낸이    이재민, 김상미

편집      정진라
디자인    달뜸창작실, 정희정

종이      다올페이퍼
인쇄      천일문화사
제본      국일문화사

펴낸곳    너머북스
주소      서울시 서대문구 증가로20길 3-12
전화      02) 335-3366, 336-5131 팩스 02) 335-5848
홈페이지   www.nermerbooks.com
등록번호   제313-2007-232호

ISBN 978-89-94606-54-5 93910

너머북스와 너머학교는 좋은 서가와 학교를 꿈꾸는 출판사입니다.

• 이 책은 2016년 한국학중앙연구원 번역연구과제로 수행된 연구임. (AKSR2016-T04)

# 조상의 눈 아래에서

한국의 친족, 신분
그리고 지역성

**마르티나 도이힐러** 지음

**김우영, 문옥표** 옮김

너머북스

제게 평생 가르침을 주신 분들께

이 책을 바칩니다.

# 차례

# 2부 | 지방의 재구성

# 3부 | 유학: 학문과 실천

# 4부 | 분열과 결속

# 5부 | 변화하는 세상에서 살아남기

## 지도와 그림

### 지도

### 그림

# 머리말

나는 *The Confucian Transformation of Korea*(1992)[이 책은 2003년에 아카넷에서 『한국사회의 유교적 변환』이라는 제목으로 출간되었고, 2013년에 너머북스에서 『한국의 유교화 과정』이라는 제목으로 재간되었다]를 마무리하자마자, 본서를 구상하기 시작했다. 나의 전작은 유교의 규범과 가치가 조선(1392~1910)의 전반기를 거치는 동안 한국 고유의 양계적 사회를 어떻게 변용시켰는지를 탐구했다. 하지만 이 새로운 연구에서 나는 '친족의 규정들'을 상세하게 설명하는 작업으로부터, '친족의 사회적 용법'을 고찰하는 작업으로 연구방향을 바꾸었다.[1] 이런 시각의 변화와 더불어 시간적 틀도 확대하여, 나는 이 책에서 출계집단이 신라 초부터 19세기 말에 이르기까지 시공을 가로지르며 어떤 식으로 기능하고 변모했는지를 중점적으로 살펴볼 것이다. 근자에 저명한 출계집단들이 상당히 풍부한 양의 1차 사료를 공개한 덕분에, 나는 자연히 조선시대에 유교에서 영감을 얻어 이루어진 종족제도의 발달과 성숙―예전에는 개략적으로만 논의한 주제―에 초점을 두게 되었다. 기존의 연구에 바탕을 두기에 부분적인 내용상의 중복은 불가피하지만, 본인의 논저를 인용하는 횟수는 최소화하고자 노력했음을 밝혀둔다.

사회사는 모든 역사 분야 가운데 가장 어렵고 벅찬 것이다. 한국사회의 기본단위인 출계집단의 성격을 규명하자면, 여러 수준에서 연구를 동시에 진행해야 했고, 지성사와 정치사, 경제사, 문화사를 그 집단에 대한 내러티브에 엮어 넣어야만 했다. 연구의 초점은 출계집단이지만, 여러 대에 걸쳐 역사의 수레바퀴를 굴린 것은 각 출계집단을 대표하여 행동한 개인들이었다. 그래서 나는 너무 많은 이름으로 독자들을 질리게 할 위험을 무릅쓰고, 모든 주요 행위자에 관한 간략한 전기적 정보를 제공함으로써 그들이 도대체 어떤 인물인지를 알리고자 했다. 그리고 핵심적인 인물들의 이름 앞에는 꺾쇠괄호를 치고 그 안에 본관을 기입함으로써(예컨대 [의성] 김성일), 부록 B에 수록된 각 출계집단의 세계도에서 그들을 찾아내기 쉽게 했다.

이 책은 다양한 준비단계를 거쳤다. 나의 새로운 접근법을 처음으로 소개할 기회가 찾아온 것은 1995년 3월에 하버드대에서 에드윈 O. 라이샤워 강좌를 맡는 영광을 누렸을 때였다. "전통 한국사회의 형성과 계급·신분·성 *gender*: 동아시아적 시각"이라는 제목의 세 차례 강좌에서, 나는 조선왕조의 엘리트층인 양반의 구성에 신분과 성이 어떤 역할을 했는지에 중점을 두고 새로운 연구과제를 설명했다. 두 번째 강좌에서는 한국의 노비제에 대해 논했다. 하버드대 출판부는 고맙게도 정해진 기일 내에 강좌를 책으로 출간해야 할 나의 의무를 면제해주었다. 언젠가는 좀 더 완벽한 버전이 모노그래프의 형식으로 제출되리라고 믿었던 모양이다. 나는 본 연구서가 이 요구와 기대에 부응할 수 있기를 바란다.

나는 여러 해 동안 유럽과 미국, 한국에서 많은 강의를 하면서 생각을 가다듬을 수 있었다. 2004년 가을에는 한국학중앙연구원의 초청을 받아 한국사회에 관한 일련의 강의를 했는데, 이때 박학한 한국인 동료들이 제시한 의견에서 큰 도움을 얻었다. 또한 그동안 성균관대와 고려대에서 열성적인 청중을 상대로 수차례 발표를 했다. 나는 특히 2007년 10월에 조사차 규장각에 머무는 동안, 또 2008~2009년에 서강대에서 1년 동안 강의를 맡았을 때, 서울대의 동료들과 많은 의견을 교환하는 유익한 시간을 가졌다. 한편 하버드대 한국학연구소의 초대를 받아 내 작업의 이모저모에 관해 발표한 적도 여러 번 있었다. 지난 40여 년 동안 규장각(서울대)과 국립중앙도서관(서울), 하버드-옌칭 도서관에 머물면서 자료를 뒤지던 숱한 장면을 떠올리노라면 고마운 마음이 절로 샘솟는바, 이 세 곳에서 나는 도서관 직원들로부터 이루 헤아릴 수 없이 많은 도움을 받았다. 나는 또한 현장조사차 안동과 남원을 수차례 방문했던 기억도 소중하게 간직하고 있다. 덕분에 이 책에서 기술하고자 노력했던 사회문화와 의례를 현지에서 목격하고 그 의미를 검토할 수 있었다. 안동에서는 고故 서주석 선생의 안내를 받으며 곳곳을 둘러보는 특혜를 누렸는데, 그는 내게 희귀한 지방의 사료 일부도 제공해주었다. 게다가 나는 안동대와 한국국학진흥원에 있는 동료들을 알게 되는 기쁨도 만끽했다. 남원에서는 나를 인도하고 격려해준 고 송준호 교수의 덕을 톡톡히 보았다. 그는 자신이 소장한 귀중한 서적과 문서 들을 이용할 수 있게 해주고, 난해한 원전의 해독을 참을성 있게 도와주었다. 전북향토문화연구회(전주)의 안태석 선생, 양만정 선생(두 분 다 돌아가셨다)과 함께한 시간도 잊지 못할 것이다. 남원에서 가장 저명한 축에 속하는 두 출계집단을 대표하는 이 분들은 양반 문화의 물질적·정신적 측면에 대한 귀한 통찰을 내게 제공했다.

한국과 서양에서 활동하는 많은 학자의 광범위한 연구가 없었다면, 이 책처럼 한국사회를 포괄적으로 조망하려고 시도하는 작업 자체가 불가능했을 것이다. 나는 당연히 이 모든 학자에게 크나큰 빚을 지고 있지만, 다음 분들(가나다순)이 오랜 기간에 걸쳐 내게 베풀어준 아낌없는 격려와 가르침, 성원에 특별히 감사를 표하고 싶다. 그들은 고영진(광주대), 고혜령(국사편찬위원회), 김건태(서울대), 김광억(서울대), 김문택(서울역사박물관), 김미영(한국국학진흥원), 김선주(하버드대), 김언종(고려대), 김학수(한국학중앙연구원, 이하 한중연), 존. B. 던컨(UCLA), 게리 레드야드(컬럼비아대), 문숙자(국사편찬위원회), 문옥표(한중연), 박병호(서울대/한중연), 백승종, 피터 K. 볼(하버드대), 벤저민 A. 엘먼(UCLA/프린스턴대), 제임스 L. 왓슨(하버드대), 유영익(연세대) 이광규(서울대), 이성무(한중연), 이수건(영남대), 이수환(영남대), 이영춘(국사편찬위원회), 이영훈(서울대), 이태진(서울대), 이해준(공주대), 이호철(경북대), 이훈상(동아대), 이희재(광주대), 전경목(한중연), 전성호(한중연), 정구복(한중연), 정두희(서강대), 정만조(국민대), 정순우(한중연), 정진영(안동대), 최승희(서울대), 최진옥(한중연), 마이클 칼튼(워싱턴대), 마이런 L. 코언(컬럼비아대), 한영우(서울대), 허흥식(한중연), 황경문(USC)이다. 또한 오랫동안 벗이자 동료로 지내왔지만 애석하게도 이제는 이 세상에 없는 에드워드 W. 와그너(하버드대), 윌리엄 E. 스킬런드(SOAS, 런던대), 김자현(컬럼비아대), 제임스 B. 팔레(워싱턴대), 후지야가와시마(볼링그린 주립대)와의 활발하고 생산적인 토론을 기억하면서, 이들에게도 고마운 마음을 전하고 싶다.

원고의 전체 또는 일부를 읽고 조언을 해준 권헌익(케임브리지대), 피터 코르니키(케임브리지대), 존 B. 던컨, 로럴 켄달(미국 자연사박물관), 그리고 아시아센터를 위해 원고를 검토해준 익명의 독자 1명에게도 큰 신세를 졌다. 이 분들께 깊이 감사드린다. 김광억은 자신이 찍은 사진 2장을 본서에 전재하게 해주었고, 발레리 줄레조(프랑스 사회과학고등연구원)는 친절하게 조선시대 한국의 지도를 제공해주었다. 산드라 L. 마티엘리는 편집에 관한 조언을 해주었고, 셈 베르메르쉬(서울대)는 내가 필요로 하는 자료들을 어김없이 보내주었다. 정보기술 관련 문제를 확실하게 해결해준 스테판 도이힐러에게도 감사하고 싶다. 전문가의 능력을 유감없이 발휘하며 끈기 있게 도와준 본서의 편집자 데보라 델 가이스(하버드대 아시아센터)와 모라 하이에게도 특별히 고마운 마음을 전한다. 물론 미처 발견되지 않고 남아 있을지도 모르는 실수나 잘못된 해석은 전적으로 나의 책임이다.

마지막으로 넓은 의미의 시댁 식구들, 특히 조익호 씨와 조형준 씨(서울)께도 진심어린 감사를 드리는 바이다. 이들은 내가 혹은 오래, 혹은 잠시 한국에 체류한 그 많은 시간 동안 편안하게 지낼 수 있도록 배려해주었을 뿐만 아니라, 경상북도에 있는 그들의 고향 집에 자주 방문하는 것을 흔쾌히 수락하고 기꺼이 도와주었는데, 덕분에 나는 뒤늦게나마 한때 한 상류층 가족에 의해 영위되었던 전통적인 생활─근대세계의 압력 속에서 급속히 사라지고 있는 생활방식─을 목격할 수 있었다.

# 친족, 신분, 지역성

**조선시대 한국의 지도(발레리 줄레조 제공)**

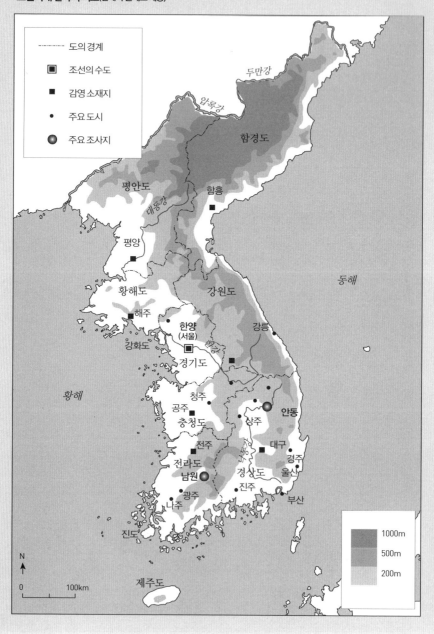

도의 경계
조선의 수도
감영 소재지
주요 도시
주요 조사지

두만강
압록강
함경도
평안도
함흥
평양
대동강
황해도
강원도
동해
해주
한양
(서울)
강릉
강화도
경기도
황해
청주
공주
충청도
상주
안동
전주
대구
전라도
경주
남원
경상도
울산
광주
진주
나주
부산
진도

N
0    100km

제주도

1000m
500m
200m

한국의 전통사회가 유력한 상류층에 의해 지배되었다는 사실은 오랫동안 인정되어왔다. 지난 수십 년 동안 이 계층의 성격을 명료하게 규정하려는 연구가 집중적으로 이루어졌고, 그 결과 다종다양한 해석이 제시되었다. 대부분의 역사가는 주로 정치적이고 제도적인 요인들에 주목했고, 거의 전적으로 중앙의 관료사회(와 중앙에서 간행된 문서들)에 초점을 맞추어, 과거 급제와 관직 임용, 또는 신분상의 특권이라는 측면에서 지배 엘리트층의 정체성을 설명했다. 하지만 특정 시대에 사용된 용어들의 분석에 의존하는 이런 기능적 접근은 왕조사의 한정된 기간에만 적용될 수 있다. 다른 역사가들은 경제적 부, 예컨대 토지나 노비의 보유에 근거하여 엘리트의 신분을 규명하고자 했다. 그리고 소수의 연구자는 지배 권력의 사회적 기반을 면밀하게 검토했는데, 이들은 종종 그 기반을 '계층 분석'이나 상이한 사회집단들 사이의 상충하는 이해와 연결시켜 논의했다.[1] 한편 인류학자들은 엘리트 마을(반촌班村)에 대해 꽤 많은 연구결과를 내놓았지만, 오늘날의 상태에서 관찰되는 현상들이 수세기에 걸쳐 형성되고 변화된 구조와 조직이라는 사실은 거의 고려하지 않았고, 마을의 발달을 국가라는 더 큰 이슈와 결부시키려는 노력도 소홀히 했다. 이상의 역사적이고 인류학적인 연구들은 귀중하기는 하지만, 지배층을 제한된 구조적·기능적 범주와 협소한 시간과 공간의 축에 가두어 놓고 서술한다. 이런 까닭에 세월의 경과에 따른 엘리트층의 형성과 변모, 그리고 왕조의 경계를 가로지르는 역사적 과정과 발전에 대한 그들의 반응과 같은 문제는 거의 다루어지지 않았다.

이 엘리트층은 동질성과 연속성을 견지했나, 아니면 왕조가 바뀔 때마다 스스로를 새롭게 재구성해야 했나? 어떻게 자신들의 정체성을 구축하고, 지배권에 대한 주장을 정당화했나? 어떤 식으로 자신들과 타 집단 사이의 경계를 긋고 유지했나? 문화와 권력의 밀접한 관계는 엘리트의 형성에 어떤 역할을 했나? 국가에 대한 그들의 입장은 어떠했나? 이상이 역사학자들이 지금까지 거의 다루지 않은 친족의 연구를 통해 이 책에서 답하고자 하는 문제들의 일부이다.

본서는 친족을 엘리트 형성의 구성 원리로 삼아, 신라 초기(4~5세기)부터 조선 후기(18~19세기)에 이르기까지 엘리트층이 어떤 문화적·정치적 환경 속에서 변화했는지 밝히고자 한다. 공동의 출계와 조상의 위신에 대한 의식이 친족을 결속시켜 내구성이 강한 사회적 구조와 네트워크를 만들어냈고, 이를 통해 친족의 성원들이 정치적·경제적 목적을 추구했다는 것이 필자의 주장이다. 따라서 이 연구는 사회적으로 통제되고 합법화된 위계와 지배의 패턴이 한국의 전통적인 정치적·경제적·문화적 제도들의 성격과 작동 방식을 규정했다고 간주한다. 다른 무엇보다도 친족 이데올로기가 왕조의 경계를 뛰어넘어 지속적으로 강조되고 활용된 것 자체가 한국의 역사적 경험을 좌우한 결정적인 요인이었다.

귀족, 양반, 세족世族, 사족士族 등 그 어떤 이름으로 불리든, 엘리트층은 스스로를 출계집단出系集團(족族, *descent group*)에 의거하여 정의했는데, 이 집단은 양계적으로, 다시 말해 부계와 모계 모두를 통해 출생과 출계의 기원을 찾았다. 성취적 속성보다는 귀속적 속성을 자랑스러워하는 엘리트는 출계집단 모델에 뿌리를 둔 사회적 기준을 이용하여 국가와 사회에서 높은 지위를 차지했다. 실제로 신라시대부터 조선시대 후기까지 엘리트 사회의 주축을 이룸으로써 역사적으로 공인된 출계집단의 성원임을 입증하지 못하면, 엘리트 신분을 주장할 수도, 유지할 수도 없었다. 이 출계집단들은 영국의 귀족에 견줄 만한 강한 귀족적 특징을 지니고 있었다. 그들은 "부와 명예, 권력과 위신, 신분과 관직, 품계와 칭호, 조상 공경과 가문의 자부심"[2]을 중시했다. 하지만 그들이 불변의 집단은 아니었다. 오히려 정치적·경제적·이데올로기적 급변에 대처하여 끊임없이 진화하고 발달할 수 있었기 때문에, 장기간에 걸쳐 살아남을 수 있었다.

두 가지 중요한 역사적 사건이 이상과 같은 한국 고유의 사회정치적 구도에 심대한 영향을 미쳤고, 엘리트층의 자기 인식에 지울 수 없는 흔적을 남겼다. 첫째는 958년에 중국식 과거제도가 채택된 일이다. 경쟁에 기초한 인재 등용 제도의 도입은 귀속적 자격과 정치적 성취*achievement*의 관계에 대한 엘리트층의 생각을 바꿔놓았다. 두 번째는 약 450년 뒤에 이루어진 신유학의 도입이었다. 신유학에 의한 부계출계율의 보급 및 확대는 토착적 출계집단의 구조를 혁신했다. 비록 왕조의 교체 및 개혁에 긴밀하게 연결되어 있기는 하지만, 이 두 사건은 엘리트 출계집단이 변화된 사회정치적 환경에 대처하고 저항하고 적응하는 상이한 방식을 잘 보여준다. 또한 이런 도전에 대한 반응은 출계집단이 대단히 유연한 사회조직의 모델임을 예시한다. 이 집단은 엘리트의 정의에 필수불가결해 보이는 것, 즉 신분의 양계적 귀속*bilateral ascription*이라는 가장 중요한 전통은 지켜내면서도, 유교식 부계제라는 이데올로기적이고 구조적인 요소는 받아들임으로써 조선 후기의 변화하는 환경 속에서도 유서 깊은 지배권을 계속 주장할 수 있었다.

조선(1392~1910)은 동아시아에서 신유학의 원칙에 근거하여 창건된 유일한 왕조였다. 게다가 신유학은 한국에 여러모로 기여했다. 왕조의 초기부터 국가 이데올로기를 제공했고, 한국의 사상에 신선한 충격을 가했으며, 토착 친족집단의 구조적 원리를 개조했다. 고려-조선 교체기의 엘리트 사회가 고유의 양계제에서 유교적 부계제로 이행하는 역사적 과정이 전작[3]의 주제였다면, 이 책은 16세기 중반 이후 출계집단의 구조를 '합리화'하는 설득력 있는 모델을 제공했던 종족제도宗族制度, *lineage system*의 출현과 발달에 영향을 미친 사회적·정치적·경제적·이데올로기적 배경을 고찰하는 데 주력할 것이다. 물론 친족조직을 구조적으로 변화시키는 계기를 마련한 것은 조선의 건국 무렵에 일어난 정치적이고 지적인 발전이었다. 그런데 그로부터 약 200년이 지난 뒤에 종족이 지방에서 처음 생겨나 자리를 잡게 된 이유는 무엇이었을까? 유교식 부계제가 농촌이라는 환경에서 엘리트 집단을 조직하는 매력적인 모델이 된 이유는 무엇이었을까? 이런 질문들 및 관련된 질문들에 대한 답은 엘리트와 국가의 관계와 밀접하게 결부되어 있는 만큼, 이 책은 이 문제를 중앙과 지방, 다시 말해 수도에서 부상하여 지배력을 행사하던 소수의 저명한 출계집단과, 수적으로는 우세하지만 점차 정치적으로 소외당한 농촌 엘리트층 사이의 관계라는 틀 안에서 논의하고자 한다. 과거에 급제하여 중앙 관직에 임용되기를 기대하기가 사실상 어려워지고, 국가와 사회의 사이가 멀어지기 시작했을 때, 재지 엘리트층은 어떻게 신분을 유지할 수 있었을까?

의식적인 문화적 동화작용의 산물이라 할 수 있는 한국 종족의 기원은 아직까지 제대로 이해되지 않고 있다. 또한 종족이 조선에서 핵심적인 사회적·정치적·경제적 힘을 발휘한 중요한 집단이라는 사실도 과소평가되고 있다. 종족의 형성*lineage building*은 지방화된 엘리트*localized elite*가 심혈을 기울여 구상한 "차별화 전략"[4]으로, 국가에 맞서 자신들의 입지를 다지는 동시에 향촌에서 자신들의 신분을 유지하는 수단이었다. 다시 말해서 토지를 보유한 엘리트들은 설령 과거에 낙방해 벼슬살이를 못 하더라도, 정성이 깃든 복잡한 과정의 조상 숭배를 통해 결속을 강화하는 남계친 집단의 전폭적인 지원 덕분에 본인들의 사회적 위세와 정체성을 상실하지 않았다. 이와 동시에 학문적 명성과 광범위한 지적 네트워크의 구축도 그들을 국가에 대한 종속적 지위에서 어느 정도 해방시켜주었다. 게다가 학문적 권위는 유교를 표방하는 국가에 유교적 명분으로 맞서는 발판으로, 출사에 뒤지지 않는 신분 유지책이었다는 것이 필자의 생각이다.

조선시대에 출현한 종족은 남계친의 단순한 집합체 이상의 존재였다. 조상의 위신에 힘입어 사회적으로 인정받은 유력 종족의 성원권은 토지를 보유한 엘리트층이 국가에 대항하여, 그리고 '아래'로부터의 온갖 도전에 맞서 자신들의 특혜를 집요하게 지켜낼 수 있게 해준 일종의 사회적 우월권이었다.

    엘리트층이 각종 경제적·문화적·학문적 특권을 포함하는 지배권을 주장한 근거는 엘리트와 비엘리트를 구분하는 고도로 발달된 위계적 범주였다. 비엘리트의 대다수는 양인 또는 양민이라 불리던 평민이었다. 실제로 빈번하게 언급되던 '귀천貴賤'이라는 이분법적 용어는 단순한 수사적 도구가 아니었다. 귀천의 대비는 엘리트층을 나머지 사회 구성원들의 반대편에 위치시키는 엄격한 위계적 질서를 표현했다. 엘리트층은 그 질서가 '자연스러운' 것이므로 국가와 사회의 존속과 융성을 위해 반드시 지켜져야 한다고 믿었다. 귀천과 그 동의어인 '존비尊卑' 같은 '대립항'은 특수한 행정용어가 아니었다. 그것은 두 범주에 속하는 사람들 사이의 "항구적 불평등"(찰스 틸리의 표현이다)을 의미했고, 결과적으로 배제와 통제의 체제를 수립했다.[5]

    이런 식의 개념 정립에 근거하여, 조선 초기의 입법자들은 '정명正名'과 '정분正分' 같은 고래의 관념들을 자주 들먹이면서 '거대한 제방'(대방大防)이 '귀인'과 '천인'을 영원히 갈라놓아야만 사회질서가 확립된다는 명분을 정당화했다.[6] 이런 구분을 현실화한 방법은 무엇이었을까? '어떤 출계집단에 속하는지'를 따져, 다시 말해 족속族屬[7]에 의거하여 신분을 확실하게 밝히는 것이었다. 비엘리트가 엘리트와 구별되었던 점은 무엇보다도 조상의 위신이 없다는 것이었다. 엘리트층만이 영속적인 출계집단(족)에 기초하여 친족을 조직할 수 있었다. 반면에 평민에게는 내세울 만한 문지門地가 없었다. 그들에게 '출계'란 기껏해야 두 세대 정도 거슬러 올라가는 '계통'이나 '세계世系'를 뜻할 따름이었다. 따라서 평민이 인지할 수 있는 친족의 범위는 제한적이었다.[8] 신분은 사회적 자격요건에 의해 양분되는 것으로 간주되었고, 이는 전통적인 한국에서 신분의 차별에 가장 큰 영향을 미친 것은 사회적 요인이었다는 명제를 뒷받침한다.

사회적 신분은 국가에 의무적으로 바쳐야만 했던 부역과 군역 같은 역役의 성격과 범위를 결정했다. 엘리트와 비엘리트는 공히 그런 의무를 져야 했지만, 그들의 상이한 직역職役에 따라 그 의무를 부담하는 정도는 달랐다. 실제로 그런 의무의 차별적 적용을 통해 제도적인 불평등이 장기화되었는데, 특히 부역과 군역은 불평등의 온상이었다. 출생과 출계 덕분에 지배계층의 일원이 된 양반(여기서는 엘리트층을 가리키는 일반용어로 사용된다)은 부역과 정규군 복무를 면제받았고, 기껏해야 수도의 친위군에 편입되어 군무에 종사하는 정도였다. 이에 반해 대다수가 농사를 짓던 평민은 16세에서 60세 사이의 건강한 남성에게 부과되는 국역國役(부역과 군역)을 감당해야 했다. 게다가 토지를 경작하여 주요 세목인 곡류와 직물을 생산함으로써 국가를 경제적으로 부양했다. 요컨대 평민은 세습적인 '용역 제공 계층'이었다.

사회적 자격요건을 갖추지 못한 평민은 문화적으로 갖가지 불이익을 당했는데, 이런 불이익은 양반과의 불평등한 관계를 단적으로 보여준다. 교육을 받기가 어려웠을 뿐 아니라 적절한 사회적 요건을 충족시킬 수도 없었기 때문에, 그들은 사실상(법적으로는 아니라 하더라도) 과거에서 배제되었다.[9] 조선 초기에 왕은 '귀인'과 '천인'의 차별을 정책의 우선순위로 삼아야 한다는 진언을 들었다. "예로부터 용인用人은 재주만 보고 하는 것이 아니었사옵니다. 마땅히 [후보자의] 가계家系와 출신부터 살펴보셔야 하옵니다."[10] 이런 정책은 평민을 정치에 참여하지 못하게 만든 유효한 수단이었다. 법적이고 의례적이고 훈육적인 여러 규정이 평민의 낮은 지위를 실질적으로, 또 상징적으로 강조했다. 예를 들어 평민에게는 양반과 구분되는 복장, 간소한 의례, 양반에 대한 공손한 언행이 강요되었다. 따라서 양반이 평민 여성을 첩으로 삼는 경우를 제외하고는, 평민과 양반 사이의 결혼이 사회적 금기였다는 사실은 그리 놀랄 일도 아니다.

귀와 천이 사회 전체를 양분하는 거대한 제방을 뜻했다면, '양良'과 '천賤'이라는 대립항은 평민과 노비 사이의 불평등을 확립하는 두 번째 경계선이었다. 천이라는 동일한 한자가 들어가 있기는 하지만, 두 대립항에서 그 단어는 다른 의미로 사용되었다.[11] 양천은 혈관에 천한 피가 흐르지 않는 평민, 즉 '양인'을 노비, 즉 '천인'과 대비시키는 용어였다. 하지만 '순수성'을 기준으로 노비를 사회적 위계구조의 밑바닥에 자리매김하는 이 범주적 구분은 그리 확실한 경계는 아니었고, 때로는 국가와 엘리트의 이해에 따라 의도적으로 조정되었다.

한국의 노비는 적어도 두 가지 이유에서 독특했다.[12] 중국을 제외한 대부분 지역의 노비와 달리 한국의 노비는 주인과 다른 인종이 아니었다. 더욱이 그들은 1500년 무렵 900만 정도이던 총인구의 40퍼센트쯤을 차지하고 있었다.[13] 한국 노비제의 유래는 확실하지 않다. 전설상의 왕인 기자箕子의 법령에 따라 남의 물건을 훔친 자를 노비로 만든 것이 그 기원이라는 주장이 간혹 제기되기는 하지만,[14] 노비제는 신라와 고려의 통일전쟁 기간에 전쟁포로들을 노비로 삼으면서 대규모로 시작되었을 가능성이 크다.[15] 조선 초기에 이르면, 강제노동이 형벌의 한 형태이고 그 역사가 유구하며 한국의 신분구별에 기여한 바가 크다는 인식이 널리 퍼졌다.

공적 영역과 사적 영역에 특별히 배정되었던 탓에, 노비들은 부역과 군역을 면제받았다.[16] 공노비는 수도 안팎의 관청과 작업장에서 일했고, 사노비는 토지 못지않은 엘리트의 소중한 재산으로 엘리트의 신분을 상징하는 결정적인 요소였다. 엘리트 역사의 영원한 동반자였던 남녀 노비는 그야말로 엘리트의 '수족'이나 다름없었고, 집안 구석구석과 논밭을 누비며 부지런히 일했으며, 그 결과 평민보다 훨씬 두드러진 존재로 한층 상세하게 역사에 기록되고 있다.

노비는 사회적으로 엘리트의 정반대편에 있는 존재로 인식되었고, '친척도 없는' 그들에게는 영속적인 출계집단의 개념이 적용되지 않았다.[17] 노비를 다룬 최초의 법적 증거인 1039년의 법규는 "천한 자는 어머니를 따른다"[18]라고 말하고 있다. 이 법에 대한 구체적인 설명이나 이 법의 실질적인 적용 사례가 역사 문서에 기록되어 있지 않기 때문에,[19] 그 해석을 둘러싸고 상당한 논란이 있었다. 그 조문은 신분의 귀속에 관한 규정인가, 아니면 천한 어머니의 자녀는 노비 소유주의 재산이 된다는 규정인가? 고려의 세습적인 신분 구분을 감안할 때, 틀림없이 전자였을 것이다. 따라서 이 법조문은 "천한 자녀는 아버지의 신분과 상관없이 어머니의 신분을 물려받는다"라고 해석되어야 한다. 아이의 아버지가 누구인지 알 수 있는 경우가 드물었기 때문에, 법은 쉽게 확인할 수 있는 모자관계를 참작했던 것이다. 이 '친모 귀속적 규정*matrifilial rule*'[20]에 따라 아이는 어머니로부터 천한 신분을 물려받았다. 그 아이가 노비 소유주의 재산이 된 것은 이차적이기는 하지만 덜 중요한 결과는 아니었다.[21] 조선 초기의 입법자들은 1039년의 법을 이런 뜻으로 풀이했고, 사실상 그 법을 천한 신분의 세습적 대물림을 뒷받침하는 근거로 삼았

다.[22)]

　'불완전한' 인간인 노비는 성姓도 없었고, 주로 비인간적이고 경멸적인 뜻이 담긴 우리말 이름(한자가 들어가지 않은)으로 불렸을 따름이다. 조상이나 방계친의 존재를 인정받지 못했던[23)] 노비는 함부로 다루어졌고, 상속과 매매, 증여와 저당이 가능한 일종의 재산으로 취급되었다. 하지만 놀랍게도 이런 제약이 노비가 토지나 노비를 소유하는 것을 막지는 못했는데, 이는 노비란 "본질적으로 재산이 없는 사람"이라는 통념을 뒤엎는 사실이다.[24)] 이런 실상은 한국의 경우 노비의 신분에 대한 정의와 물적 소유권이 맞물려 있지 않았던 까닭에, 노비라는 지위와 토지의 보유가 원칙적으로 양립 불가능하지 않았다는 점을 입증한다.

　양인과 천인의 역할이 달랐으므로, 국가는 양천 사이의 경계를 유지해야 했고, 이를 위해 평민층과의 결합을 통해 천인의 낙인에서 벗어나려는 노비들의 시도를 봉쇄할 법적 조치를 취할 필요가 있었다. 평민과 노비의 교혼交婚은 국가적 차원에서 바람직하지 않은 일이었기에, 고려시대부터 금지되었다.[25)] 그렇지만 고려 말기의 불안정한 사회적 상황 속에서 평민과 노비의 교혼이 흔해지면서, 천인의 신분 상승을 저지하려는 천자수모법賤者隨母法의 취지가 무색해졌다. 여기에 맞서 고려 말기의 지배층은 수모법을 새롭게 확대 해석하여 부모 가운데 한 명이라도 천인이면 그 자식도 천인이라는 원리(일천즉천一賤則賤의 원리)를 내세웠고,[26)] 부유층은 이에 편승하여 가난한 농민 여성과 자신이 소유한 노비를 강제로 결합시켜 그 자녀를 노비로 삼음으로써 자신들의 가용 노동력을 늘렸다.[27)]

　따라서 조선의 창건자들은 노비를 보유하려는 엘리트층의 이해를 침해하지 않는 동시에 평민과 노비 사이의 균형을 잡을 새로운 방안을 모색해야 하는 엄청난 도전에 직면했다. 불법적인 양천교혼에서 비롯된 인구의 불균형을 시정하기 위해, 수십 년 동안 논쟁이 벌어지고 여러 경세책經世策이 시행되었다. 이런 과정을 거친 끝에 1485년에 『경국대전經國大典』이 반포되지만, 이 법전은 이미 관행으로 굳은 일천즉천의 원리를 되풀이했을 따름이다.[28] 양천교혼의 전면적 금지는 사실상 시행이 불가능하다는 점을 암묵적으로 인정함으로써, 이 포괄적인 법은 노비의 신분이 상승할 여지는 효과적으로 차단했지만, 평민이 천인으로 전락하는 사태는 막지 못했다. 16세기 중엽의 한 문신이 냉정하게 지적했듯이, 그 법은 노비 소유주의 입장에서 공익보다는 사익을 중시한 권신들의 이해를 반영한 것이었다.[29]

요컨대 고려—조선 사회의 특징이었던 엘리트층과 노비들 사이의 불평등(사노비 제도의 전성기는 15세기와 16세기였다)은 수많은 모순과 양면성을 내포하고 있었다. 이런 문제는 의심의 여지없이 양반과 노비의 신분이 하나같이 사회적으로 구성되었다는 사실에서 비롯되었다. 노비제가 시작된 이래, 노비의 천한 신분은 특수한 직업과는 무관한 사회적 범주로 인지되었다.[30] 그후 일부 유학자가 도덕적 설명을 보탰다. "기氣가 혼탁하고 천성이 우둔한 탓에" 노비는 도덕적으로 열등한, 따라서 강제적인 천한 노동에 어울리는 존재라는 것이었다.[31] 최소한의 인간성마저 박탈당하지는 않았지만, 노비는 뼈빠지게 일해서 엘리트 사회를 부양하면서도 국외자라는 오명을 벗지 못하는 모순적인 삶을 영위했다. 그런데 이런 비정상적인 현상에 대해 영속적인 노비제의 최대 수혜자였던 노비 소유주들의 성찰은 전무하다시피 했다.

사회적·정치적 헤게모니에 관한 엘리트층의 강경하고 집요한 주장은 사회의 많은 구성원, 특히 평민과 노비를 소외시켰다. 그러나 양반이 강압적으로 실현한 차별적 사회구도하에서 울분을 삼키던 두 집단이 더 있었으니, 바로 서자庶子 또는 서얼庶孼과 향리鄕吏였다. 황경문은 이들을 "부차적 신분 집단"이라고 적절하게 명명했다.[32] 그들의 소외는 조선의 개국 초기에 일어난 사회정치적 변화의 결과로, 왕조가 끝날 때까지 양반을 괴롭힌 골치 아픈 사회적·문화적 문제들을 야기했다.

이 책의 중후반부에서 집중적으로 논의될 향리는 수도에서 벼슬을 하던 친척과 동일한 조상의 후손인 경우가 많았고, 고려시대 내내 지방의 행정실무를 처리하던 주요 관리로서 자신이 나고 자란 공동체를 지배하던 엘리트 층에 속했다. 하지만 그들은 조선 초기에 지방을 중앙정부의 권위에 복속시키려는 왕조 창건자들의 일관된 노력에 희생당했다. 새 왕조의 주된 반대세력이라는 의혹을 받았기에, 그들은 향리를 억압하는 다양한 정책의 제물이 되어 예전의 유력한 지위를 박탈당했고, 유향소留鄕所와 지방관아의 하급관리로 녹봉도 없이 대대로 향역鄕役을 충실히 이행할 것을 강요당했다. 제도적으로 지방의 행정실무에 얽매이기는 했지만, 향리가 과거에서 완전히 배제되지는 않았고, 드물게 진사시進士試나 생원시生員試에 입격한 자들은 향역을 면제받았다.[33]

그럼에도 조선 향리의 대부분은 뚜렷한 신분 하락의 고통 속에서 "국가와 사회를 좀먹는다"라는 비난까지 감수해야 했다. 그런 격하의 상징으로 그들은 특수한 복장을 착용해야 했는데, 그중에서도 삿갓 모양의 모자는 "그들이 하늘을 볼 수 없을 정도"로 챙이 대단히 넓었다. 명백한 징벌적 조치로 착용되기 시작된 '흑죽방립黑竹方笠'은 조선 초기에 모든 향리의 복식으로 명문화되었다.[34] 또 하나의 굴욕적인 입법은 향리들은 관행적인 삼년상 대신에 백일상만 치르도록 규정한 것이었는데,[35] 이는 "황제로부터 평민에 이르기까지 널리 통용되는 관행"으로부터 자신들만 배제시키는 것이라는 향리들의 불만을 샀다. 조선 초기부터 향리는 법적으로나 의례적으로나 양반층과 구분되었고, 경멸받는 수치스러운 지위로 전락했다. 하지만 그들의 구겨진 자존심은 결국 왕조의 말기에 이르러 본인들의 정당한 지위를 되찾아 양반과 어깨를 나란히 하겠다고 결의하는 계기가 되었다.

향리가 조선 초기에 정권을 장악한 엘리트층이 자신들의 지배력을 중앙에서 지방으로 확대하려 할 때 '문제'가 된 집단이었다면, 서얼 문제는 고려시대에서 선례를 찾을 수 없는 전적으로 새로운 현상이었다. 서얼 문제는 엘리트 친족집단의 구조를 합리화하고 나아가 관직 진출의 통로를 좁히기 위해 도입된 부계친 개념으로 인해 처음 불거진 것이었다. 이 새로운 구도하에서는 한 명의 부인만이 대를 잇는 후계자를 낳을 수 있었기 때문에, 고려 말기에 엘리트 남성이 거느렸던 것으로 보이는 다수의 배우자는 1413년에 제정된 중혼금지법에 저촉되었다. 엘리트의 신분은 여전히 양계적으로 귀속되었으므로, 그 신분을 자녀에게 물려줄 수 있는 처妻, *primary wife*로 선택되기 위해서는 흠결 없는 출신 성분이 필수적인 조건이었고, 결과적으로 첩妾과 그 자녀는 부차적인 지위로 전락했다. 이후 귀천의 교합이 불가하다는 원칙에도 첩이 된 여성은 양인이나 노비 출신이었다(전자는 양첩良妾, 후자는 비첩婢妾이라고 불렸다). 부친의 출계집단 내에서 아들의 정통성은 어머니의 사회적 배경에 달려 있었으므로,[36] 엘리트 출계집단은 적통嫡統과 서통庶統으로 양분되었다. 그리고 이런 차별은 세습적으로 이어져 서얼들에게 '적자가 아니라는' 굴욕적인 멍에를 씌웠고, 법과 관행으로 고착되어 그들을 집안의 대소사나 공적 영역에서 거의 배제시켰다.[37]

서얼은 사회적, 정치적, 의례적으로 차별되었다. 법적으로 소과(생원과와 진사과)와 대과(문과)에 응시할 수 없었고,[38] 부친이 고위직에 있을 경우 예외적으로 관직을 얻을 수 있었지만, 한품서용限品敍用의 규정에 따라 일정 수준 이상의 품계에는 임용될 수 없었다. 특별히 유능한 서자에게는 잡과 응시가 허용되었는데, 이 시험에 합격하면 중인이라 불리던 계층에 합류할 수 있었다.[39] 중인은 1600년 무렵부터 등장한 기술직 종사자들로, 서울의 중심가에 거주했다. 다른 서자들에게는 보충군 복무가 대안이었다. 이처럼 정치적 영역에서는 간헐적으로 절충안이 용인되기도 했지만, 출계집단의 사회적 재생산에 영향을 미치는 예법에 관한 한 융통성이 거의 없었다. 본처 소생의 아들이 없을 경우에 서자가 아버지의 대를 이을 수 있느냐 하는 골치 아픈 문제는 조선의 건국 이래 100년 동안 끊임없이 논의되었지만, 『경국대전』에서도 말끔하게 해결되지 않았다. 여론과 법 사이의 괴리는 특히 경제적 함의 때문에 무수한 논쟁을 낳았다. 서자가 종손/승중자承重者가 되면 그의 상속지분이 늘어났기 때문이다. 그렇지만 16세기 중반에 이르면 서자는 '출신이 천하다'는 이유로 사실상 출계집단의 관심 밖으로 밀려났다. 적자가 없는 종자宗子는 친동생이나 사촌동생의 적자를 입양하여 자신의 후사로 삼았다. 이런 풍조는 1543년의 『대전후속록』에 확실하게 반영되어, 서자는 더 이상 가문의 대를 잇거나 조상의 제사를 받들 후보자로 거론되지 않았다.[40]

이런 식으로 법은 서자들의 주변화를 공고히 했지만, 그들을 관직에서 배제한 것은 유교의 '용인' 원칙에 정면으로 배치되는 것이 아니었을까? 인구도 작은 나라가 어찌하여 차별적 관행에 의거하여 그들의 기회를 박탈하는 여유를 부렸을까? 실제로 중국식 '용인' 원칙과 한국 지배층의 고집스러운 사회적 차별 사이의 내재적 모순은 해결 불가능한 문제를 만들어냈다. 한 사람의 재능이 그에게 가해진 사회적 제약을 무효화할 수 있는 사유가 되는가라는 질문에 대한 관리들의 빈번한 격론이 벌어진 끝에, 서자들의 정치 참여를 막을 수 있는 확고한 경계를 유지하려던 엘리트층의 집착은 결국 법의 재정의로 이어졌다. 『경국대전』은 "서얼의 '자손'에게는 과거 응시를 허락하지 않는다"라고 명시했는데(따라서 서얼의 증손부터는 과거에 응시할 수 있었다), 1555년에 간행된 『경국대전주해』는 '자손'을 '자자손손'으로 확대 해석하여 서얼의 과거 응시를 전면적으로 금지했다.[41] 16세기 중엽에 이르면 집안의 대소사나 공적 영역에서 서자를 차별하는 관행이 한국사회의 영속적 특징으로 정착되었고, 이로 말미암은 문제 때문에 엘리트층은 조선 후기 내내 골머리를 앓아야 했다.

엘리트가 아닌 사회 구성원들에 대한 조선조의 극심한 차별은 유교의 든든한 지원하에서 사회의 위계적 구조를 확립하려 했던 엘리트층의 열정을 웅변으로 말해준다. 게다가 엘리트층은 유교의 특정한 교의, 특히 남계친 중심의 의례적 의식意識과 승계의 원리를 취사선택하여, 출생과 출계에 기초한 자신들의 귀족적 특권을 강조하고 엘리트 출계집단의 성원권을 제한했다. 이런 의미에서 한국식으로 해석된 유교는 사회적 차별을 완화시키기보다는 강화시켰다. 이런 모순 속에서 향리와 서얼은 엘리트층에 가깝다는 이유로 가장 큰 고통을 겪어야 했다. 양반층이 이 연구서의 주연이라면, 서얼과 향리는 세월의 흐름 속에서 사회적·정치적 지배권에 대한 양반의 일방적인 주장에 독립적으로 제각기 도전장을 내밀기 시작했던 조연들이다.

하지만 주변화는 단순히 사회적 차원의 문제가 아니었다. '중앙'과 '지방'이 한반도를 관념상 불평등한 두 구역 — 각각의 사회적·정치적·경제적 속성을 가진 — 으로 분할했다는 면에서 공간적 함의도 지니고 있었다. 중앙, 즉 서울[42]은 권력 소재지의 동의어였다. 경주에 있든 개성에 있든 한양에 있든, 수도는 조정의 보금자리이자 정부기구의 거점이고 나라의 중추인 지배 엘리트층의 거주지로서, 도저히 뿌리칠 수 없는 매력을 지닌 구심점이었다. 게다가 한국은 '중심부가 하나'인 나라로, '중심부가 여럿'인 중국과는 전혀 달랐다. 예컨대 제국 말기의 수도인 베이징은 조선조의 한양에 견줄 만한 정치적·경제적·문화적 무게를 지니고 있지 않았다.[43]

수도의 '구심성'으로부터 수도 바깥의 모든 지역은 열등하고 종속적이며, 수도를 떠받들어야 하는 배후지에 불과하다는 관념이 생겨났다. 따라서 벼슬아치들은 도나 군의 관직에 발령받는 것을 꺼렸고, 남쪽이나 북쪽의 벽지로 추방당하는 것은 극형이나 다름없다고 생각했다. 오지인 강진(전라도)에서 18년 동안 유배생활을 하면서 농촌의 열악한 실정을 잘 알게 된 유명한 학자 다산茶山 정약용丁若鏞(1762~1836)은 1800년경에 다음과 같이 말했다. "중국의 경우 문명이 일상생활의 일부로 자리를 잡아 궁벽한 지역이나 인적이 드문 마을에 살아도 성인이나 현인이 되는 데 아무런 지장이 없다. 하지만 우리나라는 사정이 다르다. 서울의 관문에서 조금만 벗어나면, 사람들은 마치 먼 옛날로 돌아가서 살고 있는 듯하다. 하물며 외딴 시골에서의 삶은 오죽

하랴."[44] 극심한 중앙 집중과 이에 따른 서울과 지방의 현저한 차이에도, 한국은 근래에 이르기까지 인구의 대부분이 농촌에 거주하고 있던 농업국이었다. 산이 많은 지형 탓에, 반도는 자연히 여러 대지역권으로 나뉘었다. 서울은 일차적으로는 '기내畿內'(경기)에, 이차적으로는 (조선시대에) 충청도와 황해도, 강원도의 일부를 아우르고 있던 광역 수도권에 둘러싸여 있었다. 조선의 남부는 반도의 중추인 태백산맥 — 동해안을 타고 북에서 남으로 흐른다 — 에서 서쪽으로 뻗어나가 지맥을 이룬 고산준령들에 의해 남서부의 전라도와 남동부의 경상도로 갈라졌다. 수도의 북쪽에는 황해도와 평안도가 있었다. 평안도의 영토는 15세기에 들어서야 압록강까지 확대되었다. 같은 시기에 반도의 북동단이 함경도라는 이름의 조선 영토가 되었고, 압록강과 두만강이 조선의 북방 경계선을 이루게 되었다. 팔도는 인구와 경제, 문화가 달랐고, 농업을 바탕으로 풍요를 누리던 남부에 비해 '미개하고' 인구가 희박한 북부를 깔보는 관념이 역사적으로 생겨나, 명백한 남북 차별로 이어졌다.

조선시대의 농촌은 엘리트와 비엘리트를 불문하고 인구의 대부분을 위한 거주와 활동의 '중심지'[45]였다. 이 마을들의 입지와 구조는 주민들의 사회적 신분에 따라 달랐다. 땅을 가진 엘리트들에게 마을은 단순한 거주공간이 아니었다. 때때로 마을은 사회적 정체성의 요체가 되었다. 시장도시가 굉장히 중요한 경제적·사회적 역할을 담당했던 중국과 달리, 한국의 지방행정 중심지, 즉 성벽으로 둘러싸인 관아官衙의 소재지는 시장도시의 기능을 거의 수행하지 않았다. 좀 더 흔한 것이 엘리트의 심부름꾼인 노비들이 뻔질나게 드나들던 5일장이었다. 전통적인 농경사회에서 장이 주기적으로 선 것은 윌리엄 스키너*William Skinner*가 지적하듯이 운송수단이 상대적으로 덜 발달

했기 때문이다.[46]

16세기 중반부터 종족 중심의 문화가 발달하면서, 엘리트들의 동성마을이 지방의 뚜렷한 특징이 되었다. 1930년대에 전국을 대상으로 이루어진 한 일본인의 조사에 따르면, 총 1만 4,672개의 동성마을 가운데 1,685개가 반촌이었다. 양반마을은 반도에서 가장 비옥한 남부지방에 몰려 있었다. 경상도의 북부와 전라도의 남부에 가장 많았지만, 중부의 충청도와 북부의 황해도, 그리고 평안도의 남단에도 흩어져 있었다. 이 취락들의 일부는 [조사 시점을 기준으로] 500년 이상 거슬러 올라가는 역사적 기록을 지니고 있다고 하지만, 대부분은 보나마나 300년 이내에 생겼을 것이다.[47] 요컨대 이 동성마을들은 종족의 형성 과정에서 비롯되었고, 반도의 남동쪽에서 북서쪽으로 펼쳐진 비옥한 충적평야 지대 — 에드워드 와그너가 "초승달 모양의 양반 지대"라고 부르던 — 에 밀집되어 있었다.

선별된 소수 출계집단의 역사를 분석하고 서술하기 위해, 이 연구서는 안동(오늘날의 경상북도)과 남원(오늘날의 전라북도)에 초점을 맞춘다. 이 두 지역이 비교연구의 대상으로 선정된 이유는 두 곳이 지리·인구·경제의 측면에서 대조적일 뿐 아니라, 풍부한 역사 기록을 보존하고 있기 때문이다.[48] 본서의 목적은 이 두 곳의 지방사를 연구하는 것이라기보다는, 각 지역의 출계집단들이 겪은 운명을 중앙과 지방의 역동적 대립이라는 맥락에서 살펴보는 것이다. 안동과 남원에 터를 잡은 엘리트들은 어떤 식으로 유학을 공부해서 새로 전파된 유교의 도덕적 질서에 입각하여 지방을 탈바꿈시키는 '향화鄕化'의 선구자가 되었을까? 자신이 속한 출계집단의 구조와 의례적 관행을 어떻게 개혁했을까? 17세기 말에 국가가 권위를 강화하여 중앙의 권력을 지방까지 확대하기 시작했을 때, 엘리트 신분을 유지하기 위해 어떻게 대응했을까? 그리고 18세기에 '종속적' 사회집단들이 세습적인 신분의 장벽을 허물기 시작했을 때, 어떤 반응을 보였을까? 조선 후기에 귀속적 신분과 성취적 신분 사이의 구분이 극히 모호해졌다는 점을 감안할 때, 그들이 외딴 향촌에서 엘리트 신분을 유지하기 위해서는 끊임없이 정체성을 확립하는 과정을 거쳤을 것이다. 세월의 풍상을 견뎌낸 힘의 원천은 다름이 아니라 완숙된 종족공동체의 성원권이었다. '세족'이나 '세거世居' 같은 속성들—성공적으로 '지역에 뿌리를 내린' 출계집단들을 그 지역과 일체가 되게 해주는 요인들—이 그들의 불변성과 불굴성을 암시할지는 몰라도, 안동과 남원의 엘리트 출계집단이 변화무쌍한 조선 후기에 존속할 수 있었던 것은 무엇보다도 종족조직의 적응력과 다원적 기능 덕분이었다.

이 책은 총 5부로 구성된다. 1부 '한국사회의 토대'에 포함된 세 장은 유교 도입 이전의 한국사회에 대한 새롭고 폭넓은 관점을 제시하기 위한 것으로, 이 관점은 나중에 조선왕조에서 이룩되는 사회적·지적·정치적 발전을 이해하는 데 불가결하다. 첫 두 장은 신라시대와 고려시대에 출현한 토착적 출계집단의 기원과 초창기의 발달을 추적하고, 중국식 과거제도가 맹아기의 정치제도에 미친 영향과 의미를 탐구한다. 세 번째 장은 고려에서 조선 초로 넘어가는 시기에 이루어진 신유학의 도입을 당대의 사회적·정치적 상황이라는 넓은 맥락 속에서 논의한다. 2~5부는 조선시대 엘리트층의 다양한 면모를 살펴본다. 2부 '지방의 재구성'은 엘리트 출계집단이 '지방화localization'를 체험한 두 군데의 주요 지역인 안동과 남원을 소개한다. 3부 '유학: 학문과 실천'의 주제는 지방에 정착한 엘리트들이 젊은 시절에 유학을 공부하던 방법과, 이런 학습을 통해 새롭게 이해하게 된 유교의 예법을 자신늘의 친족 집단에 적용하던 방식이다. 3부는 지방의 엘리트들이 자신들의 연고지에 대한 강력한 지배권을 어떻게 주장하고 확대했으며, 16세기 말의 임진왜란과 1620년대와 1630년대의 병자호란에 어떻게 반응했는가에 대한 설명으로 마무리된다. 4부 '분리와 결속'은 17세기에 접어들어 점차 벌어진 중앙과 지방의 간극과, 그것이 엘리트의 사고와 행동에 미친 영향을 고찰한다. 또한 그로 인한 학문적 분열과 붕당을 해명하고, 종족의 제도적 성숙을 조명한다. 5부 '변화하는 세계에서 살아남기'는 마지막으로 18세기의 급변하는 사회경제적 환경에 대처하기 위한 재지在地 엘리트층의 전략, 그리고 사회적 경계의 타파를 시도하던 경합세력의 등장에 대한 그들의 반응을 살펴본다.

각 부는 당대의 특수한 정치적·경제적·문화적 조건들을 개관하는 간략한 서언으로 시작되는데, 이는 개별 장들의 내용을 한국사라는 더 큰 틀 속에 놓고 바라보기 위함이다. 그리고 이 책은 시간과 공간을 가로지르고 왕조의 경계를 뛰어넘은 친족 이데올로기의 검토에서 얻어지는 통찰이 전통적인 한국사회의, 나아가 그 유구한 역사의 성격과 작동방식을 재평가하는 데 어떤 의미를 지니는지에 대해 생각해보는 것으로 대단원의 막을 내린다.

1부

# 한국사회의 토대

출계집단이 한국사의 주요 동인이었다는 명제는 저명한 사대부 양성지 梁誠之(1415~1482)가 15세기 중엽에 올린 상소문에서 전례를 찾을 수 있다.

해와 달과 별이 무형의 하늘을 하늘답게 만들고, 산봉우리와 바다와 강이 무형의 땅을 땅답게 만들듯이, 대가세족大家世族은 대국을 대국답게 만듭 니다. 대가세족이 있어 간웅姦雄이 감히 [발호할] 기회를 잡지 못하니, 내란 이 일어날 여지가 없습니다. 대가세족은 초석과 방벽처럼 서로 돕고 의지 하면서 [나라를] 지킵니다. 이는 외세의 굴욕적인 요구가 우리나라에 영향 을 미칠 수 없는 이유이기도 합니다.[1]

신생 왕조인 조선의 초기에 발생한 정치적 사건들을 뒤돌아보고, 자국 이 예부터 왕조의 교체와 무관하게 사회적으로 안정적이었다는 사실을 환기 하면서, 양성지는 그 안정성이 '대가세족'의 존재 덕분이라고 말했다. 한국에 는 신화적 국조인 단군의 시대 이후 본인이 활동하던 시대에 이르기까지 오직 일곱 왕조가 있었을 따름이지만, 중국의 경우 당요唐堯로부터 대명大明에 이르기까지 무려 스물세 차례나 왕조가 교체되는 대격변을 겪었다는 것이다.[2] 요컨대 양성지는 한국의 내구성이 이 나라의 버팀목인 자기 영속적 엘리트 출계집단의 존재에서 비롯된 것이라고 생각했다.

양성지의 시대에 이르면 이 엘리트 사회에 대한 "역사적으로 결정된 인식"[3]이 확실하게 자리를 잡았는데, 그가 유례를 찾기 힘든 역사적 동인으로 지목한 이 출계집단의 성격은 어떠했을까? 양성지가 귀족 출계집단인 세족이 국가의 안위를 지키는 역사적 역할을 맡았다고 말한 데는 그럴 만한 이유가 있었을 것이라고 가정한다면, 그들은 과연 왕조의 교체를 주도했나? 아니면 양성지는 그들을 단지 과거의 잔재 정도로 기억했던 것인가? 그가 언급한 '간웅'은 누구였을까? 그의 판단은 역사 기록에 의해 입증될 수 있는 것이었던가, 아니면 단지 중국과의 비교를 통해 한국의 특이성을 강조하던 그만의 취향에서 비롯된 것이었을까?

이런 질문들에 답하기 위해서는 조선시대 이전에 존재했던 출계집단의 성격과 활동을 평가하는 것뿐 아니라 왕조의 경계를 가로질러 그런 평가를 수행하는 것이 필수적이다. 한국사회에 대한 선행 연구들은 대부분 한정된 시간의 축에 초점을 맞추고 왕조의 교체는 무시한다. 그러나 안정과 연속 또는 변화와 단절에 대해 가장 어렵고도 가장 결정적인 질문들을 제기하는 것은 바로 왕조의 변화를 일으키는 여러 조건에 수반되는 우발적 사건들이다. 출계집단은 왕조가 바뀔 때마다 살아남았는가, 아니면 새로운 사회적 요소와 조직 유형에 의해 대체되었는가? 한국사에는 단 두 차례의 교체기, 즉 10세기에 신라에서 고려로 넘어가는 시기와 14세기에 고려에서 조선으로 넘어가는 시기가 있었다. 이 두 교체기는 왕조의 경계를 가로질러 엘리트 출계집단의 운명을 살펴보는 중요한 시험무대이다.

고려(918~1392)의 건국으로 이어진 왕조의 첫 번째 교체기는 기본적으로 (668년부터) 신라의 지배하에 통합되어 있다가 지역 간의 반목으로 인해 다시 쪼개졌던 세 지역의 영토적 재통일이었기 때문에, 그리 큰 학문적 관심을 끌지 못했다. 지역에 기반을 둔 몇몇 출계집단(이들이 모두 신라에 뿌리를 둔 집단은 아니다)이 중앙의 권력을 차지하기 위해 경쟁하기 시작했고, 그 결과 고려의 초창기 수십 년 동안에는 여러 차례의 권력투쟁이 있었다. 그럼에도 불구하고 수도의 정치적 소용돌이는 결국 그들을 귀족이나 문벌門閥이라 불리는 밀접한 중앙 엘리트층으로 융합시켰고, 이 계층은 새로운 성원을 받아들일 때 출생과 출계의 기준을 엄격하게 따졌다.

이에 반해 조선의 창건(1392)으로 이어진 두 번째 교체기는 오랫동안 열띤 학문적 논쟁을 불러일으켰다. 왕조의 변화를 추진한 세력에 대한 이해가, 새 왕조가 초기 '근대성'의 발판이 되는 역사적 조건을 제공할 만한 능력이 있었는지 없었는지를 평가하는 데 매우 중요한 요인으로 간주되었기 때문이다. 식민지 시대(1910~1945)에 일본인 학자들은 조선이 막강한 귀족 사대부 계층의 지배로 인해 정치적·경제적 침체에 빠졌고, 이로 말미암아 근대성을 향해 나아가지 못했다는 주장을 폈다. 이런 부정적 평가를 논박하기 위해, 1960년대와 1970년대에 한국 역사가들은 한국사에 대한 수정주의적 해석을 내놓았다. '진보'에 대한 서양의 다양한 개념에 고무된 일부 학자는 진보사관에 입각하여 1392년에 이루어진 조선의 건국이 진보 성향의 새로운 행동주의 집단에 의해 선도된 '개혁'의 결과라고 주장했다. '신흥사대부新興士大夫' 또는 '신진유사新進儒士'로 불리던 이 집단은 고려 후기부터 중앙에 진출하기 시작한, 재산이 넉넉시 않은 관리들로 이루어졌는데, 신유학의 가르침에 고취된 그들이 합심하여 기성 지배층(구舊귀족)을 무너뜨리고 새 왕조를 창건했다는 것이다. 요컨대 고려에서 조선으로 왕조가 바뀐 것은 기본적으로 신구 세력이 사회경제적 투쟁을 벌인 결과 새로운 세력이 승리를 거둔 것으로 해석되었다. 이 관점에 따르면 조선 초기의 역사는 서유럽의 혁명적 정권교체 유형과 비슷해진다. 이 때문인지 최근에 일부 학자는 한국의 '초기 근대'가 15세기에 시작된 것으로 보려는 유혹에 빠졌다.[4]

하지만 '신흥사대부'론은 왕조 교체의 이유와 결과를 설명하기에는 지나치게 단순하고, 초창기의 신유학자들을 그들의 사회정치적 배경과 동떨어진 고립된 집단으로 본질화하는 경향이 있다. 또한 1392년을 전후한 장기적 역사 발전을 제대로 고려하지 않는다는 면에서 근시안적 견해이기도 하다. 지난 20년 동안에 이루어진 연구는 '계급투쟁'설에 대해 심각한 의문을 제기했지만, 그 설은 안타깝게도 한국과 서양의 역사서에서 아직까지 정설로 받아들여지고 있다.

엘리트층이 시공을 초월하고 왕조의 경계를 가로질러 존속할 수 있었던 원동력이 출계집단 모델이라는 점을 입증하는 것이 이 책의 목적인 만큼, 당연히 조선왕조의 수립에 대한 대안적 해석이 필요할 것이다. 1부에 포함된 세 장은 출계집단이 어떤 식으로 발달했는지, 그리고 어떻게 왕조의 교체기에도 기존의 사회적·정치적 지위를 유지할 수 있었는지를 해명해줄 구체적 사료들을 간략하게나마 제시하기 위한 것이다. 이 과정에서 본서는 『한국의 유교화 과정 _The Confucian Transformation of Korea_』에서 처음으로 개진된 몇 가지 생각을 가다듬고 때로는 고칠 것이다.

　1장은 신라에서 출계집단이 생겨난 유래와 그것이 고려시대에 엘리트 사회의 규범적 조직으로 발전하는 과정을 추적한다. 또한 중국식 과거제도의 도입과, 이에 따른 공직 임용의 조건 변화에 대한 엘리트층의 반응을 논의하고, 무신정권(1170~1250)과 몽골의 지배(1250~1350) 하에서 엘리트 출계집단이 어떤 운명에 처했는지 살펴본다. 2장은 엘리트 출계집단이 고려 말에 겪은 정체성의 위기를 다루고, 조선(1392~1910)의 건국을 이끌어낸 정치적·경제적·종교적 요인들을 제시한다. 또한 조선 초기 엘리트층의 재편에 대해 검토한다. 끝으로 3장은 신왕조의 첫 두 세기 동안 국가와 사회를 재구성하는 과정에서 신유학이 지적·정치적으로 어떻게 활용되었는지를 상세하게 논한다.

# 1장 >>> 신라와 고려의 토착적 출계집단

이번 장의 목적은 신라 초기에 나타난 토착적 출계집단의 구조와 조직을 정의하고, 신라사회의 점진적 계층화를 국가의 형성 과정과 연결시키는 것이다. 비록 문헌적 근거는 희박하지만, 신라 초기에 친족*kinship*과 권력*power*이 직접적인 관련을 맺고 있었고, 따라서 사회관계의 형상形狀이 '자연히' 권력의 행사를 좌우하게 되었다는 사실은 명백하다. 게다가 신라사회의 위계화는 권력과 권위를 부여하는 직위에 접근할 수 있는 길이 출계 및 조상과의 친소관계에 따라 형성된 사회단위에 의해 통제되었음을 보여주는 전형적인 예로 보인다.[1] 신라시대에 성숙된 사회적 범례는 대체로 고려시대까지 살아남았고, 몇몇 급진적 제도 개혁에도 고려의 사회정치 분야에 계속해서 영향을 미쳤다.

## 신라의 토착적 출계집단

　문헌의 기록과 고고학적 기록[2]에 따르면, 국가와 유사한 신라 초기(4세기경)의 정체政體. *polity*는 경주평야에 살고 있던, 지역적으로 뚜렷하게 구분된 출계집단들의 연맹에서 비롯되었다.[3] 한 출계집단이 왕위를 독차지하기 전까지, 왕위는 박·석·김이라는 성을 가진 세 출계집단으로 구성된 다계多系 '왕족'에 의해 공유되었던 것으로 보인다. 그리고 세 출계집단의 조상은 외부에서 이주해온 사위들이었을 가능성이 크다. 후대의 역사서는 마치 그들의 왕위가 순조롭게 쭉 이어진 것처럼 기술하지만, 차기 왕의 선정 기준이 명확하지 않았기 때문에, 왕위는 원칙에 따라 자동적으로 계승되지 않았다. 실제로는 긴밀한 인척관계를 형성하고 있던 세 친족집단이 번갈아가며 왕위를 차지했다. 김씨 일족이 이 세 왕족의 구도를 '타파하고' 4세기 후반에 권력을 장악하게 된 연유는 그리 분명하지 않지만, 아마도 그들은 좀 더 촘촘하게 짜인 친족조직, 토지를 기반으로 한 월등한 경제력, 그리고 그들의 지배하에 있던 주민들의 수적 우세에 힘입어 단독 통치권을 확보할 수 있었을 것이다. 이런 자원들을 우월권의 토대로 삼고 다수의 왕비를 배출한 박씨 일족의 지원을 받아, 내물왕(재위 356~402)은 '김씨 왕가'의 위상을 높인 다음 왕권을 강화하고 이웃한 작은 국가들을 정복하여 영토를 확장하는 데 성공했다. 이런 국력 신장의 밑거름이 된 요인으로는 배형일이 지적한 지역적인 동료집단과의 경쟁, 그리고 한사군漢四郡의 하나인 낙랑樂浪(기원전 108~기원후 313)과의 교역 및 외교적 접촉으로부터 초창기 신라가 받은 자극을 꼽을 수 있다.[4] 신라를 명실상부한 독립왕국으로 탈바꿈시킨 인물은 내물왕의 후손인 법흥왕(재위 514~540)이었다. 그는 당나라의 제도를 본받아 왕실 사당에서 김씨 일족의 조상을 국조國祖로 받들어 모심으로써 김씨 '왕통'의 우월권을 굳혔고, 얼마 뒤에는 군주를 가리키는 신라 고유의 칭호(마립간)를 좀 더 위엄 있는 중국식 경칭인 '왕王'으로 바꾸었다. 그의 마지막 업적은 불교를 받아들여 왕권을 종교적으로 뒷받침하는 버팀목으로 삼은 것이었다.[5] 이밖에도 4세기와 5세기의 초기 신라 통치자들은 경주평야에 금관과 은관, 허리띠, 장신구로 화려하게 치장된 선왕들을 안치한 적석봉토분積石封土墳을 축조함으로서 경주사회에 대한 자신들의 지배권을 과시했다.[6]

원래의 세 왕족 가운데 한 출계집단이 다른 두 출계집단을 제압하는 과정에서 경쟁과 투쟁이 없었을 리는 없다. 역사적 증거가 말해주듯이, 김씨 통치자가 자신의 권리를 지켜내기 위해서는 다른 두 왕족의 경합자들을 견제하는 동시에 왕족에 끼지는 못했지만 출생과 출계를 내세우며 엘리트 신분에 걸맞은 사회적·정치적 특권을 요구하던 자들의 도전도 물리쳐야 했다. 법흥왕의 치세에 법제화된 것으로 보이는 골품제骨品制는 잠재적 경쟁자들을 위계적 체제—출계 덕분에 "부여받은" 신분[7]과 정치 참여를 연결시키는—에 편입시키는 도구로 고안되었을 가능성이 크다. 이와 같은 경주사회의 등급화는 의심의 여지없이 국가의 형성 과정과 나란히 진행되었다.

골품제는 신분의 귀속적 기준에 의거하여 신라사회를 등급이 다른 신분집단들, 즉 골骨로 계층화했다. 왕족(왕비 배출 가문을 포함한)은 성골聖骨이라는 이름으로 이 사회적 위계의 꼭대기에 서 있었다. 다음 등급인 진골眞骨은 왕이 될 자격이 없는 왕족의 분파였다. 그 아래의 6두품은 하급 귀족으로, 왕족이 아니었으므로 왕족과 통혼할 수 없었고, 자신들끼리 족내혼을 했던 것으로 보인다. 5두품과 4두품은 사실상 '평민'으로 간주되었다. 그리고 이런 위계의 밑바닥에는 노비들이 있었다. 이 신분제는 신라의 초창기에 관료체제를 구축할 때 관직을 차등적으로 배분하기 위해 착안된 것으로 보인다. 진골만이 17관등을 모두 차지할 수 있었고, 6두품은 최상위 다섯 등급의 관직에는 오를 수 없었다. 각 신분집단의 복식 및 가옥의 규모와 장식은 엄격하게 규정된 법령에 따라야 했다. 골품제의 중앙집권적 효력에서 비롯된 중요한 결과는 왕도王都인 금성(경주)에 거주하는 것이 귀족의 정체성을 판가름하는 결정적인 요인이었다는 사실이다.[8]

신라 초기에 왕의 권한이 어느 정도였는지에 대해서는 학자들의 의견이 분분하지만, 왕의 의사결정에 상당한 제약을 가한(힘을 실어주었다는 주장이 이따금 제기되기도 하지만) 것으로 보이는 두 제도가 있었다. 하나는 갈문왕葛文王 제도로, 통치자의 아버지나 동생, 장인, 외할아버지 등에게 갈문왕이라는 명예관작을 줌으로써 통치자의 특권과 권위를 왕족의 일부 성원에게 확대했던 것이다. 이 제도는 왕족을 하나로 묶어주는 역할도 했겠지만, 무엇보다도 잠재적 적대세력을 국정에 참여시킴으로써 왕족 내부에 파벌이 생길 여지를 차단했던 것으로 보인다. 이에 못지않게 왕의 통치에 중요한 것이 화백和白이었다. 화백의 성원권은 왕족과 진골에게만 부여되었다. 왕은 즉위하자마자 화백의 주재자인 상대등上大等을 선정했는데, 이는 그의 우월한 지위를 상징하는 행위로 해석된다. 하지만 왕을 뽑은 것은 화백이었다. 화백은 나라의 큰일을 논의하는 임무를 수행했고, 의결은 만장일치로 이루어졌던 것 같다. 이 회의가 국사에 지대한 영향을 미쳤다는 것은, 불교를 도입하여 초인간적인 후광으로 왕의 위신을 강화하려 했던 법흥왕의 시도에 그 성원들이 끈질기게 반대했다는 사실로 명백하게 입증된다. 신라 최초의 절을 짓던 이차돈

이 극적으로 순교한 뒤에야 화백은 마침내 반대를 멈추었다.[9]

　김씨의 성골 왕통은 7세기 중엽에 두 왕녀(선덕여왕과 진덕여왕)의 치세 이후 끊어지고, 내분 끝에 왕위는 어머니로부터 왕족의 피를 물려받은 저명한 진골 무열왕武烈王(재위 654~661)에게 넘어갔다. 이런 변화와 함께 신라는 668년에 삼국을 통일했고, 이로 인해 왕가의 권위는 한층 강화되었으며, 무열왕은 '태종太宗'이라는 묘호廟號를 얻었다. 이때부터 무열의 직계후손이 왕위를 계승했고, 왕비는 박씨 일족이 아니라 김씨 왕족 내에서 간택되었다. 왕권은 8세기에 절정에 달했지만, 무열왕의 후손 중 한 명(혜공왕)이 780년에 살해되면서 무열왕계의 왕통은 단절되고, 대권은 왕좌를 놓고 경쟁하던 내물왕계 진골의 손에 넘어갔다. 신라 말(8세기 말~9세기)에 정치질서가 붕괴되자, 귀족 출계집단은 왕도를 떠나기 시작했고, 지방에 정착하여 기반을 다졌다. 또한 중앙의 통제력이 약화된 상황을 틈타 지방의 호족豪族이 강력한 세력으로 부상하기 시작했다. 이런 지방분권화 추세가 가속화되면서 골품제는 무너지기 시작했고, 사회적 정체성을 확립할 새로운 체제가 필요해졌다.

　지금까지 설명한 바로부터, 신라의 사회적·정치적 문화의 성격에 대한 두 가지 명제가 도출된다. 신라사회를 구성한 기본 단위는 당대의 자료에 족族 또는 씨족氏族이라 기록된 출계집단이었다. 왕족의 예에서 볼 수 있듯이, 족은 거의 분화되지 않았던 듯하고, 그 계통은 융통성 있게 이어졌다. 이 점은 초기 왕통의 계승으로 입증된다. 처음에는 형제에서 형제로 수평적으로 계승되다가 다음 세대로 넘어갈 수도 있었고, 아들이 없는 경우에는 손자나 딸, 조카, 심지어 사위가 그 자리를 메울 수 있었다. 이런 출계집단이 단계출계율에 얽매이지 않았다는 것은 명백하다. 중국에서 유래한 족이라는 용어는 부계를 암시하지만, 신라의 상황에서 족(우리말 겨레와 비슷한 의미를 가진)은 의문의 여지없이 느슨하게 구성된 양계적 친족집단을 뜻했다. 다시 말해서 족의 혈통은 부계와 모계 모두를 통해 이어졌다.[10]

6세기 이후 중국의 문화제도를 수용하여 독점하는 과정에서, 왕족과 수도의 귀족들은 한 글자로 된 중국식 성姓을 사용하기 시작했다. 신라의 쇠퇴기에 경주를 떠나 농촌지방에 정착하기 시작했던 귀족들은 왕에게 하사받은 성을 일종의 '이름표'처럼 사용했고, 그 앞에 지명(주로 새로운 거주지의 행정구역명)을 덧붙였다. 예를 들어 동해안에 정착한 김씨 왕족은 자신들을 강릉 김씨江陵金氏라고 칭했다. 훗날 '토성土姓'이라고 기록된 성과 '본관本貫'의 결합은 개별 출계집단의 사회적 차별성을 재확인해주었고, 성과 특정 지역과의 긴밀한 관계를 강조해주었다.

두 번째 명제는 왕권의 성격에 대한 것이다. 신라의 왕들은 결국에는 친인척의 간섭에서 벗어나 일정 수준의 독립적인 권력과 권위를 손에 넣었지만, 그들은 출생과 출계를 내세우며 정치적 지분을 요구하던, 그리고 때로는 왕좌까지 넘보던 강력한 중앙 귀족들과 싸워야만 했다. 친족과 권력이 조르주 발랑디에의 말처럼 "변증법적 관계"[11]에 놓여 있었다는 사실은 신라사회를 신분집단들로 계층화하여 최상위층만이 국가와 사회에서 가장 유력한 자리를 세습적으로 차지할 수 있게 만든 골품제에 의해 확실하게 입증되었다. '공동 통치자' 내지 납비納妃 가문의 일원으로서, 귀족들은 왕의 야심과 영향력을 효과적으로 저지했고, 그를 동료들 중의 제1인자 역할을 하는 정도의 인물로 격하시켰다.

골품제가 무너진 뒤에도, 그 바탕에 깔린 철학은 그대로 남아 있었다.

다시 말해서 귀족적 출계집단 모델에 기초한 사회적인 것이 정치적인 것에 우선했다. 이 두 가지 힘, 즉 사회적인 것과 정치적인 것 사이의 중대한 상호작용은 고려의 역사를 계속해서 귀족적 출계집단의 성쇠와 뒤얽히게 만든 역사적 계기가 되었다.

### 고려 초 건국 엘리트층의 형성

신라의 쇠퇴기에 그 영토는 특정 지역에 기반을 두고 세력 다툼을 하던 실력자들에 의해 분할되었다. 이들은 종종 상당한 병력을 거느리고 있었는데, 그 가운데 한 명이 10세기에 한반도를 다시 통일하여 고려(918~1392)라는 새 왕조를 창건한 왕건王建(877~943; 묘호는 태조)이었다. 왕건은 이질적인 지지자 집단을 이끌고 이 대업에 뛰어들었다. 그의 지지자들 중에는 신라의 진골과 6두품도 제법 있었지만, 중앙정부의 통제에서 벗어나 있던 중부지방의 군사지도자와 호족이 더 많았다.[12] 이들은 자신들의 실속은 챙기면서 표면적으로 충성을 맹세했지만, 이 잡다한 무리는 왕건의 취약한 통치권을 위협하는 잠재적 도전자들이었다. 개성 출신으로 자신만의 견고한 권력기반이 없었던 왕건은 그들을 계속 자기 곁에 붙들어두기 위해 갖가지 유인책을 내놓을 수밖에 없었다. 그의 전략 가운데 하나는 복잡한 혼맥을 구축하는 것이었다. 그는 전국 각지에서 모여든 절친한 협력자들의 딸과 결혼했는데, 그 가운데 상당수는 신라와 무관한 인물이었다. 예컨대 그의 첫 번째 부인은 출신 배경은 모호하지만 자신의 고향인 정주貞州(훗날의 경기도 풍덕豊德)에서 '장자長者'라고 불리며 위세를 떨치던 호족 유천궁柳天弓의 딸이었다. 부유한 유지 유천궁은 왕건이 군사를 이끌고 정주를 지나갈 때 왕건의 군대에 식량을 공급했다. 왕건의 여섯 번째 부인도 유천궁의 친척되는 자의 딸인 정주 유씨였다. 열일곱 출계집단 출신의 스물아홉 후비로부터 스물다섯 명의 아들과 아홉 명의 딸을 얻었으니, 그는 폐쇄적인 왕족집단을 구성하기에 부족함이 없는 자식을 둔 셈이었다. 신라의 유산에 대한 소유권을 주장할 요량으로 첫째 딸과 아홉째 딸을 신라의 마지막 왕에게 시집보낸 것을 제외하고는, 태조는 공주들을 배다른 오빠나 남동생과 결혼시킴으로써 왕족집단 내에 머무르게 했다. 이런 근친혼의 패턴은 그의 후손에 의해 답습되었다.[13]

태조의 또 다른 전략은 본인의 한반도 통일에 크게 기여한 사람들을 '공신功臣'으로 책봉한 것이었다. 당나라 말기에 만들어진 공신제도는 왕의 통치에 일조한 사람들에게 포상 차원에서 특별한 사회적·물질적 특권을 부여함으로써, 왕에 대한 그들의 충성심을 오랫동안 확보하기 위한 것이었다. 때때로 성과 함께 하사된 공신의 지위는 당사자에게 보기 드문 특혜를 부여했을 뿐만 아니라, 그의 후손(남계친이든 비남계친이든)에게 관료사회에 진출할 수 있는 무제한적(훗날 과거를 치를 필요가 없다는 의미에서) 기회를 제공하는 특전까지 주었다. 왕의 두터운 신임을 받던 소수의 협력자는 명예롭게 봉작封爵되고/되거나 종묘宗廟에 배향配享되었는데, 태조 대에는 여섯 명의 배향공신이 있었다. 이런 식으로 하늘을 찌를 듯한 특권과 위세를 누린 태조의 삼한공신三韓功臣은 수도에서 후손이 벼슬에 오를 방도를 마련했고, 본인들은 훗날 각자의 출계집단에서 '시조始祖'로 추앙받았다.[14] 예컨대 삼한의 통일에 공을 세운 김인윤金仁允(생몰년 미상)은 태조를 따라 수도에 가서, 경주 김씨慶州金氏가 몇 대에 걸쳐 중앙정부의 고위직을 차지할 수 있는 발판을 마련했다고 한다. 그의 후손 가운데 한 명인 김지우金之祐(1108~1151)는 누가 봐도 유명한 조상 덕에 관직에 올랐고, 자신의 묘지명에서 이 사실을 인정했다.[15]

태조는 후계자들에게 탄탄하게 짜였으나 안정감이 없는 왕족집단을 남기고 떠났다. 권력은 당대의 전형적인 방식에 따라 형제와 이복형제 사이에서 다툼의 대상이 되었고, 이들은 각자의 어머니가 속한 출계집단의 지원을 받았다. 따라서 왕좌를 노리는 경쟁자들 사이의 권력투쟁에는 지역의 이익도 개입되었다. 왕위계승에 외부 요인이 미친 영향은 태조가 죽고 2년 뒤인 945년에 벌어진 첫 번째 왕위계승 투쟁에서 극적으로 표출되었다. 혜종(재위 943~945)이 장자의 자격으로 태조의 뒤를 이어 등극할 즈음, 그는 외척의 낮은 신분(과 미미한 세력) 때문에 극심한 반대에 부딪혔다. 그의 병세가 악화되어 후계자를 지목하지도 못하고 죽을 지경이 되자, 그의 장인들 가운데 한 명[16]인 왕규王規(?~945)는 혜종의 두 이복동생인 왕자 요堯(뒷날의 정종)와 소昭(뒷날의 광종)가 음모를 꾸미고 있다고 일러바쳤다. 왕규는 광주廣州(경기도)에 권력기반을 둔 공신이자 대광大匡으로, 태조에게 두 딸을 바쳤던 인물이다.[17] 모계의 뿌리가 신라였던 만큼, 두 왕자는 혜종의 즉위에 반대했던 신라 출신의 고관들과 뜻이 잘 통했다. 이와 같은 급박한 상황에서 혜종은 현실성 있는 자구책을 강구하기는커녕 자신의 큰딸을 소와 결혼시키는 회유책을 쓰기에 급급했다. 갈수록 커지는 두 왕자의 힘을 감당할 수 없었던 왕규는 생명의 위협을 느끼고 혜종에게 등을 돌렸으며, 심지어 그를 살해한 다음 자신의 외손자(왕규의 딸이 낳은 태조의 아들)를 왕위에 올릴 계획까지 세웠다. 심상치 않은 사태의 변전에 놀란 요는 북방의 지지자들에게 군사 지원을 요청하여 왕규 일당을 살해했고, 혜종이 사망하자 왕좌에 올랐다. 정종(재위 945~949)

의 즉위를 전후한 이 피비린내 나는 사건으로 인해, 남서 해안지대에 기반을 둔 혜종의 지지자들은 힘을 잃었다.[18]

4년 뒤에 태조의 세 번째 아들인 광종(재위 949~975)이 형의 왕위를 물려받았을 때, 왕권은 여전히 위태로웠다. 고려의 개국에 공헌했다는 이유로 자신들의 정치적 지분을 요구하던 자들의 이해관계가 복잡하게 얽혀 있었기 때문이다. 이런 경쟁자들의 압력에서 벗어나기 위해, 광종은 일단 956년에 노비안검법奴婢按檢法을 시행함으로써 그들의 경제력과 군사력을 약화시키고자 했다. 하지만 그 직후에는 한술 더 떠 부왕의 조력자들을 대부분 무자비하게 숙청하여 개국공신이라 불리던 특권층을 거의 제거했는데, 이에 당대의 한 목격자는 옛 신하들 가운데 겨우 40명 정도만 살아남았다고 개탄했다.[19]

## 과거제도: 중앙집권화의 도구

하지만 뭐니 뭐니 해도 광종의 가장 획기적이고 영속적인 정책은 958년에 당나라의 과거제도를 도입한 것이었다.[20] 중국인 고문 쌍기雙冀의 도움을 받아, 그는 유교 경전에 밝고 문학적 소양을 갖춘 인재들만 관직에 등용하는 제도를 채택했다.[21] 물론 과거제는 관료들을 전문화하고 유학을 보급하며 민간民間의 덕성을 함양하기 위한 것만은 아니었다. 그것은 토착적인 사회정치적 체제에 심대한 영향을 미쳤고, 고려조의 엘리트 출계집단으로 하여금 자신들의 정체성을 재고하게 만들었다.

중국인 고문과 중국의 문물을 편애한다는 비판을 받던 왕이 추진한 과거제의 도입은 정치 참여를 생득권生得權으로 간주하던 집단의 저항에 직면하지 않았을까? 이상하게도『고려사』와 같은 역사적 전거는 이런 문제에 대해 거의 침묵으로 일관하는데, 이는 아마도 유학을 공부한 조선 초기의 역사 편찬자들이 부정적 반응의 증거를 애써 무시했기 때문일 것이다. 그렇지만 기존의 특권을 위협하는 대대적인 혁신이 아무런 저항 없이 받아들여졌으리라고 상상하기는 어렵다. 실제로 고려 초의 유명한 학자 최승로崔承老(927~989)[22]가 성종에게 올린 상서문上書文을 자세히 읽어보면, 그를 비롯한 신라 출신의 관리들은 실력 위주의 새로운 제도로 인해 '남북용인南北庸人'이 자신들과 관직을 놓고 다투는 사태를 우려했다는 사실이 드러난다. 이기백은 이 '용인들'을 후백제와 발해의 유민, 즉 신라—고려 권력연합체의 바깥에 있던 인물들로 해석했다.[23] 이런 해석이 무리가 아니라는 사실은 1055년에 새로 시행된 법령에 의해 방증되는데, 이 법에 따르면 공인된 씨족의 성원임을 입증할 수 있는, 다시 말해 성과 본관을 가진 자들만이 과거에 응시할 수 있었다.[24] 신분이 알려진 출계집단에 속한다는 것은 분명히 공직을 얻는 데 필수적인 조건으로 간주되었고, 이런 자격요건은 일정 기준에 미치지 못하는 외부 경쟁자들을 효과적으로 배제했다. 훗날(정확한 일자는 알려져 있지 않다) 과거 응시자의 사회적 신분을 검증하는 더욱 엄격한 공식이 채택되었다. 부와 조부, 증조부, 그리고 의미심장하게 외조부를 입증해야 하는 이른바 '사조四祖'의 공식이었다. 출계집단 성원권의 뿌리 깊은 양계적 기준을 반영한 이 공식은 국외자나 출세주의자의 응시자격을 사실상 박탈했다.[25]

과거제의 파급효과에 대한 초기의 불안감이 어느 정도였든, 이 제도는 그대로 유지되었다. 교육받은 관료들의 등장은 문치를 강화하려고 노력하는 동시에 중국을 지배하는 왕조들과의 교류를 늘리고자 했던 신생 국가에 반드시 필요한 것이었다. 중국에서 과거에 합격하고 돌아왔지만 신라의 최상위직에는 진출할 수 없었던 야심만만한 하급 귀족들은 과거제를 고위직으로 통하는 길을 열어준 혁신이라며 반겼다고 한다. 광종의 치세에 과거는 8번 치러져 총 33명의 급제자를 배출했다.[26) 이 가운데 신원을 확인할 수 있는 12명 중에는 경주 출신의 6두품 귀족 최섬崔暹과, 이천利川(경기도)의 저명한 호족 겸 개국공신의 아들로 태어나 훗날 관리와 외교가로 눈부신 활약을 펼치는 서희徐熙 등이 있었다.[27) 처음에는 과거 합격자의 대다수가 수도권에서 나왔지만, 행정기구가 팽창함에 따라 합격자의 수도 덩달아 급증하면서 그들의 출신지도 다양해졌다. 대부분의 합격자는 당나라 식으로 문학적 재능을 시험하는 제술과製述科에 응시했고, 소수만이 유교 경전에 대한 지식을 알아보는 명경과明經科에 응시했다. 1170년까지 130명이 과거에 합격했고, 이 가운데 약 3분의 1은 수도권에 뿌리를 둔 출계집단에서 배출되었다.[28)

새로운 수도 개경(개성)의 벼슬아치라는 자부심과 위세는 중앙집권적 관료체제하에서 고위직을 독식한 귀족층을 만들어내는 강력한 구심점으로 작용했다. 제1천년기가 끝나가던 995년에 관리들은 정부의 '양반兩班'인 문반文班과 무반武班으로 나뉘었다.[29) 처음에는 거란의 잦은 남침을 막아내는 데 필요한 존재라는 이유로 무반이 정부에서 중요한 역할을 맡았지만, 11세기에는 확실하게 문반으로 주도권이 넘어갔고, 무반은 갖가지 멸시와 차별을 받으며 울분을 삼켰다. 재추宰樞 또는 재상宰相이라 불리던 중서문하성中書門下省과 중추원中樞院의 1·2품 관직을 독차지함으로써, 수도에 거주하던 문반 엘리트는 9품계의 관료체제에서 막강한 권력을 행사했다.[30) 새 왕조의 도읍지 개경은 금성(경주)을 대신해서 나라의 정치적·문화적·사회적 중심지가 되었다.

수도와 지방의 격차가 갈수록 심하게 벌어졌음에도, 과거에 급제하여 관직을 얻은 자들의 상당수는 신라와 후백제의 옛 영토였던 남부지방의 경상도와 전라도 출신이었다.[31] 이들 지방에는 신라—고려 과도기에 활약한 호족들의 후손인 뿌리 깊은 출계집단이 꽤 많이 자리를 잡고 있었다. 983년에 '향리제'가 시행되면서, 이 토착세력의 자손은 군현郡縣으로 개편된 조상들의 보금자리에서 때로는 세습적으로 '향리'의 역할을 수행했다. 행정구역이 넓고 그 구성원인 재지 출계집단(토성)의 수가 많을수록, 향리의 실무기구인 읍사邑司의 권한도 커졌다. 농촌은 중앙에 의해 느슨하게 통제되었으므로, 혼맥으로 뒤엉켜 있던 향족은 지방에서 엄청난 권세를 부렸고, 적어도 고려 초에는 지배층의 일원으로 간주되었다. 수도의 귀족들과 같은 조상을 모시는 경우가 많았던 향리는 당당하게 과거에 응시할 수 있는 법적 권리를 가지고 있었기에, 고려시대 내내 수도의 관료 엘리트층에 무시할 수 없는 비율의 참신한 인물들을 꾸준히 공급했다.[32]

과거제의 도입은 따라서 고려사회에서 출계집단 성원권이 차지하는 결정적인 비중을 약화시키기는커녕 오히려 강화했고, 심원하고 영속적인 사회 정치적·문화적 영향을 미쳤다. 11세기에 등장한 수도의 엘리트층은 날이 갈수록 과거 급제를 높은 사회적 신분을 입증하는 중요한 수단으로 여기게 되었다. 나아가 문관과 무반의 후손이 시험에 대비하기 위해 국자감國子監이나 여러 사학 가운데 한 곳에서 유교 경전을 공부하게 되면서, 과거는 고려인의 생활에 유학과 중국의 규범 및 가치를 불어넣는 주요 통로로 작용했다.[33] 이런 과정은 이국의 문자문화에 통달함으로써 자신을 차별화하는 새로운 유형의 사대부를 탄생시켰다. 하지만 더욱 의미심장한 것은 과거 급제자가 "공적 정체성"[34]을 획득했다는 점이다. 엘리트 신분을 나눠줄 수는 없지만, '사조'에 근거하여 한 개인에게 시험에 응시할 기회를 주고 그가 합격하면 합격증(홍패紅牌)을 줌으로써, 국가는 그의 엘리트 신분을 확인해주는 한편 그에게 국가의 종복이 될 수 있는 자격을 부여했다. 이런 식으로 과거제는 출계와 국가 공인 사이의 유례없는 상관관계를 만들어냈다. 출생에 의해 귀족이 된 자가 이제 왕명에 의해 공동 통치자가 된 것이다. 하지만 엘리트와 관료의 범주가 완전히 일치한 적은 없었고, 아무리 긴밀하게 연결되어 있었다 하더라도 언제나 두 개의 분리된 사회적 실체를 형성하고 있었다는 사실 또한 명심해야 한다.

## 고려 전기의 저명한 출계집단들

고려 전기에 중앙정부를 지배하게 된 출계집단들 가운데는 경주 김씨나 경주 최씨慶州崔氏 같은 신라 귀족(진골이나 6두품)의 배경을 자부하는 집단도 있었지만, 평산 박씨平山朴氏, 파평 윤씨坡平尹氏, 해주 최씨海州崔氏를 비롯한 호족 출신 집단이 더 많았다. 이수건은 고려 전기(1170년까지)에 약 150개의 출계집단에서 550명의 고위관리(3품 이상의)가 배출되었다는 통계를 내놓았다.[35] 공직자 집단의 범위가 정말로 한정적이지 않은가? 던컨Duncun의 계산에 따르면, 1146년까지 중앙정부에서 재추의 직위를 갖고 있던 관리 234명은 87개 출계집단에서 나왔다. 그 3분의 1에 해당하는 29개 출계집단은 계

〈그림 1–1〉 경원 이씨 혼맥도(축약)

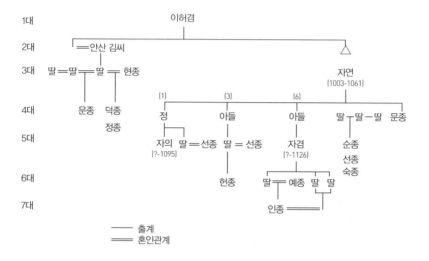

속해서 구성원들을 관직에 진출시켰고, 적어도 2명 이상의 재추를 배출했다. 이 29개 집단에는 신라에서 유래한 소수의 저명한 출계집단도 끼어 있었다. 10명의 재추를 낸 경주 김씨는 관료사회의 고위층에서 두드러진 존재였을 뿐 아니라, 태조에서 원종(재위 1259~1274)에 이르기까지 7명의 왕에게 배우자를 바치기도 했다. 경주 최씨와 강릉 김씨도 이런 상위집단에 속했다.[36] 최고 의사결정기구의 요직을 거의 독점함으로써, 그들은 "대단히 강력한" 고려 전기 엘리트층의 한 축을 이루었다.[37]

하지만 누가 뭐래도 고려 전기의 가장 강력한 출계집단은 12명의 재추를 비롯하여 27명의 관리를 배출한 경원 이씨慶源李氏였다. 인천 지역의 호족이었던 이씨 일족은 과거라는 경로뿐 아니라, 〈그림 1-1〉이 보여주는 왕실과의 친밀한 관계를 통해 권력의 최정상에 올랐다. 1024년에 과거에 장원급제한 이자연李子淵(1003~1061)은 유명한 안산 김씨安山金氏 가문에 시집간 고모의 세 딸이 모두 현종(재위 1009~1031)의 비가 된 상황에 편승하여 출세가도를 달려 1040년에 재추의 지위에 이르렀고, 약 10년 뒤인 1052년에는 세 딸을 부변 교차사촌(고종사촌)의 아들인 문종(재위 1046~1083)에게 시집보냈다. 큰딸은 3명의 왕, 즉 순종(1083년 재위 3개월 만에 사망), 선종(재위 1083~1094), 숙종(재위 1095~1105)을 낳았다. 정부의 현직顯職 역임과 이례적인 왕실과의 결탁을 통해, 이자연은 명실상부한 최고 권력자가 되었다. 그의 아들 8명은 모두 관계에 진출했다. 장자인 이정李顏은 음서蔭敍(66쪽의 설명을 보라)로 관직에 올라 여러 직위를 거친 끝에 문하시중이 되었다. 딸들 가운데 한 명은 선종의 왕비가 되었다. 다음 세대에 이자연의 손자이자 이정의 조카인 이자겸李資謙(?~1126)의 딸이 예종(재위 1105~1122)과 결혼하여 미래의 인종(재위 1122~1146)을 낳음으로써, 경원 이씨는 12세기 중엽까지 세도를 부렸다.

아홉 왕의 모후가 된 왕비 열 명을 배출한 데다 경주 김씨, 해주 최씨, 파평 윤씨, 평산 박씨 등과 사돈까지 맺은 경원 이씨는 역사상 유례없는 권력을 누렸다. 이 엄청난 권력은 이자연의 두 손자로 하여금 왕권 자체를 노리도록 부추겼다. 음서로 벼슬길에 올라 1094년에 지중추원사知中樞院事가 된 이자의李資義(?~1095)는 어리고 병약한 헌종(재위 1094~1095)이 왕위에 오르자 자신의 세력을 공고히 할 기회가 왔다고 판단했다. 다음 왕으로 숙종을 옹립하려는 경쟁 세력에 맞서서, 그는 사촌의 아들(헌종)을 몰아내고 자신의 조카(여동생의 아들)를 왕위에 올리려는 음모를 꾸몄다. 하지만 그가 충분한 원군을 소집하기도 전에, 그와 그의 일당은 1095년 여름에 일어난 궁중 쿠데타(그의 의도를 간파한 숙종 지지파에 의해 주도된)에서 살해당했다.[38] 그렇지만 운명적인 사태의 반전은 한 차례로 끝나지 않았다. 이자의의 친사촌 이자겸도 조상을 잘 둔 덕에 관직에 오른 다음, 왕의 외조부라는 지위를 내세워 파렴치하게 부와 권력을 쌓았고, 정적들을 무자비하게 제거했으며, 심지어 딸 2명을 조카뻘 되는 인종에게 억지로 시집보냈다. 왕권을 손에 넣기 위해 딸에게 인종을 독살하라고 시킨 것은 도를 넘은 행동이었다. 결국 자신의 오른팔(척준경)에게 배신당한 이자겸 내외와 그의 자식들, 측근들은 유배형에 처해져 변방으로 뿔뿔이 흩어졌다. 이자겸은 유배지에서 사망했고, 두 딸은 폐비되었다. 이자겸이 정치판에서 사라지자, 그가 속한 경원 이씨 분파의 가운家運도 졸지에 기울었다. 실제로 이자의와 이자겸은 악명 높은 권문權門의 대표적인 예로 역사에 기록되고 있다.[39] 그렇지만 경원 이씨의 다른 분파들은 고려 특유의 방식으로 살아남았고, 비록 정부에서 그들이 차지하는 비중은 크게 줄어들었지만, 고려 말까지 내로라하는 수도 출계집단들의 일원으로 인정받았다.[40]

신라 말에 한낱 호족에 지나지 않았던 출계집단이 고려 전기에 수도의 귀족으로 변신하는 과정을 인상적으로 보여주는 예는 평산 박씨이다. 신라의 신화적 창건자 혁거세의 진골 핏줄임을 주장하던 박적오朴赤烏 — 추적 가능한 박씨의 시조 — 는 8세기에 경주를 떠나 경기도 죽산竹山으로 가서 지방관(군관?)이 된 것으로 기록되고 있다. 그의 아들 가운데 한 명인 박직윤朴直胤(생몰년 미상)은 평산(황해도)으로 옮겨가 읍장邑長으로 봉직했다. 적오의 후손은 평산뿐 아니라 죽산에서도 번성하여 독립적인 두 분파를 형성했다. 평산은 땅이 비옥했고, 옛 고구려 땅에 세워진 신라의 요새가 있던 군사적 요충지였다. 이런 좋은 환경 덕에 평산 박씨는 그 일대에서 가장 강력한 세력으로 입지를 굳혔다. 직윤의 아들 지윤智胤(생몰년 미상)은 900년 무렵에 왕건의 추종자 무리에 가세했고, 그와 두 아들은 막바지 통일전투에서 용감하게 싸워 삼한공신에 봉해졌다. 왕건이 지윤의 딸과 두 손녀를 배우자로 맞은 것은 박씨 일족의 위세가 대단했다는 증거이다. 하지만 박씨 일족이 혜종의 지지자들에 맞서 왕자 요와 소를 후원했음에도, 그들은 대부분의 개국공신들과 마찬가지로 광종의 숙청 때 극심한 고통을 겪었다. 그러다가 지윤의 6대손인 인량寅亮(?~1096)의 출세를 계기로 보란 듯이 재기했다. 인량은 1051년에 과거에 합격했고, 빼어난 시문으로 멀리 중국에까지 명성을 떨쳤으며, 중앙정부의 요직을 거쳐 재상의 지위에 올랐다. 그리고 그의 아들 3명이 과거에 급제하여 동시에 관직에 오름으로써, 박씨 일족의 위세는 다시 공고해졌다. 그들은 (1146년까지) 2명의 재상을 포함하여 5명의 관리를 배출했을 뿐 아니라, 당대 최고의 귀족들과 통혼했다. 평산 박씨는 확실하게 고려 전기 엘리트층에 속했지만, 이 당당한 사회적 지위를 왕조가 끝날 때까지 지켜내지는 못했다.[41)]

고려 전기의 경원 이씨만큼 강력하지는 않았지만, 장기간 권세를 누렸다는 면에서 파평 윤씨는 주목할 만한 출계집단이었다. 『고려사』「열전」에 이름을 올린 최초의 걸출한 인물은 11세기 말에 나타났다. 고려 개국공신의 후예라고 전해지는 윤관尹瓘(?~1111)은 1073년에 과거에 급제했다. 오경五經을 늘 몸에 지니고 다녔다는 설이 있기는 하지만, 그는 여진 정벌로 명성을 얻었고, 나중에는 아마도 경원 이씨와의 인척관계(그의 아내가 경원 이씨였고, 아내의 당숙이 이자연이었다) 덕분에 수도의 고위직들을 거쳤던 것 같다. 그는 1108년에 재추의 지위에 올랐고, 높은 벼슬을 지낸 여러 명의 아들과 과거에서 뛰어난 성적을 거둔 후손과 함께 파평 윤씨를 수도의 저명한 귀족집단으로 만들었다.[42]

이런 식으로 간략하게 소개해도 고려 전기의 역사에 지울 수 없는 족적을 남긴 주목할 만한 다른 출계집단들, 예컨대 해주 최씨,[43] 경주 최씨, 강릉 김씨에 대한 설명까지 보탠다면 지면이 너무 늘어날 것이다. 이 모든 출계집단은 귀족이라는 자격 요건이 등과와 무관하게 중앙의 정치적 지분으로 전환되는 방식을 생생하게 보여준다.

### 고려 전기 귀족층의 성격

가장 '강력한' 출계집단들이 고려사회에서 한정된 범위의 배타적인 상류층을 형성했다고 가정할 때,[44] 그들은 어떻게 스스로를 정의하고 자신들의 존귀함을 정당화했는가? 어떤 특징이 그들을 역사 기록에서 문벌 또는 벌열閥閲 ─ '고귀한 신분을 향유한 집단'을 뜻하는 ─ 로 인정받게 만들었는가?

정치 참여가 사회적 신분에 의해 결정된다는 사고방식이 팽배한 사회에서, 정치 엘리트층은 자신들의 친족집단이 국가와 사회에서 누리던 명망, 즉 족망族望의 관점에서 스스로를 정의하고자 했고, 이를 본인들의 묘지명 ─ 후손에게 남기는 귀중한 증언 ─ 에서 과시했다. 경원 이씨는 '해동갑족海東甲族'(발해 동쪽의 최고 씨족)을 자처했고, 수주[수원] 최씨水州[水原]崔氏는 '삼한대족三韓大族'이라는 거창한 표현을 썼으며, 평산 박씨는 '신라귀성新羅貴

姓'을 자신들의 사회적 표지標識로 택했다.[45] 갑족이나 대족 같은 용어들을 사용한 것은 사회적 우월성에 대한 엘리트층의 집착과 그 우월한 지위를 후손의 뇌리에 각인시키려는 그들의 욕망을 유감없이 보여준다. 부변과 모변으로 복잡하게 얽힌 가계에 대한 방대한 족보 기록을 온전하게 보존하기는 어려웠으므로, 조상과의 연결고리는 끊어지기 일쑤였다. 그럼에도 자신들의 위세를 고명한 선조와 특출한 혈통에 연결시키려는 엘리트층의 바람은 묘지명에서 자신들의 (아마도 중국의 영향으로 대개의 경우 오직 부계인) 조상을 설명하는 방식에 고스란히 반영되고 있다. 고조부, 때로는 그 이상으로 거슬러 올라가는 혈통, 증명할 수 있든 없든 조상이 개국공신이었다는 점, 그리고 왕실과의 관계는 어김없이 기록되었다. 예컨대 최계방崔繼芳(1045~1116)이 묘지명에서 어머니의 선조가 신라인이라고 회상하는 대목에서는 신라인의 핏줄에 대한 자부심이 두드러지게 드러난다. 앞에서 말했듯이 평산 박씨는 자신들이 박혁거세의 후손이라고 주장했고, 파평 윤씨는 자신만만하게 개국공신 윤달尹達(892~972)을 자신들의 시조로 기록했다.[46] 과거 응시에 필요한 최소한의 조건인 '사조' 이상으로 거슬러 올라가는 선조가 있다는 사실은 분명히 고귀한 엘리트 신분의 증좌로 간주되었다. '본관'이 신분을 합리화하는 데 매우 중요한 역할을 했다는 사실도 주목할 만하다. 지배 엘리트층은 수도에서 거주하게 되었지만, 더 이상 본인들의 출생지나 거주지가 아닌 본관을 정체성의 일부로 중시했다. 게다가 엘리트층이 특정 지역과 자신들을 동일시하는 현상은 그들이 지방에서 수도로 이주한 순간부터 더 큰 의미를 띠게 된 것으로 보인다. 대표적인 사례로는 경주 김씨나 경주 최씨가 개성에 정착한 지 오랜 시간이 지난 뒤에도, 경주라는 관향이 두 집단에게 귀족의 특별한 후광을 비춰주었다는 점을 꼽을 수 있다. 이와 같이 혈통과 본관은 저명한 출계집단의 사회적 자격을 입증해주는 핵심 요소였다.

고려 초에 관료제가 도입되고 이와 동시에 골품제가 해체됨에 따라 사회적 신분만으로는 정치 참여를 보장받을 수 없게 되고, 결과적으로 버슬살이가 엘리트의 지위를 정당화해주는 결정적인 요소가 되었다. 그런데 '문벌'의 일원으로 간주되려면 관리의 품계가 어디까지 올라가야 했을까? 여러 세대에 걸쳐 재추의 직위를 독점하다시피 했던 29개 출계집단의 관직 경력을 살펴보면, 5품이 관리들을 상하 등급으로 나누는 중요한 경계선이었음을 알 수 있다.[47] 게다가 출계와 권력이 변증법적으로 서로를 강화함에 따라, 5품 이상의 관리들에게는 게임의 규칙이 달리 적용되었던 것으로 보인다. 최고위직 승급은 관료로서의 성취보다는 사회적 배경에 달려 있었고, 고위관리들은 '음직蔭職 또는 음서'를 통해 관직을 자손에게 대물림할 수 있었다.

10세기 말에 시작된 음서[48]는 제도화된 '귀족의 샛길'로 활용되었는데, 어떻게 보면 신라 귀족의 생득적 참정권과 비슷했다. 고위관리(5품 이상의 관리)의 후손뿐 아니라 왕족과 공신의 후예에게도 특혜를 부여한 이 제도에 의하면, 아들, 내외손內外係(친손과 외손), 조카, 심지어 사위도 부/빙부, 조부/외조부, 백부/숙부의 탁음托蔭을 통해 과거라는 통상적인 절차를 거치지 않고 출사할 수 있는 자격을 얻었다. 하지만 관리들의 경우에는 이 혜택이 아들과 손자에게만 주어졌고, 손자의 임용에는 왕의 재가가 필요했다. 음서의 혜택을 누린 자들은 처음에는 주로 미관말직을 맡았지만, 대개의 경우 5품 이상의 관리로 빠르게 승급하여 다음 세대에 특권을 물려줄 권리를 획득했다. 게다가 그런 승급은 과거에 합격했지만 관직을 받지 못한 상당수의 운명과 극명한 대조를 보였다. 음서 수혜자의 총수에 대해서는 알려진 바가 없지만, 적어도 초기에는 틀림없이 과거 합격자의 수를 훨씬 웃돌았을 것이다. 『논어』와 『효경』에 대한 음직 후보의 지식을 알아보는 간단한 구술시험이 해마다 네 차례나 시행되었고, 특별한 경우(왕의 즉위나 태자의 책봉 같은)에 수시로 치러졌기 때문이다.[49] 직계에 얽매이지 않고 유연하게 혈통을 인지하는 고려사회 고유의 방식에 따라, 음서는 그 수혜자들의 경력에 날개를 달아주었을 뿐만 아니라, 누대에 걸쳐 출계집단의 정치적 명망까지 지켜주었다.

그렇지만 애초에 음서로 임용된 관리라고 해서 나중에 과거에 응시하지 말라는 법은 없었다. 실제로 등과는 문학적 소양과 유학적 지식을 뽐내는 수단으로 중시되었다. 과거에 급제한 선조의 전력은 후손에게 막중한 의무감을 안겨주었다. "우리의 선조가 너나없이 [과거에서] 출중한 성적을 거두었는데, 후손된 자로서 우리가 어찌 다른 길을 모색할쏘냐?" 놀랄 것도 없이 가장 강력한 출계집단은 여러 세대에 걸쳐 가장 많은 과거 합격자를 배출했고, 음서로 관직에 첫발을 내디딘 자들 가운데 약 40퍼센트는 나중에 과거에 응시했던 것으로 추정된다.[50]

고관들의 위엄은 자주색 관복으로 표현되었다.[51] 그들은 녹봉을 받았고, 10세기 말에 관리들을 국가에 경제적으로 종속시킬 목적으로 제정된(그리고 그 후 여러 차례 개정된) 보상체제인 전시과田柴科하에서 가장 많은 몫의 토지를 지급받았다. 하지만 국가가 농촌지방을 완전히 통제하지 못하던 상황에서 이 제도가 어떻게 시행될 수 있었는지는 알 수 없다. 토지에 대한 수조권收租權이 보장되는 이 관록官祿은 그 수혜자가 사망하고 나면 원칙적으로 국가에 반납해야 하는 것이었다. 오직 공신만이 그것을 후손에게 물려줄 수 있었다. 관록은 아마도 고려의 상류층이 개경에서 누리던 세련되고 사치스러운 생활을 뒷받침하기에는 턱없이 부족했을 테고, 언제든지 정부의 지배에서 벗어날 가능성이 있었다. 이런 까닭에 전시과가 왕조 말기에 붕괴될 조짐을 보이기 훨씬 전부터, 경원 이씨 같은 출계집단들은 자신들만의 농장農莊을 조성하기 시작했다.[52]

문벌의 위세와 권력은 다른 문벌 출계집단 및 왕실과의 밀접한 혼인동맹에 의해 유지되고 영속화되었다. 자기들끼리 딸들을 주고받음으로써 엘리트층은 종종 몇 세대에 걸쳐 얽히고설키는 복잡한 혼인망을 만들어냈다. 경원 이씨는 다시 한 번 좋은 예를 보여준다. 그들은 안산 김씨, 경주 김씨, 해주 최씨, 파평 윤씨, 강릉 김씨, 평산 박씨 등과 같은 최고의 엘리트 가문과 인척 관계를 맺었다. 사실상의 엘리트 내혼집단을 형성함으로써, 유력 가문들은 관료기구의 최정상에 접근할 수 있는 길을 철저하게 통제했고, 수많은 왕비를 배출했다. 왕실은 그 딸들을 왕족집단 내에 머무르게 했지만, 왕과 왕자의 배우자로는 귀족 여성을 받아들일 수밖에 없었다. '납비'를 통해 왕실의 외척이 되는 것은 귀족 신분의 징표였다. 이미 언급했듯이 납비 가문은 궁궐 내에 거점을 마련하여 딸이 낳은 왕족에게 영향력을 행사함으로써 왕실 정치를 쥐락펴락할 수 있는 기회를 얻었다. 고려 전기에 이런 권력 게임을 가장 잘한 출계집단이 바로 경원 이씨였다.

고려의 족族은 부변과 모변의 친척, 그리고 때로는 인척까지 아우르는 방대한 조직이었다. 이 조직 내에서 다변적으로 연결된 사람들의 무리는 족의 사회적 신분을 오랫동안 유지하며 권세를 누리려고 노력했다. 물론 개인의 성취도 중요했지만, 그 개인의 입신양명을 결정적으로 뒷받침한 것은 출계집단의 집단성*collectivity*이었다. 집단의 규모가 클수록, 그 집단이 장기간에 걸쳐 막강한 권력을 휘두를 가능성도 커졌다. 출계집단은 여러 명의 친척이 동시에 높은 벼슬을 지내고 그 벼슬을 후손에게 물려줄 수 있을 때 최고의 권력을 손에 넣었다. 그런 쾌거는 조상을 매우 중요한 존재로 인식하는 출계집단의 유연하면서도 안정적인 내적 조직에 크게 힘입었다. 때로는 한 출계집단의 특정 분파나 가계만이 정치적 개가를 올리기도 했지만, 그들이 획득한 고귀한 신분은 대체로 집단 전체의 사회적 명성으로 이어졌다. 이런 사회적 분위기 속에서 정치적 입지를 다진 출계집단은 '대족'이나 '명족名族'이나 세족으로 인정받았는데, 중국인 관찰자들에 의하면 고려의 엘리트 집단들은 그런 대단한 존칭들로 서로의 족망을 높여주었다고 한다.<sup>53)</sup> 게다가 고려 출계집단의 역동성은 자체의 번성을 촉진하고 쇠퇴를 완충해주는 힘을 가지고 있었다. 그래서 고려 후기에 재추를 별로 배출하지 못했음에도, 경원 이씨는 명맥을 유지했을 뿐 아니라 조선 초기까지 세족의 사회적 위신을 잃지 않았다.

이상의 논의에서 명백하게 드러나는 사실은 요컨대 신라시대에 출현한 출계집단이 계속해서 고려의 엘리트 사회를 구조화했고, 골품제의 밑바탕에 깔려 있는 원칙이 여전히 고려사회의 작동방식을 결정한 가치관에 지대한 영향을 미쳤다는 것이다. 다시 말해서 사회적인 것이 정치적인 것에 대한 결정적 우위를 유지했다. 물론 관원들의 관료화와 특히 과거제의 도입은 정치 참여를 전문화했지만, 출계집단의 사회적 중요성과 생명력을 약화시키지는 않았다. 본질적으로 사회적 기준에 의거하여 관직을 제수하는 관행에는 변함이 없었기 때문이다. 특히 고위직에 오르는 데는 사회적 기준이 더욱 긴요했다. 심의기구(중서문하성과 중추원)의 일원인 고위관리들은 사실상 왕의 공동 통치자였다. 게다가 그들을 배출한 문벌 출계집단들은 왕실 및 지체 높은 다른 출계집단들과 각양각색의 방식으로 인연을 맺음으로써, 고려 전기에 국정을 좌우한 정부의 강력한 상층부를 형성했다.

### 고려 후기의 엘리트 출계집단: 불확실한 시대에 살아남기

무신정권(1170~1250)과 몽골의 지배(1250~1350) 하에서 고려 전기의 문벌은 어떤 운명에 처했을까? 통상적인 역사서의 설명처럼, 문벌은 두 차례의 격변을 겪으면서 쇠락했을까? 무신정권은 문신에 의한 통치를 영원히 대체하는 데 성공했을까? 몽골의 간섭은 고려의 엘리트 사회에 어떤 영향을 미쳤을까? 요컨대 고려의 문벌이 자신들의 정치적 우월권을 주장하는 근거로 삼았던 사회적 전제는 시대에 뒤떨어진 것으로 폐기되었을까?

무신정권은 1170년에 무신들이 대놓고 일으킨 정변에서 비롯되었다. 왕조의 창건 이래 자신들이 겪었던 차별을 더 이상 참지 않기로 작정한 일부 열혈 무신이 문신들에게 피의 복수를 가하고, 고려 전기에 세도를 부리던 상당수의 엘리트 출계집단을 제거했다.[54] 예컨대 [파평] 윤관의 손자인 인첨鱗瞻(1100~1176)은 숙청을 모면했지만, 그의 큰아들은 피살되었다. 다른 생존자들과 마찬가지로, 그의 작은아들들은 수도를 벗어나 지방으로 탈출함으로써 출계집단의 멸족을 막았다.[55] 1196년에는 최충헌崔忠獻(1149~1219)이 정변의 주동자들로부터 권력을 빼앗아 고려의 실질적 집권자가 되고, 그 자리는 3대에 걸쳐 대물림되었다. 그리 변변찮은 무신 가문 출신[56]의 최충헌은 사병들의 지원을 등에 업고 옥상옥의 행정기관(교정도감敎定都監)을 전략적으로 설치하여 국정을 좌우했다. 이런 식으로 문관통치에 도전했지만, 그래도 정부의 기틀은 건드리지 않았기에 그것을 운용할 문신들이 필요했고, 따라서 그는 과거를 문관 등용 제도로 존치했다. 무신정권 시대에 과거는 51차례 시행되었고, 2,000명에 가까운 합격자가 배출되었다.[57]

일찍이 숙청의 고통을 겪었던 파평 윤씨 같은 집단의 성원들도 결국에는 힘겹게 관직에 복귀했지만, 숙청에서 거의 타격을 받지 않고 살아남은 소수의 대표적인 출계집단은 과거를 통해 자신들의 엘리트 신분을 굳히거나 높일 수 있었다. 여흥 민씨驪興閔氏가 그런 예였다. 고려 전기에 이미 고관들을 배출했지만, 여흥 민씨는 민영모閔令謨(1115~1194)를 통해 문벌의 지위를 공고히 했다. 1138년에 과거에 급제한 영모는 다소 위태로운 경력을 거친 끝에 무신정권 초기에 재추의 직위에 올랐다. 그의 두 아들이 낳은 많은 후손이 과거에 합격하여 요직을 차지함으로써, 여흥 민씨는 고려 후기에 가장 떵떵거리던 출계집단들 가운데 하나로 자리를 잡았다.[58] 비슷한 배경을 가진 또 하나의 친족집단인 횡성 조씨橫城趙氏는 고려 초부터 관계에 진출하기는 했지만, 능력이 출중한 조영인趙永仁(1133~1202) 덕에 번성하기 시작했다. 1160년에 과거에 합격한 영인은 학문이 높고 서예에 능했으며, 나중에는 문하시중에 임명되었다. 그의 후손도 계속해서 높은 벼슬을 지냈으나, 이 집단은 왕조의 말기에 이르러 활력을 잃었던 듯하다.[59] 정안[장흥] 임씨定安[長興]任氏, 철원 최씨鐵原崔氏, 남평[나주] 문씨南平[羅州]文氏 등도 비슷한 길을 걸었다.[60]

그렇다 하더라도 중앙의 관료집단은 무신정권 초기의 숙청에 의해 약화되었고, 이런 상황을 틈타 그때까지 두각을 나타내지 못했던 여러 출계집단(다수의 뿌리는 분명히 향리 계층이었다)의 성원들이 과거를 통해 수도에 사회적으로 진입했다. 대표적인 예는 향리 가문 출신으로 1190년에 과거에 급제한 이후 고위직 문신의 반열에 오른 유명한 시인 겸 문인인 이규보李奎報(1168~1241)이다.[61] 한편 경상도 남부에 터를 잡고 있던 언양 김씨彦陽金氏는 무반 출신이었다. 김취려金就礪(?~1234)는 대장군인 아버지의 음보蔭補로 관계에 입문했다. 최우崔瑀(아버지인 충헌의 권력을 계승한)의 총신寵臣이자 거란을 상대로 전과를 올린 공신으로, 취려는 말년에 문하시중에 제수되었다. 그는 후손이 음서와 과거를 통해 고위관료가 되는 길을 터주었고, 언양 김씨를 당대 최고 출계집단들의 일원으로 격상시켰다.[62] 비슷한 군사적 경력을 쌓은 평강 채씨平康蔡氏도 언양 김씨와 함께 고려 후기 사회의 상층부에 합류했다.[63]

최씨의 무신정권하에서도 정부의 문관 영역은 여전히 작동하고 있었으므로, 과거 합격자들에게는 문벌의 지위에 다다르거나 그 지위를 지켜낼 기회가 주어졌다. 하지만 무인 가문 출신의 개인들이 과거를 통해 관계에 진출함에 따라, 문반과 무반의 엄격한 구분이 모호해지기 시작했다.[64] 그렇다면 '문반'이 행사할 수 있는 실질적인 권력은 어느 정도였을까? 문반은 여전히 정부의 일상적인 업무를 처리했지만, 의사결정권은 최충헌이 본인의 사익을 추구하기 위해 설치한 초정부적 특수기구에 넘어갔던 것으로 보인다. 그렇지만 소수의 고위직 문신은 이런 이원적 조직에 양다리를 걸치고 있었다. 예컨대 앞서 언급한 조영인은 최충헌의 두뇌집단에 속해 있었고, 김취려와 이규보는 최우의 자문을 담당한 측근이었다.[65] 이 인물들은 최씨의 '가신家臣'으로, 왕보다는 최씨에게 충성을 바쳤다. 문신은 이런 식으로 체면치레는 했지만, 문치의 기반은 정권 유지를 위해 군사력에 크게 의존한 최씨 일가에 의해 의심의 여지없이 약화되고 심각하게 훼손되었다.[66]

전형적인 벼락출세자인 최충헌은 유서 깊은 문벌 출계집단과 사돈을 맺음으로써 자신의 통치를 정당화하고자 했다. 권력을 확실하게 장악한 다음, 그는 1197년에 과거에 급제한 정안 임씨의 후손 임보任溥(생몰년 미상)의 딸을 두 번째 아내로 맞이했다. 고려 전기에 문벌의 지위에 오른 임씨 일가는 12세기에 임의任懿(1041~1117)와 그의 세 아들, 다섯 명의 손자, 네 명의 증손이 모두 재추의 직위를 차지하면서 위세를 떨쳤다. 임의의 큰아들 원후元厚가 낳은 딸은 인종(재위 1122~1146)의 아내이자, 미래의 왕들인 의종(재위 1146~1170)과 명종(재위 1170~1197), 신종(재위 1197~1204)의 어머니가 되었다. 이로써 최충헌의 두 번째 아내는 인종 비의 조카딸이 되었다.[67] 왕실과의 이런 간접적인 인연에서 용기를 얻은 듯한 최충헌은 전대미문의 파격적 행보를 보였다. 강종(재위 1211~1213)[68]의 딸들 가운데 한 명을 자신의 세 번째 부인으로 삼았던 것이다. 이는 공주들의 배필을 왕족집단 내부에서만 구하던 전통을 깨뜨리는 주제넘은 행위였다.

왕씨 일가의 왕권을 합법적인 방패막이로 보전할 필요성(특히 금나라 통치자들의 비위를 맞추기 위해)을 깨달은 최충헌은 스스로 왕위에 오르려는 유혹은 뿌리쳤지만, 고려조의 혼인과 관련한 금기를 깸으로써 왕실의 체통을 깎아내렸다. 또한 명종과 희종(재위 1204~1211)을 강제로 퇴위시키고(신종과 강종은 잠시 왕위에 있다가 사망했다), 고종(재위 1213~1259)이 육촌인 희종의 딸을 유일한 아내로 삼도록 강요함으로써 다시 한 번 오만방자함을 드러냈는데, 이 근친혼은 왕비를 바치던 문벌의 영향력을 줄이기 위한 수단이었다. 최충헌은 아들과 손자 들의 짝으로 공주들을 골랐고, 그의 아들 최우는 자신의 손녀를 태자인 고종의 아들 — 미래의 원종(재위 1259~1274) — 과 결혼시켰는데, 이들 사이에서 태어난 인물이 충렬왕(재위 1274~1308)이다. 이런 식으로 조정을 손아귀에 넣고 마음대로 주무르면서, 최씨 일가는 왕실의 권위뿐 아니라 위엄까지 박탈하고 왕들을 '실권 없는 허수아비'로 격하시킴으로써 많은 이의 분노를 자아냈다.[69]

후안무치한 최씨 정권은 잦은 민란과, 1231년과 1259년 사이에 거듭된 몽골의 침략으로 인한 국가의 엄청난 인적·물적 손실을 견디지 못하고 마침내 무너졌다. 1270년에 지배권을 확립한 몽골(1271년부터 중국을 통치한 원나라)은 한동안 고려에 국가적 치욕과 종속이라는 쓰라림을 안겨주었다. 몽골 황실과 고려 왕실의 통혼 — 충렬왕의 부인은 쿠빌라이 칸의 딸이었다 — 을 통해, 고려는 '부마국駙馬國'으로 불리게 되었다.[70] 이런 새로운 환경은 특수한 인적·물적 기반을 요구했고, 그때까지 사회적으로 미미했던 집단들, 심지어 노비들이 친밀한 개인적 유대를 이용하여 명성과 권력을 거머쥐는 현상을 부채질했다. 새로 부상한 집단으로는 평양 조씨平壤趙氏와 칠원 윤씨漆原尹氏를 꼽을 수 있다. 몽골어를 능숙하게 구사하던 조인규趙仁規(1237~1308)는 역관으로 출세했고, 그와 친분이 두터웠던 충렬왕에 의해 공신에 봉해졌으며, 1295년에는 파격적으로 수상首相의 지위에 올랐다. 그의 아들 네 명 가운데 맏아들은 과거를 통해, 나머지 세 아들은 음서를 통해 관직에 나아갔다. 심지어 딸들 가운데 한 명은 충선왕(재위 1308~1313)의 비가 되었다. 고려 말까지 평양 조씨는 괄목한 만한 수의 과거 급제자와, 재추의 지위에 오른 8명을 포함해서 17명의 관리를 배출했다.[71] 조인규가 뛰어난 어학 실력으로 후손이

정규 관직에 진출하여 빠르게 승급할 수 있는 발판을 마련했던 반면에, 칠원 윤씨는 훗날 '폐행嬖幸'이라는 꼬리표를 달게 된 자들, 즉 아부와 굴종 덕에 출세했다는 평을 듣던 자들의 표본이었다. 보잘것없는 무신 가문 출신의 윤수尹秀(생몰년 미상)는 매 사육에 능하다는 이유로 충렬왕(매사냥을 좋아했다)의 환심을 사서 정부의 상층부에 진입했다. 몽골의 후원에 힘입어 그의 손자인 윤환尹桓(1304~1386)은 과거 합격증이 없는 사람치고는 대단한(비록 부침이 심하긴 했지만) 관직 경력을 쌓았다. 그는 다섯 왕을 모시면서 세 번이나 수상을 지냈다. 관향인 칠원에 있던 윤씨 일가의 엄청난 가산은 비록 짧은 기간이나마 그들의 신분이 가파르게 상승하는 데 도움을 주었을 것이다.[72]

친족원의 탁월한 경력을 바탕으로 중앙의 세도가로 부상한 또 하나의 친족집단은 안동 김씨安東金氏였다. 젊은 시절부터 군사적 재능을 보였던 김방경金方慶(1212~1300)은 병부상서兵部尚書를 지낸 부친의 음보로 관직을 얻었다. 몽골이 1274년과 1281년에 일본 정벌을 감행했을 때, 방경은 군사지도자로서 전략적 수완을 발휘했다. 비록 두 차례의 모험은 값비싼 대가를 치르고 실패로 돌아갔지만, 김방경은 무공을 인정받아 공신의 지위를 얻고 몽골인 상관들로부터 갖가지 명예를 부여받았다. 그는 문하시중으로 경력을 마감했다. 그의 후손 가운데는 무관뿐 아니라 문관도 있었고, 왕조의 말기에 이르자 안동 김씨는 개성에서 가장 영향력 있는 출계집단들 축에 끼게 되었다.[73]

중앙에서 명성과 권세를 얻는 데는 이런 다양한 방식이 있었지만, 과거제는 정상적인 관료체제에 진입하는 사다리라는 중요한 역할을 변함없이 수행했다. 그리고 당시에는 수도권 바깥, 특히 경상도와 전라도에서 올라온 과거 급제자 및 관원의 수가 눈에 띄게 증가했다.[74] 그럼에도 개성에서 정규 관직에 임용되는 것은 권세의 획득이라기보다는 사회적 인정을 뜻할 따름이었다. 정부의 심의 및 행정 기능이 1279년에 특별 정책기구(도평의사사都評議使司 또는 도당都堂)로 넘어갔기 때문이다. 재추 직급의 관리들로 이루어진 이 새로운 기구는 적어도 명목상으로는 최고의 정무기관이었다. 하지만 그 관할권 밖의 세력에 종속되어 있던 이 기관이 제 구실을 했는가에 대해서는 의문의 여지가 있다.[75] 그래도 도당에서 한자리를 차지하는 것은 위신과 권세의 상징이었다. 예컨대 1288년의 과거에 장원급제한 윤선좌尹宣佐(1265~1343)는 도당의 일원이 됨으로써 몇 대에 걸쳐 침체를 면치 못했던 파평 윤씨를 다시 번성시킬 수 있었다. 마찬가지로 언양 김씨도 김취려의 손자들과 증손들이 도당의 고위직에 올라 몽골의 지배가 끝날 때까지 그 지위를 유지함으로써 자신들의 위상을 더욱 굳건히 다졌다.[76]

하지만 전통적인 문벌(세족) 엘리트에 의해 운용되던 제도에 의존하지 않기로 작심한, 그리고 최씨의 무신정권하에서 수모를 당한 왕실의 권위를 되찾기를 열망한 충렬왕은 모든 의사결정을 궁궐 내의 별청別廳에서 이루어지게 함으로써 자신의 독립성을 제고하고자 했다. 이를 위해 그는 자신이 총애하는 비엘리트나 외국인, 환관을 곁에 두고, 그들을 자신이 설치한 임시 정무기구들을 관장하는 자리에 앉혔다.[77] 총신들에 의존하는 이런 정책으로, 충렬왕은 자신의 기나긴 치세에 비엘리트 집단들의 출세를 보장하는 정치문화—최씨정권하에서 이미 썩어빠진—를 조장했다. 그들은 충성을 바친 대가로 터무니없는 정치적·경제적 보상을 받음으로써, 사회적인 것이 정치적인 것을 결정한다는 뿌리 깊은 관념을 훼손했다. 이 무렵에 개성에서 조성되고 있던 폭발 직전의 분위기는 충렬왕 이후의 불길한 사태를 예고했다.

사회적 경계를 침범하여 고위 공직에 오른 개인들 — 앞서 언급한 윤수는 이런 부류의 전형이었다 — 을 마주하게 된 진정한 엘리트층은 왕의 심복들이 잠재적 도전자로 떠오르는 현실을 우려하면서, 그들을 파렴치한 출세주의자 내지 아첨꾼으로 매도하기 시작했다. 구체적인 전거를 대기는 쉽지 않지만, 과거에 정치적 전횡을 견책하는 데 사용되었던 권세지가權勢之家 또는 권문權門[78]이라는 용어가 그런 벼락출세자들을 가리키기 위해 당대의 기록에 갈수록 빈번하게 등장했다는 사실은 의미심장하다. '권'은 주로 '강력한'으로 번역되지만, '상황을 저울질'하거나 '사태의 긴박성을 판단'한다는 뜻도 지니고 있으므로, '기회주의적'이라는 의미를 띨 수도 있다. 이 해석이 옳다면, 권문은 '강력한 가문'보다는 '기회주의적 가문'을 나타낸다. 물론 권문이라는 용어에는 '권력'이라는 의미가 내포되어 있지만 말이다. 따라서 권문은 과거제의 틀 밖에서 왕의 은총을 입어 권세를 잡은 다음 협잡과 뇌물로 높은 자리까지 올라가 불법적으로 부를 축적하고 평민을 괴롭힌 사람들, 요컨대 부도덕한 행위로 전통적인 사회정치적·경제적 질서를 위협한 사람들을 지칭했다.[79]

통상적인 역사서는 대개 권문과 세족을 하나의 단어, 즉 권문세족으로 뭉뚱그려 '오랫동안 권세를 누리면서 타락한 고려 후기의 기성 정치세력'을 가리키는 데 사용했지만, 최근에 박용운은 그 두 용어가 당대의 문헌에서 합성어로 쓰인 적이 없고, 사실은 상이하게 구성된 두 집단, 즉 '기회주의적 가문'(권문)과 지체 높은 세습 엘리트층(세족)에 별도로 적용되었다는 사실을 설득력 있게 보여준 바 있다.[80] 이 통찰은 고려 후기의 권력구도에 대한 근본적인 재평가의 가능성을 열어주었다. 2장을 보면 알 수 있듯이 세족과 권문 사이의 경계선은 결코 절대적인 것이 아니었지만, 두 용어에 대한 새로운 해석에 따르면 1300년대 초반에 두 집단의 권력관계가 사상 최초로 역전되었음이 분명하게 드러난다. 이는 실제로 뿌리 깊은 신분의 장벽을 돌파하는 데 성공한 사회 구성원들의 출현이 엘리트층에 의해 자신들의 정체성에 대한 공격으로 인지되었음을 시사한다. 물론 엘리트의 특권은 12세기 말에 이루어진 무신들의 정권 탈취에 의해 위협받기 시작했다. 그러나 외세의 지배기에 조성된 특수한 사회정치적 환경 속에서 상황은 악화일로로 치달았고, 세족 엘리트는 자신들이 갈수록 소외되고 있고 자신들의 정치적 정당성이 위기에 처해 있다는 사실을 실감하게 되었다.

## 고려 후기 엘리트의 면면

이런 격동의 시대에는 세족의 지위를 주장하던 '전통적인' 엘리트층의 구성에도 어떤 변화가 있지 않았을까? 고려시대의 유력한 출계집단에 대한 공식적인 명단은 존재하지 않지만, 충선왕[81]이 1308년에 즉위하면서 내린 교서는 적어도 어떤 집단이 당시에 엘리트로 간주되었는지에 대해 약간의 정보를 제공해준다. 쿠빌라이 칸의 개인적 지시에 따른 것으로 보이는 이 교서는 차후에 왕실과 신부 및 신랑을 주고받을 수 있는 15개의 '재상지종宰相之宗'을 명문화했는데, 이는 공주들의 혼처를 왕족집단 내에서만 구하던 고려의 전통을 끊어버리기 위한 것이었다. 15개의 잠재적 배우자 가문은 다음과 같은 세 가지 조건 가운데 하나를 기준으로 선정되었다. 1) 왕조의 초기부터 재추급의 관직을 보유해왔는가? 2) 왕실과 혼인으로 연결된 적이 있는가?

3) 조상 중에 종묘에 배향된 공신이 있는가? 지명된 15개 출계집단 가운데 왕조의 초기부터 14세기 초에 이르기까지 계속해서 재추급의 관리를 배출한 네 가문은 경주 김씨, 파평 윤씨, 여흥 민씨, 공암 허씨孔巖許氏(공암은 오늘날의 서울시 강서구 가양동이다)였다. 물론 정안 임씨, 경원 이씨, 철원 최씨, 해주 최씨, 청주 이씨淸州李氏, 안산 김씨도 고려 전기에는 최고의 문벌로 군림했지만, 시간이 지나면서 구성원들을 고위직에 앉히는 힘을 상실했다. 하지만 그들은 여전히 고려 후기의 사회적 엘리트층에 속한다고 인정받았다. 왕실과 혼인으로 연결되거나(정안 임씨, 경원 이씨, 안산 김씨), 공신의 반열에 오른 조상을 두었기(철원 최씨, 해주 최씨, 청주 이씨) 때문이다. 이상의 10개 출계집단 외에도 무신정권의 시대에 현달하여 종묘에 배향된 공신을 조상으로 둔 평강 채씨와, 첫 번째와 두 번째 기준을 충족시킨 언양 김씨도 있었다. 12세기 후반에 잠시 세도를 부린 횡성 조씨의 경우 2명의 조상이 종묘에 배향되었다. 끝으로 몽골 간섭기 초에 왕실의 부흥을 도움으로써 권세를 강화한 남양 홍씨南陽洪氏(남양 또는 당성唐城은 오늘날의 경기도 화성이다)와 평양 조씨는 모두 충선왕에게 왕비를 바쳤다.[82] 간추려 말하면 엄선된 이 15개 출계집단은 그 배경이 서로 달랐지만, 특정한 개인들의 성취와 각 집단의 위신에 힘입어 대대손손 왕에게 충성을 다함으로써 이름을 날렸다. 1308년의 명단은 엘리트 사회의 괄목할 만한 연속성과 새로운 집단을 흡수하는 능력을 보여준다.

하지만 충선왕의 명단이 당대 세족 사회의 전모를 보여주는 것은 아니다. 그 명단과 현실 사이에는 명백한 차이가 있었다. 안동 김씨(김방경과 세 아들)와 안동 권씨安東權氏(두 성씨에 대해서는 4장에서 상세하게 논할 것이다), 광산 김씨, 성주 이씨星州李氏, 문화 유씨文化柳氏는 당시에 과거 합격자들 중에서도 두드러진 존재였고 정부의 상층부를 차지하고 있었지만 명단에서 빠졌다. 정안 임씨나 청주 이씨, 횡성 조씨는 왕실과의 인척관계 덕에 포함되기는 했지만, 관직에는 아예 진출하지 못했거나 소수만이 진출했다. 따라서 15개 지명자 모두가 진정한 '재상지종'은 아니었으나, 그들은 모두 대단한 사회적 위세를 떨쳤다. 그리고 근신近臣을 고르는 아버지의 낮은 안목을 본받지 않으려고 애썼던 충선왕에게 가장 중요했던 것은 그들이 월권을 일삼는 권문과는 전혀 다른 깨끗한 사회적 이미지를 갖추고 있다는 사실이었다.

그렇지만 왕실과 가깝다고 해서 계속해서 영화를 누린다는 법은 없었다. 예컨대 언양 김씨는 김취려와 과거에 합격하여 관직에 오른 소수의 후손을 통해 1308년의 명단에 들 자격을 얻었지만, 이 집단은 14세기에 쇠락하기 시작했다. 철원 최씨도 비슷한 경우로, 최유청崔惟淸(1095~1174)을 제외하고는 내로라하는 관리를 배출하지 못했고, 유청의 후손은 1308년에 왕족의 배필로 선정되었지만 고려 말에 이르러 명망을 잃었다.[83] 특히 학문적 소양보다는 군사적 능력 덕택에 영달한 가문일수록, 그 운세가 더 빨리 기운 것 같다.

과거를 치르는 것은 고려 후기 세족의 정체성을 구성하는 본질적 부분으로 남아 있었다. 게다가 김광철과 다른 학자들이 입증하듯이, 과거에 합격하여 중앙에서 벼슬을 하는 것은 적어도 지속적인 사회적 위세 — 정치적 위세까지는 아니라 할지라도 — 를 보장해주었다. 파평 윤씨는 아마도 가장 주목할 만한 예일 것이다. 고려 초부터 꾸준히 과거 급제자들과 재추 직위의 관리들을 배출했기 때문이다. 그러나 후발주자인 [평양] 조인규의 후손도 누대에 걸쳐 계속해서 고위직에 오르고 뼈대 있는 엘리트 출계집단들과 통혼함으로써 세족의 지위를 굳힐 수 있었다. 관리들의 경력은 정치적이거나 군사적인 격변에 의해 단절되었을지 몰라도, 가문의 장기적 존속은 과거 합격과 5품 이상의 벼슬살이, 남부럽지 않은 혼맥과 밀접하게 관련되어 있었다. 일부 출계집단은 인재를 배출하는 능력을 서서히 상실하여 사회적으로 망각되었지만, 다른 출계집단들은 신분상승의 기회를 잘 포착하여 차근차근 단계적으로 수도의 세족 엘리트층에 합류했다.[84) 세족으로 인정받고 그 지위를 유지하는 것은 오랜 기간에 걸쳐 인적 자원을 양성하는 출계집단의 능력에 크게 좌우된 역동적 과정이었다. 존 던컨은 본인이 고려 후기의 "대단히 강력한" 출계집단으로 인정한 22개 집단 가운데, 고려 초에 세족으로 불릴 만한 가문은 5개뿐이었다고 셈한다. 나머지 17개 가문은 다양한 경로를 통해 12세기 중엽 이후에야 세족의 지위에 올랐다는 것이다.[85)

　요약하자면 고려 후기에 '엘리트'로 간주되는 집단을 가리던 기준은 고려 전기의 기준과 크게 다르지 않았다. 그렇지만 이 엘리트가 과연 "대단히 강력하다"라고 불리기에 손색이 없는 '지배 엘리트층'을 구성했을까? 도당은 세족 출신과 권문 출신의 재추들이 주도권을 장악하기 위해 경합하던 상황에서 어떻게 제구실을 할 수 있었을까? 최씨 정권도 몽골도 한국 고유의 사회구조나 관습을 영속적으로 침해하지는 못했고, 전통적 엘리트층이 본인들의 존재감을 표현하는 수단이었던 과거제와 관료체제는 거의 건드리지 않았다.[86) 그럼에도 무신정권과 몽골의 비호하에서 비엘리트는 자신들이 개척한 비정규적 경로를 통해 변칙적으로 권력의 상층부에 진입했다. 세족 엘리트층은 사회적 경계선이 처참하게 무너진 탓에 전통에 의해 자명한 것으로 인정받던 사회정치적 질서가 교란되는, 다시 말해서 사회적인 것이 정치적인 것에 의해 무용지물이 되어버릴 위험한 상황에 직면했다.

## 2장 >>> 정체성의 위기: 새 왕조의 모험

몽골은 고려에 망가진 정치체제와 신유학이라는 두 가지 유산을 남겼다. 기묘하게도 궁지에 몰린 고려 후기의 엘리트들에게 왕조 부흥의 전망을 밝혀주었을 뿐 아니라 그것을 실천에 옮길 실용적인 방안까지 제시해준 것은 신유학이었다. 고려의 마지막 몇십 년 동안에는 개혁을 요구하는 세력과 현실에 안주하려는 세력 사이에 치열한 갈등이 있었다. 고려왕조에서 조선왕조(1392~1910)의 수립으로 넘어가는 기간은 한 치 앞을 예측할 수 없는 매우 격동적이고 다면적인 변화의 과정이었고, 이를 통해 세족 엘리트가 마침내 제자리를 되찾은 문치의 선도자로 재부상해 향후 500년 동안 국운을 좌우했다.

## 실패한 개혁 노력: 변화의 적

충렬왕의 후계자들이 시도했던 몇 가지 정치개혁은 실패로 돌아갔지만,[1] 1351년에 공민왕(재위 1351~1374)[2]이 왕위에 오르면서 국가 재건의 새로운 희망이 생겨났다. '복아조종지법復我祖宗之法'(우리의 조종께서 세우신 법의 회복)을 선포하면서, 공민왕은 몽골 간섭기의 흔적과 친원파를 제거하고 왕권을 강화하며 제도의 안정을 되찾겠다고 공약했다.[3] 그의 이런 노력은 일찍이 정치개혁을 주청한 바 있던 저명한 학자 이제현李齊賢과 왕의 박식한 외사촌 홍언박洪彦博(1309~1363)[4]의 도움에 힘입은 것이었다. 홍언박은 이제현의 동료이자, 공민왕의 치세에 가장 강력한 출계집단으로 군림했던 왕의 외척 남양 홍씨를 대표하는 인물이었다.[5] 이 최초의 개혁은 1356년에 이루어진 악명 높은 부원배附元輩 기철奇轍(?~1356)의 처형에서 절정에 달했다. 원나라의 마지막 황제인 순제順帝(재위 1333~1370)의 두 번째 부인인 기황후[6]의 오빠 기철과 그 일파는 고려를 원의 속국으로 만들기 위해 역모를 꾀했다는 죄목으로 주살되는데, 이들을 숙청하는 데 크게 이바지한 자들은 공신으로 서훈되고, 그 가운데 홍언박은 1등 공신에 책록되어 고위직에 올랐다.[7]

하지만 공민왕의 개혁안은 내외의 몇몇 긴급사태에 의해 이내 중단되었다. 그를 겨냥한 여러 차례의 암살 시도가 있었을 뿐 아니라, 갈수록 강화되던 그의 반원정책은 몽골의 화를 돋우었다. 게다가 1361년에 개경이 한족漢族 반란군인 홍건적의 무리에게 유린당했을 때, 그는 안동으로 파천해야만 했다. 홍건적은 몽골의 지배력이 약화된 틈을 타 북중국을 약탈하고, 거듭해서 한반도를 침략했다.[8] 이와 동시에 해안지역은 왜구의 노략질로 인해 피폐해졌다. 호적戶籍이 홍건적에 의해 불타고, 1363년에 홍언박이 정적에게 피살되었으며, 심지어 왕의 목숨까지 위태로운 지경에 이르자, 나라는 대혼란의 구렁텅이에 빠졌다. 이를 기화로 무신들은 다시 정치적 실권을 주장했고, 몽골은 공민왕을 퇴위시키고 그의 사촌[9]을 즉위시키려는 움직임을 보였다. 하지만 공민왕은 살아남았다. 그렇지만 그는 위기를 극복할 때마다 지지자들에게 공신의 지위를 부여하고 토지를 하사하는 식으로 후하게 보상함으로써, 농민들의 곤궁한 삶을 더욱 어렵게 만들었다. 또다시 과거 급제보다 군사적 무용이 관료사회 진입의 지름길이 되고, 그 결과 도당의 인원이 필요 이상으로 많아지고 실직實職 없는 정원 외 관직인 첨설직添設職의 제수가 지나치게 늘어났다.[10] 이런 상황의 진전은 명백하게 '권문'의 문제를 악화시켰다.

이 절망적인 국면에 절에서 일하던 노비의 아들로 알려진 무명의 승려 신돈辛旽(?~1371)이 등장하여, 1365년에 애지중지하던 왕비를 잃고 실의에 빠져 있던 공민왕의 신임을 얻고 그의 종교적 자문역을 맡게 되었다. 왕과 승려 사이의 이례적인 친분은 특히 이제현의 신랄한 비판을 야기했지만, 신돈은 국사國師의 지위에 올랐고, 얼마 뒤에는 궁궐 안에서 국사를 처리했다. 또한 무신들을 숙청하고, 자신이 의도한 바는 아니었지만 광범위한 개혁 시책을 추진했다. 개혁의 목적은 대규모 농장들을 해체하고, 첨설직 보유자들을 군무에 복역하게 하며, 유교 교육을 중흥하는 것이었다. 신돈은 통상적으로 이런 개혁을 주도한 인물로 묘사되지만, 민현구가 설득력 있게 입증하고 있듯이 개혁의 실질적인 주체는 개혁 성향 유생 — 신돈은 이들을 나라의 도둑들이라고 경멸적으로 표현했다 — 의 선구자 격인 관리 임박林樸(?~1376)이었다. 단도직입적이고 강직한 성품의 소유자로 알려져 있고 중서문하성의 일원이었던 그가 신돈과 친분이 있었을 리는 없지만, 그래도 임박은 공민왕의 마음을 사로잡아 중요한 개혁안을 상소했고, 왕은 얼마 후 망설이는 신돈에게 그 개혁안을 실행에 옮기라고 명했다. 신돈을 도와 이 벅찬 임무를 수행하던 임박은 국자감의 후신인 성균관成均館의 좨주祭酒에 임명되어, 이 침체된 기관의 재건에 박차를 가하는 한편 원나라식 과거제도의 도입을 건의했다. 이 중대한 건의는 2년 뒤인 1369년에 '통상적인 격식'으로 제도화되었다.[11] 활기를 되찾은 성균관은 비판적인 신세대 학자들의 등장을 촉진했다. 신돈 밑에서는 관직에 진출할 꿈도 꾸지 못했던 그들은 결국 왕조의 교체를 앞당기는 지적 계기를 마련했다.

불교계에서 '사승邪僧'으로 비난받던 신돈은 날이 갈수록 전제적 통치자처럼 행세했고, 점차 공민왕의 신임마저 잃어버렸다. 6년 이상 권력을 누린 끝에, 그는 왕의 암살을 꾀했다는 혐의로 유배되었다가 1371년에 마침내 처형당했다. 그와 함께 그의 수하 상당수도 사형이나 유배형에 처해졌다.[12]

이런 유혈사태 이후 몸소 정사를 돌보려고 애쓰기는 했지만, 우유부단한 군주였던 공민왕은 여전히 정치보다는 여가와 예술(그는 뛰어난 화가이자 서예가였다)에 탐닉하며 살았다. 그가 후사를 남기지 않은 채 1374년에 시해되었을 때, 왕권과 왕조는 종국으로 치닫고 있었다. 원나라를 지지하던 무반 출신의 고위관료 이인임李仁任(?~1388)[13]의 도움을 받아, 신돈이 거느리고 있던 한 노비의 어린 아들이 우왕(재위 1374~1388)으로 즉위하여 '변칙적으로' 통치권을 행사했다. 왕과 이인임은 최영崔瑩과 이성계李成桂가 1388년에 실권을 장악했을 때 유배되었고,[14] 우왕의 왕위는 잠시나마 그의 어린 아들 창왕(재위 1388~1389)에 의해 계승되었다.[15] 고려의 왕씨 왕통은 승자들에 의해 공양왕(재위 1389~1392)이 왕으로 추대되었을 때 일시적으로 회복되었지만,[16] 1392년 여름에 새 왕조의 창건이 선포됨으로써 최종적으로 단절되었다.

몽골의 간섭이 끝난 직후에 시도된 개혁이 실패한 이유는 다양했다. 왕권이 심각하게 약화되었을 뿐 아니라, 정치문화도 권력의 배분을 통제하는 관료체제를 마비시킬 정도로 타락한 상태였다. 하지만 무엇보다도 개혁의 실패는 사회적 위기에서 비롯되었다. 세족 엘리트층은 권력의 상실을 절감했지만, 몽골에 대한 태도, 왕조에 대한 충성심, 개혁에 대한 사고방식 면에서 사분오열되어 있었다. 반면에 권문은 정부 안팎에서 강력하고 영향력 있는 집단으로 남아 있었고, 전반적인 사회적 동요의 덕을 톡톡히 보고 있었다. 고려 말의 위기에 관련되어 있던 세력들에 대한 분석은 사회적 상호의존과 경쟁의 연결망이 복잡하게 얽혀 있었음을 드러내주고, 왕조를 괴롭힌 대부분의 난제 — 특히 토지의 불평등한 분배 같은 경제적 폐단과 그로 인한 국가 재정의 파탄 — 가 주로 사회적 구성요소들의 맞물림이 어긋남으로써 빚어진 결과였다는 사실을 보여준다.

이제현(1287~1367)은 공민왕 초기의 조정에서 가장 유력한 인물들 가운데 한 명이었다. 경주 이씨慶州李氏[17]의 후손인 제현은 어려서부터 유학을 특별히 잘 이해했고, 1301년에 15세의 나이로 국자감시에 1등으로 합격했다. 1314년에는 충선왕의 부름을 받고 원나라로 가서, 다수의 유명한 중국인 학자와 교분을 쌓았다.[18] 6년 뒤에 귀국한 그는 고위직에 올랐고, 충렬왕의 후계자들에게 세족 엘리트층의 정치력을 회복시키는 방향으로 제도를 개혁하라고 거듭 촉구했다. 공민왕의 치세에 문하시중을 지낸 그는 '경敬'과 '신信'을 왕도의 근본원리로 삼아야 한다고 힘주어 말했다.[19] 왕이 사서오경을 제대로 강론할 수 있는 인물들에게 둘러싸여 있기를 원했기에, 그는 궁궐 노비의 아들로 태어나 충혜왕의 치세에 고위직에 올랐던 배전裵佺(?~1361)과, 막대한 부를 축적하고 아녀자를 능욕한 것으로 알려진 당대의 간흉 강윤충康允忠(?~1359) 같은 '폐행'을 곁에 두고 총애하는 왕을 준열하게 질책했다. 이 시대에 지탄받던 왕의 또 다른 측근은 여러 차례의 숙청에서 살아남아 조선의 개국 초에 원종공신原從功臣이 된 김사행金師幸(?~1398)이라는 하찮은 환관이었다.[20]

이제현은 급진적인 개혁가는 아니었지만, 기철과 그 일당의 숙청을 주도한 주요 인물들 가운데 한 명이었는데, 아마도 개인적인 위험부담을 안고 그 일을 했을 것이다. 수도에서 안동 권씨를 대표하던 저명인사 권부權溥(1262~1346)와의 인척관계를 통해 기철과 이리저리 얽혀 있었기 때문이다.[21] 권부의 아들인 권후權煦[22]의 아들 중귀重貴는 기철의 딸과 혼인했고, 기철의 장남은 이제현의 둘째 아들 이달존李達尊(1313~1340)의 딸을 아내로 맞았다. 그리고 달존은 신유학을 한국에 전파시킨 학자들 가운데 한 명이자 이제현의 스승이었던 백이정白頤正(1247~1323)의 딸에게 장가갔다.[23] 기철과 함께 1356년에 희생된 또 한 명의 인물은 권부의 아들 겸謙(?~1356)이었다. 원나라에서 충숙왕을 모셨던 그는 몽골과 은밀한 거래를 했고, 딸 한 명을 황태자에게 바쳤다. 겸은 권씨 가문의 오점이 되었고, 그의 가계는 대를 이을 자손이 없었던 탓에 이내 단절되었다.[24] 세 번째 희생자는 노책盧頙(?~1356)이었는데, 그는 옹주와의 혼인 덕에 출세가도를 달렸고, "천성이 탐욕스러워" 부정한 방법으로 막대한 재산을 모았으며, 딸 한 명을 원나라의 태자에게 시집보냈다.[25] 이 세 '반역자'의 처형은 틀림없이 수도의 엘리트층에게 엄청난 충격을 안겨주었을 것이다. 물론 그 일은 국가이성의 명령에 따른 행위였지만, 엘리트층이 몽골의 권력자들 및 고려의 왕실과 얼마나 깊은 관련을 맺고 있었는지, 특권과 권력을 남용하고픈 유혹에 빠지기가 얼마나 쉬웠는지를 적나라하게 보여주었다. 왕정을 복구하고 개혁된 관료체제에 '개명' 엘리트를 복귀시키기 위해 평생에 걸쳐 유교적 덕성과 지혜를 깊이 연구했던 이제현 같은 인물이 느꼈을 감정은 짐작조차 하기 어렵다. 1357년에 이제현은 낙향했고, 공민왕의 치세에 벌어진 두 번째의 대규모 처형은 보지 못하고 숨을 거두었다.

공민왕이 신돈을 중용한 것은 "자신의 뜻에는 따르지 않고" 무리지어 서로를 감싸는 세신대족世臣大族에 휘둘리기를 원치 않았기 때문인 것으로 보인다. 그는 엘리트층과 혼인하여 신분상승을 꾀하는 초야草野의 신진에게도 염증을 느꼈고, "강직하지 못하고 유약하며" 좌주座主(시험관)와 문생門生(합격생)의 연으로 패거리를 이루는 유생들에게도 실망했다. 그는 신돈에게서 "세상사로부터 초연한 독립적인 개인"의 모습을 찾아보고자 했던 것으로 보인다.[26] 하지만 신돈은 이내 그런 인물상과는 거리가 먼 것으로 밝혀졌고, "재추들과 합석하지 않고 무엄하게 왕의 곁에 자리를 잡음으로써 만백성의 우려를 자아냈다." 이런 양군兩君 체제를 비판할 용기를 가진 자는 자신의 목숨을 걸어야 했다.[27] 문신과 무신을 가리지 않고 자신의 정적들을 무자비하게 숙청하면서, 신돈은 내재추內宰樞라는 제도를 만들어 한 무리의 측근들로 하여금 궁궐 내의 별청에서 국사를 처결하도록 했다. 신돈의 협력자들은 대부분 그와 마찬가지로 출신이 한미했고, 주로 군공을 세워 요직에 진출했다. 예컨대 이운목李云牧(?~1371)은 왜구를 상대로 약간의 공을 세웠고, 자신이 적대시하던 기철을 주살한 공으로 2등 공신이 되었다. 그는 신돈에게 아부하여 벼슬을 얻은 이춘부李春富(?~1371)[28]와 함께 허풍선이라고 불렸다. 역시 미천한 출신의 김란金蘭(?~1371)도 내재추의 일원이었다고 전해진다.[29] 이 세 사람은 모두 1371년에 신돈과 함께 처형당했다. 희생자들 중에는 기철의 방계친인 기현奇顯과 그의 두 아들, 진윤검陳允儉 장군, 소수의 승려, 신돈의 친척도 포함되어 있었다. 목숨을 잃은 30명 외에, 같은 수의 사람이 장형과 유형에 처해졌다.[30]

　　신돈과 그 일당을 제거함으로써 공민왕은 잠시 한숨을 돌렸지만, 그의 휴식은 오래가지 않았다. 그는 신돈을 제거하고 친정체제를 구축해야 한다는 일부 고위관리의 충언을 귀가 따갑게 들어왔는데, 이번에는 급변하는 국제정세라는 문제에 직면하게 되었다. 왕은 시대의 흐름을 알아차리고 승리자인 명나라의 편에 서기로 했지만, 오랫동안 친원정책을 고수해왔던 신돈의 그림자가 남아 있었다. 설상가상으로 한때 신돈에 의해 좌천되었던 명장 최영으로 대표되는 군부는 더 많은 정치적 지분을 요구하고 있었다. 공민왕은 이런 다양한 도전에 대처할 준비가 되어 있지 않았고, 무엇보다도 후사가 없다는 사실 때문에 괴로워하고 있었다. 1373년에 왕은 한 소년을 자신과 궁인 사이에서 태어난 아들(사실은 신돈의 아들)이라고 주장하면서, 그에게 왕우王禑(1365~1389)라는 이름을 주고 세자로 삼았으며, 그의 교육을 노모인 명덕태후에게 맡겼다. 얼마 뒤에 공민왕은 두 명의 측근에게 시해되었는데, 이는 이상야릇한 궁중 음모의 결과였다.[31] 그의 사후에 어린 우가 황급하게 그의 후계자로 선포되었다. 명덕태후는 다른 종친에게 왕위를 넘기려 했으나, 그녀의 계획은 문하시중 이인임의 책략에 의해 좌절되었다. 이인임은 우왕의 어린 나이를 이용하여 정권을 장악하고 당대의 실력자로 떠올랐다. 1360년 대에 무신으로 경력을 시작한 그는 신돈 밑에서 도당에 진입했고, 이제는 지윤池奫[32] 같은 의심쩍은 인물들의 도움을 받아 자신의 권위를 세우기 시작했다. 명나라로부터 국왕 시해범으로 몰릴 것을 우려한 그는 명나라에 쫓겨 퇴각하고 있던 원나라와의 외교관계를 재개함으로써 친명 성향 관리들의 반발을 야기했다. 이인임과 지윤의 제거를 주청하던 대신들은 1375년에 관직을 삭탈당하고 유배되었다. 자신의 심복들에 둘러싸여 있던 지윤은 곧 이인임에게 등을 돌리고 그와 최영을 함께 없애고자 했다. 하지만 그의 계획은 실패로 돌아가고, 그와 그의 일가족, 수하들은 1377년에 처형당했다. 그 후 이인임은 홍건적에 맞서 싸우면서 경력을 쌓기 시작한 무신 임견미林堅味와 손을 잡기로 했다.[33] 내재추의 일원이었던 임견미의 영향력은 갈수록 커졌고, 그는 심지어 이인임과 최영의 반대에도 수도 개경을 남쪽의 한양으로 옮겨야 한다고 강변했다. 1388년 1월에 명나라와의 국교 정상화에 반대했던 임견미와 이인임의 또 다른 측근 염흥방廉興邦[34]은 결국 우왕과 왕의 오른팔 격인 최영에 의해 제거되었다. 임견미는 약 50명의 가신과 함께 처형당했고, 그의 부인들과 자식들은 노비가 되었다. 한편 이인임은 한때의 협력자였던 최영의 건의에 따라 단지 유형에 처해졌지만, 얼마 지나지 않아 유배지에서 사망했다.[35]

### 권문: 고려 후기의 악당

이렇게 해서 공민왕 사후의 10여 년은 훗날 '간신'으로 낙인찍힌 개인들의 몰락으로 마감되었다. 그들은 권력을 사유화하여 자신들의 세를 불렸고,

가신이라는 비엘리트 부류를 키웠으며, 변화하는 세계에서 고려가 처해 있던 위태로운 상황을 제대로 파악하지 못하는 잘못을 저질렀다. 권력을 가진 그들은 권문이라는 문제를 영속화했을 뿐만 아니라, 그들 자체가 그 문제의 일부였다. 딱히 내세울 만한 조상이 없던 출계집단 소속의 임견미와 염흥방(과거 급제자)은 군공을 세움으로써 고위관리가 되었고, 근본도 없는 심복들과 함께 자신들의 직위를 남용하여 다른 사람들의 토지를 강탈하고 온갖 전횡을 일삼았다. 임견미의 경우 전국 각지에 부동산을 소유하고 있었다고 전해진다. 한편 무녀의 아들이었던 지윤은 특히 매관매직으로 막대한 재산을 모은 흉포한 인물로 악명 높았다. 이인임은 사후에 대표적인 희생양이 되어, 임과 염의 방자한 행동을 용인함으로써 우왕 치하의 정치적 침체를 초래했다는 비난을 뒤집어썼고, 부관참시剖棺斬屍와 파가저택破家瀦宅(죄인의 집을 허물고 그 터를 파서 연못으로 만드는 형벌)이라는 최대의 치욕을 당했다.[36]

여러 명의 고관이 역사적 오명을 남겼지만, 권문에는 이름도 없고 신분도 낮지만 궁정과 정부의 어수선한 상황을 틈타 재빨리 사익을 취한 총신·하급관리·가신·환관 등도 포함되었다. 당대의 기록이 증명하듯이, 이 문제는 단순히 정치적인 것이 아니라 경제적인 현실과 관련된 것이었다. 권문─심지어 왕실의 구성원들까지 포함한─은 불법적인 토지의 강탈에 의해 조성되거나 확장된 대농장을 소유했고, 그 땅에 대한 면세를 주장했다. 이렇게 해서 그들은 무수한 소유권 분쟁을 야기했을 뿐 아니라 국가의 세원 감소를 초래했다. 엎친 데 덮친 격으로, 가속화된 토지 사유화는 녹과전祿科田의 배분을 어렵게 만들었고, 그 결과 관리들의 녹봉체계를 무너뜨렸다. 게다가 여러 청구권자가 요구하는 세금을 더 이상 감당할 수 없었던 농민은 고향을 떠나

지방을 전전하거나 세도가의 농장에 투탁投託해 스스로 노비가 되었는데, 이런 자들의 수는 갈수록 늘어났다. 요컨대 자기 잇속만 차리는 권문의 경제행위는 14세기 중엽의 농업경제를 붕괴 직전까지 내몬 주된 요인이었다.[37]

권문 문제에는 심지어 종교적 차원도 있었다. 권문은 불교시설에 막대한 재산을 투자했다. 고려 초에는 왕실 외에 개인이 법당(원당願堂)을 건립하는 것이 용인되지 않았지만, 무신정권이 들어선 이후에는 창건주의 명복을 빈다는 것을 빌미로 국가의 토지자산을 개인의 법당으로 전용하기 위해 원당을 건립하거나 중수重修하는 사례가 급증했다.[38] 실제로 고려 말에는 원찰願刹이 위세의 상징이 되어 "배나 마차로 갈 수 있는 곳에는 어김없이 탑과 원당이 마주보고 있었다." 이런 세태에 진저리가 난 당대의 한 논객이 말했듯이, 행운을 염원하던 창건주들은 농민에게 피해를 끼쳤을 뿐 아니라, 그들의 대열에 동참할 여력이 없었던 정규 관리들을 '노비'나 다름없다고 깔보았다.[39] 원당의 건립자들 가운데는 악명 높은 환관 방신우方臣祐(?~1343)와 고용보高龍普(?~1362)도 끼어 있었다. 충렬왕과 그 후계자들의 치세에 방대한 토지를 겸병한 것으로 알려진 방신우는 1330년에 선흥사禪興寺를 중수할 때 "그 외양을 웅장하고 아름답게 만들기 위해 최대한의 노력을 기울였다."[40] 기철의 수하 가운데 한 명이자 고려 말에 가장 잔인하고 부패한 인물로 손꼽혀 만인의 지탄을 받은 고용보는 백제의 옛 사찰인 보광사普光寺를 중건했고, 유명한 학자 이곡李穀을 시켜 이 사실을 기문記文으로 남기게 했다. 말년에 양심의 가책을 느낀 듯한 고용보는 해인사의 승려가 되었지만, 그곳에서 1362년에 살해되었다.[41] 고관들이 조상을 기리기 위해 수도 인근에 절을 짓는 것은 그리 이상한 일이 아니었지만, 방신우와 고용보 같은 파렴치한 인간들이

사찰을 만들자, 불교조차 권문 문제의 일부가 되어버렸다.[42]

고려 말의 권문은 사회정치적 행위의 전통적인 규범을 무시하거나 대놓고 어기는 이질적인 개인들의 집단이었고, 세족에 의해 왕조의 핵심적 가치뿐 아니라 국가의 사회적·경제적·문화적 안정마저 위협하는 존재로 인식되었다. 물론 1장에서 자세히 설명했듯이, 권문은 몽골의 지배 초기부터, 즉 충렬왕이 본인 입맛에 맞게 사회적 출신성분이 의심스러운 아랫사람들을 뽑아 세족이 지배하던 관료사회에 맞서려 했을 때부터 문제로 떠오르기 시작했다. 그렇지만 그들의 영향력을 축소시키려는 차후의 노력에도, 그들은 환관과 신돈 같은 인물을 활용하여 외척과 세족 관리들의 간섭에 맞서고자 했던 것으로 보이는 공민왕의 치하에서도 계속 득세했다. 공민왕의 사후에 왕권을 사실상 인수한 이인임 같은 인물이 군부와 제휴하여 비엘리트 부류를 권력의 최상층에 대거 포진시킴으로써, 문제는 심각할 정도로 위험한 수위에 달했다. 세족의 관점에서 보자면, 나라가 걷잡을 수 없는 대혼란으로 치닫고 있었다. 이런 악조건 속에서 왕정을 복구하고 세족의 헤게모니를 되찾는 일이 가능했을까?


### 신유학자: 국가 부흥의 이론적 선도자

고려 후기의 부흥 과정은 그 결과를 예측할 수 없는 과정이었다. 그것은 공민왕이 즉위교서에서 약조한 바대로 "왕조 창건자들의 법"을 재확립하려는 노력과, 좀 더 급진적인 유학자들이 요구한 바대로 고대 중국의 모델에 입각하여 국가와 사회를 복원하려는 시도(복고復古) 사이를 오갔다. 두 전망은 모두 '부흥'을 꿈꾸었지만, 양자가 구상하고 있던 부흥의 범위는 달랐다. 왕조의 교체 없이 부흥이 가능했을까, 아니면 왕조의 교체가 필요했을까? 그리고 최종적으로 왕조의 교체를 불가피하게 만든 요인은 무엇이었을까?

고려에서 조선으로 넘어가는 시기에 신유학자들이 어떤 역할을 했는지에 대해서는 폭넓은 연구가 이루어졌지만, 여기서는 앞서 약술한 배경지식에 기대어 그런 연구를 간략히 재검토하고자 한다. 신유학자들은 자신들의 시대에 이상적인 사회를 만들어보겠다는 꿈을 가진 고립된 이상주의자들의 집단으로 곧잘 묘사되고는 한다. 그러나 그들은 신분과 부의 유지에 관련된 권력투쟁의 주역들이 아니었던가? 권문과 세족이라는 용어가 의미하는 바에 비추어보면, "신유학으로 무장한 개혁가들의 일차적 목표가 세습적인 귀족제도를 타파하고 그것을 유교 경전에 관한 지식을 중시하는 실력 본위의 체제로 대체하려는 것"[43)]이라는 주장은 정당화되기 어렵다. 신유학자들은 세습적 귀족인 세족의 선봉장이 아니었던가? 그들이 개혁을 촉구한 것은 사회적 합법성도 제대로 확보하지 못한 주제에 권세를 부리던 자들로부터 자신들이 과거에 정부에서 차지하고 있던 우월한 지위를 되찾기 위함이 아니었던가? 왕조의 궁극적인 교체는 소수의 유학자에 의해 대표되던 세족이 고려 후기의 권력 찬탈자들에게 승리를 거두었음을 뜻했던 것 아닌가? 그리고 이 승리가 훗날 유교 경전에 명문화된 도덕적 명령의 성공적인 실현으로 찬미되고 합리화되었던 것 아닌가? 대부분의 역사서에서 되풀이되는, 신유학자들이 "기성 귀족층"에 반기를 들고 "새롭게 부상한 중소지주 계층"이라는 주장 ― 이런 주장을 뒷받침할 만한 증거자료는 전혀 없다 ― 을 의심 없이 받아들이기보다는, 고려 후기의 엘리트 사회를 괴롭히고 있던 심각한 사회적 위기를 극복하는 데 신유학자들이 과연 얼마나 큰 역할을 했는지 재고할 필요가 있다. 도덕적인 것을 사회적인 것의 범주에 '자연스럽게' 포함시키려는 그들의 노력은 정치적인 것에 대한 사회적인 것의 통제력을 되찾기에 부족함이 없었는가? 아니면 그들은 자신들이 꿈꾸던 이상을 궁극적으로 실현하기 위해 애초의 계획에는 없었던 무력의 도움을 필요로 했던 것인가?

단편적인 기록만 남아 있지만, 초창기의 신유학자들은 일단 사대부라는 전문가 집단의 윤리를 이해하지 못하는 개인들이 지배하는 세상에서 자신들이 희생당하고 있다고 생각했던 것으로 보인다. 원나라에서 중국인 학우들과 함께 중국인 스승들로부터 개명의 도구인 신유학 사상의 역할에 대해 배우고 돌아온 뒤에(3장을 보라),[44] 그들은 자기 자신, 그리고 국가와 사회에서 자신들이 맡아야 할 임무를 새롭게 의식하며 개성에서 자신들이 처한 상황을 살펴보았다. 그리고 원나라에 반대하지는 않았지만, 고국이 총체적 난국에 빠진 것은 몽골이 고려를 속국으로 통제하는 초국가적 체제를 강요한 결과라는 사실을 명확하게 깨달았다. 양국에서 과거에 합격하고 관직을 보유한[45] 그들은 그 체제의 일부가 되고 말았지만, 신유학자로 새롭게 변신한 그들은 친원주의자인 당대의 권세가들을 멀리해야 마땅하다고 느꼈고, 이를 위해 자신들의 집단에 '사 또는 사대부'라는 오래된 용어를 붙였다.[46] 몽골에서 오랫동안 수학한 이곡(1298~1351)은 도덕적 용어들을 사용해서 중신重臣과 권신權臣을 구별했다. (유학을 공부한) 전자는 "충성스럽고 강직하지만" 후자는 "교활하고 비열하다는" 것이었다. 진중한 신하는 역경에 처해도 생사와 화복禍福에 연연하지 않고 절조를 지키며 대의를 주장했지만, 기회주의적인 신하는 왕에게 빌붙어 상황을 악용함으로써 본인의 이익을 챙기고 자신의 권력을 강화하기에 급급했다는 것이다. 이곡은 이런 일이 벌어지는 동안 대다수의 관리는 울분을 삼키며 침묵했다고 개탄했다.[47] '성誠'과 '경敬'을 정치의 으뜸가는 미덕으로 여겼던 이곡은 당대의 사회적 위기를 도덕적 수양의 부족에서 기인한 것으로 진단했고, 동료들에게 해야 할 말을 소신껏 하면서 왕조를 구해내자고 촉구했다.[48]

신유학자들의 가장 큰 불만은 예전 같으면 사회적 배경 탓에 벼슬을 할 엄두도 내지 못했을 부류가 한때 세족의 배타적인 영역이었던 관료사회의 상하위직에 골고루 침투했다는 점이었다. 과거제는 사회적 여과장치의 역할을 상실했고, 그 기능은 변칙적으로 훼손되었을 뿐 아니라 군왕의 총애와 음서의 남용에 의해 거의 마비되었다. 설상가상으로 과거를 치르지 않고 군무에 잠시 종사하다 고위직으로 직행하는 사례도 늘어났다. 또한 과거에 기초한 전통적인 관료체제는 명맥은 유지했으되, 다양한 궁내 의사결정기구의 권한 앞에서 무기력하기만 했다. 이런 상황에서 이제현처럼 사명감에 불타는 학자들이 과거제의 시급한 개선을 목표로 삼은 것은 그리 놀랄 일이 아니다. 1320년의 첫 번째 시도에서, 이제현은 당나라 식의 시부詩賦 짓기를 책문策問에 대한 답안 작성으로 대체할 것을 건의했다. 1344년에는 좀 더 대담하게 원나라의 모델에 따라 송대宋代의 주석이 달린 유교 경전에 대한 지식을 과거의 필수과목으로 도입해야 한다고 강변했다. 이에 따라 과거 응시자는 초장初場에서 사서육경四書六經에 대한 지식을, 중장中場에서 시부 짓는 솜씨를, 종장終場에서 책문策問의 수준을 검증받아야 했다. 이와 같은 과거 과목의 근본적인 개편 ― 이로 인해 과거는 대부분의 응시자에게 지적으로 도저히 넘볼 수 없는 벽이 되어버렸을 것이다 ― 은 시부를 주된 평가기준으로 삼아야 한다고 주장하는 사람들(심지어 이제현의 동료인 홍언박을 포함한)의 반대에 부딪혀 당연히 오래가지 못했다. 그러므로 이제현의 제안이 제도화할 만한 가치가 있는 것으로 진지하게 검토되었는지조차 의문스럽다.[49)]

유학을 소생시키고 중국 고전의 연구를 과거제의 핵심으로 만들려는 신유학자들의 프로젝트는 1360년대 말에 성균관의 재건에 중점을 두었는데, 그 비용은 도성 안팎의 '유관儒官'들로부터 강제로 걷은 포布로 충당되었다. 이미 언급했듯이 이 프로젝트를 추진한 임박은 갈수록 늘어나던 생원들을 오경을 공부하는 집단과 사서를 공부하는 집단으로 양분하는 새로운 체제를 도입했다. 결의에 찬 그의 끈질긴 노력은 1369년에 초시初試·복시覆試·전시殿試로 이루어지는 원나라식의 3단계 과거제가 처음으로 시행됨으로써 마침내 결실을 보았다.[50)]

임박은 주요 연대기에서 상기한 사건들의 주역으로 인정받고 있지만, 그는 어디까지나 행동하는 지식인이었기에 본인의 임무가 완수되자 역사의 무대에서 사라졌다. 이곡의 아들인 이색李穡(1328~1396)은 임박의 작업을 마무리한 사람들 가운데 한 명이다.[51)] 아버지를 따라 원나라의 수도에 간 젊은 이색은 몽골의 과거에 합격했고, 개성에서는 음서로 벼슬살이를 시작했다. 1353년에는 이제현과 홍언박이 주관한 고국의 과거에서 장원급제했다. 그리고 안동으로 파천한 공민왕을 모신 공으로, 1등 공신의 지위와 넓은 토지, 20명의 노비를 하사받았다. 부친상을 치르고 있던 1352년에는 개혁에 대한 자신의 소신과 계획을 담은 긴 글을 공민왕에게 바쳤다. 그는 시급한 당면과제로 교육을 꼽으면서, 무너진 학제의 개혁이 "유생들의 행운만은 아니다"라고 주장했다.[52)] 1367년에 임박의 후임으로 성균관의 대사성大司成에 임명되었을 때는 과감하게 학칙을 개정하는 조치를 취했고, 고려 말에는 많은 신유학 옹호자의 스승으로 추앙받으며 명성을 날렸다. 이색은 자신과 뜻이 통하는 젊은 경술지사經術之士(유교 경전에 밝은 인물)인 정몽주鄭夢周(1337~1392)·김구용金九容(1338~1384)·박상충朴尙衷(1332~1375)·이숭인李崇仁(1347~1392) 등을 교관으로 발탁했다.[53] 과거 급제자인 이들은 1350년대 후반과 1360년대 초반에 관계에 진출한 헌신적인 학자 겸 교관의 소규모 중추집단을 형성했다. 이들은 원나라에서 교육을 받은 적이 없었에, 그들이 신유학 사상에 경도된 것은 전적으로 소규모의 학습 및 토론 집단에서 선학들의 지도하에 송대의 주석이 첨부된 사서를 집중적으로 연구한 데서 비롯된 것으로 보인다.[54] 정몽주가 어떤 연유로 '몸과 마음을 수련하는 학문'(신심지학身心之學)에 탐닉하게 되었는지에 대해서는 기록이 남아 있지 않지만, 그는 이색과 친분이 두터웠던 임박과 이존오李存吾(1341~1371)[55] 같은 학자들과 함께 1360년에 치러진 과거에서 발군의 성적을 거두었다. 소수의 과거 응시자는 일찍 꽃핀 재능이나 개인적인 인연 덕분에 스승에 의해 뽑히기도 했다. 예컨대 성균관 생원이던 윤소종尹紹宗(1345~1393)은 1365년에 이색과 이인복李仁復(1308~1374)[56]이 주관한 과거에 합격했는데, 그는 이색의 부친인 이곡의 막역지우인 윤택尹澤[57]의 손자였다. 이색의 과거 동기생인 박상충은 이색의 여동생과 혼인했고,[58] 김구용은 명장 김방경의 5대손으로 1355년에 과거에 급제했다. 끝으로 1362년에 과거를 통과한 이숭인은 이인임의 방계친으로, 홍언박의 손녀와 혼인했다. 그리고 흔히 조선왕조의 '설계자'라 일컬어지는 정도전鄭道傳(1337?~1398)[59]은 이숭인의 친구이자 과거 동기생이었다. "끊임없이 강론에 열중했던" 신유학의 초기 교관들은 학문적 성향이 일치했을 뿐 아니라 결혼을 통해 다양하게 연결된 친밀한 벗들의 집단이기도 했다. 그 가운데는 유서 깊은 세족 출신도 있었지만, 불과 얼마 전부터 중앙정치의 무대를 밟은 자들도 있었다. 그들은 모두 과거 급제자로서 관직을 보유하고 있었고, 좌주와 문생으로서 서로 끌어주고 밀어주는 *끈끈한* 관계를 맺었다.[60] 동시대의 현안에 깊은 관심을 보였던 이 비판적 지식인들은 관료사회 내에서 소수파를 이루었고, 누가 봐도 '유생'임을 알 수 있는 선명한 이미지를 구축했다. 반면에 침묵을 지킨 다수의 학자는 이색이 신랄하게 비판했듯이 성인의 길을 모색하기보다는 관직을 구하는 데 혈안이 되어 있었다.[61]

하지만 소신 있는 발언을 하는 것은 쉽지 않았고 심지어 위험하기까지 했다. 공민왕은 분명히 몇몇 유생의 생각에 공감했고 "정도전을 아주 좋아한다"라고 말했다지만, 그들을 적극적으로 지원하지는 않았고 심지어 "강직하지 못하고 유약한" 집단으로 폄하했다. 반면에 신돈은 그들을 골치 아픈 파벌로 인지했을 뿐 아니라, 자신에게 비판적인 그들을 무자비하게 박해했다. 이존오는 겁도 없이 신돈의 횡포를 탄핵했다가, 그를 구하러 나선 이색이 고려의 개창 이래 단 한 명의 간관諫官도 죽임을 당한 적이 없고, "게다가 하찮은 유생의 말이 대인(신돈)에게 무슨 해를 끼치겠습니까?"[62]라고 진언한 덕분에 가까스로 목숨을 부지했다. 유생들은 군부에 의해 주도된 신돈의 제거 작업에 직접 개입하지는 않았지만, 새롭게 짜인 정치판의 덕을 톡톡히 보았다. 정몽주와 정도전은 3품 관직에 올랐고, 이색은 문하시중에 임명되었다. 그렇다 하더라도 유림은 군부의 상대가 되지 못했다.[63]

공민왕의 사후에 권력을 장악한 이인임이 왕의 친명노선을 폐기하고 원나라와의 관계 개선을 도모함에 따라 유생들의 상황은 다시 악화되었다. 그들은 힘을 합쳐 이런 식의 정책 변경과 명나라 사신의 살해에 항의하면서, 이인임과 지윤의 퇴진을 요구했다.[64] 그들의 개입은 역효과를 낳았다. 1368년에 공민왕이 친히 성균관에 행차한 가운데 치러진 과거에서 급제한 이첨李詹은 그 후 간관이 되어 이인임과 지윤을 탄핵하다가 10년 동안 유배되었다.[65] 정도전과 정몽주, 김구용을 비롯하여 이인임의 친원정책에 반대했던 여러 명이 유배형에 처해지고, 박상충은 국문 후유증으로 귀양을 가던 중에 사망했다. 임박은 평민으로 격하되고, 유배지에 당도하기 전에 피살되었다.[66] 일부 유배자는 1년 뒤에 방면되지만, 정도전은 거의 10년을 시골에서 지냈다. 1375년의 숙청은 고관들의 비호를 받지 못해 세도가들의 독단적 처사에 꼼짝없이 당할 수밖에 없었던 유생들에게 깊은 상처와 좌절을 안겨주었다.

이와 같이 전반적으로 불리한 상황에서, 유생들의 개혁안이 실행에 옮겨지는 것이 과연 가능했을까? 도덕적 통치와 요순堯舜 같은 중국의 현왕들을 본받는 정치체제의 회복에 대한 그들의 요구는 신기루에 불과하지 않았을까? 물론 유생들은 국가의 경제난 해결이 가장 긴급한 과제라는 사실 정도는 인식할 만큼 현실적이었지만, 수많은 사회적·경제적 병폐에 압도당한 탓인지, 그들이 내놓은 최초의 개혁사상은 비교적 온건했다. 예컨대 1352년의 상서에서 이색은 아마도 맹자의 정전제井田制를 염두에 둔 듯, "토지의 경계를 바르게 정하고 경지를 균등하게 나누는 것"(경계지정經界之正, 경지지균耕地之均)이야말로 군주의 급선무라고 아뢰었다. 그리고 하나의 토지에 주인이 여러 명인 잘못된 현실을 바로잡아 그 땅의 소유권자를 한 명으로 확정한다면, 경작자들의 어려움[여러 명에게 소작료를 내야 하는 부담]이 해소될 수 있다고 주장했다.[67] 그러나 신돈이 임박의 도움을 받아 권신들의 농장을 해체하기 위해 전민변정도감田民辨整都監을 설치했을 때,[68] 상당한 규모의 토지자산을 보유하고 있던 이색은 그런 급진적 조치에 대경실색하여 극구 반대한 사람들 가운데 한 명이었다.[69] 실제로 기존의 토지제도를 뜯어고치려는 모든 시도는 거센 저항에 직면했다. 전시과가 붕괴되자 귀족들에게는 사유지가 그 어느 때보다 귀중한 수입원이 되었고, 당연히 유생들의 사정도 비슷했기 때문이다.

유생들은 이렇게 개혁과 현상유지 사이에서 갈팡질팡했지만, 불교를 비판하고 권문과 불교 교단과의 관계를 힐난할 때는 훨씬 단호했다. 불교의 근본적인 교의에 대한 정몽주와 정도전 같은 인물의 널리 알려진 혹평은 일찍이 유교와 불교의 소통을 조심스레 모색했던 이제현의 입장과는 확연히 다른 것이었다. 그들은 또한 이색이 1352년에 제안한, 승려들에게 신분증(도첩度牒)을 발급하는 제도를 도입하고 향후의 사찰 건립을 금지시키자는 단순한 제도적 조치 이상을 요구했다.[70] 하지만 이색과 정몽주는 유교식 의례를 일상생활에 접목시킴으로써 제자들의 예법을 일신하고자 노력했다는 공통점을 지니고 있었다. 새로운 의례의 실천은 불교적 허식으로 세를 과시하던 권문의 낭비벽을 노골적으로 반박하는 완벽한 수단이었다. 1357년에 이색은 삼년상의 도입을 건의했고, 실제로 3년이라는 기나긴 시간 동안 모친상을 치렀다고 전해진다. 한편 정몽주는 사당을 세워 조상에게 제사를 지낼 것을 촉구했을 뿐 아니라 양친의 삼년상까지 치른 최초의 신유학자였다.[71] 동료 유생들도 그들의 뒤를 따랐다. 예를 들어 윤택은 자신의 사후에 불교식 장례를 치르지 말라고 유언했고, 윤소종의 부친인 그의 아들 윤구생尹龜生(1317~1381)은 은퇴 이후 윤씨 일가의 농장이 있는 금주錦州(오늘날의 충청도 금산錦山)로 낙향하여 사당을 세우고 3대의 조상을 기리는 제사를 꼬박꼬박 지냈다. 이런 흔치 않은 효행을 높이 산 관찰사는 그의 고향에 효자비를 세워주었다.[72]

그럼에도 초창기의 유생들 가운데 불교와 완전히 절연할 마음의 준비가 되어 있던 사람은 거의 없었던 것으로 보인다. 유일한 예외는 최해崔瀣였다. 그는 불교를 '이단'으로 규정했고, 수도의 관직에서 물러나 시골로 내려갔다.[73] 나머지는 이중적인 태도를 보였다. 유교적 가치가 불교의 '모호한' 교리보다 우월하다고 격찬하면서도, 승려들과 계속 교유했고 새로 지어지거나 중수된 사찰들을 위해 수많은 기문을 기꺼이 써주었다. 심지어 이색 자신도 이런 딜레마에 빠졌던 것 같다. 그는 불교도들의 경제적 낭비를 비난했지만, 그들의 신앙을 철학적 근거에 입각하여 공격하는 것은 자제했는데, 이런 입장은 훗날 비판의 대상이 되었다.[74] 이 초기 단계에서는 대부분의 유생이 자신들의 종교적 배경에서 완전히 자유롭지 못했고, 왕조의 교체가 자신들의 임무 완수에 반드시 필요한 전제조건이라는 사실을 직시하지 못했다.

1380년대의 지적·정치적 교착상태를 돌파하는 것은 차세대 유생들의 몫이었다. 왕권이 '정통성이 없는' 신돈의 후손에게 넘어가자, 정치의 장은 몇몇 고위관리가 도당의 실권을 장악하기 위해 다투는 사적인 대결의 무대로 변질되었다. 신돈의 집권기에 살아남은 이색은 이인임에 맞섰으나 '사이비 통치자들'에게 반기를 들지는 않았기에, 1388년 초에 이인임이 숙청된 이후 문하시중에 임명됨으로써 도당의 제1인자가 되었다. 하지만 이 노정객의 높아진 벼슬은 유생들의 대의를 진전시키지 못했다. 오히려 이색은 당대의 정치에 지나치게 깊숙이 개입함으로써, 본인들의 기득권에 대한 외부의 모든 비판을 무시하는 자들을 두둔한다는 혐의를 받았다.

그렇지만 조정의 바깥에서 벌어진 사건들이 고려 정부에 영향을 미쳤다. 명나라가 과거 몽골의 직접적인 지배하에 있던 영토를 병합하려고 위협하자, 최영 장군은 우왕의 후원을 받아 요동 반도의 정벌을 감행하기로 마음먹었지만, 이 과감한 결정은 고려가 강대국인 명나라에 군사적으로 대항할 준비가 되어 있지 않다고 주장하는 백전노장 이성계[75]의 격렬한 반대에 직면했다. 본인의 뜻과 무관하게 우군도통사右軍都統使의 임무를 맡게 된 이성계는 1388년 여름에 압록강의 위화도威化島에서 극적으로 '회군'함으로써 자신의 반대의사를 확실하게 표명했다. 이 일은 두 가지 의미에서 역사적 전환점이었다. 이성계는 개성으로 진군하여 최영을 비롯한 정적들을 제거했고, 그의 권력을 공고히 해줄 전략을 짜준 인물들을 만났다.[76]

이성계의 주요 책사가 된 인물은 다양한 면모를 지닌 조준趙浚(1346~1405)이었다. 처음 만난 자리에서 이성계는 조준의 품행에 깊은 인상을 받았고, 자연스레 그를 오랜 친구처럼 대했다. 1374년에 과거에 합격하긴 했지만, 조준의 벼슬이 높아진 것은 여러 차례 군공을 세운 덕분이었다. 그러나 당대의 정치에 환멸을 느끼고 1384년에 관직에서 물러나 "두문불출하면서 경서經書와 사서史書 읽기를 낙으로 삼았다." 윤소종을 비롯한 벗들과 함께 왕씨 왕가의 중흥을 도모하기로 맹세한 그는 아마도 이런 야망을 품고 승리자인 이성계에게 접근했던 것 같다. 그는 토지문제를 해결할 구체적인 방안을 궁리했는데, 그가 내놓은 개혁안의 골자는 사전私田의 혁파와 녹과전의 재편이었다.[77] 요컨대 조준이 구상한 전제개혁은 나라에 실제로 봉사하는 현직 관리들에게만 국가가 토지를 분급해주는 것이었다. 도당의 구성원

대부분이 그런 급진적인 시무책에 반대했던 것은 그리 놀랄 일도 아니다. 특히 이색은 "오래된 법제를 경솔하게 고치는 것은 불가하다"라고 주장했고, 유력한 가문의 자손들('거실자제'巨室子弟)도 이색의 편에 서서 조준의 방안에 결사적으로 반대했다.[78] 국가의 지배에서 벗어나 있는 토지는 군부를 지원해줄 든든한 재원이 될 수 없다는 사실에 오랫동안 주목해왔던 이성계에게, 조준의 기획과 몇 가지 시책은 절대로 철회할 수 없는 명확한 행동지침이 되었다.[79] 이것은 신유학에 관한 여론을 떠보기 위한 조치가 아니라, 토지자산을 국고로 환수하여 엘리트 관료들에게 재분배하기 위한 투쟁이었다. 이 투쟁에서 승리하기 위해서는, 심지어 초기 신유학의 두 거두를 제거할 필요가 있었다. 어린 창왕을 지지하며 개혁의 걸림돌이 되었던 이색은 1389년에 유배당했고, 새 왕조에 충성을 바칠 뜻이 전혀 없었던 정몽주는 조선의 개국 직전에 피살되었다. 하지만 두 인물은 자신들의 정신적 제자라 할 수 있는 조준과 정도전에 의해 조선조까지 이어진 기나긴 지적 변용과정의 토대를 마련했다. 그렇다 하더라도 이성계의 지원이 없었다면, 조준과 정도전이 유교 경전의 기본원리에 입각한 신왕조의 뼈대를 만들어낼 수 없었을 테고, 세족 엘리트층이 새 시대의 '사대부'로 변신하여 본인들의 사회적·정치적 우위를 회복할 수도 없었을 것이다.


## 조선 초기의 출계집단

고려에서 조선으로 왕조가 교체된 것은 고려의 엘리트 출계집단에 어떤 영향을 미쳤을까? 조선 초기 지배층의 구성에 눈에 띄는 변화가 있었을까?

고려사회의 상류계급에 속했던 출계집단들의 일부가 사라지고, 고려의 구舊 귀족층과는 무관한 다른 집단들이 흥기하여 중앙의 권력을 장악했을까? 다시 말해서, 사회적 기준이 정치적 참여의 수준을 규정하던 전통에 중대한 변화가 일어났을까?

고려시대에 발생한 사건들이 말해주듯이, 출계집단들의 역사에는 언제나 운명의 변전이 있었고, 왕조 교체기에는 으레 그들의 부침이 더욱 심했다. 이런 사실이 인식된 것은 조선의 개창기에 정부가 전국 각지의 출계집단 목록을 작성했을 때였다(이 작업은 1432년에 완결되었다). 그 무렵의 변화를 참작하여 새로운 명명법을 도입한『세종실록지리지』는 '토성土姓' 외에도, 고려 말의 기록에는 남아 있었지만 15세기 초에는 더 이상 존재하지 않던 출계집단인 '망성亡姓', 고려시대에 외부에서 특정 지역으로 이주해온 출계집단인 '내성來姓', 고려 문헌에는 없었으나 이때 처음으로 등록된 출계집단인 '속성續姓'에 대해 기록하고 있다.[80]『세종실록지리지』는 8도 각지의 행정·호구·농업에 대한 자료를 담고 있을 뿐 아니라, '인물' 항목에 각자의 출계집단을 대표하여 새 왕조의 정통성을 확립하는 데 기여한 것으로 간주된 뛰어난 '향토'의 인재들을 수록하고 있다.[81]『세종실록지리지』는 사망한 인물들만 제시하고 있지만, 1482년에 간행된 또 다른 관찬 지리지『동국여지승람』은 책이 편찬되던 당시에 생존해 있던 인물들까지 다룸으로써 전자의 내용을 크게 보강했다. 예를 들어 전자의 경우 파주를 설명하면서 12세기의 인물인 [파평] 윤관만 기록하고 있지만,『동국여지승람』은 고려조와 조선 초기의 윤씨를 각각 9명씩 포함시켰는데, 이는 그 편찬자들이 당대의 사회적 지명도를 강하게 의식하면서 인물을 선별했다는 점을 입증한다. 더욱이『동국여지승람』은 정

3품 이상의 관리들, 즉 엘리트 중의 엘리트만 소개하고 있다.[82] 『세종실록지리지』와 『동국여지승람』 말고도, 당대의 최고 출계집단들을 확인하는 데 도움을 주는 세 번째 기록이 있으니, 바로 성현成俔(1439~1504)이 작성한 '아국거족我國鉅族'의 명단이다. "과거에는 융성했지만 지금은 쇠락한 출계집단[토성]도 있고, 과거에는 미미했지만 지금은 번창하고 있는 출계집단도 있다"라고 지적하면서, 그는 75개의 성씨와 본관을 열거한다.[83] 요컨대 이 세 전거는 왕조 교체기와 조선 초기에 출계집단들이 겪은 흥망을 판단하는 데 도움을 주는 당대의 귀중한 자료를 제공한다.[84]

　놀랍게도 고려시대의 주요 출계집단들 가운데 소수만이 조선 초기에 쇠잔했다. 예컨대 철원 최씨는 최영 장군의 굴욕적인 몰락 이후 힘든 시기를 맞았다. 아들들이 부족하여 더 이상 고관을 배출하지 못했던 탓에, 1308년에 재상지종으로 인정받았던 이 성씨는 조선 초에는 더 이상 지체 높은 출계집단으로 간주되지 않았다.[85] 1308년에 철원 최씨와 동일한 명예를 누렸던 공암 허씨와 횡성 조씨, 언양 김씨, 평강 채씨도 엘리트층에서는 자취를 감추고 그 구성원들을 하급 관직에 진출시켰을 따름이다. 작은 군현의 미미한 출계집단 출신으로 고려 말에 잠시 득세했던 두 명의 '간신' 임견미와 염흥방의 후손들에게도 같은 운명이 닥쳤고, 두 성씨는 이후 정규 관리들을 배출하지 못했다. 이와 대조적으로 양성 이씨 이춘부의 후손 여러 명은 조상이 1371년에 처형되었음에도 문과에 급제하여 신정권의 관료사회에 진입함으로써 높은 사회적 신분을 인정받고 유지했다. 기철도 1356년에 유사한 수모를 당했지만, 그의 후손들은 과거에 합격하거나 관직을 보유한 행주 기씨가 단 한 명도 없었음에도 조선 초에 변함없이 '거족'으로 받아들여졌다.[86]

규모가 작고 뿌리가 깊지 않은 출계집단들이 잠시 흥했다가 사라진 것에 비해, 규모가 크고 방계가 많은 출계집단들은 다른 분파를 통해 명맥을 유지하면서 '족망'을 보전할 수 있었다. 대표적인 예가 성주 이씨이다. 비록 이인임의 이름과 그의 직계는 오욕을 면치 못했지만, 그의 다섯 형제(이 가운데 2명은 과거 합격자였다)가 고위직에 있었고 후손도 번성했다. 막냇동생인 인민仁敏의 아들 이직李稷(1362~1431)은 1377년에 과거에 급제했고, 3등 개국공신에 책봉되었으며, 고위 관직을 역임했다. 이직의 형제와 사촌도 조선 초에 정치적으로 활약했는데, 특히 그 가운데 이제李濟(?~1398)는 이성계의 사위가되어 1392년에 1등 개국공신에 봉해졌다. 게다가 이후에도 성주 이씨는 계속 사회의 상층부에 머물렀다.[87] 성주 이씨의 건재는 정도전이 정계에서 사라지자마자 쇠락을 면치 못한 봉화 정씨奉化鄭氏의 운명과 극명하게 대비된다. 확대가문의 지원도 거의 받지 못했고 지역적 기반 ─ 봉화는 안동의 북부에 있던 작은 벽촌이었다 ─ 도 별 볼일 없었기에, 정도전은 걸출한 인물이었으나 사회적으로는 딱히 기댈 곳이 없는 개인이었다. 그의 증손 2명만이 과거에 합격했고, 그 후 봉화 정씨는 사회적으로나 정치적으로나 잊혀진 듯하다.[88]

사후에 태조(재위 1392~1398)로 불리게 된 이성계는 1392년 가을에 즉위하자마자 52명의 개인을 개국공신으로 봉했는데, 과연 이들은 당대의 지배 엘리트층에 신선한 피를 공급했을까? 이 지배층은 문관과 무관의 혼성집단이었다. 문반에 속한 자들 중에는 과거 급제자가 압도적으로 많았다. 그 구성원들은 유서 깊은 출계집단의 후손들 가운데 과거에 합격한 자들, 예컨대 평양 조씨인 조준과 그의 동생 및 조카, [안동] 김방경의 4대손 김사형金士

衡(1358~1397), 청주 한씨淸州韓氏[89] 한상경韓尙敬(1360~1423) 등이었다. 이 세 성씨의 경우 그 후손들이 15세기 동안에(그리고 그 이후로도) 계속 활약했지만, 몽골의 간섭 초기에 부상하기 시작한 청주 정씨淸州鄭氏의 경우 과거 합격자인 정총鄭摠(1358~1397)과 정탁鄭擢(1363~1423) 형제 말고는 조선 전기에 고위직에 오른 후손이 거의 없었기 때문에 '거족'에 끼지 못했다.[90] 한편 남은南誾 (1354~1398; 무과 급제자)과 남재南在(1351~1419; 1371년 과거 급제자) 형제를 배출한 의령 남씨宜寧南氏는 후발주자였지만, 15세기 전반기에 그 후손 몇 명을 중위직 및 고위직에 진출시켰을 뿐 아니라, 무엇보다도 그 형제가 개국공신이 되고 남재의 손자가 태종(재위 1400~1418)의 딸과 결혼한 덕에 '거족'의 반열에 올랐다.[91] 문반에 속한 몇몇 인물의 사회적 배경은 아버지 세대 이상으로는 추적할 수 없는데, 이는 아마도 그들이 향리 가문의 후예임을 말해주는 듯하다. 그리고 주로 그렇듯이 이성계의 궁극적인 승리에 크게 기여하여 공신이 된 17명의 무관은 그 사회적 배경을 확인하기가 더욱 어렵다. 1392년의 공신 목록에서 문신은 무신보다 그 수가 훨씬 많았고, 그 연원이 혹은 길고 혹은 짧은 다양한 출계집단을 대표했다. 그러나 공신으로 책봉된 자들의 대부분은 나이가 지긋했고, 잘 조직된 친족집단의 성원이 아니었거나 후손이 번창하지 않았을 경우 그들의 위세와 권력이 두 세대 이상 지속되지 않았다는 점을 감안할 때, 지배층에 새로 합류한 가문은 소수에 불과했던 듯하다.[92]

## 세족 엘리트층에게 다시 힘을 실어준 새로운 관료 질서

정도전과 조준이 관료제의 이념적 기초를 닦으면서 목표한 바는 연속성의 확보였는데, 이는 정치적 헤게모니를 되찾으려는 세족의 열망을 충족시켰다. 그들은 고려 후기에 만들어진 유사 기구들을 통폐합하여 문반과 무반, 즉 양반에 의해 지배되는 중앙집권적인 정치체제를 구축했다. 문관들은 의심의 여지없이 무관들보다 지위가 높았고, 따라서 군부의 최고위직은 문관이 겸임하였다. 관료체제의 최상층에는 축소된 도평의사사가 있었는데, 이 조직은 1400년에 국정을 관장하는 중추기관인 의정부로 개편되었다. 그다음의 명예직은 행정 전반을 책임지던 육조의 판서들이었다. 중앙의 권력과 신분을 공유하려는 요구가 갈수록 커지는 현실에 부응하기 위해, 특히 간관의 임무를 수행하는 독립적인 고관 몇 명이 이내 추가되면서 관료기구가 확대되었다.[93] 이런 관제 개혁의 핵심은 3년마다 3단계에 걸쳐 시행되어 조선의 18품계 관직에 배치될 문관과 (1402년부터) 무관을 선발하던 개편된 과거제였다. 실권을 손에 쥔 것은 의정부의 1·2품 직위 보유자와 육조의 수장, 그 밖의 몇몇 고관이었다. 정3품은 '당상관堂上官'과 '당하관堂下官'으로 나뉘고, 정3품에 해당하는 특정 당하관직을 거친 자들만이 엄청난 사회적·물질적 특혜를 누리는 당상관이 될 수 있었는데,[94] 이는 신분에 따른 관직의 배타적 독점을 특징으로 하는 신라의 골품제를 연상시킨다. 과거에 합격하여 관직에 첫발을 내디디면 예전보다 훨씬 높은 사회적 위신을 얻을 수 있었지만, '음서'는 공신들과 2품 이상의 관리들을 위한 '귀족의 샛길'로 보전되었다. 음서제는 1449년에 새로 도입된 '대가제代加制'— 제한된 수의 실직實職을 제수받기 위한 치열한 경쟁의 부담을 다소나마 덜어주기 위해, 특정 품계의 관리들에게 자신들이 부여받은 산계散階를 일정 범위의 친인척에게 넘겨줄 수 있도록 해준 제도 — 로 인해 심지어 확대되었다.[95]

새로운 현상은 지배 엘리트층이 성취(*achievement*), 즉 과거 합격과 관직 보유를 연상시키는 용어들로 스스로를 정의하기 시작했다는 것이다. 『주례周禮』에서 따온 '대부大夫'와 '사士'의 합성어인 사대부라는 용어는 이미 언급했듯이 13세기 후반부터 문헌에 자주 등장하기 시작했는데, 조선 초에 이르러서는 관직 보유자를 일컫는 단어로 '전문화되어' 양반보다 좀 더 보편적으로 사용되었다.[96] 원래 하급관리를 뜻했던 사는 '출계집단'(족)과 결합하여 사족으로 그 의미가 확대되고, 가문의 기나긴 내력(世)을 강조했던 세족이라는 오래된 용어를 대체했다. 또한 사족은 관리의 가까운 친척을 포함하여, 사대부를 배출한 엘리트 사회집단 전체를 지칭했다.[97] 마찬가지로 양반도 결국에는 그런 확대된 의미를 획득했다. 사대부가 일차적으로 관직 보유자를 나타냈다면, 사족은 유학적 지식과 사회적 덕성에 기초한 명망도 함축했다. 지배적인 출계집단들이 '엘리트'를 가리키는 일반적 호칭으로 양반이나 사족 같은 용어들을 구별 없이 쓰기 시작했다는 것은 중앙의 관료체제에서 여러 대에 걸쳐 실직이나 산직을 보유한다는 것이 위신과 권력의 기반이자 엘리트 신분을 다음 세대에 물려주는 밑거름이라는 사실을 그들이 예리하게 의식하고 있었다는 증거이다.[98] 따라서 사족 같은 새로운 명칭이 채택된 것은 흔히 주장되는 것처럼 사대부 계층이 신유학 연구에 애착을 느껴서라기보다는 그들의 의식이 변했기 때문이라고 볼 수 있다. 사회적인 것은 여전히 권력에 접근하는 경로를 지배했지만, 기능적으로는 정치적 성취에 의존하게 되었다.

그렇지만 새로운 관료제의 틀을 형성한 것은 여전히 사회적 기준이었다. 정치 참여와 승급에 지대한 영향을 미친 것은 예전과 다름없이 사회적 여

과장치로 작용한 과거제를 통해 검증되는 사회적 배경이었기 때문이다. 관료사회에 진입하려는 후보자들은 예전과 같이 국가의 엄정한 심사를 거쳐야 했다. 왜냐하면 조선 초기에 누차 언명되었듯이, 과거는 단순히 재주만 시험하기 위한 것이 아니었기 때문이다. 그것에 못지않게 중요한 것이 응시자가 "어떤 출계집단 소속인지를 변별하는 일"(변족속辨族屬)이었다.[99] 그러므로 조선 초기에 엘리트층이 명백하게 관료화되었음에도, 신왕조의 통치가 시작된 뒤로도 양반의 신분에 대해 법적 구속력을 지닌 규정이 마련되지 않았던 것은, 객관화할 수 없는 까다로운 사회적 기준이 고수되었기 때문인 듯하다.[100] 그 결과, 16세기 초부터 과장科場의 문턱은 더욱 높아진 것으로 보인다. 응시자는 본인의 사조 가운데 '공식적으로 인정받은'(중소공지衆所共知) 현관顯官이 적어도 한 명은 있다는 사실을 입증해야만 했다. 그런 선조가 없을 경우에는 자신의 사회적 배경에 대한 면밀한 조사과정을 거쳐야만 했고, 그를 천거한 자는 본인의 보증이 그릇된 것으로 밝혀질 경우 가혹한 처벌을 각오해야만 했다.[101] 다시 말해서 '현조顯祖'로 알려지게 된 선조 — 그가 관리이든 학자이든 — 의 존재는 엘리트 신분을 장기적으로 유지하는 데 필수적인 추가요건이 되었다. 이와 같이 '사회적 인정'에 대한 해석이 본질적으로 주관적이었던 까닭에, 왕조의 후기에 출사할 기회가 줄어들었을 때 양반이나 사족은 처지에 따라 신분이 결정되는 집단을 가리키는 용어가 되었다. 다시 말해서 그들의 신분은 더 이상 필연적으로 관직 보유 여부에 달려 있지 않았고, 오히려 잘 알려진 지역, 예컨대 유명한 마을에 뿌리를 내린 종족의 위상에 좌우되었다.

그렇다면 조선 초기의 지배층은 어떻게 구성되었을까? 예상할 수 있는 바와 같이, 신왕조의 첫 세 왕이 다스리던 기간(1392~1418)에는 개국공신들이 의정부의 직위 대부분을 맡아, 본인들이 등극시킨 왕들을 계속해서 보필했다.[102] 대대손손 세습할 수 있는 토지와 노비를 넉넉하게 지급받은 이 공신들은 아들과 손자에게 그들이 과거에서 단 한 차례도 합격하지 않더라도 관리가 될 수 있는 특권을 물려줄 수 있었지만, 과거를 통해 관직을 얻어야 한다는 사회적 압력이 워낙 컸기 때문에, 실제로 그런 특권을 아무런 부담 없이 온전히 누릴 수 있었던 자손은 극소수에 불과했다. [안동] 김사형의 후손은 공신의 특권이 어떻게 지속적인 관직 보유와 사회적 위세로 전환되는지를 보여주는 좋은 예이다. 과거를 통과하지 않고도 밀직부사密直司使를 지낸 사형의 차남 김승金陞에게는 아들이 셋 있었는데, 그중 한 명의 직계후손들이 다섯 세대 이상 연거푸 과거에 대거 합격함으로써, 안동 김씨는 조선시대에 가장 융성한 출계집단 가운데 하나로 확실하게 자리매김했다.[103] 물론 공신의 지위가 과거 합격에 반드시 도움을 준 것은 아니었지만, 과거 급제와 고위직 보유 사이에는 분명한 상관관계가 있었다. 한 출계집단이 여러 명의 성원을 관료사회의 상층부에 포진시킨 원동력은 다수의 과거 합격자였다. 예컨대 15세기에 가장 많은 문과 급제자(57명)를 낸 안동 권씨는 세 번째로 많은 고관을 배출했다. 더 많은 인물을 고위직에 앉힌 것은 왕족인 전주 이씨(과거 합격자 29명)와 여흥 민씨(과거 합격자 24명)뿐이었는데, 이 두 성씨 출신의 고관들 중에는 당연히 공신들이 끼어 있었다.[104]

격변의 시대를 맞아 내세울 만한 배경이 없는 출계집단의 성원들은 국가의 신분 보증을 통해 사회적 보장과 인정을 받으려 했고, 그 결과 왕조 교체기와 조선 초의 수십 년 동안에는 과거 응시자의 수가 눈덩이처럼 불어났다. 이는 과거 합격이 신분을 확인받는 데 결정적으로 중요한 수단이었다는 증거이다. 15세기에는 총 411개의 출계집단이 과거 급제자를 배출했다. 그 수는 예전에 비해 크게 늘어났지만, 그 가운데 200개 출계집단은 단 한 명의 합격자를 냈을 뿐이다. 그때까지 중앙정부에 성원을 진출시킨 적이 없던 출계집단들 — 이들의 배경을 확인하기는 어렵다 — 은 아마도 이 무렵에 자신들의 존재를 알리려고 기를 썼을 것이다. 하지만 중앙의 정계에서 경력을 쌓은 부조父祖의 뒷배 없이 경쟁한다는 것이 얼마나 어려운 일이었는가는, 과거 급제자의 부친들 — 이들의 가까운 조상은 쉽게 입증될 수 있었다 — 가운데 40퍼센트 이상이 정3품 이상의 관직을 보유하고 있었다는 사실에서 명백하게 드러나는데, 이런 현상은 특히 태조·정종·태종의 치세에 두드러졌다. 실제로 72개 출계집단(17.5퍼센트)이 배출한 급제자의 수는 모든 급제자의 62퍼센트를 약간 상회했고, 때로는 연속적인 등과가 출계집단의 한 지파에 현저하게 집중되기도 했다.[105] 그런 집중이 어떻게 한 친족집단에게 영속적인 명망을 안겨줄 수 있는지를 보여주는 대표적인 예는 성현이 "지금 가장 융성한 2대 문벌" 가운데 하나라고 추켜세웠던 광주 이씨廣州李氏이다.[106] 광주 이씨는 이집李集(1314~1387)이 1355년에 제술과에 급제하여 벼슬을 얻기 전까지 대대로 광주(경기도)의 향리로 일했다.[107] 이집의 세 아들은 모두 과거에 합격하여 1380년대와 1390년대에 관리로 봉직했다. 1380년에 등과하여 조선 초에 당상관직을 역임했던 그의 장남 지직之直(생몰년 미상)에 의해 시작된 지파는 신왕조의 초기 몇십 년 동안 괄목할 만한 수의 과거 급제자를 배출했다. 그의 세 아들도 모두 과거에 급제했으나, 오직 차남만이 정승의 반열에 올랐다. 하지만 그 차남이 낳은 다섯 아들은 '오자등과五子登科'의 쾌거를 이루어 드높은 명성을 얻었고, 그중 세 명은 공신으로 서훈되어 높은 벼슬을 지냈다. 15세기에 모두 26명을 등과시킨 광주 이씨는 이 시기에 여섯 번째로 많은 과거 합격자를 배출한 성씨였다.[108] 과거 급제와 관직 보유, 공신의 지위를 겸비함으로써, 광주 이씨는 조선 초기에 사회적으로나 정치적으로나 가장 유력했던 출계집단들과 어깨를 나란히 하게 되었다. 이집의 후손들은 계속 과거에서 좋은 성적을 거두었고, 한 지파는 18세기에도 최고위 관료층의 한 축을 이루었다.[109]

등과와, 그것을 관직 보유로 전환시키는 것은 별개의 일이었다. 두 가지가 반드시 연결되지는 않았기 때문이다. 그럼에도 과거 급제자의 수가 많을수록, 그리고 그들이 이상적으로 한 출계집단의 여러 지파에 골고루 퍼져 있을수록, 고관직에 오를 가능성은 커졌다. 신왕조의 초창기에는 권부權府의 최상층에 공신들이 빽빽하게 포진하고 있었지만—대개의 경우 이런 일은 일시적인 현상일 따름이었다—가장 많은 수의 과거 급제자를 배출했을 뿐 아니라 최고위 관직까지 장악하고 있었던 것은 놀라우리만치 소수에 불과한 출계집단들이었다. 던컨의 계산에 따르면, 1392년에서 1400년 사이에 중앙정부에 성원들을 진출시킨 158개 출계집단 가운데 34개 유력 집단이 모든 당상관직의 56퍼센트를 차지했다. [22개 유력 출계집단이 23퍼센트의 재추를 배출한] 고려 후기에 비해 유력 출계집단 출신이 최고위직에 임용되는 비율이 2배 이상 증가했던 것이다. 그 34개 출계집단에는 고려 후기에 명성을 드날리던 파평 윤씨, 문화 유씨, 경주 이씨, 여흥(황려) 민씨, 평양 조씨 등도 포함되었다. 최정상부의 권력이 소수 집단에 집중되는 현상은 15세기의 첫 10년 동안 계속되었고, 15세기의 나머지 기간에는 더욱 심화되었다. 물론 중앙의 관료사회에 둥지를 튼 출계집단의 수가 다소 늘어남에 따라, 최고위층의 판도도 요동치고 출계집단의 서열도 약간 뒤바뀌기는 했지만 말이다. 요컨대 던컨이 지적하듯이 권력은 믿기 어려울 만큼 소수의 출계집단에 집중되어 있었고, 이런 사실은 조선의 개창기에 활약한 지배층이 그 출신 배경이 다양했고 귀족적 성향도 약했다는 기존의 가설을 뒤엎는다.[110]

수치상으로 돋보이는 출계집단에만 초점을 맞추면, 던컨이 지적하듯이 덜 유명한 가문 출신의 몇몇 학자와 고관이 세종(재위 1418~1450)과 세조(재위 1455~1468)의 치세에 법제화 과정에 깊숙이 개입함으로써 개인적으로 입신양명했던 사실이 가려질 수 있다. 그런 인물의 예로는 산간지대인 전라도 동부에서 유래했고 그 연원이 그리 길지 않았던 출계집단인 장수 황씨長水黃氏 출신의 황희黃喜(1363~1452)를 들 수 있다. 개성에서 태어나 1389년에 등과한 황희는 태조의 치세에 고위직에 올랐고, 세종의 치세에는 영의정이 되어 관직 경력의 정점을 찍었다. 그는 학자 겸 경세가로 워낙 명성이 자자했으므로, 그의 출계집단은 두각을 나타낸 지 얼마 되지도 않았고 그의 직계후손 가운데 벼슬을 지낸 자가 극소수에 불과했지만 당대의 '거족'으로 인정받았다.[111] 마찬가지로 하양 허씨河陽許氏도 예악禮樂의 정비에 힘쓴 허조許稠(1369~1439)와 그의 형제 두 명(이 세 명은 모두 과거 급제자였다)이 누린 명성, 그리고 의심의 여지없이 이들의 어머니가 막강한 성주 이씨의 일원이자 (태조의 공신들 가운데 한 명)인 이직의 딸이었다는 사실 덕분에 '거족'으로 받아들여졌다.[112] 이처럼 개인의 출중한 능력에 힘입어 조선 전기의 최고 엘리트층에 합류한 미약한 출계집단의 목록에는 맹사성孟思誠(1360~1438)의 신창 맹씨新昌孟氏, 하륜河崙 (1347~1416; 1398년의 공신)의 진주 하씨晉州河氏, 양성지(1471년의 공신)의 남원 양씨南原梁氏 등도 마땅히 추가되어야 한다.[113]

하지만 그런 '신흥집단'이 입지를 확실히 굳힌 출계집단들의 성장 패턴을 그대로 따르지 못할 경우, 그 성원의 개별적인 성취가 집단의 장기적인 사회적·정치적 위세로 전환될 가능성은 거의 없었다. 앞서 살펴본 정도전의 봉화 정씨와 마찬가지로, 신창 맹씨와 진주 하씨도 문과 급제와 관직 보유 면에서 부진을 면치 못해 상대적으로 미미한 출계집단에 머물고 말았다. 이들과 대조적으로 학자·서화가·명신名臣으로 이름을 떨친 강희맹姜希孟 (1424~1483) 및 강희안姜希顏(1418~1465) 형제 — 둘 다 세종이 설치한 유명한 집현전集賢殿의 성원이었다 — 와 더불어 대단한 명예를 누렸던 진주 강씨晉州姜氏는 이미 이 형제의 선조 때부터 적어도 4대에 걸쳐 사회적 명망을 쌓은 상태였고, 그 후로도 계속해서 문과 급제자들을 배출하고 성원들을 고위직에 앉힘으로써 19세기 말에 이르기까지 대를 이어 높은 신분을 유지할 수 있었다.[114]

앞서 지적했듯이, 고귀한 신분을 유지하기 위한 또 하나의 요건은 정략적 혼인망의 구축이었다. 조선 전기인 1476년과 1565년에 각각 간행된 안동 권씨와 문화 유씨의 족보인 『성화보成化譜』와 『가정보嘉靖譜』에 기록된 혼맥을 대충 살펴보면, 신왕조의 첫 150년 동안에 명성을 남긴 인물들의 대부분은 서로 복잡한 인척관계를 맺고 있었음이 드러난다. 1392년과 1566년 사이에 문과에 급제한 3,416명 가운데 약 60퍼센트가 두 성씨의 족보에 올라 있는데, 이는 그들이 혼인을 통해 서로 연결되었다는 뜻이다. 특히 주목할 만한 점은 두 족보에 등재된 과거 급제자들의 비율이 시간이 지날수록 급속하게 증가했다는 사실이다. 첫 30년(1392~1418) 동안에 26.3퍼센트였던 그 비율이 16세기 전반에는 70퍼센트 이상으로 껑충 뛰었던 것이다. 이들의 대부분은 새로운 수도 한성漢城(서울)과 인근의 경기도에 거주하고 있었지만, 적지 않은 수는 경상도 출신이었다.[115] 분명히 조선 전기의 지배 엘리트층은 자기들끼리 통혼하는 신분집단으로 간주될 수 있다. 그리고 과거 급제자와 관직 보유자의 출신이 수도에 터를 잡은 엘리트 출계집단들에 집중됨에 따라, 통혼의 범위는 갈수록 좁아졌던 것으로 보인다.

요컨대 앞서 제시한 자료는 고려 후기의 엘리트 사회가 왕조의 교체를 견뎌내고 조선 초기까지 살아남을 수 있었던 주된 동력은 장기간에 걸쳐 확립된 관습적인 출계집단 모델이라는 사실을 입증하는 데 부족함이 없는 듯하다. 연원이 깊고 방계조직이 탄탄한 대규모 집단일수록, 불시에 닥친 역경을 헤치고 나아갈 가능성이 컸다. 충분한 수의 아들들과 조카들이 만든 지파들이 힘을 합쳐야, 한 집단의 지속적인 재생산이 보장되었다. 그리고 그 성원이 막강한 권력을 휘두르는 당상관직에 오르려면 적어도 세 세대라는 기간이 필요했던 것으로 보인다. 그에 못지않게 중요한 것이 혼맥이었다. 운 좋게 배우자만 잘 만나면, 신진 관리도 단숨에 수도의 엘리트층에 합류할 수 있었다. 외척과 인척도 엘리트층 내에서 한 집단의 사회적 지위를 가늠하는 또하나의 민감한 척도였다. 또한 이수건이 지적하듯이, 한 집단이 처한 지리적환경도 중요한 요인이었다. 한 지역의 인적 자원 ─ 즉 토성의 수 ─ 과 경제적 자원이 풍부할수록, 유력한 가문과 사돈을 맺어 상부상조하기가 쉬웠고, 이런 지원을 등에 업은 젊은이들이 고향이나 수도에서 힘든 시험을 준비하고 통과한 다음 중앙의 관계에 진출할 가능성도 커졌다. 경상도는 그런 친족집단이 유난히 많이 모여 있던 곳이었다. 성현이 열거한 75개의 '거족' 가운데 26개가 경상도에 기반을 둔 출계집단이었다. 성주나 안동은 그런 지역들 가운데 가장 융성했던 두 고장이었을 따름이다.[116] 이상의 내용을 종합해보면, 양성지의 말마따나 '간웅'이 세족 엘리트층의 권력을 탈취하지 못한 것은 친족의 내구력과 그것의 사회적·정치적 영향력 때문이었다고 주장하는 것도 무리는 아닐 것이다. 게다가 고려 후기에서 조선 초기로 왕조가 교체되는 과정은 사회적 분열보다는 상당한 수준의 연속성으로 특징지어지는데, 이는 사회적인 것이 정치적인 것에 대한 우위를 유지했기 때문이다. 그 결과 비록 군부에 의해 창건되었지만, 새 왕조는 놀랄 만큼 순조롭게 문관정권으로 거듭났고, 이 정권은 조선의 사대부라는 이름으로 힘을 되찾은 세족에 의해 지배되었다. 새로운 집단을 일부 받아들이기는 했으나, 15세기 말에 이르러 정부의 고위층을 독점한 출계집단들은 그 성격상 여전히 고려 초기의 지배층과 다를 바 없는 촘촘하게 짜인 엘리트 조직이었다.

### 권력경쟁: 귀족의 과두정치 대 왕의 독재

무장인 이성계의 의도가 단지 세족의 헤게모니를 되찾아주고 문신관료들을 권력의 주축으로 삼으려는 것이었을까? 아니면 고려 왕실의 비참한 최후를 목격한 뒤에 사대부들의 행정적 식견을 이용하여 왕의 통치력을 재확립할 수 있는 신왕조를 수립하는 것이었을까? 1392년의 늦여름에 반포된 그의 '즉위교서'는 "유교의 가르침에 따르는" 군주가 "만백성을 이롭게 하는" 관대한 신정권을 수립하려 한다는 판에 박힌 문구로 표현되어 있어서, 그의 깊은 속내를 파악하는 데는 전혀 도움이 되지 않는다.[117] 그러나 불과 몇 년 뒤에 조정은 군주와 귀족이 권력의 저울추를 자기 쪽으로 기울게 하려고 시도

했던 과거의 기억을 떠올리게 하는 사건들로 인해 혼란에 빠졌다. 게다가 사대부가 조선의 관리로 복권됨에 따라, 새 왕조의 정치적 의제agenda를 선점하려는 왕권과 신권臣權의 경합은 계속해서 각양각색의 형태로 표출되었다.

태조의 즉위 직후에 권력의 장이 재편되기 시작하자, 왕조의 창건에 공을 세운 문신과 무신이 각기 다른 기대를 품고 새 시대를 맞이했음이 분명하게 드러났다. 본인들이 왕조의 수립에 군사적으로 기여한 바를 믿고, 군사지도자들—이들 중에는 왕실의 종친도 여럿 있었다—은 정치적 영향력을 획득하기 위해 사병들을 이용하려 했고, 따라서 무장을 해제하라는 문신관료들의 압력에 굴복할 뜻이 눈곱만큼도 없었다. 하지만 권좌에 오른 지 1년 남짓 지났을 때, 태조의 마음은 동료 무장들보다는 본인이 고위직에 앉힌 조준과 정도전을 비롯한 문관 참모들 편으로 기울었다.[118] 왕조의 첫 번째 '법전'을 기안한 인물은 정도전으로, 그는 이 법전에서 총재冢宰에 의해 주도되는 중앙집권적 관료체제의 얼개를 제시했다. 총재가 중앙의 의결기구와 행정기구를 관장하는 몫을 맡고, 하늘과 백성을 잇는 우주론적 상징인 왕은 일차적으로 의례적이고 교화적인 역할을 수행해야 한다는 것이 그의 생각이었다.[119] 그런 정치체제를 안정시키기 위해, 정도전은 각 도의 절제사節制使들과 태조의 아들들 및 친척들이 거느리고 있던 모든 사병을 혁파하여 그 병력을 관군에 귀속시킴으로써 총재의 통수권을 강화해야 한다고 주장했다. 이런 요구로 정도전은 군사지도자들의 즉각적인 반감을 샀다. 주변의 감정적 반응 따위는 아랑곳하지 않는 독단적 성격의 소유자로 알려진 정도전은 이내 자신이 깊은 곤경에 빠졌음을 깨달았다. 명나라와의 심각한 외교적 마찰을 야기한 책임을 뒤집어썼을 뿐만 아니라, 고구려의 옛 영토인 랴오둥遼東

반도의 탈환 — 이를 위해 그는 통일된 군사력이 필요했다 — 을 무리하게 추진한다는 비난에 휩싸였기 때문이다. 무신들과 왕자들에게 제대로 미운털이 박힌 정도전은 다른 왕자들을 모조리 제거하기 위해 태조의 막내아들인 방석芳碩을 태조의 후계자로 밀고 있다는(그래서 왕자들의 나이에 따른 서열을 무시한다는) 소문에 시달리기도 했다.[120] 결국 미천한 출신으로 벼슬에 올라 "종사를 어지럽히는" 인물로 폄하되었던[121] 눈엣가시 정도전은 남은을 비롯한 몇 명과 함께 모반을 꾀했다는 죄목으로, 1398년 8월에 방석과 그의 형 방번, 이들의 인척들과 나란히 처형당했다. 이 제1차 왕자의 난은 일반적으로 태조의 다섯째 아들인 방원芳遠(훗날의 태종)이 주도한 것으로 간주된다. 주된 희생자는 정도전이지만, 이 쿠데타는 왕위계승을 둘러싸고 태조의 이복형제들이 막후에서 벌인 권력투쟁의 축소판이기도 했다. 또한 1398년의 공신(정사공신定社功臣) 명단이 보여주듯이, 그 사건은 자신들의 특권이라 여겨지는 바를 여전히 무력으로 지켜낸 자들의 승리이기도 했다. 공신으로 책훈된 29명 가운데 왕자가 3명, 외척이 6명, 무신이 9명인 데 반해, 문신은 7명(여기에 낀 조준은 정도전을 멀리했던 인물이다)에 불과했다.[122] 병든 태조는 이런 사태의 추이를 지켜보다가 크게 낙심하여 양위를 선언했고, 방원이 왕위승계를 사양함에 따라 훗날 정종(재위 1398~1400)이라 불리게 된 태조의 둘째 아들이 보위에 올랐다.

자신의 신변이 결코 안전하지 않다고 느낀 정종은 옛 수도인 개성으로 천도했고, 나라에 개인들이 보유한 병기가 넘쳐나면 왕위가 계속해서 위협받을 것이라는 판단하에 아마도 세자로 책봉된 방원의 지원을 받아 1400년에 신속하게 사병을 혁파했다. 하지만 이내 반대세력이 들고 일어났다. 방원의 형인 방간芳幹이 일으킨 두 왕자 사이의 군사적 대결은 후자의 생포와 유배(그는 유배지에서 병사했다)로 막을 내렸다. 1398년의 난 이후 채 2년도 지나지 않아 일어난 제2차 왕자의 난은 권력의 추를 약간이나마 문신 쪽으로 기울게 했다. 실제로 1401년의 공신(좌명공신佐命功臣) 46명 가운데 16명은 문신이었다.[123] 훗날 태종이라 알려지게 된 방원이 1400년 말에 즉위했을 때, 그는 자신이 단호한 통치자임을 입증했다. 군사력에 의존하던 왕조의 전통을 마침내 단절시키고, 정부의 문관적 성격을 확실하게 부각시켰던 것이다. 하지만 왕의 권위를 강화하기 위해, 그는 즉각 관료제의 대대적인 개편을 명하여, 막강한 권한의 의정부를 조준과 하륜, 권근權近[124] 같은 믿을 만한 소수정예의 공신으로 구성된 자문기관으로 격하시키고 육조를 왕의 직접 지배하에 두었는데, 이런 조치들은 관료들의 힘을 축소시키려는 태종의 독재적인 성향을 보여주는 것이었다.

문무백관에 대한 통제권을 확보한 태종은 공신이 되어 조정에서 상당한 정치적 영향력을 행사하고 있던 외척에 의해 왕조의 기반이 흔들릴 위험을 제거하는 작업에 착수했다. 그는 1382년에 훗날 원경왕후元敬王后가 되는 민제閔霽[125]의 딸과 혼인했고, 민제의 아들인 무구無咎와 무질無疾을 1398년과 1401년에 공신으로 책봉했다. 하지만 고결한 아버지와 달리 경거망동하던 이 두 아들은 이내 불충의 기미를 보였고, 1406년에 태종이 그들의 조카인 12세의 세자에게 양위할 계획을 세웠을 즈음에는 장차 권력을 농단할지도 모른다는 의심을 받았다. 또한 구중궁궐의 혼란을 조장한다는 혐의에서도 자유롭지 못했다. 이 무렵에 그들의 누이 민씨는 태종이 1402년에 후궁(빈媵)을 취한 이후 날이 갈수록 축첩이 심해지는 것을 마음속 깊이 원망하고 있었다. 왕비의 두 남동생이 누이의 순탄치 않은 결혼생활에 얼마나 깊숙이 개입했는지는 알 수 없지만, 둘은 얼마 지나지 않아 궁중과 정부의 기강을 어지럽힌다는 탄핵을 받고 태종에 의해 단죄되어 1410년에 생을 마감해야만 했다. 이들의 동생 두 명도 형들의 무고함을 하소연하다가 6년 뒤에 사약을 받아 죽었다. 훗날 이 사건들을 회상하면서, 왕은 자신의 행위를 정당화했다. "외척을 궁중에 자주 드나들게 하는 것은 군주의 장기적인 계책이 될 수 없다. …… 그로 인한 폐단은 마땅히 싹이 트기 전에 잘라버려야 한다."[126] 태종은 몇 년 뒤에도 이 말의 의미를 상기시키는 장면을 연출했다. 검증된 방식을 충실하게 답습하여, 태조는 둘째 딸을 옛 전우의 아들이자 1398년의 공신인 심종沈悰(생몰년 미상)과 결혼시켰다. 1408년에는 심종의 형인 심온沈溫(?~1418)이 태조의 손자로 훗날 세종(1397년생; 재위 1418~1450)이 되는 충녕군忠寧君의 장인이 되었고, 얼마 지나지 않아 영의정이라는 높은 벼슬에 올랐다. 왕위를 셋째 아들에게 순조롭게 물려주고자 노심초사하던 태종은 후환을 방지하는 차원에서 1416년에 유배중인 형 방간과 내통했다는 이유로 심종을 제거했고, 2년 뒤에는 아들에게 선위한 뒤에도 병권을 장악하고 있다고 무엄하게 자신을 비판한 심온을 살해했다.[127] 태종의 예방적 양위를 둘러싼 이 피비린내 나는 사건들은 당시에 왕위계승이 얼마나 불확실하고 불안정한 것으로 간주되었는지를 유감없이 보여준다. 그리고 후대의 시점에서 돌이켜보면, 그로부터 약 30년 뒤에 왕실을 뒤흔든 폭력사태의 불길한 전조였다.

　　그렇지만 세종의 통치하에서 조선왕조는 대내적으로 전례 없는 태평성대를 누렸는데, 이는 그가 오랫동안 신망을 받아온 대신들 가운데 잠재적 골칫거리로 간주된 몇 명을 제거한 덕분이었다. 선왕들에 비해 훨씬 안정적인 왕권을 확보한 세종은 유학에 밝은 신세대 관리들의 양성에 힘썼고, 이에 따라 유교 이데올로기로 단단하게 무장한 문관의 활동영역이 확대되었다. 그러나 자신이 변칙적으로 권좌에 올랐다는 사실을 마음에 새기면서,[128] 세종은 본인의 건강 악화를 이유로 맏아들인 세자를 1442년부터 정사에 관여케 했는데, 이는 그에게 왕위를 안전하게 물려주기 위한 정지작업의 일환이었다. 하지만 5년 뒤에 일찌감치 퇴위하려 했던 그의 시도는 중신들의 극렬한 반대로 무산되고, 세종은 재위 중에 사망한 조선 최초의 왕이 되었으며, 왕위는 병약한 그의 아들 문종(1414년 생; 재위 1450~1452)에게 넘어갔다.

태조와 그의 후계자 세 명에 의한 왕권의 재천명은 여러 면에서 450여 년 전에 수립된 고려왕조의 초창기를 떠올리게 한다. 고려와 조선의 창건자들은 새 왕조를 세우기 위해 다양한 집단의 적극적인 지원에 의존했고, 각 집단은 그에 대한 보상으로 자기 몫의 권력을 요구했다. 산전수전을 다 겪은 노련한 이성계는 처음에는 무신들에 둘러싸여 있었지만, 시간이 흐를수록 자신을 이념적으로 인도하고 새 왕조의 구성에 대한 청사진을 제시한 문신 책사들을 중용했다. 태종은 비합법적으로 왕위를 손에 넣은 까닭에 자신을 적대시하는 여론이 있다는 것을 감지했던 것 같고, 그런 만큼 왕권 강화의 걸림돌을 무자비하게 제거했다. 사병을 혁파하고, 음모를 꾸미는 외척을 숙청했으며, 궁정을 '관료화'했다.[129] 이런 독재적 성향에도, 태종은 문관정부의 틀을 본격적으로 정비하고, 과거제도의 독점적 수혜자였던 명문세족의 후예들을 요직에 임용하여 최상층의 권력을 공유하고픈 그들의 욕망을 충족시킨 최초의 유교적 통치자였다. 물론 조선 초기의 왕들은 왕권을 되찾는 데 성공했지만, 공동 통치자나 다름없는 관료들보다 본인들이 우위에 있음을 주장할 만한 정통성의 근거는 무엇이었을까? 그들은 왕씨 왕가의 정당한 후계자라는 천명을 받아, 그 정당성의 궁극적 표현이라 할 수 있는 천제天祭를 올릴 자격이 있다고 주장할 수 있었을까? 그리고 한반도에서 벌어지는 사건들을 의혹과 우려의 눈초리로 바라보던 명나라와의 관계에서 그들은 어떤 처지에 놓여 있었을까?

조선 초기의 왕 네 명 가운데 정상적인 절차에 따라 왕위에 오른 사람은 단 한 명도 없었다. 이성계는 특히 애가 타는 입장이었다. 그는 명나라의 책봉을 받은 우왕의 권력을 찬탈했을 뿐 아니라, 설상가상으로 명나라 조정은 그가 악명 높은 이인임의 아들이고 권력을 장악하는 과정에서 고려의 마지막 왕 네 명을 살해했다고 믿고 있었다.[130] 그래서 명나라는 그를 왕조의 창건자로 인정하기를 거부했다. 정종의 경우에는 치세가 너무 짧아 명나라의 재가를 받지 못했다. 태종은 1401년 6월에 명나라의 두 번째 황제로부터 고명誥命과 국새國璽를 받음으로써, 명조에 의해 정식으로 승인받은 조선 최초의 왕이 되었다.[131] 이후 조명관계는 사절단을 통해 정기적으로 조공과 회사回賜를 주고받는 패턴으로 정착되어 1897년까지 지속되었다.[132]

그러나 종주국 황제의 공식적 책봉이 속국의 왕에게 천자天子처럼 행세하며 국가적 차원의 천제를 올릴 자격까지 부여했을까? 렘코 브뢰커Remco Breuker에 따르면 고려 초기의 왕들은 천명을 받아 통치한다는 신비주의로 자신들을 포장했고, 특히 성종(재위 981~997)은 주저 없이 당나라 궁정의 예법을 본떠 983년에 원구圜丘에서 천제를 지냈다. 그는 몸소 적전籍田[133]을 갈았고, 종묘를 건립했으며, 토지와 곡식의 신에게 제사하는 사직단社稷壇을 세웠다.[134] 왕조의 정통성과 왕의 권위를 거창하게 과시한 이런 의식들은 렘코 브뢰커가 지적하듯이, 고려를 공존하는 여러 명의 천자를 내린 우주의 일부로 이해하고자 했던 고려 엘리트층의 지지를 받았다.[135] 이런 '천자'의 이미지는 일단 대내적으로 왕권을 강화했던 것으로 보이지만, 드넓은 동아시아 권역에서 고려의 왕은 일개 '제후'의 지위를 부여받았을 따름이다. 속국의 수장에 불과한 그는 중국을 지배하던 왕조의 책봉을 받아야만 했고, 그 왕조의 연호를 써야 했으며, 전례와 복식의 격도 한 단계 낮추어야 했다.[136] 심지어 고려의 왕은 최고의 권위를 부여받은 군주라는 후광을 입고 있었지만, 현실적으로 그의 권력은 이미 설명했듯이 직언을 서슴지 않던 고위관리들 — 수도의 귀족층을 형성했을 뿐 아니라 왕실에 상당수의 왕비를 바친 유력한 출계집단의 자손들 — 에 의해 심하게 제약을 받았다.

조선의 창건자들도 이와 같은 왕권의 이중성을 물려받았다. 태조는 1392년의 즉위교서에서 "조상의 덕에 힘입어" 이씨 가문이 천명을 받았다고 선언했고, 2년 뒤인 1394년에는 새로운 수도에 원구圜丘[137]를 다시 지었다. 그러나 천자라는 개념이 왕의 신하들에 의해 어느 정도까지 용인될 수 있었을까? 그 개념은 그들의 권력 행사를 위태롭게 하고 심지어 제약하는 것이 아니었을까? 물론 왕의 정통성은 무신정권(1170년 이후)과 몽골의 간섭에 의해 심각하게 훼손되었고 고려 말에는 아예 상실되었기에, 이씨가 새로운 왕조를 창건할 자격이 있다는 점을 입증하기 위해서는 반드시 회복되어야 했다. 그러므로 태조의 신하들은 1394년 12월에 첫 번째 천제를 올리는 것에 동의했다. 그 근거는 천제가 왕조의 주권과 독립성을 나타내는 것이자 고려의 전통을 잇는 것이기 때문에 경솔하게 폐기되어서는 안 된다는 것이었다. 하지만 새 국왕에게 '왕의' 자격 그 이상을 부여할 생각은 없었으므로, 그들은 의례에 즈음하여 궁궐에서 철저한 단식을 해야만 하는 왕이 그 제례를 친히 봉행할 것이 아니라 대리인(다름 아닌 바로 정도전)이 봉행하게 해야 한다고 주장했다.[138] 태종은 대리인을 쓰는 것에 반대하면서 제례를 친행하고 싶어 했으나, 그의 뜻은 공자의 고국인 노나라에서도 하늘을 숭배하지는 않았다고 주장하는 고문들에 의해 제지되었다. 이후 극심한 가뭄 같은 긴급사태가 일어나면, 대신들이 때때로 왕명을 받들어 원단에서 기우제를 지냈다. 세종도 가끔 기우제를 올렸지만, 그는 결국 유학자들의 충고에 따라 천제, 심지어 대리인에 의해 봉행되는 천제도 폐지했다.[139] 결과적으로 천제는 세종의 오례五禮 초안에서 빠졌고, 1474년에 편찬된『국조오례의國朝五禮儀』의 '길례吉禮' 항목에도 더 이상 등재되지 않았다. 이에 따라 봄과 가을에 왕이 사직단에서 올린 제사가 조선에서 가장 중요한 국가 의례가 되었다.

이렇게 해서 왕가와, 엘리트의 이익을 앞장서서 대변하던 고위직 고문들 사이의 권력경쟁은 제식을 집전하는 왕의 신성한 지위를 박탈하고 그를 세속적 통치자로 격하시킨 후자의 승리로 막을 내렸다. 그들은 통치자가 자신들의 이데올로기적 영향력이 미칠 수 없는 의례적 행위로부터 정통성을 이끌어낼 여지를 차단했다. 또한『고려사』— 이 책의 편찬자들은 대부분『국조오례의』의 편수에도 관여했다 — 에서 고려의 왕을 하늘에 제를 올리는 독립적인 통치자가 아니라 제후에 불과한 존재로 묘사함으로써 조선의 왕권을 정의하는 역사적 모델을 제시했다. 결국 이런 작업은 역사적 선례에 의거하여 자신의 권위를 세우려던 왕의 시도를 좌절시켰다.[140]

요컨대 관직을 보유한 엘리트들은 왕조의 초창기에 왕권의 범위를 규정하는 경합에서 왕이 신하들의 간섭을 받을 수밖에 없는 구도를 만들어냄으로써 자신들의 힘을 다시 한 번 명백하게 입증했는데, 이 패턴은 조선시대 내내 유지되었다. 물론 독자적으로 행동하던 소수의 강력한 인물이 조선의 왕좌에 앉은 적도 있지만, 제도적 차원에서 왕권을 반석 위에 올려놓을 수 있는 든든한 이데올로기적·의례적 토대는 없었다. 예외적으로 왕권에 힘을 실어주었을 법한 것은 '효孝'의 연장선상에 있던 '충忠'이었다. 하지만 왕의 모든 신하에게 요구되었던 충이 힘 있는 소수 관료의 정치적 조작으로부터 그를 얼마나 보호해주었을까? 종친宗親은 법령에 의해 네 세대 동안 과거를 치를 수 없었으므로, 그는 주로 왕비의 아버지, 오빠나 남동생, 또는 부마처럼 혼인을 통해 본인과 연결된 대신들에 둘러싸여 있었다. 소수의 왕은 관료들 사이의 파당적 경쟁을 자신에게 유리하게 이용하거나, 자신의 적대자들을 무력으로 제압할 수 있었지만, 조선의 역사에서 심심찮게 일어난 왕위 찬탈과 계승권 쟁탈, 쿠데타는 기본적으로 왕권의 수호가 쉽지 않았다는 증거이다. 그래도 그런 비정상적인 사건들이 왕조 자체의 안위를 위협하지는 않았다. 한마디로 말해서 국가기구의 사회적 구성이 조선왕조에 항상성과 내구성을 부여했는데, 바로 이 구성은 경우에 따라 왕의 운신에 도움이 될 수도, 방해가 될 수도 있었다. 이런 사회정치적 양상은 왕의 독재가 한국에서 실현될 가능성이 없었던 주된 이유임이 확실하다.

# 3장 >>> 신유학의 도전

역사적 관점에서 볼 때, 조선의 개창은 신유학이 새 왕조의 건국이념으로 채택된 것과 불가분의 관계에 있다. 그러므로 신유학의 사상적 자극 없이 과연 왕조의 교체가 가능했을지는 미지수이다. 고려 말기에 벌어진 폭력적인 권력투쟁을 되돌아보면, 국가와 사회의 쇄신이라는 원대한 이상에 고취된 학자들의 적극적인 도움이 없었다면, 무장인 이성계는 단지 또 하나의 독재적인 군사정권을 세웠을지도 모른다. 그런 일이 일어나지 않았던 것은 승리한 장군과 의욕적인 몇몇 신유학자 사이의 특이한 협력관계 덕이었다. 다양한 세력의 이익이 역사적으로 제대로 맞물린 결과 한국사의 신기원이 열렸던 것이다. 이성계(미래의 태조)는 무엇에 혹해 힘도 없는 사대부 몇 명의 충고를 받아들여 친숙하지도 않은 교의를 국책의 우선순위로 삼았을까?

사대부들은 어떤 성격의 신유학이 무신들이 득세하던 고려 후기의 전통을 조선의 문치주의로 바꿔놓는 데 적합하다고 생각했을까?


## 신유학에 대한 양면적 접근

이 책에서, 신유학은 송나라의 두 학자 정이程頤(1033~1107)와 주희朱熹 (1130~1200)에 의해 널리 보급된 '도학道學'— 일반적으로 정주학이라 불리는—을 가리킨다. 두 사람과 당송대唐宋代의 선학들은 유학의 본모습을 회복하고 그 참뜻을 재고하기 위해 각고의 노력을 기울인 끝에, 맹자(기원전 371~289)의 시대 이후 대가 끊긴 것으로 간주되었던 도학을 포괄적인 도덕철학으로 발달시켰는데, 이 학문은 수세기에 걸쳐 불교의 '폐단'을 겪은 국가와 사회를 복원하는 데 필요한 보편적 지침을 제시했다. 그들은 도학의 다른 이름인 '성리학性理學'에 관한 본인들의 새로운 이론을 체계적으로 설명하지는 않았지만, 상세한 주석을 달아 본인들의 독해가 때로는 모호한 고전의 의미를 어떻게 밝혀내는지를 보여주고, 그것을 참신하고 정연한 도덕적혁신— 개인의 자기수양에서 국가와 사회의 개혁에 이르는—의 이데올로기로 표현했다. 도학 연구자들의 길잡이 역할을 했던 핵심 경전은 주희가 집대성한 유명한 사서, 즉『논어論語』,『맹자孟子』,『중용中庸』,『대학大學』이었는데,『중용』과『대학』은 주희가『예기禮記』에서 발췌한 것이었다. 사서는 오경(때로는 육경)[1]과 함께 1241년에 유교의 정전正典으로 공인되었다. 14세기 초엽 이후 정전에 대한 지식은 문신이 되기를 희망하던 자들의 소양을 검증하는 잣대가 되었다.[2] 요컨대 중국인이든 아니든, 이런 경전의 내용 정도는 훤히 꿰고 있는 사람만이 유학의 세계에 입문할 수 있었다.

한국에서는 유교의 기본적인 경전 몇 권, 특히 『논어』와 『효경』, 그리고 오경의 일부가 신라시대 후기부터 연구되었고,[3] 고려시대에는 이런 책들이 명경과에 응시하기 위해 필수적으로 공부해야 하는 교재가 되었다. 하지만 여러 이유 때문에 한반도가 남송의 지적 발달로부터 차단되어 있었기에,[4] 몽골 제국이 발흥하고 나서야 한국은 비로소 광대한 다국적 네트워크의 일부가 되어 한국인 학자들이 신유학을 접할 수 있었다. 1289년에 몽골은 종5품 관서인 고려국유학제거사高麗國儒學提擧司를 설치했지만,[5] 몽골이 애초에 신유학 연구의 가치를 미심쩍어 했다는 점을 감안할 때, 이 관서가 도학을 한국에 소개하는 역할을 했을 것 같지는 않다. 오히려 왕을 수행하여 몽골의 수도인 베이징을 방문한 한국인 학자들이 중국인 주자학자들과 개인적으로 교유하면서 처음으로 도학의 진가를 알게 되었다고 봐야 할 것이다. 그런 사례에 해당하는 최초의 한국인은 유명한 학자 안향安珦(1243~1306)으로, 그는 베이징과 고려의 수도 사이를 자주 오갔던 훗날의 충선왕을 모시고 1289년에 몽골에 갔다가 귀국할 때 주자의 '새 저술'을 들고 왔다. 나중에는 높은 벼슬을 지냈지만, 안향의 최대 관심사는 유학 교육의 진작이었다. 그렇지만 당시 개성의 사회적·정치적 환경은 그의 희망에 부응하지 않았기에, 그의 교육열이 미친 범위는 정주의 도학을 자신들의 유일한 연구 영역으로 삼기로 한 헌신적인 제자들의 소집단에 국한되었을 것이다.[6]

하지만 최초의 열기를 식히지 않고 더욱 뜨겁게 달구기 위해서는 중국인 학자들과의 지속적인 사적 교유가 결정적으로 중요한 것으로 밝혀졌고, 이에 충선왕은 중국과 한국의 학문적 교류를 확대하기 위한 이상적인 공간을 만들어냈다. 그는 요수姚燧(1238~1313), 조맹부趙孟頫(1254~1322), 우집虞集 (1272~1348) 같은 뛰어난 학자들과 함께 "학문을 논하는 기쁨을 누리기" 위해 개성의 왕위를 포기하고, 베이징에 유명한 서재 '만권당萬卷堂'을 세웠다.[7] 그 곳에서 이제현과 그 또래의 고려인 학자들은 신유학의 개혁 잠재력을 절실 히 깨닫게 되었다. 젊은 이제현은 만권당에서 허형許衡(1209~1281)의 제자들 이 전해주는 허의 가르침을 열심히 습득했다. 원나라에 정주학을 퍼뜨린 핵 심 인물이자 쿠빌라이 칸의 스승이었던 허형은 주희의 『소학小學』과 사서에 바탕을 둔 보편적인 도덕교육을 주창했을 뿐만 아니라, 『대학』에 개설되어 있고 북송 경세사상가들의 저작에 상술되어 있는, 공적 문제에 대한 실천적 접근을 역설했다. 교육에 대한 주희의 지침에 따라, 허형은 문학적 재능보다 는 도덕적·지적·정치적 관심을 강조했다. 유교 경전을 중시하는 그의 연구 프로그램은 결국 1313년에 개정된 과거제도에 반영되었다.[8] 게다가 원의 과 거 과목 및 절차는 벤저민 엘먼의 말마따나 "고전적 이론과 현실적 실천의 합 일"[9]을 중시했고, 따라서 몇몇 고려인에게 신유학을 이용하여 고국의 병폐 를 치유할 수 있는 완전히 새로운 방식을 제시해주었다.

몽골은 중국에서 과거제를 부활시킨 1313년부터 제국의 모든 행정구 역에서 (정기적으로) '향시鄕試'를 치르게 하여 지역별로 할당된 수의 합격자 를 뽑은 다음, 이들을 몽골의 수도에서 최종적으로 '회시會試'에 응시하게 했 다. 이런 체제하에서 고려는 3명의 응시자를 베이징에 보낼 수 있었다. 최해 와 이곡, 이색을 비롯한 약 20명의 고려인이 베이징에서 '제과制科'에 급제한 것으로 알려지거나 전해진다.[10] 향시와 회시의 시험 과정은 응시자들의 민 족적 배경에 따라 달랐는데, 고려인은 아마도 한족 응시생과 동일한 방식으로 실력을 검증받았을 것이다.[11] 엘먼에 의하면, 회시는 두 단계로 구성되었다. 첫 단계에서는 응시자들이 사서에서 가려 뽑은 글과 오경에서 발췌한 다섯 가지 인용문에 대한 질문에 정주의 주석에 의거하여 답해야 했고, 두 번째 단계에서는 당대의 현안에 대한 시무책을 작성해야 했다.[12] 새로워진 과거는 경학經學의 수준을 시험하는 데 비중을 두었고, 아울러 책문을 통해 당대의 상황에 적용될 수 있는 응시자들의 고전적·역사적 지식을 평가했다. 고려 과거의 주된 시험 과목이었던 시부 짓기가 제외된 까닭에, 1315년에 처음으로 베이징에서 과거를 치른 고려인 3명이 준비 부족으로 급제하지 못한 것은 그리 놀랄 일이 아니다.[13]

도학에 대한 새로운 깨달음에 고무된 이제현이 중국에서 돌아온 뒤에 처음으로 시도한 일은 (2장에서 논의한 바대로) 전통적으로 시부를 중시하던 과거를 책문에 중점을 두는 방향으로 바꾸자고 제창한 것이었는데, 그는 분명히 이런 요구가 고려에서 경세사상에 대한 관심을 제고하리라고 기대했을 것이다. 이제현은 본인이 원하던 개혁이 (1369년에) 이루어지는 것을 보지 못하고 세상을 떠났다. 하지만 과거제의 개혁이 청렴한 정부의 바탕이라고 강력하게 주장하고, 조정의 안팎에서 유학 교육에 꾸준히 헌신했기에, 그는 정도전에 의해 고려에 '고문지학古文之學'을 도입한 선구자로 인정받았다.[14] 훗날 정도전은 이곡과 이인복李仁復(1308~1374)이 이제현의 뒤를 따랐고, 이런 '가문의 유산'을 물려받은 이색이 베이징에 가서 공부하고 돌아와 정도전 자신을 비롯한 젊은 세대의 선비들을 가르치면서 이 새로운 학문에 깊은 관심을 기울이라고 촉구했다고 덧붙였다.[15]

정도전이 고려에 고문지학을 처음 소개한 인물이 이제현이라고 말했다고 해서, 그 이전의 고려인 학자들, 예컨대 유명한 시인이자 문신인 최자崔滋 (1188~1260)가 이미 한유韓愈나 북송의 구양수歐陽修 같은 고문의 대가들을 익히 알고 있었을 가능성을 배제할 수는 없다.[16] 하지만 최자의 주된 관심은 이런 당송 학자들이 경학과 사학을 당대의 문제에 적용하는 방식이 아니라, 그들이 지은 창의적인 산문과 시가였다. 반면에 이제현은 문체에는 관심이 없었다. 주희를 본받아, 그는 화려한 글쓰기가 도학에 해가 된다고 여겼다(비록 그 자신은 뛰어난 문장가이자 시인이었지만). 또한 이제현은 한쪽에 치우친 경세 사상가가 아니었다. 오히려 그와 그의 동시대인들에게 도학은 '이상적-도덕적' 측면인 도道와 '현실적-실용적' 측면인 실實이라는 양면의 융합을 의미했고, 그들이 교육자이자 개혁가로서 맞닥뜨린 암담한 현실을 치유하려면 도와 실의 두 측면이 모두 필요했다. 이제현의 문집에는 이런 양면적 접근에 대한 몇 가지 언급이 있다. 하지만 그가 당대에 그토록 영향력 있는 경세가이자 학자이자 스승으로 숭경된 것은, 그리고 정도전에 의해 거의 편파적으로 최초의 고문 연구자로 추모된 것은 분명히 그의 글보다는 그의 행적과 가르침 때문이었을 것이다.[17]

고문이라는 용어는 한국에서는 그리 널리 통용되지 않았던 것 같다. 대신에 그것에 못지않게 오래된 용어인 '복고'가 한국의 초창기 신유학자들에게는 '부흥'이라는 개념을 뜻했고, 그들은 중국의 경전, 특히 『주례』에서 부흥의 청사진을 찾아냈다. 이 텍스트는 고대 중국 왕조들의 안정성과 내구성을 촉진했던 것으로 여겨지는 정부의 구조와 기능을 백과사전처럼 상세하게 설명한 것이다. 이제현은 '육경'을 도학의 필독서라고 자주 말했던 만큼, 당연히 이 책도 그의 필독서에 포함되었다. 게다가 초기 도학 연구자들이 자신들의 개혁 노력을 인도해줄 현실적 지침을 『주례』에서 찾게 됨에 따라, 이 경서는 『예기』 및 『의례儀禮』에 버금가는 주요 텍스트가 되었다.[18] 그리고 이런 관심은 한국의 실정을 반영한 유사 서적의 출간으로 이어졌다. 예컨대 이색과 함께 성균관에서 유생들을 가르쳤던 김구용은 "고려의 법규들을 널리 모아서 『주례』에 따라] 육전六典으로 나누어 정리했고," 자신의 저서를 『주례육익周禮六翼』이라고 불렀으며, 이색은 이 책의 서문을 써주었다.[19] 하지만 『주례』를 최대한 활용한 사람은 정도전으로, 그는 이 경서의 체제를 모범 삼아 새로운 조선 정부기구의 조직적 뼈대를 고안했고, 그 성과를 집대성한 『조선경국전朝鮮經國典』 — 후대의 모든 입법사상에 영감을 불어넣은 기본 텍스트 — 을 지어 1394년에 왕에게 바쳤다.[20] 더욱이 『주례』가 명나라의 시조인 주원장朱元璋이 광범위한 개혁정책을 펼치기 위해 수시로 들여다보던 애장서였다는 사실을 몰랐을 리가 없는 한국인들은 틀림없이 『주례』에 의거한 개혁이 한국에서도 실행 가능하다고 확신했을 것이다.[21]

요컨대 여말선초에 활동한 도학의 대가들과 그 추종자들은 이성계와 그의 후계자들을 위해 왕조 부흥의 구체적인 계획을 마련했는데, 그들은 도학의 실용적이고 행동지향적인 측면에 초점을 맞추는 것이 도학의 도덕적 메시지를 실현하는 것보다 시급하다고 보았다. 물론 개혁가들의 정신적 안내서인 『대학』은 '치국治國'을 '수신修身'과 연결시키되, 전자보다 후자를 중시했다. 그러나 중차대한 사회적·정치적·경제적 위기에 직면한 정도전과 조준, 그리고 그들의 뒤를 이은 하륜, 권근, 변계량卞季良[22] 같은 조선 초기의 제도 설계자들은 '치국'을 '수신'보다 우선시했고, 도학을 자신들의 '입장position' — 피터 볼Peter Bol의 용어를 약간 다른 의미로 사용한 것이다 — 으

로 삼았다. 그들은 도학을 일차적으로 『주례』와 『예기』 같은 고문에 바탕을
둔 '실학實學'으로 간주했고, 이 학문이 '고제古制'— 요와 순 같은 현왕들과 하
夏·상商·주周 삼대 창건자들의 제도 —를 자신들의 시대에 재현하는 데 도움
을 줄 것이라고 믿었다. 이런 정신으로 "주나라의 융성함에 능히 견줄 만한
문명의 통치"를 제도화하기 위해 노력한 결과, 그들은 사회. 행정, 경제 등에
관한 수많은 법령을 종합하여 1471년에 『경국대전』을 만들어냈다(현존하는 것
은 1485년에 나온 최종본이다).[23] 이처럼 실용적 방식을 추구한 사람들이 도학을
본인들의 '정체성'[24]으로 삼은 사람들보다 훨씬 많았다. 후자에 속한 '이상주
의자들'은 한국에서 도를 복구하는 일은 수신에서 출발해야만 한다고 주장
했고, 따라서 개인과 집단의 혁신에 필요한 예제禮制를 정비하는 데 중점을
두었다. 물론 이상의 두 접근이 서로를 배제하지는 않았지만(예컨대 개혁가 조
준은 유명한 의식주의자*ritualist*이기도 했다), 15세기 동안에 양자의 사이는 멀어
지기 시작했고, 이로 인해 유생들은 '정치적 인간*political man*'이 '도덕적 인간
*moral man*'의 이상을 얼마나 구현할 수 있을까 하는 문제를 놓고 딜레마에 빠
졌다. 이 딜레마는 사대부가 유교적 변화의 선도자인 동시에 주된 표적 집단
이라는 역설적 상황에 의해 더욱 심화되었다. 신유학의 가치와 규범이 어떻
게, 그리고 어느 정도까지 한국의 사회정치적 상황에 적용될 수 있을지에 대
한 의문은 16세기에 이르기까지 논란과 갈등의 씨앗이 되었다.


## 과거제 개혁과 경연

조선의 유교화 과정을 주도한 자들이 고위직에 올라 있던 소수의 박식

한 관리들이었다면,[25] 신유학은 어떻게 중하위직 관리들에게까지 전해졌을까? 그들이 신유학을 접하게 된 것은 다름이 아니라 정주의 주석이 달린 사서오경이 과거의 필수과목으로 채택되었기 때문이다. 1392년에 식년시式年試(3년마다 정기적으로 치러진 문과)의 시행이 제도화되었을 때,[26] 당나라풍의 다양한 문체(사장詞章)를 중시하던 고려의 제술과는 무의미하고 하찮은 것으로 여겨져 폐기되고, 모든 문신 지망자에게 유교 경전에 대한 해박한 지식을 요구하는 과거제의 신기원이 열렸다. 고려 후기에 여러 차례 시도되었지만 번번이 실패했던 획기적인 변화가 마침내 이루어진 것이다. 그런데 이런 변화는 새 왕조의 대업에 동참하기를 원했던 모든 자의 자발적 동조를 전제로 한 지적·문화적 기획의 소산이었다.[27]

그렇지만 사장을 숭상하는 풍조가 여전히 강했기 때문에, 경세가들의 격렬한 반대에도 문학시험은 결국 1453년에 재도입되었다. 하지만 이제 그것은 관리를 직접 뽑는 시험이 아닌 두 가지 소과의 하나로 격하되었다. 이 예비시험을 치르는 응시자는 생원시와 진사시 가운데 하나를 택할 수 있었다. 전자는 사서 중의 한 편과 오경 중의 한 편에 대한 전문지식을 시험했고, 후자는 두 가지 문체(시와 부)를 얼마나 능숙하게 짓는지를 평가했다.[28] 그 밖에 모든 응시자는『소학』[29]과『주자가례朱子家禮』[30]의 내용을 훤히 알고 있어야 했다. 소과에 입격한 다음 문과에 응시하려는 자들은 성균관에서 최종적인 교육을 받았다.[31] 1398년에 국가의 최고 교육기관으로 거듭난 성균관의 교관들은 정규 관리들이었다.[32] 경내에 공자를 비롯한 선현들의 위패를 모신 문묘文廟가 있었던 만큼, 성균관은 특히 신유학의 '정통'이 무엇인지를 둘러싼 논쟁이 관료사회를 뒤흔들고 분열시키는 경우, 유생들의 뜻을 모아 조정에 상소를 올리는 방식을 통해 상당한 정치적 영향력을 행사할 수 있었다.

문과 급제가 높은 사회적 신분을 확인받는 필수조건이 되었다는 사실을 감안할 때, 수도 엘리트층의 자제들이 성균관을 가득 메웠고 과거 응시자의 압도적 다수를 차지했다는 것은 그리 놀랄 일이 아니다. 하지만 그들은 '도학'에 매진하지 않고 책문策問에만 몰두함으로써, 나라를 생각하는 몇몇 관리의 우려를 자아냈다.[33] 게다가 15세기 중반에 진사시가 다시 설치됨에 따라, 경전 연구의 열기는 더욱 시들해졌다. 이런 식으로 학문은 '관학官學', 즉 정부의 관리가 되기 위한 학문으로 쉽게 변질되어, 도덕적으로 우월한 관료사회를 만들겠다는 왕조 창건자들의 이상주의적 전망을 무색케 했다.

방대하고 복잡한 체계로 이루어진 정주학이 과거의 필수과목이 되자, 출사를 원하는 자들이 뛰어넘어야 할 지적인 장벽은 더 높아졌다. 하지만 과거 응시자격을 가늠하는 사회적 기준에는 변함이 없었다. 2장에서 설명했듯이, 과거 응시는 사족만의 특권으로 남아 있었다. 게다가 높은 사회적 지위와 관직 임용을 보증하는 '홍패'를 수여받는 것은 엘리트층의 일원에게는 더없는 선망의 대상이었고, 진정한 유생에게는 일종의 의무였다. 15세기 초에는 '순정한' 도학을 닦기 위해 벼슬을 멀리하는 것이 현실적인 대안은 아니었던 것으로 보인다. 물론 예외적으로 초야에 묻혀 중앙의 정치와 담을 쌓고 학문에만 정진하던 소수의 국외자도 있었다.

사대부들은 단순히 유학도의 길만 걸었던 것이 아니라, 본인들에게 왕을 교육시킬 의무가 있다고 믿었다. 실제로 국가의 실권자로서 중추적 위치를 차지하고 있던 왕은 고대 현왕들의 도를 본받아 만인의 귀감이 되는 행동으로 백성들을 교화해야만 했고, 그렇게 하려면 공부를 해야 했다. 조선 초부터 몇 개의 부서가 설치되어 왕을 대상으로 정기적인 개인교습과 강론을 실시했을 뿐 아니라, 공사公私에 걸친 그의 일거수일투족을 지도하고 필요할 경우 견책했다. 유교식 강론제도는 12세기 초에 고려에 처음 도입되었지만,[34] 사대부가 왕에게 빡빡한 학습일정의 소화를 요구한 것은 이성계의 즉위 직후에 경연청經筵廳이 설치되어 학식과 덕망이 높은 소수의 고관이 왕의 교육을 맡게 된 뒤부터였다. 전제군주로서 관리들을 가르쳤던 명나라 태조[35]의 경우와는 대조적으로, 매일 경연에 참석하라는 독촉을 받은 노장군 이성계는 나이가 많다는 이유로 한 명의 경연관이 가끔씩 자신에게 『대학연의大學衍義』의 뜻을 설명해주기를 원했다. 그의 뒤를 이은 정종과 태종도 경연에 열심히 참석하지는 않았다. 서연書筵을 접한 최초의 세자인 태종은 왕이 된 후에 되도록 그 자리를 피했지만, 말년에는 일정이 잡혀 있는 경연에 어쩔 수 없이 꼬박꼬박 참석했다. 유학의 수용과 보급에 적극적이었던 세종은 집현전을 설립하여, 젊고 의욕적인 학자들과 날마다 경서와 사서를 토론하기 시작함으로써 경연의 질적 수준을 높였고, 집현전의 학사들은 그가 총애하는 자문관들이 되었다. 경연은 모든 주입식 교육에 거부감을 느꼈던 세조(재위 1455~1468)에 의해 중단되었다. 중신들의 이데올로기적 압력을 달가워하지 않았던 그는 급기야 집현전마저 폐지했다. 하지만 경연은 좀 더 유순한 그의 후계자 성종(재위 1469~1494)에 의해 재개되어 유교적 통치의 중심축으로 확대되었으며, 이를 통해 사대부들은 왕권의 행사를 좌지우지했다. 이는 중국과는 사뭇 다른 양상으로, 윌리엄 시어도어 드 베리Wm. Theodore de Bary에 의하면 중국에서는 원대元代 이후 황제를 교육시키는 전통이 끊겼다.[36]

조선 초기 왕들의 교육을 위한 핵심적인 교재는 진덕수眞德秀(1178~

1235)가 편찬한『대학』의 주석서『대학연의』로, 드 베리에 따르면 진덕수는 이 책에서 통치자의 교육을 위한 경연의 주요 관심사 — 통치자의 마음가짐과, 통치자로서의 뜻과, 통치권의 행사를 올바르게 하는 것 — 를 다루었다.[37] 이 책이 너무 방대하다고 생각한 이석형李石亨과 홍경손洪敬孫[38]을 비롯한 몇 명의 고관은 1472년에 젊은 성종에게『대학연의집략大學衍義輯略』을 지어 바쳤다. 왕의 마음을 바르게 하는 것, 즉 정심正心에 중점을 둔 이 요약본은 주로 고려의 역사에서 따온, 왕의 학문·품행·성정에 대한 범례에 많은 지면을 할애했고, 수신에 대해서는 권말에 간략하게 언급했다. 이석형과 홍경손이 엮은 이 책의 주된 목적은 군주에게 본인의 재위기간에 모범으로 삼아야 할 왕도를 제시하는 것이었다.[39]

경연은 왕에게 성인이 되기 위해 끊임없이 노력해야 한다는 압력을 가했는데, 왕을 채근한 것은 정부의 요직에 있으면서 경연관의 임무를 겸하고 있던 열성적인 고관들이었다.[40] 강론은 유교 경전에 대한 통치자의 이해도를 높이는 장이었을 뿐만 아니라, 정책적 현안을 토론하고 때로는 고대의 선례에서 그 해결책을 찾는 협의기구이기도 했다. 이처럼 경연은 간언 및 규찰을 맡은 기관들과 더불어 사대부들이 왕의 행동과 조처를 좌우하고 인도하고 감독할 수 있는 가장 강력한 제도로 제구실을 다했다.

## 도학 이상주의의 발전

15세기 후반으로 접어든 시점에, 정부 안팎의 관찰자 대부분에게 조선이 유교적 국가와 사회로 변용되었다고 보기에는 시기상조라는 사실이 명백해졌다. 그런 변화의 주된 걸림돌은 유생들이 단지 "관직과 녹봉"을 얻기 위해 공부하는 풍소반이 아니었다. 유교의 노력과 의례가 소선사회에 융화되는 것을 사실상 가로막은 요인은 민가뿐 아니라 궁정에도 남아 있던 불교의 잔재라고 느끼는 사람이 적지 않았다. 심지어 세종 같은 개명 군주도 불사佛事의 유래가 워낙 깊어 급격히 혁파하면 득보다는 실이 많을 것이라고 생각하지 않았던가?[41] 이와 대조적으로 양성지 같은 인물이 볼 때 국가의 안위를 위협하는 것은 불교가 아니라 정치적·군사적 불안이었다. 어린 단종(재위 1452~1455)이 할아버지인 세종이 찬란한 시대를 구현한 뒤에 보위에 오르자, 양성지는 학식도 부족한 왕이 '바른 사람'을 곁에 두지 못한다면 신왕조의 실험이 실패할지도 모른다고 우려했다. 그래서 그는 선임자들이 이미 강조했던 것 ― 태평성대를 보장하는 것은 군주의 도덕성이기에, 군주는 스스로를 부단히 일깨우고 왕정王政의 메시지를 궁궐 밖으로 널리 알리기 위해 사대부를 믿고 중용해야 한다는 ― 을 무수히 반복해서 말했다.[42] 강력한 왕권을 신봉했던 양성지는 훗날 세조(재위 1455~1468)의 독재정치를 지지하기도 했다.

도학을 본인의 '정체성'으로 삼은 자들의 눈에는, 최고위직 관리들이 다른 사람들, 특히 왕에게는 도학을 숭상하라고 압력을 가하면서 정작 본인들은 온통 치국에만 관심을 쏟고 『대학』에서 말하는 효율적인 통치의 첫걸음인 수신을 게을리 하는 모습이 빤히 보였다. 그 결과물인 정신적 불협화음 때문에 유교적 도덕이 정치적 담론과 일상사에 제대로 녹아들지 못하고 있다는 것이 도학 이상주의자들의 생각이었다. 수기치인修己治人, 즉 먼저 나를 닦고 나서야 다른 사람을 다스릴 수 있다는 그들의 주장은, 1455년에 세조가 조카인 단종의 왕위를 찬탈한 사건 ― 유교가 표방하는 것으로 믿어졌던 모든 도덕적 가치를 끔찍하게 침해한 ― 으로 말미암은 위기 국면에서 그야말로 날카롭고도 시의 적절한 외침으로 다가왔다.

도학을 실천하면서 공적·사적 생활의 도덕에 관한 논의의 물꼬를 트고, 그 논의를 조정에서 뜨거운 정치적 쟁점으로 부각시킨 역할을 한 것으로 공인받은 대표적 인물은 김종직金宗直(1431~1492)[43]이었다. 1459년에 문과에 급제해 관직생활을 시작한 그는 치국보다는 '효성과 우애' ― 그가 생각한 배움의 근본 ― 의 함양을 중시함으로써 시대의 도덕적 기준을 높여야만 한다는 주장으로 조정의 이목을 끌었다. 그의 저술이 대부분 소실된 탓에 그의 철학을 온전히 평가할 수는 없지만, 그는 다소 절충적인 도학자였던 것 같다. 1478년에 나온『주례』2판(이 책의 간행을 위해 그는 본인의 소장본을 빌려주었다)의 발문跋文에서, 김종직은 이 책을 "모든 왕이 경세의 모범으로 삼아야 할 경전"[44]이라고 찬미했다. 또한 사장과 경학이 불가분의 관계에 있다고 주장한 듯하다.[45] 그럼에도 이상주의적 도학의 헌신적이고 유능한 사표로서 그가 미친 영향은 그의 두 제자인 김굉필金宏弼(1454~1504)[46]과 정여창鄭汝昌(1450~1504)[47]이 당대에 정주학의 도덕체계를 주창한 걸출한 인물들로 받아들여졌다는 사실에 고스란히 담겨 있다.[48]

김종직의 정치적 비중은 세조의 손자인 성종의 치세에 높아졌다. 1480년대부터 과거에 급제한 그의 제자와 동료들이 간쟁과 감찰, 역사기록을 담당하던 부서들 ― 15세기 후반에 접어들어, 완성도를 더해가던 유교국가의 핵심제도로 간주되었던 언론기관들 ― 에 대거 진출했기 때문이다.[49] 그들이 넘어야 할 벽은『경국대전』의 편찬자들을 비롯하여 세조의 전제적 통치를 지지함으로써 여러 차례 공신으로 책훈되고 정승과 판서의 자리에 앉아 여전히 일상의 정치에 막강한 영향력을 행사하고 있던 경세가들이었다.[50] 그렇지만 유학을 경멸해 경연을 폐지시킨 할아버지와 달리, 성종은 그때까지 가장 철저한 유교식 교육을 받은 통치자였기에, 유교의 부흥을 위해 간관들의 득세쯤은 용납하기로 마음먹었다. 주요 언론기관에 적을 두고 있던 김종직과 그 제자들은 이런 상황에 용기백배하여 요구의 수준을 높였다. 그들은 자신만만하게 유교의 도덕을 정치행위의 유일한 기준으로 삼아야 한다고 주장했고, 주요 정책에 대해 최고위직 관리들뿐 아니라 왕 자신이 내린 결정까지 종종 거침없이 비판했다.[51]

김종직과 그의 추종자들이 하나의 무리로 처음 인식된 것은 1484년에 성종이 연로한 김종직을 도승지에 앉히자(그는 경연관도 겸하고 있었다), 정적들이 그들을 싸잡아 '경상선배당慶尙先輩黨'이라고 비난했을 때였다.[52] 이 집단은 1492년에 김종직이 사망한 뒤에도 그 정체성을 유지했고, 성종의 박덕한 후계자 연산군燕山君(재위 1494~1506)에 대한 고압적 훈계의 수위를 높였다. 신하들의 끊임없는 비판에 격분한 젊은 새 왕은 다시 경연을 없앴고, 언론 '삼사三司'의 역할을 변경하거나 정지시켰으며, 직간直諫을 더 이상 용인하지 않았다. 1498년에 일어난 무오사화戊午士禍의 불쏘시개는 『성종실록』의 사초史草에서 불경하게 세조를 비판한 것으로 판단되는 글이 발견된 것이었다. 이 사초를 쓴 전직 사관史官 김일손金馹孫(1464~1498)[53]은 김종직의 제자로, 스승의 글 가운데 하나를 인용했다가 정적들에게 만고의 대역죄인으로 낙인찍혔다. 역모와 불충과 '붕당'의 죄를 뒤집어쓴 김종직 일파는 당연히 이 사화의 주요 희생자가 되었다. 형을 선고받은 28명 가운데 김일손을 포함한 5명은 처형당했고, 나머지는 유배형에 처해지거나 관직을 삭탈당했다. 이미 사

망한 김종직은 부관참시를 당했다. 1504년에 일어난 두 번째 사화(갑자사화甲

子士禍)는 1498년에 살아남았던 자들의 처형으로 이어졌고, 연산군 자신의 몰

락을 예고했다. 실정과 폭정의 대가로 그는 폐위되고, 이복동생인 중종(재위

1506~1544)이 즉위했다.[54]


## 사림의 부상

반정反正을 통해 왕위에 올랐다는 사실에 불안감을 느낀 중종은 자신을

권좌에 앉힌 자들에게 공신의 특권을 아낌없이 나누어주었다. 또한 두 사화

에서 희생된 자들의 명예를 회복시켜줌으로써, 그들의 유산을 16세기까지

이어온 소수의 생존자에게 전반적인 개혁의 희망을 안겨주었다. 사림士林[55]

이라 불리며 개혁적 '운동'의 선봉에 섰던 이 집단의 새 지도자는 김굉필의 제

자였던 야심만만한 젊은 관리 조광조趙光祖(1482~1519)였다.[56] 중종의 비호

하에, 그는 문과에 급제한 지 3년 만에 대사헌(종2품)이라는 고위직에 앉았다.

이 높은 벼슬은 그에게 본인의 개혁사상을 마음껏 펼칠 수 있는 권한을 부여

했는데, 그의 개혁안 가운데 가장 대담했던 것은 현량과賢良科의 시행이었다.

그는 기존의 과거를 관리가 되고자 하는 자들의 자질을 판단하기에 부적절

한 것이라고 비판하면서, 1519년에 "재능과 덕행이 뛰어나" 천거된 자들을

대상으로 책문을 시험하여 인재를 등용하는 새로운 제도를 도입했다. 이 시

험의 후보자로 선발되려면 경학에 능한 것은 물론이고, 사림의 자격 — 흠결

없는 행적과 '시류에 영합하지 않는' 지조 — 을 갖추고 있어야만 했다. 이런

모험은 처음에는 왕의 지지를 받았지만, 조광조는 이내 극단적 개혁(그는 명

백하게 사회적 관습을 위반했다)과 붕당의 형성이라는 죄를 뒤집어썼다. 현량과가 실시된 지 불과 몇 달 뒤에 그의 정적들에 의해 기묘사화己卯士禍가 일어났고, 이때는 중종도 조광조에게 등을 돌렸다. 그는 처음에는 유배형에 처해졌으나, 관대한 처벌을 읍소한 유생들의 탄원에도 얼마 뒤에 사사되었다.[57] 조광조의 때 이른 죽음은 중종의 남은 치세 내내 반향을 불러일으켰고, 중종의 시대는 또 한 차례의 사화로 막을 내렸다.[58] 왕이 조광조의 신원伸冤을 원치 않았으므로, 사림의 대의는 더 이상 진전을 보지 못했다.

과연 사림이 추구하는 바는 무엇이었을까? 사림은 수기치인을 자신의 정체성으로 삼았고, 『소학』과 『근사록近思錄』[59] — 이 책들은 조광조가 몰락한 이후 몇 년 동안 강독이 금지되었다[60] — 의 지침과 원리에 따라 정신을 수양하고 사회생활을 영위했다. 김굉필은 젊은 시절 이런 문헌들에 심취했고, 특히 『소학』의 가르침을 실천궁행하여 '소학동자小學童子'로 알려지게 되었다. 입신에 연연하지 않고 인격의 도야에 힘쓰는 것은 훌륭한 관리가 갖추어야 할 정신적 자질이었다. 조광조의 표현을 빌리자면, "도道의 실현을 자신의 개인적인 책임으로 여기는" 학자이자, "오직 의리義理만을 중시함으로써" 고고한 '현자'의 반열에 오른 인물만이 관리가 될 자격이 있었다. 요컨대 관리는 학식과 도덕성을 겸비해야 했다. 조광조는 학문의 수준과 정치적 안정이 함수관계에 있다고 생각했다. 수준 높은 학자들이 제대로 양성되어야만, 전설적인 요순이 세상을 다스리던 황금기에 버금가는 이상적인 정치풍토가 조성된다는 것이었다. 물론 학자들이 출사하여 국가에 봉사하고픈 의욕이 생기게끔 적절한 환경을 만들어주는 것은 통치자의 몫이었다. 조광조 일파는 경학에 몰두하지 않고 관직 진출이라는 유일한 목표를 위해 글재주만 익힌 당대인들의 얕은 학식을 비판했다. 또한 중종에게 적절한 수련을 거친 사대부들을 발탁하여 『대학』에 제시되어 있는 완벽한 정치질서(지치至治)를 이루는 것이 왕의 소임이라는 점을 귀에 못이 박히도록 진언했다. 조광조의 뜻을 순수하게 받아들인 자들에게, 문학적 솜씨만을 시험하는 과거제는 유학의 연구를 촉진하는 올바른 수단이 아닐뿐더러 공직자를 선발하는 적절한 도구도 아니었다. 조광조는 경전의 심오한 뜻을 천착하고 그 이치에 따라 살아가는 '진유眞儒'와 유교의 대의를 입에 발린 말로 논할 따름인 '속유俗儒'를 대비시켰고, 현실에 염증을 느껴 과거에 응하지 않는 훌륭한 학자들을 천거를 통해 찾아내어 임용해야 한다고 주장했다.[61]

　　조광조는 진정한 도학의 맥을 이은 적극적 정치가이자 이상주의적 도덕군자로, 중종의 각별한 신임을 등에 업고 관료사회의 쇄신을 도모함으로써, 김종직보다 영향력이 큰 인물로 우뚝 섰다. 그렇지만 그는 자신의 급진적 성향 탓에 뜻을 이루지 못했다. 반면에 김종직은 성종의 총애를 받고도 유효한 개혁을 시도하지 못했고, 결국 이에 실망한 김굉필과 정여창 같은 수제자들에게 비판을 받았다.[62] 하지만 김종직은 조광조에 비해 정치적 역량은 다소 부족했을지 몰라도, 유교식 의례를 몸소 실천한 선구자로 명성을 얻었다.

　　사림의 정체성을 확실하게 보여준 것은 주희의 『가례』에 의거한 관혼상제의 시행이었다. 특히 신기한 유교적 방식으로 장사를 지내는 것은 개인적인 신념과 가치관의 표명이었지만, 여전히 불교식 관행을 고수하고 있던 대중에게 사림의 그런 행동은 조롱거리가 되고는 했다. 그러나 김종직은 워낙 카리스마가 넘치는 인물이었기에, 그가 『가례』에 따라 모친상을 치르는 과정을 지켜본 마을 사람들은 그의 지극한 효성에 감탄을 금치 못했다고 한다. 게다가 그의 거동과 발언이 "도에서 전혀 벗어남이 없었기 때문에, 그의 모습을 보고 그의 말을 들은 사람들은 생각을 고쳐먹고 그의 행실을 본받았다."[63] 초기 사림에 대한 모든 전기는 그가 『가례』에 따라 부모의 상을 치른 사실을 언급하고 있는데, 이는 그가 '유해한' 불교의 구습을 버리고 유교식 의례를 자신의 정체성으로 받아들였다는 결정적인 증거이다.[64]

통상적인 역사적 설명을 받아들여, 사림파 ― 김종직과 그 제자들(그리고 이들의 제자들), 그리고 조광조와 그의 무리 ― 를 상이한 사회경제적 배경과 지적 성향 때문에 흔히 훈구파勳舊派라 불리는 고관대작(공신들을 비롯한)을 자연히 적대시하게 된 관리들의 집합체로 보는 것이 유의미할까?[65] 사화가 이 두 집단 사이의 알력에서 비롯된 것이라고 설명할 수 있을까? 물론 사림파가 최고위 관료집단에 속하지 않았던 것은 사실이지만, 정두희와 다른 학자들이 입증하듯이 김종직의 추종자들이 단지 삼사의 요직을 차지했다는 이유만으로 영향력을 얻었다고 주장하는 것은 잘못이다. 그들은 삼사 내에서 소수파였고, 수도의 최상층에 속한 관리들과 함께 임무를 수행했다.[66] 따라서 에드워드 와그너처럼 사화의 원인을 제도적 요인 ― 삼사의 중요성 증대 ― 및 하급관리들과 고급관리들 사이의 세대갈등으로 환원시키는 것은 지나친 단순화이다. 또한 사림파의 신상을 살펴보면 그들이 지방 출신이라는 명제는 사실과 다르다는 점이 명백하게 드러난다. 경상도 출신은 절반에 미치지 못했고, 나머지는 수도와 수도권에 거주하고 있었다. 조광조의 건의에 따라 시행된 현량과에서 선발된 28명 ― 전형적인 사림파 ― 은 와그너가 입증한 것처럼 대개 수도의 관료사회에 기반을 둔 가문 출신이었다. 절반 이상(28명 가운데 19명)이 서울에 살고 있었고, 대부분의 경우 부·조부·증조부

중에 1명, 심지어 2명의 문과 급제자가 있었다. 마지막으로 사림파의 전성시대(1490~1565)에 문과에 급제한 자들의 70퍼센트가 1565년에 간행된 문화 유씨 족보에 남계친이나 인척으로 등재되어 있다는 점을 상기하면, 1519년 사화의 주요 희생자 8명 가운데 7명, 그리고 현량과 급제자 28명 가운데 26명이 그 족보에 올라 있고, 따라서 그들이 수도에 거주하지는 않았다 하더라도 적어도 수도에 든든한 연줄을 대고 있었다는 사실은 그리 놀랄 일도 아니다.[67] 요컨대 이런 통계는 이미 지적한 바와 같이 사림을 비롯한 조선 초기의 지배층이 사회적으로 상당히 동질적인 집단이었음을 다시 한 번 분명하게 보여준다.

사림이 지방 출신이라는 일반적인 주장과 짝을 이루는 것은 사림의 철학이 지방에서 처음 나타났다는 설이다. 김종직은 밀양密陽(경상남도)의 한 마을에서 자랐고, 부친으로부터 기본적인 교육을 받았다.[68] 그러나 그는 열아홉 살에 상경하고 나서야 비로소 성균관에서 도학에 몰두하기 시작했다. 게다가 도학을 진지하게 파고드는 데 도움을 주는 교관들과 교재들은 수도, 특히 성균관에 있었다. 수도를 벗어나면 책을 구하기 어려웠다. 중국판 사서오경은 명나라에서 기부를 받았고, 정부도 교재 부족을 해소하기 위해 한국판 경전의 인쇄와 보급을 지원했지만, 15세기 내내 책이 부족하여 새로운 사상을 공부하기가 힘들다는 불평이 끊이지 않았다. 하지만 책이 다가 아니었다. 책의 내용을 알기 쉽게 해설해줄 스승들이 필요했던 것이다. 지방의 이념적 '전향'은 맹아기의 향교鄕校보다는 관찰사, 군수, 유배자, 은거자의 적극적인 노력을 통해 이루어진 경우가 더 많았다. 예컨대 1471년부터 1475년까지 함양咸陽(경상도)의 군수로 재직하고 있을 때, 김종직은 그 지방 출신인 젊은 정여창 ― 훗날 그의 가장 빼어난 제자들 가운데 한 명이 되어 1504년의 사화에 희생된 ― 을 가르쳤다. 이와 비슷하게 부친상을 당해 시묘侍墓하고 있던 조광조는 평안도 인근에서 1498년부터 유배생활을 하고 있던 김굉필로부터 비록 짧은 기간이나마 가르침을 받았다.[69] 훌륭한 스승과의 개인적인 만남은 도학 입문자가 지적으로 성장하는 결정적인 계기가 되었음에 틀림없다.

사림 운동을 촉진한 것은 사회적 적대감이 아니라, 순정한 도학 ― 종종 이학理學이라 일컬어지는 ― 의 이해에서 비롯된 지적 확신이었다. 그리고 그 신봉자들은 심한 좌절을 맛보기도 했지만, 조정에 나아가 결국에는 신유학이 국가와 사회를 개혁하는 데 어떤 역할을 해야만 하는지에 대한 인식을 바꿔놓는 역사적 전기를 마련했다. 그것은 공리적인 경세사상으로부터 개혁의 출발점은 수신이라는 인식으로의 전환이었다. 수신이라는 도덕적 의무를 무시하고 정치적으로 행동하기에 급급했던 것은 그때까지 도학의 원리를 거꾸로 잘못 해석한 결과였다는 것이다. 이런 의미에서 사림은 한국 유교화의 두 번째 단계 ― 내향적 성찰의 단계 ― 를 선도했고, 그 결과 16세기에는 인간의 본성과 도덕적 행위의 관계에 대한 탐구가 본격적으로 이루어졌다.


## 한국 '도통'의 구성

경세에서 도덕으로의 전환은 비록 더디게 진행되었지만, 결국에는 광범위한 여론의 지지를 받게 되었고 제도적 뒷받침도 확보했다. '이학'의 올바른 옹호자들을 대변한다고 확신한 조광조와 그의 추종자들은 지적 계보상의 특권을 무기삼아 자신들의 정치적 입지를 굳히고자 했다. 삼사의 요직을 차지한 그들은 1517년에 본인들이 자신들의 학문적 직계선조라고 간주하는 자들을 국가가 공인해줄 것을 요구했다. 1510년에 처음 내놓은 요구, 즉 한국의 '도통道統'을 확립하기 위해 정몽주를 문묘에 배향해야 한다는 청원을 재개했던 것이다. 유학과 가례를 보급하고 후학을 양성한 정몽주의 공로는 중국 신유학의 거두인 주돈이周敦頤와 정호程顥·정이程頤 형제의 업적에 견줄 만하다는 것이 그들의 주장이었다.[70] 대신들의 긍정적 반응에 고무되어, 중종은 유교의 대의에 공식적으로 힘을 실어주기로 했고, 그 결과 정몽주는 1517년 9월에 한국의 도학자들 가운데 처음으로 문묘에 배향되었다.[71]

하지만 김굉필과 정여창을 정몽주와 함께 문묘에 배향하려던 조광조 일파의 청원은 받아들여지지 않았다. 1498년과 1504년의 사화에 희생된 자들이 중종의 치세 초기에 예상보다 빨리 신원되자 김굉필과 정여창이 억울하게 죽었다는 사실이 부각되었고, 1517년에 양자는 '종사宗師'의 위신을 얻었다. 이런 분위기에 고무된 조광조의 추종자들은 두 사람의 배향이 침체된 사림의 사기를 북돋우고 이학을 재흥할 수 있을 것이라고 상소했다. 이에 반대파는 김굉필의 도덕적 엄정성에 대해서는 이의가 없지만, 그의 문집이 소실된 탓에 그가 도학에 기여한 바를 검증할 수 없다는 주장으로 맞섰다. 김굉필의 숭배자들은 하늘이 그를 내어 정몽주의 학통을 잇게 했다는 반론을 제기했지만, 그들이 정몽주를 치켜세운 유일한 목적은 김굉필의 종사從祀를 도모하기 위함이었다는 비난에 직면했다. 이 당시에는 합의가 이루어지지 않았고, 김굉필과 정여창의 배향은 한 세기 뒤로 미루어졌다.[72]

기이하게도 김종직은 조정의 논의에서 완전히 배제되었다. 그의 명성은 청출어람의 전형을 보여준 빼어난 제자들에 의해 빛이 바랜 듯하다.[73] 조선 초기의 경세사상가인 정도전과 조준, 권근도 그런 논의에 오르지 못했다. 사실 권근은 권위 있는 '도통'의 확립을 시도했던 최초의 인물이고, 사후에 문묘 종사의 후보로 추천되었다. 1456년에 양성지는 문묘에 배향될 후보 명단에 정몽주를 비롯한 몇 명의 고려인과 권근을 포함시켰지만, 정도전은 거기에도 끼지 못했다.[74] 어떤 명분을 정당화하려는 야심보다는 개인적인 선호도를 나타내는 이 대안적 도통들은 일반적인 동의를 얻지 못했음이 분명하다.

16세기 초에 이르러 신유학 사상이 이상주의적 이학으로 방향을 튼 일대 변화는 문묘에 새로 모셔진 정몽주의 위패로 상징되었다. 그럼에도 국가의 정치문화는 거듭된 사화로 인해 심하게 훼손되었다. 게다가 사화에 대한 기억은 여전히 생생했고, 수도 안팎의 수많은 유생은 풀이 죽어 있었다. 사화의 서곡이 된 실용주의자들과 이상주의자들 사이의 언쟁은 한편으로는 변화무쌍한 정치판에서 이루어진 지적인 성숙 과정으로 해석될 수도 있다. 하지만 다른 한편으로 그 갈등은 도덕성을 정치화하여, 누가 도덕적이고 누가 비도덕적인가에 대한 판단을 위험천만하게 정치적 쟁점으로 만들어버림으로써 국가에 봉사한다는 것이 무엇을 의미하는지에 대한 격론을 유발했다. 과연 도덕적 우위를 점한 측은 정부의 안에 있었을까, 밖에 있었을까? 어떻게 보면 사화는 후대의 유학자들을 진퇴유곡에 빠뜨린 파벌정치의 예고편이었다. 출사하여 나라를 위해 일할 것인가, 아니면 초야에 묻혀 학문에 정진할 것인가? 이는 결과적으로 엘리트의 신분을 유지하는 데 직결된 중차대한 문제였다.

2부

# 지방의 재구성

## 서언 __

조선왕조의 수립은 사회적·정치적 권력관계의 근본적인 변화를 수반하지 않았다는 면에서 혁명극은 아니었다. 오히려 그것은 이성계와 그 후계자들의 군사적 비호하에서 세족의 권력이 재확립된 사건이었다. 그럼에도 왕조의 교체는 수도는 물론이고 지방에서도 권력의 위계가 폭넓게 재편되는 작업으로 이어졌다. 중앙에서는 경세가들에 의해 정부의 관료적 구조를 쇄신하는 정책이 시행되었고, 엘리트 사회조직의 광범위한 변혁을 위한 법적 기반이 마련되었다. 하지만 신왕조의 생명력은 결정적으로 국가가 농촌지방에 대한 통제권을 어느 정도까지 회복할 수 있는가에 달려 있었다. 실제로 고려 말에 토지가 국가의 지배에서 벗어나고 토지의 사유화가 급증한 것이 왕조의 교체를 촉발한 주된 요인이었던 만큼, 지방에 대한 지배권을 되찾아 경제적 토대를 확보하는 것이 신왕조의 최대 관심사였음에 틀림없다.

이를 위한 첫걸음은 조준의 개혁안에 따라 '사전'을 혁파하고 '공전'을 확대하여 1391년에 공포되고 1392년에 본격적으로 시행된 과전법科田法의 경제적 기반으로 삼은 것이었는데, 이는 녹봉체계를 정상화하려는 노력의 일환이었다. 물론 이런 조치에 앞서 전국의 토지를 측량하는 작업이 이루어지고 사전의 일부가 몰수되기도 했지만, 이 새로운 법은 국가가 토지의 소유와 분배를 통제할 수 있다는 허구적 전제에 바탕을 둔 것이었다. 하지만 그런 전제의 비현실성은 이내 명백하게 밝혀졌다. '과전'은 처음에는 수도와 그 인근의 경기도에 거주하고 있던 모든 전·현직 관리에게 꽤 넉넉하게 분배되었다. 관직을 보유한 사대부에게는 토지의 수조권만 보장되었지만(즉 수혜자가 사망하고 나면 토지는 국가에 반납되어야 했다), 공신들에게는 그것을 후손에게 물려줄 수 있는 특권이 부여되었다. 그런데 1417년경에 이르자 경기도의 토지 자산만으로는 갈수록 늘어나는 수혜자들, 특히 왕조 초기 수십 년 동안에 계속 책훈된 공신들에게 과전을 더 이상 지급할 수 없게 되었다. 정부는 어쩔 수 없이 과전의 일부를 국가의 직접적인 지배권 밖에 있던 하삼도下三道, 즉 경상도·전라도·충청도로 이급移給했다.[1] 국가에 봉사하는 대가로 토지를 지급해준 결과, 지배 엘리트층은 토지와 백성으로부터 수입을 창출하기 위해 국가와 경쟁하는 '중간 착취자'가 되고 말았다. 엎친 데 덮친 격으로 상당수의 과전 수급자가 수조지를 사유화하여 본인의 배를 불리려는 유혹에 빠짐에 따라 고려 후기에 농민들을 괴롭혔던, 토지의 소유주가 여러 명인 문제는 더욱 심각해졌다. 날이 갈수록 토지가 국가의 통제에서 벗어나자, 과전법은 1466년에 폐지되고 현직 관리들에게만 토지를 분급하는 직전법職田法으로 대체되었다. 분급 대상이 좀 더 한정적인 이 법마저 16세기 중반 무렵에는 실효성을 상실했고, 이후 관리들은 녹봉으로 땅 대신에 현물(예컨대 쌀)을 받았다.[2]

농촌지방을 새로운 질서로 편입시키려는 국가의 시도는 여러 장애에 부딪혔다. 고려 후기 지방의 참상[3]에 비추어볼 때, 조선 초기의 정부는 틀림없이 농촌 주민이 크게 동요하고, 사회적 배경이 서로 다른 경합자들이 지방의 인적 자원과 토지 자원을 착취하기 위해 다투는 상황에 직면했을 것이다. '향리'라는 지방관들의 유동성은 지역사회의 붕괴를 알리는 걱정스러운 일면이었다. 고려 말에 모든 조건이 악화되자, 상당수의 향리는 재경 엘리트층에 비해 턱없이 낮은 본인들의 신분을 높이기 위해 세습적 의무를 내팽개쳤다. 그들은 과거에 급제하거나, 북부지방을 유린하던 홍건적과 해안지대를 노략질하던 왜구를 토벌하기 위한 1360년대의 전투에서 군공을 세움으로써 입신양명을 꾀했다(아마도 과거보다는 전공을 출세의 사다리로 이용하려는 자들이 좀 더 많았을 것이다). 그에 대한 포상으로 훈직勳職이나 첨설직 — 국가의 공인을 받기 위해 경쟁하는 자들의 수가 갈수록 늘어나자, 이들을 관료체제에 수용하기 위해 만들어진 — 에 제수된 자들은 녹봉을 받는 '품관品官'이라는 명예를 안고 조선왕조에 참여했다. 이들은 왕조 교체기에 수도를 떠나 자신들의 농장으로 피신한 수많은 전직 문무관(전함품관前衛品官) 및 직역職役이 없는 그들의 자제(한량閑良)와 함께, 향촌에서 막강한 세력을 휘두르는 유향품관의 무리를 형성했다.[4]

고려−조선 교체기에는 향리들뿐 아니라 보통사람들도 실향과 이주를 경험했는데, 전반적인 실태는 『세종실록지리지』에 잘 설명되어 있다. 조선에서 가장 인구가 많은 핵심지역[5]에 살고 있던 친족집단의 약 30퍼센트가 거주지를 옮겼고, 거의 17퍼센트는 아예 사라진 것으로 기록되고 있다. 경상도와 전라도의 인구는 비교적 안정적인 상태를 유지했지만, 도읍을 개성에서 한양으로 옮긴 결과 수도권인 경기도와 인접한 강원도 및 황해도의 인구이

동률은 타 지방에 비해 50퍼센트 가까이 높았다.[6]

　　이런 위태로운 국면을 타개하기 위해, 정부는 지방행정의 대대적인 재편에 착수했다. 가장 중요한 것은 행정구역이 1413년에 처음 개편되었고, 그 후 세종의 치하에서 재정비되었으며, 새로 구성된 330여 개의 군현에 수령守令이 파견되었다는 사실이다.[7] 특히 그때까지 향리에 의해 다스려졌던, 따라서 정부의 통제 밖에 있던 지역들이 더 큰 행정단위로 통폐합되어 새로 임명된 수령의 관할하에 놓이게 되었다. 이런 과정에서 다수의 향리는 어쩔 수 없이 조상 대대로 내려온 삶의 터전을 버리고 일가붙이 하나 없는 행정중심지로 옮겨가서 일해야만 했다. 향리들이 이와 같은 농촌정책에 반발할 것을 예상하기라도 한 듯, 정부는 1411년에 향원추핵법鄕愿推劾法을 제정하여 향리를 철저한 규찰의 대상으로 삼았다. 이 법은 얼마 뒤인 1420년에 수령에 대한 고소를 엄금하는 부민고소금지법部民告訴禁止法에 의해 보강되었다. 그런데 수령의 권위를 세워 토착세력의 저항을 제압하려던 이런 조치들로 인해, 때로는 목민관의 잘잘못을 따지기 어려운 상황이 발생하기도 했다. 세종은 이런 잠재적인 갈등의 소지를 미연에 방지하기 위해 지방행정에 대한 관찰사의 감찰을 강화하라고 명했다.[8]

　　수령의 주요 업무 가운데 하나는 세분화된 행정편제인 '면리제面里制'[9]의 도입과정을 감독하는 것이었다. 군현의 하부 단위인 모든 마을을 대상으로 한 이 제도는 새로운 호적법의 실행에 필요한 기반을 구축하여 인구의 동태를 정확하게 파악하고 조세의 징수와 부역 및 군역의 부과에 활용하기 위한 것이었다. 놀랄 것도 없이, 가가호호를 속속들이 들여다보려는 이 야심찬 시도는 사익을 중시하는 개인들의 반발, 민중의 주거 불안정, 소규모의 자연마을(촌)이 뿔뿔이 흩어져 있던 현실 앞에서 좌절되고 말았다. 부실한 행정력도 실패의 또 다른 요인이었음에 틀림없다. 실제로 15세기 중엽의 조사결과가 보여주듯이, 세력 다툼을 벌이는 자들이 특히 많은 지역, 예컨대 경상도에서는 호구조사가 거의 실효를 거두지 못했다.[10] 분명히 국가는 이 시점까지 신뢰할 만한 지방의 과세기준을 마련하지 못했다.

지방을 행정적으로 통제하는 데 한계가 있다는 점을 감안하여, 정부는 그 권위를 강화하기보다는 약화시킨 것으로 보이는 지방의 기구를 용인하거나 심지어 활용할 수밖에 없었다. 고려 말부터 '유향소留鄕所'[11]라 불리던 이 기구는 유향품관이라는 지방의 실력자들로 구성되었고, 국토의 거의 모든 구역에 설치되어 국가가 농촌공동체에서 우위를 지켜내는 데 일조하며 조선 초까지 살아남았다. 역사적 기록이 전무하다시피하기 때문에, 유향소의 기원과 정확한 성격에 대해서는 학자들의 의견이 분분하다.[12] 일부 학자는 유향소가 재지 엘리트의 이익을 대변했으므로 정부의 중앙집권화 노력에 걸림돌이 되었다고 주장하면서, 1406년에 대사헌이 수령의 통치를 방해할 뿐 아니라 농민을 착취한다는 이유로 이 기구의 혁파를 요구했다는 사실에 의거해 자신들의 견해를 정당화한다.[13] 이 요구가 가시적인 조치로 이어졌는지에 대해서는 논쟁의 여지가 있다. 그렇지만 설사 어떤 왕명이 떨어졌다 하더라도, 그것이 실행에 옮겨지지는 않았을 가능성이 크다.[14] 이 때문에 1467년에 두 번째 폐지령이 내려졌지만,[15] 이마저도 1488년에 번복되었다.[16] 유향소가 1406년 이후에도 명맥을 유지했다는 사실은 수도에 그것과 짝을 이루는 이른바 경재소京在所가 있었다는 기록이 1417년에 처음 나타난다는 점으로써 간접적으로 확인할 수 있다. 유향소에 못지않게 정체가 불분명한 이 관서의 역할에 대해서는 남아 있는 사료가 거의 없지만, 경재소는 중앙의 관리들이 자신들의 연고지인 '향鄕' — 그들의 토지자산과 노비가 있던 지역 — 의 유향소를 감독하는 임무를 수행한 곳이었던 것 같다.[17] 그렇다면 중앙의 관리들은 본인들의 사적인 경제적 이권을 예의주시할 수 있는 특혜를 누렸을 뿐 아니라, 유향소의 품관을 임명하고 지방관을 천거하며 과거 지망자의 사회적 배경을 심사하는 권한까지 행사했던 셈이다. 이런 정황으로 미루어 쉽사리 짐작할 수 있듯이, 고위관리들은 물론이고 심지어 왕실의 종친까지 경재소의 임원이 되기 위해 서로 다투었다고 한다.[18]

15세기 유향소의 파란만장한 역사는 두 가지 점을 시사한다. 첫째, 유향소와 경재소의 공존은 친족의 끈끈한 유대와 공동의 이익이 수도의 관리들과 지방의 친척들을 하나로 묶어주었음을 뜻한다. 둘째, 조선 초기에 이런 반관반민적半官半民的 기구들이 보여준 끈질긴 생명력은 중앙정부가 그 내재적 취약성으로 인해 수도 바깥의 지역은 장악하지 못한 채 자신의 잇속만 차리는 거간꾼들에게 계속 의존했다는 증좌이다. 게다가 4장과 9장에서 논의되겠지만, 유향소는 지방의 얽히고설킨 권력관계를 정리하는 — 향리 계층의 이익에는 반하지만, 농촌사회에서 자신들의 지배체제를 구축하기 시작한 신구 엘리트 출계집단들의 이익에는 도움이 되는 방향으로 — 지극히 중요한 역할을 맡게 되었다.

주목할 만한 사실은 중앙정부가 그 권위를 지방으로 확대하려고 노력하고 있던 15세기와 16세기 초에, 수도의 관리들이 농촌지역으로 대거 이주하는 미증유의 사태가 발생했다는 것이다. 여기에는 다양한 원인이 있었다. 녹봉체계가 서서히 무너짐에 따라, 토지자산은 엘리트층의 경제적 생존을 위한 필수적인 항목이 되었다. 경제적 동기 외에도, 수도 탈출은 1445년에 일어난 세조의 왕위 찬탈이나 15세기 말의 피비린내 나는 사화 같은 끔찍한 사건들 ― 다수의 정치적 경력을 단절시키거나 무참하게 마감시키고, 치욕을 당하거나 불만을 품게 된 관리들이 어쩔 수 없이 지방에서 은신처를 찾게 만든 ― 에 의해 촉진되었다. 이 대규모 이주는 수도의 출계집단이 전국 방방곡곡으로 흩어지는 데 상당히 크게 기여했다.[19] 처가거주혼妻家居住婚, *uxorilocal marriage*이라는 고려의 전통을 이어받아, 많은 도피자는 농촌의 처가에서 거주하면서 처가의 토지자산을 불려 본인의 혈통이 대대손손 번성할 수 있는 경제적 기반으로 삼았다. 게다가 외부에서 이주해온 사족 출계집단의 지방화 과정은 조선의 첫 두 세기 내내 지속된 특징적 현상이었다. 국가의 영향력이 지방에서는 상대적으로 미미하다는 점을 이용하여, 이 신입자들은 인적 자원과 토지 자원을 차지하기 위한 노골적인 경쟁을 통해 새로운 사회경제적 질서를 세웠다.

최초의 지방화 단계는 공고화 단계로 이어졌다. 16세기 내내 초기 이주자들의 2세대와 3세대 후손들은 초창기에 개발된 농장의 소유권을 굳히고 그 규모를 확대했으며, 동료들 사이의 폭넓은 협력망을 구축하기 시작했고, 이와 동시에 정부의 관리가 되기 위한 노력을 아끼지 않았다. 실제로 이렇게 마련된 경제적·사회적 기반을 바탕으로, 그들은 신유학을 공부하여 새로운 문화적·의례적 형식을 선도했고, 자신들의 친족집단과 공동체를 촘촘하게 짜인 사회조직으로 탈바꿈시켰다(여기에 대해서는 3부에서 논의할 것이다).

하지만 이런 상황의 진전은 16세기 말(1592년과 1597년)에 일어난 일본의 침략, 즉 임진왜란과, 약 30년 뒤인 1627년과 1636년에 일어난 호란으로 무참하게 중단되었다. 그 사이에는 광해군(재위 1608~1623)의 실정이 있었고, 다수의 관리는 이 기간을 '암흑기'로 규정하고 실의에 빠져 벼슬을 버리고 낙향하여 때를 기다렸다. 일본과의 오랜 전쟁은 조선에 이루 헤아릴 수 없는 인적·물적 손실을 끼쳤고, 승승장구하고 있던 만주인과의 대결은 조선인에게 청나라의 종주권을 인정해야만 하는 굴욕(1637)을 안겨주었다. 이런 심리적·문화적 충격은 여러 세대의 조선인이 바깥세상을 바라보는 시각에 좀처럼 지워지지 않는 흔적을 남겼다.

2부는 세 장으로 나뉜다. 4장은 안동과 남원의 지역적 배경을 소개하고 이 두 지역에서 엘리트가 형성되는 초기의 과정을 다룬다. 5장은 재지 사족이 지역공동체에서 같은 처지의 다른 이주자들과 교류하면서 사회적 우위를 점하고자 했을 때 어떤 전략을 채택했는지 살펴본다. 그리고 6장은 사족이 경제력을 강화하고 그것을 차세대에게 넘겨주기 위해 어떤 계획을 세워 실행에 옮겼는지 고찰한다.

# 4장 〉〉〉 지방의 재점령: 재지 엘리트 출계집단의 형성

한국의 역사를 통해 경상도의 안동과 전라도의 남원은 한반도 남부의 핵심지역으로 인식되었다. 두 곳은 지리적·전략적 요충지라는 특별한 의미를 지니고 있었을 뿐만 아니라, 사회적·문화적 수준이 높은 고장이라는 명성까지 누렸다. 따라서 두 지역은 조선에서 가장 저명한 몇몇 재지 출계집단의 기원과 발달을 연구하는 데 안성맞춤인 곳이다.

## 지역적 배경

안동은 북쪽으로 태백산맥에 에워싸여 있고 남쪽으로는 낙동강의 두 지류가 가로지르고 있는 광대한 충적평야에 위치해 있다. 서울에서 580리(약 290킬로미터) 떨어져 있던 벽지로, 예전에 말이나 배를 타고 수도까지 가려면 5, 6일은 족히 걸렸다. 전략적 중요성 때문에, 안동은 고려 전기에 군에서 부로 승격되었고,[1] 조선 초에는 중앙정부를 대표하는 대도호부사大都護府使[2]가 파견되어 병마절제사兵馬節制使를 겸임했다. 그는 판관判官, 향교에 적을 둔 교수敎授, 무학제독武學提督의 보좌를 받았다.[3] 부사와 그의 부관들, 그리고 각종 하급 무관과 아전, 다수의 일수日守와 공노비[4]로 구성된 그의 듬직한 수하는 안동의 부성府城 안에 거주했다.[5] 부사의 '칠사七事' 가운데 가장 중요한 임무는 3년마다 호적을, 20년마다 토지대장(양안量案)을 작성하는 것이었다.[6]

안동, 그리고 인접한 예안현禮安縣에는 특정 마을에 거주하면서 논밭을 가꾸어 연명하는 한편 수령의 관아에 배속되어 일상용품과 진상품을 만들어 바치는 일군의 관공장官工匠(이들은 대부분 공노비였다)이 있었다.[7] 예안의 관속 장인 8명은 종이를 생산했고, 안동의 장인 대부분은 용과 봉황의 문양이 들어간 왕골돗자리를 짰는데, 이 돗자리는 해마다 명나라에 조공으로 바친 예물들 가운데 중요한 품목이었다.[8]

안동의 주읍主邑은 다시 동면·남면·서면·북면으로 나뉘었고, 1530년 까지는 임내任內라 불리던 여덟 '속현屬縣'에 대한 명목상의 관할권을 행사했을 따름이다(〈그림 4-1〉).[9] 게다가 안동의 관할구역에는 두 곳의 부곡部曲[10]이 포함되어 있었다. 시간이 흐르면서 행정구역이 조금씩 개편된 결과, 이 종속적 지역들의 절반 이상이 '월경지越境地'가 되어, 소속 읍이 아니라 이웃한 다른 읍들의 경계 안에 위치했다. 이런 상황 속에서 안동의 부사는 월경지를 관리하기 어려웠고, 따라서 신입자들이 그런 곳의 자원을 적극적으로 착취하

는 것을 거의 통제할 수 없었다.[11]

15세기 중엽에 안동부에는 7,647명의 인구가 1,887호戶에 살고 있었다. 안동의 주읍에서 가깝고 드넓은 평야에 자리하고 있던 두 속현인 임하臨河와 풍산豐山의 인구가 가장 많았고, 거리가 다소 떨어져 있던 속현의 경우에는 인구밀도가 낮았다. 1429년의 양안에 의하면, 1만 1,283결結[12]의 토지가 경작 중이거나 휴작 중이었는데, 그 가운데 7분의 2 정도만이 관개된 논이었다.[13] 그렇다면 조선 전기에 안동부에는 명목상으로만 정부의 감독하에 있던 상당한 규모의 토지가 있었고, 이 땅들은 인구가 얼마 없었던 탓에 본격적으로 경작되지 않은 채 묵고 있었을 가능성이 큰 것으로 보인다. 이런 요인은 안동의 상대적 고립과 더불어 경제개발에 유리한 조건으로 작용했다.

여기에서 말하는 '안동'은 안동부 자체보다 넓은 지역을 가리키는 것으로, 그 북동쪽에 이웃해 있던 예안현[14]과 오늘날의 봉화군奉化郡과 예천군醴泉郡(둘 다 안동의 북쪽에 있다)에 속해 있는 땅의 일부를 포함한다.

두 번째 핵심지역인 남원은 서울에서 남쪽으로 일주일 하고도 반나절이 걸리는 거리(655리 또는 약 330킬로미터)에 있던 곳으로, 오늘날로 치면 전라북도의 남동쪽 귀퉁이에 자리하고 있었다. 좁지만 물이 풍부한 평야에 위치해 있고, 산지로 둘러싸여 있으며, 동쪽으로는 웅대한 지리산에 의해 경상도와 분리된다. 남원의 역사에는 굴곡이 많았다. 백제 치하(4세기~660)에서는 고룡군古龍郡이라 불렸고, 통일전쟁 이후 잠시 당나라의 지배를 받았으며, 통일신라시대(668~935)에는 '소경小京'의 하나로 지정되었다. 고려 초에 다시 부가 된 남원은 여러 차례의 행정적 변화를 거친 끝에 조선 초인 1413년에 도호부사에 의해 다스려지는 도호부가 되었다.[15] 한때 백제의 영토였다는 과거

〈그림 4-1〉 안동 주읍 지도. 1899년에 간행된 목판본 『영가지』에 실려 있다(『국역 영가지』[안동, 1991]에 첨부된 『영가지』 영인影印에서 전재).

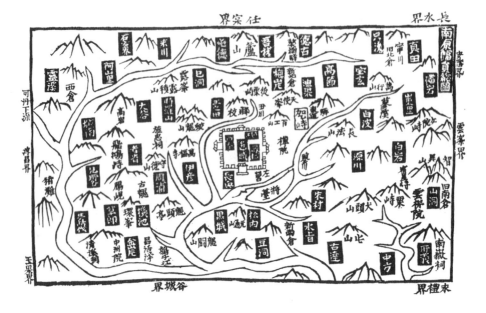

〈그림 4-2〉 **남원도호부 지도.** 1702년에 간행된 목판본 『용성지』에 실려 있다(송준호·전경목 편, 『조선시대 남원 둔덕방의 전주 이씨와 그들의 문서』[전주: 전북대학교 박물관, 1990], p.17에서 전재).

사 때문에, 남원은 그 주민들이 "폭력적이고 반역적"이라는 보편적 편견에 시달려야 했다.[16]

　조선시대에 45개 방坊으로 이루어진 남원의 관할구역은 오늘날보다 훨씬 넓었다(〈그림 4-2〉).[17] 15세기 중엽에 남원에는 수백 명의 군정軍丁 외에도, 1,300호에 4,912명의 인구가 살고 있었고, 그 경작지는 '상당한 면적의 논'을 포함하여 1만 2,508결에 달했다.[18]

## 초기 엘리트의 형성: 안동과 남원의 토착 출계집단

여러 전거가 조선 초기에 안동과 남원에서 눈에 띄는 출계집단들의 면면을 보여주고 있다. 1454년에 간행된 『세종실록지리지』는 각 행정구역의 '토성'을 열거하고 있을 뿐 아니라, 안동처럼 역사적으로 중요한 몇몇 지역이 배출한 '[향토의] 인물'이라는 별도의 항목에서, 왕조 교체 전후에 수도에서 높은 벼슬을 함으로써 본인들이 속한 출계집단의 명성을 전국에 떨친 개인들을 기록하고 있다. 좀 더 오래된 1447년에 간행된 『경상도지리지』에는 약간 더 많은 안동의 인물이 언급되고 있다.[19] 안동에 비해 남원의 인물에 대한 기록이 턱없이 부족한 것은 아마도 사료 편찬자들의 편견 탓일 것이다.

당대인들에 의해 지방에서 오랫동안 중요한 역할을 해온 것으로 인정받은 출계집단들을 밝혀내기 위해, 본 연구는 안동과 남원의 두 지방지인 『영가지永嘉志』(1608)와 『용성지龍城誌』(1702)에 크게 의존하고 있다. 이 두 책이 일차적 정보원으로서 더없이 귀중하기는 하지만, 그것들을 불편부당한 것으로 간주하여 전적으로 신뢰하는 것은 잘못일 것이다. 조선이 건국된 지 각각 200년과 300년이 지난 뒤에 편찬된 향토지들이 조선의 초기 역사에 관해 파당적 신념에 물들지 않은 시각을 보여주리라고 기대할 수는 없는 노릇이다. 따라서 그 책들의 내용은 개별 출계집단에 의해 정리된 전기적 자료와 족보로 보완되어야 마땅하다.[20]

### 안동의 토착 출계집단

『세종실록지리지』에 열거된 안동의 일곱 토성 가운데, 세 성씨 ─ 안동 권씨, 안동 김씨, 안동 장씨 ─ 는 이 지역과 관련된 특별한 역사적 의미를 지니고 있다.[21] 세 성씨는 모두 신라–고려 교체기에 확실한 지역적 기반을 다지고 있던 강력한 출계집단(호족)이었던 것으로 보인다. 각 집단의 시조인 권행權幸(생몰년 미상)과 김선평金宣平(생몰년 미상), 장길張吉(생몰년 미상)은 후삼국의 분열기(890~935)에 고려 태조 왕건이 그의 숙적인 후백제의 통치자 견훤으로부터 경상도를 되찾는 데 군사적으로 기여한 것으로 인정받고 있다. 고창古昌(안동의 옛 이름)의 수령이었던 권행은 지역주민들을 규합하여 왕건의 편에 서서 싸우게 만들었고, 930년에 '병산甁山'에서 벌어진 결정적인 전투에서 김선평 및 장길과 함께 견훤을 물리치는 데 한몫했다고 전해진다.[22] 고마움의 표시로, 왕건은 세 사람을 신왕조의 공신으로 봉했고,[23] 그들에게 높은 벼슬을 제수했다. 특히 "기미를 밝게 살펴 임기응변으로 잘 대처했다"(병기달權炳幾達權)라는 이유로, 권행 — 그의 출계집단은 그때까지 신라 왕족의 성인 김씨를 쓰고 있었다 — 에게는 새로운 권씨 성을 내렸고, 자신이 '부'로 승격시킨 안동을 식읍食邑으로 하사했다.[24] 세 명 모두 안동에 뼈를 묻었고,[25] 그후 각자의 후손들로부터 시조로 받들어져 안동부의 삼태사묘三太師廟에 모셔져왔다.[26]

고려 정부는 그 권위를 지방까지 완전히 확대할 수 없었기에 — 그 권위는 소수의 핵심구역(주치主治)에서만 중앙에서 임명된 관리들에 의해 행사되었다 — 지방을 다스리기 위해서는 안동 권씨처럼 지역에 뿌리를 내린 출계집단들에 전적으로 의존할 수밖에 없었다. 따라서 983년에 '향리제'가 실시된 이래, 안동 권씨는 권행의 손자 대부터 세습적으로 안동 향리의 우두머리 격인 호장戶長[27]으로 일했다. 비록 호장은 수도에서 봉직하는 관료의 위세는 누리지 못한 '외리外吏'였지만, 그래도 고명한 선조 덕분에 본인의 고장에서는 막강한 권력을 휘둘렀다. 11세기 중엽[28]에 과거를 통해 입신할 기회가 열리자, 향리 가문 출신들은 과거에 합격하여 중앙의 관료체제에 진입했고, 재경 엘리트층과 통혼함으로써 마침내 고려의 귀족으로 변신했다.

권씨는 이런 기회를 비교적 늦게 잡은 것으로 보인다. 13세기 중엽이 되어서야 일부 성원이 신분상승의 조짐을 보여주기 시작했기 때문이다. 그 가운데 한 명인 권수평權守平(?~1250)은 어찌된 영문인지는 알 수 없으나 말년에 추밀원부사樞密院副使라는 관직을 얻었다고 전해진다.[29] 그와 그의 동생 수홍守洪(생몰년 미상)은 권행 이후 『영가지』에 언급된 최초의 권씨인데,[30] 이는 틀림없이 각자가 후대에 15개 파 — 안동 권씨 족보에 의하면, 이 성씨는 권행의 10대손 대에 분파되었다 — 가운데 하나의 파조派祖로 숭앙받았기 때문이다. 수평의 파는 그의 직함을 따서 추밀공파로 알려지게 되었고, 수홍의 파는 복야공파僕射公派로 불린다.[31] (〈세계도 B-1〉을 보라.)

수평의 후손들은 그의 손자인 권단權㫌(1228~1311)과 함께 번성하기 시작했다. 그는 1254년에 안동 권씨로서는 최초로 과거에 응시하여 합격했고, 정2품 벼슬까지 올랐다.[32] 그의 외아들 권부(1262~1346)는 열여덟이라는 어린 나이로 1279년에 과거에 급제했고, 이미 언급한 바와 같이 문하시중이라는 최고위직 관리로서, 또한 신유학의 보급에 힘쓴 초창기 학자들 가운데 한 명으로서 전국적인 명성을 얻었다. 그는 왕에게 사서집주四書集註의 간행을 건의하여 성사시킨 인물로 알려져 있다.[33] 이런 공을 인정받아, 권부는 영가(안동)의 부원군府院君에 봉해졌다. 그의 아들 다섯과 유명한 학자 이제현(1287~1367)을 비롯한 사위 셋도 모두 봉군되었던 까닭에, 이들은 '구봉군가九封君家'로 널리 알려졌다.[34] 이는 안동 권씨 추밀공파가 수도에서 위세와 권력의 정점에 이르렀음을 확실하게 말해준다. 하지만 관향과의 연계가 눈에 띄게 느슨해짐에 따라, 이들 가운데 그 누구도 안동에 묻히지는 않았다.

권부의 두 아들인 권고權皐(1294~1379)와 권준權準(1280~1352)의 자손들도 조선왕조 초창기에 계속해서 중앙정부에서 관직을 맡았다. 그 가운데 가장 특출한 인물은 고의 손자인 권근(1352~1409)으로, 그는 탁월한 유학자였을 뿐 아니라 화려한 관직 경력의 소유자였다. 1401년에 태종은 그를 좌명공신에 봉했다.[35] 그의 아들 권제權踶(1387~1445)는 1414년에 문과에 급제했고, 제의 두 아들 권람權擥(1416~1465)과 권반權攀(1419~1472)은 1450년과 1459년에 각각 문과에 합격했는데, 이들은 모두 고위직을 맡았다. 제와 람, 그리고 1427년의 문과 급제자인 그들의 사촌 권채權採(1399~1438)는 빼어난 문장으로 이름을 날렸고, 세종이 설립한 명예로운 집현전의 학사로 관직생활에 발을 내디뎠다.[36]

이처럼 수평의 후손들은 조선 초기에 계속해서 수도의 최고 엘리트층에 소속되어 성현의 거족 명단에 이름을 올렸으므로, 당연히 수평의 계보를 유명한 권행 ― 그에 대한 기억은 여전히 생생했다 ― 까지 거슬러 올라가 추적함으로써 그의 현달을 역사적 사실로 만들고 싶어 했다. 그렇지만 고려의 출계집단 내에서는 가계의 분화가 적절하게 이루어지는 경우가 드물었던 탓에, 조선 초에 그의 전기가 작성될 때 수평의 조상이 정확히 누구인지에 대해 의문이 제기되었다. 『고려사』는 "수평과 [조상과의 관계를 보여주는] 흔적이 거의 없어 그 족보를 알 수 없다"[37]라고 기록하고 있다. 게다가 수평을 "[고려] 태조의 공신인 행의 후손"으로 만들기 위해서는, 역사적 기록이 조작되어야만 했다. 이런 조작으로 인해, 『고려사』 개찬에 관여한 야심가 권제는 후대의 비난을 받았다.[38] 물론 수평을 고명한 행과 연결시키고 현직顯職을 그의 이름에 갖다 붙임으로써, 그의 후손들은 자신들의 선조를 무명의 향리로부터 선초에 가장 두드러진 친족집단의 파조로 전혀 손색이 없는 명망 높은 인물로 탈바꿈시켰다.[39] 『영가지』는 수도의 권씨들이 선향인 안동의 친척들에게 얼마나 엄청난 위광을 부여했는지 보여주기 위해 그들의 이름을 계속 기록했지만, 사실 그들은 은퇴 후에 충주(충청도)의 농장으로 낙향했고,[40] 안동에 묻힌 사람은 단 한 명도 없었다.[41]

이와 같이 수평의 후손들은 여말부터 선초까지 『영가지』의 '인물' 편을 수적으로 지배하고 있지만, 안동에 정착한 수홍의 후세들은 그의 증손과 현손들이 15세기 중엽부터 안동의 지방사에서 중요한 역할을 한 인물들로 손꼽히기 시작했다는 사실에도 불구하고 향토지에서 소홀하게 다루어진다. 수홍의 직계후손에 대한 기록은 정말이지 단편적이다. 대장군이었다는 그의 아들 자여子輿(생몰년 미상)에 대한 항목[42] 다음에는 자여의 차남의 증손인 권인權靭(생몰년 미상)에 대한 항목이 나온다. 『영가지』는 권인에게 예의판서禮儀判書라는 명예로운 직함을 부여하면서, 그가 안동 서쪽의 소야촌所夜村에 살다가 근처에 묻혔다고 적고 있다.[43] 수백 년 뒤에 작성된 그의 묘지명에는 그가 (1374년에) 문과에 급제하여 여러 관직을 거쳤고, 왕조 교체기에는 안동으로 내려와 절의를 지켰다고 말하고 있다.[44] 이런 시나리오는 어차피 검증될 수 없는 것이지만, 권인을 복아공파의 가장 유력한 지파인 판서공파 — 권벌權橃(1478~1548)도 이 지파의 일원이다 — 에 의해 자랑스러운 시조로 추앙되는 역사적 인물로 격상시킨다.

이상하게도『영가지』는 권부와 동시대인이자 자여의 손자인 한공漢功 (1349년 몰)에 대해서는 언급하지 않는다. 1284년에 문과에 급제하여 수도의 관리가 된 한공[45]과, 역시 문과에 급제하여(1353) 정1품 관리를 지낸 그의 작은아들 중화仲和(1322~1408)[46]는 두말할 나위 없이 수홍의 후손들 가운데 고려 말에 가장 빛을 발한 인물들이다. 이 부자가 생략된 것은 처음에는 개성에, 나중에는 한양과 그 인근에 거주했던 한공의 후손들이 정황상 안동의 지방사와는 무관한 인물들로 간주되었기 때문이라고 설명할 수 있을 법하다. 그러나 그렇게 따지면 권부의 자손들도 사정은 마찬가지였다. 수홍의 적통 후손들을 누락시킨 것은 인의 후계자들을 치켜세우기 위함이었을까? 자여의 셋째 아들이 퍼트린 후손들이 15세기 초까지 기록에 남지 않았다는 사실은 그들이 여말 내내 지방의 행정구역에서 호장으로 계속 일했음을 강력하게 시사한다. 아마도 믿을 만한 전거의 부족이 정확한 족보의 재구성에 걸림돌이 되었을지도 모른다. 하지만 더욱 중요한 것은 이런 재구성이 엄밀한 취사선택 과정을 거치지 않고 출계집단 내 상이한 지파들의 사회적 가치를 자의적으로 저울질한 결과라는 사실이다.

『영가지』는 방계에 속하는 소수의 안동 권씨도 기록하고 있는데, 이들은 다양한 방식으로 본인들의 이름을 빛냈다.[47] 그런 인물들 가운데 한 명인 권전權專(1372~1441)은 (아마도 명예직에 가까운) 고위관직을 지냈다는 사실보다는 문종의 부인인 현덕왕후(1418~1441)의 부친이라는 사실 덕분에 등재되었다. 권전은 그의 외손자인 단종이 1455년에 숙부인 세조에 의해 폐위되기 오래전에 사망했지만, 그의 무덤은 그 후 단종 복위운동 가담자들이 처단되는 과정에서 파괴되었다.[48]

한마디로 말해서 수평과 수홍의 후손들이 거친 상이한 역정은 문과 급제와 고위 경관직京官職 보유가 누대에 걸쳐 계속해서 출계집단의 한 파에 집중된 결과, 수평의 후손들이 수홍의 후손들에 비해 사회적 우위를 점하게 되었고, 복잡한 혼맥을 통해 수도의 엘리트층과 관계를 맺게 되었다는 사실을 웅변으로 보여준다. 이와 대조적으로 수홍의 후손들 가운데 향리라는 과거의 그늘에서 확실하게 벗어날 수 있었던 인물은 극소수에 불과했다. 때때로 관직(대부분이 명예직)에 제수되었음에도, 그들은 대부분 고향에 머물렀고, 몇 건의 사촌혼으로 이목을 끌었을 따름이다.[49]

15세기 중엽에 이르러 권씨가 고향뿐 아니라 수도에서도 자신들이 존귀한 존재임을 의식하는 자신만만한 친족집단이 되었다는 것은 그들이 방대한 족보를 편찬하기 시작한 최초의 집단 가운데 하나라는 사실에 의해 예증된다. 1476년에 간행된『안동권씨성화보』는 지금까지 전해지는 조선 초기의 족보 가운데 가장 오래된 것이다. 이 책은 자신의 조상인 수평을 권행과 억지로 연결시켰던 권제에 의해 시작되었고, 그의 아들인 권람에 의해 보완되었으며, 권근의 비남계친 손자(외손자)들 가운데 한 명인 서거정(1420~1488)에 의해 마무리되었다(서거정은 이 책의 서문도 썼다). 이 작업은 수도에서 시작되었지만, 또 다른 비남계친인 경상도 관찰사 윤호尹壕(1424~1496)[50]의 도움을 받아 지역에서 조성된 기금으로 안동에서 간행된 것으로 보인다.

『안동권씨 성화보』는 족보상의 기록이란 무릇 당대의 사회적 형세에 대한 편찬자들의 개인적 관점을 그대로 반영하는 사회적 진술임을 극명하게 보여준다. 15세기 중엽에 이르자, 수평과 수홍의 선조가 누구인지는 더 이상 의심의 대상이 되지 않았다. 두 사람은 권행의 10대손으로 묘사되고 있고, 그 사이에 끼어 있는 각 세대는 단 한 명의 개인으로 대표되고 있다. 5,408명이 수평의 가계에 속한다는 기록은 십중팔구 수도의 권씨를 돋보이게 하고자 부풀려진 것이고, 고작 3,658명이 수홍의 후손이라는 기록은 축소된 것일 가능성이 크다.[51] 이 초창기 족보의 두드러진 특징은 고려의 양계적 전통을 답습하여 남계친뿐 아니라 비남계친까지 추적하고 있다는 것이다. 이는 족보의 간행에 일조한 사람들 가운데 비남계친 후손들이 유난히 눈에 띄는 이유이기도 하다.[52]

안동 김씨는 두 명의 상이한 시조로부터 자신들의 계보를 추적하는 서로 무관한 두 친족집단으로 나뉜다. 왕건의 공신인 김선평을 선조로 떠받드는 김씨는 권씨와 마찬가지로 대대로 호장으로 일했고, 고려시대와 조선 초기에는 두각을 나타내지 못했던 것으로 보인다. 하지만 이 집단은 16세기 후반부터 주목할 만한 인물들을 배출하기 시작했고, 조선 후기에는 전국에서 가장 강력한 친족집단들 가운데 하나가 되었다. 이런 연유로 『영가지』에 나오는 선평의 후손들 가운데 이 읍지 편찬자의 동시대인은 단 두 명으로, 홀어머니를 극진하게 모신 효행으로 나라에서 정려각旌閭閣을 하사받은 김시좌金時佐(생몰년 미상)와, 1570년 문과에 급제하여 수령으로 봉직한 후 안동 부성 서쪽의 수동촌에 정착했다고 전해지는 그의 아들 김즙金緝(1530~?)이 그들이다.[53]

이와 대조적으로 김이청金利請을 시조로 모시는 또 다른 안동 김씨 출계집단[54]은 13세기에 향리라는 굴레에서 확실하게 탈피하여, 고려의 마지막 두 세기와 조선 초에 정치를 주도하는 위치에 올라섰다. 이청의 증손자인 효인孝印(?~1253)은 이 집단의 성원 가운데 『영가지』에 처음 언급된 인물로,

1208년에 문과에 급제하고 정3품 관직인 병부상서까지 지냈다.[55] 그의 아들 방경(1212~1300)은 처음에는 음서로 관직에 나아갔지만, 2장에서 설명했듯이 그 후 몽골 지배기에 군사지도자로 활약했고, 결국에는 막강한 권력을 행사하는 문하시중이라는 고위직에 올랐다. 그 권세가 하늘을 찔러 "그는 한 나라를 좌지우지했고, 그의 토지는 전국 방방곡곡에 흩어져 있었다." 그는 개성에서 사망했지만 그의 유언에 따라 안동에 묻혔는데, 이는 당시로서는 이례적인 일이었다.[56] 이 출계집단이 고려-조선 교체기에 유명해진 것은 방경 덕분이었다. 『영가지』에 방경 다음으로 언급된 김씨들은 대부분 그가 낳은 세 아들의 후손이었다. 이들은 모두 과거 급제나 음서를 통해 높은 벼슬을 지냈는데, 그 가운데 방경의 증손인 김구용(1338~1384)은 이미 언급했듯이 수도에서 유학을 가르치던 초창기 교관들의 대열에 합류했다.[57]

이렇게 해서 안동 김씨는 수도에서 가장 명망 높은 출계집단의 일원으로 조선왕조에 발을 내디뎠고, 당연히 성현의 명단에도 포함되었다. 효인의 6대손이자 권근과 동시대인인 김사형(1333~1407)은 이성계의 집권을 지원한 공으로 이미 지적했듯이 1392년에 1등 개국공신에 책록되었다. 또한 정종(재위 1398~1400)이 부친의 왕위를 순조롭게 물려받는 데 일조했다는 이유로 6년 뒤인 1398년에 다시 1등 공신에 봉해졌다.[58] 사형의 먼 사촌동생뻘인 김돈金墩(1385~1440)도 "어려서부터 배움을 좋아하여" 1417년에 문과에 합격하고 세종에 의해 집현전 학사와 경연관으로 발탁되어 이름을 빛냈다.[59] 그보다 항렬이 낮은 방경의 9대손 김수령金壽寧(1437~1473)은 1453년에 문과에 급제하여 역시 집현전 학사로 벼슬길에 올랐고, 1471년에는 성종의 공신이 되었으며, 호조참판으로 관직생활을 마감하면서 복창군福昌君에 봉해졌다. 『영

가지』는 "그가 빼어난 문장으로 세인의 마음을 사로잡았다"라는 찬사를 덧붙였다.[60]

안동 권씨와 안동 김씨가 고려의 후반기와 조선의 초기에 정치계에서 드높은 지위를 얻고 유지한 데 비해, 안동 장씨는 안동에 거의 자취를 남기지 않았다. 사실 장길은 『영가지』에 기록된 유일한 안동 장씨이다. 시기를 확정할 수 없는 어느 시점에, 그의 후손들은 북쪽으로 이주하여 의주義州(평안도)에 정착했고, 그곳에서 번성했다.[61] 따라서 장씨는 이하의 장에서 다루어지지 않을 것이다.

### 남원의 토착 출계집단

남원을 본관으로 하는 11개 토성[62] 가운데, 남원 양梁씨는 고려 초에 이 성씨의 족보에 나오는 최초의 역사적 인물인 양능양梁能讓(그의 선조가 누구인지는 확실하지 않다)이 남원의 향리로 임명된 이래, 지역의 "으뜸가는 출계집단"(망족望族)이라는 명성을 누렸다고 한다.[63] 그 후 여러 세대에 걸쳐 세습적으로 향리의 직임을 수행하던 중, 능양의 9대손인 양준梁俊(13세기 전반 무렵에 활동)이 과거에 급제함으로써 "가문을 일으켜 세웠다"고 전해진다.[64] 이렇게 해서 수도에 자리를 잡은 그의 네 아들은 모두 벼슬을 했고 수도의 귀족층과 통혼했다. 양준의 가계는 조선 초까지 명맥을 유지하다가, 이윽고 이 출계집단을 대표하는 인물이라 해도 과언이 아닌 그의 5대손 양성지(1415~1482)를 배출했다. 모친이 안동 권씨였기에,[65] 성지는 외가 쪽으로 저명한 권근과 연결되었다. 그는 1441년에 문과에 급제했고, 특출한 관리 겸 학자로 조선 초의 정치와 문화에 뚜렷한 발자취를 남겼으며, 비록 남원에 거주한 바는 없으나 남원군에 봉해졌다. [66] 양성지는 이처럼 일세를 풍미했지만, 그의 가까운 후손들은 그 누구도 과거에 붙지 못했고, 결과적으로 남원 양씨는 성현의 거족 명단에 이름을 올리지 못했다.

다른 토성들의 초기 역사에 대해서는 알려진 바가 훨씬 적다. 사실 남원 윤씨는 엄격하게 말해서 '토착적' 출계집단으로 불릴 자격이 없다. 그들의 시조인 윤위尹威(생몰년 미상)는 신종(재위 1197~1204)의 치세에 호남의 염찰사廉察使에 임명되어 남원에서 일어난 반란을 평정했고, 그곳 주민들의 요청에 따라 남원에 뼈를 묻었다고 한다. 이후 그 후손들은 남원을 본관으로 삼았고, 적어도 그들의 일부는 남원부 남동쪽의 면인 중방中方에 정착하여 세거했다. [67] 윤위의 7대손인 윤효손尹孝孫(1431~1503)은 『용성지』에 처음으로 이름을 올린 남원 윤씨로, 중방에서 태어났다. 그의 가까운 조상들은 고려−조선 교체기에 다양한 관직을 지냈는데, 부친은 순창淳昌(전라도)의 수령이었다. 1453년에 문과에 급제하여 집현전 학사로 관직에 발을 들인 이후 승급을 거듭한 효손은 의정부의 좌참찬左參贊(정2품 관직)으로 경력을 마무리했다. [68]

남원 양楊씨는 늦어도 고려 중엽에는 남원을 본관으로 삼은 듯하다. [69] 그들의 선계先系는 14세기 초까지도 모호하기 때문에, 양씨는 자신들의 지역적 명성을 드높인 대제학 양이시楊以時(생몰년 미상)[70]를 '현조顯祖'로 우러러본다. 이시는 1353년에 생원시에 입격했고, 2년 뒤인 1355년에 문과에 급제했다. 그의 화려한 관직생활은 정2품 벼슬인 예문춘추관藝文春秋館의 대제학으로 마감되었다. 그는 우왕(재위 1374~1388)의 총애를 받았다고 한다. 개성 근처에 묻혔다고 하나, 지금은 무덤의 위치를 알 수 없다. [71] 영민한 청년이었다고 전해지는 이시의 아들 수생首生(1335?~1377?)은 생원시와 문과를 같은 해 (1376)에 통과했고, 곧이어 성균관 직제학(3품)에 임명되었다. 하지만 그는 그 직후에 사망했고, 젊은 나이에 과부가 된 이씨(?~1424?)는 갓난 아들을 업고 시아버지의 농장이 있던 남쪽으로 갔다. 풍수에 밝았던 그녀는 1379년에 스스로 명당을 골라 그곳에 세거하기로 결심함으로써, 양씨의 관향인 귀미龜尾 마을(순창)의 창건자이자 그 후 600년 동안 번성한 후손들의 숭경을 한 몸에 받는 여자 조상이 되었다. 이런 식으로 그녀는 시가의 존속에 이바지했을 뿐 아니라, 시아버지와 남편의 과거 합격증(백패와 홍패) 및 족보 기록 — 그녀의 후손들에 의해 고이 간직되어 오늘날까지 전해지는 귀한 보물 — 도 보존했다. 그녀는 '열부烈婦'로 인정받아, 사망한 지 수십 년 뒤에 조정에서 정문旌門을 하사받았다.[72]

남원의 나머지 토착 친족집단들은 본서의 후반부에 등장하지 않을 터이므로 굳이 언급할 필요가 없을 것 같다. 이는 물론 그들이 이 지역에 아무런 영향을 미치지 않았다는 뜻이 아니라, 잠시 뒤에 살펴보듯이 좀 더 단호하고 성공적인 신입자들로 인해 그들의 존재가 상당 부분 가려졌다는 뜻이다.

결론적으로 말하자면, 고려 초부터 수도에서 권력을 잡고 위세를 부릴 만한 지위까지 올라가 있던 토착적 출계집단은 안동에도, 남원에도 없었다. 오히려 궁극적으로 권세를 잡은 집단들은 각자의 지역에서 향리로 오랫동안 봉직한 역사를 가지고 있었다. 이수건이 보여주듯이, 지역적 기반이 단단할수록, 그들이 수도의 관료사회에 진입하는 데 필요한 신분상승의 계기를 포착할 가능성이 커졌다.[73] 이는 안동과 남원에 공히 적용되는 사실이었다. 그러나 왕조 교체기의 시련을 견뎌내고 조선 초까지 살아남기 위해서는 지역적 기반만으로 충분하지 않았다. 적어도 고려가 망하기 150년 전에 첫 번째 문과 급제자를 내는 것이 결정적인 추가 요건이었다는 점을 명심해야 한다. 출계집단의 한 지파가 깊은 연원과 탄탄한 방계조직을 갖추고 인재를 양성하여 다수의 과거 급제자와 관직 보유자 — 그 지파에 선초의 정치판에서 영향력과 권력을 행사하는 지위를 보장해 줄 수 있는 — 를 배출하는 데는 상당한 기간이 필요했기 때문이다. 권부의 후손은 대표적인 예이다. 남원에는 그런 사례가 없었던 것 같다. 그렇지만 그런 성취에는 미치지 못하더라도 과거 급제자, 그리고/또는 관직 경력자로서 지방에 돌아온 개인들은 자신이 속한 집단의 지역적 위상을 높였고, 중앙에서 공인받은 지위 덕분에 '엘리트'(사족)로 인식되었으며, 이런 명예는 그들과 그들의 가까운 후손들에게 향촌의 지도자 역할을 맡게 될 숙명을 예시해주었다.

조선 초기에 명망을 떨치던 일부 출계집단의 배경이 농촌지방이라는 사실은 선초의 사대부 이숙함李淑珹(생몰년 미상)[74]에 의해 미화되고 있다.

여러 대에 걸쳐 지방의 아전(이吏)으로 일을 해온 향촌의 출계집단[향족鄕族]은 충성스럽고 믿음직하고 너그럽고 진중한 존재로, 티를 내지 않고 덕을 쌓았다. 그리하여 그 후손들은 음보蔭補를 통해 입신양명했다. 이와 같이 [덕행에 대한 보상으로] 1,000년 이상 무한한 축복을 누려온 성씨들 중에는 안동 권씨……와 남원 양梁씨가 있다. 이들은 우리나라 세벌世閥의 으뜸이다.[75]

물론 이상은 시간의 틀에 얽매인, 다시 말해서 16세기 중엽의 관점에 입각한 이숙함의 개인적인 견해이다. 훗날 안동 권씨와 남원 양씨의 운명은 완전히 엇갈려, 전자만이 조선 말기까지 수도권 지파의 융성을 도모할 수 있었다.

### 이주와 초창기의 선구적 정착자들

이미 언급했듯이 지방으로의 이주는 여말에 활발하게 이루어졌고, 조선의 첫 두 세기 동안에는 더욱 역동적으로 진행되었다. 실제로 과전이 삼남으로 이급된 후 겨우 32년이 지난 1449년에 이르자, 하삼도의 토지 절반가량이 정부 관리들(하지만 이들이 반드시 그곳으로 이주한 것은 아니었다)의 농장에 흡수되었다고 한다. 이런 추세는 15세기 말이 가까워질수록 더욱 격화되었다.[76] 과전의 항구적 소유는 토지 수탈의 한 방식이었다. 그에 못지않게 횡행했던 또 다른 방식은 전직 관리가 고려의 전통에 따라 처가 소유의 땅으로 이주하여 정착한 다음 그 토지를 농장 조성의 발판으로 이용하는 것이었다.

자신이 속한 출계집단의 독립적인 재지 분파를 만든 최초의 이주자들은 너나없이 전직 관리라는 명예를 앞세우고 농촌 거주지에 도착했다. 이들은 훗날 '입향조入鄕祖'로 추앙되었고, 그 후손들은 선조가 개간한 농장을 누대에 걸쳐 계속 확대했다. 이렇게 경제적 자립을 이룩한 그들은 지방 특유의 여건 속에서 본인들의 선조가 국가적 차원뿐 아니라 지역적 차원에서도 엘리트 신분을 유지했다는 주장을 뒷받침하기 위해 새로운 사회적·문화적 전략을 개발했다.

안동의 초기 정착자들과 그들의 후손

고려 말에 안동의 부성에서 북쪽으로 12리 정도 떨어진 서가현촌西可峴村
에 정착한 영양 남씨英陽南氏[77]의 입향조 남휘주南輝珠(1326~1372)는 『영가지』
에 '우거寓居', 즉 [토착인이 아닌] 임시 거주자로 기록된 최초의 이주자들 가운
데 한 명이었다(〈세계도 B-13〉 참조). 휘주는 무과 급제자로 공민왕이 부원배
를 제거하는 데 일조했고, 벼슬이 전리판서典理判書에 이르렀다고 전해진다.
하지만 이런 이력은 입증될 수 없고,[78] 휘주가 사실은 고려 말에 군무에 종사
함으로써 팔자를 고친 향리들 가운데 한 명일 가능성도 다분하다. 그가 안동
에 정착한 이유는 알 수 없다. 그의 어머니는 분명히 안동 권씨였으므로, 아
마도 그는 그곳의 토지 일부를 상속받았을 것이다. 아무튼 안동을 새로운 터
전으로 삼은 것은 그가 향리 가문 출신이라는 과거를 확실하게 털어내고 고
향을 등졌다는 사실을 뜻한다.[79] 그의 아들 민생敏生(1348~1407) 역시 무과
급제자라는 설이 있는데, 그는 수도에서 관직생활을 하다가 신왕조를 지지
할 마음이 없어 안동으로 낙향한 것으로 보인다. 휘주와 민생은 모두 안동에
묻혔다.[80] 남씨가 지방의 유지로 확실하게 인정받게 된 것은 민생의 넷째 아
들 남우량南佑良(1394~1472) 덕분인 듯하다. 그는 『영가지』의 '[향토] 인물' 편
에 기록된 최초의 남씨로, 선조들 및 형제들과 마찬가지로 무과에 급제하여
(1419) 한때 회령會寧(함경도)의 부사로 봉직했다고 한다. 공직에서 물러난 그
는 계속 서가현촌에 거주하면서도, 안동 북면의 천동촌泉洞村에 별장을 조성
함으로써 남씨의 지역적 기반을 적극적으로 확대했다.[81]

또 다른 이주자인 이자수李子脩(생몰년 미상, 고려 말에 활동)는 퇴계退溪 이
황李滉의 5대조이다(〈세계도 B-7〉 참조). 자수의 부친 이석李碩(진성 이씨眞城李氏

의 시조)은 경상도 북동부의 외딴 현인 진보眞寶(진성)[82]의 현리縣史였고, 사마시에 입격했다고 한다. 그는 관직을 제수받지 못한 것으로 보이지만, 그의 아들 자수는 1330년에 희귀한 명서업明書業 급제자가 되었다. 하지만 자수의 관직생활은 그리 순탄치 않았다. 그러다가 홍건적을 토벌하는 전투에서 혁혁한 군공을 세운 덕에, 1363년에 공신으로 책록되고 송안군松安君에 봉해져 50결의 토지와 5명의 노비를 하사받았다. 중앙정부에서 자신의 입지를 굳힌 그는 정3품 벼슬로 경력을 마무리했다.[83] 이렇게 해서 향리의 과거를 분명하게 청산한 이자수는 수도를 떠나 안동의 풍산현으로 이거하여 살다가 인근에 묻혔지만, 그의 동생 자방子芳은 형과 달리 후미진 관향 진보에서 가문의 세습직책인 향리의 역할을 수행했다고 한다. 자방이 고려 말의 군사적 혼란기에 생원 합격증을 분실했고, 이 때문에 진보로 돌아가 향리의 직무를 재개했다는 이야기는 아마도 후대의 윤색일 것이다.[84] 이즈음에 진성 이씨는 사회적으로 구분되는 두 파로 갈라졌다. 조선 초기에 자수의 손자 이정李禎(생몰년 미상) ─ 『영가지』의 '[향토] 인물' 편에 기록된 최초의 이씨 ─ 은 최윤덕崔潤德(1376~1445) 장군의 북방 평정을 도와 1455년에 원종공신의 지위를 획득했다. 그는 나중에 지방관을 지냈다. 이정과 그의 후손들은 그의 부친인 운후云侯(생몰년 미상)가 안동의 북면에 세운 주촌周村에 세거했다.[85]

일찌감치 안동에 정착한 사람들의 다수는 이 지역으로 장가를 온 사위들이었다. 대표적인 예가 고성 이씨固城李氏의 안동 입향조인 이증李增(1419~1480)이다(〈세계도 B-12〉 참조). 그는 이원李原(1368~1429)의 여섯째 아들이었는데, 1385년에 문과에 급제한 이원은 태종의 치세에 거듭 승직하여 1401년에는 공신이 되었고, 세종의 치하에서는 좌의정이라는 높은 벼슬에 올랐다. 이리하여 13세기 초까지 거슬러 올라가는, 문과 급제와 관직 보유라는 가문의 전통을 이었다. 고성 이씨는 혼인을 통해(이원의 누님은 권근의 아내였다) 의심의 여지없이 여말선초의 수도 귀족층으로 자리를 굳혔지만, 성현의 거족 명단에는 오르지 못했다.[86] 이증은 1453년에 진사시를 치르고 음서로 관직에 나아가 결국에는 영산靈山(경상도)의 현감縣監이 되었다. 그러나 세조의 왕위 찬탈에 반발하여 사직하고, 저명한 이희李曦(1404~1448)[87]의 딸과 혼인하여 안동 남문의 외곽에 살다가 그곳에 안장되었다.[88]

이증의 다섯 아들 가운데, 『영가지』에 언급된 인물은 둘째인 이굉李浤(1451~1526)뿐이다. 그의 형은 다른 곳으로 이주한 듯하다. 1480년에 문과에 급제한 굉은 여러 군현과 부의 수령으로 일하다가 1513년에 자신이 조성한 농장이 있던 안동으로 낙향했다. 그리고 낙동강 기슭에 도연명陶淵明의 유명한 시를 연상시키는 '귀래정歸來亭'이라는 정자를 지었다. 시문에 능했던 그는 그곳에서 친구들과 시를 읊조리며 풍류를 즐기다가 안동에 묻혔다.[89] 『영가지』는 이증의 손자 3명에 대해서도 기록하고 있다. 글재주가 빼어난 이주李胄(?~1504)는 1488년에 문과에 급제하여 정언正言이 되지만, 김종직의 제자로 확인되어[90] 1498년의 사화 때 관직을 박탈당했다. 그는 외딴 섬 진도珍島로 귀양을 갔고, 6년 뒤에 살해되었다.[91] 그의 동생 이여李膂는 1508년에 문과에 급제하여 벼슬이 홍문관 직제학(정3품)에 이르렀으나 요절했다.[92] 셋 가운데 이고李股(?~1551)는 안동의 지역문제에 가장 깊숙이 개입한 것으로 보인다. 청풍淸風(충청도)의 군수로 재직한 적도 있지만, 그는 대부분의 시간을 고향에서 보내면서 지방행정에 적극 관여했다.[93]

흥해 배씨興海裵氏 안동 지파의 역사는 흥해군 배전裵詮(생몰년 미상)[94]이 안동의 일직 손씨一直孫氏를 대표하는 인물인 손홍량孫洪亮(1287~1379)[95]의 딸과 혼인한 14세기 전반부의 어느 시점에 시작되었다.[96] 『영가지』는 흥해 배씨를 "세상에 널리 알려진 위대한 조상을 둔" 출계집단이라고 치켜세우지만, 배전의 결혼은 분명히 사회적 배경이 그리 든든하지 않은 두 집단의 결합이었다(〈세계도 B-16〉 참조). 그의 아들 셋 가운데 둘이 『영가지』에 '임시 거주자'로 기록되어 있는데, 그중 한 명이 상지尙志(1351~1413)이다. 안동 권씨인 희정希正[97]의 딸과 혼인한 상지는 고려 말에 관직을 보유하고 있었던 것으로 보이는데, 왕조가 멸망할 때 "자신도 따라 죽어야 할지 고민하다가" 벼슬을 버리고 안동으로 낙향하여 "절개를 지켰다." 그는 잣나무와 대나무가 우거진 숲에 정자를 짓고 술을 마시고 시를 읊으며 세월을 보냈다. 이런 식으로 상지는 신왕조를 인정하지 않았지만, 그의 네 아들은 모두 문과에 급제하여 조선 초기에 중앙과 지방의 정부에서 관리로 일했다. 이로부터 배씨의 문관 성향과 [영양] 남씨의 무관 기질을 대비시키는 말(배문남무裵文南武)이 생겨났다.[98]

상지의 아우 상공尙恭(생몰년 미상)도 안동의 여성과 결혼했고[99] 전서典書라는 직함을 얻었다.[100] 그는 동료 전서인 [풍산豊山] 유종혜柳從惠(생몰년 미상)[101]와 계契를 결성했고, 종혜가 관향인 풍산[102] — 종혜의 조상들은 대대로 이곳의 향리로 일했다 — 에서 화산花山 기슭의 하회河回로 이거할 때 그와 거취를 함께했다. 두 사람은 같은 마을에 살면서 논밭을 공유했고, "하회의 두 전서"로 알려지게 되었다. 상공은 이곳에서 사망했고 인근에 안장되었다. 1408년에 문과에 급제한 상공의 아들 배소裵素(생몰년 미상)는 [안동] 권희정의 손녀[103]와 결혼함으로써 다시 한 번 긴밀한 지역적 혼인망을 구축했고, 계속 하회에 거주했다. 하지만 그는 일찍 죽었고, 아버지 곁에 묻혔다. 소의 외아들 계종繼宗(생몰년 미상)은 음서로 관직을 얻었지만, 후사를 남기지 않고 사망했다. 상공의 묘지명은 배씨가 유명한 후손을 배출하여 "본인들의 이름을 세상에 널리 알렸다"[104]라는 완곡한 말로 마무리된다. 배씨와 유씨는 혼인을 통해 다른 재지 친족집단들과 복잡하게 연결되었는데, 내성來姓인 배씨가 토성인 안동 권씨(수홍의 지파)와 사돈을 맺은 것이 대표적인 예이다.[105]

안동으로 장가를 온 여러 사위 가운데『영가지』에 이름을 남긴 또 다른 인물은 유명한 김승주金承霔(1354~1424)[106]의 아들인 [순천順天] 김유온金有溫(생몰년 미상)이다. 유온은 문과에 급제했다고 하며(확인할 길은 없다), 벼슬이 예조참의禮曹參議에 이르렀다. [안동] 권집경權執經[107]의 딸과 혼인한 그는 1455년에 격변이 일어나자 수도를 떠나 안동 부성에서 약 30리 서쪽에 있던 풍산의 구담九潭으로 몸을 피했다. 구담은 그의 장인이 그곳의 아름다운 경관과 비옥한 땅에 반해 처음 정착했던 마을이다. 집경에게는 아들이 없었으므로 유온이 상속자가 되었고, 이를 계기로 순천 김씨는 안동지방에 자리를 잡게 되었다. 그의 현손인 순고舜皐(1489~1574)도 수도에서 무관으로 봉직한 뒤에 구담으로 내려와 살았다.[108]

안동 엘리트층의 초창기 구성원들을 확인하기 위해 전적으로『영가지』에만 의존하는 것은 잘못일 것이다. 그 책의 편찬자들은 앞으로 본서에서 중요하게 다루어질 두 출계집단, 즉 의성 김씨義城金氏와 광산 김씨光山金氏의 초기 역사를 빼먹었다. 실제로 몇 세기 뒤에 의성 김씨는 이런 누락이 안동 권씨에 대해 우호적인『영가지』편찬자들의 부당한 편견 탓이라고 불만을 토했다.[109]

관향인 의성(경상도)에서 여러 대에 걸쳐 향리의 역할을 수행해왔던 의성 김씨의 성원 가운데 안동지방에 처음으로 모습을 드러낸 인물은 김용비金龍庇(1214~1259) — 의성군 오토산五土山에 그의 것으로 확인된 묘소가 있다는 사실에 근거하여 (훗날) 이 출계집단의 '중시조中始祖'로 모셔진 — 의 5대손인 거두居斗(1338~?)였다[110]((〈세계도 B-4〉 참조). 거두의 가까운 조상들은 수도의 관료사회에 진입했고, 거두 자신은 여말에 공조工曹의 전서로 봉직했다. 그는 명망 높은 가문과의 연고를 통해 안동에 정착했던 것으로 보인다. 그의 어머니는 막강한 권력을 휘둘렀던 [안동] 김방경의 증손녀였고, 부인은 권한공의 비남계친 손녀(외손녀)인 문화 유씨였다.[111]

1429년에 사마시에 입격한 거두의 손자 영명永命(1398~1463)은 안동에서 행세깨나 하던 세 친족집단 — 광주 이씨, 광산 김씨, 안동 권씨 — 의 딸들과 차례로 결혼함으로써 의성 김씨의 지역적 기반을 확실하게 굳혔다.[112] 그가 낳은 아들 4명 가운데 2명인 한계漢啓(1414~1461)와 한철漢哲(1430~?)[113] 은 문과에 급제했지만, 수도에서의 관직생활은 왕실과의 밀접한 관계 탓에 이내 끝나고 말았다. 이종사촌인 단종이 1455년에 세조에 의해 폐위되고 살해되었을 때, [이복] 형제는 지방의 보금자리인 안동으로 낙향할 수밖에 없었다.

광주지방(전라도)의 토착 성씨인 광산 김씨는 11세기 말의 군사지도자 겸 고위관리였던 김양감金良鑑(생몰년 미상) 이후로 문헌에 자주 등장하는 존재가 되었다(〈세계도 B-9〉 참조). 오늘날의 광산 김씨는 1082년에 성균시成均試에 합격한 뒤에 고려의 수도에서 벼슬을 지낸 그의 둘째 아들 김의원金義元(1066~1148)으로부터 본인들의 실질적인 혈통을 추적하고 있다.[114] 13세기에 의원의 7대손인 김연金璉(1215~1292)이 당당하게 고위 문관의 대열에 합류하여 수도 엘리트층과 통혼하는 길을 개척한 덕분에, 광산 김씨는 여말의 상류사회에서 눈에 띄는 명문거족으로 자리를 굳혀 성현의 명단에도 포함되었다.[115] 예컨대 연의 손자 진鑽(1292~?)은 김방경의 외손녀인 안동 권씨와 혼인했다. 하지만 내로라하는 가문과 통혼했음에도, 진의 다섯 아들이 고려-조선 교체기에 모두 관운이 트였던 것 같지는 않고, 일부는 지방에서 기반을 잡기 위해 수도를 떠났다. 진이 낳은 다섯 아들 가운데 장남은 아들이 없어 대가 끊어졌고, 부계를 이은 것은 막내의 차남인 무務(생몰년 미상)였다. 무는 서울에서 잠시 벼슬을 살다가, 안동으로 낙향하여 장인인 [안동] 김서린金瑞麟의 집에서 처가살이를 했다. 무의 후손들은 결국 광산 김씨 예안파를 형성했다.[116]

이상은 이하의 장들에서 비중 있게 다루어질 주요 출계집단만 예시한 것이다. 실제로『영가지』는 16세기에도 이주가 계속되었고, 17세기 초까지 약 46개의 외래 성씨 집단이 안동지방으로 이주하여 정착했다고 기록하고 있다.

### 남원의 초기 정착자들

전국적으로 이주가 가장 활발하게 이루어졌던 고려 후기부터 16세기 말에 이르기까지, 약 20개의 출계집단이 남원지방으로 이거하여 뿌리를 내렸다.[117] 몇 가지 예만 제시해도 대대적인 이주가 특히 15세기 말과 16세기 초에 일어났다는 사실이 충분히 입증될 것이다.

훗날 남원의 4대 출계집단으로 알려진 성씨들 가운데 흔히 으뜸으로 꼽히는 전주 이씨가 이 지방에 처음 나타난 것은 이담손李聃孫(1490~?)이 순천 김씨 가문에 장가를 들어 둔덕방屯德坊의 서촌西村에 정착했을 때였다(〈세계도 B-18〉 참조). 담손의 장인 김만보金萬寶(생몰년 미상)는 둔덕에 정착한 첫 번째 순천 김씨의 아들로, [진주] 하중룡河仲龍(생몰년 미상)의 비남계친 증손녀와 혼인하여 처가에서 살았다. 하중룡은 15세기 초에 전라도 안렴사按廉使로 봉직했고, 둔덕의 경치가 마음에 들어 그곳에 복거卜居했다고 전한다. 이담손은 인상적인 사회적 배경을 안고 둔덕에 왔다. 그는 세종의 형인 효령대군(1396~1486)의 증손으로, 왕족의 일원임을 뜻하는 춘성정春城正이라는 칭호를 받았다.[118] 훗날 둔덕 이씨라 불리게 된 담손의 후손들은 16세기에 번창하여 이 지방의 대지주가 되었다.[119]

둔덕의 동촌에서 이씨와 이웃하고 있던 다른 성씨는 삭녕 최씨朔寧崔氏였다(〈세계도 B-19〉 참조). 이담손보다 한 세대 앞서 서울에서 둔덕으로 이거한 최초의 최씨는 하중룡의 현손녀와 결혼한 최수웅崔秀雄(1464~1492)이었다.[120] 그는 조선 초기의 저명한 사대부 최항崔恒(1409~1474)의 손자였다. 수웅의 후손들은 둔덕에 세거했고, 그 후 200년 동안 지역의 지도자로서 남원 지방의 발전에 크게 기여했다.[121]

남원의 또 다른 방인 주포방周浦坊은 남원 부성의 남서쪽에 있었고, 이곳으로 이거한 사위 덕에 유명해졌다. 그는 명망 높은 황희(1363~1452)[122]의 증손인 [장수] 황개黃愷(1468~1540)였다. 황개는 방귀화房貴和[123]의 딸과 결혼했는데, 귀화는 주포에 터를 잡은 최초의 남양 방씨南陽房氏인 방구성房九成(생몰년 미상)[124]의 손자였다.[125] 그는 연산군(재위 1494~1506)의 즉위로 인한 정치적 불안과 위험을 예견하고, 수도에서의 무관 경력을 포기한 채 처가의 농장이 있던 남쪽으로 향해, 주포에 장수 황씨의 터전을 잡았다. 본인과 장인의 위세를 이용하여 후자의 대농장을 거침없이 확대했기에, 황개는 서울에서 남원[에 해를 끼치는] 3대 '토호품관土豪品官'가운데 한 명이라는 비난을 받았다.[126]

그들의 이웃은 [홍덕興德] 장합張合(생몰년 미상)의 후손들이었는데, 그는 15세기 중엽에 홍덕(전라도)에서 남원지방으로 처음 이거한 인물로, 대곡방大谷坊에 안장되었다. 장합의 둘째 아들 윤신允愼(생몰년 미상)은 1451년에 무과에 급제하여 훗날 기장機張(경상도)의 현감으로 봉직했고, 남원 진씨南原晉氏의 후예인 경익卿益의 딸과 혼인하여 주포로 옮겨와 살았다.[127] 장수 황씨와 남양 방씨, 홍덕 장씨 ― 이 세 성씨의 거주지는 주포의 혼성마을인 지당池塘이었다 ― 의 후손들은 16세기에 접어들어 입향지의 정치적·사회적 생활을 지배하기 시작했다.


요컨대 이상에서 제시된 이주의 사례들은 멀거나 가까운 곳에서 안동이나 남원으로 옮겨온 갖가지 이유를 보여준다. 하지만 그 배경이 무엇이든, 훗날 각자의 공동체에서 재지 엘리트들로 알려지게 되는 자들의 선조 격인 모든 이주자는 한 가지 중요한 공통점이 있었다. 경력의 궤도가 반드시 수도를 거쳤다는 것이다. 조상의 음덕을 입거나 과거에 급제하거나 군공을 세워, 중앙에서 일정 기간 직무를 수행하는 것 ― 모든 위신과 권력의 원천 ― 이 한 개인이 높은 사회적 신분을 공인받는 필수적인 요건이었고, 이를 발판으로 삼아 그는 자신이 속한 출계집단의 생명력 있는 지방 분파를 만들어낼 수 있었다.

수도를 떠난 이유가 무엇이든, 특정 지역에 정착하게 된 동기는 이따금 상황에 의해 부여되었다. 하지만 상당수의 이주자는 처가거주혼의 관습에 따라 최종 목적지를 정한 것으로 보인다. 실제로 처의 고향에 자리를 잡는 것은 아들과 딸이 고려의 방식대로 가산을 균분하는 이상 매력적인 해법이었다.[128] 처가살이를 선택한 사위는 처가가 닦아놓은 경제적 기반에 관직 보유의 위신을 더해주었을 뿐 아니라, 때로는 아들이 없는 가계의 후사가 될 수도 있었다. 사실 신입자와 그 후손들이 토박이 인척집단의 존재감을 무색케 하는 경우는 비일비재했다.

따라서 이 첫 번째 단계의 지방화는 특정 지역을 거듭되는 등과, 그리고/또는 수지맞는 통혼을 통해 중앙과의 관계를 유지하기 위한 경제적 토대로 활용하는 것을 의미했다. 향촌으로의 이주는 한 개인의 국정에 대한 포부를 완전히 단념시키지는 않았지만, 그럼에도 그를 국가로부터 어느 정도 독립시켜주었다. 실제로 한 이주자가 이름난 마을에 뿌리를 내려 안동이나 남원에 묻힌다는 것은 그가 그 고장의 아들이 되었다는 것을 뜻했다. 때가 되면, 그의 묘소는 후손들이 친족의 유대감과 사회적 일체성을 확인하는 데 결정적으로 중요한 장소가 되었다.

### 공동체의 강화를 통한 지역의 안정화

외래 출계집단을 대표하는 사람들이 안동과 남원으로 이주하자, 두 지방의 사회적 판도가 재편되기 시작했다. 명예로운 관직 경력과 높은 교육 수준으로 무장한 이주자들은 자신들이 선택한 지역에서 자신들의 목소리를 내기 시작했고, 결국에는 오래된 토착인 지도자들을 대체했다. 이는 서서히 진행된 동화와 억압의 과정이었다. 안동에서는 최근까지 향리로 일했던 사람들이 본인들의 전통적인 지위를 유지했을 뿐 아니라, 주로 혼인을 통해 이주 정착자들과 협력관계까지 맺었는데, 이는 향리의 후손들이 국가가 시행한 차별조치로부터 즉각적인 피해를 보지는 않았음을 뜻한다(남원의 경우 당시의 상황을 말해주는 사료가 많지 않지만, 아마도 사정은 안동과 비슷했을 것이다). 신구 세력이 힘을 합치자, 중앙정부가 지방을 통제하기 위해 펼친 정책의 효과도 당연히 무뎌졌다.

안동에서 여덟 속현과 두 '부곡'이 16세기 초, 심지어 그 이후까지 이례적으로 존속한 것은, 이 지방이 그 내적 편제를 뜯어고치려는 외부의 압력에 거의 영향을 받지 않았다는 증거로 부족함이 없어 보인다.[129] 사실상 이 속현들 가운데 4개만이 안동의 주읍 안에 위치해 있었고, 나머지는 인접한 읍들의 영토 내에 있던 월경지였다. 이렇게 멀리 떨어져 있던 속현과 부곡에서는 토착 향리의 지배체제가 분명히 살아 있었고, 그 체제는 안동부에 거주하던 수령에 의해 허술하게 감독되었다. 예컨대 안동 권씨 13개 파의 성원들은 15세기 초에도 여전히 향리의 직임을 수행하고 있었다.[130]

새 정착자들이 전통적인 '향리의 구역'인 안동의 부성 내에 거주하지 않았다는 것은 주목할 만한 일이다. 이미 존재하는 마을로 장가를 들지 않은 자들은, 예컨대 [영양] 남휘주가 서가현촌을 만들고 [진성] 이운후가 주촌을 만들었듯이, 자신들의 새로운 보금자리를 마련했다.[131] 이 두 마을은 안동 부성에서 상당히 가까운 거리에 있었다. 후대의 정착자들은 좀 더 멀고 인구도 적은 지역, 이를테면 내성奈城(다음 장에서 논의될 것이다)과 같은 곳에 자신들의 농장을 조성했다.

새로운 환경에서 자신들의 존재를 부각시키기 위해, 이주자들은 단순한 경제적 안정 이상의 것을 추구했다. 실제로 그들은 관리를 지냈다는 공적 지위를 내세워 지역문제에 영향력을 행사하기 위해 노력했다. 영양 남씨는 토호들의 도움을 받아 향사당鄕射堂 건립을 주도했던 것으로 보인다. 그들은 그곳에서 고대 중국의 의례를 본떠 향음주례鄕飮酒禮와 향사례鄕射禮를 거행함으로써 공동체성communality을 찬미했다.[132] 이런 고례古禮들은 분명히 향사당이 건립되기 전부터 치러졌을 것이다. 일찍이 1439년에 한 시강관侍講官은 세종에게 안동의 '당나라풍' 풍속을 칭찬하면서 다른 지역에서도 본받아야 마땅하다고 아뢰었다.[133] 향사당의 건립은 1442년에 유학교수 권시權偲 (1386~1450)[134]에 의해 다음과 같은 기문으로 축하되었다.

우리의 공동체 안동에서는 사람들이 근면하고 검소한 풍속을 숭상하며, 근본[本]에 충실하고 씀씀이[用]를 아낀다. 당나라와 위魏나라의 풍조가 남아 있어, 혼례와 장례에서 술과 음식을 대접할 때 그대로 적용된다. 그렇지만 우리에게는 안전한 회합 장소가 없었다. 때로는 법상사法尙寺 뒤편의 남쪽 기슭에서 만났고, 때로는 금곡金谷의 서쪽 언덕에서 모였다. 어떤 날은 비나 눈이 내려 우리의 의관을 적시고, 의례의 진행을 방해했다. 추위와 더위 탓에 갖은 고초를 겪은 적도 있다. 이런 연유로 공동체의 어른인 권치權輜, 남부량南富良, 권촌權忖 같은 분들이 노년층 및 중장년층과 이 문제를 상의하자, 모든 사람이 노비와 건축자재, 기와를 아낌없이 내놓았다. 부지는 법상사 뒤편의 언덕으로 정해졌다. 권구경權九經과 김상金賞, 권호權豪가 작업의 감독을 맡았다. 네 칸 건물이 세워지고, '향사당'이라 적힌 현판懸板이 걸렸다. 이곳에는 각종 의례용 용기와 돗자리가 갖춰져 있다.

공동의 노력으로 만들어진 이 건물에서, 결혼식이나 장례식이 치러지는 경우, 또는 관리들이 고장을 떠나거나 벼슬을 마치고 돌아올 때, 공동체 차원의 주례와 사례가 행해졌다. 이런 주연의 목적은 권시가 강조했듯이 술에 취하는 것이 아니라 '신의를 맹세하는 습속'(강신지속講信之俗)을 진작하는 것이고, 활쏘기 대회의 취지는 사수가 활을 과녁에 명중시키는 과정을 지켜보며 그의 '덕을 살피는 것'(관덕觀德)이었다. 권시는 이 의례들이 아직은 비록 한 행정구역에 한정되어 있지만, 언젠가는 나라 전체에 평화와 번영을 안겨줄 것이라고 결론지었다.[135]

하지만 주례와 사례가 안동에만 있던 의식은 아니었다. 남원에 대해서도 "이 고장의 사람들은 해마다 봄이 되면 율림栗林이나 용담龍潭(버려진 절터?)에 모여 의례적으로 술을 마시고 활을 쏘았다"라는 기록이 남아 있다.[136] 세종이 농촌의 주민들을 교화하는 수단으로 장려했던 이런 의례들[137]은 조선 초에 분명히 널리 행해졌기에, 왕은 역사적 사례들이 명백하게 보여주듯이 그런 잔치에 으레 수반되는 과음으로 인해 "나라가 망하고 성품이 파괴될" 수도 있다는 사실에 대한 우려 — 권시가 그의 기문에서 내비쳤던 우려 — 를 표명했다.[138] 안동이 다른 지역과 특별히 다른 점은 기상여건에 상관없이 의례를 행할 수 있는 전용 공간을 갖추었다는 사실이다. 이 건물이 (적어도 안동 일대에서는) 최초의 향사당일 가능성은 다른 사람도 아니고 세종의 셋째 아들인 유명한 서예가 안평대군安平大君이 그곳의 현판을 친필로 장식했다는 예사롭지 않은 정황에 의해 뒷받침된다.[139] 게다가 그 건물은 심지어 서울에서도 사람들의 입에 오르내렸던 것 같다. 왜냐하면 그 건물이 세워진 지 몇 년이 지난 1446년에, 부산에서 수군 지휘관 직책을 맡고 있던 권맹경權孟慶(생몰년 미상)[140]이 수도에서 동향인에게 전해들은 향사당의 본모습을 직접 확인하기 위해 고향인 안동을 방문했기 때문이다. 그는 공동체의 원로들과 술잔을 주고받으면서, '고대 성현'의 중요한 의례들을 되살리려는 그들의 노력에 깊은 감명을 받은 나머지, 영중營中에 비축된 면포 12필을 기부하여 향사례와 향음주례의 연중 개최 비용을 보조하는 기금으로 삼게 했다.[141]

그렇다면 향사당을 지어 명성을 얻은 공동체의 어른들(향부로鄕父老)은 과연 누구였던가? 그들은 최근의 이주자들과 소수의 토박이가 뒤섞인 집단으로, 그들 중에 특별한 지적 배경을 갖춘 사람은 아무도 없었다. 이 집단에 영감을 불어넣었을 법한 인물은 과거에 급제한 유학교수 권시로, 그들 가운데가장 많이 배운 사람이었다. 그리 멀지 않은 과거에 향리로 일한 선조를 둔그는 분명히 고향에 고상한 이미지를 부여하고 싶어 했다. 그의 비중이 컸으리라고 생각할 수밖에 없는 것은 나머지 참가자들이 무관 출신이거나 최근까지 향리를 지낸 자들이었기 때문이다. 이 프로젝트의 주도자로 인정받은[영양] 남부량(1372~?)은 남민생南敏生의 맏아들로, 무과에 급제하여 무관의길을 걸었다.[142] 그를 도와준 안동 권씨 몇 명은 그때까지 향리라는 과거의굴레에서 탈피하지 못했거나 불과 얼마 전에야 향리의 신분을 벗어던진 까닭에 1476년에 간행된 안동 권씨의 족보『안동권씨성화보』에 너무 간략하게기록되었거나 아예 누락되었고, 따라서 신원을 확인하기 어렵다. 희정의 아들이자 배상지의 처남인 권치는 수령을 지냈다고 전해진다.[143] 그는 권촌[144]

과 함께 이 프로젝트를 이끈 인물들 가운데 한 명이었던 것 같다. 권촌의 비남계친인 권구경과 권호는 향리임이 확실하고, 향사당 건립의 실무를 진두지휘했다. 김상 역시 향리였던 듯한데, 그의 계보는 추적할 수 없다.[145)

그렇다면 15세기 중엽에, 향리라는 굴레에 여전히 얽매인 채 자기들끼리, 그리고 이주자들과 통혼하던 소수의 인물이 그들만의 의례를 행함으로써 '세도世道'의 보급자 역할을 자임하고, 고향에서 풍속의 교화에 힘씀으로써 신생 왕조의 조력자라는 명성을 얻었던 것일까? 아니면 향사당 건립은 지역의 이익을 분명하게 밝히고 중앙정부의 지방 침투에 저항하기 위한 수단에 불과했던 것일까? 그렇다 치면 향사당은 유향소의 원형으로, 학계의 통설대로 지방자치를 위한 일종의 하위 행정기구 역할을 겸했던 것인가? 그럴 수도 있으나, 향리를 억압하는 것이 유향소의 첫 번째 임무였다면,[146) 안동 향사당이 향리들의 적극적인 참여에도 전국적인 찬사를 받았다는 사실은 그런 틀에 들어맞지 않는 것 같다. 오히려 김용덕이 제안하듯이, 향음주례와 향사례는 향약鄕約의 초기 형태일지도 모른다.[147) 물론 향약은 농촌 주민을 사족의 지배하에 두기 위한 도구였다.

1446년 이후 안동 향사당의 활동을 서술한 기록은 남아 있지 않으므로, 이 건물이 15세기 후반부에 어떤 일을 겪었는지에 대해서는 알 수가 없다. 유향소를 모조리 혁파하라는 세조의 명령(1467)에 따라 폐기되었는가? 1478년에 '덕망 높은 원로들'이 '충분忠憤'을 참지 못하고 연로한 [고성] 이증을 중심으로 우향계友鄕契라는 새로운 모임을 결성한 것은 세조의 명에 대한 반발이었나? 그랬을 가능성이 아주 크다. 13명의 회원 대부분이 찬탈자—왕에 대한 적개심에 불타고 있었기 때문이다. 단종의 치하에서 과거가 치러진 유일한 해인 1453년에 진사시에 입격한 이증은 1455년에 항의의 뜻으로 사직했다. 영양 남씨 4명 가운데 가문의 전통에 따라 무과에 급제한 치공致恭(1419~1497)[148]과 경인敬仁(1414~1483)은 세조에 대한 원한을 품고 있었다. 경인은 단종 사건에 치를 떨며 벼슬을 버렸다고 한다.[149] 한편 치공은 1453년에 공신으로 책록되었으나 이 훈호를 받아들이지 않았고, 자신의 묘비에는 군직만 기록하라는 유언을 남겼다고 전한다.[150] 치공과, 이증과 같은 해에 진사시에 입격한 치정致晶(생몰년 미상)은 민생의 손자였고, 경신敬身(생몰년 미상)과 경인은 한 항렬 아래인 부량의 손자였다. 흥해 배씨 4명도 이 조직에 합류했는데, 이들은 배상지의 손자 2명과 증손자 2명이었다. 수홍의 파에 속하는 안동 권씨 2명은 남씨와 배씨의 가까운 인척이었다. 권곤權琨(1427~1502)은 남치정의 사촌이었고,[151] 그의 조카인 숙형叔衡은 사망한 부친 권개權玠(1416~1477)를 대신하여 우향계의 일원이 되었는데, 배상지의 맏아들이 낳은 딸에게 장가든 권개는 세조가 싫어서 무관직을 버린 인물이었다.[152] 세 번째 권씨인 자겸自謙은 배상지의 넷째 아들의 사위였다.[153] 열세 번째 회원은 신원이 불확실한 안강 노씨安康盧氏의 일원이다.[154]

향사당의 구성원들에 비해 우향계의 '계원'들은 사회적으로 좀 더 밀접하고 정치적으로 좀 더 예민한 집단이었다. 대부분은 무관으로 봉직했거나 무과에 급제했고, 향리와의 연결고리도 더 이상 없었다. 그들에게 공통된 것은 세조에 대한 반감이었다. 기이한 것은 세조의 치세에 고관을 지냈고 세조의 손자인 성종의 치세에도 계속해서 조정에 봉사한 유명한 서거정(외가 쪽으로 안동 권씨와 연결되는)이 우향계의 결성을 축하하는 장문의 시를 써주었다는 사실이다. 그는 안동을 공맹의 가르침을 숭상하고 다수의 저명한 관리를 배출한 으뜸가는 고장으로 찬미함으로써, 이 집단의 반골 성향을 누그러뜨리고자 했던 것일까? 그는 비록 "어떤 인재들은 물러날 때를 알고 귀향했고, 다른 이들은 [난세에 굳이 출사하지 않고] 은둔했다"라고 인정하기는 했지만, 안동의 풍속을 공자와 맹자의 고국인 추로鄒魯에 견줄 만하다고 치켜세웠다. 서거정은 무관 일색인 계원들의 배경 ─ 수도의 권씨들을 당황시켰을 법한 현실 ─ 을 그럴듯하게 포장하기 위해 과장된 찬사를 동원한 듯하다.[155]

얼마 뒤에는 "우향계원들의 아들과 손자들"이 이증의 차남인 굉의 주도 아래 "선조가 계를 만든 뜻을 고이 받들어 후세에 길이 전하고자" 그 맥을 잇는 친목회를 조직했다. 진솔회眞率會라 불린 이 모임의 회원 15인은 굉과 그의 아우인 명洺(진사, 1486)을 비롯하여 권곤의 두 아들인 사영士英(무관)과 사빈士彬(생원, 1472), 권개의 차남인 숙균叔均(진사, 1486), 권자겸의 아들 2명, 경지敬智(무관)[156]를 포함한 영양 남씨 2명, 정원로鄭元老(1440~1521)[157], 안동 김씨 1명, 능성 구씨綾城具氏 1명, 그리고 신원이 확인되지 않은 3명이다.[158]

위의 두 집단은 자기들끼리, 그리고 토성인 안동 권씨와 복잡한 혼인관계를 맺음으로써 세력을 굳힌 이주자들의 일부분에서 비롯되었다. 향사당의 건립자들에 비해, 그들은 과거 급제와 이에 따른 관직 보유를 통해 자신들의 지역적 위상을 한층 강화했다. 그들과 그 후손들은 수가 불어난 이주자들의 지지를 등에 업고, 16세기 초에 향사당이 중수되어 안동 유향소의 관사로 인정받았을 때(9장에서 상세하게 논할 것이다), 이곳의 주요 품관들이 되었다.

요컨대 15세기 말에 접어들어 안동과 남원을 비롯한 조선의 농촌지역은 변화의 첫 번째 단계를 거쳤다. 타지에서 이주해온 사람들이 서서히 토박이 출계집단들을 약화시키거나 심지어 대체했다. 물론 이주 초기에는 전자가 후자의 경제적 자원에 의존하기도 했다. 적어도 안동에서는 이때까지 사회적 양극화의 분명한 징후는 드러나지 않았다. 남계친 및 인척과 힘을 합쳐 새로운 세력으로 떠오른 사족 엘리트는 자신들의 사회경제적 위상을 안정시키는 연대를 결성했고, 신분이 높은 자신들이 지역의 지도자가 되어야 한다는 주장을 관철시켰다. 게다가 그들은 과거에 급제하여 출사하려는 노력을 멈추지 않았고, 이를 통해 국가와 자신들의 관계를 정의했다. 이 자신만만한 초기 지도자들의 후손들은 16세기에 소속 출계집단의 농촌 지분을 더욱 확대하고 공고히 했는데, 여기에 대해서는 다음 장에서 다룰 것이다.

# 5장 〉〉〉 조선 중기 재지 엘리트 세력의 공고화: 사회적 차원

4장은 안동과 남원의 토착 및 외래 엘리트 출계집단의 기원과, 고려−조선 교체기와 15세기에 그들이 중앙과 지방에서 겪은 운명을 개설했다. 이번 장은 안동과 남원에 영구히 정착하여 자신들의 공동체를 17세기까지 공고히 다져나간 그 후손들의 활동을 다룰 것이다. 일단은 그 주역들의 공적인 삶을 간략하게 살펴볼 것이다. 그들의 경제적 기반이 확립되는 과정은 6장에서 논의될 것이다.

## 안동의 재지 엘리트

지방화란 이주자들이 정착한 어떤 마을이 그 주민들의 정체성을 확인해

주고 신분을 보증해주는 장소로 변하는 과정을 뜻한다(11장에서 상세하게 논할 것이다). 실제로 내앞의 의성 김씨, 유곡酉谷의 안동 권씨, 오천烏川의 광산 김씨, 온계溫溪의 진성 이씨 식으로 부르는 것은 흔한 일이 되었다. 네 출계집단의 성원들은 계속해서 『영가지』의 지면을 장식했는데, 이는 그들이 17세기 초까지 지역에서 자신들의 우월한 지위를 굳혔음을 보여주는 믿을 만한 근거임에 틀림없다. 게다가 문헌상의 증거도 풍부한 까닭에, 그들이 본인들의 지역적 위상을 강화하기 위해 활동한 정황을 꽤 구체적으로 추적할 수 있다. 하지만 지난 장에서 분명하게 보여주었듯이, 그들만이 재지 사족 엘리트층의 전부는 아니었다. 촘촘하게 짜인 안동의 엘리트 공동체에서 그들 못지않게 주도적인 역할을 한 집단으로는 하회의 풍산 유씨, 영양 남씨, 흥해 배씨, 봉화 금씨奉化琴氏, 영해寧海의 재령 이씨載寧李氏, 그리고 안동 권씨의 방계 지파 등을 손꼽을 수 있다.

### 내앞의 의성 김씨

　　김영명의 맏손자 만근萬謹(1446~1500)은 '강의 앞[1]'을 뜻하는 천전川前(우리말로는 내앞)에 정착한 최초의 의성 김씨였다. 안동 부성에서 동쪽으로 약 12킬로미터 떨어진 임하현에 속해 있던 이 마을은 낙동강의 두 지류가 합류하는 지점에 위치해 있었으므로(지금도 마찬가지이다) 그렇게 불리게 되었다. 임하의 유력인사 오계동吳季童[2]의 사위가 된 만근은 아내를 통해 상당한 규모의 토지를 물려받았고, 이 땅은 내앞 김씨의 초기 활동에 필요한 경제적 밑거름이 되었다. 만근은 1477년에 소과(진사시)에 입격했지만, 관직에 나아가지는 않아 "출사하지 않고 은거하기 시작한 인물"(시은불사始隱不仕)로 알려지게 되었다.[3] 그에게는 아들이 셋 있었는데,[4] 흔히 내앞 김씨라 불리는 이 성씨는 그의 둘째 아들 예범禮範(1479~1570)의 다음 세대부터 번성하기 시작했다(4장과 〈세계도 B-4〉 참조).

예범의 장남 김진金璡(1500~1580)[5]은 내앞에서 출현한 5대 지파의 시조로 추앙받고 있다. 그에 대한 장문의 행장行狀도 남아 있다.[6] 특이한 외모를 지니고 태어났다고 전해지는 진은 고모부인 [안동] 권간權幹(생몰년 미상)[7]의 지도 아래 16세에 경서를 공부하기 시작했다. 김진의 학업을 독려한 또 한 명의 인물은 그의 장인 민세경閔世卿(생몰년 미상)[8]이었는데, 그는 1519년의 현량과 합격자인 민세정世貞(1471~?)의 형이었다. 1525년에 김진은 내앞 김씨 가운데 처음으로 생원시에 입격했고, 서울의 성균관에서 공부하는 동안 김인후金麟厚(1510~1560)[9]를 비롯한 미래의 명사들과 친교를 맺었다. 하지만 알 수 없는 이유로,[10] 진은 문과 시험을 포기하고 안동으로 낙향하여 아들들의 교육에 전념했다. 그는 유교식 의례를 일찌감치 받아들였고, 부모의 상례를 치를 때 주희의 예법을 제법 엄격하게 지켰다고 전해진다(8장에서 상세하게 논할 것이다).

만년에 김진은 동해에 접한 안동 동쪽의 산악지대인 영해부의 용두산龍頭山 기슭에 있는 청기靑杞의 별장으로 거처를 옮겨, "서민의 아이들이 어릴 때 배운 것이 없는 탓에, 자라서도 게으르게 도둑질로 입에 풀칠이나 하며 살던" 그곳에 서당을 세워 아이들을 가르쳤다. 죽음이 임박했다고 느낀 그는 내앞으로 돌아와 1580년에 사망했다. 그의 행장을 쓴 이가 안타까운 마음으로 기록했듯이, "은거하며 덕을 쌓은 자"(은덕자隱德者)였던 그의 이름은 세상에 널리 알려지지 않았다. 그렇지만 김진은 자식들의 눈부신 성취 덕분에 사

〈그림 5-1〉 16세기 후반에 그려진 72세 김진의 초상(필자 촬영).

후에 이조판서에 추증되는 명예를 누렸다. 그 시대에 제작된 보기 드문 초상
(1572년경, 〈그림 5-1〉)에서, 그는 진한 청색 외투를 걸치고 챙이 넓은 고려풍
모자를 쓴 채 호랑이 가죽으로 만든 방석에 앉아 있는데, 이 영정은 그의 후
손들과 지역의 사림에 의해 1685년에 세워진 사빈서원泗濱書院에 모셔졌다.
그곳에서 그는 다섯 아들과 함께 오늘날까지 배향되고 있다.[11] 그의 직계후
손들은 김진의 호를 따서 의성 김씨 청계공파靑溪公派라고 불린다.

김진은 후손의 빛나는 성공을 위한 지적·경제적 기반을 마련했다. 그의
다섯 아들[12]은 모두 퇴계 이황(7장을 보라)의 문하에서 수학했는데, 그 가운데
3명은 문과에 급제했고 2명은 생원시에 입격했다. '김씨오룡金氏五龍'으로 알

려진 그들은 한 사람도 빠짐없이 『영가지』에 기록되어 있다. 그리고 결국에는 청계공파 내에서 갈라진 독립적인 다섯 지파의 시조가 되었다[13](〈세계도 B-5〉와 〈세계도 B-6〉 참조).

타고난 지적 능력 때문에 '신동'이라 불렸던 진의 장남 김극일金克一(1522~1585)은 1546년에 25세의 나이로 문과에 급제했고, 그 후 현감에 임명되었으며, 나중에는 내자시정內資寺正(정3품)을 지냈다. 그는 학식으로 높은 명성을 얻었고, 교육문제에 관심이 많았다고 한다. 종손인 그는 내앞에 거주했다. 그의 아내는 수도의 관리 이위李葳(생몰년 미상)의 딸이었고, 그는 장인으로부터 넉넉한 재산을 물려받았다.[14]

두 번째 문과 급제자인 김성일金誠一(1538~1593)은 학봉鶴峯이라는 호로 더 잘 알려져 있다. 처음에는 아버지와 함께 공부했으나, 19세 되던 해에 퇴계의 문하에 들어갔다. 그는 순수한 학문에 뜻을 두어 과거를 준비할 생각은 없었던 것으로 보이지만, 퇴계의 격려에 힘입어 1568년에 결국 문과에 합격하여 눈부신 관직생활을 시작했다. 그는 1546년에 상처하고 홀로 지내고 있던 늙은 부친을 보살피고, 조용한 절에서 친구들과 책을 읽기 위해 이따금 휴직했다. 1581년에는 처가가 있던 안동 부성 서쪽의 금계리金溪里[15]로 거처를 옮겼고, 그 결과 그의 후손은 금계 김씨로 알려지게 되었다. 그리고 관직에서 물러나 있던 1586년과 1588년 사이에는 안동에서 집안의 대소사를 돌보고 공동체를 위해 일했다. 그는 1588년에 조정으로 돌아갔고, 1593년에 일본군의 공격에 맞서 진주를 지키다가 병사했다.[16]

1570년에 세 번째로 문과에 급제한 진의 다섯째 아들 김복일金復一(1541~1591)은 가끔 관직에 제수되기는 했지만, 생의 대부분을 이웃한 예천

현에서 지냈는데, 그곳은 그의 첫 번째 부인(예천 권씨)과 두 번째 부인(권벌의 증손녀)이 살던 곳이었다. 그는 결국 금곡에 정착했다.[17]

진의 차남 김수일金守一(1528~1583)은 한양 조씨 여성을 아내로 맞이했고, 대과에는 합격하지 못했다. 그는 내앞에 정착하여 한때 안동 유향소의 좌수座首로 봉직했다. 하지만 정치에 염증을 느낀 그는 이내 사직하고 부암에 정자를 지어 노인들을 대접하고 벗들과 즐겼다. 이렇게 "세상사를 잊고 집안일을 돌보던" 그는 덕행이 높다 하여 관직에 천거되었으나, 56세에 서울에서 숨을 거두었다.[18] 다른 형제들과 마찬가지로 김명일金明一(1534~1570)도 퇴계에게 학문을 배웠고, 비록 병약했으나 1564년에 성일 및 복일과 함께 사마시에 입격했다. 그는 6년 뒤에 사망했고, [영양] 남민생의 8대손인 그의 아내는 그 뒤로 38년을 더 살았다.[19] 무관의 자질을 타고난 덕에, 진의 서자인 연일衍一(생몰년 미상)은 무과에 합격하여 미미한 무관직을 맡았다.[20]

이 형제들과 마찬가지로, 진의 세 딸도 도덕적 가치를 엄격하게 지킨 것으로 기억되고 있다. 이웃마을 무실(수곡水谷)에 살고 있던 유성柳城[21]과 결혼한 맏딸은 '부덕婦德'의 귀감이었다. 스물다섯에 남편을 잃은 그녀는 삭발하고 밤낮으로 통곡했으며, 『가례』의 법도에 따라 상례를 치르고, 삼년상 기간에는 그녀의 집에서 상당히 먼 곳에 있던 산소를 한 달에 두 번씩 어김없이 찾았다고 한다. 그 후로도 계속 남편의 죽음을 애도하며 끼니를 거르다 병을 얻자, 그녀의 부친은 제발 밥을 제때 챙겨 먹으라고 타일렀다. 그녀가 답했다. "제가 어찌 아버지의 명을 거역하겠습니까? 하오나 밥을 먹고 잠시 목숨을 부지하느니 차라리 굶다가 빨리 죽겠습니다." 이 말을 남긴 후 그녀는 식음을 전폐했고 이내 사망했다. 이런 사연이 조정에 전해지자, 그녀의 일가는 1635

년에 정문을 하사받는 명예를 누렸다.[22] 그녀가 남긴 두 아들 유복기柳復起 (1555~1617)와 유복립柳復立(1558~1593)은 외삼촌인 김성일에 의해 양육되었다[23](〈세계도 B-14〉 참조). 김진의 둘째 딸은 [진성] 이봉춘李逢春(1542~1625)[24] 에게, 셋째 딸은 [문화] 유란柳蘭(생몰년 미상)에게 시집갔다. 둘 다 일직현에 살았다.

김진의 다섯 아들은 훗날 청계공파 내 지파─각자의 호를 따 약봉파藥峰派, 귀봉파龜峯派, 운암파雲岩派, 학봉파鶴峯派, 남악파南嶽派라 불리게 된─의 시조로 숭앙받았다(〈세계도 B-4〉 참조). 이런 분파가 생겨난 것은 개별 파조들의 위세 때문만은 아니었다. 처가거주혼을 택한 명일·성일·복일이 내앞을 떠남에 따라, 그들만의 지역 지파가 자연스레 만들어졌던 것이다. 계보만 놓고 보면, 극일의 약봉파가 청계공파의 적통으로 내앞의 사당을 모셨으므로 의례적으로는 우위에 있었다. 그렇지만 성일의 직계후손인 학봉파의 성원들은 선조의 학문적·정치적 지명도 덕분에 사회적 우월성을 주장할 수 있었다. 후대에 이 파는 수적으로도 가장 많았을 뿐 아니라 과거 급제자도 가장 많이 배출했다. 이와 대조적으로 명일과 복일의 직계는 과거에서 신통한 성과를 거두지 못한 탓에, 다른 파에 비해 상대적 열세를 면치 못했다. 다시 말해서 남달리 탁월한 성취를 이루지 못했기에 사회적·의례적 지위가 낮았던 것이다. 그들은 별도의 사당을 갖추지 못했다.[25]

김진의 후손들은 그 후 네 세대에 걸쳐, 즉 16세기 후반부터 17세기까지 계속 번성했다. 하지만 청계공파의 과거 급제자 수는 줄어들었다. 김극일은 아들이 없어 1603년의 진사시 입격자인 수일의 둘째 아들 김철金澈(1569~1616)을 입양하여 대를 잇게 했다.[26] 수일의 맏아들 김용金涌

(1557~1620)은 어려서부터 공부를 좋아했다고 하며, 1590년에 문과에 급제하여 고위직에 올랐다. 그는 퇴계의 손녀를 아내로 맞아[27] 아들 여섯을 두었는데, 맏이인 시주是柱(1575~1617)는 1613년에 문과에 합격했다.[28] 한편 성일의 아들 세 명은 과거에 붙지도 못하고 관직도 얻지 못했지만, 세 딸 가운데 두 명이 문과 급제자와 혼인했고, 이 남편들은 훗날 고위직에 올랐다[29](〈세계도 B-5〉와 〈세계도 B-6〉 참조).

철의 장남으로 약봉파의 대를 이은 시온是榲(1598~1669)은 명나라의 멸망이라는 충격과 1637년에 조선이 청나라에 항복하는 굴욕을 겪은 세대에 속했다. 그는 세상과 담을 쌓고 학문에 몰두하여 '초야의 진정한 선비'라는 명성을 얻었다. 말년에는 선조의 농장이 있던 청기로 가서 정사精舍를 지었다.[30] 그는 첫 번째 부인(1593~1633)과의 사이에서 아들 여섯과 딸 넷을 얻었는데, 그녀는 다수의 관리를 배출한 풍산 김씨 가문의 딸이었다. 그리고 영양 남씨인 두 번째 부인으로부터 아들 둘과 딸 셋을 얻었다. 이렇게 자식이 많았지만, 오직 방걸邦杰(1623~1695)만이 문과에 급제하여 벼슬을 했다[31](〈세계도 B-5〉 참조).

### 유곡의 안동 권씨

유곡(지금은 봉화군에 속해 있다)의 안동 권씨는 권벌(1478~1548)이 자신들의 위신을 세워준다고 생각하는데, 그는 수홍의 11대손이자 수홍의 복야공파 내에서 갈라진 판서공파의 시조인 권인의 6대손이다(〈세계도 B-2〉와 〈세계도 B-3〉 참조). 1472년에 생원시에 입격한 그의 부친 사빈(1449~1535)이 처가에 거주했으므로,[32] 권벌은 안동 부성 북부의 도기촌道岐村에 있던 어머니의

집에서 둘째 아들로 태어났다.[33] 어머니의 가문인 파평 윤씨는 수도의 귀족
층으로 자리를 굳힌 지 오래였고, 벌의 외사촌[34]은 1507년에 중종의 두 번째
비로 간택되었다. 왕실과의 가까운 관계는 결국 벌의 경관京官 경력, 나아가
그의 인생을 망쳐놓았다. 1496년에 생원시에 입격한 뒤에 1504년에 문과에
급제했지만, 그의 답안에 편집증 증세가 있던 연산군에 의해 사용이 금지된
한자(처處)가 들어 있다는 이유로 합격이 취소되었다. 그는 1507년에 다시 과
거를 치른 뒤에 외가의 후원하에 삼사와 육조의 관직을 두루 거치며 빠르게
승직하여 1518년에는 우부승지右副承旨(정3품) ─ 그가 여러 차례 고사하였으
나 어쩔 수 없이 받아들인 관직 ─ 에 임명되었다. 몇 달 뒤에는 좌승지左承旨
로, 1519년 초에는 예조참판(종2품) 겸 지중추부사知中樞府事(정2품)로 승직했
다. 정계에 심상치 않은 암운이 감도는 것을 감지한 그는 같은 해 여름에 삼
척(강원도)의 부사를 자청했고, 따라서 1519년의 사화가 일어났을 때는 서울
에 없었다. 하지만 기묘사화의 최대 희생자인 조광조의 무리로 몰려 잠시 투
옥되었다가 파직당하고 고향으로 쫓겨났다.[35]

　13년의 정치적 유배기에 벌은 안동 부성의 북쪽에 있던 내성현의 유곡
(닭실)으로 이거하여 농장을 일구었다. 그 후 내성의 동쪽에 있던 비옥한 춘양
春陽에 산장을 만들었는데, 이 산장은 그의 두 아들에 의해 규모가 확대되었
다.[36] 1533년에는 조정의 부름을 받아 수도로 돌아갔고, 1540년에는 동지사
冬至使와 함께 명나라에 사신으로 다녀온 뒤에 정2품 정헌대부正憲大夫의 품
계와 토지 및 노비를 하사받았다. 그리고 결국에는 우찬성右贊成(종1품)이라
는 현직顯職에 올랐다. 하지만 명종(재위 1545~1567)의 즉위와 함께,[37] 벌의
공직생활은 두 번째로 갑자기 중단되었다. 그는 관직을 삭탈당하고 다시 고

향으로 추방되었다. 2년 뒤인 1547년에는 명종의 모후를 비방한 사건에 연루되었다는 혐의를 받고, 처음에는 전라도 구례求禮로, 다음에는 좀 더 먼 태천泰川으로, 마지막에는 평안도 북부의 삭주朔州로 유배되었다. 그는 1548년에 유배지에서 사망했고, 얼마 후에 유곡 근처에 매장되었다. 약 20년 뒤인 1567년에 그는 관작이 회복되고 좌의정(정1품)에 추증되었으며, 이듬해에는 '충정忠定'이라는 시호諡號를 하사받았다.[38]

권벌의 아내인 화순 최씨和順崔氏[39]는 아들 둘과 딸 하나를 낳았다. 맏아들인 동보東輔(1518~1592)는 일찌감치 문학적 재능을 인정받았고, 아버지의 권세에 힘입어 음서로 헌릉獻陵(태종의 능)의 참봉參奉에 임명되었으며, 1543년에 사마시에 입격했다. 그의 벼슬길은 아버지의 굴욕적인 죽음으로 막혀버렸고, 아버지가 신원된 뒤에야 비로소 다시 출사하여 관직이 군수에 이르렀다. 하지만 관리의 삶을 그리 좋아하지 않던 동보는 벼슬을 사양하고 유곡의 농장으로 내려가 유유자적했다. 재산이 많았던 그는 친구들에게 푸짐한 잔치를 베풀고, 시와 음악을 즐겼다. 그리고 경치 좋은 곳에 석천정사石泉精舍를 지었다. 너무 늙어 걷지 못하게 되었을 때는 가마를 타고 그곳으로 갔다. 대단히 안타깝게도 그는 아들이 없었기 때문에, 동생의 차남인 권래權來(1562~1617)를 입양하여 후사로 삼았다.[40]

권벌의 둘째 아들인 동미東美(1525~1585)는 1568년에 진사시에 입격하여 중앙정부에서 다양한 하급 관직을 맡다가 훗날 군수로 임용되었다. 그는 고향을 떠나 있는 시간이 많았음에도 농장의 규모를 상당히 확대할 수 있었는데, 이는 그가 아들 4명과 딸 1명에게 많은 재산을 물려주었다는 사실로부터 확인된다(6장에서 논의할 것이다).[41] 맏아들인 권채權采(1557~1599)는 과거에도 붙지 못하고 관직도 얻지 못한 것으로 보이지만,[42] 그래도 계속해서 가산을 알뜰하게 잘 관리했다. 그는 '현인賢人'의 풍모를 지니고 있었다고 하며, 언제나 가족과 친척 사이의 화목을 도모하고 가난한 자들을 돕는 데 앞장섰다고 전한다.[43] 권벌의 가계를 잇는 종손으로 입양된 채의 동생 래는 어려서부터 과거 급제를 꿈꾸었으나, 경서經書와 사서史書를 섭렵했다는 평판에도 불구하고 번번이 낙방의 고배를 마셨다. 좌절한 그는 고향으로 돌아가 친구들과 어울리며 한가로이 생활했는데, 그의 벗들 가운데는 퇴계의 손자이자 여동생의 남편인 이영도李詠道(1559~1637)도 끼어 있었다.[44] 특기할 만한 것은 권벌의 후대에 배출된 문과 급제자 18명과 사마시 입격자 39명의 대부분이 권래의 자손들 — 비록 본계本系에 속하지는 않았지만 — 이었다는 사실이다.

### 오천의 광산 김씨

김무는 안동으로 장가를 와서 이 지방에 처음으로 정착한 광산 김씨로, 아들 넷을 두었다. 그들 가운데 2명에게는 자식이 없었으므로, 결과적으로 광산 김씨를 강력한 재지 엘리트 집단으로 만들어놓은 것은 셋째 아들 숭지崇之(생몰년 미상)의 후손들이었다(〈세계도 B-10〉 참조). 이미 언급했듯이 [의성] 김영명은 무의 사위들 가운데 한 명이었다. 숭지의 손자인 효로孝盧 (1454~1534)는 1480년에 생원시에 입격했는데, 당하관이 올라갈 수 있는 품계의 상한선에 달한(다시 말해 당상관이 될 수 없었던) 장인의 대가代加를 통해 정9품 관리가 되었다.[45] 하지만 1498년의 사화에 위협을 느껴, 관리의 경력을 단념하고 본인이 예안현에 세운 마을 오천(흔히 외내라 불리는)에서 생활했다. 그는 오천 김씨의 입향조로 인정받고 있다. 또한 1460년에 아들이 없는 종조

부 효지孝之(1480년 몰)의 후사가 되어 상당한 재산을 물려받았다.[46]

이 가계는 효로의 맏아들인 김연金緣(1487~1544)의 대부터 번창하기 시작했다. 연은 1510년에 사마시에 입격하고 9년 뒤인 1519년에 문과에 급제한 다음 남부럽지 않은 관직 경력을 쌓았다. 그는 저명한 사대부 이언적李彦迪(1491~1553)과 권벌 같은 당대의 걸출한 인물들과 친교를 맺었고, 조광조에게 심적으로 동조했던 것 같다. 1537년에는 사간司諫에 임명되고, 그 후 여러 군현에서 봉직하다가 1542년에 강원도 관찰사의 직위(종2품)에 올랐다. 2년 뒤에는 경주부윤에 임명되고, 그곳에서 재직 중에 사망했다. 연은 혼인을 통해 의성 김씨를 비롯한 안동의 유력한 친족집단들과 각별한 관계를 맺고 있었다.[47] 연의 동생 김유金綏(1491~1555)는 1525년에 생원이 되지만, 무술에 더욱 관심이 많았다고 한다. 그러나 무과에 낙방한 후, "세속의 명리를 탐하지" 않고 수양아버지가 물려준 넉넉한 재산으로 여생을 편안하게 지냈다.[48] 효로의 사위인 [봉화] 금재琴梓(생몰년 미상)[49]는 아내의 고향으로 이거했고, 이로써 김씨와 금씨는 오천에서 함께 살게 되었다(〈세계도 B-15〉 참조).

연의 첫 번째 아들인 부필富弼(1516~1577)은 1537년에 생원시에 입격했지만, 벼슬을 사양하고 '은거'했다. 퇴계의 제자들 가운데 한 명이었던 그는 덕행을 쌓고 '성현의 학문'에 정진하여 신망을 얻었다. 그의 동생 부의富儀(1525~1582)도 1455년에 사마시에 입격했지만, 형과 마찬가지로 관직을 탐하는 대신에 학문에 몰두하고 의식을 엄수하고 마을 일에 헌신했다. 부필은 아내 진주 하씨와의 사이에서 아들을 얻지 못해 동생 부의의 외아들인 김해金垓(1555~1593)를 양자로 삼았는데, 해의 어머니는 그를 낳고 며칠 만에 사망했기 때문에, 해는 사실상 큰아버지 손에 자랐다. 이렇게 해서 해는 오천 김씨의 종손이자 풍족한 재산의 상속자가 되었다. 1589년에 문과에 급제하기는 했지만, 그는 짧은 관직생활을 마치고 고향으로 내려가 학문에 전념했다. 1592년에 임진왜란이 일어나자 의병을 조직하여 분전하다가 1년 뒤에 병사했다. 그의 아내는 퇴계의 종손녀였다.[50] 그의 네 아들 가운데 맏이인 광계光繼(1580~1646)는 선대의 가산을 잘 관리하면서, 당대의 명사들과 학문을 논했다. 광해군(재위 1618~1623) 시대의 정치적 혼란에 염증을 느낀 그는 관직에 나아가지 않았다. 훗날 병자호란을 당하자 의병을 일으켜 항전하다가 나라가 야만인 통치자들에게 굴복했다는 소식을 듣고 통곡했다. 그에게는 대를 이을 아들이 없었으므로, 그는 동생의 아들들 가운데 한 명을 입양했다.[51]

### 주촌과 온계의 진성 이씨

이자수의 후손들 가운데 진사시에 입격하여 향직을 맡은 이들은 몇 명 있었지만, 수도의 관직을 얻은 이는 한 명도 없었던 것 같다. 1453년에 진사가 된 자수의 증손 계양繼陽(1424~1488)은 처가거주혼을 택한 남편[52]으로서, 주촌에서 예안의 온계로 이거하여 새 터전을 마련하고 큰 농장을 개발하여, 진성 이씨 예안파의 입향조가 되었다[53](〈세계도 B-7〉 참조).

온계 이씨는 퇴계라는 호로 더 잘 알려진 계양의 손자 이황(1501~70) 대에 이르러 그 권세가 절정에 달했다. 퇴계는 이식李埴(1441~1502)과 그의 두 번째 부인인 춘천 박씨 사이에서 태어난 막내아들이었다.[54] 어릴 적에 부친이 사망했기 때문에, 퇴계는 숙부 이우李堣(1469~1517)에게 학문을 배웠다. 1523년에 진사가 되고 1534년에 문과에 급제한 퇴계는 두 임금의 친밀한 고문 역할을 하면서 화려한 관직생활을 시작했다. 하지만 1550년대 중반에 현직에서 물러나, 자신의 철학을 체계화하고 서당을 세워 후진을 양성하는 데 여생을 바쳤는데, 안동에서 행세깨나 하는 재지 출계집단의 후예 가운데 상당수는 그의 문하생이었다. 그의 가르침으로 퇴계는 경상도 북부의 지적·의례적 풍토에 지대한 영향을 미쳤다(7장에서 상세히 논의할 것이다). 그의 첫 번째 부인은 지방의 유지인 허찬許瓚(1481~1535)의 딸이었는데,[55] 그녀와의 사이에서 퇴계는 두 아들 이준李寯(1523~1583)과 이채李寀(1527~1548)를 얻었다. 하지만 후자는 21세의 나이에 자식을 남기지 못하고 죽었고, 퇴계의 두 번째 부인인 안동 권씨도 자식을 낳지 못했다. 따라서 퇴계의 직계는 준에 의해서 이어졌다. 그는 금재의 딸과 결혼하여 아들 셋과 딸 둘을 두었고, 둘째 딸은 [의성] 김용의 아내가 되었다.[56] 지방무대에서는 왕성하게 활동했지만, 퇴계의 후손 가운데 훗날 전국적인 명성을 얻은 이는 한 명도 없었다(〈세계도 B-8〉 참조).

계양의 형인 우양遇陽(1469~1517)의 직계후손들은 계속 주촌에 살았다 (이들은 주촌 이씨로 알려졌다). 우양은 1460년에 무과에 합격한 후 수령으로 봉직했지만, 그의 가까운 후손들은 아무도 문과에 급제하지 못해 미미한 관직을 맡았을 따름이다. 16세기에 명성을 떨친 주촌 이씨의 성원은 우양의 6대 손으로, 퇴계보다 어리지만 동시대를 살았던 이정회李庭檜(1543~1612)였다. 그의 어머니는 [의성] 김진의 여동생이었다. 젊은 정회는 퇴계의 가르침을 받았으나 과거에 뜻을 두지 않았고, 1563년에 부친이 일찍 돌아가시고 나자 누이 다섯과 남동생 하나와 한 지붕 밑에 살면서 경제활동을 분담했다. 어머니의 권유로 천거에 의해 잠시 관계에 발을 들여놓았으나, 1578년에 그녀가 사망하자 그의 공직생활은 이내 막을 내렸다. 그 후 중국의 『대명회전大明會典』

(1589년본)에 잘못 기록되어 있던 태조의 선계를 바로잡는 데 기여한 공으로, 1590년에 광국원종공신光國原從功臣에 책록되었다. 이듬해에는 횡성(강원도)의 현감이 되었고, 임진왜란이 일어나자 의병을 이끌었다. 하지만 이런 공직 경력을 쌓으면서도, 이정회는 지역의 현안을 해결하는 데 정력을 쏟아부었다. 그는 1577년부터 본인이 사망할 때까지 엄청난 분량의 『송간일기松澗日記』를 써서 자신의 다양한 활동을 설명했는데, 이 책은 안동의 역사에 영원한 발자취를 남긴 뛰어난 향촌 지도자의 역할을 조명해주는 더할 나위 없이 귀중한 기록이다[57](〈세계도 B-7〉참조).

### 영해의 재령 이씨

안동의 동쪽에 있던 영해는 이 연구의 범위에 들어 있지 않지만, 16세기 초에 그곳에 정착한 재령 이씨는 그 후로도 중요한 역할을 했으므로 간략하게나마 소개할 필요가 있다. 원래 황해도 재령군의 토성이던 이 성씨는 고려-조선 교체기에 남하하기 시작했고, 1460년에 이맹현李孟賢(1436~1487)이 문과에 급제하면서 중앙의 관계에 진출했다. 어린 나이에 부친을 여읜 그의 아들 이애李璦(1480~1561)는 백부의 임지인 영해로 따라갔다가, 그 지방의 유력 친족집단인 진보 백씨의 딸과 혼인했다. 이렇게 해서 재령 이씨 영해파의 '입향조'가 된 애는 흔히 나라골이라 불리는 인량리仁良里에 정착했다. [진성] 이정회의 누이와 혼인한 애의 손자 이함李涵(1554~1632)은 형이 요절함에 따라 종손이 되었다. 그의 세대부터 이 성씨는 학문적 발전을 이루고 경제적 번성을 누리기 시작했다. 그의 다섯 아들이 지역 내에서 혼인함에 따라, 재령 이씨는 안동에서 가장 명망 높은 출계집단들과 관계를 맺게 되었다. 함의 손자인 이현일李玄逸(1627~1704)은 17세기에 퇴계학파를 가장 확실하게 대변하던 인물로 명성을 날렸다[58](〈세계도 B-17〉 참조).


**남원의 재지 엘리트**

『용성지』는 남원의 저명한 출계집단들을 그들이 각 지역에서 행사한 영향력과 권력에 따라 서열화하는 오래된 지역적 관행(오늘날에도 목격되는)을 수용했다. 상위권에 포진한 집단들을 차례(물론 이 차례는 보는 사람에 따라 다소 달라질 것이다)대로 나열하면 둔덕의 전주 이씨, 둔덕의 삭녕 최씨, 사립안의 광주廣州 이씨, 뒷내의 풍천 노씨豐川盧氏 순이다. 때로는 다리실의 창원 정씨昌原丁氏와 안터의 순흥 안씨順興安氏가 추가되기도 한다. 여섯 출계집단은 모두 그들이 거주했던 마을과 떼려야 뗄 수 없는 관계를 맺고 있다.[59] 주포의 장수 황씨가 이런 집단들과 함께 소개되는 것은 이 성씨가 후손에게 방대한 분량의 문서를 남겼기 때문이다.


### 둔덕의 전주 이씨

이담손의 손자 이대윤李大胤(1530~1596)은 16세기에 그의 가계에서 문과에 급제한(1585년에) 유일한 인물로, 벼슬이 정랑正郎(정5품)에 이르렀다(〈세계도 B-18〉 참조). 그의 가까운 후손들, 즉 그의 아들 이엽李曄(1552~1613)과 손자 유형惟馨(1586~1656)은 음서로 관직을 얻었다. 유형은 나중에 사마시에 입격하여 미미한 관직을 맡았고, 효행으로 유명했다. 그의 양자인 문주文冑(1623~1657)도 소문난 효자였다.[60] 둔덕 이씨의 지체가 17세기에 높아진 것은 이상형과 이문재라는 두 명의 빼어난 인물 덕분이었다. 어릴 때부터 영특했다는 이상형李尚馨(1585~1645)은 담손의 5대손이자 유형의 팔촌으로, 사마시(1612)와 문과(1625)를 통과하고 탁월한 학자로 명성을 얻었다. 또한 존경받는 지도자로서 지역문제에 대해서도 확실한 의견을 표명했다.[61] 그가 남긴 여러 자식(아들 여섯과 딸 셋) 가운데 셋째 아들인 문재文載(1615~1689)만이 소과에 입격했지만, 그는 벼슬에 연연하지 않고 17세기 중엽에 남원지방에서 가장 영향력 있는 지역 지도자가 되었다.[62]

### 둔덕의 삭녕 최씨

둔덕에 처음 정착한 삭녕 최씨 최수웅의 후손 가운데 처음으로 과거(1528년의 사마시와 1537년의 문과)에 합격한 인물은 그의 손자 언수彦粹(1500~1550)로, 그는 벼슬이 사간원司諫院의 정언正言(정6품)에 이르렀다[63](〈세계도 B-19〉 참조). 언수의 네 아들 가운데 둘은 문과에 급제했지만, 둘째 아들의 가계는 아들이 없어 대가 끊겼고, 셋째 아들은 남원에서 다른 지방으로 이거했다.[64] 이런 상황에서 언수의 손자 최상중崔尚重(1551~1604)[65]은 과거 급제(1576년의 사마시와 1589년의 문과)로 가문의 이름을 빛냈을 뿐 아니라, 17세기 전반에 남원의 가장 출중한 지도자들 축에 든 아들 셋까지 낳았다.[66] 그의 둘째 아들 최연崔葕(1576~1651)은 소과와 문과를 같은 해(1603)에 통과했지만, 1636년 이후에야 관직생활을 시작했다. 형인 최보崔葆(1574~1634)[67]의 아들과 손자가 짧은 기간 내에 잇따라 사망하는 바람에 종가의 대를 이을 후사가 없어져, 선대의 유산을 관리할 의무가 연에게 넘어가게 되었기 때문이다. 그의 아내는 남원 양씨였다.[68] 1609년에 사마시에 입격한 그의 아우 최온崔蕰

(1583~1658)은 정치적 야망이 없었지만, '유일遺逸'로 천거되어 관직에 오른 후 둔덕 최씨 가운데 가장 괄목할 만한 경력을 쌓기 시작했다(10장에서 논의할 것이다). 그의 첫 번째 부인은 유명한 학자 장경세張經世(221쪽을 보라)의 딸이었다. 후사를 보지 못한 온은 연의 둘째 아들인 유지攸之(1603~1673)를 양자로 삼았다. 그는 도덕적 가치를 철저하게 준수했기에 "사람들은 그를 두려워하면서도 좋아했다"고 한다. 참으로 카리스마 있는 지도자의 모습이 아닐 수 없다. 시기를 확정할 수 없는 어느 시점에, 그는 인접한 사동방巳洞坊의 노봉露峯으로 이거했고, 그의 후손 일부는 노봉 최씨로 알려지게 되었다. 하지만 그의 현손 한 명은 둔덕으로 되돌아와 세거했다.[69]

상중의 세 딸 가운데 [풍천] 노철盧脄(생몰년 미상)에게 시집간 한 명은 『용성지』에 '열녀烈女'로 기록되어 있다. 남편을 일찍 여읜 그녀는 "남자와 다름없이" 집안일을 책임지며 홀로 일곱 아이를 키웠다. 젊은 시절에는 오라버니인 온이 음독하며 공부할 때 귀를 기울였고, "한번 들은 것은 늙을 때까지 절대 잊어버리지 않았다. 또 고금의 경서와 예서를 완벽하게 이해했으나, 남들 앞에서는 그 책들에 대해 아는 척하지 않았다. 나이가 들자 그녀는 그 책들을 다시 붙들고 조용히 생각을 정리했다." 실제로 그녀는 여느 남자 스승 부럽지 않은 존경을 받았고, 당대인들은 그녀를 '여중군자女中君子'라고 칭송했다.[70]

연의 큰아들 휘지徽之(1598~1669)는 어려서부터 공부를 시작해서 1624년에 사마시에 입격했는데, 이는 그가 출사를 원했기 때문이 아니라 부모의 명에 복종했기 때문이라고 그의 전기에 적혀 있다. 그는 나중에 효성과 재능, 덕행 때문에 관직에 천거되었지만, 조선이 청나라에 패한 이후 현실에 환멸을 느껴 남원으로 돌아왔다. 그리고 장자로서, 『가례』의 법도에 한 치도 어긋남이 없이 부모의 상을 치렀다. 그 후 조정의 부름을 받고 상경하여 잠시 하위직을 맡기도 했으나, 그 뒤로는 수차례의 관직 제의를 모두 고사하고 고향에 머물며 집안의 대소사를 도맡아 처리했다. 그는 학문이 '공리공론'으로 타락하는 현실을 우려했고, 틈나는 대로 자신이 깨달은 바를 다른 사람들에게 가르쳐주었다. 또한 본인의 넉넉한 재산으로 가난한 친척들을 도와주고 그들에게 마땅한 혼처를 주선해주었다. 노년에는 친구 몇 명과 구로회九老會를 만들어 가까운 시냇가에 정자를 짓고 음풍농월했다.[71]

최휘지의 다섯 아들 가운데, 17세기 후반과 18세기 초에 남원지방에서 두각을 나타낸 세 명은 여기에서 간략하게나마 언급하지 않을 수 없다. 치옹致翁(1635~1683)과 그의 동생 계옹啓翁(1654~1720)은 1660년과 1681년에 각각 문과에 급제하여 벼슬길에 나섰다.[72] 하지만 과거 합격증도 없이, 유명한 학자이자 남원의 유력한 지도자가 된 인물은 넷째 아들 시옹是翁(1646~1730)이었다. 그는 전국적인 명성을 누렸지만, 조정의 관리들과는 어울리기 힘든 '은사隱士'를 자처했다.[73]

### 사림안의 광주 이씨

이덕열李德悅(1534~1599)[74]의 미망인인 청풍 김씨淸風金氏(1567~1637)[75]는 1618년에 남편의 외가인 남양 방씨 일족이 살고 있던 주포방으로 이거하여 남원지방에 광주 이씨의 터전을 마련했다. 덕열은 비록 남원에 거주한 적은 없지만 서울에서 누대에 걸쳐 권세를 부리던 지체 높은 출계집단의 자손이었기에,[76] 그의 이름은 세 아들에게 엄청난 위신을 부여해주었다. 그들 가운데 두 명이 1610년과 1633년에 사마시에 입격했지만, 말직이나마 맡은 것은 덕열의 셋째 아들인 사헌土獻(생몰년 미상)[77)]뿐이었다. 『용성지』는 사헌과 그의 형 한 명을 '유일'로 기록하고 있다. 사헌의 후손들은 계속해서 남원과 그 인근에 거주했다. 그의 아들 한 명과 손자 한 명이 17세기에 문과에 급제했고, 19세기 초에는 그의 6대손들이 마침내 사립안(적과방迪果坊)에 정착했다. 사립안 이씨는 덕열의 부친인 준경浚慶[78)]의 가계를 이었으므로, 덕열의 양부가 아니라 준경을 '현조'로 우러러본다.[79)] 이 선택은 그들에게 남원지방에서의 변함없는 위신과 높은 지위를 보장해주었다.

### 뒷내의 풍천 노씨

원천방元川坊의 후천後川(우리말로는 뒷내)에 살고 있던 풍천 노씨는 생애의 마지막 20년 동안 삼사와 육조의 고위직을 두루 거친 노진盧禛(1518~1578)을 통해 남원 제일의 친족집단들 가운데 하나로 인정받았다. 그는 남원에 거주한 적이 없지만, 그의 어머니는 [순흥] 안기(219쪽을 보라)의 딸이었고, 그의 손자인 노욱盧郁(1588~1644)은 상속받은 얼마간의 유산을 밑천으로 17세기 초에 뒷내를 풍천 노씨의 세거지로 만들었다. 진의 증손 가운데 한 명인 형하亨夏(1620~1654)는 남원의 문과 급제자 명단에 이름을 올린 최초의 노씨였고, 그의 모친은 『용성지』에 '열녀'로 기록되어 있는 최상중의 딸이었다. 그의 아들 노식盧湜(1653~1715)은 요절한 부친에 대한 지극한 효성으로 왕의 칭찬을 들었다. 그는 부친이 사망했을 당시에는 너무 어려서 상복을 입을 수도 없었지만, 장성한 후에는 평생 부친의 죽음을 애도하며 살았다고 한다.[80)]

### 안터의 순흥 안씨

순흥 안씨는 신유학을 한국에 처음 소개한 인물들 가운데 한 명인 유명한 선조 안향(1243~1306) 덕분에 격조 높은 출계집단이라는 특별한 명성을 누렸다. 안씨는 안향의 8대손인 안기安璣(1451~1497)[81]가 1495년에 문과에 급제하여 성균관의 전적典籍(정6품)에 제수되었을 때, 이미 남원지방에 정착하고 있었다. 그가 많지 않은 나이에 수도에서 사망하자, 그의 아내인 [조양兆陽] 임씨는 아이들을 데리고 남원으로 돌아와 금안방金岸坊의 안터(흔히 내기內基라 불리는)에 자리를 잡았다. 안기의 조숙한 막내아들 안처순安處順(1492~1534)은 20세에 진사시에 입격하고 2년 뒤에 문과에 급제하여 홍문관의 관원이 되었다. 『용성지』에 '기묘명현己卯名賢'의 한 사람으로 기록되어 있지만, 그는 1519년의 사화에서 살아남아 고향으로 돌아갔다. 안씨는 혼인을 통해 뒷내 노씨와 밀접한 관계를 맺었다. 노진의 부친은 안기의 딸과 결혼했고, 진은 안처순의 딸을 아내로 맞았으니, 당시로서는 파격적인 모변 교차사촌혼이 이루어졌던 셈이다. 처순의 외아들 안전安瑑(1518~1571)은 "덕성을 숨기고 벼슬을 멀리한 유일"로 기록되어 있다. 그는 "세인의 찬사를 받은 우아하고 세련된" 문체로 명성을 얻었다. 처순의 증손인 안영安瑛은 1592년에 영웅적인 죽음을 맞았고, 조정에서는 그에게 정문을 세워주고 벼슬을 추증했다.[82]

### 다리실의 창원 정씨

남원지방에 처음 모습을 드러낸 창원 정씨는 이씨 가문의 사위가 되어[83] 진전방眞田坊(남원의 북동부)에 정착한 고려 말의 상호군上護軍 정연방丁衍邦

(생몰년 미상)이었다. 연방의 아들과 손자는 무관이었지만, 그의 증손 한우

畢雨(?~1447)는 돈독한 행실과 효우孝友로 조정에 천거되어 미미한 문관직

을 맡았다.[84] 그의 4대손 중에는 남원의 정치와 문화에 항구적인 영향을 미

친 정환丁煥(1498~1540)[85]과 정황丁熿(1512~1560) 같은 인물이 있었다. 전자

는 1528년에, 후자는 1536년에 문과에 급제했다. 황은 벼슬이 의정부의 사

인舍人(정4품)에 이르렀지만, 1545년에 중종이 사망한 이후 왕위 계승을 둘러

싼 당쟁에 연루되어 유형에 처해졌고, 유배지에서 14년을 살다가 생을 마감

했다. 다리실(일명 월곡月谷) 정씨는 지조 있는 관리이자 박식한 학자였던 그를

'현조'로 모신다.[86]

### 주포의 장수 황씨와 흥덕 장씨

황개(1468~1540)는 이미 언급했듯이 1500년경에 주포로 장가를 들어 정

착한 최초의 장수 황씨였다. 아들이 없던 그는 수도에 살고 있던 사촌동생

의 셋째 아들 윤공允恭(1517~1555)을 양자로 들였다. 황개가 양자를 찾기 위

해 멀리 서울까지 가야만 했다는 사실은 인근에 그의 친척이 없었음을 뜻한

다. 황윤길黃允吉[87]의 사촌인 윤공은 자신이 입양되어 온 마을 안에서 결혼

했다. 그의 아내는 모변 교차사촌인 방응성房應星[88]의 외동딸이었는데, 16

세기 초에 한 세대 아래의 여성, 그것도 근친과 혼인한 것은 매우 이례적인

일이었다.[89] 그의 두 아들인 황적黃迪(1541~1591)[90]과 황진黃進(1550~1593)

은 모두 무관의 길을 걸었지만, 황진만이 1576년에 무과에 급제했고, 1593

년에 영웅적인 죽음을 맞았다. 진의 아들인 정직廷稷(1574~1655)과 정열廷說

(1578~1627)도 무과에 급제했다. 정직은 한때 안동의 판관判官으로 봉직했다.

정직에게는 서자만 두 명 있었으므로, 황진은 정열의 유일한 적자인 황위黃暐 (1605~1654)를 통해 대를 잇게 되었다. 위는 사마시(1633)와 문과(1638)를 통과하여 관계에 진출했는데, 그는 자신의 가계에서 17세기에 문과에 급제한 유일한 인물이었다.[91]

황씨의 이웃사촌은 남원에 처음으로 정착한 장씨인 [흥덕] 장합의 후손들이었다. 가장 유명한 인물은 학자 장경세張經世(1547~1615)로, 그는 합의 6대손인 장급張伋(1522~1589)의 양자였다. 1585년에 생원시에 입격하고 1589년에 문과에 급제한 경세는 비교적 평범한 관직생활을 하다가 1603년에 남원으로 낙향하여 지방무대에서 활발하게 활동했다. 그와 그의 자손은 재지엘리트들과 통혼했다. 1622년에 진사가 된 그의 증손 장업張嶪(1633~1702)은 남원지방에서 워낙 존경받던 인물이었기에,『용성지』는 관행을 무시하고 그 책이 편찬될 당시에 '생존'해 있던 그에 대한 기록을 남겼다.[92]

간추려 말하면, 이상에서 설명한 개인들의 일대기는 비록 소수의 사례에 불과하지만 안동과 남원에 새 터전을 마련한 사람들의 후손들이 처음 몇 세대 동안 각 지역에서 주로 어떤 식으로 자신들의 존재감을 드러내고 지도자 역할을 맡게 되었는지를 잘 보여준다. 무엇보다 중요한 사실은 적어도 17세기 전반부에 중앙에서 성취한 바가 있어야 했다는 것이다. 안동의 경우 과거 합격과 관직 보유가 이 지방에 갓 정착한 출계집단의 후손들을 지역주민들의 상전으로 만들어주었던 것으로 보인다. 한편 남원의 경우에는 조상이 중앙에서 얻은 대단한 위신이 다수의 이주자를 토착 친족집단보다 우월한 지위에 서게 해주었는데, 이 인상 깊은 사실은 이주자에게 호의적인『용성지』에 의해 충분히 확인된다. 주목할 만한 것은 홀로 남은 부인들이 시댁이 있는 생면부지의 땅에 정착하여 남편의 가계가 살아남는 데 결정적인 역할을 했다는 점이다.

국가에 의한 신분 인증은 여전히 유의미했지만, 그럼에도 과거 급제와 관직 보유는 갈수록 어려워져 한 세대에서 여러 명의 급제자가 배출되는 경우는 거의 없었다. 때로는 수도에서의 불리한 정치적 여건이 관리들을 좌절시켰다. 이런 상황 속에서는 관직에서 물러나거나 관직을 버리는 것이 개인의 지조를 지키는 정당한 방법으로 간주되었다. 관직에 있는 동안에는 불가피하게 수도에 거주해야 했지만, 이는 어디까지나 일시적인 것이었다. 수도에 산다고 해서 고향에 대한 애착이 약화되지는 않았고, 따라서 은퇴는 당연히 귀향을 뜻했다. 그러나 관직 경력은 아무리 짧았다 하더라도, 향촌에서 한 개인이 지도자가 될 가능성을 높여주었다. 또한 남원의 몇몇 사례가 보여주듯이, 명망 높은 조상의 유산도 후손이 향촌에서 차지하는 지위를 상승시킬 수 있었다.

'번성'이란 지방에 정착한 사족에게 단순한 관직 이상의 의미를 지니게 되었다. 그것은 경제적 자원의 알뜰한 관리를 통해 얻은 여유, 즉 전기작가들이 경제활동의 반대말 정도로 넌지시 표현하는 삶의 일면인 여가를 수반했다. '여가'가 있어야 유학도 공부하고 의례도 치를 수 있었다(여기에 대해서는 나중에 다시 논의할 것이다). 사회적·경제적 번성의 기반을 마련하고 유지하기 위해, 지방에 정착한 사족은 일단 적절한 결혼상대를 물색할 필요가 있었다.

## 적절한 혼인망의 구축

지방에 터를 잡은 다수의 유명한 출계집단은 주로 시조들의 처가거주혼에서 비롯되었다. 고려에서 조선 초로 넘어가던 불확실한 시대에는, 예비 신부의 사회적 배경보다는 토지자산의 규모가 종종 혼사를 결정하는 요인이었을 것이다. 그런 결혼이 세인의 부러움을 산 이유는 신랑 쪽 조상의 평판, 그리고/또는 신랑의 정치적 위신 때문이다. 그런데 아내의 집으로 들어간 이주자 남편은 처음에는 처가의 경제적 지원을 받았을지 몰라도, 자신의 친척들과는 멀어졌다. 그러므로 그의 새로운 생활환경에서 특별히 중요한 역할을 한 것은 형제나 사촌 들이 아니라 인척들이었다. 처음에는 수도에서 아내를 데려오는 경우가 종종 있었겠지만, 얼마 지나지 않아 입향조의 후손들은 지위가 비슷한 다른 이주자들과의 신중한 혼인을 통해 구축된 협력망이 자신들의 사회적·경제적 입지를 강화하는 데 결정적으로 중요한 인적·물적 자원이라는 점을 깨달았다.

의성 김씨는 대표적인 예이다. 의성 김씨 입향조의 손자인 김영명은 좀 더 이른 시기에 안동으로 이거한 광주 이씨[93], 광산 김씨, 안동 권씨 가문의 딸들을 차례로 아내로 맞이하여, 의성 김씨가 지역에서 세력을 키울 수 있는 발판을 마련했다. 영명의 차남인 한철은 자신의 딸을 퇴계의 부친인 이식에게 시집보냄으로써(식의 초혼), 의성 김씨를 15세기에 풍산현 북부의 여러 마을에 살고 있던 진성 이씨와 연결시켰다. 김진의 조부 만근은 처가거주혼을 택하여 내앞에 처음으로 정착했다. 그와 그의 동서인 [광산] 김효로金孝虜는 부유한 장인 오계동으로부터 상당한 경제적 지원을 받았다. 만근의 동생 만신萬慎(생몰년 미상)은 퇴계의 조부인 이계양의 사위가 되었다. 진성 이씨와의 인연은 김진의 세대에도 반복되어, 그의 누이가 퇴계의 먼 사촌과 결혼했다. 진의 아들과 손자들도 계속해서 지역의 여성과 혼인했다. 김진의 손자인 김용은 퇴계의 손녀[94]와, 성일의 맏손자인 시추是樞(1580~1640)는 퇴계의 증손녀와 결혼했다. 시추의 동생인 시권是權(1583~1643)의 아내는 권벌의 증손녀였다. 세대가 내려갈수록, 혼인망의 반경은 안동을 벗어나 이웃한 군현 — 북쪽의 영주榮州, 동쪽의 영해, 남동쪽의 청송靑松, 남쪽의 의성, 서쪽의 예천 — 으로 확대되었다.[95] 진의 선조들과 후손들이 만들어낸 혼인망(〈그림 5-2〉를 보라)은 분명히 내앞 김씨를 안동에서 사회적 명망이 가장 높고 부유한 동시대인들과 밀접하게 연결시켰다.

안동의 다른 출계집단 셋도 지역 내에서 혼반婚班을 형성했다(〈그림 5-3〉을 보라). 예컨대 유곡 권씨는 권채의 여동생이 퇴계의 손자인 영도와 혼인함으로써 진성 이씨와 연결되었다. 권벌의 형인 권의權檥(1475~1558)[96]와 내앞 김씨는 이중으로 연결되었다. 권의의 손자 권욱權旭은 김명일의 외동딸과 혼인했고, 욱의 누이는 복일의 두 번째 부인이 되었다. 이 때문에 복일은 결국 예천으로 이거했고, 그의 후손들은 그곳에 세거했다. 네 친족집단은 모두 지역의 다른 엘리트 집단과도 복잡한 인척관계를 맺었다.

진성 이씨 퇴계가 종손 15명의 혼인 유형에 대한 최근의 연구는 안동의 주요 재지 친족집단들이 좁은 범위 내에서 딸과 누이들을 교환했다는 사실을 입증해준다. 실제로 이 연구에서 확인된 135건의 혼인 가운데 100건이, 신부의 교환에 관련된 총 65개 친족집단 중 30개 사이에서만 이루어졌다. 따라서 사족들은 주로 같은 세대 내에서, 또는 세대를 가로질러 겹사돈을 맺었고, 드물게 제한된 수의 외부집단으로부터 신부를 데려왔다고 볼 수 있다.[97]

<그림 5-2> 안동에서 이루어진 이주자들 사이의 혼인: 의성 김씨

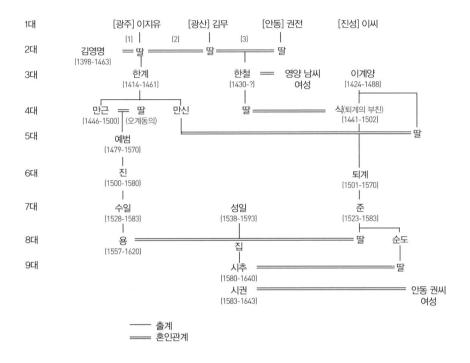

<그림 5-3> 안동에서 이루어진 이주자들 사이의 혼인: 안동 권씨

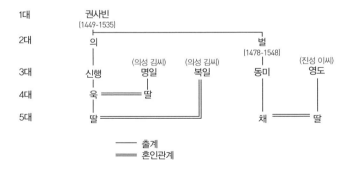

게다가 17세기 안동의 특이한 점은 지역에 거주하던 퇴계의 문하생들이 자기들끼리 결혼상대를 주고받기를 선호했다는 것이다(7장에서 상세히 논할 것이다). 이와 같이 안동 엘리트들의 혼인 반경은 좁은 편이었다. 배필의 대부분은 안동 및 인근 지역 출신이었고, 다른 도(경상도가 아닌) 출신은 거의 없었다.

똑같이 긴밀한 인척관계가 남원에서도 발견된다. 물론 앞서 말했듯이 남원으로 이거한 사족의 일부는 처음에는 수도에서 결혼상대를 골랐고, 심지어 남원에 뿌리를 내린 직후에도 계속 수도의 관료들과 사돈을 맺었다. 그렇지만 세월이 흐르자 혼인의 경계는 남원, 심지어 한 마을로 한정되었는데, 그럼에도 이런 범위 축소가 지체가 낮은 집단과의 결합으로 이어지지는 않았다. 삭녕 최씨는 이 사실을 잘 예증해준다. 최상중의 부인은 1528년의 사마시 입격자 [남원] 윤충尹冲의 딸이었고, 충의 부친과 조부는 모두 문과 급제자였다. 상중의 세 아들은 문과 급제자들의 손녀들을 아내로 맞이했다. 상중의 손자 휘지와 유지도 그랬다.

〈그림 5-4〉에 간략히 소개된 남원 출계집단들 사이의 혼인관계는 최연의 아들과 손자들이 선택한 배우자가 거의 한 마을에 집중되어 있는 놀라운 예를 보여준다. 둔덕에 살고 있던 연은 남원 양씨와 혼인했다. 그의 아들 휘지의 두 번째 부인도 남원 양씨였다.[98] 휘지의 아들과 손자들은 거의 전적으로 둔덕 이씨 아니면 뒷내 노씨와 통혼했다. 휘지의 셋째 아들 치옹은 이상형의 둘째 아들인 이문원李文源(1613~1684)의 딸과 결혼했고, 휘지의 큰딸은 문원의 동생인 문재에게 시집갔다. 흥미롭게도 문재는 자기보다 한 세대 아래의 여성과 혼인한 것으로 보인다. 치옹의 동생인 계옹의 아내는 둔덕 이씨 본계의 일원으로, 문원과 문재의 먼 사촌이었다. 휘지의 둘째 딸은 노진(모변 교

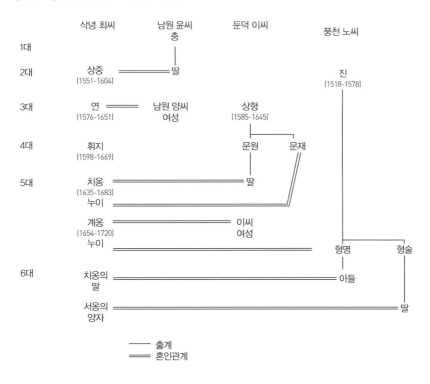

본문:

차사촌혼을 했던)의 증손 노형명盧亨命과 결혼했다. 다음 세대에 노형명의 아들에게 시집감으로써, 치옹의 딸은 오랫동안 금지되었던 부변 교차사촌혼을 했다. 형명의 제수씨는 어머니의 사촌이 낳은 딸이었다. 그리고 마지막으로 휘지의 큰아들 서옹瑞翁(1618~1636)의 양자는 형명의 동생인 형술亨述의 딸을 아내로 맞이했다. 유지의 딸은 노형명의 아들과 치옹의 딸 사이에서 태어난 자식에게 시집갔다. 요컨대 역사적 증거에 의하면, 남원지방에서는 굉장히 밀접한 혼인관계가 형성되어 조선 후기까지 이어졌다.[99]

결혼한 남녀는 출계의 연속성을 보장해줄 자식의 생산을 원했지만, 의외로 상당수의 부부가 아들을 얻지 못했다. 설령 서자가 있었다 하더라도, 지금까지 분석된 문서들에서 서자가 가계를 이을 후사로 세워진 사례는 단 한 건도 없다. 왕조 초기에는 후사가 없는 가계는 대가 끊기는 것이 예사였고, 때로는 외손자들이 아들이 없는 외조부모의 제사를 모셨다. 대략 16세기 초부터 동생이나 사촌의 아들을 입양하는 추세가 나타나기 시작했고, 그 결과 본계의 대가 사실상 파계派系로 옮겨져 이어지기도 했다. 이에 못지않게 눈에 띄는 것은 두세 명의 부인을 차례로 얻었던 남자의 수가 꽤 많았다는 사실이다. 이런 현상은 대개 출산을 하던 젊은 여성의 사망률이 높았기 때문에 생겨났다. 조선 후기의 출산과 수명에 관한 최근의 연구가 보여주듯이, 10대 후반이나 20대 초반인 젊은 기혼여성의 약 20퍼센트가 첫아이를 낳다가 사망했다. 이 중대한 인생의 고비만 넘기면, 여성은 실제로 남성보다 오래 살았다.[100] 이런 통계자료는 틀림없이 그 이전의 시대에도 유의미하게 적용될 수 있을 것이다. 하나 이상의 인척집단과 관계를 맺게 되면 한 남성이 어느 한쪽에만 충실할 수 없었지만, 그런 식의 관계는 종종 그가 관리할 수 있는 토지자산의 규모를 상당히 늘려주기도 했다(다음 장에서 상세하게 설명할 것이다).

요컨대 비록 표본이 많지는 않지만, 안동은 물론이고 남원에서도 동일한 장소에 정착한 다른 이주자 친족집단의 성원 가운데서 혼처를 구하는 것이 배우자를 선택하는 최선의 방식이었음이 분명하게 드러나는데, 이런 현상은 다른 지방에서도 목격된다.[101] 처음에는 토지자산의 마련이라는 유혹이 머나먼 타향으로 이주하는 주된 동기였을지 몰라도, 시간이 흐를수록 중앙에서 정치경력을 쌓아 신분을 보장받을 가능성이 줄어들자, 현지 적응을 도모하던 엘리트층은 지체 높은 집단과 사돈을 맺지 못하면 자신들의 신분을 유지하기 어렵다는 위기감을 느꼈을 것이다. 이런 세태를 반영하여 권양權讓(1628~1697)은 1692년에 다음과 같이 충고했다. "대저 아들이나 딸의 배필을 고를 때는 우선 문벌을 알아보고, 다음으로는 그 집단의 법도(가법家法)를 살펴보라."[102] 혼인의 기준은 분명히 경제적인 것에서 사회적인 것으로 바뀌었다. 입증 가능한 조상의 배경이 사족의 신분을 판가름하는 가장 확실한 시금석으로 남아 있었기 때문이다.

　지역 내 혼인은 엘리트 사족 사이의 촘촘한 혼인망을 엮어냈을 뿐 아니라 지역에 대한 애착심도 강화시켰기에, 때로는 남계친과 인척이 하나의 혼성마을에 옹기종기 모여 살았다. 이런 식으로 친족과 공동체가 서로 영향을 주고받은 결과, 조선 중기에는 재지 명문사족이 역동적으로 성장할 수 있는 항구적 발판이 마련되었다.

## 엘리트와 서자

　처와의 혼인은 출계집단의 물리적 재생산을 영속화하기 위한 것만은 아니었다. 그것은 엘리트층의 높은 사회적 지위와 정치적·경제적 번성을 확보하기 위한 것이기도 했다. 이 때문에 '귀천'의 교합이 불가하다는 규범이 널리 보급되었던 것이다. 하지만 이 규범은 엘리트층의 성원이 양첩이나 비첩을 얻어 아이(서자, 얼자孽子, 얼녀孽女)를 낳았을 때 명백하게 훼손되었다. 그런 결합이 비록 불법은 아니었지만, 1413년 이후 처첩 간의 엄격한 구분이 법제화된 마당에 불쾌한 경쟁자를 상대해야 하는 본처는 규방에서 속앓이를 해야만 했다.[103] 하지만 더욱 중요한 것은 그런 결합이 자식의 사회적 지위에 심각한 문제를 야기했다는 사실이다. 엘리트 신분의 기반인 양계적 원리에 비추어볼 때, 양인이나 천인 소생의 아들은 어머니 몫의 합법성을 결여하고 있었으므로, 부친이 속한 출계집단의 온전한 성원이 될 자격이 없었다. 따라서 아버지의 신분이 엘리트라 하더라도, 양인 어머니의 아들은 태어날 때부터 양인이었고 노비 어머니의 아들은 태어날 때부터 천인이었다.[104]

엘리트인 부친에게 가장 큰 골칫거리를 안겨준 것은 다름 아니라 비첩의 소생이었다. 노비변정도감奴婢辨正都監에서 1397년에 마련한 [합행사의合行事宜 19조의] 한 조목에 나와 있듯이, 엘리트인 자신의 '골육'을 물려받은 그가 노비로 사역하는 것이 '불편'했기 때문이다. 분명히 수도의 엘리트를 염두에 둔 그 조목은 이런 사정을 감안하여 엘리트 남성 소유의 비첩이 낳은 자식에게는 양인 신분을 부여하는 것을 '항식恒式'으로 삼아야 한다고 규정했다.[105] 이 규정은 1405년에 재확인되었고, 심지어 조부와 부의 천출에게 소급 적용되었다. 하지만 '영구적' 양민이 된 천출은 사재감司宰監의 수군으로 복무해야만 한다는 단서가 붙었다.[106] 그런 부서에 영구히 배속되는 것은 양인 신분의 획득에 가해진 결정적인 제약이었다. 비록 면천은 되었으나 수도에서 멀리 떨어진 곳에서 비천한 임무를 수행해야만 했기에, 그런 자가 수도의 관료층에 뒤섞일 가능성 — 일부 관리가 분명히 우려했던 사태 — 은 효과적으로 봉쇄되었다.[107]

이런 식으로 비첩의 아들은 양인이 되었으나 사실상 바닷가로 추방되어 천한 일을 해야 하는(신량역천身良役賤) 불이익을 당했다. 대신들은 이런 장치로 인해 '악하고 완고한' 무리들이 어렵지 않게 도주하여 정체를 숨기고 양반과 섞일 수도 있다고 끊임없이 우려했지만,[108] 이 제도는 1414년 1월에 태종에 의해 크게 완화되었다. 태종은 2품 이상 관리의 비첩이 낳은 아들에게 조건 없이 양인 신분을 부여하라고 명하고, 그들이 심지어 5품의 벼슬까지 올라가는 것을 허용했다.[109] 처음에는 고위관리들에게 한정되었지만, 석 달 뒤에 태종은 1361년 이후 태어난 '대소원인大小員人'의 모든 비첩 소생에게 양인 신분을 부여했다.[110] 하지만 그들이 사재감에서 일해야 한다는 단서를 달았다.[111] 이듬해 봄에 모든 관원의 천한 아들은 그런 제약에서 벗어났고, 일정 수준 이하의 관직을 보유할 기회를 얻었다(한품서용).[112]

자신의 최측근을 포함한 품관들의 천출에 대한 태종의 유별난 호의는 갖가지 반대에 직면했다. 그는 신하들의 간청을 이기지 못해 한품서용제를 철회했는데, 명분은 천출의 부모와 형들이 사사로운 정에 이끌려 아들과 이복동생들에게 벼슬을 알선해주면, 이들이 조정의 신하들과 뒤섞여 신분제도의 혼란을 초래한다는 것이었다. 더욱이 면천한 '천한 무리'는 국가에 대한 충성심도 별로 없을 테고, 심지어 반역을 도모할지도 모른다는 것이었다.[113] 또 다른 대신이 아뢰기를, 노비 신분을 면한 자들은 자기들끼리만 통혼하게 하고, 진정한 양반과는 혼인하지 못하게 해야 하며, '잡직雜職'[114]에 배속시켜 일정한 직분을 맡게 해야 분수를 모르고 날뛰지 않을 것이라고 했다. 그는 예로부터 국가와 사회에 변란을 일으킨 자들은 하나같이 노비 출신이었다고 덧붙였다.[115]

그런 뿌리 깊은 두려움은 훗날의 입법에 확실하게 반영되었다. 세종의 치세에는 '대소원인'의 비첩이 낳은 자식들과 엘리트의 혼인이 법적으로 금지되고,[116] 뒤바뀐 법령에 따라 천출은 새로 설치된 보충군 — "엘리트의 비천한 자식에 대한 동정심"의 산물이라는 반군반민의 조직 — 에서 의무적으로 (일정 기간) 복무해야 했다.[117] 예전의 사재감과 마찬가지로, 보충군은 일종의 신분세탁소로 기능했다. 이 군대는 양인 신분을 획득할 수 있는 길을 열어주었지만, 신분의 변동은 복무기간에 달려 있었다.[118]

1471년의 『경국대전』에 실린 법령의 제정으로 일단락된 논쟁들은 본인의 천출에 대한 엘리트층의 이중적 태도를 여실히 보여준다. 노비의 부도덕성에 대한 한결같은 우려에도, 비천함의 척도는 기이하게도 부친의 품계에 따라 달라졌다. 아버지의 직위가 높을수록 아들의 신분상승이 용이했던 것이다. 그러나 이런 유동성은 어머니의 낮은 신분에 의해 효과적으로 견제되었다. 부친의 후광이 친모 귀속적인 규정 *matrifilial rule*까지 무효화할 수는 없었기 때문이다. 따라서 최고위직 관리의 아들만이 실직에 제수되기를 바랄 수 있었다.[119] 그 밖의 모든 천출에게는 관료사회 진입이 사실상 봉쇄되었다. 양첩의 자식도 천출보다 차별을 조금 덜 받았을 뿐, 사정이 크게 다르지는 않았다. 그리고 양첩과 비첩의 아들에게는 문과에 응시할 자격이 주어지지 않았다.[120] 요컨대 당시의 제도적 장치 속에서 출신이 비천한 아들은 노비라는 속박에서 벗어날 수는 있었지만, 극히 드문 경우를 제외하면 버젓한 관직을 보유할 수는 없었다.

그렇다면 기본적으로 수도의 엘리트층을 염두에 두고 제정된 상기의 법규가 지방에 거주하고 있던 얼자의 운명에는 어느 정도 영향을 미쳤을까? 관직을 보유했든 아니든, 사족인 부친이 그 법규에 순순히 따랐을까? 그렇지 않은 경우가 더 많았다. 많은 사족이 천출을 한집에 살게 하면서 심지어 일까지 시켰고, 이런 상황은 종종 근친 사이의 분쟁을 촉발했다. 천출이라 할지언정 엄연히 부친이나 조부의 아들인 자를 다른 노비와 다름없이 부림으로써 "인륜을 저버리는" 것이 가당키나 하단 말인가? 한편으로 아버지/주인과 아들/노비 사이의 거리는 신중하게 유지하되, 다른 한편으로 노비인 이복형제나 사촌에 대한 홀대는 인정상 삼가야 한다는 것이 딜레마였다. 적절한 타협점을 찾기 어려워 쟁송이 빈발했기 때문에, 급기야 1554년에는 이 문제에 관한 전교傳敎가 내려졌다. 명종(재위 1545~1567)은 천인들을 성급하게 노비 신분에서 해방시키는 것도 부적절하지만, 그들을 관노로 삼아 분쟁을 종식시키는 것도 바람직하지 않다고 하교했다. 또한 천한 이복형제나 사촌을 강제로 일하게 해서는 안 되지만, 오촌과 육촌(즉 아버지의 사촌과 그 아들의 육촌)까지 놀릴 이유는 없다고 판정했다.[121] 특별히 농촌지방의 사정을 고려한 것으로 보이는 왕의 법령은 촌수에 따라 천출을 차별적으로 처우하라고 명함으로써, 이전에 제정된 법규의 구속력을 무효화하지는 못 했을지 몰라도 분명히 약화시켰을 것이다.

100년 이상에 걸친 다각적인 입법적 실험 끝에, 법적인 조치만으로는 천출이라는 존재의 문제를 원만하게 해결할 수 없다는 사실이 명백해졌다. 결국 그것은 천모 소생 가운데 '친척kin'으로 용인될 수 있는 자의 범주를 정해야 하는, 굉장히 복잡한 사회적·감정적 문제였다. 하지만 그 범주에 포함되었다 하더라도, 그는 결코 자신을 낳은 사람을 '아버지'라는 친족 용어로 부를 수 없었다. 적통과 서통을 갈라놓는 경계선은 출계집단을 가로질렀고, 신분의 차별은 얼자가 영원히 잊지 못할 현실이었다.

천한 아들이 양인이 되느냐 마느냐는 거의 전적으로 부친의 재량에 달려 있었다. 18세기가 되면 이 점이 더욱 확실해진다. 1746년에 간행된 『속대전續

大典』에는 보충대에 등록되지 않은 얼자는 적발될 경우 관노로 정속定屬되므로 주인이 더 이상 그의 노동력을 이용할 수 없게 된다는 경고성 조항이 실려있다.[122] 얼마나 많은 천한 아들이 보충대에 등록되어 있었는지에 대해 말해주는 문헌은 없는 것 같다. [광산] 김회金淮(생몰년 미상)의 얼자 김장룡金長龍은 보충대에 편성되지 않았던 모양이다. 천한 아내와 함께 키운 다 큰 자식 다섯의 앞날이 걱정된 그는 1514년에 (적출인) 그의 조카 연[김효로의 장남인 김연金緣을 말함]에게 자식들을 맡기면서, 이 별급別給을 다음과 같이 설명했다.

> 내가 적자녀 없이 늙어가자, 나의 종조부 김효지의 부인이신 황씨가 [1480년에] 내게 문덕文德을 주셨고, 나는 그녀를 첩으로 삼았다.[123] 그녀와 함께 다섯 자식[원문에는 이들의 이름이 나열됨]을 낳아서 키웠는데, 나는 그들에게 크나큰 사랑과 연민을 느낀다. 법을 어기면서 그들을 면천하는 것은 불가하기에, 나는 그들을 그들의 현재 및 미래의 자식과 함께 조카인 김연에게 맡기는 바이다. 그는 늙고 병든 나를 정성껏 돌보았으므로, 내 자식들도 잘 챙겨주고 그들에게 일을 시키지도 않을 것이다. 그들의 손자들은 연의 후손을 위해 다시 노역에 처해져도 무방하다.[124]

장룡은 양인이 되지 못했으나, 분명히 강제노동은 면했다. 또한 종손인 연과 사이도 좋았기 때문에, 연이 본인의 자식들에게 힘든 일은 시키지 않을 것이라고 기대하면서 그들을 맡겼다. 연이 이런 양도로부터 얻을 이득이 전혀 없다는 점을 의식한 그는 법에 따라[125] 자기 자식의 손자들은 장차 연의 후손에게 도움이 되도록 노비의 처지로 되돌아가도 상관없다고 확언했다.

얼마간의 세월이 지난 뒤인 1531년에 김연은 다시 유사한 부담을 떠안았다. 이번에는 그의 동생인 김유(후사가 없던 백부 효원孝源에게 입양된)의 과부 김씨가 그에게 노비 8명을 바치면서 연의 인정에 호소했다. 노비 8명은 다른 사람도 아니고 효원의 비첩자婢妾子인 북간北間이 양인 아내와 함께 기른 장성한 자녀 3명(아들 둘과 딸 하나)과 그 딸이 낳은 어린 자식 5명이었기 때문이다. 효원은 그들에게 일을 시키지 않았고, 북간의 이복형제인 김유도 양부의 뜻을 존중했다. 세 살 때 효원의 수양딸이 된 김씨는 유와 같은 심정이었으므로, 효원이 바라던 대로 그들을 모두 연에게 넘겼다.[126]

　이 두 가지 사례는 천출에 대한 감정이 얼마나 미묘했는지, 그리고 적자들의 선의에 달려 있던 그들의 운명이 얼마나 위태로웠는지를 잘 보여준다. 연의 가구는 잠정적인 안식처가 되었지만, 두 세대 정도의 세월이 흘러 선대의 인간관계에 대한 기억이 가물가물해지고 나면, 적자들은 아무런 양심의 가책 없이 비천한 후손들의 노동력을 다시 사용했을 것이다. 엘리트의 비첩자 대부분은 이런 일을 경험했음에 틀림없다. 보충대 복무를 통해 양인의 신분을 획득하는 것은 오랜 기간을 필요로 하는 힘든 과정이었기 때문이다. 이런 사실은 재령 이씨에 의해 보존된 희귀한 일련의 문서를 통해 놀라우리만큼 구체적으로 입증된다.

　이함의 현손이자 종손인 이지현李之炫(1639~1716)[127]은 김성일의 현손녀와 혼인했으나, 두 사람은 아들을 낳지 못했다.[128] 하지만 지현은 종중조부인 시성時成 소유의 사노비 추향秋香(1659년생)과 정을 통했다. 1680년에 그들의 아들 수귀壽龜가 태어나자, 시성은 그 아이를 지현에게 별급別給하면서 다음과 같은 문기文記를 남겼다.

자네는 내일모레면 쉰[사실은 마흔둘]인데 아직까지 아들이 없고, 나의 가비家婢 추향은 뜻밖에 천한 아이를 낳았다. 나는 자네의 애정이 적출과 천출을 가리지 않으리라 믿고, 또한 수귀를 남자 노비 가운데 한 명으로 만드는 것은 우리의 가풍에 어긋나는 것이므로, 나는 그를 영구히 자네에게 준다. 수귀와 그 뒤에 태어날 아이들은 법에 따라 면역免役되어야 할 것이다. 앞으로는 이 가문의 명예에 대해 좀 더 진중하게 생각하길 바란다.[129]

　1년 뒤인 1681년에 시성과 지현은 추향을 고된 작업에서 해방시키는 대가로 지현이 시성에게 젊은 남자 노비 한 명을 주기로 합의했다. 8년 뒤인 1689년에 지현은 공식적으로 추향(2년 전에 자신의 두 번째 아들 수학壽鶴을 낳은)의 양인 신분 획득을 허가(허량許良)했다. 같은 해 10월에 지현은 공인받은 모든 관련 문서를 소지所志의 형식을 갖추어 장예원掌隸院에 보냈고, 이 관서는 법에 따라 추향과 그녀의 두 아들은 양인이 될 것이고, 병조에 이를 공지하고 나면 두 아들은 보충대에 편성될 것이라고 확인해주는 입안立案을 발부했다. 그 후 두 아들 가운데 한 명이 보충대에서 복무하기 시작한 것으로 보이는 1698년에도 그 결정을 재확인해주는 입안이 발급되었다.
　추향의 신분 변동은 1690년에 작성된 호구단자戶口單子에 처음으로 기록되었다. 그 문서에 그녀는 김씨 성을 가진 지현의 양첩(소사召史)으로 기재되었다. 그녀의 변신은 완벽하게 인증되었다. 하지만 그녀의 두 아들은 여전히 '얼자'로 기록되었다. 당시 열두 살이던 수귀가 동몽童蒙으로 지칭된 것은 그가 글을 배우기 시작했음을 뜻하는 것 같다. 1690년의 호구단자가 분명하게 보여주는 또 하나의 사실은 지현이 동생의 외아들인 인배仁培(1664~1746)

를 자신의 후사로 입양했다는 것이다. 인배는 '유학幼學'이라는 양반 호칭으로 등재되었다.

신분을 바꾸는 과정은 다음 세기로 이어졌는데, 1702년에 작성된 호구단자를 보면 추향은 함창咸昌(경상도)을 본관으로 삼게 되었고, 수귀는 여전히 얼자라는 꼬리표를 달고 있었지만 입양된 이복형의 돌림자에 맞추어 만배萬培로 개명했다. 그의 생년도 1675년으로 정정되었다. 그는 정5품 문산관文散官인 통덕랑通德郎이라는 품계를 새로 얻었는데, 이는 그가 보충대 복무를 마쳤음을 의미한다. 이로써 그는 28세에 양인이 되지만, 과거의 낙인까지 지우지는 못했다. 그의 동생 수학은 사망한 것으로 기록되어 있다. 현존하는 마지막 호구단자인 1708년의 단자에, 만배는 자립호自立戶의 호주로 등장하지만 여전히 '얼자'라는 딱지는 떼지 못했다. 지울 수 없는 이 사회적 오명 탓에, 그의 이름은 재령 이씨 족보에 오르지 못했다.[130]

이런 종류의 지루한 절차를 기피하는 경우도 분명히 많았지만, 엘리트 부친들은 대개 자신들의 천출에게 최소한의 생계수단은 마련해주고자 노력했다. 얼자와 얼녀는 법에 따라 적출 상속분의 10분의 1(적자도 없고 서자인 이복형제도 없을 때는 그 이상)을 받을 수 있었다.[131] 하지만 그들의 실질적인 몫은 유언자의 뜻에 달려 있었고, 비첩자가 법정 지분 이하의 재산을 상속받는 경우도 비일비재했다. 서얼에게 재산을 분급하는 것은 위험한 일로 간주되었다. 그 몫이 결국에는 외부인의 손에 넘어갈 공산이 컸기 때문이다. 이런 이유로 1579년에 작성된 한 문서는 다음과 같은 서두로 시작된다. "서얼들이 부모로부터 받는 몫은 얼마 되지 않기 때문에, 그들은 대개 해가 가기 전에 그것을 팔아치운다. 친척이 아닌 사람들에게 그것을 파는 서얼들은 벌을 받을 것이다."[132] 이런 경고가 종종 무시되었다는 사실은 비첩자가 판 땅이 아버지 쪽이나 어머니 쪽에서 전해 내려온 것이거나 심지어 "조상 전래의" 재산이거나 "상속지분으로 취득한 것"(금득衿得)임을 확인해주는 토지매매문서에 의해 입증된다.[133] 하지만 때로는 서얼이 적자인 이복형제들과 비슷하거나 심지어 더 많은 몫을 받기도 했고, 그 몫이 별급에 의해 늘어나기도 했는데, 부모의 애틋한 마음이 담긴 이런 관대한 조치는 종종 상속자들 사이의 치열한 법적 다툼을 낳았다.[134]

서출에게 분재하는 전략적 방식은 각양각색이었다. 1535년에 안계종安繼宗([의성] 김만근의 사위)의 얼녀 애심愛心은 노비 한 명과 밭 한 섬과 논 스무 마지기를 상속받았다. 이 몫은 그녀의 법정 지분보다는 훨씬 적었지만, 그녀에게 웬만한 수입을 보장해주기에는 충분했던 것 같다.[135] 현존하는 유곡 권씨의 분재기分財記 세 건(1549, 1592, 1621)을 보면, 이 성씨는 법에 따라 얼자와 얼녀에게 노비와 토지의 10분의 1가량을 주었다.[136] 한편 1544년의 문서에는 권벌의 아내가 상속자들 가운데 한 명이던 서녀가 서자(아마도 다른 어머니 소생의)보다 훨씬 많은 몫을 받았던 것으로 기록되어 있다.[137]

천출에게 재산을 나누어준 주된 이유는 그들의 생계를 보장하는 것이었지만, 때로는 그 상속분이 그들의 신분 변동에 도움이 되기도 했다. 1627년의 화회문기和會文記([광산] 김광계의 아내가 상속자들에 포함되어 있었다)에는, 충의위忠義衛에게 시집간 얼녀 옥생玉生이 노비 4명과 약간의 땅을 받았다고 기록되어 있다. 이 문기의 서두는 그 이유를 그녀의 '부모주父母主'(그녀의 아버지와 그의 처)가 그녀에게 양인 신분을 얻어주지 못했기 때문이라고 설명하고 있다. 죽기 직전에 그녀의 '모주'는 그녀를 "영영허량永永許良한다"라고 선언했고, 막내아들(옥생의 배다른 적자 동생)로 하여금 후대가 옥생의 신분 변동을 인정하지 않고 그녀의 자손에게 강제노동을 시키는 불상사를 방지할 수 있도록 공식문서를 작성하여 남기게 했다.[138] 이와 유사하게 자신의 얼자가 여전히 면역되지 못한 것을 안타까워한 어떤 의성 김씨는 1722년에 더 늙기 전에 가사를 처리할 요량으로 그 아들에게 네 마지기의 땅을 '영원히' 물려주면서 그가 언젠가는 면천될 수 있기를 희망했다.[139]

유모 역할을 맡기도 했던 다정한 '서모庶母'도 이따금 약간의 땅을 받았지만,[140] 서모의 소유주가 다른 가문의 사람일 경우 그녀를 면천시키는 데는 비용이 많이 들었다. 1690년에 강한주姜翰周라는 사람이 [의성] 김세중金世重(방결의 장남)에게 은자 100냥을 받고 노비 7명을 팔았는데, 그 이유는 아버지의 첩인 그의 서모와 서매庶妹를 속신할 돈이 필요했기 때문이다. 세중의 노비 매득買得은 이듬해에 장예원에 의해 인증되었다.[141] 그녀가 돌아가신 부친을 극진히 보살핀 사실을 인정하여, 상속자들은 "아직까지 딸에게 돌아가지 않고 있는 것으로 미루어볼 때 이곳에서 생을 마감할 것 같은" 서모에게 노비 5명과 23부의 논, 비슷한 넓이의 밭을 나누어주었다. 이는 "그녀를 흐뭇하게 만드는 일이기도 했거니와 [부친]의 유지를 받드는 일이기도 했다." 하지만 그녀에게 용익권만 준 것이었으므로, 노비와 땅은 서모가 죽은 뒤에 적장손에게 환급되었다.[142]

17세기 중엽까지는 천출의 상속분이 어느 정도 법의 테두리 안에서 정해졌지만, 그 몫은 날이 갈수록 늘어나 1700년경에는 법정 지분을 확실하게 초과하는 경우가 많았다. 이 현상은 아직까지 완전히 규명되지는 않았지만, 얼자를 보충군에 집어넣어 양인 신분을 얻게 해주는 것보다는 그에게 재산을 물려주어 스스로 속신하게 하는 것이 훨씬 편리했으리라고 짐작할 수 있다. 이런 경제적 방도가 이 무렵에는 천한 신분을 벗어던지는 보편적인 수단이 되었던 것이다.[143]

엘리트 신분의 유지에 긴밀하게 연결되어 있었던 천출이라는 낙인은 서얼을 엘리트 부친의 친족집단으로부터 분리하는 것에서 가장 명료하게 드러났다. 경제적으로 부양받기는 했으나, 그는 출계집단의 대소사에서 철저하게 배제되었다. 이런 차별이야말로 '천'과 '귀'를 갈라놓는 사회적 간극을 극명하게 보여주는 것이다.

# 6장 〉〉〉 조선 중기 재지 엘리트 세력의 공고화: 경제적 차원

16세기에는 전국 대부분의 지역에서 농업이 확대되었다. 황무지가 개간되고, 둑과 관개시설이 만들어지고, 새로운 농업기술이 개발되었다.[1] 그런 확대를 촉진한 제도적 요인은 이전 세기에서 찾을 수 있다. 과전법이 서서히 붕괴됨에 따라, 국가는 토지의 거래를 금지함으로써 과전을 지급받은 수혜자들의 수조권을 보호하던 방식을 더 이상 고수할 수 없게 되고, 이미 1424년에 특별한 사정이 있는 경우에 이루어진 토지의 매매는 허가할 수밖에 없었다.[2] 15세기 말이 되자 토지는 사고팔고 교환할 수 있을 뿐 아니라 사실상 국가의 간섭을 받지 않고 개간하여 소유할 수 있는 '사유재산'으로 간주되기에 이르렀다.[3] 게다가 형평성에 어긋나는 국역 체제는 농민에게 과중한 세금 부담을 떠안겼기에, 무수한 소규모 경작자들이 어쩔 수 없이 땅을 팔고 양반가에 일신을 의탁하여 노비나 다름없는 예속민이 되었다.[4] 물론 이상의 조건들은 자신들과 후손들을 위해 항구적인 토지자산을 만들어낼 수 있는 적절한 자원을 가진 자들의 비약적 성장에 유리하게 작용했다.

안동과 남원의 상황을 비교해보는 것은 시사해주는 바가 많은 작업이지만, 두 지방은 지형과 기후뿐 아니라 농업의 발달 수준도 달랐다는 점을 염두에 두어야 한다. 15세기 중엽에는 안동의 경작지 가운데 29퍼센트만이 논이었지만, 남원의 경우 논의 비중이 50퍼센트였다. 더욱이 경작지당 인구의 비율은 남원에 비해 안동이 높았으므로, 토지에 대한 압력도 남쪽에 위치한 상대에 비해 안동지방이 훨씬 컸다(사실 경상도 전역에서 사정은 마찬가지였다). 이처럼 기본적인 조건이 상이했기 때문에, 토지와 노동을 착취하는 전략도 서로 달랐을 것이다.


### 경제적 기반의 확립

세종의 치세에 시행된 전국적인 양전에서, 경상도의 경지면적은 전라도의 절반 이하였고 전국 평균에도 한참 못 미쳤다. 특히 논농사는 그 발달 수준이 전라도나 충청도에 뒤쳐져 있었다. 1480년의 어떤 기록에 의하면, 경상도는 "땅이 협소하고 인구가 밀집해 있어" 당연히 토지에 대한 압력이 높았다. 안동은 아마도 지리적 고립과 그리 비옥하지 않다고 알려진 토양 탓에, 경상도에서도 가장 개발이 덜 된 지역에 속했던 것으로 보인다. 15세기 중엽에 관개시설을 갖춘 논은 경작지의 4분의 1에 불과했다.[5] 하지만 16세기를 거치는 동안, 안동은 기술력과 진취성을 겸비한 이주자들이 새로운 삶의 터전을 개척하고 광대한 토지자산을 조성하기 시작한 덕분에 고도성장 지역으로 탈바꿈했다.

그런 인물들 가운데 한 명인 [진성] 이계양은 처가거주혼을 택한 남편으로, 예안의 온계에 새 터전을 마련했다. 조부에 관한 짤막한 행장에서, 이퇴계는 다음과 같이 적고 있다.

나의 조부께서는 예안현의 서촌에 살고 있던 영양 김씨와 결혼하셨다. 처음에는 예안현 동쪽의 부라촌浮羅村에 자리를 잡으셨다. 향교의 훈도訓導였던 그분은 어느 날 봉화로 향하던 길에 온계를 지나다가 그 계곡의 아름다움에 마음을 온통 빼앗기셨다.……[도중에 잠시 쉬려고 어느 고갯마루에 앉으셨는데] 그곳에 마침 온계에서 온 승려가 있었고, 두 사람은 나란히 앉아 온계의 상서로운 풍수에 관해 이야기를 나누었다. 조부께서는 [승려의] 의견에 기꺼이 동의하셨고, 두 사람은 함께 온계로 되돌아가 사방을 두루 살펴보았다. [승려는] 택지를 정해주면서, "이곳에 터를 잡으면 귀한 아들들을 얻을 것"이라고 말했다. 조부께서는 곧 마음을 정하고 그곳으로 거처를 옮기셨다. 당시에는 개울가에 농가 한 채밖에 없었고, 농사지을 만한 땅도 묵고 있었다. 쟁기질을 할 수 있는 곳이 여러 군데였고, 수목은 우거지고 골짜기는 깊었으며, 맑은 시냇물에는 물고기가 많았다. 그분은 그 물을 끌어다가 논밭에 물을 대셨다. 조부께서는 성품이 온유하면서도 고고했고, 개인적 성취에 연연하지 않으셨다. 논밭갈이와 고기잡이를 즐기셨고, 자식과 손자들에게도 농사와 낚시를 업으로 삼아 안분지족하라고 가르치셨다.[6]

이 간략한 전기는 성공적인 농장 조성의 필수 요소가 개인의 진취성, 외딴 장소, 집약적인 농경에 적합한 환경 같은 몇 가지임을 말해준다. 이계양의 묘지명은 그가 이룬 바를 한마디로 요약했다. "그가 일군 논밭이 수백 결에 달했다."[7] 이와 같이 명당에 터를 잡고 주거지의 모습을 갖추기 시작한 온계는 16세기를 거치면서 "친인척이 이웃에 살며 다닥다닥 붙어 있는 논밭을 경작하는" 어엿한 마을로 성장했다.[8]

유곡의 연원도 비슷했다. 외지고 인구가 희박한 내성현(안동 부성의 북쪽)에 위치한 유곡에는 15세기 중엽에 고작 83호가 살고 있었다. 그곳의 풍수적 입지가 마음에 들었던 권벌은 43세의 나이에 집터를 정하고 유곡으로 이거했다.[9] 언덕으로 둘러싸이고 다양한 수원에서 물을 넉넉하게 공급받을 수 있었기에, 그의 농장은 관개시설을 제대로 갖춘 논들로 빼곡했다. 나중에 권벌은 내성 동쪽의 비옥한 춘양현에 산장도 만들었다.

김진은 내앞 김씨의 경제적 기반을 다졌다. 아버지로부터 노비 13명을 물려받았고(땅을 얼마나 상속받았는지는 알 수 없다),[10] 평생 자신의 토지자산을 적극적으로 확대했다. 그는 각기 다른 장소에 적어도 4개의 농장을 소유하고 개발했던 것으로 알려져 있는데, 그 가운데 하나는 멀리 떨어진 청기현(강원도)에 있었다. 노비들에게 황무지를 개척하게 하면서, 그들에게 곡물 생산과 양잠으로 생활의 자급자족을 이룰 수 있도록 부지런히 일하라고 독려했다. 김진은 동해안의 금광평金光坪(강릉도호부)에도 농장을 만들었고, 그 땅을 자신의 노비인 옥룡玉龍의 이름으로 등록했다. 1531년에 그가 소유권을 인정받기 위해 강릉 도호부사에게 입안 발급을 요청했다는 사실은 인구가 희박한 오지의 땅은 건사하기가 어려워 다른 정착자들의 소유권 주장으로부터 보호

될 필요가 있었다는 명백한 증거이다.[11] 김진은 또한 노비들과 함께 내앞의 자택 앞에 논을 만들어 도랑을 파고 낙동강의 지류인 반변천半邊川의 물을 끌어다 댔다.[12]

농장은 처녀지의 개간 외에, 궁핍한 양인이나 노비의 소규모 토지를 사들이는 방식에 의해 확대되었다. 특히 16세기에는 조세제도가 전반적으로 붕괴된 결과, 농민의 빈곤화가 더욱 심해졌다. 세금을 제때 내지 못하거나 고리의 부채를 갚을 수 없었던 농민은 부득이 땅을 팔고 대지주의 보호를 받아야 했다. 주촌에 살고 있던 이정회의 증조부 [진성] 이훈李壎(1467~1538)의 호와, 그와 관련된 다섯 호에 대한 기록인 1528년의 호적대장 단편은 엘리트 가구가 형편이 어려운 이웃과 도피자의 노동력을 어떻게 활용했는지를 생생하게 보여준다. 이훈 본인의 호는 가족 10명과 노비 41명(이 가운데 10명은 도망노비로 기록되어 있다)으로 이루어졌다.[13] 그리고 11명으로 구성된 남치희南致禧의 자립호가 있었는데, 직함[보충군부위補充軍副尉]으로 미루어 보건대 그는 이훈의 서녀들 가운데 한 명과 결혼한 서자였을 가능성이 크다. 아들 및 며느리와 함께 살면서 노비 2명을 거느리고 있던 가난한 양인 과부가 세 번째 호주였다. 나머지 세 호도 자립호로 기록되어 있지만, 그 호주들을 '신백정新白丁'[14]으로 지칭한 것은 그들이 먹고살기 위해 엘리트인 이훈에게 얹혀 노비나 다름없이 일했음을 말해주는 것 같다. 요컨대 이훈의 호는 사실상 그의 가용 노동력을 늘려준 다수의 예속민에 둘러싸여 있었다.[15]

많은 동시대인과 마찬가지로 이훈의 후손들도 둑을 만들어 '무주전無主田'을 개발함으로써 자신들의 농장을 계속 확대했는데, 이런 일은 이정회의 일기에 자주 언급되고 있다.[16] 그들은 또한 적극적으로 토지를 매입하거나 교환함으로써 토지자산을 축적했다. 1539년에서 1569년 사이에 작성된 24건의 문서를 보면 이훈의 후손 3대 — 그의 손자 이희안李希顔, 증손 이정회, 현손 이벽李璧(1568~1609) — 가 200마지기에 달하는 땅을 획득했다는 사실을 알 수 있다.[17] 이훈이 원래 보유하고 있던 토지의 규모를 50퍼센트 가까이 늘렸던 것이다. 토지를 판 사람들은 대부분 가난한 양인과 노비로, 경제적으로 급박한 사정에 몰려 어쩔 수 없이 자신들의 땅을 매물로 내놓았다.[18]

16세기에 벼농사가 증가하기는 했지만, 대부분의 토지는 밭이었다. 안동의 경우 밭의 비중은 전체 경작지의 약 3분의 2였다. 논은 소출도 많고 노동력도 덜 들었지만, 물이 풍부하여 가뭄을 걱정할 필요가 없는 지역에서만 이익을 낼 수 있었다. 이에 반해 밭농사는 변덕스러운 기후의 영향을 덜 받았다. 밭에는 기장·보리·콩·삼·목화를 심었다. 그 밖에 누에치기도 특히 여성에 의해 널리 행해졌다.[19]

남원지방의 개별 농장들이 발달한 과정을 밝혀줄 상세한 기록은 남아 있지 않지만, 16세기 초의 공문서들로 미루어 짐작컨대 남원의 '토호[20]'는 불쌍한 천인, 심지어 관노비들을 강제노동에 동원한 것으로 악명 높았다. 때로는 자신들의 권력 남용을 저지할 힘이 없는 수령들로부터 입안을 강탈하다시피 했다. 그런 '토호들' 가운데 특히 손가락질을 받은 인물은 이미 언급한 [장수] 황개로, 그는 이웃들을 협박하여 그들이 진상을 조사하는 관리에게 그의 잘못을 고할 엄두도 내지 못하게 했다고 한다. 분명히 농장 개척자들은 보통사람들의 전반적인 곤경을 악용했다. 1528년에 한 고관은 "오늘날 [하삼도에] 땅을 가지고 있는 자들은 모두 엘리트층(사족)에 속하고, …… 양인들은 과중한 세금부담 때문에 기꺼이 사노비나 공노비가 된다"라고 개탄했다.[21]

16세기 말에 이르자 안동의 경작지는 1,000결을 훌쩍 넘을 정도로 증가했지만,[22] 15세기 중엽에 안동보다 훨씬 넓은 경작지를 보유한 남원에서는 그 증가분이 상대적으로 적었다.[23]

### 노비: 도처에 편재한 사족 엘리트의 '수족'

엘리트 출계집단이 농장을 조성하고 있던 중대한 시기인 15세기와 16세기에는, 노비의 대집단을 관리하는 것이 경제적 성공의 관건으로 판명되었다. 노비들의 노동력을 조직화하여 그들을 '생산의 도구'로 부리는(사환使喚) 능력은 엘리트가 존재하는 데 필수 조건이었다. 당대의 한 목격자는 이런 상호의존성을 다음과 같이 표현했다. "사족은 노비와 땅으로 가문을 보전한다. 따라서 한 명의 노비와 한 이랑의 땅을 얻으면 생계를 유지하고, 그것들을 잃으면 헐벗고 굶주린다. 사족의 의존도가 이토록 심대하다!"[24] 국가는 공노비의 삶을 규제하는 최소한의 법적 기준은 마련했으나, 사노비 제도는 놀라우리만치 국가의 통제 밖에 있었다. 게다가 대단히 '사적인' 주인—노비 관계는 다면적인 것이었다. 사노비는 단순히 경제적으로 없어서는 안 될 존재였을 뿐 아니라, 엘리트에게 커다란 문화적·상징적 의미를 부여하는 존재이기도 했다. 다시 말해서 노비의 보유는 엘리트 신분의 본질적 속성이었다.

사노비는 주인과 같이 살거나 주인집 근처에 거주하는가, 아니면 주인과 떨어져 사는가에 따라 크게 솔거率居노비와 외거外居노비로 구분되었는데, 양자에게는 그들만의 경제활동과 주인에 대한 의무가 있었다.[25] 주인과 가까운 곳에 살수록, 강제적인 노동에 시달릴 여지가 더 크고 경제적 의존도도 더 높았다. 하지만 아무리 멀리 떨어져 있다 하더라도, 노비는 주인의 재산이므로 주인의 지시에 따라야만 했다. 살아 있는 동안, 노비는 주인의 뜻에 따라 이런 두 가지 의존양식 사이를 오갈 수 있었다.

역사상의 증거에 따르면, 16세기에는 솔거노비가 총사노비의 85퍼센트에 달할 정도로 가장 큰 무리를 이루고 있었다. 예컨대 안동의 경우 1559년에는 광산 김씨의 노비 216명 가운데 9명만이, 1595년에는 [안동] 권동미의 노비 312명 가운데 46명이 주인과 떨어져 살고 있었다.[26] 대부분은 주인과 같은 마을이나 인근 마을에 살며 엄격하게 통제되는 작업환경 속에서 주인집에 붙어 있거나 그 근처에 있던 토지를 경작하던 '입역立役노비'였다. 그렇게 많은 노비인구는 '부지런하고 충직한' 수노首奴의 감독을 받았는데, 적어도 까막눈은 아니었던 수노는 노동력을 조직하고 수확량을 기록하고 주인의 심부름을 했다.

노비 또는 노비에 준하는 예속민이 경작할 수 있었던 농지의 면적은 1인당 2.6마지기에서 15.4마지기(평균 6.6마지기)에 이를 만큼 천차만별이었다. 317명의 노비와 2,312마지기의 토지를 소유하고 있었던 권벌의 경우, 노비 1명이 감당해야 했던 토지는 평균을 웃도는 7마지기 이상이었다. 아마도 이런 이유로, 권벌의 농지는 그 절반가량이 노비 또는 양인 농민인 소작인들에 의해 경작(전작佃作)되었다. 종자·비료·농기구·역축役畜은 대개 지주에 의해 공급되었다. 당시 안동지방 최대의 지주이자 노비주였던 권벌은 곡물 730섬 이상의 연평균 수입을 올렸을 것으로 추산된다.[27] 이 정도의 수입은 지역의 다른 대지주들보다 많은 편이지만,[28] 수도의 지배 엘리트층에 의해 수확된 농작물의 양에는 미치지 못했을 것이다. 그래도 권벌의 수확고는 안동의 지

주들이 토지의 소유에 제약을 가하려는 중앙정부의 온갖 시도를 보기 좋게 무산시켰음을 입증해준다. [29]

외거노비 또는 외방外方노비는 주로 조선 후기의 현상이었지만, 왕조의 초창기부터 소수의 노비는 주인의 거주지에서 상당히 멀리 떨어진 다른 군현, 심지어 다른 도에 살고 있었다. 신기하게도 역사적 증거는 이런 외거노비들과 그 주인들의 토지 사이에는 뚜렷한 관계가 없었다는 사실을 말해준다. 노비들이 반드시 주인의 토지자산이 있는 곳에 살고 있지는 않았다는 말인데, 이런 현상은 노비와 토지의 사이를 갈라놓은 여러 차례의 재산 분할에 기인했던 것 같다. 예컨대 1494년의 한 분재기에 의하면, [재령] 이애의 노비 758명은 서울과 개성 말고도 팔도의 70개 군현에 흩어져 있었다. 이애의 토지 분포를 상세하게 설명한 문서가 없기 때문에, 토지와 노비의 연관성을 확립할 수는 없지만, [30] 안동의 또 다른 문서를 보면 실제로 그 연관성은 낮았던 것 같다. 1678년에 작성된 [안동] 권대운權大運의 분재기에 의하면, 그의 노비들은 다섯 도의 마흔두 군데가 넘는 장소에 흩어져 있었지만, 그의 토지자산은 대부분 경기도의 세 곳에 집중되어 있었다. 따라서 그의 노비들 가운데 일부는 틀림없이 그 도의 세 장소에 살면서 아마도 그의 땅을 경작했을 것이다. [31]

그렇다면 그런 외거노비들은 어떻게 연명했고, 주인들에게 얼마나 생산적인 존재였을까? 16세기에 황무지를 개간하던 일반적인 방식은 일종의 변형 소작제였다. '작개作介'라 불리던 고정지대固定地代 경작제하에서, 노비주는 개별 (남녀) 노비들에게 일정한 규모의 신개척지를 할당하여 농사를 짓게 하고 수확물의 거의 전부를 지대로 거두어갔다. 이와 동시에 그는 딸린 식구가 있던 이 경작자들에게 약간의 전답(밭의 비중이 압도적으로 높았다)을 떼어 주고 '사경私耕'하게 하여 그 소출로 생계를 해결하게 했다. 작개노비들을 새로 얻은 토지의 실질적인 '최초 정착자들'로 만들어준 이 제도는 그런 땅에 소유권이 확실하게 설정되어 있지 않은 경우에 가장 유리했다. 김건태가 지적하듯이, 작개는 신공과 밀접한 관계에 있었다. 지대와 신공은 모두 개인에게 부과되는 것이었기에, 이 체제는 노비의 가족 전부가 경작자로 일할 때 가장 원활하게 작동되었다. 다수의 분재기는 작개 계약이 안동지방의 안동 권씨, 광산 김씨, 진성 이씨 사이에서 특히 활발하게 이루어졌음을 보여준다. 작개노비는 주인을 위해 다양한 부차적 용역(잡역)을 제공해야만 했고, 자신의 '사경지'를 팔 수 없었다. '계약' 조건을 충실히 이행하지 못했을 경우에는 엄벌을 각오해야 했다. 이런 식의 계약이 해마다 갱신된 것인지, 장기간 체결된 것인지는 확실히 알 수 없다. 노비에게 약간의 경영상 자유를 보장해주었다 하더라도, 작개는 가혹한 체제(퇴계가 아들에게 보낸 편지에서 '고역苦役'이라고 표현할 정도로)였기 때문에, 날이 갈수록 불만 가득한 노비들의 거센 저항에 직면했다. 따라서 17세기에 농업 발전의 초기 단계가 끝나자, 작개는 병작竝作으로 대체되고, 다수의 외거노비는 소작인으로 변신했다.[32]

이와 같이 외거노비들은 일반적으로 독립적인 가족 단위로 일했고, 작개노비나 전호佃戶로서, 또는 드물기는 하지만 자신의 땅을 가진 소유주로서 토지를 경작했다(땅을 가진 노비는 국가에 토지세를 내야 했지만, 그 땅을 후손에게 물려줄 수 있었다).[33] 하지만 그들이 아마도 평생 만나보지도 못했을 주인의 재산이었다는 사실은 호적에 분명하게 기록되었다. 노비주의 호적에 그들은 공물 부담자를 뜻하는 '수공收貢'으로 언급되었고 거주지별로 열거되었다. 외거노비가 바치던 '신공'은 해마다 남녀를 가리지 않고 노비 개개인에게 부과되던 베·쌀·콩·기름 같은 농산물이었다.[34]

노비의 재산적 측면은 노비가 상속·매매·별급·교환·저당의 대상이 될 수 있었다는 정황에 의해 드러난다. 노비는 조선 초부터 거래되었지만,[35] 15세와 16세기 초의 매매문기賣買文記가 남아 있지 않다는 것은 노비의 거래가 드물었음을 말해주는 듯하다. 분명히 노비의 매득보다는 분재를 통한 노비의 취득이 더 큰 비중을 차지하고 있었다. 분재기는 소유주가 바뀔 때 노비의 내력을 세세하게 밝혔다. 주요 기입 항목은 노비 어머니의 이름과 나이, 노비의 출생 순서, 이름, 나이이다. 이런 인적 사항들은 노비의 유래 — 조업상전노비祖業相傳奴婢, '신新'노비[36], 매득노비 — 별로 나열되었다. 노비의 거주지와, 별도로 기록해둔 도망노비들에 대한 정보도 제공되었다. 노비 가족은 그 구성원이 매매되거나 별급될 때에도 심하게 분열되었지만, 재산상속을 통해 가장 심각하게 분산되었다. 상속의 대상은 가족이 아니라 개인이었고, 남녀 상속자들은 (적어도 17세기 중반까지, 그리고 때로는 그 이후에도) 같은 몫을 물려받을 법적 자격이 있었기 때문에, 노비 가족은 혈연관계를 무시당한 채 상속자들의 수에 따라 해체되었다.

노비가 실제로 얼마나 소중한 존재였는지는 노비들의 분배를 둘러싼 상속자들 사이의 장기간에 걸친 치열한 송사에 의해 분명하게 드러난다. 적절한 사례는 [광산] 김효로와 [영양] 남처곤南處崑(김의 종조부 효지가 데려다 키운 딸의 남편)이 연루된 1517년의 쟁송이다. 1480년의 상속에서 아들이 없던 효지의 후사인 효로는 효지의 노비인 홍만洪萬의 첫 번째 자식(그와 양처 사이에서 태어난)을, 남처곤은 두 번째 자식을 물려받았다. 홍만의 세 번째 자식(의성에 살고 있던 금음덕水音德이라는 여성)은 그 대상에서 제외되었는데, 남처곤은 이미 그녀의 자식들을 노비로 부리고 있었다. 효로는 본인과 남처곤이 금음덕과 그 자식들을 나누어 가져야 마땅하다고 주장했다. 안동부의 법률적 검토 끝에, 금음덕과 그녀의 다섯 자식, 그리고 그중 두 명이 낳은 자녀를 포함한 총 13명의 노비가 두 사람에게 균분되었다. 그 결과 아주 어린아이들이 어머니들과 헤어져야 했다.[37]

법적으로 좀 더 복잡한 소송이 1583년에 [재령] 이함과 그의 외사촌이자 명장 김방경의 직계후손인 [안동] 김사원金士元 사이에서 벌어졌다. 이함의 부친인 이은보李殷輔의 첫 번째 부인 김씨는 사원의 고모였는데, 그녀는 결혼한 지 얼마 지나지 않아 자식 없이 사망했다. 문제가 된 것은 그녀가 시집올 때 친정에서 받은 노비(신노비)와 약간의 토지였다. 이함은 은보의 후처가 낳은 아들로, 형이 일찍 죽자 종손의 자리를 물려받아 김씨의 의자義子가 되었다. 법[38]에 따르면, 의자는 자식 없이 사망한 의모의 재산 5분의 1을, 그가 승중자가 된 경우에는 그 5분의 4를 받을 권리가 있었다. 그러나 김씨의 아버지는 1555년에 김씨의 노비 몇 명을 그녀의 제사를 모시는 몫으로 사원의 아버지(즉 김씨의 오빠)에게 주라는 유언을 남겼다. 이함의 부친이 딱히 문제 삼지 않았던 이런 조치는 이함이 의모의 사후에 한 번도 외가를 찾지 않았다는 진술에 의해 정당화되었다. 함은 나중에 이 진술을 반박했다. 1583년 윤2월에 함은 그 유언장에 당사자의 서명이 없다고 주장하면서 유언의 합법성에 이의를 제기했다. 나아가 의자는 친자와 다를 바가 없으므로, 자신에게는 부친의 사후에 사원이 제멋대로 데려가 부리고 있는 노비들을 돌려받을 권리가 있다고 강변했다. 사원은 마침 부친상 중이고 몸도 좋지 않아 동생인 사형이 대리인으로 소송에 참가했다. 사형은 함의 고소 내용을 반박하면서, 1554년의 법령[39]에 따르면 원 소유주의 처분은 취소할 수 없는 것이고, 상중에 있는 사람을 상대로 소를 제기하는 것은 야박하다고 주장했다. 1583년 4월에 의성 현령縣令이 내린 판결문은 '엘리트층의 성원들'(사인士人) 사이에서, 그것도 상제喪制가 연루된 법적 다툼이 일어나는 것은 '불미스럽다'고 질타했지만, 이함에게 노비 5명을 돌려주라고 명했다.[40] 이 소송은 16세기 말에도 자식 없는 처의 재산은 그녀의 친정에 의해 다툼의 대상이 될 수 있었다는 사실을 확인해준다는 면에서 시사하는 바가 크다. 나아가 불가결한 존재인 노비를 둘러싼 분쟁은 가까운 친인척 관계를 단절시킬 수도 있다는 사실을 확실하게 보여준다. 선초의 통치자들은 그런 위험한 사태를 입법적 조치를 통해 막으려 했지만, 국가가 '사적인 문제'에 개입해서는 안 된다는 반대에 부딪혔다.[41] 노비 쟁송의 주된 희생자는 물론 노비였다.

매득과 세습 외에, 가장 중요한 노비의 공급원은 노비의 자연증식이었다. 의미심장한 것은 외거노비의 혼인율(약 75퍼센트)이 솔거노비의 혼인율보다 3배나 높았고, 따라서 전자의 자식이 훨씬 많았다. 솔거노비는 결혼을 하는 비율이 낮았고(남자노비의 14퍼센트와 여자노비의 21.7퍼센트. 총결혼건수에서 남녀 노비가 차지하는 비율은 전자가 35퍼센트, 후자가 65퍼센트였다), 자식도 덜 낳았으며, 결과적으로 그들을 '일가붙이 없는' 사람('kinless' person)으로 만들었다.[42] 솔거노비의 결혼상대를 분석해보면, 선초부터 보유 노비의 증식은 남자노비와 양인 여성(주로 가난한 농민의 딸)의 성관계를 부추긴 결과였음을 알 수 있다. 그 의도는 그 자식들(과 이들의 어머니)을 남자노비 소유주의 재산으로 만드는 것이었다. 세금을 내는 양인의 수가 줄어드는 것에 대한 조정의 우려가 반영된 결과, 1405년에는 남자노비와 양인 여성의 결합이 금지되고, 적발된 경우에는 그 소생이 속공屬公되는(관부에 귀속되어 공노비가 되는) 처벌을 받았다.[43] 하지만 1454년에는 그와 같은 사노비 소유주들의 걱정거리를 없애줄 뿐만 아니라, 심지어 그런 자식들은 이제부터 아버지의 천한 신분을 따르게 하라는 왕명이 내려졌는데, 이는 아마도 농촌지방으로부터의 압력을 고려한 조치였을 것이다.[44] 이로써 양천교혼으로 태어난 아이들을 노비주가 거두는 것이 확고하게 법제화되어, 양인의 희생을 초래하는 그런 교혼을 금지하려는 빈번한 입법적 시도와 묘한 대조를 이루었다.

이런 관행이 안동에도 있었음을 보여주는 최초의 기록은 1418년의 분재기이다. 그해에 [광산] 김무의 노비 80명이 그의 자식들에게 분배되었는데, 노비끼리의 결합에서 태어난 자식과 남자노비와 양인 여성의 교혼에서 태어난 자식의 비율은 각각 63퍼센트와 37퍼센트였다. 총 225명의 노비가 다시 분배된 1429년에는 그 비율이 78퍼센트 대 22퍼센트가 되었는데, 이는 아마도 1405년의 법률에 대한 반응이었을 것이다. 흥미로운 것은 여자노비와 양인 남성의 결합에 대한 기록은 없는데, 그런 결합의 소생은 1414년에 개정된 법[45]에 따라 양인의 신분을 얻게 되어 노비주의 재산이 될 수 없었기 때문일 것이다.[46] 1450년의 하회 분재기는 이런 신중한 접근을 확인해준다. 노비의 총 결혼건수 가운데 28퍼센트만이 노비와 양인 여성의 교혼이었다.[47] 30퍼센트 이하의 비율이 또 다른 안동의 기록 두 가지[48]에도 명백하게 나타나는 것을 보면, 그 정도의 비율이 안동지방에서 보편적으로 지켜진 상한선이었던 모양이다.

1405년의 법은 왕조 초기의 수십 년 동안에는 어느 정도 지켜졌을지 몰라도, 15세기 후반, 특히 1454년 이후에는 분명히 무시되었고, 『경국대전』은 이미 관행화된 현상, 즉 노비주들의 탐욕에서 비롯된 남자노비와 양인 여성의 짝짓기를 용인할 수밖에 없었다. 1474년에 권이權邇([안동] 권벌의 먼 사촌)의 재산이 자녀들에게 분배될 때만 해도, 노비 150명의 30퍼센트인 45명만이 양인 여성의 자식이었다.[49] [재령] 이애가 1494년에 남매 8명과 758명의 노비를 나눌 때도 그 비율은 얼추 비슷했다.[50] 하지만 안동에서 대규모 농장이 조성되고 있던 16세기에는 교혼의 사례가 급증했다. 예컨대 1544년에는 그 비율이 58퍼센트에 달했다.[51] [재령] 이은보의 아내가 남매와 노비를 나누어 가질 때는 그 비율이 50퍼센트 정도였고,[52] 이은보 자신이 부모의 재산을 형제자매와 나눌 때는 노비의 45퍼센트가 양인 어머니의 소생이었다.[53] 이런 추세는 안동에서 뚜렷하게 나타났지만, 경상도의 다른 지역에서도 사정은 비슷했다. 1609년의 울산 호적대장에서도 솔거노비들의 교혼(노비와 남녀 양인과의 결합)은 70퍼센트에 달했고, 이 가운데 90퍼센트는 남자노비와 양인 여성의 결합이었다. 외거노비들의 경우에는 교혼의 비율이 55퍼센트에 불과하여, 이들이 자신의 짝을 좀 더 자유롭게 선택할 수 있었음을 말해준다.[54]

그렇다면 남자노비와 양인 여성의 결합이 압도적으로 많았던 이유는 무엇일까?[55] 이유는 여러 가지인 것 같다. 노비주의 입장에서 보면, 교혼은 재산 분쟁 ― 노비인 남편이나 노비인 아내의 주인이 다를 경우에 일어날 수 있는 ― 의 여지를 배제해줄 뿐 아니라, 자식들은 물론이고 그 어머니의 노동력까지 써먹을 수 있다는 면에서 매력적인 선택이었다. 더욱이 소유주는 충직한 노비에 대한 보상으로 배우자를 주며 생색을 낼 수 있었고, 출산 시의 높은 사망률을 감안하여 자신의 여자노비를 잃는 것보다는 외부인을 잃는 편을 택했다. 또는 그가 자신의 노비들 가운데 혼인 가능한 연령대의 여성을 충분히 보유하지 못했을 수도 있다. 그리고 국외자를 데려옴으로써 가노들끼리의 바람직하지 않은 결속을 방지할 수 있었다. 한편 그런 조치는 가난한 농민 가정에서 달갑지 않은 군식구나 다름없던 양인 소녀에게는 고마운 일이기도 했다. 마지막으로 그/그녀의 부모 가운데 한 명이 천인이면 자식도 천인이 되게 하는 융통성 있는 제도는 노비주에게 폭넓은 선택권을 부여했다. 물론 이는 국가에 손해를 끼치는 일이었다.

주인과 노비의 관계는 종종 군신君臣관계에 비유되었다. 이는 상호의존성을 암시함으로써 지배와 종속의 가혹한 현실을 은폐하는 방법이었다. "자신의 몸을 돌보지 않고 [주인에게] 충성을 바치는 것은 노비의 본분이고, 그 공로에 보답하는 것은 주인의 권한이다."⁵⁶⁾ 그럼에도 주인이 노비의 신체, 노동, 재산, 자손까지 완벽하게 통제했다는 사실은 그 관계의 극심한 불평등을 웅변으로 말해준다. 주인과 노비의 관계는 긴장과 적대감으로 가득 찬 것이었다. 유학자의 인도적 양심에 위배되는 상황에 날마다 직면했던 일부 엘리트 노비주는 엄격함과 인자함을 적절히 안배하여 노비들을 다루는 방침을 마련했다.

노비의 관리는 당대의 수많은 '가훈'에서 중요하게 다루어졌다. 예컨대 본인이 노비주였던 이퇴계는 아들 준에게 권위만 내세우지 말고 자애심을 갖고 노비를 다루라고 충고했다. 그는 할아버지로부터 노비들이 원한을 품지 않게 하라고, 또 "무지한 여자노비를 관대한 마음으로" 대하라고 배웠다고 회상했다. 그러면서 그들에게 휴식할 시간을 주고, 그들이 자발적으로 규율에 따르게 하라고 준에게 타일렀다. 하지만 "비협조적이고 방자한" 노비들이 가문을 망칠 수도 있다고 우려하면서, 소심하거나 우유부단한 태도를 보임으로써 그들의 불복종을 부추기지 말라고 훈계했다. 그는 노비란 천성적으로 완고하고 태만하므로 엄격하게 감독하지 않으면 씨를 뿌리고 잡초를 뽑고 비료를 주는 적기를 놓칠 것이라고 생각했다. 그리고 게으른 노비 한 명을 골라 매질하면 다른 노비들에게 좋은 본보기가 된다고, 또 아프다는 핑계로 일을 하지 않으려는 것은 용납하지 말아야 한다고 조언했다. 나아가 노비들이 수령의 관아에 자주 출입하고 소문을 퍼뜨리고 서로 싸움질하는 것도 막아야 한다고 했다.[57] 분명히 퇴계는 노비들을 단호하면서도 관대하게 통제하고자 했다.

엘리트의 주거공간 안에서 일하던 소수의 가내 사환노비들은 말 그대로 주인 나리나 마님의 '수족' 역할을 했다. 그들은 대문에 가까운 곳간과 마구간 곁의 행랑에 기거했고, 주인이 부르면 언제든지 달려갔다. 여자노비들은 "땔감을 [준비하고] 물을 [길어 나르는]" 일을 맡았는데, 특히 부엌일을 책임진 노비는 정말로 없어서는 안 될 일꾼이었다. 그녀가 아프거나 도망이라도 가면, 양반가의 불편은 이만저만이 아니었다. 아궁이에 땔감이 없어 차가운 온돌바닥에서 지내야 했을 테고, 끼니도 제때 해결하지 못했을 테니까.[58] 여자노비들은 바느질을 하고 베를 짜고 옷을 짓느라 바빴는데, 출산 경험이 있는 경우에는 주인의 아이들을 먹이고 키우면서 그들과 깊은 정을 쌓기도 했다. 부잣집에 딸린 재주 있는 미모의 여자노비는 종종 일상적인 작업을 면제받는 대신에 가무와 가야금 연주를 익혀 주인과 손님 들의 흥을 돋우는 역할을 맡았다. 주인 나리와 마님은 남자노비의 수행 없이는 바깥출입을 할 수 없었다. 양갓집 마님의 외출은 드문 일이었지만, 어쩌다 출타할 때는 적어도 4

명의 노비가 어깨에 짊어진 가마를 타고 다녔다. 심지어 엘리트 남성도 "말고 삐를 쥔" 노비 없이는 아무 데도 갈 수 없었다. 게다가 남자노비들의 빠른 발(멀리 갈 때는 당연히 말이나 노새를 이용했을 것이다)은 수도 안팎의 엘리트들이 동료와 친구, 친척 들과 수천 통의 편지(이들의 문집에 남아 있는)를 주고받는 주된 수단이었다. 남녀 노비들은 결혼 행렬도 호종했고, 주인이 수령이나 관찰사로 부임할 때, 또는 중국이나 일본에 사신으로 갈 때 수행원 대열에도 합류했다.[59] 때로는 유배지까지 주인을 따라갔기도 했고, 시묘하는 주인 곁을 지키기도 했다. 명백한 사실은 노비들이 필수불가결한 육체노동자의 역할뿐 아니라 주인의 지위를 높여주는 가신의 임무도 수행했다는 것이다.

요컨대 조선 전기의 노비제도는 다면적인 현상이었다. 노비는 단순한 재산이 아니라 노비주의 부를 창출하는 주역이었고, 그런 능력 때문에 안동 같은 지역에서 토지 개척이 대규모로 진행되었던 첫 두 세기 동안 굉장히 중요한 존재로 취급받았다. 노비가 없었다면 농장의 조성은 불가능했을 것이다. 이런 사실은 역으로 그 기간에 노비들이 수적으로 크게 불어났을 뿐 아니라, 예전보다 훨씬 가혹한 노동에 시달렸음을 말해준다.

### 공동체적 노력을 통한 안동의 지역적 발전

오지를 개간하여 거주 가능한 공간으로 만들기 위해서는, 특히 그곳이 안동의 중심부 바깥에 있는 경우, 대집단을 이룬 개발자들이 서로 협력할 필요가 있었다. 「내성동약奈城洞約」이 보여주듯이, 그런 집단은 남계친과 인척으로 구성되는 것이 이상적이었다. 기억을 상기시키자면, 내성은 안동의 속현 가운데 하나로, 안동 부성에서 북쪽으로 100리쯤 떨어져 있던 '월경지'였다. 15세기 중엽에 겨우 371명의 남성과 660명의 여성이 83호에 살고 있던[60] 내성은 이상적인 '변경'지대의 모든 특징을 갖추고 있었다. 고립된 탓에 지방관의 감독을 받지 않았고, 인구도 희박했으며, 토착 향리도 없었고, 그때까지 다른 사족이 정착해 있지 않았으며, 토지는 비옥하고 물을 대기도 용이했다.

내성 개발사업의 주요 입안자들 가운데 한 명은 [경주] 이홍준李弘準(생몰년 미상)이었던 것으로 보이는데, 그의 할아버지인 이승직李繩直(1438~1490)은 [흥해] 배상지의 딸을 후처로 맞이했다.[61] 홍준의 어머니는 권벌의 증조부인 권계경權啓經의 딸이었고, 이 때문에 1486년에 진사시에 입격한 홍준은 서울의 정치적 혼란(무오사화)을 피해 1500년경에 외가가 있는 금계로 낙향했다.[62] 그 자신이 쓴 묘갈명의 내용은 다음과 같다. "나는 평생 스스로 농사를 지어 처자식을 먹여 살렸다. [문과에] 일곱 차례나 낙방한 끝에, 나는 애처롭게 계산溪山을 떠돌다 생을 마감하노라."[63] 그의 내성 개발안에는 가까운 외가 쪽 친척으로, 정치적 상황 탓에 어쩔 수 없이 고향에 머무는 동안 유곡에 농장을 세웠던 권벌도 합류했다. [흥해] 배이순裵以純(이홍준의 육촌의 아들)[64]의 딸과 결혼한 [영양] 남명南溟(1479~1540)도 이곳으로 이거하여 황전촌黃田村에 정착했고 인근에 묻혔다.[65]

내성의 선구적 개척자들이 복잡한 혼인망으로 연결되어 있었음에도, 내성 같은 벽지에 모든 것을 거는 모험에는 갖가지 위험이 뒤따랐다. 이홍준은 그런 위험요소들을 다음과 같이 기술하고 있다.

내성현은 외딴 곳에 위치하여 주민이 적다. 인심이 금수에 가까울 만큼 사납고 고집스럽다. 그러니 어찌 예의를 알겠는가? 사정이 이런 만큼 자제를 거느린 자들은 그들에게 시서詩書는 가르치지 않고 고기잡이와 사냥만 시킨다. 책을 들고 다니면 이상한 인간으로 조롱받는다. 효성이 지극하고 우애가 돈독하면 명예를 탐하는 인물로 비난받는다. 부모의 상을 당하고도 근신하기는커녕 불의를 자행하는 자들도 있다. 서로를 원망하고 모함하는 자들도 있고, 인색하고 비열하게 자신의 이익만 좇는 자들도 있다. 이런 습속이 참으로 오래되었도다!

설상가상으로, 가난한 농민들만 사는 머나먼 땅으로의 침투는 염치없는 토지 수탈로 이어졌고, 친척들 간의 협력을 저해하고 개척사업 자체를 위협하는 이기적 풍토를 조장했다. 이홍준은 "그런 타락한 풍속을 개탄하면서" 1540년 무렵에 몇 명의 원로를 만나 함께 동약을 작성하고 다음과 같은 기대를 내비쳤다. "우리 동중洞中의 사람들은 모두 가정교육(정훈庭訓)을 받았으니, 여기에서 문제 해결의 실마리를 찾을 수 있지 않을까? 다른 사람이 잘못하면 내가 바로잡고, 내가 잘못하면 저쪽에서 나를 제지한다. 잘못을 저지르는 자가 없어진다면, 이는 우리 동에서 사람들이 서로를 권면한 덕분일 것이다." 그는 만일 상호 교정이 효과를 거두지 못한다면, 술책을 부리고 악행을 저지르며 동약을 어긴 자들을 공동체에서 추방하여 후세의 귀감으로 삼아야 할 것이라고 덧붙였다.[66]

18명의 친척(남계친과 인척)이 동약의 서문에 서명했다. 그 좌목座目에는 이홍준과 그의 사위 4명 — 이 가운데 1명은 퇴계의 팔촌인 이희동李希仝[67]이다 ― 의 이름이 포함되어 있다. 또 남명과 그의 팔촌 남중명南仲命[68], 그리고 후자의 둘째 아들 세침世琛의 이름도 나온다. 배인순은 이미 사망한 듯하다. 그의 아들이자 남명의 처남인 배헌裵巘(1482~1524)[69]만 명단에 들어 있기 때문이다. 이홍준과 배헌 2명만 진사였고, 나머지 몇 명은 참봉이었다. 두 쌍의 형제[70]는 '손도損徒'[71]된 것으로 기재되었다.

이홍준은 죄질의 경중에 따라 몇 가지 등급으로 나뉜 처벌조항을 짧게 나열하는 방식으로 동약의 원칙을 밝혔다. 부모에게 순종하지 않거나, 형제와 불화하거나, 이웃과 사이가 나쁘거나, 동중의 대소사에 불참한 자는 영영 손도의 벌을 받았다. 연장자를 공경하지 않거나, 뇌물을 받거나, 토지세를 납부하지 않거나, 창정倉正(고을의 창고지기)을 속인 자는 일시적 손도의 벌을 받았다. 약임約任(동약의 임원)으로서 사익을 취하거나 부정을 저지른 자, 약회約會에서 소란을 피우거나 무례를 범한 자, 회문回文의 전달을 지체한 자 같은 경미한 잘못을 저지른 자들은 정해진 양의 음식과 술을 내면 처벌을 면할 수 있었다. 1542년에 이홍준은 상사喪事, 혼인, 화재, 경사(예컨대 과거 급제), 질병과 같은 길흉사가 발생한 경우의 상호부조에 관한 몇 가지 규약을 추가했다. 그리고 좌목을 수정하여 권벌을 추입追入하고,[72] 16명의 새로운 인물을 후입後入했는데, 이들 가운데는 최초의 좌목에 이름을 올린 자들(심지어 '손도된' 자들)의 아들과 사위들이 끼어 있었다.[73]

이홍준은 분명히 이 동약으로 그 성원들이 대인관계의 기본적인 원칙을 지키는 공동체를 만들고자 했다. 도덕률을 제시함으로써, 그것을 준수하는 사람만이 공동생활권의 인적·물적 자원을 이용할 수 있게끔 했던 것이다. 다시 말해서 그것을 어기는 자들은 손도에 처해져 공동체의 지원을 받을 수 없었다. 요컨대「내성동약」은 어려운 환경에서 탄생한 가혹한 조건의 규약이었다.

12년 뒤인 1554년에 이홍준의 외손자이자 퇴계의 제자인 [진성] 이문규李文奎(1513~?)는 동약을 완벽한 유교식 향약으로 탈바꿈시켰다.[74] 원년의 동약 성원들이 공동생활권 내에서 '신뢰'를 지켜야 한다는 점을 강조한 것을 찬양하면서, 이문규는 약원이 의무적으로 지켜야 할 "살아 있는 자를 대하는 규정"(생강조生講條) 5개목과 "죽은 자를 대하는 규정"(사강조死講條) 5개목을 설명했다. 이문규의 동약은 처벌보다는 도덕적 교화에 큰 비중을 두었고, 해야할 일과 하지 말아야 할 일을 쉽게 기억할 수 있는 두 가지 목록으로 정리하여 약원들에게 제공했다. 올바른 '약행約行'은 "부모에게 순종하고, 상례를 정중하게 치르고, 부부간에 화목하고, 형제간의 우애를 돈독히 하고, 이웃과 친하게 지내고, 적서를 구별하고, 귀천을 분간하는" 것이었다. 한편 '약계約戒'는 말다툼을 하고, 쓸데없는 말을 하고, 헛소문을 퍼뜨리고, 원한을 품고, 뇌물을 탐하고, 사익을 좇는 사회악에 대한 경고였다.

1554년의 문서는 원년의 좌목에 들어 있던 사람들의 아들과 손자 13명의 이름도 기록하고 있는데, 그중에는 이문규, 권벌의 장남인 권동보, 배헌의 차남과 삼남이 끼어 있었다. 남명의 세 아들도 모두 명단에 들었다. 1558년에 진사시에 입격한 장남 남기수南麒壽(1499~?)는 광평촌廣坪村을 세웠고, 1534년에 진사가 되고 권근의 증손녀와 결혼한 차남 남귀수南龜壽(1503~1552)는 황전촌에 정자를 짓고 젊은이들을 가르쳤다.[75] 임진왜란이 끝나고 이 동약이 개정되기 전까지, 약원은 5차에 걸쳐 후입되어 결국 총 57명이 되었다. 권벌의 둘째 아들인 동미를 비롯한 미미한 관리 외에, 가장 명망

높은 신입 성원은 퇴계의 제자인 정유일鄭惟一과 배삼익裵三益(1534~1588)이
었다. 정유일의 부친은 이홍준의 사위로, 동약의 원년 성원이었다. 따라서
유일은 이홍준의 외손자였다.[76] 그리고 배삼익은 배헌의 손자였다.[77]

요컨대 1540년과 1554년의 「내성동약」은 처녀지에 터를 잡고 새로운
주거지를 개척한 초기 정착자들의 공동생활권이 발전하는 과정을 예시한
다. 배헌의 묘갈문은 당시의 정황을 말해준다. 그는 봄이 오면 새벽부터 대
문 밖에 앉아 누가 논밭으로 일하러 나가는지 지켜보았다. 늦게 나오는 자들
에게는 벌칙이 있었다. "그 마을에서 농사를 게을리 하는 사람은 한 명도 없
었다."[78] 실제로 동약의 원년 성원들은 과거나 관직에 연연하던 사람들이 아
니라 선구적인 농사꾼들이었다. 그런데 그 경제적 기획의 궁극적인 성공은
긴밀한 친족관계에 의해 지탱되고 도덕률에 의해 규제되는 생명력 있는 엘
리트 공동체를 만들어낸 그들의 능력에서 비롯되었다. 그리고 경제적 성공
은 결국 각 지방에서, 또는 전국적으로 이름을 떨친 학자와 관리들을 배출하
는 밑거름이 되었다. 『영가지』에 기록된 17세기 초 내성의 16개 마을 중에서,
'사족이 살고 있던' 11개의 마을은 모두 관개시설을 갖추고 있었다.[79]


### 시대별 경제적 전략: 유산의 관리

본서의 연구대상인 출계집단들은 17세기에 접어들어서도 자신들의 토
지자산을 공고히 하고 확대하고 보전했다. 그런 활동을 계량화하기는 어렵
지만, '토지와 노비'(전민田民)의 상속과 분배를 기록한 분재기와 별급문기들을
보면 세월이 흐르면서 각 출계집단의 경제적 상황이 어떻게 변했는지 대충

파악할 수 있다. 물론 그 문서들에 한 출계집단의 재산목록이 완벽하게 드러나는 것은 아니다. 대부분의 재산은 부친이 죽고 난 뒤에, 또는 부모가 모두 사망한 뒤에 분배되었고, 전자의 경우 홀로 남은 어머니가 분배를 주도했다. 아들과 딸이 가산을 균분하는 것은 법으로도 정해져 있었거니와 17세기에도 관행으로 남아 있었다. 따라서 상당한 부가 어머니와 처를 통해 전해졌다. 하지만 몇몇 분재기의 서두는 '규범적 현실normative reality'[80]의 제약 속에서도 개인의 선택과 조작이 개입할 여지가 있었음을 똑똑히 보여준다. 경제적 계산에 따라, 또는 단지 '인정'에 이끌려, 재주財主가 생전에 적지 않은 재산을 특정 수증인受贈人에게 미리 별급하는 일이 종종 있었는데, 이는 분명히 정상적인 상속 통로를 무시하는 처사였다.[81] 따라서 분재기는 다른 문서들과 달리 이따금 가족 사이의 결속이나 갈등 같은 은밀한 속사정을 간파하게 해준다.

임진왜란은 안동과 남원의 경제에 상이한 강도의 타격을 입혔고(9장에서 상세히 논할 것이다), 그 여파로 분재가 종종 지연되었지만, 출계집단들이 17세기에 결국 경제적 전략을 변경할 수밖에 없었던 것은 전쟁으로 인한 피해 때문이 아니라(복구는 꽤 신속하게 이루어졌다) 토지의 부족과 장기간에 걸친 상속재산의 분할 때문이었다. 다수의 출계집단에서 본계의 존속이 위태로워지자, 불안감을 느낀 아버지들은 아들을 통한 혈통의 승계를 의식하여 딸보다 아들을 우대하기 시작했다. 이는 남계친으로만 구성된 친족집단의 창출을 향해 나아가는 의미심장한 첫발자국이었고, 궁극적으로 주희의 『가례』가 제공하는 이데올로기적 논거에 의해 정당화되었다.

이하에서는 안동의 분재기 세 벌과 남원의 분재기 두 벌을 분석하여, 16

세기와 17세기에 주요 출계집단이 구사한 다양한 경제적 전략을 개관하고자
한다.

### 내앞 김씨

김진은 1580년에 사망하기 전에 미리 자식들에 대한 분재 계획을 세워
두었다. 1577년에 78세가 된 그는 자신의 유서라 할 수 있는 '허여문기許與文記'
를 작성했다. 청기의 전답은 내앞에서 상당히 멀리 떨어진 다른 현에 있었으
므로, 여러 후계자에게 나누어주면 관리하기도 힘들고 조세 압력에 시달릴
지도 모른다고 판단한 그는 그 일부를 양첩의 서자녀 3명에게 조금씩 나누어
주라고 말했다[그 나머지인 40여 섬지기는 봉사자손에게 분여하라고 유언했다. 8장을
보라]. 하지만 의례를 중시한 그는 약 600마지기의 전답과 내앞의 가옥을 장
남에게만 분급하여 제사를 모시는 비용으로 쓰게 했다. 첨부된 유언에서 김
진은 각자의 경제적 사정을 고려하여 재산을 차등적으로 분배한 자신의 결
정을 놓고 후계자들이 다투지 않으면 좋겠다는 소망을 피력했다.[82]

김진의 재산이 실제로 어떻게 분배되었는지에 대한 증거가 될 만한 문
서는 남아 있지 않지만, 그의 모든 아들은 유복하게 생활한 듯하다. 장남이자
종손인 극일은 내앞의 종택에 살면서 아버지가 봉사조로 물려준 땅을 관리
했다. 1546년에 문과에 급제했을 때 그는 이미 할아버지로부터 노비 5명과
두 군데의 땅 15마지기를 받았다. 또한 세 차례에 걸쳐 아내를 통해 토지와
노비를 받았다. 1559년에는 아내의 연로한 부모가 변함없이 본인들을 돌보
아준 것에 대한 고마움의 표시로 극일 부부에게 노비 한 명씩을 주었고, 1564
년에는 극일의 아내가 꽤 넓은 논밭을 두 번에 걸쳐 상속받았다.[83] 훗날 처가

가 있는 금계리로 이거한 김성일은 부친으로부터 신곡中谷(임하현)의 별장을 물려받았다. 또한 임하현 동부의 산악지대에 위치한 원곡猿谷에 새로운 토지를 개척했고, 성년 시절의 초반을 그곳에서 지냈다. 그 밖에도 임하의 다른 곳에 적어도 세 필지의 땅을 소유하고 있었다.[84] 그의 전기작가는 그가 '집안일'은 노비들에게 맡겼고, '재리財利'에 대한 말은 입 밖에 낸 적도 없다고 적고 있다. 대신에 자신의 재산을 형편이 어려운 친척들에게 나누어주었고, 여자노비 2명에게 가난한 서자 삼촌의 끼니를 챙기게 했다.[85]

복일이 얼마나 많은 유산을 물려받았는지는 확실하지 않지만, 막내인 그는 1570년에 문과에 급제했을 때 아버지로부터 60마지기의 땅을 받았다. 그의 첫 번째 부인은 부유한 예천 김씨 가문의 딸이었고, 그는 1579년에 처가로부터 일찍 사망한 부인을 대신하여 28명의 노비와 약 9.3결의 땅을 얻었다. 이 가운데 5명의 노비와 60마지기의 땅은 처가 식구들의 상속지분을 초과하는 몫으로, 복일이 자식들의 어머니(그는 이 결혼에서 아들과 딸을 둘씩 낳았다)에게 제사를 지내는 데 보태라고 주어진 것으로 보인다. 이미 재혼한 사위에게 그렇게 넉넉한 유산을 물려주는 것은 분명히 이례적인 일이었으므로, 재산의 분할을 관장한 그의 장모 정씨는 분재기의 서두에 다음과 같은 말을 남겼다. "한 명의 자식에게 [다른 자식들보다] 많은 재산을 물려주는 것은 심히 유감스러운 일이지만, 나의 뜻을 헤아린 아들 문해文海는 어머니의 허전한 마음을 달래기 위해, 자신의 상속분에서 [복일의 추가분]을 떼어주라고 부탁했다." 나아가 정씨는 죽은 딸의 후손들이 [자신이 복일에게 준] 노비의 후손들을 영구히 사환해도 무방하다는 점을 확실하게 밝히면서, 문해의 후손들이 혹시라도 이런 특별한 조치를 무시한다면, "불효하고 불화한다는" 비난을 면치 못할 것이라고 경고했다. 더욱이 정씨는 복일에게 집 한 채까지 별급했다. 복일이 예천에서 경제적 기반을 강화할 수 있었던 것은 당연히 첫 번째 장모의 관대함 덕분이었는데, 그의 두 번째 부인도 예천에 상당한 토지를 보유하고 있던 가문의 딸이었다. 이런 사실은 복일이 결국 그 지역에 세거하기로 마음 먹게 된 결정적 계기였음에 틀림없다.[86]

명일과 수일, 그리고 김진의 세 딸이 어떤 경제적 상황에 처해 있었는지에 대해 설명해주는 문서는 남아 있지 않다. 1574년에 김진은 외손자인 유복기의 아내에게 곡물 100섬과 노비 1명을 주었는데, 이는 일찍 부모를 여읜 복기와 '행실이 바른' 그의 아내 정씨에 대한 동정심의 발로였다.[87]

요컨대 16세기에 내앞 김씨는 훌륭한 관직 경력과 경제적 입지의 강화를 성공리에 결합시켰다고 결론지어도 무방할 것이다. 김진의 아들들은 모두 유산을 물려받은 것으로 보이지만, 상당한 규모의 토지가 아내들을 통해 그들에게 주어졌다는 사실은 주목할 만하다.

17세기 내앞 김씨의 경제적 성쇠에 대한 기록은 안타깝게도 단편적이다. 임진왜란 중에 내앞은 큰 피해를 입지 않았지만, 그래도 분재는 평화가 회복될 때까지 연기되었다. 1611년에 수일의 아들인 김용은 본인의 상속분(그 규모는 알 수 없다)에다가 아내 이씨(퇴계의 손녀)가 물려받은 64명의 노비(퇴계의 손자와 손녀 5명이 나누어 가진 총 367명 가운데)와 600마지기 정도의 땅을 추가했다.[88] 1684년에 김용의 재종손再從孫인 김방걸은 처가[89]로부터 노비 9명과 토지 41마지기를 받았다.[90] 물론 1611년과 1684년의 분재를 단순하게 비교하기는 어렵지만, 그럼에도 두 기록은 17세기를 거치는 동안 딸들의 상속 지분이 현저하게 줄어드는 추세를 분명하게 보여준다. 게다가 1673년에 시온의 아들들 가운데 한 명인 방찬邦贊(생몰년 미상)은 "우리 가문의 토지와 노비는 얼마 되지 않는다. 그 가산을 딸들에게 균분하면 아들들은 어쩔 수 없이 뿔뿔이 흩어질 것이다"라고 우려하는 유서를 남겼다. 그런 위험을 방지하기 위해, 방찬은 딸들에게 혼인을 하면 단 1명의 신비新婢만 줄 테니 조상 전래의 토지나 노비의 상속은 기대하지 말라고 말했다. 이후 가산은 남자 후계자들 사이에서만 분배되었다.[91] 방찬의 우려에는 근거가 있었다. 내앞의 종손이었던 부친 시온에게는 8명의 아들과 6명의 딸, 17명의 손자와 19명의 손녀(시온의 막내아들 방겸邦謙의 자식들과, 서자들을 빼고도)가 있었다. 아무리 넓은 땅도 그렇게 많은 자손들에 의해 나누어지면 보잘것없는 크기로 축소될 수밖에 없었을 것이다.

### 유곡 권씨

유곡 권씨가 남긴 분재기들에서도 비슷한 추세가 관찰된다. 9종의 분재기가 권벌과 그의 직계후손들이 16세기와 17세기에 처한 경제적 상황을 예증하고 있다.[92] 권벌은 1507년에 문과에 급제했을 때 어릴 적에 함께 생활했던 숙부 권사수權士秀(생몰년 미상)로부터 30명의 노비를 축하선물로 받았다. 1544년에는 아내를 통해 더 많은 재산을 손에 넣었다.[93] 사망 당시 권벌의 재산 규모는 그의 삼년상을 마친 1550년에 자녀들에 의해 작성된 '화회문기'를 보면 알 수 있다. 이 문서는 총 317명의 노비와 2,312마지기의 농지를 그의 아들 둘과 딸 하나, 얼자와 얼녀 각 2명에게 나누어준 사실을 기록하고 있다. 317명 가운데 36명은 '매득'노비였고, 3명은 중국에 사신으로 다녀온 뒤에 왕에게 하사받은 사패賜牌노비였다. 그가 물려받은 농지가 약 900마지기였음을 고려할 때, 그는 생전에 내성과 춘양 같은 지역의 황무지를 개척함으로써 나머지 토지자산을 획득했다고 봐야 할 것이다. 1550년경에 그가 보유한 토지는 일곱 군데의 행정구역에 흩어져 있었다. 이 엄청난 유산은 그의 적자녀들에게 균분되었다. 얼자와 얼녀에게 주어진 몫은 훨씬 적어서, 대략 노비의 8분의 1과 토지의 5분의 1이었다.[94] 권벌의 대단한 경제적 성취는 그의 형인 권의와 비교해보면 분명해진다. 1549년에 후자는 자식들에게 고작 95명의 노비와 약 871마지기의 농토를 물려주었을 따름이다.[95]

　　다음 세대에 권벌의 차남 권동미의 재산은 과부가 된 그의 아내에 의해 아들 네 명과 딸 한 명에게 분배되고, 얼자녀들도 '법에 따라' 자신들의 몫을 받았다. 1550년에 동미는 부모로부터 노비 88명과 농지 578마지기를 받았지만, 약 40년 뒤인 1592년에는 총 341명의 노비와 1,486마지기의 농지가 그의 자식들에게 분배되었다. 동미 역시 아버지와 마찬가지로 생전에 자신의 재산을 상당히 불릴 수 있었다.[96] 동미의 차남인 권래는 아들이 없던 동보에 의해 후사로 입양되었기 때문에, 양부와 생부 양쪽으로부터 유산을 물려받았다. 양부가 준 유산이 어느 정도인지는 알 수 없지만, 적어도 동보가 권벌로부터 상속한 몫 — 노비 104명과 농지 741마지기(봉사조를 포함한 몫이다) — 보다 적지는 않았을 것으로 보인다. 게다가 권래는 1619년에 부인을 통해 재산을 받았다. 그의 사후인 1621년에 그의 후처가 분재를 주관했을 때, 총 532명의 노비와 2,059마지기의 토지가 세 아들과 다섯 딸, 두 서자에게 분급되었다.[97] 요컨대 권벌에서 권래에 이르는 3대 동안에 본계의 재산은 단순히 유지된 것이 아니라 크게 증식되었다. 유곡은 틀림없이 안동지방에서 손꼽히는 부촌이었을 것이다.

하지만 그런 성공에도 불구하고, 권래는 상당한 규모의 유산도 계속해서 자녀들에게 균분된다면 심각한 문제가 발생할 수 있다는 사실을 예견했다. 이런 까닭에 그는 본인이 사망하기 2년 전인 1615년에 작성한 유언에서 다음과 같이 말했다.

나는 선대의 유업을 물려받아, 토지나 노비가 다른 가족원들보다 많지만, 전처와 후처의 딸도 매우 많다. 그들 모두가 [아들들과] 동일한 지분을 받는다면, [유업]의 규모가 충분하다고 볼 수는 없을 것이다.…… 이 모든 일을 생각해보면, 나의 재산을 나눌 때 나는 아들과 딸을 차별할 수밖에 없다.

실제로 권래에게는 딸이 다섯 명이나 있었다. "[이런 문제를] 해결하기 위한 방편으로" 그는 죽기 전에 세 명의 아들에게 (얼마간의) 토지와 노비를 '별급'했다.[98] 이런 식으로 아들들을 우대했기에, 1621년에 딸들이 받은 것은 전략적으로 축소된 규모의 유산을 아들들과 고르게 나눈 몫이었다.

권래의 유서에 담긴 뜻은 장남인 상충尚忠(생몰년 미상)의 자식들에 의해 1682년에 작성된 화회문기에 영향을 미쳤다. 그 서두는 망자의 사위 5명의 동의하에 토지자산이 세 아들에게만 분급될 것이라고 밝히고 있다. 그 결과 사위들은 노비 13명씩을 받았을 따름이다(너무 곤궁하여 약간의 땅을 받은 1명을 제외하고). 하지만 5년 뒤인 1687년에는 이 합의가 수정되어 사위들도 똑같은 몫의 토지를 받게 되었다. 이로 인해 적자 3명의 지분은 현저하게 줄어들었다.[99] 이런 반전의 이유는 알 수 없지만, 분재기의 수정은 상충의 생전에 약 70마지기의 토지에 대한 자신들의 지분을 포기하기로 약조한 것을 후회한 사위들의 강력한 항의에서 비롯되었을 가능성이 크다. 이 경우에는 성공을 거두었지만, 그런 저항이 17세기 말에 뚜렷하게 나타난 추세 — 갈수록 토지가 부족해지는 현실에 대처하기 위해 딸의 상속권을 제한하거나 심지어 폐지하는 — 를 막아낼 수는 없었다.

### 오천 김씨

오천의 광산 김씨가 보존하고 있는 가장 오래된 분재기는 1429년에 작성된 것이다. 그때 김무는 노비 225명을 네 아들과 두 딸에게 고루 분배했다. 노비의 가치가 토지의 가치보다 여전히 높았기 때문에, 당시의 관행에 따라 토지는 언급되지 않았다. 이 분급의 수혜자는 이미 언급한 바대로 둘째 딸의 남편인 [의성] 김영명이었다. 각자는 노비의 신체조건에 따라 35명에서 37명 사이의 노비를 분배받았다. 또 종손에게 2명의 노비가, 9명의 친손자와 외손자에게 1명씩의 노비가 주어졌다.[100] 15세기 후반에 작성된 5종의 문서에서는 김무의 증손인 효로가 최대의 수혜자였다. 외가에서 자랐던 그는 1464년에 외할아버지로부터 4명의 노비를 받았다. 약 15년 뒤인 1479년에는 형과 누이, 얼자 1명과 아버지의 재산을 나누어 가졌는데, 효로는 노비 16명을 받았다(역시 토지에 대한 언급은 없었다). 1년 뒤인 1480년에 효로는 아들이 없던 종조부의 계후자繼後子가 되어 종조모로부터 노비 15명과 기와집 1채, 오천과 인근의 토지 2결을 받았다. 이 분급은 아마도 효로가 오천에 정착한 주된 이유였을 것이다.[101] 그리고 몇 년 뒤에 그는 약간의 땅을 매입했다.[102] 1492년에 어머니가 나머지 재산을 분급했을 때, 효로는 다시 노비 26명을 받았다. 이렇게 해서 효로는 약간의 토지(여기에 대한 기록은 불완전하다)와 총 61명의 노비를 물려받았다. 여기에다 이미 언급했듯이 그는 1517년에 종조부가 데려다 키운 딸의 남편 — 1480년에 법에 어긋나게[103] 효로와 똑같은 몫의 노비를 받았던 — 을 상대로 안동부에 소송을 제기하여 승소함으로써 노비 6명을 추가했다.[104] 그의 재산이 자식들에게 분배된 1550년에, 그는 190명의 노비와 472마지기의 땅(거의 예안에 집중되어 있었다)을 보유하고 있었다.[105]

몇 종의 문서가 효로의 적장자인 김연金緣의 재운財運을 상세히 기록하고 있는데, 그는 아내와 함께 여러 차례에 걸쳐 상당한 유산을 물려받았다. 백부인 효원이 자식 없이 사망하자, 그의 과부인 오씨(유력인사 오계동의 딸)는 1508년에 자신의 재산인 3결의 땅과 17명의 노비를 조카인 연에게만 유증했다. 오씨는 연을 친자식처럼 여겼던 듯하다. 갓난아기 때부터 그를 키웠을 뿐 아니라, 그를 자신의 친정 쪽 사촌손녀와 결혼시켰기 때문이다. 이 혼인은 혈연관계가 없는 연에게 오씨 가문의 재산을 물려주는 것은 '손외여타孫外與他'라는 친척들의 비난을 피하기 위한 것이었다. 하지만 오씨의 전략에 숨어 있던 진정한 동기는 허여문기의 서두에 드러나 있다. 자식이 없던 자신의 숙모로부터 재산을 골고루 물려받은 친척들이 그녀의 사후에 장례나 제사를 제대로 치러주지 않는 개탄스러운 불효를 저지르는 것을 보고 기겁을 한 오씨는 자신의 소망과 재산을 모두 연에게 걸었다.[106] 한 엘리트 여성의 행위력 *agency*을 보여주는 놀라운 사례가 아닐 수 없다.

2년 뒤인 1510년에 생원/진사 양시에 입격했을 때, 김연은 자신의 아내를 어릴 적에 키워준 외가 쪽의 오촌숙부로부터 노비 3명을 증여받았다. 7년 뒤에 연의 아내는 그 숙부로부터 노비 3명을 추가로 받았다.[107] 1514년에 연은 얼자 삼촌으로부터 5명의 노비를 받았고,[108] 1528년에 연의 아내는 아들이나 손자가 없고 남편까지 여읜 탓에 손녀들을 끔찍하게 예뻐했던 외할 머니로부터 기와집 1채와 노비 24명, 그리고 제법 넓은 땅을 물려받았다.[109] 1529년에는 문과 급제를 축하하는 외삼촌의 아내로부터 노비 1명을 받았고, 2년 뒤에는 처제로부터 8명의 노비를 추가로 받았다.[110] 연의 모친도 그가 고 위직(마지막 관직은 경주부윤)에 올라 가문의 명예를 빛냈다는 점을 인정하여 노비와 땅을 반복적으로 아낌없이 분급했고, 그의 장모도 그의 효행에 대한 답례로 토지를 별급했다.[111] 간추리자면 사회적 덕성과 가족애를 실천한 모 범적 인물이었던 김연은 살아 있는 동안 상속과 별급을 통해 상당한 자산을 축적했다. 하지만 그는 부모의 재산 가운데 자기 몫을 물려받을 만큼 오래 살 지는 못했다. 1547년과 1550년에, 472마지기의 땅과 190명의 노비가 김연의 과부(그를 대신하여)와 동생인 유, 2명의 누이에게 분급되었다. 이 분재가 효로 의 사망(1534) 이후 한참 뒤에 이루어진 이유는 분명치 않다.[112]

1559년에 모친상을 마친 두 아들과 세 딸은 김연의 노비 226명을 공평 하게 나누어 가졌지만, 800마지기가 넘는 논밭은 명백한 이유 없이 두 아들 인 부필과 부의에게만 상속되었다.[113] 생전에 부필은 갖가지 별급을 받았고, 아내가 물려받은 300마지기 정도의 넓은 토지(여러 지역에 흩어져 있었다)도 손 에 넣었다.[114] 후사가 없었던 부필은 동생의 외아들인 김해를 양자로 삼았 고, 그에게 자신의 제사를 성의껏 모셔달라고 당부했다. 김해가 생부와 양부 로부터 물려받은 가산은 노비 230명과 토지 1,000마지기를 훌쩍 뛰어넘는 규모였을 것이다. 놀랍게도 임진왜란의 영향을 거의 받지 않았던 덕에, 이 넉 넉한 유산은 1601년과 1619년에 해의 네 아들과 세 딸에게 차례로 분급되었 다. 이후에 작성된 이 가문의 분재기는 남아 있지 않다.[115]

### 진성 이씨

진성 이씨인 퇴계 가계의 경제에 대한 기록은 단편적이다. 퇴계의 유산 상속에 대한 분재기는 없지만, 부친의 유산을 7등분한 그의 몫은 얼마 되지 않았을 것이다. 아버지 이식은 계양의 재산을 아우 및 누이와 나누어 가져야만 했고, 그의 두 아내도 '가난한' 집의 딸들이었다. 게다가 그는 가산을 불릴 수 있을 만큼 오래 살지도 못했다. 남편을 일찍 여읜 뒤에, 퇴계의 어머니는 부지런히 누에를 쳐서 생계를 꾸렸다고 한다. 따라서 약 150명의 노비와 1,000마지기의 농지로 이루어졌을 것으로 추정되는 퇴계의 개인재산은 대부분 그가 살아 있는 동안 모은 것이었다. 그는 2명의 아내로부터 꽤 많은 토지를 받았다. '대단한 부호'의 딸이었던 첫 번째 부인 허씨로부터는 예천과 의령의 땅을, 두 번째 부인인 권씨로부터는 풍산의 땅을 받았다.[116]

퇴계는 경제적 문제를 경멸하는 학자가 아니었다. 그 반대로 그가 아들인 이준(퇴계는 그에게 가산의 관리를 맡겼다)에게 쓴 수많은 편지에 명백하게 드러나듯이, 그는 경제적 이익을 현명하게 증가시켜야 한다고 믿고 있었다. 예를 들어 1554년에 그는 다음과 같이 말했다.

사람들은 재산 관리 같은 문제에 신경을 쓸 수밖에 없다. 나는 평생 세상사에 초연하게 살아왔지만, 나라고 해서 그 문제를 완전히 피할 수 있었겠는가? 일차적으로는 학덕의 도야에 집중하되, 부차적으로는 치산治産에도 가끔 주의를 기울여야 한다. 그런다고 해서 학자의 명예에 누가 되거나 해가 되지는 않는다. 하지만 학문은 까맣게 잊고 오로지 치산에만 매달리는 것은 농부들의 방식이자 촌사람들의 행실이다.[117]

실제로 아들과 자주 주고받은 서신들은 퇴계가 종종 고향을 떠나 있을 때도 농지의 관리와 노비의 사역 같은 일상사에 지대한 관심을 가지고 있었음을 보여준다.[118]

주도면밀한 아버지의 감독 아래, 준은 가산을 상당히 증식시켰다. 주로 조상으로부터 전래된 농지의 가장 큰 부분은 예안에 집중되어 있었고, 의령과 영천에도 넓은 땅이 있었다. 금씨와 결혼하면서 봉화 소재의 땅도 받았다. 준은 잠시 봉화의 현감으로 봉직했지만, 아버지로부터 "청렴하고 검소하게 백성을 다스리라"는 훈계를 끊임없이 들었던 그가 관직을 이용해서 부를 축적한 것 같지는 않다. 준의 재산이 1586년과 1611년에 그의 세 아들과 두 딸(이 가운데 한 명은 김용의 아내이다)에게 공평하게 분급되었을 때, 합쳐서 3,000마지기가 넘는 토지가 377개에 달하는 장소에 흩어져 있었다. 그밖에도 노비 367명과 집 4채, 집터 하나가 있었다. 요컨대 퇴계의 재산은 안동의 다른 사족에 비하면 많은 편이 아니지만, 그래도 퇴계의 후손들은 각자 충분한 토지를 물려받았다.[119]

진성 이씨 본계의 경제적 형편은 그리 넉넉하지 않았던 것 같다. 이정회는 가족의 '가난' 때문에 관직에 나아갔다고 한다. 물론 '가난'이란 상대적인 용어이지만, 증조부인 이훈이 보유하고 있던 노비 62명과 토지 344두락의 재산은 정회의 세대에 이르러 크게 줄어들었다. 그는 부모의 재산을 동생 1명과 누나와 여동생 5명, 얼자 1명과 나누어야 했지만, 아산 장씨牙山蔣氏인 아내로부터 꽤 많은 재산을 받았다.[120]

이상에서 논의한 네 친족집단의 경제사는 놀라울 정도로 유사한데, 하회 유씨나 재령 이씨, 고성 이씨 같은 안동지방의 주요 출계집단들도 경제적 측면에서 사실상 흡사한 과정을 거쳤다.[121] 15세기와 16세기에는 처가거주혼과 상속, 농지의 매입을 통해 사족의 경제적 기반이 확립되고 확충되었다. 하지만 그런 식의 성장은 토지의 생산성을 제고하기보다는 인구가 희박하고 국가의 통제가 거의 미치지 않는 황무지를 적극적으로 개척한 결과였다. 토지 확대의 관건은 보유한 노비의 수였다. 이는 초기의 분재기들과 노비의 분배와 소유권을 둘러싼 무수한 송사로부터 명백하게 드러나는 사실이다. 노비가 가장 소중한 상속재산이었으므로, 당시에만 해도 여전히 풍부했던 토지는 아예 언급조차 되지 않는 경우가 많았다. 17세기 중엽에 토지의 개간이 포화상태에 도달하자, 조방농경은 점차 집약적인 농경방식으로 대체되었다.

주목할 만한 사실은 토지가 극히 세분화되어 있었다는 것이다. 심지어 한두 현에 집중되어 있는 경우에도, 한 덩어리를 이루는 것이 아니라 넓은 지역에 걸쳐 소규모 필지로 분산되어 있었다. 예컨대 1550년에 권벌의 재산이 상속자들에게 분배되었을 때, 그의 토지는 안동부의 일곱 행정단위 내에 위치한 190개 장소에 흩어져 있었다.[122] 김용이 처가에서 물려받은 땅은 26군데에 자리하고 있었다. 세 곳(주로 풍산)에 몰려 있기는 했으나, 논밭은 붙어 있지 않았고 아주 좁은 경우가 태반이었다.[123] 이런 파편화는 단일 구역에 있는 개별 소유자의 경작지만 기록한 양안을 토대로 엘리트의 재산을 추정한 과거의 연구에 의문을 제기하게 만든다.[124]

토지가 극히 작은 조각으로 쪼개진 주된 이유는 의심의 여지없이 전 재산—아버지 쪽에서 온 것이든, 어머니 쪽에서 온 것이든—을 아들 딸 구별 없이 모든 상속자에게 균분하는 관행이 여전히 남아 있었기 때문이다. 고려시대까지 거슬러 올라가는 이 관행[125]은 16세기에도 변함없이 고수되었다. 퇴계도 준에게 쓴 편지에서 균분의 중요성을 역설했다. "모든 형제자매가 동등하게 대접받아야만 가법家法이 제대로 선다. 동등하게 대접받지 못한 사람이 평정심을 유지하기는 몹시 어렵다."[126] 그렇지만 토지는 아무리 넓다 해도 자손이 많으면 분산될 위험에 처했고, 실제로 시간이 흐르면서 분재가 거듭되자 많은 토지가 파편화되었다. 김해처럼 단독으로 유산을 물려받거나 부부가 전략적으로 합의한 경우에는 단기적인 재산 합병이 이루어질 수도 있었지만, 아들과 딸에게 재산이 균분되는 한 파편화는 피할 도리가 없었다.

남원에는 둔덕의 전주 이씨와 주포의 장수 황씨가 남긴 2벌의 분재기와 별급문기가 있다. 이 지방은 임진왜란 때 심하게 파괴되었기 때문에, 현존하는 소수의 기록은 주로 17세기 이후의 것이다. 이는 제사에 대한 관심이 안동의 문서들에 비해 더 크게 부각되고 있는 이유이기도 하다.

### 둔덕 이씨

둔덕 이씨의 재산에 관한 최초의 문서는 이혼李渾(1513~1576)[127]의 아들 2명과 딸 1명이 부진의 재산을 나누어 가진 1577년의 분재기이다. 혼의 양부인 담손은 부친으로부터 금천衿川(경기도)에 소재한 작은 땅만 받았으므로,[128] 혼의 상속자들에게 분급된 재산의 대부분은 틀림없이 담손의 인척인 순천 김씨나 혼의 아내인 이웃한 말천방末川坊의 풍산 심씨豊山沈氏로부터 전해졌을 것이다. 혼의 자식들은 둔덕과 말천에 위치한 약 17결의 토지와 88명의 노비를 거의 균등하게 물려받았다. 두 아들은 기와집도 1채씩 받았다. 경기도의 땅과 멀리 떨어진 타지 두 곳에 살고 있던 노비 4명은 장남인 이대윤

(1530~1596)이 1551년에 결혼할 때 그에게 주어졌다.[129]

이혼의 분재 이후 약 100년이 지난 1679년에, 혼의 현손이자 상형의 차남인 이문원이 땅 300마지기와 노비 48명의 재산을 다섯 명의 자식에게 분배하고 이 사실을 문서화했다. 자신이 죽기 훨씬 전에 재산을 나눠준 것은 그에게 적통 상속자가 없어서 예외적으로 양첩이 낳은 유일한 아들 성로聖老를 승중자로 삼았다는 사실과 관련이 있는 듯하다. 그는 토지의 약 6분의 1과 노비 8명을 봉사조로 성로에게 주었고, 약간의 땅을 추가로 별급했다. 그렇지만 문원은 자신의 유일한 적녀인 [삭녕] 최치옹의 아내에게 가장 많은 몫, 즉 토지 120마지기와 노비 31명을 주었다. 가장 나이가 많은 그의 얼자(비첩 소생)는 이복동생 성로와 같은 몫의 유산을 받았고, 심지어 서녀 2명도 생계비조로 25마지기의 땅과 2명의 노비를 각각 받았다.[130] 흥미롭게도 문원은 후사를 입양하는 대신에 서자에게 재산을 물려주는 쪽을 택했는데, 이런 처분은 안동에서는 절대 해결책이 될 수 없었을 것이다(여기에 대해서는 11장에서 상세히 논할 것이다).

1688년에 작성된 다음 분재기는 담손의 본계에서 비롯된 것으로, 이문주(1623~1657)의 재산이 그의 과부 신씨의 주도하에 뒤늦게 분배된 기록이다.[131] 이문주의 생부와 양부가 잇달아 사망하고 문주마저 일찍 사망하는 흉사가 자신의 가족에게 닥쳤음을 탄식하면서, 신씨는 장례비용을 마련하기 위해 조업전의 상당 부분을 팔아야만 했기에 분재할 토지가 12결도 되지 않는다고 유감을 표했다. 남편의 유언에 따라 봉사전奉祀田을 따로 떼어둔 다음, 그녀는 두 딸에게 세 아들보다 작은 몫의 재산을 분급했다. 딸들이 가난해서 더 이상 윤회봉사에 참여할 수 없다는 것이 그 이유였다. "이는 우리의 감정과 예법에 어긋나지만, 형편상 어쩔 수 없다." 그녀는 이 조치에 항의하는 자는 불효막심하다는 비난을 면치 못할 것이라고 경고했다. 5.2결을 봉사조로 책정하고 나자, 분재할 토지가 6.5결만 남았다. 두 딸은 아들의 절반가량 되는 각자의 몫에 만족해야 했다. 그리고 노비 65명 가운데 34명은 봉사를 위해 남겨졌고, 세 아들에게는 7명씩의, 두 딸에게는 5명씩의 노비가 주어졌다. [132] 분명한 사실은 남원에서도 계속되는 재산의 분할로 인해 세습재산이 심각하게 축소되고, 그 결과 딸들의 상속권이 점차 박탈되었다는 것이다.

18세기 이후의 상속문서 몇 건은 제사 문제에 대한 관심이 고조되었음을 입증하는데, 여기에 대해서는 11장에서 논할 것이다.

### 주포의 황씨

[장수] 황윤공의 재산은 1580년에 사망한 어머니의 상이 끝난 1582년에 그의 두 아들인 황적과 황진에 의해 나누어졌다. 이 가문의 전승에 의하면, 황씨들은 항상 '가난'해서 외가와 처가의 재력에 크게 의존했다고 한다. 실제로 1582년에는 토지 166마지기와 노비 116명만이 형제에게 분배될 수 있었다. 하지만 사식이 없던 외가 쪽 계조모繼祖母 소씨(즉 방응성의 후처)의 집에서 자란 황진은 그의 효심에 감복한 그녀로부터 이미 두 차례에 걸쳐 토지와 노비를 조금씩 받았다. 토지의 4분의 1과 노비 8명, 기와집 1채를 봉사조로 지정한 다음, 형제는 재산을 균분했다. [133] 1623년에 황진의 과부에 의해 가산이 다시 진의 두 아들 정직과 정열에게 분배되었을 때, 크게 줄어든 토지 29마지기의 절반과 노비 5명이 승중위承重位 몫으로 장남에게 별급되었다. 나머지 유산인 토지 26마지기와 노비 30명은 균등하게 상속되었다. 여기에는

두 아들이 수년 전에 결혼했을 때 분급된 노비들도 포함되어 있었다. 멀리 떨어진 함경도와 경기도에 흩어져 있던 토지와 몇 명의 도망노비는 그 규모와 소재가 확인될 때까지 분급을 연기할 수밖에 없었다. 황진의 후손들은 그의 영웅적 전사 덕분에 1594년에 세금과 부역을 면제받는 복호復戶의 혜택을 누리게 되지만, 그렇다고 해서 이 가문의 경제적 형편이 크게 나아졌던 것 같지는 않다.[134]

오히려 황씨 가문의 재원은 다음 세대에 더욱 줄어들었다. 정열의 외아들인 황위는 갑부로 알려진 장인 [남원] 양시익楊時益(생몰년 미상)[135]으로부터 1643년에 19.5마지기의 땅과 2명의 노비를 받았을 따름이다. 시익의 적자녀는 아들 2명과 딸 7명(황위의 처는 셋째 딸이었다)이었다. 토지 35마지기와 노비 3명을 봉사조로 떼어두고 나니, 시익의 장남이 상속받을 수 있었던 몫은 노비 4명과 토지 21.8마지기에 불과했다. 더욱이 유언에서 시익은 유일한 서자에게 14.5마지기의 토지라는, 이례적으로 많은 유산을 주면서 별도로 그 까닭을 설명했다. 두 서녀에게는 아주 좁은 땅만 주었기 때문이다. 그 밖에 약간의 토지와 노비가 묘제墓祭를 위해 남겨졌다.[136] 아무리 넉넉한 재산도 많은 자녀에게 분배되면 그 몫이 줄어들게 마련이었다.

약 20년이 지난 1663년에 황위의 과부는 사망한 남편의 재산 분할을 주관했다. 이 화회문기는 재주의 수결이 없을 뿐 아니라 외동딸에게 유산을 분배하지 않았다는 면에서 이목을 끈다. 『현종개수실록』의 짤막한 기사를 보면, 이 일이 여성 상속자에 대한 차별과는 무관하고 실제로는 가정불화의 결과라는 사실이 드러난다. 황위의 장남인 참봉[137] 황숙구黃俶龜(1625~1681)는 사소한 문제로 여동생과 사이가 틀어졌고, 급기야 그녀에게 몇 차례 손찌검까지 했다. 그리고 어머니에게 유일한 딸의 상속권을 박탈하라고 강요했다. '인륜'을 저버린 이런 행위 탓에, 그는 값비싼 대가를 치러야 했다. 그가 '의관을 정제한 자들'(사대부) 틈에 낄 자격이 없다고 판단한 사헌부의 언관들은 1671년에 이 일을 왕에게 아뢰면서 그의 관직 삭탈을 주청했고, 왕은 즉시 윤허했다. 아무튼 분재의 대상인 87마지기의 땅은 자식들이 나눠 갖기에도 부족했던 까닭에 전답 대신 노비 2명만이 황위의 제사를 위해 남겨졌고, 막내아들은 노비 11명에 만족해야 했다. 양씨는 보잘것없는 봉사조를 보충하기 위해 아들들에게 각자의 몫에서 노비 한 명씩을 내놓으라고 부탁했다. 그들이 나중에 누이와 화해했는지에 대한 기록은 없지만, 그랬을 가능성은 거의 없어 보인다.[138]

## 안동과 남원의 토지와 노비: 비교

결론적으로 말하자면, 이 장에서 제시된 사료들은 토지 및 노비를 보유하고 관리하는 방식이 안동과 남원 사이에서 차이가 났을 뿐 아니라 출계집단마다 달랐다는 사실을 예증한다. 안동의 경우 적어도 16세기와 17세기에는 토지의 규모가 더 컸고, 따라서 더 많은 노비의 노동력을 필요로 했는데, 이는 토지를 집약적으로 이용하기보다는 조방적으로 이용했다는 뜻이다. 그러므로 보유한 노비의 수가 농지 확장의 관건이었고, 개발할 땅이 풍부하게 남아 있는 한 노비는 가장 귀중한 세습재산이었다. 소작의 비중은 미미했다. 이와 대조적으로 남원의 분재기들 가운데 20여 명 이상의 노비가 열거된 예는 없고, 남원은 안동에 비해 경작지의 규모가 훨씬 작았다. 안동의 농업은 남원에 비해 훨씬 노동 집약적인 상태에 머물러 있었던 것으로 보인다. 남원의 경우에 노동 절약적이고 생산성이 높은 수도작水稻作의 비중이 15세기 중엽에는 약 50퍼센트였고 18세기에는 70퍼센트를 웃돌았다. 하지만 안동에서는 그 비율이 조선왕조 내내 29퍼센트 대에서 제자리걸음을 했다.[139] 또한 남원지방에서는 토지의 지리적 파편화 현상이 덜 심각했다는 것도 주목할 만하다. 다시 말해서 (주로 결혼을 통해 획득된 재산 말고는) 재산이 전라도 밖에 위치한 경우가 드물었다.

임진왜란 이후, 기록에 남은 토지면적(실질적인 면적이 아니라)은 전쟁 이전의 수준을 회복하지 못했다. 인구의 성장과 더불어 토지에 대한 압력도 증가했기에, 두 지방 모두에서 식량 수요의 증가에 대한 해결책은 집약적인 농업이었다. 그렇지만 새로운 토지를 개간하던 시대가 막을 내리고 토지의 파편화가 토지와 노동의 합리적 운용을 위협함에 따라, 많은 사족의 생존능력이 눈에 띄게 약화되기 시작했다. 놀랄 것도 없이, 점점 가난해지는 현실에 대한 근심이 특히 본계에서 작성된 분재기의 서두에 표현되기 시작했다. 출계집단의 지속적인 경제적 쇠퇴를 막고 장기적인 생존책을 확보하기 위해, 딸의 지분을 줄이거나 아예 없애버리는 조치가 방어적 전략으로 널리 퍼지기 시작했다. 딸의 상속권 박탈은 그녀를 남편의 재력에 전적으로 의존하게 만들 뿐만 아니라 친정의 명성을 손상시킬 수도 있는 일이었기에 분명히 어려운 결정이었을 것이다. 17세기에 부쩍 늘어난 중도적 해법은 아들(특히 맏아들)에게 재산을 미리 별급함으로써 상속할 유산을 줄이는 것이었다. 정상적인 상속 통로에서 벗어난 그런 식의 재산 양도 ─ 분쟁을 미연에 방지하기 위해 별도의 문서들로 보증된 ─ 는 유산의 균분이라는 전통적인(그리고 법적인) 원칙을 분명하게 뒤엎었다. 물론 부모가 생전에 획득한 재산이 분배될 때는 균분의 이상이 일반적으로 지켜졌지만 말이다.[140]

시간이 흐름에 따라 사족의 토지자산 규모가 현저하게 줄어들었음에도, 18세기 초에 실시된 양전量田의 결과[141]에 의하면 안동과 남원에서 가장 광대한 토지를 소유하고 있던 무리는 여전히 사족이었다. 그렇지만 같은 출계집단 내에서도 개별 성원들이 보유하고 있던 토지의 양은 천차만별이었으므로, 좁아빠진 농지의 소유자들은 먹고살기도 빠듯했을 것이다. 그런 격차는 자연히 적자와 서얼 사이에서 가장 두드러졌지만, 승중자인 장자와 그의 동생들 사이에서도 점차 분명하게 드러났는데, 이는 부계종족의 등장으로 인해 가족 내의 관계가 변하기 시작했음을 뜻한다(8장에서 상세하게 논할 것이다).

간추려 말하면, 이 장에서 논의된 증거는 안동과 남원에 '정착한' 사족들의 인생역정에서 토지가 결정적으로 중요한 가치를 지니고 있었음을 보여준다. 농지를 조성함으로써, 그들은 본인들과 후손들의 생계수단을 마련했다. 이와 동시에 그들은 토지자산을 밑거름 삼아 관직에 나아갈 준비를 하고 학문에 정진할 수 있었다. 나중에 다시 주장하겠지만, 토지는 유학과 의식주의 *ritualism*의 발흥을 촉신하는 데노 중요한 역할을 했다. 실제로 토지가 궁극석으로 파편화되고 부족해지자 생존 자체에 위협을 느낀 사족들은 토지를 쪼개지 않고 보존하는 방향으로 친족을 조직하기 위한 새로운 의례 형식을 만들어냈다. 따라서 강력한 경제적 요인이 조선 후기 종족제도의 촉매로 작용했다고 볼 수 있다.

3부

# 유학: 학문과 실천

## 서언 __

16세기 중엽에 이르자, 제법 규모가 큰 지방의 엘리트 공동체들이 안동과 남원에 나타났고, 이 집단들은 공동체적 협력과 혼인망을 바탕으로 상당한 부를 축적하고 지역을 안정시킬 수 있었다. 이런 중요한 자산을 배경으로, 소수의 사족은 각자의 지역에서 자신들의 지배적인 위치를 굳히기 위해 유학에 눈을 돌려 새로운 가례의 실천을 선도했다.

영남[경상]은 전통적으로 풍부한 문화적 유산과 높은 학문적 성취의 고장으로 알려졌다. 하연河演[1]은『경상도지리지』의 서문에서 "경상도만큼 토양이 비옥하고 인재가 풍부한 도는 없다.…… 신라의 옛터인 이 도는 국가의 근본이다"라고 경상도를 찬양했다.[2] 실제로 고려 말부터 압도적인 수의 과거 합격자들이 경상도에서 배출되었다. 하연을 비롯한 그들의 상당수가 경상도 출신인 정몽주 ─ 성균관에서 도학을 가르친 가장 영향력 있는 교수들 가운데 한 명이자, 훗날 "동방 이학理學의 시조"로 찬양받은 ─ 의 문하생이었다. 정몽주의 제자들은 국가와 사회를 개혁하려는 스승의 사명감에 고취되어 신유학적 지식을 자신들의 공동체에 보급함으로써 지방에서 도학사상이 출현하게 되는 지적 토대를 마련했다.

정몽주의 문인이었던 진보 출신의 조용趙庸(?~1424)[3]은 스승과 마찬가지로 조선의 창건에 반대하다가 예천으로 유배되었다. 그곳에서 그는 역시 신왕조에 반대했던 친구 [흥해] 배상지의 아들들을 가르치기 시작했다. 본관이 예천인 윤상尹祥(1373~1455)[4]은 조용의 또 다른 제자로, 훗날 수도에서 유학 교수로 명성을 날리다가 예천으로 낙향하여 그곳의 학생들을 가르쳤다. 이렇게 해서 안동의 지리적 고립에도 불구하고 안동의 몇몇 인사는 유학의 근본을 깨우쳤고, 그 결과 안동은 수도에서도 '공맹孔孟의 가르침'을 중시하는 지역으로 칭송받게 되었다. 소수의 열성적인 안동 도학도가 세기의 전환기에 사화의 희생물이 된 것은 그리 놀랄 일도 아니다.[5]

이런 식의 지적 정지작업을 바탕으로, 퇴계 이황(1501~1570)은 1550년대에 제자들을 가르치기 시작했다. 안동(예안) 토박이인 퇴계가 온계 근처에 자리를 잡고 도산서당陶山書堂을 세웠을 때, 그는 이미 고관, 경연관, 탁월한 도학자로 전국적인 명성을 얻고 있었다. 그의 학도들은 퇴계의 제자가 되는 영예를 얻고자 앞을 다투었던 재지 사족의 자제들이었는데, 퇴계의 가르침은 그들의 과거 준비에 딱히 도움이 되는 것은 아니었다. 오히려 퇴계는 제자들에게 '문文, civility'을 가르쳤고, 그들의 배움은 그들에게 다른 사람들을 '교화'할 능력을 부여해주었다. "스스로 깨달음을 얻었을" 뿐만 아니라 나아가 의욕적인 스승으로 변신한 그의 문하생들은 불교의 영향하에 있던 사회적 환경 속에서 새로운 유교의식의 실천을 선도하여 친족을 조직화했고, 향약으로 자신들의 공동체를 탈바꿈시켰다.

하지만 사족층만 일방적으로 혜택을 누린 것은 아니었다. 퇴계는 생전에는 물론이고 사후에도 열정적인 제자들의 덕을 봤다. 그의 교육활동을 보조하고 그의 사후에 후대를 위해 그의 학문적 유산을 수집하여 보존한 주요 제자 몇 명의 지적 헌신과 경제적 지원이 없었다면, '퇴계학파'는 탄생하지 못했을 것이다.

퇴계의 명성은 그가 살아 있는 동안 타의 추종을 불허했으나, 경상도의 남부에는 도전자는 아닐지언정 일종의 맞수라 할 수 있는 남명南冥 조식曺植 (1501~1572)이 있었다. 벼슬에 뜻이 없었던 남명은 독자적인 철학자로, 그의 주변에는 합천陜川과 진주(경상도)의 학생들이 많이 모여들었다. 심지어 퇴계의 제자 몇 명도 그의 문하에서 공부했다고 한다.

하지만 퇴계와 남명의 제자들 사이의 유대는 중앙에서의 갈등이 관료사회를 사분오열시킨 1575년 이후 정치적이고 지적인 이유로 인해 곧 깨어졌다. 이 주제는 4부의 서언에서 다룰 것이다. 뒤이은 두 파 사이의 분열은 낙동강을 경계로 하는 지리적 용어로 표현되기에 이르렀다. 경상도의 '북부' 또는 (수도에서 바라봤을 때) '왼쪽' 절반은 퇴계의 영역으로, 경상도의 '남부' 또는 '오른쪽' 절반은 남명의 영역으로 간주되었다. 나중에는 두 파를 지적으로 갈라놓은 정확한 이유가 무엇인지 모호해졌지만, 제3의 관찰자들은 두 지역에 거주하는 사람들의 정신세계가 상당히 다르다는 고정관념에 사로잡혔다. 경상도 '북부'의 주민들이 '남부'의 주민들에 비해 좀 더 교양 있고 진지한 것으로 여겨졌다.

유학이 전라도에 전해지던 초창기의 분위기는 경상도에 비해 활기차지 않았지만, 조광조와 뜻을 같이했던 인물 가운데 한 명인 김안국金安國 (1478~1543)[6] ― 조광조와 김안국은 모두 김굉필의 제자였다 ― 의 노력에 힘입어, 도학은 전라도에서 굳건한 학문적 기반을 구축했다. 과격한 정치가라기보다는 헌신적인 교육가에 가까웠던 김안국은 1519년 이후 자의반 타의반으로 전라도에 머무는 동안 김인후金麟厚(1510~1560)와 유희춘柳希春(1513~1577) 같은 지방의 학생들에게 경서를 가르쳤다. 김인후는 그 후 미미한 관직을 전전하다가 1545년의 사화 직후에 벼슬을 그만두고 고향인 장성長城에서 성리학 연구와 후진 양성에 전념했다. 김안국의 제자 가운데 가장 총명했던 그는 훗날 학문과 문학적 성취를 인정받아 전라도 출신으로는 유일하게 서울의 문묘에 배향되는 명예를 누렸다.[7] 유희춘은 젊은 시절부터 초기 전라도 사림과 인연이 깊었다. 그의 부친은 김굉필의 제자이자 최부崔溥[8]의 사위였다. 유희춘은 또한 김인후의 사돈이었다. 박학한 그는 경서 외에 역사와 훈고학訓詁學, 예학에도 밝았고, 제자들에게 영감을 주는 스승으로 명성이 높았다.[9]

김인후와 유희춘은 대단한 지적 권위를 행사했기 때문에, 저명한 전라도의 사대부 기대승奇大升(1525~1572)과 함께 '호남오현湖南五賢'[10]에 들었다. 기대승은 1559년에 퇴계와 '사단칠정四端七情'에 관한 유명한 논쟁을 시작함으로써 특별한 명성을 얻었다. 이 논쟁은 인간성과 신유학의 두 가지 핵심 개념인 '이理'와 '기氣'의 관계에 관한 복잡한 논의의 막을 열었다.[11] 얼마 뒤에 율곡栗谷 이이李珥(1536~1584)와 우계牛溪 성혼成渾(1535~1598)에 의해 재개된 이 철학적 논쟁은 조선 후기의 관료사회를 상쟁하는 당파로 분열시켰다.

전라도에는 경상도 북부의 퇴계나 경상도 남부의 조식처럼 학문적 논의를 통일한 학자가 없었다. 실제로 호남의 유학은 다양하고 때로는 상충하는 근거에 바탕을 두고 있었는데, 결국에는 대부분의 학자가 율곡의 철학적 입장을 수용했다.[12]

사족은 자신들의 유학 지식으로 무슨 일을 했을까? 도학을 정체성의 일부로 삼고 그것을 자신들에게 부여된 도덕적 임무로 이해한 그들은 여러 수준에서 적극적으로 활동하기 시작했다. 일단 주희의 저작에 제시된 사회적 모델에 따라 자신들의 친족집단과 마을공동체를 변화시키는 작업에 나섰다. 불교적 전통에 물든 환경 속에서, 그들은 불교식 상례와 제례를 타파하고 자신이 속한 친족집단의 일상적 의례를 혁신하기 위해 노력했다. 나중에 다시 주장하겠지만, 궁극적으로 한국에서 유교식 부계의 출현을 촉진한 것은 제례의 변용이었다.

공동체 수준에서, 사족은 국가(수령에 의해 대표되는)가 완수할 뜻이나 능력이 없어서 많이 배운 재지 엘리트층에 위임한 임무, 즉 유교의 규범과 가치를 향촌의 엘리트와 비엘리트에게 보급하는 과제와 씨름했다. 조정은 주자의 향약이 '치도治道'에 유용한 도구라는 점을 일찌감치 간파했지만, 향약의 전국적인 시행을 위한 정부 주도의 조치는 취해지지 않았다.[13] 따라서 이 도구를 향촌 주민들의 '교화'에 이용하는 일은 지방 엘리트층의 자발적인 노력에 맡겨졌다.

유학은 점차 개인이 스스로를 수양하는 수단으로 인식되고, 더 이상 국가시험 공부에 연결되지 않았으며, 그 결과 과거 급제도 드물어졌다. 하지만 학자적 능력과 명성은 국가의 인정과 무관하게 재지 엘리트의 사회적 신분을 강화하는 자산이 되었다. 사士는 학자로서 주변의 환경에 대한 자신의 사회적·정치적 통제력을 굳혔고, 지방의 권력자로서 국가에 맞서 자신의 지위를 지켰다.

3부는 세 장으로 구성된다. 7장은 안동과 남원에서 도학이 발흥하는 과정을 논의하고, 안동을 배경으로 한 퇴계의 교육활동과 그 제자들의 성장과정을 살펴본다. 남명학파에 대한 간략한 검토도 이루어진다. 8장은 불교적·무속적 전통의 배경에 맞서 유교식 의식을 도입한 방식을 고찰하고, 종족 형성의 첫 번째 단계를 살펴본다. 마지막으로 9장은 안동의 주요 출계집단들이 자신들의 공유재산을 잘 관리하면서 원활하게 기능하는 공동체로 조직화되는 방식을 설명한다. 이 공동체는 16세기 말에 임진왜란(1592~1597)의 피해를 딛고 일어나, 내실을 기하면서 미래의 성장을 준비했다. 세 장은 모두 안동의 자료에 크게 의존한다. 남원은 1597년에 거의 완전히 파괴된 탓에, 조선의 첫 두 세기 동안 그곳의 역사에 대한 지식은 단편적일 수밖에 없다.

# 7장 >>> 유학자로서의 사족 엘리트

15세기 중엽까지는 수도의 바깥에 거주하던 사족 가운데 도학과 결부시킬 수 있는 개인이 거의 없었지만, 경상도와 전라도의 토박이 다수가 1480년대에는 김종직을 중심으로, 그리고 30년 뒤에는 소광조를 중심으로 형성된 도학 신봉자들의 무리에 합류했다. 그들의 대부분은 훗날 『영가지』와 『용성지』에 세기의 전환기에 발생한 사화의 희생양들로 기록되었다. 도학은 퇴계가 자신의 고향에서 후학 양성에 나선 16세기 중엽부터 특히 안동에서 꽃을 피우기 시작했다.

## 안동의 초창기 사림

　김종직의 '경상선배당'에 합류한 최초의 안동인은 아마도 [고성] 이증의 손자인 이주(?~1504)였을 것이다. 그는 1488년에 문과에 급제했고, 1495년에는 사간원의 하급관리가 되어 사림의 대의를 적극적으로 지지했다. 하지만 [연산군이] 선왕인 성종에게 불재佛齋를 올리는 것에 반대했다는 이유로, 김종직의 다른 추종자들과 함께 외딴섬 진도(전라도)로 유배되는 처벌을 받았다. 그 후 서울에 돌아온 그는 궐내에 대간청臺諫廳(사헌부 및 사간원 대간들의 회합장소)의 설치를 주청했다가 연산군의 노여움을 사 1504년의 사화 때 참수되었다.[1] 『영가지』는 1504년 사화의 또 다른 희생자 2명을 언급하고 있는데, [안동] 권민수權敏手(1466~?)는 유배당했고, 그의 동생 권달수權達手(?~1504)는 처형당했다. 하지만 둘은 안동에 거주한 적도 없는 것 같고, 사림 문제에 직접 연루되지도 않은 듯하다.[2] 그래서 두 사람이 『영가지』의 기록에 남은 이유는 분명치 않다. 그 이전에 김종직의 추종자인 [광산] 김용석金用石(1453~?)은 1498년의 화를 면하기 위해 수도를 떠나 아내의 고향인 풍산현의 구담으로 피신한 바 있다.[3]

　깊은 상처를 남긴 수도의 사건들은 틀림없이 사림파에게 두려움과 좌절감을 안겨주었을 테지만, 그래도 그들은 다시 조광조의 카리스마 있는 지도력에 마음을 빼앗겼다. 조광조를 추앙한 안동인 가운데 한 명인 권벌(문과, 1507)은 동생인 권장權橫(진사, 1513; 문과, 1519)[4]과 함께 1519년의 사림 희생자 명부 3종[5]에 모두 이름을 올렸다. 삼사의 다양한 직책을 수행하는 동안, 권벌은 조광조 일파가 내세운 갖가지 정치적 요구를 적극 지지했는데, 그 가운데는 1498년에 희생된 자들, 특히 김종직의 신원이 포함되어 있었다.[6] 권벌은 또한 저명한 사림 학자이자 교육자인 김안국과 그의 동생 김정국[7]과도 가깝게 지냈고, 김안국처럼 과격한 행동은 싫어했다. 예조참판으로 재직하고 있던 1519년 초에 자신과 사림의 동료들 사이에 심각한 의견 차이가 있음을 알아차린 권벌은 정치적 격변이 임박했음을 감지하고 지방관을 자청했다. 덕분에 같은 해 말에 시작된 사화의 직격탄은 피했지만, 그래도 조광조 일파에 연루되어 있었기에 그는 관직을 삭탈당하고 고향으로 내려가 13년 동안 사실상의 유배생활을 해야 했다. 1533년에 복직한 뒤에 그는 승진을 거듭했고, 김안국을 비롯한 생존자들과 함께 1519년 희생자들의 신원을 강력하게 요청했다. 1545년에 그가 최종적으로 파직된 것은 개혁사상과 무관했다. 그 것은 중종의 후계자 선정을 둘러싼 대신들의 내분에서 비롯되었다.[8]

권벌의 사림 자격은 사림이 조종으로 떠받드는 인물인 정몽주의 5대 외손녀와 결혼했다는 사실에 의해 충분히 갖추어졌을 테고, 권벌은 1515년 봄에 정몽주의 고향 마을을 방문하여 그에게 예를 표했다. 권벌은『대학연의』와『근사록』,『주자대전』을 탐독했는데, 이 책들은 그가 왕에게 하사받은 것이었다. 그는『근사록』을 항상 소맷자락에 넣고 다녔기 때문에, 어쩌다 그 책이 궁궐의 정원에 떨어져 있으면 왕은 그 임자가 누구인지 대번에 알았다고 한다. 권벌은 또한 1543년에 한국에서 처음 간행된『주자대전』의 교정자들 가운데 한 명이었다. 그는 엄청난 재력가였지만, 낭비를 자제하면서 스스로를 '한사寒士'에 비유하기를 좋아했다. 다른 사람도 아닌 퇴계가 훗날 그의 행장을 쓴 것은 사후에 그의 사림 신분을 새삼 확인시켜준 의미심장한 일이었다.[9]

권벌의 먼 친척인 권주權柱(1457~1505)와 그의 아들 권전權礥(1490~

1521)도 그와 같은 시기에 벼슬을 했다. 권주는 1504년의 사화 직후에 사림 문제와 무관한 이유로 살해당했지만,[10] 1519년에 현량과에 급제한 권전은 조광조의 친구이자 열성적인 지지자임을 자처했다. 권전은 정몽주와 김굉필의 문묘 배향 같은 사림의 대의를 옹호했기 때문에, 1519년 사화의 여파가 남아 있던 1521년에 조정의 분규에 휘말려 처형당했다.[11]

조광조의 급진적인 정치적 강령에 찬성하지 않더라도, 사림의 동조자가 될 수 있었다. 예를 들어 퇴계의 숙부인 [진성] 이우(1469~1517)는 김안국 같은 저명한 사림의 벗이었는데, 그에게 관운이 따르지 않은 것은 사림의 대의와는 전혀 관계가 없었다. 1498년의 문과 급제자인 그는 연산군의 재위 마지막 해에 승지의 자리에 올랐지만, 중종반정이 일어나자 입장을 바꾸어 그 무리에 가담했다. 이런 전향으로 정국공신靖國功臣 4등에 녹훈되었으나, 얼마 뒤에 신하의 도리에 어긋나는 기회주의적 행동을 했다는 비난을 받고 삭훈되었다. 하지만 1년 뒤에는 명예가 회복되어 안동의 부사로 임명되었다. 그의 친구 이현보李賢輔(1467~1555)[12]는 예안에서 태어나 그와 같은 해에 과거에 급제했다. 사림의 미온적 지지자였던 그는 사간원의 정언으로 재직하고 있던 1504년에 바른말을 하다 잠시 유배당했다가 2년 뒤에 복직되었다. 그는 조광조의 급진주의와 일정한 거리를 유지한 덕분에 1519년의 참화를 면할 수 있었다. 이우와 이현보는 교육자로서 안동지방에서 사림의 학문을 진작하는 데 중요한 역할을 했다.

15세기 말과 16세기 초에 서울에서 벌어진 사건들은 멀리 떨어진 지방에도 암울하고 불확실한 그림자를 짙게 드리웠다. 이씨와 권씨를 비롯한 안동인들이 수도에서 겪은 고통은 분명히 출사의 의의에 의문을 던졌다. 사림의 학문은 반드시 벼슬살이를 위한 것인가? 그 반대로 학문이란 세상사와 담을 쌓고 도덕적 자기수양을 통해 우월한 신분을 추구하는 학자로서 자신을 정립하는 수단이 될 수도 있지 않을까? 안동에서 가르침을 시작했을 때, 퇴계는 그런 대안적 관점을 지니고 교육에 투자할 만한 충분한 재력을 갖추게 된 재지 사족의 젊은 세대에 가까이 다가갔다.

## 전라도의 초창기 유학

사림의 학문이 전라도에 전파되는 초기의 패턴은 안동의 경우와 비슷했던 것으로 보인다. 그 학문을 각자의 고향에 보급한 사람들의 압도적 다수는 문과 급제자들과 전직 관리들이었다. 물론 15세기와 16세기 초에는 문과에 급제하여 서울에서 관직생활을 하던 전라도 출신이 경상도 출신에 비해 적었다.[13] 아쉽게도 전라도의 초창기 학자들을 소개하는 데 도움이 되는 전거는 제한적이고, 때로는 몇 가지 단순한 전기적 사실만 제공할 따름이다.

경상도와 대조적으로, 전라도는 일반적으로 유교문화에 적대적인 지역으로 인식되었다. 김종직이 1487년 여름에 그 도의 관찰사로 부임하기 전에 왕을 하직하면서 전라도는 그 주민들이 '음사淫祀'를 숭상하기 때문에 아직까지 "성性과 이理의 가르침"에 감화되지 않았다고 아뢰었다.[14] 이는 경상도인의 편견일 수도 있지만, 나주羅州 출신인 최부(1454~1504)도 그 견해에 공감했다. 김종직과 정여창의 초기 제자이자 1482년의 문과 급제자였던 최부는 전라도 남부를 비공식적으로 순행히면서 "[지방의] 정론正論을 세워 비루한 습속을 교정할" 필요성을 느꼈다고 한다. 1498년에 김종직의 문집이 그의 집에서 발견되었기 때문에, 최부는 처음에는 유배형에 처해졌고 다수의 사림과 함께 1504년에 처형당했는데,[15] 그는 아마도 사화로 희생된 최초의 전라도인이었을 것이다.

소수의 전라도인이 초기 사림의 지도자들과 직접 접촉한 것으로 알려져 있다. [풍천] 노우명盧友明(1471~1523)은 함양(전라도에 인접한 경상도의 군)에 살고 있었지만, 1490년대 초에 인접한 안음安陰의 현감으로 있던 정여창에게 여러 차례 가르침을 청했다고 전해진다. 진사시 입격자인 노우명은 절제된 행동과 강력한 통솔력으로 명성을 얻었고, 나중에 김안국(그가 경상도 관찰사로 재직하고 있던 1517년에)의 천거로 참봉에 임명되었다. 까다로운 사림의 자격을 손색없이 갖춘 그는 아마도 사돈 덕에(299쪽을 보라), 조광조의 건의로 시행된 1519년 현량과의 응시자로 추천받았으나, 28명의 합격자 명단에 들지는 못했다.[16] 어린 아들 노진의 교육에 헌신한 그는 아들을 위해 주자의 저작 일부를 일일이 손으로 베껴 썼다고 전해진다. 노진은 남원에서 풍천 노씨의 명성을 드높였다. 1546년에 문과에 급제한 그는 수도 안팎에서 최고위직에 올랐고, 김인후와 기대승, 노수신盧守愼[17] 같은 전라도의 명유名儒와 가깝게 지냈다. 훗날 '호남오현'의 한 명으로 추앙된 그는 주자의 예법을 너무 엄격하게 지킨 나머지 부친과 모친의 상을 치른 뒤에 병들어 쓰러질 지경이었다. 전라도 각지에서 훗날 지도자 역할을 하게 된 인재들의 사표로서, 노진은 사후에 전라도 사림의 '종宗'으로 인정받았다.[18]

1519년에 치러진 현량과에 급제한 유일한 전라도인인 [남양] 방귀온房貴溫(1465~?)에 대해서는 알려진 바가 거의 없다. 그는 남양 방씨의 주포 입향조인 방구성의 손자로, 1495년에 진사시에 입격하여 참봉으로 봉직했다. 그가 1519년에 54세라는 최고령 현량과 응시자로 추천받은 것은 아마도 그의 뛰어난 덕행 때문이었을 것이다.[19]

남원 출신 두 명이 『용성지』에 '기묘명현'으로 기록되어 있는데, 그들은 [순흥] 안처순(1492~1534)과 홍순복洪順福(1492~1520)이다. 안처순은 1514년에 문과에 합격했고, 홍문관에서 일하면서 조광조와 가까워졌다. 사돈인 노우명을 조광조에게 소개한 것도 아마 안처순이었을 것이다. 1518년에 노모를 가까이에서 부양하기 위해 구례(전라도) 현감으로 부임했기 때문에, 안처순은 1519년의 사화가 진행 중일 때 수도에 있지 않았다. 그렇지만 조광조 일파의 명부 3종에 이름이 올라 있었기에, 관직을 삭탈당하고 권벌과 마찬가지로 오랜 유배생활을 했다. 그는 1533년이 되어서야 복직되어 성균관 학관에 임명되었고, 1년 뒤에 수도에서 사망했다. 안처순은 평생 『근사록』에 관심을 보였는데, 지방에서는 구하기가 어려웠기 때문에 구례에 있는 동안 그 책을 간행하여 보급했다. 또한 봄과 가을에 공자에게 올리는 향사享祀가 허름한 곳에서 치러지는 것을 안타깝게 여긴 나머지 서둘러 격식을 갖춘 사당을 지었는데, 이 일에 탄복한 고을 사람들은 그를 존경하게 되었다고 한다.[20]

학식이 풍부한 안처순에 비해, 또 다른 '기묘명현'인 홍순복은 학자라기보다는 행동가에 가까웠다. 스승인 김식金湜[21]만큼이나 성질이 불같았다는 그는 성균관 유생들과 함께 대궐문 앞까지 몰려가 조광조와 그 추종자들의 무죄를 호소하며 농성을 벌였다. 이 무모한 행동 탓에 그는 1519년에 유배되고 이듬해에 처형당했지만, 훗날 남원의 노봉서원露峯書院에 배향되었다.[22]

조광조의 문인으로 꼽히기는 하지만, 다리실의 [창원] 정씨 형제인 정환(1498~1540)과 정황(1512~1560)은 조와 친밀한 관계를 맺기에는 너무 어렸다.

그래도 조가 죽기 전에 인근의 능주綾州에 잠시 유배되어 있을 때 그를 만났을 수는 있다. 책이 없어 공부도 할 수 없을 성노로 '불우한' 청년시절을 보냈지만, 두 사람은 문과에 급제(각자 1528년과 1536년에)했을 뿐 아니라 고위직에 올랐다. 특히 정황은 말년에 스스로 깨우친(자득自得한) 학문으로 널리 찬사를 받았다. 때때로 송나라의 정호·정이 형제에 견주어졌던 두 정씨는 조광조의 뜻을 1519년 이후까지 전했다는 공을 인정받았고, 『용성지』에 '명현'으로 등재되었다.[23]

전라도에서 사림의 사상이 전파되는 초기의 과정은 사적인 접촉과 개인의 주도에 의존한 우연의 연속처럼 보이기도 하지만, 전라도의 지적 무대는 유학을 싫어하는 고장이라는 과거의 평판이 연상시키는 것보다는 훨씬 활기차고 창의적인 것으로 밝혀졌다.[24] 1519년에 다수의 소장 학자를 잃기는 했지만, 그들의 '순교'는 결국 후손들에게 더없이 귀중한 자산이 되었다.[25] 신유학은 유교 경전을 도덕적으로 해석하고 의례적 실천을 강조한 김인후와 유희춘 같은 주요 보급자들의 노력에 힘입어 계속 융성했다.

유희춘의 제자라 할 수 있는 남원인으로는 다리실의 정염丁焰(1524~1609)과 둔덕의 최상중을 들 수 있다. 정환·정황 형제의 먼 친척인 정염은 다른 청년들과 함께 정기적으로 절에서 모여 무장茂長의 현감으로 재직하고 있던 유희춘으로부터 『근사록』과 『소학』에 관한 가르침을 받고 문체를 배웠다. 얼마 뒤에 그는 자신을 위한 배움, 즉 '위기지학爲己之學'에 전념하는 학자로 알려졌고, 퇴계로부터 '진유眞儒'라는 칭찬을 받았다. 그는 뜻이 맞는 동료들과 조광조를 기리는 서당을 세웠다. 모변 친척인 이대위李大撝(1540~1609)는 그의 막역한 벗들 가운데 한 명으로, 정호·정이 형제와 주자에 의해 해석된

기본적인 도덕적 원리에 대한 정염의 열정을 공유했다. 이대위는 '덕행'으로 관직에 천거되었다.[26]

유교식 가례의 엄격한 준수는 남원인의 많은 전기에 끊임없이 등장하는 주제인데, 이는 『가례』의 의례 규정을 철저하게 지키는 것이 16세기 남원 유학자들의 눈에 띄는 특징이었다는 사실을 말해준다. 예컨대 주포방의 [흥덕] 장급張伋은 '잘못된 의례'를 바로잡는 데 엄청난 노력을 기울였고, 『가례』에 따라 부모의 상장례를 치렀기 때문에 "의례에 관심이 많은 이웃들은 그를 본보기로 삼았다." 장급은 비록 과거에 여러 차례 낙방했고 천거에 의한 관직도 사절했지만, '대학자'로 존경받았다. 율계栗溪를 호로 삼은 것은 율곡 이이와, 그의 저명한 제자이자 예학의 거두인 사계沙溪 김장생金長生(1548~1631)이 쓴 예서禮書들에 감복했기 때문일 것이다. 실제로 급의 양자인 학자 장경세(1547~1615)는 부친상을 치르면서 '율[곡]-[사]계 상경栗溪喪經'을 정독했다고 한다.[27]

요약하자면, 남원의 초기 유학자들은 전라도의 다른 지역 학자들과 마찬가지로 『가례』의 의례 규정에 숙달하는 것을 정주의 엄격한 해석에 입각한 '성리학性理學'에 정진하는 자신들의 유교적인 정체성으로 삼았던 것 같다. 율곡과 사계가 16세기 후반에 수도에서 도학을 이끄는 학자로 부상함에 따라, 전라도의 학자들은 대부분 그들을 학문과 의례에 관한 문제의 권위자로 받아들였지만, 순수한 '성리학'보다는 경학經學에 치중했던 것으로 보인다.

## 안동의 관학과 사학

조선 초부터 전국 방방곡곡에 '문명'을 보급하기 위해 국립 향교가 모든 행정구역에 설치되었다. 안동의 향교는 부성의 북쪽에 있었고, 서울에서 파견된 교수가 상근했다.[28] 서울에 있는 성균관의 축소판이라 할 수 있는 이 향교의 정전正殿인 대성전大成殿에는 공자와 그의 4대 제자, 송나라 유학자 몇 명, 그리고 한국 유학자 3명의 위패가 모셔져 있었다. 정전 앞에 있던 좀 더 큰 명륜당明倫堂은 강의가 이루어지던 건물이었다. 그 앞의 마당 양편에는 유생들이 기거하던 동재東齋와 서재西齋가 있었다. 향교 입구에는 위풍당당한 정문이 서 있었다. 향교는 16세기 초에 이르러 이미 쇠퇴했지만, 이우와 이현보 같은 안동 부사들(이미 언급했듯이 둘은 사림 학자였다)의 호의와 관심 덕분에 잠시 활기를 되찾았다. 1517년에 경상도 관찰사 김안국은 향교를 방문하여 "구습을 일소"하기 위한 수단으로『소학』강론을 권장하는 기념시를 남겼다.[29]

그렇지만 16세기 중엽에 이르자 이 향교는 너무 낡아빠져 대대적인 재건이 불가피해졌다. 게다가 한중 명현들의 위패를 따로 모시기 위해 대성전에 동서 양무兩廡를 가설加設하라는 왕명이 떨어졌다. 이 공사는 1565년과 1567년 사이에 당시의 안동 부사인 윤복尹復[30]에 의해 시행되었다. 지역주민들의 노역을 감독하는 일은 권벌의 조카인 권심행權審行[31]이 맡았다. 또한 유생들의 일과와 교과과정을 관리하기 위해 새로운 '학령學令'[32]이 만들어졌다. 이런 개선에도, 윤복은 "책을 들고 공부하러 오는 유생이 하나도 없으니 선생이 강학을 할 수가 없다"라고「중수기重修記」[33]에서 탄식했다. 이런 탄식은 안동의 엘리트 청년들이 다른 곳에서 교육받는 길을 택했음을 뜻한다. 결과적으로 세월이 흐르면서 안동의 향교는 다른 지역의 향교와 마찬가지로 '문명화' 도구로서의 제 역할을 거의 상실했고, 지방의 선비들이 봄과 가을에 지역의 수령을 집전관으로 모시고 유교의 성현을 기리는 문묘의 일개 부속 기관이 되고 말았다.[34]

안동에서는 초보적인 유학 교육이 열성적인 아버지들의 '가정규훈家庭規訓'을 통해 이루어졌다. 예를 들어 [의성] 김진은 다섯 아들과 조카들, 이웃의 자식들을 몸소 조기에 교육시키기 위해 문과 급제의 야망까지 접었다. 그는 내앞의 강 건너편에 부암서당傅巖書堂을 짓고 엄격한 '학규'를 마련했다. 학생의 수가 늘어나면서 "현악의 선율과 시를 읊는 소리가 사방에 울려 퍼졌다." 그의 다섯 아들은 나중에 퇴계의 문하에서 공부했다.[35]

퇴계 자신은 박식한 숙부 이우의 가르침을 받아 도학에 입문하게 되었다. 12세의 나이에 숙부에게 『논어』를 배운 퇴계는 훗날 다음과 같이 회상했다. "숙부께서는 나의 공부를 엄하게 채근하셨고, 말씀이나 표현에 한 치의 소홀함도 없으셨다. 내가 『논어』와 그 집주를 처음부터 끝까지 완벽하게 외어도, 칭찬 한마디를 하지 않으셨다. 내가 공부를 게을리 하지 않았던 것은 진실로 그분의 지노와 편달 덕분이다."[36] 이런 과정을 통해 퇴계는 훗날 본인이 자신의 제자들에게 요구했던 자제력과 학문적 엄정성을 일찌감치 체득했다.

그렇지만 자타가 공인하는 뛰어난 스승이 없는 경우에도, 젊은 학도들은 도학에 마음을 빼앗겼던 것 같다. 가문의 전통에 따라, 김종직의 제자인 김용석의 손자 [광산] 김언기金彦璣(1520~1588)는 산장에서 홀로 '도학'에 정진했다고 한다. 그러나 그는 먼 친척들인 김부필金富弼과 김부륜金富倫

(1532~1598), 김부인金富仁, 그리고 유성룡柳成龍, 구봉령具鳳齡, 권호문權好文 같은 젊은 동시대인들과 함께 일종의 학계學契인 동지계同志契를 결성하기도 했는데, 훗날 이들 모두는 퇴계의 열성적인 제자가 되었다(305쪽에서 다시 논할 것이다). 그들은 매달 초하루에 산사에 모여 "도를 논하고 송학宋學을 연구했다." 신학문의 해설가로서, 김언기의 명성은 빠르게 퍼져나갔다. 학생들이 몰려들기 시작하자, 그는 1561년에 가야서당佳野書堂을 설립했다. 결국 약 188명이 그의 제자 명단에 올랐다. 그는 출사에는 뜻이 없었으나, 1567년에 48세의 나이로 생원시에 입격했다. 그 자신도 퇴계의 제자로 기록되어 있지만, 그의 전기를 보면 그와 퇴계의 관계는 그리 분명하지 않다. 그렇지만 그가 남치리南致利와 정사성鄭士誠 같은 제자들에게 퇴계의 문하에서 공부하라고 권한 것은 사실인 듯하다.[37]

물론 안동 사족 청년층의 최고 스승으로 떠오른 인물은 퇴계였고, 사림의 학문에 대한 그의 식견은 여러 세대에 걸쳐 안동 선비들의 지적 방향을 설정했다. 퇴계는 한국인 학자를 자신의 지적 지도자나 스승으로 인정하지 않았고, 주희를 신유학 사상을 최종적인 불변의 형태로 완성한 인물로 존경했다. 따라서 주희의 '도학'에 첨삭을 가할 필요가 없다고 믿었다. 퇴계는 주희의 가르침에서 핵심적인 것은 '덕성'과 결합된 '정학正學'이라고 말했는데, 사실 이 두 가지는 유학 자체의 근본적인 요소였다. 그래서 그는 주희의『소학』을 강론의 주교재로 선택했다. 그 책이 초기 교육과정의 '체용體用'이자 『대학』의 '근본'을 이루는 입문서이기에, 학생들이 반드시 그 내용을 숙달해야 한다고 생각했기 때문이다.[38] 그다음으로 익혀야 할 교재는『논어』와『맹자』, 그리고 퇴계가 제자들을 가르치기 위해, 또 자신의 정신을 수양하기 위해 편찬한 서간집인『주자서절요朱子書節要』였다.[39)] 마지막 교재는 주희의 주석이 붙은 오경이었다.[40)] 그밖에도 퇴계는『근사록』과『심경心經』을 중시했다.[41)] 『심경』은 경전과 송대 철학자들의 저작에서 발췌한 중요한 문구들을 모은 책으로, 성인이 되고자 하는 유학자들의 도덕성 형성에 도움을 주는 지침서였다. 퇴계는『심경』을 사서 못지않게 높이 평가했고, 평생의 지적 동반자로 애지중지했는데, 이 책에 대한 그의 경의는 제자들에게도 대물림되었다.

시골구석에서는 책을 구하기가 쉽지 않았으므로, 기본교재는 종종 필사되었다.[42)]『소학』과 주희의 전집은 사림 학자 김안국의 주도로 인쇄되었지만, 멀리 떨어진 마을의 학교까지 전해지는 책은 몇 부 되지 않았다. 사정이 이랬던 만큼, 퇴계의 아버지인 이식은 첫 번째 부인의 어머니로부터 상당히 많은 책을 받은 것을 행운으로 여겼다. 이 증여는 "그의 학문을 넓혀주었고" 두말할 나위 없이 그의 아들에게도 혜택을 주었다.[43)]

## 퇴계의 제자가 된 사족의 자손

왜 재지 사족의 아들들은 퇴계의 가르침을 받으려 했을까? 처음에는 명예라는 가치 때문이었을 것이다. 퇴계는 수도의 고관 및 교관으로서 전대미문의 지적·도덕적 권위를 획득한 가장 고명한 철학자가 되어 안동에 돌아왔다. 그런 그의 제자로 받아들여진다는 것은 틀림없이 대단한 특권으로 간주되었을 것이다. 이는 훗날 그 제자들의 전기에 어김없이 진술되어 있던 사실이다. 젊고 적극적인 사족의 집단은 퇴계가 1560년에 온계의 집 근처에 지은 도산서당에서 공부를 시작했다.[44)] 약간의 사전 지식을 가지고 서당에 온 그들은 자신들이 장차 퇴계에서 배우게 될 것이 과거 준비에 반드시 도움이 되지는 않는다는 점을 알고 있었을 것이다. 그렇지만 경제적 배경이 든든한 그들은 '올바른 학문'을 배움으로써, 도덕적으로 우월한 개인이 되어 본인들의 가문과 지방에서 지도자 역할을 맡고자 했다. 8장에서 확실하게 밝혀지겠지만, 그들이 절실하게 원했던 것은 불교의 영향이 큰 환경 속에서 자신들이 유생임을 내세울 수 있는 방법을 일러줄 실천적 가르침이었다.

안동에서 퇴계 제자군의 핵심을 이룬 집단은 내앞 김씨와 유곡 권씨, 오천 김씨, 하회 유씨, 흥해 배씨, 영양 남씨, 그리고 진성 이씨의 성원들이었다.[45] 이런 식으로 안동의 사족은 퇴계에게 독특한 교육의 장을 마련해주었고, 퇴계와 1세대 제자들 사이에 조성된 사제지간의 긴밀한 유대는 그를 '사숙私淑'한 헌신적인 제자들에 의해 대를 이어 끊임없이 재생되었다는 면에서 커다란 역사적 의미를 갖는다.

내앞에서 배출된 퇴계의 가장 걸출한 제자는 김성일이었다. 그는 처음에는 동생 복일과 함께 1542년에 인접한 풍기에 세워진 한국 서원의 효시 백운동서원白雲洞書院에 다녔다.[46] 그곳의 학생들이 '위기지학'은 무시하고 오직 과거만 생각하며 공부하는 것에 실망하여 퇴계를 찾은 성일은 결국 스승의 으뜸가는 제자들 가운데 한 명이 되었을 뿐 아니라 고위관리로서 중앙의 정계에서 중요한 역할을 수행했다. 그는 주자의 저작을 탐구하는 것을 평생의 과제로 삼았고, 독서를 위해 "침식마저 잊었다."[47] 나중에 그는 배움은 『심경』에서 시작된다고 자신의 아들들에게 훈계했다. "과거를 유일한 관심사로 삼는다면, 물질적 욕망에 빠져 이내 본심을 잃고 만다. 이를 어찌 두려워하지 않으리?"[48] 그의 형이자 종손인 극일도 '사문斯文, This Way'에 전념하

고 그것을 신세대에게 전달하는 데 헌신했다 하여 찬사를 받았다.<sup>49)</sup>

자신의 서당을 지어본 김복일의 경험은 불교가 득세하는 환경 속에서 유학자가 극복해야 했던 난관이 무엇이었는지 생생하게 보여준다. 문헌상으로는 퇴계의 제자로 꼽히지 않지만, 복일도 『심경』과 주희의 서간집, 『근사록』을 끈기 있게 공부했다. 금곡(예천)의 금곡서당 완공을 기념하는 글에서, 그는 서당 건립을 위해 부로父老들의 재정적 지원을 요청했을 때 자신이 직면했던 어려움을 비통한 심정으로 열거했다. 예천의 열악한 교육상황을 개탄하면서, 그는 다음과 같이 적고 있다.

> 승려와 도사 들이 산을 누비고 다녀도, 사람들은 의아하게 생각하지 않는다. 하지만 우리 유생(오유吾儒)은 한두 곳의 수련장을 가지고 있을 뿐인데, 사람들은 의혹과 불신을 품는다! 혹자는 향사당을 예천 전역의 학생들을 가르치기 위한 서당으로 개조하면 되므로 별도의 건물이 필요 없다고 말한다. 하지만 향사당은 군의 중심부에 위치해 있어 교통이 혼잡하고, 지역의 아전과 양인 들이 만나는 곳이다.…… 이런 곳이 젊은 유생들의 학업에 적합한 장소이겠는가?

반면에 격리된 자연환경 속에 자리한 금곡은 복일이 필요한 재원만 마련할 수 있다면 이상적인 서당 부지였다. "불자들은 사람들을 기만하여 돈을 잘도 얻어낸다. 만에 하나 우리의 노력이 수포로 돌아갔다면, 중들이 우리를 비웃고 우리에게 치욕을 안겨주지 않았겠는가?"<sup>50)</sup> 유교문화의 영향을 거의 받지 않은 지역에 '사문'을 보급하는 것은 분명히 좌절감을 동반하는 어려운 작업이었다.

엄청난 부를 축적한 오천 김씨는 큰 스승 퇴계의 주된 재정적 후원자가 되었다. 비록 전국적으로 명성을 떨친 인물을 내지는 못했지만, 오천 김씨는 검약한 생활과 엄격한 예법, 공동체를 이끄는 지도력으로 유명했다. 박학하고 자기수양에 힘쓴다 하여 퇴계의 칭찬을 받은 김부의(1555년의 사마시 입격자)는 은거지사의 삶을 살았고, 독서를 워낙 좋아해서 책을 사기 위해 논밭까지 팔았다고 한다. 또한 퇴계의 요청을 받고, 스승이 천체 관측을 위해 사용하던 혼천의渾天儀를 완벽하게 수리했다.[51] 퇴계가 사망하자 김부의는 형제 및 사촌들과 함께 1년 동안 '심상心喪'을 치렀다.[52] 송대의 유학자 정호가 16세의 나이에 '도를 추구하기로' 마음먹었다는, 『성리대전性理大全』에 나오는 이야기에 깊은 감명을 받은 부의의 사촌 부륜은 같은 나이에 책을 싸들고 도산으로 발걸음을 옮기고 '바깥세상의 문제'는 까맣게 잊었다. 1555년에 사마시에 입격했으나 초야에 묻혀 있던 그는 1585년에 유일遺逸로 천거되어 동복同福(전라도 남부)의 현감에 임명되었다. 그곳에서 그는 허름해진 향교를 중수하고, "사재를 털어 800여 권의 책을 구입하여 서가에 비치했다." '경망스러운 습속'을 고치라고 경고하면서, 그는 "매달 2번씩 향교를 방문하여 공자에게 예를 올리고 학생들의 실력을 점검한 다음, 근면한 학생은 격려하고 게으른 학생은 벌했다."[53] 부의와 부륜은 그들의 부변 교차사촌이자 퇴계의 제자인 금응협琴應夾(1526~1589) 및 금응훈琴應壎(1540~1616)[54]과 함께 본인들의 마을에 사림의 정신을 실천하는 학문의 요람이라는 높은 명성을 안겨주었다. 저명한 성리학자이자 예학자인 정구鄭逑는 감탄을 금치 못하고 외쳤다. "오천이라는 마을에는 군자君子가 아닌 자가 없다. 후손들은 그들의 이름을

기억할 것이다!" 실제로 오천은 오늘날까지 '군자마을'이라 불리고 있다.[55]

권벌의 아들인 동미가 퇴계의 제자로 등재된 것은 그의 학문적 성취 때문이라기보다는 그의 외동딸이 스승의 손자인 이영도와 혼인했기 때문인 듯하다.[56] 하지만 견인불발의 정신으로 퇴계를 본받은 인물은 동미의 먼 친척인 권대기權大器(1523~87)였다. 이계촌伊溪村(안동 주읍의 북면)에 살았던 대기는 일찍이 퇴계의 가르침을 받았고, 서울의 성균관에서 경전을 공부했다. 1552년에 사마시에 입격했으나, 대과를 치르겠다는 생각을 접고 안동으로 낙향하여 '효우충신孝友忠信'의 덕목을 널리 알렸다. 그는 동문수학한 조목趙穆, 구봉령, 금난수琴蘭秀(312쪽을 보라)와 인재동지계忍齋同志契[57]를 결성하고 1년에 네 차례 한적한 곳에 모여 경사經史를 논했다.[58] 대기가 세운 이계서당伊溪書堂에서 배출된 "학식 높은 당대의 많은 선비" 가운데 한 명은 그의 아들 권우權宇(1552~1590)였다. 잠시 이황의 가르침을 받은 그는 '위기지학'에 전념했다. 1573년에 사마시에 입격한 권우는 세자(광해군)의 사부로 천거되었는데, 이는 젊은 은거지사에게는 대단한 영광이었다. 선조는 경서의 어려운 구절들에 대한 권우의 설명에 매우 흡족해하면서, 10편의 친필 '고시古詩'를 하사했다. 그의 요절을 안타까워하면서, 당대의 한 예찬자는 "아, 우리 무리(오당吾黨)의 영원한 스승이여!"라고 외쳤다.[59]

권호문(1532~1587)은 권벌의 방계친[60]이자 퇴계의 배다른 맏형의 외손자로, 일찍부터 퇴계의 가르침을 받았다. 스승은 "유자儒者의 기상과 자세가 있다"라고 그를 칭찬했다. 어머니를 기쁘게 해드리고자 1561년에 진사시에 응시하여 입격했지만, 어머니가 돌아가신 뒤로는 괴기 공부를 접고 안동으로 완전히 낙향하여 낙동강이 굽어보이는 청성산靑城山 기슭의 소야촌[61]에 정착했다. 그는 그곳에 청성서당(그가 세운 세 서당 가운데 하나)을 짓고, "백세百世의 사표"라는 명성을 얻었다.[62]

전국적인 명성을 얻은 퇴계의 또 다른 제자는 하회의 [풍산] 유성룡 (1542~1607)이었다. 1566년에 문과에 급제한 그는 임진왜란 중에 군의 통수권자 겸 영의정으로서 탁월한 능력을 발휘했을 뿐 아니라, 본인이 당대의 담론에 깊숙이 개입했음을 보여주는 방대한 저작을 남겼다. 퇴계의 진정한 추종자였던 그는 왕양명王陽明에 대한 스승의 반감을 공유했다. 인본주의적 이상의 유능한 전도사로서, 그는 인간의 도덕적 책임을 친족을 넘어 훨씬 광범위한 사회적 범주까지 확대했다. 수도에서 공무로 바쁜 나날을 보냈지만, 유성룡은 자주 안동으로 내려와 지역의 문제에도 계속 관심을 보였다. 그는 풍악서당豊岳書堂을 비롯해서 여러 서당을 세웠고, 1573년에는 낙동강이 내려다보이는 곳에 원지정사遠志精舍를 지어 틈날 때마다 그곳에 가서 책을 읽고 글을 썼다. 죽음을 눈앞에 둔 그는 "도를 배우겠다는" 뜻은 세웠으되 그 뜻을 이루지 못한 것이 세 가지 후회 가운데 하나라고 대단히 겸허하게 고백했다.[63] 그의 수많은 제자―118명가량의 이름이 기록에 남아 있다[64]―중에는 저명한 학자이자 예학가인 정경세鄭經世(1563~1633)[65]와 『영가지』의 편찬자인 권기權紀가 있다.

학문에 대한 열정은 유운룡柳雲龍(1539~1601)도 동생인 유성룡에 결코 뒤지지 않았다. 여섯 살에 책을 읽기 시작한 그는 열다섯의 나이에 『소학』과 사서, 경사를 완전히 이해했다고 한다. 열여섯 살에 결혼한 직후,[66] 그는 퇴계와의 오랜 친분을 쌓기 시작했고, 종종 스승과 함께 산에 올랐다고 한다. 장자로서 그는 의례에 지대한 관심을 보였고, 어쩌면 이 때문에 과거 응시를 꺼렸을지도 모른다. 결국 그는 천거를 통해 수도 안팎의 다양한 직책에 임용되었다. 그렇지만 일생에 걸쳐 '고례'에 매료되었고, 다른 사람들이 엄두도 못 내는 『가례』의 일부를 실행에 옮기려고 노력했다. 운룡은 학자라기보다는 의례 실천가였고, 당대의 증언에 따르면 그의 점잖고 무게 있는 거동은 스승을 빼닮았다고 한다.[67]

학문적 관점에서 볼 때, 조목(호는 월천月川; 1524~1606)[68]은 확실히 퇴계의 제자들 가운데 가장 박식했다. 또한 나이도 제일 많았다. 퇴계의 온계 근처에 있는 마을인 월천에서 태어난 그는 퇴계의 가르침을 청하러 찾아온 열다섯 살 때 이미 사서와 경전에 숙달했다고 한다. 퇴계가 공무로 안동을 떠나 있는 경우, 그는 향교에서 공부했고, 두 사람은 서신을 교환했다. 과거를 준비할 마음은 없었지만, '가난한' 가정 형편을 감안하여 1552년에 소과에 입격하고 성균관에 들어갔다. 하지만 얼마 지나지 않아, 관직 경력에 대한 생각을 접고 도산으로 돌아왔다. 퇴계가 보내준 양식으로 겨우 먹고살면서, 그는 『심경』에 심취했고 "밤에는 향을 피워놓고 등불 아래에서 『근사록』과 '성리'에 관한 모든 책을 읽었다." 퇴계는 진중함과 근면성 면에서 그를 능가할 사람은 아무도 없다고 난언했다. 그는 수희의 저작을 발췌하여 『주서초朱書抄』를 편찬하고, 『심경』에 주석을 다는 일에 매진했다. 또한 시시콜콜하고 때로는 집요한 본인의 질문들에 대한 스승의 답들을 모아 『심경품질心經稟質』을 엮어냈다. 분명히 조목은 퇴계와 가장 오랫동안, 가장 친밀하게 교류한 제자였다. 그리고 훗날 도산서원에 배향된 유일한 제자이기도 하다.[69]

조목은 43세 되던 해부터 수도 안팎의 관직에 계속해서 친거되었고 81세에 마지막으로 공조참판에 제수되지만, 그런 제의들을 모두 사양했다.[70] 벼슬에 뜻이 없었던 조목은 스승으로서 탁월한 능력을 발휘했다. 월천 서당과 도산서원, 역동서원易東書院에서 가르치면서, 그는 『심경』에 관한 강론으로 대단한 명성을 얻었다. 그의 가까운 벗들은 김성일과 유성룡, 그리고 저명한 학자이자 의식주의자인 정구였다. 조목의 걸출한 제자로는 [재령] 이함을 들 수 있다.

금난수(1530~1604)는 퇴계의 제자들 가운데 이채로운 인물이었다. 처음에는 김진에게 배우면서 김극일 및 수일과 평생지기가 되었고, 나중에 아내의 오빠인 조목의 소개로 퇴계의 문하에 들어갔다. 산사와 암자를 떠돌아다니며 유교 경전을 공부했던 그는 과거를 기피했던 것 같다. 심지어 "속세에 살면서 늙은 아버지까지 모시고 있는 그대가 어찌하여 과거를 볼 생각도 하지 않는가?"라는 퇴계의 훈계에도 굴하지 않았다. 절에서 공부를 계속하면서 『심경』에 집중했고, 1554년에 자신의 정자를 지었다. 퇴계의 부탁을 받고, 그는 스승의 『주자서절요』를 손으로 베껴 썼고, 도산서당과 자택에 소장되어 있던 퇴계의 서적 약 1,700권의 목록을 만들었다.[71] 1561년에 생원시에 입격한 뒤에도 홀로 학문에 정진했고, 두 번째 정자인 수연정사數椽精舍를 짓고 그곳에서 유유자적하게 '위기지학'을 실천했다. 하지만 서신과 시, 간헐적인 도산 방문을 통해 퇴계와 계속 접촉했다. 1570년에 스승이 사망하자 금난수는 1년 동안 상을 치렀고, 다른 제자들과 함께 스승의 철학적 유산을 수습하고 전승하는 데 힘썼다.[72]

젊은 금난수와 달리, 정유일(1533~1576)과 [흥해] 배삼익은 고위관리였을 뿐만 아니라 자신들의 공동체에서도 적극적으로 활동했다. 기억을 상기시키자면, 두 사람은 1554년 「내성동약」의 좌목에 들어 있었다. 조숙한 학동이었다는 정유일은 처음에는 권벌의 가르침을 받다가 나중에 퇴계의 지도 아래 '성실성과 자제력'을 배웠다. 가난했던 그는 오경과 철학자들의 저서를 일일이 손으로 베꼈고, 초기 유학자들의 말씀을 공부방의 네 벽면에 붙여놓고 날마다 그 뜻을 되새겼다. 수도에서 관직을 맡고 있을 때에도, 서신을 통해 계속해서 퇴계의 가르침을 받았다.[73] 배삼익은 (1558년과 1564년에) 소과와 대과를 통과했고, 수도에서 공무로 바쁜 와중에도 안동과 긴밀한 관계를 유지했다.[74] 정유일과 가까웠던 학우로는 구봉령(1526~1586)과 정탁鄭琢 (1526~1605)이 있는데, 두 사람은 (안동 주읍의 동면에 있던) 같은 마을(지내동池内洞) 출신이자 과거 급제자로서 고위관직에 올랐다. 당쟁의 암운이 조정에 드리우기 시작하자, 구봉령은 안동으로 낙향하여 동료 학자들과 함께 "경전을 논하고 정좌靜坐를 실천하고 향을 피웠다."[75] 정탁은 퇴계로부터 『심경』의 요체"를 배웠고, "[여기에] 실천적 능력이라는 본인의 장점을 더했다." 1558년에 문과에 급제한 뒤에, 그는 눈부신 관직 경력을 쌓기 시작했다.[76]

정탁의 젊은 친척 정사성(1545~1607)은 김언기와 구봉령에게 가르침을 받았지만, 17세의 나이로 도산의 문을 두드렸을 때는 학문적 기초가 부족한 것으로 판단되었다. 그의 부친은 아들을 위해 도산서당 근처에 '동몽재童蒙齋'라는 작은 서재를 지어주었다. 그곳에 8년 동안 머물면서, 사성은 자신의 소책자에 본인의 수많은 질문에 대한 퇴계의 답을 부지런히 기록해두었다. 1568년에 진사가 된 그는 부친이 사망하자 대과 준비를 포기하고 고향으로 돌아왔다. 1587년에는 유일로 천거되어 참봉이 되었다.[77] 정사성의 인척이자 남경이南敬薰의 증손인 남치리(1543~1580)는 퇴계의 제자들 중 유일한 영양 남씨였다. 그는 학자로서의 자질이 워낙 뛰어났기 때문에, 그가 요절하자 동료

들은 그를 공자의 제자인 안연顏淵(역시 요절했다)에 비유했다고 한다.[78]

　마지막으로, 퇴계의 문인으로 기록된 인물들 가운데 가장 많은 수를 차지한 것은 아들인 준과 여러 명의 조카, 손자, 종손從孫을 비롯한 29명의 친척이다.[79] 2명의 손자인 이안도李安道[80] —종종 공자의 손자인 자사子思에 비유된— 와 영도[81]는 결국에는 각자가 이끄는 학파의 수장으로 존경받았다. 영도와 함께 퇴계의 가르침을 받은 이정회도 주목할 만한 인물이다. 정탁과 구봉령의 천거에 의해 잠시 수령으로 봉직했지만, 정회는 생애의 대부분을 주촌에서 보내며 공동체의 탁월한 지도자로서 본인의 조직력과 행정적 수완을 아낌없이 발휘하여 지역의 문제를 수습했다.[82]

　요컨대 퇴계 제자들의 면면은 세부적으로는 다를지 몰라도 유사성이 많다. 하나같이 젊었고, 어려서부터 공부를 시작했으며, 퇴계의 지도편달—구두로, 그리고 무수한 서신 왕래를 통해[83]—을 간절히 원했다. 대부분은 안동과 예안 그리고 인접한 군현 출신이었고,[84] 복잡한 혼인관계와 변함없는 돈독한 우정으로 서로 연결된, 사회적으로 동질적인 엘리트 집단을 대표했다. 퇴계에 대한 깊은 존경심을 공유했던 그들은 관리의 경력을 추구했든, 초야의 학자로 살아갔든, '도학'을 필생의 지적 과제로 삼았다. '우리 무리'라는 공동의 정체성, 즉 '동료의식fellowship'[85]은 그들에게 퇴계로부터 배운 것으로 스스로를 계발하고 친척들을 가르치고 공동체를 이끌고 국가에 충성할 수 있으리라는 자신감을 심어주었다. 현직에 있었건 아니건, 또는 공직을 아예 기피했건 아니건, 그들은 '올바른 학문'의 보급에 헌신했던 스승의 뜻을 이어나가야 한다는 본인들의 사명감을 결코 잃지 않았다. 사실 다수의 서당과 정사—적어도 23군데가 『영가지』에 기록되어 있다[86]—는 그들이 퇴계의 지적 유산을 후대에 영구히 전해주기 위해 진지하게 노력했다는 증거이다.

## 학문과 과거: 유생들의 딜레마

퇴계의 학생들이 애써 배우려 했던 주제는 무엇이었을까? 제자들의 질문에 대한 스승의 답을 모아놓은 「언행록」[87]을 놓고 판단하자면, 그들은 퇴계의 주요 탐구영역, 즉 신유학의 두 가지 핵심 개념인 '이'와 '기'의 상호관계에는 별로 관심이 없었던 듯하다. 이 화두는 (총 663차례의 문답 중에서) 겨우 18차례 다루어졌다.[88] 그 가운데 다섯 조목은 김성일의 질문에 대한 답이라고 하는데, 정작 성일의 문집에는 이 주제에 대한 언급이 없다. 금난수가 퇴계의 사후에 스승의 뜻을 받들어, 「독화담집변讀花潭集辨」이라는 짧은 글로 '이'보다 '기'를 강조한 서경덕徐敬德의 이론을 비판한 것은 드문 예외에 속한다.[89] 따라서 1559년과 1566년 사이에 벌어진 '사단칠정'에 관한 퇴계와 기대승의 유명한 논쟁[90]이 당시에 거의 반향을 불러일으키지 못한 것은 그리 놀랄 일도 아니다. 하지만 비록 서신의 교환을 통한 것이라고 해도, 이 논쟁은 퇴계가 도산에 머물며 스승으로서 최전성기를 구가하고 있을 때 이루어졌던 일이 아닌가? 그런데도 관심이 부족했던 것은 대부분의 제자가 어렸기 때문일 것이다. 1559년에 김성일은 21세였고, 유성룡은 고작 17세였다.

이와 대조적으로 제자들의 각종 행장과 저술에서 발견되는 『심경』에 대한 수많은 논급은 퇴계의 필수 교재였던 이 책이 학문이란 무엇인가에 대한 학생들의 인식에 지대한 영향을 미쳤음을 시사하는 것으로 보인다. 그들에

게 학문이란 맹자가 말하는 '호연지기浩然之氣'를 체득하려는, 지적이라기보
다는 영적인 추구였다. 이런 추구의 핵심은 '경敬'에 바탕을 두고 자기를 회복
하고 고양하는 과정인 '수양'이었다. 퇴계는 『심경』의 가르침과 조화를 이루
는 '경'을 우주의 포괄적 원리에 대한 고조된 마음의 감수성이라는, 거의 형이
상학적인 의미로 사용했다. 정이에 의해 군자가 스스로 우주와 혼연일체를
이룰 수 있는 수단으로 처음 공식화된 '경'(경건한 마음가짐)은 금욕적 함의를
갖는 『심경』의 주요 개념이었다.[91] 그것은 외부의 사물과 욕망을 배격하고
자아에 집중할 것을 요구하는 것이었다. '경건한 마음을 통한 자기수양(수기
이경修己以敬)과 그것을 촉진하는 수단으로서의 학문은 군자의 최대 관심사였
다. 퇴계는 이런 논지를 다음과 같이 시적으로 표현했다.

> 군자의 학문은 자기를 위한 배움일 따름이다. '자기를 위한다는 것'(위기爲
> 己)은 "하지 않았는데도[즉, 노력 없이] 절로 그렇게 되는 것"이라는 장경부張
> 敬夫의 말이 뜻하는 바이다.[92] [그런 군자는 깊은 산속에 피어 있는 한 떨기
> 난초에 비유할 수 있다. 난초는 온종일 그윽한 향기를 풍기지만 스스로는
> 그것이 자기의 향기임을 알지 못한다. 이것이 군자의 위기[지학]라는 의미
> 에 정확하게 부합하는 것이다. 그는 자기 안에 그것을 가지고 있다.[93]

퇴계는 여기에서 주희의 학문관을 잘 보여주는 격언 — 올바른 학문은
자신이 내재적으로 가지고 있는 바를 계발하는 것이다 — 을 살짝 바꿔 말하
고 있다. 그것은 자아를 실현하는 내적 과정으로, 문학적 능력 같은 외적인
것을 필요로 하지 않는다.[94] 정좌와 '잠심潛心'은 '정학正學'을 위한 정신적 조

건을 갖추는 적절한 방법으로, 그 이상적인 귀결은 퇴계가 진실로 높이 평가했던 '자득自得'([진리를] 스스로 깨우침)이었다. 이런 과정이 반드시 창의성을 수반하지는 않았다. 오히려 그것은 경전에 표현된 사상과 이상의 내면화를 뜻했다. 정유일이 말했듯이, 학문이란 본인이 배운 바를 '자신의 마음'에 흡수되게 하는 실존적 노력이었다. 따라서 오직 '입과 귀'를 즐겁게 해줄 뿐인 미사여구와는 아무런 상관이 없었다.[95]

이런 의미에서, 학문은 우선 내향적인 과정이었지만, 그 외적 발현인 의례라는 측면도 지니고 있었다. 의례는 경전에 말로 표현된 바를 실행에 옮기는 것, 즉 말의 '실천'이었다. 퇴계는 기본적으로 의식주의자가 아니었지만, 그의 제자들은 의례 문제에 지대한 관심을 보였다. 사실 이 주제는 사제간의 담론에서 압도적인 비중을 차지했다. 김성일 혼자 25번이나 퇴계에게 질문했는데, 이는 그가 스승의 자문을 구한 것으로 기록되어 있는 논제 가운데 가장 많은 숫자였다. 대부분의 질문은 상례와 제례에 관한 것이었다. 이 분야의 의례적 실천에서, 퇴계와 제자들은 유교식 의례의 틀에 맞추어 의례적 혁신을 선도했다. 여기에 대해서는 다음 장에서 상세히 논할 것이다.

도학에 침잠하는 것이 학자가 살아가면서 이루어야 할 핵심적인 임무였을까? 아니면 유학이 그에게 공직 진출을 부추겼을까? 16세기 중엽에 수도에서 진행되고 있던 불길한 정치적 사태에 비추어볼 때, 관리의 경력과 성현이 되려는 노력은 양립하기 어렵지 않았을까? 퇴계는 당대의 상황을 감안하여 관직 보유보다는 학문을 우선시하라고 충고했지만, 관직에 나아갈 것인지 고향에 남을 것인지는 다른 사람이 아닌 당사자가 결정해야 할 문제였다. 단지 중요한 것은 "고결함을 유지하고 올바름을 행하는 것"[96]이라고 퇴계는 조언했다. 본인은 관직 경력과 자신의 지적 완성을 성공적으로 결합했지만, 제자들에 대한 그의 충고는 가끔 다소 모호했던 것 같다. 예컨대 금난수가 각지의 산사와 암자를 떠돌며 학문에 정진하는 방랑생활을 청산할 기미를 보이지 않자, 퇴계는 그에게 훈계조의 편지를 보냈다. "열심히 과거를 준비하는 자들은 하나같이 사문에 무지하다. 하지만 사문에 뜻을 두고 있는 그대는 과거는 안중에도 없다. 그대의 뜻은 장하다! [그렇지만] 속세에 살면서 늙은 아버지까지 모시고 있는 그대가 어찌하여 과거를 볼 생각도 하지 않는가? 둘 다 추구함이 옳다."[97] 하지만 몇 년 뒤인 1560년에, 퇴계는 자신의 시대에 학자의 배움이 옛사람들의 '위기지학' 정신에서 비롯되지 않고 단순히 '과거를 위한 경쟁수단'으로 전락했다고 개탄했다. 그는 이렇게 덧붙였다. "오늘날의 학자들이 과거를 보는 습성을 완전히 버릴 수는 없겠지만, 성현의 위기지학과 정심正心 및 수신의 도를 살펴볼 때 [그들이 반드시 깨달아야 할 것은] 내외·본말·경중·완급의 순서가 바뀌면 그 결과가 진실로 천양지차라는 사실이다."[98] 한때 관리로 봉직했던 자신의 삶을 되돌아보며, 그는 자신이 과거 준비에 너무 많은 시간을 허비하는 바람에 본인의 정신수양에는 소홀했다고 후회하면서, 가세가 기울었기 때문에 홀로 된 어머니의 권유에 따라 그리했다고 고백했다. 회한을 드러내며, 퇴계는 다음과 같이 적고 있다.

젊은 시절에 진작 산림에 파묻혀 호젓한 곳에 초막草幕을 짓고 죽을 때까지 책을 읽고 뜻을 기르는 데 전념하기로 결심했다면, 나는 30년 정도 더 공부할 수 있었을 것이다. 그랬다면 나의 병도 십중팔구 치유되고 나의 학문도 일취월장하여, 나는 천하의 만물을 즐길 수도 있었을 것이다. 어찌

하여 나는 이를 깨닫지 못하고, 물욕의 충족에 급급하여 과거 급제와 관직 보유에 연연했단 말인가![99]

퇴계는 권호문이 "자신의 뜻을 접고" 모친을 기쁘게 하려는 일념으로 소과에 응시했다는 소식을 듣고 내심 공감했다. "[하지만 어머니가 돌아가시고 난] 지금 제가 설령 [대과에] 장원으로 급제한다 한들, 누가 이를 명예로 여기겠습니까? 대관절 과거가 무슨 소용이란 말입니까?" 퇴계는 답했다. "누군가에게 과거를 보라고 강요할 수는 없는 노릇이므로, [본인이] 때를 놓치지 않고 자신이 좋아하는 쪽을 택하는 것이 낫다. 본인의 마음에 드는 여러 대안 가운데 하나를 골라 전력을 기울여 추구해야 한다."[100]

퇴계가 볼 때 과거에 응시하는 것 자체에는 원천적인 문제가 없었다. 과거는 누군가에게는 경제적인 필요에 의한 불가피한 선택이었다. 그렇지만 동시에 그는 시험을 치르기 위한 배움이란 '유학'의 본령에 속하지 않는 "부차적인 중요성을 띤 일"로 보고 '학문을 위한' 학문을 강조했다. 따라서 퇴계가 생각하기에, '유가儒家'를 자처하면서 문예에 치중하고 과거 준비에 여념이 없는 자들은 참된 '유학자'로 인정할 수 없는 부류였다.[101]

유생들의 교육에서 자신이 일차적이라 간주하는 것을 이차적인 것과 명확하게 구분함으로써, 퇴계는 제자들을 유생의 일차적 임무인 '올바른 학문'으로 이끌고자 했다. 하지만 동시에 그들을 선택의 기로에서 갈팡질팡하게 만들기도 했다.

## 처사: 초야의 유학자

관직 보유를 대체할 수 있는 유의미한 방안은 의도적으로 출사를 위한 공부를 접고 세속적 관심에서 벗어나 순수한 학문에 몰두하는 처사處士 또는 유일의 삶이었다.[102] 그런 선택은 인생의 변전에 흔들리지 않는 정신자세를 요구했다. 자주 인용되는『맹자』의 구절에 표현되어 있듯이, "군자는 곤궁해도 의義를 잃지 않고, 현달해도 도에서 벗어나지 않는다."[103] 절개를 지키고 녹봉을 포기하면 때로는 물질적 어려움에 봉착할 수밖에 없었다. 따라서 '한사寒士'는 단순한 이념적 인물형이 아니었다. '빈한함'은 공적 생활에 적극 참여하기를 거부한 자발적 은거의 속성이었으므로, 당연히 현실적으로 감내되어야만 했다.[104]

퇴계의 금욕적 성향은 안동 처사들의 일대기에 확실하게 반영되고 있다. 예컨대 극일의 손자인 [의성] 김시온은 '세유世儒'를 멀리하고 '자득'에 몰두했다고 한다. 그는 소박한 오두막을 짓고, 관조·정좌·독서로 하루하루를 보냈다. 그의 아들들과 학생들이 가르침을 청하러 오자, 그는 '의'의 본질은 자득할 수 있을 따름이라고 훈시했다. 다음의 인용문은 그가 퇴계의 관념론을 얼마나 깊이 받아들였는지를 보여준다. "학자의 배움이란 [스스로의 마음을] 함양하는 것에 다름 아니다. 마음의 함양에 힘을 쏟지 않으면, 선량한 기질을 타고난 자도 결국에는 조야한 기의 소유자가 될 수 있다." 시온이 생각하는 학문이란 분명히 서서히 진행되는 내적 과정으로, 아무런 성찰 없이 급하게 이루어진 '세유'의 경전 습득과는 전혀 달랐다. 그는 "너무 많은 말은 도를 해친다"라고 주장하기도 했다. 시온은 '진은군자眞隱君子'(숨어 사는 진정한 군자)로 알려지게 되었다.[105]

의식적으로 세상을 등진 것으로 유명한 또 한 명의 인물은 장흥효張興孝 (1564~1633)였다. 금계에서 태어난 그는 처음에는 김성일에게, 김이 사망한 다음에는 유성룡에게, 나중에는 정구에게 배웠다. 그는 일찌감치 과거 응시에 대한 생각을 접고, "도의 탐구를 개인적 과업으로 삼았다." 그는 철저하게 검소한 생활을 했고, '경'이라는 글자를 서재의 벽에 써놓고 성찰하는 자세를 가다듬었으며, 이 글자를 자신의 호(경당敬堂)에도 집어넣었다. 그는 『소학』과 『근사록』을 애독했다. "그는 책을 읽고 [그 내용에 대해] 숙고했으며, [그 의미]를 파악하지 못하면 밤새 잠자리에 들지 않았다. 어떤 생각이 떠오르면 한밤중에도 초를 밝히고 그것을 적어두었다. 이런 습관 때문에 작은 책자를 만들어 늘 지니고 다녔다." 그는 두문불출했기에 심지어 이웃들도 그의 얼굴을 본 적이 거의 없을 정도였다. 하지만 그에게는 적지 않은 학생이 있었고, 그는 그들에게 교재를 설명할 때 글자 한 자, 문장 한 줄도 소홀히 하지 않았다. 그리고 제자들에게 독서의 기본은 책의 내용을 자기 것으로 소화하는 것이라고 가르쳤다. "그리하지 못한다면, 책을 읽지 않는 것과 무엇이 다르겠는가?" 말년에 관직에 천거되었지만, 그는 교지가 안동에 도착하기 전에 죽었다.[106]

'은덕불사隱德不仕', 즉 덕을 감추고 출사 대신에 은둔생활을 하는 것 — 때로는 몇 년 동안, 때로는 평생 — 은 세상의 명예보다 자기수양과 학문을 중시하는, 무엇보다도 도덕적인 결정이었다. 그런 고상한 결정은 처사에게 개인적 지조와 청렴이라는 특별한 위신을 부여해주었고, 그런 자질 덕분에 그는 종종 읍지의 별도 항목에 등재되었다. 때로는 그런 자질이 "산야에 묻힌" 인재를 찾고 있던 정부의 주목을 받기도 했다. [굉산] 김부필의 경우 비록 "공동체 너머까지 명성을 떨치지는 못했지만" 1573년에 관직에 천거된 유

일들 가운데 한 명이었다. 그렇지만 그는 조정의 부름에 응하지 않았다.[107]

유학은 그 실천가에게 그를 엘리트층의 일원으로 각인시켜주는 특별한 종류의 정신적·육체적 기질을 심어주었다. 예를 들어 정유일은 "[한 개인으로서] 겉으로는 침착하고 속으로는 올곧았다. 일상생활에서는 결단력이 없어 보일 정도로 신중했지만, 원리를 분석하고 사물을 논할 때는 [자신의 소신]을 절대로 굽히지 않았다. 그는 선한 것을 좋아했고 악한 것을 싫어했다. 누군가의 잘못된 행동에 대해 들으면, 모든 사람이 [그를 책망할] 엄두를 내지 못하는 경우에도, 그 사람을 준엄하게 질타했다."[108] 이런 건전한 사고방식은 수많은 전기의 주제로 자주 등장하는 일상생활의 규율에 고스란히 반영되었다. 하루는 새벽에 몸을 씻고 의관을 정제하는 것으로 시작되었다. 사당에 다녀온 다음의 일과는 밤이 깊을 때까지 서재에서 홀로 공부하는 것이었다. 몸이 아파도 손에서 책을 떼는 법은 없었다. 강인한 정신력은 특히 죽음을 앞두었을 때 더욱 확실하게 발휘되었다. [의성] 김학배金學培(1628~1673)는 병세가 악화되어 회복이 불가능함을 깨닫자, 가까운 벗들에게 이를 알렸다. 그리고 미래의 종손(형의 아들)을 불러, '신중함과 근면함'(근근謹勤)을 신조로 삼으라고 훈계했다. 몸이 더욱 쇠약해지자, 그는 남녀 가솔에게 친척을 모시고 보살피는 법(남자의 임무)과 가정을 다스리는 법(여자의 임무)을 일러주고, 무당을 집에 들이지 말라고 경고했다. 그리고 여자들이 자신의 모습을 보지 못하도록 장막을 치게 한 다음, 아들들의 부축을 받아 꼿꼿이 앉은 채 조용히 세상을 떠났다.[109]

정치적 책임을 벗어던진 삶은 자연을 가까이하는 삶이기도 했다. 자연환경은 정신적 각성을 위한 영감의 중요한 원천으로 부각되었다. 퇴계는 산행을 하면서 큰 기쁨을 누렸다고 한다. 그는 조목에게 "산길을 걸어 다니는 것은 내가 가장 좋아하는 일이다"라고 말했다.[110] 또 달빛이 훤한 밤이면 제자를 데리고 천연대天淵臺에 올라, 그에게 시를 읊게 했다고 한다.[111] 자연을 사랑하는 그의 마음은 수십 편의 시와 산수론山水論으로 표현되었다. 그의 호 중 몇 가지도 자연현상에서 따온 것이었다. 서재와 정자도 특별히 수려한 자연경관에 둘러싸인 곳에 지어졌고, 기문은 어김없이 그 지리적 입지에 대한 구체적인 설명을 포함했다. 기암괴벽에 새겨진 시나 글자는 자연과 문화의 유기적 관계를 강조해주었다.

물론 관직의 거부는 한 개인의 엘리트 자격을 위협했다. 출생과 출계에 바탕을 둔 특권을 포기한다는 것은 곧 엘리트 신분에 대한 국가의 인증을 포기한다는 뜻이었다. 그렇지만 참된 학문의 핵심인 '자기수양'에 전념하는 사람은 '현인'으로 인정받았다. 그 자체의 가치를 지니고 있는 그런 실천은 그를 엘리트 사회의 일원으로 확인해주었다. 현명함은 권위를 수반했고 자발적인 경외감을 불러일으켰다. 김수일에게 "사람들은 존경하는 마음으로 복종했다." 이런 지적 문화의 대표자로서, 선비는 자연히 자신의 책임하에 있는 가족과 친척, 나아가 공동체를 '교화'하고 인도하는 정당한 권리를 부여받았다.

## 경상도 남부의 처사: 남명 조식

퇴계가 안동의 사족 엘리트를 가르치고 있을 무렵, 경상도 남부에서 명성을 떨치고 있던 유학계의 비인습적인 사상가 조식(남명, 1501~1572)에게도 갈수록 많은 제자가 몰려들었다. 합천(경상도 남부)[112]에서 퇴계와 같은 해인

1501년에 태어난 조식은 당대인들의 눈에는 퇴계의 대척점에 서 있는 인물로 비쳐졌다. 퇴계와 마찬가지로 거의 혼자 공부했지만, 남명은 관직 경력을 추구한 적이 없고(이런 태도에는 아마 1519년의 참사도 영향을 미쳤을 것이다), 사실 초야에 파묻혀 처사로 살아가는 자신을 자랑스럽게 생각했다. 서울에 와서 관직을 맡으라는 부름을 여러 차례 받았지만, 그는 완강하게 그런 식의 출사를 거부하고 학문에 몰두했는데, 다시 한 번 퇴계와 마찬가지로 특히『심경』에 푹 빠졌다. 그는 정좌와 수기를 실천했고, '경敬'의 함양을 통해 '의義'를 이루고자 했으며, '의'를 바탕으로 '충忠'을 세우고자 했다. 이런 정신적 단계의 속발續發은 그가 중시한 또 한 권의 책인『대학』에 따르면 평천하平天下로 완결되었다. 실제로 남명에게 '경'과 '의'는 '실천'을 통해서만 완성되는 것이었다. 그는 정이와 주희 이후 경전은 더 이상의 추가적인 주석이나 정밀한 검토를 요하지 않는다고 확신했기 때문에, 동료 유학자들이 정주학에만 매달리는 것을 보고 무척 안타까워했다. '궁리窮理'를 단지 우주와 하늘과 인간의 본성에 대한 이론화로 이해함으로써, 그들은 당대의 실질적인 문제로부터 점점 멀어지고 있다는 것이 그의 생각이었다. 따라서 그는 퇴계와 기대승 사이의 사단칠정 논쟁을 '도명기세盜名欺世'(명예를 훔치고 세상을 속임)에 불과한 것으로 폄하했다. 그리고 행동으로 뒷받침되지 않는 말은 공염불에 불과하다고 비판했다. 지적 자유를 옹호한 그는 도가의 문헌과 왕양명 및 육구연陸九淵의 저작을 탐독했다고 한다. 퇴계가 한번 만나자고 청했지만, 남명은 10년이나 퇴계를 기다리게 한 끝에 그 청을 거부했다. 그들은 결국 만나지 못했고, 몇 통의 서신만 주고받았을 뿐이다.[113]

유학에 대한 두 학자의 전혀 다른 접근방식에 당혹감을 느낀 동시대인들은 그 차이를 가늠해보고자 했다. 예컨대 정구는 퇴계의 학문은 쉽게 다가 갈 수 있는 것이지만, 남명의 이론은 요점을 파악하기 어렵다고 평가했다. 이와 비슷하게 기대승은 정주의 학설에 충실한 퇴계에 비해 조식의 학문은 법도를 따르지 않는 병폐가 있는데, 이는 때로는 '벽립천인壁立千仞'(우뚝 솟아 있는 절벽)처럼 꼿꼿하지만 때로는 완고하고 때로는 유약한 그의 종잡기 힘든 기질 탓이라고 생각했다.[114] 남명의 특이한 성격은 1561년에 친구 몇 명과 함께 남명을 방문한 금난수에게도 깊은 인상을 남겼다. "우리는 각자 술잔을 들고 뇌룡정雷龍亭에 앉아 있었다. 남명은 먼저 시조를 읊기 시작했고, 우리에게도 앉은 상태로 시조를 따라 읊으라고 권했다. 전통 시조는 아니고, 그가 만든 것이었다. 주변 사람을 전혀 의식하지 않고 대담한 가사의 시조를 부르는 그의 태도는 예전에 [그에 대해] 내가 들은 바와 똑같았다."[115] 자타가 공인하는 박식함 외에, 인습에 얽매이지 않는 남명의 성격 — 그는 무술에도 취미가 있었다 — 도 그의 은거지로 몰려든 젊은 유생들의 마음을 사로잡는 데 한몫했던 것 같다. 그들은 주로 진주와 그 인근 지역 출신이었지만, 소수의 학생과 동조자는 경상도 북부와 전라도 출신이었다. 실제로 정구와 정탁, 김우옹金宇顒(1540~1603)[116] 같은 그의 제자 몇 명은 퇴계의 문인으로 꼽히기도 했다. 국왕에 대한 스승의 확고한 충성심과 한결같은 실천의지에 자극을 받은 그의 추종자들은 임진왜란 중에 의병장이 되어 용맹하게 경상도 남부를 지켜냄으로써 찬사를 받았다.[117]

퇴계의 저작에 비하자면,『학기유편學記類編』과 다수의 시, 얼마간의 서신으로 이루어진 남명의 저작은 양적으로 그리 많지 않았다. 그의 글들은 1604년에 그의 수제자인 정인홍鄭仁弘(1536~1623)에 의해 처음으로 수집되어 간행되었다.[118] 1623년에 [인조반정으로] 정인홍이 이끌던 남명 문인들의 붕당인 북인北人이 실권한 이후(상세한 내용은 12장을 보라), 남명의 전국적인 명성은 사그라졌고, 학문적 권위가 없는 소수의 강경론자만이 진주지방의 여러 서원에서 그의 유지를 계속 떠받들었다.[119]

## 안동 최초의 서원 설립

국가의 교육제도가 16세기 중엽에 제구실을 상실하여 진정한 유생을 양성하지 못하는 현실을 개탄하면서, 퇴계는 송나라의 모델을 본떠 유생들의 학풍을 조성하고 그들을 헌신적인 도학 실천가로 만들어줄 '서원'을 설립할 필요가 있다고 생각했다. 향촌에 세워진 서원은 '진정한 학문'의 도야뿐 아니라 왕의 통치에도 도움이 될 수 있으리라는 것이 퇴계의 견해였다. 그리고 서원은 그 경내에 원유院儒들에게 영감을 주는 본보기가 될 저명한 도학자를 모시는 사묘祠廟를 갖추는 것이 이상적이었다. 서원은 유생들에게 과거를 준비시키는 곳은 아니었지만, 퇴계는 주희의 생각을 좇아 국가나 지방관이 후원자 역할을 맡아 서원의 관리(교육은 아니더라도)에 개입해야 한다고 생각했다.[120]

퇴계는 1548년 말부터 1549년 가을까지 풍기 군수로 재직하고 있을 때, 그런 생각들을 시험했다. 백운동서원의 열악한 상태를 안타까워한 퇴계는 경상도 관찰사를 통해 국가의 지원을 요청했다. 당시 서울의 뒤숭숭한 정치적 분위기에도 불구하고, 1550년 초에 사액賜額이 내려졌다. 백운동서원은 이렇게 해서 한국 최초의 사액서원이 되었다. 서원의 새로운 이름인 소수서원紹修書院이라는 친필 현판 외에도, 명종은 사서오경과『성리대전』을 하사했다. 사액서원으로서, 소수서원은 관의 보호를 받으면서 경제적 특권을 누렸다.[121]

1556년 가을에 도산에 정착한 퇴계는 조목에게 보낸 서한[122]에서 고려 후기의 현자인 우탁禹倬(1263~1342)의 학덕을 기리는 서원이 예안에 없다는 사실에 대해 유감을 표명했다. 우탁은 예안에서 태어나지는 않았지만, 예안으로 은퇴하여 이곳에서 1342년에 사망했다.[123] 이 문제를 해결하기 위해, 퇴계는 1558년 봄에 금난수와 조목을 대동하고 우탁의 옛집에서 가까운 명당인 오담鼇潭을 방문하여 이곳에 역동서원易東書院을 세우기로 마음먹었다.[124] 물론 서원의 건립은 지역 엘리트층의 물질적 후원뿐 아니라 대규모 노동력의 차출까지 요구하는 대공사였다. 지역의 남성들은 당시에 고을의 관아 신축 공사에 투입되고 있었으므로, 퇴계의 계획은 관아가 완공되는 1566년까지 연기되었다. 조목이「역동서원 기실記實」[125]에 기록하고 있듯이, 새로 부임한 현감이 공사 후에 남은 기와 9,000장을 기부했지만, 가장 큰 도움이 된 것은 지역의 160가구에서 내놓은 총 170섬의 쌀이었는데, 특히 이웃한 오천의 부자 김부필이 가장 많은 쌀을 기부했다. 1567년 2월에 시작된 공사는 김부필과 금보琴輔[126], 금난수, 조목 같은 지역의 지도자들에 의해 감독되었고, 현감은 필요한 노동력(특히 가까운 사찰 소속의 솜씨 좋은 승려 여러 명)을 징발해주었다. 심지어 안동의 부사도 쌀 10섬과 커다란 목재 10개를 보내주었는데, 이는 서원 건립이 얼마나 명예로운 프로젝트였는지를 분명하게 보여주는 징표였다.

초여름이 되자 강당인 명교당明教堂과 유생들이 기거할 동재와 서재, 우탁의 위패를 모실 상현사尙賢祠가 완공되었다. 새로운 서원의 운영을 위해, 현감은 곡식과 옷감 외에도 약 2결의 사사전寺社田을 희사했고 이 땅을 관리할 인원 몇 명을 배속시켰다. 하지만 토지와 노비를 기부하여 서원을 가장 넉넉하게 지원한 자들은 지역의 엘리트와 퇴계의 제자들—특히 김부필과 그의 동생 부의, 이들의 사촌인 부륜과 금응협琴應夾, 금보, 퇴계의 조카인 이완李完[127]—이었다.[128] 이듬해에 퇴계는 여러 건물의 이름을 지었고,[129] 일전에 자신이 제정한 이산서원伊山書院(영주)의 원규院規를 채택하라고 권했다.[130] 또한 우탁이『역경』을 "이해하고 가르친" 최초의 한국인으로 사문지종斯文之宗의 명성을 얻었다는 사실을 기리기 위해 서원에 역동이라는 이름을 부여했다. 1570년 7월에 서원은 7일에 걸친 일련의 강학으로 문을 열었고, 이 기간에 노년의 퇴계는『심경』을 강학했다. 한 달 뒤에는 우탁의 위패가 정중하게 상현사에 봉안되었다.[131] 그리고 퇴계의 천거에 따라, 김부의가 서원의 초대 원장(산장山長)으로 추대되었다.[132]

서원을 세우는 것은 특히 퇴계 같은 명망 높은 학자에 의해 주도되었을 때, 칭송의 대상이 되는 지적·사회적 프로젝트였다. 퇴계는 공자의 말씀을 인용하여, 역동서원의 건립을 계기로 '위기지학'에 힘쓰는 '군자유君子儒'가 양성되기를 희망했다. 역동서원 말고도, 퇴계는 여러 서원(대부분 영남에 위치한)의 창설과 운영에 깊이 관여했고, 그 서원들의 기문을 지었다. 때가 되자 그 자신도 그중 몇 군데의 서원에 봉안되는 명예를 누렸다.[133]

퇴계의 사후인 1684년에 역동서원은 사액을 받았지만, 안동−예안 지역의 최고 교육기관으로 부상한 도산서원의 빛에 가려버렸다.

## 퇴계의 지적 유산 전승을 둘러싼 갈등

1570년에 퇴계가 작고하고 나자,[134] 그 제자들 사이의 동료의식에 심각한 균열이 생기기 시작했다. 이유는 개인적인 적의와, 예안과 안동의 사족 사이의 미묘한 경쟁의식만은 아니었다. 오히려 실생활에서 성리학이 뜻하는 바가 무엇인지에 대한 그들의 이해에 현격한 차이가 있었기 때문에, 조목과 유성룡의 관계가 갈수록 악화되었던 것이다. 처사인 조목은 변경 불가능한 순수한 주자학을 고수해야 한다고 주장했다. 이에 반해 정치가인 유성룡은 좀 더 유연한 접근을 선호했고, 성리학은 시대의 현안을 해결하는 데 적용될 수 있을 때에만 정당성을 갖는다고 생각했다.[135] 둘 중 나이가 많은 퇴계의 수제자 조목은 도산서원을 중심으로 예안의 사족을 결집했고, 김성일의 도움을 받은 유성룡은 안동 사족의 존경을 한 몸에 받는 지도자가 되었다. 이 유감스러운 분열은 시간이 흐를수록 더욱 심화되었다.

퇴계의 장례—그는 예장禮葬을 사양하고, 간소하게 장례를 치르라고 유언했다—가 끝난 직후, 그의 후손과 제자 들은 후대를 위해 그가 남긴 글과 말을 모아서 정리하는 임무에 직면했다.[136] 1571년 봄에 장례를 주관했던 금난수는 퇴계의 문집을 편찬하는 설차를 논의하기 위해 동료 학자들을 역동서원으로 소집했다. 퇴계의 아들인 준과 그의 가까운 친척들을 무시한 채 조목이 주도권을 장악했고, 유성룡과 김성일, 그리고 예안의 학자 몇 명이 그를 적극 돕기로 했다. 하지만 유와 김은 조목의 반대를 무릅쓰고 서울에서 문집을 간행하기 위해 국가의 지원을 요청했고, 선조는 그 일을 교서관校書館에 넘기라고 명했다.[137] 퇴계로서는 대단히 영광스러운 일이었다. 하지만 정치적 분규로 인해 이 명령은 몇 년 뒤에 철회되었다.

문집의 편찬은 복잡하고 지루한 과정이었다. 1586년에 조목은 초벌본을 완성하고 작업의 완결을 선언했지만, 정치적으로 민감한 서한 2통을 제외한 자신만의 수정본을 완성하기 직전이었던 유성룡과 마찰을 빚었다. 1589년의 기축옥사己丑獄事로 인한 혼란은 작업을 중단시켰고, 중앙에서 일어난 심각한 당파적 분열(4부의 서언에서 논의할 것이다)은 조와 유의 긴장관계를 더욱 악화시켰다. 1598년에 유성룡이 영의정직을 삭탈당한 이후 정치적으로 고립되자, 지역의 지지를 받고 있던 조목은 이 기회를 놓치지 않고 자신의 문집 초본을 도산서원에서 펴내는 계획을 밀어붙였다. 조목은 자신의 고자세를 신랄하게 비판하던 유성룡에게 서문을 써달라고 제안했다. 유는 일단 거절했지만 결국에는 퇴계의「연보」를 편수하는 데 동의했다. 조목은「언행록」을 편집했다. 이런 우여곡절을 거쳐 1600년에『퇴계선생문집』이 마침내 도산에서 간행되었다.[138]

한편 고위관리이자 존경받던 학자인 퇴계에게 그 위상에 걸맞은 명예를 부여하려는 시도도 이루어졌다. 퇴계는 장황한 비문이 싫어서 간략한 자제명自製銘을 남겼지만, 결국 다른 사람도 아닌 기대승이 묘갈문을 썼다.[139] 금난수는 시호諡號를 내려달라고 조정에 탄원했는데, 시호는 한 사대부의 인생과 업적에 대한 국가의 최종적 인정이라는 점에서 매우 뜻깊은 것이었다. 1576년에 선조는 퇴계의 깊고 넓은 학문과 순수하고 올곧은 인격을 기리는 '문순文純'이라는 시호를 하사했다.[140]

퇴계의 저술을 집대성하는 작업과 병행하여, 1574년 봄에는 도산에 있던 퇴계의 서당을 본격적인 서원으로 확대할 계획이 수립되었다. 이 프로젝트는 처음에는 예안과 같은 벽지에 서원을 2개나 세우는 것이 과연 경제적으로 실용적인 것인지에 대한 우려를 낳았다. 그렇지만 김성일은 조목에게 보낸 편지에서 "도산 [프로젝트]가 실패한다면 퇴계 선생의 혼이 하늘에서 편히 쉬실 수 있겠습니까?"라고 물었다.[141] 애초의 우려에도 불구하고, 작업은 신속하게 진전되어 1년 뒤에는 퇴계의 위패가 상덕사尙德祠에 봉안되었다. 같은 해에 도산서원은 사액을 받았다. 이 서원의 주요 후원자들은 일찍이 역동서원의 건립을 재정적으로 뒷받침했던 퇴계의 제자들 — 김부필·김부의·김부륜·금보·이완— 이었다. 그들은 각자 상당한 규모의 토지를 기부함으로써, 왕조가 끝날 때까지 서원이 경제적으로 자립할 수 있는 발판을 마련해주었다.[142] 이에 못지않게 중요한 것은 오천 김씨가 학문적 지도자의 역할을 자임했다는 것이다. '노사숙유老士宿儒', 즉 나이 지긋하고 학덕 높은 선비가 서원의 강학을 맡아야 한다는 퇴계의 바람대로,[143] 50대에 접어든 김부의가 도산의 초대 산장이 되었다. 이후 서원의 장은 관례상 주로 퇴계의 후손들에게 맡겨졌다(〈그림 7-1〉).[144]

도산서원은 지역의 경계를 뛰어넘은 중요한 교육기관이 되었지만, 퇴계의 안동 제자들은 그곳이 조목과 그 일파에 의해 좌우되고 있는 것으로 간주했고, 따라서 자신들을 세대로 대표하지 못한다고 생각했다. 퇴계의 문집을 편찬하는 과정에서 불거졌던 것과 똑같은 적대감과 경쟁심에 이끌려, 1575년에 구봉령, 권호문, 유성룡, 정사성, 김성일과 그 형제들은 자신들만의 서원인 여강서원麗江書院을 세우기로 결정했다. 그 부지는 안동 부성 동쪽의 오로봉五老峯 기슭에 있는 백련사白蓮寺 옛터로 정해졌는데, 이 장소는 퇴계가 정사를 짓고 공부하던 곳이었다. 이 프로젝트에 반대하며 농성하던 "승려들은 김성일이 김언기와 함께 곧 그곳에 도착할 것이라는 소식을 듣자마

〈그림 7–1〉 도산서원에서 향사례를 치르기 전에 문서를 준비하는 모습(필자 촬영).

자 황급히 자리를 떴다." 도산서원의 대표자들과 협의를 거친 다음, 그들은 1년 뒤인 1576년에 퇴계의 위패를 존도사尊道祠에 봉안했고, 퇴계의 이산서원 원규를 채택했다. 이 서원은 1605년에 안동지방을 강타한 대홍수로 파괴되었으나 이듬해에 재건되었고, 1676년에 사액되면서 호계서원虎溪書院으로 이름이 바뀌었다.[145)

요컨대 안동과 예안의 사족은 퇴계의 인도 아래 도학을 항구적인 지적 지향점으로 삼았고, 그것을 안동 문화의 일부로 만들었다. 물론 이를 위한 기반은 15세기 중엽부터 마련되어왔지만, 100년이 지나자 뜻밖의 조합이 이루어졌다. 퇴계가 관직에서 물러나 교육에 전념하게 된 시기와, 지방에 정착한 사족의 2세대와 3세대로서 유학 공부에만 매달려도 먹고사는 데 지장이 없을 만큼의 경제적 자립을 이룩한 청년층이 두터워진 시기가 일치했던 것이다. 따라서 퇴계는 자신의 가르침을 열심히 따르고, 참된 학문을 추구하는 자들의 공동체를 만들어내려는 자신의 계획을 지지하는 일군의 제자들에게 의탁할 수 있었다. 역으로 그의 제자들은 퇴계의 문인이라는 사실이 본인들에게 부여해준 명예와 도덕적 권위를 지방뿐 아니라 수도에서도 한껏 누렸다.

　　사회적으로 가장 눈에 띄는 퇴계의 유산은 무엇보다도 학자와 관리를 분리시킨 것이다. 현인이 되려는 영적 추구를 관리로서의 경력에 대한 정당한 대안으로 제시함으로써, 그는 그런 추구에 사회적 가치를 부여했다. 이로써 학문의 탐구는 관직의 보유에 못지않게 엘리트 신분을 보장해주는 어엿한 수단이 되었다. 사대부의 명예를 훼손하지 않으면서(모든 사람이 처사로 살아가기를 원하는 것은 아니므로), 퇴계는 예전의 주희처럼[146] 사士의 의미를 '정치적' 인간에서 '개명된' 인간으로 바꿔놓음으로써, '진정한 학문'의 추구를 사족 엘리트층의 성원에게 어울리는 천직으로 합리화했다. 과거 급제와 관직 보유를 신분 유지의 관건으로 보던 당대 사회의 고정관념에 맞서, 퇴계는 그의 제자들을 학문 수양으로 얻어신 우월한 도덕성을 바탕으로 다양한 지도자 역할을 맡을 권리를 주장하는 독립적인 행위자인 '사'(우리말로는 선비)로 변신시켰다. 유儒의 혜택을 누리면서, 그들은 자신들의 공동체를 문화적으로 탈바꿈시키기에 이르렀다.

　　권위 있는 스승과 헌신적인 청년들 사이의 친밀한 상호작용은 학문과 영적 실천의 독특한 문화를 촉진했고, 이런 지적 열기는 퇴계의 사후에도 가라앉지 않았다. 그럼에도 그의 주요 제자들이 각자 진정한 후계자 자격을 주장하면서 본인만의 서당이나 서원을 세워 퇴계의 지적 유산을 전승하는 경쟁적 파벌을 조성함에 따라, 그의 제자들을 하나로 묶어주었던 농료의식은 서서히 약화되었다. 물론 지역의 선비들을 지지기반으로 삼고 있던 서원들은 막강한 지적 아성으로 성장했을 뿐 아니라, 정치적인 것을 도덕적인 것에 포섭함으로써 사림의 '공론公論'을 국가에 제시하는 지방권력의 소재지가 되었다. 요컨대 몇 가지 갈등요인을 안고 있던 퇴계의 학문적 유산은 안동 사족 엘리트층 사이의 경쟁을 부추겼을 뿐 아니라, 그들을 17세기 내내 지속된 당파적 논쟁 속으로 위태롭게 몰아넣었다(12장에서 상세하게 논할 것이다).

다음 장의 주제는 지방의 풍토에 유교식 의례를 이식하려는 선비들의 집념에 찬 노력이다.

## 8장 〉〉〉 의례적 실천과 재지 종족의 초기 형성

도학을 받아들인 선비들은 유교식 의례의 실천을 본인들의 문화적 정체성을 드러내는 본질적인 요소로 삼았다. 그들은 특히 상례와 제례에 관심을 기울였는데, 고도로 감정적인 통과의례인 두 의례는 불교적·무속적 신앙과 실천에 깊이 물들어 있었다. 하지만 그것을 주희의 『가례』에 약술된 유교식 의례 프로그램으로 대체하고자 했을 때, 그들은 조직적인 저항에 직면했을 뿐 아니라, 『가례』의 전례를 뒷받침하는 사회적 패러다임이 당대 한국사회의 패러다임과 전혀 일치하지 않는다는 사실까지 깨닫게 되었다. 따라서 관습적인 의례행위를 혁신하려면, 뿌리 깊은 종교적 습관을 폐기하는 것 이상의 노력이 필요했다. 남계 위주인 『가례』의 틀을 차용하기 위해서는, 전통적인 한국의 제례집단을 근본적으로 재구성하는 획기적인 작업이 요구되었다. 이 작업을 완수하자면 사회-종교적 생활에 뒤엉켜 있던 비남계친과 인척의 실타래를 풀어야만 했고, 분명한 부계 출계를 확립해야만 했다. 이는 출계집단의 정의에 지대한 영향을 미치는 굉장히 복잡하고 민감한 프로젝트였지만, 6장에서 논의된 긴급한 경제적 상황에 떠밀려 결국 진척될 수밖에 없었다.

조선왕조 초기부터 정부는 주희의 『가례』를 권위 있는 예서라 하여 널리 보급했고, 주자의 기본적인 원칙들 ─ 무엇보다도 직계*linearity*와 남계*agnation* ─ 가운데 여럿을 『경국대전』에 법적 규범으로 포함시켰다. 그렇지만 수도에서 벼슬을 지내던 사람들이 새로운 규정을 지켰다는 증거는 거의 없고, 그런 규정이 지방에서 진지하게 수용된 경우는 더더욱 드물었다. 실제로 1555년에 예조는 사대부조차 고향에 내려가 있을 때 가묘家廟는 서둘러 짓지 않고, 신주神主를 지저분한 곳에 모시며, 설상가상으로 "모호한 [불교의] 사설邪說"에 현혹되어 유교적 의례질서를 등한시한다고 불만스럽게 아뢰었다. 나아가 "[적절한] 예제禮制의 훼손"이 사대부로부터 비롯된 만큼, 중앙과 지방에서 '화성예속化成禮俗'([유교식] 의례와 관습을 수용하여 백성들을 교화하고 예를 이룸)의 책임을 다하지 못하는 사대부들은 엄벌에 처해야 한다고 분통을 터뜨리며 상소를 마무리했다.[1] 지방 주민의 순종을 강요할 힘이 없었던 국가는 이런 식으로 사대부에게 수도 안팎에서 개혁가의 역할을 다할 것을 강권했다.

심지어 의례에 관한 의식과 지식의 수준이 다른 지방에 비해 높았던 것으로 보이는 안동 같은 곳에서도, 고유한 사회적·종교적 전통이 예조에서 요구하던 유교식 의례의 신속한 수용을 가로막고 있었다. 안동을 유교식 가르침을 모범적으로 준수하는 이름난 지방으로 서서히 변모시킨 것은 의례의 선구자이자 사표로 활동한 퇴계와 제자들이었다.

## 관습적인 상례와 제례

조선 초기 민간의 신앙과 의례에 관한 기록은 드물지만, 고려시대에 널리 퍼져 있던 관습적인 상례와 제례가 16세기까지 살아남았던 것 같다.[2] 승려들이 의례 전문가로서 장례절차를 도와주었을 뿐 아니라, 일부 증거에 의하면 죽음이 임박했을 때는 무당도 불러왔다고 한다. 화장火葬은 주로 수도의 엘리트층에 의해 행해졌고,[3] 망자의 영혼이 서방정토로 바로 들어갈 수 있게 해주는 수단으로 여겨졌다. 화장은 선초인 1395년에 불법화되었으나[4] 그 후로도 사라지지 않았으므로, 1469년에 성종은 다시 금지령을 내리면서 이를 어기는 자는 엄벌에 처하라고 명했다.[5] 농촌지방에서는 토장土葬이 좀더 흔한 풍습이었을 것이다.[6] 화장을 하건 토장을 하건, 후손들이 일종의 유물이라 할 수 있는 돌아가신 부모와 선조의 "'몸과 넋'을 편안하게 모실"(안체백女體魄) 의무를 지닌다는 민간의 믿음[7]은 경건한 장소인 무덤의 중요성을 높여주었던 것으로 보인다. 더욱이 상제가 부모의 무덤가에 초막을 짓고 상기喪期를 마칠 때까지 무덤을 지키는 여묘盧墓[8]는 여말선초에 『효행록』[9]과 『삼강행실도三綱行實圖』[10] 같은 관인官認 권장도서를 통해 본받아야 할 효행으로 널리 보급되었다.

최근에 사망한 사람, 특히 부모의 묘소에서 정기적으로 치러지는 의례는 따라서 모든 이의 세시의례에서 특히 중요한 의미를 차지하고 있었던 것으로 보인다. 네 차례의 속절俗節[11]에 묘제를 지내는 것은 고려 초부터 널리 퍼져 있던 풍속이었으므로,[12] 조선 중기의 유학자들은 그것을 '국속國俗'으로 인정했다.[13] 그런데 의례 전문가들의 비웃음을 신 것은 그린 의례의 대중성보다는 봉행방식이었다. "남녀 [후손들]이 돌아가면서 제사를 모시는데, 그들은 간혹 정결함을 무시하고 [제수]를 성의 없이 준비한다. [망자로부터] 세대가 점점 멀어질수록, 그들이 그 제사를 등한시할 가능성이 커진다."[14] 분명히 묘제는 임시로 구성된 남녀 후손들―이들은 번갈아가며 제사의 의무를 맡았다―의 소규모 집단에 의해 모셔졌다. 하지만 그런 제사는 정결함에 대한 유교식 의례기준에 따르지도 않았고, 두세 세대 이상 지속되지도 않았다.

묘제의 윤행輪行은 남계친과 비남계친이 자신들에게 상속지분을 물려준 사람들을 기억하려는 마음에서 비롯되었을 것이다. 아들과 딸이 동등한 상속자였기 때문에, 그들은 선조에게 비슷하게 빚을 지고 있었다.[15] 하지만 그들이 책임을 나눠 가진 실질적인 이유는, 역사적 과정을 통해 출계집단이 계속 이동함에 따라 조상의 묘들이 곳곳에 흩어지게 되었다는 정황에 기인한 것일 수도 있다. 한 집단의 분산이 광범위하게 이루어졌다면, 여러 세대의 조상을 모신 묘역이 형성될 가능성은 희박했다. 따라서 분산되어 있던 각 묘지는 가장 가까운 곳에 살고 있던 후손들에 의해 관리되었다. 그러나 "자손들이 조상의 묘 근처에서 오랫동안 살지는 않았으므로, 정기적인 봉사는 갈수록 줄어들고 세월이 흐름에 따라 완전히 중단되었다. 몇 세대가 지난 뒤에 먼 곳에 살고 있던 후손들은 무덤을 관리하기는커녕 그 위치조차 알지 못했다"는 불만이 제기되었다.[16] 조상의 묘지에 대한 기억은 그토록 쉽게 망각되고, 더 이상 보살펴지지 않는 무덤은 종적도 없이 사라졌다. 더욱이 처가거주혼의 관습으로 인해 남계친과 비남계친이 같은 묘역에 묻히는 경우도 종종 있었다. 어느 쪽 친척이 계속해서 그 근처에 살고 있느냐에 따라, 일부 시신의 신원은 이내 잊혔을 테고, 그 무덤은 자취를 감추었을 것이다.[17]

요컨대 조상의 묘들이 상이한 장소에 있으면, 대규모 친족집단의 단체 행동이 여의치 않았고, 개별 묘지의 유지 및 관리는 근처에 살고 있던 남계 또는 비남계 후손들이 제사를 모실 의향이 있느냐에 달려 있었다.

이처럼 변화하는 종교적 환경에 처해 있었던 만큼, 주희의 『가례』에 고무된 모든 유학자는 정전에 의거한 예제를 도입함으로써 자신과 친척들의 의례적 실천을 개혁해야 하는 지난한 과제를 외면할 수 없었다. 그것은 불교식 장례를 치르지 말라는 주희의 경고를 존중하는 단순한 문제가 아니었다. 주희의 저서에 대한 면밀한 검토는, 그 가르침을 실행에 옮기는 것은 고유의 '잘못된 의례'를 배격하는 것 이상의 엄청난 노력을 요구하는 것이라는 인식으로 이어졌다.


## 주희의 의례 개념에 대한 한국적 이해

『가례』에 약술된 상례 및 제례 프로그램은 의례를 수행하는 사람이 명확하게 규정된 남계 출계집단의 일원임을 전제했다. 대종大宗은 시조로부터 연원을 추적하는 가계로 장자, 즉 종손宗孫에 의해 영속화되었고, 소종小宗은 적장자의 남동생들에 의해 세워졌다. 면면히 이어지는 각 세대에서, 본처가 낳은 장자는 대종을 대표했고, 그의 남동생들은 각자 자신의 소종(또는 방계)을 새로 만들었다. 다시 말해서 종손은 출생에 의거하여 나이와 무관하게 의례적으로 우월한 지위를 누렸다. 장자상속*primogeniture*의 혜택을 누리는 후사로서, 그는 당연히 의례의 주관자가 되었다. 남계 출계집단의 각 성원은 족보상의 다양한 위치에서 대종에 소속되고, 대종은 출계집단 전체의 구조적 뼈대를 이루기 때문에 영원히 지속되어야만 했다.[18] 의례적 목적을 위한 기본적인 제례집단은 서로를 위해 상복을 입을 의무를 지는 남자 친척에 한정되었다(한국에서 여성은 배제되었다). '당내堂內'라 불리는 이 남계집단은 종적으로 4대(즉 고조부)까지 거슬러 올라갔고, 그 결과 횡적으로는 팔촌까지 포함했다.[19] 따라서 당내(우리말로는 집안)는 가장 친밀한 남계친의 범주를 규정했고, 상장례에 국한되지 않고 친족집단 생활의 모든 영역에 영향을 미치는 친족 사이의 규범적 행위를 정의하기에 이르렀다.[20]

밀접한 관계를 맺고 있던 이 남계친 집단의 주된 의무는 제사였다. 그 중심은 사당 또는 가묘로, '모든 군자'가 정침正寢의 동쪽에 세워야만 하는 것이었다.[21] 그곳에는 3대(또는 주희에 의하면 4대)의 직계조상들과 그 부인들의 신주神主 또는 신위神位가 모셔졌다. 종자宗子, main-line heir는 네 차례의 시제時祭[22]에서 유일한 주관자 역할을 했고, 가까운 남계친들은 제사에는 참석했지만 특별한 역할을 맡지는 않았다. 이 의례집단은 이하에서 '당내'라 불릴 것이다.

퇴계를 포함한 신유학적 의식주의자들은 당내 중심의 제사가 유교적 사회의 핵심원리, 즉 종법宗法, lineal principle을 엘리트 집단의 사회적 기반에 이식하는 데 이상적이고 적합한 종교적 영역이라고 인식했다. 하지만 묘제에 여전히 다양한 부류의 친척이 관련되어 있을 때는, 제사의 주된 장을 무덤에서 사당으로 옮겨놓으려는 의례 개혁자들의 노력이 거센 저항에 부딪히기도 했다. 결과적으로 종족의 형성은 굉장히 복잡하고 시간도 오래 걸리는 설득과 강요의 과정인 것으로 밝혀졌다.

## 종법의 초기 신봉자들

1500년대 초에 이르자, 학식을 갖춘 소수의 엘리트 지도자 ─ 이들의 일부는 과거 급제자 겸 고관이었거나 둘 중 하나였다 ─ 가『가례』를 정독한 다음 그 원리를 자신들의 의례적 실천에 적용하기 시작했다. 부계의 의미를 깨닫게 된 그들은 장자의 중추적 역할을 인식하게 되었고, 특별한 경제적 배려를 통해 승중자承重者, *ritual heir*인 그의 지위를 강화했다. 직계에 대한 의식이 고조된 것은 분재기에 '봉사조'에 대한 언급이 서서히 나타나기 시작했다는 사실에서 분명하게 나타난다. 봉사조란 상속 가능한 유산의 일부를 장자에게만 할당하여 그가 의례적 의무를 다하게 하는 것이었다.『가례』에 따르면, 그 몫은 망자가 남긴 토지자산의 5퍼센트였다. 하지만 이 규정은 다양한 중간단계를 거쳐 서서히 표준화되었다.

예컨대 [재령] 이애(1480~1561)는 1494년에 받은 자신의 상속지분을 사용하여 인량에 있던 조상의 묘소 근처에 재사齋舍(345쪽에서 논의된다)를 지었지만, 가묘제家廟祭에 대비하지는 않았다.[23] 하지만 나중에 병약해지고 제사가 계속될 수 있을지 염려되자, 1543년에 이애는 맏아들 이은보李殷輔(1520~1580)에게 토지 60마지기와 노비 4명을 별급하면서, 자신의 제사를 받드는 '승중'의 책임을 다하는 데 쓰라고 용처를 분명하게 밝혔다. 이애가 일단 지방 수령의 조언을 구한 다음 그를 이 분재기의 증인으로 삼았다는 것 ─ 훗날의 분쟁에 대비한 안전장치 ─ 은 그의 별급이 이례적인 일이었음을 입증해준다.[24] 이 별급은 1572년에 은보가 부모의 재산을 남매들과 나눌 때 별도의 항목 하에 재확인되었다.[25] 분명히 이애는 죽기 진에 자신의 가계를 이어가는 데 장남의 역할이 결정적으로 중요하다는 점을 깨달았고, 그 역할에 수반되는 봉사의 의무를 완수하는 데 필요한 경제적 수단을 제공했다.

승중자의 경제적·이데올로기적 입지가 16세기에도 얼마나 취약했는지는 [의성] 김진의 유서에 명확하게 드러난다. 제사가 장남에게 엄청난 경제적 부담을 준다는 사실을 익히 알고 있었던 김진은 청기에 있던 자신의 토지 일부를 승중자의 통제하에 있던 분할 불가능한 제전祭田에 보태라고 유언했다. 대종이 빈궁하여 부유한 소종이 대종 행세를 하는 불상사를 미연에 방지하기 위함이었다. "한 집의 흥망은 제사를 얼마나 정성껏 모시느냐에 달려 있다. 우리가 어찌 이런 의례에 신경을 쓰지 않고 잘 살기를 바라겠는가?" 주희의 말을 인용하면서, 김진은 후손들에게 형편이 어려울 경우에는 닭 한 마리, 밥 한 공기만으로도 충분하다고 조언하면서, 중요한 것은 제삿날을 허투루 넘기지 않는 것이라고 말했다.[26]

그 자신도 장남이었던 김진은 주희의 예법에 따라 부모님의 상을 치르고 '무당'과의 일전을 불사함으로써 의례의 개혁에 대한 헌신적 자세를 유감없이 보여주었다. 그의 집에서 철저하게 배격당한 "크고 작은 무당들은 그의 이름만 들어도 벌벌 떨었고, 감히 그의 마을에 들어가지 못했다." 그는 또한 귀신[27]을 모시고 있다는 요망한 말로 "백성들을 속이는" 무당의 본거지 '신당神堂'을 허물어버렸는데, 그 후 "향촌의 풍속이 눈에 띄게 교정되었다."[28]

오천 김씨와 유곡 권씨의 성원들은 퇴계의 제자가 되기 훨씬 전부터 장남의 상속지분을 늘리기 시작했다. [광산] 김회는 대종의 대가 끊기는 것을 우려하여, 일찍이 1479년에 2명의 노비를 가묘제 몫으로 종자에게 주었다.[29] 1547년에는 제사를 위한 몫이 장자의 지분에 포함되었던 것으로 보이고, 1550년에는 6명의 노비가 순전히 봉사용으로 책정되었다. 끝으로 1559년에는 무덤에 딸린 토지(묘전墓田)의 관리가 명시적으로 승중자에게 위임되었다.[30] 거의 같은 시기에 유곡 권씨도 봉사조를 별도로 분재했다. 1550년에 권벌의 장남 동보는 승중자의 자격으로 170마지기의 토지와 18명의 노비를 추가로 받았는데, 이는 전체 상속재산에서 토지의 약 7.5퍼센트와 노비의 6퍼센트를 차지하는 몫이었다.[31]

이상의 예들은 소수의 사족 사이에서 종자의 경제적 입지를 강화함으로써 소종에 대한 대종의 우월한 지위를 굳히는 문제에 대한 관심이 고조되고 있었음을 보여주는 뚜렷한 증거이다. 하지만 장남에게 부여된 경제적 특권의 함의는 가묘제의 보급을 가로막은 주된 요인으로 밝혀졌다.

## 오래된 종교적 관행과의 경합

주희의 『가례』가 제아무리 순정한 의례생활의 절대적 기준을 세운 것으로 간주되었다 하더라도, 오래된 지역적 관행은 심지어 퇴계에게도 상당한 수준의 양보를 강요했다. 그가 친척과 제자들에게 보낸 다수의 편지는, 자신의 가르침이 완상한 반대에 부딪혀 본인이 인정하지 않는 의례적 절차나 형식을 용인할 수밖에 없었을 때마다, 그가 얼마나 낙심하고 좌절했는지에 대한 특별한 통찰을 제공해준다.

문제의 발단은 망자의 혼이 최종적으로 안식하는 곳이 어디인가—무덤인가 아니면 가내의 사당인가—에 대한 엇갈린 견해였다. 퇴계의 눈에는 당대의 사람들이 의례의 의미는 모르면서 그저 '감정'에 이끌려 가내의 사당보다는 야외의 무덤에서 제사를 드리고 싶어 하는 '홀묘숭야忽廟崇野'의 인습에 젖어 있는 것이 빤히 보였다. 이런 풍습은 혼魂(육신을 떠나 신주에 자리를 잡는다고 믿어졌던)보다 백魄(무덤에서 육신에 머문다고 믿어졌던)을 중시하는 것으로, '반곡反哭'이라는 고례에 어긋나는 것이었다.[32] 주희에 의해 승인된 그 의례에 따르면, 묘소에서 망자의 이름을 적어 신주를 만들면 그의 혼이 그것에 깃들었는데, 신주는 장사를 지낸 뒤에 즉시 망자의 옛집으로 모셔 와야 혼이 편안하게 정착할 수 있었다. 곡을 그치는 '졸곡卒哭' 다음 날에, 새 신주는 사당에 있는 조상의 신주들 곁에 잠시 합사合祀(부제祔祭)되었다가 정당正堂에 모셔졌고, 상제들은 상중에 날마다 그 앞에서 예를 표했다. 이 기간이 끝나고 나면 신주는 가묘에 영원히 안치되었는데, 이는 고인이 조상이 되었음을 뜻했다.[33]

이런 의례적 절차는 상주가 상중에 무덤가의 여막廬幕에 머무는 행위에 의해 분명히 무시되었다. 16세기에 꽤나 대중적이기는 했지만, 그런 관습은 권위 있는 정전에 입각한 것이 아니었다. 또한 퇴계가 개탄하듯이, 여묘로 인해 고인의 혼은 상기가 끝나고 가묘에 봉안(부제)될 때까지 적절한 보살핌을 받지 못하고 무덤 근처의 산속을 떠돌아야 했다.[34] 그럼에도, 퇴계는 부모의 묘소에서 아들이 보여주는 인내와 헌신은 일반적으로 감동적인 효심의 표현으로 칭찬받는다는 사실을 인정할 수밖에 없었다. 그의 친척인 이정회는 모친상을 당하자 여막을 짓고 상중에 묘소를 지켰다(어쩌다가 자리를 비우거나 다른 일을 보기도 했지만).[35] 친척들과 함께 '대상大祥'[36]을 치른 후에야, 그는 '반혼返魂' 의식을 거행했다. 두 달 뒤에는 규정에 따라 '담제禫祭'를 지냄으로써 상례를 마무리했다.[37]

흔히 가묘제에 못지않은 효행의 발로로 여겨져 네 차례의 속절에 지내던 묘제도 끈질기게 지속되었다. 주희는 1년에 단 한 번(3월에) 묘제를 지내기를 원했지만,[38] 퇴계는 모든 남녀 친척이 돌아가면서 1년에 네 번씩 묘제를 모시는 현실을 어쩔 수 없이 용인했다. 그러면서 기제忌祭뿐 아니라 묘제에도 젊은 친척들이 참석하는 것이 바람직하다는 의견을 제시했다. 승중자가 홀로 책임을 떠맡으면, 그의 동생과 사촌들이 제사에 도통 관심을 기울이지 않게 된다는 것이 그 이유였다.[39] 하지만 그의 신경에 거슬린 것은 "[조상들에게] 예를 표하고 그들의 무덤을 손질할 때마다, 후손들은 집에서 음식을 장만하여 신선한 상태로 그릇에 담아 산소까지 들고 가서 [조상들에게] 바친다. 집이 가까우면 불편함이 없다. 그렇지만 이런 식의 의례에는 결함이 있고, 그 봉행에는 어려움이 있다"라는 사실이었다. 이처럼 흡족하지 못한 의례적 현실을 감안하여, 1550년에 퇴계는 제사를 손쉽게 진행하고자 부친과 숙부의 선영先塋이 있던 온계 북쪽의 용두산 기슭에 수곡암樹谷庵이라는 재사를 지으려는 친척들의 계획에 마지못해 동의했다.[40]

고려시대에 왕릉 근처에 들어섰던 재사 또는 재실齋室은 14세기 후반부터 사회적 지위가 높은 개인들의 묘소에 세워지기 시작했다.[41] 주희의 『가례』에 언급되지는 않았지만, 남송시대에는 그런 불교식 건물이 널리 퍼져 있었다.[42] 종종 절이나 암자를 개조해서 만든 이 세속화된 추모시설은 16세기에 우후죽순으로 생겨났고, 출계집단의 위세를 보여주는 징표가 되었다.[43] 신주를 모시기 위한 것이 아니라 주요 묘소에서의 의례에 도움을 주기 위한 것이었지만, '사유화된 사원'[44]의 성격을 지니고 있던 재사는 대단한 인기를 누렸다. 이미 언급했듯이, 이애는 가묘제에 대비하기 전에 재사를 지었다.[45]

절터에 재사를 짓는 것은 주로 불교의 기복사상에서 비롯된 것이라는 점을 의식한 퇴계는 재실은 묘소를 관리하기 위한 곳이므로 사찰과 혼동해서는 안 된다고 경고했다.[46] 그런데 용두산에 있던 재실은 진성 이씨가 세운 최초의 묘지 관리시설이 아니었다. 이미 1480년에 퇴계의 조부인 계양을 포함한 이정의 세 아들이 승려들의 도움을 받아 가창산可倉山에 부친을 위한 재사를 지었던 것이다.[47] 퇴계 자신도 1555년에 수곡암이 완공되는 과정을 지켜보았지만, 그곳을 승려에게 지키게 해야 하는 현실을 안타까워했다.[48]

하지만 재실은 가묘와 경쟁관계에 놓여 있었다. 퇴계가 결국 용두산에 재실을 짓는 것에 찬성한 것은 가묘에서 치르는 이른바 '대례大禮'를 우선시한다고 하더라도, "민심을 억누르지 않는 한" 무덤에서 지내는 '소례小禮'를 선호하는 시대적 풍조를 단기간에 바꿀 수는 없다는 점을 인식한 결과였다.[49] 그럼에도, 그는 가묘제에 의해서만 완벽하게 표현될 수 있는 '종법'의 불가침성을 끈질기게 옹호했다. 실제로 그는 이 원칙이 자신의 친족집단 내에서 훼손되는 것을 우려하기도 했다.

의례에서 소외되게 마련인 막내아들로서, 퇴계는 승중자인 그의 배다른 맏형 이잠李潛의 아들이 후사 없이 사망하고, 1542년에 "여느 여성이나 다름없이 법도를 모르는" 잠의 미망인이 종가에 딸린 토지를 자신의 사위 2명에게 주었을 때, 온계에 있던 이씨 대종의 가묘가 돌보는 이 없이 황폐해지는 광경을 목격했다. 불가피하게 퇴계의 배다른 둘째 형의 맏아들인 조카 이완이 대를 잇게 되었다. 하지만 이완은 처가거주혼을 택했고, 숙부의 거듭된 독촉에도 온계로 돌아오려 하지 않았다. 대신에 완은 아들인 이종도李宗道(1535~1602)를 보내 조상을 모시는 책임을 맡게 하겠다고 약속했다. 그렇지만 종도도 1564년까지 "이기적으로 처자식만 생각하고 친척들의 뜻은 무시했기" 때문에 화가 난 퇴계는 그를 친족집단에서 추방하겠다고 으름장을 놓았다. 하지만 당시에 종도가 과거를 준비하고 있었기에 퇴계는 마음을 누그러뜨렸다.[50] 4년 뒤에 종도가 이듬해 초에 온계로 되돌아가겠다는 뜻을 밝히자, 퇴계는 30년 묵은 갈등이 마침내 해소되었다며 만족감을 표했다. 하지만 불안정한 경제적 상황으로 인해 종도가 자신의 의무를 적절히 수행하지 못할 것을 우려한 퇴계는 친척 몇 명의 반대를 무릅쓰고 그가 선산의 목재를 베어 낡은 종가를 개축하는 것을 승인했다. 또한 무덤 근처의 토지를 매입하려는 종도의 시도 — 문약門約에 의해 보장되는 거래 — 를 지지했다. 퇴계는 냉담한 반응을 보이는 친척들을 다음과 같이 꾸짖었다. "소와 말을 기르고 노비를 감독하는 데 혈안이 되어 의례와 규약의 중요성을 무시하는 그대들의 태도가 조상의 유산을 대물림하려는 사대부의 고매한 의도에 부합한다고 생각하는가?"[51]

**개혁된 의례: 엘리트 문화의 발현**

　　개혁된 의례가 엘리드 문화를 가시적으로 보여주는 중대한 의미를 갖는다는 사실을 염두에 둔 초기 유학자들(안동뿐 아니라 다른 지역의)은 『가례』에 특히 상례와 제례의 봉행에 대한 구체적인 지침이 부족하다는 사실을 발견했다. 실제로 의례에 관한 문제는 당대의 지적 담론을 지배하다시피 했다.[52] 이미 지적했듯이, 퇴계의 제자들이 스승에게 던진 질문들 가운데 가장 많은 수를 차지한 것은 제사의 적절한 봉행에 관한 것이었고, 최다 질문자는 김성일이었다.[53] 퇴계는 의례요람을 편찬하지는 않았지만, 상례와 제례에 관한 그의 견해는 제자인 조진趙振(1535~?)[54]이 그의 서신을 간추려 편집한『퇴계 상제례 답문』이라는 소책자를 통해 알 수 있다. 이것이 체계적인 저작은 아니었으므로, 그의 제자들은 자신들만의 편람으로 그것을 보완하여 각자의 출계집단에서 의례가 일관되게 준행될 수 있도록 했다.

1580년에 부친을 잃은 김성일은 자신이 쓴『상례고증喪禮考證』에 따라 상을 치렀는데, 그는 이 책을 "심지어 [집안의] 모든 여성도 그 내용을 숙지할 수 있도록" 미리 준비했던 것 같다.[55] 그에 앞서 1546년에 모친상을 당한 조목은 주의 깊게『가례』를 참조하여 상장례를 준비했고, 자신이 생각한 바를 『가례의의家禮疑義』라는 소책자로 엮어냈다.[56] 하회 유씨 형제도 자신들만의 의례요람을 편찬했다. 유운룡은『추원잡의追遠雜儀』에서 제기의 진열을 상세히 논하고 절차상의 문제점을 밝혔다.[57] 후손들을 올바로 인도하기 위해, 유성룡은『신종록愼終錄』(1602)에서 묏자리를 정하고 망자를 매장할 때 어떤 지형적 특징을 고려해야만 하는지를 풍수설에 입각하여 설명했고, 상례에 관한 서지정보를 취합하여『상례고증』을 펴냈다.[58] 상주에게 다양한 단계의 유교식 상장례를 치르는 간략한 지침을 제공함으로써, 그들은 '가문의 전통'을 만들어내려 했을 뿐만 아니라, 여전히 불교적 인습에 젖어 있는 환경 속에서 "[이런 유교식 의례들]을 처음 목격하고 그것들을 기이하게 여겨 조롱하는 사람들"에게 당당하게 맞설 수 있도록 상주의 자신감을 북돋아주고자 했다. 친구들과 이웃들이 그 의례들을 모방하기 시작하여 공동체에 퍼뜨리기까지는 얼마간의 시간이 필요했다.[59] 하지만 유교식 의례에 숙달하는 것은 소수의 영역으로 남아 있었다는 사실이 1590년대 초에 김성일이 조선의 풍속에 대해 묻는 일본인들에게 한 말에 의해 입증된다. 그는 "우리나라의 상례는 철저하게 주자의『가례』에 따른다"라고 자랑스럽게 주장하면서도, 자신이 오직 "[불교]를 믿는 사람이 전혀 없는 사대부 식자층"에 대해 말하고 있다고 인정할 수밖에 없었다. 그는 교묘하게 "무지한 평민들만이 [아직도] 불교에 대한 믿음을 악착같이 고수하고 있다"라고 덧붙였다.[60]

많은 예서가 편찬되었지만, 유교식 의례의 초기 실천자들은 갖가지 현실적 문제에 봉착했다. 예컨대 가묘에서 몇 대의 조상까지 모셔야 하는가? 봉사자의 품계를 고려하여 차등적으로 최고위 관리에게 3대 봉사를 허용하는『경국대전』에 따라야만 할 것인가,[61] 아니면 정이가 주장하고 주희에 의해『가례』에 수용된 4대 봉사를 준수하는 것이 옳은가? 퇴계는 결정을 승중자들에게 맡겼지만, 이 경우에는『가례』의 규정보다 국법에 따르는 것이 낫다고 확신했다.[62] 하지만 김성일을 비롯한 그의 제자들은 대부분 주희를 자신들의 본보기로 삼았다.

이와 관련하여 더 큰 논쟁의 대상이 되었던 것은『경국대전』의 규정에 따라 공신으로 책록된 조상들을 불천위不遷位로 봉향하는 문제였다.[63] 본인의 조상들 가운데 그런 대접을 받는 인물이 있다는 것은 특별히 자랑할 만한 명예로운 일이었다. 한 예로 주촌 이씨는 1455년에 세조에 의해 원종공신에 녹훈된 조상 이정을 그런 식으로 추모함으로써 자신들의 명성을 높이고자 했다. 그들은 가창산에 있던 이정의 묘 근처에 재사를 지었지만, 그를 위해 불천위 제사를 지내려던 그들의 계획은 이정회의 조부와 부친이 1560년대 초에 사망하면서 지연되었다. 대종의 새로운 승중자가 된 이정회는 부친의 유언을 상기하며 그 계획을 신속하게 밀어붙이려 했던 것으로 보이지만, 퇴계의 반대에 부딪혔다. 퇴계는『가례』에 불천위 제사에 대한 언급이 없다는 이유로 반대하면서, 이정회의 7대조인 이정의 신주는 통상적인 절차에 따라 가묘에서 묘지로 옮겨져 묻혀야 마땅하다고 주장했다. 하지만 근친들의 지지를 등에 업은 정회는 이미 별도의 사당을 짓기 시작했고(1565년에 완공), 퇴계는 주촌 이씨가 결국 4대의 조상 외에 한 분의 불천위를 추가로 모시는 것을 용인할 수밖에 없었다.[64]

불천위 제사가 없다 하더라도, 유교식 의례 일정은 굉장히 부담스러웠고 친족집단에게 막중한 책임을 떠안겼다. 사철의 시제 외에도, 묘제와 기제를 지내야 했다. 따라서 자발적인 참례는 쉽지 않았고, 때로는 강제적 수단이 필요했다. 이 점은 「봉선제규奉先諸規」(1587)에서 김성일이 자신의 친족들에게 보낸 경고에서 명백하게 드러난다. 그는 시제를 올릴 때가 되면 "[남자]자손들은 가까운 곳에 살고 있든 먼 곳에 살고 있든 종가의 통보를 기다리지 말고 제사가 시작되기 전에 모여서 스스로를 정화(재齋)해야 한다"라고 적었다. 김성일은 의례적 정화가 조상의 영혼과 교류하는 데 필수적이라고 강조했다. 또한 아무런 이유 없이 불참한 자는 장부에 기록되어 1년에 한 번씩 적절한 처벌을 받게 될 것이라고 했다. 제사에 참여한 모든 자손(가난한 자들은 제외)은 제철 물품을 가져와 종가를 도와야 했다. 그리고 시제는 어떠한 경우에도 경제적으로 빈한한 동생들과 돌아가며 모셔서는 안 된다고 했다. 가묘가 아닌 사저에서 일회용 지방紙榜을 놓고(부모의 기제를 지낼 때처럼) 시제가 봉행되는 일을 막기 위함이었다. 이와 대조적으로 속절에 지내는 묘제는 번갈아 가며 지내야 한다고 김성일은 규정했다. 모든 자손이 같은 날에 조상 4대의 묘에 모이기란 불가능하기 때문이었다. 엄격한 유교식 의례 일정의 가치가 모든 친척에게 자명할 리가 없었으므로, 그는 처벌을 무기 삼아 심지어 "가난

하다는 핑계를 대거나 태만하고 부주의한 자들"까지 의례과정에 참여시키려고 애썼다.[65]

　시제와 묘제의 상이한 일정도 어려움을 안겨주었다. 전자는 『가례』에 따라 춘하추동의 길일에 모셔야 하고, 후자는 주로 네 차례의 속절에 지내야 하는 것이었기 때문이다. 김성일은 두 제사의 일정을 별도로 유지하고자 했지만, 그의 노력은 허사로 끝났다. 여전히 묘제가 더 큰 인기를 누렸고, 서로 다른 두 종류의 제사를 봉행하는 데 뒤따르는 경제적 부담과 운반상의 어려움이 너무 컸기 때문이다. 주희는 묘제를 1년에 한 차례만 받들라고 권했고,[66] 율곡 이이 같은 의식주의자는 네 차례의 속절에 묘제를 지내는 것에 무작정 반대하지는 않았지만, 그렇게 잦은 묘제는 훨씬 중요한 가묘제를 소홀히 하는 결과를 초래할지도 모른다고 우려했다. 그래서 그는 이 두 유형의 의례를 확실하게 등급화하기 위해 묘제는 한식과 추석에만 정식으로 지내고 나머지 두 속절에는 간소하게 치르는 방안을 제시했다.[67] 하지만 그런 식으로 묘제의 일정을 축소하는 것은 당연히 단기간 내에 보급되지는 않았다. 일례로 진성 이씨가 1660년에 마침내 묘제를 1년에 봄과 가을 두 차례로 줄이기로 결정한 주된 이유는 다분히 현실적인 것이었다. 날씨가 추운 정월 초하루에는 "제수가 얼고 색이 변하며" 무더운 단오에는 "제수가 바싹 말라 맛이 없어졌다." 이 두 날의 제례는 따라서 재량에 맡겨졌다.[68]

　전통적인 묘제로부터 유교식 가묘제로의 전환이 얼마나 서서히 이루어졌는가는 이정회의 일기를 통해 잘 드러난다. 심지어 의례를 중시하는 이정회 같은 인물, 이징을 불천위로 모시는 데 앞장섰던 그도 가묘제보나는 속절의 묘제를 더 자주 지냈다. 공무로 고향을 비운 때를 제외하고는, 그는 적어도 부모와 조부모의 무덤에서 정기적으로 제사를 올렸다. 예컨대 1603년의 추석에는 "곧 비가 올 것 같은 궂은 날씨인 데다 몸도 아파 안타깝지만 묘제를 모시지 못할 것 같다"라고 일기에 적었고, 이튿날에는 "가묘에 가서 제사를 올렸다. 나이 많은 친척 한 분이 나를 도와주었다"라고 했다. 1608년 정월 초하루에는 처음으로 묘지를 방문하기 전에 가묘제를 봉행했고, 같은 해의 단오와 추석에는 무덤이 아니라 가묘에서 제사를 주재했다. 말년에 정회는 속절에 가묘제를 지낸 다음에 성묘를 했다.[69]

묘제와 시제를 상이한 두 일정에 맞추어 봉행하는 것은 분명히 현실적으로 쉽지 않았다. 이정회의 실천적 변모가 예시하듯이, 가묘제가 서서히 의례적 우위를 점해나갔고, 봉행일도 사중四仲에서 속절(특히 설날과 추석)로 바뀌었으며, 시제를 지낸 다음 무덤을 방문하는 것이 대중화되었다. 이런 관행은 오늘날까지 일반적으로 지켜지고 있다.

### 묘제집단의 개혁

의례의 일정이 그토록 감당하기 어려울 정도로 빡빡했는데, 일부 의례 지도자가 특정 조상의 묘에 중점을 두는 또 다른 남계 제례집단을 조직할 필요성을 느낀 이유는 무엇이었을까? 남계친들의 그런 모임은 당내와 상충하는 것이 아니었을까? 전거가 거의 없고, 있다 해도 대개 모호하지만, 역설적이게도 승중장자가 가묘제에서 독점적 역할을 맡는 것에 대한 끈질긴 거부감이, 덜 한정적인 동시에 여전히 유교적인 남계 제례집단의 구성을 촉진했던 것으로 보인다. 가묘제에 반대하는 주된 이유는 그것이 승중자의 지위를 격상시킴으로써 그의 남동생들과 사촌들을 수동적인 구경꾼으로 격하시킨다는 사실이었다. 그런 격하는 평등한 형제관계에 대한 고유의 감정을 훼손했을 뿐 아니라 경제적으로도 영향을 미쳤다. 16세기 중엽의 분재기들이 확실하게 보여주듯이, 차남 이하의 아들들은 장자로서 우대받는 승중자에게 토지와 노비를 잃게 되었다. 이로 인한 분노는 유교식 의례에 대한 미온적인 관심과 마지못한 협조로 표출되었다. 이와 같은 친척들의 비협조적인 분위기를 감지한 김성일 같은 인물은 의례적으로 부계의 모든 성원을 포용해야만 본인이 생각하는 '도덕적 의무'(의리義理) — 즉 대종의 지위를 높이는 것 — 를 완수할 수 있다고 확신하게 되었다.[70]

배타적인 가묘제 외에도, 『가례』는 먼 조상의 묘소에서 제사를 올리는, 좀 더 넓게 정의된 남계친 집단의 구성을 제안하는 간략한 규정을 일종의 보충 조항 형식으로 담고 있었다. '선조제先祖祭'[71]라는 제하의 이 규정은 다음과 같다. "시조 또는 고조의 종宗만이 이 제사를 모실 수 있다. 시조의 종은 시조 이하의 모든 조상에게 제사를 드린다. 고조의 종은 시조 이하 고조 이상의 선조에게 제사를 드린다."[72] 안동 유학자들의 저술에서 이 조항에 대한 직접적인 언급은 찾을 수 없지만, 자신의 친척들을 공동의 의례행위에 참여하도록 유도할 대안적 방식을 모색하고 있던 의식주의자 김성일이 이 문구를 발견하고 그것의 중대한 함의 — 승중자만이 아니라, '시조'나 고조의 모든 남계 후손이 이런 제례에 참여할 것을 요청받았고, 여성과 비남계 후손은 확실하게 배제되었다는 — 를 인식했다고 가정해도 무방할 것이다. 요컨대 그런 제례집단은 4대 봉사 모델의 요강을 엄격하게 준수하면서도 모든 남성 남계친에게 참여권을 부여함으로써 그 구성범위를 확대했다.

증거자료는 단편적이지만, 남아 있는 소수의 문서는 16세기 중엽부터 몇몇 탁월한 지도자가 상기한 『가례』의 문구를 자신의 친척들을 확대된 제례 집단으로 조직하기 위한 모델로 삼았음을 시사한다. 1581년에 부친상을 치르고 있던 김성일은 가까운 남계친들을 불러놓고 "조상에 대한 성의"를 표현할 필요가 있다고 역설했다. 그는 두 가지 중대한 문제를 염두에 두고 있었던 것 같다. 첫째, 김씨의 종가[73]가 경제적(그리고 아마도 사회적) 이유로 인해 영락한 상태에 있어 가묘에서 시제를 지내지 못하고 있었다. 둘째, 그들이 추앙하는 입향조 만근의 가묘제가 (종자의 사망과 함께) 끝나게 되어, 의례적 관례에 따라 가묘에 모시던 그의 신주를 임하현에 있는 그의 묘지에 묻어야만 하는 곤란한 상황이 벌어졌다. 바로 이때 사태를 해결하기 위해 만근의 모든 후손이 모인 것은 이 재지 출계집단의 역사에 한 획을 그었다. 그들은 묘답에서 나오는 수입을 종가의 의례활동을 지원하고, 종가의 필수품인 제기를 제공하는 데 충당하기로 결정했다. 또한 만근을 위해, 묘전의 일부를 따로 떼어 "의례규정에 따라" 연중 제례를 영구적으로 윤행하는 데 필요한 재원으로 삼기로 했다. 이런 결정은 김성일이 작성하고 참석자 전원이 항렬에 따라 수결한 「문중완의門中完議」에 명기되었다. 참석자는 만근의 손자세대에 속하는 2명의 생존자(인범의 4남 김백金珀과 김진의 동생 김수金燧)와, 그다음 세대에 속하는 11명 ─ 김진의 아들 4명(셋째인 명일은 이미 사망했다)과 (김백의 세 아들을 포함한) 7명의 사촌 및 육촌 ─ 이었다. 김진의 서자 연일과 서조카 홍일弘─은 제외되었다. 이 완의의 세 부 가운데 한 부는 종가에 보존되었고, 두 부는 김백과 김성일에게 각각 주어졌다.[74]

유사한 의도가 유운룡의 주도로 하회에서 작성된 「족중입의族中立議」에 표명되었다. 그는 동종지인同宗之人, 즉 자신의 남계친들이 부계조상 다섯 분의 연중 묘제에 참석하는 것을 의무화했다. 선조의 무덤들이 다른 장소에 흩어져 있었으므로, 각 무덤에서 가장 가까운 곳에 사는 친척들이 연소자들에게 통보하고 제수를 준비하는 책임을 맡았다. 매년 8월 20일에 지정된 묘에서 제사를 마치고 나면, 모든 친척이 하회의 가묘로 가서 화기애애한 분위기 속에서 남은 제사음식을 음복한다. 제사 참여가 자발적으로 이루어진 것 같지는 않다. 본인의 책무를 다하지 못한 자들은 처벌을 받았기 때문이다. 유운룡의 입의는 분명히 자신의 남계친을 염두에 둔 것이었지만, 그는 "의義를 좋아하고 효孝를 생각하여 진심으로 묘소에 참배하고자 하는" 비남계친도 환영했다.[75]

 김성일과 유운룡이 도입한 '결의안'은 새로운 남계친 조직의 탄생을 시사한다. 유는 하회의 승중자로서, 김은 내앞 김씨를 대표하는 저명인사로서, 양자는 모두 친족들을 결집하여 공동의 행위에 헌신하게 만드는 데 필요한 명성과 권위를 누리고 있었다. 1581년의 완의에서는 남계친 집단이 '문중'이라 불렸고, 유의 입의에서는 족중으로 표현되었다. 문족門族이라는 용어도 사용되었다. 가장 자주 사용된 용어인 문중의 유래는 확실하지 않다.[76] 그런데 그 용어는 고유한 출계집단(족)의 포용성을 어느 정도 간직하고 있기는 했지만, 16세기 중엽부터는 분명하게 배타적인 남계친 집단을 지칭했다. 가장 좁은 의미에서, 이 집단은 상기한 두 예가 보여주듯이 서로를 위해 상복을 입을 의무를 지는 남계친, 즉 당내와 같았다. 그러나 4대 이상의 한 명 또는 여러 명의 특정 조상(들)에 초점을 맞춤으로써, 문중은 그 범위가 확대되어 각 조상의 모든 후손 — 직계와 방계를 아우르는 — 을 포용했고, 그들을 이해를 공유하는 성원들로 인지했다.

김성일에 의해 소집된 문중은 분명히 공동으로 보유한 재산을 파조인 만근의 묘제를 재정적으로 지원할 뿐 아니라 필요한 경우 대종을 돕는 데 사용하는 집단이었다. 실제로 문중은 대종의 경제적 건전성을 보장하는 역할을 하게 되었다. 예컨대 1587년에 내앞의 종가가 불탔을 때, 동일한 김씨 친척들이 다시 동원되었다. 그들이 내놓은 쌀과 옷감으로, 집은 옛 모습 그대로 재건되었는데, 다만 의례적 편의를 위해 대청大廳이 확대되었다.[77] 비남계친은 문중에서 배제한다는 선언에도 불구하고, 때로는 특별한 프로젝트를 위해 그들을 포함시키는 것이 바람직했다. 1620년에 김진의 무덤 앞에 비문이 새겨진 묘석이 세워진 것이 바로 그런 경우였다. 이 프로젝트의 감독은 김씨 일족의 차세대에 속하는 문중의 원로들 — 수일·성일·명일의 장남들과 문화 유씨 한 명(인척?) — 이었다. 교대로 작업을 지시했던 현장감독들 가운데는 남계와 비남계의 손자와 증손자 들, 그리고 놀랍게도 김진의 서자인 연일도 포함되어 있었다. 총 29명이 이 프로젝트에 관여했다. 작업의 내용과 일정은 날짜가 적힌 완의에 명기되었고, 관련자 모두에 의해 수결되었다.[78]

요컨대 정해진 족보상의 관계에 따라 남계친을 가묘 앞에 모이게 하는 당내와 대조적으로, 문중은 명백하게 '결사체적associational'[79] 성격을 지니고 있었다. 특정 조상의 모든 남계 후손을 포함했고 그들에게 동등한 혜택을 주었다. 공동자산의 혜택은 적어도 처음에는 경제적이라기보다는 상징적인 것이었을 터이다. 그렇지만 걸출한 선조의 무덤에서 개혁된 의례를 과시적으로 봉행하는 것이나 대종을 확실하게 지원하는 것 — 이 일이 아니라면 문중이 존재할 이유가 없었을 것이다 — 은 단지 극진한 효행에 그치는 것이 아니라, 집단 전체의 이익을 위해 조상의 위세를 이용하는 행위이기도 했다. 이런 식으로 문중은 꼭 필요하지만 당내가 충족시킬 수 없었던 부분을 분명하게 채워주었다. 전자가 직계라는 유교적 원리에 입각한 수직적인 친족관계를 강조했다면, 후자는 평등한 형제관계라는 토착적 전통을 떠올리는 친족의 수평적 측면을 만족시켰다.[80] 양자의 상호관련성에도, 분석적인 면에서 그것들은 두 가지 상이한 실체로 간주되어야만 한다. 당내는 문중이 없어도 존재할 수 있었지만, 문중은 당내 없이는 아무런 의미를 가질 수 없었다. 양자의 유래와 기능은 모두 내앞 김씨나 하회 유씨 같은 재지 남계친 집단에 바탕을 두고 있었다. 그런 집단의 결연한 지도자들은 선조의 높은 명망에 기대어 자신의 친척들을 결집하여 "근본에 보답하고 먼 조상을 추모"(보본추원報本追遠)하도록 독려했다. 보본추원이라는 격언은 목재 현판에 새겨져, 문중의 주요 집회소 역할을 하게 된 많은 재사를 장식했다.

　문중의 발흥은 영남에 국한된 현상이 아니었다. 둔덕 이씨에 의해 보존된 각종 문헌 가운데 문중에 관련된 19세기 이전의 문서는 찾아볼 수 없지만, 정황증거는 적어도 17세기 말부터 남원지방에 문중이 존재했음을 시사한다. 문중이 상대적으로 늦게 나타난 것은 그 지방의 사족 정착사가 [안동지방과] 다르다는 점, 그리고 전라도에는 퇴계의 안동에 살아 꿈틀대던 것과 같은 수준의 지적·의례적 역동성으로 똘똘 뭉친 친족집단이 없었다는 사실로 설명할 수 있을 것 같다.

## 조상묘의 재발견과 묘지의 재배열

기억의 문화는 조상숭배의 본질적 요소였다. 추모적인 실천행위로서, 조상숭배는 주요 선조의 무덤이나 가묘에서 공동의 출계에 대한 기억을 의식화했다. 직계의 재구성을 위한 문서적 증거가 없었을 때, 조상의 묘는 유력한 기억 환기 장소로 기능할 수 있었다. 이런 통찰이 주요 조상의 무덤을 찾으려는 노력의 동기가 되었음에 틀림없다. 하지만 옛 무덤들은 관리가 되지 않았을 경우 서서히 사라졌기 때문에, 김진이 표현한 대로 자손들은 "산양과 소가 짓밟고 다니는" 곳이 선조들의 무덤이라는 사실을 모르고 무심코 지나치기 일쑤였다. 심지어 안동 권씨의 저명한 시조인 권행의 묘지조차 조선 초기까지 실전되었다가, 15세기 후반에야 그 위치가 다시 알려졌다.

천등산天燈山은 안동부의 20여 리 서쪽에 있고, 여러 군에 걸쳐 뻗어 있는 태백산맥에서 비롯된다.…… 고려의 태사太師 권행께서 이 산에 묻히셨는데, 6, 7백년이 지나는 동안 자손이 번성하였으나 그 후 아무도 그곳에 묻히지 않았기 때문에, 산은 방치되고 묘역은 황폐해졌다. 성화成化 연간[15세기 후반]에 권행의 18대손인 평창平昌(강원도) 군사郡事 권옹權雍[81]께서 충주에서 안동으로 와 이조정랑吏曹正郎 배소[82]의 따님에게 장가들어 풍산현의 하회마을에 거주하셨다. 어느 날 『여지승람』[83]을 찬찬히 훑어보다가 시조의 묘소가 있는 곳을 알게 되셨지만, 그곳에는 비석과 같은 표지가 전혀 없었다. 그래서 오랫동안 정확한 위치를 찾지 못했던 그분은 지관地官을 대동하고 [천등]산에 올라 비로소 지석誌石[84]을 발견하셨다. 그 직후에 흙으로 봉분을 쌓은 다음 장차 비석을 세우려 했으나, 일을 마치지 못하고

〈그림 8-1〉 권행의 무덤 뒤쪽에서 바라본 전경. 후손들의 묘가 내려다보인다(필자 촬영).

돌아가셨다. 임종 시에 그분은 선조의 묘 아래에 묻어달라고 명하셨다.[85]

권옹은 이렇게 본인이 속한 출계집단의 시조에 대한 기억을 되살렸고, 그와 가까운 곳에 묻힘으로써 그 후손들에게 가문의 뿌리에 대한 의식을 다시 각인시켰다. 그의 두 아들은 나중에 평창으로 되돌아갔지만, 그의 사위인 [풍산] 유소柳沼(1424~?)는 관행에 따라 천등산의 장인 곁에 묻혔다. 16세기 중엽부터는 근처에 살고 있던 남계친괴 비남계친이 속절인 한식에 천등산에서 묘제를 봉행하기 시작했고, 비갈碑碣을 세워 묘역을 표시했다(〈그림 8-1〉).[86]

내앞 김씨는 1577년에 비석을 세워 의성군 남쪽의 오토산에 있는 김용비의 묘를 확실하게 표시하기로 결정했다. 기념문에 김진은 다음과 같이 적었다. "묘갈은 보기 좋으라고 있는 것이 아니다. 그것은 단지 선조와의 시간적 거리가 있음을 나타내어 [선조를 잊지 않는 영원한 방책으로 삼기 위한 것이다]. 옛적의 효성스러운 아들과 마음씨 착한 손자는 하나같이 여기에 관심을 기울였다." 김진은 묘갈이 없다면 무덤은 결국 망각될 테고, 그 존재를 알 리 없는 남들이 그들의 망자를 그 근처에 묻게 될 것이라고 덧붙였다.[87]

조선 초기의 처가거주혼 풍습을 통해, 사위의 무덤이 처가 쪽 조상의 묘역에 자리를 잡는 경우가 종종 있었고, "그곳에 [나중에는] 그의 남계 및 비남계 자손들이 차례로 묻혀" 결과적으로 한 묘역 내에 혈통이 다른 여러 사람의 무덤이 복잡하게 배열되기에 이르렀다. 예컨대 송현산松峴山(안동 남쪽의 군위軍威에 있는)에는 풍산 유씨를 비롯한 상이한 네 출계집단의 고인들이 묻혀 있었다. 처음으로 이 장소를 차지한 인물은 굴욕적인 최후를 맞았던 고려의 장군 최영이었고, 그다음은 그의 외손녀인 사공司空씨[88]였다. 뒤이어 후자의 아들인 [남양] 홍자형洪自亨이 그곳에 매장되었는데, 후사가 없었던 그는 사위인 [연안] 이형례李亨禮(이는 사공씨의 외손자로, 홍의 딸과 결혼했다. 즉 모변 교차사촌혼을 했던 셈이다)를 입양했다. 이형례는 1507년에 송현산에 묻혔다. 이의 딸과 그녀의 남편인 유공작柳公綽(유운룡의 조부)이 1518년과 1559년에 각각 그 뒤를 따랐다. 그 후로 이씨와 유씨는 고인들을 그곳에 묻기 시작했고, 그 묘역을 자신들의 공동구역으로 간주했다. 무덤들은 나름대로 세대 순으로 배열되었지만(최근의 세대는 윗세대의 아래쪽, 또는 다른 산등성이에 매장되었다), 세계가 뚜렷하지 않았기 때문에 개별 무덤을 확인하기는 어려웠다. "사자는 날마다 점점 멀어지고, 생자는 날마다 [조금 더] 잊는다"라는 사실을 인식한 유운 룡은 후손들을 위한 비망록으로 「송현묘산기松峴墓山記」[89]를 써서 장지의 지 형을 일목요연하게 설명했다. 이 기록은 또한 그 산을 유씨와 이씨의 독점적 인 묘역으로 구획하려는 의도도 담고 있었던 것 같다.[90] 남계로 연결된 친척 들이 결국 특정 장소 한 곳에 집중적으로 매장됨에 따라, 묘지는 점차 비남계 친에게는 폐쇄되었다. 유운룡 자신은 비남계친으로서, 처음에는 안동 권씨 의 천등산(그의 부친과 증조부, 고조부가 안장되어 있던)에 묻혔다가,[91] 하회 유씨 의 종자로서 나중에는 하회에서 가까운 화산으로 이장되었다.[92]

남계친과 비남계친의 무덤들이 종종 섞여 있었다는 사실은 이따금 후 손들 사이의 장기적인 토지 분쟁을 불러일으켰고, 그 결과 중요한 묘지의 발 견을 지연시켰다. [진성] 이자수의 아들인 주촌 입향조 이운후는 안동부 동쪽 의 가구산佳邱山에 묻혔고, 그의 아내는 안동 북쪽의 다른 장소에 매장되었 다. 각 무덤을 돌볼 책임은 장지에서 가장 가까운 곳에 사는 남계 후손과 비 남계 후손이 나누어 가졌다. 이런 합의에 따라 운후의 손녀와 결혼한 정보 문鄭普文[93]이 가구산의 묘제를 관장하게 되었다. 어느 정도 시간이 흐르자 정 보문은 외가 쪽 조상의 제례를 등한시하기 시작했고, 그 결과 운후의 묘가 있 는 정확한 장소는 더 이상 기억되지 않았다. 퇴계는 주촌의 친척들에게 그 위 치를 조사하라고 명했지만, 뜻을 이루지 못했다. 계속해서 가구산에 자신들 의 망자를 묻고 있던 정씨 가문이 이씨가 토지에 대한 권리를 주장할 것을 우 려하여 비협조적으로 나왔기 때문이다. 이런 까닭에 운후의 묘는 찾을 수 없 었지만, 퇴계와 정회는 가창산의 제시에서 공동의 조상을 기리는 세례를 개 시했다. 정씨와 이씨는 운후의 것으로 믿어지는 '고총古塚'의 흔적이 발견된

1630년대 초에 드디어 화해했고, 1643년에는 각기 다른 지역의 문중에서 소집된 약 50명의 이씨 친족이 묘를 단장하는 '봉식封植'의 예를 거행했다. 그리고 1670년에 갈석碣石을 세움으로써, 이씨는 마침내 재발견된 이운후의 묘에 대한 온전한 관리권을 손에 넣었다.[94]

거의 같은 시기에 진성 이씨는 시조인 이석의 무덤도 찾으려고 노력했다. 석은 관향인 진보현의 남쪽에 있는 기곡산岐谷山에 묻혔는데, 인후(석의 손자)가 안동지방으로 이거했을 때, 그의 후손들이 뿔뿔이 흩어지면서 석의 묘에 대한 기억도 결국 사라졌다. 그럼에도, 그 고장에는 기곡산에 있는 세 기의 고분이 석과 두 아내의 무덤이라는 이야기가 전해오고 있었다. 퇴계는 그 산에서 가장 가까운 마을의 입구에 작은 제단을 짓고 '망제望祭'를 지냈다고 하는데, 입증할 수 없는 이 일화는 아마도 허구일 것이다.[95] 시간이 꽤 흐른 뒤인 1645년에, 예천에 살고 있던 방계친 이시립李時立(생몰년 미상)이 바로 그곳에 어머니를 매장하기 위해 무덤을 파는 과정에서 석의 증손들 가운데 한 명의 것임이 확실한 지석을 발견했다. 그것에 새겨진 '부선조식祔先祖食'(선조의 묘에 붙어, 바쳐진 음식을 먹음[즉 제사를 받음])이라는 네 글자는 그 근처의 세 고분에 묻힌 사람들의 신원을 밝혀줄 증거처럼 보였다. 그렇지만 이시립은 이 발견에 대해 친척들에게 알리지 않고 지석을 숨긴 다음 빈 무덤에 어머니를 묻었다. 얼마 뒤에는 그 자신도 그곳에 묻혔다. 몇몇 마을사람이 우연히 감추어진 지석을 발견한 1678년에야 시립의 악행이 알려졌고, 그의 모친 묘는 다른 장소로 옮겨졌다. 최종적으로 1679년 봄에 이찬한李燦漢(1610~1680)[96]이 친척 207명의 동의를 얻어 이석의 묘소를 개수하게 해달라고 경상도 관찰사에게 청원했고, 이 중대 사업은 그해 말에 성공적으로 마무

리되었다.[97]

　　주요 조상의 장지를 보호하려면 당연히 새로운 부계 친족모델에 일치하도록 묘지를 정비해야 했다. 묘전을 따로 떼어놓고 현조의 무덤가에 재실을 짓는 것은 흔히 묘지를 재설계하는 첫 단계였다. 기존의 묘소는 가까운 직계 조상을 그 자손들의 주거지 근처에 다시 묻고, 비남계친의 매장을 불허하는 방식으로 정돈되었다. 예컨대 권양權讓의「영가가훈永嘉家訓」에 따르면, 모든 남계 후손은 망자를 선산에 묻을 권리를 누렸다. 단 그들의 묘가 풍수적인 면에서 선조의 무덤에 해를 끼치지 않아야 한다는 조건이 붙었다. 하지만 비남계 후손과 서출은 명시적으로 배제되었다.[98] 정리된 묘역의 조성은 분명히 '직계'의 의미를 후손의 마음에 심어주는 추가적인 수단이었다.

　　종법을 매장에 적용한 것은 기혼여성이 최종적으로 안식하는 장소를 결정하는 데 지대한 영향을 미쳤다. 고려시대에, 심지어 조선시대 초에도 종종, 아내는 친가의 일원으로 간주되어 남편과 떨어져 본가의 친척들 가까운 곳에 묻히곤 했다. 여성들이 점차 상속권을 상실하고 결과적으로 시가에 편입됨에 따라, 아내들은 결국 남편의 조상묘지에 묻히게 되었다. 17세기 초부터 부부는 대개 한 무덤에 합상되거나 별도의 무덤에 나란히 매장되었다. "제례에서는 왼편이 우월하므로, 장례에서도 마찬가지이다"[99]라는 격언에 따라, 아내의 위치는 보통 남편의 왼손 쪽(부좌夫左)이었다. 주희는 합장에 대해 언급하지 않았지만, 이 방식은 여러 고전에 언급되었고 정이에 의해 승인되었으므로, 나중에 한국에서 사용된『가례』의 주해본들에 추가되었다.[100] 2명의 처가 있을 때에는 주로 첫 번째 부인(원배元配)이 남편과 함께 묻히고, 두 번째 부인(계배繼配)은 따로 묻혔다. 하지만 몇몇 경우에는, 아들을 낳은 두

번째 부인이 죽어서 남편의 동반자가 되는 명예를 누렸다.[101)

가깝고 먼 직계조상들의 묘를 보존하는 일은 족보상의 표지이자 정기적인 의례행위를 위한 지향점을 제시한다는 면에서, 후손들에게 결정적으로 중요한 의미를 띠게 되었다. 이는 조선 분묘의 특징이 된 견고한 건축에 의해 시사된다. 유교적 사고방식에 따르면, 무덤은 망자의 기를 보존해야만 했고, 그 기는 사자와 생자 사이를 오간다고 믿어졌다. 죽은 자가 편안해야만, 후손이 번성할 수 있었다. 이 중요한 관련성은 망자가 매장되는 방식, 즉 무덤의 축조방식에 반영되어야 했다.[102)

고려시대에 고관들을 매장하기 위해 만들어진 석실은 정전에 그 근거가 없고 주희가 무덤에 석회를 다져넣는 방식을 권장했다는 이유로 1406년에 금지되었다.[103) 『가례』에 설명된 대로, 그리고 사대부를 위해 『국조오례의』에 규정된 대로,[104) 석회와 고운 모래, 황토의 혼합물로 무덤을 만드는 것은 조선 초에는 여전히 흔치 않았으므로, 퇴계는 그 과정을 상세히 설명할 필요가 있다고 느꼈다.[105) 16세기부터 사족은 시신이 너무 빨리 부패되지 않도록 그것을 여러 겹의 천으로 두르고 두툼한 수의로 감싼 다음, 옻칠한 관에 넣고 다시 천으로 봉했다. 이 내관內棺은 목재 외관外棺에 넣어져 습기의 침투를 막아주는 단단한 회반죽 층에 의해 사방이 견고해진 무덤의 구덩이 안으로 내려졌다. 그런 혼합물 ― 1566년에는 평균적인 묘 하나에 4.15입방 미터가 사용되었다[106) ― 을 준비하자면, 상당한 인력과 물자가 투입되어야 했으므로, 매장은 굉장히 비용도 많이 들고 시간도 오래 걸리는 작업이었다.[107) 1578년 초여름에 어머니가 돌아가셨을 때, 이정회는 매장 날짜가 정해진 직후부터 그녀의 무덤을 축조하기 시작했다. 이 작업은 수십 명의 연호군烟戶軍과 여러 분야의 직공들에 의해 시행되었고, 두 달 동안 계속되었다. 그녀가 남편 곁에 묻히는 날에는 45명의 연호군이 동원되었고, 그 후 며칠 동안 정회는 약 50명의 일꾼을 사서 봉분을 쌓고 묘역을 계단식으로 조성하게 했다.[108] 실제로 매장은 시간과 돈을 많이 잡아먹는 일이었기에, 상제들은 가끔 그 비용을 부담하기 위해 땅을 팔 수밖에 없었다.[109] 그러므로 사족의 매장은 일반적으로 지역 공동체 전체의 협력, 때로는 심지어 지방관들의 도움을 요했다.

시신의 영구적 보존을 위해 무덤을 강화하고 묘역을 정리하고 나자, 공동 소유의 묘전과 근처의 재실이 보호되고 유지되어야만 할 종족의 중요한 자산이 되었다. 예전에는 승려들이 재실을 지켰지만, 그들은 결국 묘직墓直 또는 산직山直 노비들로 대체되었다. 이들은 가족과 함께 묘전을 일구었다. 종종 분재기에 기록되기도 했지만, 묘직노비와 그 자손은 그 의무가 세습되었기 때문에 상속 가능한 재산의 일부가 아니었다. 예컨대 하회의 풍산 유씨는 금계에 있는 묘산의 유지를 위해 작성된 문서에서 다음과 같이 말하고 있다. "[묘산]을 지키는 것은 묘직노비의 첫 번째 의무이므로, [그들의] 이름을 분재기에 기록해서는 안 된다. 세대가 지나면서 그들이 많은 자손을 낳는다면, 그들 모두에게 묘를 지키는 의무를 맡겨야만 한다."[110] 한편 재령 이씨의 족장 이함은 유언에서 상속자들에게 일지日池에 있는 무덤들의 묘지기로 이미 지명된 23세의 연수가 많은 아들을 낳는다면, 그 가운데 한 명에게는 아버지의 의무를 계속 수행하게 하고, 나머지는 상속자들이 나누어 갖도록 하라고 충고했다. 연수가 자식 없이 사망하면, 다른 노비로 그의 뒤를 잇게 하라고 덧붙였다.[111] 이함의 지시는 몇 년 뒤인 1634년에 그의 자산이 분할될 때 다시 강조되었다.[112] 1646년에 이르러 연수가 자식을 낳지 못하고 늙어버리자,

2명의 젊은 노비가 그를 대신하기 위해 선정되었고, 상속자들은 다시 한 번 재실과 근처의 묘전이 황폐해지지 않도록 잘 간수하라는 훈계를 들었다.[113] 후손들이 저명한 조상의 묘를 돌보는 묘지기의 국역을 면제시켜달라고 지방관에게 청원하는 것은 관행이 되었다. 1607년에 당시 안동의 부사였던 정구는 진성 이씨 선조들의 무덤 3기에 그런 특혜를 인정해주었고, 얼마 뒤에는 퇴계의 선영도 그런 특권적 보호를 누리게 되었다.[114] 이런 종류의 특전이 훗날 빈번하게 인증되었다는 것은 안동의 부사들이 권벌의 묘지기들에게 영구적인 면역 자격을 보장해주기 위해 발급한 '완문完文'이 상당히 많이 남아 있다는 사실에 의해 입증된다.[115]

## 정체성과 초기의 족보 기록 방식

직계와 혈통에 대한 유교적 언명과, 가계의 오랜 연원이 친족집단에게 부여해주는 힘과 위세에 대한 선명한 인식은 족보의 재구성에 대한 관심을 고조시켰다. 족보를 캐는 작업은 모든 친척의 협력을 요구함으로써 그들의 일체감과 동질성을 심화시켜주었다.

자신의 정체성이 조상으로부터 나온다는 것은 자주 되뇌어지던 격언이었다. 학자인 장현광張顯光[116]은 그것을 다음과 같이 표현했다.

비록 내 선조의 몸은 백대, 천대, 아니 만대의 머나먼 과거에 차례로 없어졌지만, 선조가 전해주는 기맥氣脈은 바로 이내 몸에 여전히 살아 있다. 이 몸은 선조의 몸이니, 이 몸을 공경하는 것은 나의 선조를 공경하는 것이다.······ 후손으로서 선조에게 효성과 공경을 다하는 것[추효追孝]보다 더 중요한 일이 있겠는가?[117)]

이처럼 친밀한 선조와의 동일시는 끊임없이 이어지는 세대들 속에서 자신의 위치가 어디인지를 확인하기 위해 선조의 계보를 추적하는 노력으로 이어졌다.

대부분의 사족에게 조상의 족보를 재구성하는 일은 전거로 삼을 만한 문서의 부족으로 말미암아 어렵고 고된 작업이었다. 진성 이씨의 경우에도 사정은 다르지 않았다. 부모와 숙부 이우를 일찍 잃은 퇴계는 구두로 전승되는 가문의 이야기를 들을 기회도 거의 없었을 테고, 처음에는 이씨의 시조인 이석으로 거슬러 올라가는 직계조상 5명의 이름 정도만 알고 있었을 것이다. 하지만 풍기 군수로 봉직하고 있던 1549년에, 그는 그곳에 정착한 먼 친척으로부터 선대의 고문서 한 묶음과, 그의 6대조인 이자수가 고려 말에 홍건적의 난을 평정하는 데 공을 세워 공신으로 책록되고 송안군松安君에 봉해졌다는 사실을 입증하는 공신녹권(1363)을 받았다. 이런 발견에 고무된 퇴계는 정회에게 주촌의 종가에서 더 많은 자료를 찾아보라고 명했지만, 결과는 실망스러웠다. 그럼에도, 왜구의 노략질를 피하기 위해 이석이 바다에 인접한 진성을 떠나 내륙인 안동에 터를 잡았다는 사실, 주촌 이씨의 입향조인 운후가 자수의 둘째 아들이라는 사실이 밝혀졌고, 이로써 진성 이씨가 안동지방에 정착한 초기의 역사가 명백하게 드러났다.[118)]

1570년에 퇴계가 사망한 뒤에는, 아들 준이 계속 족보 편찬에 매달렸다. 아들들과 정회를 비롯한 친척들의 도움을 받아, 그는 의성의 수령으로 재직 중이던 1583년에 진성 이씨의 첫 번째 족보인『진성이씨 족보』를 완성했는데, 그는 그해에 사망했다. 수천 명의 인물을 망라한 이 필사본은 임진왜란 때 불타버렸지만(따라서 전해지지 않지만), 불과 몇 년 뒤에 정회와 영도(준의 삼남)가 신판 족보를 완성하여 도산서원에서 인쇄했다. 1600년에 간행된 세 권짜리『진성이씨 족보』의 첫 목판본은 같은 해 초에 퇴계의 문집을 인쇄하고 나서 남아 있던 인적·물적 자원을 십분 활용했다. 오운吳澐[119]이 쓴 서문에 의하면, 인근에 살고 있던 이씨 친척들 ― 모두 이정의 후손이었다 ― 은 정보는 물론이고 "간행비용에 충당하라고 쌀과 옷감"까지 제공했다[120](〈세계도 B-7〉을 보라).

족보란 한 출계집단의 과거를 연대순으로 재현한 것이지만, 종종 매우 선별적인 것이었다. 실제로 이씨 족보의 편찬자들이 중앙의 관계에 진출했다고 전해지는 이석으로부터 출발한 것은 다분히 의도적이었고, 이씨 일족이 그를 시조로 선택한 것도 같은 맥락에서였다(그의 묘지는 막연하게 알려져 있었고, 이때까지는 재발견되지 않았다). 그들은 이석의 부친과 조부가 향리였다는 과거를 감추었는데, 그런 과거가 자신들이 미래 세대에게 전해주고 싶은 출계집단의 훌륭한 이미지에 더 이상 부합하지 않는다고 생각했기 때문이다. 이런 목적을 위해, 그들은 행적이 불확실한 석의 둘째 아들 자방의 후손들도 생략했다. 더욱이 편찬자들은 하급 무관직 보유자로 안동의 남서부로 이거한 정의 둘째 아들 흥양興陽의 후손들을 족보에서 빼지는 않았지만 편찬위원회에서 배제시켰다.[121] 족보의 편찬을 공동으로 개시하고 그 완성을 주도할 수 있었던 것은 주촌과 온계에 각각 자리를 잡고 1600년경 경제적으로 건실하고 의례적으로 잘 조직되어 있던 우양의 후손(본계)과 계양의 후손(퇴계의 가계)이었다. 이들이 만들어낸 것은 양계적으로 편성된 문서의 전형이었다. 열두 세대에 속하는, 3,000명이 조금 넘는 사람들이 기록되었는데, 이 가운데 진성 이씨의 비중은 얼마 되지 않았다(약 16퍼센트). 나머지는 대부분 이정의 딸 6명이 낳은 자식들의 후손, 즉 외손들이었다.[122] 딸들과 그들의 자손들을 열두 세대에 걸쳐 열거함으로써, 이 족보는 1476년의 안동 권씨 족보나 1565년의 문화 유씨 족보처럼 양계적으로 정리된 옛 족보의 특징적 체제를 좇았다. 이 양계적 관점은 1748년에 간행된 다음 판에서 완전히 자취를 감추어, 딸의 자녀만 등재되고 그 이하의 세대는 더 이상 기록되지 않았다.

『진성이씨 족보』는 "지난 220여 년 동안 흩어져 서로 먼 곳에 살면서 생활한 탓에 더 이상 공동의 기원에 대한 의식도 없을 뿐 아니라, 만나도 서로를 낯선 사람처럼 바라보는" 이석의 남녀 후손을 한 권의 세보世譜에 담으려는 시도였다.[123] 이정회는 틀림없이 이 책의 성공적인 발간을 기뻐했겠지만, 그럼에도 그는 너무 많은 외손을 포함시킨 것이 직계남성의 계보를 불명료하게 만들어 직계선조에 초점을 두는 의례행위에 해가 될까 걱정했던 것으로 보인다. 1612년에 그는 "죽음을 눈앞에 둔 종손으로서" '종법'의 불가침성을 남자 후손에게 상기시킬 필요가 있다고 느꼈다. 그는 이 원칙을 지킬 그들의 의무는 "이기적인 의도에 의해 쉽게 변경될 수 없는 것이다. 그래야 종손이 너무 곤궁해져 더 이상 제사를 모실 수 없는 유감스러운 상황이 발생하지 않을 것이다"라고 적고 있다. 정회는 '우리 가문'은 제례를 엄격하게 봉행하며 뿌리를 기억했기 때문에 번창했고, 나아가 퇴계를 배출했다는 사실을 젊은 세대에게 인식시켰다. 그들을 그린 자랑스러운 과거에 주목하게 하면서, 그는 남자 친척들을 위해 「진성이씨 세전유록」을 편찬했다. 정회가 '후세를 위한 거울'로 삼고자 했던 이 연대기는 시조 이석으로부터 여덟 세대의 직계조상을 거쳐 정회의 부친과 동생인 정백庭栢(1600년 몰)에 이르는 인물들에 대한 간략한 전기를 수록했다. 정회가 이 짧은 글을 일종의 유언장으로 생각했다는 것은 첨부된 「족중완의」에서 잘 드러난다. 이 완의에서 그는 주촌과 그 인근의 친척들에게 조상의 무덤에 딸린 묘전을 공동으로 보존하고, 제사를 정기적으로 지내며, 혼례와 장례 시에는 서로를 돕고, 자신이 그들을 위해 명쾌하게 설명해준 세계世系를 잊지 말라고 타일렀다.[124] 남계를 강조함으로써, 정회는 친척들을 직계선조들과 직접 교류하는 잘 조직된 부계집단으로 자리매김하고자 했고, 이런 뜻에 따르지 않는 자는 친족집단에서 추방하겠다고 위협했다.

### 의례의 혁신과 사회적 변화

이 장은 16세기 후반에서 17세기로 넘어가는 시기에 조선의 엘리트 사회가 부계로 변모되는 최초의 단계를 약술했다. 여러 요인이 부계로의 역사적 전환을 위한 계기를 마련했다. 근본적인 것은 사족 엘리트 친족집단이 지방화하고, 상당수의 남계친이 같은 마을 또는 적어도 같은 지방에 정착한 것이었다. '지방화'의 사회경제적 기반이 확고해지자, 사족 구성원들은 자신들의 잉여재산을 교육과 유교식 의례의 실행에 투자하기 시작했고, 그 결과 과거의 불교적 풍습으로부터 점점 멀어졌다. 의례의 선구자들에 의해 주도된, 『가례』에 의거한 의례적 개혁의 실천은 주된 제사장소를 무덤에서 가묘로 바꿔놓았고, 참례자들을 분명하게 정의된 일군의 직계조상에 초점을 맞추는 별개의 부계친 집단으로 확실하게 재편했다. 게다가 제사는 전통적인 출계 집단의 구조를 근본적으로 재조직했다. 양계는 부계의 원리로 대체되었다. 하지만 승중장자를 우대하는『가례』의 규정과 그 결과인 형제간의 불평등은 저항을 유발했고, 형제간의 갈등을 완화시키는 확대된 부계친 집단의 창출로 이어졌다. 문중의 출현은 역사적 타협안이었다. 당내와 문중의 맞물림은 한국의 종족제도에 독특한 성격을 부여했다. 그것은 공동의 기원과 가계를 기리는 일에 관련된 다양한 사회적·경제적·영적 이해관계를 조화시켰다.

부계로의 점진적인 전환은 친족용어의 변화에 적절하게 반영되었다. '우리 당'(아당我黨), '우리 가문/우리 집'(아문我門/아가我家), 또는 '동성의 친족'(성족姓族) 같은 용어가, 비남계친이나 인척과는 달리 동일한 부계에 속한 본인들만의 차별성을 강조하던 남계친 집단을 특별히 지칭하기 위해 놀라우리만치 빈번하게 문서에 나타나기 시작했다. 고려시대와 조선 초기에 양계친척을 포용했던 족이라는 유연한 용어는 이제 (성족처럼 같은 성을 가진) 부계친을 가리키는 축소된 의미로 재정의되었다. 초기의 족보는 여전히 양계적으로 편성되었지만, 이상의 새로운 용어들은 출계집단의 변화하는 정황을 유감없이 보여준다.

1600년경에 이르러서도 유교적 종법이 획일적으로 시행되지는 않았지만, 의례적 실천을 통해 체득된 그 원리는 부계 종족제도의 성장에 동력을 제공했고, 이 제도는 다음 세기에 성숙되어 조선 후기 재지 사족의 생활과 위세를 뒷받침했다(여기에 대해서는 11장에서 상세히 논할 것이다).

# 9장 >>> 공동체의 계층화와 지역사회의 지도력

1600년 무렵에 당내와 문중이 등장하여, 공동의 출계에 근거하여 개별적인 출계집단의 "남계친들을 결집시키기" 시작했지만, 마을공동체의 압도적인 다수는 여전히 여러 성을 가진 남계친과 인척이 가까운 곳에 모여 사는 주거지의 형태를 취하고 있었다. 그런 혼성적인 마을공동체는 사족이 일상생활을 영위하면서 일차적으로 지도력을 행사하던 사회경제적 영역이었다. 실제로 수령의 권위가 미약하게 느껴졌던 불안정한 농촌의 환경 속에서, 피에르 부르디외*Pierre Bourdieu*가 '실천적 친척 *practical kin*'이라 부르는 남계친과 인척을 '실천적 관계의 특권적 연결망'[1]으로 조직화하는 것은 엘리트층의 몫이었다. 그런 실천적 관계는 '동규洞規'[2]에 의해 운영되는 '동계洞契'에서 분명하게 표출되었다. '동*ward*'은 특정 마을과 그 경계가 겹칠 수도 있었지만, 종종 자연마을이나 행정마을보다 범위가 넓었고, 특정한 사족 친족집단이 지배권을 주장하는[3], 다시 말해 그 집단의 주된 경제적 자산이 있는 다양한 규모의 지역을 포함했다. 따라서 동은 '계'에 의해 데이비드 포르*David Faure*가 '집단적 공동체*corporate community*'[4]라 부르는 것으로 변형된, 친족에 기초한 공동체의 지역적 기반이었다. '함께함'(합合, 동同) 또는 '협력'(협協)으로 정의되는 계[5]는 자구적 결사체*association*를 뒷받침했고, 그 구성원들 사이의 경제적 협력과 결속을 증진했다. 또한 유교식 혼례와 장례를 재정적으로 지원함으로써, 경제적 자본*economic capital*을 문화적 자본*cultural capital*— 사족의 차별적 지위를 두드러지게 해주는—으로 바꿔놓았다. 이런 식으로 동계는 제한된 지역 내에서 재지 친족집단의 사회문화적 장을 구조화했다.

하지만 사족은 지역의 권력에 대한 본인들의 요구를 개별적인 마을공동체에 국한시키지 않았다. 그들은 스스로를 마을의 수준을 넘어 지역의 문제들을 다루는 '향대부鄕大夫'로 인식했는데, 여기에서 향은 주로 군현에 해당하는 지역을 가리켰다. 향의 대부들은 스스로를 선별된 집단으로 조직화했고, 이들의 명부인 '향안鄕案'에 이름을 올리려면 조상의 유래와 위신, 관직 보유, 토지 소유, 의례 수행능력 등의 자격을 검증받아야 했다. 이런 절차를 거쳐 입록된 자들—모든 사족이 성원권을 획득할 수는 없었다—만이 2부에서 간략히 소개된 하위 행정기구인 '유향소'에서 일할 수 있었다. 향원이 된다는 것은 한 사족이 지역의 동료들과 어깨를 나란히 할 수 있는 정당성을 인정받아 지방의 수령에 대해, 나아가 국가에 대해 일정한 특권을 누리게 됨을 뜻했다. 더욱이 그 성원권은 외부의 위험이 닥쳤을 때 그를 든든하게 지원해주었다. 16세기 말에 일본의 침공에 맞서 합심하여 자신들의 공동체를 성공적으로 지켜낸 것은 바로 그런 집단의 성원들이었다.

## 공동체적 관계의 실천: 동계

초기의 계에 대한 상세한 기록의 예는 1540년대 후반에 고향에서 시간을 보내고 있던 퇴계에 의해 온계 마을에서 시행된「온계동규溫溪洞規」[6]이다. 당시에 온계는 전형적인 다성 마을공동체로, 동원洞員 명부를 보면 진성 이씨 ─ 온계의 입향조인 이계양의 모든 후손 ─ 가 41명으로 가장 많았다. 여기에는 퇴계의 형제들 가운데 한 명, 그의 유일한 아들, 그의 조카와 손자, 증손 여러 명이 포함되었다. 나머지 여덟 성씨는 온계로 장가든 사위나 외손들이었다.[7] "외척 및 인척 들과 한 동네에서 다닥다닥 붙어 있는 논밭을 경작하며" 살고 있던 진성 이씨를 위해 1554년에 작성된 '온계동중친계입의溫溪洞中親契立議'[8]는 동계의 규정을 밝혔다. 그 공식적인 목적은 "길흉경조지례吉凶慶弔之禮를 위한 약조를 제정함으로써" 친족 사이의 우애와 결속을 도모하는 것이었다. 또 친족의 근본을 잊지 않기 위해, 매년 봄과 가을에 모여 '신의를 맹세'(강신講信)할 것이라고 했다. 입의는 또한 각 동원이 장례와 혼례 ─ 엘리트층이 문화적 우월성을 과시하던 호화로운 의례 ─ 를 위해 부조해야 할 쌀, 콩, 닭, 종이, 가마니의 양과 수, 그리고 일꾼의 수와 부역 일수를 세세하게 정했다. 1606년부터는 비축된 재원으로 이런 비용을 충당했다. 계를 관리하던 2명의 유사有司는 예외적인 경우를 빼고는 해마다 교체되었고, 퇴계의 가까운 친척들 중에서 선발된 자들이 번갈아가며 맡았다.[9] 특히 적극적으로 활동한 인물은 퇴계의 아들 준과 그의 조카 여러 명, 특히 이완과 이빙李憑[10]이었다. 이씨가 아닌 소수의 유사 가운데 눈에 띄는 사람은 금보와 오수영吳守盈[11]인데, 전자는 퇴계의 이복형제의 사위이자 퇴계의 제자로 동계 결성 초기에 다섯 차례 그 일을 맡았고, 후자는 이우의 사위들 가운데 한 명으로 온

계에 터를 잡고 고창 오씨를 이 마을에서 이씨를 제외한 최대 친족집단으로 만든 인물의 아들이었다.[12]

첨부된 '부조부扶助簿'는 1557년에서 1626년 사이의 69년 동안 계가 어떻게 사용되었는지에 대한 구체적인 정황을 보여준다. 부조는 총 140회에 걸쳐 이루어졌다. 그 대상은 73건의 혼례, 60건의 장례, 1건의 문과 급제[13] 및 5건의 생원진사시 입격 축하, 그리고 1610년에 이루어진 퇴계의 문묘 종사從祀였다. 일부 성원은 여러 차례 혜택을 입었다. 예를 들어 퇴계의 종손 從孫이자 온계 이씨의 종자인 이종도는 1576년에 아들이 결혼했을 때, 1579년에 본인이 진사시에 입격했을 때, 딸 다섯을 차례로 출가시켰을 때(1580·1582·1589년에, 1592년 봄에, 그리고 1593년에), 1595년에 모친상을 당했을 때 부조를 받았다. 오수영도 1567년 봄에 부친을 매장했을 때, 그리고 기이하게 같은 해 가을에 딸 한 명을 시집보냈을 때 동계의 덕을 봤다. 1570년과 1589년 사이에 그는 다섯 명의 딸을 추가로 출가시켰고, 1583년과 1589년에는 며느리들을 맞았다. 그 자신은 1606년에 동계의 기금으로 매장되었다. 분명히 동계의 자산은 거의 전적으로 세간의 이목을 끄는 경조사에 사용되었다.

동계는 온계 내의 집단 안전을 보장하는 데도 일조했다. 1560년에는 온계의 노비들을 다루기 위해 11개조의 '동령洞令'이 추가되었다. 솔거노비는 종종 농촌공동체에서 가장 많은 인구를 차지했는데, 이런 경우 그들의 감독과 통제가 주요 안전문제로 대두되었다. 노비주가 자신의 노비들이 처벌받는 것을 피하기 위해 그들의 범죄를 은폐하고(신체형을 받아 노동력을 상실한 노비는 쓸모없는 일꾼이었다), 잘못을 저지른 노비가 몸을 숨기는 경우가 비일비재했기 때문이다. 따라서 '동령'은 노비주들 사이의 갈등을 완화하고 노비들을 유사—법률적 통제하에 두기 위한 것이었다. 자신의 주인과 다른 노비주들에게 무례하고 불손하게 구는 노비는 부모에게 반항하는 자식과 마찬가지로 곤장 50대의 중형에 처해졌다. 형제간의 불화, 간음과 도둑질, 상해를 가하는 행위, 친척끼리의 반목, (엘리트층이 소유한) 묘산의 경작, 우마의 방목 같은 무도한 행위도 다양한 강도의 태형에 처해졌다. 약 150명의 노비를 보유했던 퇴계도 낙향했을 때 그들을 통제하는 문제에 관심을 보였다고 전해지지만, 그는 이런 '동령'을 승인하지 않았고 유사들에게 보낸 편지에서 개인이 타인의 범죄를 판단하고 처벌하는 것은 '국법'으로 금지되어 있다고 경고했다.[14] 이런 반대의견을 감안하여, 공동체 차원의 임시판결회의가 설치되어 엘리트들의 분노를 자아낼 법한 노비들의 범죄를 조사하고 심판했다. 그리고 양인들이 저지른 잘못은 관에 고하도록 했다.

이런 문서들의 원본은 임진왜란으로 파괴되지는 않았지만, 17세기 초에 이르자 거의 알아볼 수 없을 지경이 되어버렸다. 이 때문에, 퇴계의 종손들 가운데 한 명으로 1615년에 유사로 일한 이유도李有道(1565~1626)가 그것을 옮겨 적으면서 약간의 수정을 가했다. 하지만 1626년 이후에는 동계가 지속되었다는 더 이상의 문서적 증거가 없다. 그러다가 그 계는 17세기 말에 퇴계의 5대손들에 의해 계상동계溪上洞契로 되살아났다.[15]

「온계동규」는 퇴계의 제자들에 의해 나중에 결성된 여러 동계에 영감을 주는 모델이 되었다. 1565년에 금난수는 고향인 부포동浮浦東(예안)에서 실시한 동중족계洞中族契의 입의를 작성하고, "한 동네에 이웃해 살면서 인접해 있는 논밭을 경작하는" 친척 30여 명의 이름을 기재했다. "상호간의 화목을 위해" 친인척은 길사와 흉사가 있을 때 물질적 도움을 주고받아야 했는데, 혼례에는 1인당 백미 5승升[16]과 닭 2마리를, 장례에는 쌀과 콩 5승과, 종이 2권, 역노役奴 2명을 부조했다.[17] 매년 봄과 가을에는 강회講會를 열어 계를 운영할 유사 2명을 뽑았다. 금난수는 퇴계의 청사진에 빠져 있던 몇 가지 처벌조항을 추가하여, "친척 사이의 화목을 해친 자를 선량하기 그지없는 상태로 되돌려놓고자 했다."[18] 유사한 동계가 오천에서 김부필과 김부의 형제, 이들의 사촌인 부인과 부륜, 부변 교차사촌인 금응협에 의해 결성되었고,[19] 하회에서는 유운룡과 유성룡을 비롯한 하회 유씨 일족 14명에 의해 1584년에 조직(되고 1618년까지 네 차례 개편)되었다.[20]

이정회의 주도 아래 주촌 이씨는 1583년에 족계를 결성했는데, 이 조직은 동중에서 일찍부터 이루어지던 공동체적 활동을 공식화한 것으로 보인다. 정회는 그 목적을 다음과 같이 표현했다.

> [우리의] 족계는 일족의 일상적인 친목과 길흉사 시의 상호부조를 위해 결성되는 것이다. 계원들 모두가 친인척[족당族黨]일 뿐 아니라 주촌 인근에 살고 있는 마당에, 평상시에 만났을 때 서로 반가워하지 않고 길흉사가 있어도 서로 돕지 않는다면, 과연 그것이 인성이 넘지고 화목한 친척 사이의 도리이겠는가?

21명의 계원 중에서 진성 이씨는 당연히 11명으로 다수를 차지했지만, 모든 이가 주촌의 창건자 이우양의 아들이자 [정회의] 고조부인 이철손李哲孫(1441~1498)의 남계 또는 비남계 후손이었다. 각 계원은(한 미을을 제외하고) 안동부의 북면에 속한 여러 개의 작은 마을에 흩어져 있던 각 가구를 대표했다.

족계의 경제적 밑천은 공동 소유의 유산이었고, 규약에 따라 80섬의 곡물이 계의 기본재산으로 항시 비축되어 있어야만 했다. 이 재산은 봄에 이자를 받고 대출되었다가 가을에 회수되었다. 이 족계의 문서는 예의 처벌조항으로 마무리되었다.[21] 1년에 두 차례 '강신'을 위해 개최된 족회族會는 푸짐한 잔칫날로, 정회의 일기에 기록된 이 모임은 하나같이 한밤중에 모든 계원이 만취한 상태로 끝났다.[22] 그럼에도 계원에 대한 압박은 임진왜란 이후에 강화되었던 것으로 보인다. 예컨대 이유 없이 족회에 불참한 자에게 1583년에는 20대의 매가 (그의 노비에게) 가해졌지만, 계원의 수가 줄어든 상태에서 계가 재개된 1596년에는 그 수가 50대로 늘어났다. 다른 계원들을 능멸한 자는 최악의 경우 계에서 추방될 수도 있었다.[23]

계원들을 공동체의 일에 헌신적으로 협력하게 함으로써, 계는 동을 경제 공동구역으로 바꿔놓았다. 전거가 확실하진 않지만, 1587년 초여름에 모친의 장례를 준비하느라 정신이 없던 이정회는 고맙게도 "동의 각 가구가 제공한 노비 11명"의 도움을 받아 논의 잡초를 제거했다고 한다.[24] 1540년대 초에 작성된「내성동약」에서도 내성현의 원만한 경제개발을 위해 유사한 협동작업이 강조되었다(5장 참조). 요컨대 동을 기반으로 형성된 결연은 친족유대를 경제적 목적에 이용했다. 동계의 회원과 문중의 성원은 물론 어느 정도 중첩되었지만, 동원들의 협력은 공동의 조상이 아니라 공동의 물질적 복지에 중점을 둔 것이었다. 동의 기금은 주로 음력 3월에 동의 다양한 수호신을 모시고 제사를 지내는 '동제洞祭'를 지원하는 데도 사용되었는데, 이정회도 가끔 이 제의에 참석했다.[25]

## 엘리트 신분의 각인: 향안

사회적으로나 문화적으로나 잘 통합된 마을공동체에 거주하는 것은 한 개인에게 지역의 사회적 맥락 속에서 엘리트의 일원으로 확실하게 인정받는 우월한 신분을 보장해주었다. 그런 인정의 기준은 문서상에 종종 언급되는 개념인 이른바 '공적인 사회적 기억'(공지公知)이었다. 각 세대에 의해 공유되고 재충전되면서, 이 무형의 기억 저장장치는 어떤 지역과 관련하여 특별한 의미를 갖는 중요한 사회적 자료를 축적했다. 그 누구라도 이 지역적 기억이라는 훌륭한 증거에 반하여 엘리트 신분을 주장하기는 어려웠을 것이다.

일종의 문서화된 '사회적 기억'이 이른바 향안[26]이었다. 이 독특한 한국적 제도는 특정 지역, 주로 군 내에 거주하는 공인된 사족 성원의 이름을 기재한 것이다.[27] 저명한 학자 정경세는 그것을 다음과 같이 규정했다.

> 특정 고을에 향안이 있는 이유는 무엇인가? '세족世族'을 변별하기 위해서이다. 그런 변별의 목적은 무엇인가? 공동체 내의 [올바른] 인간관계를 확립하여 백성들의 풍속을 바로잡기 위함이다. [이를 위해서는] 현명한 이를 취하면 족할 것이다. 그런데 현명한 이를 반드시 세족 중에서 구해야만 하는 이유는 무엇인가? 향인鄕人이 존경하고 두려워하는 것이 그들이요, 이민吏民(향리와 백성)을 통제할 수 있는 것이 그들이기 때문이다. 그들이 거실巨室(즉, 세족)의 일원이 아니라면, 이민을 억누를 수 없을 것이다.[28]

사족 엘리트의 지배권 주장을 이보다 간결하고 설득력 있게 표현하기는 힘들 것이다. 도덕적 우위를 통해, 엘리트층은 부르디외가 표현했듯이 "권력을 확실하게 인정받을 수 있는 권력"[29]을 장악했다. 그리고 그런 권력은 스스로를 그런 권력을 행사할 수 있는 공인된 집단으로 조식화할 수 있는 엘리트층의 능력에 의해 강화되었다.

향안 입록은 대단히 배타적인 절차였다. 향원이 되려면 부계·모계·처계에 전혀 하자가 없음(삼참三參)을 입증해야 했다.[30] 심사는 까다로웠고, 지원자의 어머니나 아내가 외지에서 온 별 볼 일 없는 가문 출신이라면, 그가 아무리 높은 직위에 있었다 하더라도 자동적으로 입록되지는 않았다. 허균許筠(1569~1618)이 주장했듯이, 향안 입록은 과거 응시자격을 얻는 것보다 어려웠다.[31] 게다가 '현명함'이 도덕적일 뿐 아니라 사회적인 자격요건이라는 사실은 퇴계의 제자인 정사성이 1581년에 작성한 입록규정에서 분명하게 드러난다. 서자들이 향안에서 배제되는 이유는 그들이 사회적 조건을 충족시키지 못하기 때문이고, 인륜에 반하는 범죄를 저지른 자들의 아들과 손자들이 배제되는 이유는 그들이 도덕적 조건을 충족시키지 못하기 때문이라는 것이다. 향리도 자격이 없었다.[32]

높은 사회적 지위라는 위신을 확보하고 보전하고 재생산하기 위해, 향원들은 자기들끼리 밀접한 혼인관계를 맺고 유지했다. 정사성은 예전에는 심지어 고명한 사족도 배우자를 고를 때 종종 사회적 출신과 신분보다는 토지의 넓이와 노비의 수, 재산의 규모를 고려했다고 비난조로 말했다. 그런 까닭에 그는 '가난'을 이유로 군인이나 양인과 통혼한 사족은 향안에 이름을 올릴 수 없을 것이라고 경고했다.[33] 향안은 이런 식으로 엘리트가 엘리트를 낳는다는 사실에 대한 인상 깊은 증거를 제시한다. 종종 누대에 걸쳐 지속된 향원들끼리의 혼인은 결과적으로 향원을 증식시키기 위해 선호된 방식(규정된 방식은 아닐지라도)으로, 향안을 마치 재지 친족의 명단처럼 보이게 만들었다.

훼손을 방지하기 위해, 향안은 향교 같은 안전한 장소에 고이 모셔져 특별히 지명된 임원들에 의해 보호되고 1년에 한 번씩 향원들에 의해 검토되었다. 정경세는 다음과 같이 회상했다.

어린 시절에 나는 아버지와 형의 뒤를 따라 향당鄕堂에 이르렀다. 그들은 벽면의 상자에 소장되어 있던 향안을 꺼내어 정중하게 열람했는데, 그 모습이 마치 바다에 들어가 용을 보고 있는 것과 같았다! 거기에는 비록 재산은 많지 않았으나 국초 이래 [널리 이름을 떨친] 공경公卿의 이름이 마구 뒤섞여 기록되어 있었다.[34]

많은 향안이 임진왜란 중에 소실되고, 17세기에는 그것들을 중수하여 엘리트의 지배를 입증하는 비망록으로서 그것들이 지닌 의미를 새롭게 조명하려는 노력이 경주되었다.[35]

## 안동의 향안

안동에서는 4장에서 논의된 향사당과 우향계가 주요 출계집단의 대표들로 구성된 배타적인 조직의 초기 형태로 흔히 여겨지는데, 그들은 의례화된 공동체의 행사를 주관함으로써 자신들의 정체성을 입증하려고 노력했다. 두 조직의 회원 명부는 따라서 향안의 원형 격으로 간주될 수 있다. 16세기에는 앞서 소개한 정경세의 인용문이 예증하듯이, 더욱 자신만만해진 사족들에 의해 향안이 계속 작성되었다.

안동 최초의 본격적인 향안은 1530년의 「가정향안嘉靖鄉案」이었다.[36] 1528년에 진사시에 입격한 [광산] 김주金籌(1493~?)의 주도로 작성된 이 향록에는 각기 다른 34개 성(이 가운데 적어도 9개의 성은 『영가지』에 나오지 않는다)을 가진 330명의 향원이 등재되었는데, 이들은 안동부와 그 속현의 곳곳에 거주하고 있었다. 향원의 대다수는 향사당이나 우향계에서 활동했던 인물들의 후손이었다. 최대의 성관姓貫 집단은 권사빈으로 대표되는 안동 권씨였다. 사빈의 부친과 사촌은 우향계의 일원이었고, 그 자신은 그 후신인 진솔회에 가입했다. 또한 주촌 진성 이씨의 종손이던 이훈李壎(1467~1538)과 그의 두 아들 이연李演과 이한李漢도 등재되었다. 우향계를 만든 이증李增의 손자 이고李股(?~1551)[37]도 명부에 올랐고, 김진의 부친 김예범은 향안에 입록된 최초의 내앞 김씨였다. 유성룡의 할아버지 유공작(1481~1559)과 그의 아우 공석公奭은 하회의 풍산 유씨를 대표했다. 진솔회 회원이던 정원로의 아들 정교鄭僑(1479~?)[38]와 그의 아들 이흥以興의 이름도 있었다. 이 밖에 「내성동약」의 좌목에 들어 있던 거의 모든 인물이 포함되었다. 향원의 절반 이상이 무관직 보유자(수도의 엘리트 군대에 소속된)이거나 '학생'이었는데, 여기서 학생이란 아마도 과거를 준비하던 사람을 가리키는 것 같다. 문관직 보유자들은 대개 은퇴한 관리였고, 소과 입격자의 수는 얼마 되지 않았다. 이 향록은 사족의 향촌 지배력에 상당한 연속성이 있었음을 보여준다. 15세기 후반에 이미 괄목할 만한 역할을 했던 엘리트층 성원이 직접, 또는 자손을 통해 자신들의 공인된 사회적 지위를 1530년에도 계속 유지하고 있었던 것이다.

그런 항구성은 향리가 계속 향안에 입록되어 있다는 사실에 의해서도 생생하게 예증된다. 19세기에 간행된『안동향손사적통록安東鄉孫事蹟通錄』[39]에는, 향리 15명이「가정향안」입록자로 기재되어 있다. 그들이 포함된 것은 이례적이었다. 향안 입록을 규제하던 당대의 '완의'는 명문거족(즉, 사족)에 속한 개인이라 하더라도 부계나 모계, 처계에 '흠결'이 있다면[40] 입록이 불가하다고 명기하고 있었기 때문이다. 그런데 향리 ― 삼태사묘에 봉안된 '세 공신'의 후예라는 점에서 사족과 다름없는 ― 의 증손과 사위, 외손은 그런 엄격한 규정의 적용을 특별히 면제받았다. 안동 권씨 9명을 포함하여 이 집단에 뽑힌 15명 가운데, 6명이 향리의 사위와 외손이고, 나머지는 모두 향리의 증손이었던 것으로 보인다. 그리고 1명을 제외한 나머지 모두는 향리의 전형적인 거주공간인 읍내, 즉 안동의 주읍 내에 거주했다.[41]

1530년의 향안에 등장하는, 규모는 작지만 의미심장한 향리 대표단은 곧 엘리트 논객들의 점증하는 적대감에 노출되었다. 위에 언급한 향안 입록 규정에서, 정사성은 향리는 엘리트 향원의 가문과 4～5대에 걸쳐 통혼한 연후에야 향안에 입록될 수 있다고 단언했다. 그가 예전에는 심지어 고명한 사족도 경세적 이유 때문에 하찮은 부류와 사돈을 맺었다고 혀를 찼을 때, 그는 분명히 향리층을 염두에 두었다.[42] 1535년에 안동 유향소의 좌수로 봉직하고 있던 이고는 상급 향리들로 하여금 본인들만의 명부(단안單案)를 작성하도록 강요함으로써, 1530년의 향록을 '정화'하고자 했다고 전해진다.[43] 더욱이 삼태사묘에서 치러지는 의례에 향리가 계속 참석하는 것에 대한 비난의 목소리도 높아졌다.[44] 이런 일들은 안동에서 오랫동안 용인되었던 향리의 영향력이 급속하게 줄어들었음을 유감없이 보여주는 징후였다.

반세기 뒤인 1589년에 「만력기축향록萬曆己丑鄕錄」이라 불리는 향안이 작성되었다.[45] 여기에는 40개 이상의 성씨를 대표하는 289명의 이름(나이순으로 기재된)이 포함되었는데, 그중에 안동 권씨와 (의성, 안동, 순천, 광산) 김씨, (진성, 예안) 이씨, 그리고 영양 남씨가 향원의 60퍼센트 이상을 차지하고 있었다. 이 향안은 안동의 엘리트 지배력이 16세기 후반에 최종적으로 확립되었음을 인상 깊게 기록하고 있다. 1530년의 향안과 비교해보면, 사족의 세력을 공고하게 만들어준 메커니즘이 선명하게 부각된다.

가장 눈에 띄는 것은 명부에 오른 저명한 현관顯官[46]의 수가 크게 증가했다는 점인데, 이는 안동의 사족이 국정 운영에도 계속하여 발언권을 행사하고 있었다는 사실을 말해준다. 정탁과 김성일, 유성룡이 육조의 고관직을 맡고 있었고, 김복일과 유운룡을 비롯한 6명이 수령으로 봉직하고 있었다. 비록 관직은 낮지만 그들 못지않게 유명한 인물로는 이정회와 정사성, 그리고 (『영가지』의 저자) 권기가 있었다. 향원 17명은 진사생원시 입격자였고, 40명은 무관직 보유자였다. 향록에 오른 70명의 안동 권씨 중에는 권벌의 장남인 동보와 손자인 권채權采와 권래가 있었다. 대다수의 향원은 김용과 그의 사촌 김집金集(1558~?; 성일의 장남)처럼 단순히 '학생'으로 지칭되었다. 1530년과 비교해보면, 과거 합격자와 경관직 보유자가 크게 늘었고, 서울에서 영향력을 행사하던 인물들이 자연히 고향에서도 각종 문제의 처리를 주도했음을 알 수 있다.

그런 지배력의 놀라운 결과는 1589년의 향록에서 향리가 완전히 배제되었다는 것이다. 향사당의 건립 이래 사족 엘리트층에 속하는 것으로 인정받아왔던 영양 남씨는 분명히 향리가 아니었지만, 1530년에 남경지(이미 사망한)와 그의 아들 남종南琮은 향리층과 관련이 있는 것으로 확인되었다. 특히 남종이 '향리외손'[47]으로 지칭되었으므로, 정황상 남경지는 향리의 사위였다. 따라서 남종은 심각한 '하자'를 지닌 것으로 판단되어 1589년의 향록에서 제외되었다. 1530년에 향리 내력이 있는 것으로 기재된 안동 권씨 9명 가운데 일부에게도 비슷한 운명이 기다리고 있었다. 예컨대 권세영權世英은 권씨 일족 중에서 한미한 가계에 속했던 까닭에, 본인은 물론이고 그 자손들도 1589년과 그 이후에 작성된 향록에 기록되지 않았다. 이와 대조적으로 유명한 권근의 현손인 권칙權勅[48]은 1530년에 향리와 인연이 있는 것으로 기록되었고 1589년에는 사망한 상태였지만, 그럼에도 그 아들의 이름이 향록에 기재되었다.[49] 물론 이것은 조상의 명성 덕을 톡톡히 본 예외적인 사례였다. 그런 예외가 있었다고 해서, 16세기 말에 이르면 향리와 관련이 있는 인물은 관례상 향원이 될 자격이 없었다는 사실이 가려지지는 않는다.

정탁의 입록에 관한 일화(아마도 허구일 것이다)는 향리라는 결격사유가 전혀 없는 경우에도 1589년에 향원으로 받아들여지는 것이 몹시 어려웠음을 보여준다. 안동 주읍의 동부에 위치한 지내동에 살았던 정탁은 그가 고위관리가 되었음에노 한문寒門 출신이라는 이유로 처음에는 입록이 거부되었다. 이조판서로 임명되었을 때, 그는 말미를 얻어 안동으로 돌아가 3일 동안 향촌의 원로들을 융숭하게 대접했다. 이런 푸짐한 잔치로 자신의 재력을 과시한 다음에야, 마침내 그는 향안 입록을 승인받았다.[50]

결론적으로 말해서, 두 향안은 소수의 사족 출계집단이 안동의 권력자로서 점차 안정적인 세력을 굳혔디는 수치상의 증거를 제공한다. 1530년에는 권씨(안동), 김씨(의성, 안동), 이씨(진성, 고성), 남씨(영양)라는 4개 성씨 집단이 총향원(330명)의 약 57퍼센트를 차지했는데, 1589년에는 향원 수(289명)가 다소 감소한 가운데 그 비율이 거의 63퍼센트로 증가했다.[51] 유일한 패자는 향리 출신의 일부 성원이 배제되는 굴욕을 겪은 영양 남씨였다. 남씨와 대조적으로 풍산 유씨와 흥해 배씨는 향원의 수가 갑절 이상 늘어났다. 1530년의 향원들 가운데 일부는 이거했기 때문에 1589년에는 더 이상 등재되지 않았지만, 그해에 총원이 감소한 것은 소수이지만 성장을 거듭하고 있던 사족들의 손에 향권鄕權이 집중되는 현상이 벌어지고 있었다는 징표일 가능성이 더 크다. 사족들은 긴밀한 통혼관계와 인척과의 연결망을 구축하고, 본인들의 자격에 학문적·의례적 전문지식을 추가함으로써 체계적으로 자신들의 사회적 영향력을 강화해나갔다.

### 지배의 규범: 향규

향안의 입록자들은 '향규鄕規'[52]라 불리는 엄격한 행동준칙을 준수하고자 노력했다. 일종의 도덕적 헌장인 이 규약은 향원들이 지키기로 맹세한 행동의 기준을 명기한 것으로, 그 기준은 그들이 축적한 문화적 자본의 일부였다. 게다가 향안 입록규정이 사회적 자격요건을 검증했다면, 향규는 향원의 도덕적 조건을 정의했다. 지도자가 되려는 뜻을 품은 자들에게는 가정과 공동체 내에서, 그리고 국가에 대해 모범적으로 처신할 것이 요구되었다. 1556년에 퇴계는 일반적으로 「예안향약」이라 불리는 「향립약조鄕立約條」의 서문에서 지도자의 자질에 대한 본인의 견해를 간략하게 피력했다.

예로부터 향대부의 직분은 덕행과 도예道藝로 고을 사람들을 인도하고 이에 따르지 않는 자들을 형벌로 규제하는 것이다. 선비는 가정에서 스스로를 수양하고 향촌에서 스스로를 빛낸 연후에야 국가에서 관리로 등용될 수 있다. 어째서 그러한가? 효성과 형제애(효제孝悌), 충성과 신의(충신忠信)는 인도人道의 근본이요, 가정과 향촌은 그것들이 실행되는 장이기 때문이다.…… 혹여 효제충신이 실행되지 않는다면, 예의禮義를 버리고 염치를 잃음이 날로 심해져 오랑캐나 금수의 세계로 돌아갈 터인즉, 이는 실로 왕정王政의 크나큰 우환일 것이다. 규제하고 교정하는 책임이 향소에 있으니, 그 소임이 참으로 막중하도다![53]

사족이 향촌의 지도자 역할을 맡아야 한다고 생각한 퇴계는 『주례』에 약술된 '선왕先王'의 치세에 실행되었던 것으로 믿어진 지방행정의 이상을 환기시켰다.[54] 이 경전은 향대부에게 두 가지 임무를 맡겼다. '세 가지 갸륵한 행실'(삼물三物)[55]로 '만민을 교화하는 것'(교만민敎萬民)과, '여덟 가지 형벌'(팔형八刑)[56]로 '만민을 단속하는 것'(규만민糾萬民)이 그 두 가지였다. 비록 퇴계는 교육과 의례를 문명화의 상책으로 보고 널리 보급하기는 했지만, 그가 『주례』를 좇아 죄의 경중에 따라 '극벌極罰'에서 '하벌下罰'에 이르는 차등적 처벌의 대상이 되는 33개의 죄목을 「예안향약」에 첨부한 것은 주목할 만하다. 다만 그는 구체적인 처벌방식은 정하지 않았다. 이 처벌조항으로, 그는 교화를 좀 더 중시하는 송나라의 원형, 즉 주희가 대중화한 「여씨향약呂氏鄕約」과 의식적으로 거리를 두었음에 틀림없다.[57] 이런 거리 두기는 인간의 본성에 대한 퇴계의 다소 비관적인 견해 — 인간은 강압적 수단을 통해서라도 참으로 인간다운 존재로 만들어져야만 하므로, 훈계가 통하지 않을 때는 형벌이 뒤따라야 만 한다 — 를 반영한 것일 수도 있다. 그는 그런 조치가 가정과 향촌에서 도 의를 다하고 있는 안동의 '훌륭한 선비'(길사吉士, 자신의 제자들?)를 염두에 둔 것이 아니라, 예의를 침해하고 향속鄕俗을 파괴하여 국가에 해를 끼치는 '사 악한 사람'(폐민弊民)을 겨냥한 것이라고 주장함으로써 예상되는 비판으로부터 자신을 방어했다. 그럼에도 몇 가지 형벌조항이 예안 향사당에서 공표되었을 때 일부 지주는 충격에 빠졌다. 퇴계의 향약은 격렬한 반대에 부딪혔고, 훗날 금난수가 회상했듯이 퇴계는 어쩔 수 없이 그것을 철회하고 따로 보관해두 었다.[58) 퇴계의 생전에는 실시되지 않았지만,「예안향약」의 규제적 체재[59)는 30년 뒤인 1588년에 안동에서 작성된 이른바「향규구조鄕規舊條」의 전범이 되었다.

1589년의 향록과 함께 구상된 것으로 보이는「향규구조」[60)는 퇴계의 제 자인 강륜康崙(1514~1599)[61)에 의해 작성되었다. 그때 유향소(잠시 뒤에 논의할 것이다)의 좌수를 맡고 있던 강륜은 당시의 안동 부사 김우옹의 격려에 힘입 어 그 일을 한 것으로 보이는데, 김우옹은 짧은 재직기간에 자신만의 향약을 제정하기도 했다.[62) 강륜의 향규는 교화에 대한 언급에 앞서, 23개조의 잘못 에 대한 차등적인 처벌규정을 제시하고 있다. 부모와 조부모, 백부 및 숙부 (와 이들의 아내)에 대한 불복종, 형제간의 싸움, 지역의 좋은 풍속과 학문적 명 성을 모독하는 부정한 행실은 '동료들과의 교류'에서 장기간 배제되는 가장 심한 벌을 받았다. 뉘우치지 않는 자는 관에 알려 치죄하게 했는데, 이는 관 이 개입하는 유일한 경우였다. 중간 수준의 처벌은 본처를 소박하거나, 친척 과 불화하거나, 고을의 어른을 능욕하거나, 수령을 헐뜯는 헛소문을 퍼뜨리거나, 품관品官의 직무를 게을리 함으로써 고을의 풍속을 해치는 다양한 잘못에 대한 처방이었다. 뉘우치지 않는 자는 손도損徒[63]에 처해졌다. 혼례와 장례의 적기를 놓친 자,[64] 공회公會에 무단으로 불참한 자, 향령鄉令에 따르지 않는 자는 가벼운 처벌을 받았다. 단 매번 대리인만 보내고 향회鄉會에 불참하는 자는 평생 향안에서 삭제될 각오를 해야 했다. 강륜은 이런 향규를 서울의 경재소京在所에 제출하여 승인을 받았다.[65]

이상의 규정들에 담긴 속뜻을 알아내기는 어렵지 않다. 퇴계의 「예안향약」과 「향규구조」는 사족의 가족과 그 이웃에서 모든 것이 순조롭게 돌아가고 있지는 않았다는 사실을 명백하게 드러낸다. 실제로 갈등과 불순종이 효성과 형제애라는 유교의 가족 내 규율을 해치는 한, 그리고 채무자의 재산을 강탈하고 무자격자를 사사로이 향안에 올리는 것 같은 이기적이고 불법적인 행위가 공동체의 협력을 위험에 빠뜨리는 한, 유교적 규범과 가치에 바탕을 둔 문명화된 환경을 조성하려는 노력은 무산될 위기에 처했고, 권위와 지도력을 주장하던 사족의 입지도 흔들릴 수밖에 없었다.

## 유향소

성종의 치세인 1480년대에 김종직을 위시한 일부 유학 신봉자가 유향소는 수령들과 경쟁하는 것이 아니라 그들을 도와 "불효하고 부제不悌한 자들을 교화함으로써" 가정의 평화를 권면하는 것이라고 주장하면서, 유향소를 부활하라는 압력이 커졌다. 게다가 유향소의 시급한 복립을 호소하던 자들은 전라도에서 성행하던, 특히 남원의 토호와 향리들에 의해 치러지고 있던 '음사淫祀'에 대해 거론했다. 지역의 이익이 이데올로기적 용어로 포장되고 있음을 감지한 정적들은 수령들이 '현명하면' 유향소가 필요 없을 것이라고 반박했다. 성종은 분명히 망설였지만, 마침내 유향소의 유익한 효과에 대한 지지자들의 견해를 받아들여 1488년 5월에 그것의 부활을 윤허했다.[66] 이 당시에 국가가 그런 반관반민 기구들에 대한 권위를 확립하려고 했다는 사실은 법령화된 엄격한 지침에 분명하게 드러난다.

1488년에 반포된 「유향소복설마련절목留鄉所復設磨鍊節目」은 유향소의 책임을 규정했다. 유향소 임원(품관)의 수는 제한되고(부에 5명, 군에 4명, 현에 3명), 그들은 유향소와 짝을 이루는 각 경재소에 의해 선정되었으며, 그들의 주요 임무는 '악리惡吏'를 규찰함으로써 향풍을 바로잡고 영향력과 권력의 남용을 처벌하는 것이었다.[67] 이 규정들은 몇 년 뒤인 1492년에 『대전속록大典續錄』에 포함되어 법적 권위를 얻었다.[68]

그 규정들은 중앙정부가 여전히 하위 행정단위 수준에서 수령과 백성 사이의 매개자 역할을 하던 지방기구의 존재에 비록 제한된 범위 내에서나마 의존하고 있었음을 시사한다. 이 기구들은 이제 전적으로 지방의 주도하에 구성되지는 않았고, 정부가 신뢰할 수 있는 임원들 — 각 경재소에서 선발된, "지방에 거주하는 고위관리들이나 분별력 있는(즉 '충성스러운') 개인들" — 로 채워졌다. 한편으로 국가는 이런 비공식적인 통로를 이용하여 향촌의 지배구조에 일정 부분 영향을 미쳤다. 다른 한편으로 유향소는 공동체 내의 이익을 표출하고 실현하는 구심점이라는 본연의 역할을 대부분 유지했는데, 이는 반드시 국가에 이로운 것만은 아니었다.

개국 초부터 안동의 지도자들은 유향소의 집무실을 겸했던 것으로 보이는 향사당을 통해 지방의 대소사를 주도했다(4장에서 논의했다). 15세기 후반에 유향소가 어떤 활동을 했는지에 대해서는 알려진 바가 없지만, 향사당은 1530년의 향안이 편찬된 뒤인 1531년에 다시 증축되었다. 종종 "고대 향대부의 유산"[69]이라 찬양받던 향사당의 신관은 부성의 서쪽 2리쯤 되는 곳에 있던 기둥 5개짜리 건물이었고, 당의 동쪽에는 향사당과 높이를 맞춘 편평한 단壇이 쌓였다. 1년에 두 차례 향회가 열리고 향사음주례鄕射飮酒禮가 거행될 때는, 돗자리를 깔아서 향사당과 단을 하나의 연속된 공간으로 만들었다. 단의 남쪽으로는 그 동쪽과 서쪽에 계단이 있어, 주인과 손님은 인사를 나눈 뒤에 그 계단을 이용하여 단상에 올랐다. 향사당은 안평대군이 쓴 현판으로 장식되었다. 여러 개의 작은 건물들이 향사당을 둘러싸고 있었는데, 그중에는 사직社稷의 위패를 모신 사당도 있었다.[70]

안동 유향소의 품관은 1명의 좌수와 3명의 별감別監으로 구성되었고, 이들은 종종 뭉뚱그려 '집강執綱'([정부] 강령의 집행자)[71]이라고 불렸다. 이들은 몇 명의 향리와 노비의 보조를 받았다.[72] 「향규구조」[73]에서 명백하게 드러나듯이, 1580년대에 이르러 좌수와 별감의 임명은 폐쇄적으로 이루어졌다. '지역에시의 명망'(향망鄕望)이 높고 향안에 이름이 올라 있는 사족만이 지명 대상이 될 수 있었다. 게다가 안동은 좌수를 까다롭게 선정하기로 유명해서, "덕성스럽고 가문의 배경이 [번듯하여] 공동체 전체의 자발적인 복종을 이끌어낼 만한 인물"만이 적임자로 간주될 정도였다. 따라서 심지어 고위관리를 지낸 인물도 은퇴 후에 그 직책을 맡는 일이 드물지 않았다.[74] 임명은 안동 경재소—안동부를 맡아서 관리하던 수도의 행정적 상응기구—의 승인을 받아야 했다(어쩌면 애초에 임명 자체가 경재소에 의해 제의된 것일지도 모른다). 집강의 위세가 워낙 대단했기 때문에, 그들에게 적절한 예를 표하지 않는 사람은 공동체에서 추방당했다. 그럼에도 그들은 자신들의 사익을 추구하기 위해 사의적으로 행동해서는 안 되고, 언제나 공익을 염두에 두라는 권고를 받았다. 향안을 조작하거나 향리와 결탁하여 부정을 저지른 집강은 추방당했다. 직무를 소홀히 함으로써 향풍을 해치는 자들에게도 같은 처벌이 기다리고 있었다. 이런 규정들은 임진왜란이 끝난 뒤인 1605년에 작성된「신정십조新定十條」에 거의 수용되었다(잠시 뒤에 논의할 것이다).

16세기에 좌수들의 임기가 몇 년이었는지는 분명하지 않고, 역대 좌수들의 명부도 전하지 않는다. 기이하게도 전기적 자료들은 그런 직무에 대한 기록을 거의 남기지 않고 있다. 하지만 안동에서는 이고, 김수일, 이정회, 권행가權行可 같은 저명한 인물들이 좌수로 봉직했던 것으로 알려져 있다. 이고는 유향소 하급관리들을 "단속하고 바로잡았다"고 한다.[75] 1594년에 이정회는 만장일치로 좌수로 뽑혀 임란 이후 불법이 갈수록 판을 치던 세태에 맞서싸웠다.[76] 이정회와 권행가는 그 후「신정십조」의 구상과 작성에도 깊이 관여했다. 하지만 김성일은 좌수직을 거절했다고 한다.

옛날에는 고관이 관직에서 물러난 다음 노년에는 으레 유향소의 좌수가 되었다는 이야기가 있다. 얼마 전에 학봉 김성일이 사인舍人[의정부의 정4품 관직]으로 있다가 낙향했을 때, 향회는 그에게 좌수직을 제안했다. 하지만 그는 병을 이유로 그 직을 고사했다. 어느 날 뜻밖에 그를 집의執義[사헌부의 종3품 관직]에 임명한다는 왕명이 당도하자 그는 기뻐하며 말했다. "오늘 나는 난생처음 관리로 봉직하는 맛을 알게 되었도다!"[77]

김성일이 좌수직을 거절한 것은 유향소에서 직책을 맡는 것을 무시하기 위함은 아니었을 것이다. 오히려 그는 그런 관습적인 방식으로 본인의 경력을 마감하기에는 49세라는 자신의 나이가 너무 젊다고 느꼈을 것이다.[78] 젊은 시절에 김성일은 퇴계에게 "학문에 뜻을 둔 향인이라면 [의례가 진행될 때] 품관의 뒤를 따라가는 것을 수치스럽게 여길지도 모른다"라는 생각을 비친 적이 있다고 한다. 이에 퇴계는 "유향소는 아버지들과 형들과 친척들이 [활동하는] 곳이다. 그들 뒤를 따라가는 것이 어찌 수치스럽단 말인가?"[79]라고 반박했다. 실제로 유향소의 임원으로 일하는 것은 언제나 위세와 권력의 상징으로 간주되었고, 결과적으로 그 명예는 안동 전역에 살고 있던 으뜸가는 출계집단들의 자손들에게 꽤 골고루 분배되었던 것으로 보인다.

유향소의 주된 임무는 "풍속을 바로잡는" 것이었다(정풍속正風俗). 그 임무는 다면적인 것으로, 그 가운데 하나는 봄과 가을에 향약의 규정에 따라 진행되는 향회(향원들의 모임)를 준비하는 것이었다.[80] 그 사이에 공동체에 중대한 문제가 발생하면, 좌수는 '원로들'을 소집하여 문제를 논의하고 결론을 내렸다. 토론을 통한 합의는 향안의 정기적인 개정에도 적용되던 기본원칙이었다. 실제로 향의鄕議와 만장일치제는 향규鄕規에 명문화된 핵심 개념이었다. 물론 향안 입록을 둘러싼 갈등으로 인해 그런 대원칙들이 흔들릴 때도 있었다. 조선 후기로 갈수록 불화가 특히 빈번해졌는데(10장에서 논할 것이다), 이는 잠재적 후보의 수가 늘어남에 따라 향안 입록이 고도로 논쟁적인 사안이 되었기 때문이다.

'풍속의 교정'에는 "인간의 도리를 두텁게 함"(후이륜厚彝倫) ― 가정의 화목과 이웃의 화합을 권장하고 엄격한 처벌규정으로 온갖 종류의 잘못을 방지함 — 으로써 공동체의 도덕적 수준을 끌어올리는 일도 수반되었다. 단 한 건의 도덕적 비행이 고을 전체의 명성에 심각한 타격을 줄 수 있다는 사실이 1576년에 안동에서 '패륜적인 아들'이 어머니를 살해하는 일이 벌어졌을 때 생생하게 입증되었다. 이 극악무도한 범죄에 대한 집단적인 처벌의 결과, 안동은 도호부의 지위를 상실하고 일개 현으로 강등되고, 부사와 판관은 파직되었다. 5년 뒤에 이정회를 비롯한 몇몇 지방관이 감동적인 상소문을 올려 왕의 사면과 안동의 복호復號를 호소했다. 안동이 국가의 방위에 군사적으로 기여한 사실과 안동의 전략적 위치를 상기시키고 역사적 전례를 예시하면서, 상소자들은 5년 동안의 치욕을 겪고 난 뒤인 만큼, 지금 사면령을 내려도 그리 이른 것은 아니라고 강변했다. "만일 한 개인의 잘못 때문에 주민 전체가 불충하고 부정하다고 낙인찍힌다면, 또한 사면의 문이 끝내 열리지 않는다면, 선을 향한 백성의 진보는 실현될 길을 찾지 못해 지체되고 말 것이옵니다." 마침내 1581년 봄에 유운룡의 도움으로 왕의 사면이 내려져 안동은 예전의 지위를 되찾았다.[81]

공동체의 도덕적 명성을 지켜내는 그런 막중한 책무 외에도, 유향소의 집강은 많은 기능직 하급관리[82]의 보조를 받아 잡다한 일상적 행정업무를 수행해야 했다. 예컨대 그들은 장정의 군역 차출을 위한 기록을 철저하게 관리해야 했다.[83] 또한 악행을 저지르는 사족 — 권력을 남용하여 사익을 추구하거나, 유언비어를 퍼뜨리고 범죄를 사주하여 지역의 평화를 교란하는 자들 — 에 대한 폭넓은 형사상 권한도 행사했다. 요컨대 유향소는 고을의 일상사에 밀접하게 관련되어 있었다.

안동의 경우에 유향소는 15세기 말에 조성된 기금인 보寶도 계속 관리했다.[84] 그 용도는 확실히 밝혀지지 않았지만, 아마도 그것은 집강이 의례적인 의무를 수행하는 데 필요한 경비로 사용되었을 가능성이 크다. 그런 의무는 제법 많았다. 중요한 직무는 1년에 두 차례 향회를 준비하고, 술과 음식을 장만하여 그 대미를 장식하는 것이었다. 그 밖에도 집강은 수령들을 영접하고 전별하는 잔치를 베풀어야 했고, 지역을 방문하는 고관들에게 향응을 제공해야 했는데, 이런 행사에는 으레 관기官妓와 악사 들이 동원되어 흥을 돋우었다.[85]

## 유향소 대 국가

유향소의 책무가 수령의 그것과 어느 정도 중첩된다는 점이 분명한 판국에, 국가는 도대체 어떤 이익을 얻기 위해 중앙집권화 노력에 위배되는 것으로 보이는 조직의 존재를 용인하고 심지어 장려했을까? 국가는 무슨 이유로 향촌을 지배하려는 국가의 계획에 백해무익한 것으로 판단되어 과거에 여러 차례 폐지되었던 하위행정기구에 계속 의존했을까? 수령이 할 수 없을 것이라고 생각되었던 것 가운데 유향소는 과연 어떤 일을 했을까? 이런 질문들에 답하기는 어렵다. 명문화된 다양한 규정에 따라 유향소가 수행했을 것이라고 짐작되는 것 이외에, 그 기구가 실제로 어떤 활동을 했는지에 대해서는 정황 증거만 남아 있기 때문이다.

통상적인 역사서는 종종 유향소를 향촌의 엘리트들이 국가에 대해 '자치'를 행사하는 도구라고 해석하지만,[86] 유향소는 분명히 지방의 수령에게 종속된 기구였다. 품관들은 낯선 땅에 부임하는 경우가 대부분이었던 수령의 '눈과 귀'가 되어 그를 보좌해야 했다.[87] 그렇지만 양측의 책임과 이익이 겹치는 경우가 많았다는 점에서 갈등의 소지가 분명히 있었고, 따라서 초기의 법전은 품관들이 수령이나 관찰사를 고소하는 것을 명시적으로 금했다.[88] 더욱이 몇 가지 규정은 명백하게 수령을 보호하기 위한 것으로, 유향소의 하급관리들이 사적인 문제로 수령의 관아에 드나드는 것을 제한했고, 사족들이 헛소문을 퍼뜨리거나 부당한 개인적 영향력을 이용하여 수령에게 해를 끼쳐서는 안 된다고 경고했다. 지방의 수령은 따라서 적어도 법적으로는 불가침의 권위를 누렸고, 이 사실을 망각한 자는 그 대가를 치러야 했다. 예컨대 1579년에 권의(권벌의 형)의 아들이 탐욕스러운 현감을 고소했을 때, 그는 '토호'로 낙인찍히는 보복을 당했는데,[89] 이 꼬리표는 그를 국가와 공동체의 적으로 매도하는 것이었다.

그렇지만 자중할 것을 권고하는 유향소의 여러 규정에도, 일부 사족은 지방의 사정에 밝다는 점을 악용하여 사익을 추구하고자 주저 없이 "권력을 농간했고, 이에 아전과 백성들은 공연히 피해를 볼까 두려워 그들을 수령 이상으로 대우"함으로써 수령의 권위를 훼손했다고 한다. 심지어 "예로부터 선비의 습성이 바르고 그 풍속이 순박하기로 이름난" 영남에서도 "사림을 자처하는 지방의 무뢰한과 토호가 수령을 능멸해도, 수령은 그들을 짐짓 무시하는 것 말고는 달리 방도가 없다"라고 사헌부에서 아뢸 정도였다.[90]

수령과 지방 엘리트의 관계에 그토록 문제가 많았다면, 국가는 왜 16세기까지 유향소를 지원했을까? 사족의 적극적인 도움 없이는 비협조적인 사회적 부류, 특히 향리층을 통제할 수 없을 것이라는 사실을 국가가 인식했기 때문이라는 것 말고는 다른 이유를 생각하기 힘들 것 같다. 다시 말해서 국가는 지방행정의 구조적 취약성 때문에 어쩔 수 없이 "풍속을 바로잡는다는" 미명하에 향리층을 제압하여 그들을 신왕조의 위계질서 안에 편입시키는 중차대한 임무를 유향소에 위임했던 것이다.

이런 해석은 1488년에 조정에서 각 도에 유향소를 복립하는 것에 찬성하는 자들이 제시한 주요 논거가 '풍속의 교정'이 국가에 대한 유향소의 '중대한 기여'라는 것이었다는 사실에 의해 뒷받침된다. 반면에 반대하는 자들은 수령과의 잠재적 갈등을 우려했다.[91] 증거는 거의 없지만, '풍속의 교정'이라는 대의가 유향품관들에게는 '원악향리元惡鄕吏'를 억압함으로써 자신들의 위상과 이익을 제고하는 데 필요한 고마운 도구가 되었으리라고 상상하기란 그리 어렵지 않다. 그렇지만 품관들에게는 징벌권이 없었다. 판결을 요하는 사건은 서울에 있는 해당 경재소에 보고되어야만 했다.[92]

이런 반향리 정책이 전반적으로 얼마나 성공을 거두었는지는 쉽게 밝혀내기 어렵다. 안동에서는 그 정책이 지역사회의 재구성을 초래했는데, 이것이 국가에 이로운 것이었는지, 사족 엘리트에게 유리한 것이었는지에 대해서는 논란의 여지가 있다. 16세기 초까지 여전히 지방의 지배세력에 속했던 향리(이들의 일부는 사족의 친척이었다)는 1580년대에 엄격한 감시의 대상이 되었다. 수령과 유향품관들이 협의한 결과에 따라,[93] 이미 지적했듯이 향리는 1589년의 향안에서 배제되었고 강요에 의해 자신들만의 명부(단안)를 만들기 시작했다. 더욱이 1588년과 1605년의 향규는 그들을 잠재적 범죄자로 지목하고, 그들이 자신의 정보력과 연줄로 수령의 행정을 방해하거나, 글 쓰는 재주를 이용하여 문서를 위조하거나, 양가의 딸과 관비를 첩으로 삼는(가장 우려스러운 소행), 요컨대 풍속뿐 아니라 지역의 경제에도 해를 끼치는 범법행위를 하지 못하도록 '강압적 규찰'로 다스리게(治) 했다.[94] 비록 사회적으로나 경제적으로나(향리는 봉급도 받지 못했다) 효과적으로 주변화되고 억압되었지만, 모든 계급의 향리[95]는 대개 세습적으로 지방정부의 회색지대에서 암약하며 엘리트와 농민을 희생시키는 존재로 남아 있었다.[96]

마지막으로 주목할 만한 것은 엘리트와 양인의 관계가 임진왜란 이전의 향규에는 거의 드러나지 않는다는 사실이다. 정황증거만 있을 따름이지만, 그 관계는 미약했던 것으로 보인다. 기껏해야 온정주의적인 것이었고, 최악의 경우 착취적인 것이었다. 예컨대 「향규구조」는 양인의 토지를 불법적으로 강탈하는 전형적인 악폐에 대해 경고했다. 정사와 정자를 짓기 위해, 엘리트들은 양인 및 노비 신분 장인들의 특별한 기술에 크게 의존했다.[97] 특히 예안 관아의 장인들은 워낙 가혹한 착취를 당해 그들 가운데 상당수가 산으로 도망쳤다고 한다. 이런 상황이 벌어지자 예안 유향소의 좌수는 1567년에 퇴계에게 호소했고, 퇴계는 제자에게 엘리트의 횡포를 금하는 '금단규약禁斷規約'을 작성하게 함으로써 도망자들의 귀환을 권유했다.[98] 사족에 의한 양인과 관노의 혹사는 그들이 겪은 수난의 일면에 불과했다. 국가에 의해 그들에게 부과된 과중한 세금과 노역은 또 다른 시련이었다. 실제로 16세기 말에 이르러 양인의 곤궁이 위험수위에 달하자, 유성룡과 김성일은 사태의 절박함을 감지하고 조정에 진정서를 제출했다.[99]

요컨대 국가는 재지 사족을 흡수하여 유향소를 통해 향촌을 재편하고자 했던 것으로 보인다. 하지만 아쉽게도 유향소의 활동에 대한 기록이 별로 남아 있지 않은 탓에, 그들의 역할을 전반적으로 평가하기란 거의 불가능하다. 분명히 수령과 엘리트의 관계는 사익과 공익의 균형이 어느 쪽으로 얼마나 기우는가에 따라 정해졌다. 한편 유향소는 사족 엘리트층에게 지역 수준의 경쟁자들과 협상할 수 있는 비공식적인 무대를 제공했던 것으로 보인다. 물론 유향소는 16세기 말에 외적의 침입에 맞서 [의병 결성 같은] 집단행동을 조직하는 사령부 역할도 했다.


## 공동체의 방위: 임진왜란

임진왜란(1592~1597)은 한반도를 무자비하게 엄습했다. 실제로 그것은 조선의 역사에서 가장 파괴적인 사건으로 판명되었다. 중앙정부는 조선의 평화로운 첫 두 세기 동안 국가의 방위력 증강을 등한시했을 뿐만 아니라, 일본인 침입자들이 1592년 5월 말에 침략을 개시한 지 불과 3주 만에 서울에 접근하자, 선조(재위 1567~1608)와 조정은 충격에 빠진 백성들을 뒤에 남겨둔 채 수도를 버리고 북쪽으로 달아남으로써 나라를 '탈중심화*decentering*'[100] 시켰다. 미처 방어태세를 갖추지 못한 정규군은 소총과 진일보한 공성장비로 잘 무장한 적군의 상대가 되지 못했으므로, 공동체의 수호는 주로 지역 지도자들의 손에 맡겨졌다. 조선이라는 국가가 이 재난에서 살아남은 데는 이순신(1545~1598)의 탁월한 해상전략과 1593년 초에 시작된 명나라의 대대적인 군사적 개입뿐만 아니라, 일본의 맹공에 맞서 긴밀하게 연결된 사족들의 주도하에 전국 각지에서 다양한 무리로 조직된 '의병'의 지역적 대응도 큰 몫을 했다.[101]

일본군이 부산에 상륙했다는 소식은 며칠 만에 인동에 진해졌다.[102] 부사와 그의 부관들은 즉시 피신했고 백성들은 공황상태에 빠졌다.[103] 그러나 안동은 북상하던 일본군의 침략경로에서 벗어나 있었기 때문에, 처음에는 침입자들의 영향을 거의 받지 않았다. 일본군이 낙동강 상류의 상주 근처에 군영을 설치한 이후에야, 강의 동쪽이 군사작전의 범위 안에 들게 되었다. 예안에서는 현감인 신지제申之悌[104]가 고을의 저명한 출계집단 대표들의 도움을 받아 즉시 방위군을 편성하기 시작했다. 광산 김씨 종손인 김해[105]는 '의병대장'으로 총지휘를 맡았고, 김기金圻[106]와 김평金坪[107]을 위시한 그의 남계친 여러 명은 그를 보좌하는 역할을 수행했다. 이들 못지않게 눈에 띄는 의병지도자들로는 금응훈, 금응협 형제와 이들의 외종질外從姪 이영도(퇴계의 손자)가 있었다. 조목과 김부륜(김해의 당숙堂叔)을 비롯한 약 40명의 향촌 지도자들이 힘껏 군량을 조달했고, 이숙량李叔樑[108]은 '모든 고을의 사족과 백성'(열읍사민列邑士民)에게 고하는 격문檄文을 지어 돌렸다. 임지를 버리고 달아나 "[서울에 있는] 종묘사직을 침입자들의 소굴로 내어주고, 백성을 그들의 솥에서 끓는 고기와 생선 신세가 되게 한" 수령들의 비겁함을 개탄하면서, 그는 뜻을 같이하는 사람들은 모두 일어나 이 도전에 맞서고, 충효의 정신으로 똘똘 뭉쳐 각자의 마을을 지키자고 간절히 호소했다.[109] 1592년 여름까지 55명의 기병과 330명의 보병으로 이루어진 예안 의병이 결성되었다.[110] 크나큰 희생을 각오한 사족들은 조밀한 인척관계망과 풍부한 경제적 자원을 이용하여 지방의 수령을 중심으로 신속하게 결집했다.

안동에서는 일본군이 부의 서쪽 경계인 용궁龍宮에 접근하고 있을 때에야 비로소 방어 준비가 진행되었다. 그들이 안동부까지 진격하는 것을 막기 위해, [흥해] 배용길裵龍吉[111]은 자신이 개인적으로 모집한 민병과 함께 현감 신지제의 부대에 합류했지만, 남쪽으로부터도 진격하고 있던 적군은 6월 말에 안동에 당도하여 읍내를 불태우고 약탈했다. 가장 큰 피해를 본 것은 삼태사묘였다. 일본군은 안동으로부터 잠시 예안으로 향했으나, 배용길의 민병에 의해 강화된 지방군과 치열한 전투를 벌인 끝에 풍산의 서쪽으로 쫓겨났고, 그곳의 구담에 진을 쳤다. 『영가지』에 따르면, 그곳에서 그들은 마을의 젊은이들로부터 상당한 타격을 입었다. 앙심을 품은 왜군 잔병들은 마을을 통째로 불태웠다.[112] 8월 중순부터 일본군은 서쪽으로 물러나기 시작했다.

경상도의 전반적인 군사적 방어체제가 뒤늦게 정비되기 시작한 것은 김성일이 초유사招諭使로 임명되어 초여름에 경상도 남부에 도착하여 도내의 '엘리트(사士)와 백성들(민民)'에게 '초유문'을 발송했을 때였다. 그 글은 8월 초순에 안동에 전해졌다. 이 심금을 울리는 격문에서, 김성일은 신라시대 이래 영남이 누려온 드높은 위상이 그 고상한 윤리의식 덕분이었다는 사실을 환기시켰다. "근자에는 퇴계와 남명이 한 세대에 나란히 나서 도학을 크게 일으키고 밝히시면서 인심을 순화하고 인간의 도리를 세우는 것을 자신들의 사명으로 삼으셨다." 이런 훌륭한 과거를 생각하면서 만인 — 관리들과 백성들 — 이 합치된 노력을 기울여야만 현재 위기에 처한 나라를 외래의 침략자들로부터 구할 수 있을 것이라고 김성일은 역설했다. "우리 자신의 목숨만 생각한다면, 무슨 낯으로 저승에서 선현들을 뵐 것인가?" "괭이이든 갈퀴이든, 짧은 칼이든 긴 칼이든" 닥치는 대로 손에 들고 분연히 떨치고 일어나 "그것들을 단단한 갑옷과 날카로운 무기로 바꿔놓는다면, 적군이 긴 창과 큰 칼로 덤빈다 한들 무엇이 두렵겠는가?" 김성일은 우월한 도덕적 전통을 바탕으로 단결력을 발휘한다면 궁극적으로 합당한 승리를 이끌어낼 수 있을 것이라고 주장했다.[113]

김성일의 설득력 있는 호소에 응답하여, 배용길은 안동 각지에 긴급 통문을 보냈고, 며칠 내에 공동체 대표들이 모여 의병 조직을 논의했다. 배용길과, 얼마 전에 신병을 이유로 관직에서 물러나 안동으로 돌아온 김용金涌[114]은 모병의 책임을 맡았고, 며칠 뒤에 100명이 넘는 안동 의병이 결성되었다. 이정회의 동생 이정백[115]이 대장으로 임명되었고, 배용길이 부장으로 그를 보좌하게 되었다. 김윤사金允思[116]는 조직책 가운데 한 명이었고, 권태일權泰一[117]과 권기, 유복기[118], 김득연金得研[119]은 참모 역을 맡았다. 예안에서도 그랬듯이, 각자의 지역을 지키기 위해 궐기한 것은 대부분 40대인 명문가의 성원들로서, 이들은 자신의 노비들 가운데 차출한 병력을 농민과 탈영 정규병들로 보강했다. 현역으로 활동할 수 없는 사람들은 곡물을 기부했다. 당시 모친상 중이던 이함은 굶주리는 백성뿐 아니라 지나가는 병사들에게도 구호물품을 건네주었고, 권채權采는 피난처를 찾는 빈민들을 유곡의 자택에서 거두어 먹였다.[120]

8월 15일에 안동의 대표들은 이웃한 의성 및 의흥義興의 대표단과 회합을 갖고 여러 부대를 통합하여 안동열읍향병安東列邑鄕兵을 만들기로 결정했다. 김해를 대장으로, 이정백과 배용길을 부장으로 삼은 이 증강군은 작은 편대를 이루어 일본군을 공격했다.[121] 안동 자체가 즉각적인 위협에서 벗어나자, 1593년 초에 이 연합향병은 서쪽으로 인동과 대구까지 진출하여 게릴라전을 펼쳤다. 그들은 주로 소규모 일본군 분견대를 급습하여 적의 목을 베고 말과 무기를 탈취했다. 이런 국지전에서 일본군은 상당한 손실을 입었다고 한다. 1593년 여름에 김해는 퇴각하는 일본군을 추격하다가 경주에서 병사했다.[122]

지루하게 시간만 끌던 정전협상이 결렬된 뒤에, 일본군은 1597년 8월에 두 번째 침략을 개시했다.[123] 이때 전투를 모면한 안동은 명나라 원군의 본부로 지정되었고, 정부는 중국인 병사들에게 제공할 식량을 바치라고(납속納粟) 엘리트들에게 호소했다. 다시 한 번 사족은 엄청난 양의 '기부'로 화답했다. 예컨대 예안의 이진李珍[124]은 1597년에 20섬이 넘는 '의곡義穀'을 희사했는데, 이는 그해에 그가 벌어들인 수입의 39퍼센트 이상에 해당하는 양이었다. 이런 넉넉한 '기부'로 전쟁 수행에 이바지한 덕분에, 이진은 '군자감軍資監'의 첨정僉正이라는 관직을 얻었다.[125]

　　안동의 두 인물인 김성일과 유성룡은 전중의 용기와 희생을 인정받아 전국적인 명성을 얻었다. 일본 침략군의 전라도 침투를 저지하고자 절박하게 노력했던 김성일은 진주를 지키다가 1593년 초여름에 병사했다.[126] 유성룡은 전쟁 발발 직후에 군무를 총괄하게 되었고, 북쪽으로 몸을 피한 선조를 수행했지만, 얼마 뒤에 일본과의 강화를 주장함으로써 "나라를 그르쳤다"라는 탄핵을 받고 영의정직에서 파직되었다. 복권된 그는 계속해서 문무 고위직을 겸임하면서 조선 반격의 영웅들 가운데 한 명이 되었다. 1598년에 당쟁으로 인해 다시 관직에서 물러난 그는 하회로 돌아와 전쟁기간에 자신이 적어둔 기록을 바탕으로, 1592년에서 1598년까지 자신이 겪은 전쟁경험을 편년체로 상세하게 설명한 유명한 저서『징비록懲毖錄』을 집필했다.

## 안동의 전후 복구

　　평화가 회복되었을 때, 재지 사족은 다시 한 번 자신들의 사회경제적 상호연결망을 활용하여 안동지방의 재건을 촉진했다. 복구작업은 놀라운 속도로 시작되었다. 안동지방에 가해진 전쟁피해를 수량화할 수는 없지만, 안동은 제1차 침입의 초기에 잠시 일본군의 공격을 겪었을 뿐이므로, 전쟁에 반복적으로 노출된 조선의 다른 지역에 비해서는 파괴의 규모가 크지 않았다. 내앞이나 유곡은 심각한 영향을 받지 않았던 것으로 보인다. 물론 노비들이 도망쳤거나 굶어 죽었다는, 또는 과거의 경작지 상당 부분이 황폐화되었다는 탄식이 곳곳에서 흘러나왔다. 그렇지만 예를 들어 오천의 경우 오천 김씨가 적어도 노비의 절반가량을 잃었다는 사실에도 불구하고,[127) 농작물의 소출은 1년 만에 정상수준을 되찾았다.[128) 이정회가 1594년 1월에 (임지인 횡성에서) 주촌으로 돌아왔을 때, 그의 눈에 들어온 것은 본채와 몇 칸의 행랑채가 전부였지만, 그는 다친 사람이 아무도 없다는 사실을 조상의 '적선積善과 음덕陰德' 덕택으로 돌렸다.[129)

1593년에는 심한 기근이 들었지만, 큰 전투가 없었던 1594년과 1595년에는 농작물이 풍성하게 수확되었다.[130) 그럼에도 전쟁의 혼란을 틈타 많은 수의 노비가 도망갔기 때문에, 곳곳에서 노동력 부족으로 복구가 지연되었다. 그렇지만 그와 동시에 살기가 어려워진 노비주들은 노비 일부를 팔아치우려 했고, 따라서 구매자 시장이 형성되었다. 예를 들어 [재령] 이함은 노비들을 헐값에 사들임으로써 자신의 가용 노동력을 확대한 것으로 유명하다. 실제로 1632년에 그가 사망했을 때, 그가 거느린 노비는 142명(1592년에 그가 물려받은 노비는 14명이었다)에 달했다. 그는 약 103마지기의 밭과 24마지기의 논도 싸게 매입했다. 판매자의 대부분은 곤궁한 농민들이었지만, 일부 사족도 끼어 있었다. 이런 매입으로 이함은 줄어들고 있던 가산을 증식했을 뿐 아니라 토지자산을 자택 근처에 집중시킬 수 있었다.[131] 이함이 신중하게 자신의 취득물을 법적으로 인증받는 절차를 밟던 반면에, 기아에 허덕이던 이주자들을 '구휼救恤'하여 꼭 필요한 노동력을 확보하는 대안적 방법도 있었다. 오갈 데 없이 주위를 떠돌던 자들이 상당히 많았던 만큼, 그런 무리의 아이들을 노비로 삼아 급감한 노비 보유고를 채우는 일도 안동에서는 드물지 않게 벌어졌던 것 같다.[132] 예를 들어 내앞 김씨는 마을을 배회하던 아이들을 '구제하여' 노비 부족분을 메웠다(약 50년 뒤에 내앞 김씨는 그들의 주인이라고 주장하는 자로부터 그들을 되돌려달라는 요구를 받았다).[133] 동시에 도망노비를 추적하는 작업도 대규모로 집요하게 진행되었다. 예컨대 [광산] 김해의 장남인 광계는 달아난 가노 몇 명을 되찾은 공으로 1619년에 3명의 노비를 추가로 물려받았다.[134] 따라서 제2의 노비화 물결이 농촌의 토지 복구를 가속화했다고 해도 과언은 아닐 것이다.

전후의 상황은 진취적인 사람들에게는 자신의 재산을 심지어 불릴 수 있는 기회를 제공했다. 이정회는 그런 사람들 가운데 한 명으로, 그는 17세기의 첫 10년 동안 자신의 농지가 크게 개선되는 과정을 직접 감독했다. 그는 노비나 강제노역자들을 써서 미개발지를 경작하고, 관개시설을 갖추어 밭을 수익성 높은 논으로 바꾸고, 곳곳에 어망을 설치하고, 목화밭을 가꾸었다.[135] 게다가 이제 농업적 지식이 사족에게도 필수적인 것이 되었다. 유성룡의 셋째 아들인 유진柳袗(1582~1635)이 1617년에 새로운 농지를 개발하기 위해 상주로 이거했을 때, 그는 농업에 대해 자신이 배운 모든 것을 소책자에 정리하면서, 농작물 재배를 공부하고자 했던 젊은 시절에 부친이 그것은 양반의 직업이 아니라고 꾸짖던 일을 회상했다.[136]

필요한 노동력만 있으면 농업은 비교적 쉽게 원상 복귀되었지만, 소실된 수많은 건물을 다시 지으려면 솜씨 좋은 장인들이 필요했다. 실제로 건축물, 특히 가묘와 재실의 파괴는 아마도 가장 애석한 전쟁의 상처였을 것이다. 숙련된 장인들의 도움을 확보하려는 경쟁이 워낙 치열했기 때문에, 관속官屬 장인들은 전쟁 이전보다 훨씬 심하게 혹사당했다.[137] 예컨대 유력인사 이정회는 장인들을 동원하여 몇 가지 건설 프로젝트를 마무리했다. 그는 선산 근처의 절터를 재실로 바꿔놓았고, 자택을 증축했으며, 서당과 정자도 지었다.[138]

일부 사족은 전쟁의 영향을 크게 받지 않고 살아남았던 것 같다. 이미 언급했듯이 이진은 1597년에 안동에 있던 명나라 군대에 많은 양의 식량을 기부할 여유가 있었고, 예안에 있던 그의 농장은 전쟁의 피해를 전혀 입지 않았다. 그의 일기에 따르면, 그는 바로 그해에 한 달에도 몇 차례씩 친구와 동료들을 융숭하게 접대했다.[139] 이정회도 자신의 재산을 관대하게 나누었다. 1604년 가을에 그는 서당 완공을 기념하여 송아지 한 마리를 잡아 잔치를 베풀었다. 1608년에는 계회契會, 마을집회, 추석맞이를 위해 암소 3마리를 차례로 잡았다. 또한 속절에 조상에게 제사를 드릴 때에도, 종손으로서 친척들에게 귀한 고기를 대접했다.[140] 이런 일은 전쟁 직후임을 감안할 때 좀처럼 보기 드문 수준의 과시적 소비였다.

안동과 다른 곳의 지역경제가 신속하게 회복되는 데 크게 기여한 요인은 1608년에 선조가 사망한 이후 광해군의 '무도한' 통치(1608~1623)가 펼쳐진 시대적 정황인 듯하다. 이 기간에 전후의 지도자 세대에 속하는 수많은 젊은이가 정부를 위해 일하기를 기피하고 자신들의 농장에 머물렀다. 그 '암흑기'에 1605년의 진사 김창조金昌祖는 시국에 '분노'를 느끼고 더 이상의 과거 준비를 접고 고향으로 돌아왔고,[141] 김령金坽은 부패한 대신들이 정무를 관장하고 있는 한 자신의 소신을 밝힐 수는 없을 것이라고 판단하고 관직에서 물러났다.[142] 김휴金烋와 이전李㙉의 전기를 보면, 이 기간에 그들은 "경서와 사서, 음악과 바둑을 낙으로 삼고" 폭음을 하며 소일했다 — 국가에 대한 저항의식을 표현하는 고전적인 방식 — 고 적혀 있지만, 그들이 강요된 여가를 자신들의 농장을 재정비하는 데 사용하여 성공을 거두었다는 기록도 남아 있다.[143]

요약하자면, 안동에서는 토지 및 노비 보유고가 단기간 내에 전전 수준을 회복했고, 실제로 17세기의 첫 10년 동안에 사상 최고치에 도달했다.[144] 그런데 정부는 이런 현실로부터 별다른 수확을 얻지 못했던 것으로 보인다. 1603년에 조세 부과를 목적으로 농지를 측량하고, 1606년에 빈곤해지고 거주지가 불분명해진 인구의 현황을 다시 파악하고자 했을 때 — 그 결과가 계묘양안癸卯量案과 병오호적丙午戶籍이다 — 정부는 예상대로 사민의 호응을 얻지 못했다. 그와 같은 정부의 과감한 사업은 평상시에도 저항과 비협조에 직면했기에, 두 차례에 거친 전후의 시노는 당연히 무참하게 실패했다. 믿기 어려운 자기 평가(각자타량各自打量)를 바탕으로 기록된 1603년의 과세대상 토지면적은 전국적으로 전란 이전의 20퍼센트를 넘지 못했고,[145] 그 후로도 예전의 수준을 되찾지 못했으므로, 국가는 만성적인 적자를 떠안게 되었다.

**전후의 개조: 새로운 향안과 향규**

안동의 사족은 신속하게 향권을 다시 장악하는 작업에도 착수했는데, 이 과정에는 [향안의 개록改錄을 둘러싼] 격렬한 논쟁이 수반되었다. 1589년의 안동 향안이 임진왜란 중에 복구가 불가능할 정도로 훼손되었고, 유향소의 일부 품관이 그것을 다시 작성한다는 핑계를 대면서 "이기적인 목적을 위해" 향안에 원래 없던 이름들을 적어 넣었던 것이다. 이 일로 인해 새로 작성된 문서를 파기해야 한다는 "여론이 비등했다." 결국 1603~1604년에 좌수로 봉직하고 있던 이정회가 향안을 복구하려는 시도를 재개했고, 이 작업은 1608년에야 마무리된 것으로 보인다.[146] 분명히 향안 입록은 높은 위신 가치를 계속하여 지니고 있었을 뿐만 아니라 과거에 합격할 가능성이 줄어들고 있을 때 사회적 신분을 보증해주는 결정적인 수단이 되었다. 따라서 입록을 허가받기 위한 경쟁은 그 어느 때보다 치열해졌다.

동시에 이정회는 「향규구조」 — 안동 유향소의 품관들이 자의적으로 자주 수정을 가해 어색하기 짝이 없는 텍스트가 되어버린 — 의 개정도 제안했다. 이정회는 이 일을 마무리하기 전에 권행가[147]로 교체되었다. 향규에 전후의 상황을 반영하기 위해 노력하면서, 권행가는 2명의 원로 정객인 스승 유성룡과, "풍속을 교화하기로 단단히 마음먹은" 사간司諫 권춘란의 지도를 받았다.[148] 유성룡이 새로운 문서의 편집에 미친 영향이 워낙 결정적이었던 탓에, 권행가가 아닌 그가 일반적으로 「신정십조」의 설계자로 인정받고 있다.[149] 1605년에[150] 작성된 이 문서는 비록 「예안향약」 전문과 구조의 일부를 통합하긴 했지만, 전후 향촌의 실질적인 통치를 규제하는 새로운 기준을 세웠다.[151] 그 10개 조항은 향임의 선정절차, 연 2회 열리는 향회의 진행방식과 향원의 품행, 가도家道의 확립, 향안 입록자의 자격 검증, 예속禮俗의 순화醇化, 노인(60세 이상)에 대한 공경, 공적 비위非違의 금지, 향리의 통제, 요역徭役의 균등화, 향촌교육의 활성화를 다루었다.[152] 「신정십조」는 그 내용뿐 아니라 양식 면에서 훨씬 짜임새가 있었고, 전후의 문서로서 정부 주도의 사업을 지원하기 위해 공공 영역의 관리에 중점을 두었다. 예컨대 유향소는 호적을 새로 만들고, 경작지의 면적을 평가하여 납세와 부역의 부담을 고르게 하고, 잡역雜役을 여러 속현에 공평하게 배분하는 일에 직접적인 책임을 졌는데, 이런 일은 소작인과 농민들을 토지에 붙잡아두기 위해 긴급한 조치였다. 품관들은 또한 강제로 토지를 차지하거나 납세와 부역을 회피하는 자들을 수령에게 보고하여 처벌받게 해야 했다. 또 공공작업을 감독하고, 봄과 가을에 산림을 감시하여 전후 건설이 한창인 기간에 귀중한 목재가 불법적으로 벌목되는 것을 막아야 했다. 그 밖에도 유향소는 문과 및 무과 지망자들을 심사해서 자격 미달자들을 걸러내라는 지시도 받았다.[153]

현실적으로 「신정십조」는 전후 재건의 경쟁적인 분위기 속에서 토지와 농민에 가해지던 각종 악폐를 줄이는 데 기여하지 못했다. 이는 1615년 8월에 좌수 김집金潗이 "안동 전역에서 날이 갈수록 습속이 천박해지는" 사태에 대한 우려를 표명하며 덧붙인 추록追錄에 시사되고 있다. "사악한 무리"가 반복적으로 저지르는 여러 범법행위 가운데, 김집은 특히 관속 돗자리 장인들에 대한 혹사 — 이들은 과중한 작업부담을 견디다 못해 자포자기의 심정으로 본인들에게 할당된 공물 품목을 생산하지 않고 모두 달아나버렸다 — 와, 북부의 현에서 이루어지던 토지와 노비의 점탈을 지적했다. 그는 큰 잘못을 범한 자는 관에 고하여 "법전에 따라" 죄를 받게 할 것이고, 가벼운 죄를 범한 자는 향안에서 영원히 제외시키고 그 자손은 향사당에서 나이 순서대로 앉는 것(치좌齒坐)을 거부당하는 굴욕을 겪게 될 것이라고 위협했다.[154]

분명히 김집은 향안에서 배제시키겠다는 위협을 기강 확립의 도구로 이용했다. 그래도 그것이 완전히 공허한 위협만은 아니었던 이유는 그가 추록과 함께 전후 최초의 향안인 '향록초안'(1615년 12월자)을 준비하고 있었기 때문이다. 혼란스러운 전후의 사정을 고려하여, 김집은 자신이 향안에 등재한 모든 사람의 사회적 배경을 각별히 신중하게 검증했다. 각 후보자의 부친과 장인을 조사했을 뿐만 아니라, 그 두 사람이 예전의 향안이나 이웃한 군에 보관된 향안의 입록자였는지도 확인했다. 그는 1615년에 향원 265명의 대다수를 이런 식으로 받아들였지만, 소수의 경우에는 장인의 자격만 보고 입록을 허가했다. 다만 전쟁 중에 아내를 잃은 자들이 나중에 비사족 아내를 취한다면(재혼의 경우에는 이런 경우가 흔했다) 그들의 자손은 향안에 이름을 올릴 수 없다는 단서를 달았다.[155]

입록자격을 폐쇄적인 사족의 영역으로 고수함으로써, 1615년의 향록은 안동의 지배세력이 전후에도 괄목할 만한 안정성과 연속성을 유지했음을 예증한다. 또한 안동의 사족들을 서로 연결시켜준 굉장히 긴밀한 인척관계를 다시 한 번 보여준다. 사족층 중에서도 두각을 나타낸 것은 1589년에도 그랬듯이 63명의 향원으로 최대 집단을 구성한 안동 권씨였다. 의성 김씨 13명 가운데는 김성일의 손자 4명과 여러 명의 육촌이 포함되어 있었다. 전주 유씨 중에는 유복기의 아들이 5명이었고, 청주 정씨 중에는 정사성의 아들이 2명이었으며, 풍산 유씨 중에는 유성룡의 아들 유진과 손자 유원지柳元之(1598~1674)가 끼어 있었다. 변한 것이 있다면, 젊은 세대가 전후의 지도자로 자리를 잡았다는 점이다. 30세와 60세 사이의 연령대에 속한 향원이 60퍼센트에 육박했지만(1589년에는 거의 75퍼센트였다), 20대의 약관도 거의 30퍼센트였다(1589년에는 단지 4퍼센트였다).[156] 놀랄 것도 없이, 동일한 성씨 집단이 324명으로 이루어진 1647년의 향안(정해좌목丁亥座目)을 계속해서 지배했다.[157] 요컨대 전후의 향안들은 주도적인 사족들이 본인들의 가장 귀중한 자산인 사회적 우월성에 타격을 입지 않고 전쟁에서 살아남았다는 사실을 입증한다.

더욱이 소수의 사족 친족집단은 그들의 아버지나 할아버지가 전쟁영웅으로서 사후 증직의 명예를 누림에 따라 자신들의 명성까지 높아지는 혜택을 받았다. 1604년에 선조는 자신의 몽진을 수행한 공을 인정하여 유성룡과 정탁에게 호성공신扈聖功臣 2등과 3등의 명예를 각각 부여했다. 배용길과 김기, 이진[158]은 원종공신原從功臣으로 책록되었다. 배용길은 그 후 승정원 좌승지로 추증되었다. 김성일은 같은 해에 선무원종공신宣武原從功臣이 되었고, 1676년에 숙종에 의해 이조판서로 추증되었다. 마지막으로 1651년에 효종은 김용에게 이조참판을 추증했다.[159] 국가에 의해 이런 식으로 추모된 인물들은 숭배의 대상이 되었고, 후손들은 그들을 기리는 정기적인 제사를 지냄으로써 전쟁영웅들이 자신들에게 물려준 특별한 사회적 차별성을 부각시켰다.

### 도덕의 회복: 향약의 개정

전쟁이 끝난 뒤에, 사족은 서둘러 자신들의 농장을 재건하고 지도력과 신뢰성을 회복하고자 했다. 또한 일부 양인 농민과 노비가 이판사판의 심정으로 왜적에게 협조하거나 복수심에서 사족 주인들을 배신했다는 사실을 깊이 깨닫고, 오랫동안 등한시되어온 아랫사람들과의 인간관계를 개신하고자 노력했다.[160] 실제로 안전과 질서를 재확립하고 경제적 재건을 촉진하기 위해서는 양인과 노비를 포함한 모든 마을주민의 협력이 요구되었다. 이런 절박한 인식은 더 이상 엘리트에게만 초점을 맞추지 않는 새로운 유형의 향약을 탄생시켰다. 따라서 전후의 향약은 '상층민과 하층민'(상하지인 上下之人) ― 엘리트와 양인 농민 및 소작인 ― 을 하나의 확대된 윤리적·경제적 상호의존의 연결망으로 통합하게 되었다. 금난수는 그것을 다음과 같이 표현했다.

> [예전의] 친족 중심 향약과 동규는 하나같이 훌륭한 의도에서 나온 좋은 법이었지만, 전란 이후에는 인심이 날로 각박해졌다. [따라서] 이제는 가볍거나 무거운 처벌[의 위협]만으로는 [비엘리트층]을 타이르거나 통제하는 것이 불가능하다. 이런 이유로 나는 부포동에서 별도의 약조를 만들어 인정으로 그들을 인도하고자 한다. 양인과 노비는 사회적으로 다르지만, 둘 다 하늘로부터 [우리와 똑같은] 인성을 부여받았다. 그러니 우리가 어찌 그들을 야만시할 수 있으며, 어찌 그들을 최고의 선으로 이끌지 않을 수 있겠는가?[161]

전전의 강압적 방식은 상처를 겪은 양인과 노비를 다루기에 더 이상 적합하지 않다고 금난수는 인식했다. 그들은 좀 더 온정적인 대접을 받을 자격이 있었다. 그래서 그는 1598년에 부포동에서 개정된 동약을 시행했다. 동약의 첫 번째 부분은 '사족과 하층민이 공히 지켜야 할 일'(상하통행사上下通行事)로, 엘리트와 비엘리트가 가족과 마을 내에서 지켜야 할 도덕적 기준을 8개 조로 규정했다. 환란을 당했을 때 서로 도와주라고 권고하고, 농지경작과 관개, 벌목을 둘러싼 소송을 자제하라고 경고한 것이 주된 내용이다. 두 번째 부분인 '하인을 타이르고 징계하는 일'(하인권징사下人勸懲事)에서, 금난수는 소작인과 노비들의 사회적 상호작용을 쇄신하기 위해 노랫말처럼 기억하기 쉬운 5개조의 단순한 규정을 제정했다. 연소자가 어른을 만나면 반드시 공경하며 적절한 예를 표할 것, 건강한 젊은이가 필히 어른 대신에 짐을 질 것, 모두가 서로를 존중하고 싸우지 말 것, 남녀가 유별하니 서로를 훔쳐보지 말 것, 집안에 분란을 일으키고 폭언을 일삼는 여인과, 횡포하고 불순한 노비는 동중에서 논의하여 처벌할 것이 그 골자이다. 동중의 임원들은 엘리트와 비엘리트 중에서 선정되었고, 모든 인원이 1년에 두 차례 모였는데(하인의 경우 남녀가 모두 참석했다), 각 신분집단은 확실하게 구분된 좌석에 앉았다. 칭찬받을 만한 자는 관에 알려 포상하게 하고, 동약을 어긴 자들에게는 벌을 내렸으며, 뉘우치지 않는 자들은 동중에서 고립시켰다.[162]

이 동약은 엘리트와 비엘리트를 같은 문서에서 언급함으로써, 그가 예전에 실시한 친족 중심의 동규를 분명하게 뛰어넘어 향약의 신기원을 이룩했다. 양인들(그리고 아마도 노비들도)을 향촌의 연결망에 포함하면서, 그는 징벌적 조치보다는 도덕적 설득으로 그들을 통제하기를 원했음에 틀림없다. 실제로 이듬해 초여름에, 그는 이 동약의 도덕적 회복력에 대한 자신감을 내비치는 글을 봉화 향사당에 내붙였다. 그는 자신과 퇴계의 「예안향약」이 나라의 모든 마을에 전해진다면, 전국의 인륜이 바로 서고 풍속이 교화될 것이

라고 단언했다.[163]

김기는 1602년에 작성된「북애향약北厓鄕約」에서 비슷한 자신감을 나타냈다. 전후기戰後期의 법과 질서가 전반적으로 무너진 상황에 크게 놀란 김기는「여씨향약」의 '4대 강목'과 퇴계의 징벌조항(「예안향약」에 명기된)을 본보기로 삼아 "인심을 개조하고 습속을 순화"하고자 했다. 금난수의 전례에 따라 '소민小民'(자신의 소작인들을 비롯한 하층민)을 포함시켰지만, 김기는 여기에 그치지 않고 한 걸음 더 나아가 공동생활권 내의 상호작용을 촉진 ─ 신중하게 사회적 경계를 허물지 않는 범위 내에서 ─ 하고자 노력했다. 예컨대 양인은 엘리트의 장례에 1명의 노동자와 5두의 콩을 제공할 의무를 졌다. 반대로 엘리트는 양인의 장례에 1명의 건장한 노비와 15장의 가마니를 보냈다. 김기는 또한 홍수나 화재, 강도가 발생했을 경우에 긴밀히 협력할 것을 권장했다. 더욱이 향회에서는 향약을 쉬운 일상어로 설명하여 참석한 양인 남녀가 그 뜻을 파악할 수 있도록 했다.[164]「김기향약」의 교육적이고 협력적인 규정들은 17세기를 통해 널리 모방되었다.[165]

김용이 내앞에서 실시한 동약도 어조는 다르지만 의도는 같았다. 마을 주민들의 상호의존성이라는 맹자의 생각[166]을 살짝 바꾸어, 그는 가장으로부터 서자와 노비에 이르는 사회적 위계가 유지되는 한, '인도人道'는 지켜질 것이라는 자신의 신념을 표현했다. 그는 가족 내의 관계를 마음(心)의 작용과 연결시켰고, 홍수·화재·강도·질병·혼례·장례 같은 상황이 발생했을 경우의 상호부조를 '외사外事'로 분류했다. 그리고 두 영역(안쪽의 마음과 바깥쪽의 일)이 조화를 이루면, '정情과 문文'이 공존하면서 서로를 강화할 것이라고 생각했다.「여씨향약」보다 퇴계의 '시의적절한'(「예안향약」의) 향규들을 선호했던 김용은 그것들을 '마을의 약조'(동헌洞憲)로 채택했고, 사사로운 욕심으로 이 동헌을 어기는 자는 감히 퇴계에게 불복하는 죄를 짓는 셈이라고 경고했다.[167]

향약 제정자 몇 명은 양인(과 노비?) 동민들에 의해 그때까지 독립적으로 운영되어온 (반半종교적인) '소계小契'를 자신들의 통제하에 둠으로써, 마을 내의 결속을 한층 굳건하게 다지고자 했다.[168] 그런 일방적 흡수의 드문 예가 1618년의 「하회동계河回洞契」였다. 명백하게 강제적인 방식으로 '소계'를 엘리트가 지배하는 동계에 편입시킨 이 상하합계上下合契는 생산적 협력에 대한 보상으로 좀 더 관대한 대우를 약속함으로써 온정주의적 관계를 강화하기 위한 것이었다.[169]

이상의 예들은 마을 수준에서 공적 영역의 질서를 바로잡고 기강을 확립하는 데 여전히 가장 효과적인 도구라고 생각되었던 향약의 변화하는 양상을 잘 보여준다. 임진왜란 이후 향약의 수사修辭는 한결 인도주의적인 색채를 띠었지만, 그 목적은 분명히 '소민'을 현재의 위치에 붙잡아두면서 그들을 복구 프로젝트에 동원하는 것이었다. 이를 위해, 각종 향약의 작성자들은 신체형 대신에 도덕적 설득에 바탕을 둔 '상층민'과 '하층민'의 상호작용을 장려했다. 물론 사회적 경계를 느슨하게 할 의도는 추호도 없었다. 오히려 사족은 부르디외의 용어를 빌리자면 통합과 분리의 논리에 의해, 사실상의 차이를 좀 더 자연스럽고 정당한 것으로 보이게 만들려고 노력했다.[170]

## 남원의 전쟁피해

안동이 일본의 제1차 침입이 있었던 1592~1593년에 전쟁을 겪었지만 1597년에는 전쟁에 직접 연루되지 않았던 것과 대조적으로, 남원은 일본의 침공경로에서 벗어나 있던 1592년에는 피해를 입지 않았지만 1597년의 제2차 침공 기간에 끔찍한 파괴를 당했다. 전국적으로 총동원령이 내려진 1592년에 전라도도 당연히 전쟁준비에 동참하라는 요구를 받았지만, 상황이 아주 좋지 않았다. 임진왜란이 발발하기 불과 3년 전에, 전라도는 홍문관의 하급관리였던 정여립鄭汝立(1546~1589)의 난으로 발칵 뒤집혔다. 자신의 처신이 선조를 불쾌하게 만들었다는 사실에 기분이 상한 그는 전라도로 돌아가 복수를 기도했다. 하지만 그의 역모는 곧 발각되고, 1589년에 기축옥사己丑獄事(4부 서언과 12장을 보라)라고 알려진 피의 보복이 정과 그의 공모자(로 의심되는 자)들에게 가해졌다. 거의 1,000명에 달하는 자들이 처형되거나 유배되거나 관직에서 쫓겨났다. 정의 모반(이라고 주장된 사건)으로 인해 전라도는 '반역향反逆鄕'으로 낙인찍혔고, 다리실(남원)의 [창원] 정씨를 비롯한 지방의 엘리트들은 자신들이 반도들과 무관함을 입증하느라 애썼다. 예컨대 정염은 반란 진압을 도운 공으로 원종공신의 지위를 얻었다.[171] 그러나 서울과 전라도 사이에는 서로를 불신하고 의심하는 불편한 분위기가 지속되었고, 지방의 사족들은 적군에 맞서 방어를 준비하는 주도적인 역할을 맡기를 주저했다.

호남의 병력을 차출하라는 선조의 긴급한 요청에 대한 전라도의 공식 대응도 대단히 잘못된 것이었다. 1592년 초여름에 왕명을 접한 전라도 관찰사 이광李洸[172]은 충실하게 도내의 정규군을 소집했지만, 선조가 서울을 빠져나갔다는 소식을 듣자마자 무책임하게 그들을 해산시켰다. 예상치 못한 그의 행동에, 호남이 코앞에 닥친 적군에 무방비로 노출될 것을 우려한 백성들은 공황상태에 빠졌다. 이광은 서둘러 병사들을 다시 소집했지만, 그들은 무능한 지휘관 탓에 서울의 남쪽에서 일본군의 기습공격을 받고 참패했다. 그제야 지방의 지도자들은 자신들이 '조국'을 수호하는 책임을 져야 한다는 사실을 분명하게 깨닫게 되었다. 그렇지만 그들 가운데 다수는 여전히 정여립 사건의 참혹한 결과에 진저리를 치고 있었으므로, 공연히 반란죄를 뒤집어쓸까 두려워 선뜻 의병을 조직하지 못했다.[173] 그럼에도 선조가 피난했고 왕조의 상징인 수도의 종묘와 사직이 파괴되었다는 소식에 남원 주민들의 감정도 복받쳐 올랐다. 이 소식에 충격을 받은 이대위는 과거 합격증과 관직 임명장을 손에 들고 눈물을 흘리며 북쪽을 향해 절을 올렸다고 하는데, 이는 왕에 대한 변함없는 충성심의 발로였다.[174] 그러나 선조가 그런 지역감정을 의식하고 여전히 1589년의 공모자로 의심받고 있던 모든 자에게 대사면을 실시한 뒤에야,[175] 정규군의 무력함에 "의분을 느낀" 순창의 학자 양사형 楊士衡[176]은 [둔덕] 최상중과 [둔덕] 이대윤, 정염 같은 동지들을 모아 남원지방의 향토방위군을 조직했다.

운 좋게도 1592년에는 전화戰禍를 모면했지만, 남원은 1597년 가을의 제2차 침공 기간에 일본군이 전라도의 길을 열어 북진을 시도했을 때 대대적인 직접공격을 당했다. 명군의 남서부 주둔지였던 남원의 방위는 같은 해 늦봄부터 관군과 명군의 병력으로 강화되었지만, 8월 중순에 일본군 수만 명이 접근하여 공격용 중무기로 성을 포위하자 이내 성벽이 무너졌다. 조선 원군의 지원을 받지 못한 채, 남원성은 이틀 간의 포위공격 끝에 약탈당했고, 최악의 유혈사태를 겪었다. 북쪽으로 가는 통로가 열리자 일본군은 전진하면서 남원 전역을 유린했다. 지역의 지도자들이 이끄는 의병들이 일본군에게 심각한 타격을 가하기는 했지만, 그들도 막대한 인명손실과 여러 마을의 파괴를 막지는 못했다. 그 결과 남원의 역사적 기록은 잿더미로 변했다. [177)]

전쟁의 피해가 그토록 막심했던 만큼, 남원의 복구는 안동에 비해 눈에 띄게 더뎠다. 그럼에도 결의에 찬 지역의 지도자들의 지도 아래에서 공동체의 생활은 제자리를 찾았고, 농업경제도 3~4년 내에 원상을 회복했다. [178)] 이런 식으로 물질적인 상처는 비교적 신속하게 치유되었다지만, 많은 전라도인이 체감한 전쟁의 정신적 상흔傷痕은 여전히 왕에게 불충하다는 의심을 받고 있다는 오래된 감정으로 인해 더욱 깊어졌다. 최상중은 전중과 전후에 그가 보여준 문무에 걸친 활약으로 크게 칭찬받았지만, 그는 1604년에 관복을 정제한 채 북쪽을 향해 무릎을 꿇고 절을 올리는, 자신은 정여립과 아무런 관련이 없다는 사실을 입증하고 싶은 충직한 관리의 자세로 사망했다고 한다. "군주에 대한 그의 충성심이 그러했다!" [179)]

게다가 스스로를 "충의로 유명한 고장"이라고 선언하면서, 호남은 많은 간행물과 사당으로 전쟁영웅들을 추모했다. 『호남절의록湖南節義錄』이라는 방대한 편찬서에는 의병을 일으켰거나 1592년에 전사한 사람들의 삶이 기록되었다. 그 가운데 한 명인 정염은 노령의 병약한 몸임에도 군사적 원조를 호소하는 여러 편의 통문을 발송했다. 그 책은 또한 조국을 위해 목숨을 버린 용맹한 선조들에 대한 포상을 원하는 후손들이 전후에 왕에게 올린 수많은 상소문도 모아놓았다. [180)] 남원의 인물들 가운데 가장 널리 기억되는 사람들 가운데 한 명은 [장수] 황진으로, 그는 1576년에 무과에 급제하고 1593년 초에 병마절도사兵馬節度使의 직위(종2품)에 올랐으나, 몇 달 뒤에 진주에서 영웅적 죽음을 맞았다. 황진과 그의 후손들은 각종 명예를 누리게 되었다. 그는 진주와 남원의 사당에 제향되었고 1673년에 무민武愍("용감하고 애처롭다"는 뜻)이라는 시호를 받았으며, 그의 후손들은 복호復戶의 은전을 입었다.『용성지』는 또한 그에게 남원의 '충신'이라는 불후의 명성을 안겨주었다.[181]

## 17세기의 문턱에 선 재지 사족

임진왜란과, 그 후 1627년과 1636년에 일어난 만주족의 침공은 흔히 조선왕조의 점진적 쇠퇴를 초래한 결정적인 외부세력으로 간주된다. 실제로 중앙정부는 외국과의 전쟁 기간과 이후에 드러난 국정운영 능력 부족이라는 실추된 이미지를 서둘러 개선하지도 못했고, 명의 몰락(1644)과 청의 발흥 이후 새롭고 위협적인 양상을 띠게 된 세계에서 자신의 위치를 신속하게 재정립하지도 못했다. 그렇지만 그런 전쟁들이 중국에서는 이민족의 통치로, 일본에서는 새로운 정권의 수립으로 이어졌으나, 조선은 놀랍게도 양국의 도전을 견뎌내고 200년 이상 존속했다. 그렇다면 무엇이 한국에 이토록 대단한 복원력을 부여했을까? 그 답은 다시 한 번 재지 엘리트 친족집단들 — 안동과 남원뿐 아니라 다른 지역의 — 이 엄청난 역경에 직면했을 때 보여준 내구성과 내적 결속에서 찾아야만 한다. 조정은 전국적인 저항을 '국가의 대의'로 내세워 군사력을 결집하고자 했지만, 결국 나라를 구한 것은 결의에 찬 각 지방의 자위군이었다.

물론 엘리트가 이끈 의병대가 임진왜란의 승리를 가져왔다고 주장하는 것은 과장일 것이다. 그럼에도 서울 당국의 무기력과 군대의 무능함과 대조적으로, 재지 사족은 전쟁 내내 놀랄 만한 전략적 융통성을 발휘했다. 공동체 성원의 동원이 전국의 모든 지역에서 똑같이 효율적으로 이루어지지는 않았을지도 모르고 전쟁의 피해도 지방마다 달랐지만, 안동과 남원의 사족은 잘 조직된 자신들의 사회적·경제적 연결망을 이용하여 각자의 지역을 단기간에 정상상태로 돌려놓았다. 게다가 전쟁의 시련을 겪은 재지 사족층은 학자들이 흔히 가정하는 바대로 붕괴 직전으로 내몰리기는커녕 여러모로 더욱 강해졌다. 그들의 사회적·정치적 우위에 대한 도전은 내재적 발전에서 비롯되었는데, 여기에 대해서는 이하의 장에서 논할 것이다.

4부

# 분열과 결속

임진왜란과 만주족 침공의 복합적인 충격이 급변하는 동아시아 세계에서 조선이 자신의 위치를 재정립하게 만들었다는 주장은 그 자체만으로는 17세기에 조선이 겪은 중대한 변화를 설명하지 못한다. 그 전쟁들을 조선의 전기와 후기를 갈라놓는 분수령으로 간주하기보다는, 이미 조성되어 있던 전전의 조건들이 전쟁의 피해와 무관하게 성숙되어 17세기를 그 이전의 세기와 상당히 다른 시기로 만들어준 각종 발전에 크게 영향을 미쳤다고 보아야 할 것이다. 이는 전쟁의 역사적 중요성을 부인하자는 것이 아니라, 17세기라는 시대를 전반적으로 평가하려면 전후의 발전을 전전의 기원과 이어주는 다양한 사회적·정치적·경제적·지적 연결고리를 반드시 고려해야 한다는 뜻이다. 특히 재지 사족을 이해하는 데는 이런 관점이 필수적이다.

17세기 전반에 사족은 두 가지 관심에 자극되어 국가에 대한 자신들의 입장을 재고하게 되었던 것으로 보인다. 하나는 전쟁경험이고, 다른 하나는 인조의 즉위(1623)이다. 그들은 임진왜란 중에 국가가 자신들을 저버리고 본인들의 인적·물적 자원에 의존하여 적을 물리치도록 강요한 것에 대해 분노를 느꼈을 뿐만 아니라, 겨우 40년이 지난 뒤에 인조가 승승장구하던 만주족 (1644년부터 중국을 지배한 청나라)에게 수치스럽게 항복함으로써 나라의 운명을 위태롭게 했을 때에도 심한 굴욕감과 실망감에 휩싸였다. 국가의 거듭된 실패로 인해, 다수의 재지 사족은 '지방'으로 눈을 돌려, 자신들의 향촌에 더 많은 관심을 기울이게 되었다. 이런 변화는 왕이나 '나라'(종사宗社)에 대한 충성의 거부를 표현한 것은 아니었지만, 국가/정부(조가朝家)에 대한 상당한 수준의 불안감과 의구심을 노정한 것이었다. 따라서 사족은 자신들의 힘에 대한 고조된 자신감을 안고 전쟁의 소용돌이에서 빠져나왔지만, 중앙정부에 대한 그들의 신뢰는 약화되었고, 이는 전후에 널리 사용된 '애군우국愛君憂國' (임금을 사랑하지만 나라를 근심함)이라는 문구에 간결하게 표현되었다. 이 표현은 한편으로는 왕조에 대한 충성을 다짐하는 것이지만, 이와 동시에 나라가 17세기 초에 당면한 도전을 정부가 해결할 수 없었다는 사실에 대한 사족의 복잡한 심경과 우려를 반영한 것으로 보인다. 이것이 내향적 성찰inward turn 의 계기가 되었다.

사족이 국가와 자신들의 관계를 재고하게 만든 두 번째 결정적인 사건은 1623년의 인조반정仁祖反正이었다. 이 일은 정치적 붕당朋黨, faction에 의해 주도되고 실행된 최초의 왕위 등극이었다. 게다가 1623년은 정치적 붕당의 출현과 수도에 기반을 둔 소수 고관들의 집단에 권력이 집중되는 현상으로 특징지어지는 조선 정치문화의 전환점이었다. 이런 사태의 진전은 수도 바깥의 엘리트들이 관직에 진출할 전망을 어둡게 할 수도 있다고 당대의 여론에 의해 거의 만장일치로 판단되었다. 처음에는 수도에서 불거졌지만, 붕당주의factionalism는 중앙에 국한되지 않았다. 그것은 농촌까지 깊숙이 파고

들어 재지 엘리트가 겪어야 하는 역사적 경험의 일부가 되었다.

조선식 붕당주의[1]는 사회적·정치적·지적·의례적 쟁점들을 포괄하는 복합적인 현상이었고, 따라서 관직 보유의 기회에서 혼인상대의 선택에 이르기까지 엘리트 생활의 모든 측면과 맞닿아 있었다. 당파적 분열이 조선 후기 정치와 사회의 지속적인 특징으로 발전한 것은, 그것이 단기적인 정치적 쟁점을 둘러싸고 발생한 것이 아니라, 도학의 해설가이자 실천가였던 두 거물인 퇴계 이황(1501~1570)과 율곡 이이(1536~1584)에 의해 형성된 불변의 지적 입장에 뿌리내리고 있었다는 사실에서 비롯되었다. 퇴계와 율곡의 학문적 유산을 물려받은 자들은 직계제자의 위신을 이용하여 상쟁하는 두 '학파'를 만들고 본인들의 스승을 '시조'로 모셨다. 따라서 그들이 신유학적 해석의 차원에서 나타나는 차이 — '이理'와 '기氣'의 상대적 우위에 대한 상이한 평가 — 라고 간주한 것은 나아가 정치적 영역에서도 그들을 붕당으로 갈라놓았다. 주로 친족에 기초한 성원권에 의해 영속화된 이 '학파 겸 붕당'은 또한 눈에 띄는 사회적 의미도 지니고 있었다. 붕당은 사회적 배타성을 강화하여 이른바 벌열閥閱의 출현을 촉진했다.

중앙에서 벌어진 이런 사건들에 대해 사족이 보인 반응의 배경을 이해하기 위해서는, 17세기 당쟁의 주요 단계에 대한 사전지식이 필요하다. 앞서 잠시 언급했듯이, 흔히 을해당론乙亥黨論(1575)이라 불리는 관료사회의 불화는 이조정랑이라는 요직[2]의 임명을 놓고 왕실의 두 외척을 대표하는 인물들 사이에서 일어난 다툼에서 비롯되었다. 이 관직의 후보자들을 지지하던 관리들은 퇴계/남명의 옛 제자들이거나 (이때까지 살아 있던) 율곡의 추종자들이었기 때문에, 율곡의 끈질긴 중재 노력에도 정계는 두 붕당으로 쪼개졌다. 유성룡과 김성일, 정인홍이 이끌던 퇴계/남명의 제자들은 '동인東人', 성혼(우계, 1535~1598)과 정철鄭澈(1536~1593)을 위시한 율곡의 일파는 '서인西人'으로 알려지게 되었다. 애초에 정쟁에 관여했던 자들은 대부분 수도에 살고 있었지만, 이 분열은 결국 지리적 차원도 지니게 되었다. 전자는 거의 경상도 출신이고, 후자는 수도와 경기도, 충청도에 거주했기 때문이다.[3]

정여립의 역모[4]에 뒤이은 1589년의 기축옥사는 학문적 차이가 아니라 개인적 적대감과 정치적 기회주의가 붕당의 격돌을 초래할 수 있다는 전조를 보여준 첫 번째 사건이었다. 이 일을 기화로 삼아 정철이 주도하던 서인은 정당한 근거 없이 동인을 박해했고, 그 후 동인은 '북인北人'과 '남인南人'으로 갈라졌다. 당쟁은 임진왜란 중에 잠시 가라앉았지만, 악명 높은 광해군의 치세에는 정인홍(남명의 수제자)이 이끄는 북인이 중앙의 권력을 장악했다. 하지만 서인으로 구성된 소수의 문무관 집단에 의해 주도된 쿠데타로 광해군이 1623년에 폐위되자, 그들은 정치무대에서 영원히 제거되었다. 정인홍은 목숨을 잃었고, 그의 초기 추종자들 가운데 쿠데타에서 살아남은 자들은 대부분 남인 진영으로 전향했다.[5]

인조반정(1623)의 진정한 승자는 서인이었다. 놀라운 것은 공신으로 훈록된 쿠데타 주동자 53명[6]이 하나같이 혼인이나 인척관계를 통해 인조의 외할아버지인 구사맹具思孟(1531~1604)이라는 한 개인의 사회적 인맥에 포함되어 있었다는 사실이다.[7] 이 중대한 시기에 받은 공신의 지위는 구씨를 포함한 녹훈자들의 후손 일부가 조선 후기의 군사 엘리트로 부상하여 세습적으로 지휘관직을 맡는 데 대단히 유용한 것으로 판명되었다.[8]

그렇지만 쿠데타 직후에 국정을 주무르던 공신들과 반정에 참여하지 않았던 서인들 사이에 불화가 생겼다. 이 갈등은 만주족에 어떻게 대처할 것인가라는 난제 — 평화 협상인가 군사적 저항인가 — 를 놓고 더욱 심화되었다. 인조가 중국의 새 주인들에게 굴욕적으로 항복한 1637년 이후 만주족에 대한 반감이 고조된 것을 계기로, 반정에 불참했고 만주족의 강화조건 수용에 격렬하게 반대했던 서인들은 마침내 화평을 주장하던 공신들을 누르고 정계복귀를 이루어냈다. 그들은 유서 깊은 가문의 위신을 내세움으로써 권력에 대한 자신들의 주장을 뒷받침했다. 적어도 16세기 후반부터 당상관급[9]의 요직을 맡았던 인물들의 후손으로서, 그들은 중앙의 관료사회에 대한 결정적인 영향력을 되찾고자 노력했다. 수도에 기반을 둔 40여 정예 출계집단(보통은 이 집단 내의 한 파)[10]을 대표한 이 서인들은 '벌열'[11]이라 알려지게 된 가문의 대다수를 구성했다. 붕당들 사이의 경쟁구도와도 긴밀하게 뒤얽혀 있던 이 특권적 집단의 출현으로 인해, 인조반정은 사회적인 면에서도 중요한 사건이 되었다.[12]

50여 벌열 가운데, 16개 — 서인 14, 남인 1, 북인 1[13] — 는 조선의 후반기 내내 10년마다 적어도 1명의 당상관을 꾸준히 배출하며 계속해서 '번성했다.'[14] 당연히 그들은 문과 시험 합격률에서도 압도적 우위를 점하게 되었다. 벌열은 당상관급의 중앙정부 관직들을 인조의 치세 이후 장악하기 시작했고, 18세기 초부터는 완전히 독차지했다. 더욱이 이런 과두집단이 득세함에 따라, 이익李瀷의 말처럼 문벌 숭상이 "편당偏黨과 한 덩어리를 이루게 되었다." 이런 식으로 형성된 사회적인 것과 정치적인 것 사이의 얽히고설킨 관계는 종종 학문에 해를 끼치면서 누대에 걸쳐 이어져 중앙에서 "심지어 명철

한 군주도 누그러뜨리기 어려울 만큼" 고도로 논쟁적이고 경쟁적인 분위기를 조성했다.[15]

　이 특출한 집단 내에서도 동료들을 훨씬 앞지른 것이 '신'안동 김씨였다. 16세기 이전까지 그리 주목받지 못했던 이 성씨는 김상헌金尙憲(1570~1652)과 그의 형 김상용金尙容(1561~1637), 이들의 사촌 상준尙寯(1561~1635) 덕분에 명망과 권력을 얻기 시작했다. 세 명은 모두 문과 급제자이자 당상관이었고, 만주족과의 강화에 반대했던 비공신非功臣 서인에 속했다. 1635년에 주화파에 환멸을 느낀 김상헌은 안동으로 낙향했고, 상용은 만주족이 강화도를 점령했을 때 자살했다. 계속해서 척화를 주장했다는 이유로, 김상헌은 만주에 6년 동안 억류되는 고초를 겪다가, 1645년에 좌의정으로 복권되었다. 절개와 지조로 높이 평가받았던 그와 그의 근친들은 '신'안동 김씨가 조선 후기에 가장 강력한 친족집단으로 부상하는 데 큰 몫을 했다. 그들의 후손 113명은 유력한 노론(아래를 보라)의 성원으로 그 후 당상관의 직위에 올랐는데(예컨대 89명은 문과를 통해, 13명은 음서로), 이 성씨는 19세기에만 무려 80명의 당상관을 배출했다.[16]

　서인의 지속적인 강세는 그들이 수적으로 '벌열'을 지배하고 있었다는 사실에 기인했다. 심지어 그들이 사상적 불화로 인해 노론老論과 소론少論으로 쪼개진 뒤에도 상황은 변하지 않았다. 송시열宋時烈[17]에 의해 인도된 전자는 율곡을, 윤증尹拯[18]과 박세채朴世采[19]에 의해 영도된 후자는 우계 성혼을 지적 스승으로 내세웠다. '신'안동 김씨를 비롯한 12개 출계집단과 18세기에 벌열의 반열에 오른 상당수의 새로운 집단에 의존하고 있던 노론은 막강한 인적 자원을 활용하여 조선 후기의 주요 정치세력을 이루었다. 그들은 영조의 치세(1724~1776)까지 고작 다섯 벌열을 거느리고 있던 소론을 압도했고 종종 정치적으로 무력화시켰다.[20]

　남인이 가장 뒤처졌다. 그 지지자들이 대부분 수도 밖에 거주했고 지리적으로 퇴계 제자들의 본거지인 경상도 북부에 집중되어 있었다는 점이 불리하게 작용했다. 물론 17세기 초부터 기호畿湖 남인[21]이라 알려진 소규모 남인 집단이 수도에 등장했는데, 그 구성원은 허목許穆(1595~1682)과 허적許積(1610~1680),[22] 윤휴尹鑴(1617~1680)[23] 같은 저명한 인물들이었다. 이 붕당의 정신적 지주는 종종 17세기 '예학禮學'의 시조로 간주되는 유명한 학자 겸 의식주의자 정구鄭逑(한강寒岡, 1543~1620)였다.[24] 정구는 퇴계의 학문을 수도에 전파했고, 허목은 그 수제자였다. 서울에서 태어났지만, 허목은 안동에 있던 퇴계의 2세대 및 3세대 제자들과 지적으로나 인간적으로나 친밀한 관계를 맺게 되었다.[25] 양천陽川 허씨 외에, 수도에 자리 잡은 안동 권씨(권부의 후손들)도 17세기에 10명의 당상관을 내며 수도에서 높은 지위를 유지했지만, 그 후 다소 쇠퇴했다.[26] 남인은 17세기 후반 내내 서인과 권력을 다투었지만 1694년에 결정적으로 패했고, 그 후로도 관직에서 완전히 배제되지는 않았으나 노론의 지배하에서 수도에서 유의미한 정치적 발언권을 되찾지 못했다.[27]

　벌열의 발흥은 왕실에도 영향을 미쳤다. 오직 벌열만이 왕비를 바치기 시작했고 왕족과 혼인했기 때문이다. 실제로 인조의 시대 이후 (왕조가 끝날 때까지) 왕비가 된 20명은 14개 출계집단 출신이었고, 이들은 하나같이 권세가 하늘을 찌르던 노론계 벌열 가문에 속했다. 놀랄 것도 없이 왕의 장인들과 그 친척들의 무리가 중앙정부의 고위직을 차지했고, 노론의 대표로서 왕들을 자기 붕당의 이익에 부합하는 한정된 지적 경계 안에 가두어놓았다.[28] 따라서 왕들은 '척신정치'의 손아귀를 벗어나지 못했다. 설상가상으로 왕위의 정통성 문제가 왕의 권위를 침해했다. 명종 대에 이르는 예전의 왕들은 적자들 가운데 장자는 아닐지언정 적어도 둘째나 셋째였는데, 선조는 최초로 서자를 아버지로 둔 왕이었다.[29] 왕통이 방계(엄밀히 말해서 비합법적인)로 넘어감에 따라, 선조는 정상적인 즉위식 없이 왕위에 올랐다. 선조의 후계자 2명도 정통성 문제를 안고 있었다. 그의 아들 광해군은 적자도 장자도 아니었고, 인조는 장자였지만 그의 아버지가 선조의 서자들 가운데 한 명이었다. 정통성 문제는 결국 1659년과 1674년의 예송禮訟이라는 17세기 최대의 당파적 정쟁을 촉발했다. 노론과 남인이 부계적 의례 패러다임(종법)의 관점에서 왕의 정통성을 놓고 격론을 벌였던 것이다. 처음에는 인조의 후계자인 효종이 죽었을 때, 15년 뒤에는 효종의 왕비가 죽었을 때 일어난 이 논쟁의 핵심은 살아남은 계모(즉 인조의 계비)가 얼마 동안 상복을 입어야만 하느냐 라는 것이었다. 얼핏 사소해 보이는 이 문제는 효종이 적자이지만 장자는 아니라는 점 때문에 치열하고 피비린내 나는 붕당의 격돌로 변질되었다. 18세기에는 숙종(재위 1674~1720)이 적자를 두지 못했기에, 경종(재위 1720~1724)과 영조(재위 1724~1776)가 서자로 왕위에 올라 자신들의 통치에 붕당이 과도하게 개입하는 고통을 겪어야 했다.[30]

벌열의 권력과 붕당의 이익이 운명적으로 결합된 결과, 조선 후기의 왕들이 신하들을 상대로 본인들의 권위를 세우는 데 성공한 경우는 드물었다. 숙종은 예외였다. 단호한 통치자로서, 그는 서인과 남인 사이의 적대감을 조정함으로써 붕당정치의 영향력을 축소하고자 노력했고, 이런 과정에서 자신의 치세에 폭력적 환국換局이 빈발하는 것을 어느 정도 조장했다. 이와 대조적으로 영조는 자신의 합법성을 강화하기 위해 경복궁 근정전과 창덕궁 인정전의 어좌御座 뒤에 일월오봉日月五峯(해와 달, 다섯 봉우리)을 묘사한 화려한 색채의 대형 병풍을 둘렀다.[31] 이런 식으로 음양과 오행이라는 우주의 원리를 교묘하게 이용하여 왕의 권위를 높인 것 외에도, 그는 『국조오례의』의 증보판 편찬을 명함으로써 조정의 예제를 개혁했다. 그리고 정치적으로는 '탕평책蕩平策'을 실시하여 붕당의 극단적 대립을 해소하고자 노력했다.[32] 영조의 유산을 물려받은 정조(재위 1776~1800)의 치세는 일반적으로 개명된 왕권의 모범이라고 찬양된다. 하지만 이런 식으로 왕의 권위가 잠시 옹호된 뒤에, 19세기에는 왕위에 오른 미성년자들이 사익을 추구하는 막강한 인척의 전횡에 마구 휘둘림에 따라 왕권이 급속도로 쇠락했다. 짧은 기간(1864~1873)에 미래의 고종(재위 1864~1907)인 어린 아들을 대신해 통치하는 동안, 대원군(1821~1898)은 도를 넘은 '세도정치'에 강력하게 대응하면서, 왕실의 위신을 회복하기 위해 양반의 권력을 축소했다. 양반의 자존심을 손상시킬 목적으로, 그들의 상징물인 서원과 사당을 당파를 불문하고 대거 철폐할 것을 명했고, 호포제戶布制를 실시하여 엘리트 가구들에게 세금을 납부하도록 했으며, 양반의 사치스러운 생활방식을 억제하고자 노력했다.[33] 이것은 왕실에 위엄과 독립성을 다시 부여하려는 최후의 절박한 노력이었다. 하지만 이 시도는 나라를 덮친 다양한 외세에 의해 이내 물거품이 되고 말았다.

　　정치과정이 사회적으로 우월한 소수의 파당적 친족집단의 손에 집중된 것은 서울을 중심으로 일어난 도시적 현상이었기에, 수도 바깥에 살고 있던 대다수의 사족은 갈수록 정치 참여에서 소외되었다. 그런 소외는 어떻게 보면 광해군의 전제적인 통치에 분노한 사족이 관직에서 물러나거나 더 이상 출사를 원하지 않게 된 17세기 초에 이미 시작되었다. 1623년에 서인이 거둔 승리가 현실에 대한 사족의 환멸감을 더욱 심화시킬 조짐이 보이자, 치세 초의 인조는 "올바른 인재의 등용"으로 왕정을 쇄신하고, 정치의 뿌리를 도덕의 함양에 둠으로써 그 자신의 합법성을 강화해야 한다는 조언에 귀를 기울였다.[34] 이런 충고에 따라 인조는 "산림山林[의 학자들]을 우대하자"라는 기치를 내걸고 과거라는 정상적인 통로를 거치지 않은 명망 높은 유학자들을 성균관과 세자시강원世子侍講院에 특별히 마련된 자문관직에 충원하기 시작했다.[35] 산림직 지명자들은 주로 막후에서 일하면서 유생이나 세자의 사표로서, 또 왕의 고문으로서 국정에 상당한, 때로는 결정적인 영향력을 행사했다. 대다수가 서인 진영에 속했고 서인의 본거지인 경기도와 충청도 출신이었기에,[36] 정치적 중립성은 분명히 산림의 자격을 결정하는 요인이 아니었다. 산림 학자들은 벌열의 정치를 학문적 정통성의 후광으로 감쌌고, 그들의 전성기인 17세기에는 중앙에서 각축하던 붕당의 부침과 운명을 같이했다. 높은 위신과 권력을 수반하기는 했지만, 산림직은 갈수록 커져가던 관직 보유의 불균형 ― 벌열의 발호로 말미암은 수도와 지방 사이의 간극 ―을 바로잡기에는 그 수도 너무 적고 그 공급원도 너무 제한적이었다. 훗날 영조의 '탕평책'하에서 그들의 영향력은 크게 줄어들었지만, 산림직은 왕조가 끝날 때까지 계속 채워졌다.[37]

역설적으로 17세기에 가장 치열한 당쟁을 주도한 것은 산림 학자들이었다. 1659년과 1674년의 예송을 이끈 주역 4명, 즉 서인 측의 송시열과 송준길末涜吉[38]), 동인 측의 윤휴와 허목은 모두 인조와 그 후계자들에 의해 관직에 임용된 산림 학자들이었다. 그들은 명나라 이후의 세계에서 조선의 위상을 재정립하려고 노력하는 과정에서 왕실의 '올바른' 예법을 세우기 위해 서로 경쟁했을 뿐 아니라, 자신들의 학문적 '시조'를 문묘에 종사함으로써 각자의 '학파'를 정통 신유학을 대표하는 권위 있는 집단으로 확립하기 위해 애썼다. '정학正學. orthodoxy'의 소재지를 둘러싼 그들의 경합은 유교적 담론을 분열시켰고, 도학을 편협한 정파적 이익을 추구하기 위한 도구로 격하시켰다.

적대적인 권력다툼은 수도에서 벌어졌지만, 갈수록 정치적 발언권을 상실하고 있던 재지 사족도 중앙에 대한 관심을 버리지는 않았다. 오히려 지방에 근거를 둔 자신들의 사회적·학문적·경제적 자원을 활용하여, '공론公論'에 참여할 수 있는 유사儒士의 특권을 행사했다. 게다가 통치자에게 의견이나 불만, 항의를 전달하는 것은 오랫동안 공동의 '권리'로 간주되어왔다. 그러나 16세기 후반부터 붕당의 경쟁이 국론을 왜곡하기 시작함에 따라, 정부 바깥의 학자들이 정부의 결정을 지지하거나 반대하는 것을 어느 정도까지 허용해야 하는지가 정치적 쟁점으로 떠올랐다. 조정의 논의에서 '사론士論'은 어느 선까지 용인될 수 있는가? '공론'의 자유로운 소통은 일반적으로 '국가의 원기元氣'로 여겨졌지만, 율곡과 퇴계는 국가가 그런 논의를 인도하되 지배하지는 말아야 한다는 의견을 제시했다. 율곡은 "공론이 조정에 있으면 나라가 잘 다스려지나, 여항閭巷에 있으면 나라가 혼란스러워진다"라고 말했다. 그렇지만 '아래로부터' 제시되는 여론을 억누르면 나라가 망할 수도 있다고 경고했다.[39] 퇴계는 문제를 다소 다른 각도에서 바라보았다. 그는 종사의 안위와 '우리 도吾道'(유교의 도)의 성쇠에 관련된 일이 아닌 이상,

유사는 정치적 논의에 관여해서는 안 된다고 주장했다.[40] 이를 지상명령으로 받아들인 그의 안동 후계자들은 (자신들이 생각하는) 도가 붕당정치에 의해 위험에 처했다고 판단했을 때, 단 두 차례 독자적으로 중앙에서 [정치에] 개입했다. 그럼에도 불구하고 18세기에 이르자 안동의 남인들은 워낙 고립되어 있었고 노론의 탄압을 받고 있었으므로, 영조는 '탕평책'을 써서 '정학正學'의 정의가 붕당이 주도하는 지역적 논쟁으로 변질되는 것을 막고자 했다.

17세기의 격변하는 정치적 환경에 대응하여, '지방에 정착한' 사족은 소속의 장인 '지역'이 높은 사회적 신분을 획득하는 데 그 어느 때보다도 결정적으로 중요한 의미를 띠게 되었다는 점을 인식하고 '지역 지향적인' 존재로 변했다. 관직을 보유할 전망은 어둡고 국가에 의해 신분을 인정받을 가능성도 불투명한 상태에서, 사족 엘리트층은 본인들의 엘리트 신분을 주장하고 영속화하기 위해 '지역주의*localism*'[41] 전략 — 무엇보다도 종족의 형성 — 에 호소했던 것이다. 순수하게 지역에 관련되어 있다는 의미에서, 이제부터 이들을 '재지' 엘리트라고 불러도 무방할 것 같다.

이어지는 세 장에서는 사족이 '지역주의'로 눈을 돌리는 현상을 살펴볼 것이다. 10장은 인조반정에 뒤따른 정치적 사건들이 사족의 과거 합격 및 관직 보유 전망에 미친 영향과, 17세기 후반에 향촌으로 지배력을 확대하려 했던 국가의 시도를 고찰한다. 11장은 종족 조직이 성숙되는 과정과 조상의 위신에 바탕을 두고 엘리트 신분을 공고히 하려는 사족의 노력을 논의한다. 끝으로 12장은 퇴계의 사후에 등장한 학파들의 경합과 재지 사족이 당론에 관여한 과정과 방식을 분석한다.

## 붕당 환국 연표

| | |
|---|---|
| 1659 | 첫 번째 예송(기해예송己亥禮訟) − 남인이 서인에게 패함 |
| 1674 | 두 번째 예송(갑인예송甲寅禮訟) − 남인이 서인에게 승리함 |
| 1680 | 경신환국庚申換局(경신대출척庚申大黜陟) − 허적과 윤휴 사망, 서인의 재집권 |
| 1683 | 서인이 노론과 소론으로 분열됨 |
| 1689 | 기사사화己巳士禍 − 송시열 사망; 남인의 권력 장악 |
| 1694 | 갑술환국甲戌換局 − 남인의 몰락; 서인의 집권 |
| 1721/1722 | 신임사화辛壬士禍 − 노론 실각; 소론 약진 |
| 1725 | 을사처분乙巳處分 − 노론 복권 |
| 1741 | 신유대훈辛酉大訓 − 영조의 '탕평' 선언 |

## 10장 >>> 중앙과 지방: 이해의 상충

중앙에서의 전례 없는 분열은 17세기를 정치적 불화와 당파적 격돌의 세기로 만들었고, 이는 재지 사족에게 심대한 영향을 미쳤다. 그 반향이 컸던 것은 사회적인 것이 정치적이고 파당적인 것과 복잡하게 뒤엉켰기 때문이다. 중앙에서 벌열이 대두한 것은 당대 관찰자들의 눈에는 무엇보다도 사회적인 현상으로 비쳤다. 엘리트층 내부의 상층부로 부상한 벌열이 양반을 중앙에서 군림하는 벌열과, 지방에서 주변화된 나머지 엘리트층 — 어느 붕당을 지지하느냐와 무관하게 — 으로 사회적으로나 공간적으로나 양분했기 때문이다. 이런 구도가 과장일 수는 있지만, 신분의 기준이 심지어 동일한 친족집단 내의 상이한 분파들 사이에서도 더욱 엄격해져, '문벌의 숭상'(상벌尙閥)이 종종 '시대의 폐단'[1]으로 개탄되었다는 것은 분명한 사실이다.

그렇게 주변화된 자들은 '춥게'(한寒) 지냈는데, 여기에서 '춥다'는 용어는 반드시 물질적 빈곤을 뜻하는 것이 아니라 벌열의 시각에서 보면 '공적 정체성'이 없다는 것을 뜻했다. '한'은 공간적 함의도 수반했다. 농촌에 거주하는 대다수의 사족은 수도 거주자(경화인京華人)인 벌열에 의해 '촌사람'(향곡인鄕曲人)으로 비하되었다. 나아가 수도의 엘리트층은 재지 엘리트층을 가리키기 위해 '미천한 지방인'(지처비미地處卑微) 또는 '신분이 낮은 무리'(문지비천門地卑賤)[2]라는 경멸적인 호칭을 사용하여, 수도와 농촌 사이의 사회적 위화감을 조성했다.

사회적·공간적 불이익은 재지 사족의 관직 보유 전망에 영향을 미쳤다. 정치 참여에서 완전히 배제되지는 않았지만, 과거 급제가 갈수록 드물어짐에 따라 그들은 더 이상 의사결정권을 지닌 최고위 관직에 오르는 데 필요한 정치적 추진력을 여러 세대에 걸쳐 키울 수 없었다. 더욱이 수도까지 가려면 며칠씩이나 걸렸기 때문에, 짧은 공고기간 이후 수시로 시행되던 부정기시不定期試를 치르기에도 불리했다.[3] 게다가 부정기시는 경전에 대한 지식보다는 문학적 소양을 중시하는 경향이 있었으므로, 도시 거주자의 취향과 능력에 적합했다.[4] 물론 문과의 대안은 무과를 통해 신분상승을 노리는 것이었다. 하지만 무과와 무관 전반에 대한 평판이 낮았으므로, 이 시험을 전도가 유망한 출세경로라고 여긴 사족 응시생은 그리 많지 않았을 것이다.[5]


## 중앙과 지방 사이의 점증하는 격차

그렇다면 1623년의 인조반정 이후 갈수록 벌어지던 수도와 지방의 격차가 안동과 남원의 재지 사족 사이에서는 어느 정도까지 감지될 수 있을까?

이 문제를 과거 급제와 관직 보유의 유형, 국가와 개인의 절의라는 면에서 살펴보기로 하자.

### 안동의 사례

이중환은 『택리지擇里志』에서 인조반정이 전통적으로 '인재의 보고'로 알려진 경상도에 미친 영향을 다음과 같이 기술했다.

> 인조 이전에 국정을 장악한 사람들은 모두 이 도(즉 경상도) 출신이었고, 문묘에 종사된 사현四賢도 이 도에서 배출되었다. 하지만 인조가 율곡 이이, 우계 성혼, 백사白沙 이항복李恒福[6])의 제자들과 자제들의 도움을 받아 난국을 수습한 이후, 수도 세습가문(경성세가京城世家)의 자손들이 우선적으로 관직에 등용되었으므로, 지난 100년 동안에는 정경正卿 두 명과 아경亞卿 네댓 명이 영남에서 나왔을 따름이다. [그중에서] 정승이 된 사람은 없고, 관직이 높다 해도 3품 이상을 넘기 어려우며, 아래로는 고을의 수령 정도에 머무른다. 그럼에도 오늘날까지 선학들의 명성과 선행이 망각되지 않고, 예문禮文을 숭상하는 풍습이 남아 있어, 과거 합격자가 많이 나오기로는 아직도 [경상도가] 팔도의 으뜸이다.[7])

남인인 이중환의 눈에는 남인의 본거지인 경상도의 재지 엘리트들이 1623년 이후 중앙으로부터 정치적으로 고립되고 배제되는 아픔을 겪는 것이 분명하게 보였다. 17세기에 여전히 상당한 수의 과거 합격자를 배출하고 있던 경상도에서 고관이 나오지 않았다는 이중환의 평가는 얼마나 진실에 부합하는 것일까?

　모든 도 가운데 경상도는 소과와 대과에 가장 많은 수의 응시생을 할당 받았을 뿐만 아니라, 왕조의 존속기간을 통틀어 가장 많은 수의 합격자 — 생원진사시 입격자 총수의 14퍼센트와 문과 급제자 총수의 13.2퍼센트 — 를 냈다.[8] 경상도 내에서는 안동–예안 지방이 783명의 생원/진사와 366명의 문과 급제자로 으뜸을 차지했는데, 이는 오직 서울에만 뒤진 수치였다.[9] 하지만 이 수치들은 의심의 여지없이 19세기에 대거 배출된(그리고 종종 입증 불가능한) 합격자 수에 의해 부풀려진 것이므로, 개별 출계집단들이 그 이전에 과거에서 이룬 성과를 왜곡할 여지가 있다. 안동의 경우 과거 합격자는 총 85개 친족집단에서 나왔다. 놀랄 것도 없이, 대다수는 1615년과 1647년의 향안을 빼곡히 채웠던 출계집단 — 의성 김씨, 안동 권씨, 진성 이씨, 풍산 유씨, 전주 유씨, 고성 이씨, 흥해 배씨 — 출신이었다.[10]

　여기에서는 16세기에서 18세기 사이에 세 출계집단, 즉 의성 김씨, 안동 권씨, 진성 이씨가 과거에서 어떤 성적을 거두었는지, 또 그 후 어떤 관직에 올랐는지에 대해 자세히 살펴볼 것이다. 셋 다 전형적인 '재지' 사족으로, 과거 합격자의 압도적인 다수 — 생원진사시의 경우 의성 김씨의 92.2퍼센트, 진성 이씨의 99.2퍼센트, 안동 권씨의 66.6퍼센트 — 가 지방에 거주하고 있던 것으로 확인되었다.[11]

　의성 김씨 가운데 김진의 직계후손들(내앞의 청계공파라고 알려진 집단을 형성한)은 김진의 두 아들이 소과에 입격하고 세 아들이 문과에 급제한 16세기 후반에 과거 성공의 측면에서 최전성기를 누렸다. 김진의 손자들 가운데 한 명인 김용은 그의 세대에서는 유일하게 1590년에 문과에 급제했다. 이 파는

17세기에도 17명의 소과와 8명의 대과 합격자를 내며 여전히 제법 높은 성취율을 기록했다. 하지만 그 대부분은 17세기 후반에 몰려 있었다. 세기의 마지막 10년에는 김용의 5대손들 사이에서 이례적인 일군의 합격자가 배출되었다. 이 3명의 문과 급제자(2명은 진사시 입격자이기도 했다)는 탁월한 학문적 재능을 인정받아 뭉뚱그려 '삼문관三文官'으로 알려졌다. [12]

하위직을 전전한 김용의 초기 관직생활[13]은 지병과 임진왜란으로 중단되었고, 1598년에 그는 유성룡을 관직에서 내몬 북인의 음모에 염증을 느끼고 안동으로 내려가 노모를 봉양했다. 훗날 그는 [수정?]『선조실록』의 편찬자들 가운데 한 명으로 임명되었고, 육조의 당상관직에 올랐다. 하지만 17세기의 문과 급제자들 가운데 그 누구도 중요한 관직을 얻지 못했다. 김용의 아들과 조카들은 조선이 만주족에게 주권을 상실한 상황을 받아들여야만 하는 세대에 속했다. 1613년의 문과 급제자인 그의 장남 시주是柱는 벼슬이 병부랑兵部郎(정6품)에 이르렀다. 시주의 육촌인 시권是權은 친척들 가운데 인조의 치세에 문과에 급제한 유일한 인물로, 말직을 맡아 만주족에 맞서 나라를 방비하는 데 적극 참여했다고 한다. 하지만 1637년에 왕이 항복했다는 소식을 듣자 궁궐 대문에서 통곡하고 고향으로 돌아가 다시는 관직에 나아가지 않았다. [14] 같은 시기에 노모를 돌볼 것인가, 왕을 구하기 위해 서둘러 길을 떠날 것인가를 놓고 고민하던 그들의 사촌 시온은 어머니의 뜻에 따라 집에 머물렀지만, 이런 결정에 마음이 편치 않아 잠도 못 자고 먹지도 못했다고 한다. 왕이 항복했다는 소식이 전해지자, 그는 상복을 차려입고 고향의 벗들과 함께 나라를 위해 곡을 했다. 그 후 과거에 대한 꿈을 접고 두문불출하면서 경서 연구에 몰두하여 '진은군자眞隱君子'라는 명성을 얻었다. 시온은 자신의 무덤에 '숭정처사崇禎處士'[15]라는 단 네 글자만 새기라고 일렀다. 명나라의 멸망과 함께 자신에게는 세상이 끝난 것이나 마찬가지라는 뜻이었다.[16]

한 세대 뒤에, 붕당과의 관계가 김시온의 셋째 아들 방걸(1623~1695)의 경력에 영향을 미쳤다. 1660년에 문과에 급제한 다음 평범한 6품 관직에 봉직하고 있던 그의 초기 경력은 1669년에 부친이 사망하고 3년 뒤에 계모가 사망함으로써 중단되었다. 1674년 이후에 남인이 정권을 잡으면서 그는 여러 직책에 임명되었고, 1677년에는 영암靈巖(전라도 남부)의 군수로 임명되었다. 지방정부의 부패에 몹시 실망한 그는 임기를 마치고 국화 화분 하나만 들고 돌아옴으로써 청렴한 정부에 대한 자신의 소망을 표현했다. 1680년대에 남인이 실각하자 고향에서 시간을 보내고 있던 그는 1689년에 숙종의 부름을 받았고, 1694년의 환국 이전에 병조참지兵曹參知(정3품 당하관으로, 병조의 제4인자)가 되었다.[17] 그의 죽음에 대해서는 12장에서 논할 것이다.

붕당이 지배하는 불안정한 세계에서 관직을 보유하는 것에 대한 양면적인 감정은 방걸의 친척인 김학배金學培의 전기에 생생하게 드러난다. 그는 가족이 몹시 가난한 탓에 어쩔 수 없이 문과에 응시해 1663년에 합격했다고 한다. 남인인 그는 서인이 좌우하는 정부에서 벼슬을 하는 위험을 예리하게 의식하고 있었고, 처음에 승문원의 보직을 받자 한숨을 내쉬었다. "사대부는 관직을 받거나 떠나는 것에 대해 신중해야만 한다. 우리나라에서는 관리(사士)의 선발이 오로지 시험을 통해 이루어진다. 고대 유현儒賢의 추종자라 하더라도, 선비는 대부분 입신을 위해 이 [시험] 경로를 통과한다. 그렇지만 경솔함과 탐욕, 경쟁에 대해 경계하지 않는다면, 진정한 군자의 비웃음을 사는 자가 되는 것을 어찌 피하겠는가? 그에게는 관직이 꼭 필요했지만,

학배는 수도에 가서 그 직책을 맡는 대신에 '졸수암拙修庵'이라는 초가를 짓고 제자들에게『심경』을 가르쳤다. 그는 1668년에 삼시 벼슬생활을 했지만, 1년 뒤에 내앞의 종자이자 자신의 초기 스승이었던 시온의 죽음을 애도하기 위해 낙향했다. 나중에는 중앙에서 몇몇 하급직을 다시 맡았고, 잠시 고성(강원도)의 현령으로 일했다. 하지만 일생을 통해 학배는 스스로를 '한사'로 여겼고, 퇴계의 충실한 추종자로서 '마음을 다스리기 위한 독서'(독서치심讀書治心)를 즐겼다.[18]

김학배가 '한사'를 자처한 것은 지역주의 성향보다는 자신의 양심상 가까이할 수 없는 작자들에 의해 지배되는 정부에 대한 남인의 저항을 상징한다고 보아야 할 것이다. 경제적인 이유로 관직을 맡아 본인의 원칙을 양보하기는 싫었던 것이다. 1690년의 문과 급제자로 학문과 유려한 문체로 이름난 그의 친척 김세호金世鎬(1652~1722)도 '명예와 출세'를 추구하지 않고 중간급 관리로 만족했으며, "허름한 옷을 입고 부유하고 유력한 자들 앞에 서는 것을 부끄러워하지" 않았다. 남인이 1694년에 최종적으로 패한 이후, 그는 겸양 지덕으로 높이 평가받으며 '한사'의 삶을 살았다.[19]

수도의 정치적 상황이 남인에게 가장 불리했던 18세기에는 과거 성공이 더욱 줄어들어 4명의 소과와 3명의 대과 합격자가 나왔을 따름이다. 후자 가운데 가장 저명한 인물은 김시온의 증손인 김성탁金聖鐸(1684~1747)으로, 1735년의 문과 급제자인 그의 경력에 대해서는 12장에서 상세히 논할 것이다.[20]

권벌의 후손들의 과거와 관직 보유 기록은 더 보잘것없다. 붕당 때문인지 다른 이유 탓인지, 권벌의 두 아들 이후 두 세대가 지나도록 과거 합격자가 없었다. 벌의 5대손인 권주權霔(1627~1677)[21]는 늘그막인 1675년에 자신의 세대에서 유일한 문과 급제자가 되었으나, 승정원 주서注書(정7품) 이상의 직급에는 오르지 못했다. 1696년과 1710년, 1713년에 각각 문과에 급제한 3명은 모두 권주의 동생인 권유權濡(생몰년 미상)의 아들이었다. 이들도 5품 이상의 관직은 갖지 못했던 것으로 보인다. 1721년과 1757년에 2명이 문과에 추가로 급제한 것 외에, 26명의 권씨가 소과에 입격했는데, 이들의 주된 목적은 생원/진사라는 명예로운 칭호를 얻는 것이었다. 안동 문과 급제자의 7.2퍼센트밖에 차지하지 못함으로써, 권벌의 가계는 상위권에 들지 못했고, 무엇보다도 촌수가 멀기는 하지만 훨씬 강력한 수도의 친척들(경파京派) ― 3배 이상의 과거 합격자와 상당수의 고관을 배출한 ― 로부터 이렇다 할 도움을 받지 못했던 것 같다.[22]

퇴계의 진성 이씨 가계는 수적으로 적었고, 퇴계의 직계후손들은 여섯 세대 동안 문과에 급제하지 못했고 가끔씩 수령직을 맡았을 뿐이다.[23] 전반적으로 보자면, 고작 39명의 생원진사시 입격자만 배출한 안동 거주 친척들에 비해, 이씨 집단의 본거지인 예안의 진성 이씨들은 여러 세기에 걸쳐 비교적 고르게 58명의 입격자를 냈다. 영조의 치세 중반기(1730년대와 1740년대)부터 세기말까지 7대와 8대의 직계후손 6명이 문과를 통과했고, 그 가운데 이세택李世澤(1716~1777)[24]이 가장 유명한 인물이었는데, 그가 조정에서 겪은 운명은 12장에서 다룰 것이다.

이상의 자료는 물론 단일 가계의 과거 성공만을 다룬 것이고 통계적으로 대표성도 없다. 안동과 그 인근에 사는 방계친들도 과거 합격자와 관직 보유자를 냈고, 따라서 각 출계집단에서 성공한 성원들의 수를 늘렸다. 하지만 그 자료에 담긴 내용은 농촌의 남인들이 시험에 합격한 이후에 겪었던 불안한 개인적 상황을 어느 정도 반영한다. 그들의 관식 보유 경험은 안정적이지도 않았고 소수의 예외를 제외하곤 돋보이지도 않았다. 이런 현상을 이중환이 그랬듯이 1623년 이후의 불리한 당파적 정황 탓으로만 돌리는 것은 너무 안일해 보인다. 비록 17세기의 문과 합격자 50여 명 가운데 소수만이 당상관직에 올랐고, 그런 승진도 주로 남인의 비호하에 이루어졌다 하더라도 말이다. 퇴계가 안동의 선비들에게 심어준, 관직에 발을 딛는 것에 대한 양면적 감정도 여러 전기를 통해 분명히 드러나듯이 개인의 관계官界 진출을 저지한 또 다른 요인이었을 것이다. 이중환이 나라가 청에 굴복한 것이나 예송을 잠재적인 관직 지망자들을 낙담시킨 극적인 사건으로 꼽지 않았다는 사실을 제쳐두면, 경상도의 과거 합격자가 고위관직에 임명될 가능성에 대한 그의 비관적인 평가는 안동에 관한 한 사실인 것으로 보인다.

### 남원의 사례

남원지방의 재지 엘리트들은 전혀 다른 과거 및 경력 유형을 보여주었을까? 영남에 비해 호남(전라도)은 소수의 저명한 남인 지지자를 빼고 나면, 압도적으로 서인이 우세한 지역이었다. 훨씬 유리해 보이는 붕당의 환경이 차이를 만들어냈을까? 그리고 이중환의 말처럼 "남원[전라도] 사람들은 노래와 미색과 부와 사치를 즐기지만 학문을 숭상하지 않고" 따라서 경상도에 비해 과거에서 뛰어난 성적을 거두어 관직을 보유한 자들이 상대적으로 적었다는 것[25]은 과연 사실이었을까?

경상도에 비해 전라도는 적은 수의 응시생을 할당받았고, 결과적으로 전반적인 시험 성과 ─ 3,994명의 생원/진사(총입격자의 10.4퍼센트)와 약 1,200명의 문과 급제자(8.2퍼센트) ─ 도 다소 뒤쳐졌다. 총 394명의 생원진사시 입격자와 120명의 문과 급제자를 낸 남원이 큰 차이로 전라도에서 1위를 차지했다. 이는 몇몇 특정한 출계집단의 탁월한 성취에서 비롯된 것이라기보다는 학문적 성과가 상당수의 출계집단(1명의 합격자만 낸 집단을 포함하여)에 고루 분포되어 있었다는 사실에 기인한 것으로 보인다.[26]

　　남원의 4대 출계집단 가운데, 최수웅의 후손들은 여덟 세대 안에(즉 17세기 말까지) 17명의 생원진사시, 9명의 문과, 3명의 무과 합격자를 배출했다. 그들의 기록은 특히 16세기 말과 17세기 전반부에 돋보였다. 수웅의 5대손인 최상중이 1576년에 사마시, 1589년에 문과를 통과했고, 상중의 세 아들 중 2명이 17세기 초에 가문의 위신을 더욱 높였다. 그의 둘째 아들 최연崔衍은 1603년에 진사과와 문과를 모두 통과했지만, 1년 뒤에 부친의 상을 치르기 위해 사직했고, 광해군이 다스리던 '암흑기'에는 초야에 묻혀 지냈다. 1623년에 인조가 즉위한 이후 승문원 교리校理(종5품)가 되었고, 1636년에는 좌승지(정3품 당상관)로서 서울 남쪽의 남한산성으로 왕을 호종했으며, 이 충성스러운 행위에 대한 보상으로 종2품 품계에 올랐고, 결국에는 벼슬이 한성부의 좌윤左尹에 이르렀다. 그렇지만 그 직후에 심신이 쇠약해졌음을 느끼고 남원으로 낙향했는데, 그래도 그의 전기작가가 표현했듯이 '애군우국지성愛君憂國之誠'은 잃지 않았다. 그는 사후에 이조판서로 추증되었다.[27]

　　광해군의 치세에, 1609년의 진사시 입격자인 최연의 아우 최온崔蘊[28]은 "부귀와 영화를 완전히 잊고 당대의 아폐에 물들지 않은 채 낚시로" 소일했다. '유일'로 관직에 천거되었지만 응하지 않고, 대신에 의병을 모집하여 이괄李适의 난을 평정하는 데 일조했다.[29] 나중에 "명예를 좋아하지 않는" 그는 잠시 몇 가지 하급직을 맡았다. 그의 경력은 1632년에 봉림대군鳳林大君(훗날의 효종)과 그 동생에게 경전을 가르쳐달라는 왕의 부름을 받으면서 비약적으로 도약했다. 그는 이 임무 덕분에 그에게 고마운 마음을 가진 효종으로부터 1649년에 산림직을 제수받는 엄청난 명예를 안았다. 만주족의 수도 심양瀋陽에 8년이나 볼모로 억류되어 있었던 까닭에 자신을 인질로 잡았던 자들에게 보복할 계획을 세우고 있던 왕에게, 그는 조정에서 그런 위험한 일에는 신중을 기하라고 충고하면서 "적에게 복수하는 것은 어렵지 않사오나, 올바른 인재를 알아보기는 어렵습니다!"라고 직언했다. 이는 그와는 반대로 왕에게 그런 모험을 열심히 부추기던 송시열에 대한 은근한 비난이었을 것이다. 1659년에 사망하기 1년 전에, 최온은 동부승지同副承旨(정3품 당상관)로 직급이 올랐다.[30]

최연의 두 아들 휘지徽之와 유지攸之는 모두 소과에 입격했고, 유지는 1646년에 문과도 통과했다. 둘 다 승중자(유지는 작은아버지 온의)였기에, 그들의 관직 경력은 제한적이었다. 휘지는 계속 고향 근처에 머물렀고, 1655년에 조정의 부름을 받았으나 응하지 않았다. 마지막으로 1659년에 잠시 공조좌랑工曹佐郎(정6품)의 직책을 맡았으나, 그 후 공직에서 완전히 물러났다. 하지만 충성스러운 신하로서, 국상國喪을 당할 때마다 사랑채에서 밤을 새우며 곡했고 왕의 기일에는 단식했다.[31]

외아들로서 (자신을 입양한) 노부모(즉, 최온 부부)를 봉양해야만 한다는 이유로, 유지는 한국이 만주족에게 항복한 뒤인 1637년에 볼모로 잡혀가는 인조의 왕세자와 그 동생을 만주의 수도까지 호송하라는 명을 거부하여 윗사람들을 불쾌하게 했다. 그는 꽤 높은 관직에 천거되었으나, 1648년에는 오수樊樹(남원 인근)의 찰방察訪(종6품)으로, 1651년에는 구례의 현감으로 임명되었다. 그렇지만 같은 해에 생부가 사망하자, 상을 치르기 위해 고향으로 돌아왔다. 나중에 그는 빠르게 승진하며 다양한 직책을 맡았지만, 심양에 가지 않은 일이 효종에 대한 불충으로 간주되어 그의 경력을 방해했고, 사소한 문제로 잠시 유배당하기도 했다. 1662년에 그는 일각의 반대에도 마침내 종3품 관직에 올랐다.[32] 세기가 끝날 무렵에 최수옹의 8대손 가운데 3명의 사마시 입격자와 2명의 문과 합격자가 추가로 나왔지만, 18세기에 접어들자 둔덕 최씨는 전국 수준에서 두각을 나타낼 만한 저력을 상실했다.[33]

　　과거 합격과 그에 따른 관직 보유는 남원에서 상위권에 속한 나머지 세 친족집단 사이에서는 놀랄 정도로 드물었다. 둔덕 이씨 중에서는 사마시(1612)를 통과한 이상형李尙馨이 17세기의 유일한 문과 급제자(1625)였다. 저명한 서인 예학자 김장생의 제자로 관직 경력을 마음에 두지 않았던 상형은 학자로서 높은 명성을 얻었고, 조정의 부름을 받고 인조에게 『서경』을 설명했다. 그 후 고속으로 승급하면서 육조와 삼사의 다양한 직위에 임명되었고, 1636년에는 남한산성으로 인조를 호종했다. 만주족과의 강화에 반대했던 그는 1년 뒤에 볼모로 심양에 가는 젊은 왕자들을 모시라는 명을 받았다. 하지만 병 때문에 일찍 서울로 돌아왔고, 다시 여러 관직에 제수되었지만 응하지 않았다. 대신에 남원으로 돌아와 지역의 문제를 주도적으로 처리하는 역할을 맡았다.[34] 소과 입격자인 그의 셋째 아들 문재文載는 천거를 통해 참봉에 임명되지만, 공직에 전혀 관심이 없었던 그는 임명 당일에 고향으로 돌아왔다.[35]

남원에서 이름난 나머지 두 출계집단, 즉 [광주] 사립안 이씨와 [풍천] 뒷 내 노씨의 과거 기록도 그리 신통하지는 않았다. 1569년의 문과 급제자인 이 덕열李德悅의 과부 김씨가 남원지방에 정착한 이후, 그의 아들 둘이 소과에 입격했고, 그의 손자들 가운데 한 명인 이필무李必茂(1628~?)가 17세기의 유 일한 문과 급제자(1678)가 되었다. 노진盧稹의 후손들 중에서도 겨우 3명이 장 기간에 걸쳐 띄엄띄엄(1648, 1750, 1773) 문과에 급제했을 따름이다. 유명한 안 터 안씨 안처순(문과, 1514)과 주포 장씨 장경세(문과, 1589)의 후손들도 과거에 서 약세를 면치 못했다. 그들은 이웃한 귀미(순창)에서 1468년부터 18세기 후 반까지 8명의 문과 급제자와 약 30명의 사마시 입격자를 배출한 남원 양씨의 경쟁상대가 되지 못했다.[36]

심지어 전라도의 서인들도 중앙과 지방의 격차가 커져감에 따라, 대다 수가 자신들이 정치의 세계에 발을 들여놓을 가능성이 없다는 것을 깨달았 을 뿐만 아니라, 갈수록 관계 진입 자체를 회피하게 되었다. 실제로 "그는 명 예를 탐하지 않았다"라는 흔한 기록은 겸양의 표현이라기보다는 벌열 정권 에 대한 우회적인 비판이었다고 보아야 할 것이다. 관직생활 대신에 '은덕불 사'하며 '유일 또는 처사'로 살아가는 것이 사회적 존경의 대상이 되었고, 유 일은 읍지에 탁월한 인적 자원으로 자랑스럽게 기록되었는데, 이런 현상은 17세기 초부터 두드러졌다. 좀 더 이른 시기에 간행된 『영가지』는 '유일' 항목 을 포함하지 않았지만, 『용성지』는 남원 한 곳에 대해서만 23명의 유일을 나 열하고 있다. 그중에는 이상형의 육촌인 이국형李國馨, 후자의 장남인 이문 규李文規(1617~1688), 그리고 이덕열의 두 아들인 사영士穎과 사헌士獻이 끼어 있었다. 둔덕 최씨는 최상중의 외손자인 노형망盧亨望[37]을 비롯한 3명의 유일을 자랑했다. 이 유일들 가운데 소수는 소과에 입격하거나 드물게 문과에 급제하기도 했지만, 그들에게 '유일'로서의 명성을 안겨준 것은 높은 도덕률과 학자적 원칙의 비범한 구현 — 세속적 성공을 통한 야망의 충족을 배제하는 개인적인 고결함과 초연함의 수준 — 이었다. 그들로서는 "[관직에] 나아가기는 어려워도 물러나기는 쉬웠다"(난진이퇴難進易退). 그럼에도 간헐적인 천거에 뒤따르는 하위직 임용(주로 종9품 벼슬인 참봉)은 유난히 높은 위신을 수반했다.[38] "비할 데 없는 재능과 흠결 없는 도덕적 기록"을 지녔음에도 그런 명예를 부여받지 못할 인물, 예컨대 사마시에 입격했지만 "자신의 잠재력을 펼칠 기회를 잡지 못한" 노형망 같은 인물은 당대인들의 동정을 샀다.[39]

이상에서 논의한 안동과 남원의 출계집단들에게, 과거를 치러 관직을 보유하려는 욕구는 16세기 말과 17세기 전반에 가장 강했다. 그 후로는 소속 붕당과 무관하게 중앙에서 성공하는 빈도가 줄어들었고, 농촌 출신의 문과 급제자들이 당상관의 반열에 오르는 일도 극히 드물어졌다. 17세기 중엽에 이르자 그들의 주변화 정도가 이미 눈에 띄게 심해져, 한 서인 고관은 효종이 이런 상황에 관심을 기울이도록 해야 할 의무를 절감했다.

선조 초년에 대해 말씀드리자면, 김우옹과 유성룡은 영남의 선비였고, 박순林淳과 정철은 호남에서 나왔습니다. 나머지는 이루 열거할 수 없는, 초야의 먼 곳에 살고 있던 선비[원사遠士]로서, 이들은 모두 한 시대의 고관이 되었습니다. 하오나 요즈음은 호남이나 영남의 선비가 조정에서 높은 자리에 있다는 말을 듣지 못했습니다. 명문과 우족右族[즉, 벌열]의 성원들이라고 해서 반드시 현명하다고 할 수 없듯이, 초야의 선비라고 하여 어찌 하나같이 재주가 없고 현명하지 못해 등용할 수 없다고 하겠습니까?[40]

상황은 세기말이 가까워질수록 더욱 악화되었다. 존경받던 소론 관리 최석정崔錫鼎은 1696년에 "인재를 등용할 때 우리나라에서는 오로지 사회적 배경(문벌)을 숭상하여 서울사람(경화인)을 앞세우고 시골사람(향인)을 뒤로 미룬다. 이는 참으로 현명한 사람을 쓰는 원칙에 어긋난다"라고 불만을 표했다.[41] 이 인용문이 예시하듯이, 수도에서는 영남이나 호남에 거주하는 사족이 차별받는다는 것은 공공연한 비밀이었다. 관직 임용상의 차별이 문과 시험을 준비하고 있던 '향인'을 좌절시켰을지는 몰라도, 조선 후기에 생원진사시 입격자가 상대적으로 많았다는 것은 소과 합격이 높은 사회적 가치 때문에 일차적으로 중시되었다는 점을 시사한다. 그것은 국가에 의한 엘리트 신분의 공인과 정치적 입신 가능성을 상징적으로 부각시켰다. 그러므로 과거 지망생이 선망의 대상인 '백패白牌'를 손에 넣기 위해 평생에 걸쳐 노력하는 것은 예사였다.[42] 게다가 때로는 실패조차 묘비에 자랑스럽게 기록되었다.

### 지방에서의 정치적 대결

과거 합격과 관직 보유를 통해 국가로부터 신분을 공인받을 전망이 갈수록 흐려지는 현실을 직시하고, 안동과 남원의 사족 엘리트들은 향안에 이름을 올림으로써 향촌 차원에서 자신들의 사회적 특권을 분명하게 표현하고자 했다. 안동과 남원의 향안 수정 역사가 보여주듯이, 엘리트 신분의 입증은 정체성과 위계에 관한 고도로 논쟁적인 담론으로 전환되었다.

### 안동의 사례

19세기 초에, 안동 유향소는 다산 정약용이 탄복할 정도로 여전히 제 역할을 다하고 있었다.

> 오늘날에는 오직 안동부의 엘리트[사대부]만이 향소를 유지하고 있다. 지난 [정조의] 치세 말년에 원장院長 이씨[43]가 좌수로, 전라 감사를 지낸 바 있는 승지承旨 김한동金翰東[44]이 별감으로 추천되었다. 이것이 옛 법이다. 옛날에는 팔도가 모두 그와 같았으나, 후에 [이 법이] 점차 무너졌다. 오직 안동에서만 아직까지 옛 법이 지켜지고 있지만, 그것이 안동에서만 통용되던 특별한 법은 아니다.[45]

정다산이 보기에 18세기 말에 대부분의 다른 지역에서 유향소가 수령 아문의 하찮은 부속기구로 전락했을 때, 안동 유향소의 지도부가 여전히 전직 관리들에 의해 채워지고 있다는 것은 놀라운 사실이었다. 하지만 다산은 향안 입록과 향임의 선발을 둘러싸고 심지어 안동에서도 앞선 150년 동안 치열한 갈등이 있었다는 점은 의식하지 못했던 듯하다.

전후의 안동에서, 유향소의 좌수와 3명의 별감은 여전히 향안의 성원들 중에서 선발되었고, 지방의 수령은 그 명단을 추인하는 미약한 특권만 행사했을 따름이다. 1623년 이후의 불안정한 시대에, 주요 출계집단들 사이의 오랜 경쟁을 유발한 것은 향안의 성원 자격과 유향소에 위임된 향권에 접근하는 방식 사이의 밀접한 관계였다. 1647년에 향안이 수정된 이후, 그것을 개정하려는 수차례의 시도는 입록기준을 둘러싼 끊임없는 언쟁으로 인해 근 30년 동안 번번이 실패했다. 1668년에는 좌수 이설李渫[46]이 개정한 초안이 심각한 불화를 일으킨 끝에 폐기되었다. 나중에 성일의 증손이자 종손인 김규金漥(1602~1684)가 그것을 되살리려 했지만, 이 시도 역시 그의 상당한 개인적 권위에도 불구하고 실패했다. 자세한 것은 알 수 없지만, 이와 김은 분명히 입록기준을 완화하려고 했던 것 같다. 여기에 대응하여 정문보鄭文輔[47]와 유원간柳元幹[48]이 좌수로 있을 때 유포되었던 초안은 다시 기준을 강화한 것으로, 불만을 품은 다수의 지망자가 자신들의 배제에 항의하는 결과를 낳았다. 마침내 '불가피한' 절충이 이루어져 '삼중 입록기준'(삼참三參) — 부계·모계·처계의 흠결 없는 사회적 자격 — 이 입록의 유일한 조건으로 제시된 1677년에, "썩 보기 좋지 않은" 향안이 새로 마련되어 약 192명의 성원을 등재했다. 1647년에 마지막으로 향안이 수찬된 이후 30년이라는 긴 세월이 흘렀기 때문에, 1677년의 향원들은 나이가 너무 많았고, 그래서 오직 백발노인만이 유향소의 실권을 잡게 되었다는 탄식이 흘러나왔다.[49]

1707년에 김규의 손자 김이현金以絃(1653~1719)[50]이 다음 개정을 시도하자 다시 극심한 반대에 부딪혔다. 결국 완화된 입안기준을 재도입한 김의 개정안이 향회의 동의를 얻었고, 새로 받아들인 사람들을 엄밀히 심사하는 것은 불가능한 것으로 밝혀졌기에, 향원의 수가 713명으로 크게 불어났다.[51] 이런 사태의 진전은 일부 세력의 크나큰 불만을 낳았다. 계속된 논란은 이인좌李麟佐의 난(1728)으로 인한 무질서 속에서 더욱 가중되었고,[52] 이런 와중에 다음 개정은 1733년까지 미루어졌다. 이 무렵에는 향임들의 선임마저 몹시 어려워져 더 이상의 연기가 불가하다고 여겨졌다. 더욱이 지방의 수령은 노론이 지방의 문제에 깊이 간섭하는 추세에 힘입어 더 이상 향론이 분열되는 폐단을 지켜보지만은 않겠다고 경고했다. 여러 건의 초안이 무효화된 끝에, 이윽고 1733년에 "시의적절한 상황의 압력"에 의해 원래의 향규에 포함되어 있던 엄격한 입록기준을 선별적으로 폐기하고 김이현의 전안을 일부 반영한 결과, 약 220명의 개인이 입록되었다. 주목할 만한 것은 이 신입 향원들 가운데 일부가 "입록기준에 부응하는 사람"(응참지인應參之人)이라는 새로운 범주로 받아들여졌다는 사실이다. 이 용어가 서얼을 지칭한다는 것은 이 향안의 후기에 분명하게 드러난다. 1748년의 또 다른 향안 수정이 실패한 이후 20년 이상 개정 향안의 수용을 방해한 갈등의 유발요인은 서얼을 입록할 것인가 하는 문제였다.[53]

향록의 수정과 수정 사이에 그토록 긴 공백기가 있었던 만큼, 이전 향안의 성원들 가운데 살아남아 있는 자들의 수는 크게 줄어들었고, 1773년에 이르자 수정이 필요하다는 공감대가 널리 형성되었다. 향로들은 두 가지 향안 모델, 즉 '풍산안'과 '금계안'을 손에 쥐고 있었다. 좀 더 한정적인 1677년의 향안을 가리키는 전자는 입록을 거부당한 사람들의 증오를 불러일으킨바 있었고, 후자인 김이현의 금계안은 좀 더 융통성 있는 입록정책을 취했다. 공적 문제에 '대화합'(광탕廣蕩)의 원칙을 적용해야 한다는 영조의 요청에 고무되어, 대다수의 향로는 결국 금계안에 표를 던졌다. 이렇게 해서 189명의 '정식' 향원과 46명의 '신통新通'이 입록되었다. '신통'은 모두 향안에 입록되기 전에 사망했던 선조들의 한을 풀려는 서얼이었다.[54] 하지만 이 결과도 즉각 금계안에 반대했던 자들의 요란한 항의에 직면하여, 다시 한 번 향안이 파기되었다. 1년 뒤에 1773년 향안의 지지자들은 서얼에게 공적 문제에 대한 발언권을 부여해야 한다는 왕의 하교를 다시 거론하며 반대파를 잠재울 만큼의 표를 확보했다. 하지만 이 전과는 오래가지 않았다. 373명의 향원을 등재한 1774년의 신안新案은 안동에서 작성된 옛 형식의 마지막 향안이 되고 말았다.[55]

향안 입록을 둘러싼 논쟁은 안동의 엘리트들을 거의 200년 동안 혼란의 늪에 빠뜨린 끝에 향안을 역사의 무대에서 사라지게 만들었지만, 그래도 지방 수준에서 이루어지던 사회적 신분 확인의 복합성을 확실하게 조명해준다. 여러 양상이 쉽게 눈에 띈다. 첫째, 향안의 성원권은 계속해서 높은 사회적 지위의 척도로 기능했고, 유향소의 임원들은 향원들 중에서, 그리고 그들에 의해 선정되었다. 따라서 성원권은 향권의 지렛대에 접근하기 위한 선결 조건으로 남아 있었다. 둘째, 향권 보유자들이 향촌 내에서 스스로를 재생산함에 따라 지방 수령들의 개입 가능성은 처음에는 제한적이었다. 그러나 노론이 남인의 영토에 대한 침투를 시도하자(이하에서 논의된다), 덩달아 그들의 간섭도 심해졌다. 셋째, 문제가 된 두 가지 향안 모델 가운데, 하나는 하회의 풍산 유씨(유성룡의 후손)에 의해 발의된 것이고, 다른 하나는 금계의 의성 김씨(김성일의 후손)에 의해 제안된 것이었다. 각자의 지지기반을 가진 이 두 출계집단은 17세기에 지방무대의 주역들로 떠올라 향회의 주도권을 잡기 위해 서로 다투었는데, 김씨 연합의 입록정책이 전통을 중시하는 유씨 연합의 그것에 비해 좀 더 관대했다. 넷째, 핵심 쟁점은 1589년에 명시적으로 배제되었던 서얼에게 성원권을 부여하고 나아가 그들을 잠재적인 향임 후보로 인정할 것인가 말 것인가 하는 문제였다. 도저히 풀 수 없을 것 같던 이 난제에 해법을 제시한 것은 1772년에 나온 영조의 기념비적 선언 — 서얼에게 관직 등용의 문을 열어준 — 이었다.[56] 그렇지만 안동에서는 왕의 과감한 서얼 해방이 찬반 집단의 대결을 촉발했고, 서얼의 지방정치 개입을 반대하는 자들이 승리를 거두어 1774년에 파란만장한 향안 수정의 역사를 종식시켰다.

하지만 1774년의 대결이 유향소의 종말을 의미하지는 않았다. 오히려 소수의 주요 출계집단은 그 조직을 현임 좌수와 별감이 후임을 지명하는 방식의 자족적 기구로 유지했다. 놀랍게도 1776년에서 1906년 사이에 유향소를 책임졌던 좌수 250명과 별감 500명의 이름과 거주지, 임기가 『향청사례등록鄕廳事例謄錄』에 기록되어 있다.[57] 이 인상적인 문헌은 계속해서 안동의 지역적 문제를 주도적으로 처리했던 당대인의 명부로, 여기에는 자기들끼리 번갈아가며 향임을 맡았던 약 25개 출계집단 — 의성 김씨(내앞에 터를 잡은 극일의 후손과 금계에 정착한 성일의 후손), 전주 유씨(내앞에 인접한 박곡朴谷과 무실에 옹기종기 모여 살던), 하회의 풍산 유씨, 그리고 고성 이씨를 비롯한 — 의 대표들이 실려 있다. 향임들 중에는 가끔 생원과 진사도 있었고, 아주 드물게 문과 급제자와 전직 관리도 있었지만, 대부분은 그런 간판이 없는 자들이었고, 일부는 학식과 품행으로 명성을 얻은 인물들이었다. 좌수와 주로 3명인 별감의 임기는 서너 달을 넘기기 어려울 정도로 매우 짧았는데, 이는 유향소 내부에서 권력의 균형이 깨지는 것을 서로 극도로 경계한 결과였을 것이다. 『향청사례등록』이 보여주듯이, 유향소는 순수하게 의례적인 임무를 수행했지만, 강력한 신분 유지 도구로서의 기능도 잃지 않았다. 19세기 후반에 인명록에 공백이 보이는 것은 주요 앙숙인 의성 김씨와 히회 유씨 사이의 끊임없는 경쟁이 종종 향론의 파국적 분열을 야기했다는 증거인 것 같다(12장과 13장에서 상세하게 논할 것이다).[58] 그럼에도 유향소는 외부인의 찬탄을 자아내는 지난날의 진기한 유물로, 대대로 사족의 자존심을 보호하는 배타적인 성역으로 기능했고, 서얼이나 향리 같은 하층 사회집단이 향촌 지배의 이 특권적 기구에 침투하는 것을 성공적으로 막아냈다.

### 남원의 사례

남원 엘리트의 전후 재편은 안동에 비해 훨씬 복잡해 보인다. 이는 전전의 향안이 임진왜란 때 소실되었을 뿐 아니라, 이 지방의 정착사가 유별났기 때문이다. 조선의 첫 두 세기에 남원지방으로 이주하여 이곳의 향권 보유자로 자리를 굳힌 많은 출계집단이 토착 출계집단들을 수적으로 압도했던 것이다. 이에 따른 불균형은 전후 남원에서 작성된 10개 향안의 향원 구성에 분명하게 반영되어 있다. 총 1,726명의 입록 향원 가운데 9퍼센트만이 남원의 토착 출계집단 — 84명의 남원 양씨梁氏, 36명의 남원 양씨楊氏, 18명의 남원 윤씨, 16명의 남원 진씨晉氏 — 에 속했고, 나머지는 모두 '외래자'에 속했다.[59] 이와 같은 세력의 불균형이 장기적인 경쟁관계를 낳아 결국에는 남원의 사회적 무대를 파편화시켰다.

남원 향안[60]의 전후 재구성은 1601년과 1602년, 1603년에 빠르게 이루어졌다. 세 향안은 합쳐서 127명의 향원을 입록했는데, 놀랄 것도 없이 그들은 32개 친족집단 중에서 사회적 우위를 점하고 있던 출계집단, 즉 전주 이씨, 남양 방씨, 창원 정씨, 홍덕 장씨, 삭녕 최씨, 광주 이씨, 남원 양씨梁氏, 순흥 안씨에 속해 있었다. 1607년과 1700년 사이에 여섯 차례의 개정이 있었는데, 그때마다 이름이 추가되었다. 1607년에 53명이, 1623년에 145명이,

1639년에 106명이, 1655년에 219명이, 1679년에 437명이, 그리고 1700년에 641명이 추가되어, 결과적으로 향원의 총수는 1,726명이 되었다. 17세기를 통해 남원의 향안에 등재된 총 58개 출계집단 가운데 43개(75퍼센트가량)가 1623년까지 입록되어,[61] 17세기 초에 남원 엘리트층이 상당히 결속되어 있었음을 보여준다. 이에 못지않게 눈길을 끄는 것은 이미 언급했듯이 과거 급제자와 관직 보유자가 세기의 후반기보다 전반기에 두드러지는 경향이 있어, 1650년경부터는 신입 향원의 약 80퍼센트가 단순히 '유학'[62]으로 기재되어 있는데, 이는 그들의 대부분이 관직을 얻기 위한 경쟁을 포기했음을 뜻하는 것으로 보인다. 하지만 향원의 수가 특정 출계집단의 지역 내 위상을 나타내는 지표라고 보기는 어렵다. 향원의 총수만 따지면 흥덕 장씨가 118명으로 동료들 중에서 으뜸을 차지했지만, 의외로 적은 수자인 28명을 향안에 올려 겨우 19위에 머문 삭녕 최씨 — 모두 최수웅의 후손이다 — 가 이미 예시되었고 이하에서도 예증되듯이, 남원지방에서 훨씬 큰 영향력을 행사했다.[63]

남원 향안의 전후 수정은 쉽지 않은 과정이었다. 1623년에 입록된 저명한 [둔덕의] 이상형은 「완의」에서 1639년에 향안을 개정한 이유를 설명했다. 그는 향임의 선정을 철저하게 감시했던 경재소가 1603년에 철폐된 이후, 수도에서 봉직하고 있던 남원 출신의 관리들(상형 자신을 포함한)이 고향의 문제에 개인적으로 연루되는 것을 천시함으로써, "무지하고 염치없는 [토착인] 무리"에게 "탐욕스럽게 행동하며 향적鄕籍을 입신의 사적 증서로 삼고, [유향소의] 향임을 가문을 일으키는 돈주머니로 여기는" 기회를 제공했다고 개탄했다. 갈등이 일어났고, 향안은 두 번이나 불에 탔다. 그런 사태를 빙지하고자 이웃한 광주에서는 저명한 학자 기대승을 비롯한 뜻있는 자들이 일찌감치 주도권을 잡고 새로운 향규를 만들어 광주를 "삼대[하夏·상商·주周]의 융성함을 재현한 복사판"으로 변모시켰고, 덕분에 광주는 전쟁으로 인한 심각한 파괴를 겪고 난 뒤에도 지역의 사회적 틀을 그대로 유지할 수 있었다. 남원을 위해 비슷한 향규를 작성하고자 했던 이상형은 전직 관리 허항許恒[64]이 그 일을 완수하기 전에 사망했음을 상기했다. 상형은 그 일을 물려받아 지역의 명사들과 폭넓은 협의를 거친 끝에 최연(1603년에 향원이 된 원로로, 1639년에는 고위직에서 물러나 고향에 있던)의 적극적인 도움을 받아 초안을 완성했다.[65]

이상형의 설명에 따르면, 전후의 초기 향안들이 실패한 것은 수도의 관리들과 상의하는 것을 소홀히 하고 사익을 추구하기에 급급했던 지방인들에 의해 작성되고 관리되었기 때문이다. 이와 대조적으로 병 때문에 심양에서 고향으로 돌아온 그는 1639년에 소수의 현직 관리들과 함께 새로운 향규(약속조목約束條目)를 기안했다. 새 향규는 풍헌風憲[66]과 유향소 임원(품관 또는 향임)[67]의 선출절차, 향회의 구성, 향안 입록기준, 분분한 의론議論의 조정방법에 대해 규정했다. 또한 풍헌과 향임의 의무에 관련된 몇 가지 기준을 마련했다. "모든 이에게 널리 알려져 있는"(중소공지衆所共知) 사족 후보자들은 향안에 그대로 기재되었고(직서直書), 다른 자들은 풍헌의 심사와 권점圈點을 통해 입록 여부가 결정되었다. 향임을 뽑을 때도 유사한 방법이 이용되었다. 이상형의 구상은 모든 권한을 풍헌들, 즉 "향론을 지배하는 임원들"(주론지원主論之員)의 재량에 위임하는 것이었다.[68] 1년 뒤인 1640년에 이상형의 초안은 검증을 거친 초기의 모델들[69]에 근거한 20개조의 규약(경진조약庚辰條約)으로 확대되었고, 남원 부사와 전라도 관찰사의 승인을 받았다. 중요한 것은 엄격하게 관리되는 충원체제를 갖춘 이 향규가 수도와 연결된 사족 엘리트에 의해 지배되는 구조화된 권력의 위계를 공동체에 부여했다는 사실이다.[70] 이렇게 해서 사족 엘리트가 향권을 완전히 다시 장악하는 데 성공했다는 사실은 1640년대와 그 이후에 풍헌으로 일한 사람들의 명부에서 분명하게 드러난다. 예컨대 1640년에 2명의 향헌鄉憲 가운데 한 명은 [삭녕] 최상겸崔尙謙(1567~1643)[71]이고, 그를 보좌한 3명의 부헌副憲은 1606년의 무과 급제자이자 전직 안동 판관이던 [장수] 황정직黃廷稷, 1605년의 진사이자 전직 찰방이던 [남양] 방원진房元震(1577~1650), 그리고 전직 수령 최온 ― 16년 뒤에(이 무렵에는 산림 지명자였다) 향헌이 되는 ― 이었다.[72]

하지만 이내 주도적인 사족과 '토착' 향원들 사이에 심각한 갈등이 빚어졌다. 후자는 이상형의 고압적인 입록규정에 반기를 들었고, 1643년에 대안적 개정안을 제출함으로써 요란한 대결을 초래했다. 상황을 진정시키기 위해, 연로한 최연[73]과 몇몇 원로가 자신들만의 개정안을 내놓았다. 그렇지만 "다른 의견을 가진 자들이 여전히 협조하기를 거부했기 때문에" 분노한 최연은 자신의 이름을 향안에서 지워버렸고 이상형도 보조를 같이했다. 이 극적인 의사표시 이후에, 최상겸은 유향소에 동료 몇 명을 소집하여 대안 향안을 불태우고 그것의 작성자들을 "향풍을 교란하고 향안을 모독했다"고 호되게 질책한 다음 그 일부를 향안에서 삭제하고 "나머지를 영원히 추방(영손永損)"했다.[74]

하지만 그 후의 1644년 개정에서, 일찍이 이상형에 의해 구상된 풍헌의 폭넓은 권한은 대폭 축소되고, 일반 향원들이 향안 문제에 더 큰 목소리를 내게 되었다. 더 중요한 것은 새로운 향원들의 입록이 더 이상 '중소공지' 같은 불분명한 근거에 입각해 이루어지지 않았다는 점이다. 대신에 그들은 '이향

二郷' 내지 '삼향三鄕' — 즉 부계, 모계, 그리고/또는 처계 — 이 남원과 관련이 있다는 점을 입증해야만 했다. 이것에 실패하면, 제아무리 '고명한' 인사라 해도 권점을 거쳐야 했다. 이와 같은 입록기준의 재정의는 분명히 남원과의 연관성이 불분명한 사람들, 특히 전직 관리들이 향안을 통해 세력을 장악하는 것을 막기 위한 것이었다. 1645년에 제정된 새로운 규정은 부친과 외삼촌이 이전의 향안에 올라 있는 지망자들만이 직서될 수 있다고 더욱 엄밀하게 명문화했다. 하지만 상당수의 입록 희망자가 도저히 충족할 수 없었던 이런 제한적 규정들이 완벽하게 실행에 옮겨지지는 않았을 것이다.[75]

향안은 해마다 수정되고 확대될 예정이었지만, 1655년이 되어서야 219명의 새로운 향원이 입록되었다. 그 가운데 71명은 직서로, 나머지 148명은 권점을 통해 받아들여졌다.[76] 아무런 직함이 없이 향안에 이름을 올리고자 하는 이들이 갈수록 늘어남에 따라, 입록기준은 계속해서 격렬한 다툼을 유발하고 개정을 지연시켰다. 1679년에 437명이 새로 입록되었을 때, 그들의 대다수는 공식적인 직함이 없는 '유학'을 자칭했다. 분명히 향원들의 면면은 급속하게 바뀌어갔고, 풍헌들과 나머지 향원들 사이의 간극도 점점 벌어졌다.[77]

삭녕 최씨는 계속 향안을 지배했다. 1681년에 문과에 급제한 이후 수도 안팎에서 다양한 관직을 맡았던 계옹啓翁은 '향선생鄕先生' — 현직 관리에게 지방에서 붙여준 명예호칭 — 으로서, 그의 형인 시옹是翁이 1700년에 풍헌들 가운데 한 명으로 일하고 있었던 까닭에 막강한 영향력을 행사했다. 이 형제는 1700년에 620명의 마지막 신입 향원을 입록하는 과정을 주관했는데, 이 시점 이후 향안은 사실상 그 기능을 상실했다. 그럼에도 향원의 위신은 여전히 높아서, 1700년 이후에도 몇 건의 '추록' 요청이 접수되었다. 과거의 오류와 생략을 바로잡는다는 명목으로, 1721년에 17명의 이름이 소급적으로 1700년 향안(경진적추록안庚辰籍追錄案)에 추가되었다.[78]

　　남원의 향안이 1700년에 파치罷置된 이유는 무엇이었을까? 관련 기록이 단편적이고 때로는 모호하지만, 분명한 것은 양립 불가능한 두 세력권―풍헌 직책을 독점하다시피 했던 관리 출신 '외래자'의 후손들과, 풍헌 조직에는 거의 명함을 내밀지 못했지만 (종종 세습적으로) 유향소의 품관을 배출함으로써 지역문제에 상당한 권한을 휘둘렀던 토착 출계집단의 성원들―이 형성되어 있었다는 사실이다. 급속하게 악화되던 양측의 관계를 예고한 초기의 징후는 1644년경에 품관들이 향안의 입록자격을 '토착인의 자제'에게 국한시켜야 한다고 요구한 것이었다. 지역의 권력 균형을 교란한 또 다른 요인은 외부적인 것이었다. 품관을 뽑는 권한이 지방의 수령에게 이관되었는데(이하에서 상세하게 논할 것이다), 이 변화는 풍헌들로부터 향권 장악의 중요한 수단을 박탈했을 뿐 아니라, 그들의 눈에는 품관직 수행의 격을 낮추는 것으로 비쳤다. 더욱이 1654년에는 남원이 전라도 3대 진영鎭營의 한 곳으로 지정됨에 따라,[79] 유향소가 군사적 책임까지 떠맡게 되었다. 사족은 그런 임무를 '고역苦役'이라 여겨 더 이상 품관이 되려 하지 않았고, 그 일을 지방인들에게 넘겼다. 하지만 품관이 되기 위해 향안 입록을 요구하던 지방인들은 사족에 의해 '이익을 좇는 무리'로 무시당했고, 종종 권점을 통해 탈락했다. 1677년에 풍헌들 가운데 한 명으로 일하고 있던 이상형의 아들 이문재는 지역 사정에 어두운 수령이 품관들(향리들과 한패가 되어 걸핏하면 백성을 수탈하던)의 편만 드는 탓에 향론이 갈수록 왜곡되는 세태를 개탄했다. 문재가 안타까

위한 것은 이런 식으로 향속을 지키는 임무를 내팽개친 그들이 일반적인 기대와 달리 더 이상 수령을 보좌하지도 않았다는 사실이다.[80] 한편 [흥덕] 장업張懼은 향안 성원권을 신청했을 때 품관들이 감내해야 했던 상이한, 때로는 차별적인 대우를 위기의 근원으로 진단했다.[81]

향촌의 지배권이 사족의 손에서 빠져나가는 위기를 맞아, 노령의 최시옹은 1712년에 남원의 부사에게 호소하는 최후의 노력을 경주했다. 신랄한 어조의 편지에서, 그는 유향소 품관과 향리의 결탁을 비판했고, 품관은 다시 '공동체 전체'(수령 혼자가 아닌)에 의해 선정되어야 한다고 요구했다. 또한 징세와 같은 중요한 경제적 문제는 엘리트가 주도하는 향약에 다시 맡겨야 부패를 방지하고 더 이상의 '향풍 타락'을 막을 수 있다고 강변했다.[82] 하지만 최의 탄원은 너무 때늦었고, 1700년 무렵에는 이미 구질서가 회복 불가능할 정도로 무너졌다는 사실과 기이할 정도로 동떨어져 있었다.

요컨대 향안 질서의 해체는 신분의 주장과 유지, 향촌 지배권을 얻기 위한 경쟁, 그리고 의심의 여지없이 경제적 자원의 통제를 둘러싼 각축이 복합적으로 작용한 결과였다. 사족과 지방 출계집단 사이의 골이 깊어짐에 따라, 남원의 상류사회는 사족과 향족 — 유향소의 품관은 종종 이런 경멸적인 호칭으로 불렸다 — 으로 갈라지게 되었다. 후자는 지방에서 여전히 양반으로 인정받았지만, 그럼에도 사족과 향족은 별개의 사회적·정치적 기능을 갖는 두 집단으로 간주되기에 이르렀다. 이상형이 기술했던 과거의 상황,[83] 즉 승지의 아들이 유향소의 좌수 역할을 맡고 좌수의 딸이 경관京官의 아내가 되던 시절은 확실하게 막을 내렸다. 18세기 초에 이르자 남원의 지역사회를 관통하는 경계선이 설정되어, 향족[84]은 사족으로부터 확연하게 분리되었다.

하지만 1700년의 향안 파치는 여파를 남겼다. 안동에서 그랬듯이, 사족 풍헌 일부가 성원의 수를 대폭 줄인 독자적인 명부인 직월안直月案[85]을 만들기로 결정했는데, 이는 노령에도 여전히 엘리트 지배를 끈질기게 옹호하던 최시옹이 분명히 좋아했을 법한 시도였다.[86] 1726년에 작성된 일련의 새로운 규정에 따르면, 주된 입록요건은 공인된 사회적 배경, 학문적 능력, 흠결 없는 행실이었고, 새로운 성원은 현임 풍헌들의 추천에 의해 선정되었다. 이 향규는 간혹 개정되었지만, 19세기 후반에는 사족층의 의견도 점차 합치되지 않아 결국 1896년에 폐기되었다. 놀랄 것도 없이 17세기를 지배했던 친족 집단들 — 전주 이씨, 경주 김씨, 삭녕 최씨, 풍천 노씨 — 이 계속해서 직월안을 가득 메웠지만, 불완전한 형태의 이 안은 엘리트의 옛 위세를 상징적으로 상기시켰을 따름이다.[87] 이와 비슷하게 계속해서 유향소의 향임직을 차지하고 있던 향족도 자신들의 독자적인 명부인 좌수안과 별감안을 만들기 시작했다.[88] 이 세 가지 독립적인 대체 향안에 반영된, 새로 나타난 등급화된 신분질서는 조선 후기 남원의 정치적 영향력과 사회적 존망尊望을 정의하게 되었다.

남원에서 진행된 지역사회의 점진적 분화는 18세기에 이르러 대부분의 농촌 공동체에서 발견되던 공통된 현상이었다. 예컨대 이중환은 "품관과 사대부[즉, 사족]는 모두 양반이라 불리지만, 품관은 일층 一層을, 사대부는 또 다른 층을 구성한다"[89]라고 적었다. 이중환이 '층'이라는 표현을 써서 그들을 위계적으로 등급화하는 것을 피하고자 했다면, 정다산은 훗날 둘 사이에 미묘한 경계선을 그으면서도 사회를 '귀貴'와 '천賤'으로 등급화(변등辨等)할 때, 품관을 귀한 계층에 포함시켰다. "향승鄕丞은 비록 정규 관리는 아니지만, 각자의 고을에서 대대로 지방 수령의 통치를 보좌하므로, 그들은 [고대의 작은 나라인] 등縢과 서薛의 대부大夫와 같다. 천인들은 마땅히 그들에게 적절한 예를 갖추어야 한다."[90] 이중환과 정다산은 조선 후기에 심각한 균열이 각기 다른 방향으로 — 안동에서는 횡적으로, 남원에서는 종적으로 — 지방사회를 관류했다는 사실을 인식했다.

### 국가의 향촌 침투

재지 사족은 공동체를 확실하게 장악하고 관의 개입이나 도움 없이 영향력 회복을 도모하며 17세기를 시작했지만, 1623년 이후 그들은 갈수록 중앙에서 소외당했을 뿐 아니라, 향안의 거듭되는 개정에서 입증되듯이 점점 경쟁적으로 변하는 공동체 생활의 새로운 국면에 접어들었다. 이와 동시에 중앙정부는 농촌지방에서 극도로 손상된 이미지를 쇄신하려는 결연한 노력을 기울였고, 행정적 권한을 마을 수준까지 확대하는 것을 목표로 한 몇 건의 입법조치를 통해 지역문제에 관한 항구적인 주도권을 얻고자 했다. 국가의 향촌 침투는 느리게 진행되었지만, 결국에는 토지와 백성에 대한 재지 사족의 통제권을 결정적으로 침해했다.

전쟁 직후에 경지를 측량하고 인구를 파악하려는 시도가 실패로 돌아간 이후, 정부는 1634~1635년에 전국에서 가장 넓고 비옥한 농경지가 있는 하삼도 — 경상도, 전라도, 충청도 — 에서 새로운 양전 사업을 실시했다. 이 노력의 첫 단계는 과세대상 토지를 확보하고 제방과 수로, 관개시설 같은 농업기반시설을 재건하는 것이었다. 나아가 도의 관찰사와 지방의 수령들에게는

"효성, 우애, 공경, 충순"(효우경순孝友敬順) 같은 핵심가치를 함양하는 향약을 실시함으로써 '민심'을 회복하라는 지시가 떨어졌다.[91] 1634년의 양전은 17세기의 유일한 토지조사였고, 그다음에 이루어진 1719~1720년 양전은 왕조의 마지막 토지조사 사업이었다.

하지만 국가가 후원한 지방 복구는 이내 군사력 강화 프로그램으로 전환되었다. 1654년에 응징적인 북벌을 개시한다는 생각에 부푼 효종은 영장사목營將事目을 반포하여 정규군을 지방에서 모집한 속오군束伍軍으로 강화하고자 했다. 더욱이 유향소는 병사들을 훈련시킬 무기를 조달하는 책임을 맡았다.[92] 효종의 계획은 거의 실패한 것으로 판명되었다. 군사적 측면에서도 현실성이 없던 그 계획을 땅도 없고 자연재해로 상처받고 전쟁으로 궁핍해져갈수록 생활이 불안정해지고 있던 지방주민들을 상대로 그것을 추진하는 것은 불가능했기 때문이다. 그 결과 호적의 정비가 선결과제라는 인식이 확산되었다.[93]

이 문제를 간파한 남인의 대표적인 논객 윤휴는 젊은 숙종에게 오가작통법五家作統法을 재도입하라고 촉구했다. 자신이 『주례』에서 발견한 '개혁'의 고전적 모델에 고무되어, 윤휴는 "우리나라에는 정착에 관한 법(토착법土著法)이 없으므로, 백성이 새나 짐승처럼 떠돌아다닌다"라고 개탄했다. 그런 까닭에 인구조사와 요역 징발이 효율적이지 못하다는 것이었다.[94] 대부분의 농촌인구를 호적에 올리고 감시하는 것 외에도, 새로운 법은 농업생산을 장려하고 도덕적 재무장을 촉진하기 위한 것이었다. 윤휴의 제안은 사실은 왕조의 개창기에 시도했다가 실패했던 초기의 모델을 되살린 것으로,[95] 초낭석(즉, 남인과 서인의) 지지를 얻어 21개조로 작성되었다. 이 법안에 따라 다섯 가구(호戶)[96]가 한 '통統'을 이루었고, 여러 통이 소小·중中·대大의 행정마을(리里)로 묶였으며, 각 마을에는 이정里正이 있었다.[97] 마을들은 다시 도윤都尹과 부윤副尹에 의해 다스려지는 크고 작은 면面[98]으로 통합되었다. 지방의 수령들이 면과 리의 수장직에도 신분이 낮은 자를 뽑을 수밖에 없는 현실을 우려하여, 오가작통법은 그런 의무를 기피하는 자들은 도배徒配라는 극한 형벌로 다스리겠다고 위협함으로써 "권위 있고 영향력 있는" 인물들(심지어 문무의 음직蔭職을 지낸 자들)을 차출하고자 노력했다. 또한 새 법안은 향약의 교훈적 특성을 활용하여, 오가로 묶여 있는 마을사람들에게 혼례와 상례에 서로 돕고, 좋은 일은 권면하고 나쁜 일은 경계하며, 마을의 화합을 도모하라고 촉구했다. 나아가 마을주민들의 이동을 제한하기 위한 신분증(지패紙牌 또는 호패戶牌)의 발급을 예고했다.[99]

분명히 오가작통법은 국가가 농촌의 마을과 가구에 대한 통제권을 확대하고 강화하기 위해 시행한 대단히 영향력 있는 정책이었다. 1711년에 그 법은 양역변통절목良役變通節目으로, 1712년에는 이정법里定法으로 보완되었는데, 둘 다 세금의 징수와 병사의 충원을 더욱 체계화하기 위해 고안된 것이었다. 이후 세금이 (더 이상 개인이 아니라) 행정마을에 공동으로 부과됨에 따라, 각 이정은 토지세를 산정하고 징수하며, 요역을 할당하고, 수령의 지시를 전달하며, 공공질서를 유지하고, 인구자료를 수집하는 책임을 졌다. 나아가 범죄를 조사하고, 지역의 분쟁을 일차적으로 판결하고, 군역세를 부과하는(이 무렵에 대부분의 장정은 현역 복무보다는 군포軍布 납부를 선호했으므로) 역할도 맡아야 했다.[100] 행정마을은 이런 식으로 국가 세제의 재정적 기반이 되었지만, 차후의 입법이 시사하듯이 지방의 세금이 수도까지 운송되는 과정에는 문제가 많았다. 하지만 가장 심각한 것은 그 제도를 밑바닥에서 관리할 사람들을 선발하는 문제였다.

정부는 재지 사족에 대한 수령의 권한을 강화하려고 노력했지만, 놀랍게도 지역문제에 너무 깊이 개입한다는 이유로 1603년에 경재소를 폐쇄했을 때에도 유향소는 철폐하지 않았다. 대신에 정부는 유향소를 수령 관아의 부속기구(작청作廳)로 만들었고, 향임을 지명하는 사족의 권한은 수령의 손에 넘겼다. 이렇게 해서 지역문제를 좌우할 힘을 박탈당한 사족은 처벌을 받는 것보다 지방의 구실아치로 전락하는 것을 더욱 두려워했기에 유향소의 향임직을 회피하기 시작했다. 결과적으로 수령은 그 자리를 사회적 출신과 동기가 의심스러운 자들, 즉 하급 향리, 서얼, 심지어 노비에게 맡길 수밖에 없었다. 이런 식의 사태 진전이 논란을 불러일으킨 끝에 여러 지역의 향안 작성이 중단되었던 것이다. 나아가 수령이 한 임지에서 법정 임기[101]를 채우는 경우가 거의 없었다는 사실도 그가 지방의 수하들에게 과도하게 의존할 수밖에 없었던 이유였다. 안동 부사 이봉익李鳳翼은 대표적인 예였다. 그는 '고을을 다스리는 일'(관사官事)에 대해 아는 바가 전혀 없어 대부분의 문서를 아전(하리下吏)에게 맡겼다는 이유로 파직되었다.[102] 향청은 결국 수령 관아의 경내로 옮겨졌고, 18세기 중엽에는 유향소의 품관들이 녹봉을 받는 하급 벼슬아치가 되었다.[103]

농촌 행정의 점증하는 복합성과 엉성하게 규정된 관리 책임은 곧바로 변칙과 갈등으로 이어졌고, 17세기 말에 이르면 대부분의 유향소는 현실을 직시한 한 상소지에 의해 "당대 3대 민폐의 하나"라고 불릴 만큼 이미 타락했다. 지방의 행정은 "향리와 세력이 강한 유향품관(호강품관豪强品官)"의 수중에 들어갔다.[104] 19세기 초에 정다산은 지방의 실정을 다음과 같이 묘사했다.

지난 100년 동안 작록(爵祿)이 벽지까지 미치지 않아, 옛 사대부의 자손은 가세가 기울어 더 이상 체면치레도 못할 만큼 영락했다. [이를 기화로] 토족土族이 실권을 잡아 온갖 계책으로 그들을 모함하여 대대로 억눌러왔던 수모를 갚으려 한다. 새로 부임한 수령은 모 고을의 어느 가문 — 원래 대족大族이었던 — 을 '무단武斷'이라고 헐뜯는 토족의 헛소리를 믿는다. 그런 터무니없는 말에만 귀를 기울여 그 가문을 억압하는 것은 잘못이 아니겠는가? [사회적 등급]을 분별(별등別等)하기 위해서라도, 귀족을 모욕하고 음해하는 토족은 엄단해야 마땅할 것이다.[105]

정다산의 분석은 농촌지방을 이해 상충의 장으로 바꿔놓고 있던 양면적인 사회정치적 변화를 잘 요약하고 있다. 한편으로 권력의 수도 집중은 갈수록 많은 수의 재지 사족으로부터 경관직 보유의 기회를 박탈함으로써 그들의 사회적 지위를 하락시키고 경제적 궁핍을 초래했다. 다른 한편으로 행정적 과업이 증가함에 따라 수령은 과중한 업무 부담에 시달렸지만, 유향소에서 발을 뺀 재지 사족이 비협조적인 존재로 간주되어 '무단 또는 토호'라고 폄하되는 상황에서[106] 그는 무능한 보좌진에 의존할 수밖에 없었다. 이것이 그야말로 긴장과 갈등에 휩싸인 지방의 광경이었다.

이런 변화가 안동과 남원의 사족에게는 어떤 영향을 미쳤을까? 다섯 가구가 모든 행정적 기능(호적 작성, 조세 징수, 부역과 군역의 부과)을 위한 기본적인 사회경제적 단위로 만들어졌다는 점에서, 두 지방의 농촌 공간은 극적으로 재편되었다. 조선 초기의 '군현제郡縣制'는 각 도를 너무 크거나 너무 다양한 행정구역으로 느슨하게 나누었던 탓에, 모든 가구는 말할 것도 없고 크고 작은 모든 마을도 포섭하지 못했다. 이런 점을 감안하여 오가작통법에 의해 입법화된 '면리제面里制'는 지역의 구분을 표준화하여 농촌 전역을 세분화된 행정편제에 편입시키기 위해 고안되었다.

이 입법이 안동에 미친 영향은 『영가지』의 지역 구분과 1789년의 『호구총수戶口總數』에 실린 자료를 비교함으로써 측정할 수 있다. 안동부는 16세기 초에 8개의 속현과 2개의 부곡으로 구성되어 있었는데, 1789년에는 총 236개의 행정마을(리)로 이루어진 25개의 면으로 재편되었다. 안동 주읍은 9개의 면 ─ 중앙의 성읍과 그것을 동서남북으로 둘러싼 8개의 면[107] ─ 으로 나뉘었다. 임하현과 풍산현은 각각 5개와 4개의 면으로 새롭게 조직되었다. 부곡 가운데 하나인 개단皆丹은 없어졌고, 소천小川은 나머지 네 현과 함께 면으로 변모되었다. 대부분의 자연마을(촌)은 행정마을로 흡수되었다. 예컨대 임하현의 57개 촌村은 41개 리里로 재조직되었다. 새로 면이 된 변경의 구 속현 길안吉安과 일직一直 두 곳에서만 마을의 수가 사실상 증가했는데, 이는 틀림없이 왕성한 토지개간과 인구증가의 결과였을 것이다. 유력한 사족의 주거지인 내앞과 하회는 정부가 강요한 변화를 이겨내고 원래의 모습을 간직한채 행정마을로 이름만 바꿈으로써, 토지자산은 물론이고 양인(소작인) 거주지에 대한 통제권도 보전했다.[108]

새로운 지방행정제도는 남원의 변화에도 영향을 주었다. 1789년에 둔덕방屯德坊에 속한 것으로 열거된 8개 행정마을 가운데, 예컨대 둔딕 이씨의 오랜 터전이었던 동촌東村은 신기하게도 보이지 않는다. 심지어 역사적으로 동촌과 방축防築, 우번牛繙 세 곳을 아울렀던 더 넓은 둔덕리의 이름도 나오지 않는다. 이 명백한 생략의 이유를 설명하기는 어렵지만,[109] 아마도 그것은 인구가 밀집된 그 지역의 경계를 그대로 유지하려 했던 사족의 고집과 관련이 있을 것 같다.

더욱이 둔덕은 오가작통법의 일관성 없는 적용을 보여주는 놀랄 만한 사례를 제시한다. 그 법은 호주戶主의 사회경제적 신분과 무관하게 이웃한 가구들을 묶어서 등록하게 했지만, 19세기 후반에 둔덕에서 연달아 작성된 세 건의 호적은 등록이 상당히 자의적으로 이루어졌음을 말해준다. 통과 호에 매겨진 번호가 호적마다 달랐고, 일부 가구는 호적대장상에서 사라졌으며, 작통作統도 가좌순家坐順에 따른 것이 아니라 일정한 패턴 없이 동네에 따라, 심지어 한 동네 안에서도 주먹구구식으로 이루어졌다.[110] 이런 불일치는 다른 지역에서도 관찰되었고, 19세기에 한정된 것도 아니었다.[111] 호적상의 일관성 결여가 거주지의 변동에서 비롯되었을 가능성은 희박하므로, 그것은 사족이 제도에 저항하고 제도를 악용한 결과라고 보는 것이 옳을 것이다. 오가작통 제도는 농촌지방보다는 도시적 공간에서 훨씬 성공적으로 적용되었다. 전자의 경우 크고 작은 동네가 광범위한 지역에 흩어져 있었고, 그곳에 거주하고 있던 재지 사족이 자신들의 사회적·경제적 이익에 반해 정부가 일방적으로 설정한 행정적 경계를 인정하려 하지 않았기 때문이다.

그럼에도 오가작통제는 호적 편찬의 제도적 기반이 되었다. 3년에 한번씩 각 가구는 호구단자戶口單子를 제출해야 했고, 이 문서에 호주는 이름, 직역職役, 나이, 본관, 사조四祖를 기재해야 했다. 아내가 있는 경우에는 그녀와 그녀의 조상에 대한 동일한 정보를 제공했고, 둘 사이에서 태어난 자녀와 기타 식솔의 이름과 나이, 직역도 기록했다. 노비의 이름과 나이는 본문 끝에 따로 기재되었다. 이 문서들은 거주단위별로 검토되고 수집되어 지방의 수령에게 제출되고, 수령은 이를 기초로 관할구역의 호적대장을 개수改修했다. 요컨대 호적은 국가에 대한 가구의 의무를 정의했다.[112] 그러나 그것은 국가가 재지 사족을 감시하는 도구이기도 했다. 사족은 부역과 군역을 면제받으려면 의무적으로 호적에 등록해야 했다. 더욱 중요한 사실은『속대전』에 포함된 새로운 법령에 따라 '수도 바깥'(외방外邦)의 과거 지망생은 호적에 등록되어 있어야(따라서 사회적 배경에 대한 적절한 확인이 가능해야) 과장科場에 입장할 수 있었다는 것이다. 그렇지만 가혹한 처벌의 경고에도 축소신고와 조사회피, 문서위조가 흔했고(19세기에는 극적으로 증가했다), 이런 사실은 인구 및 경제 동향의 파악을 위한 신뢰도 있는 문서적 근거가 되어야 할 호적의 가치를 떨어뜨렸다.[113]

왕조의 후반기에 농촌지방에서는 국가의 대리인으로 성에 둘러싸인 관청 소재지에서 수하들과 거주하며 '성주城主'라고도 불리던 수령과, 유향소를 통해 권력과 사회적 인정을 얻으려고 애쓰던 다양한 부류의 하층 집단, 그리고 걸핏하면 '토호'라는 비방을 듣던 탓에 관청으로부터 일정한 거리를 유지하며 자신들의 마을에서 은인자중하던 사족 엘리트 사이의 경쟁이 갈수록 격화되었다.

요약하자면, 이 장은 17세기에 재지 사족이 직면하게 되었던 갖가지 새로운 도전을 살펴보았다. 사실 재지 사족에게 이 세기는 중대한 변화의 시기였다. 그들은 한편으로는 중앙으로부터 갈수록 소외당하는 고통을 겪었고,

다른 한편으로는 국가가 농촌지방에 대한 통제를 강화하는 과정에서 압력에 시달렸다. 고귀한 사회적 신분을 국가로부터 공인받는 주요 수단인 과거 급제와 중앙정부의 관직 보유가 어려워지자, 향안의 성원권이 과거 급제 없이 사회적 우위를 인정받는 결정적인 대안으로 그 어느 때보다 중요한 의미를 획득했다. 하지만 사회정치적 도구인 향안의 기능을 그런 식으로 과용한 것은 안동과 남원뿐 아니라 다른 지역에서도 향안이 최종적으로 파치되는 결과를 초래했다. 실제로 향안이 개정될 때마다 입록기준이 바뀌면서 양반이라는 신분의 정의는 경합의 문제로 변질되었고, 이에 따라 지방의 신분질서가 흔들렸다. 이런 사태의 진전은 국가가 지방까지 권한을 확대하면서, 본인들이 향리의 지위로 전락하는 것을 두려워한 재지 사족으로 하여금 새로운 질서에 참여하기를 주저하게 만든 것과도 무관하지 않았다. 이런 상황에서 자신들의 사회적 특권을 지키기 위해, 재지 사족은 종족 조직을 구축하여 본인들의 마을을 사족의 정체성을 나타내는 특유의 표지로 삼았는데, 여기에 대해서는 다음 장에서 논의할 것이다.

# 11장 〉〉〉 종족제도의 성숙: 정체성과 지역성

한편으로는 중앙으로부터 갈수록 소외당하고 다른 한편으로는 무능하지만 결코 간섭을 멈추지 않는 국가의 압력에 시달리면서 엘리트 신분을 유지하기가 어려워지자, '향촌의 양반'(향반鄕班)은 점차 '지역주의 전략'에 기대어 본인들의 사회적 지위를 공고히 하고 향촌 지배권을 지키고자 노력했다. 그들이 구사한 가장 효과적인 장기 전략은 종족제도의 체계화와 강화였고, 이 제도는 17세기에 성숙한 단계에 접어들었다. 종족의 구축은 부계친의 의례적 구조화와 공유재산의 형성만 수반한 것이 아니었다. 조상숭배의 통합력에 힘입어, 사족 종족은 처음에는 지역적 차원에서, 나중에는 초지역적 차원에서 집단의 정체성을 뒷받침하고 친족 연결망을 만들어냈으며, 이를 통해 지방의 경쟁자들 사이에서, 또 국가와의 관계에서 자신의 위상을 강화해나갔다.


## 승중자의 입지 강화

　　8장에서 논의했듯이, 17세기에 소수의 의례 선구자는 『가례』라는 정전의 규정에 바탕을 두고 장자들에게 종손으로서의 의무를 완수하는 데 필요한 별도의 상속분을 떼어줌으로써 그들을 우대하기 시작했다. 이는 종족의식의 출현을 알리는 징후이자 친족조직의 표준적 규정에 대한 치밀한 독해의 산물로, 마침내 완전한 부계제가 형성되는 계기가 되었다. 17세기와 18세기 초에 본서에서 '당내'라 불리는 조직이 확립되는 과정을 추적하는 데 필요한 문서적 증거는 단편적이지만, 대종大宗을 종족 이데올로기의 핵심요소로 강조한 신유학 사상이 점차 폭넓게 받아들여졌고, 이미 주장한 바와 같이 종손 우대가 경제적 고려에 의해서도 촉진되었다는 점만은 확실하다. 토지의 분할 상속은 상속인 개인의 경제적 입지를 위태롭게 했을 뿐 아니라 친족의 결속마저 해쳤으므로, 조상을 받든다는 명분을 앞세워 일정 규모의 토지를 종족의 공유재산으로 묶어놓는 것이 사족의 신분과 위신을 유지하기 위한 필수요건이 되었다. 이와 같이 종족의 구축lineage building은 의례적·이데올로기적·경제적 숙고의 미묘한 상호작용에서 비롯되었다.

　　분재기의 '봉사조'에 기록된, 의례를 위해 따로 떼어둔 토지의 규모 — 주희는 상속재산의 5분의 1이라고 규정했다 — 는 당내의 발달 수준을 가늠하는 잣대가 될 수 있다. 실제로 제사의 정기적인 봉행은 일정한 수입원 없이는 불가능하므로, 결국 한 친족집단이 유교식 의례에 얼마나 충실할 수 있는가를 결정한 것은 토지의 관리였다. 어느 시기에 어느 정도의 토지가 '제사' 명목으로 책정되었는지를 일반화할 수는 없지만, 조상을 위한 공동재산 *ancestral trust*은 역설적으로 분할 상속이 토지자산의 감소를 유발한다는 위기의식에 비례하여 증가했던 것으로 보인다.

퇴계 손자/손녀들의 상속지분을 기록한 1611년의 문서에서는, 종손의 정상적인 몫인 토지의 4분의 1과 노비의 8분의 1이 봉사위로 설정되었다. 종손이 퇴계의 불천위 제사와 묘제까지 모셔야 한다는 사실을 감안하면, 적은 몫이었다[1]. 1627년의 분재를 상세하게 기록한 또 다른 문서에서는, '법정분' 5분의 1에 해당하는 봉사조가 너무 적은 것으로 간주되어 2배로 늘어났다. 게다가 별도의 묘전墓田과 노비들이 부모와 조부모, 증조부모의 묘제를 재정적으로 뒷받침하기 위한 몫으로 책정되었다. 그리고 이 자원들은 절대로 분할하거나 매각하지 말고 종손에 의해 대대로 전해져야 한다고 명시되었다.[2] 이런 훈계가 반드시 필요했던 까닭은 토지의 경우 시간이 흐르면서 그 의례적 용도가 불분명해져서 이익 다툼의 대상이 되기 십상이었기 때문이다. 한편 1671년에 예안 이씨의 한 형제집단은 부모의 기제를 계속 운행하기로 결정했다. 게다가 여전히 묘제를 선호한 그들은 상속받은 토지의 일부를 부모 묘전으로 떼어놓고, 오래된 묘산墓山에 비석을 세우고 재실을 짓는 비용을 공동으로 부담했다.[3]

상기한 문서들은 순전히 의례적인 고려가 승중자의 경제적 입지를 강화한 것처럼 보이게 하지만, 궁극적으로 유산이 승중자에 의해 관리되는 공동재산으로 바뀌는 현상을 촉진한 것은 당대의 경제적 현실이었다. 경제적 자산이 줄어드는 것에 대한 우려가 커짐에 따라 재산을 나누어 갖는 가족원의 수를 줄여야 할 필요성이 제기되었고, 의례가 이런 과정을 합리화하는 데 일조했던 것이다. 8장에서 이미 살펴보았듯이, [안동] 권래를 비롯한 걱정 많은 아버지들은 시집간 딸에게 동일한 몫을 주는 것이 정당한가에 의문을 품기 시작했다. 처가거주혼妻家居住婚, *uxorilocal marriage*이 점차 사라지면서 혼인한 뒤에 집을 떠난 딸들은 결국 본가의 의례 문제에 관심을 잃게 된다고 생각했던 것이다. 1688년에 작성된 재령 이씨 분재기의 서두에도 비슷한 사고방식이 드러난다. 이 별급문기에서 이해李楷(1618~1661)[4]의 미망인은 다른 행정구역에 살고 있는 외동딸이 제사의 윤행에 참여하기 어려워하므로, 그녀에게 자기 몫의 노비는 주되 땅은 조금만 주겠다고 선언했다. 실제로 그녀는 5명의 오빠/남동생과 똑같이 7명의 노비를 받았지만, 토지는 그들 몫의 절반가량만 받았다. 이 문서는 또한 딸에게 부친의 기제에 동참하는 것은 포기했어도, 봄과 가을의 묘제에는 계속 참석하라고 당부했다.[5] 분명한 것은 의례적 역할이 줄어들거나 완전히 사라지면서, 출가한 딸들이 세습재산의 상속권을 박탈당하고 있었다는 사실이다.

18세기에는 제사를 위해 떼어두는 자산이 급속하게 증가했다. [의성] 김복일의 현손인 신기信基(1651~?)의 수결이 들어간 1719년의 화회문기는 봉사조가 총유산의 절반을 상회하기 시작했음을 보여주는데, 이는 선친이 구두로 유언한 것보다 훨씬 많은 몫이었다. 봉사용 토지를 그대로 간직하기 위해, 문서의 서두는 그때까지 외가의 조부모와 증조부모의 제사에 사용되었던 토지는 그 제사가 중단된 뒤에도 상속자들에게 재분배되지 않을 것이라고 못 박았다. 하지만 부모가 남긴 땅(노비는 모두 도망쳤다)은 아들과 딸들에게 균분되었다.[6] 이와 유사하게 80세 되던 해인 1735년에 자신의 계후자繼後子

에게 쓴 허여문기에서, 김수일의 6대손은 부모와 조부모, 사망한 아들의 제사를 위해 책정된 토지의 규모를 구체적으로 명시했다. 그 총합은 계후자에게 남긴 몫보다 5분의 1가량 많았다. 자산의 급격한 감소를 우려한 늙은 부친은 제사를 간소하게 지내되, 봄과 가을에 산소를 찾아 배소拜掃하는 것은 잊지 말아야 한다고 당부했다.[7] 1745년에 김성일 6대손의 아내가 아들 6명과 딸 3명에 대한 분재를 주관했을 때, 봉사조가 총 상속유산의 약 절반이었기에, 아들들에게는 한 결 남짓한 땅이 돌아갔다. 딸 3명에게는 남자형제들이 받은 몫의 일부만이 돌아갔고, 가장이 생전에 획득한 토지는 모두 종가의 몫이 되었다.[8]

안필창安必昌(1673~1732)이 1732년에 장남인 정서井瑞(1705~1765; 의성 김씨와 혼인)에게 훈시한 내용은 의례용 자산을 장남에게 위임된 불가침의 재산으로 집중시킨 오랜 과정의 결정판이라고 볼 수 있다. 이 아버지는 여러 대의 선조를 모시는 제사를 재정적으로 뒷받침하기에는 토지가 부족했으므로, 종가의 경제적 입지를 개선하기 위해 자신이 '원근의' 전답을 마련하여 보냈노라고 적고 있다. 또한 "'종가를 풍요롭게 해야 한다'는 깊은 뜻을 인식하여, 조상이 내게 물려주신 재산은 오직 너(장자)에게만 준다. 빈곤한 지손支孫과 더 이상 제사를 윤행하지 말고, 종가가 대대손손 제사를 책임지도록 하라"라고 덧붙였다. 노비도 같은 방식으로 처분되었다. 아버지는 상속을 받지 못한 다른 아들들의 생계는 승중자의 재량에 맡겼다. 만일 나중에라도 승중자가 이런 조상의 자산을 매각한다면, 자손들은 그를 '불효'로 관가에 고발하라는 충고도 잊지 않았다. 아버지는 마지막으로 딸들에게는 15마지기의 땅값에 해당하는 돈을 지급할 테니, 그 돈으로 각자가 거주하는 곳에서 땅을 사라고 일렀다. 그러고 나서 9대까지 거슬러 올라가는 조상들을 모시기 위해 마련된 제위조祭位條와 묘위조墓位條를 열거했다. 이 문서를 작성한 사람(집필執筆)은 문장門長(문중의 장)이었다.[9]

본계의 장남이 출계집단의 주제자主祭者로 자리를 굳힘에 따라, 제사의 윤행은 점차 사라져갔다. 따라서 1744년에 고성 이씨가 부모의 기제를 제한된 기간 동안이나마 다시 윤행하기로 한 것은 상당히 독특한 현상이었다. 이것은 증조모의 유언에 따른 것으로, 반대에 부딪힌 유언도 의례적 규범이 된 것을 뒤엎을 수 있는 힘을 여전히 가지고 있었다는 증거였다. 그렇지만 이런 예외적인 상황 속에서도, 봉사용 공유재산은 부모의 유산에서 따로 떼어두었고, 종손은 주제자의 역할을 했으며, 딸들은 윤회봉사에서 명시적으로 배제되었다.[10]

종손에 의해 관리되는 공유재산의 출현은 물론 안동에만 나타난 특이한 현상은 아니었다. 남원에서도 똑같은 일이 일어났다. 이곳에서는 분재기의 서두에 상속분을 명시적으로 규정하는 것보다는, 부모가 살아 있는 동안 종손에게 별급하는 것이 그의 경제적 입지를 강화하는 우선적인 방식이었던 것으로 보인다. 둔덕 이씨가 남긴 8종의 별급문기 가운데 5종이 오직 승중자인 장자에 대해서만 언급하고 있다는 사실은 둔덕 이씨의 첨예한 출계의식을 보여준다. 이엽李曄은 1609년에 장자인 이유형李惟馨에게 자신의 별급을 다음과 같이 설명했다.

조상을 모심으로써 자신의 근본에 보답하는 것은 인간의 책임 가운데 가장 막중한 것이다. 인간으로서, 이것에 전념할 수는 없을까?…… 하지만 마음이 올바르다 하더라도 재원이 충분치 않으면, 효자나 효손도 본인의 진심을 충분히 표현하지 못할 것이다. 만일 그렇다면 가슴이 아프지 않겠는가? [이런 연유로] 나는 조상의 유지와 함께, 후손에게 전해 내려온 전답과 노비를 장자인 너에게 물려준다. 봉사를 위한 전민奉祀田民은 [어느 누구에게도] 나누어주지 말아야 한다는 것이 부조의 뜻이다.…… 승중자는 이 말을 항상 명심해야 하고, 성심을 다해 효를 실천하고자 부단히 노력해야 한다.

이엽은 유형의 육촌인 상형에게 이 문서를 작성하게 함으로써, 그도 내용을 숙지할 수 있도록 했다. 자신의 조치에 대해 훗날 방계 후손 가운데 누군가가 시비를 건다면, 이 별급문기가 관에 제출할 유언장 역할을 하게 되리라고 생각했던 것이다. 문서는 별급의 정확한 용처를 명기했다. 노비 6명과 땅 15마지기는 이담손李聃孫과 이혼李渾(엽의 조부와 증조부)의 제사에, 노비 4명과 땅 44마지기는 엽의 부모 제사에, 노비 3명과 땅 15마지기는 엽의 첫 번째 아내 제사에 배분되었다.[11] 13장에서 논의하겠지만, 이런 몫의 일부는 18세기에 방계친에게 흘러들어갔고, 이 불행한 사태는 친족집단 내의 장기적인 분쟁을 초래했다.

1655년에 이유형은 도망친 제위노비祭位奴婢로부터 몰수한 얼마간의 토지를 두 차례에 걸쳐 배타적인 제전으로 만들어 아들과 손자에게 물려주었다.[12] 마침내 18세기 중엽에 이르자 제전은 온갖 안전장치에도 확연히 줄어들어, 엽의 7대손인 이종환李宗煥(생몰년 미상)은 1764년에 장사에게 쓴 별폭성문別幅成文의 서두에서 다음과 같이 말했다.

조상으로부터 승중자에게로 전해진 전답이 시간의 경과와 토지정리를 통해 크게 줄어들어 더 이상 종가를 유지하기도 어려울까 걱정이다. 이 때문에 나는 추가로 사들인 토지를 기존의 제전에 합쳤다. 나는 그것을 장자인 너에게 주기 위해 이 문서를 쓴다. 선조의 뜻에 따라, 제전은 오직 장자에게만 물려주고 절대로 다른 곳에 쓰지 말아야 한다. [13]

종환이 1769년에 자신의 재산을 두 아들과 네 딸에게 나누어줄 무렵에는, 이미 가장 큰 덩어리의 땅을 제전으로 바꿔놓았기 때문에 분할할 몫이 얼마 남아 있지 않았다. 그가 물려준 노비들은 대부분 그가 사들였던 사람들이다. [14]

둔덕 이씨와 마찬가지로, 장수 황씨도 1623년에 장자에게 가외의 몫을 배분했고, 1663년에 황위의 재산이 분급될 때 작성된 화회문기는 그 서두에서 가묘의 기제는 장자가 도맡되 묘제는 모든 아들이 돌아가며 맡으라고 명기했다. [15] 둔덕 최씨는 분재기를 전혀 남기지 않았지만, 그 성원들의 전기는 조상에 관련된 문제가 그들의 인생에서 중요했다는 사실을 입증해주고도 남는다. 최상중의 장남인 최보崔葆의 가계가 아들과 손자의 사망으로 단절되기에 이르자, 상중의 차남인 최연崔葕이 형망제급兄亡弟及의 관행에 따라 봉사의 의무를 떠맡게 되었다. [16] 최보를 위한 입양은 논의조차 되지 않았다. 최연은 황폐해진 종가와 가묘를 중건했고, "의례규정에 의거하여" 계속 제사를 지냈다. 연의 아들 희지도 자신의 봉사 책임을 진지하게 받아들여 제사 준비를 직접 감독했다고 전한다. 그는 또한 먼 조상들을 위한 제전도 마련했고, 자손들에게 그분들의 제사를 소홀히 하지 말라고 훈계했다. [17]

요컨대 안동과 남원의 사족 출계집단들에 의해 보존된 문서들은 장자를 세습재산의 유일한 상속자로 우대하는 과정을 잘 보여준다. 장자 우대는 그에게 추가적인 몫을 배분하는 것으로 시작하여 그를 종족 자산의 유일한 관리자로 자리매김하는 것으로 끝났다. 한편으로는 토지 부족이라는 결정적인 요인이 장자를 부계종족의 유산을 우선적으로 상속받는 지위로 격상시키는 현상을 촉진했다. 다른 한편으로는 주희의『가례』에 명시된 종족 패러다임이 선조의 재산을 전적으로(또는 거의 전적으로) 종손에게 몰아줌으로써 동생들에게 불이익을 초래하는 것을 이데올로기적으로 정당화했다. 종손은 그의 족보상 지위에 근거하여 개인적 자격이나 물질적 여건과 무관하게 제사를 책임지게 되었다. 하지만 많은 사례가 입증하듯이 경제적 지원이 없었다면, 그는 이내 제사의 의무를 이행할 수 없었을 것이다. 비록 봉사용 자산은 승중자의 사유재산이 아니라 — 그는 그것을 팔거나 양도할 수 없었다[18] — 종족의 공동재산으로 운용되었으나, 그래도 그런 재정적 뒷받침이 없었다면 그는 가묘가 딸린 종가에서 살 수 있는 큰 혜택을 누릴 수 없었을 것이다. 하지만 이상에서 분석한 문서들이 시사하듯이, 공동의 출계가 모든 아들과 딸을 동등한 상속자로 만든다는 전통적인 관념이 살아 있었기 때문에, 명목상의 상속분(세습재산이 아니라 부모가 생전에 획득한 부에서 나온)은 18세기에도 계속해서 차남 이하의 아들과 딸 들에게 균분되고는 했다.

## 조상을 모시는 삶

한 의식주의자가 공식화한 바를 따라 "조상의 혼은 나의 혼이다"[19]라고 천명함으로써, 종손은 부계 조상과 남계친 후손 사이의 결정적 매개자 역할을 맡았는데, 이는 친척들에게 상징적이고도 실질적인 힘과 권한을 행사할수 있는 이례적인 차별적 특성이었다. 종손이란 본계의 맏아들에 의해 대물림되는 신분으로, 이 신분은 높은 수준의 행동규범을 요구했을 뿐 아니라, 당사자의 삶을 조상의 혼을 나타내는 신주(또는 위패)가 안치된 곳, 즉 사당(또는 가묘)에 얽어맸다. 가묘는 정침 동쪽의 가까운 곳에 세워진 별도의 건물로, 허가받지 않은 방문객의 출입을 막기 위해 벽으로 둘러싸였다. 종손은매달 1일과 15일에 제사를 지내 조상들을 기리고, 그들에게 다음 종손의 탄생이나 혼인, 친척의 죽음 같은 중대사를 고함으로써, 그들과 정기적으로 교류했다. 그는 부득이하게 고향을 떠나야 할 때 조상들에게 작별을 고했고, 돌아오는 즉시 그들에게 보고했다. 실제로 가묘는 종손의 일생에서 정말로 중요한 곳이었으므로, 홍수나 화재 같은 재난이 발생하면 그는 무엇보다 먼저조상의 신주부터 보호해야 했다(〈그림 11-1〉).

가묘에서 지내는 시제時祭, 묘제墓祭, 직계조상과 그 배우자(관습적으로 3대조, 그리고 종종 4대조까지 포함한)의 사망일을 기리는 기제忌祭(또는 기일제)의 주제자로서, 승중자는 각 제사가 있기 전 적어도 이틀 동안은 엄격하게 금욕하며 몸과 마음을 정화하고 깨끗한 옷을 입어야 했다. 김성일은 다음과 같이 표현했다. "금식은 [조상의] 영혼과의 교류를 촉진하는 수단이다. [주제자가] 정성을 다하느냐 아니냐에 따라 조상이 [제사음식을] 흠향歆饗하실지 아닐지가 결정된다."[20] 제사의 봉행은 효성의 기본적인 표현이었고, 제사의 효력은 주제자의 도덕성에 달려 있었다. 자신의 임무를 진지하게 받아들인 종손은 조상과 친밀한 관계를 유지하는 데 많은 시간을 할애했다. 본인 가계의 제사

〈그림 11-1〉 1974년 가을에 종손의 주재로 가까운 친척들이 가묘에서 시제를 지내는 모습(필자 촬영).

일정을 총괄하면서, 그는 이율곡의 『격몽요결擊蒙要訣』이나 김성일의 「봉선제규」처럼 주희의 『가례』에 바탕을 둔, 주로 축약적인 다양한 의례전범에서 제사의 지침을 찾았다. 실제로 종손의 지도력, 니이가 그가 속한 종족의 도덕적 수준은 그가 얼마나 격식에 맞게 제사를 주재하는가에 의해 평가되었다.

종손이 부주의하면 "가묘는 보호 기능을 상실했고"[21], 부계종족은 명성을 잃었다.

제사음식의 준비는 극도의 정결함을 요하는 또 다른 책무였다. 이 일을 맡은 종손의 아내, 즉 종부宗婦는 노비의 도움을 되도록 피했다. 어쩌다가 일손을 거들게 된 노비들은 일단 목욕을 하고 일하는 동안에는 입을 가려야 했다. 개나 고양이, 출산을 앞둔 임신부에 의한 온갖 종류의 오염을 막기 위해, 제사음식은 종종 안채 바로 옆에 있는 '신주神廚'에서 준비되고 보관되었고, 제기에 담겨 진설되었다. 제사 전에는 그런 음식을 뜻밖의 손님에게도 대접하지 말아야 했다.[22] 의례의 참뜻을 의식하고 있는 남편들은 검약을 권했지만, 여성들은 구색을 갖춘 화려한 상을 차리는 데 자부심을 느꼈고, 이웃과 경쟁하기 위해 심지어 빚을 얻기도 했다고 한다. 부모와 시부모의 기일에, 일부 여성은 흔히 '가공加供'이라 불리던 추가적인 제물, 즉 부모가 살아 계실 때 그들의 생일상에 올랐던 술과 음식을 바치기도 했다. 세 번째 헌주 뒤에 올렸던 그런 변칙적인 '성의 표시'는 의식주의자들의 신랄한 비판을 받았지만, 삼년상이 끝난 뒤에도 계속되었던 것으로 보인다. 질병이나 거상居喪으로 집이 오염되면, 제사가 취소되거나 다른 장소로 옮겨져 봉행되었다.[23]

종손의 일정이 얼마나 빡빡했는지는 자체의 가묘를 갖추고 있던 광산 김씨 방계 지파의 종손인 김령金坽[24]의 『계암일록溪巖日錄』에 잘 드러나고 있다. 1604년[25]에 그가 소화한 의례적 활동의 기록은 다음과 같다.

1월  1일      새해를 맞아 부모님 제사를 지냄. 그 전에 외가의 신주를 배알함

      15일      가묘에서 전례奠禮를 올림

| 16일 | 재실齋室에서 모시는 할머니 기제에 참석함. 산소에 가서 성묘함 |
| 30일 | 다음 날 조묘祖廟(종가의 사당)에서 시제를 모셔야 하므로 탁청濯淸함 |
| 2월 1일 | 시제를 지내고 집에 돌아와 삭례朔禮를 올림. 다시 목욕재계하고 종가의 음복에 참여함 |
| 7일 | 새벽녘에 어머니 기제를 지냄. 나중에 그녀의 묘소에 가서 성묘함 |
| 8일 | 고조부의 기제에 참석함 |
| 9일 | 내일 제사 때문에 치재致齋하고, 저녁에 제수를 살펴봄 |
| 10일 | [가묘에서] 시제를 지냄 |
| 15일 | 가묘에서 전례를 올림 |
| 16일 | 종가의 시제에 참석함 |
| 27일 | 외할머니의 기제를 지냄 |
| 3월 1일 | 가묘에서 삭례를 올림 |
| 7일 | 제수를 살펴보고 재실로 가서 한식 제사를 지냄. 선영을 배소함 |
| 8일 | 오대조의 묘를 배소함. 산불이 나서 조상의 신령을 놀라게 함. 송구함을 금할 길 없음 |
| 15일 | 가묘에서 전례를 올림 |

[4월에는 제사가 없었음]

| 5월 1일 | 가묘에서 삭례를 올림 |
| 2일 | 방잠芳岑[26]에 있는 조부모의 산소에 성묘를 함 |
| 5일 | (단오를 맞아) 방잠에 가서 선영을 배소하고 묘제를 지냄. 재실의 음복에 참여함 |
| 6일 | 다음 날 종가에 시제가 있어 치재함 |
| 7일 | 제사를 지내고 음복을 함 |
| 28일 | 고조할머니의 기제에 참석함 |
| 6월 1일 | 삭례를 올림 |
| 15일 | 가묘에서 전례를 올림 |
| 7월 7일 | 한낮에 가묘에 국수와 떡을 올림 |

| | |
|---|---|
| 8월 15일 | 방잠에 가서 부모님 묘소를 배소함 |
| 9월 1일 | 삭례를 올림 |
| 9일 | 가묘에 술을 올림 |
| 11일 | 치재함 |
| 12일 | 치재함. 밤에 제수를 살펴봄 |
| 13일 | 동틀 무렵에 선친의 기제를 지냄. 그의 사촌 모두와 서숙庶叔 한 분이 참석함. 오후에는 선영에 가서 성묘함 |
| 14일 | 내일이 제삿날이라 치재함. 밤에 제수를 살펴봄 |
| 15일 | 동틀 무렵에 가묘에서 이례禰禮(돌아가신 아버지를 모시는 제사)[27]를 지내고, 오후에는 준례餕禮(제사 후에 진설했던 음식을 나누어 먹는 예)를 행함 |
| 윤9월1일 | 삭례를 올림[28] |
| 10월 1일 | 새벽녘에 외할아버지의 기제를 지내고, 아침에 가묘에서 삭례를 올림 |
| 15일 | 가묘에서 전례를 올림 |
| 25일 | 둘째아버지의 기제에 참석함 |
| 11월 1일 | 동짓날이라 가묘에서 제사를 지냄 |
| 9일 | 제사를 앞두고 치재함 |
| 11일 | 새벽에 가묘에서 시제를 지냄. 종가의 시제도 하필 오늘이어서 그곳에 가서 음복을 하지 못함 |
| 15일 | 가묘에서 전례를 올림 |
| 12월 5일 | 다음 날 제사 때문에 치재함 |
| 6일 | 일휴당日休堂에서 증조부의 기제를 지냄 |
| 29일 | 해를 마감하며 선친의 절제節祭를 지냄 |
| 30일 | 아침에 외가의 절제를 지냄[29] |

〈그림 11-2〉 1974년에 가묘에서 제사를 지낸 다음 참석자들이 음복을 하고 있는 모습(필자 촬영).

    종손의 연중 의례일정을 결정한 것은 조상 — 그것도 (이때까지는) 부계만이 아닌 — 이었다. 하지만 김령의 제사 의무는 명망 있는 대종가의 종손이 이행해야만 했던 의무에 비하면 비교적 가벼운 편이었다(〈그림 11-2〉).[30]

    의례의 수행은 조상과 교류하는 엄숙한 일이었으므로, 시끄러운 대화와 음악은 금지되었다. 그렇지만 그 조상이 고조부쯤 되는 먼 조상일 경우에, 후손들은 이내 '즐거운' 일상으로 되돌아갔다. 김령은 1604년 2월 8일자 일기에 다음과 같이 기록했다. "[고조부의 제사를 마치고] 음복한 뒤에, 나와 친척들은 예복을 벗고 각자 술잔을 손에 든 채 짤막한 시를 지었다. 우리는 밤이 깊어서야 헤어졌다."[31] 정기적인 제사의 봉행은 선조에 대한 끝없는 효성에서 우러나오는 것이라고 생각되었기 때문에, 제사는 극히 예외적인 상황하에서만 중단되거나 연기되었다. 예컨대 1637년 2월 1일에 김령은 "난리[즉, 만주족의 침략] 탓에 제사가 중지되었다"라고 기록했다. 며칠 뒤에는 "오늘은 어머니의 기일인데, 제사를 지낼 수가 없다. 내 마음이 몹시 어수선하다!"[32]라고 적었다. 그러나 김령이 중년 이후 제사를 주재하지 못한 것은 그 자신의 건강 악화 때문이었다. 1624년 9월 1일에 그는 "몸이 아파 아들에게 가묘에서 삭례를 올리라고 명했다"라고 적었고, 며칠 뒤에는 "새벽녘에 아내와 요립耀立[33]이 부친의 기제를 지냈다. 나는 아파서 참여하지 못했다. [부친에 대한] 그리움이 사무쳐 괴롭고 슬프기 한량없다"라고 기록했다.[34] 제사는 일차적으로 남성의 의무였으므로, 그것을 여성과 미숙한 아들의 손에 맡기는 것은 틀림없이 매우 고통스러운 결정이었을 것이다.

### 특이한 의례적 관행

17세기를 거치면서 종법은 장자를 부계종족의 유일한 주재자로 격상시켰지만, 일부 출계집단은 여전히 '사속私俗', 즉 '향속'이라는 이름으로 종종 정당화되던 특이한 예법을 고수했다. 비평가들은 그런 부적절한 의례가 예문禮文에 대한 무지에서 비롯되었다고 개탄했다.[35]

비남계친 후손에게 부계의 봉사 책임을 위임하는 것은 논란의 여지가 많음에도 끈질기게 지속된 대표적인 '향속'으로, 이는 분명히 양계적인 옛 전통의 잔재였다. 직계 남자후손이 없을 때, 외손봉사外孫奉祀라 하여 비남계 손자(외손)[36]가 종종 외조부모와 심지어 외증조부모의 제사를 맡기도 했다. 이런 의례에 찬성하는 자들은 외조부모를 위해 다섯 달 동안 상복을 입는 손자에게는 그들의 제사를 지낼 자격이 충분하다고 주장했다(그렇다고 해서 외조의 가계가 봉사자에게 옮겨가는 것은 아니었다.)[37] 더욱이 재산은 부친과 모친 양쪽으로부터 아들과 딸에게 전해진 것이기에, 남계친이든 아니든 조상에게 빚을 지고 있는 모든 자손은 마땅히 조상의 은혜를 인정하고 되갚아야 한다고 주장되었다. 결과적으로 제전은 때에 따라 명시적으로 이 목적을 위해 배정되었다. 위에서 언급한 김령도 외조부모의 기제를 지냈고, 권벌의 4대손들 사이의 분재를 기록한 1682년의 한 문서에서는 15마지기의 논이 외조부모의 제사에 할당되었다.[38]

외손에 의한 외조부모의 제사 봉행은 17세기까지 '국속'으로 간주되었지만, 의례 전문가들은 그 적법성에 대해 의견이 분분했다. 저명한 예학자인 소론 박세채는 이율곡이 외손봉사의 관행을 어쩔 수 없이 용인한 것은『가례』에 상술된, 자식 없는 친척을 가묘에 함께 모시는 '반부班祔'가 한국에서는 의례 프로그램의 일부가 되지 않았기 때문이라고 주장했다.[39] 반면에 한 남인 학자는 "남계친은 아무리 멀다 해도 같은 핏줄을 갖고 있지만, 비남계친은 아무리 가깝다 해도 다른 성(이성異姓)을 갖고 있다"면서 이 사실만으로도 후자에게 외조부모의 봉사자 자격이 없다는 데는 이론의 여지가 없다고 단언했다.[40] 이 논리에 따라 먼 남계친을 입양하는 것이 더 나은 해결책으로 판단되었고, 결국 널리 실천되었다.

족보상으로 상당히 먼 조상의 묘제에 비남계친들이 참석하는 것은 일반적으로 용인되었지만, 그들이 가묘의 제사를 봉행하는 것은 유교적 규정의 엄중한 위반으로 지탄받았다. 연소한 아들이 그런 의례를 수행하는 깃도 바람직하다고 여겨지지는 않았지만, 딸의 자손이 개입하는 것은 더욱 용납되기 어려웠다. 따라서 이따금 토지의 양도로 보상받던 후자의 참여는, 다른 성을 가진 후손이 어머니 쪽 선조에게 동일한 공경심과 책임감을 느낄 리 만무하다는 이유로 점차 축소되었다. 1671년의 내앞 김씨 문서에서는 비남계친의 참여(또한 그들이 조상의 재산을 일부 물려받는 혜택)가 증손 세대까지로 제한되었고[41], 1673년의 유서에서 김방찬金邦贊은 외손을 가묘의 제사에서 완전히 배제했다.[42]

부계제는 여성을 간접적으로만 포용했으므로, 시집을 갔으나 아이를 낳지 못하고 일찍 죽은 탓에 시댁 식구들로부터 의례적 배려를 받지 못하기 일쑤인 딸들을 의례적으로 돌보기 위해 친가에 의해 종종 변칙적인 수단이 동원되었다는 것은 그리 놀랄 일도 아니다. 자식 없이 죽은 자신의 막내딸이 '고혼孤魂'으로 떠도는 사태를 방지하기 위해, 1634년에 [재령] 이함의 미망인은 그 딸의 남편에게 노비 8명을 주었다. 이 이례적인 분급은 생전에 딸에 대한 적절한 제사가 남편에 의해 중단될 것을 우려했던 사망한 가장(이함)의 뜻을 담은 것이었다. 하지만 그녀의 남편은 그동안 재혼하여 사실상 첫 번째 처가와 의절義絶한 상태였다.[43] 딸의 무덤은 친정 쪽 친척들에 의해 보살펴졌다. 이함의 처에 대한 상례가 마무리된 약 12년 뒤에, 1634년에 다루어지지 않았던 나머지 노비와 토지가 형제들 사이에 분배되었을 때, 전 사위는 더 이상 언급되지 않았다.[44] 6장에서 이미 언급한 김복일의 사례가 보여주듯이, 친정부모는 이따금 사위에게 자식을 남기고 사망한 아내 — 자신들의 딸 — 의 제사 비용을 마련해주어야 한다는 의무감을 느끼기도 했다. 그런 자산이 그들이 원하던 바를 위해 얼마나 오랫동안 사용되었는가는 전적으로 그런 이례적인 책무를 위임받은 자의 의례적 열정에 달려 있었을 것이다.

시집도 가지 않고 일찍 죽은 딸은 때때로 조부모의 제사를 지낼 때 '부식
祔食'하는 것이 허용되었다. 하지만 정말로 예외적인 일은 어머니가 죽은 딸
을 위해 안방에서 기제를 지내는 것이었는데, 이 제사는 전날부터 준비가 시
작되는 정성스러운 행사로, 아버지가 헌주를 했다.[45]

서모의 상은 그녀의 아들들에 의해 1년 동안 치러지는 것이 원칙이었
다.[46] 따라서 서모의 맏딸에게 어머니의 제사를 지내는 데 쓰라고 토지와 노
비를 분급한 것은 분명 상당히 파격적인 일이었다. 권래의 재산이 자식들에
게 배분된 1621년에 바로 그런 조치가 취해졌다. 더욱이 같은 문서에서, 아
들을 잃은 또 다른 서모의 제사를 위해 서자인 손자에게 노비 9명과 논 30마
지기가 주어졌다.[47] 두 분배는 모두 이 허여문기의 서두에 기록되었는데, 이
는 아마도 불과 몇 년 전에 임박한 토지 부족을 경고했던 가장의 변덕스러운
유언에 대한 적자들의 순순한 동의를 얻기 위함이었을 것이다.

이상의 개별적 사례들이 입증하듯이, 의례적 결정이 순전히 합리적으
로 이루어지는 경우는 드물었다. '정'과 '이'(정리情理)가 복합적으로 작용한 결
과로서, 그 결정은 법적이거나 의례적인 규정에 의해 제어될 수 있는 것도 아
니었고, 반드시 경제적 논리에 의거한 것도 아니었다. 특수한 가족의 상황에
부응하다 보니 가지각색의 독특한 의례적 전략이 채택되었지만, 이런 전략
은 단기적으로 감정을 충족시키는 데 그쳤을 뿐, 한창 진행 중이던 부계적 원
리의 이식을 심각하게 위협하지는 못했다.

## 유교적 원리에 도전한 서자

종족의 영속화는 사회적·의례석·경세적 고려의 대상이었던 민큼, 서자가 적자를 대신하여 부친과 부계종족의 승중자가 될 자격이 있는지의 문제가 논란의 쟁점으로 대두되었다.[48) 서자는 보통 적자가 태어난 뒤에, 또는 그런 일이 일어나지 않았을 때 부친이 뒤늦게 낳은 자식이었다. 부친이 사망할 즈음에 서자인 후계자는 대개 젊었고, 따라서 후사 자격을 강력한 방계친에게 박탈당하여 본계의 대가 끊기는 결과를 초래할 위험이 있었다. 법은 서자의 상속 자격에 관한 판단을 재량에 맡겼지만, 종족이 발달함에 따라 서자승계의 위험성을 저울질하는 것은 더 이상 아버지의 권한에 일임되지 않았다. 그것은 문중의 관심사가 되어, 종종 붕당의 입장에 의거하여 결정되었다. 게다가 주희가 서자에 대해 언급하지 않았으므로, 저명한 예학자들이 마련한 지침이 각자의 추종자들에 의해 규범적 기준으로 받아들여졌다.

출계의 명확한 구분을 강력하게 주장한 퇴계는 장자에게 적자가 없을 경우 바로 아래 동생의 아들이 본계를 잇는 후사로 입양되는 것이 바람직하다고 생각했다. 이 견해는 서자만 둔 탓에 사촌의 아들을 후사로 삼은 이언적의 사례에 의해 강화되었고, 계승 문제에 관한 남인의 입장, 즉 서자는 본계의 승중자로 받아들일 수 없다는 입장을 형성했다. 이는 안동 사족이 명심해야 할 지상명령이었다.

반면에 서자의 역할에 대한 서인의 생각은 분명히 그들의 이데올로기적 스승이 본인의 계승 문제를 처리한 방식에 영향을 받았다. 적자가 없었던 율곡 이이는 2명의 서자 중 맏이를 자신의 승중자로 선택했다.[49) 이 선택은 그의 유명한 제자이자 대표적인 서인 예학자인 김장생의 지지를 받았는데, 김장생은 서자가 심지어 천출이라 하더라도 양인이 되었다면 부친의 승중자가 되어 4대 봉사를 할 수 있다는 의견을 개진했다.[50] 이이의 서녀와 혼인하여 두 서자 가운데 형을 자신의 후사로 삼은 김장생의 아들 김집金集[51]도 서자를 조상 봉사에서 배제하는 것은 '고례'의 규정에 따른 것이 아니라 관습적인 편견일 따름이라고 주장함으로써 아버지의 판단에 힘을 실어주었다. 이와 같은 부자의 공감에도, 김장생의 본계는 결국 그의 셋째 아들인 김반金槃에게로 옮겨갔다.[52] 따라서 송시열을 비롯한 초창기 서인 예학자들은 본인들의 견해가 '종법'에 어긋난다는 사실을 알고 있었지만, 『경국대전』에 법제화된 봉사에 관한 규정 — 서자를 궁여지책의 승중자로 언급한 — 을 원용함으로써 서자들에 대해 좀 더 너그러운 자신들의 입장을 정당화했다고 볼 수 있다.[53]

서자의 법적 · 의례적 적합성에 관한 이런 다양한 견해가 농촌에 거주하고 있던 추종자들의 행동에 얼마나 영향을 주었는지를 더듬어보기란 거의 불가능하다. 예조의 승인을 받아야 법적 효력을 가질 수 있었던 입후立後와 달리, 서자를 승중자로 격상시키는 일(승적承嫡)은 관의 인가가 필요 없는 재량행위였다.[54] 증거는 극히 제한적이지만, 소수의 사례는 안동과 남원의 사족이 각양각색의 — 때로는 뻔뻔하다 싶을 정도로 이해타산적인 — 논리에 의거하여 자신들의 계승 문제를 해결한 방식을 예시할 것이다.

안동의 가장들은 서자를 후사로 삼을 가능성은 생각해보지도 않았던 것으로 보인다. 예를 들어, 일찍이 1479년에 [광산] 김회는 종파宗派의 영속성을 우려하여 적자가 없을 경우에도 양첩이니 비첩의 자식이 승중자가 되는 것은 허용하지 않아야 "귀貴가 천賤으로 전락하지" 않는다고 말했다. 또한 서자에게 맡기면 제사가 흐지부지되다가 곧 단절되어 가계의 존속을 위협할 것이라고 예측했다. 그래서 그는 제사를 본종本宗에게만 물려주라고 당부했다.[55] 김진도 서자들이 적손을 업신여기는 사태를 경계하면서 유사한 감정을 표현했다.[56]

이런 견해는 출계의 '불순성'에 대한 강한 거부감을 반영한 것이었지만, 그럼에도 법은 개인적 해결의 여지를 허용했고, 김진의 동생인 김정金珽(1508~1578)은 그런 점을 활용했다. "그에게는 적자가 없었는데…… 마침내 양첩과의 사이에서 아들[홍일弘一]을 얻어 그의 혈통이 끊어지는 것을 면할 수 있었다."[57] 1578년에 노환으로 고생하던 김정은 홍일에게 생계를 위한 약간의 토지와 노비를 주었고, 나중에 부모의 제사를 지내라는 뜻에서 봉사조를 가급했다. 또한 쉰이 넘어서 뒤늦게 아들을 얻은 만큼, "몹시 안쓰러운 마음에서" 홍일에게 가외로 얼마간의 땅과 노비 1명을 별급한다고 적고 있다. 그는 젊은 아들이 강력한 친척들로부터 자신의 후계자 지위를 지키지 못할 수도 있다는 사실을 염려했던 것일까? 아니면 제사 문제에 굉장히 관심이 많았다는 그가 홍일로 인해 자신의 가계가 결국 단절될 수도 있다는 점을 걱정했던 것일까? 어떤 경우이든, 그는 홍일에게 자신은 이미 재산의 일부를 조카들(즉 김진의 아들들)에게 유증했고, 본종의 제사가 영속되는 데 일조하기 위해 종손인 극일(진의 장자)에게 상당량의 재산을 넘겨주었다(이는 극일의 묘비명에 적혀 있는 사실이다)고 추신에 썼다.[58] 서자밖에 두지 못한 차남으로서, 김정은 실제로 '적절한' 아들을 입양할 만한 처지가 되지 못했다. 반면에 아들이 없던 극일은 동생인 수일의 둘째 아들을 자신의 후사로 입양하는, 국가가 인정하는 전략적 결정을 내림으로써 출계집단 전체의 존속을 도모할 수 있었다.

[재령] 이시청李時淸의 아내인 박씨[59]의 얼자 남동생 박민朴珉도 유사한 사례에 속했다. 1629년에 박민이 2명의 적녀 누이(시청의 처 박씨가 언니였다) 및 1명의 얼녀 누이와 부모의 재산을 나누었을 때, 그는 "법에 따라 적자와 다름없이 제사를 모신다"라는 명시적인 조건하에 조상 전래의 노비 5명을 받았다. 그 개인의 몫인 8명의 노비는 모두 아버지 쪽에서 왔지만, 봉사노비 5명 가운데 2명은 원래 적모 소유였으므로, 이 분배는 양부모에 대한 그의 의례적 책임을 의미했다.[60] 이런 해법이 남인의 지방에서 용인된 것은 아마도 박민이 화회문기에 '얼자'로 기록되어 있지만 사실상 '면천한' 양인으로 종9품 품계를 지니고 있었다는 사실에 기인한 것으로 보인다. 그럼에도 안동의 사족 대부분은 종파의 적장자 부재를 국가는 물론 문중이 인정하는 적절한 대체인물의 입양으로 해결했다.

둔덕 이씨의 고문서 더미 사이에 보존된 소수의 희귀한 문서는 이상형의 둘째 아들인 이문원李文源(1613~1684)이 본인의 계승 문제를 어떻게 해결했는지 보여준다. 문원은 부안 김씨인 본처와의 사이에서는 딸 1명(훗날 최치옹의 아내가 되는)만 두었지만, 두 첩으로부터 아들 2명과 딸 3명을 얻었다. 「예전禮典」에 따라, 그는 양첩 소생인 둘째 아들 성로聖老[61]를 승중자로 지목했다. 성로가 머지않아 맡아야 할 막중한 의례적 책임 ― 그는 (여전히) 윤행되고 있던 종가의 제사에 참여해야 했을 뿐 아니라, 결국에는 문원과 그 적처의 제사도 지내야만 했다 ― 을 감안하여, 문원은 자신이 죽기 훨씬 전인 1678년에 그에게 23마지기의 전답과 2명의 노비(와 이들의 후손)를 별급했다. 그리고 성로에게 아들이 없을 경우에는 자신(문원)의 서얼 손자들 중에서 양자를 들이고, 이것이 불가능할 경우에는 "제사가 백세百世 동안 지속될 수 있도록" 문중이 알아서 결정하라고 덧붙였다. 문원이 이런 조치에 대해 걱정했다는 것은 그가 1년 뒤에 작성한 분재기의 서두에 분명하게 드러난다. 이 무렵에는 딸이 이미 사망했으므로, 그녀를 대신하여 [삭녕] 최치옹이 가장 많은 땅과 노비를 받는 수혜자가 되었다. 그는 사위의 개입을 두려워했을까? 그랬을 수도 있다. 문원은 성로를 후사로 선정한 것이 합법적임을 재확인한 뒤에도, 장차 자신과 아내를 위해 제사를 지내줄 외손을 선택할 방안을 궁리하고 있었기 때문이다. 또한 비남계 후손들에게 제사를 운행하게 하고, 제사가 4대 동안(즉, 문원의 가묘제가 끝날 때까지) 계속되기를 기대하는 것이 현실적인지에 대해서도 생각해보았다. 하지만 딸의 아들에 의한 외조부모의 봉사는 세인의 감정과 의례의 지침에 위배되는 것으로 비난받던 시절이고, 더욱이 그의 경우에는 외손자도 없었으며(최치옹은 딸만 셋이었다), 딸들은 일단 봉사자 후보에서 제외되었으므로, 이 방안은 더욱 비현실적이라는 것이 문원의 판단이었다.[62] 그래서 아마도 외손봉사를 부계제의 침해라고 비판한 송시열의 견해에 기대어,[63] 문원은 자신의 조치가 정당하다고 생각했을 것이다. 그리고 "나의 전답이 그리 비옥하지 않기 때문에" 두 서자에게 생계에 보태라고 10마지기씩의 땅을 가급한다고 밝혔다. 승중자로서, 성로는 재산을 잘 관리했던 것 같다. 그는 18세기 초에 토지를 자주 매입했다.[64]

　　하지만 의례적 규정에 어긋나게 양자보다 서자를 후사로 선호한 현상은 때로는 순전히 경제적인 고려에서(특히 토지가 갈수록 부족해지는 상황에서는) 비롯되기도 했던 것 같다. 서출인 후사나 그의 자손은 나중에 적출의 방계친이나 양자로부터 '본종을 탈취했다'(탈종奪宗)는 멸시를 받으며 도전에 직면할 위험이 있기는 했지만,[65] 서자도 어쨌든 '혈속血屬'이므로 [생부와 양부 양쪽으로]

충성심이 분산되는 양자보다 부친의 재산을 더 잘 관리할 수도 있었을 것이다. 이런 추론을 뒷받침해줄 문서적 증거는 희박하지만, 이문원의 유언에 의한 조치는 하나의 단서가 될 수 있다. 물론 법의 보호 없이 상당한 재산을 관리하고 있던 젊은 서자는 후계자 자격을 빼앗길 위험을 안고 있었다. 이런 위험이 실재했다는 것은 승적에 대한 국가의 재가를 받으려는 청원의 수가 증가했다는 사실에 반영되어 있다.[66]

그럼에도 그런 식으로 서자를 승중자로 삼는 일은 드물기도 하거니와 명백히 전라도에 국한된 현상이었던 듯하다. 일반적으로 서자들은 부친이 속한 출계집단의 물리적·사회문화적 재생산을 보장하기에는 적합하지 않은 존재로 간주되었고, 따라서 그들은 적계嫡系의 제사에서 배제되어 대가 일찍 끊어지기 일쑤인 '좌족左族' 또는 '서족庶族'을 형성할 수밖에 없었다.


## 부계제의 안전장치: 친족 결사체로서의 문중

장자상속제로의 전환은 한국 출계집단의 역사에 한 획을 긋는 중대한 사건이었다. 하지만 모든 남성 남계친을 조상이 남긴 유산의 공동 상속자로 만들어 형제간의 사회적·경제적 불평등을 완화한, 훨씬 폭넓은 개념의 문중이 동시에 발달하지 않았다면, 그런 일은 실현되지 않았을 것이다. 8장에서 주장한 것처럼, 3대 내지 4대의 직계조상을 모시는 가묘 중심의 집단인 당내는 언제나 수적으로 제한적이었다. 이와 대조적으로 묘제에 중점을 두는 문중[67]은 한 출계집단에 속한 더 많은 수의 남계친 성원들(여러 지역에 흩어져 있던)을 포괄했다. 이하에서 분명히 밝혀지겠지만, 문중의 규모와 경제력은 3대 내지 4대 이전의 저명한 조상들 — 더 이상 가묘제의 대상은 아니지만 출계집단의 역사에 중요한 역할을 했던 — 을 위해 묘제를 봉행한다는 원래의 사명을 훌쩍 뛰어넘어 출계집단의 위신을 제고하기에 이르렀다. 실제로 한 출계집단의 공적인 위상을 대외적으로 정립한 것은 집단적 조직체로서의 문중이었다.

그 결정적 중요성에도 문중 — 정전에 의거하지 않은 비공식적인 제도 — 에 관한 역사적 기록은 단편적이라서 언제 어느 지역에서 그것이 발달했는지를 추적하기는 어렵다. 문중의 형성은 자동적이거나 보편적인 것은 아니었다. 출계집단이 특정 조상의 위신을 충분히 활용할 수 있느냐 없느냐는 대체로 그 후손들의 경제력에 달려 있었다. 세습유산에 의해 재정적으로 뒷받침되는 당내와 달리, 문중의 형성은 그 창시자(들)가 친척들로부터 필요한 자본을 조달하는 능력에 달려 있었다. 그와 같은 '새로운' 기금의 조성은 처음에는 대개 '족계族契'를 조직하는 것으로 시작되었는데, 모든 성인 친척은 이 계에 기부할 것을 권유(때로는 강요?)받았다. 그렇게 해서 일정 규모 이상으로 조성된 자금은 토지와 노비에 투자되어 양도 불가능한 문중의 공유재산 역할을 했다. 공동으로 소유된 문중 전답의 면적에 관한 증거는 단편적이지만(때로는 비밀에 붙여졌다), 18세기 후반에 가장 넓었고 19세기에는 급격히 줄어들었던 것으로 보인다.[68] 적절한 친족의 범위 안에 드는 관을 쓴 남계친(즉 결혼한 성인)만이 그런 조직체의 지분을 가질 수 있었다. 서자와 딸은 일반적으로 배제되었다. 타지로 이거한 성원은 그가 적극적인 협력관계를 유지하는 한 원래의 지분을 잃지 않았다.[69]

문중은 처음에 가까운 조상들에게 중점을 두었을 때는 긴밀하게 연결된 소규모의 성원만 포용했지만, 그 초점이 좀 더 먼 조상들에게로 옮겨감에 따라 그 성원권도 공동의 숭배대상으로 모시기로 한 조상의 족보상 거리에 비례하여 확대되었고, 그 결과 문중완의에 서명한 자들의 수도 크게 불어났다. 다시 말해서, 유복친有服親(팔촌)의 범위를 벗어나는 족보상의 연결고리로 한데 묶인 이 친척들은 처음에는 이웃한 여러 고장에 흩어져 살면서 자신들만의 지역별 문중을 조직했겠지만, 점차 종중宗中이나 대문중大門中이라 불리는 '더 높은 단계higher-order'의 문중에 합류하게 되었던 것이다.

진성 이씨의 사례는 시사하는 바가 많다. 8장에서 설명했듯이, 16세기 후반에 이씨는 자신들의 입향조인 운후云侯의 무덤을, 그리고 수십 년 뒤에는 시조인 이석李碩의 무덤을 찾기 시작했다. 운후의 무덤을 찾는 마지막 단계를 주도적으로 추진한 인물은 일찍이 일직현에 정착하여 진성 이씨 일직파로 알려지게 된 파를 창시한 이한李漢(1499~?)[70]의 본계를 이은 증손이자 1624년의 진사인 이경준李敬遵(1574~1654)이었다. 가까운 친척들과 상의한 뒤에, 경준은 주촌의 친척에게 통문을 발송했는데, 이정회의 손자 이증효李曾孝(1595~1674)가 당시의 종손이었다. 1643년에 총 50명가량의 남계친이 소집되어 운후의 묘를 단장하는 봉식封植의 예를 거행했다. 그들은 모두 우양遇陽(운후의 직계손자)의 7대 내지 8대 후손이었고, 주촌에서 약간 떨어져 있던 다섯 개의 다른 마을에 살고 있었다. 퇴계의 5대손 이영철李英哲(1607~1681) 등이 경상도 관찰사에게 시조인 이석의 무덤을 복원하기 위한 물질적 지원을 요청했을 때, 이 문서에 서명한 이씨 친척의 수는 퇴계의 직계후손인 예안의 이씨들까지 포함하여 207명으로 불어났다.[71]

공동행위를 요하는 사안의 성격에 따라, 심지어 외지에 사는 먼 친척들(물론 이들은 더 이상 서로의 가묘제에 참석하지 않았을 것이다)도 문중의 모임에 소집되었는데, 그 범위와 규모(즉, 족보상 몇 대손까지가, 그리고 얼마나 많은 인원이 포함되는가)는 주요 조상이 얼마나 오래전에 살았던 분인가에 따라 달라졌다. 그들을 하나로 묶어 '동성의 친척'(성족姓族) 또는 '우리 동성 친척'(아성친我姓親) — 확대된 부계라는 새로운 아이디어를 표현하는 용어들 —72)으로 교류하게 만든 것은 공통된 부계 조상의 후손이라는 의식이었다. 이 대목에서 '족'이라는 용어는 마침내 '동성同姓'이라는 배타적인 남계적 의미를 명백하게 획득했다.

잘 조직되고 응집력이 있는 문중만이 조상의 명망을 최대한 활용하여 자신의 이미지를 가장 인상 깊게 표현하는 공적 무대 — 그 조상에 대한 합동 묘제 — 를 연출할 수 있었다. 처음에는 분명히 봄과 가을에 두 차례 봉행되었지만, 묘제는 나중에 음력 9월이나 10월 중의 하루로 축소되고는 했다. 그런 과시적 의례들 가운데 모든 남계친 성원을 불러 모은 최대 규모의 가장 성대한 행사는 출계집단 시조의 묘지에서 거행되었다. 아마도 막대한 비용과 운반의 문제 때문에, 그 제사는 원래 3년에 한 번씩만 개최되었지만, (적어도 경상도에서는) 17세기 후반 무렵부터 1년에 한 차례, 또는 심지어 봄과 가을에 두 차례 열렸다(시향제時享祭)(〈그림 11-3〉).73) 대개 종손이 초헌初獻을 올렸고, 그다음에 출계집단의 최고 어른이나 문중의 장이 다음 잔을 올렸다.74) 일반적으로 제사음식은 쌀을 제외하고는 익히지 않았는데, 이는 조상이 먼 옛날의 분임을 뜻했다. 제사가 끝난 뒤에는, 친척들이 재실에서 열린 조촐한 잔치에서 "[조상의] 복을 나누어 먹음으로써"(음복) 자신들의 동질감을 확인했다. 제사와 제수의 비용은 문중이 소유한 위토位土의 수입으로 충당되었다. 이런

〈그림 11-3〉 1년에 두 차례 시조인 김진을 기리는 시향제를 지내기 위해 그의 무덤 앞에 모인 문중(김광억 촬영).

제례에 참여하는 것은 하회에서는 의무적이어서, 불참자는 '효성의 부족'을 이유로 심한 벌을 받았다고 한다. 그 후에 열리는 몇 차례의 문중회의에서, 그는 종가 대청 앞의 마당에 모자를 벗고 자신의 이름이 거꾸로 적힌 종이쪽지를 등에 붙인 채 무릎을 꿇고 앉아 있는 수모를 당했다.[75]

이토록 중요한 의례적 기능을 수행했음에도, 문중은 당내와 경쟁관계에 있지 않았다. 오히려 위기에 처한 종가를 도와줌으로써, 종가의 이익을 지키는 데 깊숙이 관여했다. 이런 사실은 1661년에 [안동] 권벌의 자손이 포함된 사례에 의해 생생하게 입증된다. 권벌의 현손인 권목權霂의 장남은 중풍에 걸려 불구가 된 탓에, 정실을 얻지 못하고 신분이 낮은 첩을 들일 수밖에 없었다. 몸도 아프고 적법한 아내도 맞지 못한 그는 종가의 제사를 계속 맡기에는 부적절하다고 간주되었다. 이 문제로 '밤낮없이' 걱정하던 권목은 원로들과 상의했고, 문중은 그의 차남인 권두인權斗寅(1643~1719)[76]을 종손으로 삼기로 결정했다. 이 결정은 조상의 사당에서 정식으로 공표되고, 미래의 분쟁을 방지하기 위한 문서도 작성되었다. 권목의 부친인 상충尙忠의 육촌이 문중의 장으로 이 일을 주도한 가운데, 권목의 형제와 종형제(8촌 이내의) 8명을 포함한 12명의 친척이 세대 순으로 그 문서에 서명했지만, 권목 자신은 서명하지 않았다.[77]

이와 비슷하게, 1665년에 재령 이씨 친척들이 '가문의 비운' 때문에 한자리에 모였다. 이은보李殷輔(1520~1580)의 장남인 승중자 광옥光玉이 아들 없이 요절하자, 결국 은보의 차남인 이함李涵이 가계를 잇게 되었다. 함의 장남인 시청(1580~1616)도 1616년에 사망했고, 시청의 아들과 손자도 1650년대 말과 1660년대 초에 잇따라 사망함으로써, 1665년에는 함의 현손인 어린 지현之炫(1639~1717)이 가업의 무게를 어깨에 짊어지게 되었다. 이와 같은 종가의 위태로운 존속은 "모든 후손의 커다란 우려"를 낳았다. 상당한 규모의 제전을 보전하는 것도 걱정거리였다. 이참에 문중이 회합하여 그 땅을 후대의 착복 내지 남용으로부터 보호하고, 변화된 족보상의 상황에 맞게 그것을 다시 할당하며, 각 묘지에 산직노비를 배정하고, 후사가 없는 광옥의 제사를 포함한 의례의 일정을 재조정하는 문제를 논의했다. 문중입의는 세대 순으로 이함의 살아남은 두 아들, 사망한 함의 차남이 남긴 손자, 끝으로 새로운 승중자 지현에 의해 서명되었다.[78]

권목과 이함의 사례에서는 (적출인) 차남에 의해 종가가 유지되었고, 제전의 분배에 약간의 수정을 가하는 것만이 필요했다. 하지만 본계를 좀 더 먼 방계로 바꾸는 것은 훨씬 심각한 문제였다. 제사 문제를 수반했을 뿐 아니라, 복잡한 경제적 함의도 지니고 있었기 때문이다. 이 점은 1642년에 문중이 아들 없이 죽은 종손의 처(총부家婦)와 종손의 부친의 사촌(즉, 승중자의 종숙從叔) 사이에서 제전을 둘러싸고 일어난 분쟁을 중재한 사건에서 잘 드러났다. 후자는 차적자次適子인 자신이 제사를 계속 모셔야 하기 때문에 제전은 새로운 종손인 자신에게 양도되어야 마땅하다고 주장했다. 자신의 주장을 뒷받침하기 위해, 그는 법적 후계자를 지정할 때 총부의 재량권을 크게 축소시킨 1554년의 법을 원용했다.[79] 나아가 총부가 제사 문제에 개입하는 것을 퇴계가 싫어했다는 사실을 예로 들었다. 문중은 결국 종숙의 손을 들어주어, 35마지기의 제전 가운데 9마지기를 생계비조로 총부에게 주고, 22마지기를 새로 지명된 승중자에게 주라고 결의했다. 남은 4마지기는 묘전으로 전용되었다.[80]

위의 예들은 17세기 중엽에 본계를 방계로 옮기는 '수평적 계승'이 종법에 어긋남에도 불구하고 여전히 용인되었음을 입증하지만, 세기말이 가까워지자 직계의 후계자가 없는 본계의 존속은 주로 적절한 세대의 방계친 가운데 후계자를 입양하는 입후에 의해 보장되었다.[81] 관습에 따라 그런 절차를 우선적으로 승인한 것은 문중이었다. 1729년에 내앞 김씨 김철金澈의 6대 종손 민행敏行(1673~1737)은 아들이 없어, 먼 사촌인 덕하德河(김용金涌의 6대손)의 둘째 아들을 후사로 입양하게 해달라고 예조에 청원했다. 젊은 후보자의 홀어머니의 증언과 함께, 문장門長이 양가의 동의를 확인한 연후에야 이 입양이 서울에서 공식적으로 인정되었다.[82]

의례적·준準사법적 역할 외에도, 18세기에 일부 문중은 순전히 세속적인 활동에 나서기 시작했다. 안동지방에서는 문중이 공동 토지 소유자로서 성원들을 상대로 경제적 거래를 활성화했다. 흉년이 든 1718년에 한 의성 김씨 친척은 문중에서 빌린 많은 곡물과 돈에 대한 연이자 98냥[83]을 갚지 못했다. 그래서 그는 빚을 갚기 위해 문중에 13마지기의 땅을 팔 수밖에 없었다. 같은 해에 또 다른 친척도 비슷한 곤경에서 벗어나기 위해 같은 일을 해야만 했다. 1746년에는 승중자가 일부 토지를 문중과 교환했다.[84] 안동 권씨의 문서에서도 문중의 경제적 역할이 나타난다. 1758년에 문중은 한 성원이 빌려간 돈에 대한 상환금 명목으로 약간의 '전래답'을 인수했다. 몇 년 뒤인 1769년에는 권벌의 형인 권의가 세웠던 야옹정野翁亭을 다시 사들였는데, 이 정자는 빈궁해진 종손이 주변의 토지와 함께 한 방계친에게 매각했던 것이다. 문중은 "모든 친척이 [정자를] 공동으로 보존하는 것이 한 개인이 그것을 보존하도록 내버려두는 것보다 100배는 낫다"라는 말로 100냥이라는 거액의 경비 지출을 정당화했다.[85]

유곡을 관류하는 관개수로 — 우기에 저지대에 위치한 세 집 근처의 땅을 진흙탕으로 만들고 그 집들의 지맥地脈까지 끊어버린 — 의 물길을 변경한 것도 문중의 결정이었다.[86] 1784년에 100명의 권씨 친척은 조상의 제사를 지내기 위해 모인 자리에서, "규방까지 침투한 근래의 사치풍조"가 검약이라는 조상 전래의 전통을 훼손하는 것에 분통을 터뜨리며 문중완의에 서명했고, 이 완의에 '가법'의 권위를 부여했다. 문중완의는 "조상의 뜻을 받들어 장식물을 몸에서 멀리하라!"라고 권하면서, 여성에게 '다리'를 네 꼭지 이상 올리지 않은 소박한 머리모양을 할 것과 혼례에서 무늬가 들어간 화려한 비단 대신에 무늬 없는 수수한 옷감으로 만든 옷을 입을 것을 요구했고, 남성에게도 복장을 검소하게 하라고 훈계했다. 이 완의에 서명한 98명은 네 세대에 속해 있었고, 이들을 이끈 것은 앞서 언급한 두인의 5대 종손인 응도應度(생몰년 미상)와 두인의 아들 세대 중에서 원로 격인 문장이었다.[87]

　문중은 토지를 보유했고, 창고, 묘지 옆의 재실, 정자, 그리고 (13장에서 논의될) 사우祠宇 같은 건물도 소유했다. 적절한 시기에 토지를 매매하고 성원들에게 곡물이나 돈을 빌려주었지만, 문중이 외부의 상업적(또는 비농업적) 활동에 관련되었다는 증거는 없는 것으로 보인다. 조선 후기에 토지가 부족해짐에 따라, 문중의 토지는 종종 가난해진 성원들의 안전망이 되기도 했다. 그들은 문중이 공동으로 보유한 토지를 소작인 신분으로 경작하여 생계를 유지했다. 이 소작인들은 동시에 공동 소유자들이기도 했으므로, 그런 조치는 물론 문제를 안고 있었다. 따라서 서면합의에는 엄격한 규칙이 포함되었고, 의무를 이행하지 못한 소작인은 심각한 결과를 각오해야 했다.[88] 문중의 자산은 사적인 이익에 다양하게 노출되어 있어서, 쉽게 사라져 결국 문중의 해체를 초래할 수도 있었기 때문이다.

　종종 남계친의 다세대 조직으로 성장하여 상당한 규모의 공동재산을 보유하게 된 문중은 인망이 두터운 원로들 중에서 추대된 문장에 의해 통솔되었다. 그는 해마다 윤번제로 선임되는 유사의 도움을 받았다. 특별한 제사 문제나 족보의 편찬이나 조상의 문집 간행 같은 중대사를 논의해야 할 때에는, 통문[89]을 발송하여 성원들을 '문중회의'(문회門會 또는 종회宗會)에 소집했다. 의결은 만장일치[90]나 적어도 다수의 지지에 의해 이루어졌고, 승중자에 의해 승인되어야 했다. 그 결과는 현안을 설명하고 절차적 지침(절목節目)을 밝힌 완의에 정식으로 기록되었다(〈그림 11-4〉). 계약서와 유사한 그런 문서는 서

〈그림 11-4〉 완의를 작성하고 있는 문중(김광억 촬영).

명자들뿐 아니라 그 자손들에게도 (법적인) 구속력을 지녔고, 때로는 목재 현판에 새겨져 시각적 교훈 삼아 재실에 걸렸다. 위반자들은 죄의 경중에 따라 관에 보고되기도 했고, 최종적으로 문중에서 추방되기도 했다.[91] 어떤 문중은 '문규門規'를 만들어 조상의 권위를 빌려 문중에 대한 성원들의 행동과 기대를 규정했다.

남계친의 비공식적인 조직인 문중은 국가의 정식 인가를 받지 못했고, 따라서 정부기록에는 거의 나타나지 않는다. 이는 종족이 특별한 사정이 있을 경우에만 국가의 공인을 받으려 했고, 역으로 국가는 종족의 일에 개입하지 않았다는 증거로 해석되어야만 할 것이다. 공적인 맥락에서 문장(또는 문중)이 언급된 것은 1785년의 『대전통편大典通編』에 나오는 입양 관련 사안이 유일한 예이다. 이때 문중의 장은 부모의 대리인 자격으로 과부의 유언을 뒤엎고 종손의 입양을 허용해달라고 예조에 청원했는데,[92] 이는 문중 내의 분분한 의견으로 인해 종가의 계승이 위기에 처했을 때만 취해졌을 법한 조치였다.

문중의 역사 — 형성, 지속, 또는 있음직한 해체 — 에 관한 문서적 정보는 굉장히 구하기 힘들다. 하지만 최근의 현지조사는 이미 설명한 바와 같이 16세기와 17세기에 내앞 김씨와 하회 유씨, 안동 권씨에 의해 시작된 문중 조직이 거의 단절되지 않고 20세기 후반까지 이어졌음을 보여준다. 예컨대 1970년대에 내앞 김씨는 5명의 주요 조상 — 그들의 시조인 오토산의 용비龍庇, 안동 입향조인 거두居斗, 거두의 손자인 영명永命과 증손인 한계漢啓, 한계의 아들인 내앞의 최초 정착자 만근萬謹 — 을 위해 각 묘지의 장소명을 따서 명명된 위토를 여전히 건사하고 있었다. 초창기에는 개별적인 위토가 곳곳에 흩어져 있던 각 조상의 무덤에 붙어 있었지만, 후대에는 하나의 제전이 같은 묘역에 집중되어 있던 여러 무덤을 돌보는 데 사용되는 경우가 많았다. 예를 들어서 김수일은 김진의 무덤 바로 아래에 묻혔고, 공유 위토의 수입이 이들 부자를 위한 묘제의 비용으로 쓰였다. 부부의 묘도 마찬가지 경우에 해당했다. 아내는 흔히 남편의 묘 가까이에 묻히거나 그 묘에 합장되었기 때문이다. 다른 식으로 조합된 묘소들에도 같은 방식이 적용되었다. 그렇게 떼어두는 토지의 규모는 천차만별이었고, '위토를 배정받은' 묘의 수도 소속 문중의 힘과 위신에 따라 달라졌다.[93] 그런 토지는 세월의 풍상을 겪으며 혹은 늘어나고 혹은 줄어들었겠지만, 그 덕분에 용비의 후손들은 오늘날에도 음력 2월과 10월에 오토산에서 시조를 위해 시향제를 올리고 있고, 1년에 한 차례씩 가을에 김진으로부터 8대까지 거슬러 올라가는 선조들을 위해 묘제를 지내고 있다(진의 제사는 1년에 두 번 있다).[94]

이와 유사하게 안동 권씨도 시조인 권행의 무덤이 15세기 후반에 재발견된 이래, 1년에 두 번씩(한식과 음력 10월에) 그를 위한 시향제를 지내왔다.[95] 하회 유씨의 경우 현재 남아 있는 무덤은 없지만, 1960년대 초에 그 족회소族會所[96]는 단소壇所로 표시된 여섯 묘소를 위해 마련된 밭 5마지기와 논 15마지기의 위토를 관리하고 있었다. 이 육소六所의 주인들은 그들의 시조인 유절柳節, 7대조, 그리고 8대조와 9대조의 조상 부부였다. 이 밖에도 유성룡의 후손들은 43마지기의 논과 35마지기의 밭으로 구성된 토지자산의 수입으로 여섯 산소를 보살폈는데, 이 논밭의 약 3분의 1은 유성룡의 산소에 딸려 있었다.[97]

이상의 예들은 조상들이 최근까지도 그 자손들에 대해 강력한 의례적·경제적 영향력을 행사해왔음을 입증한다. 관련 수치를 찾기는 어렵지만, 제사에 쓰인 비용은 한 종족의 지출에서 약 70퍼센트를 차지한 것으로 추정된다.[98] 경제적으로 따지자면 비생산적이기는 하지만, 수세기에 걸쳐 주요 조상을 기리는 제사에 투자된 이 많은 경비는 부르디외가 '과시적 지출'[99]이라 부르는 것으로, 경제적 자본을 상징적 자본으로 전환한 이 지출은 의례를 중시하는 잘 통합된 사회단위라는 출계집단의 이미지를 대외적으로 알리는 데 결정적으로 중요했다.

## 성숙한 재지 종족조직

조선 후기에 나타난 성숙한 '종족제도'는 한국의 유교화 과정이 낳은 가장 눈에 띄는 산물이었다. 당내(종, 종족, 종파)가 의례적으로 순수한 유교식 부계종족의 '공식' 버전이라는 후광을 지니고 있었던 것에 반해, '결사체적인' 또는 '계약적인' 문중은 널리 인정되는 경전적 기반을 결여하고 있었기에 놀랄 것도 없이 한국의 예서에 언급되지 않았다. 그렇지만 당내의 영속성을 지켜주는 보호막 역할을 한 것은 문중이었다. 요컨대 장자상속과 형제간의 유대라는 친족의 두 원리가 합쳐져서 지방화된 환경 속의 출계집단에 높은 수준의 응집력과 지속성을 제공했다. 당연히 두 원리는 때때로 상충하여 내적인 긴장, 심지어 갈등을 유발했다. 이런 상황에서는 승중장자인 종손이 거의 절대적인 권한을 행사했다. 그렇지만 문중의 좀 더 우월한 경제적 위상 덕분에, 대체로 종손보다 나이도 많고 항렬도 높은 문장이 의사결정의 중요한 지렛대 역할을 할 수 있었다. 이 두 사람이 대표하는 두 가지 원리의 역동적인 상호작용이 조선 후기의 출계집단에 내외의 압력을 견뎌내는 놀랄 만한 탄력성을 부여했다.

내적 분파分派, *segmentation*란 부계종족이 분류의 필요성 때문에 족보상의 계통에 따라 갈라지는 현상이었다.[100] 하지만 새로운 '파派, *segment*'가 자체의 가묘를 갖추고 나름대로의 집단적 기반을 조성했다 하더라도, 이것이 완전한 분리를 뜻하지는 않았다. 파와 지파支派, *subsegment*는 계속해서 자신이 원래 속해 있던 종파宗派와의 관계 속에서 자신을 정의했기 때문이다. 다시 말해서, 새로운 파는 언제나 종파를 구심점으로 삼고 있었고, 종파의 족보상·의례상 우위에 절대 이의를 제기하지 않았다(화합은 일반적으로 분열보다 높은 가치를 지니고 있었다). 서로 다른 파가 자신들만의 족보(파보派譜)를 편찬하기 시작했다 하더라도, 파보는 종파(지파와의 족보상 거리가 얼마나 멀든)를 전체 출계조직의 기축으로 인정하는 '더 높은 단계'의 족보(대동보大同譜)로 다시 합쳐지는 경우가 많았다.

분파가 형제간의 차등적인 재산소유에서 비롯되는 경우는 드물었던 것으로 보인다. 오히려 후손들이 한 개인을 자신들의 '파조派祖'로 삼아 그의 관직명이나 호를 딴 새로운 파를 만들도록 부추긴 것은 저명한 공인이나 학자로서 그 인물이 지닌 위신이었다. 분파는 힘과 위세의 상징이었고, 주로 비정기적이었으며, 언제나 소급적이었다. 새로운 파의 성원들이 새로운 지역으로 이주하여 자신들만의 독립적인 가묘를 지을 수도 있었지만, 그들은 언제나 자신들의 뿌리인 종파를 의식했다. 그들은 문중 연결망을 통해 공동의 조상을 모시는 가을의 문중 묘제에 정기적으로 대표를 보냄으로써 족보상 우위에 있는 친척들과 계속 접촉했다.

내앞 김씨의 예를 들자면, 김진의 다섯 아들은 그들 각자의 호를 따서 명명된 별개 파 — 약봉파藥峰派(극일), 귀봉파龜峯派(수일), 운암파雲岩派(명일), 학봉파鶴峯派(성일), 남악파南嶽派(복일) — 의 조상이 되었다.[101] 이런 분파에도 그들은 부친인 김진을 시조로 받드는 '대종' 청계파의 통합 보호막 아래에 머물러 있었다.[102] 각자만의 마을(약봉파와 귀봉파는 둘 다 내앞)에 자리를 잡은 다섯 파는 규모와 위세 면에서 차이가 났는데, 금계에 거주하고 있던 학봉파가 위세도 가장 높고(과거 급제자와 관직 보유자의 수가 많다는 면에서) 수적으로도 가장 많았다. 극일의 손자인 시온(1598~1669)의 아들들 사이에서 다시 한 번 중요한 분파가 일어났다. 시온의 여덟 아들 가운데 여섯 명이 약봉파 내의 지파들을 이끌게 되었던 것이다(나머지 두 아들은 입양되었다). 이 여섯 하위종족 중에서 지촌파芝村派로 알려진 파가 시온의 넷째 아들인 방걸의 문과 급제(1660)와 고관직 경력에 힘입어 크게 번성했다. 위신이라는 동일한 요인이 시온의 증손인 성탁으로 대표되는 제산파霽山派의 분지分枝를 촉발했다. 약봉의 하위종족(과 다른 모든 하위종족) 내의 분파과정[103]은 남인의 정치적 약진에 힘입어 16세기 후반부와 17세기 말 및 18세기 초에 가장 두드러졌다. 이처럼 과거 급제/관직 보유와 분파 사이에는 놀랄 정도의 상호관련성이 있었다. 달리 표현하자면, 붕당의 부침이 청계파라는 종족 내에서 이루어진 분파의 리듬을 결정했다. 분명한 사실은 하위종족의 생명력이 오래가기 위해서는 충분한 수의 후손뿐 아니라 정치적·경제적으로 유리한 환경도 필수적이었다는 것이다.

공동의 조상을 떠받드는 지파 사이의 경쟁은 공공연하기보다는 은밀했던 것으로 보인다. 예컨대 17세기 초에 하회 유씨는 같은 마을에 나란히 살고 있던 두 파 — 유운룡을 중흥조로 모시는 종파인 겸암파謙菴派와 유성룡을 모시는 지파인 서애파西厓派 — 를 형성했다. 양진당養眞堂을 종택으로 삼고 있던 유운룡의 가계가 종파였지만, 유성룡의 공적·학문적 경력이 충효당忠孝堂에 살고 있던 그의 직계자손에게 위신과 번성이라는 특별한 후광을 비추어주었다. 실제로 후자가 더 많은 과거 급제자/관직 보유자를 배출했고 전자보다 부유했던 탓에 하회 유씨의 명성을 대외적으로 더욱 널리 알렸지만, 제사 문제에 관한 한 겸암의 후손이 확실한 우위를 점했다.[104]

분파 외에도, 출계집난은 앞서 상세하게 설명했듯이 성원들이 다른 지역으로 이주함에 따라 흩어지기 쉬웠다. 그런 이동의 이유는 여러 가지였다.

왕조의 첫 두 세기 동안에, 남성들은 처가거주혼을 결심하거나 상속지분을 손에 넣으면 가까운 친족집단을 떠나고 싶은 유혹을 자주 받았다. 또한 본의 아니게 친척들에게서 멀어진 정치적 추방자나 전쟁 난민은 결국 타지에서 본인과 자손들의 터전을 마련해야만 했으므로, 원래 자신이 속했던 집단과 더 이상 활발하게 접촉할 수 없었다. 이와 같은 친족집단의 이산은 틀림없이 성원들의 소재를 파악하고 공동의 출계의식을 유지하는 일을 복잡하게 만들었을 것이다.

종족구조의 수적·지리적 확대 및 다양화와 더불어 꽤 먼 친척은 서로를 잊어버리게 되고, 그래서 개별 성원을 족보상에서 확인하는 일은 더욱 복잡해졌다. 그러나 종족은 성원들의 정확한 구분 내지 분류에 바탕을 둔 조직이었으므로, 세대별 명명체계가 도입되었다. 각 세대는 흔히 오행五行[105]에 의거한 글자의 일부(부수部首)가 들어간 '항렬자行列字'를 부여받았고, 이 돌림자는 같은 세대에 속한 모든 남계친의 이름(휘諱)에 반드시 포함되었다.[106] 이런 체제는 족보(이하에서 논의할 것이다)의 세대별 정리를 손쉽게 해주었다.

요컨대 조선 후기의 사족 친족집단은 고도로 구조화된 다기능 종족제도로 조직화되었다. 친척들이 뿔뿔이 흩어져 다른 지역에 정착하여 자체의 사당을 갖춘 독립적인 사회단위로 살아가게 됨에 따라 당내는 자연히 가묘에 중점을 두게 되었는데, 이런 상황에서 더 많은 수의 친척을 포함하는 원활한 집단적 활동의 틀을 제공한 것이 바로 문중이었다. 실제로 친척들을 소집하여 족보의 편찬이나 재실의 건립 같은 공동 작업에 참여시킨 것은 문중의 연결망이었다. 공식적인 법적 지위를 지니지는 못했지만, 이런 종족제도는 배타적이고 자율적인 실체로, 친족과 비친족, 내부인과 외부인(외인 또는 타인)

을 명확하게 구분한다는 의미에서 배타적이었고, 성원들(때로는 그 범위 밖의 대상)에 대한 준사법적 권한을 행사한다는 면에서 자율적이었다. 따라서 지방의 수령들은 종족의 내부 문제에 개입하기를 꺼렸다고 한다. 게다가 조선 후기의 종족은 자체의 동력을 만들어냄으로써 신분을 재생산하고 확인하는 강력한 수단으로 작용했다.

## 지방화와 동성마을의 발달

종족을 형성하는 힘들고 오랜 과정의 결과물이 동성마을의 발달이었다. 그것은 후손들이 '고향'이라고 부르면서 자신들과 동일시하게 된 특정 지역에서 엘리트 가계가 자리를 굳히는 일에서 시작되었다. 데이비드 포르가 제안했듯이, 지역적 유대와 종족 형성 사이에는 얽히고설킨 상호관계가 있다.[107] 지역과 친족의 그런 관련성을 무엇보다도 확실하게 보여주는 것이 17세기에 동성마을이 서서히 출현하는 과정이다. 강력한 재지 종족의 성원권은 종종 관직 보유를 대신하여 높은 사회적 지위의 유지를 보장하게 되었다. 1930년대에 이루어진 한 일본인의 조사는 2,000개에 가까운 그런 마을을 확인했는데, 그 마을의 대부분은 주로 국토의 남부에 위치해 있었다. 예를 들어 안동지방에는 183개, 전라도 북부에는 92개가 있었다.[108]

『영가지』와 『용성지』는 모두 마을의 발생과 번성을 제일 먼저 그 자연환경 덕으로 돌리면서, 터가 좋을수록 '인물'의 성취가 더욱 눈부시다고 적고 있다. 이중환도 유명한 『댁리지』에서 경상도 북부에 대해 기술하면서, 안농지방의 풍수와 인재의 등장 사이에 긴밀한 관계가 있음을 강조했다. 안동은 북으로는 태백산맥과 소백산맥이 갈라지는 산간지대에 둘러싸여 있고, 남으로는 낙동강에 에워싸여 있었다. '배산임수背山臨水'는 천혜의 시리적 득성을 나타냈을 뿐 아니라, 풍수적으로 마을에 가장 상서로운 형세를 의미하기도 했다. '시냇가 주변에 사는 것'(계거溪居)은 평온한 풍경의 미학과 관개 및 경작의 이점을 동시에 누리게 해주었다. 이상은 한마디로 예안이나 안동 같은 '복지福地'에 대한 지리적 기술로, 그런 곳에 자리를 잡은 주촌과 내앞, 하회, 유곡은 전국적인 명소로 떠올랐다.[109]

예컨대 희귀한 풍수적 기운(명기明氣)은 지당池塘(주포현)의 세 인물이 과거에서 이례적인 성공을 거두도록 도와주었다고 전해진다. 김현金灦[110]과 그의 모변 친척인 방두원[111]은 1627년에 문과와 무과에서 각각 장원으로 급제했고, 11년 뒤인 1638년에는 황위黃暐가 문과에서 장원을 차지했다. 『용성지』에 기록된 민간의 전승에 따르면, 지당 인근에 있는 '용두봉龍頭鋒'의 특별한 기운이 '용과龍科(문과)와 호과虎科(무과)에서' 세 사람이 개가를 올리는 밑바탕이 되었다고 한다.[112]

한국인 관찰자들의 눈에는 호의적인 자연환경, 즉 지혼地魂이 마을의 설립을 자극하고 그 주민들의 문화적 성취를 고무한 것으로 비쳤다. 하지만 동성마을은 '자연적으로' 생겨나지 않았다. 오히려 그것은 누대에 걸쳐 이루어진 사회적·경제적·문화적 '구성'의 과정을 통해 배타적인 주거지로 발전했다. 이미 지적했듯이 온계나 유곡 같은 소수의 주거지는 신중한 선택(복거卜居)에 의해 세워졌고, 처음부터 주로 한 친족집단에 의해 점유되었다. 하지만 16세기에도 압도적인 주거양식은 여전히 혼성마을이었고, 처가거주혼이라는 관습의 유물인 그곳에서 남계친과 인척이 가까이 모여 살면서 9장에서 설명했듯이 동계를 매개로 긴밀하게 짜인 사회경제적 공동체를 형성하고 있었다. 그렇지만 시간이 흐르면서 그곳으로 장가든 사위의 자손들이 교육과 관직 보유, 효율적인 사회조직, 그리고/또는 경제활동을 통해 번성하여 서서히 인척들을 몰아내고 자신들을 그 마을의 지배적인 친족집단으로 확립했다.

　그런 변화는 가일佳日 마을에서 일어났다. 1441년에 문과에 급제한 중급 관리 [안동] 권항權恒(1403~1461)[113]은 [풍산] 유서柳湑의 딸과 혼인하여 유서의 할아버지가 하회 근처에 세운 가일로 이거했다. 권항은 생애의 대부분을 관리로 일하면서 고향에서 떨어져 지냈지만, 아내의 재산과 어머니 쪽에서 물려받은 13명의 노비를 이용해서[114] 굳건한 경제적 기반을 구축했고, 자식들은 1474년에 그가 남긴 142명의 노비와 토지, 여러 채의 집을 나누어 가졌다.[115] 그의 가계는 손자인 권주權柱(1504년 사화의 희생자)를 통해 사림파의 명성도 얻었다.[116] 권항의 후손 일부는 나중에 사위나 외손으로서 가일을 떠났지만, 남아 있던 자들이 16세기 후반에 항의 증손 세대부터 마을을 지배하기 시작하여 가일은 권씨와 거의 동일시되기에 이르렀고, 그 결과 『영가지』는 권항을 그곳의 최초 거주자로 기록했다. 이렇게 해서 권항의 자손은 네 세대 만에 가일 권씨로 인정받게 되었다.[117]

　내앞(천전)의 역사도 비슷한 면을 보여준다. 김만근은 16세기 초에 지역 실력자의 사위가 되어 내앞에 처음 정착했다. 만근은 임하현의 서쪽에 광대한 토지를 보유하고 있던 장인의 덕을 봤고, 그의 아들과 손자들은 그곳에서 태어나고 활동했다. 이미 설명했듯이, 만근의 손자인 김진과 그의 자손들은 계속 내앞과 그 부근에 살면서 문화석·경제석 성공을 통해 이 마을을 안동시방에서 가장 부유하고 가장 조직적인 동성마을로 변모시켰다.[118]

풍산현의 하회마을도 혼성 거주지로 첫발을 내디뎠다. 『영가지』에 따르면, 하회의 최초 정착자는 고려-조선 교체기에 하회로 이거한 2명의 고관(전서典書) [흥해] 배상공裵尚恭과 [풍산] 유종혜柳從惠였다. 하지만 풍수상의 최고 길지는 좀 더 이른 시기에 그곳으로 와서 화산의 남쪽 기슭과 북쪽 기슭에 각각 마을을 세운 [김해] 허씨와 [광주] 안씨가 이미 차지하고 있었다. 상공과 종혜는 어쩔 수 없이 산세 좋은 화산에서 조금 떨어진, 낙동강이 휘돌아 흐르는 (그래서 마을 이름이 '하회'이다) 평지에 자리를 잡았다.[119] 이런 덜 상서로운 위치에도 불구하고, 유종혜의 외아들인 무관 유홍柳洪(1373~1458)은 마을과 그 주변을 정력적으로 개발하기 시작했다. 그에 대해서는 다음과 같은 기록이 전해진다. "그는 그곳[하회]에 살면서 파종과 수확에 전력을 기울였다.…… 말년에는 재산이 많아져 (인근의) 대현大峴에 별도의 농사農舍를 지었다. 그 앞에 펼쳐진 넓은 [풍산] 평원의 가장자리에 있던 작은 숲속의 정자에서 그는 천리를 두루 조망할 수 있었다. 봄, 여름, 가을에 그는 자주 정자에 올라 농사짓는 모습을 바라보았다."[120] 경제적 풍요와 관직 보유 덕분에 유홍의 장남인 유소柳沼의 가계는 번성했고, 종혜의 6대손인 유중영柳仲郢(1515~1573)[121] — 유운룡과 유성룡의 아버지 — 은 16세기 말에도 여전히 하회에 살고 있었다.[122] 배씨와 유씨, 그리고 지역의 다른 친족집단들, 특히 안동 권씨와 광주 안씨 사이의 다양한 통혼을 통해, 하회는 17세기 초에도 여전히 혼성마을로 남아 있었지만, 그런 과정에서 배씨는 안씨에 의해 흡수되었다. 풍산 유씨가 마을을 지배하기 시작한 것은 하회에 살고 있던 유운룡과 유성룡의 세대부터였다.[123]

혼성마을에서 동성마을로의 점진적인 변화는 1600년경부터 작성되기 시작하여 그 후 정기적으로 수정된 것으로 보이는 동안洞案에 인상적으로 기록되고 있다. 연령순으로 나열된 단순한 이 목록은 한 동 — 하나의 마을, 또는 한 무리의 작은 마을을 포함하는 지역 — 의 남성 인구를 기록했다. 동안의 목적은 분명히 포르가 지적한 것처럼 동리 내의 거주권과 공동자원 이용권을 규정하는 것이었다.[124] 비엘리트(주로 서자들)[125]의 이름은 사족의 이름 밑에 기재되었다. 이런 식으로 동은 지리적으로나 사회적으로나 '상하'로 구분되었다. 엘리트는 중심부의 거주구역을 차지하고 기와집에 살았고, 서자들은 그 주변부의 '하촌下村'에서 초가집에 거주했다. '동규'는 종종 도덕적 규제를 추가했다. 범죄를 저지른 자는 동원들의 만장일치에 의해 관에 보고되었다. 서자가 '상인上人'을 능멸하면, 그는 동안에서 이름이 삭제되고, 엘리트와 비엘리트를 불문하고 그와 계속 교류하는 자는 처벌을 각오해야 했으므로, 결국 그는 거주 및 생계의 권리와 마을의 보호를 박탈당했다.[126] 이런 동안은 초기의 혼성 공동체가 어떻게 종족이 지배하는 마을로 압축되는가를 분명하게 보여준다.

하회에서는 유씨 형제가 일찍이 1584년부터 동안을 만들기 시작했지만, 1621년의 동안에 기재된 34명의 동원 가운데 풍산 유씨는 14명뿐이었다. 나머지는 모두 인척이었던 것 같다. 하지만 1778년에는 81명의 동원 가운데 4명만이 다른 성에 속할 정도로, 하회는 명실상부한 풍산 유씨 동성마을로 변모했다.[127] 따라서 약 한 세기 반 동안에 하회동안의 입록자는 명확한 경계 내의 지역에서 공동의 부계혈통을 강조하는 (거의) 배타적인 남계친 성원으로 서서히 좁혀졌다고 볼 수 있다.

퇴계의 동네인 계상溪上에서 비롯되어 1677년과 1808년 사이에 작성된

8건의 동안('동계'라고 불리고 있다)은 마을의 인구가 부계적으로 압축되는 과정을 예시한다. 1677년에는 18명의 거주자 가운데 11명만이 이씨 친척이었다. 다른 세 성씨는 상속받은 재산을 손에 넣기 위해 이주해온 사위나 외손이었다. 흥미롭게도 이런 사위 7명 가운데 5명은 남성 후사가 없는 처가에 합류했다. 하지만 1730년부터는 새로운 성을 가진 자가 마을에 나타나지 않았는데, 이는 처가거주혼이 더 이상 이루어지지 않았고 딸들이 마을 바깥으로 시집갔다는 분명한 증거이다. 1762년에 이르자 마을 인구의 90퍼센트가 이씨 친척들로 구성되었고, 19세기 초에는 이씨가 공동체를 완전히 장악하게 되었다.[128]

남원부에서 가장 눈에 띄는 엘리트 거주지들 가운데 하나는 뒤로는 장성산長城山을 등지고 앞으로는 물이 풍부한 평원을 끼고 있는 길지에 위치한 둔덕(둔덕방)이었다. 둔덕의 세 동네인 동촌과 방축, 우번은 동쪽으로 오수천獒樹川에 접해 있었는데(지금도 그렇다), 이 하천은 북쪽에서 남쪽으로 흐르다가 동촌 앞에서 동쪽에서 흘러오는 율천栗川과 만난다. 이 합류점 근처에서 오수천은 서쪽으로 급격하게 구부러져, 율천과 거의 나란히 흐르는 또 다른 작은 하천인 서도천書道川의 물줄기와 합쳐진다. 이 세 하천은 뭉뚱그려 '삼계三溪'라 불리고, 둔덕에 '삼계마을'이라는 별칭을 부여한다. 17세기 초엽에 둔덕의 주민들은 일곱 가지 다른 성씨에 속했지만, 그래도 둔덕 이씨가 지배적인 집단이었고, 이 때문에 그 후의 (식민지) 시대에 둔덕은 둔덕 이씨 동성마을로 지칭되었다.[129] 수적으로 두드러졌던 또 다른 집단은 최수웅의 후손인 삭녕 최씨였다. 수웅의 증손인 최적崔頔(1535~1596)은 산과 강 사이의 좁은 주거공간에서 벗어나 강 건너편에 새로운 마을을 만들었던 듯하고, 그 후의 어느 시점(아마도 17세기 말엽)에 최온의 후손은 둔덕 남쪽의 노봉露峯(사동방巳洞

〈그림 11-5〉 금계의 김성일 종택(필자 촬영).

坊)에 정착하여 이때부터 노봉 최씨로 알려지게 되었다. 그 수가 훨씬 적었던 진주 하씨와 흥성 장씨興城張氏, 남원 양씨梁氏도 둔덕과 그 일대에 몇 군데의 취락을 따로 형성하고 자기들끼리 옹기종기 모여 살고 있었다.[130]

'동성마을'은 따라서 반드시 단 하나의 출계집단이 거주하는 촌락을 가리키는 것이 아니라, 서서히 마을공동체를 지배하게 된, 수적으로 압도적이고 잘 조직된 하나의 출계집단이 사는 곳을 뜻했다. 위에서 살펴보았듯이, 17세기에 가속화되고 18세기에 절정에 달한 이런 과정은 인척들의 공동체를 남계친들의 공동체로 바꿔놓는 중대한 변화를 일으켰다. 동성마을의 출현은 시족의 지방화가 마무리되어, 마을이 사족의 신분을 증명하는 결정적인 장소로 전환되었음을 의미했다(〈그림 11-5〉).

강력한 한 성씨가 지배하는 하회와 내앞, 금계 또는 둔덕 같은 마을들은 중심지가 되었고, 그 주변으로 '위성'마을들이 들어섰다. 동생들과 사촌들, 손자들은 애초에 때때로 처가거주혼을 택하여 마을을 떠나 자신들만의 근거지를 마련했고, 종종 자신들만의 파를 만들었다. 예컨대 16세기 말에는 유홍의 다섯 아들 가운데 두 명만이 하회에 남아 있었고, 시간이 흐르면서 더 많은 유씨가 하회를 떠났다. 그 결과 1680년에 작성된 그들의 친족명부(족안族案)에 의하면, 109명의 유씨 친족(이 가운데 10명은 서자였다)이 하회 외의 아홉 마을(제법 멀리 떨어진 군위와 영천, 예안을 비롯한)에 살고 있었다. 전체적으로 보면 그들은 모두 '더 높은 단계'의 포괄적인 종족의 일부였다.[131]

김진의 다섯 아들 가운데 종손인 극일과 수일의 장남인 용은 계속 내앞에 살았지만, 명일은 임하현의 동쪽으로 이거하여 "물대는 도랑이 있고, 토양이 오곡에 적합하며, 도로가 평탄하다"라는 마을 신당新塘을 개척했다. 성일은 금계리에 농지를 조성했고, 복일은 아내의 거주지인 예천 북부로 터전을 옮겼다. 유성에게 시집간 김진의 장녀는 내앞에서 조금 떨어진 무실(수곡)에 정착했다. 이와 비슷하게 둔덕 이씨도 인근의 각지로 흩어져 신기新基(새터) 둔기屯基, 구장球場, 운교雲橋 같은 새로운 동네를 세웠고, 그 결과 조선 후기에 둔덕 이씨는 둔덕방을 확고하게 장악했다.

앞서 잠시 언급했듯이, 일반적으로 사족의 적자와 서자는 공간적으로 분리되었다. 서자들은 엘리트 거주지의 언저리에 있는 '하촌'에 살거나 다른 장소로 이주해야만 했는데, 때때로 그들의 아버지는 살아 있는 동안 그들이 새로운 터전에서 토지와 노비를 구입할 수 있도록 도와주었다.[132] 그렇게 지리적으로 추방당한 서자들은 종종 양인과 혼인하여 결과적으로 양인 인구에 뒤섞이게 되었다.[133] 내앞에는 운곡雲谷과 우곡雨谷이라는 2개의 '방촌傍村'이 있었다고 하는데, 원래 서자들의 거주지였을 것으로 추정된다.[134] 둔덕 이씨의 서자들도 두 군데의 다른 마을에 살았다. 이상형은 말년에 첩인 윤씨와 함께 운교에 거주했고, 윤씨의 아들인 문중의 후손들은 계속 그곳에 살았다. 마찬가지로 이문원의 두 서자 성로와 성일, 그리고 그 자손들은 또 다른 마을 둔기에 거주했다.[135] 하지만 가장 유명한 '서자'마을은 이언적의 농장이 있던 경주 북부의 동성마을 옥산리玉山里로, 이곳에는 그의 서자와 그 서자의 후손들이 지금까지 거주해오고 있다. 이언적이 입양한 적자와 그의 후손들은 그가 나고 자란 양동良洞에서 계속 살았다.[136]

특정 마을에 눌러앉은 엘리트 부계종족의 지방화는 자연히 혼인 패턴의 변화로 이어졌다. 동성마을은 족외혼을 엄격하게 준수했다. 배우자의 집에서 '외인外人'으로 새 인생을 시작하는 것은 (더 이상 남편의 운명이 아니라) 시집온 아내의 운명이 되었다. 권내현이 단성丹城(경상도 남부)에 대한 연구에서 보여준 것처럼, 유명한 동성마을은 도의 경계를 거의 벗어나지 않는 제한된 혼인 반경 내에 거주하던 소수의 고정된 사족 출계집단과 우선적으로 배우자를 교환했다.[137] 한정된 수의 친족집단 사이에서 여러 세대에 걸쳐 이어진 다중적인 결혼관계는 동성마을들을 견고한 인척 연결망으로 엮어주었는데, 이런 유대는 조선 후기에 높은 사회적 신분을 재생산하는 데 필수적이었다.

특정 지역에서 한 사족 출계집단이 누리는 우위는 물론 성원의 수에만 달려 있지 않았다. 경제력도 관건이었다. 예컨대 18세기 조에 둔덕 이씨는 둔덕방의 토지자원 34퍼센트를 장악함으로써 지역의 최대 지주가 되었다.[138]

안동에서는 토지 소유권이 사족마을과 그 주변에 집중되는 현상이 16세기 후반에 시작되었고 다음 세기에 가속화되었다. 경작하기 번거로운 먼 곳의 상속 토지는 매각하고, 그 돈으로 주요 농지에 가까운 땅을 사는 것이 일반적이었다.[139] 토지자산을 확충하고 노비 및 양인 소작인의 노동력을 이용하여 선진농법으로 그것을 개발하는 것은 상업이 미발달한 당대 농촌의 주된 경제활동이었고, 이를 통해 단일 출계집단은 마을에 대한 지배력을 유지할 수 있었다.

자연의 아름다움과 상서로운 지세 ― 시선을 사로잡는 산수山水의 조화 ― 는 마을의 매력을 더해주었다. 경치 좋은 곳에 세워진 정자 같은 건축물은 문화와 여가의 상징으로서 자연경관의 미적 가치를 상승시켰다. 『영가지』에 언급된 여섯 정자 가운데 네 개가 내앞 김씨에 의해 만들어졌는데, 그중에서도 내앞의 강 건너편에 있는 백운정白雲亭이 아마 가장 유명할 것이다. 또 사방이 굽이치는 물줄기로 둘러싸인 작은 섬처럼, 연못 중앙의 커다란 바윗돌 위에 세워진 유곡의 청암정靑巖亭은 『택리지』에서 "그윽한 운치가 있다"라고 찬양되었다(〈그림 11-6〉). 그 절경에 푹 빠진 사람들은 "집으로 돌아가기를 잊었다"고 한다.[140] 지당의 용두정龍頭亭도 문인들이 앞을 다투어 시를 짓는 장소로 명성이 자자했다.[141] 이런 건축물들은 엘리트층이 주변의 환경을 독특한 문화적 방식으로 차용하여 무엇보다도 자신들이 속세의 일에 초연하다는 사실을 과시한 기념비였다.

이 모든 마을의 공통점은 행정적 통제에서 멀찌감치 벗어나 있었다는 것이다. 모두가 관청 소재지의 경계 바깥에 있었다. 예를 들어 하회는 안동

〈그림 11–6〉 유곡의 청암정(필자 촬영).

부성에서 24킬로미터 떨어진 거리에, 유곡은 적어도 2배는 더 떨어진 거리에 위치해 있었다. 내앞에 살았던 김시온은 죽기 전 30년 동안 안동 부성 안에 발을 들인 적이 없었다고 한다. 성읍과 마을 사이의 안전거리는 마을 문제에 대한 외부의 개입을 최소화했을 뿐 아니라, 그런 마을을 외부의 압력을 견뎌낼 수 있는 준독립적인 사회경제적·문화적 실체로 각인시켰다.

　　1800년경 『택리지』에 붙인 글에서, 정다산은 경상도에서 사족이 살아남은 이유를 다음과 같이 요약했다.

우리나라에서 농장이 아름답기로는 영남이 으뜸이다. 그런 까닭에 사대부가 지난 수백 년 동안 역경에 처해왔음에도, 그 존귀함과 부유함은 쇠잔하지 않았다. 풍속에 따라 집집마다 한 조상을 모시고 한 터전을 차지하니, 출계집단[족]이 흩어지지 않고 그곳에 모여 산다. 이런 까닭에 그들의 [신분] 유지가 공고하고 그들의 뿌리가 뽑히지 않는다.[142]

남계친들을 항구적으로 한 지역에 묶어둔 것은 조상의 묘였다. 인근의 언덕에 있던 입향조의 매장지는 8장에서 논의했듯이 종종 그곳에 영구적으로 정착한 후손들의 의례적 초점이 되었다. 본격적인 틀을 갖춘 부계종족의 발달과 함께, 조상의 묘는 재배열되고 통합·정리되어, 남편과 아내가 공동 묘역에 묻히게 되었다. 정교한 전례에 입각한 제사는 동성마을의 영속성을 보장하는 의례적 기반을 제공했다.

요컨대 동성마을은 뚜렷한 사회적·의례적·경제적 요소들의 집합체로, 한 지역의 독특한 시간적·공간적 속성을 만들어냈다. 시간은 세대로 측정되었다. 한 장소에 뿌리를 둔 남성 후사들의 간단없는 계승은 '세거지世居地'라는 존경 어린 용어를 탄생시켰다. 시간적 연속성에 기초한 그런 공간은 그 거주자들에게 정체성과 위신을 부여하는 장소였다. 이렇게 해서 지역과 성씨가 불가분의 관계를 맺게 되었다. 실제로 마을이름은 제2의 신분확인증(본관 외의)이 되어 종종 족보에도 기록되었다. 내앞(천전)의 [의성] 김씨, 닭실(유곡)의 [안동] 권씨, 하회의 [풍산] 유씨, 둔덕의 [전주] 이씨 등이 그 예이다.[143]

동성마을은 분명히 단순한 거주의 장이 아니었다. 그것은 그 거주자들이 독자적인 친족 공동체의 성원이자 특별한 사회계층의 일원임을 확인해주었다. 그런 성원권에 의해 개인은 자신의 엘리트 신분을 인정받았고, 이 신분은 그를 둘러싼 세계에서 그가 누릴 수 있는 특권적 입지를 마련해주었다.

## 정체성과 출계의 역사

종족 형성에 수반된 것은 공동의 부계조상으로부터의 출계를 문서화된 족보로 기록하는 작업이었다. 갈수록 경쟁이 심해지는 정치적·경제적 환경 속에서, 조상의 과거를 추적하는 것은 엘리트 종족의 정체성과 자기 재현*self-representation* 방식을 결정하는 요인이 되었다. 8장에서 논의했듯이, 족보는 처음에는 묘지에 의해 기억되는 한정된 수의 직계조상에 국한되었지만, 나중에는 머나먼 과거에 살았다는 가상의 조상까지 거슬러 올라갔고, 이와 동시에 갈수록 그 수가 늘어나고 있던 종족의 지파들을 포함했다. 따라서 족보의 편찬은 과거의 의도적인 재구성인 동시에 당대의 성원권에 대한 출계집단의 관점을 반영한 것이었다.

족보상의 기록이라는 형식을 빌린 집단적 기억의 창출은『의성김씨 세보』의 서문들에 인상적으로 드러나고 있듯이, 종족조직에 의해 추진된 고심 어린 작업의 산물이었다. 황준량黃俊良[144]이 1553년에 쓴 서문에 따르면, 의성 김씨의 남계친과 비남계친(내외손)에 관한 자료를 한 권의 책자에 수집한 사람은 비남계친인 이숙李潚이었다. 그러나 이 기록은 목판에 새겨지기 전에 임진왜란 중에 불에 타고 말았다. 17세기의 첫 수십 년 동안 일부 김씨 남계친이 재구성을 시도했을 때, 그들은 공동의 조상인 용비 — 오토산의 무덤을 통해 실존인물임이 확인된 — 에게 저명한 선계를 제공하기 위해 노력했다.

그들은 과감하게 그를 신라 김씨 왕들의 시조라고 추정되는 전설적인 최초의 김씨 알지의 직계후손으로 만들었다. 하지만 그런 식의 추적과 귀속은 순전한 억측으로 여겨져 급히 폐기되었고, 족보의 제3판(1650년과 1656년)에서는 용비가 신라 최후의 왕인 경순왕(재위 927~935)[145]의 넷째 아들 김석金錫[146]의 5대손으로 바뀌었고, 김석이 의성군義城君에 봉해진 이후 김씨가 의성을 본관으로 삼게 된 것으로 정리되었다. 물론 이런 재구성도 문제를 안고 있었다. 김석에서 용비로 이어지는 계보를 입증할 만한 문서가 없었기 때문이다. 또한 1720년에 나온 이 족보의 개정판에 서문을 쓴 김이현이 지적했듯이, 만약에 의성이 김석을 통해 김씨의 본관이 되었다면, 용비를 시조로 추앙하는 것(일찍이 김진이 그의 무덤 앞에 비석을 세워 그를 추모한 것처럼)은 불합리했다. 더욱이 용비가 시조로 간주된다면, 그 동생들의 자손을 같은 족보에 기록하는 것은 이치에 맞지 않는다고 이현은 덧붙였다. 용비와 두 동생을 석의 그럴듯한 5대손으로 만들기 위해, 석과 용비 사이의 세대는 출신이 불분명한 세 명으로 재구성되었다. 이런 식의 정리로, 용비는 안동에 거주하는 후손들에 의해 무리 없이 '중조中祖'로 간주될 수 있었다.[147]

용비가 아니라 석을 의성 김씨의 시조로 삼으려는 움직임은 용비의 장남과 삼남, 그리고 용비의 동생인 용필龍弼의 후손을 비롯한 한 무리의 김씨 친척에 의해 주도되었을 가능성이 큰데, 이 집단은 용비가 의성 김씨에 의해 자신들의 시조로 인정되었다면 아마도 쪼개졌을 것이다. 1670년에 '족계'를 조직함으로써, 그들은 석의 후손이라는 사실(1650/1656년 족보에 따라)을 공유하고 있음에도 "구름처럼" 흩어져 경상도와 전라도의 농촌지방은 물론이고 수도에도 살고 있던 의성 김씨를 통합하고자 했다. 2명의 지도자인 (이현의 먼 친척) 김왕金迋과 김성구金聲久[148]는 김씨의 분산으로 인해 초기의 계가 중단 되었음을 안타까워하면서, 자신들이 새로 시작한 계는 영원할 것이고 "선조들을 기리고 [부계] 출계원리[종宗]를 떠받드는 정신으로 뿔뿔이 흩어진 친척들을 하나의 친족조직으로 결합시킬" 것이라고 다짐했다. 한마디로, 새로운 계는 김씨의 '우리됨we-ness'(아족我族)을 공표하기 위한 것이었다.[149] 문·무과 급제자 및 소과 입격자를 포함하여 계안契案에 이름을 올린 22명의 친척 가운데 8명은 수도에 거주했고(경파京派), 나머지는 대부분 안동(극일·수일·명일의 후손)과 예천(복일의 후손)에 살고 있었다(향파鄕派). 계안에 서명함으로써 그들은 '모든' 의성 김씨를 포용하는 족보를 만드는 데 필요한, 석과 용비 사이의 실종된 세대에 대한 재구성을 명시적으로 승인했다.

김석을 의성 김씨의 시조로 만든 이유 있는 결정은 시조의 선택이 많은 경우에 꽤 오랜 시간이 지난 뒤에 이루어지는 현상이라는 사실을 강조해준다. 족보란 결국 명망 높은 시조로부터 끊임없이 이어진 부계출계를 확립하는 동시에 친척이라 인정되는 자들을 되도록 많이 포함시키려는 야심에서 비롯된 문화적 발명이었다. 그럼에도 그런 과정에서 상당수의 잠재적 친척이 최종 문서에서 분명히 배제되었다.[150]

1720년판 족보는 그때까지 나온 것들 중에서는 가장 완벽했지만, 꼬박 8년의 조사를 거쳐 그것이 편찬된 뒤에도 많은 의문과 불확실성이 해결되지 않고 남아 있었다. 의성 김씨의 광범위한 분산 ─ 내앞 김씨는 많은 재지 지파 가운데 하나일 따름이었다 ─ 으로 인해, 모든 지파를 아우르는 포괄적인 목록을 만드는 것은 거의 불가능한 직업이었다. 그럼에도 1802년의 개정판은 1720년의 족보에 30퍼센트 이상의 정보를 추가했다. 그러나 모든 친척을

포함하려 했던 1901년의 '신보新譜' 조차도 의성 김씨의 불완전한 재현이라 선언되었다.[151]

모든 이산 친척을 단 한 편의 족보에 통합하려는 대단한 노력에도 편찬자들이 기대할 수 있었던 정보 수집의 대상은 각자의 지역에서 잘 조직되어 있던 친척들뿐이었다. 1901년에 나온 김씨 족보의 최종판이 그런 친족 지파를 거주지에 의해 분류했다는 사실은 지역이 실제로 우월한 사회조직의 지표로서 정체성을 확인하는 중요한 수단이 되었음을 뜻한다. 김씨의 대부분은 자연히 경상도에 무리 지어 살고 있었지만, 전라도와 황해도에도 여러 지파가 있었고, 심지어 멀리 떨어진 북쪽의 평안도에도 한 파가 살고 있었다. 의성 김씨 족보는 궁극적으로 지방에 확실하게 뿌리를 내리고, 친족의 동질성과 결속이라는 초지역적 연결망에 의해 통합되어 있던 계파들을 기술했다.

포괄성을 확보하려는 의욕은 물론 의성 김씨에게 국한된 것은 아니었다. 유사한 경향이 다수의 다른 족보에서도 간파된다. 예컨대 1907년에 안동 권씨는 15개 파의 파보를 집대성하여 여러 권짜리 대형 판본에 수록한 '대동보'를 펴냈다.[152]

오랜 시간 개정을 거듭하여 18세기에는 조상의 뿌리 깊은 연원을 미증유의 포괄성과 결합시키기에 이른 족보의 기록은 단지 개인의 엘리트 신분을 정당화하는 데 그치지 않았다. 신분 유지를 집단적인 작업으로 만듦으로써, 족보는 조선 후기에 종족 성원권이 어떤 식으로 광범위한 친족 연결망─마을의 경계를 훨씬 뛰어넘어 친족의 유대와 협력을 증진한─에 의해 뒷받침되었는지를 보여준다.

## 정체성의 상실과 회복: 드문 이야기

높은 사회적 신분과 그 특권에 대한 주장이 입증 가능한 족보상의 기록에 달려 있다는 사실이 일련의 사건에 의해 만천하에 드러났는데, 이 일은 그 전후 사정이 밝혀졌을 당시에 상당한 감정적 반향을 불러일으켰다. 1592년 봄에 일본군이 침략했다는 소식이 안동에 전해지자, 가족을 청송의 산간지대에 대피시킬 채비를 하고 있던 김용은 조상의 간략한 세계도를 작성하여 막내아들의 윗도리 깃에 꿰매어 붙였다. 만에 하나 그가 가족의 품에서 떨어졌을 경우, 그것이 그의 신분을 알려주리라고 생각했기 때문이다. 실제로 당시 겨우 다섯 살이던 김시과金是果(1588~1653)는 일본군이 야밤에 가족을 덮쳤을 때 그들과 헤어졌다. 일본군은 눈에 띄는 모든 것을 불태웠고, 시과의 옷에 꿰매져 있던 문서도 일부 타버렸다. 얼마간 거지 신세로 떠돌아다니던 시과는 농부인 김해 김씨 부부의 도움을 받아 안식처를 찾았다. 임진왜란의 혼란 속에서 하나뿐인 자식을 잃은 이 부부는 결국 그를 입양했다. 그의 입양은 1642년에 작성된 문서에 짤막하게 언급되었는데, 이 문서에는 시과가 양부모의 제사를 계속 지낼 수 있도록 연로한 양숙부(승려)가 그에게 약간의 토지를 준 사실도 기록되었다. 시과의 진짜 배경을 알 리가 없는 그의 후손들은 평범한 농부로 살았다. 그러다가 문경聞慶(경상도 북서부)에 살고 있던 그의 7대손 김순천金順天이 어느 날 자기 집 대들보(무당에 의해 김의 아내가 병사한 원인으로 지목된) 위에서 먼지투성이의 작은 상자를 발견했다. 글을 모르는 순천은 불에 그슬린 상자의 내용물을 마침 의성 김씨와 관련이 있는 선비에게 보여주었다. 자신이 일아낸 내용에 깜짝 놀란 선비는 순천을 내앞으로 보냈고, 김용의 8대손이자 종손인 김현운金顯運(1748~1816)이 그를 맞았다. 이때가 1805년 가을이었다. 현운과 그의 친척들은 타다 남은 종이에 적힌 김용의 필적을 알아보았다. 여기에 1642년의 문서적 증거까지 더해져, 순천이 실제로 오래전에 실종된 시과의 후손임이 명백해졌다. 순천은 8명의 친척과 함께 문경의 현감에게 자신의 예사롭지 않은 이야기를 설명하면서 본인의 본관을 의성으로 복원시켜달라는 복관復貫 청원서를 보냈다. 이런 이례적인 요구를 처리할 권한이 자신에게 없다고 판단한 현감은 이 일을 경상도 관찰사에게 보고했고, 관찰사는 문서들을 검토해본 다음 승인 판결을 내리면서 "참으로 놀랍고 기이한 사연이 아닌가!"라고 외쳤다.

하지만 시과의 후손들 입장에서 보자면, 자신들의 복권에서 가장 중요한 단계는 의성 김씨 족보에 다시 등재되는 것이었다. 전체 문중이 만장일치로 동의한 이후에야, 1806년 2월에 조상의 사당에서 200여 년 만의 희귀한 귀향이 감동적으로 공표되었다. 끝으로 1830년 초에 예조는 "본관의 환원과 종족 성원권의 회복"(환관복종還貫復宗)을 인가했고, 공문서에서 당시에 만인이 생각했던 바 — 저승에 계신 조상들의 보살핌이 없었다면, 열 세대 동안이나 비천한 잡일을 하던 사람들이 하루아침에 이 나라에서 가장 고명한 출계집단들의 하나에 받아들여지는 일은 결코 일어나지 않았을 것이다 — 를 되풀이했다. 이 기이한 운명의 반전에 화답하여, 예조는 의성 김씨의 족보에 새로 추가된 이들에게 부역과 군역을 면제받는 사족의 특권을 돌려주었다.[153]

위의 이야기는 그 무엇보다도 계보와 정체성의 상관관계가 엘리트 신분을 정의하고 주장하는 데 미치는 '운명적인' 힘을 명료하게 보여준다. 친족으로부터 분리되자, 한 사람이 사회적 무명인, 즉 자신의 엘리트 자격과 족보상의 제자리를 상실한 어떤 사람이 되고 말았다. 출계의 공증서로서, 족보는

『예기』의 표현을 빌리자면 조상을 숭배하는 데 일조했고, 역으로 조상의 명예는 후손에게 확실한 정체성 — '현조顯祖' 아무개의 몇 대손인가에 의해 대외적으로 신원이 확인되는 한 명의 사족이라는 — 을 부여했다. 이와 같은 조상과 후손의 동일시는 후자의 자발적인 존경심과 복종심을 불러일으켰다.

### 존경의 표지: 친족의 통합요인

계보의식과 조상숭배의 상호 치환성은 관직 보유자나 학자로서 이룩한 평생의 업적에 의해 근래의 지방사나 국사에서 기억할 만한 위치를 차지한 — 그래서 종종 파조가 된 — 주요 조상에 대한 정성스러운 제사로 이어졌다. 그런 '현조'의 명성을 역사적 사실로 확립하는 가장 훌륭한 방식들 가운데 하나는 8장에서 간략하게 언급한 것처럼 그를 위한 불천위 봉사를 제도화하는 것이었다. 원래 불천위 제사는 충성스러운 보필에 대한 감사의 표시로 왕에 의해 공신에게 하사되었지만, 17세기부터는 때때로 지방 유림儒林에 의해 꽤나 편협한 이유로 '인정'되었다. 그것은 후손들의 곤혹감을 해소해주었다. 4대가 지났다 하여 숭앙하는 조상의 신주를 가묘에서 꺼내어 무덤가에 묻는 대신에, 그들은 공식적인 인정을 받아 그 신주를 아내의 그것과 함께 따로 마련된 '별묘別廟'[154]에 봉안함으로써 그를 기간의 제약 없이 의례적으로 기릴 수 있었다.

의성 김씨 중에서, 김성일은 진주를 지키다가 1593년에 사망하여 사후에 공신의 지위(1604)와 2품 관직, 불천위의 명예를 얻었다.[155] 1679년에는 남인의 후원하에 '문충文忠'이라는 시호까지 받았다.[156] 불천위 제사는 승중자에게 가외의 경제적 부담을 안겼기 때문에, 성일의 후손 3대는 1692년의 문중완의에서 승중자의 입지를 강화하고 제사의 연속성을 보장하기 위해 토지를 추가로 배정하기로 결의했다.[157] 1729년에 그들은 다시 문중완의에 의해 성일의 신주를 모실 별묘를 세우는 오래된 계획을 실행에 옮기고, 위토의 수입으로 제사 비용을 대기로 했다.[158] 그 밖에도 내앞 김씨는 유림에 의해 인정된 중시조 김진(김성일의 공적에 힘입어 역시 사후에 벼슬을 받은)의 불천위 제사를 모셨다(지금도 모시고 있다). 또한 두 명의 중요한 조상인 김용과 김성탁도 같은 대접을 받았다.[159]

하회 유씨 형제인 유운룡과 유성룡도 시호를 받았고 불천위 제사의 명예를 누렸다. 두 아들의 공을 통해 그들의 부친 중영도 같은 영예를 누렸기 때문에, 운룡의 신주를 모시는 별묘가 세워졌고, 중영과 성룡의 신주는 종가의 가묘와 서애 가계의 가묘 안에 있는 다섯 번째 감실龕室에 각각 봉안되었다.[160]

권벌을 기리기 위해, 1588년에 유곡 권씨는 유곡에서 약간 떨어져 있는 사현촌沙峴村에 삼계서원三溪書院을 세웠다.[161] 이 서원은 1660년에 사액을 받았다. 또한 삼계서원은 1611년에 복구된 이후 권씨(와 흥해 배씨)에 의해 주도된 「내성동약」의 의례적 현장이 되었다. 동약의 성원들이 봄과 가을에 권벌에게 제사를 드린 다음 날 그 서원에 모여 연례회의를 열었기 때문이다.[162] 유곡 권씨는 권벌을 위한 별묘의 건립을 오랫동안 계획했지만, 이 계획은 1650년대에 종가가 처한 어려움(위에서 논의했다)으로 인해 번번이 좌절되었다. 그러다가 1661년에 종손이 된 권두인이 1715년에 친척들에게 보낸 통문에서 이 문제를 거론했다. "근자에 많은 사대부가 별묘를 가지고 있다"라는 이유로, 두인과 그의 근친들은 별묘 건립을 추진해야 한다는 압력을 느끼고 있었다. 그런데 두인이 지적했듯이, 예서나 국전國典에는 자신들의 행동을 뒷받침할 만한 확실한 근거가 없었다.[163] 그럼에도 수도 안팎의 권씨들이 오랫동안 번성하고 드높은 명성을 얻은 것은 유명한 조상 덕분이었으므로, 두인은 뜻을 같이한 친척 41명과 함께 두 문중의 동의와 협력을 청구하여 별묘에서 권벌의 불천위 제사를 시작하려고 노력했던 것이다.[164]

출계집단의 역사에 특별한 의미를 지니고 있는 한 분의 조상을 위한 확대된 제사의 제도화는 후손에게 엄청난 위세를 부여했고, 그들의 신분과 힘을 지역에 항구적으로 고착시켰다. 온계 이씨는 퇴계라는, 금계 김씨는 성일이라는, 하회 유씨는 운룡과 성룡 형제라는 명망 높은 조상을 둔 덕분에 계속 현달했다. 이런 의미에서, 가까운 직계조상 중의 저명한 인물을 위한 제사는 후손들의 지방화를 정당화했는데, 이와 같은 조상과 지역의 동일화가 없었다면 조선 후기의 사족은 그 누구도 엘리트 신분을 계속 주장할 수 없었을 것이다.[165]

조선 후기에 성행한 '현조' 숭배는 문중의 연결망에 의해 뒷받침되고 많은 친족원의 동참에 바탕을 둔, 때로는 경쟁적인 집단적 기획이었다. 별묘를 짓는 것 외에도, 야심만만한 사족들은 중요한 묘지의 입구를 정교하게 조각한 '신도비神道碑'[166]로 장식하거나, 무덤을 예술적으로 새겨진 묘비명, 석등石燈, 실물 크기의 문무인석文武人石으로 표시하는 데 막대한 재정적 자원을 쏟아부었다.[167]

더욱이 17세기와 18세기를 통해 중요한 선영 근처에 있는 재사는 주요 조상의 묘제에 참례하는 친척들의 수가 점점 늘어남에 따라 이들을 수용하기 위해 확대되거나 신축되었다. 1701년에 간행된 안동 권씨 족보의 수정을 추진하기도 했던 열성적인 권두인은 능동에 있는 권행의 무덤 근처에 재사가 세워지는 과정의 여러 단계를 기록으로 남겼다. 1653년에 '원손遠孫'인 권우權瑀[168]가 경상도 관찰사로 부임하여 권행의 묘에 예를 표하고, 지역의 친척들에게 무덤 오른쪽의 공터에 재사를 세울 것을 건의했다. 권우의 물질적 지원으로 이루어진 실제 공사는 그 지역에 살고 있던 두 사람(그중의 한 명은 권호문의 손자였다)에 의해 감독되었다. 이 복합건물은 대청大廳과 그 양쪽의 동재東齋와 서재西齋, 재실, 곳간으로 구성되었고, 완성된 건축은 만인의 찬탄을 자아냈다. 그렇지만 해마다 권행을 모시는 회전會奠에 상당히 많은 친척이 모였을 때는 공간이 너무 협소했으므로, 시설은 1683~1684년에 대대적으로 확장되었다. 특히 종회에 참석한 모든 인원을 수용할 수 있는 널따란 누각樓閣이 증설되었다. 거의 같은 시기에, 또 다른 친척 권시경權是經[169]은 경상도 관찰사로서 상석床石과 석상 몇 개로 권행의 무덤을 꾸미는 데 도움을 주었다. 이런 작업들을 통해 권행의 후손들은 자신들의 시조가 나라를 위해 세운 공로를 기억했을 뿐 아니라, 그로부터 비롯된 관리와 학자들이 여러 세대에 걸쳐 이룩한 업적을 기렸다고 권두인은 선언했다(〈그림 11-7〉). "우리가 잃어버렸다가 나중에 다시 찾은 무덤에서 [이런 건물들 덕분에] 수월하게 대를 이어 제사를 받듦으로써, 우리는 우리의 선조가 하늘의 도움을 받아 이룩한 공덕에 성심성의껏 보답하고 있는 것이 아닌가?"[170]

　김진의 후손들도 숭배의 중심지를 적극적으로 확대했다. 1747년에 그들은 오토산에 있는 용비의 무덤 곁에 재실을 짓고 최근에 발견된 낡은 신도비를 보수하기 위해 친척들로부터 금전을 갹출했다. 또한 재실을 관리하기

〈그림 11-7〉 능동에 있는 안동 권씨의 재사(필자 촬영).

위해 1780년대 초에 추가로 토지를 매입했다. 그렇게 멀리 떨어진 곳에 있는 재실의 유지에는 많은 비용이 들었으므로, 그들은 전국 각지에 살고 있던 친척들에게 거듭해서 재정적 지원을 요청했다.[171] 마찬가지로 일찍이 1480년에 이정을 위해 가창산에 재실을 지었던 진성 이씨도 1715년에 그것을 크게 확대했다. 이자수를 위한 사당이 가까이 있는 데다 1770년대 후반에 강당과 부엌까지 만들자, 그 장소는 진성 이씨 조상들을 모시는 데 헌정된 주요 경역으로 바뀌었다.[172]

실제로 조상숭배의 통합력은 '종인宗人'과 '원손'을 마을의 경계를 뛰어넘는 커다란 사회종교적 공동체로 묶어주었다. 정성 어린 공동의 의례를 봉행하고 족보를 편찬하고 별묘와 재실을 건립함으로써, 사족 종족들은 자신들의 정체성을 찾고 표현하는 항구적인 구조를 만들어냈다. 바로 이 구조를 활용하여, 그들은 자신들의 지적·정치적 세력을 증대했는데, 여기에 대해서는 다음 장에서 논할 것이다.

# 12장 〉〉〉 학문과 정치: 정통성을 둘러싼 경쟁

영남의 유학자들은 1623년 이후 중앙의 정치에 참여하지 못하고 갈수록 소외당했지만, 그렇다고 해서 지역주의에 함몰된 학자의 삶에 안주하지는 않았다. 오히려 그들은 학문적 권위를 정치적 수단으로 이용하여 중앙무대에서 자신들의 영향력을 과시했다. 한반도에서 영남만큼 독자적인 학파와 밀접하게 관련된 지역은 없었다. 실제로 퇴계의 학문적 계승자들은 스승의 압도적인 지적 권위에 힘입어 유교적 정통성의 유력한 주창자로 부상했다. 그들은 퇴계의 유산에 '학파'의 확고한 틀을 부여했고, 퇴계의 사상을 진작하고 중앙에서 가해지는 붕당의 공격에 맞서 그것을 수호하는 데 헌신한 서원들의 연결망으로 그 틀을 보강했다. 서울에서 일어나는 사건들을 예리하게 관찰하고 있던 그들은 때때로 자신들의 독특한 학문적 자본으로 국론에 영향을 미쳤다.

유명한 학자들이 영남에서 나왔다는 사실을 인정하면서도, 1694년 이후 서인에게 장악된 중앙정부는 그 지역을 반항적인 남인 선비들의 온상으로 간주하고, 기회가 있을 때마다 그들을 억압하거나 그들의 지역적 기반을 잠식하려 했다. 영조가 붕당 간의 반목을 완화하려고 시도했던 18세기 중엽이 되어서야 영남의 학자들은 다시 선별적으로 조정의 부름을 받게 되었다.

### 퇴계 사후의 지적 재편

살아 있는 동안 퇴계는 안동지방의 모든 주요 출계집단으로부터 제자들을 받았지만, 그가 죽고 나자 그의 지적 자산을 물려받을 권리를 놓고 4대 제자인 조목과 김성일, 유성룡, 정구 ― 각자 독립된 '학파'의 수장으로 떠오른 ― 가 각축을 벌이게 되리라는 점이 명백해졌다. 김성일과 유성룡의 후손들은 높은 사회적·학문적 권위와 상당한 경제적 자원을 겸비하고 있었는데, 이런 기반 위에서 그들은 대를 이어가며 19세기까지 두 학파의 명맥을 유지할 수 있었다(〈그림 12-1〉).

조목은 분명히 퇴계의 가장 박식한 제자였지만, 그의 유산은 본인이 촉발한 안동과 예안 학자들 사이의 분쟁으로 빛이 바랬다. 그와 유성룡 사이의 반목은 이미 언급한 퇴계의 문집 편찬을 둘러싼 이견 때문만은 아니었다. 1598년에 조목은 금난수의 지원을 얻어 정인홍(조식의 수제자)이 이끄는 유성룡의 정적들을 편들었다. 정인홍은 유성룡이 영의정으로서 일본과의 화친을 주장함으로써 "나라를 팔아먹었다"고 탄핵했고, 이로 인해 유성룡은 삭탈관

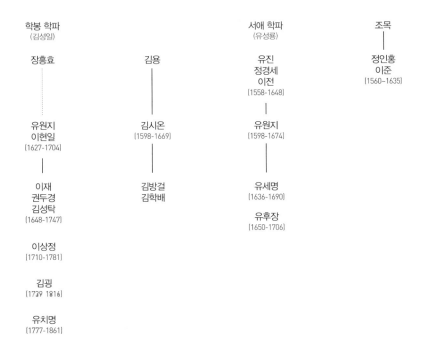

작을 당했으며(그는 1600년에 복권되었다), 동인은 얼마 뒤에 '온건한' 남인과 '강
경한' 북인으로 쪼개졌다. 1606년에 사망한 조목은 북인의 비호하에 1614년
에 도산서원에 배향되었는데, 이 일은 조목의 위상을 유성룡에 못지않게 높
이는 동시에 예안의 유학자들을 북인으로 포섭하기 위한 것이었다. 하지만
1623년에 북인이 정치적으로 몰락하자 조목과 금난수의 아들들은 유배되었
고, 예안의 북인 지지자 몇 명은 훼가출향毁家出鄕의 '향벌鄕罰'에 처해졌다(이
들은 마을에서 쫓겨났고 이들의 집은 부서졌다).[1] 이 과격한 숙청 이후에 조목의 지

역 후계자는 나타나지 않았다. 반면에 예안의 학자들 가운데 퇴계의 후손과 김령으로 대표되는 오천 김씨는 남인으로 전향하여 영남에서 가상 눈에 띄는 퇴계의 기념물인 도산서원을 함께 관리했다.

학봉 학파로 알려진 김성일의 학문적 계보에서 중요한 위치를 차지하는 인물은 그의 차세대 제자인 장흥효와 김용이었다. 성일의 조카인 후자는 퇴계의 손녀와 혼인했고, 자신의 조카인 김시온을 통해 삼촌의 학통을 널리 펴뜨렸다. 하지만 젊은 시절에 김성일과 유성룡의 문하에서 공부했던 장흥효에서 비롯된 파가 훨씬 두드러졌다. 장은 "세속의 명예를 버리고" 도를 추구하는 은자의 삶을 살았다. 그의 외손자인 이현일(갈암葛菴, 1627~1704)[2]과 현일의 많은 제자[3]를 통해, 퇴계의 지적 유산은 한국 '이학理學'의 독특한 틀을 갖추게 되었다. 빼어난 독창적 사상가는 아니었지만, 이현일은 당대의 비방자들에 맞서 퇴계의 철학을 설득력 있게 옹호했고, '사단칠정'에 관한 율곡의 견해를 비판하는 논거를 정립함으로써 퇴계에 대한 율곡의 논박을 무효화하기 위해 노력했다. 그는 퇴계의 이기 이원론 — 이 학설에서는 이가 발현될 수도 있고, 발현되지 않을 수도 있다 — 을 강력하게 지지했다. 실제로 그는 후대의 모든 퇴계학자가 참조할 수 있는 지적 의제*agenda*를 개발했다.[4]

이현일의 제자들은 문헌적 기반을 마련함으로써 퇴계학파를 뒷받침하는 데 결정적으로 기여했다. 현일의 아들인 이재李栽(밀암密菴, 1657~1730)는 퇴계의 『주자서절요』에 나오는 어려운 문구들을 설명한 다양한 강록의 수정본(『주서강록간보朱書講錄刊補』)을 펴냈다.[5] 이 밖에도 이재의 벗이자 동문인 권두경權斗經[6]은 『퇴도선생언행통록退陶先生言行通錄』을 편찬했다. 아마도 옛 모델을 참조하여,[7] 권은 퇴계의 주요 제자들이 남긴 기록들 가운데 스승의 인생, 일과, 원생들과의 질의응답에 대한 회고담을 수집했고, 이 자료를 학문, 행실, 출처出處, 의론議論의 네 항목으로 분류했다. 그는 유성룡이 편수한 퇴계의 연보도 포함시켰다. 이재의 발문跋文을 실은 이 책은 1732년에 안동 향교에서 발간되었다.[8] 이로써 권두경은 미래의 학생들이 권위 있는 강독서로 삼을 만한 텍스트를 만들었다. 실제로 남인에게 우호적이었던 소론계의 고관 조현명趙顯命[9]은 이 책을 한국의『논어』라고 찬양했다. 더욱이 권두경은 퇴계와 함께 도산에서 수학한 개인들에 관한 자료를 모아서『계문제자록溪門諸子錄』이라는 한 권의 포괄적인 명부에 수록한 최초의 인물이었다.[10]

퇴계학파를 정형화하려던 권두경의 열정적인 노력에 대해 예안에 있던 퇴계의 후손들은 그리 고마워하지 않았던 것 같다. 자신들의 출계와 학통을 퇴계의 손자인 안도에게서 찾던 일부는 권두경의 저작에 자신들의 버전으로 맞서기로 결정했다. 그래서 이수연李守淵[11]은 대응판인『퇴계선생언행록』을 편찬했는데, 1733년에 도산서원에서 간행된 이 책은 그 내용이 권두경의 버전과 크게 다르지 않았다. 동일한 의도에서, 이수연은『퇴계선생속집』을 편찬했고, 권두경의 도산 문인록도 수정했다. 이런 경쟁적 저작들은 안동에서는 퇴계의 정통 후계자라는 자신들의 이미지를 굳히려는 예안 학자들의 시도로 풀이되었다. '우리 당'(오당吾黨) 내의 화합을 회복한다는 취지에서, 권두경은 "안동의 사림"을 대표하여 "예안의 동료학자들"(사우士友)에게 감동적인 통문을 발송했다. 이 글에서 그는 유성룡과 조목을 벗이라고 표현함으로써 둘 사이의 오랜 갈등을 봉합하고 퇴계 후계자들 사이의 결속을 다지고자 했다.[12]

이현일과 그의 제자들은 그런 식으로 퇴계의 유산을 정의하고 조직화하여 미래 세대의 퇴계 학도들에게 통합된 연구 자료집을 물려주는 역할을 했다. 현일의 제자인 김성탁은 18세기 조정에서 학봉의 학파를 강력하게 지지했다(587쪽을 보라). 주희와 퇴계의 사상을 배우고 지지한 또 다른 걸물은 이재의 수제자이자 외손인 이상정李象靖(대산大山, 1710~1781)이었다.[13] 상정은 수많은 제자를 가르쳤고 당대의 인물에 대한 10여 편의 행장을 썼으며, 묘갈명에서 도산의 적통 후계자(적전嫡傳)로 칭송되었다.[14] 끝으로, 상정의 외증손인 유치명柳致明(1777~1861)[15]과 더불어 "'사문斯文'은 자연히 그 [마지막] 안식처를 찾았다." 치명의 장례에 900명 이상의 사람이 참석했다는 것은 그의 행장을 쓴 이의 눈에 그가 "자기 세대의 유종儒宗"이었다는 명백한 증거로 보였다.[16]

이와 비슷한 밀접한 친족관계와 지적 유대의 결합이 결국 '서애 학파'로 불리게 된 유성룡의 학맥을 만들어냈다.[17] 유성룡의 1세대 제자들 중에서 가장 눈에 띄는 인물은 그의 셋째 아들 유진柳袗으로, 그는 1610년에 진사시에 입격했고, 권벌의 증손녀들 가운데 한 명[18]과 혼인했다. 진은 자신의 사촌[19]과 결혼한 노경임盧景任(1569~1620)[20] 밑에서 공부를 시작했고, 그의 학문적 진전은 부친에 의해 철저하게 감독되었다. 성룡은 1590년대의 난중에도 공부를 소홀히 하지 말라고 아들에게 충고했다. 1607년에 서애가 사망한 뒤에, 진은 장흥효와 함께 『심경』을 공부했다. 서애의 아들들 가운데 유일하게 살아남은 유진은 부친이 남긴 글들을 보존하는 데 애썼고, 연상의 조언자들인 이전李㙉(1558~1648)과 정경세 — 둘 다 서애의 제자이자 절친한 동료였다 — 의 도움을 받아 그의 문집을 해인사에서 간행했다.[21] "진을 본 사람들은 누구나 그를 도를 추구하는 진정한 선비로 인정했다."[22] 그는 상례에 관한 미완성 편찬본을 남기기도 했다. 진은 퇴계의 제자인 김대현金大賢(1553~1602)의 다재다능한 여러 아들과 친하게 지냈는데, 그들은 모두 서애의 제자 명단에 올라 있고, 그중 몇 명은 혼인을 통해 하회 유씨와 연결되었다.[23]

다음 세대에서는 진의 조카이자 서애의 종손으로 김성일의 증손녀와 혼인한 유원지柳元之가 할아버지의 학통을 잇는 가장 뛰어난 지도자들 가운데 한 명으로 부상했다. 그는 음직으로 출사했고, 1638년에서 1643년 사이에 황간黃澗(오늘날의 충청북도)의 현감으로 이례적으로 오랫동안 일하면서, 만주족의 침략으로 황폐화된 지역의 복구를 주도했다. 1655년까지 관직에서 물러나 있는 동안, 그는 고향에서 학문에 몰두했다. 그리고 평범한 관직 경력이 1666년에 영남 의례소儀禮疏(아래를 보라)에 관련된 탓에 일찍 끝났을 때는, 생애의 마지막 8년을 은퇴한 학자로 살았다. 공신의 (녹을 세습하는) 직계 후손으로서 자신감이 넘쳤던 원지는 고위관직의 위세가 없어도 지방의 동료들과 광범위한 연락망을 유지했다. 서신과 '만시輓詩', 각종 문집의 서문과 발문, 행장과 묘비명을 비롯한 다방면에 걸친 그의 저술은 그가 의례(그는 의식주의자로도 이름이 높았다)와 철학적 쟁점에 관한 당대의 담론에 참여했을 뿐 아니라 지역의 문제에도 관여했음을 말해준다. 그는 평생 『역경』을 연구했고, 1670년에 쓴 이와 기에 관한 소론(「이기설」)에서 퇴계의 가르침에 반하는 율곡의 철학적 전제를 반박했으며, 조목의 비방에 맞서 할아버지를 옹호했다. 요컨대 유원지는 학문과 경세를 결합한 독특한 가풍을 탁월하게 대변했다.[24]

이 선통은 유세명柳世鳴(1636~1690)과 유후장柳後章(1650~1706)에 의해 계승되었다. 유운룡의 증손인 세명은 1660년에 진사시에, 1675년에 문과에 합격했고, 유원지의 문하에서 공부했으며, 스승을 본받아 의례를 엄격하게 준수하고 '기'보다 '이'를 중시했다. 그는 문장가로도 유명했다. 1680년대 후반에는 남인의 후원하에 중앙정부에서 몇 가지 중급 관직을 맡았는데, 1689년에는 사간원 헌납獻納(정5품)으로서 숙종에게 군주의 덕을 논하는 소疏를 올렸다. 그는 1년 뒤에 수도에서 사망했다.[25] 원지의 손자인 유후장은 박식함과 '남쪽의 진유眞儒'라는 명성 덕분에 1689년에 참봉에 제수되고, 4년 뒤에는 하급(자의諮議, 종7품) 산림직에 임명되었다. 후장이 본인의 학술적 저술을 불태워버린 것을 아쉬워하면서, 19세기에 그의 행장을 쓴 후손은 서슴없이 그를 "우리 가문의 심학"을 대표하는 마지막 주요 인물로 꼽았다.[26]

학봉과 서애의 학파를 일으키고 영속화시킨 주요 인물 몇 명에 관한 간략한 설명만으로도 퇴계의 유산에 대한 그들의 헌신이 주로 가업으로 전수되었다는 사실을 입증하기에 부족함이 없을 것이다. 학봉의 지지자들이 퇴계학파의 이상주의적 진영을 대표했다면, 서애의 후계자들은 경세에 치중하는 좀 더 현실적인 일파를 상징했다. '덕행과 학문'을 통해, 그리고 때로는 과거 급제와 관직 보유에 의해 강력한 지도력을 발휘함으로써, 퇴계의 후계자들은 '유업儒業'을 아버지나 삼촌이 아들이나 조카에게 물려주는 방식으로 대를 이어가며 19세기까지 받들었다. 게다가 친족의 계보를 따라 발달한 학맥은 높은 수준의 응집력과 지속성을 갖추었다. 어쩌면 이 때문에 후대의 전기 작가들은 단일 학통을 구성하여 제시하려고 애썼지만, 각 세대의 제자들은 그 수도 많았고, 특히 복잡한 혼맥으로 연결된 학봉과 서애의 후계자들이 정치적·이데올로기적 난관에 봉착하여 상호 협력을 도모한 17세기 초에는 학파의 경계를 넘나드는 경우도 적지 않았다.

〈그림 12-2〉 퇴계 탄신 500주년을 기념하기 위해 2001년에 도산서원에 모인 지방의 유림(필자 촬영).

임진왜란 이후에 성숙기에 달한 김용과 유진, 유원지 같은 초기의 선도자들은 퇴계 철학의 열렬한 학도였을 뿐만 아니라, 전후에 안동의 지역경제를 복구하는 데도 적극적이었다. 경제적으로 독립적이었던 그들은 서원과 사당을 세우고 연구와 교육에 몰두했다. 이들이 구축한 경제적·지적 토대 위에서 '퇴계학파'는 성장하고 만개했다. 그들의 뒤를 이은 일부 유학자는 고향에서 '유일'로 당대인들의 존경을 받았지만, 소수의 학자는 특히 18세기에 고위직에 올라 수도에서 퇴계의 유산을 옹호하는 역할을 톡톡히 했다. 그들은 퇴계류의 '성리학'에 매진하는 것을 자기 정체성을 확인하는 행위로 삼고 『심경』을 영적 안내서로 빈아들였으며, '우리 딩'에 대한 충성을 단순한 지적 선언이 아니라 영남 남인의 선봉이라는 정치적 자리매김으로 이해했다.

그들의 본거지는 안동과 그 인근이었지만, 영남 남인은 경상도 전역에 흩어져 있던, 그리고 도의 경계 밖에 드문드문 존재하던 제자들, 지역의 학자들, 스승들로 이루어진 광범위한 연결망을 꿈꾸었다. 종종 '유림 또는 사림'이라 일컬어지던 그들은 당색黨色을 보여줄 필요가 있을 때면 충직하게 지도자를 중심으로 결집하여 남인의 관심사를 수도에 전달했다(〈그림 12-2〉).

### 사족의 보루: 안동의 서원들

학파의 경쟁적 발전, 그리고 많은 선비의 사회적 정체성이 '순수한 학문'과 강학에 뿌리를 두게 되었다는 사실은 서원 건설의 추진력으로 작용했다. 추가적인 동기는 국가가 지원하는 향교의 지적·사회적 쇠퇴였다. 비록 퇴계는 백운동서원에 대한 국가의 지원을 요청했을 때 국가의 보조를 받는 송나라 식의 서원을 염두에 두었지만, 한국 서원 설립운동의 특징은 다수의 서원이 가문의 학통을 떠받들고 가문에 관련된 인물들을 추모한다는 의미에서 '사적'이었다는 것이다. 따라서 서원들은 국가의 인정이나 도움을 추구하지도, 받지도 않았다. 그럼에도 현판과 서적을 하사하고 토지세를 면제해준 사액은 그 배향자가 훌륭한 인물임을 국가가 특별히 공인한 것이나 마찬가지였는데,[27] 이 특권은 17세기 후반에 붕당과의 연계에 크게 의존하게 되었다. 실제로 서원은 얼마 지나지 않아 이데올로기적·정치적 우위를 점하려는 지역의 권력투쟁을 뒷받침하는 전략적 거점으로 변모했다.

고등교육기관인 서원은 읍이나 마을의 생활에서 벗어나 조용히 '사문'에 몰두할 수 있는, 산과 강이 있는 격리된 지점에 세우는 것이 이상적이었다. 격리의 의미는 서원을 둘러싼 높은 담장에 의해 강조되었다. 서원의 건물들은 독특한 건축양식에 따라 배치되고, 출입문으로 사용되거나 출입문 근처에 있던 누樓, 강당, 그 양측의 학습 및 숙식 공간인 동재와 서재, 서고書庫, 목판木版을 보관하는 장판고藏版庫, 부엌, 다양한 창고로 이루어졌다.[28] 건물들은 단순하고 소박했지만, 크고 작은 나무들과 꽃들이 가득하고 가끔은 연못도 있어서 원생들은 자연을 가까이에서 느끼고 계절의 변화를 확인할 수 있었다. 서원은 보통 저명한 사대부인 산장山長에 의해 관장되고, 그는 교수진과 운영진의 도움을 받았다.[29] 입원자격은 다양했지만, 대개 소과(진사시나 생원시) 입격이 요구되었다. 원생의 수는 1년에 10명을 넘는 경우가 드물었다. 그들은 강의·토론·시험의 엄격한 일정에 따라 금욕적으로 생활했다.[30] 서원은 일차적으로 교육기관이었지만, 그 문화적 명성은 거의 전적으로 그 경내에 배향된 인물 — 창건자인 경우가 많았지만, 꼭 그렇지는 않았다 — 의 학문적 위상에 달려 있었다. 그리고 철저하게 보호되던 서원 뒤쪽의 사당은 그 종교적 중심지로, 그곳에서 배향자는 1년에 두 차례 제사(춘추향사春秋享祀)[31]를 받았다. 이 엄숙한 의례는 참례자들 — 그의 후손과 제자들 — 에게 지적이고 사회적인 위신을 부여했다.

17세기 초에 안동의 엘리트들은 도산서원·여강서원·병산서원 세 곳과 스무 개가 넘는 정사와 서당을 지원했다.[32] 퇴계학의 산실이자 돌아가신 스승에 헌정된 주요 사당으로서, 도산서원은 이론의 여지가 없는 경상도 북부 최고의 교육기관으로 전국적인 명성을 누렸다. 모든 학파의 학자들이 대사상가에게 경의를 表하기 위해 도산서원을 찾았기 때문에, 이곳은 붕당의 압력으로부터 비교적 자유로웠다.

도산서원은 퇴계의 후손과 인근의 오천 김씨 ─ 김령은 1610년대에 이 곳에서 원생들을 가르쳤다 ─ 에 의해 운영되었고, 토지자산과 노비신공에 서 나오는 수입, 대부금의 이자, 소작료에 의해 경제적으로 뒷받침되었다. 17세기 중엽에 절정에 달했던 이 서원의 경제력은 상당했지만, 학문의 중심 지였던 만큼 갖가지 지출도 만만치 않았다. 상주 원생들의 일상경비를 보조 했고, 정중한 의례 봉행을 재정적으로 뒷받침했으며, 소규모의 서원과 서당 을 지원했다. 더욱이 1590년대 후반과 1630년대에는 전쟁을 치르고 있는 나 라를 위해 양곡을 기부했다. 하지만 가장 비용이 많이 드는 일은 서적의 간행 이었다(도산서원은 이 분야의 전문지식을 갖춘 것으로 유명했다). 1599년과 1601년 사이에 퇴계의 문집을 간행하는 데에만 쌀 890섬과 옷감 1,900필이 넘는 어 마어마한 자금이 소모되었고, 이 경비는 지역 후원자들의 개인적인 희사에 의해 충당되어야만 했다.[33]

도산서원이 예안 선비들의 지적 중심지 역할을 했다면, 병산서원은 안 동 서부에서 그것에 상응하는 기능을 수행하는 장소로 떠올랐다. 다수의 다 른 서원과 마찬가지로, 병산서원은 풍악서당이라는 작은 서당에서 비롯되었 다. 이 서당은 원래 권경전權景紵[34]이 1563년에 세운 것으로, 나중에 유성룡 이 인수했다. 1605년에 유성룡은 그 위치를 낙동강이 한눈에 들어오는 화산 동쪽 기슭의 한적한 곳으로 옮겼다. 유의 사후에, 제자들은 존덕사尊德祠를 창건하여 1614년 봄에 유의 위패를 봉안했다. 당시 강릉의 부사였던 정경세 가 약 180명의 선비들이 모인 가운데 제문祭文을 낭독했다.[35] 이 장중한 의식 이 결코 사적인 일이 아니라 유림의 공의公議에 의한 것임을 입증하기 위해, 유진은 이틀 동안 참례를 미루었다고 한다.[36] 유진 자신의 위패도 1662년 초

에 그곳에 함께 봉안되었다.[37]

병산서원의 주된 후원자는 서애의 후손과 제자들, 풍산 유씨와 순흥 안씨, 풍산 김씨 같은 풍산지방 주요 출계집단들의 후예들이었다. 서원의 운영은 거의 이 서원에서 공부했던 자들이 맡았고, 이들은 대부분 이 지역에서 나고 자랐으며, 1623년 이후에는 그들 가운데 소수만이 소과 입격자였다. 원생들도 이 지역 출신이 압도적으로 많았는데, 17세기 전반에 원생으로 등록된 467명 가운데 오직 10명만이 소과에 입격자였고, 나머지는 '유학'이었다. 서자는 과거에 합격했다 하더라도 명시적으로 입원 대상에서 제외되었다.[38] 도산서원과 마찬가지로 병산서원도 토지자산과 노비의 노동에 의해 경제적으로 뒷받침되었다.[39]

서원은 학문기관이었지만, 애초부터 지역의 출계집단 겸 학파들 사이의 권력투쟁이 벌어지는 장이기도 했다. 이미 언급했듯이, 1576년에 김성일과 유성룡을 위시한 퇴계의 안동 제자들은 예안의 도산서원에 맞서는 기관으로 안동 부성의 동쪽에 여강서원을 세웠다. 그리고 조목이 북인의 비호하에 1614년에 도산서원에 배향되자, 안동의 사림은 이 파당적 행위를 일종의 도발로 간주했고, 여기에 대응하여 1620년에 유성룡과 김성일을 여강서원에 함께 모시자는 서애의 제자 권강權江[40]의 제안을 지지했다. 원래 김성일은 1607년에 세워지고 1618년에 서원의 지위로 격상된 임천향사臨川鄕社에 배향되었다. 그러나 서책 및 노비들과 함께 그의 위패가 여강서원으로 옮겨지고 난 뒤에 임천서원은 폐원되었기 때문에, 김성일을 위한 별도의 제사공간은 남아 있지 않았다.[41] 영적 중요성이 높아진 여강서원은 1676년에 유원지의 요청과 남인의 지지 덕에 사액을 받으면서 호계서원으로 이름이 바뀌

었다.[42]

　　하지만 안동에서 가장 명망 높은 양대 엘리트 집단의 권력을 대표할 뿐만 아니라 경쟁하는 두 학파의 시조로 추앙받는 2명의 사대부를 여강서원에 함께 배향하는 일은 즉각 열띤 논쟁을 불러일으켰다. 유성룡과 김성일의 위패들이 1620년에 여강서원으로 옮겨졌을 때, 사당의 중앙에 있는 퇴계의 위패 어느 쪽에 그것들을 배치해야 할 것인지가 난제로 떠올랐다. 두 위패를 동쪽(즉, 퇴계의 왼쪽)에 함께 놓아야 하는가, 아니면 하나는 오른쪽에, 다른 하나는 왼쪽에 놓아야 하는가? 첫 번째 시나리오에 따른다면, 남북의 축에서 그 위차(位次)를 어떻게 정할 것인가? 두 번째 시나리오에 따른다면, 누구를 오른쪽에, 누구를 왼쪽에 모실 것인가? 자문을 받은 정경세는 위패들은 문묘의 방식을 본받아 하나는 오른쪽에, 다른 하나는 왼쪽에 놓아야 하고, 둘 중 누구를 좀 더 명예로운 위치인 동쪽에 모실 것인가는 연령(둘은 나이가 엇비슷했다)이 아니라 관직의 높낮이에 따라 결정되어야 한다고 조언했다. 영의정까지 지낸 유성룡이 관찰사로 경력을 마감한 김성일보다 확실히 유리했다. 결과적으로 유의 위패가 동쪽에, 김성일의 위패가 서쪽에 봉안되었다.[43]

　　불과 몇 년 뒤에, 서애 일파는 1629년에 서애에게 시호가 내려진 기회를 놓치지 않고 그의 위패를 병산서원에 다시 봉안하면서, 동일 인물을 동일 구역의 두 군데 서원에 배향하는 것을 주희의 역사적 선례를 들어 정당화했다.[44] 이것은 김성일의 후손들에게는 본인을 위한 별도의 서원을 갖지 못한 김성일에 대한 유성룡의 우위를 재확인시키는 동시에, 선조가 여강서원에서 열등한 위치에 모셔진 것에 대한 해묵은 불만을 고조시키는 일이었다. 퇴계의 진정한 후계자가 학봉이냐 서애냐를 둘러싼 의성 김씨와 풍산 유씨의 자존심 경쟁은 갈수록 치열해지면서 19세기 초까지 이어졌다(13장에서 다시 논의할 것이다).

안동지방에 다수의 강력한 추종자들을 거느리고 '선현의 제사'를 지내는 서원이 등장한 것을, 서인이 지배하는 서울의 정부는 근심 어린 눈초리로 바라보았다. 서인들은 특히 영남 남인 세력의 교두보인 도산서원이 지방 사림의 집단행동을 부추기는 잠재적 온상이 되지 않을까 우려했다. 이런 정황은 1626년 초여름에 발생한 한 사건에 의해 생생하게 예증된다. 관의 명을 어기고 부역에 응하지 않던 의성현의 한 '토호 무단'이 관찰사의 심문을 받던 중에 곤장을 맞고 사망했는데, 이에 사망자의 친척들이 떼로 몰려와 관아를 포위한 다음 현령을 위협하고 형리刑吏를 묶어서 끌고 갔다는 모호한 보고서가 서울에 전해졌다. 사망자는 다른 사람도 아니고 퇴계의 형인 이해의 손자이자 연로한 도산서원의 원장인 이유도인 것으로 밝혀졌다[45]. 그는 조사를 받던 중에 모욕적인 언사를 퍼부었고, 이에 화가 난 관찰사가 장형을 명했던 것이다. 이유도의 두 아들은 원통함을 호소했고, 친척 한 명은 이의 억울한 죽음에 항의하기 위해 지방 사림의 힘을 모으자는 내용의 통문을 도산서원에서 도내의 모든 군현으로 발송했다. 통문 작성자는 체포되었지만, 정경세(당시의 대사헌)의 중재로 후에 사면되었다. 하지만 관찰사와 현령은 파직되었다. 조정의 고위관리들을 가장 골치 아프게 한 것은 한 서원에서 발송된 통문이 순식간에 지방관들에 대한 사림의 공격을 촉발할 수 있다는 사실이었다. 사태를 수습하기 위해 안동에 우호적인 정온鄭蘊[46]이 새로운 경상도 관찰사로 임명되었다.[47] 병산서원도 서인에게는 의심의 대상이었는데, 결과적으로 남인과 서인을 척지게 만든 여러 당파적 분열의 장본인이 유성룡이라는 이유에서였다. 병산서원은 적대적 기관이라는 오명에서 벗어나지 못했고, 이 때문에 1836년이 되어서야 뒤늦게 사액을 받았다.[48)]

서원 건립의 초창기에는 지역의 유림 전체가 관련되었고 원임과 원생의 자격에도 융통성이 있었지만, 17세기 중엽에 이르자 서원은 학문적 성취는 뒷전으로 돌리고 개인이나 붕당의 위세와 권력을 배타적으로 대변하는 기관으로 변질되기 시작했다(13장에서 상세하게 논할 것이다). 실제로 서원의 수는 영남뿐 아니라 다른 곳에서도 급증했다. 그렇지만 영남은 서원과 사당을 남설濫設하기로 특히 유명했다. 54개(총 158개에 달하는 서원과 사당의 3분의 1)가 인조에서 현종에 이르는 시기(1623~1674)에 세워졌고, 숙종의 치세에만 118개가 추가되었다.[49)] 1681년에 성균관의 대사성大司成은 다음과 같은 비판적인 의견을 제시했다. "서원이 성하기로는 영남만 한 곳이 없사온데, 그곳의 서원은 넓은 전답을 점유하고 한가한 자들을 많이 모아들입니다. 그 권력은 심지어 수령을 능가합니다. [원생들은] 무리 지어 놀면서 잡담을 하거나 경박한 논의를 주고받습니다. 그런 논의조차 못 하는 자들은 그저 먹고 마시는 데 여념이 없습니다."[50)] 이 냉혹한 평가는 영남의 서원에 대한 서인의 불편한 심기를 잘 드러내준다. 서인이 보기에 서원은 수준 높은 학문의 보루가 아니라, 권력만 탐하는 한심한 족속이나 불만 가득한 유생을 양성하는 기관에 지나지 않았다. 게다가 다음에 살펴볼 것처럼, 광범위한 연락망을 갖춘 서원들은 권리를 빼앗긴 유사들이 수도를 향해 이의를 제기하기에 안성맞춤인 거점이 되었다.

## 붕당의 이해에 매몰된 유교의 도

파당적·이데올로기적 관점이 굳어짐에 따라, 유교적 정통성에 대한 주장은 학문적인, 나아가 정치적인 정당성을 가늠하는 기준이 되었다. 좀 더 정확하게 말하자면, 서인과 남인은 지적 헤게모니를 놓고 치열한 경쟁을 벌이게 되었다. 어느 붕당의 사상적 입장이 '정학'이 무엇인가를 규정하는가? 주희의 진정한 한국인 계승자는 퇴계인가, 율곡인가? 이런 질문에 대한 답은 궁극적으로 주요 인물의 문묘 종사從祀에 의해 공인되는 권위 있는 도통道統의 확립에 달려 있었다.

1600년까지는 초기에 성리학을 한국에 전파한 인물로 추앙받은 안향과 정몽주를 포함한 4명의 한국인만이 문묘에 배향되었다. 1610년에는 전쟁에서 파괴된 문묘의 중수를 계기로, 초기 사림의 선구자 격인 오현五賢[51]이 정중하게 모셔졌는데, 이는 사림의 정신을 되살리고 임진왜란 이후의 국가 재건을 지적으로 자극하기 위함이었다. 그들의 승무陞廡는 1570년대 후반 이래 전체 유림이 제기해온 요구를 충족하는 것이었기 때문에 남인과 서인 양당의 지지를 얻었다.[52] 하지만 이 대국적 승인은 유일무이한 사례로 남게 되었다. 각 당파의 논의가 분열됨에 따라, 이후 한국인 학자를 문묘에 모시려는 모든 시도는 지적 주도권을 잡으려는 한 붕당의 일방적인 요구로 받아들여지기에 이르렀고, 따라서 그런 행위에 배신감을 느낀 자들의 격렬한 저항에 부딪혔다.

뜻밖에도 1610년의 역사적 사건은 1611년 초 도전에 직면했다. 당시에 세력을 강화하고 있던 대북大北의 내표 논객 정인홍이 퇴계와 이언적의 위패를 문묘에서 제거할 것을 요구하는 도발적인 상소를 올렸던 것이다. 그는 아마도 그 자리에 자신의 스승인 남명 조식의 위패를 봉안하고자 했을 것이다. 만장일치로 취해진 조치에 대한 북인 도당의 이 무모한 공격은 광범위한 항의를 촉발했고, 특히 안동에 거주하는 북인의 숙적들이 적극적으로 반대에 나섰다. 유성룡의 제자인 김봉조金奉祖(1572~1630)[53]의 주도하에, 안동과 상주, 경주를 비롯한 경상 각지의 대규모 집단이 다섯 차례나 반대상소를 올렸다.[54] 단합된 유생들의 항의는 정인홍의 악의적인 공작을 좌절시켰지만, 이에 단단히 앙심을 품은 정은 즉각적인 보복에 나섰다. 그는 소수의 저명한 안동 남인에게 대북을 몰아내기 위해 모의했다는 조작된 혐의를 뒤집어씌었다. 유성룡의 아들인 유진은 체포되어 족쇄를 차고 수도로 압송되었고, 몇 달 동안 감금된 뒤에야 풀려났다. 유진의 스승인 정경세는 한 달 동안 갇혀 있다가 관직에서 쫓겨났다. 이는 대북이 자파 내의 경쟁자인 소북을 몰아내고 조정의 주도권을 확실하게 장악하는 계기가 된 1613년 사화의 불길한 전조였다.[55]

1623년에 대북을 물리치고 정권을 장악한 직후에, 서인은 자신들의 지적 '조상'인 율곡 이이와 우계 성혼의 문묘 배향을 집요하게 요구했다. 인조에 의해 "너무 성급하다"라는 이유로 거부당했지만, 그들은 1635년에 공세를 재개하여 성균관 유생들 사이에서 지지자들과 반대자들(대부분이 영남 출신)이 서로를 논박하는 볼썽사나운 장면을 연출했다. 다시 한 번 그들의 시도는 왕에 의해 불허되었다.[56] 이 문제는 1636년에 나라가 만주족에게 패해 모든 관심이 국가의 존망에 쏠린 위기 속에서 뒷전으로 밀렸지만, 1649년에 효종이 즉위하자마자 열성적인 서인에 의해 다시 전면에 부각되었다. 성균관 유생 수백 명은 율곡과 우계의 배향을 거듭해서 요구했고, 여러 차례에 걸친 그들의 상소가 "성묘聖廟 종사는 막중하고 막대한 전례典禮"[57]라는 이유로 왕에 의해 윤허되지 않았을 때에도 그 뜻을 굽히지 않았다.

문묘의 문이 율곡과 우계에게 열릴지도 모른다는 긴박한 소식이 안동에 전해지자, 유복기의 손자이자 1630년의 진사인 유직柳稷(1602~1662)이 이끄는 남인이 즉각 반격을 개시했다.[58] 경서에 대한 학식이 높기로 유명하긴 했지만, 유직이 "우계와 율곡의 배향에 반대하는 상소"(「우율승무반대소牛栗陞廡反對疏」)의 실질적인 작성자는 아닐 수도 있다.[59] 그러나 그는 영남 전역에서 "상소를 지지하는 유생"(소유疏儒) 950명을 동원할 수 있는 학문적·개인적 권위의 소유자였다. 절반에 가까운 유생은 안동 출신이었고, 이들 중에는 병산서원의 원생이 다수 포함되어 있었다. 나머지는 상주와 경주, 심지어 멀리 떨어진 진주의 유생들이었다. 93명이 소과 입격자였고, 대부분 20대와 30대의 젊은 층으로, 유직과 마찬가지로 뼈대 있는 친족집단의 자손이었다.

조정에 올릴 상소가 준비되기 전에, 여러 사전작업이 진행되었다. 일단 통문을 보내 소회疏會에 참석할 수 있는 자들을 불러 모은 다음, '소수疏首'와 몇 명의 소임疏任을 뽑고 상소문 작성자를 지명했다. 상소문이 완성되고 필요한 자금이 마련되고 나자, 일군의 수행원(배소원陪疏員)이 지도자와 함께 수도를 향한 힘든 여정에 나섰다.[60] 상소문이 든 적색 칠함漆函을 보자기에 싸서 들고, 유직과 그 일행 150명은 1650년 2월 8일에 출발했다. 그들은 예천과 문경을 지나고 조령산鳥嶺山을 넘어 충주, 용인, 양재를 통과했다. 도중에 호의적인 지방 수령을 만나면 역참이나 객사에서 묵었고, 그렇지 않으면 흩어져서 친척이나 진지의 집에서 신세를 졌다. 21일에 서울에 도착한 유와 농료들은 다음 날 승정원을 통해 효종에게 상소문을 올렸다.[61]

유직과 그 추종자들이 왕에게 바친 상소문은 성균관 유생들이 불과 석 달 전에 제출한 상소에 못지않게 격정적인 어조로 표현되어 있었다. 그 글은 퇴계와 율곡의 철학적 차이를 장황하게 설명했다. 후자는 불교에 경도되어 유교를 배신했고, 율곡보다 한 수 아래의 학자인 성혼은 임진란의 위기 중에 북으로 파천하는 선조를 수행하지 않는 잘못을 범했다고 상소자들은 주장했다. 또한 주희의 학문과 다를 바 없는 퇴계의 학문을 공격함으로써 율곡은 사실상 주희를 배척했고, 따라서 정주학의 진정한 전수자로 간주될 수 없다고 했다. 그러므로 왕은 의리의 올바름을 깊이 생각하여 성균관 유생들의 망령된 요청을 단호하게 물리쳐야 한다는 것이었다.[62]

예기치 않게, 유직의 동향인이 수도에 나타나 유의 의견을 비방했다. 약 40명의 지지자를 데리고 온 신석형申碩亨(1605~?)은 상주 출신의 진사(1633)로, 율곡의 '이론'을 옹호하는 상소를 올렸다. 신은 유직이 퇴계와 율곡 사이의 간극을 날조하고 율곡과 우계의 철학관을 왜곡했다고 비난했다.[63]

이런 식의 요구가 쇄도하자, 훨씬 긴박한 문제 — 청나라의 사신이 수도에 도착해 있었다 — 를 염두에 두고 있던 효종은 당황스러웠다. "내가 보기에 [이 두 상소는] 새의 암컷과 수컷만큼이나 별 차이가 없다!" 배향 문제가 붕당의 간극을 심화시키는 데 화가 난 왕은 신하들의 제언을 무시하고 아무런 조치도 취하지 않았다. 성균관 유생들도 그에게 압력을 가했다. 그들은 "현인을 무함"(무현誣賢)했다는 이유로 유직을 유적儒籍에서 삭제했고, 사림이 가할 수 있는 최고의 벌인 '공적 견책'(부황付黃)에 처했다.[64] 동정적인 일부 관리가 유직의 상소는 "초야의 어리석은 자가 시의를 모르고 한" 부적절한 언사에 불과할 뿐 선현들에 대한 공격은 아니라고 주장함으로써 그를 구하기 위해 애썼지만, 긴장감과 수치심을 견딜 수 없었던 유직과 지지자들은 체면을 차릴 여유도 없이 귀향했다. 유직은 "문을 걸어 닫고 세상사에 더 이상 뜻을 두지 않았다." 몇 달 뒤에 경상좌도(낙동강의 오른쪽에 있는 퇴계의 영역)의 유생들은 도의 초시初試에 응시하기를 거부함으로써 자신들의 결속력을 과시했다. 유직은 12년 뒤에 모친의 상례를 법도에 맞게 치르다가 병이 들어 사망했다.[65]

유직의 항소抗疏는 1659년에 효종이 사망한 뒤에 예송 문제가 불거지고 그 결과 남인이 잠시 영향력을 상실함에 따라 곧 망각되었다. 이 승리에 힘입은 서인 고관들은 1663년에 율곡과 우계의 종사를 다시 요구했지만, 이 청원은 안동 남인 유생들의 심정적 동조자였던 당시의 홍문관 수찬修撰 홍우원洪宇遠(1605~1687)[66]에 의해 즉각 반박되었다. 이 논박에 이어 1659년(기해예송)에 희생된 허목과 다른 인물들의 복권을 주장함으로써, 홍은 정치적 지뢰밭에 발을 들여놓았다. 그는 신랄한 비난을 받고 관직에서 쫓겨났다. 전임자와 마찬가지로 이런 문제에 진저리난 현종은 이후 지지자들과 도전자들 사이에서 계속된 치열한 공방에 귀를 막아버렸고, 이 문제는 그의 치세에 해결되지 않고 남아 있었다.[67]

한편 왕위의 적통성과 율곡–우계의 종사라는 쟁점들은 분노한 남인들의 마음속에서 완전히 뒤엉켜버렸다. 실제로 한 문제는 다른 문제와 떼려야 뗄 수 없는 관계를 맺게 되었다. 1659년에 서인이 거둔 승리는 효종의 계모가 1년만 상복을 입으면 된다는 주장에 근거하고 있었는데, 이 주장은 3년의 복상기간을 요구했던 남인들의 눈에 선왕의 정통성 자체를 부인힐 뿐 아니라 송시열의 '오례誤禮'를 떠받듦으로써 '우리 도'(유교의 도)의 존속을 위협하는 것으로 비쳤다. 반대파에 대한 송시열의 협박 전략이 서인의 승리로 이어졌다고 확신하기는 했지만, 안동의 유생들은 일단 조심스럽게 사태의 추이를 관망하다가 1665년에 그 치명적인 예법상의 오류를 '바로잡기'로 결의했다. 유운룡의 본계에 후사로 입양된 유세철柳世哲(1627~1681)이 대표(소수疏首)로 선출되었다.[68] 1654년의 사마시 입격자로 예법에 밝고 높은 도덕성을 갖춘 유세철은 송시열의 예설禮說을 반박할 논리를 오랫동안 궁리했던 것으로 보인다. 1665년의 섣달에, 그는 뜻을 같이하는 벗들의 지지를 받아 안동지방의 모든 서원과 향교에 통문을 보내 상소를 준비하기 위해 다음 달 7일에 병산서원에서 열릴 소회에 참석해줄 것을 요청했다. 그 후 의성에서 개최될 예정이던 '도회都會'는 그곳 현감(서인)의 방해로 취소되어, 회의장뿐 아니라 '소청疏廳'도 예천의 향교로 옮겨질 수밖에 없었다. 서인의 지속적인 압력 ─ 송시열의 악의적인 책략은 멀리 농촌지방에까지 영향을 미쳤다 ─ 에, 참여자 일부는 수도에서 자신들을 기다리고 있을 사태를 우려하게 되었고, 송시열의 이름을 상소문에서 삭제하자는 의견을 제시하기에 이르렀다. 일부는 이 모험에서 완전히 발을 빼고자 했다. 용기와 규율을 요구하면서, 유세철은 그렇게 몸을 사리는 자들은 향벌鄕罰에 처하겠다고 위협했다. 소본疏本은 약 400명의 출석자 앞에서 엄숙하게 낭독되었고, 지지자들의 서명을 받은 다음에 붉은색 상자에 봉입되었다. 유생 100명을 거느린 상소단은 1666년 3월 8일에 예천에서 출발하여 9일 뒤에 수도에 당도했다. 도중에 상소문은 동조적인 학자들의 조언을 받아 여러 차례 수정된 것으로 보인다.[69]

예상했던 대로, 이 집단에 대한 서울의 반응은 냉담했다. 심지어 상소단이 예천을 떠나기도 전에, 의성 현감은 그들을 비방하는 파발문을 조정에 보냈다. 상소자들이 이른바 '소회'를 연답시고, "관문 앞의 길을 막고 관원들의 출입을 방해하며" 법을 무시하고 안하무인으로 행동했기에 엄벌에 처해야 마땅하다는 내용이었다. 미리 보고를 받은 좌의정 홍명하洪命夏와 이조판서 김수항金壽恒(둘 다 대표적인 서인이다)은 22일에 이 문제를 논의하기 위해 알현을 요청했다.[70] 홍과 김 양자는 안동의 상소가 1659년에 윤휴가 했던 주장 — 그는 3년의 복상기간을 요구했다 — 을 되풀이한 것에 불과하고, 그 후 8년이 지났기 때문에 그 유일한 목적은 송시열을 무함하는 것이라는 의견을 제시했다. 이때까지 상소문을 보지 못한 현종은 이런 평가에 대체로 동의했다. 김만기金萬基[71]는 그 상소에는 1,000명 이상의 유생이 서명했다는 사실을 지적하면서도, 의성에서 한 행동에 비추어볼 때, 그들은 '선비의 아들'(사자士子)이라고 불릴 자격이 없는 난민亂民이라고 판단했다. 홍명하는 엄벌을 요구했다. "경솔하게 영을 내리고" 싶지 않았던 왕은 그렇게 유례없이 많은 유생이 서명한 상소를 가볍게 물리칠 수는 없으므로, 해결책을 강구하라고 신하들에게 지시했다.

다수의 저자에 의해 작성된 듯한 '의례소'라는 이름의 이 문서는 송시열이 1659년에 내린 의례적 판정을 열여섯 조항에 걸쳐 체계적으로 반박했고, 국례國禮와 가례家禮 사이의 근본적인 차이를 상세하게 설명하면서, 송시열은 가례에 의거하여 자신의 주장을 펼치면서 이 차이를 의도적으로 무시했다고 주장했다. 보강 증거로, 29조로 이루어진 기다란 부록인 '상복고증喪服考證'이 소에 첨부되었다. "왕실의 적통을 무너뜨려" 효종에게 굴욕을 안긴 것을 통틴함으로씨, 이 장문의 상소는 현종의 부친인 효종의 정통성을 둘러싸고 벌어진 논쟁의 뼈아픈 기억을 되살렸을 뿐 아니라, 송시열이 1659년에 제시한 복제服制가 "경전에 위배되고 예의에 어긋난다"라는 사실을 입증함으로써 그의 학문적 신뢰성도 훼손했다.[72]

확실한 입장을 정하기를 원치 않았거나 망설였던 왕(그는 그달 23일까지도 원소元疏를 보지 못했던 것으로 보인다)은 김수항의 형인 도승지 김수흥金壽興에게 그것을 읽어보고 그 뜻을 전하라고 명했다. 수흥은 이 문제는 이미 오래전에 해결되었기 때문에 이런 상소가 다시 올라오는 것 자체가 통탄스럽다고 응답했다. 바로 그날, 현종은 상소에 대한 비답批答을 내렸다.

소의 글과 뜻이 뒤죽박죽이고, 전혀 조리가 없다. 동쪽을 이야기하는데 뜻은 서쪽에 있고, 서쪽을 이야기하는데 뜻은 동쪽에 있다. 사풍士風의 불미함이 어쩌다 이 지경에 이르렀단 말인가? 참으로 저급하도다! 더구나 소 가운데 이른바 주자가 운운했다는 설을 살펴보면, 허다한 말이 오히려 주자의 뜻에 배치된다. 그야말로 거북하기 짝이 없노라! 부디 더 이상 번거롭게 굴지 말고, 고향으로 물러나 학업에 열중하라!

이 하교의 경고성 어조로 인해 유세철에 대한 인신공격이 빗발쳤다. 고위관리들은 그의 의도가 또 다른 사화를 획책하는 것에 다름 아니므로, 그를 엄벌에 처해야 한다고 주장했다. 하지만 처벌을 원치 않았던 왕은 다시 신하들을 불러 해결책을 찾게 했다. 상소의 주모자를 처벌하는 것은 장차 유사한 사태가 일어나는 것을 방지하는 데 썩 효과적인 방도가 아닌 것으로 판단되었고, 자칫하면 훗날 "백성의 입을 막아버리려는 시도"로 해석될 여지도 있었다. 1659년의 의례적 결정을 이제 와서 번복할 수는 없었기 때문에(현종은 당시 18세였으므로, 이 일에 책임을 느끼지는 않았다), 왕은 신하들에게 "이제부터 예를 논한다는 명분으로 소란을 야기하는 자는 법에 따라 엄중히 처리하라"라고 명하는 것으로 최종 판단을 대신했다. 이 명령은 중외에 포고되었다.

왕은 이 문제에 종지부를 찍고 싶다는 뜻을 분명히 밝혔으나(그는 온양 온천으로 출발할 예정이었다), 유세철에 대한 공격은 계속되었다. 몇 년 전의 유직과 마찬가지로, 그는 삭적과 '부황'이라는 유벌儒罰을 받았지만, 전라도와 충청도[73], 북방의 여러 도처럼 서인이 지배하고 있던 각도의 유생들로부터 더 무거운 처벌을 요구하는 상소가 끊이지 않았다. 유의 처벌을 청하는 모든 추가적인 계啓를 정지시킴으로써 보복을 멈추게 하려던 사헌부의 노력도 허사도 돌아갔다. 심지어 송시열도 유의 주장을 조롱하는 서신을 보냈고, 며칠 뒤에는 왕 앞에 직접 나타나 1659년의 결정을 "다른 대신들과 충분히 상의한 다음에 내린 것이라며" 정당화했다. 그렇지만 1,000여 명에 달하는 유생들을 처벌하자는 요청은 근세에 없던 일이고, 영남의 의례소가 불러일으킨 사회적 파장이 크다는 점에 비추어볼 때, 자신에게 죄가 있다고 송시열은 고백했고, 이런 언사는 왕의 위로를 받았다.[74]

몇 년 후에 유세철은 뒤늦은 보상(그리고 해벌解罰과 미미한 관직들)을 받았다. 조대비(인조의 두 번째 비)가 1674년 2월에 사망한 며느리(현종의 어머니)를 위해 얼마 동안 상복을 입어야만 하는가를 결정할 때 그의 상소가 핵심적인 전거로 사용되었던 것이다. 게다가 장문의 학문적 부록이 첨부된 그의 문서는 현종이 예송의 미묘함에 눈을 뜨고 1659년의 결정을 재평가하여 결국 번복하는 데 지대한 영향을 미쳤나. 그는 사망한 왕비가 장자의 아내이므로 1년복을 입어야 마땅하다는 남인의 주장을 받아들였다.[75] 이 정치적 승리로, 남인은 송시열의 주도하에 9개월의 복상기간을 제안했던 서인을 물리쳤고, 이후 6년 동안 조정에서 거의 절대적인 우위를 유지했다.

그 기간에 승자인 남인은 율곡과 우계의 문묘 종사라는 오래된 미해결 의례 문제를 사실상 무시할 수 있었다. 그렇지만 1680년의 '경신대출척'을 통해 서인이 정권을 다시 장악하자, 율곡과 우계의 종사 요구가 재개되었다. 선왕들과 같이 신중한 태도를 견지하려고 노력했지만, 젊은 숙종은 고관들의 엄청난 압력에 시달렸다. 그리고 두 선현은 향교 몇 군데에 급히 모셔졌다. 집요하게 반대하는 영남의 유생들을 과거 응시자격 박탈(정거停擧)이나 유배로 침묵시킨 다음, 1682년에 왕은 마침내 율곡과 우계의 위패를 향교의 사당뿐 아니라 문묘에도 봉안하는 데 동의했다. 많은 남인 학자는 그런 의식을 가급적 기피했다. 하지만 그들의 문묘 종사는 오래가지 않았다. 7년 뒤에 정국이 다시 바뀌자, 남인들은 다시 그들의 위패를 무례하게 내팽개쳤고, 그들의 위패는 1694년에 남인이 서인에게 최종적으로 패한 이후에야 영원히 봉안되었다.[76)]

**붕당의 갈등과 딜레마**

조정에 올린 유직과 유세철의 상소는 '지방의' 선비들이 비록 중앙권력에서 소외되어 있었지만, 그럼에도 스스로를 당대에 이루어지던 정치적 논의의 한 축으로 간주하고 있었다는 사실 ─ 붕당주의에 대한 일반적인 연구에서 종종 무시되는 주제 ─ 을 보여주는 좋은 예이다. 종종 수백 명의 지방선비들이 참여한 상소는 '아래로부터의' 달갑지 않은 개입으로 억압되기도

했지만, 완전히 무시된 적은 없었고, 때로는 중앙에서 벌어진 파당적 논쟁의 결과를 좌우하는 데 성공하기도 했다.

　서울에 상소단을 보내는 일은 지방에서 준비되었으나, 그 뜻에 동조하는 수도의 고관직 협력자들이 정보를 제공하고 노자路資를 보태주는 식으로 막후에서 돕지 않으면 성사되기 어려웠다. 그런데 안동의 남인 선비들에게는 수도의 우군이 별로 없었다. 1650년에 유직이 상경했을 때, 고관직에 있던 남인은 없었다. 조경趙絅[77]은 안동의 벗[78]이라 할 수 있는 남인 관리들의 좌장이었지만, 유직이 도착하기 직전에 유배당했다. 수도의 안동 권씨는 원군을 자처하지 않았다. 16년 뒤에 유세철이 상소를 올릴 무렵에는, 1659년 예송의 여파로 수도의 정치적 분위기가 더욱 악화되어 있었다. 지적으로나 개인적으로나 안동과 친밀했던 허목은 지방에서 굴욕의 나날을 보내고 있었다. 당시 현직에서 물러나 있던 홍우원과 판서로 재직하고 있던 오정일吳挺一[79] 같은 인물들은 아마도 유의 의도를 미리 알고 있었기에 그를 음양으로 도와주려고 노력했다. 우의정인 허적이 수도에서 가장 높은 관직에 있던 남인이었지만, 그는 영남의 유생들과 일정한 거리를 유지했다. 예설에 관해서는 잘 모른다고 자인하면서 상소의 표현에 대해서는 불편한 심기를 드러냈지만, 그래도 허적은 서인 동료들에게 유에 대한 선처를 부탁했고,[80] 유에게는 두 번 다시 이런 상소를 올리지 말라고 충고했다.[81] 반면에 서인들이 볼 때, 유세철의 상소는 자신들을 겨냥한 조정 내부의 작품임이 분명했다. 송시열은 예설을 놓고 자신과 대립하던 윤휴가 상소문의 실질적인 저자라고 단언했으나, 이런 주장을 뒷받침할 증거는 없다. 다만 서인이지만 송시열의 극단적인 견해에 반대했던 김수홍金壽弘[82]이 유세철의 계획에 은밀하게 연계되

어 그것을 적극적으로 지지했을 가능성은 있다.[83]

붕당 내의 개인적 알력과 정책상의 갈등으로 인해, 영남 선비들의 실질적인 학문적 기여 덕에 1674년에 권력을 잡은 남인 정부는 오래 버티지 못했다. 게다가 남인 세력의 두 축인 수도와 지방의 남인들은 이미 오래전부터 관계가 서먹서먹했지만 1674년 이후 사이가 갈수록 멀어졌다. 이 점은 오정창吳挺昌[84]이 영남의 학자들을 위해 개입했다가 실패한 사건으로 생생하게 예증된다. 그가 중간급 남인 관리들의 지지를 받아 "한 지방의 민심을 달래고 많은 선비의 기운을 북돋아주기 위해" 영남에 과거를 베풀 것을 제안했을 때, 그의 상소는 허적을 비롯한 상급자들에 의해 심히 부당하다는 엄준한 질책을 받았고, 그 결과 상소에 연명한 자들은 황급히 사직을 요청할 수밖에 없었다. 당시의 대사헌 윤휴는 남인 진영 내의 갈등이 "사주를 받고 [1666년에] 소를 올린 영남인"이 1674년 이후 품고 있던 헛된 기대에 기인한 것이라고 보았다. 자신들이 큰 공을 세웠다고 생각했지만, 사실상 그들은 재빨리 모든 요직을 차지한 재경 남인에게 농락당한 것이라고 윤휴는 판단했다. 예전과 다름없이 남부끄러운 사람들로 취급당한 그들은 크게 실망했고, 과거를 베풀어 그들을 기쁘게 해주겠다는 오의 제안은 사실상 격례格例에서 완전히 벗어난 것으로, 수도의 남인 지도자들이 영남인에게 품고 있던 의혹을 부추기고 심지어 불안감을 고조시켰다는 것이다.[85]

1675년에 서울에서 말직을 맡은 유세철은 수도의 남인과 영남의 남인이 점점 소원해지는 상황을 목격했고, 송시열을 사형에 처할 것인가 말 것인가를 놓고 벌어진 남인 대신들 사이의 내분을 보자 섬뜩해졌다.[86] 위기가 임박했음을 직감한 유는 외직을 자청했고, 1680년에 남인이 실각하자 안동으로 귀향했다. 그가 볼 때, 남인의 패배는 정책의 우선순위를 잘못 설정한 데서 비롯되었다. 그는 높은 자리에 있던 남인들이 '부국강병'에만 온통 정신이 팔려, 젊은 숙종의 군덕君德을 함양함으로써 왕에 대한 자신들의 도덕적 권위를 세우는 데 소홀했다는 사실을 한탄했다.[87] 도의의 상실로 남인이 패배를 자초했다는 것이 유세철의 진단이었다.

이처럼 불화와 불신이 팽배한 중앙의 분위기 속에서, 오직 소수의 영남 남인만이 숙종의 치세 첫 20년 동안 남인이 정부를 주도한 두 차례의 짧은 기간에 관직을 보유했다. 그 가운데 한 명은 1674년 이후 간관 직책에 몇 번 임명된 [의성] 김방걸이었다. 그의 빼어난 문학적 재능에 매료된 허적과 윤휴가 그를 가까이하려 했지만, 그는 "세도가들의 편에 서는 것을 부끄러워했다"고 한다. 1689년에 홍문관 수찬(정6품)으로 관직에 복귀한 김은 자신의 직위를 이용하여 '[1659년의] 오례'에 관한 치열한 논쟁에 다시 불을 붙였고, '왕법을 바로잡을 것'(정왕법正王法)을 주장하면서 송시열의 죽음을 요구하는 측에 가담했다. 하지만 같은 해에 숙종이 두 번째 비인 민씨[88]를 폐출하는 잘못을 막지 못한 것을 깊이 자책하다가 관직(이 무렵에는 사헌부에 재직하고 있었다)에서 물러나 안동으로 돌아갔다. 다시 왕의 부름을 받은 그는 성균관 대사성과 대사간으로 잠시 일했다. 1694년에 남인 고관(이때는 병조참지였다)이라는 이유로 화를 입어, 전라도 남부의 벽지인 동복으로 귀양을 갔다가 얼마 뒤에 그곳에서 사망했다.[89]

김방걸과 안동의 막강한 종족 구성원 몇 명(유세철의 동생인 유세명을 포함한)[90]을 빼고 나면, 가장 유명한 인물은 누가 뭐래노 이헌일이었다. 당대 퇴계학파의 대표적인 논객으로서, 현일은 허목에 의해 산림직에 천거되었지만, 그가 부임하기도 전에 남인이 실각했다. 1689년 초에 그는 성균관의 산림직인 사업司業에 임명되는 명예를 누렸고, 그 후 빠르게 승신하여 여러 요직을 겸임하는 이례적인 경력을 쌓았으며, 결국에는 당상관인 이조판서(정2品)가 되었다. 숙종의 총신인 그의 힘을 빌려 자신들의 이익을 취하고자 했던 수도의 동료들은 그의 환심을 사기 위해 노력했지만, 현일은 그들의 영향력에 대항하기 위해 산림직 지명을 통해 유능한 학자들을 시강侍講과 고문으로 정부에 영입할 계획을 세웠다. 그의 계획은 숙종의 승인을 받았지만, 같은 붕당 내의 적대적 반응에 의해 무산되었다. 갈수록 반목이 심해지는 수도의 풍토에 낙심한 그는 1694년에 남인이 최종적으로 패하기 직전에 안동으로 돌아가기로 마음먹었다. 승자인 노론에 의해 과거에 숙종의 계비를 쫓아내는 데 찬성했다(노론은 반대했다)는 이유로 단죄된 그는 관직을 삭탈당하고 유배되었다. 그리고 1704년에 방면되었으나, 같은 해에 사망했다.[91] 1694년에 화를 입은 또 다른 안동인은 예문관 검열 김세호였다. 우계와 성혼의 배향에 반대하는 논의에 가담했다는 죄명으로 파직된 뒤에, 그는 '입신양명'에 더 이상 신경 쓰지 않고 '한사'로 살았고, 안동인들은 그의 그런 태도를 높이 평가했다.[92]

1694년은 남인이 마지막으로 피를 흘린 해로, 이후 퇴계를 옹호하는 자들의 목소리는 정부에서 사실상 사라졌다. 남인의 몰락은 결정적이었고, 이 상처투성이의 경험은 영남 유생들의 뇌리에 깊이 각인되었다. 서울에서 권력을 공유하기에 적합하지 않은 "미숙하고 편협한" 시골 선비들[93]로 폄하된 영남의 남인 세력은 수적으로는 훨씬 많았지만 수도의 남인에게 소외당했고, 중앙과 지방의 공동 작업이나 교감이 전혀 이루어지지 않는 상태에서 남인은 서인이 절대 권력을 장악하는 것을 막을 방도가 없었다.[94] 그 결과, 18세기에 남인(1694년 이후 상대적으로 규모가 작은 잡다한 집단이 된)의 생존은 어쩌다 동조적 입장을 보인 권력자의 선의에 위태롭게 의존하게 되었다.

## 전라도의 사례

중앙에서 펼쳐진 붕당의 갈등과 대립은 영남 북부와 대조적으로 남인이 서인 공동체에 둘러싸여 소수자로 살아가던 전라도에도 깊은 영향을 미쳤다. 기억하겠지만, 이 도는 정여립 옥사(1589) — 17세기 내내 전라도를 혼란에 빠뜨렸던 사건 — 의 여파 속에서 붕당에 의한 최초의 박해를 경험했다. 그 사건을 왕권에 대한 반란으로 조작함으로써, 정철이 이끌던 서인은 남인, 특히 전라도의 학자인 정개청鄭介淸[95]과 그의 제자들에게 칼날을 겨누었다. 개청이 정여립과 함께 모반을 꾀했다는 혐의를 받은 이유는 알려지지 않았지만, 그는 공모자로 체포되어 북방으로 유배되었고 1590년에 그곳에서 사망했는데, 그의 출신이 한미하다는 것이 정철이 그를 개인적으로 싫어한 또다른 이유일 수도 있다. 박식한 인물로 유명했던 정개청은 저명한 지역 출계집단으로부터 다수의 학생을 끌어들였는데, 이들 가운데 수백 명이 반란의 영향으로 희생되었다. 이 희생자들의 아들과 손자들은 복잡한 혼맥으로 연을 맺어 1606년 이후 남인이 중앙에서 정권을 잡았을 때마다 정의 신원을 꾸준히 요구했다. 또한 그들은 1616년에 무안務安에 그를 위한 서원을 설립함으로써 정개청을 기렸다. 서인의 압력하에 서원은 1657년에 파괴되었지만, 1677년 1월에 [남원] 양몽거楊夢擧가 이끄는 전라도의 남인 선비 422명이 남인

이 권력을 잡은 틈을 타서, 1589년에 남인을 잔인하게 탄압했던 정철에게 보복하기 위해 그의 관작 추탈追奪을 청했다. 숙종은 이미 오래전에 해결된 문제라며 상소를 물리치면서 상소자들에게 집으로 돌아가 학업에 열중하라고 충고했다.[96] 하지만 허목(당시의 좌의정)에게 설득당한 왕은 정개청의 서원을 복설하라고 명했고, 윤휴가 초대 원장으로 있던 1678년에 그곳에 자산서원紫山書院이라는 사액을 하사했다. 얼마 뒤인 1680년에 광주에서 온 전라도의 서인 유생들이 1677년 상소자들의 처벌을 촉구했고, 자산서원은 두 번째로 훼철되었다. 1689년에 남인이 정부에 복귀함에 따라, 서원은 복원되었고, 왕은 정개청에게 관직을 추증했다. 이 서원은 1694년의 위기를 넘긴 것으로 보이지만, 1702년에 다시 한 번 훼철되고, 그 재산은 승리한 지역 서인에 의해 몰수되었다.[97]

지역적 분란의 표적은 자산서원만이 아니었다. 붕당의 부침과 궤를 같이하여, 1657년에 서인 도당은 지역의 유명한 성리학자 안방준安邦俊[98]을 추모하기 위해 능주陵州에는 도산사우道山祠宇를, 안의 고향인 보성寶城에는 대계서원大溪書院을 세웠다. 두 곳은 1692년에 중앙정부의 요직에 있던 이현일의 후원을 등에 입은 지역의 남인들에 의해 파괴되지만, 대계서원은 그 후 중건되어 1704년에 사액되었다.[99]

붕당들의 공방이 절정에 달해 1694년에 유혈사태가 일어나자, 심지어 서인 관리들도 붕당정치를 과용한다며 숙종을 질타하기 시작했다. 그런 비판자들 가운데 한 명이 당시 세자시강원[에서 경사와 도의를 가르치던] 설서說書였던 [삭녕] 최계옹이었다. 1589년 옥사의 파문을 염두에 둔 듯(삭녕 최씨는 노론이었지만, 희생자들과 여러모로 관련이 있었다), 독설로 유명한 최는 "편당의 화

禍”를 “마음을 좀먹는 해충”에 비유했다. 그는 선왕들이 붕당정치를 몰아내려고 애썼다는 사실을 숙종에게 상기시킨 다음, 지난 20년 동안 조정이 여러 차례 바뀌었으나, 그럴 때마다 폐해만 점점 커졌을 뿐이라고 지적하면서, 잦은 환국은 “병을 앓고 있는 사람을 한번은 한기로, 다음번에는 온기로 다스리는 것”과 다를 바가 없는 무익한 처방이라고 주장했다. 최는 신하들이 벼슬살이에 환멸을 느끼고 있음을 통촉하시어 부디 마음을 바로잡으시라고 왕에게 간언했다. 최계옹이 그런 불경한 언어를 사용한 것은 아마도 본인을 관직에 천거한 스승이자 저명한 학자인 박세채가 자신을 보호해주리라고 믿었기 때문일 것이다.[100]

최계옹이 수도에서 붕당의 상황이 악화되는 것을 통탄하는 상소를 몇 차례 더 올리는 동안, 그의 형인 시옹은 당쟁으로 인해 전라도의 향촌에서 점증하고 있던 폐단을 불안하게 지켜보았다. 시옹은 동인과 서인의 분당이 망국의 근본이라고 보았고, 1680년대 초에 서인이 노론과 소론으로 갈라진 것은 더 큰 불행의 씨앗이라고 생각했다. 실제로 서인과 남인의 파당적 갈등으로 인해 향촌에서는 태형과 추방형에 처해지는 자가 속출했고, 심지어 친척들도 서로 등을 돌렸으며, 이웃마을이 싸움터로 변했다고 그는 탄식했다. 하지만 그는 상황이 여전히 잘 통제되고 있는 남원에서는 사람들이 변함없이 서로의 혼례와 장례에 참석한다며 제고장 자랑을 잊지 않았다. 그리고 온 나라가 이런 방향으로 인도되었다면, 정치적 상황이 이토록 악화되지는 않았을 것이라고 덧붙였다.[101] 최시옹 자신은 윤증의 제자로서 소론의 편에 섰지만, 노론 일색인 다른 형제나 이싱형의 뒤를 따라 시인에게 확실하게 협력했던 둔덕 이씨(최씨 일가는 혼맥으로 그들과 복잡하게 연결되었다)와 다투지는 않았던 것으로 보인다.

전라도의 사례는 지방에서 표출된 붕당의 이익과 적대감이 중앙에 의해 얼마나 크게 선동되고 조작되었는지를 잘 보여준다. 실제로 정개청은 상황의 피해자였던 것으로 보인다. 서인이 소수파인 남인을 제압하는 과정에서 그를 만만한 희생양으로 삼았던 것이다. 그와 그 제자들의 순교가 일회적인 사건에 그치지 않았던 것은 학문, 나아가 붕당의 문제가 지극히 개인화되어 친족의 계보를 따라 누대에 걸쳐 집요하게 추구되었다는 사실에서 비롯되었다. 이런 역동적 현상은 1694년에 남인이 중앙권력에서 추방당함으로써 적어도 잠정적으로는 중단되었다.


## 영남 내부의 불화와 세력경쟁

1694년 이후 영남 남인은 고립감(지리적 차원에서는 물론이고 다른 차원에서도)의 심화로 고통을 겪었다. 그들은 어떻게 '공론'이 '당론'으로 변질되어 다수의 동향인에게 비참한 결과를 초래하는지를 초조하게 지켜보았다. 수도의 고급정보로를 사실상 차단당한 상황에서 '관의 위력'(관위官威)을 두려워하기는 했으나, 그럼에도 영남의 선비들은 수도에 상소하는 일을 중단하지 않았다. 그렇지만 그와 같은 사론士論의 표명은 예전에 비해 훨씬 뜸해졌을 뿐 아니라 그리 많은 지지자를 확보하지도 못했다.[102] 실제로 자성의 기간이 시작되었고, 무력하고 무망한 그들의 상황은 일부 영남 남인에게는 붕당에 대한 자신들의 충성심을 재고하고 심지어 철회하게끔 만들었다.

영남의 선비들을 대단히 난처하게 만든 것은 수도에서 벌어진 붕당의 격변과 그것이 향촌에 미치는 영향뿐만이 아니었다. 17세기를 거치면서 퇴계의 유산에서 자라 나온 여러 지적 분파가 갈수록 다변화되면서 서로 경쟁하게 되었다. 영향력 있는 학자—스승들은 자신들만의 제자들을 거느렸고, 사제간의 의리와 혼인관계라는 전통을 통해 그들만의 지적인 거점을 마련했다. 물론 그들은 하나같이 퇴계의 유산을 토대로 지적 방향을 설정했지만, 그런 충성심에도 자신들만의 학문적 권위를 내세우려는 경향이 있었다. 이렇게 해서 영남 안에 몇 군데의 독자적인 '학문구역'이 나타났다. 자타가 공인하는 김성일의 후계자 이현일이 있는 안동이 퇴계의 도덕주의 철학을 계승한 지파의 중심지로 남아 있었지만, 낙동강 너머 안동의 서쪽에 위치한 상주도 주로 유성룡의 제자인 탁월한 학자—스승들 덕분에 17세기에 안동 못지않은 명성을 얻었다. 그들 중에는 상주로 이거한 유의 아들 유진과 이전, 이전의 동생 이준李埈[103]이 포함되어 있었다. 하지만 가장 유명한 인물은 상주의 토박이인 정경세로, 그는 화려한 관직 경력을 쌓았을 뿐 아니라 학자이자 의식주의자로도 명성을 떨쳤다. 사실 정경세는 퇴계의 사상에 정통했지만, 초기 사림 사상가들의 '도학道學'도 포용했고, 율곡의 학통에도 연결되어 서인과 가깝게 지냈다. 그의 사위는 바로 저명한 서인 사대부 송준길(1657년에 전라도의 자산서원 훼철을 부추긴 주모자들 가운데 한 명)이었다. 다방면에 걸친 해박한 지식으로, 정경세는 다양한 지적 성향을 지닌 제자들을 끌어들였는데, 열성적인 서인 지지자 신석번申碩蕃과 신석형 형제도 그 무리에 끼어 있었다.[104] 1650년에 신석형은 유직을 공격하면서, 퇴계를 주돈이周敦頤와 정이程頤에, 그리고 다소 도발적으로 이이와 성혼을 주희와 상식張栻에 비유했다. 신석형은 자신의 개입을 후회했을 것이다. 유직과 그의 추종자들이 훗날 그를 경상도에서 내쫓는 벌을 가했기 때문이다. 조정에서는 영남에 만연한 그런 '폐습弊習'을 징계하라는 요구가 제기되었다.[105] 석형의 몰락은 상이한 붕당에 대한 충성이 향촌에 몰고 온 긴장을 드러내고, 18세기 초에 서인이 영남의 남인 지역으로 영향력을 확대하려고 시도했을 때 불러일으킨 갈등을 예고한다.

1694년 서인의 승리는 남인에게 막대한 심리적 타격을 가했고, 일부 남인의 마음속에는 갈수록 고립되는 상황에 대한 개인적 불만과 근심이 싹텄다. 실제로 자신들의 좌절감을 극복하기 위해 수도에서 권력을 잡고 있는 붕당으로 충성의 대상을 바꾸려 한 사람도 몇 명 있었던 것 같다. 그런 배교자는 소수였을 것으로 짐작되지만, 그럼에도 눈에 띄었기 때문에 18세기 초의 문헌에는 그들을 가리키는 '신출서인新出西人'이라는 새로운 용어가 가끔 나타난다. "서인[또는 노론]의 주장을 보급하고" 향교와 서원에 침투하려 했다는 이유로, 그들은 남인에 의해 퇴계의 유산을 저버리고 기회주의적으로 학통을 바꾸는 중대한 죄를 저질렀다고 즉각 비난받았다.[106]

이름이 확인된 경우는 거의 없지만, 그런 식으로 정치적 입장을 바꾸었다고 전해지는 지방의 남인들 가운데 아마도 (한국의 역사서에서) 가장 널리 알려진 인물은 안연석安鍊石(1662~1730)일 것이다. 연석은 안동 부성 근처의 가구佳邱 마을에 세거했던 순흥 안씨의 일원이었는데,[107] 문집도 남아 있지 않은 탓에 그의 전기는 단편적으로만 알려져 있고, 따라서 그가 노론으로 전향하게 된 정황은 오직 짐작할 수 있을 뿐이다. 그는 교양 있는 남인의 환경(그의 고조부는 퇴계의 제자였다)에서 성장했고, 1683년에 진사가 되고 1705년에 우수한 성적으로 문과에 급제했으며, 박식함과 서예로 명성을 얻었다.[108] 이현일의 열성적인 지지자로 알려진 그는 1717년에 김장생의 문묘 배향에 반대하는 통문을 돌렸고, 경종의 짧은 치세 초기에 병산서원과 도산서원의 원장을 맡았다.[109] 그의 확실한 남인 배경을 감안할 때, 1722년에 노년에 접어든 안이 노론이 밀고 있던 미래의 영조(소론에 의해 목숨을 위협받던)를 지지하고 나선 것은 뜻밖이다.[110] 영조에게 충성한 보상으로, 그는 양산(경상도 남부)의 군수로 임명되었다. 안이 예상을 깨고 노론의 이익을 두둔한 일은 후에 그를 비방하는 자들에 의해 그가 "노론으로 전향했다"는 증거로 해석되었다. 이 훗날의 비방자들은 누구였을까?

안연석을 배반자로 낙인찍는 증언을 한 주요 인물은 다른 사람도 아닌 서인 고관 박문수朴文秀였다.[111] 실제로 박문수는 소론이 노론으로부터 권력을 다시 탈취한 1727년에 경상도의 수령들을 사찰하는 안집어사安集御史로 파견되었고, 안연석을 탐욕스럽고 포학한 관리로 탄핵했다. 이런 가혹한 판결을 받은 안은 파직되어 진주로 유배되었다. 안은 영조의 치세 초기에 벌어진 노론과 소론의 권력투쟁에 희생당했다. 그러나 안의 '전향'이 단지 붕당의 조작이었을까? 안이 노론에 협조한 동기에 대한 단서는 그가 남긴 유일한 저작으로 보이는 『당론원류黨論源流』라는 제목의 간략한 당쟁사[112]에서 찾을 수 있을지도 모른다. 경종이 즉위한 뒤에, 안은 1721~1722년에 노론의 숙청을 선동했던 서인 김일경金一鏡의 당이 정부의 요직을 차지하고 "몰락한 남인 가문"(남인폐족南人廢族)과 한패가 되어 "역심을 품었다"라고 기록했다. '남인폐족'이 누구인지 거명하지는 않았지만, 안은 분명히 수도의 안동 권씨, 특히 경종의 치세에 관직 복귀를 흥정하기 위해 소론에 협력한 권대운權大運의 아들과 손자를 염두에 두었다.[113]

따라서 1720년대 초에 파멸적인 음모와 반대음모가 난무하는 가운데,

안연석이 기회주의적인 안동 권씨를 징벌하고픈 마음에서 어쩔 수 없이 노론의 편을 들었을 가능성도 있다. 이 필사적인 행위는 비방자들에 의해 지탄받아 마땅한 변절로 공격받았지만, 사실은 수도는 물론이고 지방에서 남인이 체감하고 있던 전반적인 무기력증을 표현한 것일지도 모른다. 안연석은 노론의 보호를 원했고, 권씨는 소론의 권력을 이용하고자 했다. 안의 동기가 무엇이든, 그의 표면적인 '당적 변경'은 안동 남인의 신뢰성을 훼손하기 위해 과장된 것일 수도 있다. 아무튼 안의 묘비명은 저명한 노론 학자이자 고관인 이재李縡[114]가 썼고, 안의 이름에 붙은 '배신자'라는 꼬리표는 안이 1730년에 사망한 뒤에도 그의 후손에게 심대한 영향을 미쳤다.

### 안동과 1728년 이인좌의 난

영남 남인의 신뢰성과 충성심은 영조 4년(무신년戊申年)에 일어난 이인좌의 난(일명 무신란)으로 다시 시험대에 올랐다. 반란은 위험한 상황의 조합에서 비롯되었다. 영조의 치세 초기에 벌어진 노론과 소론의 치열한 권력투쟁은 수도를 넘어 농촌지방까지 분열의 신호를 보냈고, 반역적 메시지를 담은 불온한 익명의 벽서(괘서掛書)가 1727년 말에 전주와 남원에, 그리고 얼마 뒤에는 수도에도 나붙기 시작했다. 게다가 변산邊山 도적들[115]이 곧 쳐들어올 것이라는 소문이 서울사람들을 공포에 떨게 했고, 일부 양반은 짐을 싸서 수도를 떠나려 했다. 대중의 봉기를 두려워한 정부가 미처 대응책을 마련하기도 전에, 이인좌[116]가 이끄는 반군이 '적법한 군주'를 왕위에 복귀시킨다는 명분을 내세워[117] 1728년 3월 15일에 충청도 육군의 병영이 있는 청주를 점령한 다음 수도를 향해 진격하고 있다는 소식이 서울에 전해졌다. 닷새 뒤에는 이인좌의 주모자들 가운데 한 명인 정희량鄭希亮[118])이 경상도 남부의 안음安陰과 거창居昌을 함락했다고 보고되었다. 급파된 관군이 24일에 죽산竹山(경기도) 근처에서 반군과 전투를 치렀고, 도망치던 이인좌는 마을사람들에게 붙잡혀 서울로 압송되어 영조의 친국을 받았다. 그는 이틀 뒤에 참수되었지만, 정희량은 용케 도주했다.[119]) 그 후 정부는 하삼도에서 진짜 공모자와 공모 혐의자를 추적했고, 특히 전라와 경상의 재지 엘리트들(전라도의 엘리트들 중에는 1589년에 희생된 자들의 후손도 있었다)을 박해했다.[120]) 반도들은 안동지방에서 지지자를 몇 명 얻지도 못했지만, 그래도 그곳의 사족은 반란의 여파로 크나큰 고통을 겪었다.

반란을 준비하면서, 이인좌는 동생인 이웅좌李熊佐를 예천과 안동에 보내 불만을 품은 남인들 중에서 반군을 모병하게 했다. 안동의 지지를 얻을 수 있으리라는 그의 희망은 유세철의 상소와 같은 이전의 집단적인 모험이 다수의 추종자를 끌어모았다는 사실에 근거하고 있었다.[121]) 하지만 그의 예상은 지나치게 낙관적이었다.

중무장한 기병 몇 명을 대동한 이웅좌는 3월 12일에 가일에 살고 있던 저명한 남인 학자 권구權集의 집 앞에 나타났다.[122]) 변산에 도적이 들끓고 수도의 민심이 흉흉하다는 소문을 들은 바 있던 권구는 웅좌가 대규모 반군이 이미 예천에 당도했다고 주장하면서 협력하라고 윽박지르자 크게 놀랐다. 하지만 그의 주장을 의심한 권은 자신이 비록 늙었으나 왕에 대한 충성심은 확고하다고 밝히며 완강하게 그의 제안을 거부함으로써 마침내 불쾌한 침입자를 쫓아냈다. 그 후 이웅좌는 하회의 유몽서柳夢瑞, 소야所夜의 권덕수權德秀, 금계의 김민행을 설득시키고자 했다. [123] 분명히 이웅좌는 안동 사회의 지도자들이 누구인지 잘 알고 있었다. 그렇지만 모두가 그에게 퇴짜를 놓았기 때문에, 그는 절망하여 외쳤다. "이 안동 놈들 때문에 내 일이 풀리지 않는구나!" 이런 강력한 반대에 부딪혀 노론계의 안동 부사 이정소李廷熽[124]의 목을 베어 "안동을 장악하고자" 했던 그의 계획은 수포로 돌아갔고, 그는 크게 화를 내며 지역을 떠났다. [125]

어떤 승려로부터 청주가 역도의 손에 떨어졌다는 소식을 들은 권구는 병산서원에서 친구와 친척들을 만나서 '의병'을 일으키는 문제를 의논하고자 했다. 그렇지만 안동은 반란의 주요 거점이라는 의심을 받고 있었기 때문에, 전임 안동 부사 박사수朴師洙(노론)가 영남 안무사按撫使라는 새로운 직책을 맡아 경상도 호소사號召使 조덕린趙德隣(소론)과 함께 27일에 그곳에 도착했다. 권과 그 일행은 이 특사들을 영접하기 위해 안동부로 걸음을 재촉했다. 성내는 중무장한 병사들로 가득했고, 권은 예를 표하기도 전에 발목에 족쇄가 채워진 채 박사수 앞에 끌려가 심문을 받았다. 신원의 혼동으로 인해(체포된 반군의 문서에는 권후權煦라는 이름이 기재되어 있었다), 권구는 본의 아니게 주요 용의자가 되었다. 권구는 족쇄를 찬 채 추가 심문을 받기 위해 서울로 호송되었고, 장남이 그를 따라갔다. 삼엄한 경비 속에 수도까지 가는 데는 시간이 많이 걸렸기 때문에, 권과 호송대는 4월 5일에야 수도에 도착했다. 발 디딜 틈도 없는 임시감옥에 내던져진 뒤에, 그는 국청鞫廳에서 심문받기 전까지 며칠을 대기해야만 했다. 이인좌와의 '면식'이 기록되어 있는 조서에 서명한 다음에는 의금부의 감옥으로 이송되었고, 그곳에서 다시 며칠을 초조하게 기다리면서 함께 수감된 자들이 고문을 받고 죽어나가는 광경을 목격했다. 마침내 11일에 영조는 그를 친국親鞠했다.

왕: [이] 인좌를 알고 있었는가?

권: 한 번 만난 적이 있습니다.

왕: 어떻게 만났는가?

권: 1725년에 예천의 정산서원鼎山書院에 갔을 때, 그곳에서 사림 여덟아
홉 명을 만났는데, 마지막으로 나타난 청년이 인좌[126]였습니다.

왕: 통성명은 하였는가?

권: 그가 손아래 사람인지라, 제가 그의 이름을 물을 수는 없었습니다. 또
한 그가 어찌 연장자의 이름을 먼저 물을 수 있었겠습니까? 하여 통성
명은 하지 못했습니다.

왕: 하면 그가 인좌라는 것을 어찌 알았는가?

권: 그가 가고 난 뒤에, 옆자리에 있던 사람에게 물어보았습니다.

왕: 그에게 말을 건넸는가?

권: 그가 점술을 배우고 싶다고 말하기에, 재주가 있어 보이는 청년이 어
찌 그런 잡술을 배우려 하는지 물었습니다. 제 입에서 나온 말은 이것
뿐이었던 것 같사옵니다.

왕: 그밖에 다른 말은 없었는가?

권: 한자리에 앉아 있었는데 어찌 다른 이야기가 없었겠나이까? 하오나
별다른 생각 없이 여유롭게 술을 마셨을 뿐인데, 여러 해가 지난 지금
무슨 기억이 남아 있겠습니까?

왕: 인좌가 원망스러운가?

권: 아닙니다. 영남은 [왕에 대한] 충절로 이름이 높아, 그곳에서는 반사班史 [한서漢書] 이래 고려까지 500년 동안, 그리고 현 왕조의 지난 300년 동안 단 한 명의 역신도 나온 적이 없사옵니다.

왕이 말문을 막으며: 정희량은 영남인이 아니던가?

권: 신은 신라의 옛 영토를 말하는 것이옵니다. 같은 영남이라 하더라도 [경상의] 좌도와 우도는 풍습이 다릅니다. 안음(정의 고향) 같은 곳은 [경상의] 남쪽에 있고, 호남(전라)과 맞닿아 있어 사람들의 기질이 호남과 비슷합니다[즉, 조야하고 변덕스럽습니다].

왕이 말문을 막으며: 그래서 그곳 사람들은 선하지 않단 말인가?

권: 신은 지역의 풍토에 대해 여쭈었을 뿐입니다. 사람들의 선악이 어찌 그것에만 달려 있겠습니까?

권이 덧붙이기를: 안동은 영남의 근본으로, 유현儒賢을 많이 배출했사옵니다.

권은 계속해서 자기 고향의 미덕과 높은 도덕성을 찬양했다. 영남의 인재를 추천해보라는 왕의 요구에, 권구는 이현일의 아들 이재, 권호문의 증손 권덕수, 그리고 김성탁의 이름을 아뢰었다. 그러나 자신이 겪고 있던 치욕에 자존심이 상한 권은 계속해서 자신을 변호했다. 그는 늙은 자신이 어떻게 역적의 무리와 뜻을 같이할 수 있겠냐고 반문했다. 왕이 농담조로 백발노인들 중에도 역도가 있다고 덧붙인 다음에야, 권은 족쇄가 벗겨지고 방면되었다.[127]

왕의 사면을 받은 뒤에도 권의 시련은 끝나지 않았다. 자유의 몸이 되었지만 수도에는 머물 곳이 없었기 때문에 동향인의 집에서 신세를 져야만 했다. 또한 둘째 및 셋째 아들과 노비들이 단양丹陽에 하옥되어 있다는 사실도 알게 되었다. 따라서 귀향길에 오르기 전에, 자식들의 방면을 위해 반드시 비변사備邊司에서 관문關文을 받아야 했는데, 고위관리의 도움 없이는 불가능한 일이었다. 든든한 후원자가 없었던 그는 노론인 형조판서 서명균徐命均[128]이 집에서 나올 때 그에게 겸손하게 다가가 전후 사정을 설명했다. 그러나 서명균은 바빴고, 관문 발급은 연기되었으며, 권은 수도 밖의 도로는 여전히 통행이 불가하다는 소식을 들었다. 그는 자식들이 자신의 방면 사실을 알고 있기를 희망하면서 기다렸고, 19일에는 남문 근처에서 거행된 승전의식에서 왕이 살해된 반도들의 귀를 받는 광경을 착잡한 심정으로 지켜보았다.[129] 마침내 그다음 날 권구는 귀향길에 나섰고, 일단 아들들이 이송되어 있던 충주로 향했다. 그가 마을을 지날 때마다, 호기심 가득한 구경꾼들이 모여들어 왕의 사면을 받은 자를 쳐다보았다. 그런 관심에 당황스러워하는 그에게 한 노파가 말해주었다. "우리는 이 길을 통해 숱한 사람이 상경하는 것을 보았지만, 살아서 돌아가는 사람을 본 것은 오늘이 처음이라오. 우리 눈에야 당연히 신기하지 않겠소?" 충주의 경비는 여전히 엄중했고, 그의 아들들은 아버지의 편지를 받지 못해 그가 사면되었다는 사실을 모르고 있었다. 그들이 풀려난 뒤에, 권씨 부자는 고향으로 돌아가 가족과 이웃의 환대를 받았다.[130]

권구가 수도에서 조사를 받는 동안, 조덕린은 100여 명의 안동 엘리트—전직 관리들과 선비들—를 소환하여 의병을 조직했다. 유승현柳升鉉[131]이 '의병대장'을 맡고 권만權萬[132]이 그를 보좌하기로 한 가운데, 어지간한 규모의 병력이 구성되고 군량도 확보되었다. 권벌의 후손인 권만은 '종곡宗穀

수백 가마'를 기부했다고 한다. 그러나 민병과 식량이 관군 진영에 도착하기도 전에 반란은 진압되고, 박사수는 왕에게 직접 보고하기 위해 수도로 돌아갔다.[133]

박사수의 보고는 영남에 대한 영조의 불신을 누그러뜨리는 데 전혀 도움이 되지 않았다. 박은 자신이 애초에 경상의 '상도'와 '하도' 사람들에 대한 고정관념 — 전자는 순박하고 진실하며, 후자는 거칠고 사악하다는 — 에 사로잡혀 있었고, 따라서 "순역順逆의 도리를 잘 아는" '안동의 사인들'이 이적 행위를 하리라고는 전혀 생각하지 못했노라고 인정했다. 반도들로부터 탈취한 문서를 보고 나서야, 비로소 그는 안동 사람들이 임박한 반란에 대해 틀림없이 알고 있었을 것이라는 사실을 깨닫게 되었다. 그런데 반도들은 분명히 '상도'에서 반란을 개시하려고 했지만, 지나치게 소심하고 겁이 많은 안동의 학자들이 동조하지 않았고, 이 때문에 반도들이 협력자들을 찾기 위해 하도로 간 것이라고 박은 주장했다. 권구에 대해서는 유명한 학자이기는 하지만 이인좌와의 접촉에 대해서는 그가 거짓말을 했다고 생각했다. 자신이 안동의 다른 사람에게 들은 것과 그의 이야기가 달랐기 때문이다. 그러나 이제 그를 문초할 수 없으므로(권은 2주 전에 방면되었다), 진실을 밝힐 방도가 없다고 불만을 토로했다.

박의 보고는 왕을 "영남 문제에 대해 정말로 걱정하도록" 만들었다. 이름의 혼동이 있었던 탓에, 모든 대신이 권구의 방면을 원했다고 왕은 말했다. 소론인 대사간 송인명宋寅明[134]이 그를 좀 더 구금해두자고 했지만, "그가 공모자들 가운데 한 명으로 보이지는 않았던 까닭에, 나도 그를 풀어주었다." "과인은 지금 송의 충고에 따르지 않은 것을 후회하고 있다." 그렇다고 이제

와서 그를 다시 체포하거나 유몽서와 권덕수를 잡아들이는 것은 적절하지 않다고 영조는 덧붙였다. 물론 그들은 처음부터 반도의 무리에 속하지는 않았다 하더라도, 자신들이 알고 있었을 정보를 관에 고지하지 않는 죄를 지었다. 하지만 이런 일은 틀림없이 영남뿐 아니라 삼남 전역에서 벌어졌을 테고, "만약에 그들을 모두 체포하여 국문한다면, 더 큰 소요가 일어날까 우려되는 바이다!" 박사수는 작금의 상황을 수습하고 민심을 안정시키려면, 적어도 공모 혐의가 있는 유몽서와 권덕수는 체포할 필요가 있다는 의견을 제시했다. 박은 유몽서가 성룡의 형인 운룡의 후손이라고 설명했다. "성룡의 후손들은 하나같이 법을 지키고 언행을 자제하는데, 운룡의 후손들은 전혀 그렇지 않습니다. 그리고 권덕수는 자신의 마을에서 안하무인의 호강豪强으로 행세합니다. 제가 안동의 부사로 있을 때, 그를 법으로 제지하려 했지만, 여의치 않았습니다!" 박사수는 권이 "편당적偏黨的 발언을 내뱉기 좋아하는 자"라고 경멸조로 덧붙였다. 그러므로 혹여 이들 가운데 누군가를 등용하시려면 먼저 다른 고관을 안동에 파견하여 상황을 확실하게 정리하게 하고, 그 결과가 나올 때까지 기다리시는 것이 최선이라고 박은 왕에게 아뢰었다.[135]

많은 문제가 해결되지 않고 남아 있었지만, 왕은 국문의 재개를 윤허하지 않았다. 대신에 모든 죄를 사해준다는 뜻의 탕척蕩滌 교지를 경상도 관찰사 박문수에게 보냈고, 박은 교지를 받들고 직접 안동부에 가서 사인들을 향교에 모이게 했다. 그가 명륜당明倫堂에 앉아서 유몽서, 권덕수, 김민행을 불러 앞에 세워놓고 엄숙하게 교지를 낭독하니, 유몽서 등 3인이 감격하여 눈물을 흘렸다고 한다. 이에 안동의 사인 300여 명이 왕의 은덕을 칭송하는 글을 올렸다.[136]

1728년 이인좌의 난은 파당적 폭력의 악성 사이클에서 발생한 또 하나의 비극적인 일화로 치부될 수도 있었을 것이다. 영조가 경종의 적법한 후계자로서 정통성이 있느냐라는 중요한 쟁점과 결부되어 있었기에, 반란이 더욱 심각하게 받아들여졌던 것이다. 자존심에 상처를 입은 영조는 반란을 왕의 통치권에 대한 직접적인 공격으로 해석했고, 불만을 품은 일부 남인의 참여를 왕좌에 대한 영남의 항거로 이해했다. 이에 못지않게 그를 괴롭힌 것은 조선의 역사에서 처음으로 반도들이 "[전통적으로] 충성스럽게 국가를 지탱해온 사대부 계층"에서 나왔다는 사실이었다.[137] 그럼에도 영조는 [당론 때문에] 전례 없는 상호 살육이 벌어지는 현실을 안타까워하면서, '탕평책'을 통해 붕당 간의 다툼을 무력화하려는 자신의 계획에 더욱 헌신하기로 마음먹었다.[138]

안동에서 이인좌 사건은 적어도 잠시 동안은 왕의 중재로 막을 내렸고, 안동의 출계집단들은 다른 지역에서 일어났던, 일가가 몰살되는 보복을 당하지는 않았다. 그렇지만 안동에 대한 노론의 압력은 더욱 커졌다. 그들은 1728년의 '네 악당'인 유몽서와 권덕수, 김민행, 권뢰[139]의 이름을 안동 향록에서 삭제할 것을 요구했다. 또한 지역의 문제에 직접 개입하여, 노론계의 부사들이 유례없이 향안 입록을 주장하기에 이르렀다.[140]

## 영조 치하의 영남: 깨어진 화해의 희망

1728년 이후 영남지방은 반란의 온상이라는 이미지로 인해 계속 고통당했고, 도의 관찰사와 지방의 수령으로 임명된 노론이나 소론 관리들의 철저한 감시하에 놓였다. [141] 물론 유몽서, 권구, 권덕수와 그의 동료들은 왕의 사면을 받았지만, 그들은 반도들과 접촉했다는 비난에서 완전히 벗어나지 못했고, 따라서 자신들의 고장에서도 따돌림을 당했다. 안동의 혼란스럽고 불안한 형국을 고려하여, 반란 이후 경상도 관찰사가 된 박문수는 영조에게 마지막 용의자들의 운명에 대해 결단을 내리라고 촉구했다. "그들이 정 의심 스러우시면 차라리 그들을 죽이십시오. 의심하지 않으신다면 그들의 공모 혐의를 벗겨주소서!" 왕은 이 진언을 마음에 새기겠노라고 약속했다. [142] 박 의 후임자인 소론 조현명趙顯命[143]도 영남의 신속한 복권을 요청했다. 영남 북부의 특별한 정서를 잘 알고 있던 그는 1733년 초에 왕에게 다음과 같이 아 뢰었다.

> 1694년 이후 벼슬길이 막히고 1728년의 난에 대해 여전히 괴로워하면 서, 심지어 명현名賢의 후손도 농부가 되어 "다른 의견을 내면 역적으로 취급받고, 문과에 급제해도 조정에서 버림받으니, 농사를 지어 먹고사는 것 외에 달리 방도가 있겠나이까?"라고 말합니다. 그들에게는 백의白衣 로[즉, 벼슬도 없이] 조령鳥嶺을 넘는[서울로 가는] 것이 부끄러운 일로 여겨지 옵니다. [144]

박문수와 조현명은 지방을 중앙으로부터 분리시키는 붕당의 병폐가 몰 고 올 정치적 파장을 심각하게 우려하면서, 관직 진출의 관문이 갈수록 좁아 진다면 징차 빈린이 일어나지 말리는 법도 없다는 사실을 왕에게 계속 상기 시켰다. 붕당정치가 계속된다면, 언젠가는 이인좌와 정희량 같은 자가 다시

나타나 반란을 획책할 수 있다는 말이었다.[145]

영남의 남인을 정부에 불러들임으로써 피비린내 나는 당쟁에서 벗어나 화해의 물꼬를 트려는 영조의 결의에도, 중앙에서 바라본 안동의 인적 상황은 너무 복잡해서 왕의 결의를 즉각 실천에 옮기는 것도 문제가 있어 보였다. 왕과 중신들은 영남의 '변절 남인'을 어떻게 생각해야 할지 헷갈렸고, 특히 안연석과 나학천羅學川[146] 같은 인물을 어떻게 평가해야 할 것인가를 놓고 의견이 엇갈렸다. 박문수는 안연석을 탐관이자 변절자로, 나아가 동생인 노석老石과 함께 안동의 '사인호강士人豪强'에 속하는 자로 탄핵했다.[147] 영조로부터 호랑이 가죽을 하사받은 승지 나학천도 헤아리기 어려운 인물이었다.[148] 나학천은 영남인으로 오랫동안 남인의 입장을 대변했는데, 1721~1722년 사건 이후 '낡은 의견'을 버리고 '새로운 견해'를 내놓았다고 왕은 회상했다. 노론 고관 김흥경金興慶[149]이 끼어들어, 그러나 그가 남인의 상소가 암시하듯이 반도들에게 투항한 것은 아니지 않느냐고 반문했다. 일시적인 이익을 좇아 입장을 바꾸는 것은 잘못이지만, 사리의 옳고 그름을 잘 판단한 후에 확실하게 마음을 바꾸는 것은 불가한 일이 아니라고 아뢰었다. 그런 '논의의 변경'(논의지변論議之變)이 거북하기는 하지만, 나학천이 1721~1722년의 숙청을 그르다고 비판했기 때문에 그를 가상히 여긴 것이라고 왕은 인정했다.[150] 안연석과 나학천은 이런 논의가 오갈 때 이미 사망했지만, 분명히 걱정거리를 남겼다. 게다가 한 개인이 1721~1722년에 어떻게 처신했는지 — 영조 편에 섰는지 그 반대편에 섰는지 — 가 그의 충성심이나 역심(충역忠逆)을 판가름하는 결정적인 잣대가 되었다.

영남의 학자들 가운데 발탁할 만한 사람은 누구였을까? 영남을 진정시키기 위해, 조현명은 이현일의 제자인 김성탁을 관직에 제수할 것을 추천하면서, "그 정도의 명성을 얻은 자는 조정에 불러 경전의 의미와 통치의 도를 하문하셔야 마땅하다"라는 이유를 댔다. 김은 1728년에 지방 의병을 일으키는 데도 크게 도움을 준 것으로 알려졌다.[151] 하지만 김성탁이 뒤늦게야 수도에 불려왔다는 것은 서울의 권력자들이 영남 남인의 복권을 얼마나 기를 쓰고 방해했는지를 웅변으로 말해준다. 영조는 일부 총신과의 대화에서, 조정의 신료들이 여전히 음험한 책략으로 서로를 위협하는 현실이 불쾌하다는 속내를 털어놓았다. 한 승지는 그 신료들이 수도에 온 영남인을 환대할 뜻이 없었다면서, 이는 김성탁 같은 학자 대신에 안연석이나 나학천 같은 '변절자들'이 우선적으로 관직을 얻은 탓에 영남인 사이에서 서로를 비방하는 폐습이 생겨난 것과 무관치 않다고 아뢰었다. 총신들은 영남 선비들의 마음을 얻고 싶으면 '예의禮義'로 그들을 대우해야 할 것이라고 왕에게 진언했다.[152] 영조는 이런 이야기들을 새겨듣고, 불편부당한 소론의 입장으로 점차 기울어졌다.

1734년 초까지 김성탁의 벼슬길은 여전히 막혀 있었다. 그해 말에야 비로소 사축서司畜署[153]의 별제別提(종6품) — 그는 이 직위에 부임하지 않았던 것으로 보인다 — 에 임명된 그는 영조 앞에 나아가 퇴계의 유산에 대한 질문을 받았다. 김성탁은 "선현의 가르침"을 떠올려, 『대학』의 여덟 단계[격물치지格物致知에서 치국평천하治國平天에 이르는]를 '왕도'로 삼아야 한다고 답했다. 정사政事의 요결에 대한 하문에는, 형벌을 줄이고 부세賦稅를 경감하라는 맹자의 말씀으로 답변을 대신했다. 나아기 그는 왕에게 "기강을 확립하고, 명분을 바로잡고, 백성을 사랑하는" 세 가지 원칙을 진지하게 받아들이라고 아뢰었

다. 1735년의 증광시增廣試에 을과로 급제한 뒤에, 김은 정5품 관리로 승진했다.[154]

하지만 더 많은 영남 학자를 관리로 발탁하려는 영조의 결의는 이내 심각한 도전에 직면했다. 1736년 봄에 상주의 생원 이인지李麟至[155]가 이끄는 약 4,000명의 남인이 "모호한 언사로" '두 송씨'(송시열과 송준길)의 배향에 강력하게 반대하는 내용의 상소문을 올리면서 파당적 적대감이 다시 표면 위로 떠올랐다. 이 상소로 그들은 일찍 두 송씨의 문묘 종사를 요구했던 노론계의 다른 영남 유생들에게 반대하는 뜻을 표명했다. 1674년과 1689년(남인이 권력을 장악하고 있던)의 유사한 사례를 상기시키는 이인지의 상소에 경계심을 느낀 영조는 친히 상소를 읽어본 뒤에 즉시 물리치면서 이인지를 먼 곳으로 귀양 보내라고 지시했다. 그는 분명히 자신의 화해정책이 손상되는 것을 걱정했고, 따라서 김성탁의 지원을 받고 기뻐했다. 사간원 정언으로서, 김은 "사림 당론의 폐해"를 신랄하게 비판했는데, 그의 상소는 두 송씨의 배향을 다시 개인의 사활이 걸린 문제로 바꾸어놓았다. 이에 대해 일부 노론 관리는 영남의 도덕이 얼마나 타락했는지를 보여주는 확실한 수단인 1728년의 악몽을 다시 거론하면서, 영남인을 관대하게 처우할 것이 아니라 엄히 다스려야 한다고 왕에게 요청했다. 그들은 김성탁에게도 상소의 표현이 "음흉하고 교활하다고" 맹공을 퍼부었다.[156]

실제로 기억은 치명적인 무기로 전환되었다. 같은 해 가을에 용궁의 진사 신헌申鑢[157]은 두 송씨의 배향에 찬성했을 뿐 아니라 선현을 비방했다는 이유로 이인지를 규탄했다. 그는 김성탁이 인지의 의도를 사실상 승인했다고 에둘러 표현하면서, 그가 1689년에 송시열의 죽음을 앞장서서 주장했던 이현일의 문도임을 왕에게 주지시켰다. 이런 식의 반대상소에 식상한 왕은 신헌에게 돌아가 학업을 연마하라고 말하고 김성탁을 승진시켰다. 그렇지만 1737년 늦봄에 스승을 모독한 신헌을 논박하고자 이현일의 신원을 요청했을 때, 그는 돌아올 수 없는 다리를 건넜다. 그의 상소는 수도 안팎의 즉각적인 소동을 야기했고, 이에 뒤따른 왕과 대신들의 논의는 조정에서 성탁의 입지가 얼마나 위태로웠는지를 적나라하게 드러냈다. 저명한 노론인 좌의정 김재로金在魯[158]는 김의 방자한 언어에 놀라움을 금치 못했다. 그는 이현일이 처음에는 글줄 깨나 읽은 사람으로 알려졌지만 실은 김성탁 같은 사람들을 잘못 가르친 식견 없는 작자라고 말했다. 그가 볼 때 현일이 1689년에 목숨을 부지하고 고작 유배에 처해진 것도 괴이한데, 김성탁이 감히 1689년의 일을 다시 논하는 것은 도저히 있을 수 없는 일이었다. 김재로는 나아가 김성탁이 비록 영남에서 학문으로 명성을 얻기는 했으나 그리 박식한 유일遺逸도 아닌데, 왕이 그를 지나치게 예우했다고 주장했다. 재로는 왕이 1728년 이후 이현일의 아들 이재가 학문이 높다는 천거만 믿고 그에게 관직을 내리는 성총을 베푼 것도 영남에 잘못된 신호를 보낸 것이라는 책망조의 말을 덧붙였다.

영조는 1689년의 사건에 대해 짐짓 모른 체하고(사실 그는 당시에 태어나지도 않았다) 일찍이 김성탁을 소대召對한 것을 후회하면서, 김재로의 말대로 성탁을 엄단하기로 마음먹었다. 긴장감이 감도는 국문에서, 김성탁은 지난날의 성총에 깊이 감사하면서, 자신이 이현일에게 수학한 것은 그가 유배에서 풀려난 뒤였으므로 1689년 사태에 대해서는 확실하게 아는 바가 없다고 주장했고, 더욱이 이현일은 역률逆律로 논죄된 적이 없다고 덧붙였다. 대신들의 생각은 달랐다. 김재로는 성탁을 엄히 처벌하지 않는다면 영남인이 1728년에 왕이 베푼 화해의 큰 뜻을 오해할 수 있고, 이로 말미암아 "장차 더 큰 화가 닥칠 수도 있다"라고 아뢰었다. 따라서 그는 이재의 사후 삭직을 요구한(이미 수년 전에 사망한 이재를 김성탁의 일과 결부시켜 모욕해서는 안 된다는 의견도 있었다) 박사수 등의 상소도 옹호했다. 김성탁을 외딴섬에 유배하라는 왕의 최종 판결에 소론은 선처를 요구했으나, 화가 난 왕은 그를 역도로 취급해서는 안 된다고 호소한 원로대신 조현명의 관직마저 삭탈했다. 김은 1년 뒤에 본토로 돌아와도 좋다는 허락을 받았지만, 1747년에 전라도 남동부의 유배지에서 사망했다.[159]

## 노론 침투 압력하의 영남 남인

자신의 '탕평책'을 영남으로 확대하려는 영조의 소망을 위협한 것은 비단 노론 대신들의 방해만이 아니었다. 왕은 관직에 등용할 만한 소수의 영남인에게만 초점을 맞춘 본인의 좁은 시야에도 문제가 있다는 사실을 깨달았다. 그래서 그는 조가朝家가 영남을 여타의 도들과 다르게 대하는 것은 온당하지 않다는 좌의정 김재로의 말에 동의하면서, 수사학적인 질문을 던졌다. "김성탁 한 명 때문에 모든 영남인을 배척할 수는 없지 않겠는가?" 병조판서 민응수閔應洙[160]는 영남의 '풍속'이 근년에 많이 변했다고 아뢰었다. 예전에는 모두 남인이었는데, 최근에는 남인 중에서 1689년의 일(남인이 송시열의 죽음을 주장했던)에 대해 다른 의견을 가진 자도 있었고, 1728년에 반도들에게 동조한 자도 있었다는 것이다. 실제로 몇 년 전에 경상도 관찰사로 재직하면서, 민은 이미 그곳 사족의 당파적 갈등이 심각한 수준에 달했다고 왕에게 보고했다.[161] 상주의 이인지와 용궁의 신헌이 올린 상소는 경상도 북부의 남인들 사이에 불화가 싹텄고, 노론에 동조하는 자들이 생겨났다는 사실을 보여주는 추가적인 증거였다.

노론은 이와 같은 영남의 내분을 간파하고 1738년 늦봄에 안동의 심장부에 위치한 사직단 근처에 노론인 수도 안동 김씨의 개조 김상헌을 제향하는 사당의 건립을 도와주려 했던 것일까? 사당 건립자들 가운데 한 명은 바로 안연석의 아들인 안택준安宅駿[162]이었다. 안의 협력자는 그의 숙부 우석禹石(1676~1748)과 외지인인 진사 신사국申思國(신헌의 친척), 강원일姜元一이라는 자, 그리고 "양반이 되고 싶어 했던" 소수의 한미한 인물이었는데, 이는 서자로 짐작되는 일부 인사가 사회적 신분상승을 꿈꾸며 노론 주변을 기웃거렸음을 시사한다.[163] 이 잡다한 집단은 남인의 본거지를 잠식하고자 했던 당시의 경상도 관찰사인 노론 강경파 유척기兪拓基[164]와 안동 부사 어유룡魚有龍[165]의 격려를 받았고, 아마도 양자로부터 자재와 인력을 지원받았을 것이다. 하지만 사당은 오래 서 있지 못했다. 완공되자마자 사당은 김성일의 후손인 유향소 좌수 김몽렴金夢濂과 그의 친척인 향교의 교임校任 김경헌金景瀗[166]이 이끄는 성난 무리의 광기 어린 보복에 의해 허물어졌다. 그들과 다른 향촌 지도자 몇 명은 관의 명령에 불복하고 관리들을 모욕하고 역군(사당 건립을 위해 징발된)을 학대하고 제멋대로 날뛰는 무리를 비호한 죄로 즉시 고발당했다. 이 사건에 대한 소식은 곧장 서울에 전해져, 다시 노론 및 소론 대신들 사이의 길고 치열한 논쟁을 유발했다.

새로 발생한 이 위기를 이떻게 다룰 것인가에 대한 조정의 관점은 기본적으로 상투적인 문구로 표현되었다. 공조판서 박사수는 김상헌의 덕을 찬양하면서, 그는 "한 나라의 큰 어른"으로 자신의 고향에 사당을 가져야 마땅한 분이나 지금까지 고작 비석으로 추모되어왔다고 말했다. 그는 박문수가 동일 인물의 사당을 겹쳐서 세우는 것을 금지한 법을 들어 사원 건립계획을 막았다고 주장했다. 박사수는 1728년 안동의 공모자들이 법에 따라 엄벌에 처해졌다면, 최근의 난동은 벌어지지 않았을 것이라고 결론지었다.[167] 안동 사족의 도덕적 타락에 대한 박의 평가는 김재로의 동의를 얻었다. 재로는 지방의 남인이 사당을 파괴한 것은 향권鄕權의 상실을 두려워했기 때문이라고 진단했다. 그리고 설령 사당이 마음에 들지 않았다 하더라도 마음대로 부술 것이 아니라 자신들의 불만을 상소문으로 표현했어야 마땅하다고 주장했다. 나아가 이인지를 당시에 적절히 처리했다면, 이런 폭력사태는 일어나지 않았을 것이라고 아뢰었다. 박사수와 마찬가지로, 그는 주동자들에 대한 무거운 처벌을 요구했다. 평소와 다름없이 온건한 접근법을 취한 박문수는 김상헌의 사당 재건을 금지하는 칙령을 내려줄 것을 요청하면서, 서원의 건립은 '사론'의 일부이고 따라서 지역의 문제라고 주장했다. 안택준은 방자하게 안동의 붕당 구도를 바꾸려고 했으나, 지역 사림의 결의에 찬 반대 때문에 실패했다는 것이다. 분명히 그것은 조정이 간섭할 수 있거나 간섭해야만 하는 문제가 아니라고 박은 아뢰었다. 결국 왕은 자신의 '탕평책'을 가장 열렬하게 지지하던 소론 가운데 한 명인 송인명이 제시한 타협안, 즉 사당의 건립을 허가해놓고 난민들을 통제하지 못한 지방관들은 파직하고, 건방지게 사당의 파괴를 주도한 선비들은 처벌하라는 제안에 따랐다. 게다가 왕은 사당의 재건을 금지한 이전의 칙령을 철회하지 않았다.[168]

유척기의 후임자 윤양래尹陽來[169]는 남인의 전통에 대한 안동 사족의 헌신과 외부의 간섭에 대한 그들의 저항을 조정이 충분히 파악하지 못했다는 사실을 절감하면서, 1738년 여름에 다음과 같이 보고했다.

> 국가가 안동의 향권을 억지로 **빼앗으려** 해도, 성공할 수 없사옵니다. 이른바 서인들은 향교에 발을 들일 수도 없고, 그들에 대한 악감정은 이루 말할 수도 없습니다. 그들이 자신들만의 장소를 세우려고 해도, 남인은 기금을 내놓지 않을 것입니다. 설령 그런 모험이 성사되었다 하더라도, 유성룡의 자손 같은 유식한 선비들은 결코 그들 무리에 섞이지 않을 것입니다.[170]

안동의 엘리트들이 노론의 압력에 쉽사리 굴복하지 않을 것이라는 윤의 경고는 서울에서는 먹혀들지 않았다.

노론은 안동에 김상헌의 사당을 세우는 것은 1714년 이후 금지된 '첩설 疊設' — 한 개인을 위해 복수의 사당을 건립하는 것 — 로 간주될 수 없다는 주장을 굽히지 않았다. 이유인즉슨 안동에 그분만을 모시는 사당이 그때까지 없었다는 것이다. 다른 곳도 아닌 안동에 김상헌을 위한 사당이 없다는 것이 가당키나 하단 말입니까? 더욱이 그의 사당을 건립하는 것은 영남은 순전히 남인의 지역이라는 영남 유생들의 주제넘은 논리를 타파하는 데도 필요하다고 주장되었다. 이런 주장에 맞서, 박문수는 서원의 폐단을 지적했고, 특히 동일한 선현을 위한 복수의 사당 건립에 반대했다. 김상헌은 사실 안동 밖의 아홉 군데 장소에서 이미 추모되고 있었다. 박은 김의 사당 건립이 안동의 너 큰 분란으로 이어지는 사태를 우려했다. "설령 살가죽이 벗겨지고 뼈가 부스

러진다 한들" 명신名臣의 후예가 안택준 따위의 "명령에 머리를 숙이고 귀를
기울이겠나이까?" 박에게 사당 건립은 불가한 일이었다. 그가 받아들일 수
없었던 또 하나의 사실은 사당의 파괴자들이 사당의 건립자들보다 훨씬 중
한 벌을 받았다는 것이었다. 하지만 노론의 끊임없는 공세에 시달린 박문수
는 자신이 갈수록 고립되고 있다는 사실을 깨달았고, 급기야 병조판서 직에
서 물러났다. 어떤 길을 따르는 것이 최선일지 고민에 고민을 거듭하던 영조
는 결국 박을 격렬하게 논박했던 노론 관리들뿐 아니라 비교적 온건한 소론
대신들도 파직시키는 불편부당한 조치를 취했다. 따라서 어느 쪽도 완전히
승리하지 못했고, 왕은 사당을 재건하게 해달라는 요구에도 굴하지 않았다.
그렇지만 노론이 기도한 안동의 사당 프로젝트가 오로지 영남 남인들을 희
생시켜 정치적 이익을 취하기 위한 것이었다는 의혹은 좀처럼 가시지 않았
다.[171]

    안동의 김상헌 사당 문제는 1714년에 숙종에 의해 원사院祠의 건립이 금
지된 이후 팔도에 세워진 모든 서원과 사당을 파괴하겠다는 영조의 결의를
의심의 여지없이 굳혀주었다. 1741년에 영조는 다시 서원철폐령을 내렸고,
그 결과 도산서원을 비롯하여 왕이 남겨두고자 했던 일부를 제외한 약 170
개소의 사당과 서원이 훼철되었다.[172] 영조가 사망하고 나서 여러 해가 지난
1786년에 마침내 김상헌을 위한 작은 사당인 서간사西磵祠가 안동 부성에서
북쪽으로 제법 멀리 떨어진 곳에 세워졌고, 1년 뒤에 사액되었다.[173]

## 18세기 후반의 영남

비록 고립된 안동의 남인 학자들을 조정에 부르고 사당 건립자들에게 관용을 베풂으로써 자신의 '탕평책'을 영남 북부로 확대하려는 진정한 노력을 기울이기는 했지만, 영조가 '영남 문제'를 주로 정치적 측면에서 바라보았다는 것은 엄연할 사실이다. 그러나 한 경연관이 아뢰었듯이, 영남의 사족이 단지 벼슬과 녹봉만 기쁘게 여겼을까? 더군다나 조현명이 지적했듯이, 영남은 예로부터 유현과 대족이 많았고, 퇴계가 남긴 교화(유화遺化)가 여전히 살아 있었기에, 다른 지방과는 달리 자신들의 습속을 엄격하게 고수했다. "[심지어] 아이들과 종복들도 그를 '노선생老先生'이라 칭하고, 모두가 그의 말을 보물처럼 간직하고 있었습니다." 왕명을 받들고 영남에 다녀온 한 관리는, 그런 까닭에 영남인은 왕이 이율곡의 제사만 지원하고 퇴계는 치제致祭하지 않은 것을 억울하게 생각하고 있다고 보고했다. 느낀 바가 있는 영조는 자신이 율곡의 『성학집요聖學輯要』만 애독하다 보니 그런 무심한 결과가 빚어졌다고 털어놓았다. 실제로 노론 고문과 경연관들에 둘러싸여, 영조는 퇴계의 주저를 손에 들어본 적이 없었다. 이를 만회하기 위해, 그는 고관을 보내 도산서원과 퇴계의 고택에 치제하게 하겠노라고 약조했다. 나아가 퇴계의 언행록 ― 아마도 권두경이 편찬한 『퇴도언행록』― 을 간행하여 자신에게 올리라고 명했다.[174]

치세 말년에 퇴계의 학문적 명성을 새로 알게 된 영조는 문과에 급제한 퇴계의 직계후손 몇 명을 관직에 등용했다. 그들 가운데 가장 주목할 만한 인물은 아마도 이세택李世澤(1716~1777)일 것이다. 1753년에 문과에 급제한 그는 1755년에 성현의 학문에 관한 퇴계의 저서 『성현도학연원聖賢道學淵源』을 왕에게 바쳐 초모貂帽를 하사받았다. 몇 년 뒤인 1762년에 그는 천거에 의해 부승지(정3품)로 승진했고, 이듬해에는 대사간, 1772년에는 대사헌(종2품)이 되었다.[175] 그의 빠른 승진은 분명히 자신이 그토록 오랫동안 안중에 두지 않았던 고명한 학자의 후손을 우대함으로써 자신의 무지를 상쇄하려는 영조의 의지 덕분이었다.

자애로운 영조에 의해 안동은 뒤늦게 진가를 인정받았지만, 이런 화해 분위기는 왕이 사망한 직후에 갑자기 식어버렸다. 1762년에 사도세자思悼世子[176]가 사망한 이후 조정에는 팽팽한 긴장감이 감돌았고, 그 누구도 감히 왕자의 이름을 입에 담지 않았다. 이 금기가 정조(재위 1776~1800)가 즉위한 지 불과 몇 달 뒤에 안동의 유생 이응원李應元이 올린 상소로 인해 예기치 않게 깨져버렸다. 이응원은 사도의 신원을 요청했을 뿐만 아니라 세자가 시련을 겪고 있던 마지막 기간에 사도의 스승이자 총신인 권정침權正忱[177]이 쓴 일기와 몇 통의 편지도 제출했다. 권은 세자를 구하기 위해 그의 무고함을 주장하다가 영조의 광적인 살인을 간신히 모면했고, 관직에서 쫓겨나 안동으로 돌아간 뒤에 세자를 애도하다가 굶어죽었다고 한다. 일기의 내용이 나중에 권의 동생인 정흠正欽에 의해 유포되었을 때,[178] 죽은 세자에 대한 슬픔과 동정심이 안동을 넘어 널리 퍼져나갔고, 권의 친척 이도현李道顯(생몰년 미상)은 아들인 응원을 수도로 보내 일기를 왕에게 바치도록 했다. 사도를 위한 이응원의 대담한 개입은 불운한 세자에 대한 영조의 사형선고를 '도의'에 입각한 조치라고 지지했던 노론의 일파에 의해 여전히 빈틈없이 장악되어 있던 조정의 극심한 불쾌감을 유발했다.[179] 상소자들과 안동에 닥친 결과는 따라서 참혹했다. 대역죄로 단죄된 부자는 즉각 사형에 처해졌고, 안동은 역사상 두 번

째로 현으로 강등되는 집단적인 처벌을 받았다.[180]

이 극단적인 징벌은 "아래로부터의" 모든 목소리를 한동안 효과적으로 잠재웠다. 그리고 정조는 아주 서서히 그를 에워싼 노론 강경파의 손아귀에서 벗어나 그들을 온건한 대신들로 교체할 수 있었다. 그는 저명한 남인 학자 이상정을 관직에 등용하려고 노력했고,[181] 그의 사후에는 그의 제자인 김굉金㙐[182]이 퇴계학파에 대한 국가의 인정을 끈질기게 요청했다. 마침내 1788년 초에 정조는 오랫동안 자신의 자문 역할을 했던 채제공蔡濟恭(번암樊巖, 1720~1799)[183]을 우의정에 제수함으로써, 왕의 정책이 영남에 눈을 돌리는 방향으로 확실하게 바뀌고 있다는 신호를 보냈다. 채제공은 기호 남인의 맥을 이은 저명한 학자로, 이미 영조의 화해정책을 지지하면서 그를 훌륭하게 보필한 전력의 소유자였다. 채를 곁에 부르고 나서 불과 며칠이 지난 3월 1일에 정조는 팔도에 '윤음綸音'을 내렸다. 1728년의 난이 발발한 지 60년째인 1788년을 기념하여, 반란을 진압하기 위해 충성을 다하거나 목숨을 바친 모든 사람의 이름을 왕에게 보고하여 상을 받게 했던 것이다. 이튿날 왕은 그들의 자손을 접견했다.[184] 경상도 관찰사가 왕명에 즉각 부응하지 않자, '애가 탄' 안동의 유생들은 스스로 『무신창의록戊申倡義錄』을 편찬하여 상소문과 함께 서울에 보냈다. 왕은 분명히 채제공의 중재를 통해 이 기록을 보고 영남의 선비들이 오랫동안 곤경에 빠져 있었음을 이해하게 되었을 것이다.[185]

채제공의 권고에 따라 정조는 영남의 명예를 회복시킬 자신의 뜻을 내비치면서, 그곳을 독보적인 "선비의 고장"이라고 치켜세웠다. 게다가 1792년 초봄에 특사를 파견하여 신라 시조의 신주를 모신 경주의 사당과 옥산서원(이언적의 서원), 도산서원에 치제하게 함으로써, 정조는 영남을 조선 문명의 핵심지역으로 다시 포용하고자 했다. 특기할 만한 것은 그가 영남의 '보수주의'에 희망을 거는 전교를 내렸다는 사실이다. "근자에 사학邪學[가톨릭]이 점차 번질 때 오직 영남의 선비들만이 선정先正의 학문을 확고부동하게 지켰고, 이로 인해 나는 [그들을] 더욱 높이 보게 되었다!"[186] 그 자신이 뛰어난 학자였던 정조는 유학의 힘에 의지하여, 나라에 침투하기 시작했다고 본인이 간파한 외래의 전복적 세력에 맞서고자 했다.

영남이 변화하는 세상에서 유학을 지키는 보루 역할을 할 것이라는 자신의 믿음을 보여주기 위해, 정조는 1792년 3월에 도산서원에서 별시別試를 치르게 했다. 대과가 영남에서 시행된 것은 조선의 역사에서 이것이 처음이자 마지막이었다.[187] "의관을 정제한 1만 명 가까운 유생"이 과장을 가득 메운 채 나무에 내걸린 문제를 읽고 답을 적어 내려갔고, 그 가운데 합당한 시권試券을 지은 자가 3,000명 이상이었다. 구경꾼들에게 이 일은 유학의 가치를 입증하는 "역사적" 사건이었다. 왕이 직접 답안들을 채점하여 급제자들을 선정했는데, 그중 한 명은 이상정의 제자인 김희락金熙洛이었다.[188] 이 특별한 행사를 기념하기 위해, 채제공은 과장에 세워진 비석에 들어갈 글(도산시사단비명陶山試士壇碑銘)을 지었다.[189]

별시가 시행되고 나서 겨우 한 달이 지났을 때, 왕의 각별한 관심에 자신감을 얻은 영남의 유림은 유명한 1792년 '만인소萬人疏'를 올렸다. 영남 엘리트 사회의 유례없이 대대적인 지지를 받은[190] 이 상소는 과감하게 사도세자의 완전한 신원과 30년 동안 세자에 대한 일체의 발언을 억눌러온 노론 강경론자들의 처벌을 요구했다. 상소자들은 영남에 대한 정조의 관심을 찬양하면서, 왕에 대한 충성을 맹세하는 동시에 목숨을 잃는 한이 있어도 사도의 억울함은 풀어야겠다고 다짐했다. 이상정의 조카인 이우李堣(1741~1810)가 이끈 상소자들은 틀림없이 막후에서 채제공의 도움을 받았을 것이다. 그들은 자신들의 결의를 두 차례 더 밝혔고, 그때마다 서명자의 수는 늘어났다. 크게 감동을 받기는 했지만, 정조는 충동적으로 행동할 수 없었다. 그를 에워싼 [노론 벽파僻派의] 세력은 그가 1762년의 사건을 본인의 뜻대로 신속하게 처리하는 것을 방해할 만큼 여전히 강력했다.[191] 그럼에도 이번에는 상소자들이 처벌을 면했고, 왕명에 따라 귀향할 때 양식을 제공하겠다는 제안까지 받았다. 그들은 이 제안을 '명예로운 일'로 받아들이기를 거부했다.[192]

영남 학자들의 처지가 어려워진 것은 무엇보다도 그들이 오랫동안 고위직(즉, 당상관 급의)에서 배제되었기 때문이라고 확신한 채제공은 자신의 개인적 영향력을 십분 활용하여 왕에게 유망한 학자들을 천거했다. 그들 가운데 눈에 띄는 인물로는 유성룡의 7대손이자 '만인소'의 주도자인 유규柳湀(1730~1806)를 들 수 있다. 그는 회시會試에 낙방한 후 과거에 대한 꿈을 접고 하회로 돌아와 '가문에 전해 내려오는 학문'(가전지학家傳之學)에 매진하여 유성룡 학파의 주요 논객이 되었다. 왕은 유교의 경학이 그리스도교의 침투에 맞서는 최고의 무기라고 확신했다는 유규에게 관심을 보였고, 그를 의금부도사(종5품)에 임명했다. 그 직후에 왕은 그의 학문에 관해 물었다. "그대는 경학자로 알려져 있다. 모든 경서를 섭렵했는가, 아니면 한두 권의 경서에 유독 밝은가?" 유규는 "젊은 시절부터 경서를 읽어왔사오나, 그 어느 책도 제대로 이해하지는 못했사옵니다"라고 답했다. 이런 겸허한 대답에도 그는 여러 중간급 관직을 맡았고, 1794년에는 경산慶山의 현령이 되었다. 1800년에 성소가 사망하기 몇 달 전, 그는 유명한 선조 덕분에 당상관인 돈녕부도정敦寧府都正

으로 승진하는 드문 명예를 누렸다.[193]

영남이 중앙에서 뒤늦은 복권을 경험한 것은 퇴계의 학문적 후계자들을 요령껏 널리 알린 채제공의 노력에 힘입은 바 컸다. 그는 그들의 행장과 비명을 부지런히 썼고, 이상정을 도산의 적통 후계자로 찬양했다. 또한 1795년에 김성탁의 사면도 추진했다. 하지만 영남 남인에 대한 그의 심정적 동조에도 불구하고, 그는 '우리 도'의 전수를 수도 남인을 통해 편향되게 추적했다. 이익의 묘갈명에 그는 다음과 같이 적었다. "퇴계는 동방의 공자이시다. 그분은 그 도를 한강[정구]에게 전하셨고, 한강은 그것을 미수[허목]에게 전하셨다. 선생[즉, 이익]께서는 미수를 사숙하셨으니, 미수에게 배워 퇴계가 여신 학문의 맥을 이으셨던 셈이다. 이와 같은 근본적인 도통을 올바로 인식한 연후에야, 후학들은 잘못된 방향으로 나아가는 것을 피할 수 있을 것이다."[194] 퇴계의 지적 계보를 재경 남인과 연결시키긴 했지만, 채제공은 왕조의 초창기부터 18세기 말까지 영남이 배출한 655명의 학자와 관리에 관한 전기 자료를 엮은 방대한 편저『영남인물고』를 통해 경상도의 남인을 특별한 방식으로 기렸다. 1798년 초겨울에 내려진 정조의 명에 따라 그 책을 편찬한 20명의 신하 중에 채제공의 아들인 채홍원蔡弘遠(1762~?)[195]과 김희락이 끼어 있었던 것이다.[196] 퇴계의 본고장 출신이 책에 기록된 인물들의 절반에 육박하는 만큼,『영남인물고』는 어려운 시기를 견뎌내며 퇴계의 유산을 떠받들었던 학자들에게 바치는 일종의 헌사라고 보아도 무방할 것이다.

5부

# 변화하는 세상에서 살아남기

　　18세기 동안에 조선 사회의 위계적 구조가 점차 붕괴되어 사족이 자신
들의 지도적 역할을 새롭게 부상한 사회적 구성요소에게 넘겨주게 되었다는
것이 일반적인 통념이다. 다시 말해서 사족이 사회적·정치적 차별성을 주장
하는 근거였던 출생과 출계집단이라는 기준이 주로 경제적 변화에서 비롯된
상이한 가치체계로 대체되고 있었고, 그 결과 그때까지 혜택을 누리지 못했
던 여러 사회계층의 상향이동이 활발하게 이루어졌다는 것이다.

　　재지 사족의 사회경제적 환경이 18세기를 거치면서 변하고 있었고, 그
결과 사족 사회 내의, 그리고 일반적으로 엘리트와 비엘리트 사이의 경쟁이
치열해져 향권이 파편화되었다는 것은 주지의 사실이다. 하지만 이런 식의
사태 진전을 조장한 요인은 단순히 경제적인 것만은 아니었다. 좀 더 근본적
으로 말하자면, 그때까지 이론의 여지없이 정당화되었던 사회적 신분과 정
치 참여의 연결고리에 의문을 제기하기 시작한 것은 사회적·정치적·당파
적·경제적 현실의 복합적인 상호작용이었다. 조상의 위신에 바탕을 둔 문
벌의 힘이 만들어낸 사회적 불평등이 갈수록 동요와 불안을 야기했다고 당

대의 관찰자들은 평가했다. 소수의 권력자가 일상의 정치를 완전히 장악하는 것은 개인의 성취와 인재의 공정한 등용을 강조하는 유교의 가치에 위배되는 것이 아닌가? 도덕적 자격이 아니라 세습적 권한이 관리 선발의 기준이되는 현실을 용인할 수 있는가? 비록 사회제도에 대한 가장 급진적인 비판자들조차도 '귀·천'의 타파를 주장하지는 않았지만, 사회적 배경이 공적 생활에 얼마나 유용할까가 정부 안팎에서 논란거리가 되기 시작했다는 단순한사실만으로도 사회적인 것과 정치적인 것 사이의 연계에 대한 인식에 정말로 놀랄 만한 변화가 일어났음을 알 수 있다. 이런 변화가 사회적 경계를 허물고 서자와 향리, 심지어 일부 '부유한' 평민의 '신분상승'을 촉진했을까? 마지막 두 장의 목적은 한편으로는 안동과 남원의 재지 사족이 자신들의 '향권'을 지키기 위해 사용한 전략을 고찰하고, 다른 한편으로는 비엘리트 집단이사족의 영역으로 끊임없이 침투하는 과정을 서술하는 것이다.

중앙에서 소외당한 정도에 비례하여 '공적' 정체성을 상실하게 됨에 따라, 사조四祖에 '현관顯官'이 한 명도 없는 재지 사족이 많아졌고, 이들은 급기야 양역良役을 져야 할 위험에 처했다.[1] 그렇다면 그들은 이런 실존적 위기에어떻게 대처했을까? 전기적 자료에는 이따금 체념의 심경이 드러난다. 예전에는 과거에 거듭 실패하여 관직을 얻지 못한 것은 유감스럽게도 부모의 기대를 저버린 개인의 능력부족으로 기록되었다. 그러나 18세기에는 그런 불행이 종종 "그는 관직에 나아갈 뜻을 접었다"(절의사진絶意仕進)라는 식으로 미화되었다.[2] 교첩敎牒을 얻을 가능성이 갈수록 희박해지자, 향촌의 사족은 종족의 조직, 제사의 봉행, 족보의 편찬, 학문의 도야와 같은 사회적·문화적 활동에 종사함으로써 부르디외가 말하는 "[변함없는] 인정recognition의 혜택을 누릴 [자신들의] 권리"³)를 보존하는 데 총력을 기울였다.

시대의 정치적·경제적 압력을 견뎌내려면 우월한 신분을 유지해야 했지만, 모든 재지 사족이 그것에 필요한 경제적·상징적 자본을 형성할 수 있는 것은 아니었다. 사회경제적 자원을 둘러싼 경쟁이 치열해지자, 잘 조직되고 재정이 튼튼한 종족집단에 속해 있지 않고서는 조선 후기의 향촌에서 살아남기가 점점 어려워졌다. 과거에 수도에서 엘리트 종족들 사이의 경쟁이 일종의 '벌열화閥閱化'를 촉발했듯이, 18세기에 이르자 농촌에서도 소수의 선택받은 종족만이 '인정의 혜택'을 유지하는 데 불가결한 자산을 보유하고 있었고, 이런 진전은 재지 사족층의 분열로 이어졌다.

사족 인구는 수적으로 팽창했지만, 안동과 남원의 향촌사회에서 상위층을 이루는 종족의 수는 놀라우리만치 일정했는데, 이는 영향력과 권력이 견실한 지도적 집단에 집중되어 있었음을 시사한다. 반면에 향안에 미미하거나 간헐적인 기록밖에 남기지 못한 모든 친족집단은 그 지위가 하락했다. 기본적으로 신분 고수 전략은 출계집단들 내부의 대립과 동료들과의 갈등을 낳았을 뿐 아니라, 지방 사족 사회 내의 신분 격차를 심화했다. 게다가 중앙으로부터의 압력이 때로는 지방관과의 충돌을 야기했기 때문에, 영향력 있는 일부 사족은 '향곡사호무단鄕曲士豪武斷'이라는 달갑지 않은 별명을 얻었다. 요컨대 조선 후기 향촌에서의 지속적인 번창은 친족집단이 그 인적·경제적 자본을 얼마나 효율적으로 이용할 수 있느냐에 달려 있었다.

재지 사족의 생존은 그들의 눈앞에서 벌어지고 있던 심각한 경제적 변화 및 인구동태에 크게 영향을 받았다. 왕조의 초기에는 토지가 풍부하고 노동력이 귀했지만, 왕조의 중기에 이르자 이 비율이 역전되기 시작했다. 농경

법의 개선으로 생산성은 제고되었지만, 18세기에 접어들어 인구가 그 한계치인 약 1,500만 명에 달해 더 이상 늘어나면 마땅한 호구지책이 없는 실정이었다. 더욱이 경작지도 얼마 남지 않아, 많은 노비를 거느리는 일도 무익한 것으로 밝혀졌다. 반면에 노비들은 새로운 경제적 기회를 놓치지 않고 그 어느 때보다 많은 수가 도망쳤다. 주요 생산자들을 잃은 사족은 생산계획을 재조정하고, 노비를 소작인이나 고용인으로 대체했다. 더군다나 농업생산고는 조선 후기에 꾸준히 발생한 가뭄과 홍수, 질병 같은 자연재해로 인해 감소하는 경우가 빈번했고, 이는 대규모의 인구이동으로 이어졌다.[4]

들쭉날쭉한 농업생산고는 재지 사족에게만 영향을 미친 것이 아니었다. 계속해서 세원이 줄어드는 현실에 직면하여, 정부는 만성적으로 고갈되는 국고를 메우기 위해 신분의 유동성을 원치 않으면서도 역설적으로 직함과 관직을 팔기 시작했다. 임진왜란이 한창이던 1593년에 임시방편으로 처음 도입된 '매관매직'은 애초에는 신분상승 욕구가 특별히 강한 개인들, 즉 서자와 향리를 대상으로 삼았다.[5] 전후의 숱한 폐지 요구에도 매관매직은 결국 '양곡 수집'을 위한 제도로 정착되고, 17세기 말부터는 평민과 노비에게도 개방되었다. 정해진 양의 쌀(나중에는 일정액의 돈)을 바치는 대가로, 납속자納粟者는 직함, 그리고 때로는 명목상의 하급 관직(영직影職)까지 얻었다. 적어도 처음에는 납속한 평민들이 자동적으로 국역을 면제받지는 않았지만, 그런 일회성 세금의 납부를 부추긴 것은 그런 '평민의 저주'에서 벗어나 사회적 상승의 꿈을 이룰 수 있다는 희망이었다. 이와 비슷하게 쌀이나 돈을 바친 노비들에게는 평민의 신분이라는 보상이 주어졌다(속량贖良).

그렇게 변칙적으로 얻은 직함과 관직은 용어상으로 정규 관직과 세심하게 구분되었고, 새로 획득한 특혜는 납속자의 세대에 국한(적어도 이론상으로는)되었지만, 최초의 수혜자는 호적에 기록될 자신의 직함에서 '납속'이라는 표현을 빼버림으로써 자신과 전 가족이 예로부터 지금까지 공직세계의 일원이었던 것처럼 포장하고 싶은 유혹을 느꼈을 것이다.[6] 그런 삭제나 산발적인 공문서 위조 때문에, 새로운 직함 보유자들이 호적에 기록된 총인구에서 얼마나 큰 비중을 차지했는지를 어림잡기란 어렵거나 아예 불가능하다. 물론 납속은 경제적으로 부유한 소수의 후보에게 한정된 것이었지만, 직함과 관직의 상품화는 신분집단의 경계를 허무는 데 일조했을 것이다. 상당한 재산을 내놓은 자들이 달랑 공명첩空名帖 1장 발급받는 데 만족했을 리는 없기 때문이다. 실제로 "경제적으로 유동적인" 이 사람들은 사족 사회에 침투하지는 못했지만, 그래도 사족의 문화적 특징 — 높은 교육열, 품격 있는 의례의 봉행, 특유의 행동거지 — 을 모방하려고 애썼고, 때로는 그들의 본보기와 사실상 분간하기 어려울 정도로 변신하기도 했다.

사회적 상승과 인정을 가장 절실히 원했던 집단은 서자와 향리였다. 그들에게 임진왜란은 군사적 공훈이나 양곡 기부를 통해 왕에 대한 충성심을 입증함으로써 자신들의 낮은 지위에 대한 국가의 관심을 불러일으킬 수 있는 특별한 기회를 제공했다. 그들 가운데 몇몇은 전후의 다양한 공신 명단에 이름을 올리기도 했다. 하지만 조선의 후기에 접어들어서야 비로소 서자들은 지방에서의 선동적인 행동과 공식적 항변을 통해 사족 사회의 주변부에 위치한 자신들의 처지를 중앙에서 당파적 갑론을박의 쟁점으로 전환시킴으로써, 정치적 영역에서 — 사회적 영역에서는 아니라 할지라도 — 본인들의 역할을 확대할 수 있었다. 마찬가지로 지방행정에서 중요한 자리를 차지하고 사족과 혈연으로 긴밀하게 연결되어 있던 향리 엘리트층도 자신들의 향권을 이용하여 사족에 비해 턱없이 낮은 자신들의 지위를 향상시키기 시작했다. 사족 사회에 동화되는 것을 목표로 삼지는 않았지만, 그들은 사족과 어깨를 나란히 하는 세련된 문화적 주체로 인정받고 싶어 했다.

더욱이 사족은 비엘리트, 특히 양인의 거센 압력을 받기에 이르렀다. 문서기록이 없는 탓에 양인의 생활은 아쉽게도 제대로 이해되지 못하고 있지만, 늦어도 18세기가 되자 양인들은 기존의 신분 경계에 도전하기 시작했다. 증가일로에 있던 도시 인구를 위한 경제활동에 종사하면서, 살림살이가 나아지고 자존심이 강해진 얼마간의 양인(과 노비)은 무례하게 엘리트의 비위를 건드리기 시작했다. 그들의 부적절한 언행은 일종의 사회적 항의, 즉 E. P. 톰슨*Thompson*이 "온정주의−복종의 균형*paternalism-deference equilibrium*"[7]이라 부르는 것의 붕괴였다. 이런 신분의 침범은 사회적으로 자극되고 사족 사회 일부의 약화에 의해 촉발된 현상으로, 그때까지 고정되어 있던 세습적 신분 경계의 이완(해체는 아니라 하더라도)을 예고하는 전조였다.

요컨대 조선 후기에 재지 사족은 갈수록 다양한 대항세력에게 시달리는 지방의 상황 속에서 운신했다. 그들은 끊임없는 국가의 개입과 중앙의 환국에 직면했을 뿐 아니라, 자기들끼리, 또 적대적인 붕당의 지원하에 사족의 각종 제도에 침투하려는 사회적 요소들과 경쟁해야만 하는 처지가 되었다. 설상가상으로 그들은 경제적 자원의 축소라는 문제와도 씨름해야 했다. 실제로 지방이라는 무대는 '향전鄕戰'이라는 신조어가 분명히 시사하듯이, 유동적이었고 때로는 갈등에 휩싸여 있었다. 이런 상황 속에서 재지 사족은 자신들의 물질적·상징적 수단을 총동원하여 왕조의 초기부터 자신들이 구축해온 신분상의 우위를 방어하고 유지하려고 했다.

5부는 두 장으로 구성된다. 13장은 안동과 남원의 사족이 그 어느 때보다 경쟁이 격심해진 환경에서 자신들의 사회적·정치적·지적·경제적 특권을 지키기 위해 동원한 다양한 전략을 살펴본다. 14장은 사족의 주요 도전자들로 떠오른 서자와 향리가 사족이 부과한 사회적 경계를 돌파하려고 시도하는 과정을 탐구한다. 또한 동경과 경쟁에서 비롯된 이 냉엄한 상향이동의 역학에 양인과 노비가 어느 정도 휘말려 들어갔는지 알아보고, 마지막으로 19세기 말에 이루어진 사회적 신분제도의 극적인 해체에 대해 간략하게 고찰한다.

# 13장 >>> 안정 속의 변화: 사족 신분의 유지

재지 사족은 입지가 탄탄한 상태로 17세기를 맞이했지만, 이전의 장들에서 설명했 듯이 그들을 둘러싼 정치적·이데올로기적·경제적 현실은 급변하고 있었다. 18세 기에 접어들자 중앙과 지방의 사이는 더욱 멀어져, 지배 엘리트층의 일부임을 자처 하던 재지 사족은 심각한 위기에 빠지기 시작했다. 실제로 중앙에서의 관직 보유와 향촌에서의 엘리트 신분 유지를 이어주던 연결고리가 점점 헐거워짐에 따라, 우월 한 신분을 유지하려는 사족의 노력은 조상의 위신을 사회정치적 지렛대로 사용함 으로써 정체성을 천명하고 지키려는 치열한 과정으로 전환되었다. 토지자산의 관 리가 이런 과정을 촉진하는 결정적 요인으로 더욱 중요해졌기 때문에, 이 문제부터 간략하게 논의할 필요가 있다.

거의(전적으로는 아니더라도) 한 출계집단에 의해 지배되고, 토지가 상속과 전략적 매매, 공동재산의 조성을 통해 집중되는 경향이 있던 마을들에 살고 있었기에, 일부 사족은 변함없이 번성했다. 예를 들어서 안동 권씨나 둔덕 이씨의 농장 면적과 노비 보유수는 17세기에 최고조에 달했다. 하지만 그 후로는 서서히 줄어들었다. 분재기와 양안은 이와 같은 정황을 만족스럽게 파악하게 해주는 전거로 볼 수 없다. 분재기에 의하면, 개개인의 몫이 축소된 것은 분할 가능한 토지의 양이 서서히 줄어든 추세를 반영한 것으로 보인다. 그러나 상속이 일어나기 전에 상당량의 재산이 이미 별급되거나 종족의 특별기금으로 흡수되는 사례가 비일비재했기에, 결과적으로 분할할 재산이 거의(때로는 전혀) 남아 있지 않았다는 사실을 명심해야 한다. 반면에 소유권의 확인보다는 수세를 목적으로 작성된 양안[1]에 근거할 경우에도, 토지를 다른 사람(주로 노비)의 이름으로 등록하거나(대록代錄), 축소신고하거나 아예 '은닉하는' 등의 변칙행위가 자행된 탓에 실상을 가늠하기 어렵기는 마찬가지이다. 더욱이 어느 정도 넓이의 토지가 종족이나 문중의 지분이었는지, 또는 제전이나 묘전이 누구의 이름으로 등록되었는지도 명확하지 않은 경우가 대부분이다. 동성마을 주위에 토지가 집중되기는 했지만, 토지자산은 종종 여러 군에 분산되어 있었으므로, 하나의 군이나 현의 양안에는 개인 소유주나 친족집단의 토지 보유량이 고스란히 반영되지 않는다. 따라서 18세기에 안동과 남원의 사족이 소유하고 있던 토지자산의 규모를 합리적으로 추산하기는 어렵다.

## 신분 유지를 위한 농업책

17세기 말에 토지의 규모와 노비의 수는 여전히 확대될 여지가 있었다.

노비에 대해서는 부모 가운데 한 명이 천인이면 그 자식도 자동적으로 천인이라는 일천즉천一賤則賤의 원칙이 조선왕조의 후기에도 통용되었다. 전후에 일손이 딸리자, 그 원칙은 자신들의 남자노비와 양인 여성을 짝지음으로써 노동력을 증가시키고자 했던 노비주들에 의해 적극적으로 고수되었다. 17세기 중엽에 이르러 이 원칙의 일방적인 적용으로 군역을 져야 할 양인의 수가 걱정스러울 정도로 줄어들자, 경각심을 느낀 정부는 1669년 1월에 종[량]모역법從[良]母役法을 시행함으로써 친모 귀속적인 규정matrifilial rule을 재공인하기로 결정했다.[2] 이 법에 따라, 남자노비와 양인 여성이 낳은 아이들은 태어날 때 양인이 되었지만, 이 법의 효과는 크지 않았던 것으로 보인다. 다수의 양인 여성은 노비와 결혼하는 순간 노비의 신분으로 전락할 수밖에 없었기 때문이다. 더욱이 당시의 변화무쌍한 정치적 상황 속에서, 그 법은 정치적 쟁점이 되어 1675년에 남인에 의해 폐지되고,[3] 그 후 여러 차례 개폐가 반복되면서 가족원의 일부는 양인으로, 일부는 노비로 간주되어 각자의 특수한 의무와 책임을 져야 하는 혼란스러운 상황을 만들어냈다.[4] 분명히 이런 상황은 많은 노동력을 필요로 했던 지주들에 의해 쉽게 악용되었을 것이다.

예컨대 저곡渚谷(예천)에 살고 있던 [안동] 권의權檥의 후손들에게 물려진 재산의 양은 토지와 노비가 분명히 증가했음을 보여준다.[5] 권의의 5대손인 권윤權銳(1615~1692)[6]은 1660년경에 노비 46명과 토지 170마지기를 물려받았다. 그의 사후인 1695년에 그의 미망인에 의해 재산이 분배되었을 때, 그의 재산은 노비 129명과 전답 450.5마지기로 불어나 있었다. 윤의 장남인 권수원權壽元(1654~1729)의 몫은 노비 49명과 전답 160마지기에 달했다.[7] 하지만 1732년에 네 아들과 두 딸에게 상속된 수원의 재산은 노비 35명과 토지 57

마지기에 불과했고, 따라서 그의 장남인 권완權梡(1672~1757)은 먹고살기에도 빠듯한 지분인 노비 7명과 토지 14마지기를 물려받았을 따름이다.[8] 하지만 1720년의 양안(경자양안庚子量案)[9]에 의거하면, 1732년의 수치는 수원의 총 재산을 반영하지 않은 것으로 보인다. 그 문서에는 완의 토지자산이 약 136마지기로 기록되어 있다. 1720년에 수원은 여전히 살아 있었지만, 그의 명의로 된 밭의 면적이 얼마 되지 않는 것으로 미루어 경제문제에서는 손을 뗀 것 같다. 완의 남동생 3명도 겨우 생계를 유지할 만한 땅만 지니고 있는 것으로 기록되어 있다. 그러므로 1720년에 등록된 토지 약 6결(또는 270마지기)의 상당 부분은 사실상 장자의 관리하에 있는 종족의 공동재산으로 한데 묶여 있었을 가능성이 크다.[10] 개인의 몫은 줄어들었지만, 집단으로서의 저곡 권씨는 여전히 경제적으로 제법 여유가 있었다. 토지가 본계에 집중되는 현상은 유곡에 거주하고 있던 권벌의 종손들 사이에서도 나타난다. 게다가 이런 경향은 안동지방에 국한된 것이 아니다. 둔덕에서도 분할 가능한 토지는 18세기 초에 이르러 상당히 줄어들었다.[11]

예천과 둔덕의 1720년 양안은 18세기 초에 사족이 지배하던 토지의 규모를 보여준다.[12] 예천[13]에서는 사족의 평균 보유량이 2분의 1결에 조금 미치지 못했고, 둔덕에서는 평균이 1결을 약간 웃돌았다. 평균적으로 사족은 양인이나 노비보다 훨씬 넓은 농지를 소유하고 경작했지만, 평균치만으로는 개개인의 실제 보유량을 가늠하기 어렵다. 두 지역에서 사족 개인이 보유하고 있던 토지의 규모는 그 편차가 상당히 컸다. 둔덕은 물론이고 예천에서도 그 규모는 5결 이상에서 25부 이하에 걸쳐 폭넓게 분포되어 있었다.[14] 5결 이상의 논밭을 본인 명의로 소유하고 있던 최상위층은 극소수로, 예천(제고곡諸古谷

占谷)에는 고작 2명, 둔덕에는 10명이 있었다. 예천에서는 23퍼센트가 조금 넘는 개인이 1결 이상의 땅을 갖고 있었고(이들의 보유량은 총경작지의 45.3퍼센트에 해당한다), 둔덕의 경우에는 그런 개인이 25.4퍼센트를 차지했다. 이처럼 두 지역 모두에서, 1결 이하의 땅을 경작하던 사족이 대다수를 이루고 있었다.

한마디로 예천과 둔덕의 엘리트층 사이에서는 토지 소유의 양극화가 두드러지지만, 두 지역에서 사족은 여전히 토지의 대부분(둔덕의 경우 80퍼센트에 육박하는)을 개인 명의로, 또는 종족의 공동재산 형태로 가지고 있었다.[15] 안동 서쪽에 위치한 작은 현 용궁에서는 양극화 외에 토지의 파편화도 눈에 띈다. 이 인근 현의 경우 1634년과 1720년의 양안이 남아 있는데, 두 시기 사이에 대규모 토지 소유(10결 이상)의 비율은 사실상 거의 변함이 없었지만, 5결과 10결 사이의 비율은 급격하게 줄어들었다. 같은 기간에 1결 이하의 토지 소유는 증가하여, 토지가 상당히 파편화되었음을 말해준다. 같은 지역에서 1634년에는 지주의 8.6퍼센트가 경작지 전체의 40퍼센트를 소유하고 있었지만, 1720년에는 그 수치가 5.6퍼센트와 30퍼센트로 각각 감소했다.[16] 양극화와 파편화는 경상도에 국한된 것이 아니라, 전국의 여러 지역에서 눈에 띄는 현상이었다.

둔덕 이씨의 흥미로운 사례는 같은 친족집단 내에서도 토지 보유량이 천차만별이었음을 보여준다. 1720년 양안에 따르면, 둔덕 이씨의 평균 토지자산은 3결 미만이었다. 하지만 이씨 일가 중에서 가장 부유한 축에 속했던 이이시李頤時[17]는 9결을 훌쩍 넘는 토지를 가지고 있었다. 이와 대조적으로 이시의 육촌들 가운데 한 명인 이이기李頤期[18]는 2분의 1결에 미치지 못하는 땅을 소유하고 있었으므로, 그것을 넓히기 위해 편법을 동원할 마음을 먹었던 것 같다. 1730년에 자기 가문의 우월한 지위를 이용하여, 이이기는 승군僧軍과 연군烟軍을 징발하여 황무지를 개간했다. 이 잘못으로 인해 그는 '토호'로 낙인찍혀 효시梟示되는 벌을 받았는데, 훗날 이 처벌은 엘리트층의 성원(사인士人)에게는 과중한 것으로 간주되었다.[19] 두말할 나위 없이, 서파庶派는 적파嫡派에 비해 훨씬 좁은 땅을 보유하고 있었다.[20]

같은 출계집단 안에서 발견되는 토지 소유의 현저한 불균형은 가족 내의 불화를 야기하고 나아가 친척들의 분산을 유발할 가능성도 안고 있었다. 하지만 사적인 경제적 타산의 대상인 토지를 공동의 재산으로 바꿔놓음으로써 18세기에 친족의 해체를 방지한 것은 바로 종족의 공동자산이었다. 종전宗田을 이용할 수 있고 이로부터 혜택을 누릴 수 있다는 기대가 친족집단의 소속감을 고취했던 것이다. 따라서 공동자산은 부유하고 가난한 종족 성원들 사이의 잠재적인 갈등을 희석시키는 동시에 종족의 통합과 결속이라는 이데올로기적 명제를 현실화한 결정적인 물질적 수단이었다.

동일한 양안들은 다양한 토지경작 유형에 대한 증거도 제공한다. 어떤 노동력을 사용하든 자신의 땅을 직접 경작하는 자작농을 제외하면, 자작과 소작(병작)의 조합이 조선 말기 토지경영의 전형적인 유형이 된 것으로 보인다. 경작지가 갈수록 영세화됨에 따라, 많은 수의 노비를 유지하는 것은 수지가 맞지 않는 것으로 밝혀졌다. 더욱이 17세기부터는 특히 외거노비들이 주인들로부터 대거 도망쳤고, 이런 추세는 18세기에 가속화되었다. 광산 김씨의 문서를 보면 1702년에는 (총 237명의 노비 가운데) 160명이 외거노비였는데, 1777년에는 그 수가 (총 127명 가운데) 125명으로, 1828년에는 (총 122명 가운데)

119명으로 줄어들었고, 이후로는 외거노비가 아예 없었다.[21] 그리고 다른 사례를 보면, 여전히 외거노비로 분류되는 자들도 더 이상 신공을 온전히 바치지 않았다. 예컨대 1745년과 1770년 사이에 김성일의 후손들이 소유하고 있던 외거노비 40명 가운데 20명 정도만이 계속해서 신공을 바쳤다(이 무렵에는 주로 돈으로).[22] 이처럼 농업에 종사하는 노비는 소작료를 지불하는 양인 및 노비 소작인(전객佃客)으로 점차 대체되고, 이에 따라 사족 소유주와 노비 사이의 관계도 개인적 종속에서 계약상 의존으로 바뀌게 되었다.[23]

이로써 노비들은 엘리트층의 논밭에서는 예전처럼 눈에 띄지 않게 되었지만, 1720년의 양안에서는 개별 경작지가 실제로 땅을 경작하는 노비의 이름으로 등록되는(대록) 경우가 많았으므로, 사족–노비 소작인의 관계가 여전히 두드러진다. 가난한 종족원은 종족 소유 논밭의 소작인이 되기도 쉽지 않았는데, 이는 아마도 종족 내의 분쟁을 피하기 위함이었을 것이다. 아무래도 친족이 아닌 소작인들을 부려먹기가 훨씬 수월했을 테니까 말이다. 하지만 소작 덕분에, 땅은 거의 없어도 노비 몇 명을 거느린 '가난한 선비'(한사)도 그 노비들에게 타인의 논밭을 일구게 함으로써 그럭저럭 생계는 유지할 수 있었다.[24] 소작은 안동뿐 아니라 남원에도 널리 퍼져 있었고,[25] 정다산의 추산에 따르면 전라도에서는 19세기 초에 모든 경작자의 약 70퍼센트가 소작인이었다.[26]

엘리트층이 토지와 노동을 필요로 했다면, 국가는 언제나 세원의 확대에 관심을 기울였다. 하지만 정부는 양인 인구가 체감하는 세금부담을 줄여주려다 역설적으로 많은 양인 농민을 논밭에서 몰아냈다. 17세기에 이루어진 대동법大同法의 점진적 도입[27]이 아마도 그런 결과를 낳았던 것으로 보인다. 대동법은 경작지 1결당 쌀 12두를 균등하게 각 가구에 부과함으로써, 성가시고 자의적인 공법貢法[28]을 토지부가세로 전환했다. 부가세로 토지세를 증가시킨 이 새로운 법은 토지 보유를 전제한 것인데, 토지가 갈수록 귀해지던 시기에 세원을 거의 토지로 옮겨놓았고, 많은 농민은 자신들의 경작지를 지켜낼 수 없었다. 1711년에 양역변통론良役變通論[29]에 의해 군역을 호포戶布로 전환한 것도 유사한 참상을 낳은 듯하고, 그 결과 군포는 1750년의 균역법均役法에 의해 절반으로 줄어들었다. 그런데 정부가 이 세법을 사족 가구에도 확대하려 하자, 반대가 매우 심했다. 반대론자의 주장인즉슨 특히 농촌지방의 경우 양반이 대부분 가난한데, 그 까닭은 공업이나 상업에 종사하면 상놈 소리를 들을까 두려워 그러지도 못하면서, 양반의 체모는 잃지 않으려고 법도에 맞게 혼례와 상례를 치르기 때문이라는 것이었다. 그러니 어찌 가난하지 않을 수 있었겠는가?[30] 양반의 신분상 특권을 침해하는 것으로 비판받은 이 세금의 부과는 취소되고, 정부는 몇 가지 다른 부가세로 적자를 메울 수밖에 없었다.[31]

대동법의 도입은 조세제도 자체를 합리화하고 시장의 발달을 촉진했다는 찬사를 받았지만, 양인 인구에 가해진 세금의 압력은 크게 증가하여 세금 부담을 견딜 수 없었던 소농들은 전답을 버리고 엘리트 가구에 의탁하여 자신들의 노동을 팔았다.[32] 노비와 다를 바 없이 대갓집에 의존한 그런 '협호挾戶'는 조세와 요역을 면할 수 있었다. 이런 식으로 사태가 진전되자 대규모 자작농은 고갈된 노비 노동력을 보충할 수 있는 혜택을 누렸지만, 국가의 수입은 분명히 줄어들었다.[33] 더욱이 호적대장을 보면 농업노비, 특히 외거노비의 수가 18세기 후반에 급감했음이 명백하게 드러나는데, 가내노비도 마찬가지로 감소하기는 했으나 사라지지는 않았다. 오히려 사족 가구의 보호를 요청한 자들 — 예전처럼 가족 단위가 아니라 수로 개인적으로 — 의 수는 종종 도망노비의 손실을 만회할 정도로 많았던 것 같다.[34] 안동의 자료에 의하면, 노비와 비슷한 그런 예속민(솔하率下)의 대집단을 거느린 것은 대개 종손(그의 남동생들이 아니라)이었다.[35]

사족의 경작지는 소작인의 농지보다 생산성이 높았을 것이다. 사족은 훨씬 넓은 면적의 땅을 집약적으로 경작할 수 있었기 때문이다. 그들(국가가 아니라)은 노동력을 동원하고, 돈을 들여 둑과 관개수로를 만들고 유지하며, 새로운 품종과 이모작 같은 농법을 도입하고, 윤작과 넉넉한 시비施肥로 지력을 보존했다.[36] 반면에 소작은 경쟁이 매우 심했고 몇 년 가지 못하는 경우가 많았다. 소작이 상당히 안정적이었던 지역은 호남뿐이었던 것 같다. 그곳에서 지주는 정다산이 말했듯이, 제일 기름진 땅을 "건강하고 검소하며, 처자식이 있고, 노비 몇 명을 부릴 수 있는" 소작인, "한마디로 본인에게 이익을 가져다줄 사람"에게 맡겼다.[37]

어떤 경작방식을 사용했든, 사족은 주로 자신들의 소비를 위해 생산했고, 노비나 소작인에게 받는 소작료에 의존해서 살았다. 시장을 위해 생산을 하고 시장에서 농산물을 판매하는 것은 '상행위'에 의존하여 부당한 '부'를 축적하려 한다는 부정적인 이미지로 비쳐졌다. 도덕적으로 정당한 유일한 거래는 증인의 입회 아래 주로 두 개인이 토지와 노비를 사고파는 것과, 이자를 받고 곡물이나 돈을 빌려주는 것이었다. 소금이나 생선, 해초 같이 가내에서 생산할 수 없는 품목들은 노비 대리인이나 보부상에 의해 조달되었다. 18세기에 안동에서는 닷새마다 장이 섰지만, 이 정기시장의 역할은 미미했고 한 지나 붓, 값비싼 직물 같은 사치품은 취급되지도 않았다. 이런 물품은 친척이나 지방관과의 교환을 통해 입수되었다. 요컨대 일상용품의 생산과 획득은 제한된 지리적 영역 내에서, 주로 마을을 중심으로 이루어졌다.[38]

## 농촌공동체 생활의 에토스

향촌에 거주하는 것(거향居鄕)은 사족에게 예의범절을 지킬 것을 요구했다. [재령] 이함은 후손들에게 "교양 없이 비열하게 행동하지 말라"라고 훈계했다. "매사에 공심公心을 유지하라."[39] 아무리 수도에서 멀리 떨어져 있다 하더라도, 마을에서의 삶이 이기심과 무법으로 얼룩져서는 안 된다는 말이다. 퇴계도 아들에게 경고성 글을 쓴 적이 있다. "사족의 아들과 동생들은 필히 주의 깊고 신중해야 하며 법을 존중해야 한다. 정부의 양곡을 자의적으로 사용하는 것이, 책을 읽어 예법을 아는 유문儒門의 자제가 할 일이겠는가?"[40] 똑같은 메시지가 [의성] 김복일의 격언에 요약되어 있었다. "우리는 가정에서 의례를 준수하고 우리의 농촌에서 예법을 지킨다."[41] [삭녕] 최시옹은 다음과 같이 표현했다. "향촌에 사는 선비는 공무나 예방禮訪 같은 부득이한 경우를 제외하고는 관아에 드나들지 말아야 한다. [수령과] 관계가 있다 하더라도, 자주 방문해서는 안 된다. 부당한 요청은 절대 하지 말아야 한다."[42] 이런 훈계들은 『거향잡의』라는 제목의 여러 선집에 포함되었다. 최시옹 같은 엘리트 지도자들에 의해 편찬된 그런 책들은 공자와 맹자, 그리고 이들의 뒤를 이은 중국과 한국의 주석가들이 남긴 충고 — 예의 바르게 행동하고, 지방의 성치에 참견하지 말고, 세금을 제때 납부하고, 지방의 수령과 마찰을 빚지 말라 ─ 를 수록했다.<sup>43)</sup> 게다가 그런 비망록들은 재지 엘리트층을 윤리적 규범의 수호자라고 치켜세웠고, 그들은 그 규범에 입각하여 지방의 관리들을 상대로 어떻게 처신해야 할지를 판단할 것으로 기대되었다.

'공심'의 일부는 향약을 시행할 사족의 변함없는 책임이었는데, 향약은 조정에서도 지방의 질서와 경제적 안정을 뒷받침하는 효과적인 도구로 간주되었다.<sup>44)</sup> 예컨대 유학자인 [안동] 권구가 경치는 좋지만 가난한 마을로 잠시 거처를 옮겼을 때, 그가 처음 시도한 일은 사창社倉을 세우는 것이었다. 사람들이 선해질 수 없고 때때로 벌을 받아 마땅한 죄를 짓는 이유는 그들의 천성이 악하기 때문이 아니라, 굶주림과 추위를 면할 생각에만 사로잡혀 무엇이 옳은 것인지를 분별하지 못하기 때문이라고 믿었던 것이다. 사창 설립은 결국 실현되지 않았지만, 권구는 알기 쉬운 말로 향약을 작성하여 마을사람들의 "완고하고 어리석은 습속"을 개선하는 데 일조했다고 전한다.<sup>45)</sup>

남원에서 지역의 선비들 가운데 가장 열성적으로 향약을 보급한 것은 삭녕 최씨였다. 최유지가 "송나라 현자들의 이론과 한국 유학자들의 통찰력"을 결합하여 향약을 만든 이후, 호남의 풍속이 선량해지기 시작했다고 한다.<sup>46)</sup> 그의 조카인 불굴의 최시옹은 1691년에 남원의 부사에게 보낸 편지에서 다음과 같은 사실을 환기시켰다.

옛사람은 향약을 중시했으나, 여러 세대가 지나고 풍기가 문란해짐에 따라, 현재 행해지는 규약은 얼마 되지 않습니다. 근자에 농촌의 각 마을에서 시행되는 향규는 예전의 향규와 다소 다르지만, 전혀 없는 것보다는 훨씬 낫습니다. 저는 둔덕에서 나고 자라 선배들이 [둔덕의 향약에 관해] 논하

는 바를 들었습니다. 그 후 산 너머로 이거하여 약 10년 동안 소아방所兒坊
과 중방방中方坊[47]에서 [향약을] 실행했고, [이로 인해] 사람들이 악행은 수
치스럽고 봉공奉公은 보람차다는 사실을 깨닫게 되었습니다. [향약이] 상
당히 큰 도움을 준 것입니다. 제가 백암방白巖坊으로 이거한 지 8년이 지났
습니다. 이곳 사람들은 습속이 [정말로] 천박하고, 사유四維(예禮·의義·염廉·
치恥)가 무엇인지 전혀 몰랐는데, 이는 장소가 너무 외져서 엘리트 가구가
거의 살지 않기 때문이었습니다. 저는 일전에 이李 부사에게 몇 가지 단순
한 향규의 시행을 품의한 바 있는데, 몇 년이 지나자 눈에 띄는 효과가 있
었습니다. 풍악을 울리며 상여를 메고 가거나, 상중에 혼인하거나, 굴건
屈巾을 쓰고 가무를 한 자들은 근래에 수치심이 무엇인지 깨달았습니다.
나머지 괴이한 풍속이나 나태한 습관도 100년 이내에 완전히 고쳐질 것
이옵니다![48]


하지만 최시옹은 도덕의 수준을 높이는 데 만족하지 않았다. 앞서 언급
했듯이, 1712년에 그는 남원의 부사에게 향약을 주도하는 엘리트에게 공동
체의 두 가지 기본적인 경제운용, 즉 환곡과 부역에 대한 감독권을 다시 부여
해달라고 요구했다. 사람들이 환곡과 부역을 증오하는 가장 큰 이유는 그것
들이 이기적인 향임이나 향리들에 의해 조작될 여지가 크기 때문이라는 것
이었다. 최의 논리에 의하면, "[원래의 향약]을 되살리려 하면서 그 두 절목을
제거하는 것은, 목이 멘다고 먹는 것을 포기하거나 걷기를 원하면서 다리를
자르는 것과 미친가지"였다.[49] 최시옹이 생각하기에, 향약이 제 기능을 발휘
하려면 그 윤리적 차원 외에 공동체의 중요한 경제적 거래에 대한 권한을 가

질 필요가 있었다. 하지만 국가가 마을 수준에서 재정권을 강화하고 있었다는 사실을 삼안할 때, 그의 제안은 너는 현실적이시 않은 사정에 입각한 것이었다.

더욱 효율적인 조세체제를 확립하려고 시도하면서, 10장에서 논의했듯이 국가는 사실상 향약의 성격을 바꿔놓았다. 세금과 요역이 행정마을에 부과됨에 따라, 초창기의 동계나 동약은 도덕적 헌장에서 일종의 재정적 계약으로 변형되었다. 이런 장치들을 통해 엘리트와 양인을 비롯한 모든 마을사람이 세금과 여타 국역을 부담하고, 향교, 제방과 도로 같은 공동체의 건설공사, 동제洞祭를 재정적으로 지원하고, 가난한 사람들을 도와주었을 것이다. 때로는 공동으로 소유한 토지에서 나오는 수익이 그런 경비로 사용되었다. 기금에 관련된 문제는 동사洞舍나 큰 정자에서 1년에 두 차례 열려 엘리트와 비엘리트를 의례적으로 단결시킨 동회洞會에서 논의되었다. 좌석의 배치는 사회적 구분을 그대로 재현했다. 엘리트 지도자들은 남쪽을 향해 북쪽에 앉았고, 비엘리트 성원들은 북쪽을 향해 남쪽에 앉았다.[50] '죄인의 집을 부수고 그를 마을에서 영구히 추방하는'(훼가출향毁家出鄕) 극단적인 처벌은 더 이상 용인되지 않았다.[51] 이와 같은 신종 향약의 예는 김시택金始宅[52]이 자신이 살고 있던 동성마을 지례知禮(내앞의 동쪽)를 위해 1796년에 작성한 완의이다. 시택은 도덕적 훈계와 제재적 형벌에 중점을 둔 이 문서에서 같은 마을에 살고 있던 김씨 20명과 이씨 5명의 이름을 좌목에, 그리고 인접한 10여 개 동네와 마을에 살고 있던 김씨의 양인(과 노비?) 소작농 100명의 이름을 '하下-좌목'[53]에 등재했다. 사실 조선 후기의 향약은 국가의 재정적 기반인 향촌을 안정시킬 요량으로 도덕적 격률을 동원하여 수평적인 상호작용의 연결망을 만들어냈다. 마을의 기금 및 이와 관련된 문제를 둘러싼 갈등은 이따금 분동分洞의 원인이 되어 쪼개진 동들이 각각의 규약을 제정하는 사태를 유발했지만,[54] 사족은 '관령官令을 거역한다'거나 '소민小民'을 착취한다는 비난을 감수하면서도 자신들의 동을 계속 지배하기 위해 지방 수령과의 경쟁을 불사했다.[55]


## 선비의 '경제적 형편'

조선 후기의 선비들은 먹고살아야 하는 세속적인 문제에 어떻게 대처했을까? 영남에 널리 퍼져 있던 근검절약이라는 유교적 에토스를 충실히 반영하여,[56] 이곳 선비들의 행장에서 경제활동에 대한 언급은 일반적으로 생략되었다. 예컨대 [의성] 김방걸은 검소한 생활에 만족하여 평생 가내생산이나 가계경영에는 관심을 기울인 적이 없었다고 한다.[57] 물론 공무를 수행하느라 집을 떠나 있는 시간이 많았지만, 그럼에도 그는 약간의 황무지를 확보하기 위해 안동 부사에게 청원한 적도 있었다.[58] 한 세기가 지난 뒤에 김용보金龍普(1722~1787)는 자신의 아들과 손자들이 "습관적으로 게으름을 피운다면서" 그들이 학업에 열중하기보다는 차라리 논밭을 휘젓고 다녔으면 좋겠다고 푸념했다.[59]

'가난하지만' 유유자적한 삶은 많은 전기에 반복적으로 나타나는 주제이다. 예를 들어 [의성] 김창석金昌錫(1652~1720)의 전기작가에 따르면, 젊은 시절에 그는 집이 너무 가난한 탓에 호롱불을 밝힐 기름이 없어 소나무 가지에 불을 붙여 밤에 책을 읽었나고 한나. 그럼에도 그는 1690년에 문과에 급제했지만, 잠시 벼슬살이를 하다가 (남인이 정권을 잃은) 1694년에 낙향한 다음 다시는 출사하지 않기로 결심했다. 내앞에 살았던 그는 좀 더 경치가 좋은 곳으로 거처를 옮겨 낭떠러지 바로 옆에 정자를 지었다. 문학과 예술에 재능이 탁월한 것으로 이름난 그는 시·서·화로 소일했다. 서가에 꽂혀 있던 경서와 철학서, 사서 외에, 그에게는 거문고 한 대와 새장에서 기르던 야생 두루미 한 쌍이 있었다. "달이 밝고 미풍이 살랑일 때마다, 그는 새장에 기대어 객이 부는 피리소리에 맞춰 「적벽부赤壁賦」[60]를 읊조렸고, 두루미 두 마리는 목을 쭉 뻗고 날개를 퍼덕이며 그들 앞에서 춤을 추었다." 훗날 강원도의 도사都事로 임명되었을 때, 오랫동안 금강산 유람을 꿈꾸어왔던 그는 이 직책을 기꺼이 받아들였다. 만년에는 자신이 좋아하는 사촌들과 함께 강가나 정자에서 술을 마시고 시를 읊으며 지냈다. 사실 김창석은 "그의 동시대인이 부러워해마지 않던 멋진 삶을 살았지만, 그의 지인들은 그가 세상에 대한 미련을 버렸음을 [알고 있었다]."[61]

그보다 나이가 몇 살 많은 친척 김태중金台重(1649~1711)[62]은 가산이 바닥이 나도 모를 정도로 집안일에 도통 관심이 없었고, 이 때문에 처자식이 풍년에도 굶주리고 따뜻한 겨울에도 추위에 떨었다고 한다. 그들의 고통은 안중에도 없이, 그는 독서만 낙으로 삼았다. 그렇지만 평생에 단 한 번 그는 다음과 같이 말했다고 한다. "농업은 민생의 근본이므로, 성인들도 그것을 소중하게 여기셨다. 제사를 지내고 손님을 접대하는 비용이 그것에서 나온다. 어찌 그 일에 힘쓰지 않을 수 있겠는가?" 이야기는 계속된다.

[그 후] 책을 읽지 않는 시간에는 갓을 쓰고 논밭을 둘러보았다. 그렇게 해서 몇 년 뒤에 살림살이가 조금 나아지자, 그는 말했다. "이것으로 족하

다!" 이때부터 그는 또다시 경전 읽기에 몰두했고, 두 번 다시 집안일을 돌보지 않았다. 따라서 그의 집은 가난을 면치 못했지만, 사람들은 그를 현자라며 더욱 존경했다.

서울에서 온 한 고관은 '향인鄕人'에게 별 기대를 하지 않았는데, 태중을 방문한 다음에 그를 칭찬하며 다음과 같이 인정했다. "김공은 정말 훌륭한 인물이다! 시골에 내려와야 이런 사람을 보게 되는구나."[63]

세상사에 초연하게 유유자적하는 것이 선비다운 생활방식의 속성이었지만, 김태중이 지적했듯이 사족은 자신의 엘리트 신분에 부과된 두 가지 책임, 즉 가례 준행과 접빈객接賓客을 감당해야 했다. 실제로 유교식 의례의 봉행은 비용이 얼마나 들든 높은 사회적 지위의 상징이었다. 주기적으로 반복되기 때문에 기제(예컨대 부모의)도 예산에서 큰 비중을 차지했지만, '사례四禮' 가운데 가장 비용이 많이 들어가는 것은 장례였고, 가족원 몇 명이 잇따라 사망하면 토지를 급매할 수밖에 없었으므로 결국 "경제적으로 의지할 만한 넓은 땅이 더 이상 남아 있지 않게 되었다."[64] 혼례나 회갑연, 등과 축하연 같은 일회성 행사의 경비도 상당했다.[65]

가례 준행의 경제적 압력 말고도, 각종 사회적 의무로 인해 사족 가구는 친척들에게, 그리고 때로는 비엘리트 이웃에게도 물질적 도움을 주어야만 했다. 가장 부담스러운 것은 장례식에 물품과 인력을 제공하는 것이었고, 그 다음은 결혼식에 부조나 일꾼을 보내는 것이었다. 지출의 규모는 상대적으로 작지만 더 빈번한 일은 병약자들을 구휼하는 것이었다. 물론 그런 도움은 호혜성이라는 불문율에 입각한 것이었지만, 기부자의 신분이 높을수록 그의

관대함에 대한 기대는 커졌다.[66]

'접빈객'은 사족 가구가 지켜야만 했던 또 다른 '관례'였다. 그것은 손님에게 간단한 음식과 담배를 접대하는 것에서부터 집으로 돌아갈 여비를 제공하는 것까지 다양했다. 통신이 전적으로 사람의 물리적 이동에 의존했다는 사실을 감안할 때, 서로가 서로를 방문하고 선물과 편지를 든 심부름꾼을 보내고 맞이하는 것은 사족을 마을 바깥의 세계와 연결시켜주는 유일한 수단이었다. 따라서 정보와 귀중품을 공유하기 위한 그런 상호교류는 경제적 타산을 초월하는 중대한 일이었다. 친척이든 친구이든 하찮은 노비이든, 손님은 언제나 융숭한 대접을 기대할 수 있었다. 평소에는 금욕적으로 생활한다 하더라도, 사족은 자신이 가진 자원의 중요한 일부를 관습적인 후대에 사용하지 않고서는 절대로 자신의 명성을 유지할 수 없었다.

부 자체는 엘리트 신분을 정의하는 결정적인 기준이 아니었지만, 자신의 신분을 적절히 과시하는 의례—무엇보다도 정기적인 봉제사, 장례, 혼례—를 더 이상 수행할 능력이 없는 사족은 신분을 상실할 잠재적 위험에 처할 수밖에 없었다. 예전에는 경제적 어려움에서 벗어나는 길이 과거 급제를 통해 관직에 나아가는 것이었지만, 18세기에는 출사가 대부분의 선비에게 더 이상 실현 가능한 대안이 되지 못했기 때문에, 가난은 사회적으로나 물질적으로나 선비의 존재 자체를 위협했다. 저명한 남인 학자 이익은 선비의 실존적 딜레마에 관해 다음과 같이 논했다. "가난은 선비의 상도常道이다. 선비란 벼슬이 없는 자를 뜻한다. 그는 왜 가난한가? 재물도 없고 땅도 없기 때문이다. 빈궁한 선비는 농민이 아니므로, 무더운 여름철에 논밭을 가는 괴로움을 감당할 수도 없거니와, 농사는 [체통을 잃을 수도 있는 일 치고는] 그 이익이 얼마 되지도 않는다. 그렇지만 그가 다른 사람의 땅을 경작한다면, 극심한 가난에서 벗어나 생계는 꾸릴 수 있다." 이익은 이어서 세 부류의 부유한 선비를 열거했다. 후손에게 물려줄 수 있는 세습재산을 소유한 자, 이재에 밝아 돈을 모은 자, 그리고 양심의 가책 없이 남의 재물을 약탈한 자가 그들이다. 그렇지만 "선조가 남긴 재산은 자녀들이 있으면 분할되고, 혼례와 상례의 비용으로 지출되게 마련이다. [결과적으로 재산은] 줄어들고 늘어나지는 않는다. 이익을 도모하는[상업으로?] 자들은 잘못된 길로 접어든 것이고, 더 이상 글을 읽을 수도 없다. 마음을 두 곳에 쓸 수는 없는 법이기 때문이다. 하나를 추구하면 다른 하나는 포기해야 한다."[67] 말년에 가난으로 고생했다는 이익은 많은 선비가 어느 붕당을 지지하느냐와 무관하게 조선 후기에 직면하고 있던 곤혹스러운 상황을 묘사했다. 수많은 사족이 육체노동이나 상업을 이익을 꾀하는 일이라 하여 경멸하다가 가난에 빠져들었고, 종족의 보호라는 안전망이 없거나 종족이 운용하는 '의계義楔'[68]의 지원을 받지 못하는 자들은 날이 갈수록 엘리트 자격을 상실할 위험에 처했다. 그들은 엘리트와 비엘리트를 불문하고 그들보다 잘사는 당대인들의 비웃음거리가 되었고, 강압적인 국가의 각종 수취에 시달렸다. 그 결과 때로는 다른 곳으로 삶의 터전을 옮겨야만 했다.

## 분쟁의 대상이 된 위토와 묘소

엘리트 신분의 유지가 경제적 궁핍으로 인해 위태로워지자, 정상적으로 유통되던 대규모 토지자산이 종족에 의해 관리되는 침해 불가능한 공동재산으로 바뀌었는데, 이에 따라 종종 그 땅의 소유권과 사용권을 놓고 치열한 갈등이 빚어졌다. 특히 상당한 규모의 토지가 딸린 조상의 묘를 둘러싼 분쟁은 토지가 전반적으로 귀해져 경작지가 심지어 산간지대로 옮겨가던 17세기 말부터 증가했다. 원래 산과 숲은 자유롭게 이용할 수 있는 것으로 생각되었지만,[69] 제전이 딸린 묘역이 점차 통합·정리됨에 따라 산림은 배타적인 종족의 소유지로 선언되고, 따라서 친척이 아닌 사람들의 출입이 통제되었다(금산禁山).[70] 더욱이 묘지 주변에 자라 "묘지를 햇볕으로부터 보호해주는" 수목은 "선세先世가 심어두신 나무들을 훼손하여 사적인 이익을 취할 수는 없다는 이유로" 오랫동안 벌채가 금지되었다.[71] 하지만 그런 나무들은 귀중하고 시장성이 높은 자산이 되었다. 토지와 수목에 대한 '소유권'이 명확하게 정의되어 있지 않았기에,[72] 그 모호함이 장기적인 쟁송으로 이어질 여지가 있었다. 실제로 18세기 초에 이르러 산송山訟[73]의 건수가 늘어나자, 숙종은 부랴부랴 1719년에 산송사목을 반포하여 송사의 증가세를 차단하고자 했다. 이 사목의 일부는 나중에 왕조 중후기의 법전인 『속대전』에 수록되었다.[74]

따라서 친척들 사이의 화목은 당연히 공동자산이 자의적인 사적 이용으로부터 보호되고, 동등한 권리를 가진 공유자에게 고른 혜택을 줄 경우에만 유지될 수 있었다. 예컨대 1740년에 진성 이씨 친척 7명이 서명한 '완의'는 1720~1721년에 기아가 심하여 두 묘소 인근 소나무들의 껍질이 벗겨져 식용으로 사용된 이후로는 멀쩡한 나무가 몇 그루밖에 남지 않았다고 하소연했다. 또 친척들이 근자에 집을 짓기 위해 나무를 제멋대로 벤 탓에, 오랫동안 제자리를 지켜온 나머지 수목의 보존마저 어려워졌다고 덧붙였다. 이 완의는 장례가 아닌 다른 목적으로 나무를 베면 처벌하겠다는 위협으로 친척들의 벌목을 불허했고, 종손도 어떤 이유에서든 채벌을 할 때는 먼저 문중의 명시적인 승인을 받도록 했다. [75]

둔덕 이씨가 남원 부사에게 제출한 124건의 소지 가운데 74건이 조상의 묘지를 둘러싼 친척들 간의 불화와 관련된 것이다. 예컨대 1753년에 둔덕의 종손인 이종환은 족보상으로 상당한 거리가 있는 방계친 한 명이 사망한 자신의 친척 2명을 종가의 묘역에 몰래 묻었을 뿐 아니라, 다른 친척 한 명과 함께 약 300그루의 나무를 베어서 팔았다고 진정했다. 관에 고발하겠다고 위협하자 그 방계친은 회개하는 듯했지만, 그는 나중에 마음을 바꾸었고, 이에 종환은 어쩔 수 없이 남원 부사에게 소지를 제출했던 것이다. 1년 뒤에 부사는 그 부정행위자에게 50냥의 벌금을 부과하면서 잘못을 실토하는 글을 쓰라고 명했다. [76]

몇 년 뒤인 1757년에 이종환은 위토의 불가침성을 위협할 뿐 아니라 그의 권위와 위상에 정면으로 도전하는 훨씬 복잡한 상황에 직면했다. 문제의 뿌리는 그의 6대조인 이유형이 나이 많은 친척 한 명에게 약간의 땅을 넘겨준 것이었는데, 이는 그 친척이 본인의 고조부인 이혼의 가묘제를 계속 지낼 수 있도록 도와주기 위함이었다. 4대에 걸쳐 가묘에서 모셔진 조상의 방계 자손이 살아 있을 경우, 그가 그 조상을 계속 모시는 것을 지원하기 위해 그에게 제전의 일부를 양도하는 것(체천답遞遷畬)이 관례였다. 1705년에 종환의 부친과 조부가 사망하고 2년 뒤에 증조부가 사망하자, 종환은 이 가계에서 살아남은 유일한 직계자손이었다. 그런데 당시에는 그가 너무 어려서 종손의 의무를 다할 수 없었기 때문에, 그의 종증조부인 이윤화 濟華가 세사의 책임을 맡게 되었다. 윤화는 친척 몇 명의 설득에 넘어가, 1609년에 담손과 혼의 가묘제를 위해 떼어두었던 봉사조 15마지기 가운데 7마지기를 혼의 묘제용으로 넘겨주었다. 하지만 그 친척들은 4마지기의 땅에서 나온 수입만 명시된 목적으로 사용하고 나머지는 먹고 마시는 데 낭비한 것으로 밝혀졌다. 종환이 성인이 되어 그 3마지기를 경작하기 시작하자, 친척들이 항의했다. 1720년 둔덕 양안에 토지가 없는 것으로 기록된 자[77]의 주도로, 그들은 남원 부사에게 본인들의 사정을 하소연했다. 이에 종환도 그 땅은 승중자의 몫이라 양도 불가능하다는 주장을 담은 소지를 부사에게 제출했다. 부사가 이 사건에 개입할 뜻이 없었으므로, 사건은 시간만 질질 끌었고 정확한 결과는 알 수 없다. 그러나 마지막에는 종환이 승소했음에 틀림없다. 1805년에 그의 손자가 나머지 4마지기의 반환을 요구했기 때문이다. 그는 다시 반발에 부딪혔고, 이 문제는 완전히 해결되지 않았던 것으로 보인다.[78] 몇 년 뒤에 일어난 또 다른 분쟁이 보여주듯이, 위토를 방계친에게 넘겨주는 것은 그 땅이 언제든지 종가의 지배에서 벗어날 위험을 안고 있었다.[79] 종환의 사례는 종족 내에서 종손의 지위는 명목상 확고하지만, 종족의 토지자산 운용이 시비의 대상이 될 때는 친척들의 압력에 노출될 수 있다는 사실을 생생하게 예시한다.

엘리트나 비엘리트 경쟁자들에 의해 손상되는 사태를 방지하기 위해, 묘지는 보호되어야만 했다. 실제로 무덤에 딸린 땅을 가꾸고 지키는 묘직이 없으면, 토지와 나무는 이웃들의 무단 경작과 벌목에 고스란히 노출되었다. 최악의 경우 명당의 덕을 보기 위해 아무 권리도 없는 개인들이 그곳에 시신을 몰래 묻어도 속수무책이었다. '부유한 양인들'이 남의 묘역을 그런 식으로 '염치없이' 침탈하는 것은 '고가세족古家世族'의 명분을 심각하게 훼손하는 행위로 비난받았다.[80] 지방관과의 숱한 문서 교환이 입증하듯이, 안동과 남원

의 엘리트는 조상의 안식처를 온존하기 위해 묘직의 국역을 면제시켜달라고 거듭 요청했다.[81]

조상의 묘를 잘못 쓰면 운이 따르지 않는다는 믿음이 장지의 선택에 대한 압력을 가중시킨 현상은 당시 향촌에 만연한 경쟁적 분위기와 무관치 않은 것으로 보인다. 풍수설에 현혹되어, 사대부조차 조상의 무덤을 옮기거나(천장遷葬 또는 천묘遷墓), 사헌부에서 보고한 것처럼 막대한 경비를 들여 고인을 매장할 '최고의 길지吉地'를 찾아다녔다. 원하는 땅을 얻지 못하면, 매장을 몇 달 동안 미루었다. 무분별한 자들은 심지어 농토를 침탈하거나 민가를 훼손했다. 언관들은 그런 악습을 막기 위한 엄격한 조치를 요구했지만, "유식한 자들조차 스스로 [풍수적] 습속에서 벗어나지 못하는" 현실을 감안하여, 새로운 법은 타인의 장지에 시신을 몰래 묻는 것만 처벌하도록 했다.[82] 19세기 후반의 법령이 관리들에게 이장을 위한 특별휴가를 허용했다는 것은 그런 관행이 왕조가 끝날 때까지 지속되었음을 말해준다.[83]

### 엘리트의 우위를 과시하기 위한 모임

엘리트층의 사회적·경제적 위상이 그 어느 때보다 경쟁이 치열해진 조선 후기의 향촌에서 종종 흔들림에 따라, 종족과 문중의 범주 바깥에 있는 친척들과 모임을 결성하는 것이 엘리트의 위신을 유지하는 데 중요한 것으로 밝혀졌다. 가장 가깝고 편한 동지는 전통적으로 인척이었고, 따라서 재지 사족은 자신들과 가치와 관행을 공유하는 그들과 전략적 유대를 맺었다. 그런 모임에 공식적인 구조와 연속성(종종 여러 세대에 걸쳐 이어지는)을 부여하는 전형적인 방법은 계를 만드는 것이었다. 안동의 의성 김씨는 본인들의 생활방식이 고상함을 과시하기 위해 황산계黃山契를 결성한 깃으로 보이지만, 둔덕의 엘리트 거주자들과 그들의 후손을 연결시킨 유명한 삼계동계三溪洞契는 널리 알려진 송대의 「여씨향약」에서 영감을 얻어 시작되었다. 이 두 결사체는 그 범위와 이념적 배경이 다르기는 하지만, 남계친의 수직적 혈통을 가로지르는 엘리트의 상호교류가 조선 후기에 향촌과 국가를 상대로 엘리트의 정체성을 유지하고 특권을 지키는 데 필수불가결한 요소로 남아 있었음을 보여주는 인상 깊은 예이다.

1687년 늦여름에 의성 김씨 노인 몇 명이 약산藥山에 있던 평화로운 선찰사仙刹寺에 모이기 시작했다.[84] 이곳은 절경인 도연폭포陶淵瀑布 근처에 있는 명소로, 김진은 일찍이 이 폭포 옆에 선유정仙遊亭을 지었다. 이명오李命吾(생몰년 미상)[85]의 제안으로 이 아름다운 경치를 감상하러 온 나이 지긋한 선비 12명은 모두 김진의 남계 또는 비남계 후손(내외자손)이었다. 그 가운데 남씨가 한 명 포함된 것은 영양 남씨가 김씨 및 [전주] 유씨와 인척관계를 맺었기 때문인 듯하다. 그런 산놀이가 공식적인 규약과 수입원 없이는 계속될 수 없을 것이라고 우려한 이 무리는 두 달 뒤에 기산岐山 기슭의 황산사黃山寺[86](계의 이름은 여기에서 따온 것이다)에서 만나 '황산계'를 조직하기로 결정했다. 1704년에 이 계를 정식화하는 데 주도적인 역할을 한 인물은 앞서 언급한 김창석이었다. 계원의 절반은 내앞에 살고 있던 시온의 네 아들(김방걸을 포함한)을 비롯한 김씨 친척이었고, 나머지 절반은 무실에 살고 있던 유씨, 즉 [전주] 유성과 혼인한 김진의 맏딸의 후손이었다.[87] 따라서 이렇게 뭉친 사람들은 가까운 친척이었을 뿐 아니라 서로 지척에 살고 있었다. 연로한 계원들(기로耆老)은 각자 '시자侍者'(그들의 장자인 경우가 가장 많았다)의 시중을 받았는데, 젊은 계원인 김창석과 김태중金泰重 등이 시자의 역할을 했다. 이런 인적 구성은 세대에서 세대로 이어지는 계의 연속성을 보장해줄 것으로 생각되었다. 1704년에 쓴 「황산사계첩서문黃山寺契帖序文」에서, 이보李簠[88]는 이 계회에 영감을 주었던 고대 중국 '노사老士'의 모임을 회고하며 황산사의 한적하고 수려한 경관을 찬미했다. 반세기 뒤인 1759년에는 계가 재조직되어 계원이 136명으로 늘어났고, 이들은 세대의 연속성과 의성 김씨와 전주 유씨 사이의 친족 유대를 기렸다. 「황산계회중수록후서黃山契會重修錄後敍」에서, 김진의 7대손이자 원년 계원의 손자인 학자 겸 시인 김명석金命錫(1675~1762)은 김진의 후손들이 아름다운 환경 속에서 10대가 넘도록 충효를 실천하며 화목하게 살고 있는 모습을 예찬했다. 부유하든 가난하든, 모든 이가 "선비들의 본업인 의례와 풍류"에 동참했다.[89] 황산계는 함께 풍류를 즐기는 기회를 만들기는 했지만, 단순히 풍류를 위한 것만은 아니었다. 이 모임은 황산계원들이 생각하는 친족이 부계의 범주를 훌쩍 뛰어넘어 인척을 협력자로 포용하는 수준에 이르렀다는 사실을 보여준다.

1623년에 시작된 삼계동계의 원년 구성원 28명은 오랫동안 둔덕에 거주하면서 누대에 걸쳐 혼맥으로 긴밀하게 연결된 7개 주요 성씨 집단을 대표했다. 전주 둔덕 이씨, 삭녕 둔덕 최씨, 청주 한씨, 순천 탑골 김씨, 진주 하씨, 홍덕 장씨, 남원 양씨가 그들이다. 계의 성원권은 이 출계집단들의 후손에 국한되었고, 둔덕에 거주하는 것과는 무관했다. 어떤 이유에서든 결국 둔덕을 떠나 다른 마을로 이거한 자들—에컨대 노봉으로 옮겨간 일부 삭녕 최씨—도 자격을 상실하지 않았다. 하지만 이 동계는 외지에서 둔덕으로 이주해온 사람들은 설령 그들이 토지를 보유하고 있고 과거 급제와 관직 보유로 엘리트 신분을 입증했다 하더라도 받아들이지 않았다. 이런 이주자들은 심지어 혼인상대로도 기피되었다. 이와 같은 철저한 배타성에도 소수의 서자는 "사회적 구분을 강조"하기 위한 차원에서 차별대우를 받기는 했으나 계안에 이름을 올릴 수는 있었다. 하지만 서자들 가운데 과거 급제 가능성이 높은 자들은 성가신 임무를 면제받았다. 별도의 '하계下契'에 네 마을에 사는 양인들이 포함된 것은 이들이 엘리트의 장례에 반드시 필요한 육체노동을 제공했기 때문인 것으로 보인다.[90]

둔덕을 중심으로 정선된 남계친과 인척만을 구성원으로 받아들였으나 그들의 둔덕 거주를 요구하지는 않았던 이 동계의 목적은 무엇이었을까? 1623년의 설립자들은 「여씨향약」의 '4대 강목'[91]을 재현할 의도를 품고 있었던 듯하다. 도덕적 잘못을 서로 고쳐주고 경제적으로 상부상조하라는 여씨의 권고에서 영감을 얻어, 그들은 혼례와 장례, 춘추강신春秋講信의 운영세칙을 정했다. 그 후 수십 년 동안 다양하게 수정되면서, 이 규약들은 권고와 경고가 혼합된 후대의 여러 완의에 의해 그 수가 계속 늘어났다. 계원들이 회비조로 낸 곡물로 혼례 및 장례의 비용을 충당하기 위한 계곡契穀이 조성되었지만, 국가를 위해 세금을 징수하는 것에 대한 언급은 없었다.

계원의 대다수가 은퇴한 관리나 소과 입격자였던 초창기부터, 이상형을 비롯한 둔덕 이씨가 동계의 임원으로 활발하게 일했고, 17세기 중엽에 이르자 그들은 삭녕 최씨와 함께 동계를 지배하기 시작했다. 그 무렵부터 대부분의 계원은 스스로를 단순히 '유학'으로 칭했는데, 이는 그들 중의 상당수가 과거 급제나 관직 보유를 포기했음을 뜻하는 것 같다. 가난한 이이기와 부유한 그의 친척 이이시가 1724년의 계안에 함께 포함되어 있었던 사실이 말해 주듯이, 토지 소유의 규모는 성원의 자격기준이 아니었지만, 계원들은 평균적으로 다른 둔덕 거주자들의 2배에 달하는 땅을 가지고 있었다.[92]

18세기 중엽에 접어들자, 동계는 더 이상 서로의 일에 관심을 보이지 않고, 회비(이때는 돈)를 체납하고, 강신에 불참하고, 전반적으로 자신의 임무에 소홀한 계원들의 방종과 태만으로 존폐의 위기를 맞게 되었다. 최시옹에 의해 1724년에 작성된 완의는 회비 미납자를 추방하겠다고 위협하고 있는데, 이는 동계의 부조를 받을 권리와 각종 장비, 특히 상여를 사용할 권리를 박탈한다는 뜻이었다. 동계의 도덕적 측면은 쓸모가 없어졌을까? 아니면 개별 친족집단의 이익이 공동체의 화합을 해쳤을까? 이 동계가 일시적으로 어려움을 겪은 이유가 무엇이었든, 1817년에 삼계동계의 계원은 647명을 헤아렸다. 결코 만만히 볼 수 없는 이 많은 수의 계원은 둔덕을 빛낸 조상의 위신과 권위를 공유하는 집단의 힘이 있어야 급변하는 사회경제적 환경 속에서 향권을 유지하면서 부사와 아전의 탐욕적 횡포에 맞설 수 있었던 현실을 반영한 것이었다.[93]

### 조상에게 바치는 기념물: 사우 건립과 문집 편찬

사족 엘리트가 자아상을 확인하고 보존하기 위해, 조선 후기에 가장 심혈을 기울였던 일은 '현조'를 의례적으로 기리는 것이었다. 실제로 '현조'의 숭배는 앞서 간략하게 언급했듯이 높은 사회적 신분의 필수적인 징표가 되었다. 시조는 아무리 명성이 드높다 하더라도 종종 베일에 싸인 머나먼 과거의 인물이었지만, '현조'는 관리로서, 학자로서, 또는 '덕성스러운' 개인으로서 본인이 성취한 바에 의해 전국에서, 또는 시역에서 유명해진 가까운 과거의 조상이었다. 당연히 그는 높은 위신이라는 가치를 지녔고, 따라서 그의 직계후손 그리고/또는 제자들이 각별히 숭배하는 대상이 되었다. 숭배의 장소는 서원에 딸린 사당이나 독립적인 사우祠宇[94]였다. 이런 사우들의 일부는 지방 유림의 공의로 세워졌지만, 문중이 유일한 후원자인 사우도 있었다.[95] 높은 사회적 신분을 지키는 일이 갈수록 어려워지자, 17세기 초부터 서원과 사우의 건립이 유행처럼 번졌고, 저명한 남인 학자 장현광이 개탄했듯이 순수한 학문기관인 서원이 개별 문중이나 종족의 정체성을 구축하고 그 이익을 경쟁적으로 추구하는 사적인 장소로 변질되었다.[96] 17세기 중엽에 장현광의 견해에 공감한 경상도 관찰사 임담林潭은 사우의 난립이 "어진 이를 우러러보고 덕을 숭상하는 의리"를 "사당화私黨化"함으로써 유교의 "도의"에 이루 헤아릴 수 없는 해악을 끼치고 있다고 진언했다.[97]

그런 비난에도 사우의 건립은 계속 늘어나 붕당의 환국이 유난히 잦았던 숙종의 치세에 최고조에 달했고, 영조의 치세에 다소 감소했다. 놀랄 것도 없이 그런 건물들이 가장 빽빽하게 들어선 곳은 경상도와 전라도였다.[98] 경상도의 경우 안동지방은 수많은 서원 외에도 상당수의 사우가 있음을 자랑했는데, 『교남지』에 따르면 그 수가 17개소이지만,[99] 기록에 남지 않은 그 이상의 사우가 있었을지도 모른다. 검토관檢討官 신치근申致謹[100]은 영조에게 다음과 같이 아뢰었다. "자손이 융성하면 하찮은 조상도 숭배의 대상이 되고, 자손이 쇠미하면 훌륭한 조상도 마땅한 대접을 받지 못하니, 이 모두가 당론黨論의 소치이옵니다!"[101] 안동에서 자신들의 '현조'를 사우에 모시기 위해 서로 경쟁한 것은 사회적으로 잘 조직되고 경제적으로 힘이 있던 종족들이었다.

사우의 연원과 변천에 대한 기록이 잘 남아 있어 알려주는 바가 많은 예는 내앞 김씨가 김진과 그의 다섯 아들을 위해 세운 사빈서원泗濱書院이다.[102] 1666년에 김진의 증손이자 종손인 노년의 김시온은 조카 2명(친조카와 외종질)의 도움을 받아 친척과 친지 여럿을 선유정[103]에 불러 모아, 이 정자의 동쪽에 김진의 영정을 모시는 사우를 건립하는 문제를 논의했다. 그들의 명시적인 목적은 "[진의] 시의詩意를 기리는 것"이었지만, 친척들은 (시온의 죽음과 함께) 진의 가묘제가 끝날 수도 있다는 점을 틀림없이 우려했을 것이다. 시온과 그의 조카 한 명이 얼마 뒤에 사망했기 때문에, 건립계획은 1675년이 되어서야 재론되었다. 그해에 시온의 아들들은 3대에 걸쳐 세 공동체에 거주하고 있던 진의 내외자손 22명과 함께 시온의 원안을 부활시켰고,[104] 문중 완의에서 경출산景出山에 있는 진의 무덤 밑에 사당을 짓기로 결의했다. 지역의 후원을 호소하는 것 외에, 멀리 상주와 영천, 의성, 경주에 이르는 37군데에 통문을 발송하여 협력을 구하고 쌀과 옷감의 출연出捐을 요청했다. 실제로 이 사업의 진척을 위해 친척 연결망이 총동원되었다. 같은 해 말에 공사가 시작될 때까지 50섬 이상의 쌀과 100필 이상의 베가 거두어졌지만, 이것만으로는 그동안에 단순한 영당影堂의 건립 이상으로 확대되어버린 프로젝트를 수행하기에 여전히 부족했다. 그래서 이듬해에는 이 사우를 사림의 '공동' 기념물이라고 주장하는 내용의 두 번째 통문이 진의 후손뿐 아니라 '고을 전체'(일향一鄕)에 발송되었다. 이웃한 현들의 수령을 맡고 있던 친척들의 추가적인 물질적 기부로, 1680년에 영당과 강사, 몇 개의 부속건물이 완공되었다.

1681년 여름에 27명의 친척이 다시 모여, 송나라의 전례에 의거하여 "딕행과 학문으로 후대의 귀감이 된" 김진의 다섯 아들을 함께 배향하는 문제를 논의했다. 이 계획의 실행은 1683년에는 현종 비의 국상으로 인해, 이듬해에는 봉안도감奉安都監의 사망으로 인해 연기되었다. 1685년 3월에 100명 이상의 친척과 지방 사림이 김방걸의 주도하에 "어진 이를 찬미하고 덕을 숭앙하는"(경현상덕景賢尙德) 정신으로 봉안의식을 거행했다. 이 사우의 명칭은 경덕사景德祠로 정해졌다.

사우는 얼마 지나지 않아 추전秋奠이 끝난 뒤에 모인 친척과 연로한 사림을 수용하기에는 너무 좁은 것으로 밝혀져, 1709년에 사수泗水(낙동강의 지류) 기슭의 새로운 장소로 이전하기로 결정되었고, 이를 위해 그 후 몇 달 동안 인근 마을과 사찰에서 역군과 승장僧匠 10여 명이 날마다 징발되었다. 공사는 축제 분위기의 새해 며칠과 땅이 얼어붙어 일을 할 수 없는 혹한기에만 중단되었을 따름이다. 김씨 친척들의 감독 아래 옛 사당과 주변 건물들은 하나씩 허물어져, 새로운 장소에 다시 세워졌다. 1710년 10월에 신축된 복합건물이 문을 열어 사빈서원이라 개명되었고, 지방 사림의 천거로 산장이 선정되었다.[105]

하지만 김진과 그의 다섯 아들을 기리는 사빈서원은 유교문화의 사적인 성지로 오래 존속하지 못했다. 1717년 여름에 "느닷없이" 서원을 훼철하라는 왕명이 떨어져 "[지방] 사림을 깜짝 놀라게 만들었다." 이 예기치 않은 왕명을 유도한 자는 노론인 경상 좌도의 암행어사 이명언李明彦[106]으로, 그의 복명復命[107]에 따라 안동 부사는 "정사를 잘못 돌보았다" 하여 파직되었다. 부사는 표면상 의성 김씨가 그토록 많은 인적·물적 비용을 들여 개인의 사우를 불법으로 짓는 것을 제지하지 못했다는 이유로 처벌받았다. 그렇지만 이 일은 사실상 안동에서 가장 현달한 축에 드는 한 남인 출계집단에 대한 노론의 공격이었다.

훼철 명령이 내리자 흥분한 김씨 친척들은 분주하게 움직였다. 그 명령을 뒤집기 위한 노력의 일환으로, 그들은 12월에 급히 연락을 취해 향교에서 모임을 갖기로 했지만, 폭설 탓에 많은 사람이 불참한 채, 약 20명의 선비가 모여 상황을 논의하고 조정에 제출할 상소문 작성자 몇 명을 지명했다. 이 나쁜 소식을 알리는 통문이 일대의 모든 서원과 사우에 전해졌다. 상소문은 김진이 당대의 명유와 교류했다는 점을 강조했고, 저명한 정경세가 그의 묘갈명을 썼다는 사실을 자랑했다. 또한 진의 다섯 아들이 모두 퇴계의 제자였다는 사실을 상기시키면서, 아버지와 아들들을 함께 배향하는 것은 중국의 전례에 어긋나지 않는다고 주장했다. 상소문의 전반적인 기조는 이 서원의 사적 교육기관으로서의 의미를 희석시키고 대신에 지방의 선현을 모시는 장소로서의 중요성을 부각시켰다. 기부된 쌀과 종이, 돈을 모은 뒤에, 김명석과 종손 김민행이 이끄는 상소단은 그달 말에 도성으로 출발했다. 수도에 머무는 두 달 동안, 그들은 새해를 경축하는 며칠을 제외하곤 눈코 뜰 새 없이 바쁜 일정을 소화하면서 좌절감을 맛보았다. 자신들의 상소를 고위관리들부터 인가받기 위해 여러 관청을 바쁘게 돌아다니면서, 두 김씨는 예전의 안동인들처럼 "이 촌스러운 유생들"이라는 굴욕적인 말을 들어야 했고, 강요에 의해 상소문의 표현을 여러 차례 수정해야만 했다. 그들의 가장 큰 걸림돌은 그들을 빈빈이 무시한 노론 강경파 승지 조도빈趙道彬[108]이었던 것으로 보인다. 의정부와 비변사의 권한 구분이 명확하지 않은 것도 혼란을 가중시켰다.

양식과 여비가 떨어져가면서 김씨들의 수도 체류가 악몽으로 바뀌기 직전인 1718년 2월 7일에 마침내 그들은 서원의 이름이 적힌 현판을 제거하고 그곳을 개인의 영당으로 바꾼다는 조건하에 상소에 대한 공식적인 승인을 받았다. 두 김씨는 지체 없이 안동으로 떠났고, 닷새 뒤에 유향소와 안동부에 자신들의 만족스러운 성과를 알렸다.[109]

내앞 김씨의 조상을 숭배하는 구심점으로서, 사빈서원은 사족 권력의 기념비로 우뚝 섰다. 조상의 탁월한 업적을 환기시킴으로써, 그 건립자들은 잘 조직된 높은 단계의 문중을 장악했고, 지방 유림의 지원도 얻어낼 수 있었다. 게다가 그들은 지역의 인력을 차출하고 필요한 정보를 수집할 수 있었다. 사빈서원의 건립으로, 내앞 김씨는 그들이 오랫동안 누려온 높은 위상이 중앙의 적대적인 개입하에서도 결코 약화되지 않았음을 입증했다.

향촌에서의 우월한 지위에 대한 내앞 김씨의 주장을 뒷받침해준 자격요건은 이 지방의 다른 유명 친족집단들에게도 똑같이 효과적으로 작용했다. 이는 17세기 후반과 18세기에 세워진 더욱 '개인화된' 다수의 서원에 의해 예시된다. 권벌에게 바쳐진 삼계서원, 이현보를 추모한 분강서원汾江書院[110], 권호문을 위한 청성서원青城書院[111], 김시온을 모신 도연서원陶淵書院[112] 등이 그 예이다. 배향된 자들의 압도적 다수는 각 출계집단의 안동 입향조이거나 도학의 초기 스승이었다.[113] 이 사우들의 일부는 때때로 조정의 명에 의해 철폐되었으나 대부분은 나중에 중건되었는데, 이는 배향자들의 후손이 수세기에 걸쳐 권위와 경제력을 계속 유지했음을 웅변으로 말해준다.

현조는 전라도에서도 경상도에 못지않게 열성적으로 숭배되었고, 서원과 사우의 건립은 특히 숙종의 치세에 활발하게 이루어져 18세기 중엽에 이

르면 남원지방에만 10여 개의 서원이 들어섰다.[114] 실제로『용성지』(1702)는
한 개인이 서원이나 사우에 제향되는 것을 이 읍지의 '명현' 항목에 그를 등
재하는 기준으로 삼았다.[115] 최초의 원우院宇는 1579년에 노진을 기리기 위
해 세워진 창주서원滄洲書院인 듯하다. 이 서원은 1597년에 소실되지만, 3년
뒤에 재건되어 사액을 받았다.[116] 노봉마을 뒤편의 고지에 세워진 노봉서원
은 최상중崔尚重을 모시는 사우에서 비롯되었다. 1649년에 그곳은 오현五賢
의 학행을 추모하는 서원으로 승격되어, 최상중 외에 홍순복洪順福[117]과 오정
길吳廷吉[118], 상중의 삼남인 최온과 온의 조카인 휘지를 추향追享했다. 상중의
후손이 17세기 말엽에 제법 높은 관직에 오른 덕분에, 이 서원은 1697년에 사
액을 받았다.[119] 노봉서원과 거의 동시대에 지사방只沙坊에 지어진 영천서원
寧川書院은 1624년에 사현인 안처순安處順과 정환丁煥, 정황丁熿 형제, 그리고
이대위를 모셨고, 1686년에 사액되었다.[120] 친척은 아니지만 학문이나 모범
적인 덕행으로 고향을 빛낸 한 무리의 선현을 함께 모시는 것이 전라도 사우
의 특징이었던 것 같다. 그렇지만 여러 붕당이 상쟁한 전라도의 상황으로 인
해, 그 후손들이 훗날 그런 예전의 배향방식을 파기하고 자신들이 어느 붕당
에 충성을 바치는가에 따라 각 현조의 사우를 별도로 건립하는 경우도 드물
지 않았다.[121]

사실 서울의 조정에서 보기에, 서원이 고등교육의 장에서 특정 개인을
숭배하는 사우로 바뀐 것은 "어진 이를 추모하고 스승을 존경"(모현존사慕賢尊師)
하려는 의도에서가 아니라 자신들의 지역적 위상을 높이려는 후손의 야심에
서 비롯된 결과였다.[122] 이런 비판은 사족 지배의 상징물로 새로운 사우와 서
원을 건립하는 현상이 18세기 내내 계속됨에 따라 거듭 제기되었다.[123] 면세

의 특권[124]과 지역적 영향력을 지닌 이 기관들은 심지어 토지와 백성에 대한 국가의 지배권마저 위협하기에 이르렀다. 박문수가 1738년에 아뢰었듯이, "부유한 양반과 한량들"이 자신들의 원사 건립을 도와달라며 관찰사와 수령들에게 막대한 뇌물을 건네고, 잘사는 양인 농민들 가운데 군역을 피해 서원에 투속投屬하는 자가 수백 명에 이르니, 지방관들은 무기력한 방관자 신세로 전락했다.[125] 박문수의 상소와 각 도에서 올라온 다수의 유사한 상소에 설득당해, 영조는 앞서 언급했듯이 1741년에 상당수의 사우를 철폐하라고 명했다. 하지만 이 명령의 파급효과는 미미했던 것으로 보인다. 그것들 가운데 대부분이 얼마 뒤에 재건되었고, 18세기 후반과 19세기 초에 더 많은 원사가 추가로 건립되었기 때문이다.[126]

사우 건립에 버금가는 신분 유지책은 추앙받는 조상의 문집을 간행하는 것이었다. 놀랄 것도 없이, 주요 사우의 건립자들은 조상의 학문적 유산을 편찬하고 간행하는 데도 가장 열성적이었다. 최근의 연구는 안동 엘리트의 핵심집단인 23개 출계집단이 종종 유림의 도움을 받아 현존하는 문집 154종의 간행을 지원했다고 밝히고 있다. 문집 간행의 전성기는 왕조의 마지막 두 세기였다. 문집의 '저자' 146명 가운데 106명(또는 73퍼센트)이 퇴계의 제자였고, 58명이 문과 급제자였으며, 43명이 이 두 자격을 겸비하고 있었다. 의성 김씨(27종), 안동 권씨(28종), 전주 유씨(15종), 풍산 유씨(9종)가 상위를 차지했다. 조상의 유고를 편찬하고 간행하는 것은 조상을 추모하는 특별한 행위로 간주되었으므로, 문집을 더 폭넓은 지적·문학적 맥락에 자리매김하는 서문이나 발문을 써줄 적절한 인물을 섭외하는 것도 매우 중요했다. 이미 언급했듯이 정조의 시대에 퇴계를 적극 옹호했던 저명한 김굉은 안동의 학자들 중

에서 그런 찬문讚文을 가장 많이 쓴 문인이었다.[127]

문집의 발간은 주로 서원에서, 때로는 사찰에서 이루어졌는데, 목판을 조각하여 인쇄하는 과정에는 특별한 기술이 필요했기 때문에 엄청난 비용이 드는 작업이었다. 유성룡의『서애집』은 1646년에 병산서원에서, 김성일의『학봉집』은 같은 해에 호계서원에서, 그리고 권벌의『충재일고冲齋逸稿』는 1671년에 삼계서원에서 간행되었다. 사빈서원에서 간행된 여러 문집 중에는 1785년에 김진과 다섯 아들의 시문을 합편한『연방세고聯芳世稿』가 있었다. 그리고 김성탁의『제산집』(1801)이 간행되는 데 소요된 3년 동안에는 이 서원의 강학이 일시 중단되었는데, 여기에 대해서는 내앞 김씨 문중의 16명이 서명한 문중완의에 상세한 설명이 나온다.[128]

안동과 남원의 사족은 비록 중앙에서 멀리 떨어져 있었지만 결코 한가하지 않았다. 오히려 지역과 전국에서 자신들의 높은 사회적 지위를 유지하기 위해, 그들은 인적·지적·물적 자원을 총동원했다. 조상을 기림으로써, 스스로를 찬양하고 외부의 압력과 간섭에 맞서 자신들의 신분을 지켜냈다. 긴장이 고조된 시대에, 그들이 잘 조직된 친족집단으로서의 자기 정체성을 확인한 또 하나의 차원은 족보의 편찬과 간행이었다.


### 신분의 배타성: 족보의 차원

족보는 11장에서 설명한 것처럼 저명한 조상으로부터의 출계를 입증하는 '역사적' 기록이었다. 그렇지만 신분을 지켜야만 했던 시기에, 족보는 미래의 세대가 엘리트의 특권, 특히 군역을 면제받는 특권을 계속해서 누릴 수 있게 해주는 중요한 역할을 담당했다. 이런 역사적이고 미래 지향적인 측면이 날이 갈수록 출계집단의 정체성을 보존하는 데 중요해짐에 따라, 속보는 출계집단의 집단적 뿌리를 입증하고 그 진정한 종족 성원권을 정의하게 되었다. 따라서 족보의 편찬은 존경받는 출계집단에게 필수불가결한 요소가 되었고, 놀랄 것도 없이 '보학譜學'의 발달은 17세기 후반과 18세기에 절정에 달했다.[129]

　　남원 윤씨 같은 저명한 친족집단이 인쇄된 족보를 가지고 있지 않다는 사실에 안타까움을 느낀 수도와 향촌의 친척들은 1685년 가을에 간행계획을 논의하기 위해 모였다. 수도의 관리인 윤덕준尹德駿[130]이 필요한 정보를 수집하는 책임을 맡았지만, 공사다망했던 탓에 그는 그 임무를 마무리할 수 없었다. 그 일은 "벼슬살이를 마치고" 남원에 거주하고 있던 그의 육촌 윤이열尹以烈(생몰년 미상)[131]에게 넘어갔다. 친척들에게 부탁하여 각종 기록을 구한 노년의 이열은 예전의 필사본 족보를 수정했고, 공들여 다른 친족집단의 족보들까지 샅샅이 뒤져 여전히 누락된 정보를 확인하고 보충했다. 1704~1706년에 안동의 부사로 재직하고 있던 덕준은 직권을 행사하여 1706년의 초간본 인쇄에 필요한 목판과 종이를 제공했다. 하지만 이 판본은 이내 "향촌에 살고 있던 많은 친척을 빠뜨린" 불완전한 것으로 밝혀졌다. 1790년대 초에 저명한 사대부 윤행임尹行恁[132]의 주도로 증보작업이 시작되었다. 새로 추가된 인물들이 후대에 족보를 사용할 자들의 마음에 의혹을 불러일으키지 않도록, 그들의 친족관계는 문과 급제자 명부와 호적, 또는 일가가 소장하고 있던 잘 보존된 문서들을 통해 검증되었다. 이런 확인과정에는 여러 해가 걸렸으므로, 『남원윤씨 족보』의 개정신판은 1805년이 되어서야 출간되었다.[133]

사족이 사면초가에 몰려 신분을 유지하기가 어려워지자, 관계가 끊어졌던 친척들이 본인들의 출계집단에 다시 적을 두기 위해 부지런히 움직였던 것으로 보인다. 친척들 가운데 다른 지역으로 이주했거나 가까운 조상들이 사회적·경제적으로 취약하여 그 계보가 실전된 탓에 온전한 종족 성원권을 유지하지 못하고 결과적으로 출계집단의 예전 족보에 실리지 못했던 자들은, 이제 같은 혈통이라는 증거를 제출함으로써 다시 집단에 연결되려고 노력했다. 이는 후대의 여러 족보에 나타나는 '고증록考證錄'에 의해 입증되는 사실이다. 오랜 조사를 거친 뒤에도 신원이 결정적으로 확인되지 않은 불운한 '신참'은 기껏해야 '별파別派'로 받아들여지거나 부록에 실렸다. 『남원윤씨 족보』의 편찬자들은 신참을 족보 본편에 그대로 수록했지만, 예를 들어 『안동김씨 세보』의 편찬자들은 좀 더 신중한 접근방식을 취했다. 18세기 초에 김창흡金昌翕(1653~1722)[134]의 주도로 만들어진 이 족보는 '신'안동 김씨[135]의 계보를 추적한 것으로, 이 성씨는 16세기 후반부터 김상헌과 그의 조카들 덕분에 번성하기 시작했고, 18세기 초가 되자 수도에서 가장 강력한 노론 친족집단들 가운데 하나로 부상했다. 놀랄 것도 없이, 직계조상이 예전의 족보에 오르지 못한 다수의 김씨가 안동 김씨임을 주장함으로써 영달한 출계집단의 보호막 속에 들어가고자 했다. 예컨대 한 탄원자가 예전에 후사가 없는 것으로(무후無後) 기록된 사람을 자신의 조상이라고 주장했을 때, 1719년판 족보의 편찬자들은 다음과 같이 결정했다. "우리는 예전 기록에 수록되지 않은 사람을 함부로 추가하지 않을 것이다. [그러므로] 우리는 그를 족보의 말미에 '별파別派'로 등재하는 바이다." 1719년판과 그 이후에 개정된 1790년판과 1833년판은 일단 수도의 안동 김씨에게 초점을 맞추었으므로, 안동에 거주하고 있던 일부 김씨는 서울의 친척들에 의해 수용될 만한 충분한 증거를 수집하기가 어려웠다. 묘비명이나 여러 세대에 걸친 호적처럼 신원을 입증해 줄 명확한 증거를 제시하지 않는 한, 그들은 '별파'나 '별보別譜'로 분류되었는데, 이는 당연히 일말의 의심을 내포하고 있는 절충안이었다.

취약하고 분산된 계파가 안동 김씨의 1833년판 족보에 수록되기 위해 애쓴 대표적인 예는 안동에 거주하고 있던 김병륜(생몰년 미상)의 사례이다. '수령 김영전金永銓'[136]의 손자이자 '진사 김등金墱'[137]의 아들'인 사람의 후손이라는 병륜의 믿기 어려운 주장으로 말미암아, 오랜 조사가 이루어졌다. 이 두 인물의 자손은 족보상의 기록에서 누락되었을 뿐 아니라, 놀랍게도 본인들의 본관에 대한 지식마저 상실했고, 자신도 최근에야(1805년?) 조상의 호적을 통해 자신의 본계를 알게 되었다는 것이 병륜의 진술이었다. 김씨 족보에 다시 이름을 올리기 위해, 그는 친척들의 도움을 받아 혈통을 입증하는 데 필요한 증거를 모았다. 자신의 본관을 회복하고 새로운 족보에 등재되기를 희망했던 것이다. 하지만 병륜의 진술은 족보 편찬자들을 납득시키지 못했고, 그의 파는 "미래에 [혈연관계가 명확히] 밝혀지리라는 예상" 속에 "당분간" 별파로 받아들여졌다. 그러나 수차례에 걸쳐 진정하고 추가적인 증거 — 과거 합격증, 서한, 구두 증언 — 를 수집하여 제출했어도, 병륜이 내세우는 주장의 정당성에 대한 의혹은 완전히 불식되지 않았다. 따라서 그의 파는 1833년판 족보에서도 '별파'로 남게 되었지만, 그래도 "당분간"이라는 쓰라린 단서는 더 이상 붙지 않았다.[138]

이와 비슷하게, 『안동권씨 세보』의 1734년판과 1794년판에서도 마지막 몇 권은 '별보'를 신고 있었고, "아직까지 출계집단에 연결되지 않은 지파"는 미래의 조사를 기다리며 "신증新增 별보"로 분류한다는 설명이 첨부되었다. 1794년판에는 그와 같은 "새로운 지파" 27개가 포함되었는데, 이들에 대한 기록은 주로 개인의 이름과 그의 아내에 대한 상세한 보충설명으로 시작되었다.[139] 분명히 18세기에는 뿔뿔이 흩어진 잠재적 친척들을 수용하라는 압력이 거세어졌고, 이로 인해 위신 있는 출계집단들의 족보가 의심스러운 자료로 가득 채워졌다.[140]

족보의 서문에서 형제와 사촌들의 계系는 종종 파로 지칭되었지만, 이는 단순히 편집상의 편의를 위한 분류장치인 경우가 많았고 반드시 그 계가 독립적인 지파로 존재했음을 의미하지는 않았다.[141] 그럼에도 지리적으로 각지에 흩어져 있던 크고 번성한 지파들은 종종 자신들만의 족보 기록인 파보를 편찬하여 간행하기도 했다. 이는 그들이 동종同宗이라는 유대에 의해 뒷받침되는 더 큰 사회적 실체에 대한 소속감을 상실했음을 뜻하지 않았다. 이미 언급했듯이 '화합'과 '통합' 같은 사회적 가치는 분리 내지 분열보다 한층 높게 평가되었고, 이런 사실은 왕조의 말기에 다수 등장한 수십 권짜리 '대동보'의 편찬으로 가시화되었다.

조선 초기의 족보와 대조적으로, 조선 후기의 족보는 엄격한 종법에 따라 편성되었으므로, 딸의 아들들에 대한 기록을 축소할 수밖에 없었는데, 비남계친을 제외하는 것은 부득이하지만 분명히 고통스러운 일이었다. 1790년판 『남원윤씨 족보』의 '범례'는 이런 결정을 다음과 같이 설명했다.

[1706년의] 옛 족보에서는 외손에 대한 [기록]이 3대에서 멈추었고, 각 세대는 별도의 행에 기재되었다. 하지만 이제 [이런 관행]을 지속하는 것은 점점

힘들고 성가시다. 족보가 갈수록 너무 방대해지기도 하거니와, 내손과 외손을 구별할 필요도 있기 때문이다. 그러므로 [딸의] 아들딸들은 이제 사위의 이름 아래 주기注記하기로 한다.[142] 하지만 [외손들 가운데] 현자가 있다면, 그에 대한 정보는 심지어 5대나 6대까지 기록되어야만 한다.

하지만 채 100년이 지나기도 전에, 딸의 아들만이 족보에 기록되었고, 그 아들의 자손은 족보에서 배제되었다.[143]

남계친과 비남계친 사이의 경계선을 긋는 차원에서 후자는 조선 후기에 나온 다수의 족보에서 제외되었는데, 이를 통해 남계의 '본종'이 뚜렷하게 부각된 것은 명백한 사실이다. 그럼에도 이렇게 친족을 기술하는 방식은 아무리 종법상 옳고 편집상 합리적이라 하더라도 틀림없이 여러 편찬자에게 상당한 곤혹감을 안겨주었을 것이다. 그런 방식은 엘리트 신분을 양계적으로 주장하던 전통 — 이를 위해서는 모변 친척에 대한 정보가 불가결했다 — 에 명백하게 위배되기 때문이다. 이런 딜레마를 해결하기 위해, 18세기에는 몇 가지 특별한 기록물이 나타나기 시작했다. 예컨대 '선세先世외가족보'는 모변 친척(외가)에 초점을 맞추어, 각 파의 시조 이하 모든 남성 조상의 아내들을 낳은 부계 조상(과 그 배우자)을 통상적인 족보의 양식에 따라 나열했다. 다종다양한 족보에서 뽑아낸 정보를 취합한 이런 유형의 기록은 부계 족보만큼 명료하게 정리될 수 없었다. 제한된 세대의 부변 및 모변 조상을 시각적으로 좀 더 만족스럽게 하나의 도표로 나타낸 것이 '팔고조도八高祖圖'였다. 1791년에 그 목적은 다음과 같이 설명되었다. "오늘날 후손이 자신의 뿌리를 잘 모르는 까닭은 그들이 어머니 쪽의 조상을 쉽게 잊기 때문이다. 어떻게 해야 여러 세대의 모계를 알기 쉽게 표현할 수 있을까? 여기에 대한 답이 바로 '팔고 조도'이다. 특정인의 가계를 고조부모까지 거슬러 올라가 기재하면 [각자의] 기원을 상세히 알 수 있다."[144] 이 세계도는 개별 남성에 초점을 두고, 부모로 부터 16명의 고조부모에 이르는 4대의 조상을 나타냈다.[145] 이런 식으로 한 개인의 선계를 부변과 모변을 통해 추적함으로써, 팔고조도는 엘리트의 신분이 양계적으로 구성된다는, 세월이 흘러도 그 중대한 사회적 가치를 잃지 않았던 사실에 방점을 찍었다.

부계 위주 족보의 배타성은 앞에서 언급한 두 표본 외에, 친족집단의 인척 연결망을 상세하게 보여주는 과갈보瓜葛譜라는 주목할 만한 또 다른 기록을 만들어냈다. 지방의 친족집단은 친밀한 가문과 종종 여러 세대에 걸쳐 겹사 돈을 맺는 경향이 있었으므로, 인척관계는 오이와 칡의 덩굴만큼이나 얽히 고설키게 되었다. 따라서 과갈보는 복잡한 혼맥을 보여주었고, 이를 통해 조 선 후기에 인척이 사회적·정치적·경제적 협력자로서 여전히 중요한 존재였 다는 사실을 강조해주었다.[146]

간추리자면, 엘리트 출계집단에게 족보의 편찬은 그 무리의 집단적 자 아를 표출하고 다른 무리들과의 경계를 구분하는 결정적인 수단이었다. 특 정인이 문서로 기록된 집합체의 성원임을 확인해준 족보는 그의 타고난 [양 반] 신분을 보증함으로써(무엇보다도 그가 군적에 오르는 것을 면해줌으로써),[147] 한 개인이 사족 사회 내에서, 그리고 국가에 맞서 제 살길을 모색할 수 있는 확 실한 기반을 제공했다. 부계는 조선 후기 사회에 확실하게 뿌리를 내렸지만, 외척과 인척을 개괄하는 특별한 기록의 출현은 그리 흔히지는 않았디 히더 라도 그런 관계가 사족의 신분을 정의하는 데 극히 중요한 의미를 간직하고 있었다는 점을 드러내준다.


## 사족의 계층분화와 경쟁

　이미 설명한 정치적·경제적 상황하에서, 공유재산을 가진 종족으로 스스로를 조직화하고 폭넓은 친족 연결망을 보유한 재지 사족만이 조선 후기에도 살아남거나 번성할 수 있었다. 실제로 종족의 문화를 정교하게 구축하는 작업은 재지 사족이 18세기의 변화무쌍한 세상에서 높은 신분의 특권을 유지할 수 있는 가장 확실한 전략이었다. 앞서 언급했듯이 향촌에서도 일종의 '벌열화'가 진행되어, 소수의 선택받은 사족 집단만이 자신들의 사회적·경제적 우위를 보존하고 과시하는 데 필요한 인적·학문적·물질적 힘을 결집할 수 있었던 것으로 보인다. 반면에 이런저런 이유로 친족집단의 잠재력을 계발하는 데 실패한 사족은 앞날이 갈수록 불투명해졌고, 때로는 국가의 군역을 쉽게 회피할 수 없는 수치스러운 범주인 '몰락양반'이라는 불운한 처지로 전락했다.

　그렇다면 일부 사족 출계집단은 과거 급제, 그리고/또는 관직 보유를 통해 국가의 재확인을 받지 않고도 어떻게 대대로 엘리트 신분을 지켜냈을까? 이익이 한때 논했듯이, 영남에서 지명도를 유지하기 위한 주요 기준은 관직 보유가 아니라 "부단한 학문의 연마, 적절한 의례의 봉행, [사회적] 흠결[예컨대 '격식에 어긋난' 혼인] 없는 품행"이었다. 이런 조건들이 충족된다면, '명망 높은 출계집단'(망족望族)의 아들과 손자 들은 설령 그들이 10대에 걸쳐 관직을 보유하지 못하더라도 여전히 엘리트로 인정받는다고 그는 주장했다.

그러므로 가난한 선비가 살기에 영남만큼 좋은 곳은 없다고 그는 덧붙였다. 아무리 그래도 '현조'의 존재 — 이익이 "신라 골품제의 여풍餘風"이라고 부른 문화적 차별성 — 없이는, 한 출계집단이 오랫동안 위신을 온전하게 유지하기 어려웠다.[148] 이익의 관찰은 영남을 염두에 둔 것이었지만, 분명히 호남에도 유효한 것이었다.

이익이 점검한 바에 의하면, 안동과 남원에서 지역적 우월권을 놀라우리만치 꾸준히 유지하는 데 성공한 것은 정치적 수단보다는 문화적 수단으로 자신들의 사회적 자격요건을 지켜냈던 친족집단들이었다. 물론 지체의 높낮이는 이따금 바뀌기도 했지만 말이다. 10장에서 설명했듯이, 안동에서는 20개 이하의 종족이 조선 후기의 향안에서 존재감을 강력하게 드러냈다 (1530년에는 그 수가 36개였다). 그 성원들은 유향소의 향임을 거의 독차지하고, 드물기는 해도 계속해서 과거에 급제함으로써(붕당의 개입에 따른 제약에도 불구하고), 향촌의 지배층을 이루었다. 18세기부터 20세기 초까지, 그 가운데 안동 권씨와 김씨, 의성 김씨와 광산 김씨, 풍산 유씨와 전주 유씨를 포함한 10개 종족이 향임의 약 80퍼센트를 독점했고, 가장 많은 수의 과거 급제자를 배출했다.[149] 전형적으로, 그들은 모두 방대한 종족조직을 관장하고 있었다.

전라도의 경우에도 사정은 비슷했지만, 이 지방에서는 이미 17세기 초부터 토착 출계집단들과 이주해온 '국외자들' 사이의 양극화가 뚜렷하게 나타났다. 자신들의 사회적 위신과 지역적 위상을 18세기까지 유지한 전주 이씨, 삭녕 최씨, 경주 김씨 등의 집단은 안동의 사례와 마찬가지로 자신들의 사회적 권능을 가까운 과거의 현조로부터 이끌어낸 주요 문화 생산자였다.

요컨대 장기간에 걸쳐 지속적으로 자신들의 우월성을 지켜낸 것은 한

정된 수 — 물론 통계자료는 구하기 어렵다 — 의 재지 사족 친족집단이었다. 반대로 자타가 공인하는 조상도 없고, 더 이상 학문에 매진하지도 않고, 토지 자산이나 경제적 안정망도 없는 집단들은 곤경에 처했고, 빈곤층으로 전락하여 신분조차 의심받기에 이르렀다. 이중환이 지적했듯이, 사족의 신분은 상이한 등급(명목名目)으로 갈라졌고, 그 최하층은 양인의 신분과 거의 구별되지 않았다.[150) 그런 신세를 면하기 위해, 당대의 여러 보고가 알려주듯이 사족은 아무리 가난해도 공工과 상商 — 자신을 양인으로 전락시킬 수 있는 천한 직업 — 을 기피하고, 혼례와 상례를 적절하게 치름으로써 외형적으로 사족의 체통을 유지하고자 애썼다.[151) 가난은 두말할 나위 없이 사회적 신분에 대한 심각한 도전이었고, 최악의 경우 빈한한 사족은 사돈을 맺을 만한 대상 축에도 끼지 못해 자신이 속한 파의 위신에 먹칠을 했다.

분명히 소수의 명망 높은 사족 출계집단들은 안동과 남원에서 자신들의 지배권을 영속화할 수 있었지만, 그들 사이가 반드시 화목했던 것은 아니다. 혼인관계와 결사체적 유대, 공동의 지적 유산, 서원의 연락망에 의해 서로 긴밀하게 연결되어 있었지만, 사우의 건립과 족보 및 문집의 간행으로 상대를 제압하려고 노력했던 사실에서 드러나듯이 그들 사이의 경쟁은 극심했다. 조상의 위신을 지키기 위해 사족이 치열하게 경쟁했다는 것은 이웃한 오천 김씨와 주촌 이씨 사이에서, 그리고 그 직후에 풍산 유씨와 의성 김씨 사이에서 일어난 두 건의 유명한 분쟁에 의해 생생하게 예증된다.

1702년에 김씨와 이씨는 향현사鄕賢祠를 세워, 안동에 터를 잡은 두 분의 조상, 즉 온계의 입향조인 이계양(퇴계의 할아버지)과 오천의 입향조인 김효로의 위패를 모셨다. 김씨는 그 후 저명한 김부필을 비롯한 조상들(모두가 퇴계의 제자였다)을 기리기 위해 1762년에 자신들이 세운 별도의 사우인 낙천사洛川祠로 효로의 위패를 옮겼다. 얼마 뒤에는 이계양의 위패도 낙천사로 옮겨졌다. 이런 조치는 19세기 초까지 아무런 문제도 일으키지 않았다. 그런데 이 무렵에 김씨는 평생 벼슬살이를 하지 않은 부필에게 사후 관직과 선망의 대상인 시호를 얻어주기 위해 백방으로 노력했다. 1825년에 그들의 요구가 받아들여져, 순조는 부필에게 '문순文純'이라는 시호를 하사했다. 우연의 일치였지만, 부필이 퇴계와 똑같은 시호를 받았다는 사실이 이씨를 격분시켰다. 그들은 이 일이 퇴계를 모욕하고 이씨를 무시하는 것이라고 목소리를 높였다. 분노한 그들은 김의 시호를 거두어달라는 진정서를 서울에 보냈고, 계양의 위패를 모실 새로운 사우의 건립에 착수했다. 이런 식의 반응에 불만을 품은 김씨는 몇 백 년을 함께 모셔온 두 현조의 후손들이 갑자기 분규에 휘말리게 된 것을 개탄했다. "낙천사와의 연을 끊으려는 이유와 의도에 대해 논의할" 생각조차 없었던 이효순李孝淳[152]과 그를 따르는 100여 명의 이씨 친척은 야밤에 사우로 쳐들어갔지만, 그곳을 철통같이 지키고 있던 김씨에 의해 제지되었다. 다음 날 김씨가 아침을 먹고 있는 사이에 이씨는 무장한 수백 명과 함께 다시 나타나 사우로 난입하려 했고, 이를 막으려는 김씨와 혈투를 벌이기 시작했다. 이씨 일가는 벽을 허물고 사우의 문을 억지로 연 다음 계양의 위패를 손에 넣었다. 지역의 유림에 크나큰 충격을 안겨준 이 유감스러운 사태에 어안이 벙벙해진 김씨는 일가 수십 명이 서명한 탄원서를 수령에게 거듭 제출하여 도움을 청했지만, 그는 이 사태에 개입할 뜻이 없었다.[153] 이때부터 김씨와 이씨는 자신들의 조상을 따로 모셨다.

김씨-이씨 분규의 반향은 예안에 국한된 것이었지만, 거의 같은 시기에 발생한 풍산 유씨와 의성 김씨 사이의 갈등 — '병호시비屛虎是非'로 기억되는 — 은 전국적인 차원의 일이 있다. 12장에서 개실했듯이, 1620년에 유씨와 김씨가 유성룡과 김성일을 여강서원(1676년 이후에는 호계서원)에 배향할 때, 병파屛派와 호파虎派는 위패를 어떻게 배치할 것인가를 놓고 충돌했고, 이 분쟁은 유성룡을 좀 더 명예로운 위치에 모시는 것으로 일단락되었다. 결국 김성일의 후손은 조상의 열등한 위치에 분통을 터뜨렸고, 의례적 서열의 적절성에 의문을 제기했다. 퇴계의 적통이 누구인가를 둘러싼 개인적·당파적 적대감에 의해 더욱 악화된 이 갈등은 안동의 유림을 두 쟁파爭派로 갈라놓기 시작했고, 1805년에 마침내 최고조에 이르렀다. 그해 겨울에 안동과 대구−인동의 영남 유림은 유성룡과 김성일, 정구, 장현광을 서울의 문묘에 배향할 것을 청원하는 계획을 추진했다. 상소문을 준비하는 과정에서, 유성룡의 파는 네 명의 위패가 호계서원의 전례와 같은 방식으로, 즉 유의 위패가 김의 위패보다 상석에 배치되어야 한다고 주장했다. 반면에 김의 추종자들은 위패가 연령순으로 모셔져야 한다고, 다시 말해 유가 아니라 김이 상석을 차지해야 한다고 강변했다. 연령을 우선시하는 데 동의한 대구−인동의 유생들은 네 학자를 동시에 배향할 때 오직 출생일만 따져야 한다는 의견을 제시했다. 이런 취지의 상소문이 제출되자, 병파는 연령순 서열 방안은 폐기되어야 마땅하다는 별도의 상소를 올렸다. 두 파의 불화에 당혹감을 느낀 순조는 네 명의 승무를 윤허하지 않았다. 하지만 이 실패극은 여기서 끝나지 않았다. 1년 뒤에 대구−인동 유생들이 자신들만의 상소문을 제출하겠다고 선언하자, 심기가 몹시 불편해진 안동의 유생들은 즉각 반박문을 작성했다. 하지만 유의 추종자들은 그 표현이 병파의 이익에 부합하지 않는다고 주장하면서 심술궂게 그 문서를 찢어버렸고, 이에 김씨는 문서 파기 용의자를 붙잡아다 흠씬 두들겨 팼다. 결과적으로 더 이상의 상소는 실현되지 않았다.

두 파의 반목이 해소될 기미가 도무지 보이지 않자, 병파는 호계서원과 절연하고 멀리 떨어진 병산서원을 중심으로 세력을 결집하기로 작정했다. 안동의 심장부에 위치한 서원을 호파에게 넘겨주기는 했지만, 그럼에도 그들은 학봉의 학파에 속하는 18세기의 저명한 학자 이상정의 위패가 그 서원에 추향되는 것을 방해했다. 두 쟁파를 화합시키려는 정부 주도의 노력이 실패로 돌아가자, 분노한 대원군은 호계서원을 1871년의 서원 철폐령 대상에 포함시켰다.[154]

풍산 유씨와 의성 김씨 사이의 해묵은 갈등은 지역적 담론의 붕괴를 적나라하게 보여주었을 뿐 아니라, 남인의 대의에도 치명적인 결과를 안겨주었다. 영남에서 가장 돋보이는 두 출계집단의 널리 알려진 세력 다툼은 네 명의 명유가 국가의 최고 명예를 얻는 것을 가로막았다. 더욱 중요한 점은 그로 인해 문묘에 압도적으로 많은 서인이 종사된 현실을 바로잡을 기회가 무산되었다는 것이다. 남인의 패배는 자업자득이었다.

# 14장 >>> 사족 우위의 종말?

몇몇 재지 사족이 왕조가 끝날 때까지 자신들의 향촌에 대한 패권적 지배력을 유지할 수 있었다는 사실을 농촌지방의 전반적 안정을 보여주는 징표로 해석하기는 어렵다. 종족 조직과 그 사회적·정치적·경제적·문화적 측면들이 국가나 지방 세력의 외압에 맞서는 탄탄한 방벽으로 작용했음은 분명하지만, 가장 막강한 사족 출계 집단들조차도 변화의 강풍을 느끼기 시작했다. '유생' 대 '향인'(유儒-향鄕) 같은 새로 나타난 이분법적 용어는 지방 차원에서 사회적 간극이 생겨났음을 뜻하는 것 아닌가? 사족의 사회적·정치적 우위에 도전장을 내밀었던 '신배新輩' 또는 '신향新鄕'은 어떤 존재였나? 물론 다양한 불만이 기존의 사회체제를 점차 동요시켰지만, 향촌의 불안을 갈수록 고조시킨 원인이라고 일반적으로 인식되는 여러 요인 가운데 하나는 유서 깊은 가문의 재지 엘리트들(고가세족)과 그들의 서자들 사이의 심각한 갈등이었다. 게다가 일군의 향리가 도전자 대열에 합류했고, 심지어 양인과 노비도 불복종과 반항의 기미를 보이기 시작했다. 수세기 동안 소외당했던 자들이 마침내 사회체제의 해체를 요구했던 것일까? 중앙으로부터의 신호에 고무된, 사회적 현실에 대한 그들의 공격은 정말로 사족 우위의 종말을 예고했던 것일까?

## 안팎으로부터의 도전

이전의 여러 장에서 상술한 것처럼, 1694년 남인의 패배는 안동에 오랫동안 심대한 영향을 미쳤고, 장기간의 고립을 초래함으로써 사족의 기를 꺾어놓는 동시에 그들 사이의 치열한 경쟁을 유발했던 것으로 보인다. 다수의 사족이 과거를 준비하여 서울에서 관직을 얻는 것을 포기하게 만든 부정적 영향의 근원은 남인의 정치적 패배만이 아니었다. 전국적인 차원에서 퇴계 학파의 명성이 실추된 것도 안동의 유림을 지적 고립으로 내몬 또 다른 요인이었다. 사면초가에 빠진 안동은 노론이 억압의 표적으로 삼을 만큼 만만한 지방이 되었다.

자신들의 지지자를 경상도의 관찰사나 안동의 부사로 임명함으로써, 노론은 경상도 전체에 상대적 불이익을 가하고[1] 지방의 특정 적대자들을 괴롭힐 수 있었다. 예컨대 서울에서 이현일(1689년에 송시열의 사사賜死를 주장했던)의 주요 제자들로 간주되었던 의성 김씨는 노론의 보복을 여러 차례 체감하게 되었다. 기억하겠지만, 그들은 1717년에 자신들의 서원을 훼철하라는 명을 받았고, 이인좌에게 협력했다는 혐의를 뒤집어써 1728년 반란 이후에 굴욕을 당했다. 이에 대한 앙갚음으로 의성 김씨는 1738년에 김상헌의 사당 건립에 적극적으로 반대했고, 그 1년 전에는 김성탁이 대담하게 이현일의 신원을 청원함으로써 노론의 화를 돋운 바 있었다. 이런 소소한 충돌만으로는 성이 차지 않았는지, 1756년에 당시의 안동 부사 정실鄭宗[2](정철의 후손)은 내앞의 조상이 물려주신 소중한 유산에 칼날을 겨누었다. 그는 내앞의 입향조인 김만근이 마을을 풍수적으로 보호하기 위해 반변천(낙동강의 지류) 가의 숲에 심었던 소나무(개호송開湖松) 몇 그루를 베라고 명했다. 이 나무들은 오랜 세월 마을의 번영을 지켜주었다는 믿음 속에 내앞 주민들에 의해 세심하게 보호되었다. "이 소나무들 없이는 내앞도 없을 것이다!" 충격에 빠져 부사의 명에 물리적으로 저항할 준비를 갖추지 못했던 김씨는 "선대가 남긴 몇백 년 묵은 이 보물이 하루아침에 과세의 대상이 된" 사실에 분노를 금치 못했고, 앞으로 소나무 숲을 보호하는 것을 문중 전체의 과업으로 삼기로 결정했다. 완의에 첨부된 몇 가지 규정에 따라, 2명의 "성실한" 내앞 거주자가 [나무를] 보호하는" 유사(금송유사禁松有司)로 임명되어, 인접한 김씨 마을 여섯 곳에서 각 1명씩 지명된 유사의 보조를 받게 되었다. 또한 관가에서 장차 목재를 요구하는 경우에는 내앞의 대표들이 신속하게 다른 마을의 유사들에게 통보하여 함께 쟁변爭辯하기로 했다. 완의에는 금송유사 9명과 친척 91명이 서명했다.[3]

노론 권력의 실세들이 가한 굴욕과 고통은 정말로 견디기 힘들었지만, 사족층 가운데 자신의 이익을 취하기 위해 '당론'을 이용하는 개인들이 나타났다는 사실을 깨닫는 것 역시 서글프고 참담하기는 마찬가지였다. 분명히 당적의 변경은 1694년의 충격에 대한 반작용으로 일어나기 시작했다. 안연석은 대표적인 예였다. 그리고 안동이 반란 혐의를 받는 고장이 되어 그 위상이 약화된 1728년의 여파 속에서, 안의 가까운 친척 몇 명은 반反영남 기류에 편승하여 1738년에 과감하게 김상헌의 사당을 세웠다. 당대의 관찰자들은 원사 건립에 대한 그런 집착이 장차 어떤 방향으로 전개될지 우려했다.[4]

　순흥 안씨의 성원 몇 명이 노론으로 전향한 주요 사족으로 확인된 만큼, 안동 사회에서 그들의 위상이 어떠했는지 살펴보는 것은 흥미로운 일이다. 12장에서 자세히 설명했듯이, 순흥 안씨 몇 명은 안연석의 세대보다 적어도 네댓 세대 이전에 안동지방에 터를 잡았고, 혼인을 통해 유력한 안동의 사족과 다양하게 연결되었다.[5] 가구에 정착한 안연석의 선조들은, 풍산으로 이거하여 16세기 중엽부터 지동枝洞에 거주했던 다른 안씨 지파[6]에 비해 경제력도 약하고 연줄도 그리 든든하지 않았다. 안씨는 안동 향안에서 존재감이 약했고, 과거 급제자도 그리 많이 배출하지 못했다.[7] 그럼에도 1748년에 안택준의 동생이자 1728년의 문과 급제자인 복준復駿[8]과 그의 사촌 2명은 유향소의 좌수와 별감으로 향안을 관리했던 것으로 보인다.[9] 그들은 전례 없이 향안에 이름을 올려달라고 요구했던 노론계 부사 김성로金省魯[10]의 도움을 받아 이 높은 자리에 올랐던 것일까? 이를 입증할 길은 없지만, 1748년의 향안 개정이 실패한 것은 노론의 후원을 받는 안씨 및 그들의 협력자와 나머지 남인 향원 사이의 화해 불가능한 입장 차이 때문이었다고 전해진다. 이 차이는 안동 사회를 '탕평'을 위한 공감대를 더 이상 찾아볼 수 없는 지경까지 몰아넣은 전반적 혼란의 확실한 징후로 여겨졌다.[11] 하지만 모든 안씨가 노론을 지지했던 것 같지는 않다. 방계친인 안상침安尙沈은 1728년 이후 사론이 분열된 것을 개탄하면서, 이름을 바꾸고 다른 마을에서 익명으로 살았다고 한다. 붕당에 대한 그의 확고부동한 태도는 훗날 남인 학자 김도행金道行이

지은 제문에서, 그리고 그의 아들과 손자가 남인으로서 유향소의 별감을 지낸 사실에 의해 입증되었다.[12]

다음 세대의 순흥 안씨 몇 명이 1774년에 향안 수정의 역사가 마침내 마감되기 전에 향임을 맡기는 했지만, 의성 김씨와 풍산 유씨에 의해 지배되던 그 후의 향안에는 안씨가 단 한 명도 이름을 올리지 못한 듯하다. 그럼에도 가구 안씨는 그대로 망각 속으로 사라지지 않았다. 그 반대로 안복준의 조카인 안경원安慶遠은 드디어 김상헌을 위한 사당을 건립함으로써 지역 노론 도당의 집결지를 확보하는 데 성공했고, 이 사당은 1786년에 사액을 받아 서간서원이라 명명되었다.[13] 노론은 그곳에 머물렀다.


**구세력 대 신세력: 당파적 동기로 인한 갈등**

노론이 향론에 개입하자, 적지 않은 수의 '신출서인'이 과감하게 남인의 엘리트 헤게모니에 반기를 들었던 것 같다. '신향' 또는 '욕위양반欲爲兩班'(양반이 되기 위해 노력하던 자들)이라고도 불리던 이 사람들, 1738년에 김상헌의 사당 건립을 둘러싼 분란에 기꺼이 뛰어든 이들은 도대체 누구였을까? 이 개인들의 이름이 알려진 경우는 거의 없지만, 그들을 사회적으로 분류하기 위해 널리 사용되던 용어인 중서中庶는 그들이 중인과 서얼, 다시 말해서 지방의 향리와 첩의 자식들이었음을 말해준다.[14] 물론 두 집단이 지방무대에 처음 나타난 것은 아니었지만, 18세기에 접어들어 그들은 수세기 동안 자신들이 전혀 누리지 못했던 엘리트의 특권 — 무엇보다도 교육 — 을 주장하기 시작했다. 실제로 이 사람들 가운데 일부는 교육 없이는 사회적·정치적 무력함에서 벗어날 수 없다는 사실을 깨닫고 향교로 몰려갔다. 하지만 반드시 과거에 응시하기 위함은 아니었고, 소수는 '도덕적 원칙'(의리)을 깨닫는 데 전념했다고 한다. 예컨대 20대의 중인 이몽종李夢宗은 열다섯 살 때부터 아무리 춥고 배가 고파도 『소학』과 『논어』를 읽으며 스스로를 다스렸다.[15] 모든 '신향'이 하나같이 헌신적인 학도는 아니었지만 — 향교는 다수의 양인에게 군역과 요역을 모면하기 위한 피신처가 되었다 — 적어도 그 일부는 유교적 도덕가의 세련된 이미지를 획득하고자 노력함으로써 사족이 '유儒'를 '교양 있는 엘리트'의 전유물로 독점하는 현실에 맞서고자 했다.

'유'에 대비되는 '신'은 안동의 맥락에서 어떤 의미를 지니고 있었을까? 퇴계의 가르침을 교묘하게 공격하기 위한 '새로운' 견해의 전파를 뜻했음이 분명하다. 이는 노론 쪽으로 기운 이웃한 상주 출신의 몇몇 '신배'가 '사설邪說'로 — 틀림없이 이율곡의 학설을 퍼뜨려 — 안동의 선비들에게 경각심을 불러일으켰다는 사실로 입증된다. 당황한 퇴계의 제자들은 이 사람들이 세인들을 오도할 뿐 아니라 설상가상으로 스스로 '사문斯文'을 내팽개친다는 사실을 한탄했다. 그들은 퇴계가 '사단칠정론'을 "해와 달처럼 밝게" 최종적으로 해명했다고 반격했다. 모름지기 모든 후학은 그의 설명을 따라야 도道의 훼손을 피할 수 있다는 것이었다. 그들은 혼란스러운 이 세상에서 '유술儒術'이 쇠퇴하자 일부 무지한 작자조차 퇴계를 모욕하는 '궤설詭說'을 늘어놓는 지경이 되었다고 탄식하면서, 이런 무도한 행위는 가장 엄중한 벌로 다스려야 마땅하다고 주장했다.[16]

이 희귀한 증언은 심지어 영남에서도 학설이 붕당의 노선에 따라 얼마나 심각하게 갈라지기 시작했는가를 드러내준다. 게다가 서인의 저술은 영남의 서원에서 금기시되었기 때문에, 영남의 선비들은 영조가 퇴계의 가르침에 대해 아는 바가 없었듯이 분명히 율곡의 사상을 잘 몰랐을 것이다. 그래서 이 '신배'의 일부는 사회적 고립에서 벗어나기 위한 방편으로 분파적 적대감을 교묘하게 이용했다. 그들의 대다수가 서얼이었다고 가정한다면, 어떠한 사회정치적 환경의 변화 속에서 그들이 사족 엘리트와 어깨를 나란히 할 수 있는(엘리트의 생활세계 안에 들어가지는 못하더라도) 발판을 마련해달라고 요구하는 집단으로 부상했는지 좀 더 면밀하게 검토해볼 필요가 있다.


## 압력집단으로 부상한 서얼

주변부에서 당파적 동기에 편승하여 전통적인 차별에 맞서 싸우는 서얼의 활동이 증가한 것은 엘리트 사회에 비해 터무니없이 낮은 서얼 집단의 신분 문제를 어떻게 처리할 것인가에 관한 중앙에서의 논쟁을 반영한 현상이었던 것으로 보인다. 출생보다 능력을 우선시하는 유교의 원칙이 서얼의 공직 임용을 허용했다면, 가정의 영역에서도 그의 지위가 높아져야 마땅하지 않은가? 그러나 정치 참여가 사회적 위상의 외연이라는 철칙을 거스르지 않고 이 딜레마가 해결될 수 있었을까? 어쨌거나 골치 아픈 서얼 문제에 대한 해결책 — 이런 것이 있기나 했다면 — 은 필연적으로 사족 사회의 핵심적인 가치와 관련되어 있었다.

17세기 내내 조정의 논의는 일차적으로 서자의 정치적 역할을 중심으로 이루어졌고, 그 방향은 붕당의 입장에 따라 달라졌다. 퇴계의 뜻에 따라 서자들을 의례와 정치 참여에서 배제함으로써 '귀'와 '천'의 엄격한 분리를 유지해야 한다고 주장했던 남인과 대조적으로, 서자들에게 승중자의 역할을 허용해야 한다는 이율곡의 견해(11장에서 설명되었듯이)를 수용한 서인은 그들을 관직에 등용하는 방안을 지지했다. 실제로 1583년에 당시 병조판서이던 율곡은 납속을 하면 서자도 과거에 응시할 수 있게 하자고 처음으로 제안했다.[17] 율곡의 제안은 간관들에 의해 묵살되었지만, 적어도 서자 1명은 그덕을 보았다. *그가 바로 이준李浚(1540~1622)으로*, 유명한 이언적의 손자이자 옥산에 거주하고 있던 이언적의 서파의 종손이었다. 아직까지 남아 있는 1583년의 첩지牒旨에 의하면, 그는 80섬의 쌀을 바치고 자신과 후손들의 과거 응시 자격을 얻었다(허통許通). 그는 그 후 경산의 현령으로 봉직했고, 다양한 군공을 세웠다.[18]

얼마 뒤에 발발한 임진왜란은 서자들에게 정치적 입신의 가능성을 열어주었다. 절박해진 정부가 율곡의 제안을 되살려 납속을 하거나 군공을 세울 것을 적극 권유했기 때문이다. 게다가 1593년에 제정된 납속사목에 따라, 서자는 일정량의 쌀이나 적의 수급 하나를 바치면 과거 응시 자격을 얻거나 심지어 하급 관직에 임용될 수도 있었다.[19] 얼마나 많은 서자가 실제로 이런 기회를 활용할 수 있었는지는 확실히 알 수 없다. 의병으로 탁월한 공을 세운 자들조차 충분한 보상을 받는 경우가 드물었던 것으로 보인다. 그리고 전쟁이 끝나자마자 서자의 관직 진출 허용에 반대하는 목소리가 왕의 지원하에 다시 힘을 얻었다. 문제의 법규는 철폐되고, 관직을 얻었던 소수는 그 직위를 박탈당했다.[20]

그럼에도 서자에게 적당한 정치 참여를 허용하는 문제는 인조의 치세 초기에 여러 서인 대신에 의해 다시 거론되었다. 이 대신들은 자신들의 확고한 견해를 전후 국가의 재건이 시급하다는 논리로 포장하여, 망설이는 왕을 설득시켜 능력에 따라 공식을 할낭하는 새로운 법규를 만들도록 했다. 1625년 말에 제정된 이 허통사목은 얼자의 3대손(증손)도 하급 관직에 진출하는 길을 열어주었지만,[21] 특히 위계적 사회질서의 엄격한 유지를 주장하던 남인 대신들의 반대에 부딪혔기 때문에 그 효과는 대체로 미미했던 것으로 보인다. 1660년대 초에 나온 '양곡 수집'을 위한 새로운 규정(모곡별단募穀別單)은 다시 서자나 얼자에게 과거를 보기 위해 쌀을 바쳐야 하는(납미부거納米赴擧) 부담을 안겼고, 이런 굴욕에 대해 경상도 남부의 서얼 998명이 1695년에 상소했다. 서자 차별의 과거사를 되새기면서, 그들의 대표는 분노하며 물었다. 사회질서가 무너지는 것을 막기 위해 꼭 서얼의 벼슬길을 막아야 하겠는가? 이 절박한 항변은 유례없이 양당의 지지를 얻었고, 마침내 1696년 가을에 숙종은 불관용 법규를 폐지하고 나아가 칭호의 변경을 윤허했다. 과거를 보는 서얼들은 '허통'이나 심지어 '서얼' 같은 차별적 용어를 더 이상 사용하지 않게 되었다. 대신에 그들은 문과에 응시할 때는 '업유業儒', 무과에 응시할 때는 '업무業武'라 칭할 수 있었다. 손자 세대부터, 서얼은 스스로를 단순히 '유학'이라 일컬었다. 이 중대한 변화는 1746년의 『속대전』에 명문화되었다.[22]

서인, 특히 송시열과 박세채는 일찌감치 숙종에게 "출신에 상관없이 인재를 등용하라는"(입현무방立賢無方) 맹자의 말씀[23]을 인용하면서 공적 영역에서 서얼의 족쇄를 풀어주라고 건의했지만, 남인의 찬성은 분명히 주목할 만한 사고의 전환이었다. 하지만 그들의 지지는 훗날 서인에 의해 자신이 좋아하는 서자를 고위직에 앉히려고 애쓰고 있던 영의정 허적의 환심을 사기 위한 기회주의적 처신으로 비난받았다. 그럼에도 일찍이 1675년(남인이 권력을 잡고 있던)에 남인 고관인 홍우원과 윤휴, 이무李袤[24]는 숙종과의 토론에서 양반의 자식인 서얼을 하천下賤처럼 취급할 수는 없는 법이고, 그들을 관직에서 배제하는 것은 조종祖宗의 옛 제도가 아니라고 주장했다. 노년의 이무는 장문의 상소에서 이 문제에 대한 진일보한 의견을 제시했다. 그는 고대에는 서얼을 차별한 선례가 없다고 지적하면서, 하나같이 왕의 백성인 귀와 천을 구분하는 것은 무의미하다고 역설했다. 이무에 의하면, 모친 쪽(외가)이 바르지 않다는 통상적인 이유로 서얼을 차별하는 것은 군신의 유대를 깨뜨리는 것이나 다름없었다. 선조와 인조의 치하에서 이미 정책이 조정된 뒤에도 사회적 신분의 불가변성不可變性을 집요하게 주장하는 자들을 비판한 다음, 이무는 그동안 어느 누구도 하지 못한 과감한 선언으로 자신의 논지를 강력하게 뒷받침했다. 오래된 '적서'의 구분이 가내의 의례적 영역(사가종족私家宗族)에 전적으로 적용되어야 한다면, '귀'와 '천' 같은 신분 용어는 공적인 관의 영역(공가관위公家官位)에만 유효하게 사용될 수 있다는 것이다. 공사가 이토록 뚜렷이 구별되는데, 이 둘을 혼동하여 가내의 명분을 공적인 영역에 대입하는 것이 가당키나 하다는 말인가? 만일에 그렇게 된다면, 관료체제는 왕의 권한에서 벗어나 문벌이 좋은 신하들에 의해 쥐락펴락될 것이라고(실제로 그랬다) 이무는 주장했다. 그러므로 관직 임용의 자격은 전적으로 후보자의 덕성(현賢)에 의해 결정되어야 한다는 것이 그의 결론이었다.[25] 이익이 "명백하고도 절실하여 듣는 사람이 눈물을 흘리게 했다"[26]라고 표현한 이무의 중요한 상소는 실제로 서얼 논쟁의 신기원을 열었다.

18세기 초에 이르자, 서자의 공직 임용은 나머지 반대자들을 침묵시킬 만큼 설득력을 얻었다. 적어도 간접적으로 이런 시류의 조성을 도와준 것은 유형원柳馨遠(1622~1673)[27]과 유수원柳壽垣(1694~1755)[28] 같은 남다른 개혁적 사상가들의 목소리였다. 유형원은 모든 인간이 기본적으로 평등하기 때문에 출생과 세습에 바탕을 둔 사회적 차별은 무의미하다고 생각했다. 그는 서얼의 관직 임용을 옹호했지만, 사회의 위계적 구조를 완전히 철폐해야 한다고 외치지는 않았다. 오히려 그는 출계집단의 문제에서 적파와 서파의 경계가 불분명해지는 것에 반대했다. 서자의 대의를 가장 강력하게 주창한 인물은 분명 유수원이었다. 그는 관직 보유의 전제조건으로 문벌을 강조하는 한국인의 비합리성이 정부가 유능한 서얼을 활용하는 것을 가로막고 있는데, 이는 서얼의 천부적 재능을 모독하는 개탄스러운 현상이라고 주장했다. 유수원은 또한 가내 영역에서 서얼이 처한 곤혹스러운 입장을 언급한 유일한 사상가였다. 가정에서도 신분의 구분은 필요하지만, 그럼에도 서얼이 자신의 아버지를 '아버지'라고 부르지도 못하는 것은 그야말로 천륜에 어긋나는 일 아닌가? 인륜을 바로 세울 것을 요구했다는 면에서, 그는 분명히 공과 사를 분리하려던 이무의 시도를 뛰어넘었다. 하지만 그도 그런 통찰의 실질적인 함의가 무엇인지를 밝히지는 않았다.[29]

인재를 중시하는 개혁주의자들의 주장에 영조는 귀를 기울였는데, 본인이 서자라는 점이 그가 서얼 문제에 깊은 관심을 보인 이유였음에 틀림없다. 자신의 기나긴 치세에, 그는 개혁주의자들의 목소리를 기꺼이 들으려 했고―1741년에 그는 유수원을 소견召見했다[30]―그 결과 서얼의 현직顯職 서용을 가로막고 있던 마지막 장애를 최종적으로 제거하는 쪽으로 방향을 잡았다. 조정이 서얼에 대해 좀 더 온건해진 태도를 보이자, 서얼들은 한층 활발하게 움직이며 자신들의 수난사를 거듭 강조하는 한편 왕에게 "벼슬길이 막혀 평생 원통함을 품고 살았던 모든 자의 넋을 달래기 위해" 서얼 통용通用을 허락해달라고 탄원했다. 1725년에 서얼들의 집단상소를 접한 영조는 그들의 뜻에 공감을 표하면서도 섣부른 결정을 내릴 생각은 없었고,[31] 그 후에 이어진 중신들 사이의 논쟁은 관료사회를 여전히 갈라놓고 있던 현격한 의견 차이를 보여주었다. 일부 보수주의자 — 대부분 노론 — 는 정치권력의 특전을 양반 엘리트의 몫으로 남겨두려고 애썼고, 좀 더 진보적인 소수의 관리 — 대부분 소론 — 는 능력에 따라 인재를 쓰는 유교의 원칙을 관철하고자 했다. 서얼의 요구가 갈수록 과격해지는 것을 목격한 뒤에,[32] 1772년에 고령의 영조는 마침내 서얼 신분 문무관의 '청직淸職' 서용을 허가하는 획기적인 통청윤음通淸綸音을 내렸다. 서얼에게 중간급 관직의 길을 열어준 이 역사적 선포의 뜻을 널리 알리기 위해, 왕은 바로 이날 3명의 서얼을 간관으로 임명했다.[33]

이튿날 영조는 한 걸음 더 나아가 이제부터 서자는 "하늘을 하늘이라 부르고 왕을 왕이라 부르는 것과 같은 이치로" 아버지와 (적자인) 이복형을 '아버지와 형'으로 불러야 한다고 선언했다고 한다. 얼마 뒤에 왕은 이 선언에 무게를 실어주기 위해, 자신의 '탕평책'은 적파와 서파의 차별을 더 이상 용인하지 않을 것이고, 모든 차별적 행위는 처벌의 대상이 될 것이라고 공언했다고 전해진다. 이 두 왕명은 사실이 아닌 듯하지만,[34] 왕은 서얼의 염원에 십분 공감한다는 입장을 자신이 1774년에 마지막으로 내린 명령들 가운데 하나에서 표명했다. 종족의 계승 문제에까지 자신의 권한을 행사할 요량으로, 그는 현직 서용을 보장받은 시얼이 출계집단 내에서 여전히 아무런 억할노 할 수 없다는 것이 도대체 말이 되느냐고 물었다. 영조는 차후 적자가 없을 때는 서얼을 부친의 후사로 삼도록 하라고 명했다. 그는 이 명의 대미를 장식하는 차원에서, 서얼도 자신의 아버지를 '대감'이 아니라 '아버지'라 부르고 이복형을 '형'이라 부를 수 있어야 한다는 자신의 소망을 되풀이했던 것 같다.[35]

선의의 발로이기는 했으나, 늙은 왕의 간여는 그 영향이 미미했던 것으로 보인다(그리고 법제화되지도 않았다). 물론 간혹 서자를 후사로 선호하는 사례가 있기는 했지만(주로 경제적 이유에서), 이미 언급했듯이 통계자료는 서자가 있는 경우에도 대부분 이들을 배제하고 적자를 후사로 입양하는 일이 17세기 후반에 눈에 띄게 늘어나, 한 세기 뒤에는 전체 가계 계승의 10~15퍼센트를 차지했음을 보여준다.[36] 출계집단의 적법성과 재생산에 직결된 이 중요한 문제에서, 노론과 남인의 관행 사이에는 별 차이가 없었던 것 같다. 자존심 강한 사족 종족은 너나없이 서자에게 ─ 심지어 공적 영역에서 인정을 받은 자에게도 ─ 후사의 자격을 부여하지 않았다. 계승 문제는 명백하게 '사적인' 문제로 남아 있었고, 이 문제에서 결정권을 가진 것은 국가가 아니라 문중이었다.[37]

17세기 초부터 과거 응시와 관직 보유에 대한 서자의 자격을 점차 완화시킨 정책의 변화는 통계에 어떻게 반영되었을까? 놀랄 것도 없이 서자 신분의 과거 합격자로 알려진 사람의 수는 얼마 되지 않는다. 선조의 치세에서 영조의 치세에 이르는 200년이 넘는 기간에, 겨우 131명이 사마시를, 164명이 문과를 통과했다.[38] 일부 지망생은 '허통'이 되기 전에 과거를 보았을 수도 있고, 또 다른 일부는 자신의 칭호를 정확하게 밝히지 않았을 수도 있으므로 ─ 단순히 '유학'이라는 용어를 사용함으로써 신분의 경계를 대단히 모호하게 만들었다 ─ 이들까지 합치면 그 수는 상당히(확정할 수는 없지만) 늘어날 것이다. 전형적으로 서자 합격자의 대다수는 아버지가 고위직에 있었고, 서울이나 수도권에 거주했으며, 빈번한 부정기시의 혜택을 누렸다. 성공적인 문과 급제자들은 (1626년 이후) '요직'에, (1772년 이후) '청직'에 임용될 수 있었지만, 대부분의 급제자는 탐탁지 않은 지방의 하급 수령직(정6품)에 만족해야만 했다. 영조의 치세에 '청직'에 임명된 자는 잘 하면 삼사 중 한 곳의 정4품 관직까지 승진할 수 있었다.[39] 물론 과거가 서자에게 개방되었다는 것이 제약 없는 고위직 진출 가능성을 뜻하지는 않았다. 그 반대로, 영조의 후계자인 정조의 치하에서 1777년에 마련된 일련의 절목 — 서자들을 간관 직책에서 다시 배제한 — 에서 명백하게 드러나듯이, 제한된 관직의 할당이 잠재적인 차별 수단으로 계속 사용되었다.[40]


### 사족의 보루에 침투한 서자

　　반서자 태도의 점진적인 완화와 그 결과 이루어진 입법적 용인은 주로 수도에 국한되었고, 재향 사족의 마음에는 유사한 변화를 일으키지 못했다. 따라서 '신출서인'의 저항은 대체로 농촌의 현상이었다. 이 사실은 약 3,000명의 서자가 1772년 섣달에 영조에게 올린 상소에서도 나타난다. 상주의 전성천全性天(1719~?; 1759년의 진사)이 이끄는 상소자들은 조정과 지방 사이에 존재하는 이중 잣대에 대해 이의를 제기했다. 그들은 간관의 직위조차 서얼에게 개방되었지만, 교안校案과 원안院案, 향안(삼안三案)[41] 입록은 자신들에게, 심지어 수도에서 청직을 보유한 자들에게도 여전히 허용되지 않는다고 주장했다. 마음이 동한 영조는 비답을 내려 이 아우성에 화답하려는 충동을 느꼈지만, 채제공에 의해 만류되었다. 영남의 풍속을 잘 알고 있던 채제공은 영남의 향안 입록이 어타 도와는 다른 기준에 따른다고 아뢰었다. "조정은 조정이고 향당鄕黨은 향당이옵니다!" 채제공은 조정의 개입이 공연히 지방의 소란을 유발할 수도 있다고 우려했다. 이 조언을 듣고 영조는 자신의 뜻을 접었다.[42] 하지만 불과 며칠 뒤에 경상도에서 다시 올라온 상소에 답하여, 왕은 다음과 같은 말로 자신의 명을 신속하게 알렸다. "보수적인 세력이 향안에 관한 나의 명을 어기는 것을 어찌 두고 볼 수 있겠는가?" 왕이 이런 식으로 간섭한 결과, 상주의 서얼은 향안에 이름을 올릴 수 있었다고 전한다.[43]

앞서 설명했듯이, 향안의 수정에 관한 수도로부터의 압력은 안동에도 가해졌고, 채제공이 염려했듯이 서자의 입록에 대한 치열한 논쟁으로 이어졌다. 영조의 명에 기댄 지지자들의 노력에 힘입어, 1773년에 46명의 서얼이 마침내 향안에 등재되지만, 안동의 시계는 거꾸로 돌아갔다. 서자의 침투는 그나마 남아 있던 지역의 '화합'을 결정적으로 깨뜨렸고, 전통적인 형식의 향안은 1774년에 초라한 최후를 맞았다.[44] 지역의 문제에 대한 왕의 간여, 예컨대 유능한 서자를 (수임首任, 즉 좌수나 별감을 제외한) 향임에 임명하라는 정조의 1777년 명령[45]은 사족과 그 서자의 거북한 관계를 더욱 껄끄럽게 만들었다.

노론이 지배하는 정부에 의해 공적 영역에서 서얼의 신분이 점진적으로 상승되자, 서자들은 자신들의 힘을 새롭게 인식하고, 배타적인 사족의 마지막 보루인 지방의 교육기관에 침투하겠다는 야망을 품었다. 적서의 분쟁이 가장 격렬하게 벌어진 곳은 특히 사족 정체성의 상징인 서원이었다. 전성천이 불평했듯이, 북부 영남의 향교와 서원은 사족 교육과 학습의 중심지로, 전통적으로 서자 학생들에게 개방되지 않았다. 하지만 17세기를 거치는 동안

정부는 향교를 자격 보증의 기능을 수행하는 기관으로 바꿔놓았다. 교생校生으로 등록된 젊은이들만이 군역을 면제받았다. 게다가 1654년부터 모든 과거 지망생은 반드시 향교에 등록되어 있어야 했다. 향교를 비엘리트에게 개방하기 위한 이런 규정으로 인해 안동에서, 그리고 아마 상주에서도 교안[46]은 2개의 명부로 분리되었다. 하나는 90명의 사족 엘리트를 위한 것(유안儒案)이었고, 다른 하나는 서자와 양인으로 채워진 320명의 '정원 외'(액외額外) 교생을 위한 것이었다. 이는 사족 '유생'과 비엘리트 교생 사이의 사회적 구분을 확실히 하기 위함이었는데, 이런 분리는 공간적 차원도 지니고 있었다. 유생은 동재에, 교생은 서재에 기거했다. 지방의 다른 향교에서도 교생의 대다수는 양인이었고, 이들은 사족 학생들에게 따돌림을 당했다.[47]

향교와 대조적으로 '사적' 기관인 서원은 원생의 입원을 엄격하게 통제했고, 그 수는 보통 20명 이하였다. 영남의 서원들은 일반적으로 서자나 향리(중서)의 입원을 금지했다. 소과나 대과 합격자도 예외가 아니었는데, 그 이유는 퇴계가 그런 규칙을 정했다는 것이었다.[48] 이런 주장의 진위를 밝힐 수는 없지만, 쉽게 짐작할 수 있듯이 도산서원과 역동서원의 원생들은 대개 예안의 향안을 지배하고 있던 사족 친족집단 ─ 진성 이씨, 광산 김씨, 영천 이씨, 봉화 금씨 등 ─ 출신이었다.[49] 서자에 대한 그런 노골적인 차별은 결국 많은 서원에서 '신新·구舊'의 충돌을 야기했지만, 아마도 가장 극적인 갈등이 일어난 것은 서자들이 노론의 지원하에 남인의 보루인 경주 근처의 옥산서원과 예안의 도산서원에 입원시켜달라고 요구했을 때였다.

기억하겠지만 옥산서원은 1610년에 퇴계와 함께 문묘에 종사된 저명한 학자 이언적의 위패를 모시고 있었기 때문에 경주지방에서 최고의 위신을 누리고 있었다. 남인을 지지하는 지역의 사족에 의해 운영되고 경제적으로 뒷받침되던 옥산서원은 엄격한 입원규정으로 서자와 향리를 배제했다. 그러나 이언적의 서자인 이전인李全仁[50]은 서원을 세우는 데, 그리고 부친의 사후에 그 명예를 회복하는 데 노력을 아끼지 않았기 때문에, 서원 근처의 옥산리에 살고 있던 전인의 후손들은 17세기 후반부터 아마도 노론의 사주를 받아 자신들에게 서원에 입학할 자격과 서원의 실무와 향사享祀를 담당하는 유사로 봉사할 자격을 달라고 요구하기 시작했다. 하지만 이웃한 양동에 살고 있던 이언적의 적계 후손들은 이 요구를 거부하면서, 퇴계의 규정에 따라 서원은 사족이 아닌 자들에게 개방될 수 없다고 주장했다. 적계의 비타협적 태도에 직면한 서자 후손들은 전인의 7대 종손인 이희성李希誠(생몰년 미상)의 주도하에, 전인은 이언적의 학통을 잇는 진정한 후계자로 손색이 없는 학문적 업적을 남겼다고 선언함으로써 자신들의 요구가 정당함을 애써 강조했다. 그들은 옥산서원은 물론이고 이언적의 위패가 모셔져 있는 근처의 다른 서원에 전인을 함께 배향하려고 시도했고, 지방과 수도의 관계당국에 그의 공적을 인정하는 추증을 청원했다. 그들의 계획이 적파의 반대로 좌절되자, 서파는 경주지방 서자들의 도움과 노론의 막후 지원에 힘입어 1780년에 전인을 위한 별도의 사우인 장산사章山祠를 세웠다(이 사우는 1797년에 서원으로 승격되었다). 하지만 이 모든 열성적인 활동도 전인의 후손들이 옥산서원에 발을 들이지 못하는 근본적인 문제를 해결하지 못했다. 적파와 서파의 경쟁에 당파적 적대감까지 더해진 이 갈등은 19세기 말까지 지속되었다. 이 시비가 마침내 끝난 것은 1884년에 생원인 한 서자가 왕에게 올린 상소에 대해, 서자에게 옥산서원 원임직院任職을 허통하라는 관문關文이 내려왔을 때였다.[51]

옥산서원을 둘러싼 장기간의 '지방 분규'는 영남 전역에 널리 알려졌고, 1880년대 중반에는 퇴계학의 본산인 도산서원에서도 유사한 갈등이 빚어졌다. 얄궂게도 주모자는 퇴계와 조목, 이현보의 서자 후손들이었다.[52] 문제의 발단은 옥산서원의 경우와 비슷했다. 수세기 동안 도산서원은 퇴계의 직계후손에 의해 운영되었고, 엄격하게 준수되던 규정에 따라 서자는 서원에 출입할 수 없었다. 하지만 옥산서원에서 문제가 관권에 의해 해결된 지 불과 2달 뒤에, 도산서원에도 즉각 서자에게 원임직을 허통하라는 왕명이 하달되었다. 종묘와 문묘에서 의례적 의무를 수행하는 자들을, '신과 구'는 백대百代가 지나도 서로 어울릴 수 없다는 구실로 그 선조들의 서원에서 배척하는 것이 도대체 있을 수 있는 일인가? 그들이 이런 차별대우에 어찌 원통한 마음을 품지 않겠는가? 이런 논지로, 관문은 즉각 왕의 뜻에 따를 것을 요구했다. 이런 왕의 지원에 고무되어, 3명의 서자 이규섭李奎燮, 조양식趙養植, 이만홍李晚弘은 지체 없이 도산서원 관계자들을 압박하면서, 서자의 원임직 허통을 거부하는 것은 어명에 어긋난다고 주장했다. 도산서원 측이 옥산서원의 예는 도산서원에 적용되지 않는다는 주장으로 시간을 끌자, 서자들은 연좌농성을 하겠다고 위협했고, 얼마 뒤에는 억지로 서원 안으로 들어가려고 시도하는 과정에서 서원의 노비들과 혈투를 벌였다. 이웃마을의 서자들이 합류한 가운데, 폭도들은 심지어 퇴계의 종택을 불태우겠다고 협박했다. 겁에 질린 서원 관계자들은 현감에게 도움을 요청했으나, 입장을 정하기가 곤란했던 현감은 잠정적인 휴전을 제안했을 따름이다. 양측은 모임을 갖고 향후 대책을 논의하려 했지만, 그 결과 타협의 여지가 거익 없다는 점만 분명해졌다. 노산서원을 관리하고 있던 이만도李晚燾(1842~1910)[53]와 그의 친척인 이만응李

晚鷹(생몰년 미상) 같은 퇴계의 적계 후손은 완의를 작성하여 서자를 서원에서 배제한다는 원칙을 재천명하고 이를 위반하는 자에 대한 처벌규정을 추가했다. 이에 대해 서자들은 이씨의 무책임과 오판을 전국에 널리 알리겠다고 위협했다. 몇 달 동안 양측이 옥신각신한 뒤에 결국 예안의 현감이 개입했는데, 뜻밖에도 그는 도산서원에 대한 경의를 확실하게 표현하며 적파 후손의 편을 들어주었다. 그는 폭력사태를 유발한 주동자 몇 명을 붙잡아 태형을 가했다. 하지만 그런 조치로 상황이 해결되지는 않았다. 안동의 진사 한 명이 이씨가 서자의 서원 출입을 거부하는 것은 어명을 거역하는 것이라고 중앙정부에 상소하자, 이씨는 "적자를 능멸하는 서자"(얼반능적孽反陵適)는 상벌上罰에 처해질 것이라는 퇴계의 경고에 의거하여 반격을 가했다. 더욱이 그들의 배제(물허서류勿許庶類)는 퇴계의 유훈에 근거한 것으로, 300년 이상 지켜졌다고 강조했다. 마침내 1885년 가을에 조정이 다시 개입하여 서자에 대한 원임직 허통은 "돌이킬 수 없는 사실"이 되었다고 언명함으로써, 이 분쟁은 끝난 것으로 보인다. 이런 개입이 당시에 도산서원에도 적용되었는지를 확인할 수 있는 기록은 남아 있지 않다.[54]

옥산서원과 도산서원에서 일어난 격동적 사건은 이례적인 관심을 끌었고, 영남지방에서는 서자가 사족 친척에게 도전하는 다른 사례가 속출했다. 서자가 "향촌의 평화를 깨뜨리고 사회적 신분을 침범하는"(난향범분亂鄕犯分) 일들은 종족 원로들의 간담을 서늘하게 했고, 당대의 목격자들에게는 인륜이 무너지면서 풍속이 서서히 타락하는 징후로 보였다.[55]

## 전국적인 서자 운동

서자의 사회적 지위를 격상시키라는 수도로부터의 압력이 실제로 영남 뿐 아니라 다른 도에도 별다른 영향을 미치지 못했다는 사실이 조선 역사상 최대 규모의 서자 운동에 의해 적나라하게 드러났다. 1823년 여름에 사족 권력의 핵심지역 ― 황해도에서 경상도와 전라도에 이르는 ― 에 살고 있던 약 9,996명의 서자가 순조에게 상소를 올렸다. 이들의 대표인 상주 출신의 서자이자 생원인 [의성] 김희용金熙鏞[56]은 다음과 같은 극적인 표현으로 상소문의 서두를 장식했다. "신 등은 충성스럽고 어진 [조상](충현忠賢)의 후예이자 고관의 자식으로, 조정과 집에서 버림받고 수모를 당하며 지난 400년 동안 억울함을 품고 살아왔사옵니다!" 기본적으로 이 상소는 공직 임용상의 차별, 가계 계승에서의 배제, 가족 내에서의 굴욕이라는 서자의 3대 불만을 되풀이한 것이었다. 김희용은 이런 처우가 서자라는 낙인을 대를 이어 영속화하는 세습의 원칙에서 비롯되었다고 주장했다. 어떻게 "나라 인구의 절반"이 그런 식으로 낙인찍힐 수 있었단 말인가? 삶의 모든 영역에서 이 악폐를 제거하는 것은 왕의 은혜에 달려 있었다.[57]

순조는 상소자들의 "가엾은 처지"를 "깊이 이해하고 있다"라고 말했지만, 이 상소는 성균관 유생들의 소동을 야기했다. 유생들은 김희용을 비롯한 소유疏儒들의 외람됨을 비난하면서, 상소 내용을 조목조목 반박했다. 그들은 김은 영남인이면서 이언적이 양자로(서자 대신에) 가계를 잇게 했고, 퇴계가 공동체의 모임에서 서자를 향리 뒤에 앉게 하라고 지시했다는 사실을 언급하지 않은 이유가 무엇이냐고 물었다. 영남의 사족 사이에서 사회적 신분을 유지하려는 의지가 오늘날까지 이어지고 있는 것은 오로지 그들이 이 두 사대부의 의례적 규정을 완고하게 준수한 덕분이었다고 그들은 외쳤다. 김의 상소는 지방의 분란을 부추겼을 따름이라고 주장하면서, 그들은 사신들의 의분을 강조하기 위해 수업을 거부했다.[58] 성균관 유생들은 그들이 생각하기에 남인인 상소자들에게 노론의 입장을 가르치려 했던 것일까? 그랬을 수도 있지만, 여하튼 김희용의 상소는 고관들의 열띤 논의를 촉발했고, 그 결과 1823년 가을에 이른바 계미절목癸未節目이 반포되었다. 분명히 상소자들을 실망시켰을 이 절목은 기본적으로 한편으로는 서자 관리의 고위직 진출에 관한 정조의 제한 규정을 되풀이했고, 다른 한편으로는 관찰사와 수령들에게 서자를 지방의 향교와 서원, 유향소의 유임儒任과 향임에 임명할 권한을 부여했다. 단 사회적 장벽이 여전히 남아 있는 곳에서는 그 장벽이 허물어져 지역의 분쟁이 일어나는 것을 경계해야 할 것이라고 덧붙였다.[59]

계미절목은 따라서 중앙관료제에서 서자가 차별받는 상황을 고착시켰는데, 과거에 급제한 김희용의 후손 가운데 정6품 이상의 벼슬을 지낸 자가 단 한 명도 없었다는 사실은 주목할 만하다.[60] 이와 대조적으로 희용의 이복 적형嫡兄 중 맏이인 김희성金熙成의 손자 김건수金建銖(1790~1854)는 1830년에 문과에 급제한 뒤에 당상관급인 승지로 관직생활을 마무리했다.[61] 이런 자료는 물론 빈약하기는 하지만 서자의 관직 보유에 제약이 있었음을 말해준다. 나아가 서자는 자신의 친족집단이 고향에서 오랫동안 누려온 사회적·경제적 위세의 덕을 보지 못했다. 이복 적형 2명과 그 자손은 계속 안동에 거주했지만, 대부분의 서자와 마찬가지로 희용은 다른 곳, 즉 멀리 떨어진 상주에 살았다. 그의 아들 김두명金斗明은 나중에 순흥으로 이거했고(혼인하면서?), 그의 후손은 이곳에 정착했던 것으로 보인다. 희용의 증손인 김우영金羽永의 묘도 이곳에 있다.

1823년 시위자들의 수와 지리적 출신지는 19세기에 접어들 무렵까지 서자들이 키워낸 힘과 조직망이 어느 정도였는지를 알게 해준다. 게다가 서자들의 항의는 농촌지방의 평화와 질서를 깨뜨릴 정도로 위협적인 전국적 운동의 차원에 이르렀다. 날이 갈수록 정치적으로 적극성을 띠게 된 서자들은 사회적 인정과 동등한 대우에 대한 자신들의 요구를 서자가 "나라 인구의 절반"을 구성하고 있다는 주장으로 뒷받침했다. 서자의 수가 조선 후기에 급증하고 있었다는 관념은 사회적 통념의 일부가 된 듯하지만, 이를 통계적으로 입증하기란 여간 어려운 일이 아니다. 서자의 신분은 세습되었기 때문에 서자들은 전형적으로 집단 내에서 혼인하면서 분명히 스스로를 재생산했지만, 최근의 조사는 서자의 인구가 기껏해야 사족 인구의 4분의 1 정도였을 것이라고 추산한다.[62] 이런 통계가 얼마나 정확하든, 조선 후기에 서자들의 존재가 두드러진 현상에 대한 더욱 설득력 있는 설명은 그들의 조직력이 갈수록 강해져 전국적인 연결망을 통해 수천 명의 도당을 동원함으로써 공동의 대의를 내세울 수 있었다는 사실에서 찾아야 할 것으로 보인다. 사족의 눈에 서류는 빠르게 불어나는 선동가들의 무리, 즉 자신들이 오랫동안 지켜온 기존 질서를 무너뜨리려는 무서운 불온세력으로 비쳤다.[63]

### 안동과 남원에서 재부상한 향리

향리는 조선왕조의 문시에 무례하고 탐욕스럽지만 일상석인 지방행정 — 다산에 의하면, 수령은 단지 '과객過客'으로 지방을 다스렸다 — 의 수행에 꼭 필요한 정체불명의 아전 집단으로 등장한다. 실제로 지방행정이 재조직되던 조선의 개국 초기부터 많은 향리가 자신들이 나고 자란 행정구역에서 쫓겨나 아무런 연고도 없는 곳으로 옮겨가야 하는 운명을 겪었다. 수령과 백성 사이의 회색지대에서 녹봉도 없는 하급 향역을 이행할 것을 강요당한 이 '전출된' 향리(가리假吏)는 향리의 최하층에서 위태롭게 살아가는 처지였다. 그들은 '사악하다'는 비난을 받으면서, 풀뿌리 수준에서 잘못된 모든 문제의 손쉬운 희생양이 되었다. 때때로 개혁 요구가 제기되기는 했지만, 하급 향리는 지방행정기구인 읍사邑司의 붙박이 문제아로, 사회적으로나 경제적으로나 불안정한 존재로 남아 있었다.

안동과 남원처럼 규모가 큰 행정중심지의 관아에서 일하던 3명의 우두머리 향리는 조선 후기에 '[삼]공형[三]公兄'[64]이라 통칭되었는데, 이들은 고려 초부터 지방행정가로 봉사했고 조선 초에는 강제 전출에 저항했던 유력한 토착 출계집단의 후손이었다. 따라서 이런 '이족吏族'— 몇 가지 측면에서 수도를 기반으로 전문직에 종사하던 '중인' 계층의 짝이라고 할 수 있는 — 출신의 향리는 강력한 지역적 기반을 갖추고 있었다. 최근의 연구가 보여주듯이, 조선 후기에 그들은 자신들을 종족으로 조직화했고, 여러 세대에 걸친 혼인관계를 통해 서로 긴밀하게 연결되어 있었으며, 족보를 보존하고 있었고, 종종 사족 친척의 부를 능가하는 규모의 토지와 노비를 소유하고 있었다.[65] 사회적으로 분명히 '가리'보다는 우월했지만, 그럼에도 그들은 조선조에서 향리라는 직책에 쏟아진 부정적인 시선과 이에 따른 차별로 인해 고통을 받았다.

안동 권씨와 안동 김씨에 속한 향리들은 그들의 사족 친척과 마찬가지로 고려 초의 삼태사 중 2명의 후손이었고, 고려 초부터 안동의 지방행정기구에서 세습적으로 호장직을 맡아왔던 조상을 둔 그들은 결국 별도의 가계를 형성했다.[66] 조선 초에 그들은 여전히 지역사회의 존경받는 성원이었고, 당연히 1530년의 향안에 입록되었다(9장에서 논의되었다). 하지만 그들은 그 직후에 정부의 강경한 반향리 정책에 편승하여 자신들의 지배적 입지를 굳히려 했던 사족 친척에 의해 향안에서 삭제되었다. 타의에 의해 부득이 본인들만의 독자적인 명부(단안壇案)를 작성하기 시작한 그들은 단안에 등재된 자들 가운데 '가리'나 서자와 통혼하는 자는 명부에서 삭적될 것이라는 자신들만의 규정을 정했다.[67] 당당히 자신들과 평범한 하급 향리 사이의 사회적 경계선을 분명하게 그으면서, 그들은 삼태사묘를 관리하는 특권을 성공적으로 유지했는데, 이 특권은 퇴계도 1540년대에 이 사당이 중수될 때 쓴 중건기문重建記文에서 인정했던 것이다.[68]

자신들의 특별한 사회적 신분을 지키는 차원에서, 소수의 안동 권씨와 김씨 향리는 학문과 서예, 문장 같은 전통적인 사족의 영역에서도 탁월한 능력을 발휘했다고 전해진다. 적어도 2명의 향리가 퇴계의 제자였는데, 진사라고 주장되는 강한姜翰(생몰년 미상)과 1525년의 생원인 권민의權敏義가 그들이다.[69] 퇴계는 향리 가문 출신의 유생을 우대하여 공동체의 의례에서 그들을 사족들과 함께 연령순으로 앉혔고, 현직 향리는 사족 뒤에, 그러나 다른 향리와 서자(중서) 앞에 앉혔다고 한다.[70] 그럼에도 향리는 사족에 의해 갈수록 차별받았고, 사족은 향리에 대한 자신들의 부정적인 평가를 정당화하기 위해 향리와 관속의 비행을 기록한「인리제관속기과人吏諸官屬記過」를 작성했다. 이 17세기 중엽의 일람표는 하급 향리들(부호장 1명은 예외이다)의 이름과 비행을 수록하고 있지만, 안동의 사족 엘리트는 그것을 향리층의 전반적인 도덕적 타락을 보여주는 증거로 간주했다.[71)]

18세기에 이르자 선조들의 정체에 자부심을 느낀 이족 출신의 공형 여러 명은 자신들을 수세기 동안 어둠 속에 가두어둔 사족 친척들의 그늘에서 벗어나, 일찍이 선조들이 '향대부'로서 누렸던 명예로운 지위를 각자의 지역에서 되찾을 시기가 도래했다는 생각을 품게 되었다. 이런 용기는 분명히 영조가 그들에게 보낸 갖가지 호의적인 신호에 고무된 것이었다. 중앙의 태도 변화를 감지한 안동과 상주의 호장들은 이방吏房으로 두 차례 봉직한 상주의 향리 이경번李慶蕃(1706~1778)의 주도하에, 자신들이 호장으로서 나라에 얼마나 크게 기여했는지를 환기시키는 내용의 상소를 왕에게 여러 차례 올렸다. 왕조에 대한 확고한 충성심으로 임진왜란 때 나라를 지키기 위해 용감하게 싸웠건만 제대로 인정받지 못했다고 그들은 말했다. 1774년에 그들은 녹봉체계를 고쳐 자신들에게도 봉급을 지급해달라고 요구하면서, 그렇게 되면 자신들의 충성심이 더욱 고조될 것이라고 주장했다. 다른 하급관리들이 받는 녹봉을 자신들만 받지 못하는 현실에 대한 하소연이었다. 374명의 호장이 돌려가며 미리 읽어보고 연명한 1774년 상소는 크나큰 기대 속에 서울로 보내졌지만, 아무런 답도 얻지 못했다.[72)] 정부에는 그들의 지지자도 있었지만, 잠재적인 '내부' 경쟁자인 이 향리들이 녹봉을 받는 사족에 의해 지배되는 관료제에 비집고 들어갈 틈새는 봉쇄되어 있었다.

자신들이 도적적인 기준이나 왕에 대한 충성심 면에서 사족 친척에게 뒤지지 않는다는 주장을 대외적으로 널리 알리기 위해, 안동과 상주의 향리들은 2종의 책을 펴냈다. 경번의 아들인 상주의 향리 이진흥李震興

(1731~1777)이 1770년대 중반에 편찬한『연조귀감掾曹龜鑑』과 1824년에 간행된『안동향손사적통록』이 그것들이다.[73] 이 두 책은 사회적 위상을 회복하려는 향리의 노력을 기록하고, 그 대의를 위해 헌신했던 자들의 행적을 소개하고 있다. 변명에 치우친 감이 있기는 하지만, 두 책자는 새롭게 무장한 자신감으로 과거의 경험을 회상하면서 권력을 지닌 자들로부터 다시 인정받고자 하는 편저자들의 의도를 보여준다.

『안동향손사적통록』[74]의 편저자 5명 가운데 3명은 소과 입격자였다. 1792년의 생원인 권심도權心度(1766~?)는 나중에 성균관에서 수학했던 것 같고, 권영흡權永翕(1758~?)[75]은 1801년의 생원이었으며, 권용칭權龍稱(1759~?; 영흡의 삼촌)은 1789년의 진사였다. 2명의 다른 권씨인 계위啓緯(영흡의 아들)와 경룡景龍은 "유업儒業에 종사했다." 누대에 걸쳐 경상도 감영의 향리(감영영리監營營吏)[76]를 배출한 동일한 향리 가계[77]에 속한 3명을 포함한 이 5명은 자신들을 '향손鄕孫'이라 칭함으로써 이족은 물론이고 사족과도 거리를 두려 했던, 문화적으로(의심의 여지없이 경제적으로도) 의욕이 넘치던 향리 세대를 인상적으로 예시한다. 다시 말해서 향손이란 자신들이 토착세력의 후예임을 인정하면서도 이족이라 불리던 과거와 시간적으로 단절하기 위한 칭호였다.

편저자들이 수도의 엘리트와도 중요한 관계를 맺고 있었다는 사실은 놀라우리만치 많은 수의 저명한 사족에게 그들의 저작에 서문과 발문을 써달라고 부탁할 수 있었다는 점으로 입증된다. 서문과 발문을 쓴 25명의 대부분은 서울과 그 인근에 거주하고 있던 문과 급제자이자 고관이었고, 그 가운데 노론이 8명, 소론이 3명, 남인이 5명이있으며, 4명(뇌계, 김성일, 유성룡의 후손들)만이 안동에 살고 있었다.[78] 편저자인 권씨들 중 관직을 보유했던 자는 단한 명도 없었지만, 그들은 틀림없이 안동의 유명한 조상 덕분에 수도의 권력자들과 친밀하게 교류했을 테고, 붕당의 상벽도 쉽게 뛰어넘었을 것이다. 노론이 권씨들에게 아낌없이 베푼 지대한 관심과 지원은 그들이 지역의 향리를 통해서도 안동지방에서 자신들의 영향력을 제고하고자 했다는 사실을 말해주는 것일까?

수도에서 두각을 나타낸 조선 후기 안동 향손의 드문 모습을 보여주는 것이 저명한 유성룡의 후손 유규[79]가 쓴 권희학權熹學(1672~1742)의 행장이다. 뼈대 있는 안동 권씨 향리 지파[80] ― 그의 증조부는 대구에서 감영영리로 일했다 ― 출신인 희학은 안동부의 서쪽에서 태어났고, 재주 많은 젊은이로 1689년에 안동의 부사로 재직하고 있던 최석정의 눈길을 끌었다. 최는 그를 자기 곁에 두었고, 권은 이내 최에게 꼭 필요한 수하가 되었다. 그는 최가 수도로 돌아갈 때 그를 따라갔고, 그곳에서 권은 자신보다 몇 살 많은 최의 아들 창대昌大(1669~1720; 1694년의 문과 급제자)와 함께 철저한 교육을 받았다. 1697년에 최석정이 세자(훗날의 경종)의 책봉을 주청하기 위해 중국에 갈 때, 권은 군관으로 그를 수행했고, 이 여정을 『연행일록燕行日錄』에 기록했다. 1년 뒤에 권은 최가 북서부로 행차한 일을 『서행일록西行日錄』에 기록했다.[81] 1700년에는 아마도 최의 천거로 경복궁 위장衛將으로 승진했다. 최는 권을 아들처럼 대했고, 1715년에 권은 마치 아들처럼 최의 상을 치렀으며, 5년 뒤에 창대가 사망하고 나자 창대의 두 아들을 돌보았고, 최석정이 남긴 방대한 저작을 수집하고 정리했다. 그의 군사경력은 1728년에 절정에 달했다. 그해에 그는 이인좌와 정희량이 경상도 남쪽의 안음에서 일으킨 반란을 평정하기 위해 파견된 오명항吳命恒[82]의 군대에 합류했다. 그는 군사작전을 날짜별로 꼼꼼하게 기록한『남정일록南征日錄』을 남겼다. 이 문헌에 의하면, 권은 당시에 안동의 친척들과 접촉하지 않았던 듯한데, 아마 그들을 위해 중재에 나설 만한 힘도 없었을 것이다. 그의 전공을 치하하기 위해, 영조는 그를 1728년의 3등 공신으로 책봉하고, 그에게 안음에서 역도 정희량으로부터 몰수한 토지와 노비를 하사했다.[83] 왕의 총애를 받은 권은 종2품으로 품계가 올랐고 화원군花原君에 봉해졌다. 잠시 수령직을 맡은 다음, 1738년에 그는 관직에서 물러나 구담(풍산)에 자리를 잡고 감고당感顧堂이라는 작은 정사를 지어 "옛 책들을 읽었다." 그는 손자들에게 "나는 무관으로 공을 쌓았지만, 너희는 이런 전통을 따르지 말고, 부디 학문에 몰두하라!"라고 훈계하고는 했다.

두 아들의 때 이른 사망으로 충격에 빠진 권은 자신이 죽기 3년 전인 1739년에 유서를 작성했다. 그는 존경과 길운은 재산의 크기가 아니라 훌륭한 판단에 달려 있다고 적었다. 또 젊었을 때 가난하기 짝이 없었던 자신이 입신할 수 있었던 것은 순전히 "내게 조상들을 빛내고 가족을 부양할 기회를 준" 최석정 덕분이라고 회상했다. 그렇지만 성공에는 대가가 따르는 법인지라, 그는 안타깝게도 두 아들을 잃었고 이제 손자들에게 자신의 뜻을 전했다. 그는 토지와 노비는 아들딸 구별 없이 균분하라고 지시했다. 하지만 왕이 하사한 재산은 전적으로 봉제사에 사용되어야 한다고 말했다. 그 재산이 사라질 것을 걱정한 그는 종손과 문장에게 그것을 엄격하게 관리하여, 그것에서 나온 수입은 별도로 보관하고, 그 수입으로 조부모 세대 이하의 묘제를 지내는 비용을 충당하라고 조언했다. 그러고도 남는 돈이 있다면, 위토를 좀 더 사들이고 재사를 세우리고 손자들에게 당부했다. 또한 후손들 중에 과거를 보기 위해 "꾸준히 학업에 전념하는" 자가 있다면, 그를 경제적으로 지원하라고 일렀다. 그의 서고에 꽂혀 있던 수많은 서책(일부는 그가 구입했던 것이고 일부는 그가 필사했던 것이다)은 여러 곳에 분산하지 말고 한데 모아 종가에 보존하라고 유언하면서, 그는 자신이 젊었을 때 책이 부족해서 얼마나 좌절했는지를 후손에게 상기시켰다. 서울의 집은 언젠가 수도에서 관직생활을 할 후손이 쓰기를 바라는 마음에서 유언에 포함시키지 않았다는 것이 그의 마지막 말이었다.[84]

이 문서는 조선 후기에 살았던 한 향리의 열망을 잘 보여준다. 무관으로 탁월한 역량을 발휘했지만, 권희학은 학문에 정진하는 것만이 사족과의 문화적 거리(사회적 거리는 아니더라도)를 좁힐 수 있는 유일한 수단이라는 사실을 간파하고 있었다. 비록 자신은 학문의 길을 걷지 않았지만, 자신의 후손이 문반에 진출하는 데 도움이 되기를 바라는 마음에서 그는 틈날 때마다 책을 사들였다. 더욱 주목할 만한 것은 그가 제사에 각별한 관심을 보였고, 공신이 되어 받은 재산에서 나오는 수입을 제사의 비용으로 쓰라고 명시했다는 점이다. 왕에게 충성을 다했을 뿐 아니라 남부럽지 않은 문화적 소양까지 갖추었던 권은 당대인의 존경을 한 몸에 받았다. 게다가 사후에도 여러모로 명예를 누렸다. 영조는 그에게 정2품 품계와 공조판서를 추증했고, 1754년과 1771년에 예관을 보내 권의 영정에 치제하게 했다.[85] 소론 고관 조현명이 그의 신도비명을 지었고, 최석정의 증손인 홍간弘簡[86]이 묘갈명을 썼다. 두 아들이 숨지고 손자들이 어린 탓에, 그가 남긴 저작은 흩어지거나 분실될 위험에 처했으나, 다행히 친척들에 의해 수습되어 그가 탁월한 일기작가였음이 세상에 널리 알려지게 되었다.[87] 끝으로 1805년 1월에 그 친척들이 감고당에 모여 그가 공신으로 책록될 때 왕명에 의해 그려진 영정을 모시고, 영조가 하사한 어서御書를 보관하기 위한 영당의 건립을 논의했다. 2년 뒤에 그는 지역 공동체 전체의 물질적 도움을 받아 완공된 봉강영당鳳岡影堂에 봉안되어 향리의 자부심을 상징하는 입지전적 인물로 우뚝 섰다.[88]

권희학이 문객門客으로 최석정을 모신 덕분에 수도에서 경력을 쌓을 수 있었던 것처럼, 상주의 이진흥도 더 이상 향역鄕役을 수행하지 않았고 결국에는 하급 (산직) 무관이 되었다. 그의 정신적 지주는 고위직에 있던 노론 사대부이자 산림인 송명흠宋明欽[89]이었는데, 송은 상주의 흥암서원興巖書院에 제향된 송준길의 현손이었다. 진흥은 부친의 사후에 계속해서『연조귀감』편찬에 매달렸지만, 최종적으로 이 프로젝트를 끝내고 1848년에 그 결과를 책으로 펴낸 것은 그의 증손인 이명구李明九(1799~1874)였다. 선조들과 마찬가지로 명구는 수도에서 저명한 노론 학자 오희상吳熙常(1763~1833)의 문하에서 공부했고, 나중에는 막강한 노론 관리 신석우申錫愚[90] 주위에 몰려든 문객 대열에 합류했다. 이런 식으로 연줄을 만든 명구는 붕당의 장벽을 가로지르는 5명의 인물에게 한 편의 서문과 네 편의 발문을 써달라고 부탁할 수 있었는데, 그중에는 퇴계의 후손이자 저명한 학자인 이휘재李彙載와 이휘령李彙寧도 포함되어 있었다.[92] 분명히 권희학과 이진흥, 이명구 같은 사람들은 인습적인 향리의 환경에서 벗어났고, 사족에게는 거의 불가침이라 할 수 있는 붕당의 경계를 쉽게 넘나들었다. 어떤 의미에서 그들은 소규모의 향리 분파를 위한 새로운 역할을 개척했고, 이 분파는 19세기 후반에 국가의 근대화에 다양한 방식으로 참여하게 되었다.[93]

다음의 일화가 생생하게 보여주듯이, 일부 향리는 지역 차원에서 조상에게 정성스러운 제사를 지냄으로써 회복된 자존심을 과시했다. 안동의 강력한 호장이었던 권백종權伯宗[94)의 후손들 가운데 유사로 선정된 8명은 매년 10월 보름날에 권과 그의 아내를 위한 묘제를 주관했다. 음복이 끝난 뒤에 묘 아래에 방석과 멍석이 깔리면 삼공형이 예를 표했고, 수령 관아의 악공들이 제례악으로 분위기를 고조시켰다. [의성] 김씨 친척들도 같은 날 인근에 있는 현조 김영명(그의 세 번째 부인은 권백종의 손녀였다)의 무덤에서 묘제를 지냈기 때문에, 그들은 권씨의 정교한 의식을 선망의 눈길로 바라보았다. 그래서 김씨는 1751년에 작성된 완의에서 자신들의 초기 조상들을 좀 더 헌신적으로 모시기로 결정하고, 근자에 발견된 그들의 입향조이자 영명의 조부인 김거두와 그의 직계후손들에게 제사를 지내는 데 필요한 기금을 모든 친척으로부터 추렴하라고 김성일의 8대 종손인 김주국金柱國(1701~1771)에게 명했다.[95)] 실제로 향리들의 의례적 열정이 김씨로 하여금 먼 조상에 대한 자신들의 의례적 결의를 새롭게 다지게 한 것으로 보인다.

이와 같이 서로가 상대의 문화를 참조하는 일이 가끔 벌어졌음에도, 사족과 향리 사이의 신분 경계선은 확고하게 그어진 상태로 남아 있었다. 자신들의 향리 친척을 족보상 동일한 계통에 속하는 진정한 성원으로 받아들이기를 거부하는 사족의 태도—이에 대해 향리들은 끊임없이 불만을 제기했다—는 무엇보다도 조선 후기의 족보 편찬에서 극명하게 드러난다. 예컨대 안동 권씨는 1701년판 족보에서 두 향리 지파를 별보에 실었고, 심지어 사족과 이족 지파가 1794년판 합보合譜에서 마침내 합쳐진 뒤에도 미묘한 용어상의 차이가 두 집단을 분명하게 갈라놓았다.[96)]

경상도에서는 유력한 감영영리 직책이 상대적으로 적은 수의 군현(16세기 말에는 15곳)을 대표하는 자들에 의해 보유되다가 점차 안동 김씨와 안동 권씨에 의해 독점되었지만, 전라도의 경우에는 이 중요한 직책을 맡은 자들이 광범위한 지역(16세기에는 38개 군현)에서 배출되었다. 물론 전라도에서도 시간이 흐르면서 지역적 편중 현상이 눈에 띄기는 한다. 나주와 김제金堤, 고부古阜의 향리가 언제나 제일 많았고, 전주 감영에서 일하던 남원 향리의 수는 그리 많지 않았으며 18세기에 약간 늘어났을 따름이다.[97] 그럼에도 도호부인 남원은 문무 양면에서 중요한 역할을 담당했고, 따라서 유능한 문무 행정 인력을 갖추고 있었다. 안타깝게도 남원 향리의 행적을 보여주는 기록은 별로 남아 있지 않다. 17세기 후반에서 20세기 초에 걸쳐 작성된 현존하는 선생안先生案을 보면 직급에 따라 별도의 단안이 작성되고 있었다는 면에서, 남원의 향리들이 주의 깊게 유지된 위계에 따라 계층화되어 있었을 것으로 짐작된다. 그런 단안 중에서 가장 오래된 것으로는 호장선생안(1663)과 이방선생안(1700)이 있다. 두 안은 1725년에 호장이방선생안으로 합쳐졌는데,[98] 이는 이 두 상위 직급 현직 향리들의 위신을 강조하고 보호하기 위한 노력의 일환이었을 것이다.

안동에서 그랬듯이, 남원에서도 상층 향리직(1663년에서 1902년 사이에 112개)은 누대에 걸쳐 남원 양씨[99]와 영천 이씨[100]라는 두 토착 향리 가계에 의해 독점되다시피 했고, 간혹 동래 정씨의 차지가 되었다. 비록 드물게 감영 영리를 맡았을 뿐이고 안동의 향리처럼 뚜렷하게 부각되지는 않았지만, 남원의 향리는 막강한 지방 세력을 이루었고 자신들만의 결사체를 형성하여 자신들이 단합된 특별한 집단이라는 이미지를 강화했다. 최초의 결사체는 은퇴한 향리와 무임武任의 노후생활과 상장례를 경제적으로 지원(양로송사養老送死)하기 위해 1602년에 설립된 양로당養老堂이었던 것으로 보인다. 양로당은 위에서 언급한 명부의 작성도 감수했다. 가장 눈에 띄는 것은 양로당이 지역의 각종 의례를 후원했고, 특히 조선 초에 선정을 베풀었던 한 부사를 추모하기 위해 세워진 사당인 유애묘遺愛廟에서 지내는 제사를 준비하고 재정적으로 지원했다는 사실이다.[101] 요컨대 남원의 향리는 자신들의 정체성과 사회적 유대를 자신들이 지역에 깊이 뿌리내리고 있다는 점을 강조하는 문화적이고 유사종교적인 활동으로 표현했다. 그들이 남원 사회의 강력한 정치적·문화적 세력으로 자리를 굳힌 것은 지역에 대한 그런 애착 덕분이었던 듯하다.

간추려 말하자면 향리가 지역적인, 그리고 종종 초지역적인 정치와 문화에 미친 영향은 조선 후기의 인구에서 그들이 차지한 미미한 비중 — 1퍼센트 미만 — 에 비해 훨씬 컸다.[102] 모든 지역에서 안동이나 남원처럼 향리에게 상당한 권력이 확실하게 집중되는 현상이 나타나지 않았을지는 몰라도, 유사한 추세가 다른 주요 행정중심지에서도 관찰된다.[103] 향리의 수는 자연히 증가하는데 상급 향리직의 수는 그대로였기에, 그 자리를 차지하기 위해 경쟁하는 과정에서 향리들은 어쩔 수 없이 자신들의 사회적·문화적 에너지를 총동원하면서 배타적인 수단으로 활로를 모색할 수밖에 없었던 것으로 보인다. 남원의 양로당이나 안동[104]과 경주[105], 또는 상주[106]의 안일방安逸房 같은 결사체는 단순히 은퇴한 자들을 보살피기 위한 것이 아니었다. 이런 자치기구들은 엄선된 소수의 향리 가계에 권력을 몰아주기 위해, 적시에 상급 향리의 임명과 해임에 개입하고 경우에 따라 처벌권까지 행사했던 것 같다. 이런 동향은 주거양식에도 반영된 듯하다. 지방행정가로서, 향리들은 전형적으로 성벽 안의 동성 주거지에 거주했다. 이와 대조적으로 자신들의 과거에서 탈피하여 그때까지 사족에 의해 독점되었던 문화적 영역으로 진출한 조선 후기의 향리는 종종 성벽 밖으로 거처를 옮김으로써(퇴촌退村) 자신들의 해방을 대외적으로 천명했다.[107]

강한 집단 정체성을 가진 상급 향리는 자신들과 사족 사이의 경계선을 분명하게 그었고, 엘리트 문화의 이상과 실천을 받아들임으로써 일종의 경쟁적인 평행사회*parallel society*를 형성했다. 그렇지만 왕조의 마지막 날까지 계속해서 그들을 사족과 분리시킨 것은 그들의 사회적·직업적 특성이었다.

## "통제 불능의 하급자들"

양인과 노비가 신분차별 ─ 사족이 수세기 동안 그들을 억눌러왔던 수단인 ─ 로부터 점차 해방된 것은 조선 후기의 사회통제 메커니즘이 서서히 무너지고 있다는 또 다른 신호였다. 어떻게 일부(아마도 소수의) 양인이 흥성하여 사회적 상승의 야망을 품기 시작했는지에 관한 구체적인 정보는 거의 없지만, 일반적인 가정은 조선 후기의 변화무쌍한 경제적 환경이 사회의 하층에서 벗어나 신분의 수직이동을 꿈꾸게 하는 경제적 동기를 부여했다는 것이다. 실제로 잉여 양곡의 생산은 초기 상업화와 시장의 발달을 촉진했다.[108] 조선의 강력한 중앙집권제가 한양 바깥에 도회지가 생겨나는 것을 방해했을 수도 있지만, 대구와 전주, 남원은 상당한 규모의 도시가 되었고, 이런 곳의 인구는 더 이상 농업에 종사하지 않고 외부에서 반입된 물품과 식량에 의존하여 살아갔다.[109] 

신분상의 제약에 구애받지 않았던 진취적인 일부 양인은 이런 상황으로부터 이득을 취하기 시작했다. 몇 명의 노비나 계약노동자에게 자신이 소유하거나 소작인으로 빌린 땅을 가꾸게 하는 방식으로, 그들은 농사의 규모를 늘리고 담배와 채소, 기름씨앗처럼 시장에 팔 수 있는 환금작물을 재배함으로써 생산을 다변화할 수 있었다.[110] 권상일權相一이 자신의 마을에서 목격했던, '촌한村漢'이 자신의 작물을 팔기 위해 수도와 마을을 오가던 모습이 아마도 그런 추세를 보여주는 예일 것이다.[111] 다른 양인들은 직공, 철물공, 도공陶工처럼 성장일로에 있던 비非농산물 시장을 위해 상품을 생산하는 다양한 분야의 전문가로 일했다.[112] 이 '기업가들entrepreneurs'은 이렇게 해서 세금의 형태로 즉시 흡수되지 않는 잉여를 창출했다. 하지만 '부민富民'이 눈에 띄게 증가하자, 재정난에 시달리던 국가도 가만히 있지 않았다. 예컨대 기근이 든 1732년에 국가는 구휼양곡 기부자들에게 상으로 직함을 부여하는 절목을 마련했는데, 이 방안은 이내 수령들에 의해 부당한 과세로 부자들의 재산을 강탈하는 수단으로 남용되었다고 한다.[113]

정부는 납속에 대한 보상으로 직함, 심지어 하급 관직까지 나누어줌으로써,[114] 신분상승에 대한 기대감을 한껏 높여놓았다. 곡물을 바치고 얻은 직함(예컨대 통정通政이나 가선嘉善) 앞에는 납속이라는 단서가 붙어 정규직 직함과 용어상으로 분명하게 구별되었지만, 앞서 언급했듯이 새로운 직함 보유자가 호적에서 '납속'이라는 표현을 빼버리는 것은 식은 죽 먹기였다. 한 개인의 직함 변화는 신빙성이 거의 없었으므로, 납속 직함 보유자는 자신의 새로운 신분을 그럴싸하게 포장하기 위해 가까운 조상들의 직함과 직역을 '조정'함으로써 그 신분을 그들에게 확대하려 했다(조상의 직함도 돈을 주고 살 수 있었다).[115] 공문서에서 그런 변칙이 통용되었기 때문에, 납속 직함 보유자의 수를 추산하기란 불가능하다. 하지만 1729년에 심기가 불편해진 한 고관은 납속자를 빼고 난 결과 수백 가구가 사는 지역에서 고작 10여 가구만이 군역을 지고 있다고 불만을 토로했다.[116] 한편 19세기 후반에 대구 인근의 두 농촌지방에서 양인 가구가 급격히 감소한 현상은 도시적 환경으로 옮겨가 새 인생을 시작하는 것이 개인의 운세를 호전시키는 지름길이라고 생각하던 당대의 풍조를 보여주는 것 같다.[117]

축적된 부가 새로운 가치를 획득하여 잘사는 양인에게 인생행로를 수정하려는 야심을 심어주었다는 사실은 다음과 같은 보수적인 학자의 논평에서 예시되고 있다.

> 양반과 중인, 양인, 노비의 신분상 위계(명목)는 돌과 쇠를 깎아 만든 단단한 구조물과 같다. 그렇지만 인간의 마음은 변덕스럽기 때문에, 서서히 나쁜 관행이 나타난다. 여러 세대에 걸쳐 군역을 졌던 자들[즉, 양인]의 후손은 재산을 모으자마자, 자신들이 속한 가계를 바꿀 꿈을 꾸고, 대담하게 양반과 어울리면서 어이없게 유학을 자처하고 본인들의 친척들에게 등을 돌린다. 과거의 행적을 숨기기가 어렵다고 판단되면, 그들은 그저 다른 지역으로 옮겨간다 — 아침에는 동쪽으로, 저녁에는 서쪽으로.[118]

이주와 품직의 조작이 실질적인 혜택을 줄 수 있다는 인상적인 사례를 보여준 것은 60년 만에 미미하지만 경제적으로 풍족한 양인 집단으로부터 지역의 '엘리트'로 변신한 용궁현(안동의 서쪽)의 대구 백씨이다. 18세기 후반부터 백씨는 토지에서 나온 이익과 목면 거래로 상향이동의 발판을 마련했고, 두 차례에 걸쳐 동쪽으로 아주 짧은 거리를 이동하면서 매번 지방관원들을 매수하여 호적 기입사항을 '조정'했다. 결국 이 백씨들은 신분변동을 성공리에 이루어냈고, 군역 또는 군역세 납부(양역)라는 양인의 지긋지긋한 굴레에서 벗어났다.[119]

　　물론 백씨 사례가 얼마나 대표성을 갖는지 알 수는 없지만, 그것은 양인이 자신의 사회적 정체성을 바꾸기 위해서는 세 가지 기본적인 조치 ─ 양곡기부와 거주지의 이동, 호적의 위조 ─ 를 (따로따로, 또는 한꺼번에) 취해야만 했음을 시사한다. 앞의 인용문이 보여주듯이, '유학'은 원래의 의미를 상실했고, 관직과는 직접적인 관련성이 없었기에 조선 후기의 호적에서 가장 널리 사용된 호칭이 되었으며, 더 이상 과거를 준비하지 않는 사족에 의해서도 자주 선택되었다. 유학이라는 용어의 융통성은 자신들의 이름을 그것으로 장식하려는 양인들의 야심을 부채질했던 것 같고, 그들 중 일부는 유학을 가장하여 심지어 과장에 들어가기도 했을 것이다(물론 이들이 정규 관리가 될 전망은 그리 밝지 않았다).[120] 바로 이 시점에 신분상승을 기도하던 자들은 "아버지를 바꾸고 할아버지를 고치고 사대부의 후손을 사칭"함으로써 엘리트의 족보 기록에 침투하려 했는데, 이 악행은 '범죄적으로 사회질서를 파괴하는'(죄범강상罪犯綱常) 것으로 간주되어 새로운 처벌대상이 되었다.[121]

　　직함이 상품화되고 그 결과 호칭체계가 무너지자, 직역은 개인의 사회적 신분을 더 이상 명확하게 규정할 수 없었다. 모든 호적이 변조되지는 않았다는 점을 감안하더라도, 그런 문서에 기초하여 조선 후기 신분이동의 폭을 가늠하는 것은 위험한 일이다. 과거에는 그런 식으로 조사가 이루어졌기 때문에, 19세기 중엽에 이르면 한국 인구의 약 70퍼센트가 양반이 된 것으로 보인다는 믿기 어려운 결과가 도출되었던 것이다.[122] 조선 후기에 개인의 사회적 지위를 판가름하기 위해서는 직함에 의존하기보다는, 그가 사족의 사위로 받아들여질 가능성을 가장 확실한 시금석으로 삼아 그의 친척 연결망이 얼마나 촘촘했는지, 그리고 그가 자신이 처한 사회경제적 환경 속에서 어느 정도의 존경과 복종을 이끌어냈는지를 알아볼 필요가 있다.

　사족과 일반 백성 사이의 사회적 적소適所에서 활동하던 양인들은 변화된 행동과 복장으로 향상된 경제적 위상을 강조함으로써 분명히 사족의 기분을 상하게 했는데, 이는 1786년에 다음과 같은 불만 가득한 계언啓言으로 표현되었다. "심지어 양인과 노비도 갓을 쓰고 도포를 입고[123] 조정 관리나 재상의 외양을 모방합니다. 설상가상으로 저잣거리의 양인과 날품팔이들은 서로를 양반이라고 부릅니다. 양반이란 문무관을 지칭하는 용어입니다. 조정 관리도 아니고 양반도 아닌 자들이 어찌 이 칭호를 함부로 쓸 수 있단 말입니까?"[124] 경각심을 느낀 사족은 18세기 내내 제멋대로 굴면서 사회적 상급자를 모욕하는 '악한들'의 경거망동을 제어해달라고 관계당국에 호소했다. 사회적 신분(명분)의 유지를 시대의 최대 현안이라고 선언하면서, 의성 김씨는 일부 유서 깊은 출계집단의 약화를 틈타 뻔뻔스럽게 그들의 조상묘를 파서 자신들의 시신을 묻은 부유하지만 파렴치한 '상한常漢'을 격렬하게 비판했다.[125] 서서히 진행되고 있던 사회변화를 우려하는 이런 항변이 안동에서만 제기되었던 것은 아니다. 불안해진 전국 각지의 사족은 분수도 모르고 버릇없이 자신들의 생활방식을 도용하는 양인들을 비난했다. 정부는 이에 호응하여, 예컨대 무덤의 봉분을 지나치게 높이 쌓거나 부인들을 가마에 태움으로써 "양반을 능멸하거나 신분을 침범하는"(범분犯分) 행위를 엄벌에 처하는 법조항을 신설했다.[126] 이 무렵에 소수의 양인은 엘리트의 의식주의를 본떠 자신들의 조상을 '유교식'으로 받들어 모시기 시작했을 것이다.[127]

살림살이가 윤택해진 양인이 사족에게 "방자하고 불복종적인 태도"를 보이는 새로운 현상은 근본적으로 케케묵은 온정주의적 사회체제에 대한 반발이자, 법적 제재만으로는 더 이상 막을 수 없는 저항의 일면이었다. 그렇지만 이런 양인들이 추구했던 것은 양반체제의 붕괴가 아니었다. 오히려 그들은 사족 직함을 얻어 사족의 특권을 일부나마 누림으로써 자신들의 사회적 현실을 바꿔보고자 노력했던 것이다. 다시 말해서 '통제 불가능한' 양인들의 사회적 월경越境은 신분의 벽을 허물려는 혁명적 도전을 뜻하지 않았다. 특히 농촌지방에서는 사족 사회의 일부 구성원이 점차 빈곤해짐에 따라 사회적 장벽이 서서히 무너지고 있었는데, 이런 정황에 힘입어 양인들이 신분상의 우위를 내세우며 고압적인 태도를 보이는 사족에게 반항하고 도전했던 것이다. 이는 엘리트와 비엘리트를 수세기 동안 갈라놓았던 사회적·문화적 요소들을 조직적으로 제거하려는 노력과는 거리가 멀었지만, 그래도 확정 불가능한 수의 양인을 조선 후기의 사회를 동요시키기 시작한 '반대세력'에 합류시켰다.

노비들도 어느 정도는 같은 상황에 처해 있었다고 볼 수 있다. 17세기 후반에 접어들자 노비들은 주인들에게 저항했고, 대거 도망쳤으며, 생년월일을 속이고 양인 신분임을 주장했는데, 이런 행동들은 주인과 노비 사이의 끊임없는 사송詞訟으로 이어졌다.[128] 그러나 노비제가 사라지지는 않았다. 노비제는 스스로를 영속화했고, 17세기 말과 18세기 초의 불안한 사회적·경제적 환경 속에서 노비의 수는 오히려 증가했다. 양인 어머니의 사회적 배경에 따라 그 자식의 신분을 결정하게 한 1669년의 법은 재지 사족에 의해 거의 지켜지지 않았고, 과중한 세금을 더 이상 낼 수 없었던 상당수의 양인이 부유층의 농장에 투탁했다. 이런 파멸적인 추세를 되돌릴 만한 뾰족한 방도가 없자, 1731년에 정부는 양역 인구를 늘리기 위해 일부 노비의 상향이동을 부추길 위험을 감수하면서 1669년의 법을 다시 공인했다.[129]

남자 노비가 양인 여성을 아내로 삼는 것은 그 자식의 신분변동을 위해 택할 수 있는 방편이 되었지만, 노비가 천한 신분을 면할 수 있는 다른 법적 수단도 있었다. 예컨대 1718년에 관노비는 곡물을 기부하거나(납속면천納粟免賤), 전 주인이나 관아에 자신을 대신할 노비를 제공함으로써(대구代口) 처음으로 양인 신분을 살 수 있었다(속량贖良). 일단 적법한 수속을 거치고 나면, 그런 '새로운' 양인은 법의 보호를 받아 다시 노비가 되는 상황(압량壓良)을 피할 수 있었다.[130]

하지만 노비 신분을 벗어던질 수 있는 불법적인 수단은 꽤 많았다. 가장 단순한 방법은 다른(종종 멀리 떨어진) 장소로 도주한 다음 기록을 위조하여 신분을 바꾸고 새로운 존재로 살아가는 것이었다. 수량화하기는 어렵지만, 도망노비의 수는 틀림없이 상당했을 것이다. 1674년의 한 추계에 따르면, 그 수가 특정 구역 총인구의 6분의 1에 달했다.[131] 도망친 노비들을 추적하기는 어려웠고, 그들을 억지로 다시 데려오는 것은 심지어 위험했지만,[132] 그들의 이름은 그들이 달아난 뒤에도 주인들의 호적에 오랫동안 등재되어 있었다.

경제적 실상의 변화로 인한 노비 인구의 감소는 관노비의 신역身役에 대한 정부의 몇 가지 조치에 의해 가속화되었다. 17세기 중엽부터 공노비는 노동력을 제공하기보다는 면포를 바쳤고, 심지어 임금을 받는 피고용자가 되었는데, 정부는 1755년에 관노비의 강제입역을 사실상 폐지하고 신공을 감면함으로써 노비와 양인의 국역 부담을 균등하게 만들었다.[133] 징책 변화와 경제적 쇠퇴로 인해 양인과 노비 사이의 경계선이 갈수록 무너져 18세기가 끝날 무렵에는 거의 무의미해졌으므로, 1801년에 정부는 공노비제도의 폐지를 선언하면서 상징적으로 대부분의 노비안을 불태웠고, 6만 6,067명의 노비를 해방시켜 양인 인구에 섞이게 했다.[134] 이 기념비적 사건은 당대의 많은 관찰자에게 한국사회 자체의 파멸을 예견하게 했다. 1801년의 윤음은 공노비를 그들의 의무로부터 해방시켰지만, 노비라는 신분 자체를 철폐하지는 않았다.

게다가 정부의 원대한 구상은 사노비제에는 제한적인 영향을 미쳤을 따름이다. 호적에 근거한 자료가 입증하듯이, 재지 사족은 조선 후기에도 여전히 가장 많은 노비를 보유하고 있었다. 물론 그들이 보유한 노비의 수는 19세기 중엽에 가구당 2명꼴로 줄어들었다. 이 미미한 평균치는 노비를 가진 가구의 수와 도망노비의 수가 동시에 증가했다는 역설적인 사실에서 비롯된 결과로, 이제 가족이 아니라 개인이 부유한 주인들에게 일신을 의탁했음을 말해준다. 예컨대 광산 김씨의 외거노비는 1828년에 자취를 감추었지만, 9명에서 19명 사이의 솔거노비들은 19세기 말까지 종손의 가구에서 일했다.[135] 재령 이씨의 문서에서도 유사한 현상이 보인다. 19세기 말까지 대개의 경우 종자는 그의 형제들보다 많은 노비를 보유했는데, 1891년에 그 수는 여전히 15명 내외였다. 아직까지 남아 있는 마지막 호구단자(1897)에는 남녀 노비 각 1명이 '노비'가 아니라 '용남傭男'과 '용녀傭女'로 기록되었다.[136] 전형적으로, 소규모의 여자노비로 이루어진 가내노비가 가장 오랫동안 존속했다. 노비 가구는 19세기에 접어들기 전에 거의 사라졌지만, 자유가 없는 이 가내 '예속민'의 존재를 통해 노비제는 비록 규모가 급격히 축소되기는 했어도 왕조가 끝날 때까지 명맥을 유지했다.

## 전통적 사회신분제의 종말

이상의 이야기는 수세기 동안 엘리트와 비엘리트를 갈라놓았던 엄격한 사회신분제가 18세기를 거치면서 심각한 균열을 보이기 시작했음을 말해준다. 게다가 농촌지방의 사족은 중앙의 엘리트 지배층에게 서서히 농락당했고, 종족의 구축은 일부 재지 엘리트 출계집단에게 국가에 맞서는 보기 드문 응집력과 힘을 부여했지만, 상당수의 농촌 사족은 자신들의 경제관 ─ 토지자산이 줄어들고 있다는 현실을 감안할 때 급속도로 용도가 폐기되고 있던 ─ 을 완강하게 고수하다가 희생되고 말았다. 그들과 대조적으로 새로 열린 상업적 기회를 포착한 일부 양인과 노비는 자신들의 생활여건을 개선하여, 내리막길을 걷고 있던 사족의 체면을 손상시켰다. 더욱이 서얼과 향리는 서서히 종속의 굴레에서 벗어나, 각자의 방식으로 엘리트층의 정치적·문화적 생활을 더 많이 공유하게 해달라고 요구하고 나섰다. 분명히 상이한 사회적 수준의 다양한 세력이 오랜 세월 자신들을 예속시켜왔던 대전제에 이의를 제기했을 뿐만 아니라 사실상 그 전제를 타파하기 위해 노력했다.

무엇이 이 불평등한 사회를 그토록 오랫동안 하나로 묶어왔을까? 사족은 단순한 억압과 착취로 대부분이 문맹인 인구를 통제했을까? 아니면 사족이 전파한 사회계약의 도덕률이 수직적으로 분배된 권한과 수평적으로 작동되던 공동체성*communality*의 균형을 맞춤으로써 신분집단들 사이의 관계를 중재했을까? 그것도 아니면 지배 엘리트들이 그런 가치와 관행을 보급한 것은 오로지 자신들의 이익을 추구하기 위해 하급자들을 어려움에 처하게 했던 현실을 감추기 위함이었을까? 19세기의 민란은 명백한 답을 제시하지 못하는 듯하다. 앤더스 칼슨*Anders Karlsson*과 김선주는 1812년과 1862년의 반란이 '구체제의 해체'를 기도했다는 통설에 반론을 제기한다. 어쩌면 '동쪽의 학문'을 지지하던 자들의 집단인 동학은 1860년대 중반에 나타나 만인의 평등한 대우를 요구했을 때 그런 의도를 품고 있었을지도 모른다. 그럼에도 엘리트와 비엘리트 모두를 반란군으로 모집한 이 잡다한 집단은 일차적으로 국가의 개입과 지방의 부패, 사족의 억압, 극심한 가뭄과 기근에 의해 갈수록 악화되고 있던 농촌의 여건에 반발한 것이었지, 부당한 사회제도 자체에 반기를 든 것은 아니었다. 따라서 그들은 대체로 지역적인 수준에 머물러 있던 자신들의 투쟁을 대대적인 사회변화를 위한 청사진이나 실천방안으로 뒷받침하지 못했다. 오히려 그들이 요구했던 것은 지역의 지배체제 개편을 통해 본인들의 살림살이를 개선하는 것이었다.[137]

한국의 역사서는 흔히 비엘리트를 역동적인 사회변화의 불길을 지펴 조선 후기의 사회를 밑바닥에서부터 뒤흔들어놓은 주역으로 묘사하지만, 전통적인 사회신분제의 역사적 혁파는 그 결과가 아무리 혁명적이라 하더라도 반란군들에 의해 아래로부터 성취된 것이 아니라, 역설적이지만 왕의 명령에 의해 위로부터 시작되었던 것이다. 게다가 신분제의 폐지는 18세기에 이루어진 신분과 세습에 관한 기나긴 논쟁에서 비롯된 점진적인 과정으로, 그런 논쟁이 한 세기 뒤에 일어난 획기적인 변화의 이념적·실천적 전제조건을 만들어냈던 것이다.

신분 재생산의 핵심 메커니즘인 세습의 문제는 분명히 일찍부터 유교적 감수성에 생채기를 냈다. 특히 노비제는 인구의 많은 부분을 국가와 엘리트에 의한 경제적 착취를 위해 영구적으로 속박하는 정책의 정당성에 관한 논란의 중심에 서 있었다. 앞서 설명했듯이 유형원은 평등한 인간관을 지지했고, 노비제를 언급하면서 세습에 의해 그 신분이 영속화되면서 노비와 주인 모두를 비인간화하는 현실을 개탄했다. 더욱이 중국의 경전에서 노비의 세전世傳을 뒷받침할 만한 전거를 찾지 못한 유는 그것에 반대했고, 친모 귀속적인 규정이 비록 유교의 부계적 원리에 어긋나기는 하지만, 그 규정으로 돌아가는 것이 노비제의 점진적인 폐지에 일조할 수 있을 것이라고 믿었다.[138] 이익은 유의 관심을 공유했지만 노비제의 철폐까지 주장하지는 않았고, 다만 노비의 매매는 금지되어야 한다고 생각했을 따름이다.[139] 훗날 유수원은 노비제의 기원을 고찰하여, 전설상의 기자箕子도 일종의 형벌로 부과된 노비 신분을 다음 세대로 연장할 뜻은 없었다고 확신하게 되었다. 그래서 그는 노비들을 해방하고 그들을 임노동자로 대체하자고 주장했는데, 이런 과정은 그의 시대에 이미 진행되고 있었다.[140]

제임스 팔레James Palais가 단언하듯이 개혁주의자들의 사상이 신분 차별에 대한 일부 정부 지도자의 견해에 영향을 미쳤을 수도 있지만, 중국 — 사신들의 보고에 따르면 노비제가 없었다는(이는 물론 사실이 아니었다) — 과의 비교가 노비제에 과도하게 의존하는 한국을 후진적이고 비효율적인 나라처럼 보이게 만들었고, 결과적으로 영조의 소성에서 노비제에 반대하는 대신들의 입장을 강화해주었을 가능성도 있다. 예컨대 조문명趙文命

(당시의 우의정)이 1730년 가을에 왕에게 올린 진언을 보면, 그들은 중국의 옹정제雍正帝(재위 1723~1735)가 1727년에 칙령을 발포하여 멸시받던 여러 사회 집단의 천민 낙인을 벗겨주고 그들을 양인으로 등록하게 했다는 것[141]을 인지하고 있었던 것 같다.

> 노비의 세전은 중국에는 없는데, 우리나라에서는 그 유래가 워낙 오래되어 갑자기 없앨 수가 없습니다. 노비 아버지와 양인 어머니 사이에서 태어난 자식을 아버지의 역役을 따르게 함으로써 신체 건장한 [잠재적] 양인의 상당수가 천적賤籍에 오르는 것은 말도 안 되는 일이옵니다. 현종의 치세에 송시열이 그 법을 혁파하자고 제안했으나 준행되지 않았습니다. [이제] 그 법을 영원히 폐기한다면, 조가朝家가 선량한 양인을 얼마나 많이 얻겠나이까? 그리고 그렇게 된다면, 사무친 원한도 족히 사라질 것이옵니다.[142]

실제로 송시열이 이끌던 노론은 오랫동안 신분 규제의 완화를 외쳐왔는데, 이는 인도주의적 동기가 아니라 양인 인구의 증가라는 실용적 목적에서 비롯되었다. 온건한 소론인 조문명은 백성(민民)의 곤경에 지대한 관심을 보였고, 그래서 1669년의 친모 귀속적인 법을 강화하면 건전한 양인층을 재구성할 수 있으리라고 생각했다고 한다. 동일한 정신에 입각하여, 그는 영조의 '탕평책'을 일찍부터 지지했다. 조의 취지에 공감하기는 했지만, 왕은 그런 변화가 사노비들이 주인들을 배반하는 폐단을 낳을까 우려했다. 그럼에도 대신들의 재촉에 의해, 이미 언급했듯이 그는 마침내 1731년 정월 초하루부터 종모법從母法을 시행하는 데 동의했다. 나아가 1755년에는 공노비의 신공을 감면했고, 1764년에는 장예원掌隸院을 혁파했으며, 1774년에는 여자 노비의 신공을 폐지했다. 이런 과감한 조치들은 영조의 후계자인 정조에게 공노비제를 완전히 종식시켜야 한다는 엄청난 부담을 안겨주었다. 노비와 양인 모두 국가에 면포를 바치는 상황에서 두 집단을 계속 구분할 필요가 없어졌다는 논리에 수긍하면서도, 정조는 할아버지와 마찬가지로 사노비 소유자들의 반발이 두려워서 결단을 내리지 못했다. 그래서 정조가 죽고 난 다음인 1801년 초에야 공노비제는 마침내 폐지되었다.[143]

1801년의 윤음에서 순조는 이 획기적인 조치를 일종의 수정주의적 역사관으로 정당화했다. 그는 한국인이 도둑질한 자를 피해자의 노비로 삼게 한 기자의 처벌규정을 제대로 이해하지 못했다고 설명했다. 왕은 이 유감스러운 잘못을 개탄하면서, 자신이 그 잘못을 바로잡겠노라고 말했다.[144] 순조의 포고는 이런 식으로 백성들을 교화하고자 했다는 기자의 유산과 노비제를 명시적으로 구분했지만, 노비의 비천함을 세습적인 신분 귀속의 문제로 다루지도 않았고, 노비의 사적 소유에 도전하기는커녕 이의를 제기하지도 않았다. 섭정 김씨 주변의 세도가들에 의해 인도되던 어린 순조[145]는 자신의 포고를 왕의 은혜로 포장했고, 전통적인 위계질서를 타파할 뜻도 없었다. 세도가들은 수만 명의 공노비를 해방시키는 것이 수천 명의 서얼이 정치적으로 입신하는 것 — 이들이 고위 관료가 될 길은 1823년의 계미절목에 의해 계속 막혀 있었다 — 보다는 양반의 헤게모니에 덜 위협적이라고 생각했던 것으로 보인다.

19세기 후반으로 접어들면서, 조정의 정치적 기류는 외침의 충격과 '개화된' 개혁적 사고의 출현에 의해 급변하기 시작했다. 특히 개혁사상은 모든 인간의 평등과 인류애 같은 새로운 가치를 옹호함으로써, 착취적인 신분제의 철폐를 촉구했다.[146] 이런 다양한 영향에 감화된 고종은 그 방향으로 나아가는 두 가지 단호한 조치를 취했다. 1882년에 사회신분에 근거하여 관직 등용을 제한하는 것은 "하늘의 이치에 부합"하지 않는다고 인정하면서, 그는 서얼과 향리, 몇몇 '소외집단'이 현직顯職에 임용될 길을 터주었다.[147] 4년 뒤인 1886년 1월에는 세습적 천역賤役의 폐지라는 더욱 획기적인 결단을 내렸다. 고종은 칙령에서 일찍이 순조가 노비안을 불태운 것을 "성대한 덕德과 지극한 인仁"의 발로였다고 회상하면서, 그는 이 조치를 '사가私家'에도 적용할 뜻을 밝혔다.

누군가가 노비의 신분[명]을 지니고 평생 강제로 일해야 한다면, 심지어 그런 신분을 고칠 기회조차 없이 그런 비자발적인 봉사를 자손에게 대물림해야 한다면, 이는 어진 정사에 흠이 되고, 나아가 [사회의] 평화를 교란하기에 충분한 이유가 된다. 사회신분[명분]에는 원래 불변의 법도가 있으나, 역役은 오로지 당사자 한 명에게만 부과되어야 하고, [미래의] 세대로 세습되어서는 안 된다.

이때의 윤음은 분명히 사노비 소유자들을 겨냥한 것이고, 여전히 남용되고 있던 사노비제에 마침표를 찍으려 했던 것이다. 따라서 왕은 자신의 칙령에 일련의 절목을 첨부하여, 신분과 세습적인 역 사이의 연결고리를 확실하게 끊고, 강제노동을 스스로 노비가 된 자들(자매自賣노비)이나 부모로부터 노비의 의무를 물려받은 자들(세전世傳노비)에 국한시키고자 했다. 그렇지만 이제 노동이 금전적 가치를 지니게 된 만큼, 사역을 자원하는 다음 세대에 대해서는 충분한 보상이 이루어져야 한다고 했다. 이렇게 해서 세습은 제거되었지만 신분은 없어지지 않았다. 그 반대로 신분은 "불변"이라고 선언되었고, 어떤 이유에서든 한번 얻은 천한 신분은 쉽게 벗어던질 수 없었다. 노비의 속량은 여전히 주인의 재량에 달려 있었다. 하지만 곡물이나 금전을 오랫동안 갚지 못했다는 이유로 양인을 노비로 삼는 것(압량)은 금지되었다.[148]

1894~1895년은 한반도의 권력 균형을 완전히 뒤흔들어놓은 격동적 사건들로 점철되었는데, 그 와중에 1886년까지만 해도 "불변의 법도"로 확인된 신분의 구분이 일본인을 등에 업은 1894년의 갑오경장甲午更張에 의해 마침내 시대에 뒤떨어진 것으로 선언되었다. 임시로 설치된 군국기무처軍國機務處 ─ 이 기구의 의원들 중에는 서자도 몇 명 포함되어 있었다 ─ 가 1894년 7월과 10월 사이에 제정한 200여 건의 개혁안 가운데, 세 번째 개혁안은 가장 강력한 것이었다. 이 안은 '귀'와 '천'의 구분을 불법화했고, 관직을 사회적 배경과 무관하게 재능 있는 모든 사람에게 개방했다. 간결하게 표현된 이 의안으로, 개혁가들은 한국사회를 2,000년 가까이 구조화해왔던 엘리트 중심의 사회제도를 혁파했을 뿐 아니라, 과거제의 폐지를 선언함으로써 사회적인 것과 정치적인 것 사이의 연결고리도 끊어버렸다. 여섯 번째 의안에서 서얼에 대해 언급하면서, 그들은 "예전의 법에 따라" 입양은 적자도 서자도 없을 경우에만 허용된다고 밝혔다.[149] 이 규정은 서자 문제의 뿌리를 건드리지는 않았지만(축첩을 금지하지는 않았다), 서자들이 집안일에서 제자리를 찾을 수 있게 해주었다. 아홉 번째 의안에 의해, 노비제는 폐지되고 사람을 사고파는

일은 금지되었다.[150]

갑오경장은 전통적인 사회적 위계와 그 질서를 오랫동안 지탱해왔던 논리와 제도적 장치의 점진적 타파에 종지부를 찍는 진정한 혁명적 단계로 빛을 발하고 있다. 개혁가들은 붓 몇 글자로 엘리트 권력의 세 가지 기반—조상의 음덕에 기댄 출생과 출계의 위신, 이에 따른 사회적 우대, 관직 임용상의 특권—을 무너뜨렸다. 갑오경장은 한국의 사회사에서 중대한 의미를 지니고 있지만, 이데올로기적이라기보다는 구조적인 개혁이었다. 유교 경전은 더 이상 관리들을 임용하는 근거가 아니었으나, 이 개혁은 사회적·의례적 실천체계인 유교를 비난하지도 않았거니와 사회적 조직과 위신의 케케묵은 모델인 종족을 폄하하지도 않았다.

19세기 말이 되자 신분 범주로서의 '귀'와 '천'은 이윽고 일소되었고, 정치적 참여(적어도 문서상의)도 더 이상 사회적 출신에 의존하지 않았다. 그럼에도 수세기 동안 사회적 불평등에 의해 주입된 신분과 위신의 힘에 대한 첨예한 의식은, 무한한 사회적 유동성과 변화라는 불확실성에 무방비로 노출된 채 20세기를 맞이하게 될 사회에서, 폐기된 범주의 어느 쪽에서도 사라지지 않았다.

# 결론

>>>

이 연구의 목적은 한국 출계집단의 기원과 역할, 발달을 신라 초기에서 조선 말기에 이르는 장기적인 역사적 시각에서 기술하는 것이다. 한국 친족제도 의 중심에 있는 출계집단에 초점을 맞춘 이 작업은 시공을 통해 사회적인 것 이 한국인의 삶 구석구석에 결정적인 영향력을 행사했다는 사실을 조명해준 다. 실제로 출계의 원리는 엘리트에 의해 지배되는 신분집단의 위계를 조성 했고, 엘리트는 정치적·경제적 질서를 통제하는 정당성을 사회적 특권으로 부터 도출했다. 정치적인 것보다 사회적인 것을 우위에 둠으로써, 엘리트층 은 자신들의 우월한 신분을 정치적 기능이 아니라 입증된 선계先系로부터 이 끌어냈다. 이런 까닭에, 출계에 바탕을 둔 한국의 엘리트층은 출계보다는 기능에 근거한 중국의 엘리트층과는 달리 신분에 대한 법적 정의를 필요로 하지 않았다.

정치 참여를 생득권으로 주장하던 엘리트의 사회적 구성은 정치적 영역의 형성과 구성에 지대한 영향을 미쳤다. 정치적인 것이 사회적인 것의 보완체로 개념화됨에 따라, '국가'는 사회의 외연 이상의 의미를 가질 수 없었다. 좀 더 과감하게 공식화하자면, 국가는 사회 안에 자리매김되는 것으로 인식되었고, 이런 관념은 훗날 국가와 사회가 상호의존성이라는 도덕적 원리에 의해 지배되는 하나의 실체를 구성한다는 유교적 전제로 뒷받침되었다. 이 관념은 왕권의 성격을 규정하는 데 특별한 의미를 지녔다. 그것은 왕의 권위와 권력을 약화시켰고, 여러 왕조를 거치는 동안 왕과 귀족층 사이의 관계를 껄끄럽게 만들었다.

출계집단 모델은 시간이 흐르면서 다양한 방식으로 수정되지만, 이 연구는 엘리트 출계집단이 놀라운 탄력성을 발휘하며 심지어 왕조의 경계를 가로질러 살아남았음을 보여준다. 공동의 조상에 의해 한데 묶인 친척의 집합체로서, 이 출계집단들은 응집력은 물론이고 고도의 유연성까지 갖추고 있었다. 역사적 실체를 사회적·문화적으로 구성되는 것으로 이해한다면, 한국의 역사적 경험을 형성한 것은 바로 이 엘리트 출계집단들이었다. 따라서 그 집단들이 시간을 통해 발전해온 주요 단계를 간략하게 되살펴보는 것이 유익할 듯하다.

신라 초에 나타난 고유의 출계집단들은 이 책에서 논의된 바와 같이 양계적으로 인지되는 출생과 출계에 기초하여 한 개인의 정치 참여 범위를 정한 골품제에 의해 등급화되었다. 막강한 권력을 지닌 소수의 엘리트가 훨씬 많은 수의 양인과 노비를 지배하는 불평등한 체제를 낳았던 이런 구조는 고려 초에 중국식 과거제가 도입됨에 따라 최초의 본격적인 변화를 겪었다. 과거는 '세족世族'이라 불리며 왕조의 첫 200년 동안 사회적·정치적·문화적으로 전성기를 누렸던 개경의 수도 엘리트들을 '관료화'했다. 당나라의 귀족층과 마찬가지로, 이 엘리트층의 성원들은 검증된 행정적 능력보다는 조상의 위신에 기대어 자신들의 지배를 정당화했다. 지방에 살고 있던 그들의 상대는 지역에 뿌리를 내린 농촌 행정가들이었고, 수도 엘리트의 대부분은 원래 이들로부터 갈라져 나왔다. 사회적·정치적 위세 면에서 양자의 격차가 갈수록 벌어짐에 따라 중앙과 지방 사이에는 경계선이 그어졌고, 농촌지방은 점차 국가에 대해 확연히 불리한 입장에 처하게 되었다.

12세기 말에는 무신들의 발호에 의해, 그리고 그 직후에는 몽골 제국의 지배를 받게 됨으로 인해 나라가 일대 혼란에 빠지자, 사회적·정치적 합법성에 대한 전통적인 공인기준 바깥에 있던 사회적 부류가 나타나 몽골을 뒷배 삼아 권력을 잡기 위해 다투었다. 따라서 고려의 마지막 세기는 세족 엘리트와 권력 및 경제권을 찬탈한 '권문權門' 사이의 기나긴 권력투쟁으로 점철되었다. 이 갈등에 종지부를 찍은 것은 지적 요소와 군사적 요소의 기이한 결합이었다. 몽골의 후원하에 신유학을 국가와 사회를 쇄신하는 잠재적 도구로 인정하게 된 학자들이, 군사적 취약성을 깨닫고 나라의 장래를 우려하던 무인들과 뜻을 같이했다. 마침내 왕조의 교체를 촉진하고 무인인 이성계를 조선의 왕좌에 앉힌 것은 신유학의 설득력이라기보다는 군사적 국가이성이었다. 그럼에도 새 왕은 개혁된 사회정치적 토내 위에 신왕조를 구축하기 위해 신유학자들에게 의지함으로써, 세족의 정치적 복귀를 위한 발판을 마련했다.

이런 왕조 교체의 역사적 의미를 온전히 평가하려면, 여말선조의 과도기에 대한 통념—사회정치적 균열을 틈타 '새로운' 세력이 '구체제 옹호세력'을 대체했다고 가정하는—을 버려야 한다. 그 교체기는 검증되지 않은 사회세력이 등장하여 마찬가지로 검증되지 않은 신유학이라는 새로운 이데올로기로 무장하고 권력을 장악했다는 의미에서의 분수령이 아니었다. 당송 교체기에 일어났던 바와는 달리, 어떤 '중세 귀족'도 제거되지 않았다. 그럼에도 불구하고, 조선의 양반은 고려 귀족의 단순한 판박이가 아니었다. 오히려 그 이행의 역사적 의미는 조선의 건국이 '오래된' 엘리트에게 다시 힘을 실어주어, 양반을 신유학의 사회정치적 패러다임에 고무되어 일신된 새로운 통치양식의 관리자로 만들어주었다는 사실에 있다. 개편된 과거제는 실력 있는 새로운 엘리트 관료를 만들어내지 못했다. 관료체제에 새로 진입한 자들이 있기는 했지만, 주목할 만한 것은 토착적인 친족 이데올로기의 연속성이다. 권력은 여전히 신분에 내재되어 있었고, 누대에 걸쳐 한정된 범위의 동일 출계집단들 내에서 순환되었다. 그 결과 고도로 사유화된 정치가 생겨나 왕권에 제약을 가했다. 이런 현상은 고려−조선 이행의 독특한 사회적 성격을 강조해준다. 유연하고 지파가 많은 출계집단으로 조직화되어 있었기에, 엘리트층은 계속해서 공동 통치를 주장할 수 있었던 것이다.

신왕조의 첫 세기에 왕권과 관권의 강약이 재조정되는 동안, 국가와 사회를 개조하기 위해 신유학을 어떻게 사용할 것인가에 대한 상이한 견해가 관료사회를 분열시켰고, 그 결과 피비린내 나는 숙청이 거듭되었다. 관리들은 수도의 정변을 피해 그때까지만 해도 국가의 통제에서 사실상 벗어나 있던 지방에 정착하여 농장을 조성했지만, 그래도 중앙과의 정치적 연줄은 끊지 않았다. 1600년 무렵에 그들은 지방을 장악하고 있었다. 17세기의 개막을 전후해 일어난 임진왜란과 만주족의 침략은 농촌 각지에서 그들의 '지방화'가 얼마나 진척되어 있었는지를 시험하는 중요한 무대였다. 자신들의 터전인 농촌공동체를 수호하라는 요구에 직면하여, 지방화된 엘리트들은 축적된 부와 사회적 연결망을 동원하여 외적에 맞서 싸웠고, 대개의 경우 이런 전쟁 경험으로부터 패자가 아닌 승자로 부상했다(통상적인 역사서는 임진왜란을 조선 사회정치사의 전환기로 삼기 위해 그들을 패자로 취급하는 경향이 있다).

1623년의 인조반정을 계기로 수도에 기반을 둔 배타적인 몇몇 출계집단이 고위직을 독점하게 되고, 재지 엘리트들은 중앙의 정치에 참여할 기회를 제한받기 시작했다. 이런 주변화에 맞서, 재지 엘리트들은 본인들의 신분을 지키기 위한 방편으로 종족의 구축에 열과 성을 다했다. 이 연구가 보여주었듯이, 종족 형성은 이 출계집단들이 지역사회에서 우월한 지위를 유지하는 동시에 지방을 철저하게 통제하려는 중앙정부의 거듭된 시도에 저항하는 데 결정적으로 중요했다. 자신들을 종족으로 조직화할 수 있었던 출계집단들만은 높은 사회적 위상을 잃지 않고 살아남았고, 남계친들이 단합하여 서로를 돕는 확실한 안전망이 없었던 집단들은 사회적으로 서서히 사양길에 접어들었다. 17세기에는 지방에서, 그리고 중앙과 지방 사이에서 미증유의 사회적 균열이 생겨났는데, 이 틈은 신민의 화합을 위협하던 치열한 당쟁에 의해 갈수록 크게 벌어졌다. 영조는 '탕평책'으로 이 위급한 상황을 진정시키고자 했다.

요컨대 사회적 다변화와 경쟁이라는 역동적 과정은 조선 중기 이후 중앙에서 권력이 소수의 엘리트 집단에 집중되는 동안 농촌지방이 훨씬 많은 수의 재지 엘리트 출계집단에 의해 지배되는 현상을 초래했다. 나라의 정치에 더 이상 정기적으로 참여하지는 못했지만, 그래도 재지 엘리트는 계속해서 스스로를 더 큰 사회정치적 연계망의 일부로 간주했다. 높은 사회적 신분에 대한 그들의 주장을 뒷받침하기 위한 전략을 짜는 데 결정적인 역할을 한 것은 신유학이었다. 이제 친족과 도학, 정치권력이 어떤 식으로 함께 작용하여 조선사회를 변화시켰는지 간략하게 되짚어보기로 하자.

세상을 재편하는 청사진을 제공한 신유학은 고려 말에 수용되었을 때부터 권력과 밀접한 관계를 맺고 있었다. 조선 초에 '실용주의적' 사대부들은 도학을 '실학'으로 포용하여, 혁신된 국가와 사회에서 양반의 우위를 재확인하는 작업의 지침으로 삼았다. 조선의 첫 세기는 이미 언급했듯이 왕과 관리들 사이의 투쟁으로 일관되었다. 초기의 왕 몇 명은 새로운 이데올로기의 속박을 거부했고, 그의 대신들은 종종 정부에 대한 자신들의 영향력을 증대하기 위해 그 이데올로기를 활용했다. 이와 같은 도학의 정치화는 도덕적 교화를 왕과 엘리트 모두의 주된 임무로 만들기 위해 애쓰던 '이상주의자들'의 목적에 배치되었다. 이런 경쟁적인 상황에서 유혈이 낭자한 사화가 발생했다. 이 지적 정화는 16세기 전반에 정치적 논의를 도학의 형이상학적 차원으로 옮겨놓았고, 인간성과 인간의 도덕적 성향에 대한 진지하고 대단히 다채로운 탐구를 촉발했다. 이는 두 번째 유교화를 태동시켰고, 이번에는 이상주의적 사림이 주도권을 행사했다.

이런 식으로 발전하고 있던 담론에 분명하게 타격을 가한 것은 두 명의 권위 있는 사상가이자 스승인 이퇴계와 이율곡이 같은 세기에 등장하여 주희의 핵심적인 철학 개념들에 대해 상이한 해석을 내놓음으로써 결국 조선에서 도를 둘로 쪼개놓았다는 사실이다. 둘은 주희를 유일무이한 '정학'의 원천으로 존경했지만, '이'와 '기'의 우선순위를 어떻게 정할 것인가에 대해 다른 생각을 가지고 있었다. 그들에게는 학문적 담론을 양분할 의도가 전혀 없었지만, 지적 영역이 더 큰 사회정치적 영역에 착종錯綜된 결과 도학운동에 금이 갔고, 이는 조선 역사의 향후 진로에 결정적인 영향을 미쳤다.

도학의 분열은 엘리트 사회를 지적 노선에 따라 갈라놓아 친족에 바탕을 둔 상쟁하는 붕당들을 만들어냈을 뿐 아니라, 도학을 도덕주의적인 권력의 도구로 바꿔놓았다. 17세기를 도의 분기로 장식한 이 분열은 목전의 이익에 맞게 학문을 왜곡함으로써 국가와 사회에서 헤게모니를 장악하려는 붕당들 사이의 투쟁을 야기했다. 주희는 존경을 한 몸에 받는 인물로 남아 있었지만, 무엇이 '정학'을 구성하는지를 규정하는 일은 열띤 논란의 대상이 되었다. 교조적 입장이 갈수록 경직됨에 따라, 각 붕당은 권력을 잡았을 때 자신들의 도학을 '정학'으로 공인함으로써 정치권력에 대한 이데올로기적 주장을 정당화하려고 노력했다. 따라서 한국 '도통'의 구성은 일차적으로 정치적인 쟁점이었다. 문묘에 종사된 현인들은 무엇보다도 그들에게 최고의 학문적 명예를 부여하려고 노력한 붕당의 정치적 이익을 대변했다. 역설적이게도 한국 유학의 큰 갈래를 대표하여 결국 문묘에 배향된 한국의 18현은 현실 속에서는 서로의 학문적 전제를 치열하게 논박했던 인물들이다.

붕당들에 의한 유교적 입장의 편향적 차용은 중앙의 정치를 불안정하게 만들었다. 그들의 논쟁은 오직 '승자'와 '패자'[1]만 낳았기 때문이다. 권력투쟁을 도덕적 용어로 표현하여, 승자들은 군자연君子然하면서 도덕적 패자인 '소인小人'들의 숙청을 합리화했고, 후자를 중앙의 권력에서 추방했을 뿐 아니라 그들의 신분까지 격하시켰다. 왕실의 복상기간에 관한 의례적 문제들이 서인과 남인 사이의 '예송'에 불을 붙였지만, 이 논쟁의 핵심은 급변하는 동아시아 세계에서 국가와 붕당의 이름으로 신분과 신분의 합법성을 수호하는 방식이었다. 최종적인 승자인 서인은 중앙의 관료사회를 통제하게 되고, 자신들이 신봉하는 도학을 '국가 이데올로기'로 정립했다. 패자인 남인은 영남으로 물러날 수밖에 없었고, 남인 식의 도학은 사실상 국론에서 배제되었다. 서인이 지적으로나 정치적으로나 중앙에서 주도권을 잡음에 따라, 각 파의 학문은 '철학적 구역'에 갇히게 되었다. 영남은 퇴계의 뒤를 이은 지적 후계자들의 본거지였고, 기호·황해·충청은 율곡의 제자들이 주름잡는 무대였으며, 전라는 소수의 남인이 압도적으로 많은 서인에 둘러싸여 있던 지대였다.

이런 도학의 파편화는 한국적 사상의 향후 발전에 어떤 의미를 지니고 있었을까? 그것은 한국에서 '국가 정학state orthodoxy'이라 불릴 만한 것이 출현할 수 없었던 주된 이유가 아니었을까? 물론 정부가 선정한 몇 가지 경전 (주희의 주석이 첨부된)으로 이루어진 과거 과목이 일반적으로 수용된 지적 과제의 역할을 수행했지만, '관학'은 '정학'의 단계에 이르지 못했다.[2] 게다가 '정학'이라 주장되던 것도 자신이 속한 붕당의 분파적 입장을 뒷받침하는 학문에 지나지 않았다. 어떤 학자의 행장에서 그가 '이'나 '기'를 연구했다는 논급은 그의 학문적 성취를 부각시키기보다는 그의 소속 붕당을 밝히기 위한 경우가 더 많았다. 물론 이는 철학적 생산이 중단되었음을 뜻하지는 않는다. 그러나 학술적 정통성을 결정하고 부여할 권위의 소재가 불분명했던 까닭에, 학문은 날이 갈수록 권력을 쥔 붕당의 감시하에 놓이게 되고, 도의 추구는 더 이상 개별 학자의 순전히 '사적인' 문제가 될 수 없었다. 그 반대로 학문이 어떤 결과를 수반해야만 하는지를 이해하는 일은 '공적인' 관심사가 되었고, 도의 '사적인' 추구는 보편적 의혹의 대상이 되었다. 한 당대인이 개탄했듯이, 학문은 '스스로의 노력으로 진리를 깨우치는 것'(자득自得)이라는 맹자의 본뜻을 분명히 상실했고, 그런 노력은 심지어 '이단'으로 비난받을 위험을 안고 있었다.[3]

조선 후기에 붕당에 얽매인 학문을 전수하고 보급한 곳은 서원이었다. 서원은 원래 향교가 쇠퇴하던 시기에 고등교육기관의 역할을 대신하기 위해 개별 학자나 엘리트 공동체의 발의로 건립되었고, 그 지적 중요성을 인정받아 사액되기도 했다. 하지만 국론이 점차 양극화되고 다수의 재지 엘리트가 중앙의 권력에서 소외됨에 따라, 서원은 서서히 지방의 사족 공동체들이 국가에 맞서 자신들의 분파적 이익을 천명하고 수호하는 장소로 변질되었다. 그래서 서원은 체제전복을 기도한다는 의심을 받았고, 특히 남인의 텃밭에서는 중앙정부에 의해 반국가 기구로 지목받기 일쑤였다. 실제로 18세기까지 중앙권력을 완전히 장악한 서인은 서원의 사회적·지적 특권을 타파하기 위해 서원의 훼철을 명하고 향후의 건립을 금했다.

이런 식의 사태 진전이 자유로운 소통에 의한 국론의 수렴을 조장하기보다는 저해했다는 점을 고려할 때, 서원을 발아기의 '시민사회*civil society*'나 '공적 영역*public sphere*'에 해당하는 장소로 간주하는 것 — 근자에 한국 초기 근대성의 뿌리를 찾으려는 학자들 사이에서 통용된 관점 — 은 과연 합리적일까?[4] 이 용어들이 서양사와 관련하여 원래 어떻게 정의되었는지를 구체적으로 파고들 생각은 없지만,[5] 그것들을 전근대 한국에 적용하고 싶어 하는 자들은 국가와 지방 엘리트 사회의 관계가 18세기에 이르기까지 상당한 변화를 겪었고 이에 따라 서원의 성격도 변했다는 사실을 과소평가하는 듯하다. 송나라의 경우 13세기까지 남송 전역의 서원에서 주희를 숭배하는 다양한 사상가를 포용하는 '도의 동질화*homogenization*'가 일어났다.[6] 그러나 종족과 붕당의 성원권이 결합되어 있던 조선에서는 정반대의 현상이 발생하여, 서원은 점차 엘리트 위신의 '사유화된' 상징으로 변했고, 더 큰 학문 공동체에 이바지하는 기능을 상실했다. 안동의 향전이 예시하듯이, 향촌에 대한 지배력 면에서 사회적 우위를 점하기 위해 붕당들이 벌인 경쟁은 도학의 지방화를 적나라하게 보여주었다. 18세기에 지역의 인물들(반드시 '현인'은 아니었다)에게 바쳐진 수많은 서원과 사우는 정부의 바깥에 비非개인화와 탈脫가족화로 특징지어지는 '공적 영역'이 출현했음을 뜻한다기보다는 친족집단의 노선에 따라 도가 파편화되었음을 나타냈다.

이 연구의 핵심적인 주제들 가운데 하나는 한국 종족제도의 출현이다. 그것을 신유학의 산물이라고 부르는 것이 얼마나 정당화될 수 있는지는 조선시대에 무엇이 종족 구축을 촉진했고 무엇이 그것을 방해했던가를 알아봄으로써 판단할 수 있을 것이다. 부계종족의 출현은 결코 '자연발생적인' 것이 아니었다. 몇 가지 요인이 함께 작용하여 느슨하게 조직되어 있던 출계집단들을 주희의『가례』를 모델로 삼아 명료하게 구조화된 남계친들의 배타적인 집단들로 바꿔놓았는데, 이는 16세기와 17세기에 급변하고 있던 사회정치적 상황에 대한 현실적인 반응이었다.

최초로 종족을 구축한 자들은 대개 지방화된 소수의 엘리트 친족집단이었다. 17세기에 접어들자(그 이전부터는 아니라 하더라도) 토지 수탈은 불가능해졌고, 보유한 토지는 관습적인 균분상속에 의해 계속 분할되어 그들의 장기적인 번영을 위협할 정도로 축소되었다. 이런 실존적 불확실성의 단계에, 집단 형성을 위한 부계출계율을 전파한 주희의『가례』에 대한 관심이 높아졌다. 게다가 가까운 남계 조상의 숭배에 기반을 둔 주희의 패러다임은 친족의 범주를 직계후손들에게 국한시키고, 토지를 공유 위토로 한데 묶어 보존하는 조직적인 틀을 제공했다.

　하지만 주희가 제시한 틀의 충실한 수용은 고유의 관습, 특히 형제간의 평등과 마찰을 빚었다. 형제간의 평등은 대종大宗의 후사를 의례적·경제적 특권을 누리는 집단의 수장으로 만드는 데 걸림돌이 되었다. 동생들과 딸들의 균등한 상속 — 과거에 처가거주혼을 택한 주된 이유였던 — 도 또 다른 장애물이었다. 끝으로 조상숭배의 장소가 산소에서 가묘로 옮겨진 것도 종교적 감수성을 침해했고 오랫동안 준수된 관행에 위배되었다.『가례』가 요구하는 수직적 원리를 수평적으로 구성된 토착 출계집단에 이식하는 일은 두 개의 구조적 원리, 즉 유교식 부계종족과 토착적 기반의 문중을 하나의 동일한 제도에 조화롭게 담아낸 '역사적' 절충이 없었다면 실패로 돌아갔을 것이다. 가묘의 제사에 중점을 둔 부계종족은 집단의 성원권을 엄격하게 규정했고 조상 전래의 토지를 공유재산으로 관리했으며, 집단의 사회적 위신을 제고했다. 한편 시조나 현조의 묘제에 초점을 둔 문중은 모든 남계 후손을 장기간에 걸쳐 이룩된 종업宗業의 공동 상속자로 포용하는 확대된 제사집단을 만들어냈다.『가례』의 부계종족과 문중의 독특한 치환 가능성은 토착적인 집단의식이 한국의 '종족제도'에 차별적 특성을 부여하는 힘이 있었음을 입증해준다.

집단 형성의 부계적 기준은 집단의 성격을 새롭게 규정했고, 인척과 비남계친, 여성, 서얼은 당연히 그 범주에서 배제되었다. 여성은 결국 상속권을 박탈당했고 의례적 지위도 낮아졌지만, 모계는 엘리트의 신분을 물려주고 합법화하는 데 여전히 불가결했기에(토착적인 양계적 귀속의 유풍), 처는 변함없이 사회에서 존중받았다. 하지만 부계 출계집단의 배타성으로 인해, 첩이 낳은 아들들에게는 후사의 자격이 주어지지 않았다. 인척, 특히 처가는 더 이상 종족의 일부가 아니었지만, 그래도 족보상의 중요성을 유지하고 있었으므로 부계집단으로부터 종종 물심양면의 지원을 받을 수 있었다. 요컨대 부계 패러다임은 고유의 출계집단을 간소화했지만, 뚜렷이 남아 있던 토착적 요소들은 한국의 종족을 그 유교식 모델과 기능적으로는 비슷할지 몰라도 문화적으로는 확연하게 다른 무리로 만들어주었다.

종족은 중앙으로부터의 소외에 따른 신분 상실의 위험에 대응하는 수단이었다. 실제로 종족 구축은 재지 출계집단이 국가의 간섭을 견뎌낼 수 있게 해준 효과적인 도구였는데, 이 사실은 종족 구성의 정황을 시기별로 살펴보면 분명해진다. 15세기와 16세기에, 지방화된 엘리트들은 농촌공동체에 대한 자신들의 지배력을 굳히고 있었고, 이때까지만 해도 국가는 지방에 대해 명목상의 권한만 행사하고 있었으므로, 토지자산의 확대와 유학의 보급은 국가의 후원이나 방해 없이 주로 개인들의 주도로 이루어졌다. 이처럼 특수한 지방의 조건들 — 그중 하나는 토지자산의 보존이었다 — 하에서 부계종족이 출현하기 시작했던 것이다. 따라서 17세기 후반에 지방을 완벽한 행정적 통제하에 두려고 했을 때, 국가는 자신들의 이익에 반하는 모든 정책을 좌절시킬 수 있는 잘 발달된 남계친 조직과 마주쳤다. 지방의 엘리트들은 자신들을 지방행정에 참여시키려는 국가의 시도를 저지했고, 수령의 아문과 담을 쌓은 채 본인들의 마을에서 편안하게 생활했다. 이런 식으로 강력한 종족은 국가의 개입을 받지 않고 조선 후기에 살아남았다.

종족은 자발적으로 국가에 협력하는 '공적' 조직과는 거리가 멀었다. 그 반대로 중앙의 관리들과 주변화된 지방 엘리트 사이의 잠재적인, 때로는 공공연한 갈등이 종족을 '사적 통치*private governance*'[7]의 조직으로 만들었고, 이 자치조직으로 재지 사족은 국가에 맞서 자신들의 신분과 이익을 지켜냈다. 과거 급제자와 관직 보유자들에 의해 주도되기는 했지만, 종족은 중국에서와는 달리 '지방의 공동체로 확대된 국가권력'[8]으로 기능하지 않았다. 오히려 국가와 경쟁하면서, 종족은 향약과 같은 엄격한 도구로 경제적 자산과 인적 자원을 유지함으로써 자신의 특수한 이익을 지켜냈고, 내부의 문제는 거의 독립적으로 단속했다. 그럼에도 종족은 부세, 그리고 성원들이 저지른 범죄나 반역행위에 대한 처벌의 대상이었고, 종족 내부의 갈등 같은 대단히 민감한 사건이 생기면 최후의 수단으로 관아에 중재를 호소하기도 했다. 하지만 여러 사례가 입증하듯이 수령들은 일반적으로 종족 문제에 개입하기를 꺼렸는데, 이는 종족에 대한 국가의 양면적 태도를 분명하게 보여주었다.

종족은 붕당과의 결연을 통해 대체로 '정치적'인 성격을 띠게 되었다. 모든 종족이 하나같이 붕당정치에 적극 참여하지는 않았을지 몰라도, 한 종족의 당파적 성향은 정치 참여의 범위와 방향을 좌우했다. 세습적 성원권을 통해 단단해진 종족과 붕당의 결합은 이미 언급했듯이 붕당으로 조직화된 권력자들에 의해 지배되고 있던 국가에 대한 강력한 도전이었다. 조선이라는 국가가 차별화되고 전문화된 상설 관료기구에 의존하고 있었다는 점 때문에, 종족과 붕당, 개인화된 권력 행사가 얽히고설킨 복잡한 관계가 조선 후기의 정치에 결정적인 영향을 미쳤다는 사실은 종종 간과되는 듯하다. "붕당은 항구적 집단이 아니다"라는 랠프 니컬러스의 주장[9]과는 반대로, 조선의 붕당은 종족과의 제휴를 통해 '항구성'을 획득함으로써 중앙과 지방의 무대에서 꾸준히 존재감을 과시할 수 있었다.

종족은 무엇보다도 남계친들을 그들의 조상을 숭배하는 집단으로 묶어주는 사회적·의례적 실체로 모습을 드러냈다. 이미 여러 차례 지적했듯이, 종족 형성의 동력은 조상숭배의 관행이었다. 제사는 조상을 숭배하는 자들에게 조상의 위신이라는 힘을 불어넣어준 핵심적인 '종교적' 행사였다. 본인들의 조상을 산소, 가묘, 사우에서 봉행되는 성대한 의례를 통해 기림으로써, 종족의 성원들은 조상의 은덕에 감사하며 조상의 가호에 자신들을 맡겼다. 그들은 그야말로 "조상의 눈 아래에서" 살았다. 그런 집합체에서 추방되는 것은 엘리트 신분과 그것에 수반되는 정치적·경제적 특권의 확실한 상실을 뜻했다.

주희의『가례』는 유교식 부계종족의 표준화된 모델을 제시했지만, 종족들은 결코 획일적이지 않았다. 표면적인 이데올로기적 동조의 저변에는 안동과 남원의 사례들이 보여준 '분산된 실천들scattered practices'[10]이 있었다. 게다가 안동은 물론이고 아마 영남 전역에서, 종족의 구조는 남원과 전라도에 비해 좀 더 고정적이고 경전에 충실했던 것으로 보인다. 경상도의 재사들은 남원의 그것들보다 규모가 컸다. 더욱이 종족들은 조상의 연원의 깊이, 그리고 사회적·경제적·문화적 성취의 수준 면에서 서로 달랐고, 이런 기준에 따라 각 지방에서 그들의 서열이 매겨졌다. 결과적으로 경쟁은 종족들 사이의 역학관계에 뿌리를 내린 특징이었고, 4부의 여러 장이 입증하듯이 조선 후기에 농촌의 종족사회는 위신과 권력의 높낮이에 따라 분명하게 파편화되었다. 그렇지만 안동과 남원의 사족은 각기 다른 학문적 방향으로 나아가면서도 유교문화라는 더 큰 영역에 함께 속해 있었기에, 그들의 특수성은 본질의 차이라기보다는 정도의 차이처럼 보였다.

조직 모델로서의 종족은 경상도와 전라도에만 국한되지 않았다. 하지만 다른 도들에 대한 역사적 기록은 상당히 빈약하다. 1930년대에 수행된 현지조사는 충청도에서 265개의 종족마을을, 그리고 경기도에서도 거의 같은 수의 종족마을을 확인했는데, 이는 경상도나 전라도에 비해 현저히 낮은 수치였다.[11] 최근의 한 연구는 중부지역의 두 도에서 종족 조직이 상대적으로 약했던 이유는 수도권의 토지자산이 수도의 엘리트들을 위해 지방의 대리인들에 의해 관리되었고, 따라서 수도 엘리트들은 일반적으로 그런 토지의 소재지에 거주하지 않기 때문이라고 시사한다.[12] 종족 조직은 전형적으로 한반도의 남쪽지방에서 가장 발달했고, 황해도와 평안도를 제외한 북부지방에서는 덜 발달했는데, 이는 사회적·문화적 성장이 비교적 더뎠던 북부의 상황이 전반적으로 엘리트층의 형성에, 특히 강력한 종족의 출현에 부정적으로 작용한 결과였다.[13]

비교론직 시긱에서 보자면, 한국의 종족 구축은 중국에서 종족이 생겨난 방식과 상당히 달랐다. 명나라 초기의 적극적인 사회정책하에서는 종족이 출현하지 않았다. 그러나 국가의 통제력이 16세기를 거치면서 약화됨에 따라, 종족들이 나타나기 시작했는데, 이는 피터 볼이 '지역주의적 전환 *localist turn*'[14)이라 부르는 현상의 일부였다. 어떤 조건하에서 중국의 종족이 출현할 수 있었는지에 대해서는 학자들의 의견이 분분하지만, 종족의 형성이 지역사회를 통제하에 두려는 국가의 시도에 자극받았다는 것이 통설인 듯하다. 데이비드 포르는 종족의 성장을 지역사회를 국가의 권한 아래 통합하려는 노력에 반발한 결과로 보고, 그것을 16세기부터 이루어진 중국의 상업혁명에 연결시키지만,[15)] 마이클 스조니*Michael Szonyi*는 심지어 종족의 출현은 신유학이나 엘리트의 지배력과 아무런 관계가 없었다고 주장하면서, 남계친 집단은 명나라의 호적조사와 부세에 대응하기 위해 형성되었다는 설을 제안한다.[16)] 젱 젠먼*Zheng Zhenman*은 스조니의 견해에 동의하면서, 거듭되는 분가를 통해 가구들이 겪은 불안정성 때문에 종족이 발달하기 시작했다고 주장한다.[17)] 루비 왓슨*Rubie Watson*도 중국은 '출계사회'가 아니었으므로 종족은 출계제도의 필연적인 산물이 아니라 복합적인 시장경제에 대한 반응이었다고 역설한다.[18)] 명·청 왕조기 중국 동남부의 지역사회를 연구한 힐러리 비티*Hilary Beattie*도 형식적인 조직화는 16세기에 시도되었다고 보고, 족보의 편찬과 가묘의 건립이 직접적인 국가의 개입 없이 이루어진 종족 구축의 첫 단계였다고 단언한다. 그녀는 종족의 목적이 집단의 생존이었다는 결론을 내리고, 본인이 연구한 종족들의 놀라운 영속성을 지적한다.[19)] 중국의 종족에 대한 이상의 설명들은 거의 남부와 남동부의 조사에서 도출된 것인데, 근자에 마이런 코언*Myron Cohen*은 자신이 중국의 북부와 동부에서 찾아낸 상이한 종족 모델에 관한 연구를 내놓은 바 있다. 특히 북부의 종족들이 시조까지 그 연원을 거슬러 올라가는 대종에 의례적 초점을 맞춘다는 면에서 한국의 종족 구조와 유사하다는 사실은 괄목할 만하다.[20]

한국 종족과 중국 종족의 주된 차이는 한국사회가 출계에 바탕을 두었던 반면에 중국은 그렇지 않았다는 사실에서 비롯된 듯하다. 더구나 중국에서는 종족이 국가 권한의 행사에 대항하여 출현했다는 면에서 국가가 상당히 큰 역할을 했던 것으로 보인다. 이와 대조적으로 한국에서는 국가의 전반적인 취약성 때문에 종족이 형성되었다. 놀랍게도 중국의 학자들은 주희를 기껏해야 간헐적으로 언급하지만, 주희의『가례』는 한국인이 엄격한 종족 구조의 최적조건인 장자상속제를 이식하도록 만들었는데, 이 대단한 성취는 중국인이 엄두도 내지 못했던 것이다. 오히려 명·청 시대에 주희의 의례규정은 일반적으로 무시되었고, 한 중국인에게 가묘에 안치될 자격을 보장한 것은 족보상의 위상이 아니라, 종족의 위토 조성에 도움이 되는 경제적 기부였다. 따라서 "조상을 모시는 제사에 참여할지 말지는 궁극적으로 개인이 알아서 결정할 문제였다."[21] 패트리샤 에브리*Patricia Ebrey*에 의하면, 중국에서는 기본적으로 사대부들이 의례규정을 시대적 상황에 맞게 수정하고자 노력했지만,[22] 이와 대조적으로 한국인은 주희의 의례적 처방에 맞게 사회조직의 전제를 바꾸고자 노력함으로써 의례의 '올바른' 수행을 엘리트 문화의 결정적 징표로 삼고자 했다.

한국의 엘리트층은 스스로를 사회적 측면에서, 다시 말해서 출생과 출계의 측면에서 정의하여 엘리트 신분을 상속 가능하게 만들었지만, 중국제국 후기의 향신鄕紳, *gentry* 신분은 적어도 이론상으로는 사회적 출신과 무관하게 과거 급제에 의해서만 얻어지는 것이었다. 티모시 브룩*Timothy Brook*

이 표현하듯이, 중국의 정치제도는 "신분이 신분을 낳는 것을 용인하지 않았다."[23] 하지만 이는 과거제가 모두에게 열려 있었음을 뜻하지는 않았다. 한국의 엘리트들처럼 과거 급제를 독점하지는 못했지만, 그럼에도 중국의 지방 엘리트들은 계속되는 등과를 통해 자신들의 높은 사회적 신분을 영속화했다. 이 점은 매우 중요하다. 최근의 연구가 중국에서는 엘리트의 신분이 이런 식으로 여러 대에, 심지어 수세기에 걸쳐 유지될 수 있었음을 보여주었기 때문이다. 이와 대조적으로 한국에서는 엘리트 신분의 영속화가 기본적으로 과거 급제나 관직 보유(물론 둘 다 여전히 바람직한 조건이었다)에 달려 있지 않았다. 그 연속성은 엘리트의 사회적 구성에 의존했다. 그렇지만 지방의 조건하에서 엘리트 신분은 다양한 문화적 활동을 통해, 특히 정교한 의례로 조상을 정성껏 모심으로써 계속해서 방어되고 입증되어야만 했다. 게다가 브룩에 의하면 중국의 유서 깊은 향신 가문은 친목, 혼인, 정치적 헌신, 문화적 추구를 통해 서로 교류함으로써 지배력을 행사했다.[24] 이 점은 한국의 지방 엘리트에게도 해당되지만, 영향력을 얻고 인정을 받기 위한 경쟁은 조선 후기 지방의 삶을 중국에 비해 훨씬 팍팍하게 만든 것으로 보이는데, 이는 적어도 부분적으로는 중앙과 지방의 격차가 갈수록 벌어지고 있었기 때문이다.

동시대의 중국에 비추어 한국의 특수성을 간략하게 살펴보면서 다루어야 할 또 하나의 요점은 한국의 엘리트가 자신의 주위에 갖가지 다양한 사회적 장벽을 세우고 유지할 수 있었다는 것이다. 중국에서는 유교식 사회이론이 향신을 사농공상이라는 4단계 위계의 꼭대기에 올려놓았지만, 한국에서는 그런 위계화가 명목적 가치만 지니고 있었다. 출생과 출계 덕분에 국가와 사회에서 우월한 신분을 뽐내던 한국의 엘리트는 비엘리트를 종속적 지위로 전락시켰고, 비엘리트의 상향이동은 극히 제한되어 있었다. 게다가 사회적 여과장치를 내재하고 있던 과거제는 능력에 기반을 둔 사회적 이동을 사실상 차단했다. 이런 관점은 조선의 과거제가 당대 중국의 그것과 마찬가지로 과장에 입장할 학문적 자격을 갖춘 모든 이에게 상향이동의 기회를 제공한 중요한 통로였다는 이전의 주장에 배치된다.[25] 중국에서 향신의 최대 경쟁자는 부유한 상인들이었다. 농업경제하에서도 필수불가결한 상행위는 여러 모로 업신여김을 당했고 온갖 종류의 제재를 받았지만, 복잡한 시장경제 안에서 활동하던 상인들은 막강한 세력을 형성하여 단지 향신들과 어깨를 나란히 했을 뿐 아니라 그들과 공공연하게 경쟁했다. 과거제를 통해 정부의 고위직을 다투었고,[26] 세련된 생활양식으로 향신의 문화에 발을 들여놓았다. 역으로 향신의 수입은 대부분 교역과 영리활동에서 나왔다.[27] 한국에도 물론 상인과 무역업자, 여러 부류의 장인이 존재했지만, 엘리트층이 과거의 모든 과정을 통제하고 있었기에 비엘리트 출신의 경쟁자들은 아무리 부유하고 박식해도 과거제를 통해 권력을 휘두르는 자리에 올라갈 수 없었다. 더욱이 재산은 꼭 필요한 것이었지만, 단 한 번도 결정적으로 중요한 사회적 가치로 인정받지 못했다. 나아가 한국인의 친족 중심 성향으로 인해, 엘리트층과 관료사회가 완전히 일치한 적은 없었다. 사회적인 것은 언제나 정치적인 것에 우선했다. 바로 이런 사실이 조선 후기의 재지 엘리트층에 힘을 실어주었고, 덕분에 그들은 중앙의 정치과정에 더 이상 참여할 수 없게 된 뒤에도 높은 사회적 신분을 유지할 수 있었다.

사족의 경쟁자들은 비엘리트층에서 나온 것이 아니라, 조선 후기에 엘리트의 사회적 배타성에 의해 생겨난 두 이례적인 사회집단인 향리와 서얼 중에서 나왔다. 일부 향리는 엘리트 출계집단과 조상의 뿌리가 같다고 주장하면서 엘리트에 못지않은 전반적인 사회적 인정(정치적 인정까지는 아니라 하더라도)을 받기 위해 노력을 기울이기 시작했고, 서얼들은 부친의 엘리트 신분을 앞세워 엘리트층의 사회적·정치적 생활을 공유할 수 있는 특권을 요구했다. 이런 주장과 요구가 때로는 과거에서의 성공으로 현실화됨에 따라 향리와 서얼은 엘리트 사회와 거의 어깨를 나란히 하는 별도의 사회집단으로 부상했다. 그들은 "출생의 한계를 뛰어넘은" 각자의 위치에서 전문직 역할을 수행하면서 한국의 근대화 과정에 일익을 담당했다.[28]

마지막으로 한국의 사회사에서 어떤 위치를 차지하는지, 또 어떤 의미를 지니고 있는지에 대해 지난 수십 년 동안 치열한 논쟁을 불러일으켰던 주제인 노비제에 관해 몇 마디 하고자 한다. 전근대 한국에서 노비제가 중요한 역할을 했다는 사실을 부인하는 사람은 없겠지만, 전통사회 내 노비의 규모와 정의에 대해서는 의견이 엇갈린다. 물론 조선시대에 노비는 인구의 30~50퍼센트에 달한 것으로 추정되는 거대한 집단을 구성했고, 노비의 신분은 해방될 전망이 거의 없이 한 세대에서 다음 세대로 세습되었다는 면에서 유난히 구속적이었다. 그러나 이런 것이 노비제를 조선사회를 정의하는 특성으로 간주하는 것을 정당화할 수 있을까?

세계적 시각에서 보자면, 비자발적 예종을 제도화한 동산動産노예제 *chattel slavery*는 아시아와 아프리카, 서양에 널리 퍼져 있었다. 실제로 구세계인 그리스와 로마에서는 정복당한 지역의 모든 인구가 전쟁포로가 되어 새로운 주인에게 봉사하는 노예가 되었다. 예컨대 기원전 3세기 말에 약 300만의 자유민이 살고 있던 이탈리아는 해외 정복지에서 본국으로 데려온 노예들 때문에 인구가 3분의 2가량 증가했고, 이로 인해 남녀의 인신매매가 성행하게 되었다. 하지만 노예는 해방될 수 있었고, 해방된 노예는 심지어 로마 시민권도 얻었다.[29] 그런데 굳이 시공을 건너뛸 필요도 없이, 중국에서도 동산이나 다름없는 노비는 예전부터, 심지어 노비제가 법적으로 폐지된 1906년 이후에도 이탈리아에 못지않게 눈에 띄는 존재였다.[30] 1970년대에 중국 남부의 노비제를 연구한 제임스 왓슨은 강력한 종족이 지배하는 지역에서 노비 보유가 전형적으로 널리 퍼져 있었다고 결론지었다. 그런 곳에서 노비는 가내 하인과 천한 일꾼으로 일했다. 그들의 신분은 남계를 통해 세전되었고, 그들은 주인집의 일부가 될 수 없었다. 노비는 소작권은 인정받았으나, 재산을 소유할 수는 없었다. 왓슨에 의하면, 가장 부유한 가족만이 세전노비를 유지할 여력이 있었으므로, 경제적 가치의 생산자로서 노비가 중요했다는 주장은 지나친 과장이다. 그러므로 노비는 논농사가 발달하고 시장도시가 활성화된 지역에서 주인집에 의해 창출된 잉여와 풍요에 의존해 먹고살면서, 무엇보다도 주인의 신분을 상징하는 역할을 했다. 왓슨이 중국 남부의 전반적인 경제적 상황에 어울리는 노비제를 관찰한 것일 수도 있지만, 중국과 한국의 노비제 사이에는 몇 가지 명백한 유사점이 있다. 두 사회에서는 사회적 구분과 배타성에 대한 유별난 집착이 노비들이 주인의 친족집단에 흡수되는 것을 막았고, 그들을 '일가붙이 없이' 엘리트 사회의 언저리에서 천하게 살아가는 사람으로 만들었다.

한국의 노비제는 의심의 여지없이 사족이 노비의 노동력을 이용하여 토지자산을 개발하던 조선의 첫 3세기 동안 가장 널리 퍼져 있었다. 이 연구가 보여준 것처럼, 때로는 수백 명에 달하는 남녀 노비의 대규모 노동력은 새로운 땅을 항구적인 경작지로 바꾸기 위한 필수적인 요소였다. 따라서 노비는 중요한 경제적 가치를 지니고 있었고, 초창기에는 엘리트의 부가 토지면적보다 노비의 수로 측정되었다. 17세기에 토지가 귀해지기 시작하자, 노비의 노동은 무익해졌고 그래서 소작으로 전환되었던 것이다. 하지만 가내노비는 상징적 가치에 못지않은 경제적 가치를 지니고 있었기에 줄어들지 않았다.

한국의 노비제에서 주목할 만한 면은 정부가 경제적 필요에 따라 양인과 노비 사이의 인구 균형을 계속 바꾸기 위해 부단히 노력했다는 것이다. 양인과 노비의 교혼은 법으로 금지되어 있었지만, 노비의 신분이 어머니로부터 세습된다고 규정한 법('종모법')은 이데올로기적 노선에 따라, 또는 세금을 내는 양인의 수를 늘리기 위해 종종 바뀌어, 대단히 복잡한 가족관계를 만들어냈다. 더욱이 사노비 소유자들은 자신들의 가용 노동력 증대를 위해 그 법을 악용했다. 이에 못지않게 심각했던 것은 엘리트 남성과 여자 노비의 결합이 갖는 사회적 함의였다. 중국에서는 돈을 주고 첩을 얻는 것이 문제가 되지 않았다. 그 여성은 '국외자'로 남아 있었고 남성이 지배하는 가구의 '재산'으로 취급되어 언제든지 팔려갈 수 있었기 때문이다. 하지만 첩의 아들은 합법적인 존재로 인정되었고, 부친의 가구에 완전히 통합되었으며, 재산권에 관한 한 적자와 똑같은 대우를 받았다.[31] 조선에서 첩은 양인 출신이든 노비 출신이든 적절한 조상의 배경을 결여하고 있었기에 부계집단에 전혀 중요치 않았다. 더구나 그녀의 낮은 지위는 그녀의 아들들이 부친의 출계집단에 합류하는 것을 막았고, 그들의 상속권을 축소했다.

한국의 노비제는 이처럼 다면적인 현상이었고, 경제적 의미를 뛰어넘어 엘리트층의 존재에 결정적으로 중요했기 때문에, 그것을 인간적으로 정당화할 수 있는지에 대한 진지한 질문은 제기되지 않았다. 실제로 그것은 한국의 전근대 사회제도를 구성하고 있던 필수불가결한 요소였다.

결론적으로 말하자면, 고유의 친족 이데올로기는 신분의 위계와 신분의 배타성을 찬미하면서 운명의 붉은 실처럼 신라 초부터 19세기 말에 이르는 한국의 역사를 관통했다. 사회적인 것을 정치적인 것보다 우선시함으로써, 이 이데올로기는 출생과 출계를 기반으로 지배력을 행사하는 엘리트를 창출했고, 엘리트에게 시공을 초월하는 엄청난 내구력을 부여했다. 이 연구가 밝힌 것처럼, 중국에서 차용한 과거제와 신유학은 위계질서를 허무는 데 실패했다. 엘리트의 월권에 제약을 가하기는커녕 괄목할 만한 방식으로 엘리트의 지배를 강화했다. 신유학의 변혁능력을 강조한 과거의 관점은 이 토착적인 친족 이데올로기의 지속성을 간과했던 것 같다. 엘리트에게 유교식 사회의 윤곽을 제시한 신유학은 종종 후기 조선사회의 경직성을 초래했다는 비난을 받았지만, '엘리트 제도'를 존속시킨 것은 신유학이 아니라 내구성 있는 토착적 친족 이데올로기였다. 일부 유학자는 이 사실을 예리하게 의식하고 있었고, 때때로 '양반 제도'에 공격을 가하기도 했다. 그중 한 명이 17세기의 학자 유형원으로, 그는 양반 지배층을 개편된 보편적 교육에 근거하여 선발된 '도덕적인 관료들'로 대체하자고 제안했다. 하지만 유형원의 사상은 그의 시대에는 반향을 얻지 못했다. 그렇다면 그토록 오랫동안 양반 엘리트에게 특권을 부여했던 사회신분제는 조선 후기에 비엘리트가 그 어느 때보다 단호하게 자신들의 목소리를 높이면서 '신분상승'을 꾀하고 있던 상황에서도 개혁될 수 없었을까? 역설적이게도 직함을 팔아서 그런 추세를 부추긴, 다시 말해서 그것을 산 자들에게 군역을 면제시켜줌으로써 적어도 사회적 입신의 환상을 심어준 것은 바로 정부였다. 하지만 사회적으로 구성된 '귀'와 '천'의 제도는 엘리트층이 변화하는 사회적 현실에 유연하게 대처하는 것을 막았고, 비엘리트층이 부나 직함을 앞세워 양반 계층에 침투하는 것을 방해했다. 아마도 이런 까닭에 엘리트층의 몰락은 필연적으로 갑작스럽게 찾아왔을 것이다.

'제도'로 법제화된 적은 없었지만, 신분제는 한 사회집단이 사회의 나머지 집단들을 지배하는 것은 급변하는 근대세계에서 설 자리를 찾고 있던 국가에서 더 이상 용인될 수 없는 일이라고 간주됨에 따라 1894년에 돌연 철폐되었다. 사회적인 것과 정치적인 것 사이의 연결고리가 끊어지자, 전통적인 신분제도가 붕괴되었다. 하지만 신분의식은 쉽사리 사라지지 않았다. 세습권을 박탈당한 양반은 신분상의 차별성에 매달려 족보를 갱신했고, 가묘와 묘지를 개수했으며, 의례의 적절한 수행을 과시했다. 그런데 '신분'은 더 이상 획득 불가능한 특권이 아니었다. 굴욕적인 과거를 극복하고 사회적 인정을 얻기 위해 노력하면서, 사회의 여러 부류가 사회적 상승의 징표로 '유교식' 의례를 봉행하기 시작했다. '양반 의례'를 따라 하는 열풍이 불자, 경각심을 느낀 성명 미상의 의례 전문가는 19세기 말에 속습俗習에 의해 '사례四禮'가 저속화되는 사태를 우려하여, 초심자들을 위해 긴요한 내용만 간추려 편찬한 책을 만들었다.[32] 실제로 '사회적인 것'은 그 규범적 힘을 상실했지만 감정적인 신비감은 간직하고 있었고, 한국사회의 '양반화'[33]라고 적절하게 명명된 현상을 낳았다. '역사적 실체로서의' 양반은 나라를 도탄에 빠뜨렸다는 비난에 자주 휩싸이지만, 양반의 신분을 내세우는 것은 심지어 오늘날에도 개인의, 나아가 지역과 국가의 정체성을 구성할 때 여전히 강력한 호소력을 발휘한다.

# 부록 A 〉〉〉 문서자료

## 주요 전거

본서는 현재 한국에서 '고문서' — 특정한 사적 기관이나 개별 출계집단의 역사에 관련된 사문서와 공문서[1]를 가리키는 새로운 장르의 사료 — 라 불리는 전거에 크게 의존하고 있다. 근래에 들어 연구자들에게 대거 공개된 이 문서들은 『실록』과 같은 관찬官撰 전거가 다루지 않는 일상생활의 영역을 조명해준다는 면에서 사회사 연구에 신선한 시각을 제공할 가능성을 지니고 있다. 이런 문서들에 속하는 것으로는 분재기, 토지대장과 노비안, 토지 및 노비의 내내문기, 호구단자, 소지所志, 통문, 입양문서, 서간 등이 있다. 관찬 문헌과 달리 고문서는 인간의 행위가 일어나는 개별화된 공간을 묘사하는

데, 이 무정형의 정보 덩어리를 해독하는 데는 상당한 어려움이 뒤따른다. 문세의 발난은 종종 문서의 보존 상태가 좋지 않다는 것이다. 게다가 이두吏讀(서리胥吏의 독법讀法)[2]가 많이 사용되어 해석하기가 매우 까다롭다. 또 다른 문제는 연대를 결정하는 것이다. 60년을 하나의 주기로 삼는 육십갑자六十甲子[3]를 사용한 탓에, 치세에 대한 언급이 없을 때는 시대를 확정할 수 없으므로 그 내용이 무의미해지는 경우가 많다. 더욱이 고문서는 일련의 체계적인 지식과는 거리가 멀다. 그것은 보통 특별한 상황에서 비롯된 것이기에 어떤 행위의 원인보다는 결과를 전해주고, 따라서 동기에 대한 단서는 거의 제공하지 않는다. 더 큰 맥락 속에서 살펴볼 수 없다면, 고문서는 원거리 '정보제공자distant 'informant''로서의 잠재력을 완전히 발휘하지 못하는 일화의 수준에 머물고 말 것이다. 그러므로 맥락화contextualization는 고문서 이용의 최대 과제이다.

본 연구를 위한 또 하나의 중요한 정보원은 탁월한 인물들의 '문집'이다. 조선시대의 그런 선집 수천 종이 현재 남아 있는데, 이 소중한 사회사의 전거[4]는 아직까지는 본격적으로 연구되지 않았다. 문집은 대개 개인의 사후에 그의 친구나 제자, 혹은 친척들에 의해 편찬되었다. 무엇을 포함시키고 무엇을 제외할지를 결정하는 것도, 내용을 편집하는 것도 그들이었다. 때로는 편집상의 결정이 장기간의 갈등을 야기했는데, 이런 갈등은 종종 수세기에 걸쳐 지속되면서 상이한 판본의 간행으로 이어졌고, 원래의 자료가 더 이상 남아 있지 않은 경우가 많았으므로 각 판본의 진실성이 의심을 받기도 했다. 문집편찬자들은 망자를 그의 삶과 저작에 대해 후대가 간직하게 될 이미지를 반영하는 특별한 역사적 혹은 철학적 맥락에 자리매김하려고 노력했고, 그 이미지는 당대나 후대의 명망 높은 인물이 부탁을 받고 인쇄된 판본에 써준 서문이나 발문에서 재확인되었다. 문집은 한 개인의 품행을 비춰주는 '거울'이라고 생각되었기 때문에, 예컨대 [삭녕] 최상중은 후손들이 자신의 '순덕淳德'(순박한 덕)⁵⁾을 과대평가할까 두려워서 죽기 전에 자신의 일기와 공적 문서를 없애버렸다. 이와 비슷하게 한 개인의 문집을 공식적으로 불태우는 것은 권력을 가진 자가 정적에 대한 기억을 역사의 장에서 지워버리는 일반적인 응징방식이었다.

대개 저자의 호를 따서 명명되는 문집은 시, 상소문과 기타 공문서, 편지, 서문과 발문, 철학적 논의, 졸기卒記, 묘지명, 벗과 동료, 남자친척(드물게 여자친척)에 관한 전기적 정보, 그리고 종종 역사나 철학에 대한 논저 전문을 비롯하여 굉장히 다양한 분야의 글을 망라한다. 부록에는 '행장'이 실려 있는 경우가 잦고, 이따금 연보도 포함되어 있다. 이런 자료는 주의 깊게 이용하면 한 개인의 삶, 그의 조상과 직계후손, 혼맥과 인맥, 관직 경력을 재구성하는 데 더없이 귀중한 것으로 밝혀졌다. 대체로 통상적인 문체와 어투로 표현된 이런 정보는 때때로 '언행록' ─ 친척과 제자들이 짤막하게 적어둔 무작위적인 회고담 ─ 으로 보완된다. 이 '일화적 기억episodic memory'⁶⁾은 좀 더 형식적인 전기가 말해주지 않는 구체적인 개인적 정보를 심심찮게 제공한다.

문집에 못지않게 전기 연구에 불가결한 것이 묘지명, 특히 문집이 남아 있지 않은 조선 초기의 인물들을 기리는 묘지명이다. 썩지 않는 재질⁷⁾에 새겨진 묘지墓誌는 최소한 망자의 이름과 본관, 생몰일자를 기록했고, 무덤의 앞이나 옆에 파묻혔다. 중요한 무덤은 묘비(커다란 직사각형 식판)로 표시되었고, 그 전면에는 망자의 이름이, 후면에는 그에 대한 찬문이 새겨졌다. 신도

비라 불리는 유사한 석비가 이따금 무덤에 이르는 통로에 세워지기도 했다. 그런 비석들에 기록된 전기적 정보는 처음에는 짧고 간략했지만, 무덤이 신분을 과시하는 기념물로 바뀜에 따라 갈수록 장황해지고 양식화되었으며, 관행적으로 몇 행의 운문(명銘)으로 마무리되었다.[8] 게다가 짧은 전기적 촌평과 무덤의 위치는 거의 예외 없이 족보에 기록되었다.

일기는 전기적 글쓰기의 또 다른 장르이다. 인습적인 문체와 예법에 얽매일 필요가 없기에, 일기작가는 내면의 깊숙한 생각을 거침없이 표현하거나 사회적·정치적·경제적 환경을 비판적인 눈으로 바라보는 자유를 만끽한다. 흔히 마음속에 특별한 목적을 품지 않고, 그리고 대개 많은 사람에게 읽히기를 원하지 않고 작성한 자전적 소묘로서의 일기는 독백 또는 대화, 자기 재현 또는 자기 성찰 같은 여러 면을 지니고 있다. 어떤 형식을 취하든, 그것은 일기작가가 주변에서 경험하는, 실재하거나 상상 속에 있는 세계를 표출한다. 따라서 일기는 반드시 믿을 만한 역사적 기록은 아니지만, 일기작가가 처한 시간과 장소의 분위기를 다른 전거들보다 좀 더 실감나게 환기시킨다.

### 안동과 남원의 읍지

개인이 중심이 되는 문집과 달리, 읍지는 도나 군처럼 경계가 있는 행정 단위의 지리적·사회적·경제적·문화적 특징을 개괄했다. 일찍이 정부의 후원을 받아 편수된 1425년의 『경상도지리지』[9]나 『세종실록지리지』[10]와 대조적으로, 최초의 읍지는 국가의 행정력이 전반적으로 취약한 점을 감안하여 관할지역의 경제적·인적 자원을 더욱 확실하게 파악할 필요를 느낀 지방 수령 개인의 주도로 편찬되었다. 대표적인 예가 1587년에 함안의 군수로 봉직하고 있던 정구(1543~1620)의 감독하에 편찬된 함안(경상도 남부)의 읍지『함주지咸州誌』이다. 이 책은 후대에 나온 유사한 지리지의 모델로 자주 사용되었다.[11]

다른 의도로 기획되기는 했으나, 그런 후대의 저작 하나가 1608년에 편찬된 안동의 읍지『영가지』[12]이다. 그 서문에 의하면, 애초에 읍지의 편찬에 관심을 보인 사람은 저명한 사대부 유성룡(1542~1607)이었다. 안동 토박이로서, 유는 경상도의 강력한 '전방 초소'인 안동에서는 주목할 만한 역사적 사건이 많이 일어났지만 여태 기록되지 않고 있다고 개탄했다. 고려 통일전쟁 기간에 안동인들이 후백제의 통치자를 물리치는 데 결정적인 역할을 했던 것과 14세기 중엽에 공민왕이 홍건적을 피해 안동으로 파천했던 일이 그런 예였다. 더욱이 중국의 선비들은 하나같이 자신들이 살고 있는 고을의 지誌를 찬술한다고 알려져 있는데, 안동에는 아직 그런 지도 없었다. 따라서 안동에 관한 자료를 수집하고 기록하려는 의도는 행정편람을 만들어내는 것이 아니었다. 오히려『영가지』의 편찬 동기는 안동의 독특한 역사적·지역적 정체성을 널리 알리고자 함이었다.

1602년에 유에 의해 책임 편찬자로 발탁된 인물은 지역의 일에 발 벗고 나서기로 유명한 안동의 학자 권기(1546~1624)였다.[13] 권기는 굉장히 성실하고 창의적인 조사가로 판명되었고, 그의 작업은 포괄적이면서도 구체적인 것에 세심한 주의를 기울였다는 점에서 돋보였다. 그는 앞서 언급한 지리서들, 역사적 전거, 『함주지』를 참조했을 뿐 아니라, 지역의 조사보조원들을 선발하여 각자의 공동체에서 '현지조사'를 수행케 했는데, 이런 과정을 통해 안

동의 마을들과 각 마을의 유래에 대한 독특한 목록이 만들어졌다. 권은 6년
이 넘는 기간에 수집된 자료들을 검증하고 대조하고 취합하여 최종본을 편
술했다. 안동의 지도가 없다는 사실을 깨달은 그는 "한적한 툇마루 귀퉁이에
가만히 앉아" 산줄기와 물줄기를 그려 넣고 마을의 이름들을 적어 내려갔다.
잘못이 있으면, 혹은 물어보고 혹은 발품을 팔아 스스로 바로잡았다. 이런 노
력은 12장의 지도 — 2장짜리 안동 본부도本府圖, 그리고 8현과 2부곡의 지도
1장씩 — 로 결실을 보았다. 이 작업은 1607년에 유성룡의 죽음으로 중단되
었으나, 같은 해에 안동의 부사로 부임한 정구의 도움으로 재개되어 1608년
1월에 완성되었다.[14]

　　『영가지』의 전반적인 체제는 중국의 초기 읍지[15]와 『동국여지승람』에
공통적인 일반적 범주를 따르지만, 8권 49항목으로 이루어진 이 책은 예전의
어떤 읍지보다 훨씬 상세하고 포괄적이다. 본 연구와 관련해서는, 28면에 이
르는 개별 마을에 대한 기술, 140명의 토착인과 이주자에 대한 전기 자료를
제공하는 충실한 '인물' 항목과 총묘塚墓에 대한 기록이 특히 흥미롭다. 분명
히 권기는 『영가지』가 안동을 인적 자원과 자연적·인공적 환경이라는 측면
에서 단연 두드러지는 지역, 남다른 역사적 기억을 간직하고 있는 뛰어난 여
러 출계집단의 본고장으로 서술하는 사회문화적 지리지가 되기를 원했다.

　　권기의 『영가지』에 뒤이어 안동과 인근 지역에 초점을 둔 유사한 작업
이 잇따랐다. 『영가지』는 이웃한 예안을 포함하지 않았으므로, 권시중權是中
(1572~1644)[16]은 1619년경에 예안의 읍지인 『선성지宣城誌』를 편찬했다. 이와
유사하게 이준李埈(1560~1635)은 1617년에 상주의 읍지인 『상산지商山誌』를
펴냈다. 두 저작은 『영가지』의 내용을 보완해주고 확장해준다는 면에서 매우

귀중하다.[17]

지역의 학자들이 1600년경부터 고향의 특성들을 목록화하기 시작한 안동과 대조적으로, 전라도에서는 읍지가 약 한 세기 뒤에 꽤나 다른 상황 속에서 나타나기 시작했다. 남원의 읍지인『용성지』[18]는 1699년에 조정의 명으로 이루어진『동국여지승람』증보작업의 부산물로 첫 선을 보이게 되었다. 그 책에 실려 있던 남원에 관한 내용이 오래되고 부실하고 일관성이 없었으므로, 지역 학자 2명에게 좀 더 상세한 별도의 읍지를 찬술하는 임무가 맡겨졌고, 이 일은 1702년에 완성되었다.[19] 서문에서 저명한 사대부 최시옹(1646~1730)은 남원의 장점을 찬양했다. 그는 남원이 호남과 영남 사이의 전략적 요충지일 뿐 아니라, 지세와 경치가 빼어나고 인적 자원이 풍부하며 물산이 풍요롭다는 면에서 단연 돋보이는 고장이라고 주장했다. 나아가 남원을 반도의 남반부를 먹여 살리는 남도의 '오른팔'로 묘사했다. 또한 최시옹은 독자들이 이 책을 탐독하면서 지난 행적의 공과를 곱씹다보면 자신들의 도덕적 감수성을 키울 수 있을 것이라고 생각했다.[20]

『동국여지승람』의 체제에 따르면서도 그 내용을 대폭 보강한 이 남원 읍지는 고장의 교육시설과 무수한 인재를 강조했다. 열한 권 가운데 세 권이 '인물'에 대한 전기 자료를 싣고 있는데, 이례적으로 편찬 당시의 생존인물 몇 명도 다루고 있다. 범례에 의하면, 대과 및 소과 합격자들과 음직 제수자들을 세대별로 열거하기가 어려워, "그들을 소속 방坊(각 방은 동그라미로 표시된다)과 족族에 따라 분류하는 방식을 채택했다"라고 한다. 이 읍지는 시(제영題詠)와 문학직품(기문記文)을 수록한 네 권으로 마무리된다.[21]

요컨대『영가지』와『용성지』는 각 지역에 대한 독특한 안내서이다. 문화적 편람으로서, 두 책은 지역의 역사를 기록하고 자연적·제도적 특징들을 나열한다. 지역을 그 지역에서 배출된 개인들과 밀접하게 연결시킴으로써, 두 읍지는 무엇보다도 사회정치적 엘리트층 — 안동과 남원의 중요한 출계집단들 — 을 확인하는 데 반드시 필요한 모든 정보를 제공한다.

이상에서 상술한 문서자료의 풍부함에도 안동과 남원의 역사적 기록은 안타깝게도 고르지 않다. 안동의 전거들은 멀리 고려시대까지 거슬러 올라가는 경우가 많고, 조선의 첫 두 세기에 대한 자료는 특히 풍족하다. 이와 반대로 남원의 사문서와 공문서들은 상당 부분이 16세기 말의 임진왜란 도중에 소실되었기 때문에, 남원의 대표적인 출계집단들에 대한 상세한 연구는 대개 1600년 이후에야 가능한 실정이다. 이런 문서상의 불균형에도 불구하고, 남아 있는 전거들을 잘만 비교·활용하면 안동과 남원에 거주하고 있던 주요 출계집단들의 공통점과 차이점을 시대별로 비판적으로 평가하게 해주는 틀을 마련할 수 있다.

# 부록B 〉〉〉 안동과 남원의 주요 출계집단의 세계도

## 일러두기

여기에 포함된 세계도는 단순화된 것으로, 선정된 소수 인물만의 족보상 위치를 보여준다. 또한 각 출계집단 내에서 본서의 내용과 관련된 지파들만 보여준다. 개인들의 한자명은 그들이 속한 각 출계집단의 항목(이 항목은 찾아보기의 '본관별로 나열된 인명' 난에 포함되어 있다)에 병기된다.

다음을 명심하라.

1. 한 줄(──)은 출계를 나타내고, 두 줄(═══)은 혼인관계를 뜻한다.

2. 꺾쇠괄호([ ])로 표시된 인물은 서자이다.

3. 제시된 세기는 근사치이다.

# 안동과 남원의 주요 출계집단의 세계도

**안동의 주요 출계집단**

B-1   안동 권씨(1): 안동 권씨의 시조 권행의 후손들

B-2   안동 권씨(2): 판서공파의 파시조 권인의 후손들

B-3   안동 권씨(3): 권벌(1478~1548)의 후손들

B-4   의성 김씨(1): 의성 김씨의 시조 김석의 후손들

B-5   의성 김씨(2): 약봉파와 학봉파

B-6   의성 김씨(3): 귀봉파, 운암파, 남악파

B-7   진성 이씨(1): 진성 이씨의 시조 이석의 후손들

B-8   진성 이씨(2): 이퇴계의 부친 이식(1441~1502)의 후손들

B-9   광산 김씨(1): 광산 김씨의 시조 김흥광의 후손들

B-10  광산 김씨(2): 김무(18대손)의 후손들

B-11  풍산 유씨: 풍산 유씨의 시조 유절의 후손들

B-12  고성 이씨: 고성 이씨 안동파의 입향조 이증(1419~1480)의 후손들

B-13  영양 남씨: 영양 남씨 안동파의 입향조 남휘주(1326~1372)의 후손들

B-14  전주 유씨: 유성(1533~1560)의 후손들

B-15  봉화 금씨: 금재(16세기 초)의 후손들

B-16  흥해 배씨: 흥해 배씨 안동파의 입향조 배전(14세기 초)의 후손들

B-17  재령 이씨: 재령 이씨 영해파의 입향조 이애(1480~1561)의 후손들

**남원의 주요 출계집단**

B-18  전주[둔덕] 이씨: 둔덕의 이씨 입향조 이담손(1490~?)의 후손들

B-19  삭녕 최씨: 둔덕의 최씨 입향조 최수옹(1464~1492)의 후손들

## 〈세계도 B-1〉 안동 권씨(1): 안동 권씨의 시조 권행의 후손들

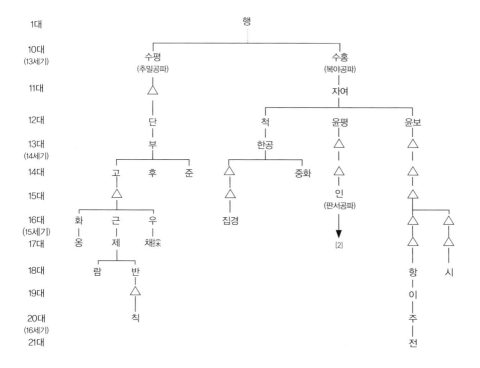

**〈세계도 B-2〉 안동 권씨(2): 판서공파의 파시조 권인의 후손들**

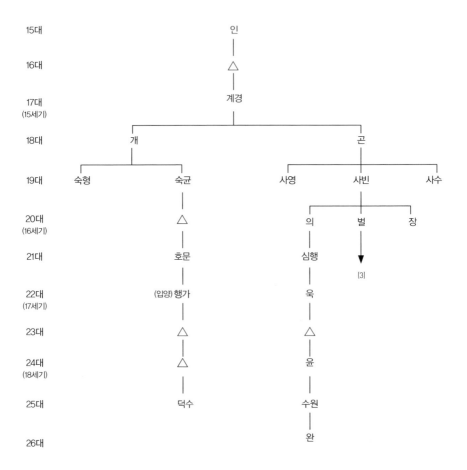

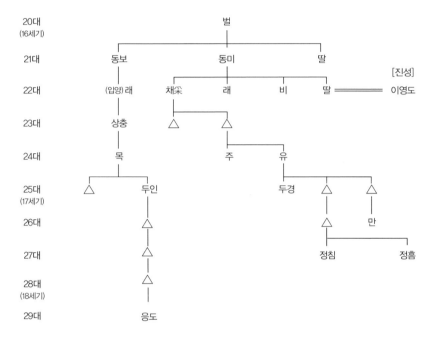

**〈세계도 B-3〉** 안동 권씨(3): 권벌(1478~1548)의 후손들

| | | | |
|---|---|---|---|
| 20대<br>(16세기) | | 벌 | |

**〈세계도 B-4〉** 의성 김씨(1): 의성 김씨의 시조 김석의 후손들

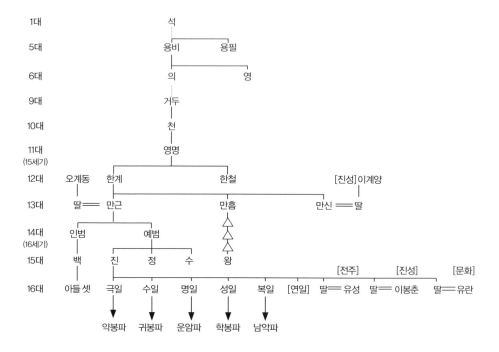

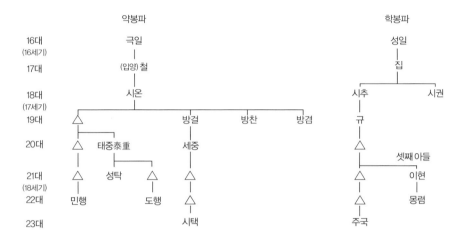

〈세계도 B-5〉 의성 김씨(2): 약봉파와 학봉파

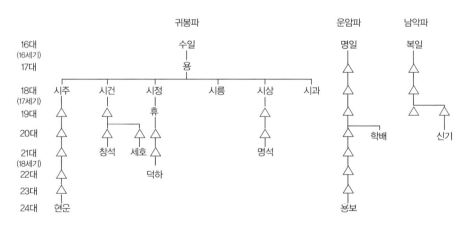

〈세계도 B-6〉 의성 김씨(3): 귀봉파, 운암파, 남악파

**〈세계도 B-7〉** 진성 이씨(1): 진성 이씨의 시조 이석의 후손들

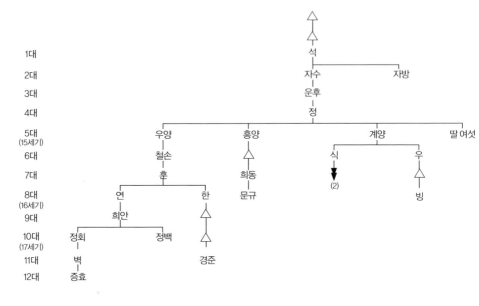

**〈세계도 B-8〉** 진성 이씨(2): 이퇴계의 부친 이식(1441~1502)의 후손들

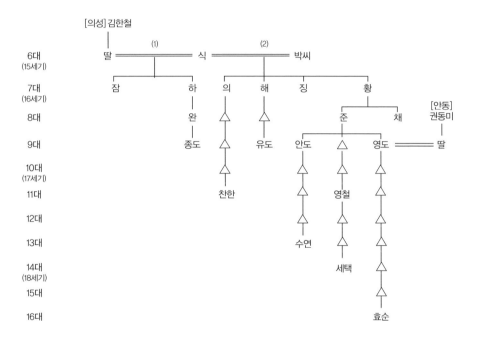

## 〈세계도 B-9〉 광산 김씨(1): 광산 김씨의 시조 김흥광의 후손들

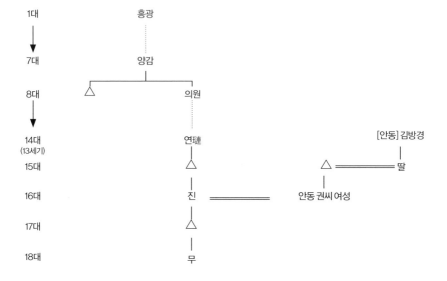

## 〈세계도 B-10〉 광산 김씨(2): 김무(18대손)의 후손들

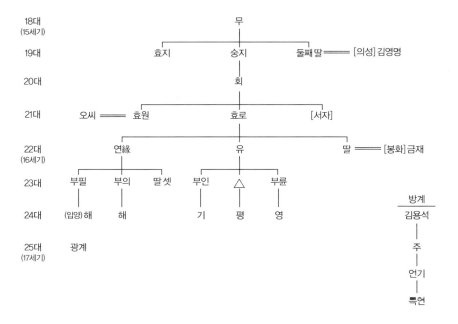

## 〈세계도 B-11〉 풍산 유씨: 풍산 유씨의 시조 유절의 후손들

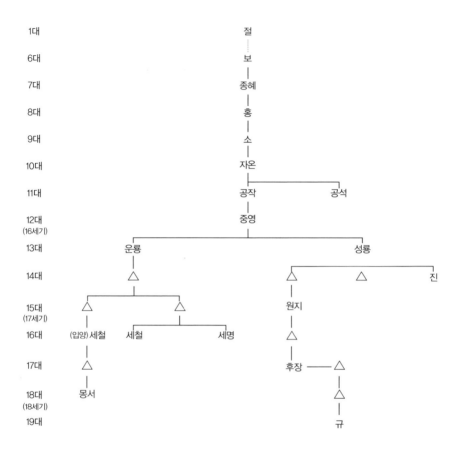

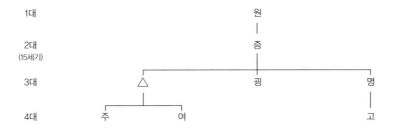

**〈세계도 B-12〉** 고성 이씨: 고성 이씨 안동파의 입향조 이증(1419~1480)의 후손들

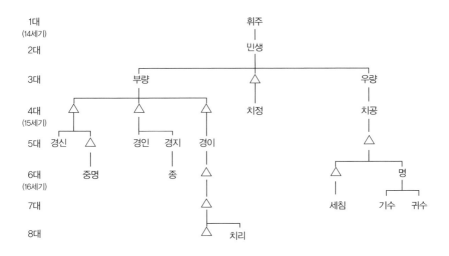

**〈세계도 B-13〉** 영양 남씨: 영양 남씨 안동파의 입향조 남휘주(1326~1372)의 후손들

**〈세계도 B-14〉 전주 유씨: 유성(1533~1560)의 후손들**

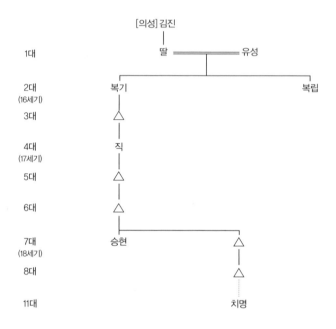

**〈세계도 B-15〉 봉화 금씨: 금재(16세기 초)의 후손들**

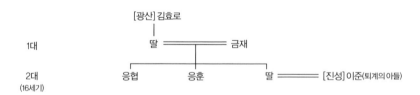

**〈세계도 B–16〉 흥해 배씨: 흥해 배씨 안동파의 입향조 배전(14세기 초)의 후손들**

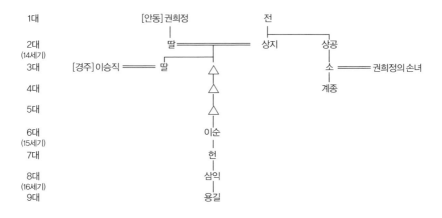

**〈세계도 B–17〉 재령 이씨: 재령 이씨 영해파의 입향조 이애(1480~1561)의 후손들**

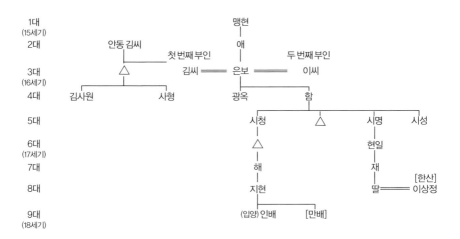

**〈세계도 B-18〉** 전주[둔덕] 이씨: 둔덕의 이씨 입향조 이담손(1490~?)의 후손들

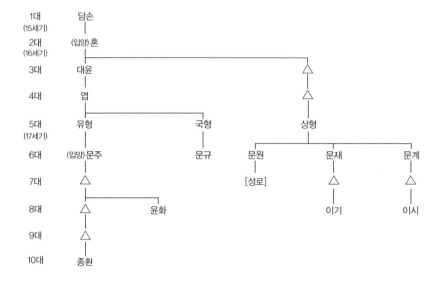

**〈세계도 B-19〉** 삭녕 최씨: 둔덕의 최씨 입향조 최수웅(1464~1492)의 후손들

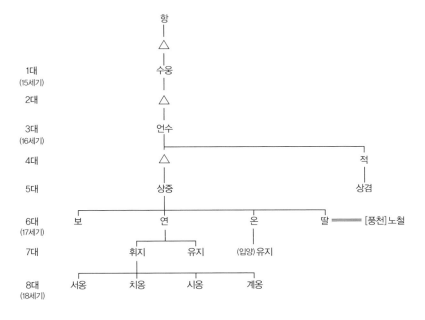

# 주

## 머리말

1.  이 용어들은 Bourdieu, *In Other Words*, p. 60에서 따온 것이다.

## 서론

1.  이 문제에 관한 중요한 논의들은 『한국사회발전사론』의 곳곳에 요약되어 있다.
2.  Cannadine, *Aspects of Aristocracy*, p. 1.
3.  Deuchler, *The Confucian Transformation of Korea.* → 이훈상 옮김, 『한국의 유교화 과정』, 너머북스, 2013.
4.  Bourdieu, *Distinctions*, 5장.
5.  Tilly, *Durable Inequality*, pp. 6~8.
6.  『세종실록』 13:28a(1421); 117:14a~b(1447). 『세종실록』은 본서에 인용된 모든 실록과 마찬가지로 『조선왕조실록』에 수록되어 있다.
7.  족속은 자주 사용되는 용어였다. 예컨대 『세종실록』 47:8b~9a, 10a(1430)를 보라.
8.  『세종실록』 50:19b(1430); 『세조실록』 46:32b(1468). 『경국대전』의 호적법에 의하면, 품계가 없는 개인, 즉 서인庶人은 '사조四祖'를 기록할 필요가 없었다. 이는 대다수의 평민이 사조에 대한 정보를 갖고 있지 않았다는 확실한 증거이다. 『경국대전』, p. 327.
9.  평민의 과거 응시를 가로막은 법적 장애가 없었다는 주장이 심심치 않게 제기되었는데, 여기에서 이 주장을 새삼스레 다룰 필요는 없을 것 같다. 『경국대전』에 따르면, 네 범주에 속하는 사람들—범죄자, 탐관오리의 아들, 재가했거나 행실이 바르지 않은 여성의 아들과 손자, 서얼의 후손—은 법적으로 문과시험에서 배제되었다. 『경국대전』, pp. 207~8.
10. 『세조실록』 43:66b~67a(1467). 상소를 올린 사람은 당시 대사헌으로 봉직하고 있던 양성지梁誠之였다.
11. 이 용어들에 대한 꼼꼼한 분석은 송준호, 『조선사회사 연구』, pp. 217~31을 참조하라. 이 용어들에

관한 한영우와 이성무의 논쟁에 대해서는 한영우, 『조선시대 신분사 연구』를 보라.

12. 일부 학자는 한국의 노비를 노예라고 부르는 것에 반대하면서, 노비와 농노, 노예를 구분하고자 한다. 하지만 세 범주는 모두 주인의 재산이었고 강제노동에 시달렸다는 면에서 학술적으로 노예이다. 노예제의 정의에 대해서는 Watson, *Asian and African Systems of Slavery*를 보라.

13. 이용훈, 「한국사에 있어서 노비제의 추이와 성격」, p. 365.

14. 기자(생몰년 미상)는 『서경』의 기록에 의하면 주 왕조의 창건자 무왕武王(기원전 1122년 즉위)에 의해 조선의 제후로 책봉되었다. 그는 한국에 와서 팔조법금八條法禁을 시행하여 백성을 교화했다고 전해진다.

15. 노비제는 군사적 충돌이나 약탈 원정에서 사로잡힌 자들을 노비로 삼은 것에서 비롯되었다는 견해가 정설인 듯하다. Brockmeyer, *Antike Sklaverei*, p. 94를 보라.

16. 16세기 말의 임진왜란과 같은 국가의 위기상황에서는, 노비들이 속오군束伍軍이라는 특별군에 편입되었고, 전공을 세운 자들은 대개 면천되었다. Palais, *Confucian Statecraft and Korean Institutions*, pp. 226~28을 보라.

17. 이런 제약은 남녀 노비 모두에게 적용되었다.

18. 『고려사』 85:43a.

19. 이 법의 시행은 광종의 노비안검법奴婢按檢法(956)에 대한 반발이었던 것으로 보인다. 노비안검법의 목적은 개국공신들이 소유하고 있던 노비들을 해방시킴으로써 그들의 경제적 기반을 약화시키는 것이었다. 광종의 이 조치는 엘리트층의 원성을 샀다. 자신들로부터 노비를 빼앗았을 뿐만 아니라, 노비에게 신분 상승의 기회를 부여함으로써 엘리트와 비엘리트의 경계가 모호해질 위험이 있었기 때문이다. 최승로崔承老(927~989)는 982년에 성종에게 올린 상서문에서 노비안검법에 대한 반대 의견을 표명했다. 여기에 대해서는 『최승로 상서문 연구』, pp. 157~62를 보라.

20. 나는 '친모 귀속적matrifilial'이라는 용어를 Fortes, *Kinship and the Social Order*, 8장, "Filiation Reconsidered"에서 따왔다. 안타깝게도 팔레는 자신의 저서 *Confucian Statecraft and Korean Institutions*에서 이 법을 '모계에 따른matrilineal' 것이라고 잘못 설명했다. 하지만 이 법은 '계통'의 지속에 대한 것도 아니고, 모계제에 관한 것도 아니다.

21. 이전까지 나온 다양한 해석을 요약한 논문으로는 양영조, 「고려시대 천자수모법賤者隨母法에 대한 재검토」, pp. 1~35가 있다. 홍승기는 1039년의 법이 재산권의 귀속에 관한 것이라는 견해를 옹호했다. 『고려시대 노비 연구』, pp. 20~22를 보라. 스도 요시유키는 수모법을 남편의 처가 거주와 연결시켜 설명했다. 周藤吉之, 『高麗末期より朝鮮初期に至る奴隷の研究』, pp. 263~64를 보라. 하지만 처거제는 이 법의 결과이지 원인이 아니었다.

22. 예컨대 『태종실록』 27:1b~2a, 48b(1414)를 보라.

23. 『경국대전주해』(1555), pp. 326~27에는 "자손을 남기지 않고 사망한 공노비나 사노비에게는 사손

使孫의 규정이 적용되지 않는다"라고 명시되어 있다.

24. 올랜도 패터슨은 노비제의 근본적인 특징이 노비가 법적으로 재산을 소유할 수 없다는 것이라고 주 장했다. Patterson, *Slavery and Social Death*, pp. 182~83을 참조하라.

25. 『고려사』95:41a. 이 법의 제정 연도는 미상이다.

26. 이는 고려 충렬왕(재위 1274~1308)이 양천교혼으로 생긴 아이에게 무조건 평민 신분을 부여하 라는 몽골의 압력을 거부하면서 내세웠던 논리다. 『고려사』 31:31a~33a, 85:43b~44a. 충렬왕의 장인이었던 몽골 황제(쿠빌라이 칸)는 한국의 오랜 관행을 유지할 권리를 인정해주었다. 『고려사』 108:5b~6a.

27. 예컨대 『고려사』39:37b~38a를 보라.

28. 양천교혼을 둘러싼 법적인 갑론을박에 관한 논의는 지승종, 『조선 전기노비신분연구』, pp. 10~33을 참조하라.

29. 『명종실록』14:38b(1553).

30. 무당, 푸주한, 무두장이, 고리장이는 그들의 직업 때문에 천대를 받았지만, 노비 신분은 아니었다. 그 럼에도 백정白丁 취급을 받았고, 제한된 구역에 자기들끼리 모여 살았다. Passin, "The Paekchŏng of Korea"를 보라.

31. 이식, 「기묘신사문사記妙信沙門事」(묘신이라는 천출 승려의 행적을 기록한 글), 『택당집』12:6b~8a.

32. Hwang, *Beyond Birth*를 보라.

33. 고려의 삼정일지三丁一了 규정은 여전히 존중되어, 아들이 셋 있는 집이 아들 한 명에게는 잡과雜科 응시가 허용되었다. 대과와 소과, 잡과에 합격한 향리의 후손은 향역을 면제받았지만, 이들이 출사 한 경우는 아마도 극히 드물었을 것이다. 초기의 입법에 대해서는 『역주경국대전』 2권, 『주석편』, p. 203; 『경국대전』, p. 165; 『경국대전주해』, pp. 320~22를 참조하라.

34. 『경국대전』, p. 231. 향리는 직무 수행 중에는 복건을, 그 밖의 시간에는 흑죽방립을 써야 했다. 이 규정은 태종에 의해 1416년에 명문화되었다.

35. 『중종실록』15:25a~b(1512); 『대전속록』, p. 11. 예조에서 아뢰길, 향리에게 삼년상을 허용하면 그 들이 이를 의무 기피의 구실로 삼을 것이라고 했다. 하지만 향리가 진정으로 삼년상의 거행을 원한 다면, 고을의 수령은 그 진정성을 확인한 뒤에 소원을 들어주어야 한다고 덧붙였다.

36. 양첩의 아들은 평민으로 태어났고, 비첩의 아들은 노비로 태어났다.

37. 이런 법제화 과정에 대한 상세한 설명은 Deuchler, *Confucian Transformation*, pp. 232~36, 267~73을 참조하라.

38. 『경국대전』, p. 208.

39. 2품 이상의 직위에 있던 관원의 서자는 각자의 재주에 따라 역관譯官, 의관, 율관律官, 산관算官, 역관曆官, 사자관寫字官, 화원畫員 같은 '잡직'에 채용될 수 있었다. 『경국대전』, pp. 156~58. 법

제화 배경에 대해서는 이태진, 「서얼차대庶孽差待考」; 배재홍, 「조선 후기의 서얼허통庶孽許通」, pp. 100~103; Deuchler, "Heaven Does Not Discriminate," pp. 134~38을 보라. 중인에 대해서는 Hwang, *Beyond Birth*, pp. 108~19를 보라.

40. 자세한 내용은 Deuchler, *Confucian Transformation*, pp. 150~55, 208~10을 참조하라.

41. 『경국대전주해』, p. 258. 이 논쟁들에 대한 상세한 논의는 Deuchler, "Heaven Does Not Discriminate," pp. 138~39를 보라.

42. 서울은 수도를 뜻하는 한국어이다.

43. 흥미롭게도 역사적으로 배태된 지방의 '열등성'이라는 관념은 '지방사'가 역사가들에 의해 오랫동안 국사와 거의 무관한 것으로 무시되어왔다는 사실에 고스란히 반영되어 있다. 최근에야 지방사의 의의와 자료와 방법론이 중요한 주제로 부각되었다. 이에 대한 논의로는 한국사연구회 편, 『한국지방사 연구의 현황과 과제』, 2000; 국사편찬위원회, 『지역사 연구의 이론과 실제』, 2001; 정두희·슐츠 편, 『한국사회에 있어서 지방과 중앙』, 2003을 보라.

44. 정약용, 『유배지에서 보낸 편지』, p. 138.

45. 나는 이 용어를 Skinner, *Marketing and Social Structure*에서 빌려왔다.

46. 같은 책, p. 11. 정기시장의 주기에 대한 스키너의 재구성에 대해서는 pp. 13~19를 보라.

47. 善生永助, 『朝鮮の聚落』 3:217~18.

48. 이 연구에 사용된 전거들은 부록 A에서 논의된다.

# 1부

## 서언

1. 양성지, 『눌재집訥齋集』 4:8a(1470); 송준호, 『조선사회사 연구』, pp. 178~80. 남원 양씨南原梁氏에 대해서는 4장을 참조하라. 양성지에 대한 최근의 전기적 연구서로는 한영우, 『조선 수성기 제갈량—양성지』가 있다. 본서에는 똑같이 '양'이라고 발음되지만 한자로는 다르게 표기되는 두 성이 나오는데, 하나는 다리를 뜻하는 梁이고, 다른 하나는 버들을 뜻하는 楊이다.

2. 양성지, 『눌재집』, 「속편」 1:10a~11a; 『세조실록』 43:29b(1467). 그는 당시 대사헌이었다. 그의 말이 뜻하는 바에 대해서는 논쟁이 있었다. Palais, *Confucian Statecraft*, pp. 36~37, p. 1024의 주 30을 보라. 나는 대가세족이 어떤 가상의 집단을 지칭한 것이 아니라, 그와 동시대에 살았던 엘리트층을 가리킨 것이라고 생각한다. 이 해석은 당대의 다른 증거에 의해 뒷받침된다.

3. Fried, *The Evolution of Political Society*, p. 186.

4. '신흥사대부'에 관한 학문적 논의는 정두희, 「조선 전기 지배세력의 형성과 변천」; 고혜령, 「고려 후

기 사대부와 성리학 수용」, pp. 13~26을 보라. 민현구는 최근에 「고려에서 조선으로의 왕조 교체」
라는 논문에서 고려-조선 이행기에 대한 역사서술을 검토했지만, 새로운 해석이나 아이디어를 제
시하지는 않았다.

## 1장

1. 이 공식화는 Balandier, *Political Anthropology*, pp. 79~80에 바탕을 둔 것이다.
2. 한국 고유의 사회조직은 1920년대부터 연구되었지만, 정설로 받아들일 만한 재구성은 없다. 이기
   동은 『신라골품제사회』에서 일본 및 한국 학자들의 초창기 연구에 대해 논하고 있다. 이종욱, 「신라
   시대의 혈족집단」도 보라. 고고학 기록을 간추린 연구로는 Barnes, *State Formation in Korea*가 있다.
3. 고구려와 백제에 대한 문헌상의 증거가 거의 없는 데다 신라의 사회제도가 대부분 고려사회에 전승
   된 것으로 간주되기 때문에, 지금까지의 연구는 주로 신라에 집중되었다. 본서도 신라에 초점을 맞
   출 것이다.
4. Pai, *Constructing "Korean" Origins*, pp. 124~5.
5. 이 요약은 이기백, 이기동, 최재석, 이종욱 등의 선행 연구에 바탕을 둔 것이지만, 해석은 필자가 한
   것이다.
6. Barnes, *State Formation in Korea*, pp. 218~22.
7. "부여받은" 신분이라는 용어는 Balandier, *Political Anthropology*, p. 88에서 빌려왔다.
8. 골품제는 이기백, 『한국사신론』; 이기동, 『신라골품제사회』; 최재석, 『한국가족제도사』; 이종욱, 『신
   라골품제연구』에서 논의되고 있다. 신라의 사회조직에 관한 연구에서, 이종욱은 신라 씨족의 부계
   적 성격을 역설하는데, 본서의 관점과는 사뭇 다르다.
9. 화백에 대해서는 이기백, 『신라 정치사회사 연구』, pp. 66~132를 보라. 이 회의의 실권은 651년에
   신라의 최고 행정기구로 신설된 집사부執事部로 넘어갔다.
10. 족에 대한 상세한 논의는 Deuchler, *Confucian Transformation*, pp. 38~39를 보라.
11. Balandier, *Political Anthropology*, p. 77.
12. 이수건, 『한국중세사회사연구』, pp. 227~28에 의하면, 왕조의 연보와 묘지명에 기록된 고려 초기 출
    계집단의 다수(약 60%)는 태봉泰封(후고구려)의 지배하에 있던 평안도 남부와 황해도 출신이었다.
13. 태조의 혼인동맹에 대해서는 Deuchler, *Confucian Transformation*, pp. 57~59를 보라. 태조에게 딸
    을 시집보낸 자들의 신원에 대해서는 이수건, 『한국중세사회사연구』, pp. 130~33, 233~35를 보라.
14. 고려의 공신에 대한 구체적인 설명은 박용운, 『고려시대 음서제와 과거제 연구』, pp. 8~14를 보라. 고
    려시대 배향공신의 목록은 pp. 11~12를 참조하라. 개국공신의 수는 3,000명이 넘었던 것 같다. 그들
    의 성/본관의 목록은 이수건, 『한국중세사회사연구』, pp. 124~25, 136~37, 235~36, 250을 보라.

15. 신화적 인물 김알지의 후예인 경주 김씨는 신라 왕가와 밀접하게 관련되어 있었고, 제각각의 시조를 모시는 수많은 분파로 나뉜다. 김인윤의 이름은 『만성대동보萬姓大同譜』나 『씨족원류氏族源流』에 나오지 않는다. 하지만 후서의 p. 190에는 지우의 아버지인 인규仁揆가 하찮은 무반의 후손으로 열거되고 있다. 묘지명에 대해서는 김영선, 「고려 문벌의 구성」, pp. 16~17을 보라. 박용운, 『고려시대 음서제』, p. 22는 김지우를 조상의 음덕(蔭蔭)에 힘입어 관직에 진출한 인물로 소개하고 있다.

16. 혜종은 사회적 배경이 다양한 4명의 배우자를 두었다.

17. Kang의 연구에 따르면, 왕규는 그 배경이 확실하지 않지만 신라 귀족층과는 무관한 것 같다. 원래 함씨였던 왕규는 왕건으로부터 왕족의 성인 왕씨를 하사받았고, 본관은 광주가 아니라 인접한 양근楊根(오늘날의 양평)이었다고 한다. 자세한 내용은 Kang, "The Fisrt Succession Struggle of Koryŏ," pp. 422~23을 보라.

18. 왕규의 난에 대해서는 여러 해석이 있다. 정청주, 『신라말 고려초 호족 연구』, pp. 179~86; Kang, "The Fisrt Succession Struggle of Koryŏ"를 보라.

19. 이기백, 『고려 귀족사회의 형성』, p. 35에 인용된 최승로의 말이다. ("공이 많은 옛 신하들과 역전의 노장들[구신숙장舊臣宿將]이 죽음을 면치 못하니, 이들 가운데 경종이 즉위할 때 살아 있던 사람은 40명뿐이었다.")

20. 제한적 과거제(독서삼품과)는 788년에 이미 도입되었지만, 골품제가 버젓하게 살아 있는 상황에서 그 영향은 미미할 수밖에 없었을 것이다.

21. 쌍기의 역할에 대한 연구로는 Kang, "Institutional Borrowing"이 있다.

22. 최승로는 경주 출신의 6두품 귀족으로, 부친과 함께 왕건의 세력에 합류했다. 도당渡唐 유학파가 아니었음에도, 그는 당대에 가장 존경받던 학자들 가운데 한 명으로 태조의 총애를 받았고, 광종의 전제적 통치를 비판했다.

23. 여기에 대해서는 이기백 외, 『최승로 상서문 연구』, pp. 53~57을 보라. 필자는 이 교수의 해석을 따른다. 다른 견해도 있을 수 있지만, 개연성이 낮다. Hugh Kang은 과거제에 대한 최승로의 우회적인 비판이 나올 법한 관료사회의 분위기는 인정했지만, 고려 초기 과거 합격자들 사이에서 남북용인 등용에 대한 가시적인 반발은 없었다고 본다. "Institutional Borrowing," pp. 116~17을 보라.

24. 『고려사』 73:3b~4a, 95:2a~b.

25. 구체적인 내용은 Deuchler, *Confucian Transformation*, pp. 39~40을 보라. 사조 공식의 연원은 불확실하지만, 11세기까지 거슬러 올라가는 것으로 보인다.

26. 역관과 의관을 뽑는 잡과의 합격자 6명을 뺀 수치이다.

27. 광종 치하의 응시자들에 대한 논의는 오성, 「고려 광종대의 과거합격자」; 허흥식, 『고려 과거제도사 연구』, pp. 7~20; 박용운, 『고려시대 음서제』를 보라. 이천 서씨利川徐氏는 고려시대 내내, 그리고 조선시대 초기까지 명망을 유지했다. 『신증동국여지승람』 8:5b.

28. 제술과 합격자들을 가장 포괄적으로 분석한 책은 박용운의 『고려시대 음서제』이다. 특히 pp. 271~72를 보라. 이 시험은 250차례 치러져 총 6,330명의 합격자를 배출했는데, 이 가운데 이름을 확인할 수 있는 사람은 1,445명뿐이고, 출신 가문을 확인할 수 있는 사람은 508명뿐이다. 같은 책, pp. 325~557을 보라. 국자감國子監에서 시행하던 예비시험도 있었다. 같은 책, pp. 190~91. 제술 과와 명경과 외에, 법·한의학·천문학 등에 대한 전문지식을 시험하던 잡과도 있었다. 같은 책, pp. 558~624를 보라. 하지만 잡과는 본서의 고려 대상이 아니다.

29. 문무 양반 외에, 잡업에 종사하던 기술관들과 왕의 시중을 들고 왕명을 출납하던 남반南班 또는 내시 도 있었다. 고려 전기의 정부구조를 대충 살펴보려면 이기백, 『고려 귀족사회』, pp. 96~125를 보라.

30. 고려 전기의 관제에 대해서는 Duncan, *Origins of the Chosŏn Dynasty*(→김범 옮김, 『조선 왕조의 기 원』, 너머북스, 2013.), pp. 20~28을 보라.

31. 박용운, 『고려시대 음서제』, pp. 212~17; 과거 합격자들의 출신지에 대해서는 같은 책, pp. 310~21을 보라.

32. 여기에서, 그리고 이 책 전체에서 향리는 향리 조직에서 가장 높은 두 계급인 호장戶長과 부호장만 을 가리킨다. 1018년에 지방 행정단위가 정비되었을 때, 호장과 부호장의 수는 그 단위의 크기에 따 라 달라졌다. 예컨대 1,000명 이상의 '신체 건강한 남성' 즉 정丁이 살고 있던 큰 군은 8명의 호장과 4명의 부호장에 의해 다스려졌다. 상세한 내용은 박용운, 『고려시대사』 상, pp. 132~41; 박용운, 『고려시대 음서제』, pp. 233~39; 허흥식, 『고려 과거제도사 연구』, pp. 145~64를 보라. 또 이수건, 『한국중세사회사』, pp. 244~45도 보라.

33. 구체적인 내용은 박용운, 『고려시대사』 상, pp. 366~74; 허흥식, 『고려 과거제도사 연구』, pp. 24~36을 보라.

34. Bourdieu, *In Other Words*, p. 136.

35. 이수건에 의하면 550명의 관원 가운데 약 60%는 북부 출신이고, 20%는 후백제, 18%는 신라 출신 이다. 『한국중세사회사』, pp. 138~39, 220~23, 227~29.

36. Duncan, *Origins of the Chosŏn Dynasty*, p. 57; 황운룡, 『고려 벌족에 관한 연구』, pp. 103~4.

37. 던컨이 말하는 "대단히 강력한" 집단이란 합쳐서 4명 이상의 관리나 2명 이상의 재추(1품과 2품의 관원)를 배출한 집단을 말한다. 이 기간(981~1146)에 관직을 제수받은 총 1,140명 가운데 출계집 단을 확인할 수 있는 사람은 257명뿐이다. Duncan, *Origins of the Chosŏn Dynasty*, pp. 54~58을 보 라. 고려 전기의 엘리트 형성에 대해서는 황운룡, 『고려 벌족』, pp. 100~116도 보라. 황운룡은 유력 한 출계집단 20개를 열거하는데, 그가 제시하는 수치는 던컨의 자료와 얼추 일치한다.

38. 이자의의 음모를 둘러싼 정황은 상당히 모호하다. Kang, "The Development of the Korean Ruling Class," pp. 267~78을 보라.

39. 박용운, 『고려 후기 권문의 용례』, pp. 50, 52~54.

40. 경원 이씨에 대해서는 박용운, 『고려시대 음서제』, pp. 75~77; 박용운, 『고려시대사』 하, pp. 397~402; 이만열, 『고려 경원 이씨 가문』, pp. 2~29; Kang, "The Development of the Korean Ruling Class," pp. 279~81; Duncan, *Origins of the Chosŏn Dynasty*, pp. 57, 67을 보라.

41. 상세한 내용은 정청주, 『신라말 고려초 호족 연구』, pp. 37~63; 이수건, 『한국중세사회사』, pp. 154~59; Duncan, *Origins of the Chosŏn Dynasty*, pp. 57, 68을 보라. 박씨 일가는 1146년 이후로는 영향력을 상실한 것 같다. 그들의 이름은 『만성대동보』에 나오지 않는다.

42. 『만성대동보』 1:255a; 박용운, 『고려사회와 문벌귀족가문』, pp. 203~10; 박용운, 『고려시대 음서제』, pp. 107~9; Duncan, *Origins of the Chosŏn Dynasty*, p. 57.

43. 해주 최씨에 대해서는 박용운, 『고려사회와 문벌귀족』, pp. 181~93을 보라.

44. Deuchler, Confucian Transformation, pp. 35~45는 고려의 친족과 출계를 재구성하고 있다.

45. 김용선, 「고려 문벌」, pp. 4~9; 이혜옥, 「고려시대의 가家」, pp. 32~38. 그런 굉장한 이름들을 내세운 출계집단들의 대다수는 당연히 던컨의 목록에서 "대단히 강력한" 집단으로 평가되고 있다.

46. 김용선, 「고려 문벌」, pp. 9, 16.

47. 경계선이 어디인가 하는 문제는 치열한 논쟁거리가 되었다. 박용운은 5품이라는 설을 지지하지만, 다른 학자들은 5품은 너무 낮은 기준이고 2품 이상은 되어야 고위관리로 간주할 수 있다고 본다. 박용운, 『고려시대 음서제』, pp. 74~79; 김용선, 「고려 문벌」, p. 14.

48. '음서'가 시작된 정확한 시기는 알 수 없지만, 박용운에 의하면 성종의 치세(982~97)에 제도화된 것 같다. 그가 쓴 『고려시대 음서제』, pp. 3~8을 보라.

49. 음서제의 운용에 대해서는 박용운, 『고려시대 음서제』, pp. 89~123; 박용운, 『고려시대사』 상, pp. 76~78; 김용선, 「고려 음서제도」; Duncan, *Origins of the Chosŏn Dynasty*, pp. 60~61을 보라.

50. 김용선, 「고려 문벌」, pp. 21~23.

51. 네 가지 색상의 관복, 즉 자삼紫衫·단삼丹衫·비삼緋衫·녹삼綠衫은 960년에 처음 도입되었는데, 전시과 하에서 수혜자들의 등급을 매기는 기준이 되기도 했다. Kang, "The Development of the Korean Ruling Class," pp. 125~40; 이기백, 『고려 귀족사회』, p. 116을 보라.

52. 자세한 내용은 황운룡, 『고려 벌족』, pp. 129~51; 박용운, 『고려시대사』 상, pp. 78~79; Duncan, *Origins of the Chosŏn Dynasty*, pp. 44~48을 참조하라.

53. 『송사宋史』, 「고려전」, 이수건, 『한국중세사회사』, p. 97에서 재인용.

54. 같은 책, pp. 238~39.

55. 박용운, 『고려사회와 문벌귀족』, pp. 203~10.

56. 최충헌의 본관은 우봉牛峰(황해도)이다. 우봉 최씨는 상장군이었던 충헌의 아버지 때부터 가세가 폈고, 최충헌의 3대손 이후 거의 사라졌다. 『씨족원류』, p. 605; 『만성대동보』 2:9b.

57. 이수건, 『한국중세사회사』, pp. 340~41. 무신정권 시대에 배출된 근 2,000명의 합격자는 고려시대

총합격자의 약 3분의 1에 해당한다.

58. 여흥(1305년 이전에는 황려黃驪라고 불렸다) 민씨는 중국에서 이주해온 사람의 후손으로, 한국에서의 연원은 그리 깊지 않다. 민영모는 이 출계집단의 시조로 인식되는 자의 4대손이었다. 『만성대동보』 2:142a~49a; 『씨족원류』, p. 471; 『한국성씨대관』, pp. 788~89; Duncan, *Origins of the Choson Dynasty*, pp. 57, 73. 이수건은 민씨 일족이 여흥의 세습적 향리였고, 민영모 덕분에 문벌로 부상했다고 말한다. 『한국중세사회사』, p. 267을 보라.

59. 『만성대동보』 2:93a; 박용운, 『고려시대 음서제』, p. 83; 김광철, 『고려 후기 세족층』, pp. 65~66.

60. 통계적 증거에 대해서는 이수건, 『한국중세사회사』, pp. 343~45를 보라.

61. 이규보의 본관은 황려(오늘날의 여주)였다. 그는 여주 이씨驪州李氏의 작은 분파에 속했던 것으로 보이는데, 이 분파는 훗날 『만성대동보』에 기록을 남기지 못했지만, 『씨족원류』, p. 109; 『신증동국여지승람』 7:24a~b; 허흥식, 『고려 과거제도사 연구』, pp. 139~40에는 실려 있다. 이규보는 자신의 경력을 정2품 관리로 마감했다.

62. Shultz, *Generals and Scholars*, pp. 87~88; 박용운, 『고려시대 음서제』, p. 82; Duncan, *Origins of the Choson Dynasty*, p. 73.

63. 박용운, 『고려시대사』 하, p. 528; Duncan, *Origins of the Choson Dynasty*, p. 73.

64. 슐츠에 의하면, 최씨 집권기에 관직의 3분의 2쯤은 문신들의 몫이었다. Shultz, *Generals and Scholars*, p. 177.

65. 같은 책, pp. 80, 87.

66. 슐츠는 최씨 정권의 지배를 "합리적이고 유연한" 것이라며 긍정적으로 평가한다. 그러나 농민과 노비의 잦은 봉기는 긴장과 불만의 확실한 징표였고, 최씨 정권은 이런 문제들을 해결할 수 있는 유효한 조치를 취하지 않았다.

67. 『씨족원류』, p. 517; 『만성대동보』 2:152. 장흥 임씨는 임의와 그의 직계후손 덕분에 권력의 꼭대기에 앉았음에 틀림없다. 조선 초에 이르면 고려의 임씨는 더 이상 중요한 존재가 아니었기에 『만성대동보』에 이름을 올리지 못했다. Duncan, *Origins of the Choson Dynasty*, pp. 57, 67. 최충헌의 첫 번째 부인은 분명히 유력한 무관의 딸이었다. Shultz, *Generals and Scholars*, p. 49.

68. 강종(1152~1213)은 명종의 맏아들이었다.

69. 고려시대 왕들(1123~1259)의 계보에 대해서는 Shultz, *Generals and Scholars*, pp. 2, 166~71을 보라.

70. 몽골의 지배하에서 고려의 왕들은 더 이상 전통적으로 왕에게 추증되던 묘호(조祖나 종宗 같은)로 불릴 수 없게 되었고, 자신들의 칭호에 몽골 황제에 대한 종속을 나타내는 '충忠' 자와 '왕' 자를 넣어야만 했다. Robinson, *Empire's Twilight*, p. 103에 따르면, 부마의 지위는 몽골 제국 내에서 고려의 위상을 높여주었다.

71. 『만성대동보』 2:82a~b; 박용운, 『고려시대 음서제』, pp. 111~12; 김광철, 『고려 후기 세족층』, p.

116; Duncan, *Origins of the Chosŏn Dynasty*, p. 73. 민현구, 「조인규와 그의 가문」도 보라.

72. 『만성대동보』1:279a; 『신증동국여지승람』 32:45a; 박용운, 「고려시대사」 하, p. 530.

73. 안동 김씨는 서로 무관한 두 출계집단으로 나뉜다. 김방경의 집단은 통례적으로 구舊 안동 김씨라고 불린다. 이들은 방경의 부친인 효인孝印(?~1253)의 출사 이후 부상하기 시작했는데, 효인은 1208년에 문과에 급제하고 병부상서까지 지냈다. 『만성대동보』1:164b~65a; 박용운, 「고려시대 음서제」, p. 81; Duncan, *Origins of the Chosŏn Dynasty*, p. 73. 안동 김씨에 대한 상세한 설명은 4장을 참조하라.

74. 과거 급제자들의 출신지에 대해서는 박용운, 「고려시대 음서제」, pp. 317~18; 이수건, 『한국중세사회사』, pp. 343~44를 보라. 몽골 간섭기에 경상도는 전라도의 두 배에 달하는, 가장 많은 수의 과거 합격자를 배출했다.

75. 도당은 군사 및 국방 문제를 담당했던 도병마사都兵馬使의 후신이다. 박용운, 「고려시대사」 상·하, pp. 97~98, 534; Duncan, *Origins of the Chosŏn Dynasty*, pp. 161~67; 던컨은 몽골의 지배기 내내 도당의 활동이 미미했다고 지적한다.

76. 파평 윤씨의 세계도世系圖에 대해서는 박용운, 「고려사회와 문벌귀족가문」, p. 206을 보라. 언양 김씨에 대해서는 박용운, 「고려시대사」 하, p. 535; 김광철, 「고려 후기 세족층」, pp. 153~67을 보라.

77. 충렬왕을 지지한 비엘리트의 명단에 대해서는 김당택, 「충렬왕의 복위과정」, p. 199를 참조하라. 임시 정무기구들에 대해서는 Duncan, *Origins of the Chosŏn Dynasty*, pp. 166~67을 보라.

78. 유사한 용어로는 권귀權貴 또는 권귀지가權貴之家, 권신權臣, 권호權豪 등이 있다.

79. 이 용어들이 사용된 예는 박용운, 「고려 후기 권문의 용례」에 나와 있다.

80. 같은 논문; 김광철도 박용운의 논문보다 훨씬 전에 발표된 자신의 저서 『고려 후기 세족층』에서 비슷한 의견을 내놓았다. 권세의 세勢는 '권력'을 뜻하지만, 세족의 세世는 '힘'이나 '권력'이 아니라 '세대'나 '세습'을 의미한다.

81. 충선왕(1275~1325)은 충렬왕의 장남이고, 모친은 쿠빌라이 칸의 딸이었다. 몽골은 왕실의 근친혼에 반대했으나, 젊은 충선은 1289년에 고려의 공주와 결혼했다. 그는 나중에 몽골 공주와도 혼인했고, 이 밖에도 두 명의 고려 여성을 아내로 맞았다. 김당택, 「충선왕의 복위교서」, pp. 18~19.

82. 상세한 내용은 황운룡, 「고려 벌족」, pp. 100~116; 김광철, 「고려 후기 세족층」, pp. 58~89; 김당택, 「충선왕의 복위교서」; 김영선, 「고려 문벌」, pp. 18~20을 보라.

83. 통계적 증거에 대해서는 이수건, 『한국중세사회사』, pp. 344~45; Duncan, *Origins of the Chosŏn Dynasty*, p. 73을 보라. 양자가 사용한 자료는 다르다.

84. 과거 합격자와 관직 진출자의 목록에 대해서는 김광철, 「고려 후기 세족층」, pp. 96~97, 125를 보라. 다양한 경력 패턴에 대해서는 Duncan, *Origins of the Chosŏn Dynasty*, pp. 82~86을 보라.

85. Duncan, *Origins of the Chosŏn Dynasty*, pp. 71~77.

86. Deuchler, *Confucian Transformation*, pp. 83~84.

2장

1. 자세한 내용은 박용운, 『고려시대사』 하, pp. 534~54; Duncan, *Origins of the Chosŏn Dynasty*, pp. 174~75를 보라.

2. 공민왕의 모친인 명덕태후明德太后는 [남양] 홍규洪奎의 딸이자 충숙왕의 비였다. 그녀는 충혜왕 (1330~1332; 재위 1339~1344)도 낳았다.

3. 공민왕의 각종 개혁안에 대해서는 김기덕, 「14세기 후반 개혁정치」를 보라.

4. 1330년에 과거에 급제한 [남양] 홍언박은 홍관洪灌의 7대손이자 홍규洪奎의 손자였다. 명덕태후의 조카인 그는 권부權溥의 아들인 권준權準(1280~1352)의 딸과 혼인했고, 고위직을 역임했다. 『고려 사』 111.7b~11a; Duncan, *Origins of the Chosŏn Dynasty*, p. 168.

5. 같은 책, pp. 73, 168.

6. 기황후에 대해서는 Robinson, *Empire's Twilight*, pp. 118~27을 보라. 황태자의 어머니로서 그녀는 원나라의 조정에서 유례없이 막강한 권한을 행사했다.

7. 행주 기씨幸州奇氏는 무인정권 시대와 몽골의 지배기에 입신양명한 소수의 무신 덕분에 유력한 출 계집단으로 부상했다. 『고려사』 131, 14a~21b(기철 열전烈傳); 이수건, 『한국중세사회사』, p. 271; 민현구, 「신돈의 집권과 그 정치적 성격」(上), p. 52.

8. 홍건적의 난에 대한 구체적인 설명은 Robinson, *Empire's Twilight*, 4장을 보라.

9. 이 사촌은 충선왕과 후궁 사이에서 태어난 아들이었다. 상세한 내용은 Robinson, *Empire's Twilight*, 8장을 보라.

10. 민현구, 「신돈의 집권」(上), pp. 62~71.

11. 『고려사』 73:1b; 111:41b~45b(임박 열전). 임박은 그의 구체적인 개혁안이 『고려사』에 기록되어 있 지 않은 탓에 다소 모호한 인물로 남아 있다. 민현구가 제시하듯이 어쩌면 그의 개혁안은 조준趙浚 이나 정도전鄭道傳 같은 후대의 개혁가들이 제시한 것과 유사한 사상을 담고 있었기 때문에 두 사람 의 개혁적 이미지를 제고하기 위해 무시되었을 것이다. 작은 현縣인 길안吉安(안동) 출신의 임박은 강력한 출계집단의 지원 없이 수도에 입성했음에 틀림없다. 그의 부친도, 조부도 관리가 아니었다. 그는 1360년에 과거에 합격한 뒤에 마침내 정3품 관직을 얻었지만, 본인의 관직 경력 내내 권력의 핵심부에는 진입하지 못했던 것 같다. 많은 이의 비방을 받은 그는 결국 유배되고 살해되었다. 좀 더 상세한 설명은 민현구, 「신돈의 집권」(下), pp. 78~81을 보라. 교육제도의 혁신에 대해서는 김기덕, 「14세기 후반 개혁정치」, pp. 459~63을 보라.

12. 민현구의 「신돈의 집권」은 아직까지 신돈에 대한 대표적인 연구로 통한다. 필자는 민 교수의 성과에 빚을 지고 있다.

13. 『고려사』 126:1a~19b(열전); 『만성대동보』 1:128b~30a. 이인임과 그의 친족집단에 대해서는 고혜

령, 「이인임 정권」을 보라. 인임은 1285년에 과거에 급제하고 결국 고위직에 올라 수도의 엘리트층에 합류함으로써 자신의 친족집단을 성주星州이 향리에서 중앙의 권문으로 격상시킨 이조년李兆年(1269~1343)의 손자였다. 인임은 음서로 관직에 진출했다.

14. 『만성대동보』 2:9a. 최영(1316~1388)은 1112년에 과거에 합격한 고위관리 최유청崔惟淸(1095~1174)의 5대손이었다. 고려 태조의 공신을 시조로 받드는 철원 최씨는 고려 전기에는 강력한 엘리트층에 끼지 못했지만, 꽤 많은 수의 과거 급제자와 관리를 배출함으로써 1308년에 왕실과 통혼할 수 있는 출계집단의 하나로 선정되었다. 최영은 왜구와 홍건적을 상대로 군공을 세움으로써, 신망과 명예와 부를 얻었다. 딸들 가운데 한 명은 우왕의 비가 되었다. 그의 전기에 대해서는 『고려사』 113:23a~55a를 보라. 그의 이름은 『만성대동보』에 등재되어 있지 않다. 이성계의 생애에 관한 간략한 정보는 주 75를 보라.

15. 우왕과 창왕이 왕씨의 혈통이 아니라는 점을 강조하기 위해, 『고려사』의 편찬자들은 그들의 전기를 왕의 기록을 수록한 세가世家 편에 넣지 않고 신돈의 열전 편에 덧붙였다.

16. 왕씨의 직계 왕통은 공민왕(1345~1394)의 죽음과 더불어 끊어졌고, 공양왕은 신종(재위 1197~1204)의 8대손이었다.

17. 왕건의 삼한공신 가운데 한 명을 시조로 받들었지만, 경주 이씨는 고려 전기에 위세를 떨치던 출계집단에 끼지 못했다. 이제현의 부친인 이진李瑱(1244~1321)은 1279년에 이 집안에서 처음으로 과거에 급제하여 관직에 진출했고, 종2품 벼슬로 경력을 마감했다. 『만성대동보』 1:65b; 박용운, 「고려시대 음서제」, p. 435.

18. 이제현이 원의 수도에 체류하고 있던 시절에 대해서는 Deuchler, *Confucian Transformation*, pp. 16~20을 보라. 그리고 3장도 보라.

19. 이제현의 개혁 시도에 대해서는 Duncan, *Origins of the Chosŏn Dynasty*, pp. 173~75를 보라. 이제현의 사상에 대한 간략한 설명은 고혜령, 「고려 후기 사대부」, pp. 136~37을 참조하라. 민현구는 『고려정치사론』, pp. 276~91에서 공민왕 재위기에 그가 벌인 정치활동에 대해 논하고 있다.

20. 배전과 강윤충의 전기는 『고려사』 '폐행' 열전에 나온다. 124:13b~14a, 9b~13b를 보라. 2명의 엘리트 여성을 강간한 것으로 알려진 강윤충은 장형에 처해졌지만, 고관들의 비호를 받아 그 이상의 법적인 처벌은 면했다. 김사행의 전기에 대해서는 같은 책, 122:27a~b를 보라.

21. 이제현의 첫 번째 부인은 권부의 딸이었다. 권부는 이제현의 아버지와 함께 1279년에 과거에 합격했고, 나중에는 이제현의 학문적 스승들 가운데 한 명이 되었다.

22. 권후(1296~1349, 어릴 적 이름은 재載)는 충선왕의 사랑을 듬뿍 받아 그의 양아들이 되었고 왕씨 성까지 하사받았다.

23. 안동 권씨와 경주 이씨, 행주 기씨 사이의 인척관계에 대해서는 『만성대동보』 1:65b; 2:54a; 『씨족원류』, pp. 34, 753; 『고려사』 131:16b, 18a를 보라. 이제현의 딸들 가운데 한 명은 공민왕의 비였다.

24. 『고려사』 131:23a~b, 32a~b; 『씨족원류』, p. 461. 겸의 이름은 권부와 그 자식들을 소개하는 『만성대동보』 2:54a에서 빠져 있다.

25. 『고려사』 131:21b~23a; 『씨족원류』, pp. 521~52; 『만성대동보』 2:226. 교하 노씨交河盧氏는 최고 엘리트층에는 속하지 않았지만, 고려 초기부터 꾸준히 조정에 출사했다. 노책의 어머니는 조인규의 딸이었고, 그의 장남인 제濟는 왕실의 사위가 되었다.

26. 『고려사』 132:3a~b(신돈 열전); Duncan, *Origins of the Chosŏn Dynasty*, p. 177.

27. 민현구, 「신돈의 집권」(下), pp. 60~61.

28. 『고려사』 125:36a~38b(열전); 양성 이씨陽城李氏에 대해서는 『만성대동보』 1:46b~47a; 『신증동국여지승람』 10:27a~29a를 보라.

29. 신돈 밑에서 일한 사람들의 명단에 대해서는 민현구, 「신돈의 집권」(上), p. 70을 보라. 그들 가운데 과거 합격자는 겨우 2명이었다.

30. 희생자 명단은 같은 논문(下), p. 109를 보라.

31. 공민왕은 동성애자였거나 성불능자였던 것 같다. 1372년에 그는 "젊고 잘생긴" 청소년들을 모집하여 자제위子弟衛를 설치했다. 홍언박의 손자인 홍륜洪倫(?~1374)도 그 일원이었다. 아들이 없다는 사실을 걱정한 나머지, 왕은 젊은이들로 하여금 자신의 왕비인 혜비惠妃 및 익비益妃와 성관계를 갖도록 부추겼다. 혜비(이제현의 딸)가 그런 요구를 거부하고 비구니가 되자, 그는 익비와 홍륜의 관계를 강요했다. 이렇게 해서 태어날 아들을 자신의 소생으로 삼을 심산이었던 것이다. 익비가 임신했다는 소식이 환관 최만생崔萬生에 의해 전해지자 공민왕은 크게 안도했지만, 비밀이 누설되는 것을 방지하기 위해 홍륜과 최만생을 죽이기로 마음먹었다. 이런 낌새를 눈치챈 홍륜과 그 패거리는 자신들의 목숨을 부지하기 위해 그날 밤 왕이 만취한 틈을 타 그를 살해했다. 최만생과 홍륜은 이튿날 이인임의 명에 따라 처형되었다. 『고려사』 89:30b~31a; 『고려사절요』 29:17b~18a, 20a~21a, 28b~29a.

32. 지윤(?~1374)은 중국에서 이주해온 인물의 후손인 충주 지씨忠州池氏라는 작은 출계집단에 속해 있었다는 기록이 있다. 하지만 『씨족원류』, p. 791이나 『만성대동보』 2:245a에 등재된 지씨 중에 그의 이름은 없다. 지윤은 무녀의 아들로 알려져 있고, 공민왕 치하의 군부에서 악명 높은 경력을 시작했다. 그의 악행은 『고려사』(간신 열전), 125:41a~48b에서 자세히 설명되고 있다.

33. 임견미는 작은 현 평택(당시에는 충청도에 속했다) 출신으로, 홍건적과의 전투에서 두각을 나타내어 벼슬길에 올랐다. 『만성대동보』에는 평택 임씨平澤林氏에 대한 기록이 없다. 임견미의 전기는 『고려사』(간신 열전)에 나온다. 126:19b~27a를 보라.

34. 염흥방(?~1388)은 1357년에 과거에 장원급제했지만, 홍건적과의 전투에서 공을 세우면서 세도가의 반열에 접어들기 시작했다. 서원 염씨瑞原廉氏(서원 또는 봉성峰城은 오늘날의 경기도 파주이다)는 『만성대동보』에는 실려 있지 않지만, 『씨족원류』, p. 787에는 기재되어 있다. 염흥방의 전기에 대

해서는 『고려사』 126:27a~29a(간신 열전)를 보라.

35. 고혜령, 「이인임 정권」; Duncan, *Origins of the Chosŏn Dynasty*, p. 172.

36. 고혜령, 「이인임 정권」, p. 53.

37. 상세한 내용은 이경식, 「조선 전기 토지」, pp. 7~96을 보라. 또 『14세기 고려의 정치와 사회』에 실린 여러 논문도 참조하라.

38. Vermeersch, *The Power of the Buddhas*, pp. 305~12.

39. 최해崔瀣, 「졸고천백拙藁千百」, 고혜령, 「고려 후기 사대부」, p. 261에서 재인용.

40. 『고려사』 122:19b~21b.

41. 같은 책, 122:23a~24b; 이곡, 「중흥대화엄보광사기重興大華嚴普光寺記」, 『가정집稼亭集』 3:4a~5b.

42. Ahn Juhn-Young이 최근에 쓴 두 편의 논문, "The Way of Ours"와 "The Merit of Not Making Merit"를 보라. 나는 저자의 전반적인 취지에는 공감하지 않지만, 두 논문에는 흥미로운 생각이 담겨 있다.

43. Palais, Confucian Statecraft, p. 43

44. 16명쯤 되는 초기 신유학자들의 명단은 고혜령, 「고려 후기 사대부」, pp. 78, 81을 보라. 한 명만 빼고 그들은 모두 과거 급제자들이었고, 몇몇은 원나라와 고려 양국에서 과거에 합격했다. 이들의 교육과 사상에 대해서는 Deuchler, *Confucian Transformation*, pp. 14~27과 2장을 참조하라.

45. 원나라에서 과거에 합격한 고려인 명단에 대해서는 고혜령, 「고려 후기 사대부」, pp. 100~110을 보라.

46. 박용운은 『고려사회와 문벌』, pp. 71~173에서 고구려에서 고려에 이르기까지 사와 사대부가 사용된 예를 추적한 바 있다. 이 용어들은 오래된 것이기는 하지만, 13세기 후반부터 문서에 자주 등장하기 시작했다. 따라서 김당택은 「충렬왕의 복위과정」이라는 논문에서 정상적인 절차를 밟아 관리가 된 사람들이 충렬왕을 둘러싸고 있던 다수의 미천한 족속과 자신들을 구별하기 위해 그 용어들을 쓰기 시작했다고 결론지었다. 하지만 그 용어들은 초기의 신유학자들에 의해 좀 더 좁은 의미로 사용되었던 것으로 보인다. Duncan, *Origins of the Chosŏn Dynasty*, pp. 86~89도 보라.

47. 이곡, 『가정집稼亭集』 7권, 박용운, 「고려 후기 권문의 용례」, p. 53에서 재인용.

48. 이곡의 인물됨에 대해서는 고혜령, 「고려 후기 사대부」, 3장을 보라. 한산 이씨韓山李氏(한산은 오늘날의 충청남도 서천에 속해 있는 한 면이다)는 향리의 후손이었고, 이곡은 1320년에 이 가문 출신으로는 최초로 과거에 합격했고, 그 후 원나라에서도 제과制科에 급제했다. 그는 양국에서 버슬을 얻었다.

49. 『고려사』 73:11a~b.

50. 같은 책, 74:32b~33a; 『고려사절요』 28:26a; Duncan, *Origins of the Chosŏn Dynasty*, p. 258.

51. 이색의 처는 1284년에 과거에 급제한 다음 개성에서 안동 권씨를 대표하는 유력한 인물로 활동한 권한공權漢功의 손녀였다. 『고려사』 125:28a~31a.

52. 같은 책, 115:1a~9a('복중상서服中上書').

53. 『고려사절요』28:26a; 민현구,「신돈의 집권」(下), p. 81.

54. 신유학 사상의 도입과 그 성격에 대한 자세한 설명은 3장을 보라.

55. 이존오는 본관이 경주로, 이제현의 방계친이었다. Duncan, *Origins of the Chosŏn Dynasty*, p. 128.

56. 이인복은 이인임의 형이자 이제현의 제자였다. 그는 1342년에 원나라의 과거에 합격했다.

57. 윤택(1289~1370)의 본관은 무송茂松[무장茂長](오늘날의 전북 고창군)으로, 그 시조인 양비良庇
    는 11세기 말에 중국에서 난을 피해 고려로 건너와 무송의 향리가 되었다고 전해진다. 『만성대동보』
    1:281a~b; 『고려사』106:31b~32b. 윤택은 강력한 파평 윤씨의 후손이자 고모부인 유명한 학자 윤
    선좌尹宣佐(1265~1343)로부터 교육을 받았다. 윤선좌는 안향安珦(1243~1306)이 주관한 1288년
    의 과거에서 장원급제했는데, 안향은 이듬해에 원나라의 수도에 가서 송나라의 신유학을 공부한 다
    음 그것을 한국에 전파한 최초의 인물이다. 윤택은 1320년에 이제현이 관장한 과거에 이곡, 백문보
    白文寶(?~1374), 안보安輔(1302~1357) 같은 신유학의 선구자들과 함께 합격했다. 안보는 1345년
    에 원나라의 제과에 급제했다. 과거 합격자들과 시험관(지공거知貢擧)들에 대한 정보는 주로 박용운
    의 『고려시대 음서제』에서 인용한 것이다. Deuchler, *Confucian Transformation*, pp. 14~20도 보라.

58. 박상충의 본관은 나주(전라도)의 작은 현이었던 반남潘南이다. 반남 향리의 아들인 그의 증조부는
    원종(재위 1259~1274)의 치세에 반남 박씨 가운데 처음으로 과거에 합격한 것으로 보인다. 박상충
    의 동생 상진尙眞은 1365년에 과거에 급제했다. 『만성대동보』1:204a; 『신증동국여지승람』35:10a;
    박용운, 『고려시대 음서제』, pp. 433, 474.

59. 정도전은 봉화奉化(경상도)에서 향리의 역할을 수행하던 미미한 친족집단의 후손이었다. 『만성대동
    보』1:252b; 『신증동국여지승람』25:24b~25a. 그의 아버지는 1330년에 과거에 합격했고, 훗날 정
    3품 벼슬까지 지냈다. 도전의 동생 도복道復도 1385년에 과거에 급제했다. 그의 가계도는 한영우,
    『정도전 사상의 연구』, p. 19를 보라. 정도전의 출신 배경은 논쟁의 대상이다. 그의 어머니가 노비의
    딸이었고, 그녀 자신도 첩이었다는 설이 있기 때문이다. 그의 장모도 첩이라는 설이 있다. 그런데 고
    려시대에는 처첩의 구분이 엄격하지 않았으므로, 그런 설이 사실인지 아닌지를 확인하기란 불가능
    하다. 마에마 교사쿠前間恭作는 정도전이 서얼 출신이라는 설을 논박한다. 그의 논문「庶孽考」, p.
    11을 보라.

60. 민현구,「신돈의 집권」(下), pp. 82~90.

61. 『고려사』115:6b~7a.

62. 같은 책, 112:17b~21b; 『고려사절요』28:15a~18a.

63. 『고려사절요』29:12b; 민현구,「신돈의 집권」(下), p. 110.

64. 고혜령,「이인임 정권」, pp. 21~25.

65. 이첨(1345~1405)은 신평 이씨新平李氏(신평은 충청도 홍주洪州[오늘날의 홍성洪城]의 현이었다)

라는 소규모 출계집단 출신으로, 공민왕에게 바친 구규九規(왕의 아홉 가지 규범)로 유명했다. 그는 1388년에 유배에서 풀려났고, 조선 초까지 벼슬을 했다. 『만성대동보』1:145b;『신증동국여지승람』 19:6b;『고려사』73:45a, 117:29b~46a.

66. 『고려사절요』30:6b~7a.

67. 『고려사』115:1a~3a('복중상서').

68. 같은 책, 111:44b;『고려사절요』28:19b.

69. 이색의 토지자산을 분석한 홍승기는 그의 땅이 적어도 10군데 이상의 지역에 흩어져 있었고 노비들에 의해 경작되었다는 사실을 밝혀냈다. 그가 쓴 『고려시대 노비』, pp. 162~173을 보라.

70. 『고려사』115:7b~8a.

71. 고혜령, 『고려 후기 사대부』, pp. 143~44; Deuchler, *Confucian Transformation*, pp. 134, 180~81.

72. 『고려사』121:21b~22a.

73. 최해(1287~1340)는 경주 최씨로, 신라 말기의 유명한 학자 최치원(857~?)의 후손이자 이제현의 벗이었다. 그의 생애에 대해서는 고혜령, 『고려 후기 사대부』, pp. 241~62를 보고, 그의 불교관에 대해서는 같은 책, pp. 258~62를 보라.

74. 『고려사』115권에 실려 있는 그의 열전을 보라; 또 Deuchler, *Confucian Transformation*, pp. 103, 180~81도 참조하라.

75. 이성계(1335~1408)는 본관이 전주全州이지만 반도의 동북부에서 나고 자랐다. 1170년에 무신의 난을 주동한 인물들 가운데 한 명인 이성계의 6대조 이의방李義方(?~1174)이 동료들에게 살해되자 그의 후손들이 그곳으로 달아났기 때문이다. 이후 이씨 일가는 여러 세대에 걸쳐 함흥(함경도)에서 기반을 다졌다. 1370년대 초부터 이성계는 북방에서 홍건적을 격퇴하고 해안지대에서 왜구를 섬멸하는 군사지도자로 활약했고, 홍건적으로부터 개성을 수복하는 데 일조한 공으로 공신의 반열에 올랐다. 그러나 1383년까지는 중앙에 거점을 마련하지 못해 정치적 영향력이 없었다. 그는 언제나 군량 부족으로 인한 군사력 약화를 걱정했다. 그의 세계世系에 대해서는 이수건, 『한국중세사회사』, pp. 334~45를 참조하라.

76. 이상백의 『이조 건국의 연구』는 아직까지 고려 말기의 골칫거리였던 경제난과 이성계의 권력 장악에 관한 최고의 연구로 꼽힌다. 이상백은 고려가 멸망한 근본 원인은 토지제도의 붕괴였고, 이성계의 최대 관심사는 군부를 지원해줄 탄탄한 경제적 기반의 회복이었다고 본다. 북방에서 벌어진 명나라와 고려 사이의 영토분쟁에 대해서는 Clark, "Sino-Korean Tributary Relations," pp. 274~75를 보라.

77. 조준은 조인규의 증손으로, 1374년에 과거에 급제했다. 그는 왜구를 격퇴하면서 관직 경력을 쌓기 시작했다. 개혁 상소를 올렸을 때, 그의 벼슬은 대사헌이었다. 그의 전기에 대해서는 『고려사』 118:1a~34a를 보라. 조준의 개혁 상소에 대해서는 같은 책, 78:20b~39b를 보라.

78. 같은 책, 118:3b~4a.

79. 다양한 전제개혁안은 Duncan, *Origins of the Chosŏn Dynasty*, pp. 206~9; Palais, Confucian Statecraft, pp. 292~99에서 논의되고 있다.

80. 토성土姓이란 중국식 성씨와 본관으로 자기 정체성을 확인하는 지역적 출계집단을 지칭한다. 이수건에 의하면 이런 식으로 정체성을 찾는 것은 통일신라에서 고려로 왕조가 교체된 직후에 본격적으로 시작되었지만, 토성이라는 용어 자체는 여말선초에, 특히『세종실록지리지』의 편찬자들에 의해 처음으로 사용되었다. 이 목록은 8도에 있던 500여 개의 본관과 4,000개에 육박하는 토성('망성亡姓'과 같은 하위범주를 제외한)을 열거하고 있다. 이수건의『한국중세사회사』3장을 보라. 이 책에서 제시된 사료의 대부분은 약간 수정된 형태로 이수건의『한국의 성씨와 족보』, 특히 4장에 전재되어 있다.

81. 이『지리지』는『세종실록』의 148~155권에 수록되어 있다. 이에 대한 분석은 이태진,「15세기 후반기의 '거족鉅族'과 명족의식名族意識」, pp. 232~34를 보라.『지리지』에 거명된 80명 가운데 신라의 인물은 3명, 고려의 인물은 63명, 조선 초기의 인물은 14명이다.

82. 『동국여지승람』의 편찬은 1432년에 시작되어 1481년에 완성되었고, 1530년에 증보되어『신증동국여지승람』으로 간행되었다. 그 편찬자들 가운데 일부는 조선 초기의 가장 강력한 출계집단들을 대표했다.

83. 성현,『용재총화慵齋叢話』10:272~73. 본관이 창녕昌寧인 성현은 15세기 후반에 활약한 가장 중요한 관리들 가운데 한 명이었다. 1462년에 문과에 급제한 그는 문예에 관련된 교직을 여러 차례 맡았고, 조선 초기의 정치적·사회적·제도적·문화적 측면들에 관한 정보를 집대성한『용재총화』를 저술한 것 외에, 고려의 가사歌詞를 수집한 책을 편찬하기도 했다.

84. 이수건의『한국중세사회사』, p. 6에는 세 문헌의 명단을 비교한 도표가 실려 있다. 이수건의 집계는 이태진,「15세기 후반기의 '거족'과 명족의식」의 집계와 완전히 일치하지는 않는다.

85. 철원 최씨는 성현의『용재총화』에 이름을 올리지 못했고,『신증동국여지승람』에도 조선조의 최씨에 대한 기록이 없다.

86. 이상의 자료는 이수건의『한국중세사회사』;『만성대동보』;『신증동국여지승람』; 성현의『용재총화』에 바탕을 둔 것이다.

87. 『만성대동보』1:128b~30a;『신증동국여지승람』28:17a~31a(10명의 고려 이씨를 언급);『세종실록지리지』155:22b(3명의 고려 이씨를 언급); 성현,『용재총화』; 이수건,『한국중세사회사』, pp. 308~9.

88. 『만성대동보』1:252b;『신증동국여지승람』25:22a~25b. 정도전은 봉화가 아니라 어머니의 고향인 단양丹陽(충청도)에서 태어났다. 그의 아들 4명 가운데 2명은 1398년에 그와 함께 사망했다. 살아남은 두 아들은 태종과 세종의 치세에 여러 관직을 두루 거쳤다. 그의 간략한 전기에 대해서는 한영

우, 『정도전』, pp. 20~32를 보라.

89. 청주 한씨의 시조는 고려 태조의 공신이었지만, 이 성씨는 고려 말에야 권력층에 발을 디뎠다. 『만성대동보』 2:93a~b; 『신증동국여지승람』 15:13a~15a; 이수건, 『한국중세사회사』, pp. 285~86; Duncan, *Origins of the Chosŏn Dynasty*, p. 73.

90. 청주 정씨에 대해서는 『만성대동보』 1:248a~b; 『신증동국여지승람』 15:13b~14a; 이수건, 『한국중세사회사』, p. 286을 보라. 청주가 본관인 두 출계집단 가운데 좀 더 잘 풀린 쪽은 한씨였다.

91. 의령 남씨에 대해서는 『만성대동보』 2:152b~58b; 『신증동국여지승람』 31:27a~31a; 성현, 『용재총화』를 보라.

92. 1392년에 개국공신에 봉해진 52명은 세 등급으로 나뉘었다. 이상에서 언급한 인물들은 1등 공신(좌명佐命개국공신)에 책록되었던 17명 가운데 일부이다. 이들의 약력은 모두 한영우, 『조선 전기사회』, pp. 117~80에 나와 있다. 정두희, 『조선 초기 정치지배세력』, pp. 7~23도 참조하라. Duncan, *Origins of the Chosŏn Dynasty*, pp. 99~100은 이 두 저서를 짤막하게 비판하고 있다.

93. 조선 초기의 정부기구에 대한 설명은 Wagner, *The Literati Purges*, pp. 12~17; 정두희, 『조선 건국 초기 통치체제』를 보라. 품계의 구조가 어떠했는지, 각 품계에 문·무반의 관리들이 몇 명이나 분포되어 있었는지를 알고 싶으면 Duncan, *Origins of the Chosŏn Dynasty*, pp. 102~3을 보라.

94. 6품과 7품 사이에도 참상관參上官과 참하관參下官이라는 분계선이 있었다. 문무백관이 왕을 알현하는 조회가 매월 네 차례 열렸는데, 전자는 여기에 참석할 수 있었고, 후자는 그럴 수 없었다. 문과 급제자이든 아니든, 처음 벼슬길에 나선 모든 관리가 꿈꿀 수 있는 최고의 관품은 6품이었다. 자세한 내용은 박홍갑, 「조선 초기 문과 급제자」를 참조하라.

95. '대가제'는 정3품 당하관 이상의 벼슬을 할 자격이 없는 관리로 하여금, 국가에 경사가 있을 때마다 모든 관리에게 베풀어진 '품계 승급'(가자加資 또는 별가別加)의 기회에 자신에게 추가된 산계散階를 아들, 사위, 동생 또는 조카에게 부여할 수 있게 해주었다. 그런 산계는 여러 차례 받을 수 있었지만, 대가를 통해 오를 수 있는 산계의 상한선은 1623년에 정5품으로 제한되었다. 이 제도는 고려나 중국에는 없었고, 『경국대전』에 법제화되지도 않았다. 하지만 조선에서는 1890년까지 존속하면서, 실직이 없는 수많은 산관을 만들어냈다. 이성무, 『조선 초기 양반 연구』, pp. 85~95; 최승희, 『조선 후기 사회 신분사』, pp. 13~58.

96. 이성무, 『조선 초기 양반』, p. 16. 명심해야 할 점은 고려 말부터 나타나기 시작한 양반이라는 용어는 조선의 기본 법전인 『경국대전』에 나오지 않는다는 것이다. 이 법전에서는 '고급관리와 하급관리'를 뜻하는 대소원인大小員人 또는 대소인원이라는 용어가 관리들의 위계를 가리키기 위해 사용되고 있다.

97. 사류士類 또는 사림士林도 종종 사족의 동의어로 쓰인다. 이성무, 『조선 초기 양반』, pp. 4~17; 고혜령도 『고려 후기 사대부』에서 이 용어들을 상세하게 논하고 있다. 특히 pp. 35~38에 나오는 표를 보라.

98. 던컨도 *Origins of the Chosŏn Dynasty*, pp. 88~89에서 비슷한 생각을 개진했다.

99. 『태종실록』33:17a~b(1417).

100. 때때로 정부는 특별한 목적을 위해 어떤 집단을 사족으로 간주할지를 규정했다. 하지만 이런 규정은 상황에 따른 임시변통적인 것으로, 모든 사족에 해당하지도 않았고, 따라서 '엘리트'에 대한 최종적인 정의라고 볼 수도 없었다. 그러므로 정부가 특정 집단을 강제이주 정책(전가사변全家徙邊)의 대상으로 명시했던 16세기 초부터 사족이 식별 가능한 사회적 집단으로 등장했다는 김성우의 주장은 수긍하기 어렵다. 김성우, 『조선 중기 국가와 사족』, pp. 265~77을 보라. 이 쟁점에 관한 집중적인 논의는 송준호, 『조선사회사 연구』, pp. 242~59를 보라. 송준호에 의하면, 사조 가운데 현관顯官이 있는 사람이나 문·무과 급제자의 아들과 손자는 '자동적으로' 사족으로 인정받았다.

101. 『대전후속록大典後續錄』(1543), pp. 165~66.

102. 개국공신 외에 1398년에는 정사공신定社功臣, 1401년에는 좌명공신佐命功臣의 책록이 있었다. 자세한 내용은 주 123을 보라. 의정부의 고관들에 관한 자료는 Wagner, *Literati Purges*, p. 13을 참조하라.

103. 『만성대동보』1:164b~165b. 『신증동국여지승람』24:18a~20a에 열거된 김사형의 여러 후손도 보라. 김사형은 김이청金利請의 후손인 '구'안동 김씨에 속했다. Clark, "Chosŏn's Founding Fathers," pp. 31~34도 보라.

104. 이런 통계자료는 김창현, 『조선 초기 문과 급제자 연구』; 차장섭, 『조선 후기 벌열 연구』; Duncan, *Origins of the Chosŏn Dynasty*를 참조한 것이다. 저자들에 따라 숫자가 조금씩 다른 것은 주로 그들이 고려한 기간이 다르기 때문이다. 이런 수치상의 차이가 있지만, 전반적인 동향은 분명하게 파악된다.

105. 김창현의 연구기간인 1393년에서 1494년 사이에 문과는 79회 치러져 1,799명의 급제자를 냈다. 『조선 초기 문과 급제자』, pp. 50~51, 65~69. 모든 과거 급제자의 명단에 대해서는 『조선시대 문과백서』를 참조하라. 1393년에 시행된 첫 번째 과거에 합격한 33명의 면면을 훑어보면, 부친의 신원이 확인되는 자는 4명뿐이었고, 대부분은 지방 출신이었던 것 같다.

106. 성현, 『용재총화』, 2:39. 다른 문벌은 성현 자신의 친족집단인 창녕 성씨昌寧成氏였다.

107. 이집은 고려 말뿐 아니라 조선 초에도 관직에 있었다는 설이 있지만, [1387년에 사망한] 그가 조선 초에 관직을 보유했을 리는 만무하다. 그는 이색과 정몽주 같은 초창기 신유학의 대가와 교유했다. 그의 부친인 이당李唐(생몰년 미상)은 국자감시에 응시했던 것으로 보이는데, 그 후 벼슬을 지냈는지에 대해서는 기록이 없다. 『씨족원류』, p. 85; 『신증동국여지승람』6:22b~23a; 박용운, 『고려시대 음서제』, pp. 215, 478.

108. 1447년과 1444년에 각각 등과한 이극배李克培(1422~1495)와 이극감李克堪(1427~1472)은 1455년에 세조가 등극할 때 공신이 되었고, 1456년에 문과에 급제한 이극증李克增(1431~1494)은 1471년에 성종의 공신이 되었다. 이태진, 「15세기 후반기의 '거족'」, pp. 268~71을 보라.

109. 자세한 내용은 위의 논문; 김창현, 『조선 초기 문과』, pp. 60, 68~69; 차장섭, 『조선 후기 벌열』, pp. 60, 120~21을 참조하라.

110. 던컨은 자신의 저서 *Origins of the Chosŏn Dynasty*의 3장에서 관련 자료를 신중하게 검토하여, 고려 후기부터 조선 초기에 이르는 기간에 지배층이 놀랄 만한 연속성을 보인다는 사실을 입증하고 있다. 추가적인 통계정보에 대해서는 이동희, 『조선 초기 관인층 연구』를 보라. 이동희는 표본 집단을 확대하여 1400년에서 1469년 사이에 의정부의 정2품 이상 7개 요직과 육조의 판서를 지낸 인물들을 조사한 결과, 110개 출계집단이 215명의 고관을 배출했다는 통계를 제시한다. 조선 초기까지 명맥을 유지한 출계집단의 목록에 대해서는 이수건, 『한국중세사회사』, pp. 344~45를 참조하라.

111. 『만성대동보』 2:209b~10b; 『신증동국여지승람』 39:43b~47a(황희와 그가 낳은 세 아들 가운데 두 명에 대해 언급하고 있는데, 둘 다 음서로 관직을 얻었다. 한 명은 세조의 치세에 영의정이 되었다); 박용운, 『고려시대 음서제』, p. 548; Duncan, *Origins of the Chosŏn Dynasty*, pp. 139, 141; Deuchler, *Confucian Transformation*, p. 97.

112. 『만성대동보』 2:139b~40a; 『신증동국여지승람』 27:4a~47a; Duncan, *Origins of the Chosŏn Dynasty*, p. 140; Deuchler, *Confucian Transformation*, p. 97. 허조의 아버지는 개성의 부윤府尹이었는데, 이는 허씨 일가가 고려 후기의 어느 시기에 개성으로 이주했음을 말해준다.

113. 좀 더 상세한 내용은 Duncan, *Origins of the Chosŏn Dynasty*, pp. 140~41; Deuchler, *Confucian Transformation*, pp. 94~97을 참조하라.

114. 『만성대동보』 2:110a~14b(강씨의 친족집단은 크게 둘로 나뉜다. 희맹이 속한 집단은 6세기 말에 활약한 이식以式 장군의 후손이라고 전해진다); 『신증동국여지승람』 30:1a~23a; 그들의 과거 급제에 대해서는 김창현, 『조선 초기 문과』, p. 60을 보라(15세기에 31명을 등과시켜, 안동 권씨에게만 뒤졌다); 차장섭, 『조선 후기 벌열』, pp. 52, 120~21을 참조하라(문과 급제자는 총 218명이었다); Duncan, *Origins of the Chosŏn Dynasty*, p. 139; Deuchler, *Confucian Transformation*, p. 117.

115. 이런 수치는 에드워드 와그너Edward W. Wagner에게 빚진 것이다.

116. 이수건, 『한국중세사회사』, p. 302.

117. 이 교서의 일부는 *Sourcebook of Korean Civilization* 1:480~482에 영역되어 있다.

118. 정두희, 『조선 초기 정치지배세력』, p. 25에 나오는 표를 보라.

119. 정도전과 다른 학자들이 저술하거나 편찬한 조선 건국 초기의 법전들에 대한 자세한 설명은 3장을 보라.

120. 태조에게는 여덟 명의 아들이 있었는데, 위로 여섯 명은 1391년에 사망한 첫 번째 부인 한씨韓氏의 소생이었고, 나머지 두 명은 두 번째 부인인 강씨康氏의 자식이었다. 태조는 결국 강씨의 뜻에 따라 그녀의 둘째 아들인 방석芳碩을 세자로 결정했다.

121. 『고려사』 119:21(정도전 열전).

122. 구체적인 내용은 정두희, 『조선 초기 정치지배세력』, pp. 23~40을 참조하라. 또 정도전의 생애와 활동을 마치 탐정처럼 샅샅이 조사한 이상백의 「정도전론」도 보라.

123. 정두희, 『조선 초기 정치지배세력』, pp. 41~54.

124. 권근(1352~1409)은 권부의 증손으로, 유명한 안동 권씨의 후예였다. 그가 조선의 개창에 기여한 바에 대해서는 Deuchler, *Confucian Transformation*, p. 94와 pp. 95~245의 곳곳을 보라.

125. 민제(1339~1408)는 막강한 여흥 민씨의 후손으로, 1357년에 과거에 급제했으며, 여말선초에 화려한 관직 경력을 쌓았다. 『만성대동보』 2:142a~b.

126. 『태종실록』 22:31a(1411); 자세한 내용은 김성준, 「태종의 외척 제거」; Clark, "Chosŏn's Founding Fathers," pp. 34~35; Deuchler, *Confucian Transformation*, pp. 233~34를 참조하라.

127. 『만성대동보』 2:116b. 흥미롭게도 심온의 아들은 1416년에 살해된 민씨 형제 가운데 한 명의 딸과 혼인했는데, 이는 외척들 사이의 긴밀한 통혼관계를 입증해준다.

128. 1404년에 태종은 장남인 이제李禔(1394~1462)를 세자로 책봉했다. 그러나 그가 왕이 되기에는 적합하지 않은 인물이라는 점이 명백해진 까닭에, 그의 동생인 훗날의 세종(1397~1450)이 1418년에 그 자리를 차지하게 되었다.

129. 1409년에 태종은 외척을 봉군封君하는 제도를 폐지했고, 1414년에는 정1품 아문衙門인 돈녕부敦寧府를 설치해 그들을 예우하고 관리하도록 했다. 『증보문헌비고增補文獻備考』 217:2a~4b; 『경국대전』, pp. 39~44. 종친과 부마駙馬에 관한 일을 관장하는 종친부宗親府와 의빈부儀賓府도 설치되었다. 『증보문헌비고』 216:2b, 217:4b~5a; 『경국대전』, pp. 35~44.

130. 이런 오해와 비난에 대해서는 Deuchler, *Confucian Transformation*, p. 338의 주 67을 보라. 명나라와 초창기 조선의 관계에서 영토 문제가 어떤 의미를 지니고 있었는지에 대해서는 Clark, "Sino-Korean Tributary Relations," pp. 273~79를 보라.

131. 조선의 조정은 1400년 9월에 정종의 인신印信과 고명을 청했다. 하지만 불과 두 달 뒤에 태종에게 왕위가 넘어간 사실이 곧바로 명나라에 보고되었고, 태종의 즉위는 1401년 봄에 승인되었다.

132. 조선과 명나라 사이의 조공과 회사에 대한 설명은 Clark, "Sino-Korean Tributary Relations," pp. 279~84를 참조하라.

133. 諸橋轍次(모로하시 데스지), 『大漢和辭典』, no. 26676은 이 용어를 "황제가 친히 경작하는 종묘에 딸린 밭"이라고 설명한다.

134. 고려시대에 천제는 열세 번 봉행되었던 것으로 보인다. 12세기 초에 몇 차례, 그리고 몽골 간섭기에 좀 더 자주 봉행되었다. 최윤의崔允儀(1102~1162)가 편찬한 『고금상정례古今詳定禮』는 의례를 다룬 고려조의 가장 중요한 책이지만 현존하지 않고, 『고려사』 권59 이하의 예지禮志에 나오는 전례에 관한 정보는 단편적이다. 이범직은 『한국 중세 예사상禮思想 연구』, p. 68 이하에서 중국식 전례의 재구성을 시도한 바 있다. Sohn, "Social History of Early Yi Dynasty," p. 93의 주 34도 보라.

135. Breuker, "When Truth Is Everywhere," pp. 174~75.

136. 예컨대 고려 왕실은 7대조가 아닌 5대조까지만 종묘에 신위를 모실 수 있었고, 곤룡포衮龍袍에 수놓인 용의 발톱 수도 황룡포黃龍袍에 새겨진 5개가 아닌 4개였다.

137. 원구는 원단圜壇으로 명칭이 변경되었다. 이 미묘한 의미 변화는 조선이 명나라와의 관계에서 열등한 위치에 처해 있었음을 말해준다.

138. 『태조실록』6:18a~19b(1394). 정도전은 조준 및 김사형과 함께 갔다. 세 명 모두 태조의 개국공신들이었다.

139. 천제는 이 의례를 친행해야 한다고 주장한 세조에 의해 한 차례 더 거행되었다. Sohn, "Social History of Early Yi Dynasty," pp. 12~47; 이범직, 『한국 중세 예사상』, pp. 230~32, 307. 1468년에 세조가 사망한 뒤에 이 의례는 한국이 중국과의 조공관계를 단절하고 스스로 제국임을 선포한 1897년까지는 봉행되지 않았다.

140. 예컨대 『증보문헌비고』에 의하면 천제가 신라시대와 고려시대로부터 조선 초기에 이르기까지 봉행되었지만, 일정한 의식과 절차는 없었다고 한다. 『증보문헌비고』54:1b. "When Truth Is Everywhere," pp. 102~6에서 브뢰커는 『고려사』에서 고려의 왕과 그가 다스린 영토를 가리키는 데 사용된 표현이 당대의 묘비에서 발견되는 표현과 일치하지 않는 몇 가지 예를 제시하고 있다.


## 3장

1. 오경은 『역경易經』, 『춘추春秋』, 『서경書經』, 『시경詩經』, 『예기禮記』이다. 때로는 『주례周禮』가 포함되어 육경을 이루기도 한다. 주희는 『춘추』와 『예기』에는 주석을 달지 않았다.

2. 신유학 전통의 발달에 대한 논의는 Bol, *"This Culture of Ours": Intellectual Transitions in T'ang and Sung China*의 서론과 *Neo-Confucianism in History*를 보라.

3. 유학이 한국에 전래된 초기의 정황에 대한 간략한 설명은 Deuchler, *Confucian Transformation*, pp. 14~16을 참조하라.

4. 소수의 고려인이 북송의 과거에 급제했는데, 마지막 합격자가 나온 해는 1117년이었다. 허흥식, 『고려 과거』, p. 250의 표를 보라. 한국인 학자 몇 명은 이미 11세기 초에 신유학이 한국에 전해졌을 것으로 추측하는데, 이런 추정을 뒷받침할 증거는 거의 없다. Deuchler, *Confucian Transformation*, pp. 14~16, p. 310의 주 30을 보라.

5. 『고려사』30:19b(세가, 충렬왕 편); 『고려사절요』21:14b. 이 관서의 경우 이름만 기록되어 있기 때문에, 어떤 기능을 했는지에 대해서는 알 수 없다. 그것은 몽골이 일본 원정을 준비하기 위해 고려에 설치한 정동행성征東行省의 부속관서였다. 원정이 처참하게 실패한 뒤에, 정동행성은 더 이상 수행할 임무가 없었다.

6.  좀 더 구체적인 내용은 Deuchler, *Confucian Transformation*, pp. 15~19를 참조하라.

7.  『고려사절요』24:3a~b.

8.  허형에 대해서는 de Bary, *Neo-Confucian Orthodoxy*, 특히 1부를 보라. 또 Chan, "*Chu Hsi and Yüan Neo-Confucianism*"도 보라.

9.  Elman, *A Cultural History of Civil Examinations*, pp. 29~38, 444~45.

10. 『증보문헌비고』185:33a~35a; 고병익, 『동아교섭사』, pp. 257~59; 허흥식, 『고려 과거』, pp. 250~51; 고혜령, 『고려 후기 사대부』, p. 78.

11. 고려인이 '색목인色目人'(다른 범주의 민족, 즉 한인 이외의 민족)에 속하는 것으로 간주되었는지, 한인에 속하는 것으로 간주되었는지는 확실히 알 수 없다. 이제현은 1350년경에 색목인이 고려인 보다 지위가 높다는 사실에 대해 불만을 토로했다고 한다. 이 정보는 존 던컨에게 얻은 것이다. 일부 학자는 고려인을 한인, 즉 중국인의 범주에 포함시키는데, 이는 중국인이라는 용어를 민족적 측면 에서 해석할지, 지리적 측면에서 해석할지에 달려 있는 문제인 듯하다. 여기에 대한 간략한 설명은 Endicott-West, *Mongolian Rule in China*, p. 142의 주 51을 보라.

12. Elman, *A Cultural History of Civil Examinations*, pp. 34~36.

13. 『고려사』74:8a. 그 가운데 한 명은 1315년에 고려의 과거에 장원급제한 박인간朴仁幹(?~1343)이 었다. 나머지 두 명에 대한 정보는 없다. 박용운, 『고려시대 음서제』, p. 458. 박은 훗날 고관으로 봉 직했다.

14. '고문古文' 운동은 당나라에서 시작되어 북송 시대에 본격화된 것으로, 작금의 사회적·정치적 제도 를 개혁하기 위해 고대 현인들의 가르침을 되살리자는 운동이다. 상세한 내용은 Bol, "This Culture of Ours"의 서론과 5장을 보라.

15. 정도전이 이숭인의 『도은선생집陶隱先生集』에 붙인 서문(2a~b).

16. 던컨도 이런 가능성을 검토한 바 있다. *Origins of the Chosŏn Dynasty*, pp. 241~46을 보라.

17. 『고려사』110:21a~42a에 나오는 이제현의 전기는 그가 두 가지 단점을 갖고 있었다는 다소 황당한 진술로 마무리된다. 그가 성리학을 즐겨 공부하지 않았고, 그의 행동이 비합리적이었다는 것이다. *Origins of the Chosŏn Dynasty*, pp. 247~48에서 던컨은 이 진술을 액면 그대로 받아들이는 잘못을 범했는데, 이는 그가 이 문장을 따로 떼어 읽고, 이제현과 신돈의 불화를 상기시키는 바로 앞의 문 구와 연결시켜 해석하지 않았기 때문인 듯하다. 이제현의 전기 일부는 이색이 쓴 그의 묘비명에 바 탕을 둔 것인데, 이색은 이제현과 신돈의 반목에 주목했고, 이 내용은 『고려사』에 그대로 인용되었 다. 이색이 쓴 묘비명에 대해서는 이제현, 『익재문집益齋文集』, 지識 1a~8a를 보라. 하지만 상기한 '평가'는 틀림없이 후대에 추가된 것이다. 주지하다시피 세종의 재위기에 이루어진 『고려사』의 편찬 은 논쟁의 여지를 안고 있었지만, 그렇다 하더라도 어떻게 그토록 어이없는 진술이 1451년에 완성 된 『고려사』의 최종판에 그대로 남아 있을 수 있었는지는 이해하기 어렵다. 이미 예전부터 이제현은

"안향 이후 도학을 후세에 전한 유일한 학자"로 불렸고, 문묘文廟에 배향되어야 마땅한 인물로 여러 차례 거론되었다. 이를테면 『세종실록』 59:15b~16a(1433)를 보라. 유감스럽게도 이제현을 당대의 상황에 비추어 포괄적으로 기술한 전기는 아직까지 나오지 않았다.

18. 생각건대, 고려의 학자들은 『주례』가 행정개혁 안내서로서의 가치를 지니고 있다는 사실을 『지정조격至正條格』(원나라 순제順帝의 치세[1341~1368]에 만들어진 법전)을 통해 인식하게 되었을 것이다. 후서의 서문에서 구양수(1007~1072)의 후손이자 베이징에서 이제현을 가르쳤던 스승들 가운데 한 명인 구양현歐陽玄(1283~1357)은 『주례』를 법전의 주요 원천이라고 찬양했다. Langlois, "Law, Statecraft," p. 116을 보라.

19. 김구용의 저서는 『증보문헌비고』 246:15a, 「전장류傳狀類」에 나오는 이 간략한 언급을 통해 알려져 있을 따름이다. 이색의 서문은 『목은문고牧隱文藁』 9:10b~12a에 실려 있다. 한국에서 활자로 인쇄된 『주례』의 첫 판본은 1403년에 간행된 『찬도호주주례纂圖互註周禮』인데, 송나라 때 편찬된 이 책에는 많은 도해와 주석이 첨부되어 있다.

20. 『조선경국전』은 정도전의 『삼봉집三峯集』 7권에 실려 있다. 이 법전의 요약과 평가에 대해서는 다음의 논저를 보라. 한영우, 『정도전』, pp. 38~40; Chung, "Chŏng To-jŏn: 'Architect' of Yi Dynasty."

21. Elman and Kern, *Statecraft and Classical Learning*, pp. 334~45.

22. 변계량(1369~1430)은 고관의 자제이자 이색과 권근의 문하생으로, 문과에 두 차례(1385년과 1407년에) 급제했다. 지적 능력이 탁월하여 높은 벼슬을 지냈고, 문장이 빼어나 외교문서 작성을 도맡아 작성한 것으로 유명했다.

23. 『경국대전』 서문. 서문을 쓴 사람은 명망 높은 학자 서거정徐居正(1420~1488)이었다. 이 법전의 편찬자들은 저명한 사대부 최항崔恒(1409~1474), 신숙주申叔舟(1417~1475), 강희맹姜希孟(1424~1483) 등이었다.

24. '입장'과 '정체성'이라는 용어는 Bol, *"Neo-Confucianism and Local Society,"* pp. 241~42에서 따온 것이다.

25. 초기 신유학자들의 연구 전거와 제도에 대한 개관은 Deuchler, *Confucian Transformation*, pp. 111~18을 보라.

26. 1392년에 과거가 시행된 것은 분명하지만, 최초의 본격적인 문과 시험은 1393년 봄에 치러졌다. 과거 급제자의 명단에 대해서는 『조선시대 문과백서』 1:15~17을 참조하라. 조선의 과거제도에 대한 논의는 Duncan, "Examinations and Orthodoxy in Chosŏn Dynasty Korea," pp. 72~78을 보라.

27. 고려시대에 없었던 무과武科는 무신들을 선발하기 위해 1402년에 처음 실시되었다. 무과에 대해서는 Park, Between Dreams and Reality를 보라.

28. 『경국대전』, pp. 212~25. 생원시와 진사시는 합쳐서 사마시司馬試라 불렸다. '소과'는 '대과'라 불리던 문과에 비해 격이 낮은 시험이었다. 조선왕조를 통틀어 생원진사시는 186회 시행되어 4만

8,000명에 육박하는 입격자를 배출했다. 시험 일정상 응시자는 같은 해에 생원시와 진사시를 모두 치를 수 있었다. 상세한 내용은 송준호, 『이조 생원진사시』와 최진옥, 『조선시대 생원진사』, 특히 p. 40을 보라. 그리고 이성무, 『한국의 과거』도 참조하라.

29. 『소학』은 14세기 초에 한국에 전해진 듯하고, 1407년에 권근의 건의에 따라 유학 입문자의 필독서로 채택되었다. 켈러허가 지적하듯이, 이 책에 사용된 용어의 수준과 내용의 난이도를 감안할 때, 주희는 이 책을 아동용 도서라기보다는 도덕적 삶을 원하는 모든 연령대의 초심자들을 위한 개설서로 집필한 듯하다. 이 책의 연원과 내용에 대한 상세한 기술은 Kelleher, "Back to Basics"를 참조하라.

30. 주희의 마지막 저서로 그의 제자들에 의해 완성되었다고 전해지는 『주자가례』는 네 가지 가례, 즉 관혼상제를 설명한 책이다. 이 책에 대한 상세한 논의는 Ebrey, *Confucianism and Family Rituals*를 보라. Jiali, *Chu Hsi's Family Rituals*는 같은 저자가 주희의 『가례』를 영역한 것이다.

31. 18세기 초까지는 생원시나 진사시, 또는 양시를 거친 자들이 문과 급제자의 상당수를 차지했지만, 왕조의 말기에 접어들면 '유학幼學'으로 문과에 곧바로 응시하는 자의 수가 급증했다. 송준호, 『이조 생원진사시』, pp. 36~37을 보라.

32. 조선 초기의 성균관에 대한 연구로는 이성무, 「선초의 성균관」이 있다.

33. 『태종실록』 2:23a(1401). 표본이 많지는 않지만, 던컨은 15세기에 치러진 과거의 시제試題가 대부분 치국과 경제, 국방에 관한 것이었음을 보여주고 있다. Duncan, "*Examinations and Orthodoxy in Chosŏn Dynasty Korea*," pp. 84~86을 참조하라.

34. Kwon, "*The Royal Lecture of Early Yi Korea*(1)," p. 61. 고려의 예종과 인종이 읽은 책에 대해서는 p. 105의 목록을 보라.

35. Dardess, Confucianism and Autocracy, p. 185.

36. 조선 초기의 경연에 대한 자세한 논의는 Kwon, "The Royal Lecture of Early Yi Korea(1)"; Sohn, "Social History of the Early Yi Dynasty," pp. 47~88; de Bary, *Neo-Confucian Orthodoxy*, p. 94를 참조하라.

37. de Bary, *Neo-Confucian Orthodoxy*, p. 111; 진덕수의 저서에 대해서는 같은 책, pp. 98~126을 보라. 세종의 경연에 대해서는 "The Royal Lecture of Early Yi Korea(1)," app.2를 보라.

38. [연안延安] 이석형(1415~77)과 [남양] 홍경손(1409~1481)은 1441년과 1439년에 각각 문과에 급제하여 높은 벼슬을 지냈고 세조에 의해 공신으로 책봉되었다. 그들은 당연히 수도의 유력한 지배층에 속했다.

39. 『성종실록』 17:4b~5a(1472); 43:9a~b(1474); 76:3b~4b(1477). 이석형의 저서는 훗날 주제넘게 진덕수의 원작에 손을 댔다는 이유로 비판을 받았고, 인쇄되지 않았다.

40. 경연관은 다양한 직함을 지닌 고관들 중에서 발탁되었다. Wagner, *The Literati Purges*, pp. 16~17을 보라.

41. 『세종실록』23:29a(1424).

42. 양성지, "Discussions on the Kingly Way," *Sourcebook of Korean Civilization* 1:500~502.

43. 본관이 선산善山인 김종직의 직계조상은 그 지방(경상도)의 향리였지만, 그의 부친 김숙자金叔滋 (1389~1456)는 1419년의 문과 급제자였다. 도학의 초기 학도였던 김숙자는 정몽주의 제자 길재吉 再(1353~1419)의 학통을 이어받았다고 전해진다. 김종직은 어릴 때 아버지로부터 교육을 받았고, 아버지가 서울에서 벼슬을 얻자 그를 따라 상경했다. 김숙자의 '스승과 벗'(사우師友) 중에는 당대 최 고의 관리와 학자가 많았으므로, 김종직은 학문을 익히기에 상당히 좋은 환경에서 자랐던 셈이다. 김숙자의 전기(그의 아들이 쓴)에 대해서는 『동유사우록東儒師友錄』3:63~67을 보라. 김종직의 빈 한한 살림에 대한 논의는 이수건, 『영남사림파의 형성』, pp. 187~91을 참조하라.

44. 김종직, 「신간주례발新刊周禮跋」, 『점필재문집佔畢齋文集』2:3a~4a.

45. 이병휴는 김종직이 사장의 문제점을 비판하지 않았다는 이유로 그를 과도기적 인물로 규정했다. 『조선 전기 기호사림파』, pp. 29~31을 보라. 퇴계도 김종직의 학문을 "그의 『문집』에서 명백하게 드 러나듯이, 화려한 문체를 구사하는 데만 뛰어났을 따름"이라고 폄하했다. 이황, 『증보퇴계전서』4, 「언행록」5:5a. 김종직의 저작은 1498년에 무오사화가 일어났을 때 거의 소실되었고, 아직까지 남 아 있는 것은 주로 그가 쓴 시이다. Wagner, The Literary Purge, p. 44. 소수의 서한과 짧은 글, 약간 의 전기적 자료는 나중에 『점필재문집』으로 출간되었다.

46. 김굉필에 관한 논문집으로는 『한훤당寒暄堂의 생애와 사상』이 있다.

47. 함양咸陽(경상도)에서 태어난 정여창은 1480년에 성균관에 들어갔고, 1490년에 문과에 급제했다. 그의 인물됨을 알아본 관리들의 추천으로 미미한 관직을 몇 차례 맡았지만, 그는 대부분의 삶을 지 방에서 보냈다. 그의 경제적 배경에 대해서는 이수건, 『영남사림파』, pp. 191~92를 보라.

48. 김종직의 제자 대부분은 문장에 능하고 경세에 밝고 행실이 모범적이었다. 이병휴, 『조선 전기 기호 사림파』, pp. 19~21에는 그의 제자들과 그들이 맡았던 관직이 도표화되어 있다. 그들의 다양한 혈 연과 지연에 대한 흥미로운 개관은 같은 책, pp. 15~16을 보라. 김종직의 학문적 성장과 그 제자들 의 명단에 대해서는 이수건, 『영남학파』, pp. 311~27을 보라.

49. 간쟁 및 감찰 기관은 사헌부司憲府와 사간원司諫院으로 이루어졌고, 두 기관의 관원들은 대간臺諫이 라 통칭되었다. 제3의 부서는 1478년에 설치되어 종종 왕의 자문 역할을 했던 홍문관弘文館이었다. 세 부서는 '삼사三司'라고 불렸다. 홍문관은 그 관원들이 모두 경연관을 겸하고 있었기 때문에 특히 입김이 센 기구였다. 이 기구들에 대한 연구로는 정두희, 『조선시대의 대간』이 있다.

50. 이들의 명단에 대해서는 이병휴, 『조선 전기 기호사림파』, pp. 37~41을 보라.

51. 성종의 치세에 관련된 쟁점에 대해서는 최승희, 『조선 초기 언관·언론 연구』, pp. 220~36을 보라. 또 Wagner, *Literati Purges*도 보라.

52. 『성종실록』169:6b(1484). 하지만 김종직의 제자들 가운데 경상도 출신은 절반 남짓에 지나지 않았다.

53. [김해金海] 김일손은 1486년에 문과에 급제했는데, 부친과 두 형, 조카도 문과 급제자였다.

54. 1498년과 1504년의 사화를 촉발한 구체적인 정황에 대해서는 Wagner, *Literati Purges*, pp. 23~69를 보라. 1498년의 희생자 명단은 pp. 183~84에 나온다.

55. 사림은 번역하기 까다로운 용어이다. 글자 그대로 풀이하면 "숲속의 학자들"인데, 이렇게 옮기면 그들이 지방 출신이라는 그릇된 인상을 준다. 사림은 이미 고려시대에 학행이 뛰어난 선비를 뜻하는 용어로 사용되었다. 고혜령, 「고려 후기 사대부」, pp. 32~33을 보라. 이 용어는 15세기 후반에 가끔 등장하지만, 중종의 치세에 김종직과 그를 추종하던 집단을 지칭하는 데 가장 빈번하게 (537회) 사용되었고, 16세기 후반부터는 거의 사용되지 않았다. 사림의 몇 가지 정의에 대해서는 이병휴, 『조선 전기 기호사림파』, pp. 5~10을 보라.

56. 서울에서 태어난 조광조의 본관은 한양이다. 그의 가까운 조상들 중에는 특별히 빼어난 인물이 없었지만, 태조의 누님을 어머니로 모신 그의 고조부 조온趙溫(1347~1417)은 세 차례나 공신으로 책록되었다. 조광조의 조부인 조충손趙衷孫은 단종을 지지하다가 세조에 의해 유배당했다. 조광조는 1510년에 진사시에 입격했고 1515년에 문과에 급제했다. 그가 거친 주요 관직의 목록에 대해서는 Wagner, *Literati Purges*, pp. 81~82를 참조하라.

57. 1519년의 사화에 대해서는 같은 책, pp. 70~120을 보라. 또 정두희, 『조광조』도 보라.

58. 하지만 1545년의 을사사화乙巳士禍는 사림과 무관했다.

59. 『근사록』은 주희가 친구인 여조겸呂祖謙(1137~1181)과 함께 신유학 사상의 정수를 편찬한 선집이다. 주돈이周敦頤·정호程顥·정이程頤·장재張載의 저서에서 발췌한 글들이 실려 있고, 인간에게 절실한 정신수양과 사회생활의 문제를 다루고 있다. 정이의 저작이 인용문들의 주요 전거이다. 이 책의 영역판으로는 *Reflections on Things at Hand*, trans. Chan이 있다.

60. 『중종실록』76:39b(1533).

61. 같은 책, 26:40a~b(1516); 29:16b~17a(1517); 31:42b~44a(1518); 조광조, 『정암집靜菴集』3:1b, 4:8b. 또 Deuchler, "Self-Cultivation"도 보라.

62. 강주진, 「사림정치와 한훤당」, p. 83.

63. 김종직, 『점필재문집』, 「연보」9b, 15b; 「부록」1:28a.

64. 『동유사우록』에 나오는 다수의 전기가 그런 증거를 제시한다.

65. 근대 한국의 역사서들은 '기성 정치집단'인 훈구파와 사림파를 명확하게 규정되는 두 집단으로 개념화하여, 칼로 자르듯이 구분하려는 경향이 있다. "신하로서 오랫동안 왕을 보필하며 많은 공을 세운 관리"를 뜻하는 훈구라는 용어는 15세기에 저명한 출계집단들(왕족인 이씨를 포함한)의 성원으로 중앙정부의 요직을 차지하고 있거나 왕실과 인척관계를 맺은 개인들을 지칭하기 위해 가끔 사용되었다. 그들이 누린 특권 가운데 하나는 가혹한 체형體刑을 면제받은 것이었다. 하지만 모든 대신이 훈구로 인식되지는 않았다. 전형적인 훈구대신은 예를 들자면 고위직에 올라 새 왕조의 정치적·

법적·문화적 기틀을 마련하는 데 두드러진 역할을 한 정인지鄭麟趾(1396~1478) 같은 인물이었다. 그는 고려시대부터 가세가 일어나 성현의 거족 목록에 오른 출계집단이 하동 정씨河東鄭氏의 일원이었고, 그의 장남은 세조와 딸과 혼인했다. 또 다른 예는 그와 뜻을 같이했던 [청주] 한명회韓明澮(1415~1487)로, 비록 과거에 급제하지는 못했지만 고위직에 올라 두 딸을 왕실에 바쳤다(그중 한 명은 성종의 비가 되었다). 정인지와 한명회, 양성지 등은 세조를 떠받들었다는 이유로 후대에 권세를 탐한 비도덕적인 인물로 지탄받았다. 훈구라는 용어는 성종의 시대 이후에는 거의 쓰이지 않았고, 어쩌다 사용될 때도 특정 개인을 지칭했지 어떤 '파'를 가리키지는 않았다. 따라서 훈구를 하나의 파로 간주하는 것은 근대 역사학의 잘못된 산물이다. 정두희, 「조선 전기 지배세력의 형성과 변천」, pp. 207~15를 보라.

66. 특히 정두희, 『조선시대의 대간』, pp. 124~34를 보라. 또 이병휴, 『조선 전기 기호사림파』, pp. 34~41, 66~75도 보라.

67. 이 자료는 Wagner, "Kinship and Power in Yi Korea"에서 인용한 것이다. 1519년의 과거에 대한 설명은 『조선시대 문과백서』, pp. 179~82를 보라. 또 정두희, 「조선 전기 지배세력의 형성과 변천」, pp. 211~15도 보라.

68. 김종직의 형인 김종석金宗碩(1423~1460)도 1456년에 문과에 급제했다.

69. 정두희, 「조광조」, p. 70.

70. 주희는 『중용』에 붙인 서문에서 주돈이와 정씨 형제가 맹자 이후에 대가 끊긴 공자의 '학문'을 회복시켜 '도통'을 이뤘다고 언급했다. Bol, *Neo-Confucianism in History*, p. 132를 보라. 정몽주에 대한 간략한 평가는 Deuchler, *Confucian Transformation*, pp. 99~101을 참조하라.

71. 정몽주가 문묘에 배향되기까지의 과정에 대한 논의는 Wagner, *Literati Purges*, pp. 88~92를 보라. 조선이 개국할 무렵 문묘에 배향되어 있던 한국인은 3명—신유학을 한국에 '소개한' 안향(1319), 신라 전기의 학자 설총薛聰(1022), 신라 말기의 학자 최치원(1020)—이었다. 현재 문묘에는 공자, 그의 두 수제자와 손자, 맹자, '공문십철孔門十哲' 및 '송조육현宋朝六賢', '동국십팔현東國十八賢'의 위패가 모셔져 있다.

72. 김굉필과 정여창의 문묘 배향(1610)에 대해서는 Deuchler, "Self-Cultivation," pp. 24~33을 보라.

73. 김종직의 졸기卒記에는 도학에 대한 언급이 없다. 『성종실록』268:19a~b(1492).

74. 자세한 내용은 Deuchler, "Self-Cultivation," pp. 17~19를 보라. 정도전이 모든 도통의 목록에서 빠진 것은 1398년에 일어난 제1차 왕자의 난을 지지하지 않았다는 사실과도 관련이 있다. 태종은 나중에 그를 용서했지만, 그의 저서들 가운데 일부는 1492년까지 간행되지 않았다. 권근과 정도전은 동국십팔현 명단에 이름을 올리지 못했다.

## 서언

1. 『태종실록』34:6a(1417).

2. 과전법과 직전법 같은 토지제도에 대해서는 이경식, 『조선 전기 토지제도 연구』; Duncan, *Origins of the Chosŏn Dynasty*, pp. 206~11을 보라. 조선 초기의 경제적 상황에 대한 비판적 검토에 관해서는 이헌창, 『한국경제통사』, pp. 41~92를 참조하라.

3. 예컨대 『고려사』39:37b~38a에 나오는 문하시중의 상소문을 보라.

4. 왕조 교체기의 향리 문제에 관한 논의는 Duncan, *Origins of the Chosŏn Dynasty*, pp. 190~95를 보라. 한량에 대한 연구로는 한영우, 「여말선초 한량」이 있다.

5. 이 핵심지역을 이루는 여섯 도는 경기·충청·경상·전라·강원·황해이다.

6. 이 계산은 이태진, 「사림파의 유향소」, p. 133에 나오는 표에 의거한 것이다. 이 교수의 수치는 핵심 6도의 친족집단 약 2,800개만 고려한 결과이다. 4,000개에 육박하는 조선 팔도의 친족집단을 대상 으로 한 통계수치에 대해서는 이수건, 『한국중세사회사』, p. 87을 보라.

7. 논의를 단순화하기 위해, 나는 수령의 관할구역을 그 면적이나 인구에 상관없이 모두 '군현'이라 부르고, 꼭 필요한 경우에만 구분할 것이다.

8. 이수건, 『조선시대 지방행정사』, pp. 243~44. 향리를 규제하는 법의 범위는 '원악향리처벌법元惡鄕吏處罰法'이 공포됨에 따라 더욱 확대되었다. 『경국대전』, pp. 478~79를 보라.

9. 면리제에 대한 설명은 10장을 보라.

10. 한영우, 「여말선초 한량」, p. 44. 초기 면리제에 대해서는 이수건, 「조선시대 지방」, pp. 333~35; 박진우, 「조선 초기 면리제」를 보라. '면리제'와 '호구식戸口式'은 『경국대전』, p. 167에 명문화되었다.

11. 유향소는 향사당鄕射堂, 유향청留鄕廳, 향청, 풍헌당風憲堂, 회로당會老堂 등으로도 불린다. 이 기구는 한국 특유의 것으로 보인다. 중국에는 이것에 견줄 만한 조직이 딱히 없다.

12. 일부 학자는 유향소가 고려의 사심관事審官—출신지에 파견되어 사회적·경제적 상황을 조사하여 보고하던 중앙의 고위관리—제도를 계승한 것으로 본다. 이 제도가 1318년에 폐지된 이후, 다양한 사회적·정치적 배경을 가진 지방의 유력인사들이 비공식적으로 유향소를 조직했고, 최선혜에 의하면 조선왕조의 창건자들에게 협조했다는 것이다. 하지만 이런 식의 확고한 결론을 뒷받침해주는 결정적인 역사적 기록은 없다. 상세한 내용에 대해서는 박은경, 「고려의 사심관과 조선 초의 유향소에 대하여」; 이성무, 『조선 양반사회』, pp. 225~30; 최선혜, 「조선 초기 유향품관」, pp. 102~11과 좀 더 최근에 나온 그녀의 논문 「조선 초기 유향소」를 보라.

13. 김용덕과 이태진은 유향소가 조선 초에 나타난 것으로 보고, 이 기구의 반정부적 입장을 강조한다.

김용덕, 『향청 연구』; 이태진, 「사림파의 유향소 복립운동」; 『태종실록』11:29a~b(1406).

14. 이수거은 대사헌의 요구가 받아들여졌을지는 몰라도 어떤 조치가 취해지지는 않았다고 본다. 『조선시대 지방』, pp. 325~56을 보라. 따라서 그는 오래된 유홍렬의 논문에 근거한 듯한 견해, 즉 유향소가 1406년에 철폐되었다는 다가와 고조田川孝三, 이태진, 김용덕의 견해를 부정한다. 이 기구의 혁파에 대한 증거로는 흔히 '신명색申明色'(수령의 자문 역할을 하던 유향품관)이라는 관직의 신설이 제시되지만, 별로 설득력이 없다. 아무튼 이 관직은 오래가지 못하고 1417년에 폐지되었다. 『태종실록』34:33a~b(1417); 박은경, 「고려의 사심관」, pp. 9~10을 보라.

15. 유향소가 두 번째로 폐지된 해는 1467년이라는 것이 통설이지만, 『조선왕조실록』에는 그런 사실에 대한 기록이 없고, 다만 성종 재위기(1469~1494)의 논의를 통해 추론할 수 있을 따름이다. 이수건에 의하면, 두 가지 중대 사건이 세조의 결단을 촉구했다. 하나는 1467년에 난을 일으킨 이시애가 수령을 살해하는 데 유향소가 협조한 것이었고, 다른 하나는 유향소의 품관들이 수령을 고소하려던 사람들을 가혹하게 다룬 일이었다. 이수건, 『조선시대 지방』, p. 328.

16. 여기에 대한 자세한 내용은 4장을 참조하라.

17. '향'의 개념에 대해서는 Deuchler, *Confucian Transformation*, pp. 40~43을 보라. 여기에서 '향'은 행정구역(읍)을 뜻한다. 2품 이상의 관리는 '팔향八鄕'(부의 내외향, 조부의 외향, 증조부의 외향, 모의 내외향, 처의 내외향)을, 6품 이상의 관리는 육향(팔향에서 처의 내외향 제외)을 관장하는 경재소의 임원이 될 수 있었다.

18. 周藤吉之, 「鮮初に於ける京在所と 留鄕所とに就いて」, pp. 452~57; 김용덕, 『향청 연구』, pp. 29~34; 이수건, 『조선시대 지방』, pp. 312~23; 이성무, 『조선 양반사회』, pp. 230~35. 경재소는 1603년에 폐지되었다. 『선조실록』158:11a~b(1603).

19. 묘역의 위치에 바탕을 두고 출계집단의 분산을 추적한 연구로는 川島藤也, 「文化柳氏にみらるれ氏族の移動とその性格」이 있다.

## 4장

1. 고려시대에 군은 그리 중요하지 않은 지방의 행정단위였고, 부는 대단히 중요한 군사적·정치적 거점이었다. 1018년에 지방행정이 대대적으로 재편되는 동안에, 중앙에서 임명한 관리들의 통치를 받고 있지 않던 소규모의 몇몇 '속현屬縣'이 안동으로 편입되었다. 안동의 초기 행정에 대한 구체적인 설명은 『영가지永嘉志』1:1a~2a; 이수건, 『한국 중세사회사』, pp. 367~81; 이수건, 「17~18세기 안동지방 유림」, pp. 165~66을 참조하라.

2. 안동은 조선에서 정3품의 대도호부사가 다스리던 유일한 부였다. 『경국대전』, p. 116.

3. 안동의 행정기구를 개략적으로 파악하고 싶다면 『영가지』1:8b~9a; 『경국대전』, pp. 117, 121을 보

라. 부사의 임기는 900일이었지만, 통계자료를 보면 2년을 넘는 경우가 드물었다.

4. 대도호부사는 450명의 노비를 거느렸다. 『경국대전』, p. 514.

5. 망루가 있는 4개의 성문은 왕명에 의해 1592년에 건립되었다. 『영가지』 3:25b.

6. 『경국대전』, pp. 161, 471. 부사는 각종 세금을 징수하여 서울로 보내야만 했고, 이 밖에도 농사를 장려하고, 구휼에 힘쓰고, 소송을 간명하게 처리하고(그는 태형 50대를 집행할 수 있는 법적 권한을 갖고 있었다), 교육을 진흥하고, 지방의 의식을 집전하고, 군역을 올바로 부과해야 했다. 이희권, 『조선 후기 지방통치』, pp. 113~16을 보라.

7. 안동의 경우 그런 마을은 안동 부성에서 서쪽으로 약 25리 떨어져 있던 수동촌水東村이었다. 『영가지』 1:13a; 『경국대전』, pp. 562~75.

8. 같은 책, pp. 565~66, 573~74. 돗자리를 짜던 40명 외에도, 아홉 가지 공예품을 만들던 10명의 장인이 안동부에 배속되어 있었다.

9. 여덟 군데의 속현은 임하臨河, 풍산豊山, 길안吉安, 일직一直, 감천甘泉, 내성奈城, 춘양春陽, 재산才山이었다. 『신증동국여지승람』 24:2a~b; 『영가지』 1:5a~7b.

10. 두 부곡은 개단皆丹과 소천小川이었다. 고려시대에 부곡, 향鄕, 소所, 처處, 장莊이라는 다양한 이름으로 불렸던 '특수구역들'은 엄격한 통제를 받으면서 도자기나 금속가공품 같은 특별한 품목의 생산에 종사하던 주민들의 거주지였다. 비록 노비 신분은 아니었던 것 같지만, 이 생산자들은 양인 농민들과 일정한 사회적·지리적 거리를 유지해야 하는 처지였다. 상세한 내용은 박종기, 『고려시대 부곡제 연구』를 참조하라. 조선 조에 경상도에는 그런 행정단위가 48곳이나 남아 있었는데, 이는 조선 팔도에서 가장 많은 숫자였다. 이수건, 『조선시대 지방』, p. 67의 주 77에는 『세종실록지리지』에 기초한 표가 나온다.

11. 이수건, 『조선시대 지방』, pp. 135, 182(지도).

12. 토지의 면적단위인 결에 대한 설명은 6장외 주 7을 보라.

13. 『세종실록지리지』(1454) 150:12b~13b; 『경상도지리지』, pp. 75~76.

14. 예안은 조선시대에 독립적인 현이었지만, 1914년에 이루어진 대대적인 행정개편에 의해 안동에 통합되었다. 『교남지矯南誌』, 12장을 보라.

15. 남원의 도호부사는 종3품 관리였다. 『용성지龍城誌』 1:1a~2a; 『경국대전』, p. 124.

16. 예컨대 고려의 학자 겸 시인인 이규보李奎報(1168~1241)가 이런 취지로 한 발언은 송준호, 『조선사회사 연구』, p. 328에 인용되어 있다. 남원의 명성을 옹호한 글로는 최시옹崔是翁의 『동강유고東岡遺稿』 4:21a~23b에 수록된 「용성풍속변龍城風俗辨」과, 최가 쓴 『용성지』의 서문이 있다.

17. 원래의 48방은 시간이 흐르면서 45방으로 재편되었다. 방은 현에 상응하는 행정단위였다.

18. 『세종실록지리지』 151:16b~17a.

19. 흥미롭게도 두 지리지의 명단이 완전히 겹치지는 않는다. 그런데 안동 권씨는 두 책 모두에서 우대

받고 있는 듯하다.

20. 성씨의 계보에 대한 정보를 담고 있는 다른 두 권도 대단히 중요하다. 첫 번째는 1931년에 간행된 『만성대동보』로, 119개 성씨의 족보와 343개의 본관을 개설하고 있다. 이수건이 지적하듯이, 이 숫자들은 조선시대에 족보를 남긴 것으로 알려져 있는 250개 성씨의 절반, 4,000개 본관의 10분의 1 정도에 해당한다. 그가 쓴 『한국의 성씨와 족보』, p. 67을 보라. 두 번째 중요한 전거는 조종운趙從耘(1607~83)이 편찬한 『씨족원류』로, 약 540개 출계집단의 계보를 기록하고 있다. 하지만 두 책은 개별 출계집단의 족보에 의해 검증되고 보완되어야만 한다.

21. 나머지 네 토성은 강姜·조曺·고高·이李인데, 이 네 성은 조선시대에 유력 출계집단으로 부상하지 못한 것으로 보인다. 『만성대동보』에는 이들에 대한 기록이 없다.

22. 『고려사』 1:26b~27a.

23. 그들은 분명히 2,000명이 넘는 3등 공신 중의 일부였을 것이다. 이수건, 『한국중세사회사』, p. 124를 보라.

24. 서거정이 안동 권씨 족보에 붙인 서문을 보라. *Sourcebook of Korean Civilization* 1:569에 영역되어 있다. 고려시대에 부는 정치적으로나 군사적으로나 중요한 지방의 행정단위였다.

25. 『영가지』 8:1a~b; 『안동의 분묘』, pp. 29~47. 장길은 장정필張貞弼이라고 불리기도 했다. 세 무덤은 나중에 소실되었지만, 조선시대에 후손에 의해 복원되었다.

26. 삼태사묘에 대한 상세한 설명은 『영가지』 4:13b~16a를 참조하라. 김광억, 『문화의 정치와 지역사회』, pp. 293~40도 보라(여러 장의 사진이 수록되어 있다). 삼공신묘三功臣墓로 불리기도 한다.

27. 호장戶長과 부호장은 향리 위계에서 가장 높은 두 계급을 가리켰고, 관복의 색에 의해 구분되었다. 별도의 설명이 없는 한, 이하에서 향리는 이 두 계급을 지칭하는 용어로 사용될 것이다. 그들의 인원수는 군의 크기에 따라 달라졌다. 상세한 내용은 박용운, 『고려시대사』 상, pp. 132~41을 보라.

28. 1048년에는 군현에서 일하던 부호장 이상급 향리의 아들과 손자에게 제술과와 명경과에 응시할 수 있는 기회가 주어졌다. 『고려사』 73:3a.

29. 『고려사』 23:42b. 같은 책, 102:18b~19b에 수록된 간략한 전기에는 그가 어떤 관직들을 거쳤는지에 대한 언급이 없다.

30. 『영가지』 7:2a.

31. 복야는 [명예직에 가까운] 상서성尙書省의 고위관직을 뜻한다. 하지만 『영가지』에는 수흥이 수평과 동일한 직함을 가진 인물로 나열되고 있다.

32. 고려시대의 과거 급제자들은 박용운, 『고려시대 음서제』, pp. 325~557에 열거되어 있다. 권단에 대해서는 p. 417을 보라.

33. 같은 책, p. 435. 권부의 전기는 『고려사』 107:14b~15b에 나온다. 사위인 이제현이 쓴 그의 묘지명에 대해서는 『조선금석총람朝鮮金石總覽』 1, pp. 642~44를, 그의 부인 유씨의 묘비명에 대해서는

같은 책, pp. 635~36을 보라.

34. 『영가지』7:2b~3a. 권부의 나머지 두 사위는 대군大君이었다.

35. 『영가지』7:3b~4a.

36. 정두희, 『조선 초기 정치지배세력』, pp. 152~53. 정두희가 분명하게 보여주듯이, 권람은 34세가 되어서야 문과에 합격하여 남들에 비해 출발이 늦었다. 그는 세조의 왕위 찬탈을 도운 주역들 가운데 한 명으로 1453년에 공신이 되었다. 같은 책, pp. 197~98. Duncan, *Origins of the Chosŏn Dynasty*, pp. 122~24도 보라.

37. 『고려사』102:18b~19a(권수평 열전).

38. 『세종실록』123:19a(1449); 이수건, 「여말선초 토성이족土姓吏族」, p. 973의 주 23.

39. 권행에서 수평과 수홍으로 이어지는 가통의 모호함에 대한 논의는 이수건, 『한국중세사회사』, pp. 203~5를 보라.

40. 정두희, 『조선 초기 정치지배세력』, p. 160.

41. 『영가지』는 권부의 둘째 아들 준峻(1307년 과거 급제자)과 준의 아들 염廉과 적適, 염의 손자 담湛(1380년 과거 급제자), 권근의 형 화和와 동생 우遇(1385년 과거 급제자), 우의 아들인 채採(1417년 과거 급제자)도 열거하고 있다.

42. 『영가지』7:2a.

43. 『영가지』7:5b, 8:2a. 그의 아들 후厚도 안동에 묻혔다. 『영가지』8:3a.

44. 『안동의 분묘』, pp. 95~99.

45. 그의 전기는 『고려사』125:28a~31b에 나온다. 박용운, 『고려시대 음서제』, p. 437도 보라.

46. 박용운, 『고려시대 음서제』, p. 477. 『한국인명대사전』, pp. 59~60에는 그가 서자로 기록되어 있다. 어쩌면 이 때문에 중화는 『만성대동보』에 등재되지 않은 듯하다.

47. 예컨대 권극화權克和(생몰년 미상)는 1414년에 문과에 급제했고, 경향 각지에서 여러 가지 중요한 직책을 맡았다. 그의 아들 감瑊(생몰년 미상)도 아버지의 발자취를 따랐고, 성종(재위 1469~1494)에 의해 1등 공신으로 책록되었으며, 화천군花川君에 봉해졌다. 『영가지』7:4b; 『교남지』11:21b; 『만성대동보』2:54b.

48. 『영가지』7:4b; 『안동의 분묘』, pp. 127~29; 『교남지』11:33a; 『만성대동보』2:54a.

49. 이런 혼인에 대해서는 『안동권씨성화보』1(수홍의 직계후손)을 보라. 비록 친척들 사이에서 이루어진 것이라 하더라도, 이 족보에 언급된 대부분의 혼인은 상이한 가통 사이의, 다시 말해 먼 사촌들 사이의 결합이었던 것으로 보인다.

50. 윤호는 1472년에 문과에 급제했고, 여러 차례 높은 벼슬을 지냈다. 그의 딸은 성종의 두 번째 비가 되었고, 그는 영원부원군鈴原府院君에 봉해졌다.

51. 이 수치들은 미야지마 히로시宮嶋博史, 「『안동권씨성화보』를 통해서 본 한국 족보의 구조적 특성」

p. 207에서 빌려온 것이다. 그런데 『성화보』가 그 후에 나온 조선 족보들의 전형이라는 미야지마의 주장은 잘못된 것이다.

52. 미야지마는 또한 편찬자들이 이용했을 법한 전거에 대해서도 연구했다. 위의 논문을 보라. 『성화보』의 편찬사에 대한 간략한 설명은 송준호, 『조선사회사 연구』, pp. 501~3을 보라.

53. 『영가지』1:13a, 7:8a~b, 16a~b; 『교남지』11:51b. 『영가지』는 김시좌를 "고려태사 선평의 후손"이라고 간략하게 소개하고 있다. 김즙의 문과 급제는 검증될 수 없다. 두 안동 김씨 집단을 구분하기 위해, 이 집단은 흔히 '신新' 김씨로 지칭된다.

54. 일부 전거, 예컨대 『문헌비고』는 신라의 마지막 임금인 경순왕(재위 927~935)의 후손이라 전해지는 김일긍金日兢을 이 출계집단의 시조로 보지만, 이청과의 족보상 관계는 설명하지 않고 있다. 『만성대동보』는 이청으로부터 이 집단의 계보를 추적한다.

55. 박용운, 『고려시대 음서제』, p. 407.

56. 『안동의 분묘』, pp. 66~69; 김용선, 『고려 지배층』, p. 267.

57. 고려 말 김씨의 세계도에 대해서는 박용운, 『고려시대 음서제』, p. 81; 『만성대동보』1:164b~5b를 참조하라. 김방경과 여말에 활동한 그의 후손 7명의 전기는 『고려사』104:1a~35a에 나온다. 김구용에 대해서는 『영가지』7:3a~b; Deuchler, *Confucian Transformation*, p. 100을 보라.

58. 『영가지』7:3b.

59. 『영가지』7:4b.

60. 『영가지』7:4b; 정두희, 『조선 초기 정치지배세력』, pp. 152~53; Duncan, *Origins of the Chosŏn Dynasty*, pp. 126~27. 그런데 던컨은 서로 다른 두 안동 김씨를 구분하지 않았다. 이상에서 제시된 전기적 정보는 안동의 향토지 외에 『한국인명대사전』도 참조한 것임을 밝혀둔다.

61. 『만성대동보』에는 장길을 시조로 모시는 장씨 성의 출계집단에 대한 기록이 없다. 같은 책, 2:142a에서 안동 장씨의 계보는 북방의 의주 출신인 장사길張思吉(?~1418)로부터 시작된다. 그는 『신증동국여지승람』53:16b~17a에 의주의 인물로 등재되어 있다. 그와 그의 아우 사정思靖은 1388년에 위화도에서 회군하여 수도로 진격한 이성계의 군대에 합류했고, 군공을 인정받아 개국공신이 되었다. 사길은 그 후 높은 벼슬을 지냈고 화산부원군에 봉해졌다. 사길의 졸기는 『세종실록』1:34a를 보라. 안동 장씨의 일부가 나중에 본관을 인동仁同(대구)으로 바꾸고, 고려의 장군인 장금용張金用을 자신들의 시조로 삼았다는 설도 있다. 양만정, 『일유재一逌齋 장태수張泰秀의 충절과 생애』, p. 38을 보라. 『만성대동보』2:140b에는 금용의 후손들이 인동 장씨의 두 번째 계통으로 소개되고 있다.

62. 『세종실록지리지』에 열거된 11개의 '토성' 가운데 여섯 성―양梁, 정鄭, 진晉, 윤尹, 양楊, 황黃―만이 이숙함李淑瑊(1454년에 문과에 급제하여 전라도 경차관敬差官을 지냈다)이 남원 양씨의 족보(1482)에 붙인 서문에서 언급한 아홉 성에 들어 있다. 『세종실록지리지』151:16b와 양성지, 『눌재집』6:32a~35b에 수록된 이숙함의 서문을 보라.

63. 남원 양씨는 두 지파로 나뉜다. 하나는 고려의 무관직인 병부낭중兵部郎中을 지낸 양능양을 파시조로 모시는 병부공파이고, 『만성대동보』에 남양 양씨로 등재되어 있는 다른 하나는 13세기 중엽의 인물인 양주운梁朱雲을 파시조로 모시는 용성공파龍城公派이다. 두 파 모두 자신들이 전설적 인물인 양을나良乙那의 후손이라고 주장한다. 『만성대동보』 2:221a~222a; 『한국성씨대관』, pp. 656~57.

64. 양준의 과거 급제는 딱히 입증하거나 반증할 방도가 없다.

65. 양성지의 어머니는 권부의 5대손이자 권근의 먼 사촌인 권담權湛(?~1423)의 딸이었다. 권담은 1380년에 과거에 합격하여 1년 뒤에 남원 부사府使로 부임했고, 조선 초에는 전주 부윤府尹을 비롯한 높은 벼슬을 몇 차례 지냈다.

66. 『만성대동보』 2:220a; 『용성지』 5:1a; 양성지, 『눌재집』 6:32a~35b에 수록된 이숙함의 『남원양씨 족보』 서문. 『용성지』는 문과 급제자로 충청도 관찰사를 지낸 양순석梁順石을 양성지의 동시대인으로 소개하고 있다. 하지만 순석은 성지와 무관한 다른 지파의 인물이다. 송준호, 『조선사회사 연구』, p. 104도 보라.

67. 윤위의 이야기는 『씨족원류』, p. 445에 나오는데, 왕조의 사서들을 통해 검증될 수 없으므로 별로 신빙성이 없어 보인다. 『남원윤씨 족보』 1:1a~2a에 의하면, 윤위는 남원백南原伯에 봉해진 뒤에 남원에 와서 살았다고 한다. 『만성대동보』 2:277a는 윤위가 아니라, 그의 '후손'인 윤영찬尹英贊을 남원 윤씨의 시조로 기록하고 있다.

68. 윤효손에 대해서는 『남원윤씨 족보』 10:3a~4b; 『용성지』 5:1a를 보라. 그는 『경국대전』의 수찬에도 참여했다.

69. 『세종실록지리지』는 양씨를 '백성성百姓姓'에 포함시키고 있다. 즉 그 성원이 향리로 일하지 않았다는 뜻이다. 이수건, 『한국중세사회사』, pp. 69~71도 보라.

70. 양이시의 생몰년은 확실하지 않지만, 그는 1334년과 1338년 사이에 태어나 1378년에 사망했을 가능성이 크다. 『남원양씨 세적집요世精輯要』, pp. 14~15를 보라

71. 같은 책, pp. 7~17.

72. 남원 양씨의 상세한 역사를 알고 싶으면 『남원양씨 세적집요』를 보라. 양이시의 '홍패'에 대해서는 『한국 상대 고문서 자료』, pp. 212~13, 409; 박용운, 『고려시대 음서제』, pp. 479, 511, 635~36, 641을 보라. 아직까지 남아 있는 고려 말의 홍패는 4개뿐이다.

73. 이수건, 『한국중세사회사』, p. 74; 이수건, 『여말선초 토성이족』, p. 963.

74. 이숙함은 연안 이씨로, 1454년에 문과에 급제하여 벼슬길에 올랐다.

75. 이숙함, 『눌재집』 6:32a~35b에 수록된 『남원양씨 족보』 서문. 그가 열거한 다른 출계집단으로는 죽계 안씨竹溪安氏, 성산 이씨星山李氏, 광릉 이씨廣陵李氏 등이 있다.

76. 『세종실록』 124:2b(1449). 과전은 왕에 의해 계속 하사되었다. 『세조실록』 3:21b~22b(1456), 7:16b~18a(1457).

77. 영양 남씨는 755년에 일본으로 향하던 길에 영덕盈德(경상도) 해안에 표착하여 신라의 왕에게 귀순하기로 마음먹은 당나라 관리의 후예라고 한다. 신라의 왕은 "남쪽으로 온 사람"인 그에게 남이란 성을 하사하고, 경상도 북동부의 영양을 식읍으로 내렸다. 먼 훗날 이 출계집단은 세 지파로 나뉘었는데, 영양 남씨로 알려진 파는 의령 남씨에 비해 번성하지 못했다. 세 번째 파는 고성固城 남씨였다. 『한국성씨대관』, pp. 688~89를 보라. 조선 초기에 영양은 영해부寧海府(경상도)의 속현이었다. 그리 비옥하지 않은 산간지역인 그곳에는 약 40호에 481명의 인구만이 살고 있었다. 남씨는 영양의 '토성' 넷 가운데 하나로 꼽히고 있다. 『세종실록지리지』150:14a; 『신증동국여지승람』24:22a.

78. 남휘주의 이름은 『고려사』에 나오지 않는다.

79. 『씨족원류』, p. 408; 『영가지』1:14b, 7:10a, 8:2a; 『만성대동보』2:159a에 의하면, 그는 (검증 불가능한) 문과 급제자였다. 그의 아내는 단양丹陽 이씨였다.

80. 『영가지』7:10a, 8:2a; 『교남지』11:21a, 44b.

81. 『영가지』1:14b, 7:5b~6a; 『교남지』11:37a; 『영양·의령·고성 남씨 대동보』(1979), 1:39; 『세종실록』3:29b. 『세종실록』에 의하면, 남우량은 1449년에 병조참의兵曹參議로 임명되었고, 그 후로도 몇 가지 무관직을 맡았다. 『세종실록』124:7b, 8b; 125:8b~9a. 서가현은 나중에 서지西枝로 개명되었다.

82. 고려 말에는 왜구의 잦은 침탈로 인해 진보현의 관사가 불에 타고 주민들은 뿔뿔이 흩어졌다. 조선 초에 고작 17개 마을로 이루어져 있던 이 현에는 78호에 526명의 주민이 살고 있었다. 날씨는 춥고 땅은 척박한 탓에, 진보는 가난을 면치 못했다. 『세종실록지리지』150:20a.

83. 이자수의 경력에 대한 기술은 다음을 보라. 박용운, 『고려시대 음서제』, pp. 612~14; 『영가지』1:18b, 7:10a, 8:2b~3a; 『안동의 분묘』, pp. 79~81(이자수의 묘지명에는 연도가 나오지 않는다. 그의 묘지는 1600년에야 세워졌다); 『증보 퇴계전서, 속집』8:24b~26b. 심지어 퇴계의 시대에도 이자수의 선계에 대한 일말의 의문이 남아 있었다. 8장을 보라.

84. 이황, 『증보 퇴계전서, 속집』8:24b~25a; 이정회李庭檜, 「세전유록世傳遺錄」, 『송간松澗선생문집』1:11a. 자방의 후손들은 분명히 풍기豊基의 향리였다.

85. 『영가지』1:15a, 18:2b~3a; 『경북지방 고문서 집성』, p. 47; 이황, 『증보 퇴계전서』47:1a~b; 김문택, 「16~17세기 안동의 진성이씨」, pp. 98~99.

86. 박용운, 『고려시대 음서제』, p. 538; 정두희, 『조선 초기 정치지배세력』, pp. 42, 157; Duncan, *Origins of the Chosŏn Dynasty*, pp. 109~110.

87. 이희는 유명한 학자 [경주] 이제현(1287~1367)의 4대손으로, 1424년에 문과에 급제했다. 경상도 관찰사로 안동을 순시하던 중에 병을 얻어 그곳에서 사망했다. 그는 안동에 안장되었다. 『안동의 분묘』, pp. 151~52; 『교남지』11:33a.

88. 『영가지』7:10b~11a, 8:8b~9b; 『안동의 분묘』, pp. 153~58.

89. 『영가지』3:15a~17b, 7:6a, 8:10b; 『안동의 분묘』, pp. 176~80; 『교남지』11:22b. 이굉은 한때 개

성 유수留守(정2품)로 일했다.

90. 김종직과 그 문하생들의 부침에 대해서는 3장과 7장을 참조하라.

91. 『영가지』 7:6a~b; 『교남지』 11:22b; Wagner, *Literati Purges*, p. 183의 주 60, p. 190의 주 40, p. 192의 주 49. 와그너에 의하면, 이주는 성종에게 불재佛齋를 올리지 말라고 주청하고 단종의 어머니인 현덕왕후의 묘를 원상대로 복구할 것을 건의했다는 이유로 사후에 극심한 굴욕을 당했다.

92. 『영가지』 7:6b; 『교남지』 11:23a.

93. 『영가지』 7:6b, 8:10b; 『안동의 분묘』, pp. 285~87; 『만성대동보』 1:38a.

94. 『만성대동보』 2:234a에 의하면, 흥해 배씨의 시조는 고려의 장군 경분景分이지만, 이 성씨의 세계도에서 한 명 이상의 후손이 나타나는 것은 배전 이후부터이다. 그러므로 배전이 흥해 배씨 안동 지파의 조상으로 간주되는데, 그의 이름은 『영가지』에 나오지 않는다. 이런 누락의 배경은 아마도 그의 어머니가 궁궐 노비였다는 설일 것이다. 배전 자신도 충혜왕의 치세(1330~1332, 재위 1339~1344)에 꽤나 음험한 행동을 일삼았던 것 같다. 그의 전기는 『고려사』 '폐행' 열전에 나온다. 124:13b~14a를 보라. 또 Duncan, *Origins of the Chosŏn Dynasty*, pp. 165, 169, 176도 보라.

95. 손홍량은 과거에 합격했다고 전하고(하지만 그의 이름은 박용운의 명단에 포함되어 있지 않다) 높은 벼슬을 지냈으며 1349년에 공신이 되었다고 한다. 1351년에 그는 안동으로 돌아왔다. 이런 전기는 후대에 꾸며진 것일 가능성이 크다. 공민왕이 1362년에 홍건적의 난을 피해 안동으로 몽진했을 때, 홍량은 왕을 극진히 모셨다. 이에 보답하는 차원에서, 유명한 화가인 왕은 그의 초상화를 그려주었다고 한다. 홍량은 안동에 묻혔으나 그의 무덤은 나중에 시려져버렸는데, 이는 분명히 후손들이 돌보지 않았기 때문이다. 안동에서 가장 작은 현에 속했던 곳의 토성인 일직 손씨는 『만성대동보』에는 등재되어 있지 않지만, 『씨족원류』, p. 707에는 기록되어 있다. 안동 손씨라고 불리기도 하는 이 출계집단은 전적으로 홍량의 후손들로 이루어졌다. 『영가지』 7:3b, 8:3b; 『안동의 분묘』 pp. 82~86; 『교남지』 11:21a. 같은 성씨로 1426년에 문과에 급제한 손하孫何라는 인물이 있는데, 그와 홍량의 관계는 확인할 길이 없다.

96. 배씨는 자신들의 유래를 신라까지 거슬러 올라가 추적하므로, 경주 배씨는 그 후 분파되어 고유한 본관을 갖게 된 10여 지파의 원류라고 말할 수 있다. 『한국성씨대관』, pp. 662~67.

97. 『영가지』 8:3b; 『만성대동보』 2:54a. 권희정은 고려시대에 호장을 지낸 지정至正의 후손이고, 지정의 손자인 양준良俊(희정의 5대조)은 수홍의 딸과 결혼했다. 따라서 희정은 수홍의 비남계친 후손이었고, 그 결과 『성화보』 3:64에 이름이 남아 있다. 이 집단의 성원 가운데 처음으로(1290) 문과에 급제한 사람은 희정의 조부인 혁奕이었다. 『만성대동보』는 혁의 부친도 문과 급제자라고 기록하고 있지만, 이는 검증될 수 없고, 박용운에 따르면 그는 호장이었다. 박용운, 『고려시대 음서제』, p. 444를 보라. 희정은 감찰규정監察糾正이라는 직책을 맡고 있었다. 안동 권씨의 이 지파는 분명히 뒤늦게 관직에 발을 들여놓기 시작했을 테고, 아마도 이 때문에 오직 희정의 묘소만 『영가지』에 기록

되어 있을 것이다. 그와 그의 아들이 안동의 성곽 안에 살고 있었다는 사실도 향리 가문의 배경을 말해주는 근거가 될 수 있다. 그렇지만 앞으로 명백하게 드러나듯이, 희정과 그의 후손들은 지방에서 상당한 권력을 행사했다.

98. 『영가지』7:5b, 10a, 8:5b;「안동의 분묘」, pp. 108~16;『교남지』11:44a.『만성대동보』2:234a에 의하면, 상지는 배전의 셋째 아들로, 상공의 동생이다. 그러나 『영가지』는 상공이 동생이라고 기록하고 있다.

99. 그의 부인은 (안동 김씨로 추정되는) 김성옥金成玉의 딸이었다.

100. 『영가지』는 상공이 문과에 급제했다고 기록하고 있지만, 박용운, 『고려시대 음서제』, p. 490에 따르면 1369년에 문과에 급제한 것은 배전의 장남 상도尙度였다. 상공의 관직은 고려 말에 흔히 빠졌던 첨설직이었다.『영가지』7:10a;『교남지』11:21a.

101. 유종혜는 선초에 공조전서를 지냈다고 한다.

102. 풍산 유씨는 풍산현의 토성 가운데 하나였다. 종혜의 고조부 유백柳伯은 1290년에 은사恩賜로 문과 급제자의 자격을 얻었지만, 그의 아들과 손자는 계속 풍산에 살면서 향리로 일했다.

103. 그녀의 아버지는 희정의 아들 권진權軫이었다. 진은 1377년의 과거 급제자로, 조선 초에 태조·정종·태종을 섬겼고, 세종의 치세에 우의정으로 벼슬살이를 마감했다. 그의 아내는 김선평의 7대손인 [안동] 김득우金得雨의 딸이었다.『영가지』1:18b, 7:5b;『교남지』11:21b; 박용운, 『고려시대 음서제』, p. 517.

104. 『영가지』7:5b, 10a~b, 8:4b~5b, 9b;「안동의 분묘」, pp. 122~26;『교남지』11:1b;『만성대동보』2:234a.

105. 이수건, 『영남학파』, pp. 152~55.

106. 여말에 왜구를 격퇴했던 [순천] 김승주는 선초에 문·무 양면에서 활약했다. 1400년에 공신에 책록되어 여산군麗山君에 봉해졌으며, 1415년에 평양군平陽君으로 개봉改封되었다.『신증동국여지승람』40:9b를 보라.

107. 권집경은 권수홍의 7대손으로, 1380년에 문과에 급제하고 수령으로 일했다.『영가지』8:7a;「안동의 분묘」, pp. 117~18; 박용운, 『고려시대 음서제』, p. 522.

108. 『영가지』7:11a~b;「안동의 분묘」, pp. 130~35;『만성대동보』1:193a;『문헌비고』47:40a.

109. 『의성김씨 고문서』,「통문通文」no. 88, pp. 265~66(1899).

110. 의성 김씨의 시조로 알려진 김석金錫은 베일에 싸인 인물로, 세월이 한참 지난 뒤에야 신라의 마지막 왕인 경순왕(재위 927~935)의 넷째 아들로 설정되었다. 용비는 석의 5대손으로 기록되어 있다. 이 역사적 재구성에 대해서는 11장을 보라.

111. 거두의 아들인 김천金洊(1362~?)의 호적단자戶籍單子(1390년 작성) 단편이 남아 있어서, 세계와 생몰년의 확인에 도움을 준다. 그 사본은 『경북지방 고문서 집성』, no.747, pp. 760~61에 실려 있

다. 천은 고려 말에 관직에 있었으나, 고려가 멸망하자 안동으로 내려왔고, 안동에 묻혔다. 그의 묘지명에 대해서는 『안동의 분묘』, pp. 119~21; 『교남지』 11:32b를 보라.

112. 김영명의 장인은 (차례대로) 이지유李之柔, 김무金務, 권전權專이다. [광주] 이지유는 문과에 급제하고 여말에 고위직에 오른 이집(1314~1387)의 아들이었다. 그의 후손들은 상당수가 경상도의 북부에 정착했다. 『만성대동보』 1:99; 이수건, 『영남학파』, pp. 202~3. 권전은 이미 언급했듯이 문종의 왕후인 현덕왕후의 아버지였다. 김무에 대해서는 아래에 나오는 본문의 설명을 보라.

113. 김한계는 1438년에, 한철은 1469년에 문과에 급제했다. 유명한 서예가 한계는 문종과 단종을 모셨고, 『세종실록』의 편찬에도 참여했다. 1453년에 (여전히 대군의 신분이던) 세조에 의해 원종공신 2등에 책록되었다. 그에 대한 기록은 『문종실록』 3:8a; 『세조실록』 2:56b; 『성종실록』 85:9b를 보라. 또 『의성김씨 세보』 1:16a~b도 보라.

114. 김의원에 관한 족보상의 증거는 모호하다. 그는 묘지명에 의하면 양감의 차남이지만, 『만성대동보』 1:156b에 따르면 양감의 장남이다. 박용운, 『고려시대 음서제』, p. 69.

115. 광산 김씨의 부상과 혼맥에 대한 분석은 Duncan, *Origins of the Chosŏn Dynasty*, pp. 76~77, 110(표)을 참조하라.

116. 광산 김씨의 세계도에 대해서는 『광산김씨 오천烏天 고문서』, 해제, pp. 6~9를 보라. 김연과 김진의 호적단자는 아직까지 남아 있는 것들 가운데 가장 오래된 것으로, 1281년에 작성되고 1301년과 1333년에 각각 필사되었다. 이 문서들과 그 내용의 풀이에 대해서는 최승희, 『한국고문서』, pp. 223~25, 268~71을 보라.

117. 김현영, 『조선시대의 양반』, p. 46.

118. 정正은 장자인 왕자의 후손들에게 하사된 칭호로, 품계는 정3품이었다. 『경국대전』, p. 37.

119. 송준호는 남원의 역사를 상세하게 연구해왔고, 나는 그의 저작과 사적인 조언에 크게 신세를 졌다. 둔덕 이씨에 대해서는 그가 쓴 『조선시대 남원 둔덕방의 전주이씨』의 서론, pp. 2~3과 『조선사회사 연구』, pp. 299~300을 보라. 진주 하씨는 불분명한 시기에 동촌의 남쪽으로 이거하여 방축리防築里에 정착함으로써, 방축골 하씨로 알려지게 되었다.

120. 다른 전거는 최수웅이 수도에서 사망했다고 암시하면서, 수웅의 처인 [진주] 하씨가 남편이 사망한 뒤에 고향인 동촌으로 돌아갔다고 주장한다. 양만정, 「일류재一迪齋 장태수張泰秀」, p. 39.

121. 『용성지』 5:2a; 송준호, 『조선시대 남원 둔덕』, pp. 3~4. 또 송준호의 『조선사회사 연구』, p. 299에 나오는 세계도도 보라.

122. 개성에서 태어난 황희는 음보로 출사했지만, 1383년에 진사시에 입격하고 1389년에 문과에 급제했다. 고려-조선 교체기에 잠시 관직에서 물러났다가, 태조의 간곡한 요청을 받고 복귀하여 빠른 속도로 승진했다. 몇 차례 좌절을 겪기도 했으나, 그는 세종이 가장 신임하는 신하가 되어 1431년에 마침내 영의정에 임명되었다. 『한국인명대사전』, pp. 1071~72; 박용운, 『고려시대 음서제』, p. 548.

123. 방귀화는 1469년에 생원/진사 양시에 입격했다. 문장으로 이름을 떨친 그는 서장관으로 사절단을 수행하여 세 차례나 베이징에 다녀왔고, 호조좌랑戶曹佐郞(정6품)으로 관직생활을 마쳤다.

124. 방구성은 선초에 형조참의刑曹參議를 지낸 [진주] 형수邢琇(생몰년 미상)의 딸과 결혼했다. 형수의 고조부는 처가거주혼을 택해 일찌감치 진주에서 주포로 이거했다.

125. 장수 황씨에 대한 정보는 『전북지방의 고문서』 1, pp. 1~3, 283(그리고 p. x의 세계도); 『만성대동보』 2:209b를 보라. 남양 방씨에 대해서는 송준호, 『조선 후기의 과거제도』, pp. 188~89를 보라. 방구성에 대해서는 『용성지』 7:7b를 보라. 남양 방씨는 『만성대동보』에 나오지 않는다.

126. 『중종실록』 21:77a(1515).

127. 『흥성장씨興城張氏 세보』 1:3a~b, 3b~4a; 『만성대동보』 2:141b; 『용성지』 7:8a; 송준호, 『조선사회사 연구』, p. 321. 장경세張經世의 『사촌집沙村集』 3:25b~26a에 수록된 「선고부군행장先考府君行狀」에 의하면, 장씨 일가는 고려 후기에 누대에 걸쳐 관리로 일했고, 조선시대에 처음 출사한 인물은 장합의 부친인 과거 급제자 현軒이었다. 하지만 이런 주장은 입증되기 어렵다.

128. 조선조의 상속제도에 대해서는 Deuchler, *Confucian Transformation*, pp. 208~15를 보라.

129. 『세종실록지리지』 150:12b~13a; 『신증동국여지승람』 24:2a~b. 이 두 전거에 의하면 안동의 속현 수는 8개이다.

130. 이수건, 「여말선초 토성이족」, p. 979.

131. 『영가지』 1:14b, 15a.

132. 향음주례와 향사례는 『예기』와 『주례』, 『의례』에 다양하게 기술되어 있다. 이 의례들은 한국에서는 고려 중기부터 거행되었다. 『고려사』 73:4b, 9a를 보라. 두 의례에 대한 설명은 『국조오례의』(1474) 4:88a~89a, 6:12b~13b에도 나온다.

133. 『세종실록』 84:18b(1439). 시강관은 안지安止(1377~1464)였다. 그는 권제의 벗이었으므로, 아마도 안동에 대한 선입견을 가지고 있었을 것이다.

134. 권시는 수홍의 셋째 손자인 윤보允保의 후손이다. 생원시에 입격한 후 1411년에 문과에 급제하여 사헌부 집의執義(종3품)를 지냈다. 그는 안동의 부성 안에 살았다고 전해지는데, 이는 그가 향리의 후손일 가능성도 있다는 사실을 시사한다.

135. 『영가지』 1:1a~2a; 『신증동국여지승람』 24:3b.

136. 『신증동국여지승람』 34:28b~29a, 39:2a~b, 3a; 『용성지』 1:4b. 『신증동국여지승람』에 언급된 전라도의 또 다른 장소는 남원에서 북쪽으로 제법 떨어져 있던 용안龍安이었다.

137. 향음과 향사의 예는 훗날 국가의례에 대한 규정집인 『국조오례』 6:12b~13b에 포함되었다. 이 의례들은 일찍이 정도전의 『조선경국전』에서도 언급된 바 있다.

138. 『세종실록』 62:9b~10b(1433).

139. 안평대군(1418~53)은 이름난 서예가였다; 『영가지』 5:1a.

140. 권맹경은 안동 권씨임이 확실하지만, 그의 구체적인 신원은 아직까지 불분명하다.

141. 권맹경, 「입보기立寶記」, 『영가지』 5:2a.

142. 『영양·의령·고성 남씨 대동보』 1:29; 『교남지』 11:36a~37a.

143. 권치는 『영가지』나 『만성대동보』에는 기록되지 않았지만, 『성화보』 3:69b에는 이름이 나온다. 수령이라고 적혀 있긴 하지만, 그는 문과 급제자인 형 권진과 달리 사실상 향리의 의무를 계속 수행했을 가능성이 크다.

144. 권촌은 향리의 후손인 안동 권씨 방계 지파의 일원이다. 그는 한때 수령으로 봉직했다고 한다. 『만성대동보』 2:54a에 의하면, 그의 후손들은 영해寧海로 이거했다.

145. 정진영의 『조선시대 향촌』, pp. 50~53에 나오는 세계도를 보면, 이 사람들의 신원을 파악하는 데 도움이 된다. 권호는 1654년에 간행된 안동 권씨 족보(『갑오보甲午譜』)에는 이름을 올렸다.

146. 『세종실록』 40:21a~b(1428)에는 향리들이 지방관을 능멸하므로 그들을 제지할 필요가 있다는 김효정金孝貞의 읍소가 기록되어 있다.

147. 김용덕, 「향음례고鄕飮禮考」. 향약에 관한 상세한 논의는 이 책의 9장을 보라.

148. 『교남지』 11:37a.

149. 같은 책.

150. 같은 책. 1453년의 공신은 단종이 아니라 세조(여전히 대군의 신분이던)가 정한 것이다. 정두희, 『조선 초기 정치지배세력』, pp. 196~97을 보라. 남치공의 이름은 명단에 없다.

151. 『성화보』 3:56b.

152. 같은 책, 56a; 『교남지』 11:33a.

153. 『성화보』 3:66a; 이들의 세계도는 정진영, 『조선시대 향촌』, p. 51에 나와 있다.

154. 우향계 회원의 명부에 대해서는 『영남향약』, p. 100을 보라.

155. 『영가지』 7:10b~11a.

156. 남경인의 동생인 경지(1440~1518)는 무과 급제자로, 오위伍衛의 하나인 충순위忠順衛 소속의 무관이었다. 그는 1498년에 벼슬에서 물러나 안동으로 돌아갔다. 『교남지』 11:37a.

157. 정씨의 본관은 청주(충청도)였다. 원로의 5대조는 동생과 함께 외조부모가 살고 있던 안동부 서면의 회곡촌檜谷村으로 이거했다. 『영가지』 1:13a. 원로는 청주 정씨 예천파의 입향조가 되었고, 정사성鄭士誠을 비롯한 그의 형 인로仁老의 후손들은 안동 지파를 형성했다. 그들의 고모는 권벌의 할아버지인 권곤의 아내였고, 원로의 처는 풍산 유씨였다.

158. 계원 명부는 『영남향약』, p. 101을 보라.

# 5장

1. 이 정착지의 원래 이름은 '강의 위쪽'이라는 뜻의 천상川上이었던 것으로 보인다.

2. 오계동의 묘지는 임하현의 동쪽에 있다. 『영가지』 8:2a. 이것 말고는 그에 대해 알려진 바가 별로 없다.

3. 김만근의 묘는 임하에 있다. 『영가지』 8:12a; 『교남지』 11:37b.

4. 김만근의 맏아들인 인범仁範(생몰년 미상)에게는 네 아들이 있었으나, 아무도 과거에 급제하지 못한 듯하다. 따라서 만근의 직계 후손들은 경제적 형편이 넉넉지 않았을 것이다. 셋째 아들인 지범智範(생몰년 미상)과 그의 후손들에 대해서는 알려진 바가 전혀 없다.

5. 김진의 어머니(1475~1540)는 영해 신씨寧海申氏였다. 신씨는 여러 대에 걸쳐 안동지방에 거주하고 있었다. 김진에게는 남동생 2명과 누이 2명이 있었는데, 두 남동생 정斑(1508~1578)과 수璲(생몰년 미상)는 『교남지』 11:51b에 '효자'로 언급되고 있다. 김성일金誠一이 쓴 김정의 묘지명도 보라. 『학봉집鶴峯集』 7:15b~17a.

6. 김진의 아들 성일이 쓴 것으로, 『연방세고聯芳世稿』 1:78~89에 실려 있다. 『안동의 분묘』, pp. 293~300에는 정경세鄭經世가 쓴 또 하나의 기다란 묘갈명이 수록되어 있다.

7. 권간(생몰년 미상)은 문종의 비인 현덕왕후와의 관계(같은 안동 권씨이다) 때문에 은둔생활을 하게 되었다. 1517년의 한 문서에는 그가 유학幼學 신분의 증인으로 등장한다. 『경북지방 고문서 집성』, no. 238, p. 508.

8. 민세경은 [여흥] 민제(1339~1408)의 4대손이었는데, 1357년의 문과 급제자인 민제는 태종의 비이자 세종의 모후인 원경왕후의 부친이었다. 세경 자신은 특별히 두각을 나타내지 못한 것 같다. 『만성대동보』 2:142b(여기에 세경의 이름은 나오지 않는다); 박용운, 『고려시대 음서제』, p. 480. 진의 아내인 민씨의 생몰년은 1508~46이다.

9. 김인후에 대해서는 7장을 보라.

10. 전해오는 이야기에 따르면, 진은 본인의 자손이 영달할 운세라는 한 관상가의 말을 듣고 나서 과거 급제의 꿈을 접고 아들들의 교육에 전념하게 되었다고 한다. Sunhee Song, "Kinship and Lineage in Korean Village Society," p. 395의 주 34를 보라.

11. 상세한 것은 『안동군 지정문화재 편람』, pp. 316~37과 본서의 12장을 보라.

12. 그의 '행장'에 의하면, 김진에게는 양첩과의 사이에서 태어난 서자 연일衍一과 서녀 2명이 있었다. 『의성김씨 세보』에는 이들에 대한 기록이 없다.

13. 오늘날에도 김진의 후손은 두 동생의 후손보다 훨씬 수가 많고 번성하다. 예범의 후손 가운데 85% 가량이 김진의 후손이다. 김정에게는 적자가 없고 서자만 한 명 있었던 것 같고, 김수에게는 아들 셋과 딸 넷이 있었다. Song, "Kinship and Lineage," pp. 392~93을 보라. 또한 의성 김씨의 문화재 도록인 『의성김씨 천전파 문중』도 보라.

14. 극일의 전기에 대해서는 『연방세고』 3:277~82에 수록된 「약봉藥峰선생문집」; 『영가지』 7:8a를 보라. 이위는 수안 이씨遂安李氏였다. 『씨족원류』, p. 129.

15. 금지촌金地村이라고도 불리는 금계는 당시에 배상지와 이종준李宗準 같은 빼어난 인물들이 살던 유명한 혼성마을이었다. 성일의 장인은 [안동] 권덕봉權德鳳(생몰년 미상)이었다. 이 마을은 "천년 동안 길이 흥할" 장소, 즉 천년불패지지千年不敗之地로 알려졌다. 『영가지』 1:13b.

16. 김성일의 전기에 대해서는 그의 문집인 『학봉집, 부록』 1:1a~40a에 수록된 「연보」; 1605년에 정구鄭逑가 쓴 「행장」, 같은 책, 2:1a~81a; 『영가지』 7:8b~9a를 보라.

17. 복일의 전기에 대해서는 『연방세고』 5:451~61에 수록된 「남악선생일고南嶽先生逸稿」; 『영가지』 7:9b 를 보라. 복일의 첫 번째 장인은 권지權祉였다. 권씨는 예천의 토성으로, 1300년경부터 과거 급제자를 내기 시작한 향리 가문이었다. 권지의 큰할아버지 3명은 모두 문과 급제자였고, 권오복權五福은 1498년 사화의 희생자였다. 후손이 많지 않은 이 출계집단은 16세기에 쇠잔한 듯하다. 『만성대동보』 2:66b를 보라. 복일의 두 번째 장인은 권벌의 형인 권의權橫의 아들이었다. 『씨족원류』, p. 464.

18. 수일의 전기는 『연방세고』 4:307~13에 수록된 「귀봉龜峯선생일고」; 『영가지』('현행見行' 항목) 7:14b에 나온다.

19. 명일의 전기에 대해서는 『연방세고』 4:320~55에 수록된 「운암雲岩선생일고」; 『영가지』 7:15a; 『씨족원류』, p. 409를 보라.

20. 『교남지』 11:37a. 연일의 후손들은 안동지방에 살지 않았던 듯하다. 전해오는 이야기에 의하면, 그들은 함경도로 이주했다. Song, "Kinship and Lineage," p. 401의 주 42를 보라.

21. 대대로 서울에 살았던 [전주] 유성(1533~60)의 부친은 처가거주혼을 택함으로써 경상도 북부로 이주했다. 유성은 내앞 동쪽의 수곡(무실)에 처음 정착한 인물이라고 한다. 『영가지』 1:16a; 서주석, 「안동지방씨족」, p. 10. 또 2004년에 한국국학진흥원(안동)에서 전시된 유씨의 문화재를 풍부한 화보와 함께 소개한 도록인 『조선 후기 양반가의 생활상』도 보라.

22. 『영가지』 7:12b~13a; 『교남지』 11:54a. 유성의 아내는 부덕으로 칭송받은 첫 번째 의성 김씨 여성이 아니었다. 거두의 아들인 천沽(1362~?)의 딸은 [풍산] 이강李橿에게 시집갔는데, 그녀가 고작 스무 살 때 남편이 사고로 사망하자 자신도 굶어죽었다. 그녀는 정문을 하사받았다. 『태종실록』 25:8a(1413); 『영가지』 7:17a

23. 유복립은 1593년에 진주성 전투에서 사망했다. 사후에 이조참판에 추증되고 충신의 정려를 받았다. 무실에 거주했던 복기는 아들 여섯과 딸 셋을 낳았는데, 이들은 이웃마을들에 살았고 그 자손도 번창했다. 『교남지』 11:34b, 45a; 서주석, 「안동지방씨족」, pp. 10~11.

24. 이봉춘은 퇴계의 방계친이었다. 1576년에 문과에 급제했으나, 벼슬을 오래 하지는 않았다.

25. 이런 일반화는 서주석과 송선희의 상세한 연구에 근거한 것이다.

26. 이 입양은 1581년에 예조에서 발부한 입안立案에 의해 공인되었다. 『의성김씨 고문서』, 「입안」

no.1, 2:1, 4:123~24; 『의성김씨 세보』, 2:33b, 41a, 50a; 『경북지방 고문서 집성』, no.256, pp. 548~49; 『연방세고』3:280을 보라.

27. 김용의 아내는 퇴계의 장남인 준寯의 둘째 딸이었다.

28. 용의 전기에 대해서는 『안동의 분묘』, pp. 552~60을 보라. 그의 묘지명은 허목許穆이 쓴 것이다.

29. 2명의 문과 급제자는 [안동] 권태일權泰一(1569~1631)과 [풍산] 김영조金榮祖(1577~1648)이다. 둘 다 높은 벼슬을 지냈다.

30. 시온의 전기에 대해서는 『표은瓢隱선생문집』, pp. 665~83에 수록된 「표은선생김공행장」; 『교남지』 11:45b를 보라.

31. 방걸의 전기는 『안동의 분묘』, pp. 641~51; 『숙종실록』6:5a~b, 18b; 8:30a, 45b에 나온다. 그의 경력에 대해서는 12장을 참조하라.

32. 권사빈의 묘지명은 『영가지』8:8b를 보라.

33. 『영가지』1:15b. 1507년에 진사시에 입격한 벌의 형 의檥(1475~1558)는 계속 도기촌에 살았지만, 나중에는 예천으로 이거했다. 벌의 동생인 장檣(1489~1519 또는 1529)은 1519년에 문과에 합격했다.

34. 중종의 계비는 1506년에 중종의 공신이 된 윤여필尹汝弼(1466~1555)의 딸이었다.

35. 권벌의 『충재집冲齋集』, 「연보」1a~4b를 보라. 그와 조광조의 당파적 이해관계에 대해서는 송웅섭, 「중종대 기묘사림」, pp. 140~41과 본서의 7장을 보라.

36. 권두경權斗經, 『창설재蒼雪齋선생문집』12:12a~13b.

37. 권벌의 외사촌인 중종의 두 번째 왕비는 1515년에 미래의 인종(재위 1544~1545)을 낳다가 사망했다. 중종의 세 번째 왕비도 파평 윤씨인 윤지임尹之任의 딸이었는데, 지임은 여필의 아들인 윤임尹任의 팔촌이었다. 그녀는 미래의 명종(재위 1545~1567)을 낳았다. 인종은 즉위한 지 몇 달 만에 사망했고, 명종이 그 뒤를 이었다. '대윤大尹'의 거두 윤임과, 그의 먼 사촌들이자 세 번째 왕비의 오빠와 남동생인 '소윤小尹'의 윤원필尹元弼 및 윤원형尹元衡 사이의 불화는 결국 윤임의 몰락으로 이어졌다. 『만성대동보』2:255b; 『선원세보璿源世譜』, pp. 21~22.

38. 권벌의 『충재집』, 「연보」1a~11b; 퇴계가 1569년에 쓴 그의 「행장」, 같은 책, 8:1a~11a; 宮嶋博史, 『兩班』, pp. 27~41; 『경북지방 고문서 집성』, pp. 19~26을 보라.

39. 권벌의 아내 최씨는 경상도 동부의 금릉金陵(오늘날의 김천)에 농장을 소유하고 있던 하급관리 최세연崔世演(생몰년 미상)의 딸이었다. 그의 할아버지는 조선 초기에 고관직을 역임했고 일찍이 신유학을 받아들였던 유명한 최선문崔善門(?~1455)이었다. 최씨는 또한 정몽주의 5대 외손녀였다.

40. 『영가지』7:15a; 권동보의 시문과 전기는 권벌의 직계후손 네 명(그의 두 아들과 두 손자)의 글을 모아 1890년에 간행된 『암천세고巖泉世稿』의 권1·2에 수록되어 있다. 이 책은 권벌의 후손들(주로 19세기에 활동한)이 쓴 글과 그들에 관한 전기적 자료를 집대성하여 1986년에 권석영權錫穎이 펴낸 『대유문헌大酉文獻』에 포함되어 있다.

41. 그에게는 또한 2명의 서자와 1명의 서녀가 있었다. 『암천세고』 3:13b~14b(1590년에 동보가 쓴 묘지명).

42. 채는 언젠가 의흥義興의 현감으로 임명되었다고 하는데, 이는 순전히 명예직이었던 듯하다.

43. 『암천세고』 3:16a~17a.

44. 같은 책, 3:14b, 4:29b~31b; 『교남지』 12:11b. 권래는 잠시 하급 무관직을 맡은 적이 있다고 전한다. 동미의 나머지 두 아들 가운데, 한 명은 자식이 아예 없었고 다른 한 명은 그 아들이 자식을 낳지 못해 대가 끊겼다.

45. 관련 문헌들은 최승희에 의해 분석되었다. 『조선 후기 사회 신분사』, pp. 39~40, 52.

46. 『만성대동보』 1:156b; 『광산김씨 오천 고문서』, pp. 6~9; 『안동의 분묘』, pp. 192~96; 『교남지』 12:13b, 17a(김효로의 묘갈명은 이황이 쓴 것이다); 『경북지방 고문서 집성』, pp. 34~36. 그는 참판에 추증되었다.

47. 『광산김씨 오천 고문서』, p. 8; 『안동의 분묘』, pp. 251~60; 『교남지』 12:7b. 김연에 대한 상세한 전기적 자료는 오천 김씨 6명의 문집인 『오천세고』, pp. 30~37에 수록된 「운암雲巖선생일고」(연의 유고)와, 그의 아들 김부의가 쓴 『읍청정유고挹淸亭遺稿』, pp. 140~42에 실린 「행장」을 보라. 김연은 정언으로 재직 중이던 1524년에 용감하게 권신 김안로金安老의 비행을 논박했고, 이 일로 좌천되었다고 한다.

48. 『안동의 분묘』, pp. 261~63. 김유의 수양아버지인 김만균金萬鈞(?~1549)은 그의 종고모부(효로의 사촌누이의 남편)였나.

49. 금재는 봉화를 본관으로 하는 출계집단인 봉화 금씨의 일원이었다. 재의 딸은 이퇴계의 맏아들인 준의 아내가 되었다. 『씨족원류』, p. 776.

50. 『만성대동보』 1:157a; 『안동의 분묘』, pp. 342~48; 『광산김씨 오천 고문서』, no. 6, pp. 161~63; 『교남지』 12:8a, 9b~10a. 부일과 부의, 해의 문집은 『오천세고』에 포함되어 있다. 김해의 입양은 족보에 기록되어 있지 않고, 그의 입양을 입증해줄 입안도 존재하지 않는다. 해는 양부와 더 친밀해졌기 때문에, 양부를 '아버지'라, 친부를 '숙부'라 불렀다고 한다. 그렇지만 양부가 사망했을 때는 3년 동안 '심상心喪'만 했고, 친부가 죽자 예를 다해 삼년상을 치르며 애도했다. 정구복, 「고문서를 통해 본 조선조 양반」, p. 131.

51. 『오천세고』, pp. 215~20.

52. 이계양은 [영양] 김유용金有庸의 딸과 결혼했다. 영양 김씨도 외지에서 예안현으로 이주해왔다. 『씨족원류』, p. 281.

53. 『교남지』 12:13a, 17a; 이황, 『증보 퇴계전서, 속집』 8:27b~29a. 그는 예안에 묻혀 있다.

54. 이식의 첫 번째 부인은 문과에 급제하여 예조정랑禮曹正郎(정5품)까지 지낸 [의성] 김한철(1430~?)의 딸이었다.

55. 퇴계의 첫 부인인 김해 허씨의 집안 내력에 대해서는 이수건, 『영남학파』, p. 245를 보라. 허찬의 부친은 일찍이 의령으로 이거했고, 그곳에서 그의 직계후손들이 번성했다. 생원시 입격자인 허찬은 거부로 알려졌고, 퇴계는 그를 통해 상당한 재산을 받았다.

56. 이수건, 『영남학파』, pp. 242~45에는 퇴계의 다양한 친족관계를 보여주는 세계도가 나온다.

57. 이정회의 행장에 대해서는 『송간선생문집, 부록』 3:1a~6a를 보라.

58. 상세한 전기는 『고문서 집성, 영해 재령이씨 편』 1:3~15를 참조하라. 이함의 행장에 대해서는 이함, 『운악雲嶽선생문집, 부록』 3:1a~b를 보라.

59. 나는 송준호의 미간행논문, "The Yangban Lineages of Namwŏn"(1982)에 신세를 졌다.

60. 『용성지』 6:3a, 7:9a. 문주는 유형의 동생인 국형國馨(1592~1653)의 차남이었다.

61. 방두천房斗天(1654~1704)이 쓴 이상형의 전기는 이상형, 『천묵재집天默齋集』 5:23a~32a에 실려 있다. 그의 묘갈명은 김장생金長生의 아들 김집金集이 쓴 것이다. 『용성지』는 그를 '현인' 항목 5:4a에 등재하고 있다. 이상형의 지적 형성과 훗날의 정치경력에 대해서는 이 책의 10장을 보라.

62. 이문재의 전기는 이문재, 『석동유고石洞遺稿』 8:12a~19b; 『용성지』 5:5b~6a를 보라.

63. 『용성지』 7:4b.

64. 『만성대동보』 2:6a; 『용성지』 7:4b. 넷째 아들은 『용성지』에 음사蔭仕로 소개되고 있다.

65. 최상중의 부친은 언수의 큰아들 영頴으로, 그는 병 때문에 과거 준비를 포기하고 "자신의 덕성을 숨겼다."

66. 최상중의 전기는 최상중, 『미능재집未能齋集』 3:1a~4a에 나온다. 이 책은 가장 유명한 최씨 5명의 문집을 모아놓은 『대방세고帶方世稿』에 수록되어 있다. 상중은 『용성지』의 '명현' 항목 3:3b에 등재되어 있다.

67. 아마도 후손이 없었기 때문에, 최보는 『만성대동보』에 이름을 올리지 못한 것 같다. 하지만 『용성지』에 따르면 그는 무과 급제자였다.

68. 최연의 전기는 최연, 『성만집星灣集』 6:4a~9a; 『용성지』 5:4a를 보라.

69. 최온의 전기는 최온, 『폄재집砭齋集』 9:8a~16a; 『용성지』 5:4a; 전경목, 「19세기 말에 작성된 남원 둔덕방의 호적중초戶籍中草」, p. 52를 보라.

70. 『용성지』 6:13a.

71. 최휘지의 전기는 그의 아들 시옹이 1688년에 쓴 것이다. 최휘지, 『오주鰲洲선생집』 13:5a~15b를 보라.

72. 최치옹과 최계옹은 『용성지』 7:4b, 6b, 11a의 '문과 급제자' 란에 나온다. 계옹은 『용성지』가 편찬되던 시기에 살아 있었다.

73. 최시옹의 전기는 그의 문집인 『동강東岡선생유고』 8:1a~5b를 보라. 『용성지』에 그는 '생존' 항목에 등재되어 있다(다시 말해 『용성지』 편찬 당시에 살아 있었다).

74. 1569년에 문과에 급제한 이덕열은 승지承旨로 봉직했다.

75. [청풍] 김씨는 이덕열이 양자를 들인 뒤에 아내로 맞이한 두 번째 부인이다. 그래서 둘은 나이 차이가 많이 난다. 첫 번째 부인이 자식을 낳지 못하고 죽었으므로, 덕열은 대를 잇기 위해 조카를 입양했다.

76. 이덕열의 부친 준경(1499~1572)은 1531년에 문과에 급제하여, 문과 급제자인 직계선조 세 명의 뒤를 따랐다. 덕열은 준경의 사촌인 이유경李有慶(1534년 생원시 입격자)에게 입양되었는데, 유경의 외가 쪽 친척인 남양 방씨가 주포에 살고 있었다.

77. 이사헌의 장인은 1605년에 진사시, 이듬해에 문과를 통과하여 벼슬이 정5품에 이른 [남원] 양시진楊時晉(1573~1615)이었다. 『남원양씨 세적집요』, pp. 60~61.

78. 이준경의 세 아들 가운데 장남은 아들이 없어 후사를 입양했고, 둘째는 혼인도 하기 전에 죽었기 때문에, 덕열이 유일한 직계후손으로 남게 되었다.

79. 이는 이희환, 『남원의 광주 이씨』, pp. 252~56; 송준호, 『조선사회사 연구』, p. 91에 바탕을 둔 것이다.

80. 『만성대동보』 2:225b~6a; 『용성지』 5:3a, 9a(진의 또 다른 증손은 유일로 등재되어 있다); 6:7a, 7:2b.

81. 순흥 안씨는 13세기 말부터 수도의 관료층에 속했다. 안기의 부친과 그의 세 형제는 모두 문과에 급제했다. 『만성대동보』 2:131a를 보라.

82. 『용성지』 5:3a, 7:1a. 영은 의병장 고경명高敬命(1533~1592)의 부관으로, 왜군에 맞서 용감히 싸우다가 장렬하게 전사했다. 고경명에 대해서는 송준호, 『조선사회사 연구』, p. 315를 보라.

83. 정연방의 장인은 화려한 무관 경력을 거쳐 공민왕의 치세에 문하시중을 지낸 이능간李凌幹(?~1357)이었다. 그의 전기에 대해서는 『고려사』 110:43b~44a를 보라.

84. 『창원정씨 족보』(1933?) 1:1a~2a; 『만성대동보』 2:233b~4a.

85. 『창원정씨 족보』 1:11a~b; 『용성지』 5:2b. 『동유사우록』 11:244~45에는 그가 조광조의 제자로 기록되어 있다.

86. 정황의 전기(그의 먼 사촌인 염燁이 쓴)에 대해서는 정황, 『유헌游軒선생문집, 부록』 1a~8a; 『창원정씨 족보』 1:11b~12a; 『용성지』 5:2b~3a; 『동유사우록』 11:245~47을 보라.

87. 황윤길(1536~?)은 1561년에 문과에 급제했고, 1580년대 후반에 병조참판이 되었다. 1590년에 통신정사通信正使로 선임되어 부사인 김성일과 함께 일본에 가서 일본의 정세와 내침 가능성을 조사하고 돌아왔다.

88. 방응성은 귀화의 맏아들인 한걸漢傑의 셋째 아들이다. 남양 방씨의 세계도에 대해서는 『전북지방의 고문서』 1, p. xi를 보라.

89. 조선 초기 모변 친족과의 혼인에 관한 논의는 Deuchler, *Confucian Transformation*, pp. 237~38을 보라.

90. 무관이었던 황적의 후손은 18세기 초의 어느 시점에 사동방의 수월리水月里로 이거하여, 수월 황씨로 알려지게 되었다.

91. 장수 황씨에 대한 개요는 『전북지방의 고문서』 1, pp. 1~49; 『용성지』 7:11b를 보라.

92. 『용성지』5:4b, 7:17a. 장경세의 생부는 급의 형인 건健(?~1565)이다. 경세의 아내는 급의 첫 번째 부인의 조카딸이었다. 장씨의 혼인관계에 대해서는 송준호, 『조선사회사 연구』, pp. 323~24를 보라.

93. 김영명의 첫 번째 장인은 1389년에 문과에 급제한 이지유였다. 『만성대동보』1:99a.

94. 그녀는 퇴계의 장남인 준의 딸이었다.

95. 의성 김씨의 혼맥도는『경북지방 고문서 집성』, pp. 53~54를 보라.

96. 권의는 사빈의 본계本系 상속자로, 안동 권씨 예천파의 창시자였다. 진사시에 입격했다고 하지만, 확인할 길은 없다.

97. 조강희, 「영남지방의 혼반婚班연구」, pp. 79~121. 그의 사후에 출간된『영남지방 양반가문의 혼인 관계』도 참조하라.

98. 연의 아내와 휘지의 아내는 모두 남원 양씨인데, 저자는 두 양씨의 관계를 확실하게 규명할 수 없었다.

99. 혼인에 관한 자료는『만성대동보』와 여러 족보에 의거한 것이다. 이 복잡한 혼인관계를 다른 식으로 정리하여 보여주는 도표는 송준호, 『조선사회사 연구』, p. 303에 나온다.

100. 한영국, 「조선 후기 어느 사족 가문」, pp. 533~58. 한 교수는 수도 인근에 살고 있던 그리 유명하지 않은 출계집단인 전주 서씨全州徐氏의 족보기록을 조사했다. 표본은 16세기 말부터 19세기 말 사이의 기간과, 120명의 남성 및 114명의 여성이다. 하지만 한 교수는 젊은 여성의 사망률이 높은 이유에 대해서는 숙고하지 않았다. 이 현상에 대한 가장 그럴듯한 설명 하나는 엘리트 여성이 혼전에 안채에 틀어박혀 거의 햇볕을 쬐지 못한 탓에 비타민 D가 부족했고, 그 결과 골반의 뼈가 비정상적으로 약해져 출산할 때 생명이 위태로웠다는 것이다. 샬럿 퍼스의 이 통찰에 감사하는 바이다.

101. 「15~16세기 예안현 사족층의 성장」, pp. 122~23에서, 박현순은 예안의 사족에 대한 추가적인 사례를 제시했고, 백승종은 태인현泰仁縣(전라도)에서 동일한 현상을 관찰했다. 그가 쓴『한국사회사 연구』, pp. 55~56을 보라.

102. 『지족당집知足堂集』에 수록된「영가가훈永嘉家訓」『한국학 기초자료 선집』, p. 357에서 재인용. 권양은 권근의 9대손이었다. 『만성대동보』2:55a.

103. Deuchler, *Confucian Transformation*, pp. 222~23, 267~73.

104. 첩에 대한 논의는 같은 책, 267~73을 보라.

105. 『태조실록』12:2b(1397).

106. 『태종실록』10:10a(1405). '영구적'이란 그런 자의 자손이 다시 노비가 될 수는 없었음을 뜻한다. 1392년에 설치된 사재감은 원래 왕실에 수산물과 땔감을 조달하던 곳이었다. 1414년에 이 관서는 사수감司水監과 합쳐졌고, 이후에는 전함의 보수 및 수송과 어촌지역의 징세를 감독했다. 『역주 경국대전, 주석편』, pp. 99~100을 보라.

107. 『태종실록』29:19b~20b(1415).

108. 같은 책, 11:28a~b, 26:22b(1413).

109. 같은 책, 27:1b~2a(1414).

110. 노비문서는 1361년에 개경에서 불타버렸다. '대소원인'은 모든 관리, 문과 및 무과 급제자, 생원과 진사, 성중관成衆官, 음직을 지낸 자의 자손으로 규정되었다. 예컨대『세종실록』55:27a~b를 보라. '대소원인'이라는 용어의 정의는 임시적인 것이었고, 사족의 일부만 포함했다. 송준호,『조선사회사 연구』, pp. 243~44를 보라.

111.『태종실록』27:1b~2a, 23b~24a(1414).

112. 같은 책, 28:3b, 16a~b; 29:12b~13a(1415).

113. 같은 책, 29:19b~20b.

114. 잡직의 소속 관청으로는 왕실의 의복을 담당한 상의원尙衣院, 말과 수레를 관리하던 사복시司僕寺, 음악 관련 업무를 맡은 장악원掌樂院 등이 있었다. 세종 시대의 잡직에 대해서는 이성무,『조선 초기 양반』, p. 110의 주 296을 보라.

115.『태종실록』29:23b~24a(1415).

116.『세종실록』42:4a. 이 법은 1426년에『속육전續六典』에 명문화되었다.

117. 나중에 보충대로 개칭된 보충군은 1415년에 설치되었고,『경국대전』에 따르면 중앙군사조직인 의흥위義興衛에 소속되었다. 그것의 사회적 기능은 분명히 그 군사적 의무보다 중요했다.『태종 실록』29:13b(1415), 33:47b(1417);『경국대전』, p. 331. 간략한 설명은 민현구,『조선 초기의 군 사』, pp. 131~32; 이홍두,『조선시대 신분』, pp. 39~55를 보라. 이 군대는 다섯 부류의 사람들로 구성되었는데, 논을 주고 면천(신속身贖)한 자들은 얼마 뒤에 이 군대에서 제외되었다.『세종실록』 9:11b~12a(1420); 46:16a(1429);『성종실록』258:21b(1491).

118.『성종실록』40:2a~b(1474);『경국대전』, pp. 157~58, 415~16, 486~87. 보충군은 세조의 치세 에 잠시 폐지되었다가, 1469년에 보충대로 다시 설치되었다.『예종실록』5:8b(1469). 훗날『경국대 전』에 간략하게 소개된 보충대 입역과정은 다음과 같다. 대소원인(또는 그의 대리인)이 천한 아들을 16세가 되기 전에 장예원掌隸院에 신고하면, 이 관서는 사실을 확인하고 지원자를 장부에 기록한 다음 병조에 공문을 보내고, 병조는 그를 보충대에 편성한다. 이름만 올려놓고 임무를 수행하지 않 은 자들은 자동적으로 환천還賤되었다. 1,000일(3품 이상 관리의 아들은 300일) 동안 복무하고 나 면, 지원자는 양인의 신분을 얻어 종9품 '잡직'을 맡을 수 있었다. 하지만 그의 승급은 한품서용의 규 정에 의해 제한되었다.

119.『경국대전』, p. 158에 의하면, 2품 이상 관리의 아들과 손자는 정3품 관서인 관상감觀象監이나 전의 감典醫監, 사역원司譯院, 그리고 종6품 관서인 도화서圖畫署 등의 관원이 될 수 있었다.

120.『경국대전』, p. 208.

121.『각사수교各司受敎』, pp. 67~68;『신보수교집록新補受敎輯錄』, pp. 482~84.

122.『속대전』, pp. 440~41, 452. 이 조항은 적계嫡系의 누군가에 의해 고발된 천출은 관노로 삼아서는

안된다고 덧붙이고 있다. 그런 고발이 경쟁자를 제거하기 위한 편법이 될 수도 있었기 때문이다.

123. 김효지의 처인 황씨는 자신이 장룡에게 무덕을 포함한 3명의 노비를 증여한 것은 장룡이 자신을 부모나 다름없이 섬겼고 본인이 아플 때 정성스레 간병했기 때문이라고 설명했다. 가문의 성인 김씨를 쓴 장룡은 본인이 처한 환경에 잘 적응했던 것으로 보이지만, 얼자가 처와 첩primary and secondary wife에 대해 언급한 것은 당시로서는 극히 이례적이다. 『광산김씨 오천 고문서』, no.23, pp. 203~5.

124. 『광산김씨 오천 고문서』, no. 30, pp. 210~11; 『경북지방 고문서 집성』, pp. 40~41.

125. 『경국대전』, p. 500.

126. 『광산김씨 오천 고문서』, no. 26, p. 208; 『경북지방 고문서 집성』, no. 120, p. 424.

127. 이지현은 생원시 입격자였다. 『만성대동보』 1:143b.

128. 이지현에게는 자식도 낳지 못하고 남편을 여읜 딸이 하나 있었다. 그는 딸에게 노비 5명을 주었고, 1716년에 사망하기 직전 본인의 수결手決이 들어간 별급문기를 작성했다.

129. 『경북지방 고문서 집성』, no. 206, p. 469.

130. 이지현의 얼자에 관한 기록들은 재령 이씨 영해파가 소장한 54건의 문서에 포함되어 있다. 이 문서들의 목록은 최순희, 「재령이씨 영해파 문기고考」에 실려 있다.

131. 『경국대전』, pp. 494~96; Deuchler, *Confucian Transformation*, pp. 208~10.

132. 『경북지방 고문서 집성』, no. 25, p. 173.

133. 하지만 노비에 의해 착수된 68건의 토지매매(자세한 내용은 6장을 보라) 가운데 세습토지가 포함된 거래는 2건뿐이었다. 둘 다 16세기에 성사된 것이다. 『경북지방 고문서 집성』, no. 334, p. 641; no. 390, p. 657.

134. 예컨대 김용만, 『조선시대 사노비』, p. 220; 배재홍, 「조선 후기의 서얼허통」, pp. 264~71을 보라.

135. 『경북지방 고문서 집성』, no. 12, pp. 140~42.

136. 전거에 대해서는 6장을 보라.

137. 『경북지방 고문서 집성』, no. 70, p. 288.

138. 『광산김씨 오천 고문서』, no.18, pp. 193~98; 『경북지방 고문서 집성』, no.91, pp. 357, 364. 옥생의 남편인 이잠李潛은 아마도 서자로 태어났다가 양인이 되어 군대에서 복무했던 것 같다.

139. 『의성김씨 고문서』, 「분재기」 no. 31, p. 192. 이 아버지는 김복일의 현손인 김신기金信基였다.

140. 이런 예는 『경북지방 고문서 집성』, no.70, p. 288에 나온다. 서모의 상복 등급에 관해서는 Deuchler, *Confucian Transformation*, p. 187을 보라.

141. 『광산김씨 오천 고문서』, 「입안」 no. 6(1691), pp. 125~26; 「노비문기」, no. 4, pp. 234~35. 1746년에 간행된 『속대전』, p. 450을 보면, 신체 건강한 노비가 양인 신분을 사는 데 드는 비용은 100냥 이하로 정해져 있었다.

142. 『경북지방 고문서 집성』, no. 110, pp. 417~18(1718)을 보라.

143. 배재홍은 각종 상속문서에 바탕을 둔 몇 가지 통계수치를 제시한다. 그녀의 논문「조선 후기의 서얼
허통」, pp. 272~84를 보라.

## 6장

1. 16세기 관개시설의 발달에 대한 연구는 이태진, 『한국사회사』, pp. 187~219를 보라.

2. 『세종실록』 23:37a(1424).

3. 구체적인 내용에 대해서는 김태영, 『조선 전기 토지』, pp. 157~85를 보라.

4. 평민들의 곤경에 대한 상세한 논의는 김성우, 『조선 중기 국가』, 2장; 김건태, 『조선시대 양반가』,
1장을 보라.

5. 세종의 양전에 대한 분석은 이호철, 『조선 전기 농업』, pp. 660~87을 보라.

6. 이황, 『증보 퇴계전서, 속집』 8:27b~28a; 이수건, 『영남학파』, pp. 72~74. 이계양은 1454년에 훈
도로 임명되었다.

7. 이수건, 『영남학파』, p. 74. 토지는 주로 결이나 두락斗落(마지기)으로 측량되었다. 결은 엄밀히 말
하면 토지의 넓이를 재는 단위가 아니었다. 결은 한 필지의 크기보다는 수확량을 지칭했기 때문이
다. 하지만 징세를 위해 [곡식의 수확량과 필지의 면적을 연결시켜 과표課標를 산출하는 면적표시
제(결부제結負制)가 채택되었고] 토지는 생산성에 따라 여섯 등급으로 나뉘었다. 가장 비옥한 토지
는 약 0.9ha(또는 2.22ac)를, 6등급 토지는 3.7ha(9.14ac)를 한 결로 쳤다. 한 결은 100부, 한 부는
10속이었다. 결을 마지기(또는 두락)로 환산하는 것은 쉽지 않다. 마지기란 한 필지에 파종을 하는
데 필요한 씨앗의 양을 나타냈기 때문이다. 물론 그 양은 그 땅의 관개 여부에 따라 달라졌다. 그러
므로 셈의 결과는 시대와 지역에 따라 크게 차이가 났다. 16세기 안동에서는 한 결이 대략 40마지기
(약 3.3ac)에 해당했다. 다시 말해서 한 결의 땅에 파종을 하려면 40말의 씨앗이 필요했다. 약 5.5리
터의 씨앗이 한 말이었고, 15~20말이 한 섬이었다. 이상의 계산은 宮嶋博史, 『兩班』, pp. 68~71,
95에 근거한 것이다.

8. 『영남향약』, no. 51, p. 111; no. 58, p. 120.

9. 권벌의 『충재집』, 「연보」 5a.

10. 『경북지방 고문서 집성』, no. 16, pp. 152~54. 김예범은 68명의 노비(이 가운데 49명은 처가 쪽에
서 전래된 것이다)를 아들 셋과 딸 둘에게 골고루 나누어주었다.

11. 『경북지방 고문서 집성』, no. 24, p. 171; 이수건, 『영남학파』, p. 152. 금광평의 땅은 1858년의 양안
에 마지막으로 언급되었다. 당시에도 그 땅은 61결에 달할 정도로 제법 넓었다. 유력한 지주들은 황
무지를 개발하기도 전에 입안을 발급받는 것이 예사였다. 이런 상황을 고려하여, 1688년에는 "황무

지에 대한 입안을 받고 3년 안에 그 땅을 경작하지 않은 자는 3년이 지난 뒤에 그 땅을 개발한 자에 대해 소를 제기할 수 없다"라는 왕명이 내려졌다. 『수교집록』, pp. 251~52.

12. 『경북지방 고문서 집성』, no. 24, p. 171.

13. 1528년의 호적대장에 기록된 노비의 수 31명(도망노비 10명을 제외한)과 1535년의 분재기에 나오는 노비의 수 62명 사이에는 명백한 차이가 있다. 분재기가 호적보다는 정확한 편이다.

14. 조선 초에 양인으로 간주되었던 '신백정'은 정주 농민이 아니라, 수렵과 목축으로 생계를 꾸렸던 것으로 보인다. 따라서 그들은 '양인이지만 하는 일이 천한 사람들'(신량역천인身良役賤人)로 분류되었고, 이 때문에 엘리트층에게 착취당하기 일쑤였다. 상세한 내용은 김성우, 『조선 중기 국가』, pp. 191~96을 보라.

15. 1528년의 주촌 호적대장은 이영훈과 안승준의 논문, 「1528년 안동부 부북 주촌」, pp. 129~43에서 처음으로 분석되었다. 김성우도 『조선 중기 국가』, pp. 189~211에서 같은 문서에 대해 고찰했다. 김성우는 백정 세 호가 사실은 이훈에게 종속된 신세였지만, 약자를 등쳐먹는 '토호'라는 소리를 듣고 싶지 않았던 이훈에 의해 자립호로 등록되었다고 본다.

16. 예를 들어 1583년에 이정회가 쓴 『송간일기』를 보라.

17. 『경북지방 고문서 집성』, no. 49; 이호철, 『조선 전기 농업』, pp. 429~30.

18. 이재수는 진성 이씨와 양동 손씨良洞孫氏, 재령 이씨에 의한 토지거래 실태를 자세하게 보여주는 16세기의 토지매매명문 171건(모두 『경북지방 고문서 집성』에 실려 있다)을 분석했다. 16세기 중엽에 토지는 특히 양인에 의해 양반에게 방매되는 일이 빈번했는데, 이는 안동뿐 아니라 경상도의 다른 지역에서도 발견되는 현상이었다. 구체적인 내용은 이재수, 「16세기 전답매매」, pp. 51~103을 보라. 또 정진영, 『조선시대 향촌』, pp. 113~16도 참조하라.

19. 이호철, 『조선 전기 농업』, pp. 306~30; 김건태, 『조선시대 양반가』, pp. 144~54.

20. 토호품관 말고도, 그런 지역의 '실력자' 내지 '지역의 악당'을 가리키는 다양한 용어가 있다. 그러나 개별적인 사례에서 그런 용어들이 정확하게 무엇을 뜻하는지 알아내기는 어렵다. 이에 관한 논문으로는 이재룡, 「조선 전기 토호」가 있다.

21. 『중종실록』 17:12b(1512); 21:35a(1514), 77a(1515); 64:21b, 22b~23a(1528).

22. 김성우, 『조선 중기 국가』, pp. 164~65, 188~89. 『영가지』 1:24b.

23. 『용성지』 7:17a~b.

24. 『성종실록』 236:17b(1490).

25. 오늘날의 학자들은 상이한 종류의 노비를 범주화하기 위해 다양한 전문용어를 개발했다. 이영훈은 노비가 경제적 임무를 수행하는 방식을 분류의 유일한 근거로 삼자고 제안했다. 결과적으로 그는 노비주와 떨어져 살면서 자신의 땅을 가꾸거나 소작인으로서 지주의 땅을 가꾸어 '신공'身貢을 바치는 노비를 '납공노비'라고 부르고, 주인의 땅을 직접 경작하거나 소작인으로 경작하는 자들

을 '솔거노비/소작농'이라고 부른다. 그가 쓴 「고문서를 통해 본 조선 전기 노비」, pp. 165~68을 보라. 경제에 초점을 둔 이영훈의 견해는 다양한 비판을 받아왔다. 예컨대 Palais, "Slave Society," pp. 23~47을 보라. 이 문제는 지승종, 『조선 전기 노비 신분』, pp. 162~75; 김용만, 『조선시대 사노비』, pp. 15~19에서도 다루어지고 있다. 최근에 김건태는 사노비는 그들의 등록지에 따라 분류되어야 한다고 주장했다. 노비주의 호적대장에 등록된 자들은 솔거노비로, 그렇지 않은 자들은 외거노비로 간주되어야 한다는 것이다. 그의 논문 「조선 후기 사노비 파악방식」을 보라.

26. 이호철, 『조선 전기 농업』, pp. 448~89; 이영훈, 「고문서를 통해 본 조선 전기 노비」, pp. 131~32. 동일한 문서들을 이용했지만, 양자가 제시하는 수치는 같지 않다.

27. 이런 추산은 이영훈, 「고문서를 통해 본 조선 전기 노비」, pp. 114~15와 이호철, 『조선 전기 농업』, pp. 428~33에 바탕을 둔 것이다. 토질의 등급이 여럿이므로, 정확한 통계치를 내기는 어렵다. 한 섬(한국 고유의 계량단위)의 무게는 약 50킬로그램이고 부피는 대략 120리터이다.

28. 16세기 안동의 주요 출계집단이 보유하고 있던 토지자산과 노비의 목록에 대해서는 이영훈, 「고문서를 통해 본 조선 전기 노비」, p. 110을 보라.

29. 중종의 치세인 16세기 초에 쟁점이 된 한전론限田論에 관한 간략한 논의는 김성우, 『조선 중기 국가』, pp. 174~75를 보라.

30. 김용만은 노비/거주지를 도표화하여, 136곳에는 1명의 노비가, 73곳에는 2명의 노비가, 303곳에는 3명의 노비가 있었다는 사실을 알아냈다. 4명에서 37명 사이의 많은 노비가 있던 곳은 49곳뿐이었다. 『조선시대 사노비』, pp. 191~94를 보라. 문숙자도 『조선시대 재산』, pp. 190~94에서 같은 문서를 분석했다.

31. 최순희, 「권대운 제동생 화회성문權大運諸同生和會成文」, pp. 31~43. 그녀가 작성한 토지 및 노비 일람은 김용만, 『조선시대 사노비』, pp. 195~196에도 전재되어 있다.

32. 작개의 구체적인 분석에 대해서는 김건태, 『조선시대 양반가』, pp. 57~112를 보라. 이영훈은 작개라는 용어가 1392년에 이미 사용되었고, 따라서 16세기의 새로운 제도가 아니라고 주장한 바 있다. 이영훈은 노비에게 경작할 땅(비록 이 땅은 노비주의 재산으로 남아 있었지만)을 제공하는 노비주의 온정적 태도를 강조함으로써 작개제를 다소 긍정적으로 포장하는 듯하다. 이영훈, 「〈태조 사급방우 토지문서〉 고太祖賜給芳雨土地文書考」, pp. 1~17을 보라. 또 이영훈·양동휴, 「조선 노비제」, pp. 293~336도 참조하라.

33. 1540년과 1620년에 작성된 안동의 두 문서는 노비가 토지를 소유했고 그들이 자식에게 토지를 물려줄 수 있었음을 분명하게 보여준다. 『경북지방 고문서 집성』, no. 15, p. 152, 같은 책, no. 13, pp. 143~45(두 문서는 이영훈, 「고문서를 통해 본 조선 전기 노비」, pp. 154~56에서 분석되고 있다.); 이수건, 『영남학파』, pp. 139~40을 보라. 이수건이 수집한 안동지방의 토지매매문서 400건 가운데 68건(17%)은 그 매도자가 노비(노 60명과 비 8명)였는데, 대부분의 거래는 16세기에 이루어졌다.

『경북지방 고문서 집성』, nos. 313~717, pp. 636~747을 보라.

34. 『경국대전』, pp. 203~4. 법률이 정한 신공의 양은 남자노비의 경우 면포 1필과 저화楮貨(저화 1장은 쌀 2말의 가치를 지녔음) 20장, 여자노비의 경우 면포 1필과 저화 10장이었고, 대상 연령은 16세에서 60세까지였다. 공노비에 적용되었던 이런 규정은 분명히 사노비의 신공을 정하는 지침으로도 받아들여졌을 것이다. 이 신공을 면포로만 환산하면 [저화 20장으로 면포 1필을 살 수 있었으므로] 남자노비는 면포 2필을, 여자노비는 면포 1필 반을 바치는 셈이었다. 16세기 후반에 한 필은 대략 곡식 다섯 말에 해당하는 가치를 지녔다. 지승종은 조선 중기에는 면포 2필이 신공의 기준이 되었다고 결론지었다. 그가 쓴 『조선 전기 노비』, pp. 226~31을 보라. 이 결론은 도망쳤다 붙잡힌 노비에게 도망기간 1년당 2필의 벌금을 수취하도록 한 『속대전』의 규정에 의해 뒷받침된다. 『속대전』, pp. 441~42.

35. 『경국대전』, pp. 489~90, 500. 고려시대부터 15세기 말까지의 노비 몸값에 대해서는 김용만, 『조선시대 사노비』, p. 279를 보라. 노비매매입안은 여러 건의 문서로 이루어졌다. 견본은 최승희, 『한국 고문서 연구』, pp. 407~9를 보라. 조선 초에는 노비의 거래가 정부의 통제를 받았고, 노비 한 명의 가격은 (1398년에) 면포 400필로 정해졌다. 이는 이전까지의 노비 몸값인 150필이 말 한 마리 값의 3분의 1에 불과하여 "사람보다 가축을 중히 여기는" 것이므로 "도리에 어긋난다"는 건의에 따른 것이었다. 『태조실록』 14:15a(1398). 그 후 『경국대전』은 16세 이상 50세 이하의 노비 가격을 말 한 마리의 값과 얼추 비슷한 저화 4,000장(곡물 20섬이나 면포 40필의 가치에 맞먹는)으로 정했다. 노비의 일당은 저화 6장의 가치에 준하는 것으로 정해져 있었으므로, 저화 4,000장은 666일 노동의 값어치에 해당했다. 법적 효력을 갖추기 위해, 노비의 매매는 반드시 당국(장예원이나 지방관아)에 보고해야 했다.

36. 김용만에 의하면, 분재기에 나오는 신노비란 '새로 얻은' 노비가 아니라 '혼인할 때 지급받은' 노비를 뜻했다. 그의 저서 『조선시대 사노비』, pp. 21~24를 보라.

37. 『광산김씨 오천 고문서』, 「입안」no. 5, pp. 16~17.

38. 『경국대전』, p. 496; 이 법에 대한 논의는 Deuchler, *Confucian Transformation*, p. 222를 보라.

39. 『각사수교』, pp. 87~88.

40. 『경북지방 고문서 집성』, no. 258, pp. 550~56.

41. Deuchler, *Confucian Transformation*, p. 207을 보라.

42. 이 수치는 현존하는 최고最古의 통계자료인 1609년 울산蔚山의 호적대장과, 1672년에서 19세기 초까지의 부안 김씨扶安金氏 호적대장에 근거한 것이다. 한영국, 「조선 중엽의 노비 결혼양태」, pp. 186~97; 전형택, 『조선 후기 노비』, pp. 52~56을 보라.

43. 『태종실록』 10:17a(1415).

44. 공노비와 사노비의 자식들은 그때까지 다르게 취급되었다. 전자의 자식은 아버지의 신분을, 후자의

자식은 어머니의 신분을 따라야 했다. 1454년의 왕명은 법을 통일하여 양자 모두 아버지를 따르게 한 것인데, 이는 분명히 사노비 소유주들의 이익을 반영한 것이다. 이 왕명은 나중에 『경국대전』에 수록된 법령을 예고했다. 『단종실록』 11:6b~7a(1454); 『경국대전』, p. 490.

45. 1414년에 왕은 친모 귀속적인 원래의 규정을 뒤엎어, 여자노비와 양인 남편의 자식은 앞으로 아버지의 신분에 따라 양인으로 삼으라고 명했다. 『태종실록』 27:1b~2a(1414); 『세종실록』 50:22a(1430).

46. 이 문서들은 양영조, 「여말선초 양천교혼」, pp. 3~52; 정구복, 「고문서를 통해 본 조선조 양반」, pp. 136~38; 정구복, 「김무의 분재기(1429)」, pp. 19~73(원문의 영인影印이 첨부되어 있음)에 의해 연구되었다.

47. 『경북지방 고문서 집성』, no. 64, pp. 266~71; 양영조, 「여말선초 양천교혼」, pp. 26~27.

48. 『경북지방 고문서 집성』, no. 3(1452)과 no. 4(1455), pp. 128~29를 보라. 이 기록들은 양영조, 「여말선초 양천교혼」, pp. 27~28에 도표화되어 있다.

49. 『경북지방 고문서 집성』, no. 65, pp. 271~73.

50. 『경북지방 고문서 집성』, no. 66, pp. 273~80.

51. 『경북지방 고문서 집성』, no. 70, pp. 289~90. 양영조, 「여말선초 양천교혼」, p. 40에 도표화되어 있다. 그 몫은 권벌의 아내 최씨가 받은 상속재산이었다.

52. 이은보(1520~1580)는 이애의 맏아들이다. 『경북지방 고문서 집성』, no. 71, pp. 289~90. 노비들의 출생연도를 분석해보면, 대부분이 16세기에 태어났음을 알 수 있다. 양영조, 「여말선초 양천교혼」, p. 42를 보라.

53. 『경북지방 고문서 집성』, no. 80, pp. 316~20. 양영조, 「여말선초 양천교혼」, p. 44에 도표화되어 있다.

54. 한영국, 「조선 중엽의 노비」, pp. 192~97. 한 교수는 외거노비의 혼인상대가 관노비와 특별한 노역을 수행하던 양인을 비롯한 다양한 부류였다고 지적했다. 이런 '양인들'의 일부는 신분이 상승한 노비들이었다.

55. 여자노비와 양인 남성 사이의 결혼이 분재기에 나타나지 않는 이유는 그들의 자식이 자동적으로 노비주의 재산이 되었기 때문일 것이다. 양인에게는 참으로 매력 없는 선택이었다.

56. 이형상李衡祥(1653~1733), 『병와집甁窩集』 13:44b.

57. 이황, 『증보 퇴계전서, 속집』 8:82b. 퇴계가 준에게 보낸 서신 가운데 노비에 관한 구절들은 이수건, 「퇴계 이황 가문의 재산」, p. 676에 실려 있다. 서신 원문은 『도산전서陶山全書』 4:229~78에 수록되어 있다.

58. 지승종, 『조선 전기 노비』, pp. 212~20에 나오는 실례를 보라.

59. 관리들이 데려갈 수 있는 노비의 수는 그들의 품계에 따라 정해져 있었다. 『경국대전』, pp. 194~95.

60. 『경상도지리지』, pp. 84~85; 『세종실록지리지』 150:13a. 내성은 고려시대에는 '부곡'이었다. 『영가지』 1:2b.

61. 이승직은 경주 이씨로, 대사헌(종2품)까지 지낸 화려한 관직 경력 때문에, 그가 어릴 적부터 거주했던 광주(경기도)에 매장되었다. 하지만 그의 아내 배씨는 안동에 묻혔다. 『씨족원류』, p. 42; 『영가지』 8:5b~6a; 『안동의 분묘』, pp. 174~75.

62. 김종직의 제자이자 1485년의 문과 급제자인 그의 형 종준宗準(?~1499)이 1498년의 사화에 희생되었기 때문에, 홍준은 부득이 수도를 떠났다. Wagner, Literati Purges, p. 75와 p. 193의 주 51을 보라.

63. 『안동의 분묘』, p. 191. 『영가지』는 거듭해서 홍준을 다수의 현판과 묘비명을 장식한 명필로 묘사하고 있다. 『영가지』 3:21b; 7:6a, 11a, 14b; 8:12a.

64. 배이순은 배상지의 5대손이다. 『교남지』는 그가 진사시에 입격했다고 기록하고 있지만, 확인할 길은 없다. 『교남지』 11:37b. 그는 배헌裵獻의 부친이었다.

65. 남명은 남우량의 4대손이다. 그는 과거에 급제하지는 못했으나 경전에 밝아 제자들이 많이 몰려들었다고 전한다. 『영가지』 1:21b; 『영양·의령·고성 남씨 대동보』 1:40~41.

66. 원래의 동약과 그 후에 개정되거나 새로 제정된 각종 동약에 대해서는 『영남향약』, no. 137, pp. 330~58을 보라.

67. 이희동의 조부 홍양興陽은 퇴계의 조부인 계양의 형님이었다. 『만성대동보』 1:131a.

68. [영양] 남중명은 남민생의 맏아들인 남부량의 4대손이었다. 중명과 명은 그래서 팔촌간이었다.

69. 『교남지』 11:37b. 배헌은 1516년에 진사시에 입격했다.

70. 그중 한 쌍은 우인손禹仁孫과 우의손禹義孫이다. 후자는 부사였던 것 같다. 『만성대동보』 2:222b.

71. '명예가 손상된 자'라는 뜻의 손도는 공동체에서 추방되어 동약의 혜택을 누릴 수 없게 된 사람을 가리키는 일상적 표현이었다. 물론 일시적인 추방도 있었다.

72. 이 동약이 작성될 당시 권벌은 현직에 있었다.

73. 『영남향약』, no. 127, p. 312; no. 137, pp. 330~31.

74. 같은 책, no. 137, pp. 132~33. 이문규는 이희동(이홍준의 사위들 가운데 한 명으로, 최초의 동약 좌목에 이름을 올렸던)의 넷째 아들이다. 문규는 효행 덕분에 천거를 통해 선원전璿源殿 참봉에 임명되었지만, 출사하지 않았다. 그의 형들 가운데 2명은 진사시에, 1명은 생원시에 입격했다. 『만성대동보』 1:131a; 이황, 『증보 퇴계전서』 「도산문현록陶山門賢錄」 4:34b. 향약에 대해서는 9장에서 본격적으로 논의할 것이다.

75. 『영가지』 1:21b. 『교남지』에는 귀수의 진사시 입격만이 기록되어 있다. 『영양·의령·고성 남씨 대동보』 1:40~41; 『교남지』 11:37b.

76. 『영가지』 1:22a, 7:8b; 『교남지』 11:23b. 정유일의 본관은 동래東萊이다. 자세한 내용은 7장을 보라.

77. 『영가지』 7:8b; 『교남지』 11:23b. 유성룡이 쓴 그의 신도비명神道碑銘은 『국조인물고國朝人物考』 22:35~37에 나온다. 자세한 내용은 7장을 보라.

78. 『영가지』 8:11a. 배헌은 승정원 좌승지에 추증되었다.

79. 『영가지』1:21b~22a.

80. 나는 이 용어를 Levi, "On Microhistory," p. 94에서 빌려왔다.

81. 상속 관행에 대한 논의는, Deuchler, *Confucian Transformation*, pp. 203~30을 보라. 1485년의 『경국대전』에 법제화된 상속법은 모든 남녀 자손의 균등상속을 규정했고, 이 법은 왕조가 끝날 때까지 그대로 남아 있었다.

82. 『경북지방 고문서 집성』, no. 24, p. 171.

83. 『의성김씨 고문서』, 「분재기」 nos. 1~3, 2:126~28; no. 14, 4:183.

84. 『학봉집, 부록』1:8b에 수록된 김성일의 「연보」를 보라. 성일의 토지자산에 대해서는 『의성김씨 고문서』, 「완의完議」, no. 20, 2:102; no. 20, 4:171~72(1692)를 보라.

85. 김성일, 『학봉집, 부록』2:1a~81a; 3:31a. 그의 행장은 유명한 학자 정구가 썼다.

86. 『경북지방 고문서 집성』, no. 25, pp. 172~75; 『연방세고』5:456~60; 『의성김씨 세보』3:1b.

87. 『경북지방 고문서 집성』, no. 143, p. 437.

88. 『경북지방 고문서 집성』, no. 89, pp. 340~52; 이수건, 「퇴계 이황 가문」, pp. 652~66. 이 분재기의 초안은 1586년에 작성되었다.

89. 김방결의 아내는 동래 정씨였다. 그녀의 외가는 재력 있는 집단이었다.

90. 『의성김씨 고문서』, 「분재기」 no. 10, 2:132; no. 10, 4:181~83.

91. 『의성김씨 고문서』, 「분재기」 no. 22, 2:145; no. 22, 4:186.

92. 권벌의 분재기에 대한 논의는 宮嶋博史, 『兩班』, pp. 57~79를 보라. p. 56에 나오는 권벌 가문의 분재기 도표도 참조하라.

93. 『경북지방 고문서 집성』, no. 70, pp. 287~88.

94. 『경북지방 고문서 집성』, no. 75, pp. 298~305. 1550년의 화회문기는 宮嶋博史, 『兩班』, p. 61에 표로 정리되어 있다. 얼녀들의 몫은 얼자들의 몫보다 적었다.

95. 『경북지방 고문서 집성』, no. 18, pp. 155~59.

96. 『경북지방 고문서 집성』, no. 32, pp. 188~97.; 宮嶋博史, 『兩班』, p. 154. 미야지마는 노비의 수를 341명으로 헤아렸는데, 이수건은 318명으로 셈했다. 『경북지방 고문서 집성』, p. 28의 표를 보라.

97. 『경북지방 고문서 집성』, no. 40, pp. 215~44.; 宮嶋博史, 『兩班』, pp. 154~55, 163(표). 이수건은 노비의 수를 507명으로 셈했다. 나는 미야지마의 수치를 택했다.

98. 『경북지방 고문서 집성』, no. 777, pp. 796~97. 이 문서의 일부는 Deuchler, *Confucian Transformation*, p. 22에 번역되어 있다.

99. 『경북지방 고문서 집성』, no. 103, pp. 401~5.; no. 104, pp. 405~8; 宮嶋博史, 『兩班』, pp. 155, 165~68.

100. 『광산김씨 오천 고문서』, no. 1, pp. 150~56. 『경북지방 고문서 집성』, no. 38에 나오는 표를 보라.

유산의 일부는 1418년에 이미 분배되었지만, 1429년의 분급문기에 다시 포함되었다. 이 문서는 정구복, 「김무의 분재기(1429)」에서 분석되었다.

101. 이는 이수건의 추론이다. 『경북지방 고문서 집성』, nos. 39~40.

102. 『경북지방 고문서 집성』, nos. 91~92.

103. 『경국대전』에 따른다면, 그의 법정 지분은 효로의 7분의 1에 불과했을 것이다. 『경국대전』, pp. 496~97.

104. 『광산김씨 오천 고문서』, no. 2, pp. 156~57; no. 21, pp. 201~2; no. 28, pp. 208~9; 『경북지방 고문서 집성』, nos. 39~40; no. 6, pp. 131~33; no. 8, pp. 136~37; no. 237, pp. 506~8; 정구복, 「고문서를 통해 본 조선조 양반」, pp. 142~43.

105. 박현순, 「15~16세기 예안현 사족층」, pp. 125~33을 보라.

106. 『광산김씨 오천 고문서』, no. 24, pp. 205~7.

107. 『광산김씨 오천 고문서』, no. 25, pp. 207~8; no. 29, p. 210; 『경북지방 고문서 집성』, 41, no. 9, pp. 137~8.

108. 『광산김씨 오천 고문서』, no. 30, pp. 210~11.

109. 『광산김씨 오천 고문서』, no. 3, pp. 158~59; 『경북지방 고문서 집성』, no. 41. 이와 동시에 연의 두 아들에게도 노비 1명씩이 별급되었다.

110. 『광산김씨 오천 고문서』, no. 26, p. 206; no. 32, pp. 211~12; 『경북지방 고문서 집성』, no. 120, p. 424. 사실 연은 1519년에 문과에 급제했다.

111. 『광산김씨 오천 고문서』, no. 33, p. 212; no. 35, p. 212; no. 37, pp. 212~13; no. 38, p. 213.

112. 『광산김씨 오천 고문서』, no. 8, pp. 163~68; no. 9, pp. 168~70; 『경북지방 고문서 집성』, p. 42; no. 17, pp. 154~55; no. 74, pp. 293~97; 정구복, 「고문서를 통해 본 조선조 양반」, p. 147.

113. 『광산김씨 오천 고문서』, no. 11, pp. 171~76; no. 12, pp. 176~79; 『경북지방 고문서 집성』, p. 43; no. 77, pp. 307~12; 정구복, 「고문서를 통해 본 조선조 양반」, pp. 148~50.

114. 『광산김씨 오천 고문서』, no. 14, pp. 179~82; 『경북지방 고문서 집성』, no. 84, pp. 325~31.

115. 『광산김씨 오천 고문서』, no. 6, pp. 161~63; no. 15, pp. 182~87; no. 16, pp. 188~91; 『경북지방 고문서 집성』, no. 86, pp. 333~37; no. 254, pp. 543~46. 김해의 재산에 대한 어림짐작은 「고문서를 통해 본 조선조 양반」, pp. 148~50에 나오는 정구복의 추산에 근거한 것이다. 1619년 이후의 분재기는 남아 있지 않지만, 후대의 호적대장 몇 부는 광계의 아들과 손자가 보유했던 노비의 수가 (적어도 문서상으로는) 상당히 많았음을 보여준다.

116. 이수건, 『영남학파』, pp. 247~57.

117. 『도산전서, 유집遺集』, 이수건, 『영남학파』, p. 259에서 재인용.

118. 준에게 보낸 약 551통의 편지는 퇴계가 쓴 무수한 서한의 일부이다. *Epistolary Korea*, p. 277.

119. 『경북지방 고문서 집성』, no. 89, pp. 340~52; 이수건, 「퇴계 이황 가문」, pp. 641~80; 이수건, 『영남학파』, pp. 247~57. 3,000마지기는 대략 75결 또는 480에이커(약 60만평)이다.

120. 자세한 내용은 문숙자, 「안동 주촌의 진성이씨가」, p. 8을 보라.

121. 재령 이씨와 고성 이씨의 분재기에 대한 분석은 문숙자, 『조선시대 재산』, pp. 179~242를 참조하라.

122. 宮嶋博史, 『兩班』, pp. 72~77. 미야지마는 190필지 가운데 151필지를 확인했다.

123. 『경북지방 고문서 집성』, no. 89, pp. 340~52.

124. 예컨대 김용섭, 『조선 후기 농업사 연구』에 나오는 양안에 관한 고찰을 보라.

125. 고려의 전통에 대한 간략한 논의는 Deuchler, *Confucian Transformation*, pp. 51~55를 보라.

126. 퇴계가 준에게 쓴 이 편지는 이수건, 『영남학파』, p. 260에 실려 있다.

127. 이혼은 이담손의 형인 칠산정漆山正의 셋째 아들로, 아들이 없던 담손에 의해 입양되었다. 송준호, 『조선사회사 연구』, pp. 299~300.

128. 이담손의 아버지인 이훈李薰의 재산이 9명의 형제자매에게 분재된 기록은 『전주이씨 고림군파高林君派』, 16a~17b를 보라. 문서의 작성연대는 확실하지 않지만, 아마도 1537년일 것이다. 이미 사망한 담손 대신에 혼이 수결했다.

129. 이 문서에 대해서는 『조선시대 남원 둔덕방』, pp. 182~86을 보라.

130. 『조선시대 남원 둔덕방』2, 분급문서 nos. 1~2. 아직 출간되지 않은 둔덕 이씨 문서집 제2권을 이용할 수 있게 해준 전경목 교수에게 감사를 표하는 바이다. 1679년 문서는 김현용, 『조선시대의 양반』, pp. 206~7에서도 논의되고 있다.

131. 이문주는 이유형李惟馨(1586~1656)에 의해 후사로 입양되었다. 그의 생부는 유형의 동생인 국형國馨(1592~1653)이다.

132. 1688년 문서에 대해서는 『조선시대 남원 둔덕방』, pp. 192~95를 보라.

133. 이 문서들에 대해서는 송준호의 분석과 논평이 첨부된 『전북지방의 고문서』1, pp. 279, 296, 301~3을 보라. 1582년에 도망갔다가 그 후 추쇄된 노비들은 1604년에 두 상속자에게 분배되었다. 같은 책, 1, p. 315.

134. 같은 책, 1, pp. 317~21. 복호란 전세田稅와 부역이 더 이상 부과되지 않는다는 뜻이었다.

135. 귀미리(순창군)에 살고 있던 양시익은 양사민楊士敏(1528~93)의 일곱 아들 가운데 한 명이었다. 사민은 과거를 치르지 않았지만, 학자로서 명성을 얻었다. 그는 임진왜란 중에 사망했다. 상세한 내용은 『남원양씨 세적집요』, pp. 174~77을 보라.

136. 『전북지방의 고문서』1, pp. 324~32.

137. 숙구가 참봉이 된 것은 그가 황진의 증손이었기 때문일지도 모른다.

138. 『전북지방의 고문서』1, pp. 335~39; 『현종개수실록』24:42a(1671).

139. 이호철과 전성호의 연구에 의존한 이 자료들은 1491년과 1515년의 『조선왕조실록』 기사에 근거하

여 남원 사족의 토지 보유량이 중소 지주가 주종을 이루고 있던 안동 사족의 그것보다 대체로 많았다고 보는 이태진의 입장과 모순되는 듯하다. 이태진은 이런 차이가 '음사淫祀'가 널리 퍼져 있던 남원에 비해 안동에서 향약과 같은 신유학적 도구가 좀 더 쉽게 도입될 수 있었던 이유라고 추론한다. 이태진, 『한국사회사 연구』, p. 165.

140. 예컨대 『의성김씨 고문서』, 「분재기」 no, 17, 4:183을 보라. 별급 관행은 이문현, 「16세기의 별급 관행」, pp. 33~68에서 논의되고 있다.

141. 1720년에 작성된 둔덕과 두 속현의 양안을 연구한 김현영, 『조선시대의 양반』, pp. 189~204를 보라.

# 3부

## 서언

1. [진주] 하연(1376~1453)은 정몽주의 제자들 가운데 한 명으로, 1396년에 문과에 급제했다. 화려한 관직 경력을 쌓은 그는 경상도 관찰사로 재직하고 있던 1425년에 『경상도지리지』의 서문을 썼다.

2. 『경상도지리지』, pp. 2~3.

3. 조용은 본관이 진보이고, 1374년에 문과에 급제했다. 빼어난 문장가로 유명했고, 성균관의 교수로 대단한 명성을 얻었다. 그의 졸기는 『세종실록』 24:34b~35a; 『신증동국여지승람』 25:27b; 『동유사우록』 3:62~63을 보라.

4. 윤상은 예천의 향리 가문 출신으로, 1396년에 문과에 급제했다. 그는 지방의 교수관을 거쳐 성균관에서도 학생들을 가르쳤다. 1450년에 그는 예문관제학藝文館提學(종2품)으로 봉직하다 파직되었는데, 이는 아마도 그가 향리 출신이었기 때문인 듯하다. 『별동집別洞集』 3:1a~5b에 나오는 윤상의 「연보」; 같은 책 3:5b~8b의 「묘갈명」; 『신증동국여지승람』 24:41b; 『동유사우록』 3:74~75; 『문종실록』 2:28a~29a. 『만성대동보』 1:281b는 윤상의 부친, 조부, 증조부의 이름만 기록하고 있는데, 사실 이들의 명예직은 모두 윤상 덕분에 얻은 것일 가능성이 크다. 윤상은 예천 윤씨 가문의 유일한 문과 급제자로, 그의 후손 중에는 별다른 인물이 없었던 것 같다.

5. 영남의 초기 도학 사상가들에 대해서는 이수건, 『영남학파』, pp. 305~10을 보라.

6. 김안국에 대해서는 7장의 주 7을 보라.

7. 김인후는 1531년에 사마시에 입격했고, 성균관에서 공부하는 동안 이퇴계와도 친분을 맺었다. 그는 1540년에 별시別試 문과에 급제했고, 승문원에서 몇 가지 말직을 맡다가 낙향했다. 『동유사우록』 11:256~62; 『한국인명대사전』, pp. 159~60. 그의 문묘 배향은 1796년에 이루어졌다.

8. 최부에 대해서는 7장의 주 15를 보라.

9. 김인후와 유희춘의 지적 세계에 대한 설명은 고영진, 『호남사림의 학맥과 사상』, pp. 171~221을 보라.

10. 나머지 두 명은 노진盧禛(7장을 보라)과 학자 이항李恒(1499~1576)이었다.

11. 이 논쟁에 대한 구체적인 설명은 Kalton et al., *The Four-Seven Debate*를 보라.

12. 고영진, 『호남사림의 학맥과 사상』, p. 28은 전라도의 다양한 지적 계보를 요약하고 있다.

13. 상세한 내용은 Deuchler, "Ritual and Order," pp. 294~97을 보라.

# 7장

1. 이주는 이증의 장남인 이평李泙의 다섯 아들 가운데 한 명이었다. 그는 탁월한 시재詩才로 명성을 드날렸다. 『영가지』 7:6a~b; 『교남지』 11:22b; 『동유사우록』 5:118; Wagner, *Literati Purges*, pp. 65, 66, p. 190의 주 40, p. 192의 주 149.

2. 권민수와 권달수는 수평이나 수홍과 무관한 안동 권씨 지파의 성원이었다. 1494년에 문과에 급제한 민수는 알 수 없는 이유로 1504년에 유배당했지만, 1512년에는 홍문관에서 권벌과 함께 봉직하고 있었다. 『영가지』 7:5a. 1492년의 문과 급제자인 권달수는 홍문관의 관리로서 연산군의 생모 윤씨를 추존追尊하는 것에 앞장서서 반대하다가 1504년에 처형당했다. 『영가지』 7:5a; Wagner, *Literati Purges*, p. 187의 주 26.

3. [광산] 김용석은 권벌의 아버지와 같은 해(1472)에 진사시에 입격했다. 1465년의 문과 급제자인 그의 형 여석礪石(1445~1493)은 1492년에 대사헌이었다. 『만성대동보』 1:157a에는 형의 이름만 나온다. 용석이 권집경에 의해 최초로 개발된 구담마을로 낙향한 이유는 그가 권집경의 사위인 김유온의 손녀와 결혼했기 때문이다. 그는 안동에 묻혔다. 용석에 대해서는 『영가지』 7:14a~b; 『안동의 분묘』, pp. 184~85; 『교남지』 11:37b를 보라.

4. 권장(1489~?)은 1519년 3월에 치러진 식년시 문과에 합격했다. 그는 수령으로 봉직했다.

5. 3종의 주요 명부록이 1519년에 희생된 자들의 이름을 열거하고 있다. 가장 오래된 『기묘당적己卯黨籍』은 그 자신이 1519년의 피해자였던 김정국金正國에 의해 편찬되었고, 94명의 이름을 포함하고 있다. 김정국의 명단을 보충한 다른 두 명부의 저자들은 희생자들의 후손이다. 최종적으로 총 218명의 이름이 기록에 남아 있다. 상세한 내용은 이병휴, 『조선 전기 기호사림파』, pp. 97~102를 보라. 상기 명부록들을 분석한 최근의 논문으로는 송웅섭, 「중종대 기묘 사림」이 있다.

6. 다른 요구들은 단종과 연산군의 제사를 모실 후사를 정하는 문제, 궁중 여악女樂의 폐지, 위훈삭제僞勳削除(중종의 공신명단에서 자격이 없는 공신의 이름을 삭제하자는 것)에 관련된 것이었다.

7. 김안국(1478~1543)과 그의 동생 정국(1481~1541)은 수도에 기반을 둔 의성 김씨의 지파에 속했는데, 이 파는 용비의 동생인 용필龍弼에서 비롯되었다. 김굉필의 주요 제자이자 조광조의 측근이었던 이 형제는 1519년에 관직을 박탈당했지만 1537년에 복직되었다. 1503년에 문과에 급제한 김

안국은 하급 관직을 전전하다가 1517년에 경상도 관찰사에 임명되었고, 그곳에서 다수의 유교 경서를 인쇄하여 향교에 배포하는 작업을 주도했다.

8.  권벌의 경력에 대해서는 그의 『충재집』, 「연보」 1a~11b를 보라. 이병휴는 「16세기 전반기의 정국」에서 권벌의 행적을 추적하고 있다.

9.  『충재집』 8:1a~11b에 수록된 「행장」; 『영가지』 7:7a를 보라.

10. 권주는 가일佳日(안동)에 살고 있던 수홍의 파에 속했고, 권벌의 먼 방계친이었다. 글재주가 뛰어나고 중국어에 능통한 것으로 널리 알려졌던 그는 1481년에 문과에 합격하고 사헌부 집의를 거쳐 1498년에 우부승지右副承旨가 되었다. 나중에는 지방의 관찰사로 임명되었고, 중국과 쓰시마對馬島에 사신으로 파견되었다. 그는 성종에 의해 폐비된 연산군의 생모 윤씨가 사사될 때 사약을 받들고 갔다는 이유로 살해되었다. 권주는 안동에 묻혔다. 『안동의 분묘』, pp. 197~209; 『영가지』 7:5a; 『교남지』 11:22b. 그의 아내는 1462년의 문과 급제자이자 이증의 조카인 [고성] 이칙李則의 딸이었다.

11. 『영가지』 7:7a; 『교남지』 11:23a; Wagner, Literati Purges, p. 90, p. 203의 주 72. 1521년에 권전은 1519년 이후 권력을 잡은 두 고관이 사림을 해치고 국정을 농단한다고 고발했다가, 역으로 그들을 '무고'했다는 혐의를 뒤집어썼다. 『조선왕조실록』의 사관들은 권전의 인격을 심하게 모독했다.

12. [영천] 이현보는 안동 권씨와 결혼했고 안동에 안장되었다. 『교남지』 12:7b; 『안동의 분묘』, pp. 215~29.

13. 와그너-송 문과 프로젝트의 통계에 따르면, 15세기에 문과에 급제한 전라도인의 비율은 11.2%, 경상도인의 비율은 24.1%였다. 전자의 비율은 16세기에 12%로 증가했다. 아직까지 출간되지 않은 이 프로젝트의 통계를 사용하게 해준 와그너 교수에게 감사를 표한다.

14. 김종직의 임기는 고작 1년이었다. 그는 도적질과 장물臟物시장을 전라도의 또 다른 심각한 문제로 꼽았다. 그가 왕에게 아뢴 내용에 대해서는 『성종실록』 204:15a~b; 이태진, 『한국사회사 연구』, pp. 162~64를 보라.

15. 최부는 한때 홍문관의 관리로 일했다. 그는 1488년에 자신이 중국의 해안에서 겪은 난파에 대한 보고서로 널리 알려져 있다. 그는 제주도에 추쇄경차관推刷敬差官으로 파견되었는데, 부친상을 통보받고 황급하게 본토로 돌아오던 중에 그가 탄 배가 황해에서 거센 풍랑을 만나 표류하다 중국까지 갔던 것이다. 『동유사우록』 5:107~8. 『표해록漂海錄』이라 불리는 이 보고서는 영어로도 번역되었다. Meskill, Ch'oe Pu's Diary.

16. [풍천] 노우명은 뒷내(남원) 노씨의 조상이었다. 5장을 보라. 간략한 전기는 『동유사우록』 8:185~86; 이병휴, 『조선 전기 기호사림파』, pp. 148, 260을 보라.

17. 노수신(1515~1590)은 김굉필의 2세대 문하생이었다. 1543년에 문과에 급제하여 관직생활을 시작했지만, 16세기 중반에 당쟁에 휘말려 근 20년 동안 귀양살이를 했다. 그 기간에 그는 퇴계, 기대승, 김인후와 서신을 교환하면서 학문에 정진했다.

18. 노진의 전기는 『동유사우록』 14:315~9; 『국조인물고』 1:744~47; 『용성지』 5:3a를 보라. 또 5장을 참조하라.

19. 방귀온은 [남양] 방구성의 차남인 계문戒文의 아들로, 주포방에 거주했던 방귀화의 사촌이었다. 귀온은 나주에 거주했던 것으로 보인다. 『씨족원류』, p. 770; 이병휴, 『조선 전기 기호사림파』, pp. 243, 246, 253, 256.

20. 안처순의 전기에 대해서는 『국조인물고』 2:1434~36; 『용성지』 5:2b; 『중종실록』 32:18a~b; 이병휴, 『조선 전기 기호사림파』, p. 100을 보라.

21. 이른바 기묘명현 8인 가운데 한 명인 김식(1482~1520)은 1519년의 현량과에서 장원을 차지했고, 조광조의 가까운 벗으로 홍문관에서 잠시 각광을 받았다. 사화 직후에 유배되었고, 더 가혹한 형벌을 받기 전에 유배지에서 벗어나 자결했다. 『동유사우록』 9:200~204; Wagner, *Literati Purges*, p. 108; 이병휴, 『조선 전기 기호사림파』, p. 226.

22. [남양] 홍순복의 아버지는 군수를 지낸 사원士源이었다. 사원의 지파는 『만성대동보』에 기록되어 있지 않지만, 『씨족원류』 p. 419는 그를 남양 홍씨 본계의 5대조와 연결시키고 있다. 수도에 살고 있던 사원의 사촌 사부士俯는 1519년의 현량과 응시자로 추천받은 인물들 가운데 한 명이었다. 『동유사우록』에 의하면, 홍순복은 1520년에 김식의 또 다른 제자(노비 출신의 승려로 추정되는)에 의해 고발당했고, 그 결과 그의 유배형은 사형으로 바뀌었다. 그는 1519년의 희생자로 노봉서원에 배향되었다. 『동유사우록』 14:324~5; 『용성지』 5:2b; Wagner, *Literati Purges*, p. 106, p. 209의 주 104.

23. 『동유사우록』 11:244~45. 『용성지』 5:2b~3a는 이들을 조광조와 연결시키지 않는다. 정황의 행장은 『유헌遊軒선생문집, 부록』 1a~8a를 보라. 그의 묘갈명은 송시열이 썼다.

24. 전라도 유학의 전모에 대해서는 고영진, 『호남사림』을 보라.

25. 전라도의 희생자 11명은 1519년에 희생된 총인원의 12%에 해당한다. 이병휴, 『조선 전기 기호사림파』, p. 105.

26. 정염의 행장에 대해서는 정염, 『만헌집晩軒集』 4:18a~27b; 『용성지』 5:3a를 보라. 고려 말의 저명한 학자 이제현의 10대손인 [경주] 이대위에 대해서는 알려진 바가 많지 않다. 창원 정씨인 어머니의 집에서 자랐기 때문에, 그는 남원의 엘리트층과 친밀한 관계를 맺었다. 짧은 행장은 이대위, 『활계活溪선생유고』 31a~41a; 『용성지』 5:3b를 보라. 정염은 1549년에 진사시에 입격했고 1560년에 문과에 급제했으며 여러 관직을 맡았다. 이대위는 1570년에 생원시에 입격했다.

27. 장경세, 『사촌집』 3:25b~30b(장급의 행장); 4:22a~26a(경세의 묘갈명).

28. 교수(종6품)는 원래 문과 급제자들 중에서 선발되었으나, 문관들이 향교 교수직을 기피했기 때문에 능력이 부족한 자들이 그 직책을 맡게 되었고, 그 결과 향교의 교육수준이 갈수록 저하되었다. 그런 교수가 경상도에는 12명, 전라도에는 8명 있었다. 『경국대전』, pp. 121, 128.

29. 김안국의 시는 『안동향교지』, p. 145에 실려 있다.

30. [해남] 윤복(1512~1577)은 1534년에 진사시, 1538년에 문과를 통과했고, 1565년부터 병 때문에 사임한 1567년까지 안동 부사를 지냈다. 『영가지』 6:22a.

31. 1552년에 생원시에 입격한 권심행(1517~69)은 권벌의 형인 권의의 아들이었다. 부감독인 권경전權景絟의 신원은 확인하지 못했다.

32. 향교에 대한 설명과 그 의례 및 교육의 규정에 대해서는 『영가지』 4:1a~13a를 보라. 학령의 국역은 『안동향교지』, pp. 148~50을 보라.

33. 윤복의 「중수기」 국역은 『안동향교지』, pp. 146~47을 보라. 원문은 같은 책 pp. 157~58에 첨부되어 있다.

34. 향교는 『영가지』에 실려 있는 안동 주읍의 지도상에 문묘, 즉 공자묘로 표시되어 있다. 『영가지』 지도 1. 안동 향교는 1950년대 초의 한국전쟁 때 완전히 파괴되었지만, 그 후에 중건되었다.

35. 학동의 공부는 『천자문』으로 시작되었는데, 이 책의 국역본은 16세기 초반에 나왔다. 널리 이용된 또 다른 입문서는 오륜五倫을 간략하게 설명한 박세무朴世茂(1487~1564)의 『동몽선습童蒙先習』이었다.

36. 이황, 『증보 퇴계전서』 4, 「언행록」 2:1a.

37. 『영가지』 7:14b~15a; 『안동의 분묘』, pp. 349~57; 『교남지』 11:38a; 『도산급문제현록陶山及門諸賢錄』(주 45를 보라), 이황, 『증보 퇴계전서』 4, 1:22a; 김언기, 『용산세고龍山世稿』 1, 2:4a~13b, 13b~24b에 수록된 그의 문인록. 언기의 아내는 영양 남씨로, 남민생의 넷째 아들인 우량의 6대손이었다.

38. 이황, 『증보 퇴계전서』 4, 「언행록」 2:1b, 7b, 11b.

39. 『주자서절요』는 2,000통이 넘는 주희의 서찰 중에서 퇴계가 추려 뽑은 글들을 모은 특이한 선집이다. 서문은 1556년에 작성되었다. 이 책의 초간을 간행한 사람은 유성룡의 부친인 유중영柳仲郢이었던 것 같다. 『교남지』 11:23a.

40. 이황, 『증보 퇴계전서』 4, 「언행록」 2:17a.

41. 『심경』은 송대의 학자 진덕수(1178~1235)가 편찬한 책이다. 이 책에 대한 논의는 de Bary, *Neo-Confucian Orthodoxy*, pp. 73~83을 보라. 퇴계의 평가에 대해서는 Deuchler, "Reject the False and Uphold the Straight," pp. 387~88을 보라.

42. 권호문, 『송암松巖선생집, 부록』 2b.

43. 『증보 퇴계전서』 46:3a~b.

44. 같은 책, 3, 「연보」 1:17b~18a.

45. 퇴계의 제자들에 대한 짧은 전기를 제공하는 여러 전거가 있다. 가장 포괄적인 것은 권두경(1654~1725)이 엮은 『도산급문제현록』(이하 『도산문현록』)으로, 이황, 『증보 퇴계전서』 4권에 실려 있다. 본서의 12장을 참조하라. '성리' 연구자들에 초점을 맞춘, 좀 더 엄선된 문현록으로는 박세채朴世采(1631~95)의 『동유사우록』이 있다. 1682년에 간행된 이 책에는 퇴계의 제자 72명에 대한 전

기가 포함되어 있다.

46. 죽계竹溪서원이라 불리기도 하는 백운동서원은 당시의 풍기 군수 주세붕周世鵬(1495~1554)이 안향(1243~1306)을 기리기 위해 세웠다. 1550년에 퇴계의 노력에 힘입어 사액賜額을 받아 소수紹修서원으로 개칭되었다.

47. 김성일, 『학봉집, 부록』 1:2b와 『언행록』 3:33b; 『도산문현록』 3:2a~5a.

48. 김성일, 『학봉집, 부록』 2:75a.

49. 『도산문현록』 1:26a; 2:23b~24b, 34a; 3:2a~5a.

50. 김복일, 『남악선생일고』, pp. 422~30, 455~56; 『영가지』 7:9b.

51. 도산서원에 아직까지 보존되어 있는 혼천의는 원래 퇴계의 제자인 이덕홍李德弘(1541~1596)에 의해 제조된 것이었는데, 제대로 회전이 되지 않았기 때문에 퇴계가 김부의에게 수리를 의뢰했던 것이다.

52. 김부의, 『읍청정유고挹淸亭遺稿』, pp. 147~49; 『동유사우록』 28:622. '심상'이란 일정 기간 동안 상복은 입지 않더라도 마치 상중에 있는 것처럼 금욕하고 절제하는 것을 뜻한다. 이는 스승 같은 존경스러운 인물에 대한 특별한 경의의 표현이었다.

53. 김부륜, 『설월당집雪月堂集, 부록』 6:1a~3a; 『도산문현록』 1:31a~35a; 『동유사우록』 28:620. 부륜은 김유의 셋째 아들이었다.

54. 금응협과 응훈은 금재의 아들로, 이준(퇴계의 아들)의 처남들이었다. 사마시(1555)와 진사시(1575)에 각각 입격한 그들은 천거에 의해 발식에 임냉뇌었나.

55. 두 금씨의 간략한 전기는 『동유사우록』 28:623~25를 보라. 정구에 대해서는 4부의 서언을 보라.

56. 『도산문현록』 4:17a~b, 34b~35b.

57. 인재는 권대기의 호이다.

58. 『영가지』 1:14b; 『도산문현록』 1:28a~b; 금난수, 『성재집惺齋集』, 「연보」 3a. 권대기의 조상은 확실하게 추적할 수 없다. 『교남지』는 그가 권징權徵의 증손이라고 하는데, 권징은 권행의 후손으로 확인될 따름이다. 『교남지』 11:22a.

59. 『영가지』 7:9b; 『안동의 분묘』, pp. 536~40; 『도산문현록』 4:6b~7a. 당대의 예찬가는 장현광張顯光이다.

60. 권호문은 권벌의 큰할아버지인 권개權玠의 증손이었다.

61. 『영가지』 1:13b. 송파촌松坡村이라고도 불리는 이 마을은 권행의 15대손, 즉 권벌의 6대 직계손인 권인에 의해 세워졌다.

62. 『영가지』 4:22b~24a, 7:8b; 『도산문현록』 2:30a~31b. 권호문의 글을 모은 책으로는 『송암松巖선생문집』이 있다. 그는 시조작가로도 알려져 있다. Lee, *A History of Korean Literature*, p. 178을 보라.

63. 『영가지』 4:22a~b, 25a~b; 7:9a; 『도산문현록』 3:22a~25b; 『동유사우록』 27:593~97; 유성룡, 『서

애전서西厓全書』,「연보」1:8b, 2:29a. 두 가지 다른 후회는 왕이 베푼 은혜에 보답하지 못한 것과, 많은 직무를 수행하느라 일찍 벼슬에서 물러나지 못한 것이었다.

64. 『서애선생문현록』은 유성룡,『서애전서』4권에 수록되어 있다.

65. [진주] 정경세는 유성룡의 주요 제자였다. 그는 인근의 상주(경상도)에서 자랐다. 1582년에 진사시에 입격하고 1586년에 문과에 급제하여 화려한 관직생활에 발을 내디뎠다. 그는 퇴계의 철학에 완전히 동의하지는 않았고, 율곡 이이를 존경했다. 그리고 의례 문제에 지대한 관심을 보였다.

66. 그의 아내는 [광산] 김부의의 외손녀였다.

67. 『영가지』7:9a;『도산문현록』3:7a~10a;『동유사우록』27:610~11;『겸암집謙菴集』7:2a, 8:1a~7b.

68. [횡성] 조목의 조상들은 고려 초부터 높은 벼슬을 지냈다. 조목의 부친은 안동 권씨와 결혼하면서 월천(예안)으로 이거했다. 조목의 직계는 1615년에 문과에 급제한 아들 석붕錫朋을 끝으로 대가 끊겼다.『만성대동보』2:93a.

69. 조목,『월천선생집』1권,「연보」;『안동의 분묘』, pp. 365~78;『도산문현록』2:1a~5a;『동유사우록』26:577~82. 그의 이름이『영가지』에 나오지 않는 것은 그와 유성룡의 관계가 종종 틀어졌다는 사실과 관련이 있는 것 같다. 조목이『심경』을 어떻게 이해했는지에 대한 상세한 논의는 윤사순,『조선시대 성리학』, pp. 207~13을 보라.

70. 그에게 제수된 관직 목록은 금장태,『퇴계학파』, 1권, p. 35를 보라.

71. 금난수의 목록 작업은 그의 연보가 아니라 그의 일기인『성재惺齋일기』에 기록되어 있다. 이 책들의 대부분은 경전·주석서·철학서·역사서·시집·법전을 비롯한 중국 서적이었고, 약 3분의 1만이 전집·철학서·시문집·법전을 포함한 한국서적이었다. 상세한 내용은 이수건,『영남학파』, pp. 336~37을 보라.

72. 금난수는 봉화 금씨이지만, 그와 금응협 및 금응훈과의 관계는 분명하지 않다. 난수의 고조부가 예안으로 이거했다고 전해진다. 난수의 모친은 영양 남씨였다.『만성대동보』2:245b;『씨족원류』, p. 776; 금난수,『성재집』,「연보」3:1a~18a;『안동의 분묘』, pp. 408~16;『도산문현록』2:25b~28a;『동유사우록』28:625~26.

73. 퇴계의『자성록自省錄』에 수록된 서한들 가운데 8통은 정유일의 질문에 답한 것이다.『영가지』1:22a, 7:8b;『도산문현록』2:31b~33b;『동유사우록』27:603~5; 정유일,『문봉文峯선생문집』6:1a~5a.

74. 『영가지』7:8b;『도산문현록』2:34a~35a;『동유사우록』28:626~27;『국조인물고』2:35~37.

75. 『영가지』1:11a, 4:26b, 7:8a;『안동의 분묘』, pp. 390~402; 구봉령,『백담집栢潭集, 부록』1a~12a;『도산문현록』2:7b~9a;『동유사우록』27:607~9. 구봉령은 1546년에 사마시를, 1560년에 문과를 통과했다. 구의 본관은 능성綾城[전라도 화순군]이다.『만성대동보』2:170b. 그와 안동의 관계를 추적하기는 불가능하다.

76. 정탁은 저명한 청주 정씨 출신이었다. 『영가지』 1:11a, 4:26b, 7:8a; 『안동의 분묘』, pp. 379~87; 『도산문현록』 2:11a~13a. 그는 안동 주읍의 동면에 있던 지내동에서 태어났지만, 나중에 예천의 고평동高坪洞으로 이거했다.

77. 정사성은 청주 정씨 안동 지파의 일원으로, 정탁의 방계친이었다. 정사성, 『지헌芝軒선생문집, 부록』 1a~5b; 『안동의 분묘』, pp. 518~23; 『도산문현록』 3:38a~40a. 사성의 아내는 영양 남씨로, 민생의 차남인 의량義良의 6대손이었다. 1582년에 문과에 급제한 그의 동생 정사신鄭士信(1558~1619)은 유성룡의 문인으로 기록되어 있다. 정사신은 수도에서 다양한 관직을 역임했고, 임진왜란 중에는 의병을 조직했다.

78. 『영가지』 7:9b; 『안동의 분묘』, pp. 512~27; 『도산문현록』 3:33a~34a; 『동유사우록』 26:582~84.

79. 퇴계의 친척들에 대해서는 『도산문현록』 4권을 보라.

80. 이안도(1541~1584)는 이준의 큰아들로, 1561년에 생원시에 입격했다. 퇴계의 후광에 힘입어 1574년에 참봉에 임명되었다. 『만성대동보』 1:131a; 『도산문현록』 4:32b~34a; 『교남지』 12:11b.

81. 이영도(1559~1637)는 준의 셋째 아들로, 권동미의 딸과 혼인했다. 과거에는 합격하지 못했지만, 음보로 관직에 나아간 이후 꽤나 오랜 기간에 걸쳐 여러 직책을 맡았다. 『만성대동보』 1:131a; 『도산문현록』 4:34b~35b; 『교남지』 12:11b.

82. 이정회, 『송간선생문집』, 「행장」 3:1a~6a; 『도산문현록』 4:34b~35a. 정회의 동생인 정백庭栢(1533~1600)도 퇴계의 제자였다. 『도산문현록』 4:25b~26a.

83. 퇴계의 서신은 약 3,000통에 달하고, 1533년과 1570년 사이에 작성되었다. *Epistolary Korea*, p. 277. 퇴계와 그 제자들 사이의 서신 왕래에 대해서는 Cho Hwisang, "*The Community of Letters*"를 보라.

84. 제자들의 출신지 일람은 이수건, 『영남학파』, p. 340을 보라. 유희춘이나 기대승처럼 퇴계와 간접적으로 연결된 소수의 학자는 전라도 출신이었다.

85. '동료의식'이라는 용어는 Tillman, *Confucian Discourse*, p. 3에서 빌려온 것이다.

86. 『영가지』 4:22a~28a.

87. 「언행록」의 편찬에 관한 상세한 내용은 12장을 보라.

88. 『퇴계선생언행통록通錄』의 내용 분석은 이상은, 『학봉선생의 학문』, pp. 84~85를 보라.

89. 금난수, 『성재집』 2:11b~13b. 연보에 의하면, 이 글은 퇴계의 사후인 1584년에 작성되었다. 『도산문현록』 2:26a에는 「이기변理氣辨」이라는 짧은 제목으로 소개되고 있다. 1531년에 생원시에 입격한 화담花潭 서경덕(1489~1546)은 '기'를 만물의 가장 중요한 요소로 강조했다는 면에서, 송나라의 사상가 주돈이와 장재, 소옹邵雍의 뒤를 따랐다.

90. 이 논쟁은 Kalton et al., *The Four-Seven Debate*로 영역되어 있다.

91. '경'에 대한 정이의 공식화는 Bol, "*This Culture of Ours*," p. 319를 참조하라. 또 『심경』의 핵심 개념에 대한 논의는 de Bary, *Neo-Confucian Orthodoxy*, pp. 73~83을 보라.

92. 장경부는 주희의 친구인 장식張栻(1133~80)을 가리키는 듯하다.

93. 이황, 『증보 퇴계전서』4, 「어행록」2:19b.

94. 주희의 학문관에 대한 분석은 Bol, "Chu Hsi's Redefinition of Literati Learning," p. 157을 보라.

95. 정유일, 『문봉선생문집』6:3b.

96. 이황, 『증보 퇴계전서』16:2a~7b(기대승에게 쓴 편지).

97. 금난수, 『성재집』, 「연보」2b. 이 편지는 퇴계가 1552년에 쓴 것이다.

98. 이황, 「영봉서원기迎鳳書院記」(1560), 『증보 퇴계전서』42:30b~34b에 수록되어 있다.

99. 이 인용문은 기대승에게 보낸 편지에서 발췌한 것이다. 이황, 『증보 퇴계전서』16:2a~4b.

100. 권호문, 『송암선생문집, 부록』2a.

101. 정사성, 『지헌선생문집』4:3b.

102. 중국에서 발견되는 유사한 현상에 대해서는 Mote, "Confucian Eremitism in the Yüan Period"를 보라. 좀 더 최근에 나온 연구로는 Berkowitz, *Patterns of Engagement*가 있다. 처사는 고려시대에 이미 사용되었던 용어이다.

103. 『맹자』, 9편, 「진심盡心 상上」; Lau, *Mencius*, p. 183.

104. 하지만 '한사'가 반드시 경제적으로 곤궁한 선비만을 뜻하지는 않았다. 유력한 후원자나 친구(특히 중앙정부에 몸담고 있는)가 없는 자를 가리키기도 했다. 10장을 참조하라.

105. 김시온, 『표은선생문집』4:667~68, 671, 675.

106. 장흥효는 안동 장씨였지만, 『만성대동보』2:142a에 따르면 유서 깊은 가문의 후예는 아니었다. 그의 모친은 안동 권씨였다. 「안동의 분묘」, pp. 570~75; 장흥효, 『경당선생문집, 부록』1a~9b. 그의 딸인 장씨는 [재령] 이시명李時明의 아내가 되어 저명한 사대부 몇 명을 낳았다.

107. 『선조실록』7:64b(1573); 김부필, 『후조당後彫堂선생문집』, p. 100. 한사들에게 늘그막에 내려진 벼슬은 대부분 정9품 참봉이었다. 왕명에 따르기를 거부한 자는 '징사徵士'라고 불렸다. 이런 내용의 요약은 정구선, 「조선시대 천거」, pp. 163~75를 보라.

108. 정유일, 『문봉선생문집, 부록』6:3b.

109. 김학배, 『금옹錦翁선생문집, 부록』6:6a~b. 김학배는 명일의 현손이다. 고승들은 가부좌를 틀고 입적한다고 알려져 있다. Birnbaum, "The Deathbed Image of Master Hongyi," 특히 p. 186을 보라.

110. 이황, 『증보 퇴계전서』23:21a.

111. 정사성, 『지헌선생문집』, 「부록」(상) 1b.

112. [창녕] 조식은 1504년에 문과에 급제한 조언형曺彦亨(1469~1526)의 아들이었다.

113. 조식의 사상에 대한 저자의 이해는 주로 이수건, 『영남학파』, pp. 327~33, 343~66; 한국사상연구회 편, 『조선 유학의 학파들』, pp. 166~85에 바탕을 둔 것이다. 허권수, 『남명 조식』도 보라.

114. 이수건, 『영남학파』, p. 328의 주 97에서 재인용.

115. 같은 책, p. 131의 주 102.

116. [의성] 김우옹은 용비의 셋째 아들인 김영金英의 후손으로, 내앞 김씨의 방계친이었다. 그는 성주에서 태어났고, 나중에 그곳에서 활동했다. 그에 대한 짤막한 행장은 퇴계연구소 편, 『퇴계 학맥의 지역적 전개』, pp. 392~400을 보라.

117. 『동유사우록』에는 남명의 제자 45명이 등재되어 있다. 그 후의 기록에는 78명이 열거되고 있다. 『남명학 관련 문집해제』 1:x~xii를 보라.

118. 1604년에 나온 『남명집』(현존하지 않음)은 그 후 개정되어 1622년에 재간되었다. 1640년에 『별집別集』이 추가되었고, 상세한 편년編年까지 포함하고 있는 1897년판이 정본인 듯하다.

119. 근래의 연구 대부분이 퇴계에 초점을 맞추고 남명 조식에 대해서는 기껏해야 짧게 언급하고 넘어가는 것은 후자가 전자의 그늘에 가렸음을 보여주는 지표인 듯하다. 남명에 대한 본격적인 연구는 최근에야 시작되었다.

120. 퇴계의 서원론에 대해서는 정만조, 『조선시대 서원』, pp. 33~48, 60~81을 보라.

121. 이황, 『증보 퇴계전서』 9:4a~8b; 정만조, 『조선시대 서원』, pp. 33~47; 정만조, 「퇴계 이황의 서원론」. 사액서원은 3결의 면세전을 받았다. 『속대전』, p. 141.

122. 이황, 『증보 퇴계전서』 23:10a~11a.

123. 우탁은 단양(오늘날의 충청북도)에서 태어났다. 17세에 진사시에 입격했고, 1290년에 문과에 급제했으며, 이후 중앙정부에서 다양한 고위관직을 역임했다. 중국에 사신으로 다녀오면서 『주역』(또는 『역서』)을 가지고 왔는데, 그는 이 책을 열심히 공부하여 '역동선생'(넉망의 넉서 선생)으로 일터지게 되었다. 말년에는 예안으로 은퇴하여 이곳에 안장되었다. 『안동의 분묘』, pp. 73~78; 그의 간략한 전기는 오석원, 「역동 우탁 사상의 연구」, pp. 5~12를 보라.

124. 금난수, 『성재집』, 「연보」 4b; 이황, 『증보 퇴계전서』, 「연보」 1:14b.

125. 조목은 서원의 건축을 상세하게 기록했다. 『월천선생집』 5:9a~15a를 보라. 퇴계가 쓴 「역동서원기」는 『증보 퇴계전서』 42:44b~48b에, 금보가 쓴 「역동서원기사」는 『우탁 선생의 사상』, pp. 45~49에 실려 있다.

126. [봉화] 금보(1521~1584)는 금난수와는 다른 지파에 속했다. 1546년에 사마시에 입격한 그는 퇴계의 문인이었다. 그는 여러 권의 저서를 남겼고, 명필로 이름을 날렸다. 『씨족원류』, p. 775; 『교남지』 12:13b; 『도산문현록』 1:23b~25a.

127. 이완李完(1512~1596)은 퇴계의 이복형인 이하李河의 맏아들이었다. 퇴계는 그를 '가문의 [영적] 후계자'가 될 만한 인물로 여겼다. 그는 사마시를 통과한 뒤에 미미한 관직을 맡았고, 우아한 필치로도 유명했다. 『교남지』 12:13b; 『도산문현록』 4:36b~37a.

128. 서원의 경제적 사정과 조직에 대한 간략한 논의는 정진영, 「예안 역동서원의 연구」, pp. 29~39를 보라.

129. 여러 건물에 대한 설명과 묘사는 『도산전서』 3:604~7을 보라.

130. 이산서원은 1559년에 안동의 북쪽에 위치한 영주에 설립되었다. 처음에는 선현을 모시는 사당도 없었지만, 그 후 사당이 세워져 1574년에 퇴계의 위패가 봉안되었다. 교육기관인 서원에 대한 퇴계의 관심은 이황, 『증보 퇴계전서』 42:27b〜30b에 수록된 그의 「이산서원기」(1559)에 나타나고 있다.

131. 이황, 『증보 퇴계전서』 42:44b〜48b에 수록된 「역동서원기」; 금난수, 『성재집』, 「연보」 7b. 역동서원은 1684년에 사액되었고, 대원군의 명에 의해 1868년에 철폐되었다가 1969년에 재건되었다.

132. 김부의, 『읍청정유고』, p. 148.

133. 정만조, 『조선시대 서원』, pp. 40〜41; 이수환, 『조선 후기 서원』, pp. 19〜20(특히 p. 20에 나오는, 명종 대에서 숙종 대에 이르는 기간에 세워진 서원의 일람을 보라).

134. 퇴계의 졸기에 대해서는 『선조실록』 3:43b를 보라.

135. 상세한 내용은 설석규, 『16세기 퇴계학파』, pp. 66〜71을 보라.

136. 조목, 「퇴계선생문집 고성문告成文」 『월촌집』 6:10b〜12a에 수록되어 있다. 퇴계의 저작을 보존하는 데 조목이 어떤 역할을 했는지에 대해서는 금장태, 『퇴계학파(1)』, pp. 46〜47을 보라.

137. 『선조실록』 7:40b(1573).

138. 편찬과정과, 조목과 유성룡의 갈등에 대한 구체적인 연구는 설석규, 「16세기 퇴계학파」, pp. 86〜98; 서정문, 「〈퇴계집〉의 초간」, pp. 217〜53을 보라.

139. 이황, 『증보 퇴계전서』 4, 「언행록」 1:24a〜25b; 기대승, 『고봉高峰전집』 3:1a〜5a; 『안동의 분묘』, pp. 303〜8.

140. 금난수, 『성재집』, 「연보」 8b〜9b; 『선조수정실록』 10:8a(1576). 퇴계는 영의정에 추증되는 명예도 누렸다.

141. 김성일, 『학봉집, 속집』 4:17b〜18a.

142. 1591년에 작성된 희귀한 문서는 도산서원의 토지자산과 기부자 명단을 상세하게 기록하고 있다. 같은 해의 노비 명부는 애초에 11명의 노비(남자 3명과 여자 8명)가 있었음을 보여준다. 정진영은 처음에는 두 문서가 역동서원에 관련된 것으로 보았지만, 작성 시기를 감안하면 두 문서가 도산서원에 기부된, 또는 서원이 보유하고 있던 재산의 명세서일 가능성이 크다. 정진영, 「예안 역동서원의 연구」를 보라. 지역의 유지들이 기증한 원입전願入田 외에, 서원의 토지자산을 구성하는 다른 종류의 땅—자체적으로 사들인 매득전買得田, 지방관이 지급한 속공전屬公田, 국역 면제를 원하는 자들이 바친 면역전免役田—도 있었다. 법에 의하면, 사액서원은 3결의 면세전을 받았다. 하지만 세월이 흐르면서 서원 소유의 토지 전체가 면세의 특권을 누리게 되었고, 그 결과 서원은 고려시대의 사원 못지않은 대지주가 되었다.

143. 이황, 『증보 퇴계전서』 42:30a에 수록된 「이산서원기」.

144. 진성 이씨(79.7%) 외에 광산 김씨와 소수의 봉화 금씨도 원장을 맡았다. 박현순, 「17〜18세기 예안현 사족사회」, p. 85를 보라. 남인이 운영하던 서원의 원장직에 대해서는 이수환, 『조선 후기 서원』,

pp. 104~17을 보라. 관행적으로 역동서원과 도산서원의 원장은 한 명의 학자에 의해 겸임되었다.

145. 『영가지』 2:8a~b, 4:16b~19b; 김언기, 『용산세고』 2:5b~6a; 김복일, 『남악선생일고』, pp. 430~43에 수록된 「여강서원 정문呈文」(1574); 이수건, 『영남학파』, pp. 445~46. 호계서원은 대원 군에 의해 철폐되었으나, 7년 뒤에 재건되었다.

146. 송대에 이루어진 '사'에 대한 재정의를 잘 설명한 논문으로는 Bol, "Chu Hsi's Redefinition of Literati Learning"이 있다.

# 8장

1. 『명종실록』 19:31b~32a(1555). 또 같은 책 1:37a(1545); 22:70b~71a도 보라.

2. 고려의 장례 풍습에 대한 간략한 논의는 Deuchler, *Confucian Transformation*, pp. 76~79를 보라. 또 정길자, 「고려 귀족의 조립식 석관」; 허흥식, 『고려불교사』, pp. 25~28; 최재석, 「고려시대의 상 제」도 보라.

3. 셈 베르메르쉬Sem Vermeersch는 고려시대에 화장은 주로 승려에 의해 행해졌고 사실 불교 신자들 사이에서는 흔한 일이 아니었다고 주장한다. 그가 쓴 "Funerary Practices in Koryŏ"를 보라. 상류층 의 화장에 관한 몇 가지 사례는 최재석, 「고려시대의 상제」, pp. 149~52에 나온다. 화장은 1395년 에 금지되었다.

4. 『태조실록』 7:14a(1395)

5. 『성종실록』 3:3a(1469)

6. 시신을 그대로 무덤에 넣는 방법 외에, 시신을 이엉과 풀로 둘둘 말아서 초분草墳이라 불리는 통나무 위에 올려놓았다가 약 3년 뒤에 뼈가 깨끗해지면 땅에 묻는 방법도 널리 사용되었다. 예컨대 『세종실 록』 22:22b~23a(1423)를 보라. 이 관행이 최근까지 한국의 남동부에 남아 있었다는 증거도 있다.

7. 『성종실록』 3:3a(1469). 이런 믿음에 대한 17세기 초의 명시적인 표현은 『고문서 집성』, 『하회 풍산 유씨편』, p. 457을 보라.

8. 여묘를 뜻하는 민간의 표현은 '시묘살이'였다. 여묘의 초기 사례는 『고려사』 99:29a(염신약廉信若 [1118~1192] 열전)를 보라. 염신약의 이례적인 행동에 대한 설명은 전하지 않는다.

9. 여말의 저명한 학자 이제현이 1346년에 쓴 서문에 따르면, 권준權準(1280~1352)은 중국의 『24효』 에 수록된 효자 24명의 이야기를 화공畫工에게 그림으로 표현할 것을 명했고, 여기에 이제현의 찬贊 을 더해 아버지 권부에게 바쳤다. 기분이 좋아진 권부는 중국의 다양한 전거에서 효에 관한 38가지 이야기를 발췌하여 아들의 원본에 더했다. 이 선집이 고려 말에 출간되었는지는 알 수 없지만, 조선 초기에 권부의 증손 권근이 1405년에 이를 교정하여 주를 달아 펴냈고, 이 『효행록 주석』은 조선의 전국 각지에 널리 알려졌다. 주된 이야기는 여묘에 관한 것이다. 『효행록』에 대한 간략한 논의는 김

문경, 「고려 〈효행록〉과 중국의 〈24효〉」를 보라. 또 김훈식, 「고려 후기의 〈효행록〉 보급」도 보라.

10. 여묘에 대한 최초의 증거는 987년에 나타나지만, 당시에는 노비가 주인을 대신하여 무덤을 지켰고 상기가 끝나면 노비 신분에서 해방되었다. 여묘에 관한 15세기의 기록은 별로 없다. 『고려사』 85:18a~b, 42b; 110:7a~b; 112:31b, 32a; 『세종실록』 58:19b(1432); 『단종실록』 12:6b(1454); 『성종실록』 234:14a(1489)를 보라.

11. 속절은 정월 초하루, 한식寒食(동지 이후 105일째 되는 날), 단오端午(음력 5월 5일), 추석(음력 8월 15일)이다. 이이, 「격몽요결擊蒙要訣」, 『율곡전서』 27:32b~33a.

12. 『고려사』 61:41a; 69:11b; 84:4a.

13. 이언적은 『봉선잡의奉先雜儀』에서 속절에 묘제를 지내는 것은 무방하다고 말했다.

14. 이이, 「청송聽松 송선생宋先生 행장」, 『율곡전서』 18:40a~b. 『명종실록』 29: 97a~99a(1563)에도 유사한 글이 나온다.

15. 제사의 윤행에 대해서는 Deuchler, *Confucian Transformation*, pp. 168, 171을 보라.

16. 『고문서 집성』, 「하회 풍산유씨편」, p. 457.

17. 이정회, 「세전유록」, 『송간선생문집』 1:12a~b.

18. 유교식 출계집단 구조에 대한 상세한 설명은 Deuchler, *Confucian Transformation*, pp. 129~34를 보라.

19. 고조부로부터 비롯되는 가계를 오복 등급과 결정적으로 연결시킴으로써 밀접한 제례집단을 만들어낸 것은 정이였다. Chow, *The Rise of Confucian Ritualism*, pp. 100~102를 보라.

20. 오복제도에 대한 논의는 같은 책, pp. 179~91를 보라. 그것이 조선에 어떤 식으로 수용되었는지에 대해서는 Deuchler, *Confucian Transformation*, pp. 179~96을 보라.

21. Ebrey, *Chu Hsi's Family Rituals*, p. 5. 가묘제례의 현실성에 대해서는 Deuchler, *Confucian Transformation*, pp. 169~72를 보라.

22. 시제는 춘하추동의 두 번째 달(2·5·8·11월)에 길일을 골라 받들어졌던 제사이다. 이 때문에 '사중제四仲祭'라고 불리기도 했다.

23. 『경북지방 고문서 집성』, no. 66, pp. 273~80. 이때는 여덟 남매와 755명의 노비를 나누어가졌다.

24. 『경북지방 고문서 집성』, no. 127, p. 428; 문숙자, 「재령 이씨」, pp. 98~99.

25. 『경북지방 고문서 집성』, no. 89, pp. 316~20; 문숙자, 「재령 이씨」, p. 99.

26. 『연방세고』, pp. 77, 82~83, 88~89에 나오는 김진의 행장; 『경북지방 고문서 집성』, no. 24, p. 171. 그의 유서는 1577년에 작성되었다.

27. 이 귀신은 이인임과 함께 패악을 저지르다가 이성계에게 처형당한 고려 말의 악당 염흥방의 신령이었다. 2장을 보라.

28. 김성일, 『학봉집』, 7:23b~24a.

29. 『경북지방 고문서 집성』, no. 6, pp. 131~33.

30. 『경북지방 고문서 집성』, no. 17, pp. 154~55; no. 74, pp. 293~97; no. 77, pp. 307~12; 『광산김씨 오천 고문서』, no. 11, pp. 171~76.

31. 『경북지방 고문서 집성』, no. 75, pp. 298~305; 宮嶋博史, 『兩班』, p. 161.

32. 이황, 『증보 퇴계전서』 37:17a~18b(권호문의 질문에 대한 답, 1564). 마이런 코언Myron Cohen 이 주장하듯이, 무덤을 음(또는 백)과, 신주를 양(또는 혼)과 결부시키는 이분법적 사고는 지나치게 단순한 것일지도 모른다. 그렇지만 혼에 대한 일관성 있는 개념적 설명은 없다. 그가 쓴 "Souls and Salvation"을 보라. 중국뿐 아니라 한국에서도 죽은 자의 혼에 어떤 일이 일어나는지에 대해서는 확실한 견해가 없다. Janelli and Janelli, *Ancestor Worship*, pp. 59~60을 보라.

33. 의례 용어의 영역英譯은 에브리에게 빚진 것이다. 주희는 신주가 가묘에 봉안되는 것은 장례절차의 최종적인 행위라고 규정했지만, 정이는 신주가 남아 있는 상기喪期 동안 정당에 모셔져야 한다고 말했다. Ebrey, *Chu Hsi's Family Rituals*, p. 132의 주 189를 보라. 조선 후기에 규범이 된 것은 정이의 해석이었던 것 같다. 장례와 이어지는 의례의 과정에 대한 설명은 같은 책, pp. 103~39; 이황, 『증보 퇴계전서』 37:17a~19a(권호문의 질문에 대한 답); 김문택, 「상례와 시묘살이」, 『조선시대 생활사』 2:48~54를 보라.

34. 이렇게 해서 부제라는 용어는 그 뜻이 '합사의례'에서 '봉안의례'로 바뀌었고, 한국어 사전에서도 후자의 의미로 정의되고 있다.

35. 이정회는 상중임에도 볼일을 보고 농사를 감독하기 위해 여막을 자주 비웠다. 또 여막에서 손님과 학생들을 맞이하기도 했다.

36. '대상'은 초상을 치른 지 2년 뒤에 지내는 제사였다.

37. 이정회, 『송간일기』, p. 24(모친 사망, 1578/5/1[이하 음력 연/월/일]), p. 30(장례일자를 정한 다음 여막[빈소로 표현되어 있음]을 짓기 시작함, 1578/9/7), p. 59(반혼, 1580/5/1), p. 62(담제, 1580/7/8).

38. 이런 절차에 대해서는 Ebrey, *Chu Hsi's Family Rituals*, pp. 175~77을 보라.

39. 이황, 『증보 퇴계전서』 39:8a~b(정구의 질문에 대한 답).

40. 이황, 「수곡암기樹谷菴記」(1557), 『증보 퇴계전서』 42:25a~27b; 김성일, 「퇴계선생 사전史傳」, 『학봉집, 속집』 6:44a. 재사를 작은 불교식 정자를 가리키는 암이나 암사로 부르는 것은 불교의 영향을 보여준다. 율곡의 학통에서 나온 유사한 문서에 대해서는 윤증尹拯, 『명재明齋선생 유고』 37:6a~9b를 보라.

41. 2장에 나오는 윤구생의 사례를 보라. 허흥식, 『고려 불교사』, pp. 539~42; 김문택, 「16~17세기 안동의 진성이씨」, pp. 122~24.

42. Glahn, *The Sinister Way*, pp. 139~40. 주희는 조상의 묘에 토지를 기부했지만, 불교적 함의 때문에 재사를 인정하지 않았다. Ebrey, *Confucianism and Family Rituals*, p. 115.

43. 『선성지宣城誌』는 예안지방에만 14개의 재실이 있다고 기록하고 있다. 『선성지』, pp. 94~95.

44. 허흥식, 『고려 불교사』, p. 742.

45. 『경북지방 고문서 집성』, no. 66, pp. 273~80.

46. 이황, 「수곡암기」, 『증보 퇴계전서』 42:25a~27b.

47. 얄궂게도 승려들은 19세기 후반까지 가창산의 재사에 거주하고 있었다. 김문택, 「16~17세기 안동의 진성이씨」, pp. 125, 131~39.

48. 이황, 「수곡암기」, 『증보 퇴계전서』 42:25a~27b.

49. 이황, 『증보 퇴계전서』 37:20a~b(권호문에게 보낸 편지, 1564); 같은 책 42:26b.

50. 이종도는 1579년에야 진사시에 입격했다. 『교남지』 12:13b.

51. 이황, 『증보 퇴계전서』 40:30a~32a(이완에게 보낸 편지); 김성일, 「퇴계선생 사전」, 『학봉집, 속집』 5:44a~45a. 『퇴계전서』에는 퇴계가 이완 및 이종도와 주고받은 서한의 일부만이 수록되어 있다. 『도산전서, 속내집續內集』 57:14a~36a에는 좀 더 많은 서한이 실려 있다. 간추린 내용은 박현순, 「16세기 사대부가의 친족질서」, pp. 94~96을 보라.

52. 경상도 밖에서 가장 권위 있던 책은 김장생의 예서인 『상례비요喪禮備要』(1583)와 『가례집람家禮集覽』(1599)이었다. 그의 『의례문해疑禮問解』는 아들인 김집金集에 의해 편찬되어, 김장생의 문집과 함께 1685년에 출간되었다. 자세한 내용은 장세호, 『사계 김장생의 예학사상』을 보라.

53. 김성일, 『학봉집』 7:1a~5b; 김언종, 「학봉선생의 예학」, p. 130.

54. 조진은 1576년에 생원이 되었고, 천거로 벼슬생활을 시작했다. 그에 관한 간략한 설명은 『동유사우록』 28:629를 보라.

55. 『상례고증』은 주자의 『가례』와 두우杜佑(735~812)의 『통전通典』, 구준丘濬(1421~1495)의 『가례의절家禮儀節』에서 주요 내용을 발췌하여 편찬한 책이다. 김성일은 『예기』도 참조했다. 김성일, 「언행록」, 『학봉집, 부록』 1:12a; 3:20을 보라. 또 김언종, 「학봉선생의 예학」, pp. 177~80도 보라.

56. 이 책은 파편으로만 남아 있다. 이 책은 조목의 다른 저작들과 함께 임진왜란 때 불에 탔고, 타고 남은 부분만 나중에 끼워 맞추어졌다. 조목, 『월천집』 4:35b~36b.

57. 유운룡, 『겸암집』 4:1a~8a.

58. 『신종록』에 대해서는 유성룡, 『서애전서』 3:128~72를 보라. 이 책에는 다양한 묘지의 구도에 대한 흥미로운 예시가 포함되어 있다. 『상례고증』은 전해지지 않는다.

59. 정구의 행장, 『동유사우록』 25:548~49.

60. 김성일, 「[조선연혁]풍속고이[朝鮮沿革]風俗考異」, 『학봉집』 6:14b~23b; 김언종, 「학봉선생의 예학」, pp. 181~90.

61. 『경국대전』은 차등화된 봉사를 규정했다. 6품 이상의 문무관에게는 3대 봉사를, 7품 이하의 관리에게는 2대 봉사를, 서인에게는 1대 봉사를 하도록 정했다.

62. 김성일, 『학봉집, 속집』 3:2a~b.

63. 『경국대전』은 공신이 된 조상에 대한 제사는 그의 "대代가 다한"(다시 말해 그의 신주가 무덤에 묻혀야 할 때가 된) 뒤에도 별실에서 영원히 모셔야 한다고 규정했다. 『경국대전』, p. 276.

64. 「진성이씨 세전유록」, 『진성이씨 주촌 고문서』 2:600~603(훗날 확대된 필사본으로 추정됨); 축약본은 이정회, 『송간선생문집』 1:14b~16b에 실려 있다. 이 문서에 대한 해설은 김문택, 「16~17세기 안동의 진성이씨」, pp. 102~6을 보라. 『진성이씨 세전유록』과 이정회가 원래 손으로 쓴 다른 문서들은 『진성이씨 주촌 고문서』에 수록되어 있고, 참고문헌에 별도로 열거되지 않는다.

65. 김성일, 「봉선제규」, 『학봉집』 7:1a~3b.

66. Ebrey, *Chu Hsi's Family Rituals*, pp. 175~77.

67. 이이, 「제의초祭儀抄」, 『율곡전서』 27:32b~33a.

68. 「봉선록奉先錄」, 『진성이씨 주촌 고문서』 2:616~67.

69. 이정회, 『송간일기』, p. 281(1603/8/15, 16); p. 335(1608/1/1); p. 339(1608/5/4); p. 362(1609/12/27, 30); p. 363(1610/1/1). 또 이정회의 묘지 방문을 열거한 표를 보라. 김문택, 「16~17세기 안동의 진성이씨」, pp. 155~56에 나온다.

70. 김성일, 『학봉집, 부록』 2:11a~b.

71. '초조初祖'와 '선조'를 모시는 두 가지 의례 프로그램을 도입한 인물은 정이였고, 주희는 십중팔구 마지못해 그 둘을 자신의 제례에 포함시켰다. 후자는 그런 의례들이 평범한 출계집단에게는 분에 넘치는 일이므로, 반드시 봉행되어야 한다고 생각하지 않았다. 정이의 생각에 대한 논의는 Chow, *The Rise of Confucian Ritualism*, pp. 102~3; Ebrey, *Chu Hsi's Family Rituals*, pp. 167~72; Ebrey, *Confucianism and Family Rituals*, pp. 63~64, p. 159의 주 64를 보라. 이 두 의례는 명나라의 구준이 쓴 『가례의절』에는 생략되었지만, 한국의 초기 유학자들에게 친숙한 『성리대전』과 『근사록』에는 포함되었다. 이언적의 『봉선잡의』와, 18세기 초에 이재李縡가 쓴 『사례편람四禮便覽』에는 그런 의례들에 대한 언급이 없다.

72. Ebrey, *Chu Hsi's Family Rituals*, p. 170.

73. 안동 의성 김씨의 대종은 만근의 장자인 김인범(생몰년 미상)의 가계였다. 1580년대 초반 이전에 인범의 장남과 장손은 이거했거나 사망했던 것으로 보인다. 인범의 4남인 김백은 『만성대동보』 1:183a에 실려 있지만, 그의 세 아들에 대한 기록은 없다.

74. 『의성김씨 고문서』, 「완의」, no. 17, 171; 『경북지방 고문서 집성』, no. 773, pp. 794~95.

75. 유운룡, 『겸암집』 4:8b~10a.

76. 한자 사전에 의하면, 문중이라는 용어의 유일한 전거는 안지추顏之推(531~591 또는 이후)의 『안씨가훈顏氏家訓』에 나오는 한 대목이다. 이 책에서 문중은 망자의 가까운 남계친으로 구성된 집단을 가리킨다. 諸橋轍次, 『大漢和辭典』, 41208/186. 하지만 이 용어는 중국에서는 통용되지 않았고,

한국에서는 선초부터 '가문'이라는 일반적인 의미로 이따금 사용되었다.

77. 김성일, 『학봉집』, 부록, 「연보」1:16a.

78. 『의성김씨 고문서』, 「완의」, no. 1, 2:61~65. 수결한 자들은 본인들의 세대에 따라 확실하게 구별되었다. 수일의 아들인 김용은 작업의 진척상황을 날짜별로 기록했다.

79. 나는 이 용어를 Cohen, "Lineage Organization in North China"에서 빌려왔다.

80. 이광규는 이 두 원리 사이의 구조적 차이를 일찌감치 간파했다. Lee, "Ancestor Worship and Kinship Structure in Korea"를 보라.

81. 권옹(생몰년 미상)은 권부의 5대손으로 안동에 매장되었다. 『만성대동보』 2:54a; 『영가지』 8:16a.

82. [흥해] 배소에 관한 족보상의 정보는 4장을 보라.

83. 『여지승람』은 가장 오래된 조선의 간결한 지리지로, 1482년에 완성되었다.

84. 지석은 망자의 생애가 기록된 도판陶板으로, 주로 무덤 앞에 묻혔다.

85. 유운룡, 「천등산기」, 『겸암집』 5:6a~b.

86. 유소는 유운룡과 유성룡의 고조부이다. 그는 안동에 매장되었다. 『영가지』 8:1a~b; 『안동의 분묘』, pp. 34~41.

87. 김진, 「오토산입석발문五土山立石發文」, 『표은문집』, pp. 75~77. 용비의 후손인 김진의 선조들, 즉 거두와 천泘, 영명의 무덤은 17세기 중에야 발견되었다.

88. 희귀 성인 사공은 군위에서 유래했다; 『만성대동보』에는 기록되어 있지 않다. 『세종실록지리지』 150:27a를 보라.

89. 유운룡, 「송현묘산기」, 『겸암집』 5:7a~9a; 이수건, 『영남학파』, pp. 439~40.

90. 『고문서 집성』, 「하회 풍산유씨편」, 「소지所志」, no. 50, pp. 330~32.

91. 유운룡의 고조부는 앞서 언급한 유소이다. 유소의 아들과 증손도 그곳에 묻혔다. 소의 손자인 공작은 연안 이씨의 딸에게 장가든 사위의 자격으로 송현산에 잠들게 되었다.

92. 『안동의 분묘』, pp. 498~507.

93. 정보문(생몰년 미상)은 청주 정씨로, 퇴계의 제자인 유명인사 정탁(1526~1605)의 고조부이다. 『만성대동보』 1:248a.

94. 상세한 내용은 김경숙, 「조선 후기 친족질서」, pp. 143~48; 김문택, 「16~17세기 안동의 진성이씨」, pp. 178~88을 보라.

95. 「진성이씨 세전유록」, 『진성이씨 주촌 고문서』 2:595.

96. 1648년의 문과 급제자인 이찬한은 퇴계의 형인 이의李漪의 현손이었다. 『만성대동보』 1:131a.

97. 상세한 내용은 김경숙, 「조선 후기 친족질서」, pp. 148~50; 김문택, 「16~17세기 안동의 진성이씨」, pp. 188~99를 보라. 김문택에 의하면, 퇴계가 '멀리서' 산을 향해 제사를 지냈다는 이야기는 신빙성이 없다.

98. 권양, 「영가가훈」, 『한국학 기초자료 선집』, 근세 2편, pp. 356~61.

99. 좀 더 드문 매장방식은 아내를 남편의 묘 앞쪽이나 뒤편에 묻는 것(상하 합장)이었다. 다양한 매장 방식을 보여주는 안동 권씨 (복야공파)와 영양 남씨 (수의공파修義公派)의 묘소에 대한 개설은 『안동의 분묘』, pp. 22, 24를 보라. 의례에서는 방향이 뒤바뀐다는 사실에 주목할 필요가 있다. 일상생활에서는 동쪽(양을 나타내는)이나 왼손 쪽이 서쪽(음을 나타내는)이나 오른손 쪽보다 우월하지만, 성스러운 영역에서는 정반대의 원리가 준수되었다.

100. Ebrey, *Chu Hsi's Family Rituals*, p. 141의 주 213; 이재, 『사례편람』(1967), p. 162.

101. 이재, 『사례편람』(1967), p. 162; 『문헌비고』 88:4a~5b. 김우림이 서울―경기 지역에서 조사한 1,097개 묘(1392년에서 20세기 초에 이르는 기간에 조성된)의 비명에 의하면, 871개 묘가 합장(이 가운데 103개 묘의 남편에게는 2명의 아내, 7개 묘의 남편에게는 3명의 아내가 있었다)이었다. 그가 쓴 「서울―경기 지역의 조선시대 사대부 묘제」, pp. 67~84를 보라.

102. Deuchler, *Confucian Transformation*, pp. 197~200을 보라.

103. 『태종실록』 12:13a(1406).

104. Ebrey, *Chu Hsi's Family Rituals*, pp. 107~8; 『국조오례의』 8:80a~81a.

105. 이황, 『증보 퇴계전서』 37:16b~17a.

106. 조선 초기의 분묘 축조는 2002년 가을에 파주(경기도)에서 발견되어 출토된 1566년의 무덤에 대한 발굴 보고서에 기술되어 있다. 『파평윤씨 모자母子 미라』를 보라.

107. 조선조 회곽묘灰槨墓의 축조에 대한 건축학적 연구는 김우림, 「서울―경기 지역의 조선시대 사대부 묘제」, pp. 151~71을 보라.

108. 이정회, 『송간일기』, pp. 30~34(1578년 9월 7일~11월 9일).

109. 이런 사례에 대해서는 『경북지방 고문서 집성』, no. 331, pp. 640과 그다음을 보라.

110. 이수건, 『영남사림파』, p. 220에서 재인용.

111. 이함의 「유언」, 『경북지방 고문서 집성』, no. 779, pp. 797~98.

112. 『경북지방 고문서 집성』, no. 42, pp. 226~28.

113. 『경북지방 고문서 집성』, nos. 99, 100, pp. 388~91.

114. 김문택, 「16~17세기 안동의 진성이씨」, p. 133; 『경북지방 고문서 집성』, no. 795, p. 806(1637?).

115. 『영남 고문서 집성』 1:451~63. 일자는 오직 간지干支로 표시되어 있다.

116. 장현광(1554~1637)은 퇴계 사후에 가장 저명한 학자들 가운데 한 명이었다. 여러 차례 조정의 부름을 받았지만, 그는 번번이 고사하고 학자와 스승의 길을 걸었다. 그는 정구와 친했지만, 퇴계를 떠받드는 남인의 입장과는 거리를 두었다.

117. 장현광, 「모원당기慕遠堂記」, 『여헌旅軒선생문집』 9:26a~30a.

118. 이황, 『증보 퇴계전서, 속집』 8:24b~26b; 이정회, 「진성이씨 세전유록」과 「족중완의」(1612), 『진성

이씨 주촌 고문서』 2:595~608; 김문택, 「16~17세기 안동의 진성이씨」, pp. 42~54.

119. 오운(1540~1617)은 이우(퇴계의 숙부)의 외손자이자 오수영吳守盈의 주카로, 1566년에 문과에 급제하여 관직생활을 시작했다. 그는 퇴계는 물론이고 조식과도 친밀했다.

120. 이정회, 『송간선생문집』, 「연보」 2:26a. 오운이 쓴 『진성이씨 족보』(1600) 서문은 1981년에 간행된 『진성이씨 세보』에도 실려 있다. 김문택, 「16~17세기 안동의 진성이씨」, pp. 54~59.

121. 오운, 『진성이씨 세보』 서문.

122. 김문택, 「16~17세기 안동의 진성이씨」, p. 61. 특히 족보 세 권의 내용을 요약한 도표를 보라.

123. 오운의 서문.

124. 『진성이씨 주촌 고문서』 2:595~608에 수록된 이정회의 『진성이씨 세전유록』과 『족중완의』.


# 9장

1. Bourdieu, *The Logic of Practice*, p. 168.

2. 동규 외에, 동약이나 동헌洞憲 같은 다른 용어들도 많이 사용되었다.

3. 정진영, 『조선시대 향촌』, p. 280. 하지만 『영가지』에 따르면, 동은 때때로 '자연마을'의 일부 구역을 뜻하기도 했다. 『영가지』 1:13a.

4. Faure, *Structure of Chinese Rural Society*, p. 5.

5. 『진성이씨 주촌 고문서』 41:453.

6. 「온계동규」 및 관련 문서의 묶음은 『영남향약』, no. 58, pp. 120~25에 전재되어 있다.

7. 동원 일람표는 박현순, 「16세기 사대부가」, p. 82를 보라.

8. 이황, 『증보 퇴계전서』, 「연보」 1:9a~b를 보라. 그의 연보에는 온계동규에 대한 언급이 없다. 작성 일자는 1554년으로 되어 있지만, 이 동규는 퇴계가 1년 이상 고향에 머물렀던 기간인 1546년에서 1547년 사이에 처음 시행되었을 가능성이 크다. 더욱이 동계의 첫 번째 유사는 1548년부터 임명되었다. 하지만 퇴계의 이름은 문서에 나타나지 않는다.

9. 1548년에서 1628년 사이에 유사를 지낸 자들의 명부('동중유사상체洞中有司相遞')가 아직 남아 있다.

10. 이빙(1520~92)은 퇴계의 숙부인 이우의 손자로, 퇴계 밑에서 수학했고 천거를 통해 말직을 맡았다. 『도산문현록』 4:39b~40a, 『증보 퇴계전서』 4; 『교남지』 12:10a.

11. [고창] 오수영(1521~1606)의 어머니는 퇴계의 고종사촌(숙부 이우의 딸)이었다. 1555년에 진사시에 입격한 수영은 명필로 유명했다. 『도산문현록』 1:25a~26a; 『교남지』 12:13b.

12. 안동의 고창 오씨는 15세기 말에 처가거주혼을 택해 안동지방에 처음 정착한 오영吳榮(생몰년 미상)의 후예이다. 자세한 것은 『만성대동보』 2:109b; 이수건, 『영남학파』, pp. 197~200을 보라.

13. 문과 합격자는 김중청金中淸(1567~1629)으로, 그는 1610년에 치러진 식년시에서 안동 출신의 유

일한 응시자로서 갑과 2등이라는 우수한 성적으로 급제했다. 그는 이 계의 원년 동원인 이영승李永承(생몰년 미상)의 사위였다.

14. 이황, 『증보 퇴계전서』 40:34a~35a. 동령은 분명히 노비가 범하는 일부 범죄에 대응하기 위해 제정되었다. 퇴계는 『대명률직해大明律直解』, pp. 440~41에 거론된 살인행위의 사적 해결에 대해 언급하고 있는 듯하다.

15. 『영남향약』, no. 57, pp. 125~29. 계상동계의 규약은 1677년에 제정되었다. 좌목은 훗날 때때로 추가되었지만, 1808년에는 동원이 46명이나 되어 [계를 꾸려나가기에] 충분하므로 추입追入은 더 이상 허용하지 않기로 결정되었다. 하지만 1844년과 1846년에는 2명이 돈을 납부하고 추입되었다.

16. 열 승(되)은 한 말(또는 두)로, 건조된 곡물의 6리터가량에 해당한다. 백승종, 『한국사회사』, p. xiii를 보라.

17. 상례 때 그런 부조를 받는 사람은 동원의 부모와 처자, 본인이었다.

18. 금난수, 『성재집』 2:16a~17a; 같은 책 부록, 「연보」 7a; 『영남향약』, no. 51, pp. 111~12.

19. 김부륜, 「동규후지洞規後識」, 『설월당집』 4:15a~16a; 『영남향약』, no. 49, p. 111.

20. 정진영, 『조선시대 향촌』, pp. 204, 206. 하회의 동약이 1618년 이후에도 시행되었다는 증거는 없는 것 같다.

21. 『영남향약』, no. 54, p. 117; 『진성이씨 주촌 고문서』 41:462~68; 김문택은 이 문서를 「16~17세기 안동의 진성이씨」, pp. 69~81에서 분석했다.

22. 예컨대 이성회, 『송간일기』, p. 113(1583/3/24), p. 349(1584/2/16), p. 161(1585/10/21)을 보라.

23. 『진성이씨 주촌 고문서』 41:469~71.

24. 이정회, 『송간일기』, p. 26(1578/6/3).

25. 안타깝게도 당시에 거행되던 '동제'에 대한 설명은 없다. 다만 이정회의 일기에 그가 몇 군데의 다른 장소에서 거행된 동제에 참석했다는 언급이 있을 뿐이다. 예컨대 『송간일기』, p. 114(1583/+2(윤2월)/14), p. 349(1609/3/2, 5), p. 396(1612/3/3, 4, 5)을 보라. 김택규는 1960년대에 하회의 동제를 연구했다. 그가 쓴 『동족부락의 생활』, pp. 236~43을 보라.

26. 향안은 사적士籍, 향목鄕目, 또는 향적鄕籍이라고도 불리는데, 모두 '명부'를 지칭한다. 향안이라는 용어는 중국어 사전에는 없고, 모로하시 데쓰지의 『大漢和辭典』에도 등재되어 있지 않다. 15세기 중엽부터 나타나기 시작한 향안의 원형原型은 모두 태조의 고향인 함경도와 관련이 있고, 분명히 왕의 주도로 제도화되었다. 여기에 대한 간략한 논의는 田川孝三, 「李朝の鄕規に就いて」 pt. 1, pp. 36~37을 보라.

27. 김현영의 셈에 따르면, 아직까지 남아 있는 향안의 수는 경상도가 32건, 전라도가 11건, 충청도가 3건, 기타 지방이 6건이다. 향안이 처음 작성된 시기는 1600년경이다. 그가 쓴 『조선시대의 양반』, p. 68을 보라.

28. 정경세,「상주 향안록 서尙州鄕案錄序」(1617),『우복집愚伏集』15:8b.

29. Bourdieu, *The Logic of Practice*, p. 131.

30. 삼참은 '삼향三鄕'의 동의어였다.

31. 허균,「성옹지소록惺翁識小錄」,『성소부부고惺所覆瓿藁』23. 田川孝三,「鄕案に就いて」, pp. 269~70에서 재인용. 파란만장한 경력의 고위관리 허균은 문학 취향의 지식인으로 유명하다.

32. 정사성,「향약」,『지헌선생문집』3:3b~5b. 비록 제목은 향약이지만, 이 글에는 분명히 향안 입록규 정도 포함되어 있다.

33. 같은 글.

34. 정경세,『우복집愚伏集』15:8b~9a.

35. 가와시마 후지야川島藤也는 다양한 향안을 분석했다. 그가 쓴 "The Local Gentry Association in Mid-Yi Dynasty Korea," pp. 113~37을 보라. 그가 쓴 또 다른 논문 "A Study of the Hyangan," pp. 3~38과 "A Yangban Organization in the Countryside," pp. 3~35도 보라.

36. 이 향안은 필사본의 형태로 국사편찬위원회에 소장되어 있다. 필자는 그것을 열람할 수 없었다. 통계자료는 정진영,『조선시대 향촌』, pp. 33~69(필자는 그가 헤아린 향원 수를 그대로 인용했다)와 김현영,『조선시대의 양반』, pp. 243~66에 의존했다.

37.『영가지』7:6b.

38. 1496년에 생원이 된 [청주] 정교는 연산군 시대에 모산茅山의 농장으로 낙향했다. 그는 정탁의 할아버지이다.

39.『안동향손사적통록』은 사회적으로 인정받으려는 향리의 시도를 정당화하기 위해 1824년에 간행되었다. 상세한 내용은 이 책의 14장과, 이훈상,『조선 후기의 향리』, pp. 81~98을 참조하라. 정진영은 친절하게 이 문서의 사본을 필자에게 주었다.

40. 이는 사족이 양반가 출신이 아닌, 즉 양인이나 천인 출신의 누군가와 결혼할 가능성이 있었음을 시사한다.

41. 15명의 명단은 정진영,『조선시대 향촌』, p. 67에 나온다. 남경지南敬智는 이 명단에 포함되어 있지만, 1518년에 사망했다. 김인걸은 1530년의 향안에서 12명의 '향손鄕孫'을 확인했다. 그가 쓴「조선 후기 향촌사회」, p. 14를 보라.

42. 정사성,「향약」,『지헌선생문집』3:4a.

43.『영가지』7:6b;『안동의 분묘』, pp. 285~87. 또 14장도 보라.

44. 정진영,『조선시대 향촌』, p. 60.

45. 이 필사본 문서는 하회 마을의 영모각永慕閣에 소장되어 있고,『영남향약』, no. 59, pp. 129~32에 전재되어 있다. 이 문서에 대한 분석은 이수건,『경북지방 고문서 집성』, p. 20; 정진영,『조선시대 향촌』, pp. 69~76; 김현영,『조선시대의 양반』, pp. 258~60을 보라.

46. '현관'이란 5품(예컨대 육조의 정랑正郎이나 군수) 이상의 문관과 무관을 일컫는다. 『경국대전 주해』, p. 12를 보라.

47. 『안동향손사적통록』에 남종은 '향리의 사위'로 지칭되었다.

48. 『교남지』 11:33b. '천거에 의한 관리'로 기재된 권칙은 녹봉 없는 관직을 보유했던 것으로 보이지만, 1498년의 참사(무오사화)가 일어난 직후에 벼슬에서 물러났다. 그는 안동 읍내에 살았다.

49. 이 단락의 구체적인 내용은 정진영, 『조선시대 향촌』, pp. 72~75에 힘입은 것이다.

50. 이 이야기는 이의현李宜顯(1669~1745)이 영남에서 향안에 이름을 올리기가 얼마나 어려웠는지를 보여주기 위해 예로 든 것이다. 『문헌비고』 235:20b. 하지만 향로들이 정탁의 입록을 선뜻 허락하지 않은 진짜 이유는 분명하지 않다.

51. 이 수치들은 김현영, 『조선시대의 양반』, pp. 257~58에 근거한 것이다.

52. '향규'에 대한 포괄적인 연구는 田川孝三, 「李朝の鄕規に就いて」, pt. 1, pp. 35~76; pt. 2, pp. 45~88; pt. 3, pp. 179~210에서 이루어졌다. 김인걸은 향안의 성원들에게만 효력을 미치는 규정인 향규와, 향약을 구분하는 다가와 고조를 비판한다. 그 근거는 향안이 사라진 뒤에도 일부 지역에서는 향규가 살아남았다는 것이다. 김인걸, 「조선 후기 향안」, p. 531의 주 25를 보라.

53. 퇴계의 예안향약 전문은 이황, 『증보 퇴계전서』 42:8b~12a를 보라.

54. 박익환은 이 퇴계의 모델이 1451년의 「광주光州향약」이라고 주장했다. 그 이유는 두 향약의 형벌조항이 거의 동일하다는 것이다. 박익환, 『조선 향촌 자치사회사』, pp. 190~91을 보라. 「광주향약」도 「수례」에서 넝삼을 받은 것으로 보인다.

55. '삼물'로 교화한다는 것은 육덕六德과 육행六行(효행을 비롯한)과 육예六藝(예禮·악樂·사射를 비롯한)를 가르친다는 뜻이다.

56. '팔형'의 대상은 효성과 형제애가 없는 자들, 유언비어를 날조하는 자들, 백성을 혼란에 빠뜨리는 자들 등이었다. 『주례』, 「지관地官」편; Biot, Le Tcheou-li, 1:177~78을 보라.

57. 「여씨향약」은 1077년에 여대충呂大忠(1031~1082)이 만든 것으로, 나중에 주희에 의해 개정되었는데, 주희의 수정본은 1517년에 김안국에 의해 처음 한글로 번역되어 한국인 향약 작성자들의 기본적인 지침서 구실을 했다. 한국의 향약에 대한 논의는 Deuchler, "The Practice of Confucianism"을 보라.

58. 금난수, 「퇴계선생 향립약조 후지退溪先生鄕立約條後識」, 『성재집』 2:13b. 퇴계의 문서가 거부된 가장 큰 이유는 '중벌中罰' 난에 '예속 가구들'을 관역官役에 불복케 하고, 납세를 등한시하면서 요역徭役의 면제를 도모하는 엘리트 지주 다수의 관행을 규탄하는 두 조항을 포함시켰기 때문이다. 이 두 규정은 퇴계의 문집에 전재된 향약 텍스트에는 생략되어 있다. 정진영에 의하면, 그것들은 임란 이전의 향약 선집에 포함된 필사본에서 발견되었다. 그가 쓴 『조선시대 향촌』, pp. 132~34를 보라.

59. 훗날 향약을 만든 이이나 안정복安鼎福 같은 사람들은 퇴계보다는 「여씨향약」에 의존했지만, 몇 가

지 징벌조치도 포함시켰다. Deuchler, "The Practice of Confucianism"을 보라.

60. 향규구조는 田川孝三, 「李朝の鄕規に就いて」, pt. 1, pp. 43~48에서 분석되었다. 다가와는 「향규구조」의 작자와 작성시기가 불확실하다고 보고, 언어학적 증거를 바탕으로 그것이 15세기 후반에 만들어진 것으로 간주하려 한다. 하지만 최근의 연구는 그런 식의 연대 추정에 의문을 제기한다. 박익환, 「조선 향촌 자치사회사」, pp. 125~70을 보라. 같은 책, p. 134에는 구규舊規를 일목요연하게 정리한 도표가 있다. 박이 헤아린 규정의 수(25개)는 다가와의 계산과 다르다. 향규구조의 원문은 『영가지』 5:3a~4a에 실려 있다.

61. 강륜은 신천 강씨信川康氏로, 1589년의 향록에 오른 유일한 강씨였다. 퇴계의 제자인 그는 사마시 입격자로, 1587년부터 1588년까지 유향소의 좌수로 일했다. 「십조향규十條鄕規」, 『영남향약』, no. 63, p. 137을 보라.

62. 김우옹은 1588년에 안동 부사로 봉직했다. 『영가지』 6:23a. 그의 향약은 『안동향교지』, pp. 178~93에 전재되어 있다. 그는 안동의 모든 구역에 향규의 실행을 감독할 책임자를 배속시켰다.

63. 손도는 글자 그대로 풀이하면 '피해를 입은 자'이지만, 여기서는 향약의 혜택을 더 이상 누릴 수 없는 사람을 뜻한다. 안정복, 「광주부경안면이리 동약廣州府慶安面二里洞約」, 『순암총서順菴叢書』 1:330을 보라. 정구복, 『고문서와 양반사회』, pp. 251~57도 이 용어에 대해 논의하고 있다.

64. 『경국대전』에 따르면, 사자의 매장에는 엄격한 시한이 있었다. 4품 이상의 관리들은 사후 3개월 이내에, 5품 이하의 관리들은 사망한 달을 넘긴 직후에 매장되어야 했다. 궁핍하여 적기를 놓친 자에 대해, 예조는 보고를 받는 즉시 필요한 장례용품을 제공했다. 『경국대전』, p. 279. 또한 젊은 남성은 30세 이전에, 여성은 20세 이전에 혼례를 치러야 했다. 이 규정은 『가례』와 『경국대전』, p. 277에 나와 있다.

65. 『영남향약』, no. 63, p. 137.

66. 『성종실록』 166:3a(1484); 196:17a(1486); 198:4a(1486); 215:17a(1488); 216:7b~8b(1488). 이태진과 김용덕은 유향소가 60년 전에, 즉 「유향소복설마련절목留鄕所復設磨鍊節目」이 반포되었다고 추정되는 1428년에 부활했다고 주장한다. 이태진, 『한국사회사』, pp. 143~66; 김용덕, 『향청 연구』, pp. 16~26을 보라. 하지만 실록에는 1428년에 그런 일이 있었다는 기록이 없다. 스도 요시유키는 정황증거에 입각하여 유향소가 1430년에 존재했다고 가정한다. 그의 논문 「鮮初に於ける京在所と留鄕所について」, pp. 458~59를 보라.

상기한 유향소 절목은 1903년에 출간된 문헌집인 『향헌鄕憲』에 실려 있고, 작성일자가 '세종 10년'인 1428년으로 되어 있다. 이수건은 2차적인 증거에 입각하여 1428년은 1488년으로 정정되어야 한다는, 꽤나 설득력 있는 주장을 내놓았다. 자세한 내용은 이수건, 『조선시대 지방』, pp. 324~31을 보라. 필자는 다음과 같은 이유에서 이수건의 연대 추정을 따르고자 한다. 이 절목이 언급된 치열한 논쟁이 1480년대에 벌어졌고, 그 절목이 '다섯 번째 달의 스물일곱 번째 날에, 즉 유향소 복립이 결정되고 나서 불과 며칠 뒤에 공표되었다는 사실은 1488년이 훨씬 유력한 연도라는 방증이다. 더욱이 「유향소복설마련절목」에 관여한 승지 최응현崔應賢(1428~1507)의 생몰년도 1488년이 옳은 연도임을 뒷받침한다. 또 유향소 재설치 연도를 1489년으로 기록한 『문헌비고』 235:18b도 보라. 끝으로 이상에서 거론한 것에 못지않게 중요한 것은 『경국대전』에 그런 절목에 대한 기술이 없다는 점이다. 이성무는 이수건의 재구성을 수용한다. 그가 쓴 『조선 양반사회』, pp. 235~39를 보라. 최근에 나온 논문에서 박익환은 이수건의 연대 추정을 반박하면서 『향헌』의 편찬자들이 일자를 착각한 것이 아니라 최응현의 이름을 끌어들이는 오류를 범했을 따름이라고 주장했는데, 그리 설득력 있는 설은 아니다. 그가 쓴 「선초 유향소」를 보라.

67. 「유향소복설마련절목」에 대해서는 김용덕, 『향청 연구』, p. 19를 보라.

68. 『대전속록』, p. 70. 이때는 품관들의 수가 부 이상 4인, 군 3인, 현 2인으로 줄어들었다. 이 법전은 품관을 '색장色掌'이라고 부르고 있다. 『문헌비고』 235:19a도 보라.

69. 이황, 『증보 퇴계전서』 42:9a.

70. 『영가지』 4:13b, 5:1a~6a, 6:21a.

71. 『영가지』 1:9a. 안동에서는 집강이라는 용어가 유향소의 주요 관리 4명을 지칭하는 데 우선적으로 쓰였던 것으로 보이고, 유향소의 하급관리들은 '품관'이라고 불렸다. 『영남향약』, no. 63, p. 136. 이런 명명법은 안동에만 국한된 것은 아니었다. 하지만 후대에는 (안동을 제외한 지역에서) 품관이나 유향품관이 유향소의 모든 관리를 가리키는 데 사용되는 일반적인 용어가 되었는데, 이런 변화는 그들이 사회적 지위를 상실했음을 보여주는 듯하다.

72. 하급 향임들의 명부에 대해서는 김현영, 『조선시대의 양반』, p. 270을 보라. 이 목록은 18세기의 문서에 나온 것이긴 하지만, 이전의 몇 세기에도 크게 다르지는 않았을 것이다. 그것은 유향소가 지방 관아와 마찬가지로 소규모 행정조직의 지원을 받았음을 말해준다.

73. 「향규구조」에는 실질적인 행정적 문제에 관련된 12가지의 규정이 더 있었다. 이 규정들은 『영가지』에 실려 있는 원문에는 포함되지 않았다. 그것들은 정진영, 『조선시대 향촌』, pp. 81~82에서 상세히 설명되고 있다.

74. 이수광, 『지봉유설芝峯類說』 2:43b~44a.

75. 『영가지』 7:6b.

76. 이정회, 『송간선생문집』, 「연보」 2:21b.

77. 이수광, 『지봉유설』 2:43b~44a. 이 이야기가 사실임을 확인해주는 다른 전거는 없다.

78. 김성일의 연보에 따르면, 그는 여러 차례 사인舍人 직을 맡았다. 그러므로 이런 일이 일어난 시점을 정확히 밝히기는 어렵다. 하지만 아마도 그 일은 김성일이 사직을 허락받고 귀향했던 1586년에 일어났을 가능성이 크다. 당시 그의 나이는 49세였다. 『학봉집, 부록』 1:14b를 보라.

79. 이황, 『증보 퇴계전서』 4, 「언행록」 2:21b.

80. 향회의 진행과정에 대한 상세한 서술은 Deuchler, "The Practice of Confucianism"을 보라.

81. 『영가지』 5:7a~9a; 이정회, 『송간선생문집』, 「연보」 2:7a~10b.

82. 이 기능직 하급관리들은 품관 또는 좌목품관이라고 불렸다. 이들은 치안과 환곡還穀을 책임졌고, 1년 임기로 선발되었다. 따라서 그들은 분명히 사족 엘리트의 일원은 아니었고, 향리 신분에 속했던 것으로 보인다.

83. 『중종실록』 96:67b(1541).

84. 이 보寶는 『향규구조』와 「신정십조」 부록에도 언급되고 있다. 하지만 그 형식과 운용에 대해서는 알려진 바가 별로 없다.

85. 이문건李文楗이 쓴 『묵재일기默齋日記』도 유향소 상급관리들의 다양한 활동을 일별하게 해준다.

86. 예를 들어 박익환, 『조선 향촌 자치사회사』를 보라. 박 교수의 저서에는 자치라는 표현이 들어 있지만, 그는 이 용어를 설명하지도 않거니와 국가와의 관계에서 그것이 어떤 의미를 갖는지에 대해 문제를 제기하지도 않는다.

87. 예컨대 장현광, 「향사당기」, 『여헌선생문집』 9:23b~26a를 보라. 개인과 집단의 이해 상충을 방지하기 위해 마련된 '상피제相避制'에 의해 수령은 그의 연고지에 임명되지 않았다.

88. 『경국대전』, p. 484.

89. 정진영, 『조선시대 향촌』, p. 84.

90. 『중종실록』 97:59b(1542); 『인조실록』 12:46b~47a(1626).

91. 『성종실록』 216:7b~8b(1488).

92. 『대전속록』, p. 70; 이런 사례에 대해서는 『중종실록』 26:48b(1516); 55:7b~8a(1525)를 보라.

93. 이정회는 1583년 4월 초에 향리 문제에 관한 논의에 참여했다. 『송간일기』, p. 116(1583/4/1)을 보라.

94. 『영남향약』, no. 63, p. 137에 실려 있는 「신정십조」 부록을 보라. 향리의 조직과 기능에 대한 전반적인 개요는 김필동, 「조선 후기 지방 이서吏胥, 상上」, pp. 79~116을 보라.

95. 향리의 다른 명칭은 아전衙前으로, 그들의 집무소인 작청이 수령의 아문衙門 앞前에 있었다 하여 붙여진 이름이다. '사람들의 관리'를 뜻하는 인리人吏로 불리기도 했다.

96. 「인리제관속기과人吏諸官屬記過」는 17세기 안동에서 향리들이 저지른 잘못들을 열거하고 있다. 원문 전체와 설명은 김현영, 『조선시대의 양반』, pp. 269~82를 보라.

97. 이런 일을 한 사람들 가운데 한 명은 권호문으로, 그는 자신의 정사를 지을 때 어떻게 목수들을 차출했는지에 대해 기록했다. 권호문, 「송암 한서재기松巖寒棲齋記」, 『송암선생문집, 속집』 6:15a~16b.

98. 금난수, 「토민침점장인전지금단규약土民侵占匠人田地禁斷規約」, 『성재집』 2:19b~21a.

99. 자세한 것은 김성우, 『조선 중기 국가』, pp. 324~32를 보라.

100. 이 용어는 김자현JaHyun Kim Haboush 교수에게 빚진 것이다.

101. 제1차 침략에 대해서는 Elisonas, "The Inseparable Trinity," pp. 273~78을 보라. 의병에 대한 정의
는 최영희, 『임진왜란』, pp. 49~51을 보라.

102. 조정趙靖(1555~1636)의 『임란일기』에 의하면, 일본 전함들이 부산과 동래 근처에 출현했다는 소식
은 4월 14일, 즉 침략 첫째 날에 상주에 전해졌다. 김성우, 『조선 중기 국가』, p. 336의 주 58. [풍양
豊壤] 조정은 김극일의 사위로 상주에 거주하고 있었다. 이수건, 『영남학파』, p. 188을 보라. 일본군
의 두 차례 원정에 대한 간결한 설명은 이상백, 『한국사 제3권, 근세전기편』, pp. 606~69를 보라.

103. 이정회, 『송간일기』, p. 245(1592/5/6). 당시에 이정회는 횡성(강원도)의 현감이었다.

104. 신지제(1562~1624)는 1589년의 문과 급제자로, 수도 안팎에서 벼슬을 했다. 지방의 수령으로서,
그는 백성들을 사려 깊게 대하는 것으로 유명했다고 한다.

105. 김해의 아내는 퇴계의 형인 이의의 둘째 아들이 낳은 딸이었다.

106. 김기(1547~1603)는 [광산] 김부인의 셋째 아들이었다.

107. 김기와 김평(1563~1617)은 김해의 육촌이었다. 양자의 부친은 김유綏의 아들들이었다.

108. 이숙량(1543~92)은 이현보의 여섯째 아들로, 퇴계의 제자였다.

109. 원문은 『안동향교지』, pp. 872~75를 보라. 그는 한 달 뒤에 두 번째 격문을 돌렸다. 같은 책, pp.
875~87.

110. 예안 의병 지도자들의 총 명단은 같은 책, p. 864를 보라.

111. 배용길(1556~1609)은 배삼익의 아들이었다. 그는 1585년에 진사시에 입격했고 1602년에 문과에
급제했다. 그의 전기에 대해서는 『금역당琴易堂문집』 7:3a~16a를 보라.

112. 『영가지』 1:19b.

113. 『선조수정실록』 26:4b(1592); 김성일, 『학봉집』 3:38b~44a; 같은 책의 부록, 「연보」 1:26b~30b.
또 『안동향교지』, pp. 878~81, 890~93; 이수건, 『영남학파』, pp. 467, 473~74도 보라. 1592년
6월 14일에 작성된 김성일의 『초유문』은 Epistolary Korea, pp. 126~30에 영역되어 있다. 김성일은
1592년 4월에 경상우도(낙동강의 서쪽)의 병마절도사兵馬節度使로 임명되었지만 아내 파직되었
다. 이는 그가 1590년에 통신정사 황윤길과 함께 도요토미 히데요시豊臣秀吉의 의중을 간파하기 위
해 일본에 다녀온 뒤에 일본의 침략 가능성을 잘못 예측했기 때문이다. 서인인 황윤길은 일본군이
조선을 공격할 것이라고 확신했지만, 동인인 김성일은 그렇지 않다고 생각했고, 조정에서는 김의
의견이 우세했다. 김성일은 얼마 뒤에 복권되어 경상우도 관찰사로 임명되었다. 일본 통신사절단에
대해서는 이상백, 『한국사 제3권, 근세전기편』, pp. 601~3을 보라.

114. 1593년 가을에 김용은 예문관 검열檢閱이라는 예전의 관직을 회복하고 의주로 가서 왕을 모셨다.
이때 그가 날마다 보고 들은 이야기를 그대로 기록한 것이 『호종일기扈從日記』이다. 지금은 1593년
8월에서 12월 초에 걸쳐 그가 쓴 일기 가운데 26일치만 남아 있다. 간략한 설명은 황패강, 『임신왜
란』, p. 27을 보라.

115. 이정백(1533~1600)의 전중 활약상에 대해서는 이정백, 『낙금헌樂琴軒문집』 2:8a~13b에 나오는 행장(그의 손자가 쓴)을 보라.

116. 김윤사(1552~?)와, 잠시 대장 역할을 맡았던 그의 형 김윤명金允明(1545~?)은 구담에 정착했던 [순천] 김유온金有溫(생몰년 미상)의 7대손이었다.

117. 권태일(1569~1631)은 권벌의 방계에 속했다. 1599년에 문과에 급제했다. 『교남지』 11:24b.

118. [전주] 유복기柳復起(1555~1617)는 김진의 외손자들 가운데 한 명으로, 김성일의 제자였다. 그의 동생 유복립柳復立(1558~1593)은 김성일을 따라 남쪽으로 갔고, 진주성 전투에서 사망했다.

119. [광산] 김득연(1555~1637)은 김언기의 아들로, 사마시 입격자이자 유성룡의 제자였다.

120. 이함, 『운악선생문집, 부록』 1b~2a; 이재李栽, 『밀암집密菴集』 23:25a~b; 권채, 『암천세고』 3:16b.

121. 안동열읍향병 전원의 명단은 『안동향교지』, pp. 866~68; 김해, 『근시재近始齋선생문집』 4:2b~3a 를 보라.

122. 안동열읍향병의 활동을 정리한 연표는 정진영, 「안동지역의 임란의병」, pp. 38~42를 보라.

123. 1597년의 두 번째 침공에 대한 상세한 설명은 Elisonas, "The Inseparable Trinity," pp. 285~90을 보라.

124. 이진(1555~1628)은 [예안] 이훈李薰(1534년 생원)의 손자로, 유성룡의 제자였다. 「서애선생 문현록」, 유성룡, 『서애전서』 4:488. 그는 1594년에 창녕 근처의 화왕산성火旺山城을 지키는 전투에서 혁혁한 공을 세웠다고 전해진다. 그는 전쟁 기간과 그 후에 자신에게 닥친 운명을 상세하게 묘사한 『시은당市隱堂일기』를 남겼다.

125. 김성우는 『조선 중기 국가』, pp. 367~70에서 이진의 기부(1597)를 계산하여 도표화했다. 10만 명의 중국인 병사를 한 달 동안 먹이려면 약 5만 섬의 양곡이 필요했다고 한다.

126. 1593년 초에 김성일은 안동지방에 남아 있던 아내에게 쓴 감동적인 한글 편지에서, 그녀와 가족의 안전을 걱정하는 심정을 표현했다. 이 편지는 『운장각雲章閣』, pp. 28~29에 전재되어 있다.

127. 정구복, 「고문서를 통해 본 조선조 양반」, pp. 147~48, 158.

128. 김부륜, 『설월당집, 부록』 3b.

129. 이정회, 『송간선생문집』 「연보」 2:21b; 또 『진성이씨 세전유록』, 『진성이씨 주촌 고문서』 2:600도 보라.

130. 김성우, 『조선 중기 국가』, p. 381에 인용된 유성룡의 보고이다.

131. 관련 문서들은 『경북지방 고문서 집성』, no. 261, pp. 565~78에 실려 있고, 문숙자, 「재령이씨 영해파 가문」, pp. 106~9에서 분석되었다.

132. 이수건, 「17~18세기 안동지방 유림」, p. 184.

133. 『표은선생문집』, p. 677에 나오는 김시온의 전기. 버려진 아이들(유기아)은 관의 허가를 받아 3세 때까지 정상적으로 입양될 수 있었지만, 1643년의 왕령에 따라 어려운 시기에는 8~9세 이하의 아이들도 '입양'될 수 있었다. 1681년에 제정된 숙종의 '유기아수양사목'遺棄兒收養事目은 나중에 『속대전』에 통합되었다. 『수교집록』, p. 161; 『속대전』, pp. 247~48.

134. 정구복,「고문서를 통해 본 조선조 양반」, p. 149.

135. 이정회,『송간일기』(1604~1609). 김성우,「조선 중기 국가」, pp. 391~92에 발췌되어 있다.

136. 유진,『수암修巖선생문집』,「연보」, p. 342.

137. 금난수, 토민침점장인전지금단규약,『성재집』2:19b~21a(1593).

138. 김성우,『조선 중기 국가』, pp. 416~20에 실려 있는 이정회의 일기.

139. 같은 책, p. 383.

140. 같은 책, p. 420. 1604년과 1612년 사이에 이정회는 총 6마리의 암소와 3마리의 송아지를 도살했다!

141. [풍산] 김창조(1581~1637)는 김봉조金奉祖(1572~1630)의 동생이고, 둘 다 유성룡의 문인이었다. 김창조,『장암집藏庵集』, pp. 536~46; 유성룡,『서애전서』3:538.

142. [광산] 김령(1577~1641)은 김부륜의 외아들이다. 그는 1612년에 문과에 급제하여 관직에 나아갔지만, 광해군의 권력 남용을 목격한 뒤에 안동으로 낙향했고, 다시는 벼슬을 하지 않았다.『계암溪巖선생문집, 부록』6:3a~b를 보라.

143. 예를 들어 1603년의 생원인 [홍양興陽] 이전(1558~1648)의『월간집月磵集, 부록』1a~9a를 보라. [의성] 김휴는 김용의 손자이다. 김휴,『경와敬窩선생문집, 부록』8:2a~b를 보라.

144. 문숙자,「퇴계학파」, pp. 92~93에 나오는 그래프를 보라.

145. 김성우,『조선 중기 국가』, pp. 403~7.

146. 『영남향약』, no. 59, p. 132. 따라서 지금까지 남아 있는 1589년 향안은 이 개정판이다.

147. [안동] 권행가權行可(1553~1623)는 권호문의 양자였다.『만성대동보』2:56a.

148. 권춘란權春蘭은 권벌의 방계친이자 퇴계의 문인이었다. 그는 1561년에 진사시, 1573년에 문과를 통과했고, 벼슬이 사간(종3품)에 이르렀다.『만성대동보』2:56a;『교남지』11:24a.

149. 『영가지』는 유성룡이「신정십조」를 지었다고 기록하고 있지만, 그의 연보에는 이에 대한 언급이 없다. 하지만 권행가가 1605년에 쓴 후기가 이 문제를 해명해준다.『영남향약』, no. 63, pp. 137~38을 보라.

150. 박익환은 유성룡이 관직에서 물러나 있던 1600년과 1605년 사이에 이 문서를 편집했다고 본다. 박익환,「조선 전기 안동지방」, p. 132.

151. 원문은『영가지』5:4a~7a를 보라.『영남향약』, no. 63, pp. 137~38에 '십조향규'라는 제목으로 실려 있는 버전(하회에 보존되어 있다)에는『영가지』버전에 없는 몇 가지 귀중한 조항이 수록되어 있다. 정진영이 제안하듯이,『영가지』의 텍스트는 사실 현판에 새겨져 있던 [십조향규의] 축약본을 그대로 옮겨놓은 것이었을지도 모른다. 정진영,『조선시대 향촌』, p. 92를 보라.

152. 이런 갖가지 규정에 대한 논의는 田川孝三,「李朝の鄕規に就いて」, pt. 2, pp. 48~54와 박익환,「조선 전기 안동지방」, pp. 132~144를 보라. 박은 pp. 132~35에서 이 규정들을 도표화했다.

153. 『선조실록』89:7b~8a(1597). 유향소의 짝인 경재소는 1603년에 철폐되었고, 과거 지방자의 사적 심사와 같은 후자의 임무 일부는 유향소로 넘어간 것 같다.

154. 『영남향약』, no. 63, p. 138.

155. 1615년의 향록에 대해서는 『안동향교지』, pp. 156~231을 보라. 향원의 명단은 행정구역이니 거주 지에 따라 나열되고 있다. 이 초안은 금계의 운장각에 보관되고 있다.

156. 이 통계는 川島藤也, "The Andong Hyangan"에 빚진 것이다.

157. 1647년의 향안에 대해서는 『의성김씨 고문서』 7:463~71을 보라. 김현영, 『조선시대의 양반』, p. 260에는 안동의 모든 향안을 열거한 표가 있다.

158. 이진의 원종공신 지위는 확인하지 못했다.

159. 김용, 『운천雲川선생문집, 부록』 2:8b.

160. 김성우, 『조선 중기 국가』, pp. 336~67.

161. 금난수, 「동중약조입의소지洞中約條立議小識」, 『성재집』 2:17a~19a; 『영남향약』, no. 52, pp. 112~13.

162. 같은 글; 금난수, 『성재집』, 「연보」 15a.

163. 금난수, 「첩유봉화향서당문帖諭奉化鄕序堂文」, 『성재집』, 2:19a~b.

164. 『영남향약』, no. 53, pp. 113~17.

165. 한 예는 1648년의 「밀양향약」이다. 최호, 「조선 후기 밀양의 사족」, pp. 159~60을 보라.

166. 『맹자』, 3편, 「등문공滕文公 상上」; Lau, Mencius, pp. 99~100.

167. 김용, 「동중입약서洞中立約序」, 『운천선생문집』 3:11a~13a; 『영남향약』, no. 55, p. 118.

168. 이해준은 이 하층민들의 계(무속적인 동제洞祭)에 중점을 둔 일종의 '촌계村契'에 처음으로 주목한 학자들 가운데 한 명이었다. 문헌기록의 부족으로 인해 소계의 조직과 역사를 추적하기는 어렵지 만, 이수광은 이미 계의 연원이 종교적 조직(향도香徒)이라고 생각했다. 이수광, 『지봉유설』 2:43b. 상세한 내용은 이해준, 『조선시기 촌락』, 3장을 보라.

169. 같은 책, pp. 55~56; 정진영, 『조선시대 향촌』, pp. 334~35.

170. Bourdieu, In Other Words, p. 138.

171. 정엽, 『만헌집』 4:21b. 정여립에 대한 연구로는 김용덕의 『정여립 연구』가 있다.

172. [덕수德水] 이광(1541~1607)은 생원시(1567)와 문과(1574)를 통과했고, 수도 안팎에서 관직생활 을 했다.

173. '사병私兵'은 왕권에 대한 위협으로 간주되어 법으로 금지되었고, 일찍이 1400년에 혁파되었다. 『정 종실록』 4:4a~5a(1400).

174. 이대위, 『활계선생유고』 34a~b.

175. 송정현, 『조선사회와 임진왜란』, p. 52.

176. 양사형(1547~1599)은 순창에 거주하던 남원 양씨였다. 1579년에 생원시에 입격하고 1588년에 문 과에 급제한 그는 미미한 무관직을 전전했지만, 임진왜란 중의 공로를 인정받아 사후에 공신으로

책록되었다. 그의 형인 사민(1528~1593)은 전사했다. 『남원양씨』, pp. 49~50.

177. 『선조실록』 36:2b(1602); 우인수, 『조선 후기 산림』, pp. 62~66. 호남지방의 의병 활동에 대한 포괄적인 설명은 송정현, 『조선사회』, pp. 70~87을 보라.

178. 김성우, 『조선 중기 국가』, p. 387.

179. 최상중, 『미능재집未能齋集』 3:1a~4a.

180. 『호남절의록』, 제2권, 페이지 수 없음. 이 편저는 1592년의 영웅들에 초점을 맞추고 있긴 하지만, 그후 네 차례의 '난사亂事', 즉 이괄李适의 난(1624), 정묘호란(1627), 병자호란(1636), 이인좌李麟佐의 난(1728)이 일어났을 때 의병을 일으킨 자들도 포함하고 있다. 1799년에 서문을 쓴 인물은 전쟁 영웅 고경명高敬命(1533~92)의 7대손인 고정헌高廷憲이다.

181. 『용성지』 7:1a. 황진은 사실을 확인하는 임무를 띠고 황윤길(그의 오촌 당숙)을 따라 일본에 갔다. 진주성 전투에 대한 간추린 설명은 송정현, 『조선사회』, pp. 109~13을 보라.

# 4부

## 서언

1. '붕당'이라는 용어는 해럴드 라스웰Harold Lasswell에 따르면 "공공의 이익을 사적 이득에 종속시키는" 무리를 지칭하는 매우 오래된 정치적 개념으로, "붕당은 변증법적인 정치투쟁의 과정에서 특히 권력을 가진 측의 방어 및 반격의 수단으로 발생한다." Nicholas, "Factions: A Comparative Analysis," p. 22에서 재인용. 니컬러스는 "붕당은 사회적 갈등의 국면에 나타나는 특별한 형태의 정치조직"이라고 본다. 그가 제시하는 붕당의 특징에 대해서는 같은 논문, pp. 22, 27~29를 보라. 저자는 니컬러스의 정의에 따른다.

2. 정랑正郎(정5품)은 이조의 고관직은 아니지만, 그럼에도 문무관의 인사행정을 담당했기 때문에 상당히 영향력 있는 직책이었다. 정랑은 자리에서 물러날 때 자신의 후임을 지명할 수 있는 권리를 가지고 있었는데, 이는 고관들의 힘을 억제하기 위한 조치였다.

3. 당쟁의 기원에 대한 간략한 설명은 정만조, 『조선 중기 유학』을 보라.

4. 정여립鄭汝立(1546~1589)은 전주 출신으로, 1567년에 진사시에 입격하고 1570년에 문과에 급제했다. 정은 관직생활 초기에 이이의 덕을 보았으나, 그가 1584년에 사망하고 나자 동인 편에 붙었다. 정의 '역모'를 둘러싼 정황은 모호한데, 동인을 공격할 구실을 찾던 정철과 그 일파에 의해 조작되었을 가능성이 큰 것 같다.

5. 남명 조식의 학문을 따른 충성스러운 소수의 북인은 경상도 남부의 진주지방에 남아 있었다.

6. 1623년의 공신 목록은 차장섭, 『조선 후기 벌열』, pp. 86~87을 보라. 53명의 공신 가운데 5명은

1624년에 일어난 이괄의 난에 연루되었다 하여 이 신분을 박탈당했다.

7. 服部民夫,「韓國: ネットワークと政治文化」, pp. 40~51. 구사맹(본관은 능성)은 1558년에 문과에 급제하여 다양한 고관직을 맡았다. 그의 다섯째 딸은 선조의 다섯째 아들인 정원군定遠君(원종元宗으로 추존됨)의 비가 되어 훗날의 인조를 낳았다. 고려 중기부터 관계에 진출한 능성 구씨는 선초에 성현의 아국거족 명단에 포함되었고, 인조의 치세에는 벌열의 지위에 올랐다.「만성대동보」 2:170b; 차장섭,「조선 후기 벌열」, pp. 60, 87.

8. 차장섭,「조선 후기 벌열」, pp. 80~89. 능성 구씨 외에 신평 신씨新平申氏와 구舊 안동 김씨의 후손들도 무인 명가의 창시자가 되었다. 능성 구씨는 무과 급제자를 가장 많이 배출한 성씨에 속했다. Park, *Between Dreams and Reality*, 부록 A를 보라.

9. 당상堂上이란 정3품 상계上階 이상의 최고위 관리계급을 일컬었다. 약 100명의 당상관직 보유자들로는 의정부의 대신 7명(3정승, 좌찬성/우찬성, 좌참찬/우참찬), 육조의 고관 18명(각 조의 판서, 참판, 참의), 대사헌, 대사간, 성균관 대사성, 그리고 경연청, 홍문관, 춘추관의 고관들, 오위五衛의 지휘관들 등이 있었다.

10. 이 40여 출계집단 가운데 몇몇 집단, 예컨대 전주 이씨는 하나 이상의 파 또는 가계가 두각을 나타냈으므로, 벌열에 속하는 가문의 총수는 57개에 이른다. 이에 대한 포괄적인 연구는 차장섭,「조선 후기 벌열」을 보라.

11. 여기에서 '벌열'이란 용어는 수도에서 사회적·정치적 권세를 누리던 최상위 계층을 뜻하는 갑족甲族, 문벌門閥, 명족名族, 권문權門 같은 다양한 유사어의 총칭이다. 차장섭,「조선 후기 벌열」, p. 17을 보라.

12. 차장섭은 벌열의 지위에 대해, 한 가계가 세 세대에 걸쳐 육촌 이내의 친척 중에서 적어도 1명의 당상관을 계속 배출해야 한다는 기준을 제시했다. 차장섭,「조선 후기 벌열」, pp. 26~41을 보라.

13. 북인 계열의 네 벌열 가계 가운데 서인에게 협력한 한 가계만이 이 기간에 고위직을 유지했다.

14. 차장섭은 다음과 같은 기준에 입각하여 특정 가계가 가장 번성한 시기를 정했다. 그 집단이 배출한 당상관의 수가 매 10년마다 적어도 1명, 인조에서 경종에 이르는 99년 동안 최소한 10명, 영조에서 정조에 이르는 76년 동안 8명, 19세기에 11명이 되어야 한다는 것이었다. 57개 벌열의 전성기를 보여주는 유용한 표는「조선 후기 벌열」, pp. 59~60에 나온다.

15. 이익,「성호사설星湖僿說」1권. 이익(1681~1763)은 저명한 남인 학자로, 1705년에 과거에 낙방한 이후 낙향했고, 몇 차례 관직에 천거되었으나 출사하지 않았다.

16. 안동 김씨는 서로 무관한 두 출계집단으로 나뉜다는 사실을 기억해야 한다. 왕건의 공신인 김선평을 시조로 모시는 집단은 고려시대와 조선 초에는 두각을 나타내지 못했으나, 16세기 초에 진사시에 입격하고 수령으로 일한 김상헌의 조부 김생해金生海 대부터 번창하기 시작했다.「만성대동보」 1:170a를 보라. 이들은 '신'안동 김씨로 불리며, 김이청으로부터 계보를 추적하는 '구'안동 김씨와

구별되었다. 후자는 여말선초에 김사형을 비롯한 다수의 저명한 학자와 고관을 배출했지만, 이후에는 그리 두드러지지 못했다. 그러다가 16세기 말 김지사金地四(생몰년 미상)의 대부터 무공으로 이름을 날리는 가문으로 등장했다. 그의 두 아들은 무과에 급제했고, 이를 기반으로 그 후대는 인조의 시대부터 약 30명의 당상관급 무관을 배출함으로써 이 가문을 수도에서 떵떵거리는 훈무세가勳武勢家의 하나로 만들었다. 상세한 내용은 차장섭, 『조선 후기 벌열』, pp. 200~204를 보라.

17. [은진恩津] 송시열(1607~1689)은 1633년의 생원으로, 탁월한 학문과 정치적 통찰력, 다수의 저술로 17세기를 주름잡은 거물이었다. 김장생의 제자였고, 한때 훗날의 효종인 봉림대군鳳林大君의 사부를 맡기도 했다.

18. [파평] 윤증(1629~1714)은 송시열 밑에서 수학했다. 그의 부친은 성혼의 외손자였다. 윤증은 뛰어난 학자로 대단한 명성을 얻었지만, 관직에는 나아가지 않았다.

19. [반남潘南] 박세채(1631~1695)는 1648년의 진사로, 당대의 가장 중요한 유학자 겸 의식주의자들 가운데 한 명이었다. 비록 송시열의 손자를 사위로 두었지만, 노론과 소론이 분열된 뒤에 그는 윤증의 편에 섰다.

20. 노론계 및 소론계 벌열의 표는 차장섭, 『조선 후기 벌열』, pp. 188~89, 194를 보라.

21. 수도의 유력한 남인 목록에 대해서는 이수건, 「17~18세기 안동지방 유림」, p. 200을 보라. 이 목록에는 16개 가계가 포함되어 있다.

22. 허적과 허목은 먼 친척이었다. 둘 다 수도의 남인계 4대 벌열 가운데 하나인 양천 허씨였다. 1637년의 문과 급제자인 허적은 고위직에 올랐고(1671년에는 잠시 영의정을 지냈다), 1674년에는 남인의 집권을 주도했다. 그는 청나라에도 여러 차례 다녀왔다. 허목과 대조적으로, 허적은 사상적으로 좀 더 온건한 수도 남인의 파를 이끌었다. 그와 윤휴는 1680년 환국換局(서인에 의해 남인이 대거 축출된 사건)의 희생자가 되었다. 허목의 지적 배경은 좀 더 복잡했다. 그의 가계는 원래 '소북小北'에 속했고, 그의 아버지 허교許喬(1567~1632)는 도교에 조예가 깊었다. 23세 때 허목은 성주에서 정구밑에서 공부했고, 이익과도 가까웠다. 서울에서 태어났으나, 오랫동안 고향인 연천漣川(경기도)에서 살았다. 그는 '고례古禮'를 존숭했고, 전서篆書에 능했다.

23. [남원] 윤휴는 경기도에 거주하고 있었고, 사림의 전통을 이은 유서 깊은 가문의 후예였다. 젊은 시절에는 당색에 구애받지 않았으나, 예송 기간에 분명히 남인의 편에 섰다.

24. 정구의 할아버지는 김굉필의 제자이자 사위였다. 정구는 1504년의 사화 때 주저를 파직당한 김굉필과 정여창에 관한 단편적인 자료들을 수집했다. 또한 퇴계의 학문뿐 아니라 남명 조식의 학문까지 자신만만하게 수용했다. 정구는 예학에 관한 여러 편의 저서를 남겼는데, 그중에는 주희의 『가례』에 주석을 덧붙인 『가례집람 보주家禮輯覽補註』와 사마광司馬光, 장재, 정호, 정이, 주희의 예학사상에 바탕을 두고 왕실뿐 아니라 사족 엘리트를 위한 각종 의례의 규범을 체계적으로 제시한 기념비적 편저 『오선생 예설분류五先生禮說分類』가 있다. 그는 선조의 장례절차를 주관했다.

25. 허목의 일생과 사상에 관한 간략한 소개는 금장태,『퇴계학파(1)』, pp. 219~41; 우인수,『조선 후기 산림』, pp. 173~77을 보라.

26. 권협權悏(1542~1618)은 권부의 직계후손으로, 수도의 안동 권씨가 17세기에 번성할 수 있는 기반을 닦았다. 권협(본인과 그의 두 형은 문과 급제자였다)은 임진왜란 때 특별한 공을 세워 1604년에 공신이 되었다. 그의 손자 권대임權大任(1595~1645)은 선조의 사위가 되었고, 대임의 사촌동생 권대운權大運(1612~1699)은 좌의정이라는 높은 벼슬에 올랐으나 남인이라는 이유로 1680년에 관직을 삭탈당했다가 1689년에 영의정으로 복직되어 송시열의 사사賜死를 주장했다. 그 자신은 1694년 환국의 제물이 되었다. 차장섭,『조선 후기 벌열』, pp. 197~98과 p. 120의 표를 보라.

27. 19세기까지 살아남은 유일한 남인 벌열은 [풍산] 홍이상洪履祥(1549~1615)의 가계였다. 그는 1579년에 문과에 급제하여 선조의 치세에 화려한 관직 경력을 쌓았고 광해군 대에도 벼슬을 지냈다. 그의 아들 넷과 손자 여러 명이 문과에 급제했다. 남인 벌열 외에, 지명도가 다소 떨어지는 약 30개의 수도 친족집단이 남인의 대의를 지지했다. 설석규,「현종 7년 영남유림」, pp. 293~94를 보라.

28. 상세한 내용은 차장섭,『조선 후기 벌열』, pp. 68~80을 보라.

29. 선조의 부친은 중종의 일곱째 서자인 덕흥군德興君이었다. 그는 왕의 부친으로서 대원군大院君이라는 칭호를 받은 최초의 인물이었다. 선조가 명종의 후계자로 선택된 것은 명종의 세자(외아들)가 13세에 사망했기 때문이다.

30. 왕위 계승의 사회적·의례적 함의에 대해서는 이영춘,『조선 후기 왕위 계승』, 특히 pp. 87~99를 보라. 예송에 대해서는 Haboush, "Constructing the Center"를 참조하라. 경종과 영조는 숙종의 두 후궁이 낳은 배다른 형제였다.

31. Hongnam Kim, "Exploring Eighteenth-Century Court Arts," pp. 42~43(천연색 사진 첨부).

32. 붕당/벌열에 맞서는 조치에 대해서는 차장섭,『조선 후기 벌열』, pp. 204~34를 보라.

33. 대원군의 개혁에 대해서는 Ching Young Choe, *Rule of the Taewŏn'gun*과 Palais, *Politics and Policy*를 보라.

34. 인조의 보좌에 관해 초창기 서인의 실력자들에게 8조목의 서신을 보낸 이는 율곡의 후계자로 간주된 저명한 학자 겸 의식주의자 김장생이었다. 광해군의 정권 이후 국가와 사회를 복구하는 방안들 가운데 하나로 그가 제시한 것이 "인재의 올바른 기용"이었다.『인조실록』1:27b~29a(1623).

35. 정7품에서 정3품에 이르는 다섯 개의 산림직이 1623년과 1646년, 1658년에 잇따라 신설되었다. 산림으로 지명된 자가 이미 천거에 의해 관직생활을 한 경우도 있었고, 훗날 정규 고관직에 오르는 경우도 드물지 않았다. 자세한 내용은 우인수,『조선 후기 산림』, pp. 20~31을 보라.

36. 선조에서 경종에 이르는 시기의 산림 지명자 명단에 대해서는 같은 책, p. 28을 보라. 17세기와 18세기 초에는 8명의 경상도 출신 학자와 3명의 전라도 출신 학자가 그런 명예를 누렸다.

37. 산림 학자들에 대한 주요 연구는 우인수,『조선 후기 산림』이다.

38. 송준길(1606~1672)은 송시열의 친척이었지만, 다른 가계에 속했다. 준길의 가계는 18세기에 벌열의 반열에 올라 융성했고, 시열의 후손 일부는 계속해서 산림 학자로 지명되었다. 하지만 두 가문은 모두 19세기에 쇠락했다. 차장섭, 『조선 후기 벌열』, pp. 192~93.

39. 이이, 『율곡전서』 7:14b~15a. '공론'에 대한 율곡의 논의는 서인과 동인의 분열이 임박한 1575년의 상황에 대한 우려에서 비롯되었다.

40. 『인조실록』 25:34b(1631). 퇴계의 견해는 1631년에 성균관 유생들이 벌인 시위에 대한 조정의 논의에서 인용되었다.

41. '지역주의'라는 용어는 로버트 하임즈Robert Hymes에게 빚진 것이다.

## 10장

1. 이익, 『성호사설』 1:276.

2. 차장섭, 『조선 후기 벌열』, pp. 30, 42~44.

3. 이른바 부정기시는 왕자의 탄생이나 왕의 문묘 참배 같은 특별한 경우에 치러졌는데, 1392년과 1894년 사이에 총 584회(전체 문과 시행 횟수의 78%) 시행되어 모든 문과 급제자의 60%를 배출했다. 이 수치는 송만오의 연구에 기초한 것이다.

4. 이익, 『성호사설』 1:282; 차장섭, 『조선 후기 벌열』, pp. 24, 42~45.

5. Park, *Between Dreams and Reality*, pp. 91~97에는 몇 가지 사례가 제시되고 있다.

6. [경주] 이항복(1556~1618)은 1580년의 문과 급제자로, 선조의 치세에 가장 저명한 관리들 가운데 한 명이었다. 그는 임진왜란 기간과 이후에 고위 무관직을 맡았다. 예법에 관한 개설서를 쓰기도 했다.

7. 이중환, 『택리지』 1:104, 235.

8. 경상도는 생원진사시에 100명, 문과에 30명의 응시생을 할당받았다. 『경국대전』, pp. 210, 213. 생원진사시 입격자 총수의 추정치에는 약간의 차이가 있다. 최진옥은 그 총수를 4만 649명으로 추산했고, 송준호는 4만 7,748명으로 셈했다. 이 차이는 틀림없이 서로 다른 문서적 증거를 사용한 결과일 것이다. 문과 급제자의 총수는 1만 4,620명이다. 최진옥, 『조선시대 생원진사』, p. 40; 송준호, 『이조 생원진사』, 부록 1을 참조하라. 경상도와 전라도의 무과 급제자에 대해서는 Park, *Between Dreams and Reality*, p. 97에 나오는 표를 보라.

9. 이 수치는 서주석, 「우리 고장의 생원―진사―문과 급제자」, p. 6과 최진옥, 『조선시대 생원진사』, p. 167에 바탕을 둔 것이다. 하지만 『국조방목國朝榜目』에 안동과 예안 거주자로 기재된 문과 급제자는 (와그너―송 문과 프로젝트에 따르면) 196명이다. 더욱 흥미로운 것은 비교적 적은 수의 지역이 굉장히 많은 수의 급제자를 배출했는데, 이는 서울 바깥에서도 급제자의 지역적 편중이 심했음을 말해준다.

10. 안동과 예안의 진사생원시 입격자와 문과 급제자 명단에 대해서는 서주석, 「우리 고장의 생원—진사—문과 급제자」, pp. 11~56을 보라.

11. 이 수치는 최진옥, 『조선시대 생원진사』, pp. 198~200에 기초한 것이다.

12. 3명의 문과 급제자는 1687년의 김세흠金世欽(1649~1720), 1690년의 김세호金世鎬(1652~1722), 1690년의 김창석金昌錫(1652~1720)이다. 이들은 사촌이었다. 문과 급제에 앞서 세흠과 창석은 진사시에, 세호는 생원시에 입격했다. 이상의 자료 일부는 와그너—송 문과 프로젝트에 기초한 것이다.

13. 김용은 승문원과 예문관에서 봉직했다.

14. 『교남지』11:25a.

15. 숭정은 1628~1644년에 사용된 명나라의 마지막 연호이다.

16. 김시온, 『표은선생문집』, pp. 669~74.

17. 『안동의 분묘』, pp. 641~51; 김방걸, 『지촌芝村선생문집』, 「행장」 4:22a~32a; 『숙종실록』 20:29b~30a(1689). 상세한 것은 9장을 보라.

18. 김학배, 『금옹선생문집』, 「부록」6:1a~9a.

19. 김세호는 김용의 현손이었다. 김세호, 『구주집龜洲集』, 「부록」 10:40a~43a; 『숙종실록』 27:13a(그는 1694년 6월에 파직되었다).

20. 『교남지』11:27a. 다른 2명은 김응렴金應濂(1710~1762)과 김기찬金驥燦(1748~1812)이었다. 19세기에는 5명의 생원/진사와 6명의 문과 급제자가 배출되었는데, 이들 가운데 1명은 1894년에 시행된 마지막 과거를 치렀다.

21. 권주는 권채의 차남인 세충世忠(생몰년 미상)의 장남이었다.

22. 차장섭, 『조선 후기 벌열』, p. 198.

23. 몇 세대에 걸쳐 퇴계의 종손들은 아마도 천거에 의해 수령직을 보유했지만, 과거에 응시하지는 않았다.

24. 이세택(문과, 1753년)은 이준의 차남인 순도純道의 후손이었다. 『만성대동보』 1:131a~2a; 『교남지』12:8b.

25. 이중환, 『택리지』1:122; 2:298. 역설적이게도 이의 모친은 유서 깊은 전라도의 친족집단인 함양 오씨咸陽 吳氏였다. 송준호는 『조선사회사 연구』, pp. 326~73에서 이중환의 외가와 그의 붕당 관련성을 추적했다.

26. 전라도는 생원진사시에 90명, 문과에 25명의 응시생을 할당받았다. 『경국대전』, pp. 210, 213. 남원에 거주하고 있던 문과 급제자의 표는 정훈, 「조선시대 남원지역 문과 급제자」, pp. 9~10을 보라. 42개 성씨 집단 중에 28개 집단은 각기 단 1명의 합격자만 냈다.

27. 최연의 행장에 대해서는 최연, 『성만집』6:4a~9a; 『용성지』5:4a를 참조하라.

28. 최온은 보통 광해군이 몰락할 때 처형당한 북인의 대표 논객 정인홍의 제자로 간주된다. 하지만 최온

의 행장을 쓴 그의 종손從孫 최시옹(소론)은 최온과 정인홍 사이의 관계를 부정한다. 최온, 『폄재집貶 齋集』9:9a~b를 보라. 우인수는 그를 정의 제자로 꼽고 있다. 그가 쓴 『조선 후기 산림』, p. 41을 보라.

29. 무관이었던 이괄(1587~1624)은 인조반정의 2등 정사공신이 되었으나, 논공행상이 자신이 기대했 던 바에 미치지 못한 것에 불만을 품고 반란을 일으켜 순식간에 서울을 점령하고 심지어 인조를 대 신할 다른 왕을 옹립하려고 시도하기까지 했다. 하지만 결국에는 관군에게 대패해 서울을 빠져나가 피신하던 중에 부하장수에게 살해되었다. 그의 수하 일부는 만주로 달아나 만주족에게 조선을 침공 하라고 부추겼다고 한다. 『한국인명대사전』, p. 598.

30. 최온, 『폄재집貶齋集』9:8a~16a; 『용성지』5:4a; 우인수, 『조선 후기 산림』, pp. 24, 41.

31. 최휘지, 『오주鰲洲선생집』13:5a~15b.

32. 둔덕 최씨에 관한 전기적 자료는 『대방세고』를 참조하라.

33. 이 통계자료의 일부는 송준호에게 빚진 것이다.

34. 이상형, 『천묵재집』5:23a~32a; 『용성지』5:4a.

35. 이문재, 『석동石洞유고』8:12a~19b; 『용성지』5:5b~6a.

36. 귀미(순창)에 거주하고 있던 남원 양씨는 양만정에 의해 포괄적으로 연구되었다. 양만정 편, 『남원 양씨 세적집요』를 보라.

37. 노형망은 노진의 증손자들 가운데 한 명이었다.

38. 『속대전』에 의하면, 하삼도下三道의 지방 관청은 3년에 한 번씩 전직 관리나 사마시 입격자나 '유학' 幼學 가운데 3명을 특별 배려 대상으로 왕에게 추천할 수 있었다. 『속대전』, pp. 109~10; 청구선, 『조선시대 천거』, pp. 163~69.

39. 『용성지』5:6a~9b.

40. 『효종실록』11:8b~9a(1653). 이 글을 올린 사람은 영중추부사領中樞府事 이경여李敬輿 (1585~1657)였다.

41. 『숙종실록』30:44a(1696). [전주] 최석정(1646~1715)은 인조반정의 공신인 최명길崔鳴吉 (1586~1647)의 손자였다. 소론 소속인 석정(문과, 1671)도 붕당정치의 부침을 겪었지만, 굉장히 오랫동안 권력의 중심에 머무를 수 있었다.

42. 송준호에 의하면, 17세기까지는 소과 입격자들의 25% 이상이 문과에 합격하고자 공부를 계속했 다. 그 후로는 그 비율이 종종 4% 이하로 떨어졌는데, 이는 소과의 의미가 변했다는 증거일 것이다. 송준호, 「조선 후기 과거」, pp. 44~45.

43. '원장 이씨'의 신원은 확인할 수 없다.

44. [의성] 김한동(1740~1811)은 1763년에 사마시, 1789년에 문과를 통과했다. 전라도 관찰사로 봉 직한 이후 안동 유향소의 별감으로 선정되기 전인 1798년에 승지로 임명되었다. 그는 1789년 과거 동기인 정약용과 가깝게 지냈다. 1801년에 천주교도라는 탄핵을 받고 명천明川(함경도 북부)으로

유배되었으나 1805년에 풀려났다. 그가 별감으로 일했는지는 확인할 길이 없다.

45. 정약용, 『목민심서牧民心書』, 『증보 여유당與猶堂 전서』 5:373. 정약용은 유향소 임원들은 지방 수령의 보좌역이므로 지역 최고의 인재들이 선발되어야만 한다고 생각했다.

46. [전의全義] 이설(1598~?)은 1618년에 생원시에 입격했다. 안타깝게도 17세기 후반의 유향소 향임 명단은 전해지지 않는다.

47. [동래] 정문보(1618~?)는 1657년에 생원시를 통과했다.

48. 유원간은 틀림없이 풍산 유씨인데, 그의 신원을 좀 더 상세하게 파악할 수는 없었다.

49. 향록 수정을 둘러싼 1677년 이전의 논란은 1678년 향안의 발미跋尾에 간략히 기술되어 있다. 원문은 김현영, 『조선시대의 양반』, p. 262의 주 25를 보라.

50. 김이현은 김성일의 6대손이었다.

51. 1711년의 발미 원문은 김현영, 『조선시대의 양반』, p. 263의 주 26을 보라.

52. 자세한 내용은 12장을 보라.

53. 1748년에는 초안과 정안, 두 가지 향안본이 있었다. 초안에 있던 148명이 정안에서 배제되었다. 정진영, 『조선 후기 향촌 양반사회 II』, pp. 253~54.

54. 1773년의 발미 원문은 김현영, 『조선시대의 양반』, p. 264의 주 29를 보라.

55. 같은 책, pp. 258, 260; 정진영은 1774년의 향원 수를 462명으로 계산한다(『조선 후기 향촌 양반사회 II』).

56. 1772년에 이루어진 영조의 명에 대해서는 Deuchler "Heaven Does Not Discriminate," pp. 152~55를 보라. 지방무대에 서얼이 등장하는 현상은 14장에서 상세히 논할 것이다.

57. 『향청사례등록』은 김용덕, 「안동 좌수 고考」; Kawashima, "The Local Yangban of Andong"; 송준호, 「향청사례등록의 해제」에 의해 분석되었다. 김용덕이 이용한 두 번째 목록 『향집강록鄕執綱錄』은 1802년 1월에서 1906년 3월에 이르는 기간을 포함하고 있는데, 송준호는 이것이 『향청사례등록』의 초안이라고 본다. 송 교수는 『등록』 원문 전체를 방금 인용한 그의 논문에 첨부했다. 『등록』은 여러 부로 나뉘어 있는데, 본 연구를 위해 가장 중요한 것은 다음과 같다. (1) 문과 급제자로 1728년에서 1882년 사이에 중앙정부에서 일한 '전직 관리'(전조관前朝官) 80명의 명단. (2) 유향소의 좌수와 별감들을 본관/거주지별로 정리한 명부. (3) 1766년과 1906년 사이에 유향소에서 일한 모든 좌수와 별감의 연도별 관직명 일람(생략된 해가 있기 때문에 실제로 다루어진 연도 수는 115년이다).

58. 1850~1862년과 1869~1876년의 기간에 공백이 있었다. 송준호는 그것을 필사상의 오류라고 해석한다. 송준호, 「향청사례등록의 해제」, p. 138을 보라. 또 정진영, 『조선 후기 양반사회 I』, pp. 278~79도 보라.

59. 송준호, 『조선사회사 연구』, p. 288. 나는 송 교수가 제시한 수치에 따른다. 그 총수를 김현영은 1,707명, 가와시마는 1,724명, 김호일은 1,659명으로 계산한다.

60. 여러 종의 남원 향안이 아직까지 향교에 보존되고 있다. 그것들은 1935년에 한 권으로 묶어져 향교에서 활자체로 인쇄되었다. 김호일, 「조선 후기 향안」, p. 232. 필사본 향안들은 『조선사회사 자료 1』(남원), pp. 3~269에 전재되어 있다.

61. 1601년에서 1700년 사이의 향안에 등록된 출계집단들의 표는 김현영, 『조선시대의 양반』, p. 126을 보라. 향원을 열거한 표는 같은 책, pp. 123~24, 131; Kawashima, "A Study of the Hyangan," pp. 12, 29~30을 보라.

62. 유학은 전통적으로 과품이나 관직이 없는 양반에 의해 사용되던 호칭이었으나, 나중에는 진정한 엘리트층에 속하지 않는, 예컨대 서얼에 의해 자주 사칭되었다. 이 용어의 융통성 있는 의미에 대해서는 송준호, 『조선사회사 연구』, pp. 119~27을 보라.

63. 이것은 송준호의 미출간 논문(1982), "The Composition of Namwŏn Hyangan"에 근거한 것이다.

64. [양천] 허항(1568~1634)은 1618년의 문과 급제자로, 남원에서 태어났고 둔덕 이씨의 인척이었다. 주로 수령으로 일했던 관직 경력에도 불구하고, 그는 남원의 지역문제에 깊은 관심을 보였다.

65. 『용성지』3:9a~10b; 田川孝三, 「李朝の鄕規に就いて」, pt. 2, pp. 62~63.

66. 풍헌은 '향선생鄕先生'(현직 관리들에 대한 명예칭호)과 향헌, 부헌, 유사를 비롯한 다양한 범주의 임원들을 가리키는 총칭이었다.

67. 품관은 유향소의 좌수와 별감을 가리키는 총칭이었다. 송준호, 『조선사회사 연구』, p. 148을 보라.

68. 이상형이 작성한 문서의 원문은 『용성지』3:9a~10b; 田川孝三, 「李朝の鄕規に就いて」, pt. 2, pp. 60~61; 김현영, 『조선시대의 양반』, pp. 74~76을 보라.

69. 초안 작성자들은 「광산(광주)향규」와 이이의 「해주향약」을 모델로 삼았다.

70. 원문은 『조선사회사 자료 1』(남원), pp. 280~83; 김현영, 『조선시대의 양반』, pp. 76~77을 보라.

71. 최상겸은 최상중의 사촌이었다.

72. 1640년에서 1706년에 이르는 기간의 풍헌 명부(풍헌안)는 『조선사회사 자료 1』(남원), pp. 277~79를 보라.

73. 최연은 그 직전까지 한성부의 좌윤(종2품)이었으나 사직했고, 따라서 1643년 말에는 고향에 있었다.

74. 향안 수정을 둘러싼 갈등을 재구성하기는 무척 어렵다. 최연과 '토착' 반대자들 사이의 충돌은 [부안] 김현金顯(1593~1653)의 일기인 「만경萬頃일기」에 어렴풋이 드러난다. 예컨대 pp. 117~18에 실려 있는 1643년 5월 1일자 일기를 보라. 이 일기의 사본을 건네준 전경목에게 감사하는 바이다.

75. 1645년의 규정은 『조선사회사 자료 1』(남원), p. 406과 김현영, 『조선시대의 양반』, pp. 85~89에 실려 있다.

76. 1655년의 규정은 '완의'에 포함되어 있다. 『조선사회사 자료 1』(남원), pp. 408~10을 보라.

77. 김현영, 『조선시대의 양반』, p. 131.

78. 1721년 입록자들에 대한 분석은 같은 책, pp. 111~16; 김호일, 「조선 후기 향안」, pp. 242~44를 보라.

79. 1654년의 영장사목營將事目.

80. 이문재, 『석동유고』권 6. 김현영, 『조선시대의 양반』, pp. 150~51; 송준호, 『조선사회사 연구』, p. 150에 인용되어 있다.

81. 장업이 최계웅에게 보낸 편지의 분석은 김현영, 『조선시대의 양반』, pp. 95~98을 보라.

82. 최시웅, 『동강유고』2:35a~36b. 또 『용성지』3:3a~4a; 田川孝三, 「李朝の鄕規に就いて」, pt. 2, pp. 65~67을 보라.

83. 『용성지』, 『향사당조』.

84. 일상생활에서 향족은 품관집 또는 향소집, 즉 '유향소 품관의 집'이라는 말로 지칭되었다. 송준호, 『조선사회사 연구』, p. 148.

85. '직월'이라는 직함은 1678년 이후의 어느 시점에 '향유사鄕有司'라는 옛 직함을 대체한 것으로 보인다. 김현영, 『조선시대의 양반』, pp. 136~39. 직월안에 관련된 문서는 『조선사회사 자료 1』(남원), pp. 284~367을 보라.

86. 관련 문서는 『조선사회사 자료 1』(남원), p. 519를 보라.

87. 이 문서들에 대해서는 같은 책, pp. 299~367을 보라. 풍헌 조직의 우두머리들은 여전히 '향헌'과 '부헌'이라고 불렸다. 이들은 명목상으로 직월을 승인했다. 1640년에서 1895년 사이의 출계집단별 풍헌 명단을 보여주는 도표는 김현영, 『조선시대의 양반』, p. 158을 보라. 직월안 조직에 대한 요약은 같은 책, pp. 135~40을 보라.

88. 이 문서들에 대해서는 『조선사회사 자료 1』(남원), pp. 373~85; 김현영, 『조선시대의 양반』, p. 159를 보라.

89. 이중환, 『택리지』2:407, 462.

90. 정약용, 『목민심서』, 『증보 여유당전서』5:475.

91. 『인조실록』30:2a, 34b~35a(1634).

92. 『비변사등록備邊司謄錄』2:409~10. 효종의 군사조치에 대해서는 Palais, *Confucian Statecraft*, pp. 396~98을 보라.

93. 효종과 현종 치하의 오가작통법에 대한 논쟁은 오영교, 『조선 후기 오가작통제도』, pp. 85~88을 참조하라.

94. 『숙종실록』2:19a(1675).

95. 초기의 모델이란 1408년의 오가작통법으로, 『경국대전』, p. 167에 등재되었다. 이 초기의 법안에 대한 설명은 오영교, 『조선 후기 오가작통제도』, pp. 74~82를 보라.

96. 한영국은 호가 '가구'를 뜻하는 것이 아니라, 한 가족, 가족의 일부, 또는 여러 가족이 거주하는 집을 뜻한다고 본다. 그가 쓴 『조선왕조 호적』, pp. 196~201을 보라.

97. 5~10통이 '소리小里'를, 11~20통이 '중리中里'를, 21~30통이 '대리大里'를 이루었다.

98. 면을 가리키는 영어단어 'township'은 어색하지만, 널리 사용된다. 면에는 도회지라는 의미가 함축되어 있지 않다.

99. 『숙종실록』 2:21b; 4:48b~50a(1675). 오가작통법 21개조의 모든 조목에 대한 논의는 정진영, 『조선시대 향촌』, pp. 263~74를 보라. 또 오영교, 「조선 후기 오가작통제도」, pp. 88~90; 권내현, 「숙종대 지방통치론」도 보라. '호패사목'은 1677년에 도입되었다.

100. 김준형, 「18세기 이정법의 전개」.

101. 수령의 법정 임기는 5년이었고, 그가 가족을 데리고 갈 수 있는 당상관일 경우에는 그 절반이었다. 하지만 이 규정이 지켜지는 경우는 별로 없었다. 1700년대 전반에 남원 부사의 평균 재임기간은 고작 1.35년이었고, 그보다 훨씬 짧은 적도 있었으므로, 백성들은 수령을 '과객過客'이라고 불렀다. 1573년에서 1788년 사이에 남원 부사의 평균 재임기간을 보여주는 표는 김현영, 『조선시대의 양반』, p. 55; 송준호, 『조선사회사 연구』, p. 404의 주를 보라.

102. 『영조실록』 9:37a(1726). 이봉익(1661~?)은 생원시(1683)와 문과(1710) 통과자였는데, 그의 정치적 경력에 대해서는 알려진 바가 없다. 조선 후기에는 수령직이 종종 음사蔭仕에게 주어지기도 했다.

103. 이수건, 『조선시대 지방』, pp. 332~33; 이희권, 『조선 후기 지방통치』, pp. 166~76.

104. 『숙종실록』 14:27b~28a(1683).

105. 정약용, 『목민심서』, 『증보 여유당전서』 5:475; 『역주 목민심서』 4:79. 토족은 번역하기 까다로운 말이다. 여기에서 그 단어는 향리와 유향소 품관이라는, 기원이 다른 두 집단을 포괄하는 것으로 보인다.

106. 무단과 토호는 상황에 따라 엘리트와 비엘리트에게 공히 적용된 모호한 표현으로, "공공의 선을 해치는 사람"을 뜻한다.

107. 각 방향에는 그 이름을 딴 2개의 면이 있었다. 이를테면 동쪽에는 '동선면東先面'과 '동후면東後面'이 있는 식이었다.

108. 『영가지』 1:10b~24a; 『호구총수』, pp. 264~66; 이수건, 『조선시대 지방』, pp. 141~42.

109. 자세한 내용은 『조선시대 남원 둔덕방』, pp. 11~14를 보라. 송 교수는 이런 '생략'에 대해 설명하지는 않는다.

110. 전경목은 현존하는 3건의 둔덕 호적중초戶籍中草(1888, 1891, 1894)를 분석했다. 그가 쓴 「19세기 말에 작성된 남원 둔덕방의 호적중초」를 보라.

111. 정진영은 18세기 전반의 『단성현호적丹城縣戶籍』 여러 편에 나오는 몇 군데 지역을 분석하여 유사한 결론에 도달했다. 그는 한 곳에서는 법과 거의 일치되는 현상을 발견했지만, 다른 곳에서는 둔덕의 경우와 흡사한 상당한 모순을 찾아냈다. 정진영, 『조선시대 향촌』, pp. 293~302를 보라. 이해준은 진주지방의 18세기 호적을 조사하여 비슷한 동향을 발견했다. 이해준, 『조선시기 촌락』, pp. 30~42를 보라.

112. 1600년 이전의 정부 호적대장 가운데 현존하는 것은 없다. 심지어 왕조의 후기에도 동일 지역에서

연이은 기간에 작성된 호적이 남아 있는 경우는 드물다. 남자 성인의 수를 줄여서 보고하는 것은 예사였고, 어린이, 특이 여자아이는 으레 생략되었다. 호적에 등록된 것은 전체 인구의 40%를 넘지 않았다는 것이 일반적인 견해이다. 이런 이유 때문에 호적을 당대의 인구동태를 알려주는 믿을 만한 근거로 볼 수는 없다.

113. 『경국대전』에 나오는 호적에 관한 원래의 규정은 1746년의 『속대전』에서 크게 확대되었는데, 이는 호적제도가 17세기 말에야 본격적으로 작동하게 되었음을 시사한다. 등록하지 않은 사족에 대한 처벌은 도배徒配였다. 『경국대전』, pp. 167, 327; 『속대전』, pp. 131~32를 보라. 과거 응시자가 필히 호적에 등록되어 있어야 한다는 규정은 『속대전』, p. 192에 새로 삽입되었다.


## 11장

1. 『경북지방 고문서 집성』, no. 89, pp. 340~52; 이수건, 「퇴계 이황 가문의 재산」, p. 652. 퇴계의 손자 3명과 손녀 2명의 분재기이다. 여러 건의 부재와 사망 탓에 분재가 25년 이상 미루어졌다.

2. 『경북지방 고문서 집성』, no. 31, pp. 355~65; 『광산김씨 오천 고문서』, no. 18, pp. 193~98. 이 문서는 [경주] 이산악李山岳(생몰년 미상)의 재산 분배를 기록한 것인데, 그의 넷째 자녀(둘째 딸)인 [광산] 김광계의 아내도 본인의 몫을 물려받았다.

3. 『의성김씨 고문서』, 「분재기」no. 6, 2:130~31; 4:180~81. 이 형제들의 맏이는 1660년의 진사인 이유장李惟樟이었다. 묘비명은 『안동의 분묘』, pp. 652~64를 보라.

4. 이해는 이함의 증손으로, 1657년에 문과에 급제했다.

5. 『경북지방 고문서 집성』, no. 52, pp. 247~49. 딸의 토지 지분을 줄이는 것에 대한 유사한 관심이 1687년의 한 문서에도 표현되고 있다. 이 딸의 경우에는 상속분이 오빠보다 약간 적었다. 『경북지방 고문서 집성』, no. 51, pp. 245~46.

6. 『의성김씨 고문서』, 「분재기」no. 30, 4:191~92.

7. 『의성김씨 고문서』, 「분재기」no. 18, 4:183~84.

8. 『의성김씨 고문서』, 「분재기」no. 28, 4:188~90.

9. 『경북지방 고문서 집성』, no. 58, pp. 259~60. 안필창은 순흥 안씨로, 안동 권씨와 혼인했다. 순흥 안씨는 10대조가 15세기 후반에 풍산 유씨의 사위가 되어 풍산현으로 이거한 이후 대대로 이 현에 거주했다. 그들은 갈전촌葛田村에 정착했다. 『영가지』1:19b.

10. 정구복, 「1744년 안동 고성이씨」.

11. 『조선시대 남원 둔덕방』, pp. 186~87.

12. 같은 책, pp. 188~90.

13. 같은 책, pp. 195~97.

14. 같은 책, pp. 197~98.

15. 이 문서들에 대해서는 『전북지방의 고문서(1)』, pp. 317~21, 335~39를 보라.

16. 본계를 차남에게로 옮기는 의례적 근거는 분명치 않다. 『朝鮮祭祀相續法論序說』, p. 562는 그것이 은대와 주대에 유행했던 관습이라고 주장한다. 고려시대에는 형제간 승계가 널리 실천되었고, 이 전통이 조선까지 전해졌다. 또 Deuchler, *Confucian Transformation*, pp. 45~47도 보라.

17. 최연, 『성만집, 부록』6:6a; 최휘지, 『오주선생집, 부록』13:10a.

18. Deuchler, *Confucian Transformation*, pp. 168~69; 주희, 「통례通禮」, 『문공가례』; Ebrey, *Chu Hsi's Family Rituals*, p. 11을 보라.

19. 최흥원崔興遠(1705~1786)이 한 말이라고 전해진다. 안정복, 『순암총서』24:15b에 나오는 그의 행장을 보라.

20. 김성일, 「봉선제규」, 『학봉집』7:2a~b.

21. 1564년에 조카인 완에게 보낸 편지. 이황, 『증보퇴계전서』40:30a~31a.

22. 김학배, 「동거잡의同居雜儀」, 『금응선생문집』3:12b~13b; 전경창全慶昌(1532~1585), 「가헌家憲」, 『계동溪東선생집』1:13a~16a.

23. 제사는 감염병 전파를 방지하기 위해 중단되었다. 이런 일은 '속금俗禁' 또는 '역금疫禁'이라 불렸다.

24. [광산] 김령(1577~1641)이 남긴 『계암일록』이라는 일기는 1603년에서 그가 사망한 해인 1641년까지의 기간을 다루고 있다.

25. 이해는 임의로 선정된 것이다. 김부륜이 1598년에 사망함에 따라, 김령은 가계를 잇는 승중자가 되었다. 이하의 일자는 모두 음력이다.

26. 방잠에는 광산 김씨의 주요 묘소가 있었다.

27. 가을에 지내는 '이례'는 『가례』에 따르면 아버지의 가묘를 잇는 종자 이상의 모두에 의해 수행될 수 있었다. Ebrey, *Chu Hsi's Family Rituals*, pp. 172~73을 보라.

28. 이때는 윤달이었다.

29. 김령, 『계암일록』1:9~32. 제사의 주기는 이후에도 매년 거의 동일했다.

30. 이문건(1494~1567)의 『묵재일기』에 묘사된 제사에 대해 설명하고 있는 김경숙, 「16세기 사대부 집안의 제사」도 참조하라.

31. 김령, 『계암일록』1:12.

32. 같은 책, 2:414~15.

33. 김령의 장남인 요립은 『만성대동보』1:157b에 나오지 않는다. 약 1년 뒤에는 『만성대동보』에 등재된 요형耀亨이 요립의 자리를 대신했는데, 이는 요립이 일찍 죽은 탓인 듯하다.

34. 김령, 『계암일록』1:586~87.

35. 신용개申用漑(1463~1519)의 비판, 『중종실록』26:45b; 정구의 행장, 장현광, 『여헌선생문집』

13:13b; 박세채, 「장법소목설葬法昭穆說」, 『남계집南溪集』 55:9b~14b.

36. 외손 계승에 대한 논의는 Deuchler, *Confucian Transformation*, pp. 161~64를 보라.

37. 이원배李元培(1745~1802)는 안동인도, 남원인도 아니었지만, 경전에 대한 학식과 의례에 대한 전문지식으로 크게 존경받았다. 이원배, 『구암집龜巖集』 6:31a~b.

38. 宮嶋博史, 『兩班』, pp. 165~68. 1687년에도 후속 분재가 이루어졌지만, 이때 외조부모를 위한 이 땅은 더 이상 언급되지 않았다. 『경북지방 고문서 집성』, no. 104, pp. 405~8을 보라.

39. 박세채, 「남계예설南溪禮說」 1:31b~41a. 『가례』에 따르면 '반부'는 자식 없이 죽은 방계친들을 위한 것으로, 그들의 위패는 종가의 가묘에 모셔졌다. Ebrey, *Chu Hsi's Family Rituals*, p. 10을 보라. 박세채는 그 범주에 외조부모도 포함된다고 해석한 것 같다.

40. [청주] 정칙鄭伏(1601~1663), 「이성불가사봉사異姓不可使奉祀」, 『우천愚川선생문집』 4:15a~16a. 안동 토박이인 정칙은 1627년의 생원이었다.

41. 『의성김씨 고문서』, 「분재기」 no. 6, 4:180~81.

42. 『의성김씨 고문서』, 「분재기」 no. 22, 4:186. 이와 대조적으로 기제는 여전히 남계친들과 비남계친들 사이에서 윤행되었다. 예컨대 해남 윤씨는 심지어 17세기 말에도 계속 그런 식으로 기제를 지냈다. 「기제차례忌祭次例」는 1680년과 1683년 사이에 열 집이 번갈아가며 1년에 두세 번씩 기제를 지냈음을 보여주고 있다. 이 명단에 대한 분석은 김현영, 「호남지방 고문서」, pp. 253~57을 보라.

43. 의절은 사위가 전 처가에 대해 더 이상 의례적 의무를 지지 않음을 뜻했다.

44. 『경북지방 고문서 집성』, no. 42, pp. 226~28; no. 100, pp. 390~91. 1641년의 문서에서 이함의 처는 1634년에 딸의 전남편에게 준 노비들의 자손은 자신에게 반환되어야 한다는 점을 분명히 했다. 『경북지방 고문서 집성』, no. 43, p. 229.

45. 이문건, 『묵재일기』 1, pp. 358, 393. 이의 아내는 안동 김씨였다.

46. Deuchler, *Confucian Transformation*, p. 270.

47. 『경북지방 고문서 집성』, no. 40, p. 215.

48. 서자의 제사 계승에 대해서는 Deuchler, *Confucian Transformation*, pp. 150~55를 보라.

49. 이이는 서자 2명과 서녀 1명을 두었는데, 그의 첩인 이씨는 1930년에 간행된 『덕수德水이씨 세보』에 나오지 않는다. 족보상의 구체적인 사실은 Peterson, *Korean Adoption*, p. 97의 주 18을 보라.

50. 김장생, 『의례문해』 1:13. 그의 견해는 1555년에 간행된 『대전주해大典註解』, p. 269에 의해 뒷받침된 것으로 보인다.

51. 천거에 의해 여러 벼슬을 두루 거친 부친과는 달리, 김집(1574~1656)은 18세에 진사시에 입격하여 눈부신 정치경력을 쌓기 시작했다. 하지만 그는 학자 겸 의식주의자로 더 널리 알려져 있다. 두 사람은 문묘에 배향되는 명예를 함께 누린(장생은 1717년에, 집은 1883년에) 유일한 부자이다.

52. 김장생의 맏아들 김은金㦷은 임진왜란 중에 사망했다. 김반(1580~1640)은 1605년에 사마시에 입

격하고 1624년에 문과에 급제하여 고위직에 올랐다. 김집의 둘째 서자인 김익련金益煉은 『만성대동보』에 생원시 입격자로 기재되어 있지만, 입증할 수는 없다. 익련의 두 아들인 만성萬城(1631~?)과 만제萬堤(1640~?)는 1666년과 1660년에 각각 진사시에 입격했다. 만성은 '허통許通'으로 과거에 응시한 것으로 보이지만, 만제는 '유학'으로 등재되었다. 이들의 동생 2명은 『만성대동보』에 이름이 오르지 않았다. 김반의 가계가 분명히 훨씬 성공적이었다. 그의 여섯 아들 가운데 넷이 문과에 급제했다. 반면에 김집의 가계는 그의 대단한 명성에도 불구하고, 4대손 이후로는 아예 기록이 없다. 『만성대동보』 1:157b, 158b.

53. 『경국대전』, p. 276. 상세한 내용은 한기범, 「17세기 서얼의 종법적 지위」; Deuchler, "Heaven Does Not Discriminate," pp. 126~33을 보라.

54. 박병호, 『한국법제사고』, p. 381도 같은 견해를 피력하고 있다.

55. 『경북지방 고문서 집성』, no. 6, pp. 131~33.

56. 『연방세고』 1:89(김진의 행장).

57. 김성일, 『학봉집』 7:15b~17a(김정의 묘비명). 김정은 『만성대동보』에 나오지 않는다. 1901년에 간행된 『의성김씨 세보』 3:7a에, 홍일은 서자라는 표시 없이 등재되어 있지만, 그의 후손은 5대까지만 기록되어 있다.

58. 『의성김씨 고문서』, 「분재기」 no. 4, 6:129; 문옥표 등, 『조선양반의 생활세계』, pp. 248~49.

59. [재령] 이시청(1580~1616)은 이함의 맏아들이었다. 그는 무안 박씨와 혼인했는데, 그녀의 부모에게는 적자기 없었다.

60. 이 문서는 『경북지방 고문서 집성』, no. 97, pp. 372~73에 실려 있다. 이 문서에 대한 논의는 최순희, 「재령이씨 영해파 문기고, 상」, pp. 44~45; 김용만, 『조선시대 사노비 연구』, pp. 228~29를 보라.

61. 성로에게는 성일聖一이라는 형이 있었지만, 후자는 천첩 소생인 탓에 승중자 자격이 없었던 것 같다.

62. 최치옹에게는 적녀들과 여적與適이라는 양자가 있었다.

63. 한기범, 「17세기 서얼의 종법적 지위」, p. 123.

64. 『조선시대 남원 둔덕방』 2권에 포함될 예정인 미출간 자료를 이용할 수 있게 해준 전경목 교수에게 감사를 표하는 바이다. 이문원의 묘비명은 최석정이 썼다.

65. 배재홍은 조상을 모시는 문제를 둘러싼 적파嫡派와 서파庶派 사이의 갈등 사례들을 분석했다. 가장 흔한 갈등의 발단은 토지 소유권이었다. 일반적으로 국가는 그런 '사적인 문제'에 개입하려 하지 않았다. 배재홍, 「조선 후기의 서얼허통」 pp. 253~60을 보라.

66. 박병호는 1843년에서 1894년 사이의 입후와 승적을 기록한 『수양승적일기收養承嫡日記』를 분석했다. 입양 사례는 수도와 그 인근에서 가장 많았고, 승적의 건수는 전라도와 평안도에서 특별히 많았으며 경상도에서는 상대적으로 적었다. 승적을 위한 청원은 심지어 전직 관리들에 의해 제기되기도 했지만, 그들은 주로 중하급 관원이었다. 박병호, 『한국법제사고』, pp. 383~84를 보라. 배재홍, 「조

67. 문헌에는 문중을 가리키는 용어가 여럿 등장한다. 문당門黨, 종족宗族, 종계宗契 등이다. 필자는 이 용어를 굳이 영어로 옮기지 않았다.

68. 영암(전라도 북부)의 남평 문씨南平文氏는 1664년에 계를 시작했고, 여기에서 나온 수입으로 1743년 이후 토지를 사들였다. 김건태, 『조선시대 양반가』, pp. 346~57을 보라.

69. 김택규, 『씨족부락의 구조』, pp. 152~55.

70. 이한은 주촌파의 조상인 이연李演의 동생이었다.

71. 자세한 내용은 김문택, 「16~17세기 안동의 진성이씨」, pp. 199~206을 보라.

72. 이런 용어들은 17세기 초부터 나타나기 시작했다. 같은 논문, p. 84.

73. 같은 논문, pp. 161~63.

74. 저자에게 정보를 제공한 자들의 말에 따르면, 헌주를 올리는 개인을 선정하는 방식에는 일정한 규 정이 없었다고(지금도 없다고) 한다. 하지만 첫 잔은 언제나 종손이 올렸던 것으로 보인다. 아헌亞獻 과 종헌終獻을 올리는 개인은 해마다 선정되었다.

75. 김문택, 「16~17세기 안동의 진성이씨」, p. 155.

76. 권두인은 1677년에 진사시에 입격했고, 그 후 천거에 의해 몇 가지 말직을 맡았다. 1692년에 그는 영춘永春(충청도)의 현감으로 임명되었고, 그곳에서 선정을 베풀어 칭송받았다. 『교남지』 11:31a.

77. 『영남 고문서 집성』, no. 40, 1:465.

78. 『경북지방 고문서 집성』, no. 781, p. 799. 지현은 김성일의 현손녀와 혼인했다.

79. 상세한 내용은 Deuchler, *Confucian Transformation*, p. 161을 보라.

80. 황종해黃宗海(1579~1642), 「문중완의서序」, 『후천집朽淺集』 7:13b~16a. 정구의 제자였던 황은 학 문과 의례에 관한 지식으로 이름이 높았다.

81. 의성 김씨의 입양 전략에 대해서는 은기수, 「가계계승의 다양성과 '종족전략'」을 보라. 또 Deuchler, *Confucian Transformation*, pp. 139~50; Peterson, Korean Adoption도 보라.

82. 『의성김씨 고문서』, 「입안」no. 2, 4:124; 이원배, 『구암집』 6:34b~35a. 유사한 안이 1724년에 승인 되었다. 『의성김씨 고문서』, 「입안」no. 5, 4:125를 보라.

83. 이 무렵 한 냥(동전)의 가치는 등락이 워낙 심해서 확정하기 어렵다. 백승종은 19세기에 1냥은 쌀 3두에 해당했다고 말한다. 쌀 6리터가 약 1두이므로, 1냥은 쌀 18리터의 가치와 유사하다고 볼 수 있다. 백승종, 『한국사회사』, p. xiii.

84. 『의성김씨 고문서』, 「토지문기」nos. 219, 221, 222, 4:231.

85. 『의성김씨 고문서』, no. 606, p. 717; no. 618, p. 721; 宮嶋博史, 『兩班』, pp. 183~84.

86. 『영남 고문서 집성』, no. 39, 1:464. 이 문서에는 날짜가 없고 서명자들의 이름도 없다.

87. 같은 책, no. 41, 1:466.

88. 문중 토지의 경작자들에 대해서는 김건태, 『조선시대 양반가』, pp. 358~63을 보라.

89. 통문이라는 양식에 대한 간략한 설명은 최승희, 『한국고문서』, p. 498을 보라. 김경숙은 「조선 후기 문중통문」에서 다른 종류의 통문들을 조사했다.

90. 만장일치의 예는 『경북지방 고문서 집성』, no. 27, p. 178(1580)에 나온다. 만장일치의 표결로 끝나야만 하는 친척들 사이의 논의는 고대의 부족회의를 연상시킨다.

91. 예를 들어 『경북지방 고문서 집성』, nos. 784, 785, pp. 801~2에 실려 있는 「안씨 문중완의」(1731)를 보라.

92. 『대전회통』, p. 367; 박병호, 『한국법제사고』, pp. 383~84.

93. 이 정보는 송선희가 1980년대 초에 실시한 현지조사에 빚진 것이다. 그녀가 쓴 "Kinship and Lineage in Korean Village Society," pp. 445~57을 보라. 문중이 소유한 토지에 대한 소유권이 모호한 탓에, 관련 정보를 수집하기는 여전히 어렵다.

94. 모든 묘지의 목록과 각 묘지에서 의성 김씨에 의해 봉행되는 제사에 대해서는 문옥표 등, 『조선양반』, pp. 65, 93을 보라.

95. 『안동의 분묘』, pp. 34~35; 임돈희, 『조상제례』, p. 45.

96. '더 높은 단계의' 문중 조직에 해당하는 족소소는 유성룡과 그의 형에 의해 조상의 묘들이 사라지는 것을 막기 위해 창설되었다고 전해진다. 김택규, 『씨족부락의 구조』, pp. 153~55.

97. 같은 책, pp. 153~58. 이 위토는 1990년대 초까지 남아 있었다. 김호태, 『풍산유씨 문중 묘제 현장 조사』를 보라. 김은 제사이 일정도 소개히고 있다.

98. 백승종은 강진 김씨가 1658년에서 1669년 사이에 쓴 비용을 구체적으로 보여주는 몇 가지 문서를 분석하여, 약 70%에 달하는 가장 많은 경비는 제사를 지내는 과정에서 발생했고, 묘지와 묘지 주변의 건물을 유지하기 위한 비용이 그다음으로 많았다고 설명한다. 『한국사회사』, pp. 191~92를 보라.

99. Bourdieu, *In Other Words*, p. 131.

100. 족보상의 '파'가 문중과 반드시 일치하지는 않는다는 점에 주목할 필요가 있다. 역사적 조사보다는 현지조사에 바탕을 둔, 한국사회에 대한 최근의 연구들은 그런 동일시의 오류를 범하고 있다. "Kinship and Lineage in Korean Village Society"에서 송선희는 종족을 정의하지 않고 '파'를 문중의 재산을 일컫는 안동의 독특한 용어인 소所라고 지칭했다. "Quest of Social Recognition"에서 족보와 현지조사에서 수집한 자료를 사용한 시마 마츠히코Shima Matsuhiko는 자신이 문중/종족이라 부르는 것을 한 '파'의 지파로 해석하는 바람에 종손을 문중의 장으로 오인했다. 두 저자는 아마도 각자의 정보제공자에 의해 오도된 듯하다. 이는 용어─제도라기보다는─의 의미가 조선 말기에 얼마나 모호해졌는가를 보여주는 증거일지도 모른다.

101. 나섯 파의 세계도는 『의성김씨 고문서』 1:3~19와 이 책의 부록 B를 보라.

102. 물론 청계파 자체는 종파인 용비의 파에서 거두의 파를 거쳐 마지막으로 만근의 파에서 갈라져 나온

지파였다.

103. 청계파의 다른 하위종족들이 분파된 과정에 대한 상세한 설명은 Song, "Kinship and Lineage in Korean Village Society," pp. 410~17을 보라. 각 파의 후손들에 대한 요약은 은기수, 『의성김씨가 가족』을 보라.

104. 풍산 유씨의 내적 분파를 보여주는 도표는 『풍산유씨 세보』; 김택규, 『씨족부락의 구조』, pp. 143~50, 174~80을 보라.

105. '오행'은 목木, 화火, 토土, 금金, 수水이다.

106. 항렬의 문제를 논의하고 해결한「종중완의」에 대해서는 윤증, 『명재선생 유고』31:23b~24b를 보라.

107. Faure, *Structure of Chinese Rural Society*, 특히 pp. 30~44; Faure, "Lineage as a Cultural Invention"을 보라.

108. 젠쇼 에이스케善生永助는 1930년대 초에 실시한 동성마을 조사에서, 전국에 있는 동성마을 총 1만 4,672개 가운데 1,685개가 반촌이라고 기술했다. 그가 쓴 『朝鮮の聚落』3:217~28을 보라.

109. 109 이중환, 『택리지』1:105. 조선시대 경상도의 대표적인 동성마을 목록은 이수건, 『영남학파』, pp. 69~71을 보라.

110. 김현(1593~1653)은 부안 김씨로, 그의 조부 김협金鋏(생몰년 미상)은 1565년경에 토성인 남원 진씨晋氏의 사위가 되어 지당으로 이거했다.

111. 방두원(생몰년 미상)은 남양 방씨였다. 방씨는 지당에 거주하고 있던 장수 황씨 및 부안 김씨와 다양한 인척관계를 맺었다. 지당에 터를 잡은 여섯 성씨집단(이 중에서 진씨만이 '토성'이었다)의 긴밀한 친족관계에 대한 설명은 방원진房元震이 쓴 「주포 동중계」서문을 보라. 송준호, 『조선사회사 연구』, p. 306에서 재인용.

112. 『전북지방의 고문서』1:36.

113. 권항은 자여子輿의 셋째 아들인 윤보允保의 가계에 속했다. 『만성대동보』2:54b; 『영가지』8:4a; 『안동의 분묘』, pp. 146~50.

114. 『경북지방 고문서 집성』, no. 4, pp. 129~30(15세기 후반). 토지는 일반적으로 기록되지 않았다.

115. 『경북지방 고문서 집성』, no. 65, pp. 271~73.

116. 권주와 그의 아들 권전은 사화의 희생양이었다. 7장을 보라. 권주의 손녀는 퇴계의 아내가 되었다!

117. 『영가지』1:19a(여기에서 가일은 지곡枝谷이라 불리고 있다). 상세한 내용은 이해준, 「마을의 형성」, pp. 3~24를 보라. 또 주승택 등이 쓴 새로운 논문집 『천혜의 땅 의연한 삶』도 보라. 두 저자가 지적하듯이, 순흥 안씨도 가일의 번성에 실질적인 기여를 했다. 1930년대에 젠쇼 에이스케는 가일을 동성마을로 분류했다. 그가 쓴 『朝鮮の聚落』3:477을 보라.

118. 1930년대에 내앞에는 의성 김씨 가구 85호와 다른 성씨를 가진 가구 71호가 살고 있었다. 善生永助, 『朝鮮の聚落』3:833~34.

119. 하회의 거주지에 대한 기술은 김택규, 『동족부락』, pp. 17~40; 임재해, 『안동 하회마을』, pp. 36~39를 보라. 유씨가 하회에 정착하면서 겪었던 어려움을 설명하는 여러 설화가 있다. 간략한 설명은 『고문서 집성』, 『하회 풍산유씨편』15:3~5를 보라.

120. 「하회동계」, 정진영, 『조선시대 향촌』, p. 331에서 재인용.

121. 유중영은 1540년에 문과에 급제했고, 승지로 관직 경력을 마감했다. 『교남지』11:23a.

122. 『영가지』1:18b~19a.

123. 히회의 역시에 대한 간추린 설명은 『경북지방 고문서 집성』, pp. 56~61; 정진영, 『조선시대 향촌』, pp. 328~33을 보라.

124. Faure, *Emperor and Ancestor*, p. 3.

125. 비엘리트는 하회동안에서 '중인'으로 지칭되고 있다. 이 맥락에서 이 용어가 향리(주로 읍내에 거주했던)를 가리킬 리는 없으므로, 여기에서는 서자를 뜻하는 것으로 해석해도 무방할 듯하다. 안타깝게도 그 사람들의 신원은 족보와 같은 대안적 전거를 통해서도 확인하기가 거의 불가능하다. 한영우, 「조선시대 중인」, pp. 183~84도 참조하라.

126. 여기에 대해서는 『경북지방 고문서 집성』, no. 796, p. 806(1749?)을 보라.

127. 관련 문서들은 여러 간행물에 흩어져 있다. 『영남향약』, nos. 60, 61, pp. 133~34; 『고문서 집성』, 『병산서원편』63:625~26, 680~82. 1930년대에 하회에는 158호의 풍산 유씨 가구와 132호의 타성 가구가 있었다.

128. 이 자료들에 대해서는 박현순, 「16세기 사대부가의 친족질서」, pp. 82~85를 보라.

129. 1888년에 둔덕 이씨는 둔덕에 살고 있던 엘리트 가구 78호 가운데 36호를 차지하고 있었다. 이 무렵에 삭녕 최씨의 가구는 4호만 남아 있었다. 김현영, 「조선 후기 사족의 촌락지배」, p. 253을 보라.

130. 둔덕과 그 일대에 대한 구체적인 설명은 『조선시대 남원 둔덕방』, pp. 5~15를 보라. 또 전경목, 「19세기 말에 작성된 남원 둔덕방의 호적중초」도 보라.

131. 『고문서 집성』, 『하회 풍산유씨편』2:700~703.

132. 예를 들어 『경북지방 고문서 집성』, no. 25, pp. 172~73(1579)을 보라. 단성지방의 서자마을에 대한 연구로는 권내현, 「조선 후기 호적과 족보」가 있다.

133. Song, "Kinship and Lineage in Korean Village Society," p. 121.

134. 『영가지』는 아쉽게도 '방촌'의 주민들이 누구인지 지적하지 않고 있지만, 그들은 아마도 서자였을 것이다. 『영가지』1:16a, 16b. 송선희는 1970년대에 내앞 가구의 4분의 1이 여러 세대 동안 다른 곳에 살다가 최근에 내앞으로 돌아온 의성 김씨의 '서출 가구'였다고 보고했다. "Kinship and Lineage in Korean Village Society," p. 119.

135. 전경목, 「삼계강사三溪講舍」, p. 72의 주 37.

136. 『양좌동良佐洞 연구』, p. 78을 보라.

137. 권내현, 「조선 후기 동성촌락」.

138. 이 수치는 1720년의 양안에 나온다. 김건태, 「조선 후기-일제 시기 전통 동성촌락」을 보라.

139. 이는 『경북지방 고문서 집성』에 실린 다수의 토지매매문기를 보면 알 수 있다.

140. 『영가지』1:22a; 3:19b~21a, 24b~25a; 이중환, 『택리지』2:395; 권상일, 『청대일기淸臺日記』1:10.

141. 『전북지방의 고문서』1:38.

142. 정약용, 「발跋『택리지』」, 『여유당전서』1. 『양좌동 연구』, p. 48의 주 53에서 재인용.

143. 특이하게 여러 마을의 한자 이름에는 그것에 해당하는 순수한 우리말이 있었다. 천천은 내앞, 유곡은 닭실이었다. 나아가 많은 마을은 공식적인 이름 외에 '속명俗名'도 갖고 있었다. 장소명에 대한 연구는 善生永助, 『朝鮮の聚落』1:85~89를 보라.

144. 황준량(1517~63)은 1537년에 생원시, 1540년에 문과를 통과했고, 이현보의 차남의 딸과 혼인하여 예안에 거주했다. 퇴계의 제자였다. 『만성대동보』1:148a; 『동유사우록』26:584~88; 『교남지』12:11b.

145. 경순왕의 묘지가 고려의 수도 개성에서 가까운 거리에 있는 장단長湍에서 1746년 가을에 재확인된 것은 큰 사건이었고, 영조는 묘의 중수를 명했다. 의성 김씨는 여러 독립적인 출계집단(자신들의 시조가 왕의 자손이라고 주장하는 경주 김씨, 안동 김씨, 강릉 김씨 등)에 통문을 보냈다. 『의성김씨 고문서』, 「통문」no. 84, 「정서본正書本」, p. 261; 『영조실록』64:16b(1746); 25:21b(1747).

146. 김석을 진성 이씨의 시조인 석과 혼동해서는 안 된다. 두 사람의 한자명(錫/碩)은 다르다. 〈세계도 B-4〉와 〈세계도 B-7〉을 참조하라.

147. 『의성김씨 세보』와 『만성대동보』1:183a를 보라. 석의 직계후손에 대한 불확실성은 17세기 중엽의 『씨족원류』, pp. 259~61에 기록된 여러 계보에 분명하게 드러난다. 『문헌비고』47:37b는 용비를 석의 7대손으로 기록하고 있다.

148. 김왕(1606~1681)은 1639년의 문과 급제자로, 만근의 동생인 만흠萬欽의 현손이었고, 예천에 살았다. 김성구(1641~1707)는 1669년의 문과 급제자로, 용비의 셋째 아들인 영의 후손이었고, 안동에 거주했다.

149. 『의성김씨 고문서』, 「계안」no. 3, 3:342~47.

150. 와그너는 양반 출계집단 성원의 20%는 족보에 포함되지 않았다고 추정했다. 하지만 이 높은 비율의 상당 부분을 차지한 자들은 진정한 양반으로 받아들여지지 않은 서자였을 것이다. Wagner, "The Korean Chokpo as a Historical Source," p. 142.

151. 족보의 서문들은 1901년판 『의성김씨 세보』에 실려 있다.

152. 안동 권씨의 '파'가 몇 개인지는 아직까지 논란이 되고 있다. 어떤 이들은 14개 파가 있다고 주장하고, 다른 이들은 15개 파가 있다고 말한다. 1794년판 『안동권씨 세보』는 14개 파를 열거하고 있다. 분파의 기원은 열 세대(13세기 초)나 거슬러 올라가지만, 이는 분명히 후대의 구성이다. 안동 권씨

족보의 목록과 그들의 분파에 대한 표는 『영가언행록永嘉言行錄』 1:543~51을 보라.

153. 관련 문서에 대해서는 김시황, 「의성김씨 화여세계火餘世系」를 보라. 송선희는 1970년대에 김시과의 후손들이 자신들만의 파를 형성하고 있었지만, 여전히 양반으로 완전히 받아들여지지는 않았다고 보고한다. "Kinship and Lineage in Korean Village Society," p. 438.

154. 별묘는 한국의 독특한 제도인 것 같다. 이 용어는 모로하시의 사전에 나오지 않는다.

155. 그의 연보에 따르면, 김성일은 '선무원종공신宣武原從功臣'이 되었고, 정2품 관직에 추증되었지만, 이런 사실은 『실록』이나 공신록에 기록되어 있지 않다. 이는 아마도 김성일의 명성이 일본의 침략 가능성에 대한 그의 오판(1591)에 의해 손상된 탓인 듯하다.

156. 『숙종실록』 8:41a(1679).

157. 『의성김씨 고문서』, 「완의」 no. 20, 4:171~72; 6:102.

158. 『의성김씨 고문서』, 「완의」 no. 22, 2:103~4. 성일의 장남인 김집金潗의 위패도 함께 모셔졌다. 이 문서에 대한 상세한 설명은 문옥표 등, 『조선양반』, pp. 361~64를 보라.

159. 의성 김씨의 제사 목록에 대해서는 문옥표 등, 『조선양반』, p. 93을 보라. 송선희는 불천위 봉사가 분파의 이유였다고 생각했다. "Kinship and Lineage in Korean Village Society," pp. 375~77을 보라. 하지만 때로는 불천위 봉사로 귀결되는 고위직 보유가 좀 더 결정적인 분파의 이유였던 것으로 보인다. [그런데 지촌파의 중시조인 방걸은 이런 자격을 갖추고 있었음에도 불천위가 되지 못했다.] 송선희는 김방걸이 불천위 봉사를 받지 못한 것은 송시열의 사사賜死를 주장했던 그에게 그런 명예를 부여하면 송·시열의 후손이 불쾌하게 여길 것이라고 유팀이 반난했기 때문이라고 주장했다.

160. 유성룡, 『서애전서』, 「연보」 3:293; 그는 1604년에 공신이 되었다. 임재해, 『안동 하회마을』, 58~64; 임돈희, 『조상제례』, pp. 66~95(1989년에 하회의 종가에서 치러진 불천위 봉사를 보여주는 일련의 사진을 수록하고 있다).

161. 『영가지』 1:22a; 4:19b~22a.

162. 동약은 1650년에 개정되었고, 그 성원은 꾸준히 증가하여 18세기 초에는 약 150명에 달했는데, 안동 권씨와 흥해 배씨가 지배적인 성씨였다. 『영남향약』, no. 137, pp. 336~39.

163. 특기할 만한 것은 권두인이 권벌은 공신이 아니라고 생각했다는 점이다. 그런데 권벌의 연보에 따르면, 그는 이씨 왕조의 종계宗系에 대한 명나라의 잘못된 인식을 바로잡는 데 일조한 공으로 1591년에 일등공신에 책록되고 불천위 제사의 특권을 얻었다. 권벌, 『충재집』, 「연보」 10b. 그렇지만 권벌은 1590년의 공식적인 공신 명단에 등재되지 않았기 때문에, 그의 공신 칭호는 나중에 추록된 것임에 틀림없다.

164. 『영남 고문서 집성』 1:482~4. 권두인과 그의 사촌 권두경은 1716년에 내성동약의 마지막 주요 개정도 주도했다.

165. 송준호도 이 점을 거듭 강조했다. 그가 쓴 『조선사회사 연구』를 보라.

166. 원래는 고관이나 고위관직을 추증받은 자들의 묘에만 신도비를 세울 수 있었다. 상세한 내용은 김우림, 「서울−경기 지역의 사대부 묘제」, pp. 45~59를 보라.

167. 묘비와 무덤 건축의 연구에 대해서는 같은 논문을 보라. 오래된 조상묘의 개축 및 확대와 새로운 묘역의 조성은 오늘날까지 그 열기가 식지 않았고, 1990년대에 절정에 달했다는 사실은 주목할 만하다. 예를 들어 1993~1994년에 (복야공파로 알려진) 권수홍의 후손들은 파조인 수홍을 위해 묘지를 방불케 하는 거대한 단소壇所를 건립했다. 수홍의 실제 무덤은 위치가 알려지지 않았기 때문이다. 이 건축의 비용은 한반도의 남쪽 곳곳에 흩어져 있는 문중과 후손 개개인의 기부금으로 충당되었다. 건축과정과 설단식設壇式은 「안동권씨 복야공파 파조 설단실기」에 기술되어 있다.

168. 권우(1610~1675)는 권부의 12대손으로, 수도에 거주했다. 따라서 수평을 파조로 모시는 추밀공파의 일원이었다. 1629년에 문과에 급제한 그는 관직 경력이 화려했다. 『만성대동보』2:55b.

169. 권시경(1625~1708)은 1675년에 문과에 급제한 수도 거주자로, 1682년에 경상도 관찰사로 임명되었다. 『만성대동보』2:57b.

170. 권두인, 「안동권씨 전고典故」, pp. 110~15에 실려 있는 「재사기문」. 재사는 1753년에 불탔지만 즉시 복구되었고, 18세기 초에 여러 차례 중수되고 확대되었다. 재사는 1896년에 다시 불에 탔지만, 1899년에 완전히 재건되었다.

171. 「의성김씨 고문서」, 「토지문기」, nos. 10, 11, 4:194. 1897년과 1903년에 오토산 재사의 관리에 관한 두 통의 통문이 의성 김씨의 각 파로 발송되었다. 김경숙, 「조선 후기 문중통문」, p. 122를 보라.

172. 1790년대에는 이완과 이정회, 이형남李亨男(1556~1627; 주촌 이씨 지파의 중시조였다)이 이곳에 함께 모셔졌다. 자세한 내용은 김문택, 「16~17세기 안동의 진성이씨」, pp. 125~31을 보라.


## 12장


1. 예안의 희생자들 중에는 퇴계의 걸출한 제자인 이덕홍의 아들 이강李江(1573~1623)이 있었다. 조목의 주요 제자 가운데 한 명인 이강은 처형당했다. 초법적인 '향벌'은 조식을 스승으로 모시던 핵심 지역인 진주지방(경상도 남부)에서 유래한 것으로 생각되었다. 『선조수정실록』3:5a~b(1569); 이수건, 「17~18세기 안동지방 유림」, p. 228의 주 147; 이수건, 「서애 유성룡」, pp. 9~12.

2. 이현일은 [재령] 이함의 손자였다. 그의 부친 이시명李時明(1590~1674)은 문과 급제자가 아니었지만, 탁월한 학식과 도덕적 엄정성을 인정받아 천거에 의해 참봉에 임명되었다. 이시명의 행장에 대해서는 이현일, 「갈암선생문집」27:12b~22a를 보라.

3. 이현일의 문인록에는 358명의 이름이 올라 있다. 대부분의 제자는 안동지방 출신이었지만, 나머지는 영남의 각지에 흩어져 있었다. 이들 가운데 출사한 자는 극소수에 불과했다. 김학수, 「갈암 이현일 연구」, p. 105; 우인수, 「조선 후기 산림」, p. 53을 보라.

4. 이현일의 사상에 대한 간명한 분석은 금장태, 『퇴계학파(1)』, pp. 272~82; 김학수, 「갈암 이현일 연구」를 보라. 또 안병걸의 『갈암 이현일』도 보라.

5. 『朝鮮圖書解題』, pp. 664~65를 보라.

6. 권두경(1654~1725)은 권벌의 6대손으로, 김시온의 막내딸과 결혼했다. 1679년에 사마시, 1710년에 문과를 통과했고, 심지어 1694년 이후에도 수도 안팎에서 다양한 관직을 맡았다. 그는 유려한 문장과 시로 명성이 높았다. 『교남지』 11:25b~26a; 『창설재선생문집, 부록』 17:1a~3a; 이황, 『증보퇴계전서, 해제』 1:7~8.

7. 아마 그가 모델로 삼은 책은 주희의 『주자어류朱子語類』일 것이다.

8. 권두경은 자신이 이 책에 사용한 33종의 비망록, 특히 조목, 김성일, 정유일, 이이의 증언록을 열거하고 있다. 이황, 『증보퇴계전서』 4권을 보라. 권두경의 편찬본은 화산본花山本이라 불린다.

9. 조현명에 대해서는 주 143을 보라.

10. 권두경의 저서는 제자 명부의 최종본인 『도산급문제현록』의 일부가 되었다. 훗날 세 차례에 걸쳐 증보된 이 목록은 연령순으로 나열된 309명의 이름을 싣고 있다. 간략한 서지정보에 대해서는 이황, 『증보퇴계전서』 1:7~9에 실린 이가원의 「해제」를 보라.

11. 이수연(1693~1748)은 [진성] 이안도의 현손으로, 김학배의 딸과 혼인했다. 1723년에 생원시에 입격했고, 음보로 관직을 지냈다. 『만성대동보』 1:131b; 『교남지』 12:10b~11a.

12. 권두경, 「의안동사림통예안사우문擬安東士林通禮安士友文」, 『창설재선생문집』 11:1a~3b. 예안과 안동 학자들의 갈등에 대해서는 Cho, "The Community of Letters"도 보라.

13. [한산] 이상정은 유명한 이색의 먼 후손(15대손)이었다. 그는 1735년에 문과에 급제하여 몇몇 미미한 관직을 맡다가, 말년에 천거에 의해 형조참의(정3품)로 승진했다.

14. 그의 묘갈명은 채제공蔡濟恭이 썼다. 『번암집樊巖集』 51:35b~40a.

15. [전주] 유복기의 10대손인 유치명은 1805년에 문과에 급제했고 벼슬이 병조참판에 이르렀다. 그의 어머니는 이상정의 아들인 이완李琓(1740~1789)의 딸이었다. 치명의 스승은 역시 유복기의 후손인 저명한 경학자經學者 유장원柳長源(1724~1796)이었다. 치명은 안동에 묻혔다. 『안동의 분묘』, pp. 821~31; 『교남지』 11:28b.

16. 19세기 후반에 유치명의 대를 이은 주요 제자는 김성일의 11대손인 김흥락金興洛(1827~1899)이었다. 19세기 후반에 활동한 유학자들의 행적과 사상은 본격적인 연구를 기다리고 있다.

17. 여기에서는 유성룡의 학통을 『고문서 집성』 43:701~9에 전재된 「가학연원록家學淵源錄」에 의거하여 그의 후손들을 통해 추적한다. 유성룡의 대표적인 제자 67명의 명단은 같은 책, 43:711~26에 첨부된 「애문제자록厓門諸子錄」을 보라. 또 이수건, 『서애 유성룡』, p. 15도 보라.

18. 그녀의 부친은 권동미의 장남인 권채(1557~1599)였다.

19. 이 사촌은 유운룡의 둘째 딸이었다.

20. 노경임의 본관은 안강安康이다. 그는 1591년에 문과에 급제했다. 『만성대동보』 2:226b; 「서애선생 문현록」, 유성룡, 『서애전서』 3:519~20.

21. 이전에 대해서는 「서애선생 문현록」, 유성룡, 『서애전서』 3:477~78을 보라.

22. 광해군의 치세에 굴욕을 당하고 스스로 은거했던 유진은 1623년 이후에야 관직에 진출했지만, 지방의 수령직에 오래 머물러 있지는 않았던 것으로 보인다. 그는 고향에서 향약을 실시했고, 1627년에 만주족에 맞서 의병을 모집했다. 유진의 전기에 대해서는 『한국역대문집총서』 553:204~6, 324~86에 전재되어 있는 『수암선생문집』의 연보와 행장을 보라. 유원지가 쓴 유진의 행장은 『졸재拙齋선생문집』 2:374~88에 실려 있다. 유진은 1617년에 상주로 이거했지만 영주에서 사망했다.

23. [풍산] 김대현의 아들 9명 가운데 4명이 문과에 급제했다. 유진의 맏딸은 대현의 둘째 아들인 영조榮祖(1577~1648)의 아들과 혼인했다. 『만성대동보』 1:197a~8a.

24. 유원지의 정치적·철학적 경력에 대한 간략한 설명은 『퇴계학자료총서』 32권에 실려 있는 안병걸의 「졸재집 서론」을 보라.

25. 유세명의 행장은 『우헌寓軒선생문집』, pp. 520~33을 보라.

26. 유후장의 행장은 『주일재主一齋문집』, pp. 414~26을 보라. 행장을 쓴 이는 그의 후손인 유주목柳疇睦(1813~1871)이었다.

27. 1500년과 19세기 말 사이에 세워진 약 900개의 서원과 사당 가운데, 270개만이 사액을 받았다. 그 명단은 정만조, 『조선시대 서원』, p. 141을 보라. 『속대전』에 의하면, 3결의 면세지가 공식적으로 부여되었다. 『속대전』, p. 141.

28. 서원의 유형별 배치에 대해서는 정명섭, 「경북지역의 서원」, p. 265를 보라.

29. 서원의 수장은 종종 원장院長이나 동주洞主로 불리기도 했다. 서인과 남인의 서원은 그 구조가 판이했다. 이수환, 『조선 후기 서원』, pp. 104~3을 보라.

30. 정순목, 『한국서원교육』, pp. 170~207; 이수환, 「17~18세기 안동 병산서원」, pp. 169~72.

31. 이 의례에 대한 묘사는 정순목, 『한국서원교육』, pp. 142~69(사진이 첨부되어 있다)를 보라.

32. 『영가지』 4:16b~28a.

33. 17세기 초에 서원의 연간 수입은 무려 쌀 1,000섬에 달했다. 도산서원의 경제적 기반과 노비신공 수입에 대한 설명은 이수환, 「17~18세기 안동 병산서원」, pp. 190~97; 이수환, 「도산서원 노비신공」, 『조선 후기 서원』, pp. 222~80을 보라.

34. [안동] 권경전(생몰년 미상)은 1537년의 생원시 입격자였다(입증할 수는 없다). 『영가지』 4:22a~b.

35. 이수환, 「17~18세기 안동 병산서원」, pp. 163~64.

36. 유진, 『수암선생문집』, 「연보」, p. 337.

37. 같은 책, p. 357.

38. 중인(여기에서는 유향소의 보조 임원을 뜻하는 듯하다)도 제외되었다. 이런 배제는 병산서원의 입

원규정에는 명시되지 않았으나 소수서원의 경우에는 명시되었고, 대부분의 남인 서원에서 고수되었다. 이수환, 「17~18세기 안동 병산서원」, p. 169.

39. 같은 논문, pp. 176~97; 병산 노비안에 대한 연구도 참조하라.

40. 권강(1567~1626)은 [안동] 권벌 가계의 방계에 속했다. 1589년에 사마시에 입격했지만, 그는 관직에 뜻을 두지 않고 서애의 제자가 되어 '위기지학'에 전념했다. 권강, 『방담方潭선생문집』, pp. 226~52; 유성룡, 『서애전서』 3:514.

41. 임천서원은 1847년에 재건되었고, 1868년에 훼철되었지만, 지역 유림에 의해 1908년에 복원되었다. 『안동의 서원』, p. 56. 『문헌비고』에는 나오지 않는다. 『교남지』 11:11b에 의하면 임천서원이 1742년에 세워졌다고 하는데, 이 연도는 잘못된 것 같다. 『영가지』 초고본에 따르면, 김성일의 위패는 1603년에 지역 유림에 의해 건립된 상덕사尚德祠에 모셔졌다. 이수환, 「17~18세기 안동 병산서원」, p. 164도 보라.

42. 유원지, 『졸재선생문집』, pp. 499~502.

43. 이수환, 「17~18세기 안동 병산서원」, pp. 163~64.

44. 유성룡, 『서애전서』, 「연보」 3:293. 서애의 시호는 '문충文忠'이었다.

45. 이유도는 1615년 온계동규의 임원들 가운데 한 명으로 일했다. 그는 또한 정경세의 아내의 친척이었다.

46. [초계草溪] 정온(1569~1641)은 원래 정인홍의 제자였으나, 나중에는 온건한 정구를 스승으로 삼았다. 1606년에 진사가 되고 1610년에 문과에 급제한 그는 1623년 이후에 요직을 맡았다. 1637년에 만주족과의 강화에 반대하다가 관직에서 물러났다. 상세한 내용은 『朝鮮人名辭書』 p. 1760을 보라.

47. 『인조실록』 12:35a, 46b~47a; 13:18a, 22a~23a(1626).

48. 이수환, 「17~18세기 안동 병산서원」, p. 176.

49. 이 수치들은 『조선 후기 서원』, p. 20에 기초한 것이다. 경상도의 서원 목록에 대해서는 『문헌비고』, 213:470~82를 보라.

50. 『숙종실록』 11:53b. 정만조, 『조선시대 서원』, p. 145에서 재인용. 상소자는 김장생의 증손인 노론 김만중金萬重(1637~1692)이었다.

51. 자세한 내용은 Deuchler, "Self-Cultivation for the Governance of Men"을 보라. 오현은 김굉필, 정여창, 조광조, 이언적, 퇴계 이황이었다.

52. 영남 측의 지지자들은 "도 전체의 유생들을 대표하여" 상소문을 쓴 정경세(『우복집』 3:38b~42a)와, 유생들의 지도자로 인정받아 1608년에 "영남 유사들"을 대표하여 상소를 올린 이전이었다. 이상정, 「월간月澗이선생행장」, 『대산집』 49:29b를 보라.

53. [풍산] 김봉조는 1613년의 문과 급제자로, 여섯 명의 형제와 함께 유성룡의 가르침을 받았다. 유성룡, 『서애전서』 3:526~27.

54. 상세한 내용은 이수건, 『영남학파』, pp. 516~17; 설석규, 『조선시대 유생상소』, pp. 180~90을 보라.

55. 유진, 『수암선생문집』, 「연보」, pp. 333~36. 유진은 이때의 체험을 「임자록壬子錄」에 기록했다. 1613년 사화에서 광해군과 대북의 지도자 이이첨李爾瞻은 광해군의 즉위에 반대했던 소북을 제거했다.

56. 두 붕당으로 갈라진 성균관 유생들 사이의 논쟁에 대해서는 허권수, 『조선 후기 남인과 서인』, pp. 9~119를 보라.

57. 『효종실록』2:36b~37b(1649).

58. 유직의 행장은 『백졸암百拙庵선생문집』, 「부록」1a~5a; 『교남지』11:38b를 보라. 그의 문집에는 이 일을 소상하게 기록한 「소청일록疏廳日錄」이 실려 있다.

59. 유직의 일록에 의하면, 몇 가지 초본(소초疏草)이 접수되었지만 최종적으로 상주의 유일인 이구李榘(1613~1654)의 초본이 선택되었다. 이구는 이기론에 관한 저명한 학자였고, 그의 글은 호소력이 강했을 뿐 아니라 그 뜻도 명료했다고 한다. 이수건, 『영남학파』, p. 506의 주 115; 『朝鮮人名辭書』, p. 677.

60. 영남 유생들이 올린 상소들에 대한 전반적인 논의는 이수건, 『영남학파』, pp. 503~11을 보라.

61. 『효종실록』3:1a~3b(1650).

62. 상소문에 대해서는 같은 책, 3:10a~11b(1650)를 보라.

63. 같은 책, 4:1a~3b(1650); 이수건, 『영남학파』, pp. 521~22. 신석형과 평산 신씨平山申氏에 대해서는 주 104와 그 주에 인용된 문헌을 보라.

64. 유적에서 삭제된다는 것(삭적削籍)은 훗날 사면되지 않는 한, 진사나 생원이 문과에 응시할 수 없음을 뜻했다. 이 과격한 조치를 취할 권한은 전적으로 성균관 유생들에게 있었다. "누런 종이를 붙이는 부황"은 엄한 공적 견책이었다. 고수敥手는 잘못을 저지른 자의 이름과 그 잘못을 상세히 적은 누런 종이를 북에 붙이고 시가를 행진했다.

65. 『효종실록』4:1a~3b, 12a~13a, 27a, 33b; 5:18b~20b(1650); 유직, 『백졸암선생문집』, 「행장」, pp. 210~11.

66. 홍우원은 수도의 남인 세력인 남양 홍씨의 일원이었다. 붕당의 환국으로 인해 그의 관직 경력은 자주 단절되었다. 예안의 현감으로 봉직했던 1651년에 그는 안동─예안의 남인 선비들과 친밀하게 지냈다. 그는 1674년에 숙종에 의해 특별히 승진한 남인들 가운데 한 명이었다. 차장섭, 『조선 후기 벌열』, pp. 35, 230.

67. 『현종실록』6:37a~39b, 40b, 45b~46a, 46b~47a; 7:1a(1663). 같은 해에 율곡과 우계의 배향에 항의하는 두 건의 추가적인 상소가 영남인들에 의해 제출되었다. [의령] 남중유南重維(1627~1701)는 영월寧越에 거주하고 있던 진사(1660)였고, [예안] 김강金鋼(1609~?)은 영주에 살고 있던 생원

(1635)이었다. 양자는 문과 응시자격을 정지당하는 벌을 받았다. 17세기와 18세기에 영남의 유생들이 올린 상소의 목록에 대해서는 이수건, 『영남학파』, p. 571을 보라.

68. 유세철은 원리元履의 넷째 아들로, 후사 없이 일찍 죽은 원리의 사촌형 원직元直(유운룡의 손자)의 종손으로 입양되었다.

69. 상세한 일기는 『회당悔堂선생문집』에 수록되어 있는 「소청일기疏廳日記」를 보라. 이수건, 『영남학파』, pp. 505, 526과 설석규, 「현종 7년 영남유림」, pp. 294~307에 발췌문이 실려 있다.

70. [남양] 홍명하(1608~1668)와 [안동] 김수항(1629~89)은 최상위 '벌열'의 일원으로, 계속해서 당상관직을 역임했다. 홍(1644년 문과 급제자)은 1665년에 좌의정에 임명되었고, 얼마 뒤에 영의정에 올랐다. 그는 저명한 성리학자이자 서예가였다. 김수항과 그의 형 김수흥(1626~1690)은 '신' 안동 김씨의 '중흥조'인 김상헌(1570~1652)의 손자들이었다. 둘 다 영의정을 비롯한 최고위직을 지냈고, 1689년에 서인이 패하면서 함께 죽음을 맞았다. 세 명 모두 송시열의 충실한 지지자였다.

71. [광산] 김만기(1633~1687)는 숙종의 첫 번째 부인인 인경왕후의 부친이었고, 송시열의 지지자였다.

72. 상소문 원문과 부록은 남인이 편찬한 『현종실록』 12:4b~20a에 실렸고, 후에 약간 축약된 형태로 『현종개수실록』 15:2a~18a에도 실렸다. 이렇게 많은 지면을 할애했다는 것은 그것이 1666년에, 그리고 그 후 1674년에 얼마나 큰 파장을 불러일으켰는지를 입증해준다. 『실록』은 분명히 유세철을 소두라고 밝히고 있지만, 상소문 자체는 그의 문집에 수록되어 있지 않다. 대신에 그 글은 유원지의 『졸재선생문집』 3:1a~9a에 "유생을 대표하여 1666년에 작성됨"이라는 부기와 함께 실려 있다. 원지는 세철의 스승이었고, 따라서 그가 실제로 상소문 작성에 관여했을 가능성도 있지만, 1666년에는 안기도찰방安奇道察訪으로 봉직하고 있었으므로, 일행을 따라 서울로 갈 수는 없었다. 하지만 설석규는 원지가 아니라 허목의 제자로 수도에서 말직을 맡고 있던 곽세건郭世楗(1618~1686)이 의례에 관한 원지의 견해를 참조하여 상소문을 기안했다고 본다. 설석규, 「현종 7년 영남유림」, pp. 314~17을 보라.

73. 충청도 유생의 상소는 저명한 서인 학자 윤증(1629~1714)에 의해 작성되었다. 윤증, 『명재선생 유고』 2:155~65를 보라.

74. 이상의 설명에 대한 문헌상의 증거는 너무 많아서 일일이 열거하기도 어렵다. 현종 7년(1666) 3월에서 5월까지 『실록』 12권과 13권 6b에 실린 기사들을 보라. 현종의 치세에 제출된 상소들 가운데 가장 많은 수를 차지한 것은 문묘 배향을 다룬 것이었다. 설석규, 『조선시대 유생상소』, pp. 312, 446을 보라.

75. 『현종실록』 22:32a(1674); 유세철, 『회당선생문집』, pp. 321~22.

76. 『숙종실록』 12:18b~19a, 21b~22b, 51a~b(1681); 13상上:29a~30b(1682); 20:25a~b(1689); 26:40a~b(1694).

77. [한양] 조경(1586~1669)은 1612년에 사마시, 1626년에 문과를 통과한 남인으로, 1650년 초에 예

조판서였다. 사간으로 재직하고 있던 1636년에 만주족과의 강화를 격렬하게 반대했다는 이유로, 청나라의 사신은 그의 처벌을 요구했고, 그는 결국 1650년 3월에 유배되었다.

78. 조경은 인조가 대신들에게 "학문이 높은 초야의 학자"를 추천하라고 명했을 때, 김용의 손자인 [의성] 김휴金烋(1597~1638)를 관직에 천거했다. 김은 1637년에 참봉에 임명되었지만, 병이 있어 봉직하지는 못했다. 김휴, 『경와선생문집』, 「행장」, p. 511.

79. 오정일(1610~1670)은 인조의 셋째 아들인 인평대군麟坪大君의 장인 오단吳端의 장자였다. 1635년에 정일은 율곡과 우계의 배향에 반대하는 상소를 주도했다. 동생인 정위挺緯(1616~1692)와 정창挺昌(1634~1680)도 그와 마찬가지로 문과에 급제했고, 이들은 '벌열'에 속하지 않았음에도 불구하고 요직을 역임했다.

80. 『현종개수실록』15:20b. 흥미롭게도 허적의 발언은 남인이 편찬한『실록』에는 기록되지 않았다.

81. 자세한 내용은 설석규, 「현종 7년 영남유림」, pp. 317~23을 보라.

82. 김수홍(1601~1681)은 [안동] 김상용의 손자로, 수도에서 손꼽히는 벌열에 속했다. 서인이면서도 송시열과는 상당한 거리를 유지했다.

83. 설석규, 「현종 7년 영남유림」, pp. 320~21.

84. 오정일의 동생 오정창(1634~1680)은 1662년에 문과에 급제했고, 1676년에 성균관 대사성이 되었다. 그는 1680년에 처형당했다.

85. 『숙종실록』4:14b~15a(1675).

86. 허목과 윤휴는 송의 죽음을 주장한 강경파(청남淸南)를 대표했고, 당시의 영의정인 허적은 그런 극형에 반대한 온건파(탁남濁南)를 이끌었다.

87. 설석규, 「현종 7년 영남유림」, pp. 327~28. 유세철의 판단은 옳았다. 남인의 집권기에 허적과 윤휴는 청나라를 상대로 한 효종의 북벌 계획이 폐기된 이후 (그들이 보기에) 약화일로에 있던 군대의 재편을 적극 추진했다.

88. 인현왕후 민씨는 송시열과 송준길의 제자이자 세도가인 [여흥] 민유중閔維重(1630~1687)의 딸이었다. 그녀는 숙종의 첫 번째 부인이 사망한 지 1년이 지난 1681년에 그의 계비가 되었다. 장차 왕이 되는 경종의 모친인 장씨로부터 온갖 모함을 받은 탓에, 민씨는 1689년에 폐서인이 되어 궁에서 쫓겨났지만, 1694년에 복위되었다. 자식을 낳지 못한 그녀는 1701년에 급사했는데, 장씨의 흑주술黑呪術 때문이라는 설이 있었다. 이 혐의를 받은 장씨는 결국 얼마 뒤에 자진해야 했고, 남인을 등에 업고 있던 그녀의 가문은 멸문지화를 당했다.

89. 『안동의 분묘』, pp. 641~51; 『지촌선생문집』, 「행장」4:22a~32a; 『숙종실록』20:29b~30a, 38a~b(1689).

90. 숙종의 치세 초기에 관직을 보유한 수도와 영남의 남인 명단은 이수건, 『영남학파』, p. 427을 보라. 안동 출신으로는 권동보의 현손이자 1696년의 문과 급제자인 권두기權斗紀(1659~1722)와 유진의

아들인 유천지柳千之(1616~1689)가 있었다.

91.  우인수, 『조선 후기 산림』, pp. 80~86; 김학수, 「갈암 이현일 연구」, pp. 106~19.

92.  김세호(1652~1722)는 김수일의 6대손으로, 1681년에 사마시에 입격하고 1690년에 문과에 급제
     했다. 김세호, 『구주집, 부록』, 「행략行略」 10:40a~43a; 『숙종실록』 26:7a; 27:13a(1694).

93.  『숙종실록』 4:15a, 16a(1675).

94.  우인수도 『조선 후기 산림』, p. 82에서 유사한 결론을 내렸다.

95.  정개청(1529~1590)은 노비나 향리 가문 출신이었을지도 모른다. 유명한 전라도의 사대부 박순朴
     淳(1523~1589)의 제자였던 정은 학문이 높기로 유명하여 관직에 천거되었고, 결국 서울 안팎에
     서 봉직했다. 그는 4,000명 이상의 제자를 거느리고 있었다고 한다. 그의 생애에 대해서는 김동수,
     「16~17세기 호남사림」, pp. 46~53을 보라.

96.  양몽거(1643~1712)는 1669년의 생원이었다. 순창의 모든 남원 양씨는 서인이었는데, 양몽거가
     남인과 뜻을 같이한 이유는 분명하지 않다. 그는 허목과 연락을 주고받았다. 『숙종실록』 6:11a~b;
     양만정 편, 『남원양씨 세적집요』, pp. 138~45.

97.  이 사건들과, 관련된 남인들의 혼인관계에 대한 구체적인 연구는 송준호, 『조선사회사 연구』, pp.
     334~57; 김동수, 「16~17세기 호남사림」, pp. 43~104를 보라.

98.  안방준(1573~1654)은 보성 토박이로, 성혼의 제자였고 정철과 밀접하게 관련되어 있었다. 학문으
     로 이름이 높았지만, 관직을 보유한 적은 없었다.

99.  『숙종실록』 23:38a~b(1692); 24:12b(1692); 『문헌비고』 212:3a, 8a; 김동수, 「16~17세기 호남사
     림」, pp. 77~78, 83.

100. 최계옹, 『우와迂窩선생문집』, 「연보」, pp. 442, 445, 450~51; 『숙종실록』 27:57a~58a(1694). 오늘
     날에는 노론으로 간주되지만(양만정 선생과의 개인적인 서신 왕래에서 확인됨), 계옹이 박세채와
     가까웠다는 것은 그가 사실상 소론에 협력했음을 시사한다. 그는 소론 정권하에서 승지로 경력을
     마감했다.

101. 최시옹, 『동강선생유고』 2:12b~13b(1691); 「행장」 8:1a~b; 김현영, 『조선시대의 양반』, p. 58의
     주.

102. 권상일, 『청대일기』 1:310~20(1721). 숙종과 경종의 치세에 경상도에서 올린 상소의 수에 대해서
     는 설석규, 『조선시대 유생상소』, pp. 447~49를 보라

103. 이준(1560~1635)은 1591년의 문과 급제자로, 1617년에 상주의 읍지인 『상산지商山誌』를 편찬했
     다. 그의 행장은 『서애선생 문현록』, 유성룡, 『서애전서』 3:478~78을 보라.

104. 상주에 살고 있던 평산 신씨와 창녕 성씨는 광해군의 치세에는 북인 편에 섰고, 그 후에는 서인 진영
     에 합류했다. 이수건, 『영남학파』, pp. 521~22. 신석번의 『백원百源선생문집』에는 송시열이나 송준
     길 같은 서인의 거두들과 주고받은 서신이 상당수 포함되어 있다.

105. 『효종실록』4:10a(1650).

106. 예컨대 권상일, 『청대일기』1:315(1721); 이수환, 『조선 후기 서원』, pp. 294~97을 보라.

107. 안동 부성에서 15리쯤 떨어져 있던 가구 인근에는 안연석의 친척 몇 명이 살고 있던 음곡陰谷이라는 위성마을이 있었다. 『영가지』1:11a. 연석의 고조부 안제安霽(1538~1602)는 퇴계의 문하에서 수학 했고, 사마시(1561)와 문과(1580)를 통과하여 용궁 현감으로 봉직했다. 임진왜란 중에는 군대를 물 질적으로 지원했다고 한다. 그는 안동의 여러 학자와 친하게 지냈고, 안동에 묻혔다. 『안동의 분묘』, pp. 464~73; 『만성대동보』2:133a~b; 『와룡면지』4:7a~b.

108. 안연석에 관한 기본 자료는 『만성대동보』2:133b; 『교남지』11:26b; 『와룡면지』4:21b; 『朝鮮人名辭書』, p. 239를 보라. 마지막 전거는 이희령李希齡(1691~1777)이 엮은 야사 『약파만록藥坡漫錄』에 근거한 것이다. 안의 부친인 안중현安重鉉(생몰년 미상)은 문장과 학문으로 유명했고, 그의 형제 2명은 생원시 입격자였다. 1659년에 중현은 뜻이 맞는 자들과 함께 '오례誤禮'에 반대했다고 한다. 『교남지』11:39a. 안의 친척에 대해서는 『와룡면지』4:22b 이하를 보라.

109. 이수환, 「17~18세기 안동 병산서원」, p. 168.

110. 소론의 강경파 대신 김일경(1662~1724)은 경종의 이복동생으로 노론의 후원을 받고 있던 미래의 왕 영조를 암살하려는 시도를 사주했다. 1721~1722년에 노론의 숙청을 주도했던 김은 1724년에 영조의 즉위와 함께 노론이 다시 권력을 장악했을 때 살해되었다.

111. 1723년에 문과에 급제한 박문수(1691~1756)는 영조의 총신들 가운데 한 명으로 괄목할 만한 관직 경력을 쌓았다. 『승정원일기』영조 4[1738]/8/10(sjw.history.go.kr에서 검색); 『영조실록』47:23a(1738). 그에 관한 간략한 전기는 Haboush, *A Heritage of Kings*(→김백철·김기연 옮김, 『왕이라는 유산』, 너머북스, 2017.), pp. 158~59를 보라.

112. 이 저작은 필사본으로만 전해진 것으로 보이고, 현재 교토 대학 부속도서관 가와이河合 문고에 소장되어 있다. 필자를 위해 이 책을 복사해준 앤더스 칼슨Anders Karlsson에게 감사한다. 붕당주의에 대한 이 간략한 역사서는 널리 알려진 자료를 기록한 수준에 머물러 있고, 남인이나 노론의 특이한 관점을 반영하지도 않고 있다. 책에는 중요한 사림 학자들의 행장이 포함되어 있다.

113. 권대운(1612~1699)은 17세기에 '벌열'로 전성기를 구가한 수도의 남인인 안동 권씨의 대표적 인물이었다. 대운은 조정의 요직을 두루 거쳤고, 1689년에는 영의정에 올랐다. 그러나 1694년 이후에 권씨 일가는 힘든 시간을 보냈다. 이 때문에 그의 아들인 권규權珪(생몰년 미상)와 손자인 권중경權重經(1642~1728)은 다시 관직에 나아가기 위해 소론의 편에 섰다. 중경은 1728년에 이인좌(아래를 보라)가 난을 일으키자 자살했다(이인좌의 할머니가 중경의 고모였다). 차장섭, 『조선 후기 벌열』, pp. 197~98을 보라.

114. 이재(1680~1746)는 1702년에 문과에 급제했고, 노론 학자인 김창협金昌協의 제자로 눈부신 경력을 쌓았다. 그는 『사례편람四禮便覽』을 편술한 예학자로도 유명하다.

115. 이른바 변산 도적들은 충청도 서부의 변산반도와 근해의 여러 섬으로 달아난 도망노비들이었던 것으로 보인다. "낮에는 숨어 있고 밤에 습격하는" 이 도적들은 특히 18세기 초에 활개를 쳤다. 이종범, 「1728년 무신란의 성격」, pp. 175~78을 보라.

116. [전주] 이인좌(1695~1728)는 수도의 저명한 남인 가문에서 태어났고, 수도의 유력한 가문들과 복잡하게 얽혀 있었다. 그의 할머니는 권대운의 딸이었고, 어머니는 영남의 부유한 가문 출신이었으며, 아내는 윤휴尹鑴의 손녀였다. 그는 경기, 호남, 영남의 유명한 사족 여러 명과 친분을 맺었다.

117. 영조는 배다른 형인 경종이 사망한 뒤에 즉위했는데, 영조가 그를 독살했다는 설이 있었다. 형제살해 의혹 외에도, 그가 서자라는 사실이 그를 '적법하지 않은' 후계자로 만들었고, 이 꼬리표는 그의 생애 내내 그의 통치가 정당한지에 대해 의문을 던졌다. 자세한 내용은 Haboush, *A Heritage of Kings*, pp. 30~33을 보라.

118. 정희량(?~1728)은 정온의 현손이었다. 그는 이인좌와 가깝게 지냈지만, 그가 반란에 합류한 주된 동기는 자신의 고향인 경상우도가 인조반정 이후 무시당했다는 사실에 대한 좌절감이었던 것 같다. 그는 조식을 스승으로 떠받드는 남명학파의 본거지인 진주 근처의 안음에서 태어났다.

119. 이인좌의 난에 대한 상세한 연구는 이종범, 「1728년 무신란」, pp. 171~234; 이상배, 『조선 후기 정치와 괘서』, pp. 122~32를 참조하라. 또 Haboush, *A Heritage of Kings*, pp. 136~40도 보라.

120. 전라도의 구체적인 상황에 대해서는 송준호, 『조선사회사 연구』, pp. 368~69; 전경목, 『고문서를 통해 본 우반동愚磻洞』, pp. 219~45를 보라.

121. 『영조실록』16:40a(1720).

122. 권구(1672~1749)는 지곡(가일로도 알려진)에 거주하던 안동 권씨의 일원이었다. 그의 모친이 유원지의 딸이었으므로, 그는 유성룡의 외현손인 셈이었다. 이현일의 제자로, 스승의 둘째 아들이 낳은 딸과 혼인했다. 반란이 일어나기 직전에, 그는 관직에 천거되었다. 그의 전기에 대해서는 이상정, 『대산집』7:297~321에 실려 있는 「병곡선생권공행장屛谷先生權公行狀」을 보라. 권구는 1728년에 자신이 경험한 일들을 「무신록戊申錄」에서 회상했다. 권구, 『병곡선생문집』7:1a~27a를 보라.

123. 유몽서(1680~1750)는 1713년의 생원으로, 유세철의 손자이자 유운룡의 6대손이었다. 권덕수(1672~1760)는 소야(안동부의 서쪽, 『영가지』1:13b)에 거주했던 유명한 권호문의 5대손이었고, 김민행(1673~1737)은 금계 거주자였던 김시온의 5대 종손이었다.

124. 이정소(1674~1736)는 1696년에 진사시, 1714년에 문과를 통과했고, 1721~1722년에 소론이 노론을 상대로 일으킨 쿠데타로 인해 유배당했지만 1725년 이후에 풀려나 계속 벼슬살이를 했다. 그는 1727~1728년에 안동의 부사로 봉직했다.

125. 『영조실록』17:34a(1728).

126. 이때 이인좌는 예천 서쪽의 문경에 살고 있었다.

127. 「무신록」은 권구에 대한 영조의 친국을 상세히 기록하고 있다. 간추린 내용은 『영조실록』

17:14b~15b(1728)에 실려 있다.

128. [달성(대구)] 서명균徐命均(1680~1745)은 생원(1705) 및 문과(1710) 급제자로 서울에 살고 있었다. 그는 현달한 '벌열' 출신이었다.

129. 정희량과 이웅좌는 4월 2일에 체포되어 즉시 참수되었고, 이들의 수급은 소금에 절여져 수도로 보내졌다. 하지만 왕은 '헌괵례獻馘禮'에서 그들의 귀만 받았다고 한다.

130. 자신이 수도에서 겪은 고초를 생생하게 기록하고 있는 권구의 「무신록」은 당대의 불안한 사회 분위기에 대한 귀중한 서술이다.

131. 유승현(1680~1746)은 [전주] 유복기의 6대손이자 이현일의 제자로, 1719년에 문과에 급제했다. 1728년에 그는 전직 정랑(정5품)이었다. 그는 나중에 벼슬이 공조참의에 이르렀고, 풍기의 군수로 재직하다가 사망했다. 『만성대동보』 2:19a; 『교남지』 11:26b.

132. 권만(1688~1749)은 [안동] 권별의 7대손이었다. 1721년에 사마시에 입격하고 1725년에 문과에 급제했으며, 학문으로 이름이 높았다. 1728년에 그는 승문원의 하급직인 정자正字로 일하고 있었다. 충성스러운 행위 덕분에 정조에 의해 이조참의에 추증되었다. 『교남지』 11:26b.

133. 『영조실록』 17:7a~b(1728).

134. 송인명(1689~1746)은 1719년에 문과에 급제했고, 영조가 총애하던 신하들 가운데 한 명으로 왕이 '탕평책'을 펼치는 데 한몫했다. Haboush, *A Heritage of Kings*, p. 159를 보라. 그렇지만 1728년에 대사간의 직책을 맡고 있던 그는 여주에 살고 있던 윤휴의 후손들을 외딴섬으로 유배할 것을 주장했다. 이인좌의 부인이 윤의 손녀였기 때문이다. 그녀는 처음에 청주에 하옥되었다가 나중에 교살되었다. 『영조실록』 17:12b~13a(1728).

135. 『승정원일기』 영조 4[1728]/4/24(sjw.history.go.kr에서 검색).

136. 『영조실록』 17:34a~b(1728).

137. 『승정원일기』 영조 4[1728]/4/22. 이수건, 『영남학파』, p. 564의 주 296에서 재인용.

138. 『영조실록』 17:4b; 19:9a(1728). 탕평책의 유래에 대해서는 Haboush, *A Heritage of Kings*, pp. 129~36을 보라.

139. 권뢰의 신원은 확인하지 못했다.

140. 정진영, 「조선 후기 향촌 양반사회, I」, p. 270의 주 54. 정 교수에 의하면, 안동의 향안에 처음 이름을 올린 부사는 홍만조洪萬朝(1645~1725)였다. 그는 1706~1708년에 안동의 부사로 봉직했다. 1678년의 문과 급제자인 홍은 강력한 수도 풍산 홍씨(노론)의 일원이었다. 하지만 17세기 말에 안동에 남아 있던 홍씨는 없었다.

141. 영조의 치세 첫 14년 동안 경상도 관찰사를 지낸 인물들의 명단은 정만조, 『조선시대 서원』, p. 220의 주 25를 보라.

142. 『영조실록』 18:43a~b(1728).

143. [풍양] 조현명(1690~1752)은 1713년에 진사시에 입격하고 1719년에 문과를 통과했다. 이인좌의 난을 진압하는 데 일조하여 공신이 되었다. 형인 문명文命(1680~1732)과 함께, 그는 18세기에 강력한 소론 벌열로 자리를 굳혔다. 현명은 영조의 탕평책을 적극 지지했다. 차장섭, 『조선 후기 벌열』, pp. 195~96; Haboush, *A Heritage of Kings*, pp. 158~60.

144. 『승정원일기』 영조 9[1733]/1/13. 정만조, 『조선시대 서원』, p. 214의 주 9에서 재인용; 『영조실록』 29:9b, 33:3a~b(1733).

145. 『승정원일기』 영조 9[1733]/3/4. 정만조, 『조선시대 서원』, p. 215의 주 11에서 재인용.

146. 나학천(1658~1731)은 영천에 거주했던 다소 모호한 인물로, 벼슬이 부승지(정3품)에 이르렀다. 1683년의 문과 급제자로, 영조의 '탕평책'을 비판했다.

147. 『영조실록』 18:43a~b(1728).

148. 같은 책, 11:19b(1728).

149. [경주] 김흥경(1677~1750)은 1699년의 문과 급제자로, 1733년 초에 우의정이었다. 그는 영조의 '탕평책'에 반대했다.

150. 『영조실록』 25:2a~3a, 35:1a~2b(1733).

151. 같은 책, 29:2b(1731); 33:3a~b(1733).

152. 같은 책, 36:41a~42a(1733).

153. 『경국대전』, p. 93.

154. 김성탁은 지방관의 신분으로 과거를 치른 것으로 기록되었다. 『영조실록』 36:7a(1733); 39:14a(1734); 40:27a, 28a, 46a(1735).

155. [흥양] 이인지(1683~?)는 1721년의 생원으로 상주에 거주했다. 『만성대동보』 1:147b. 그가 흉적凶賊의 사위라는 이야기는 그를 의심스러운 존재로 만들기 위해 그의 정적들이 꾸며낸 것 같다.

156. 『영조실록』 41:9b~10a, 15b, 16b, 27b(1736); 정만조, 『조선시대 서원』, pp. 216~17. 송시열과 송준길은 1756년에 문묘에 배향되었다.

157. [평산] 신헌(1688~?)은 1735년의 진사로, 안동 서쪽의 용궁에 살았다. 『만성대동보』 2:45a.

158. [청풍] 김재로(1682~1759)는 노론계의 유력한 벌열 출신으로, 선조와 후손 다수가 고관직을 지냈다. 그 자신의 관직 경력도 괄목할 만하다.

159. 『영조실록』 42:11a(1736); 43:27a; 44:2b, 6b~8b, 9b~11b, 12a~18a; 45:30b(1737); 47:23b~24a, 29a(1738); 『안동의 분묘』, pp. 735~52; 김성탁, 『제산霽山선생문집』, 「부록」 1a~14a; 『의성김씨 고문서』, 「소지」, no. 58, 5:362(1745년에 성탁의 아들 낙행樂行이 부친의 병구완을 요청한 글). 그의 묘갈명은 저명한 남인 학자 채제공이 썼다. 김성탁은 1795년에 정조에 의해 신원되었다.

160. 민응수(1684~1750)는 1725년에 문과에 급제했고, 노론 관리로 눈부신 경력을 쌓았다.

161. 『영조실록』44:16b~17a(1737); 『승정원일기』영조 11[1735]/2/29. 정만조, 『조선시대 서원』, p. 220외 주 24에서 재인용.

162. 안택준에 대한 별다른 전기적 정보는 없다. 그의 이름은 『만성대동보』에도, 『와룡면지』에도 나오지 않는다. 그에게는 적어도 국준國駿과 복준復駿(1698~1779)이라는 2명의 형제가 있었다. 연석의 셋째 아들인 복준은 "총명하고 지적이었으며" 1728년에 문과에 급제한 뒤에 벼슬이 정2품에 이르렀다. 『만성대동보』2:13b; 『교남지』11:26b; 『와룡면지』4:23b~24a.

163. 『와룡면지』는 연석의 막냇동생인 안우석을 주요 건립자들 가운데 한 명으로 기록하고 있다. 강원일에 대해서는 알려진 바가 없다. [평산] 신사국(1696~?)은 1723년의 진사로, 안동 서쪽의 문경에 거주했다. 『만성대동보』2:47a; 『와룡면지』4:22b. 이름이 알려진 또 한 명은 금위군禁衛軍 김수문金壽文의 아들인 김창적金昌廸이다.

164. 유척기(1691~1767)는 1714년의 문과 급제자로, 김상헌의 증손인 김창집金昌集(1648~1722)의 제자였다.

165. 어유룡(1678~1764)은 1713년의 문과 급제자로, 오랫동안 관리로 봉직했다.

166. 김몽렴(1675~1751)은 김성일의 7대손이었다. 김경헌은 내앞 의성 김씨의 방계에 속했고, 1723년에 진사시에 입격했다. 『교남지』11:40a.

167. 『승정원일기』영조 14[1738]/6/20(sjw.history.go.kr에서 검색).

168. 『승정원일기』영조 14[1738]/6/23. 정만조, 『조선시대 서원』, pp. 224~28에서 재인용.

169. 노론인 윤양래(1673~1751)는 관직생활을 오래 했고, 경상도에 대해 익히 알고 있었다. 그는 일찍이 그곳에 암행어사로 파견되었고, 1728년에는 잠시 안동 부사로 봉직했다.

170. 『승정원일기』영조 14[1738]/7/16. 정만조, 『조선시대 서원』, p. 136의 주 124에서 재인용.

171. 『승정원일기』영조 14[1738]/8/10(sjw.history.go.kr에서 검색); 정만조, 『조선시대 서원』, pp. 229~43.

172. 『문헌비고』210:16b, 18b~19a; 『영조실록』53:21a(1741); 정만조, 『조선시대 서원』, pp. 265~67. 1741년의 서원철폐령에 대한 구체적인 연구는 같은 책, pp. 269~300을 보라. 『문헌비고』에 의하면 약 300개의 서원과 사당이 훼철되었다.

173. 『문헌비고』212:2a; 『조선시대 영남서원 자료』, p. 44. 『와룡면지』4:24a에 따르면, 안구석安龜石의 손자인 경원慶遠(1706~1775)이 김상헌의 사당인 서간서원의 재건을 청원했다; 그 이전에는 서간서당이 있었다. 『영가지』4:26b.

174. 『영조실록』36:15b, 42a(1733). 경연 때 영조가 읽은 책들에 대해서는 Haboush, *A Heritage of Kings*, 부록 3을 보라. 그는 1731년에 율곡의 『성학집요』를 (처음으로?) 읽는 데 일곱 달을 할애했다.

175. 『영조실록』80:11a(1753); 106:16a(1765); 120:13b(1773). 나머지는 이세진李世震, 세사世師, 세태世泰(1698~1760)였다. 세택과 이들은 모두 퇴계의 8대손이었다.

176. 사도세자를 죽음으로 몰고 간 정황에 대해서는 Haboush, *A Heritage of Kings*, pp. 166~233을 보라.

177. 권정침(1710~1767)은 권벌의 8대손이었다. 1754년에 진사시에 입격하고 1757년에 문과에 급제한 그는 1762년에 세자시강원의 설서說書로 봉직하고 있었다.

178. 권정흠(1713~?)은 정침의 동생으로 1738년의 진사였다.『교남지』 11:41a.

179. 1762년에 노론은 영조의 아들 살해를 지지한 '벽파僻派'와 그것에 반대한 '시파時派'로 쪼개졌다.

180. 『정조실록』 2:2b~8b, 9a, 14a~b(1776); 『안동향교지』, pp. 622~23; 이수건, 『영남학파』, p. 537. 안동은 1785년 1월에 다시 부로 숭격되었다.『정조실록』 19:6a(1785). 정조는 훗날 권정침에게 회생에 대한 보상으로 시호를 내리고 관직을 추증한 것으로 보인다.

181. 이상정은 1780년에 병조참지, 이듬해에 형조참의에 임명되었다. 나이가 많아 부임할 수 없었던 그는 장문의 상소를 올렸다.『정조실록』 10:27b(1780); 12:1a~3b(1781).

182. 김굉(1739~1816)은 [의성] 김만흠金萬欽의 후손으로 1773년에 사마시를, 1777년에 문과를 통과한 다음 관계에 진출했고, 1815년에 예조판서(나이가 많은 탓에 부임하지는 못했다)로 경력을 마감했다.『만성대동보』 1:184b; 『교남지』 11:27b~28a; 그의 묘비명은『안동의 분묘』, pp. 794~801을 보라.

183. 채제공의 관직 경력은 눈부셨다. 1780~1788년 사이에 관직에서 물러나 있었지만, 1788년에는 우의정, 1790~1792년에는 좌의정을 지냈다. 1793년에는 잠시 영의정으로 봉직했다.

184. 『정조실록』 25:22a~23b(1788).

185. 같은 책, 26:25a~b, 25b~26a(1788); 이수건, 『영남학파』, pp. 538~39. 『무신창의록』은 그 뒤에 정조의 명으로 안동에서 간행되었다.

186. 『정조실록』 34:16b, 26b~27a(1792).

187. 수도 밖에서 치러진 특별 대과(외방별과外方別科)는 가끔 평안도와 함경도, 강화도와 제주도에서 시행되었다. 이 '도과道科'는 상대적으로 무시당하던 지역에 왕의 관대함을 보여주기 위해 제도화되었다. 이와 관련된 평안도의 상황에 대해서는 오수창, 『조선 후기 평안도 사회』, pp. 187~89를 보라.

188. 김희락(1761~1803)은 내앞 김씨의 방계친이었다. 1792년 초에 그는 생원시에 입격했고, 몇 달 뒤에 도산별과에서 급제했다. 그는 빼어난 문장가로 유명했고, 정조의 문집을 편찬하는 데도 참여했다.『만성대동보』 1:184b; 『교남지』 11:27b~28a.

189. 채제공, 『번암집』, pp. 380~82; 『교남지』 12:20a~21a. 이 비석은 아직도 남아 있지만, 1974년에 안동 댐이 건설될 때 원래의 장소에서 다른 곳으로 옮겨졌다.

190. 이 상소문에 서명한 자들은 경상도의 71개 군현을 거의 망라한 지역의 전직 관리 88명, 생원과 진사 110명, 그리고 유생 9,888명이었다. 하지만 대부분은 안동과 예안, 상주, 영주 출신이었다. 이수건은 이 참여자들의 사회적·지리적 배경을 분석했다. 이수건, 『영남학파』, pp. 550~55를 보라.

191. 1764년에 영조는 정조를 사도의 이복형인 효장세자孝章世子(1719~1728)의 양자로 만들어, 사도가 정조의 부친임을 부정했다. 왕위에 오른 지 열흘이 지났을 때, 정조는 아버지를 장헌莊獻세자로

추존했다. 그러나 사도는 1899년이 되어서야 장조莊祖라는 묘호를 받아 비로소 조선 왕들의 기나긴 계보에 끼게 되었다.

192. '만인소'에 대한 상세한 연구는 이수건, 『영남학파』, pp. 531~49를 보라.

193. 유규의 전기는 『임여재臨汝齋문집』, pp. 378~402; 『정조실록』 53:24a(1800)를 보라. 여러 관직을 맡는 사이사이에, 유규는 안동 유향소의 별감(1791년)과 좌수(1798년)로 일하기도 했다.

194. 채제공이 쓴 이익의 묘갈명. 이수건, 『영남학파』, p. 419의 주 289에서 재인용.

195. 채홍원은 채제공의 양자였다. 1792년에 문과에 급제한 그는 빠른 속도로 승진하여 이조참의와 승지를 지냈다. 그는 정약용과의 친분 때문에 1801년에 관직을 삭탈당하고 유배되었지만, 나중에 복권되었다. 이수건, 『영남학파』, p. 420을 참조하라.

196. 『朝鮮圖書解題』, p. 327; 강주진, 『영남인물고』 서문. 인물들의 이름은 군현별로 나열되었다. 『문헌비고』가 17권짜리 판본을 언급하고 있다는 사실을 감안할 때, 강주진이 생각하듯이 현존하는 10권은 [일곱 권이 결본된] 불완전한, 다시 말해서 예천이나 안동 같은 중요한 지역의 인물들이 누락된 판본일 가능성이 크다.

# 5부

## 서언

1. 『영조실록』 42:27b~28a(1736); 105:6a(1765).

2. 예컨대 『안동의 분묘』, pp. 189~90에 나오는 묘비명을 보라.

3. Bourdieu, *In Other Words*, pp. 135~36.

4. 이헌창, 『한국경제통사』, pp. 47~52. 전반적인 개요는 Ki-Joo Park and Donghyu Yang, "The Standard of Living in Chosŏn"을 보라. 전경목, 『삼계강사에 소장되어 있는 동계안』, pp. 94~95에는 『증보문헌비고』에 근거하여 1593년에서 1888년 사이에 발생한 자연재해를 정리한 도표가 나온다. 또 Karlsson, "Famine, Finance and Political Power"와 이태진, 「소빙기小氷期(1500~1750)의 천체현상적 원인」도 보라.

5. 최영희, 『임진왜란중의 사회동태』, pp. 113~18.

6. 예컨대 계승범, 「조선 후기 단성지방 협천陜川 이후남李後男」을 보라.

7. Thompson, "Class and Class Struggle," p. 137.

13장

1. 양안은 개별 경작지를 기주起主의 이름별로 기재하고 있는데, 기주라는 용어는 (김용섭이 잘못 추정한) 소유자가 아니라 경작자를 뜻한다. 이 대목에서 저자는 이영훈의 해석에 따른다. 김용섭의 저작에 대한 비판적 검토는 이영훈, 「양안의 성격」, pp. 1~4를 보라.

2. 『현종실록』 16:6b; 『현종개수실록』 20:20b~21a(1669); 『속대전』, p. 436; 『문헌비고』 162:19a~b, 23b~24a; 송시열, 『송자대전宋子大全』 13:32b~33a; 송준길, 『동춘당집同春堂集』, 별집』 6:2b. 사실 이 법의 개정은 조익趙翼(1579~1655)에 의해 처음으로 요구되었다. 그는 양인의 낮은 출생률이 그 어느 때보다 과중한 군역의 부담으로 이어진다고 생각했고, 따라서 [양인의 수를 감소시키는] 초기의 일천즉천 규정을 번복할 것을 청원했다. 조익, 『포저집浦渚集』 10:8b~12a; 13:18b~24a. 1659년에는 송시열이 법의 개정을 주장했다. 그 결과 1669년의 법은 『경국대전』에 실려 있던 예전의 법, 즉 남자노비와 양인 여성 사이에서 생긴 아이는 아버지의 역役을 따른다는 규정을 폐기했다.

3. 『속대전』, p. 436. 이 번복이 이루어진 해가 『속대전』에 기재된 대로 1675년인지는 의심스럽다. 히라키 마코토平木實와 전형택이 지적하듯이, 그 일자는 『실록』과 『승정원일기』, 『비변사등록』 어디에도 나오지 않는다. 정확한 연도는 1678년일 것이다.

4. 숙종의 치세에 이 법은 1678(1675)년에 폐기되었다가, 1684년에 부활되었으며, 1689년에 다시 폐기되었다. 자세한 내용은 히라키 마코토, 『조선 후기 노비제』, pp. 132~37; 전형택, 『조선 후기 노비』, pp. 212~16을 보라. 두 저자는 이런 잦은 개폐가 이데올로기적 이유보다는 경제적 이유에서 비롯되었다고 말한다.

5. 예천의 양안에 기록된 세 면(북내北乃, 저곡, 제고곡渚古谷)에 대한 연구는 이영훈, 「양안의 성격」을 보라. 1720년의 양안은 토지를 결·부·속으로 측량했다. 마지기로 환산하면 한 결은 약 45마지기이다.

6. 권윤은 1630년에 생원시를, 1651년에 문과를 통과했다.

7. 『경북지방 고문서 집성』, no. 55, pp. 255~57.

8. 『경북지방 고문서 집성』, no. 111, pp. 419~20.

9. 1719~1720년에 작성된 양안은 19세기가 막을 내리기 전에 이루어진 마지막 토지측량사업의 결과물이었다. 안동의 양안은 전해지지 않지만, 둔덕의 양안은 보존되어 있다.

10. 이영훈, 「양안의 성격」, pp. 24~26은 1720년 양안의 토지 구획이 자의적이었음을 암시하는데, 이는 경작지의 공동경영 가능성을 뜻한다. 그는 물론 흔히 공동으로 관리되고 있던 종족의 공유재산은 고려하지 않고 있다.

11. 전경목, 「조선 후기 산송 연구」, p. 65의 표.

12. 경상도의 양안은 기주(즉, 경작자)의 직역을 기재함으로써 그의 사회적 신분을 알려주지만, 전라도와 충청도의 양안에는 직역이 기록되어 있지 않아 경작자의 신분을 확인하기가 어렵다. 노비 소유

주는 일반적으로 사족의 신분을 가진 자로 간주된다.

13. 여기에서 '예천'은 이영훈이 연구한 3개 면(북내, 저곡, 제고곡)을 뜻한다.

14. 유형원柳馨遠(1622~1673)에 의하면, 산이 많은 지방에서 약 20마지기(또는 2분의 1 결)의 땅을 경작하는 사람은 잘 사는 축에 속했다. 백승종, 『한국사회사』, p. 7을 보라. 물론 기본적인 생계를 보장하는 토지의 규모를 가늠하기는 쉽지 않다. 그 규모는 지형적 조건이나 토양의 질에 따라 지역마다 달랐을 것이다. 하지만 일반적으로 25부 또는 4분의 1 결(약 10마지기)이 최저 생계의 경계선으로 추정되고 있다. Shin, "Land Tenure and Agrarian Economy," p. 44도 보라.

15. 이 수치는 이영훈, 「양안의 성격」, p. 6과 김현영, 『조선시대의 양반』, pp. 194~96에 근거한 것이다. 정진영은 이런 동향이 한국의 다른 곳에서도 분명히 나타나고 있음을 보여준다. 『조선시대 향촌』, pp. 352~53에 나오는 표를 보라.

16. 이 자료는 김건태, 「17~18세기 전답소유규모」에서 뽑은 것이다.

17. 이이시는 이상형의 다섯째 아들 문계文啓의 손자였다.

18. 이이기는 이상형의 셋째 아들 문재文載의 손자였다.

19. 『영조실록』 61:29a~b(1745); 김현영, 『조선시대의 양반』, pp. 60, 200~203. 김 교수는 이가 중벌에 처해진 것은 어쩌면 이인좌의 난에도 연루되어 있었기 때문이라고 짐작한다.

20. 적파와 서파의 토지 소유 규모를 비교한 도표는 김현영, 『조선시대의 양반』, p. 203을 보라.

21. 광산 김씨의 경우 1585년에서 1897년까지의 호구단자가 남아 있다. 물론 이 기록을 완전히 신뢰할 수는 없다. 호구단자는 인구조사가 시행된 시기들 사이에 사망했음에 틀림없는 노비들을 포함하고 있고, 도망노비들도 50년이 지나기 전까지는 계속 기록되었기 때문이다. 김용만, 『조선시대 사노비』, pp. 109~15, 370을 보라.

22. 『의성김씨 고문서』 3:325~27; 『조선시대 사노비』, pp. 78~86.

23. Shin, "Some Aspects of Landlord-Tenant Relations," p. 74를 보라.

24. 김용섭, 『조선 후기 농업사 연구, 2』(1990)에 실려 있는 「조선 후기 양반층의 농업」, p. 259.

25. 1930년대 안동의 경작 유형을 살펴보면, 내앞의 경우 자작농가가 42호(26.5%), 자소작농가가 77호(50%), 소작농가가 37호(23.5%)였고, 하회의 경우 그 호수 및 비율이 각각 72호(29.5%), 70호(29%), 100호(41.5%)였다. 귀미(순창)의 경우에는 각기 15호(9%), 20호(12%), 135호(79%)였다. 지역별 편차가 매우 심했음을 알 수 있다. 이 수치는 善生永助, 『朝鮮の聚落』 3:785, 833, 834에 기초한 것이다.

26. 이헌창, 『한국경제통사』, p. 75에서 재인용. 소작의 비율은 물론 지역에 따라, 또 시기별로 달랐을 것이다. 백승종은 조선 후기에 부유한 지주가 4~7%, 가난한 소작농이 약 75%였다고 추산한다. 『한국사회사』, pp. 177~78을 보라.

27. 대동법에 대한 상세한 논의는 Palais, *Confucian Statecraft*, 21장; Ching Young Choe, "Kim Yuk"을 보라.

28. 공납을 통해 각 가구에 부과된 공물은 정부의 인가를 받은 상인들에 의해 지역별로 징수되어 왕실과 중앙정부에서 사용되었다.

29. 군포는 신체 건강한 장정 1인당 2필이었다. 물론 베는 여성의 가사노동으로 생산되었다.

30. 『영조실록』71:26a~b(1750).

31. 이 논쟁에 대한 상세한 설명은 Palais, *Confucian Statecraft*, pp. 550~68을 보라.

32. 칼슨은 18세기 후반에 정부가 심한 흉작에도 여전히 과세액의 85~90%를 징수했다는 사실을 고려할 때, 굶주린 사람이 많았던 이유는 흉작이 아니라 정부의 착취였다고 주장한다. Karlsson, "Famine, Finance and Political Power," p. 573.

33. 자세한 내용은 이영훈, 『조선 후기 사회』, pp. 249~344; 이세영, 「18~19세기 양반 토호」를 보라. 이영훈은 '협호'가 조선 초기에도 이미 존재했으므로 조선 후기에 나타난 현상으로 볼 수는 없다고 지적한다. 그럼에도 그 수는 17세기 말 이후 눈에 띄게 증가했다. 이에 대한 다른 견해는 정진영, 「18세기 호적대장 〈호구〉」를 보라.

34. 시카타 히로시四方博, 「李朝人口に關する身分」; 정석종, 『조선 후기 사회』, pp. 234~300; Kim, "The Enduring Institution"; 김현영, 『조선시대의 양반』, pp. 285~424.

35. 현존하는 광산 김씨의 호적대장 32종은 『광산김씨 오천 고문서』에 실려 있다. 그 내용은 김용만, 『조선시대 사노비』, p. 109에 도표화되어 있다. 최순희, 「재령이씨 영해파 문기고, 하」도 보라.

36. 이호철에 의하면, 관개시설의 개선보다는 기술적 혁신이 쌀 증산의 주된 요인이었으므로, 18세기의 인구 급증은 주로 논의 확대와 그 생산성의 세고에 기인한 것이다. 『농업경제사 연구』, p. 376을 보라. 팔레는 생산성을 소출/종자의 비율로 평가하려 했기에, 한국의 생산성이 중국이나 일본에 뒤처진다고 결론지었다. Palais, *Confucian Statecraft*, pp. 362~66을 보라.

37. 19세기 말 전라도 남부의 소작기간을 보여주는 표는 『호남지방 고문서』, p. 348을 보라. 정다산의 말은 김용섭, 「조선 후기 양반층」, p. 277에서 재인용한 것이다.

38. 마을의 경제에 관한 자료는 전반적으로 부족한 편이다. 따라서 근자에 흔히 맛질이라 불리는 저곡(예천)에 살고 있던 함양 박씨 일가의 일기와 관련 문서들이 발견된 것은 무척 반가운 일이다. 이 기록들은 19세기 초에서 20세기 중엽까지 이루어진 박씨의 경제적 활동을 구체적으로 보여준다. 이 자료는 『맛질의 농민들』에서 일군의 학자에 의해 분석되었다. 이에 앞서 호남지방에서 발견된 유사한 문서들은 일군의 연구자들에 의해 『호남지방 고문서』에서 고찰되었다.

39. 이함, 『운악선생문집, 부록』, 5b~6a.

40. 이황, 『증보 퇴계전서』4, 「언행록」2:25b.

41. 김복일, 「남악선생일고」, 『연방세고』, p. 456.

42. 최시옹, 『동강선생가례, 하』, 11b.

43. 김인걸은 이런 문서들의 일부를 수집했다. 그의 논문 「조선 후기 재지 사족」을 보라.

44. 예를 들어 1688년에 박세채는 숙종에게 향약의 유용성을 상기시켰다. 『숙종실록』 19:15b; 27:29a 를 보라. 영조의 치세에는 이율곡의 향약이 유용하다 하여 거듭 찬사를 받았다. 『영조실록』 61:6b(1745); 63:15b(1746). 또 Deuchler, "Ritual and Order"도 보라.

45. 『영남향약』, no. 56, pp. 118~19; 이상정, 「병곡선생권공행장」, 『대산집』 50:29a~b.

46. 최유지, 『간호집艮湖集, 부록』 17:4a, 12b~13a.

47. 소아방과 중방방은 남원부의 남쪽 귀퉁이에, 백암방은 그 동쪽에 위치해 있었다.

48. 최시옹, 「여정지주與鄭地主」, 『동강선생유고』 2:33a, 34a~b; 김현영, 『조선시대의 양반』, pp. 218~19.

49. 최시옹, 「여이지주與李地主」(1712), 『동강선생유고』 2:35a, 36a~b; 김현영, 『조선시대의 양반』, pp. 106~7.

50. 정진영, 『조선시대 향촌』, pp. 282~84; 백승종, 『한국사회사』, pp. 30~34; 그런 향약 모임의 좌석 배치와 절차에 대해서는 Deuchler, "Ritual and Order"를 보라.

51. 이 금지조항은 1666년에 처음 법제화되었고(『수교집록』, p. 217), 나중에 『속대전』, p. 217에서 재 확인되었다.

52. [의성] 김시택(1765~1799)은 김방걸의 현손으로, 내앞 동쪽에 있는 임하현의 지례에 거주했다. 『영가지』 1:16b. 이 마을은 善生永助, 『朝鮮の聚落』 3:477에 동성마을로 기록되었다. 그런데 이 책 에는 지례가 길안현에 속해 있던 것으로 잘못 기재되어 있다.

53. 『의성김씨 고문서』, 「완의」, no. 10, 2:85~92. 소작인들의 이름에 들어 있는 한자漢字는 그들이 비 엘리트, 심지어 노비임을 드러내준다.

54. 분동은 18세기부터 특히 빈번하게 이루어졌다. 자세한 내용은 정진영, 『조선시대 향촌』, pp. 501~20을 보라.

55. 이무李袤의 상소(1676). 이상백, 『서얼금고시말庶孼禁錮始末』, p. 234에서 재인용.

56. 이익, 『성호사설』 1:365.

57. 김방걸, 『지촌선생문집』, 2, 4:29b.

58. 『의성김씨 고문서』, 「소지」, no. 96, 4:886.

59. 김용보는 김명일의 직계 9대손이었다. 김도행金道行, 『우고雨皐선생문집』, p. 456.

60. 「적벽부」의 저자는 송나라의 대시인 소식蘇軾(1037~1101)이다. 이 작품은 그가 왕안석王安石의 정 책에 반대하다가 벼슬에서 물러나 있을 때 쓴 것이다.

61. 김창석, 『장고세고長皐世稿』, 3, 8:43a~47a. 창석은 [의성] 김수일의 6대손이었다.

62. 김태중은 김수일의 5대손이자 김성탁의 종손부였다.

63. 김성탁, 「종숙부적암선생언행록從叔父適庵先生言行錄」, 『제산문집』 15:23b~28b.

64. 김낙행, 『구사당九思堂선생, 속집』 3:23b~28b에 실려 있는 김민행의 셋째 딸 김씨(1705~1758)의

행록行錄을 보라. 과도한 장례식 비용 때문에 토지를 파는 일은 현존하는 다수의 토지매매문기에서 확인된다.

65. 『맛질의 농민들』, p. 342에는 19세기 중반에서 20세기 초까지 저곡(맛질) 박씨에 의해 기록된 각종 의례와 선물 교환의 빈도를 보여주는 흥미로운 도표가 나온다.

66. 같은 책.

67. 이익, 『성호사설』 1:394.

68. '의계'에 대해서는 예를 들어 이상정, 「의계완의 발義稧完議跋」, 『대산집』 45:20a~b를 보라.

69. 산과 수목, 늪지의 '소유권' 개념에 대해서는 박병호, 『한국법제』, pp. 198~99, 특히 주 150을 보라.

70. 예를 들어 경상도 관찰사 이탄李坦(1669~1718)의 상소를 보라. 『문헌비고』 88:108.

71. 정칙, 「논금산지폐論禁山之弊」, 『우천선생문집』 4:11b~13a. 1999년에 남한 국토 전역의 1%가 묘지로 뒤덮여 있었다. *Newsreview*, Nov. 20, 1999.

72. 제전이 양안에 등록되었는지, 그리고 등록되었다면 누구의 명의로 되었는지는 확실하지 않다. 『民事慣習回答彙集』, p. 160에 의하면, 분묘는 종손의 소유였고 묘위토는 문중의 공동재산이었다.

73. 18세기와 19세기의 산송에 대한 포괄적인 연구는 전경목, 『조선 후기 산송』을 보라.

74. 『추관지秋官志』, pp. 506~8; 『속대전』, pp. 458~61. 『청리聽理』 조條가 『속대전』에 신설되었다는 사실은 주목할 만하다.

75. 『경북지방 고문서 집성』, no. 786, p. 803.

76. 『조선시대 남원 둔더방』, pp. 46~48, 223·24.

77. 문제의 친척은 상형의 5대손으로, 종환과 족보상으로 상당히 거리가 먼 이영이었다. 영은 종환보다 한 항렬 위였고, 차남인 탓에 땅이 없었던 것 같다.

78. 송준호의 주가 달린 관련 문서는 『조선시대 남원 둔덕방』, pp. 48~51을 보라.

79. 같은 책, pp. 51~52. 이대윤李大胤을 위한 제전의 양도를 둘러싼 분쟁이다.

80. 『의성김씨 고문서』, 「통문」, no. 86, 5~7:264(1990).

81. 『의성김씨 고문서』, 「완문」, nos. 1~12, 4:168~70; 『조선시대 남원 둔덕방』, 「매매문서」. 아직 출간되지 않은 2권에 포함될 예정인 필사본 문서를 이용할 수 있게 해준 전경목 교수에게 감사하는 바이다.

82. 『숙종실록』 30:20b(1696); 32:10b~11a(1698); 40:33a(1704); 『속대전』, pp. 458~59. 묘지를 둘러싼 송사에 대한 폭넓은 연구는 김선경, 『조선 후기 산송』을 보라.

83. 『대전회통』, p. 194.

84. 『영가지』 2:3a, 6:9a.

85. 이명오는 이봉춘李逢春에게 시집간 김진의 둘째 딸의 증손자였다.

86. 기산 또는 황산은 임하현에 있다. 『영가지』 2:3a.

87. 계원 명부와 가계도는 김학수, 「황산계를 통해 본 조선 후기 재지 사족」, pp. 291~99를 보라.

88. 이보(1629~?)는 전직 관리로, 김진의 둘째 딸의 증손자였고, 1687년부터 핵심 구성원이었다.

89. 황산계와 관련된 문서들은『의성김씨 고문서』,「계안」, no. 4, 3:348~58에 전재되어 있고, 김학수의 논문「황산계를 통해 본 조선 후기 재지 사족」에서 연구되었다. 김명석은 이현일의 제자로, 학행으로 이름을 날렸다.

90. 삼계동계에 관해서는 20세기 초에 이르기까지 10여 건 이상의 기록이 있다. 현존하는 문서들의 목록, 1623년에서 1851년까지의 좌목, 동규의 수정과 보완에 대해서는 김현영,『조선시대의 양반』, pp. 217, 222~26, 그리고 같은 저자의「조선 후기 사족의 촌락 지배」, pp. 292~99를 보라. 또 전경목,『삼계강사』도 보라.

91. 4대 강목은 ① 좋은 일은 서로 권장한다(덕업상권德業相勸), ② 잘못은 서로 고쳐준다(과실상규過失相規), ③ 사람을 사귈 때는 서로 예의를 지킨다(예속상교禮俗相交), ④ 어려움이 생기면 서로 돕는다(환난상휼患難相恤)이다. Deuchler, "Ritual and Order," pp. 294~95를 보라.

92. 1724년의 계원 명부와 토지 소유 규모는 김현영,『조선시대의 양반』, pp. 227~28을 보라. 김의 수치는 전경목,「삼계강사」, p. 75의 수치와 약간 다르다.

93. 동계는 오늘날까지 지속되고 있다. 문서들은 신축된 둔덕의 삼계강사三溪講舍에 보존되어 있다.

94. 이런 종류의 사당에 대해서는 여러 용어가 사용되었다. 묘우廟宇와 사우을 제외하고 가장 흔히 쓰인 명칭은 '영당影堂'(영정影幀을 모셔둔 곳)과 별묘, 사祠였다. 상이한 용어와 그 지역적 분포에 대한 분석은 정만조,『조선시대 서원』, pp. 92~93, 289를 보라.

95. 이해준은 문중이 후원하는 서원을 문중서원이라고 부른다. 그의 저서인『조선 후기 문중서원 연구』를 보라. 하지만 이 용어는 당대의 전거에 나오지는 않는다.

96. 장현광,「서원설書院說」,『여헌선생문집』7:10a~12b. 장(1554~1637)은 정구의 주요 제자였지만, 평생 독창적인 사상을 추구한 학자였다. 인조의 치세에 산림직을 제수받았고, 여러 차례 고위직에 임명되었지만, 그는 대부분의 관직을 사양했다. 그에 관한 간략한 소개는 금장태,『퇴계학파(1)』, pp. 195~217을 보라.

97. 임담(1596~1652)은 1635년의 문과 급제자였다.『인조실록』45:41a~b(1644).

98. 명종의 치세에서 순조의 치세에 이르기까지 각 도에서 이루어진 사우의 건립에 대한 표는 박주,「조선 숙종조의 사우」; 정만조,『조선시대 서원』, pp. 142~44, 190; 이해준,『조선 후기 문중서원 연구』, pp. 56~57을 보라. 각 저자가 헤아린 사우의 수는 다르지만, 왕조의 말기까지 전국에는 총 500개에 육박하는 사우가 있었다.

99. 『교남지』11:11a~12b. 사우 건립이 붐을 이루기 전에 편찬된『영가지』에는 여기에 대한 기록이 없다.

100. [평산] 신치근(1694~1738)은 1719년에 문과에 급제했고, 1728년에는 경연청의 검토관(정6품)이었다.

101. 『영조실록』18:22a(1728).

102. 「사빈지泗濱志」의 원문은 정진영의 논문「사빈지」, pp. 145~232에 소개되고 전재되었다.

103. 선유정은 김진이 지은 것이다. 『영가지』 3:20a.

104. 이 후손들은 내앞에 살고 있던 극일의 본계와 수일의 가계, 금계에 거주하던 성일의 가계에 속한 김씨들과 비남계친인 무실(수곡)의 유씨였다.

105. 권두경은 영당의 대들보에 기념문을 썼다. 「사빈영당 이건 상량문」, 『창설재선생문집』 13:4a~5b.

106. 이명언(1674~1738)은 진사시(1699)와 문과(1712) 통과자로, 강력한 수도 한산 이씨(노론)에 속했고 관직 경력이 화려했다.

107. 『숙종실록』 59:15a; 60:1a(1717).

108. 조도빈(1665~1729)은 권세 있던 수도 양주 조씨의 일원이었다. 1691년에 진사시에 입격하고 1702년에 문과에 급제한 그는 눈부신 관직 경력을 쌓았다.

109. 사빈서원은 1869년에 대원군의 명으로 훼철되었지만, 1882년에 김씨 후손과 지방 사림에 의해 재건되었다. 안동 댐 건설로 인해 1989년에 임하리로 이건되었지만, 이곳에서 의례는 더 이상 봉행되지 않는다.

110. 1702년에 완공된 분강서원은 이현보의 정사精舍 창건에서 비롯되었다. 건립과정을 상세하게 설명한 일기(『창원일기創院日記』)가 남아 있다. 이수건, 『영남학파』, pp. 452~53. 이 서원은 대원군의 집권기에 훼철되었으나 1967년에 복원되었고 1976년에 현재의 위치로 옮겨졌다.

111. 청성서원은 1608~1612년에 창건되었고, 대원군에 의해 철폐되었지만, 1909년에 재건되었다.

112. 김시온은 1640년에 경관이 수려한 도연으로 이거했는데, 그곳에 그를 위한 사당을 지으려는 계획은 1693년에 세워졌지만 19세기 초에야 실현되었다. 김학배도 함께 모셔졌다. 도연서원은 대원군의 집권기에 훼철되었다. 『도연일기』에 근거한 상세한 설명은 권오영, 「19세기 안동유림」을 보라. 필자에게 이 논문을 복사해준 정순우 교수에게 감사드린다.

113. 안동 소재 서원과 사당의 목록은 『문헌비고』 213:470~71을 보라. 좀 더 포괄적인 목록은 『안동의 서원』, pp. 17~20에 실려 있다. 이 책은 서원 45개소와 각종 사당 16개소를 나열하고 있다.

114. 1973년에 편찬된 『전북원우록全北院宇錄』은 전라북도의 서원 80개소를 열거하면서, 각 서원의 건립과정에 대한 상세한 정보와 배향자들의 전기적 자료를 제공한다. 지금은 45개가 남아 있고, 나머지는 대원군 시대에 훼철되었다. 필자에게 『전북원우록』 한 부를 준 안태석 선생에게 감사하는 바이다. 오병무, 「전북지역의 폐서원지」, pp. 144~46. 또 김현영, 『조선시대의 양반』, p. 128에 나오는 표도 보라.

115. '명현'의 명단에 대해서는 『용성지』 제5권; 김현영, 『조선시대의 양반』, pp. 127~28을 보라.

116. 『전북원우록』 44a~b; 『용성지』 3:7a~b.

117. 홍순복에 대해서는 7장의 주 22를 보라.

118. 오정길(1558~?)은 생원시(1591)와 문과(1603)를 통과했고, 효행으로 유명했다. 그는 1624년에

난을 일으킨 이괄에 맞서 싸운 듯하고, 만주족이 침략했을 때는 의병을 일으켰다.

119. 『전북원우록』 44b~45a; 『용성지』 3:5b~7a(왕의 제문祭文[1697]이 실려 있다); 오병무, 「전북지역의 폐서원지」, pp. 163~66; 김현영, 『조선시대의 양반』, p. 127. 노봉서원은 1868년에 훼철되었고, 그 후 재건되지 않았다. 지금은 주춧돌 몇 개만 남아 있다.

120. 『전북원우록』 57b; 『용성지』 3:3b~5a(왕의 제문[1686]이 실려 있다). 이들의 전기적 자료에 대해서는 5장을 보라.

121. 논산論山(충청도)에 거주하던 광산 김씨(노론)와 파평 윤씨(소론) 사이의 붕당간 반목에 대한 흥미로운 연구로는, 이정우, 「17~18세기 재지 노-소론의 분쟁」이 있다. 나주(전라남도)에 대한 유사한 연구는 김문택, 「16~17세기 나주지방의 사족」을 보라.

122. 이해준, 『조선 후기 문중서원』, p. 148에 인용된 상소.

123. 정만조에 의하면, 17세기와 18세기에 세워진 약 700개의 서원과 사우에서 약 1,500명의 개인이 숭배되었다. 그가 쓴 『조선시대 서원』, pp. 148~49를 보라.

124. 사액을 받은 서원만이 세금을 면제받았지만, 사액을 받지 못한 서원도 그런 특권을 주장했을 가능성이 있다.

125. 『영조실록』 47:38a~b(1738).

126. 『전북원우록』은 서원 8개소(이 가운데 세 곳이 사액되었다)와 사우 19개소를 열거하고 있는데, 이들 가운데 많은 수가 조선의 마지막 세기에 건립되었다.

127. 통계자료는 김명자, 「조선 후기 안동의 문집」에서 인용한 것이다.

128. 문집 간행소의 목록은 같은 책, p. 89; 『의성김씨 고문서』, 「완의」 no. 8, 6:76~78; 문옥표 등, 『조선 양반』, pp. 382~87, 411~12를 보라.

129. 족보 간행에 대한 개관은 송준호, 『조선사회사 연구』, pp. 31~41을 보라.

130. 윤덕준(1658~1717)은 1679년의 문과 급제자로, 고위직에 올랐고 서예가로도 유명했다. 『만성대동보』 1:277b.

131. 『만성대동보』 1:278.

132. 윤행임(1762~1801)은 1782년의 문과 급제자로, 정조를 지지하던 노론 시파에 속했고, 요직을 두루 거쳤다. 그는 1793년에 남원에 유배되었는데, 아마 이때 족보의 수정에 앞장서거나 도움을 준 것 같다. 수도 안동 김씨에 의해 그리스도 교도로 몰려 1801년에 처형당했다.

133. 『남원윤씨 족보』, 1706년과 1805년의 서문, 그리고 '범례凡例'를 보라.

134. 김창흡은 김상헌의 손자이자, 조선 후기의 권신인 창집昌集과 창협昌協의 동생이었다. 『만성대동보』 1:170b.

135. 이 안동 김씨의 시조는 김선평이었다. 4장을 보라.

136. 김영전은 『만성대동보』 1:170a에 나오지만, 그의 후손에 대한 기록은 없다. 그는 김상헌의 5대조인

김영수金永銖의 형이었다.

137. 이 사람의 신원은 확인하지 못했다.

138. 『안동김씨 세보』, 1719년판, 1790년판, 1883년판의 '범례.'

139. 1734년과 1794년의 『안동권씨 세보』.

140. 족보의 위조에 대한 논의는 이수건, 「조선시대 신분사 관련자료」를 보라.

141. 예를 들어 주로 족보의 서문에 해당하는 글에 포함된 친족집단의 상이한 파에 대한 생생한 묘사를 보라. 예컨대 1683년판 『반남박씨 세보』의 범례는 "종법을 강조하기 위해" 대종직파大宗直派에 대해서만 완벽한 정보(자字, 생몰년, 관직경력, 처, 묘지)를 제공하고, 지파에 대해서는 그렇게 하지 않는다고 일러두고 있다. 『반남박씨 세보』, 「범례」 1b를 보라.

142. 딸의 이름은 기록되지 않고, 대신에 남편의 이름이 기록되고 있다.

143. 『남원윤씨 족보』의 「범례」를 보라. 상세한 논의는 Deuchler, *Confucian Transformation*, pp. 166~67을 보라.

144. 1747년의 문과 급제자인 한광섭韓光燮(1707~?)이 팔고조도에 붙인 발문을 보라. 『청주한씨 세보』 1:8b에 실려 있다. 이 전거는 송준호 교수가 알려준 것이다.

145. 이런 세계도는 때때로 어머니와 아내를 위해 편찬되기도 했다. 송준호, 『조선사회사 연구』, pp. 50~53은 두 종류의 문서를 예시하고 있다.

146. 이런 사적인 기록들은 보통 필사되었기 때문에, 보존된 경우가 많지 않은 듯하다. 송준호가 소장한 문서들 중에서, 필자는 19세기 말에 원주 원씨原州元氏가 편찬한 과살보를 본 적이 있다. 그 기록에서 원씨는 자신들과 사돈을 맺은 여덟 개의 친족집단을 열거했다. 족보에 관한 이 절節은 관대하게 자신의 소장 자료를 이용할 수 있게 해준 송 교수에게 빚진 바가 크다. 필자는 또한 규장각과 국립중앙도서관에 소장된 족보들도 검토했다.

147. 족보 편찬과 군역 면제 사이의 높은 상관관계는 자주 논의되는 주제이다. 그 전거에 대해서는 송준호, 『조선사회사 연구』, p. 40을 보라.

148. 이익, 『성호사설유선星湖僿說類選』, 9ha, 313; 송준호, 『조선사회사 연구』, pp. 142~43.

149. 통계수치에 대해서는 정진영, 「조선 후기 향촌, I」, pp. 259~62를 보라. 정 교수는 안동의 다양한 향록에서 46개 성씨를 확인했다.

150. 이중환, 「사민총론四民總論」, 『택리지』 1:35~38.

151. 예컨대 『영조실록』 71:26a~b(1750)를 보라.

152. 이효순(1777~?)은 이준의 삼남인 영도의 8대손으로, 1805년에 진사시에 입격했다. 『만성대동보』 1:132a.

153. 『광산김씨 오천 고문서』, 「소지」, nos. 4~7, pp. 84~86.

154. 이 분쟁에 대한 논의는 신석호, 「屛虎是非に就いて」, pts. 1, 2를 보라. 유성룡을 모시는 병파屛派와

김성일을 떠받드는 호파虎派는 각각 자파의 관점을 정당화하는 문서를 작성했다. 『조선시대 영남서원 자료』, p. 27의 주 42를 보라. 호계서원은 1878년에 재건되었다.

## 14장

1. 예를 들어 기근이 든 해에 정부가 취한 세금의 면제 내지 경감 조치는 명백하게 붕당정치에 의해 편파적으로 이루어져, 노론의 지지기반인 경기도와 충청도는 경상도에 비해 통례적으로 훨씬 관대한 대우를 받았다. 칼슨은 자신의 분석에서 붕당의 편견은 고려하지 않았다. 이 점만 빼면 대단히 흥미로운 그의 논문 "Famine, Finance and Political Power"를 보라.
2. 정실(1701~1776)은 1739년의 문과 급제자로, 1755년부터 1757년까지 안동의 부사로 재직했다. 그는 이재의 제자였다.
3. 『의성김씨 고문서』, 「완의」, no. 5, 6:68~73; 문옥표 등, 『조선양반』, pp. 403~7.
4. 유승현柳升鉉, 『용와집慵窩集』. 이수건, 『영남학파』, p. 585의 주 355에서 재인용. 유는 유복기의 6대손으로, 1719년에 문과에 급제했고 1728년에는 의병을 일으켰다. 『만성대동보』2:19b.
5. 순흥 안씨는 여러 지역에 흩어져 있던 출계집단이었기에, 많은 지파 사이의 족보관계가 그리 명료하지 않다는 사실에 주목할 필요가 있다. 『씨족원류』, pp. 379~85는 별파가 많았음을 보여준다.
6. 이 지파는 갈전葛田 안씨라고 불린다. 『안동 갈전 순흥안씨편』, p. 43을 보라. 가구 안씨와 갈전 안씨의 족보관계는 확인할 수 없었다.
7. 정진영, 「조선 후기 향촌, II」, pp. 259, 262~63에 나오는 표를 보라. 16세기부터 19세기까지 7명의 문과 급제자와 22명의 사마시 입격자가 있었을 뿐이다.
8. 안복준의 전기 자료에 대해서는 12장의 주 162를 보라.
9. 안복준 외에, 안사준安師駿과 안익준安益駿이 1748년에 유향소의 좌수와 별감을 맡았던 것으로 기록되어 있는데, 이들의 신원은 확인하지 못했다. 아마도 그들은 복준의 사촌이었던 것 같다. 「조선 후기 향촌, I」, p. 276(표).
10. 김성로(생몰년 미상)는 1747년부터 1750년까지 안동 부사로 재직했다.
11. 『의성김씨 고문서』, 「통문」, no. 28, 5~7:258(병인년丙寅年, 1746?)(1990).
12. 안상침(1718~1790)의 가계는 안중현이 속한 가계의 방계였다. 『와룡면지』 4:25a, 26b, 28a. 김도행(1728~1812)은 김성탁의 조카였다.
13. 안경원(1706~1775)은 안연석의 형인 구석龜石의 손자였다. 『와룡면지』 4:24a; 『교남지』 11:11b; 『안동의 서원』.
14. '중인'이라는 용어는 일반적으로 수도에 거주하던 잡과 입격자들과 이들의 자손을 지칭했지만, 지방의 향리를 가리키는 데 사용되기도 했다. 저자는 약 40년 전에 안동에서 이 용어가 이런 식으로 사용

되는 것을 들은 바 있다. 한영우, 「조선시대 중인」, pp. 181~88도 보라.

15. 권상일, 「청대일기」 2:48(1736/8/13).

16. 「의성김씨 고문서」, 「통문」, no. 24, 5~7:256(1990). 이 연대 미상의 문서는 아마도 18세기 중엽쯤 상주로 발송되었다.

17. 이이, 「율곡전서」 7:49b~50a; 「선조실록」 17:11b(1583); 「규사」, p. 11; Deuchler, "Heavens Dose Not Discriminate," p. 139. 「규사葵史」는 조선 초부터 1859년(이 책이 편찬된 해)까지 사회적으로 인정받기 위해 투쟁했던 서얼들에 관한 공식적·비공식적 사료를 싣고 있다. 저자는 미상이다. 책의 제목은 선조의 시적 비답에서 따온 것이다. "해바라기가 해를 향하는 데는 본가지나 곁가지가 조금도 다를 바가 없다. [왕]의 신하들은 앞을 다투어 충성을 바친다. 오직 적자만 그러하겠는가?"

18. 「경북지방 고문서 집성」, no. 774, p. 795. 사실 그 전에도 문과를 통과한 소수의 서자가 있었다. 최초의 급제자는 세조의 치하에서 나왔고, 이어지는 세 왕의 치세에 각각 1명씩의 급제자가 나왔다. 명종의 치세에 배출된 문과 급제자 472명 가운데 서자는 2명이었다. 송준호, 「조선시대의 과거」, p. 135를 보라.

19. 납속의 양과 그 결과를 보여주는 표는 배재홍, 「조선 후기의 서얼허통」, pp. 111, 112~15를 보라.

20. 같은 논문, 112~21.

21. 하급 관직이란 다른 부서에 비해 명망이 낮은 호조와 형조, 공조, 그리고 몇몇 다른 관청에서 일하던 정5품 이하의 하위 관직인 '요직'을 뜻한다.

22. 이 간추린 내용에 대한 상세한 설명은 Deuchler, "Heaven Dose Not Discriminate," pp. 142~45; 배재홍, 「조선 후기의 서얼허통」, pp. 124~29를 보라.

23. 「맹자」, 4편 20장, 「이루離婁 하下」; Lau, Mencius, p. 131.

24. 홍우원과 이무(1599~1683)는 붕당의 부침에 따라 때때로 고위직을 맡았다. 1675년에 홍은 이조판서였고, 이는 대사헌이었다. 윤휴는 잠시 대사헌 직을 맡았던 것으로 보인다.

25. 「숙종실록」 4:20b, 27b~28a(1675). 이무의 상소 전문은 저자가 사용한 「규사」 버전에는 없었다. 그 글은 이상백, 「서얼금고 시말」, pp. 231~35에 전재되어 있다. 자신의 서자를 관직에 앉히려 했던 허적을 도왔다고 단죄되었지만, 홍우원과 이무는 나이가 많았던 까닭에 처형을 면했다. 하지만 허적과 윤휴는 1680년에 남인이 실각했을 때 목숨을 잃었다. 「숙종실록」 13상上:10a(1682).

26. 이익, 「성호사설」 1:261.

27. 1654년의 생원인 유형원은 아버지가 광해군을 지지한 북인이었다는 사실 때문에 고통을 받았다. 그의 부친은 광해군의 복위를 모의했다는 혐의로 1623년에 살해되었다. 형원은 생의 대부분을 부안(전라도)에 은거하며 보냈고, 이곳에서 유명한 「반계수록磻溪隨錄」을 썼다. 그는 윤휴와 허목 같은 남인 학사들과 가깝게 지냈다.

28. 유수원은 1718년의 문과 급제자로, 1722년에 소론 편에 섰고, 이로 인해 나중에 노론의 의심을 샀

다. 그는 말직만 맡았고, 향리에 은거하며 대부분의 시간을 보냈다. 1755년에 대역죄를 지었다는 이유로 그는 처형되고 가족은 노비가 되었다.

29. Deuchler, "Heaven Dose Not Discriminate," pp. 147~50. 유형원과 이익, 유수원의 저작에서 서얼 문제에 관한 부분을 가려 뽑아 번역한 글들은 *Sourcebook of Korean Civilization*, 2:194~207에 실려 있다.

30. 유수원이 쓴 『우서迂書』는 1737년에 영조에게 바쳐졌다.

31. 『영조실록』2:53a~54b; 『규사』, pp. 88~90.

32. Deuchler, "Heaven Dose Not Discriminate," p. 152.

33. 『영조실록』119:18b(1772); 『규사』, pp. 112~13. '청직'이란 사간원, 사헌부, 홍문관, 승정원 같은 관서의 중하급 직위로, 최고위직에 임용되는 발판 역할을 했다.

34. 이것들은 『규사』에만 기록되어 있어서, 달리 확인할 방도가 없다.

35. 『영조실록』122:9a(1774); 『규사』, pp. 127~28. 송선희가 1970년대에 안동지방에서 실시한 현지조사에 의하면, 서자를 지칭할 때는 적절한 친족용어나 경어가 사용되지 않았다. 반면에 서자는 적출 친척에 대해, 하인이나 노비가 주인을 부르거나 가리킬 때 사용하던 것과 동일한 호칭과 지칭을 사용했다. Song, "Kinship and Lineage," pp. 318, 321. Hwang, *Beyond Birth*, 5장도 보라.

36. 배재홍은 사마시 입격자 명단을 분석하여 이런 통계수치를 얻었다. 「조선 후기 가계 계승에서 서얼」, p. 16을 보라. 이런 종류의 증거에는 분명히 한계가 있다. Peterson, *Korean Adoption*, 9장도 보라.

37. 송선희는 의성 김씨가 1930년대에 서자에게 완전한 종족 성원권을 허용하고(수족收族) 그들을 친족용어로 부르기로 결정했다고 보고한다. 그럼에도 차별적인 관행은 제2차 세계대전이 끝난 뒤에야 사라지기 시작했고, 혼사에서는 거의 그대로 남아 있었다. Song, "Kinship and Lineage," pp. 319~20.

38. 배재홍이 「조선 후기 서얼 과거」에서 인조의 치세 이후 사마시에 입격한 자들의 명단을 분석한 통계수치이다. 이 수치는 송준호, 「조선시대의 과거」, p. 135에 나오는 수치와 약간 다를 뿐이다. 송준호에 의하면, 서자 합격자의 어머니나 외할아버지에 대한 정보는 입격자 명부(방목榜目)에서 빠져 있다(개인적인 서신, 1986년 6월 12일).

39. 상세한 내용은 배재홍, 「조선 후기 서얼 과거」를 보라.

40. 『규사』, pp. 135~36; 『대전회통』, p. 174.

41. 향교와 서원의 학생들은 교안과 원안이라는 명부에 각각 등록되었다. 이 두 안은 향안과 함께 뭉뚱그려 '삼소지안三所之案'이라 불렸다.

42. 『영조실록』119:41b(1772); 『규사』, pp. 115~20.; 배재홍, 「조선 후기 향촌사회에서 서얼」, pp. 45~46.

43. 『규사』, pp. 121~22.; 배재홍, 「조선 후기 향촌사회에서 서얼」, pp. 47~48.

44. 10장을 보라.

45. 『정조실록』3:23a~24a(1777).

46. 교안은 '청금록靑衿錄'이라고 불리기도 했는데, 이 용어는 성균관과 서원의 유생 명부를 가리키는 데에도 사용되었다.

47. 이수건, 「17~18세기 안동지방 유림」, pp. 190~91; 박현순, 「17~18세기 예안현 사족사회」, pp. 63~73. 또 전경목, 「조선 후기 교생」도 보라. 필자가 방문한 향교들 중에는 동재가 서재보다 좀 더 높은 지반 위에 세워진 곳이 있었는데, 이는 두 건물에 기숙하는 자들의 사회적 차이를 건축학적으로 강조한 것이다.

48. 『조선시대 영남서원 자료』, p. 24; 이수환, 『조선 후기 서원』, p. 291, 310의 주 81. 통상 대부분의 영남 서원에서 지켜졌던, 퇴계가 제정한 이산서원 원규에는 그런 규정이 없다.

49. 이수환, 『조선 후기 서원』, pp. 81~82.

50. 이전인(1516~1568)은 아버지가 중종의 계비를 폐출하려 했다는 음모에 연루되어 머나먼 강계江界(함경도)로 유배되었을 때(이언적은 이곳에서 사망했다) 그를 극진하게 모신 효행으로 널리 알려졌다.

51. 상소를 올린 자는 이씨 가계의 서자이자 1867년의 생원인 이능모李能模(1834~1887)였다. 자세한 내용은 이수환, 『조선 후기 서원』, pp. 283~320을 보라.

52. 이현보의 서파는 1552년에 잡과에 입격한 것으로 보이는 그의 서자 윤양閏樑에서 비롯되었다. 1884년 사태의 주동자들 가운데 한 명인 규섭(1850~1926)은 윤양의 9대손이었다. 퇴계의 서파는 이준의 증손인 이전의 서자로 거슬러 올라간다. 이만홍(1852~1910)은 이전의 7대손이었다. 두 서파는 문관과 무관을 배출했다. 이들의 세계도에 대해서는 위의 책, p. 335를 보라. 조양식(생몰년 미상)은 조목의 11대 서자 후손이었다.

53. 이만도(1842~1910)는 1866년의 문과 급제자로, 승지로 벼슬살이를 마감했다.

54. 상세한 내용은 이수환, 『조선 후기 서원』, pp. 331~43을 보라.

55. 배재홍, 「조선 후기 향촌사회에서 서얼」, pp. 55~65; 『경북지방 고문서 집성』, no. 796, p. 806(기사년己巳年. 1749년 아니면 1809년일 것이다).

56. 1801년의 생원인 김희용(1767~?)은 [의성] 김용비의 삼남인 김영의 후손으로, 1741년의 생원인 김택동金宅東(1708~?)의 서자였다. 그에게는 2명의 적형嫡兄이 있었는데, 그 중 맏이인 김희성(1741~1804)은 1790년의 문과 급제자였다. 이복형제의 상당한 나이차가 눈에 띈다. 『만성대동보』 1:184b.

57. 『순조실록』26:27b~28a(1823).

58. 같은 책, 26:31a~32b.

59. 같은 책, 26:42b~43a.

60. 김희용의 아들인 김두명(1789~1882)은 생원으로 1825년에 문과에 급제하여, 처음에는 수령에 임

명되었고, 나중에는 벼슬이 사간원 정언에 이르렀다. 두명의 양자인 진수震銖는 1840년에 74세의 나이로 생원시에 입격했고, 진수의 아들인 1871년의 문과 급제자 우영(1846~1896)도 결국 정언까지 승진했다.

61. 이 자료는 『만성대동보』 1:184b, 185b에 근거한 것이다. 김희성은 용비의 삼남인 김영으로부터 뻗어 나온 방계에 속했다.

62. 백승종, 『한국사회사』, pp. 175~76. 백의 추산은 동안과 가구 규모 추정치에 기초한 것이다. 반면에 서자 인구가 적자 인구보다 많았다는 이종일의 견해는 처는 남편의 사후에 재혼할 수 없었지만 첩은 그렇지 않았으므로 더 많은 자식을 낳을 수 있었을 것이라는, 족보에 바탕을 둔 과감한 가정에 근거하고 있다. 그가 쓴 「18~19세기의 서얼소통 운동」, pp. 32~39를 보라.

63. 서자가 한국의 근대화에 기여한 바에 대해서는 Hwang, *Beyond Birth*, 5장을 보라.

64. 향리의 호칭과 역할에 대한 폭넓은 연구로는 김필동, 「조선 후기 지방 이서吏胥집단, 상上」이 있다.

65. 권기중, 「조선 후기 상주목 향리층」과 전우철, 「조선 후기 향촌사회」를 보라.

66. 권행을 시조로 모시는 안동 권씨 15개 지파 가운데, 3개가 향리 지파이다. 부정공파副正公派 내에는 사족 가계도 있고 향리 가계도 있었지만, 동정공파同正公派는 순수한 향리 지파로 보인다. 이훈상, 『조선 후기의 향리』, pp. 108, 109의 주 57, 126~31; 『뿌리 깊은 안동권씨』, pp. 115, 120, 124~25를 보라.

67. 『안동향손사적통록』, 2b.

68. 안동 권씨는 지금도 사당의 제반 문제를 주관하고 있다. 물론 춘추 제례를 주재하는 것은 사족 지파의 성원들이다. 퇴계의 글은 『영가지』 4:13b~16a를 보라. 관련 문서는 삼태사묘에 보존되어 있고, 『조선 후기 향리 관계자료 집성』에 전재되어 있다. 삼태사묘와 그 역사에 대한 설명은 김광억, 『문화의 정치와 지역사회』, pp. 293~324, 400~404를 보라. 태사묘의 경내에 있는 작은 사당인 안묘당安廟堂에는 두 사람의 위패가 모셔져 있는데, '따로 제사를 받는[태사묘에 제사를 올린 다음, 남은 제수로 안묘당에 제사를 올린다고 한다] 이들의 공은 호장 권창실權昌實(1729~1797)에 의해 설치된 현판에 기록되어 있다. 여기에 대해서는 서주석, 「안묘당 소고」를 보라.

69. 『연조구감掾曹龜鑑』 3:7a~b; 『도산문현록, 속록』 8b. 퇴계 제자들의 명단은 강한이나 권민의를 향리나 향리의 후손이라고 밝히지 않고 있다. 하지만 양자는 「안동향손사적통록」 5a~b에도 등재되어 있다. 강은 안동인이 아니었고(그의 본관은 진주였다), 그가 진사였다는 사실은 확인할 수 없다. 권민의는 향리의 후손들에 의해 사용되던 칭호인 공생貢生으로 과거를 치렀다.

70. 「안동향손사적통록」 3b; 『연조구감』 1:6b; 2(별부別附):5a~b. 중서(향리와 서자)의 '중' 자는 이 맥락에서 평범한 하급 향리를 가리키는 것 같다.

71. 이 목록은 1621년에서 1651년 사이에 저질러진 비리나 범죄를 나열했다. 이 문서의 전문과 분석은 김현영, 『조선시대의 양반』 pp. 266~82를 보라.

72. 다양한 상소에 대해서는 『연조구감椽曹龜鑑』 1:17a~37b를 보라. 1774년의 상소는 '호장소戶長疏'라는 제목을 달고 있었다.

73. 두 편저는 이훈상에 의해 『조선 후기의 향리』에서 연구되었다. 본서의 향리에 관한 부분은 그의 조사에 신세를 지고 있다. 정진영 교수는 필자에게 『안동향손사적통록』 한 부를 주었다.

74. 『안동향손사적통록』은 66명의 전기를 싣고 있다. 상급 향리의 세계도와 전기는 이훈상, 『조선 후기의 향리』, pp. 126~37에 나오는 부록 B와 C를 보라.

75. 권영흡의 가세에 관련된 희귀문서는 이훈싱, 「조선 후기 경상도 향리 세계」를 보리.

76. 그들은 강력한 안동 권씨 동정공파의 성원이었다. 이들의 세계도는 『조선 후기의 향리』, p. 97을 보라.

77. 감영영리는 원래 도의 모든 구역에서 번갈아가며 선정되었다. 행정실무에 익숙한 그들은 관찰사를 보조하여 주로 지방의 수령들을 감찰하고 재정문제를 담당했다. 이런 업무를 수행할 적절한 자격을 갖춘 지방의 향리는 적었고, 조선 후기에 이 제도는 특정 지역 출신의 향리, 예컨대 안동 출신의 안동 권씨와 안동 김씨에 의해 거의 독점되었다. 상세한 내용은 이훈상, 『조선 후기의 향리』, pp. 98~118을 보라.

78. 저자들의 명단은 같은 책, p. 86을 보라.

79. 유규(1730~1808)에 대해서는 12장을 참조하라.

80. 권희학은 향리 지파인 동정공파의 일원이었다.

81. 최는 굶주리고 있던 북서부의 백성에게 구휼식량을 보내준 중국인에게 감사를 표하기 위해 파견되었다.

82. [해주] 오명항(1673~1728)은 1705년의 문과 급제자로, 소론 관리로 눈부신 경력을 쌓았다. 1728년에 이인좌의 난을 평정한 뒤에, 그는 일등공신이 되었다.

83. 관련 문서들에 대해서는 『조선 후기 향리 관계자료 집성』, pp. 405~42를 보라.

84. 권희학, 「전민구처문田民區處文」, 『감고당집』, pp. 297~98.

85. 『감고당집』, p. 293.

86. 최홍간(1717~?)은 1740년의 생원이었다.

87. 이 친척들은 앞서 언급한 권영흡, 용칭, 심도였다. 권희학의 문집인 『감고당집』은 세 편의 일기와 전기적 기록, 어제시御製詩와 어서의 사본으로 이루어져 있다. 이 문집은 필사본으로 남아 있고, 『조선 후기 향리 관계자료 집성』에 전재되어 있다.

88. 건립과정과 개인들의 기부, 봉안례와 이후의 각종 의식에 참여한 자들의 명단을 상세히 설명한 기록은 『조선 후기 향리 관계자료 집성』, pp. 443~502를 보라. 1861년에 춘양春陽으로 옮겨졌지만, 영당은 1년 뒤에 대원군에 의해 훼철되었다.

89. 송명흠(1705~1768)은 송준길의 후손이었고, 준길은 1702년에 세워지고 1726년에 사액된 상주의 흥암서원에 모셔졌다. 송씨는 준길의 장인인 정경세를 통해 상주와 연결되었다(정경세는 상주에서

태어났다). 『향리의 역사서 〈연조구감〉』, pp. 243~46을 보라.

90. 신석우(1805~1865)는 평산 신씨의 막강한 벌열 지파에 속했고, 여러 고위직을 거쳤으며, 1855년에는 경상도 관찰사였다.

91. 노론이 2명, 소론이 1명, 남인이 2명이었다. 이들의 명단은 이훈상, 『조선 후기의 향리』, p. 227을 보라.

92. 이휘재(1795~1875)와 이휘녕(1788~?)은 19세기 초에 퇴계의 학맥을 이어나간 중요한 인물이었다. 특히 휘재는 뛰어난 성리학자로 알려져 있다.

93. 19세기 후반 향리의 모습에 대해서는 Hwang, *Beyond Birth*, pp. 181~207을 보라.

94. 권백종(생몰년 미상)은 안동 권씨 향리 지파 3개 가운데 하나인 부정공파에 속했다. 그는 14세기 초의 인물인 듯하다.

95. 훼손된 완의 원문은 『의성김씨 고문서』, 「완의」, no. 7, 2:75~76을 보라. 이 완의는 문옥표 등, 『조선 양반의 생활세계』, pp. 366~71, 409~11에 전재되어 분석되었다. 김광억이 짐작한 것처럼 권백종이 그런 의례적 관심을 끈 것은 그가 일종의 수호신으로 향리층의 숭배를 받았기 때문일 가능성이 크다. 같은 책, pp. 367~68.

96. 이훈상, 『조선 후기의 향리』, p. 186의 주 21.

97. 현직 영리들의 출신지 목록은 같은 책, pp. 119~23을 보라. 눈에 띄는 것은 각 지역에서 배출된 감영영리들이 하나의 토착 향리 출신집단 출신인 경우가 압도적으로 많았다는 점이다. 예를 들어, 고부에서는 고부 은씨殷氏가, 김제에서는 김제 조씨趙氏가, 나주에서는 나주 나씨羅氏가 그런 출계집단이었다. 앞의 두 성씨는 『만성대동보』에 나오지 않는다.

98. 이런 명부들이 어느 정도의 시간적 간격을 두고 작성되었는지를 보여주는 도표는 이훈상, 『조선 후기 이서집단』, p. 185를 보라. 유사한 명부가 경주와 상주에도 남아 있다. 또 조광, 『조선시대 향촌 지배구조의 이해』도 보라.

99. 여기에서 남원 양씨 향리라 불리는 자들은 병부공파(4장과 4장의 주 63을 보라)의 23대손인 사람의 후손이다. 이들의 세계도는 이훈상, 『조선 후기 이서집단』, p. 194 이후에 나오는 부록을 보라.

100. 영천 이씨는 『만성대동보』에 등재되어 있지 않다. 그들은 순수한 향리 출계집단이었을까?

101. 상세한 내용은 이훈상, 『조선 후기 이서집단』, pp. 181~85를 보라. 혼다 히로시本田洋는 19세기와 일제 식민통치하 남원 향리의 역사와 활동을 연구했다. 자신들이 특별한 사회집단을 구성하고 있다는 그들의 의식은 최근까지 강하게 남아 있었다. 本田洋, 「身分階層的 文化傳統과 近代 地域社會」와 「韓國の 地方邑における〈鄕紳〉集團」을 보라.

102. 단성호적에 기초한 얼마간의 통계자료에 대해서는 전우철, 『조선 후기 향촌사회』, p. 59를 보라.

103. 상주의 향리에 대해서는 권기중, 「조선 후기 상주목 향리층의 존재양태」를 보라. 단성에서 상급 향리직에 있던 자들의 성씨가 상대적으로 다소 많은 현상에 대해서는 전우철, 『조선 후기 향촌사회』, p. 64를 보라.

104. 1725년에서 1891년 사이의 안동 안일반安逸班(또는 안일방)에 관한 문서는 『조선 후기 향리 관계자료 집성』, pp. 1~52에 수록되어 있다.

105. 경주 안일방의 분석은 이훈상, 『조선 후기의 향리』, pp. 40~71을 보라. 관련 문서는 『조선 후기 향리 관계자료 집성』, pp. 107~57을 보라.

106. 상주 향리에 대한 설명은 권기중, 「조선 후기 상주목 향리층」을 보라.

107. 남원 향리의 주거양식에 대해서는 本田洋, 「身分階層的 文化傳統」, p. 417을 보라. 또 이훈상, 『조신 후기의 향리』, pp. 204~7도 보라.

108. 시장의 발달에 대해서는 손정목, 『조선시대 도시사회』, pp. 80~92를 보라. 『문헌비고』에 의하면, 전국에 약 1,061개의 시장이 있었고, 대부분은 경상도와 전라도에 분포했다.

109. 이런 변화의 개요는 이헌창, 『한국경제통사』, pp. 102~34를 보라.

110. 김용섭, 『조선 후기 농업사 연구, 2』, pp. 428~40(1990).

111. 권상일, 『청대일기』 2:168(1746/1/24); 456(1757/9/29); 472(1758/6/27, 7/1).

112. 18세기에 일어난 직역의 다양화는 이준구가 『조선 후기 신분』에서 분석한 산음山陰과 단성의 호적에 분명하게 반영되고 있다. 특히 부록 1, pp. 268~70을 보라.

113. 『영조실록』 32:3a(1732). '권분부민시상절목勸分富民施賞節目'은 10섬에서 1,000섬에 이르는 납속의 양을 규정했다. 이 절목의 남용이 너무 심해지자, "부호로부터 재산을 강제로 빼앗는 행위"는 훗날 금지되었다. 『영조실록』 121:13a(1773).

114. 1659년과 1661년에 정해진 '납속량'과 그에 상응하는 직함에 대해서는 차문섭, 「임란 이후의 양역」, pp. 100~102를 보라. 또 이준구, 『조선 후기 신분』, pp. 19~22도 보라.

115. 『경국대전』, p. 327의 주에 의하면, '사조'를 모르는 양인은 그들을 기록할 필요가 없었다. 이는 왕조의 초기에 아마도 대부분의 양인에게 해당되는 경우였을 것이다. 하지만 오가작통법이 시행되면서, 양인과 노비도 조상에 대한 정보를 제시하고 본관을 밝혀야 했다. 본관이 없는 경우, 그들은 보통 거주지를 자신들의 본관으로 택했다.

116. 『비변사등록』, 영조 5년 윤7월 7일(1729).

117. 여기에 대해서는 이종일, 「조선 후기 사족의 신분」을 보라.

118. 우하영禹夏永(1741~1812), 『천일록千一錄』, 최승희, 『조선 후기 사회』, pp. 70~71에서 재인용.

119. 상세한 내용은 최승희, 『조선 후기 사회』, 5장, pp. 175~207을 보라. 신분변동의 또 다른 예들에 대해서는 이준구, 『조선 후기 신분』, pp. 226~32를 보라.

120. 유학으로 과거를 치러 합격한 자들의 비율은 영조 연간에 급격하게 증가했다. 송준호, 『이조 생원~진사시의 연구』, pp. 35~37을 보라. 또 송준호, 『조선사회사 연구』, pp. 120~22도 보라. 유학, 학생, 교생 같은 칭호는 시간이 흐르면서 그 의미가 변했으므로, 사회적 변화를 보여주는 신뢰할 만한 지표는 아니다. 최승희, 『조선 후기 사회』, pp. 59~96.

121. 왕조 중기의 법전인 1746년의『속대전』은 불법적인 모록冒錄과 이를 통한 면역에 대한 엄벌 조항을 신설했다.『속대전』, pp. 132~33;『추관지』, p. 829.

122. 안타깝게도 최근의 한국 역사서에서도 종종 무비판적으로 수용된 이 가정은 오직 직역의 변동에만 기초하여 대구의 호적을 분석한 시카타 히로시의 연구에서 비롯된 것이다. 四方博,「李朝人口に關する身分階級別の觀察」을 보라.

123. 갓은 전통적인 모자이고 도포는 통이 넉넉한 흰색 겉옷으로, 둘 다 사대부 복식의 필수 요소였다.

124.『일성록日省錄』, 정조 10년[1786] 1월 22일. 정석종,『조선 후기 사회』, p. 254에서 재인용.

125.『의성김씨 고문서』,「통문」, no. 86, 5~7:264(1990).

126.『숙종실록』47:24a(1709);『추관지』, pp. 670~71;『속대전』, p. 424.

127. 이런 유교화에 대한 신선한 통찰은 Walraven, "Buddhist Accommodation"을 참조하라.

128.『숙종실록』7:12b~13a(1678).

129.『수교집록』, pp. 172~73. 상세한 내용은 히라키 마코토,『조선 후기 노비제』, pp. 142~47; 전형택,『조선 후기 노비』, pp. 214~16을 보라.

130. 17세기 말에 관노비의 속량 대가는 양곡 160석이었다. 15세에서 30세 사이의 노비는 가장 많은 대가를 지불해야 했다. 이 대가는 남녀 노비가 바칠 수 있는 공물(신공)에 근거하여 책정되었다. 납곡納穀은 18세기 중엽에 납전納錢으로 대체되었다.『속대전』, pp. 449~50;『숙종실록』61:1b(1718).

131. 정석종,『조선 후기 사회』, p. 292.

132. 전형택,『조선 후기 노비』, pp. 120~56.

133. 같은 책, pp. 82~118. 여자노비의 신공은 1774년에 폐지되었다.

134. 같은 책, pp. 238~45. 공조와 병조, 각 도와 군현의 관청, 역참에 딸린 노비들은 포함되지 않았다.

135. 현존하는 광산 김씨 호구단자 32종에 대해서는『광산김씨 오천 고문서』를 보라. 김용만,『조선시대 사노비』, p. 109에 도표화되어 있다.

136. 최순희,「재령이씨 영해파 문기고, 하」, pp. 84~92.

137. Karlsson, *The Hong Kyŏngnae Rebellion*과 Kim, *Marginality and Subversion in Korea*를 보라. 또 Hwang, *Beyond Birth*, pp. 265~69도 보라.

138. 노비제에 관한 유형원의 견해는 Palais, *Confucian Statecraft*, pp. 232~43에서 논의되고 있다.

139. 같은 책, pp. 252~53.

140. 같은 책, pp. 252~57.

141. Tung-tsu Ch'ü, *Law and Society in Traditional China*, pp. 131~33.

142.『영조실록』27:25a(1730). 1713년의 문과 급제자 조문명(1680~1732)은 조선 후기의 강력한 벌열이었던 풍양 조씨의 일원으로 1725년에 중국을 방문했다. 그는 화려한 관직 경력을 쌓았을 뿐 아니라, 자신의 딸을 영조의 맏아들에게 시집보냈다.

143. 『속대전』, pp. 436~37. 1801년의 법이 탄생되기까지의 논쟁에 대한 상세한 설명은 전형택, 『조선 후기 노비』, pp. 228~45; 히라키 마코토, 『조선 후기 노비제』, pp. 192~204를 보라. 영어로 된 요약 은 Palais, *Confucian Statecraft*, pp. 265~68을 보라.

144. 『순조실록』 2:20a~21b.

145. 순조(1790~1834)는 11세에 왕위에 올랐기 때문에, 대왕대비인 [경주] 김씨(영조의 계비)가 1804년 까지 수렴청정을 했다. 순조의 왕비는 막강한 [안동] 김조순金祖淳(1765~1831)의 딸이었다.

146. 예컨대 1888년에 박영효朴泳孝(1861~1939)가 고종에게 올린 '내정개혁에 관한 상소'(건백서建白 書)를 보라. *Sourcebook of Korean Civilization*, 2:354~60에 영역되어 있다.

147. 『비변사등록』 263: 임오壬午 1882/7/22; Hwang, *Beyond Birth*, p. 32.

148. 『문헌비고』 162:36b~7a.

149. 이 의안은 1485년의 『경국대전』에 수록된 조목을 간결하게 되풀이했다.

150. 갑오경장에 대해서는 Hwang, *Beyond Birth*, pp. 59~67; 유영익, 『갑오경장 연구』를 보라. 개혁안 목록은 유영익, 같은 책, 부록 3, pp. 229~39를 보라.

## 결론

1. 이 용어들은 Pye, *Asian Power and Politics*, p. 85에서 빌려온 것이다. 하지만 조선의 양반에 대한 파 이익 이해는 캐리커처이다.

2. 붕당의 해석이 과거의 문제와 답안에 얼마나 영향을 미쳤는지는 향후의 연구를 기다리는 흥미로운 주제이다.

3. 상세한 내용은 Deuchler, "Despoilers of the Way"를 보라.

4. 이런 경향에 대한 논의는 Koo, "Center-Periphery Relations and Civil Society in Korea," pp. 249~55를 보라. 그것을 지지하는 견해는 Haboush, "Academies and Civil Society in Chosŏn Korea"를 보라. Duncan, "The Problematic Modernity of Confucianism"은 한국에서 벌어진 유교에 대한 찬반 논란을 다루고 있다.

5. '시민사회'의 개념을 중국에 적용할 수 있는가 아닌가에 관한 열띤 논의는 1990년대에 이루어졌다. 권위 있는 견해로는 Rowe, "The Public Sphere in Modern China"와 Rankin, "The Origins of Public Sphere"가 있다. 두 사람은 하버마스의 개념을 후기 중국 제국의 조건에 적용하는 것에 대해 비판적 이다.

6. Walton, *Academies and Society in Southern Song China*, pp. 84~86.

7. Pye, *Asian Power and Politics*, p. 292.

8. Faure, "The Lineage as a Cultural Invention," p. 29.

9. Nicholas, "Factions," p. 28.

10. Certeau, *The Practice of Everyday Life*, p. 48.

11. 善生永助, 『朝鮮の聚落』, 3:46~47. 경상도와 전라도에서는 각각 382개와 329개의 동성마을이 확인되었고, 충청도에서는 그 수가 265개, 경기도에서는 235개였다. 문서기록도 경상도와 전라도에 관한 것이 가장 풍부하다. 전쟁의 피해가 훨씬 컸다는 점을 제외하고는, 충청도와 경기도의 문서가 부족한 이유를 설명하기는 어렵다.

12. 정만조 등, 『조선시대 경기북부지역』. 정은 연구단의 조사가 예비적인 것이라고 강조한다.

13. 상세한 내용은 Kim, *Marginality and Subversion in Korea*와 오수창, 『조선 후기 평안도 사회』를 참조하라.

14. Bol, "Neo-Confucianism and Local Society"를 보라.

15. Faure, *Emperor and Ancestor*, pp. 9~11.

16. Szonyi, *Practicing Kinship*.

17. Zheng, *Family Lineage Organization*.

18. R. Watson, *Inequality among Brothers*.

19. Beattie, *Land and Lineage in China*, pp. 111~26.

20. Cohen, *Kinship, Contract, Community, and the State*, 6장, 특히 pp. 165~68.

21. Zheng, *Family Lineage Organization*, p. 284.

22. Ebrey, *Confucianism and Family Rituals*, p. 56과 곳곳을 보라.

23. Brook, "Family Continuity and Cultural Hegemony," p. 32. 필자는 당대 한국 엘리트층의 몇 가지 특성을 검토하기 위해 중국의 엘리트 종족에 대한 브룩의 규정을 반사경으로 삼고자 한다.

24. 같은 논문.

25. Palais, review of Yi Sŏng-mu's *Chosŏn ch'ogi yangban yŏ'gu*, pp. 206~7을 보라.

26. 상인은 한나라 때는 관직 진출이 허용되지 않았고, 명나라 때 처음으로 과거에 응시할 수 있었다. Ch'ü, *Law and Society in Traditional China*, p. 129의 주 2; Elman, *A Cultural History of Civil Examinations*, p. 132.

27. 중국 상인계층에 관한 훌륭한 요약이 필요하면 Mann, *Local Merchants and the Chinese Bureaucracy*, 2장을 보라.

28. 한국의 근대화 과정에서 향리와 서얼이 어떤 역할을 했는지에 대해서는 Hwang, *Beyond Birth*를 보라.

29. 상세한 내용은 Brockmeyer, *Antike Sklaverei*, 특히 p. 156을 보라.

30. 관련 사료에 대해서는 Ch'ü, *Law and Society in Traditional China*를 보라. 예컨대 청나라에서는 해방된 노비도 과거를 볼 수 없었다. 해방노비의 3대의 후손(그 해방이 주인에 의해 관아에 보고되었을 경우에 한해)만이 과장에 들어갈 자격이 있었다. 당나라에서 청나라에 이르기까지, 양인에게 중

상을 입힌 노비에 대한 형벌은 교살이었다. 같은 책, p. 132의 주 6, pp. 186~200.

31. Watson, "Transactions in People."

32. 이 책은 1893년의 『광례람廣禮覽』이다. 문옥표, 「예서에 나타난 유교식 관혼상제례의 의미 분석」을 보라. 이 논문은 이재의 『사례편람』(1977)에 첨부되어 있다.

33. '양반화'란 용어는 이광규가 "Confucian Tradition in the Contemporary Korean Family"에서 처음 사용한 것으로 보인다. 그 후 이 용어는 *The Anthropology of Korea*에 실린 여러 연구에서 분석적 도구로 사용되었다. 특히 Watson, "Yangbanization in Comparative Perspective," pp. 213~7을 보라.


## 부록 A

1. 이런 문서들을 분류하는 일반화된 기준은 없다. 최승희는 그것들을 체계적으로 기술한 최초의 인물이다. 그에 의하면, 고문서란 인쇄된 서적, 일기, 비망록을 제외하고 1910년 이전에 작성된 사적·공적 문서로 이루어진다. 한국학중앙연구원은 1982년부터 그런 문서들을 『고문서 집성』이라는 제목으로 간행해왔다. 이해준, 「지방사 연구」도 참조하라.

2. 이두는 한자로 된 텍스트를 수월하게 읽기 위해 한자의 음과 훈을 이용하여 한글의 부사와 어미, 조사를 표기한 방법이다.

3. 육십갑자는 10천간天干과 12지지地支를 결합한 60가지 조합으로 이루어진다. 이런 사이클은 60년이 지나면 반복되므로, 치세를 알아야만 시대를 확정할 수 있다. 예컨대 갑자(이 주기의 첫 번째 조합)는 세종 26년(1444)을 가리킬 수도 있고, 연산군 10년(1504)을 지칭할 수도 있다.

4. 『한국문집총간』과 『한국역대문집총서』는 1989년 이후 각종 문집을 집대성한 2대 전집이다. 전자가 주로 서울에 터를 잡은 고위관리들의 저술을 수록하고 있는 반면에, 후자는 지명도가 낮은 농촌 학자들의 작품도 포함하고 있다.

5. 최상중, 『미능재집, 부록』3:3b.

6. Bloch, *How We Think They Think*, p. 116.

7. 묘지가 적힌 소재나 기물은 매우 다양했다. 일부는 대리석을 비롯한 석재나 자기磁器 서판에, 다른 일부는 사발, 접시, 항아리에 새겨졌다. 『영원한 만남 한국 상장례』에 실린 도해를 보라.

8. 서주석은 『안동의 분묘』에서 안동지방의 묘지를 모았다. 전국 각지의 묘비명을 집대성한 『조선금석총람』 같은 일람표가 있긴 하지만, 지역별로 더 많은 묘지명을 수집하는 것은 역사가의 흥미를 끄는 매우 유용한 작업일 것이다.

9. 1424년에 세종은 각 도의 지리지를 펴내라고 명했다. 『경상도지리지』는 경상도 관찰사였던 하연에 의해 1425년에 편찬되었다. 이 책은 한국에서 가장 오래된 지리지로, 세종의 노력[에 힘입어 편찬

된 지리지들] 가운데 유일하게 전한다. 1469년에 보완되었다.

10. 1454년에 편찬된 『세종실록지리지』는 『동국여지승람』의 토대가 되었다.

11. 군수로 일하는 동안, 정구는 일곱 가지 상이한 읍지를 편찬했다고 하는데, 『함주지』만 아직까지 남아 있다. 임진왜란 때문에, 이 책은 퇴계의 제자인 오운(1540~1617)에 의해 1603년에야 인쇄되었다.

12. 영가는 안동의 숱한 옛 지명 가운데 하나였다.

13. 권기는 안동 권씨로, 유성룡의 많은 제자 가운데 한 명이었다. 그는 16번이나 초시를 치렀지만, 과거의 최종 단계(문과)까지 이르지는 못했다. 그래서 그는 지역의 일에 헌신했고, 시재詩才로 유명하다. 『교남지』11:30b. 그는 자기 친족집단의 족보 증보판인 1605년의 『안동권씨 세보』를 편찬하기도 했다.

14. 『영가지』 필사본은 1608년에 완성되었지만, 중앙정부가 모든 군현에 『동국여지승람』의 증보에 도움이 될 읍지의 편찬을 명한 18세기 중엽에야 전국적인 관심을 끌었다(『동국여지승람』을 토대로 각지의 읍지를 참조하여 만든 『여지도서輿地圖書』는 1760년에 나왔다). 다소 축약된 『영가지』 목판본은 1899년에 간행되었다. 이것은 1991년에 안동 군수에 의해 출간된 『국역 영가지』에 첨부되어 있다. 원본이라 할 수 있는 필사본은 1993년에 안동문화원에서 다시 간행되었다. 『영가지』의 상세한 출판 역사에 대해서는 『국역 영가지』, pp. 20~30에 실려 있는 '해제'를 보라. 본서에서 언급하는 『영가지』는 모두 간행본을 가리킨다.

15. 송나라의 읍지에 대한 논의는 Bol, "The Rise of Local History"를 보라.

16. 권시중은 학식과 효성으로 이름난 안동 권씨로, 조목의 제자였다. 그의 저서에는 "안동 권씨에 대한 편향된 서술"이 있다. 자세한 내용은 『국역 선성지』, pp. 8~15를 보라.

17. 안동과 예안에 관한 정보는 후대의 『여지도서』, 1832년의 『경상도읍지』, 1940년에 정원호鄭源鎬가 편찬한 『교남지』에도 나온다.

18. 용성은 남원의 옛 이름이다.

19. 『동국여지승람』을 증보하라는 명이 처음 내린 것은 1699/1700년이었다. 두 학자는 이도李燾(1639~1713)와 최여천崔輿天(생몰년 미상)이었다. 상세한 것은 방두천房斗天(1655~1704)이 『용성지』에 쓴 발문을 보라.

20. 최시옹의 서문은 『용성지』 1a~3b; 최시옹, 『동강유고』3:2a~5b를 보라.

21. 『조선시대 사찬私撰읍지』 제25권에 (불완전하게) 전재된 『용성지』는 원래 1708년과 1752년에 목판으로 인쇄되었다. 완전한 복사본을 저자에게 제공해준 송만오 선생에게 감사하는 바이다. 1923년에 활자로 인쇄된 양질의 판본은 하버드-옌칭 연구소에 소장되어 있다.

# 참고자료

## 주요 웹사이트

| | |
|---|---|
| db.history.go.kr | 한국사데이터베이스(국사편찬위원회) |
| db.itkc.or.kr | 한국고전종합DB(한국고전번역원) |
| people.aks.ac.kr | 한국역대인물정보시스템(한국학중앙연구원) |
| sillok.history.go.kr | 조선왕조실록(국사편찬위원회) |
| sjw.history.go.kr | 승정원일기(국사편찬위원회) |

## 참고문헌

### 원전(번역본 포함)

『각사수교』, 『수교집요』, pp. 1~101.

『거관대요』, 서울: 법제처, 1983.

『경국대전주해』(영인본), 서울: 단국대학교 부속 동양학연구소, 1979.

『경국대전』(영인본), 경성: 조선총독부 중추원, 1934.

『경북지방 고문서 집성』(1981), 이수건 편, 경산: 영남 대학교 출판부, 1984.

『경상도읍지』(영인본), 서울: 한국지리지총서, 1982.

『경상도지리지』(영인본), 경성: 조선총독부 중추원, 1938.

『고려~조선전기 중인 연구』, 연세대학교 국학연구원 편, 서울: 도서출판 신서원, 2001.

『고려명현집』5책, 서울: 성균관대학교 대동문화연구원, 1973.

『고려사절요』(영인본), 서울: 동국문화사, 1960.

『고려사』4책(영인본), 서울: 연세대학교 동방학연구소, 1955.

『고문서집성』, 성남: 한국정신문화연구원.

　　『안동 전주유씨편(수곡종택)』44(1999).

　　『안동 주촌 진성이씨편』41~42(1999).

　　『안동 갈전 순흥안씨편』43(1999).

　　『안동 법흥 고성이씨편』49(2000).

　　『하회 풍산유씨편』15~19(1994); 52(2000).

　　『하회 풍산유씨편』, 정서본 59(2000).

　　『광산김씨오천고문서』82.2(1982).

　　『남원 · 구례 삭령최씨편』72, 75(2004).

　　『병산서원편』20(1994); 정서본 63(2002).

　　『의성김씨천상각파편』5~7(1989~1990); 정서본 5~7(1990).

　　『영해 재령이씨편』33(1997), 69(2004).

『광산김씨예안파보』, 안동, 1977.

『광산김씨오천고문서』, 『고문서집성』82.2, 성남: 한국정신문화연구원, 1982.

『광산김씨족보』, 1933, 하버드-옌칭 도서관 도서.

구봉령, 『백담집』, 『한국문집총간』39.

『교남지』, 정원호 편, 1940.

『[국역] 선성지』, 『선성지』를 보라.

『[국역] 영가지』, 『영가지』를 보라.

『[국역] 오천세고』, 『오천세고』를 보라.

『국조문과방목』4책, 서울: 태학사, 1988.

『국조오례의』(영인본), 서울: 경문사, 1979.

『국조인물고』3책, 서울: 서울대학교 출판부, 1978.

권강, 『방담선생문집』, 『한국역대문집총서』2572.

권구, 『병곡선생문집』, 『한국문집총간』188.

권기, 『영가지』(영인본), 『[국역] 영가지』, 안동: 안동 군수, 1991에 첨부되어 있음.

권두경, 『창설재선생문집』, 『한국문집총간』169, 하버드-옌칭 도서관 도서.

권벌, 『충재집』, 『한국문집총간』19.

권상일, 『청대일기』2책, 서울: 국사편찬위원회, 2003.

권호문, 『송암선생문집』, 『한국문집총간』41.

권희학, 『감고당집』, 『조선후기 향리관계자료집성』.

금난수, 『성재집』, 1909, 하버드-옌칭 도서관 도서.

김낙행, 『구사당선생문집』, 『한국문집총간』 222, 『규사』, 『조선 서얼관계 자료집』.

김명일, 『운암선생일고』, 『연방세고』, pp. 320~376.

김방걸, 『지촌선생문집』, 하버드–옌칭 도서관 도서.

김복일, 『남악선생일고』, 『연방세고』, pp. 408~468.

김부륜, 『설월당집』, 『한국문집총간』 41.

김부의, 『읍청정유고』, 『오천세고』.

김부필, 『후조당선생문집』, 『오천세고』.

김성일, 『학봉집』, 『한국문집총간』 48.

김성탁, 『제산문집』, 하버드–옌칭 도서관 도서; 『한국문집총간』 206.

김세호, 『구주집』, 『장고세고』 9~10.

김수일, 『귀봉선생일고』, 『연방세고』, pp. 289~320.

김시박, 『천전소지』, [안동]: 천전종회, 1972.

김시온, 『표은선생문집』, 『연방세고』, pp. 469~728.

김언기, 『용산세고』, 하버드–옌칭 도서관 도서.

김연, 『운암선생일고』, 『오천세고』.

김영, 『계암선생문집』, 『한국문집총간』 84.

_____, 『계암일록』 2책, 서울: 국사편찬위원회, 1997.

김용, 『운천선생문집』, 하버드–옌칭 도서관 도서

김장생, 『의례문해』, 규장각 도서.

김종직, 『점필재문집』, 『이조명현집』 2, pp. 227~558, 서울: 성균관대학교 대동문화연구원, 1977.

김진, 『표은문집』, 『연방세고』, pp. 71~118.

김창석, 『장고세고』 권8.

김창조, 『장암집』, 『한국역대문집총서』 1695.

김학배, 『금옹선생문집』 2책, 발행지/발행자/연도 미상, 하버드–옌칭 도서관 도서.

김해, 『근시재선생문집』, 『오천세고』.

김현, 『만경일기』, 남원: 부안김씨직장공파서계공문중, 2003.

김휴, 『경와선생문집』, 『한국역대문집총서』 1717.


『남원·구례 삭령최씨편』, 『고문서집성』 72, 75, 성남: 한국정신문화연구원, 2004.

『남원양씨세보』, 1938, 하버드–옌칭 도서관 도서.

『남원양씨세적집요』, 양만정 편, 전주: 남원양씨대종회, 1975.

『남원원동향약』, [전주]: 전북향토문화연구회, 1994.

『남원윤씨족보』, 윤경식 편, 13책, 1861.

『남원읍지』, 1872, 『한국지리지총서』 4, 서울: 한국지리지총서, 1983(영인본).

『남원지』, 발행지/발행자 미상, 1950.


『대명률직해』(영인본), 경성: 조선총독부 중추원, 1937.

『대방세고』 1, 남원: 노봉서원, 1800.

『대전속록급주해』, 경성: 조선총독부 중추원, 1935.

『대전회통』, 경성: 조선총독부 중추원, 1939.

『도산전서』 4책, 성남: 한국정신문화연구원, 1980.

『동유사우록』, 박세채 편(영인본), 한국교육사연구소, [서울]: 불함문화사, 1977.

『만기요람, 재용편』(영인본), 경성: 조선총독부 중추원, 1937.

『만성대동보』 3권(1931), 서울: 학문각, 1972(영인본). 1권과 2권의 복사 및 주석은 Edward W. Wagner에
   의함(연도 미상).


박세채, 『남계예설』, 규장각 도서.

_____, 『남계집』, 『한국문집총간』 138~140.

『반남박씨세보』, 1825, 하버드-옌칭 도서관 도서.

『방적세헌』, 안동 의성김, 숭의재 관리위원회, 1997.

배용길, 『금역당문집』, 하버드-옌칭 도서관 도서.

『병산서원편』, 『고문서집성』 20(1994), 63(2002), 성남: 한국정신문화연구원.

『비변사등록』 28책(영인본), 서울: 국사편찬위원회, 1959.


『삭령최씨족보』, 1648, 1954년경.

『선성지』, 『[국역] 선성지』, 안동: 국역선성지 발간추진위원회, 1993.

『선원세보』, 하버드-옌칭 도서관 도서.

성현, 『용재총화』(영인본), 타이베이: Oriental Cultural Service, 1971.

『속대전』(영인본), 경성: 조선총독부 중추원, 1938.

송시열, 『송자대전』 7책, 서울: 사문학회, 1971.

송준길, 『동춘당집』, 『한국문집총간』 106~107.

『수교집요』, 경성: 조선총독부 중추원, 1943.

『승정원일기』, http://sjw.history.go.kr.

『신보 수교집요』, 『수교집요』, pp. 261~508.

『신증동국여지승람』(영인본), 서울: 동국문화사, 1958.

『씨족원류』(영인본), 서울: 보경문화사, 1991.


『안동 갈전 순흥안씨편』, 『고문서집성』43, 성남: 한국정신문화연구원, 1999.

『안동 법흥 고성이씨편』, 『고문서집성』49, 성남: 한국정신문화연구원, 1999.

『안동 전주유씨편(수곡종택)』, 『고문서집성』44, 성남: 한국정신문화연구원, 1999.

『안동 주촌 진성이씨편』, 『고문서집성』41~42, 성남: 한국정신문화연구원, 1999.

『안동군 지정문화재 편람』, 안동: 안동문화원, 1994.

『안동권씨 복야공파 파조설단실기』, 안동, 1994.

『안동권씨세보』17책, 1734.

『안동권씨세보』34책, 1794.

『안동권씨전고』, 안동, 1982.

『안동권씨족보』, 『성화병신보』, 1476.

『안동김씨세보』13책, 서울: 안동김씨중앙화수회, 1982.

『안동부 읍지』, 발행지/발행자 미상, 1899.

『안동시사』5책, 안동: 안동시사편찬위원회, 1999.

『안동의 분묘』, 서주석 편, 안동: 안동문화원, 1994.

『안동의 서원』, 안동: 안동문화원, 1994.

『안동향교지』, 안동: 안동향교, 1992.

『안동향손사적통록』, 발행지/발행자 미상, 1824.

안정복, 『순암총서』, 『한국문집총간』229~230.

『암천세고』(1890), 『대유문헌』, 권석영 편, 발행지/발행자 미상, 1986.

양성지, 『눌재집』(영인본), 서울: 아세아문화사, 1973.

『여지도서』2책(영인본), 서울: 탐구당, 1973.

『역주경국대전』2책, 성남: 한국정신문화연구원, 1985~1986.

『연방세고』, 안동: 천상총서 간행회, 1991.

『연조귀감』(영인본), 서울: 서강대학교 인문과학연구소, 1982.

『열읍원우사적』(영인본), 서울: 민창문화사, 1991.

『영가언행록-안동 권씨 일천년사』3책, 서울: 안동 권씨 문헌간행위원회, 1989.

『영가지』, 목판본 영인, 『[국역]영가지』, 안동: 안동 군수, 1991.

『영가지』, 원본 영인, 안동: 안동문화원, 1993.

『영남고문서집성』2책, 경산: 영남대학교 출판부, 1992.

『영남문집해제』, 민족문화연구소 편, 경산: 영남대학교 출판부, 1988.

『영남문헌록』 10책, 정영식 편, 대구: 영남문헌록간소, 1939.

『영남인물고』, 채홍원 외 편, 강주진 역, 서울: 서울대학교 출판부, 1967.

『영남향약자료집성』, 오세창 외 편, 경산: 영남대학교 출판부, 1986.

『영양·의령·고성 남씨대동보』 4책, 1979년 서문, 하버드-옌칭 도서관 도서.

『영원한 만남 한국상장례』, 국립민속박물관, 서울: 미진사, 1990.

『영해 재령이씨편』, 『고문서집성』 33, 69, 성남: 한국정신문화연구원. (33)1997; (69)2004.

『오천세고』, 성남: 한국정신문화연구원, 1982; 『[국역] 오천세고』 2책, 안동: 한국국학진흥원, 2005.

오희문, 『쇄미록』 2책(영인본), 서울: 국사편찬위원회, 1962.

『와룡면지』, 김영규(1933년경), 『한국근대읍지』 18, 서울: 한국인문과학원, 1991(영인본).

『용성지』, 1752.

유규, 『임여재선생문집』, 『한국역대문집총서』 1680.

유성룡, 『서애전서』 4책, 서울: 서애전서편집위원회, 1991.

유세명, 『우헌선생문집』, 『한국역대문집총서』 2502.

유세철, 『회당선생문집』, 『한국역대문집총서』 671.

유운룡, 『겸암집』, 『한국문집총간』 49.

유원지, 『졸재선생문집』, 『퇴계학자료총서』 32.

유직, 『백졸암선생문집』, 『한국역대문집총서』 1692.

유진, 『수암선생문집』, 『한국역대문집총서』 553.

유후장, 『주일재문집』, 『한국역대문집총서』 1206.

유희춘, 『미암집』, 『한국문집총간』 34.

윤상, 『별동집』, 1900, 하버드-옌칭 도서관 도서.

윤증, 『명재선생유고』 2책(영인본), 서울: 경인문화사, 1974.

윤행임, 『대방세가언행록』, 이봉내 역, 서울: 교문사, 1986.

『의성김씨 천전파 문중』, 안동: 한국국학진흥원, 2006.

『의성김씨대동보』, 13책, 서울, 1992.

『의성김씨세보』, 1901, 하버드-옌칭 도서관 도서.

『의성김씨천상각파편』, 『고문서집성』 5~7, 성남: 한국정신문화연구원, 1989~1999; 정서본 5~7, 1990.

이곡, 『가정집』, 『고려명현집』 3, pp. 1~147.

이대위, 『활계선생유고』, 1880, 하버드-옌칭 도서관 도서.

이문건, 『묵재일기』 2책, 서울: 국사편찬위원회, 1998.

이문재, 『석동유고』, 1935, 하버드-옌칭 도서관 도서.

이상정,『대산집』,『한국문집총간』226〜227.

이상형,『천묵재집』,『한국역대문집총서』543;『한국문집총간』(속) 21.

이수광,『지봉유설』(영인본), 서울: 경인문화사, 1970.

이색,『목은문고』,『고려명현집』3, pp. 796〜973.

이숭인,『도은선생집』,『고려명현집』4.

이식,『택당집』17책, 1747.

이언적,『봉신집의』, 1550.

이원배,『구암집』, 하버드-옌칭 도서관 도서.

이이,『율곡전서』2책, 서울: 성균관대학교 대동문화연구원, 1971.

이익,『성호사설유선』, 서울: 경문사, 1976.

_____,『성호사설』2책(영인본), 서울: 경인문화사, 1970.

이재李栽,『밀암집』,『한국문집총간』173.

이재李縡,『사례편람』(현토주해), 서울: 세창서관, 1967.

_____,『사례편람』, 부『광례람』, 서울, 1977.

이전,『월간집』,『한국역대문집총서』803.

이정백,『낙금헌문집』,『한국역대문집총서』2273.

이정회,『송간선생문집』,『한국역대문집총서』1453.

_____,『송간일기』,『한국학자료총서』18, 성남: 정신문화연구원, 1998.

이제현,『익재문집』,『고려명현집』2, pp. 133〜387.

이중환,『택리지』2책, 노도양 역주, 서울: 명지대학 출판부, 1982.

이함,『운악선생문집』, 운악선생문집 국역간행소, 1992.

이현일,『갈암선생문집』, 1909, 하버드-옌칭 도서관 도서.

이형상,『병와집』, 1772, 하버드-옌칭 도서관 도서.

이황,『증보퇴계전서』5책, 서울: 성균관대학교 대동문화연구원, 1971.


장경세,『사촌집』, 1806. 규장각 도서.

『장고세고』10권 4책, 안동, 하버드-옌칭 도서관 도서.

장세호,『사계 김장생의 예학사상』, 서울: 경인문화사, 2006.

『장수황씨세보』, 1848.

장현광,『여헌선생문집』,『한국문집총간』60.

장흥효,『경당선생문집』, 1878, 하버드-옌칭 도서관 도서.

전경창,『계동선생집』, 1859, 하버드-옌칭 도서관 도서.

전북원우록』, 전주: 향교재단, 1973.

『전북지방의 고문서』 3책, 전주: 전북향토문화연구회, 1993.

『전주이씨 고림군파 선조유문집』, 전북 임실군: 칠산군파 종친회, 1975.

『전주이씨세보』 5책, 발행지/발행자 미상, 1949.

정경세, 『우복집』, 『한국문집총간』 68.

정도전, 『삼봉집』, 서울: 국사편찬위원회, 1961.

정사성, 『지헌선생문집』, 『한국문집총간』 56.

정약용, 『[역주]목민심서』 4·5, 다산연구회 편, 서울: 창작과비평, 1984.

_____, 『다산논설선집』, 박석무, 정해렴 역, 서울: 현대실학사, 1997.

_____, 『유배지에서 보낸 편지』, 박석무 역, 서울: 창작과비평, 2000.

_____, 『증보 여유당전서』 5책, 서울: 경인문화사, 1970.

정엽, 『만헌집』, 『한국역대문집총서』 873.

정유일, 『문봉선생문집』, 『한국문집총간』 42.

정칙, 『우천선생문집』, 하버드-옌칭 도서관 도서.

정황, 『유헌선생문집』, 하버드-옌칭 도서관 도서.

조광조, 『정암선생집』, 『이조초엽명현집선』(영인본), 서울: 성균관대학교 대동문화연구원, 1959.

조목, 『월천선생문집』, 『한국문집총간』 38.

『조선금석총람』 2책(영인본), 서울: 경인문화사, 1974.

『조선사회사자료 1 (남원)』, 서울: 국사편찬위원회, 1990.

『조선서얼관계자료집』, 이이화 편, 서울: 여강출판사, 1985.

『조선시대 남원 둔덕방의 전주이씨와 그들의 문서』, 전주: 전북대학교 박물관, 1990.

『조선시대 문과백서』, 송준호, 송만오 편, 서울: 삼우반, 2008.

『조선시대 사찬읍지』 55책. 서울: 한국인문과학원, 1989~1990.

『조선왕조실록』 48책(영인본), 서울: 국사편찬위원회, 1955~1958.

『조선인명사서』, 경성: 조선총독부 중추원, 1937.

『조선후기 향리관계자료집성』, 경산: 영남대학교 민족문화연구소, 1990.

『조선후기 향약자료집성: 영암, 해남, 나주』, 김호일 외 편, 서울: 국사편찬위원회, 1997.

『조선후기논문선집』, 서울: 삼귀문화사, 1994.

조식, 『남명집』, 『한국문집총간』 31.

조익, 『포저집』, 『한국문집총간』 85.

주세붕, 『무릉잡고』, 『한국문집총간』 26~27.

朱熹, 『文公家禮』, 上海, 1918.

『증보문헌비고』3책, 서울: 동국문화사, 1959.

『진성이씨상계파세보』, 이가원 편, 1988.

『진성이씨세보』, 1981.


『창원정씨족보』, 1872. 하버드−옌칭 도서관 도서.

채제공, 『번암집』, 남만성 역, 서울: 대양서적, 1975.

『청주한씨세보』, 1796.

최계옹, 『우와선생문집』, 『한국역대문집총서』2516.

최상중, 『미능재집』, 『대방세고』.

최시옹, 『동강선생유고』3책, 1858.

최연, 『성만집』, 『대방세고』.

최온, 『폄재집』, 『대방세고』.

최유지, 『간호집』, 『대방세고』.

『추관지』(영인본), 경성: 조선총독부 중추원, 1937.

최휘지, 『오주선생집』, 『대방세고』.


『퇴계학자료총서』40책, 안동: 안동대학교 퇴계학연구소, 1994~1999.

『풍산유씨 세보』, 풍산유씨 세보간행소 편, 대전, 1965.

『풍양조씨 문집총서』, 서울: 풍양조씨대종회, 1995.


『하회 풍산유씨편』정서본, 『고문서집성』59, 성남: 한국정신문화연구원, 2000.

『하회 풍산유씨편』, 『고문서집성』15~19·52, 성남: 한국정신문화연구원, 1994(15~19), 2000(52).

『한국문집총간』, 서울: 민족문화추진회, 1988~2005.

『한국상대고문서자료집성』, 이기백 편, 서울: 일지사, 1987.

『한국성씨대관』, 서울: 창조사, 1973.

『한국역대문집총서』, 서울: 경인문화사, 1989~.

『한국의 향촌민속지 1−경상북도편』, 성남: 한국정신문화연구원, 1992.

『한국인명대사전』, 서울: 신구문화사, 1967.

『한국학기초자료선집, 근세 2편』, 성남: 한국정신문화연구원, 1995.

『해동지도』3책(영인본), 서울: 서울대학교 규장각, 1996.

『호구총수』(영인본), 서울: 서울대학교 규장각, 1996.

『호남읍지』10책, 규장각 도서, 1871.

『호남인물지』, 호남인물지 편찬위원회 편, 1991.

『호남절의록』6책, 규장각 도서(1799년 서문).

『호남지방 고문서 기초연구』, 정구복 외, 성남: 한국정신문화연구원, 1999.

황종해, 『후천집』4책, 1713.

『홍성장씨세보』, 1931.

『흥해배씨족보』3책, 안동, 1992.


## 한글 논저

가와시마 후지야, 「〈단성향안〉에 대하여」, 《청계사학》4(1987.6):185~213.

강은경, 「고려후기 호장층의 변동과 〈양반 향리호적〉의 정리-국보호적을 중심으로」, 《동방학지》
    97(1997.9):41~91.

_____, 『고려시대 호장층 연구』, 서울: 혜안, 2002.

강주진, 「사림정치와 한훤당의 도학」, 『한훤당의 생애와 사상』, 배종호 편, pp. 59~109, 서울: 한훤당선생
    사업사, 1980.

_____, 「서원과 그 사회적 기능」, 《한국사론》8(1980):58~88.

_____, 『이조 당쟁사 연구』, 서울: 서울대학교 출판부, 1971.

계승범, 「조선후기 단성지방 협천 이후남 가계의 직역과 신분」, 《고문서연구》3(1992.12):1~21.

고동환, 『조선후기 서울 상업발달사 연구』, 서울: 지식산업사, 1998.

고병익, 『동아교섭사의 연구』, 서울: 서울대학교 출판부, 1970.

고석규, 「18세기 말 19세기 초 평안도지역의 향권의 추이」, 《한국문화》11(1990.12):341~406.

_____, 「19세기 전반 향촌사회 세력간 대립의 추이-경상도 영양현을 중심으로」, 《국사관논총》
    8(1989):147~181.

_____, 「정인홍의 의병활동과 산림기반」, 《한국학보》(1988 여름):32~60.

고승제, 『한국 촌락사회사 연구』, 서울: 일지사, 1977.

고영진, 「15~16세기 주자가례의 시행과 그 의미」, 《한국사론》21(1989):73~173.

_____, 「16세기 말 사례서의 성립과 예학의 발달」, 《한국문화》12(1991.12):445~509.

_____, 『조선중기 예학 사상사』, 서울: 한길사, 1995.

_____, 『호남사림의 학맥과 사상』, 서울: 혜안, 2007.

고혜령, 「이인임 정권에 대한 일고찰」, 《역사학보》91(1981.9):1~55.

_____, 『고려후기 사대부와 성리학 수용』, 서울: 일조각, 2001.

구완회, 「조선중엽 사족 얼자녀의 속량과 혼인-〈미암일기〉를 통한 사례 검토」, 《경북사학》 8(1985.9):41~79.

권기중, 「조선후기 상주목 향리층의 존재양태」, 《조선시대사학보》 28(2004.3):47~67.

권내현, 「숙종대 지방통치론의 전개와 정책운영」, 《역사와 현실》 25(1997.9):87~112.

_____, 「조선후기 동성촌락 구성원의 통혼양상-단성현 신등면 안동권씨 사례」, 《한국사연구》 132(2006.3):109~135.

_____, 「조선후기 호적, 호구의 성격과 새로운 쟁점」, 《한국사연구》 135(2006.12):279~303.

_____, 「조선후기 호적과 족보를 통한 동성촌락의 복원」, 《대동문화연구》 47(2004.9).

권오영, 「19세기 안동유림의 유회와 그 활동」, 「이수건교수 정년기념, 한국중세사논총」, pp. 793~832, 서울: 간행위원회, 2000.

권인호, 「조선중기 사림파의 사회정치사상-남명 조식과 내암 정인홍을 중심으로」, 서울: 한길사, 1995.

금장태, 「유학 근백년」, 서울: 박영사, 1984.

_____, 「퇴계서 분류색인」, 서울: 서울대학교 출판부, 2002.

_____, 「퇴계학파의 사상」 2권, 서울: 집문당, 1996.

금장태·고광직, 「정약용」, 서울: 성균관대학교 출판부, 2002.

기대승, 「고봉전집」, 「한국문집총간」 40.

김건태, 「17~18세기 전답 소유규모의 영세화와 양반층의 대응」, 《한국사학보》 9(2000.9):57~96.

_____, 「갑술·경자 양전의 성격-칠곡 석전 광주이씨가 전답안을 중심으로」, 《역사와 현실》 31(1999.3):72~117.

_____, 「조선후기 사노비 파악방식」, 《역사학보》 181(2004.3):99~129.

_____, 「조선후기~일제시기 전통 동성촌락의 변화상-전라도 남원 둔덕리 사례」, 《대동문화연구》 62(2008.6):295~319.

_____, 「조선시대 양반가의 농업경영」, 서울: 역사비평사, 2004.

김경숙, 「16세기 사대부 집안의 제사설행과 그 성격-이문건의 〈묵재일기〉를 중심으로」, 《한국학보》 98 (2000 봄):2~39.

김경숙, 「18세기 후반 노비쟁송의 사례분석-풍산유씨 고문서를 중심으로」, 《고문서연구》 8(1996.3): 69~103.

_____, 「조선시대 유배형의 집행과 그 사례」, 《사학연구》 55~56(1998.9):369~393.

_____, 「조선후기 문중통문의 유형과 성격」, 《고문서연구》 19(2001):105~146.

_____, 「조선후기 친족질서와 종산분쟁」, 《조선시대사학보》 14(2000.9):137~166.

김광억, 「문화의 정치와 지역사회의 권력구조: 안동과 안동김씨」, 서울: 서울대학교 출판문화원, 2012.

김광철, 「고려후기 세족층 연구」, 부산: 동아대학교 출판부, 1991.

김극일, 「약봉선생문집」, 「연방세고」, pp. 119~288.

김기덕, 「14세기 후반 개혁정치의 내용과 그 성격」, 「14세기 고려의 정치와 사회」, pp. 446~506.

김당택, 「최승로의 상서문에 보이는 광종대의 〈후생〉과 경종원년 전시과」, 「고려 광종 연구」, 이기백 편, pp. 47~73, 서울: 일조각, 1981.

_____, 「충렬왕의 복위과정을 통해 본 천계 출신 관료와 〈사족〉 출신 관료의 정치적 갈등─〈사대부〉의 개념에 대한 검토」, 《동아연구》17(1989.2):195~232.

_____, 「충선왕의 복위교서에 보이는 '재상지종'에 대하여」, 《역사학보》131(1991.9):1~29.

김도행, 「우고선생문집」, 김춘대 편, 안동, 1993.

김동수, 「16~17세기 호남 사림의 존재형태에 대한 일고찰」, 《역사학연구》7(1977.3):43~104.

_____, 「세종실록 지리지 성씨조의 검토」, 《동아연구》6(1985.10):441~471.

김명자, 「조선후기 안동의 문집간행 현황과 그 의미」, 《조선사연구》16(2007):75~102.

김무진, 「조선전기의 향리 연구」, 「고려~조선전기 중인 연구」, 연세대학교 국학연구원 편, pp. 311~380, 서울: 도서출판 신서원, 2001.

김무진, 「조선중기 사족층의 동향과 향약의 성격」, 《한국사연구》55(1986):11~46.

김문경, 「고려 〈효행록〉과 중국의 〈이십사효〉」, *The Flow of Ideas and Institutions: Korea in the World and the World in Korea*, pp. 121~30, First Kyujanggak International Symposium on Korean Studies, October 16~17, 2008.

김문택, 「16~17세기 나주지방의 사족 동향과 서원향전」, 《청계사학》11(1994.12):117~185.

_____, 「16~17세기 안동 진성이씨가 묘제 양상과 유교적 이념」, 《고문서연구》26(2005.2):173~208.

_____, 「16~17세기 안동의 진성이씨문중 연구」, 박사학위논문, 한국학중앙연구원, 2004.

_____, 「상례와 시묘살이」, 「조선시대 생활사」2, pp. 47~63(2000).

_____, 「안동 진성이씨가 재사의 건립과 운영」, 《조선시대사학보》27(2003.12):99~129.

김미영, 「조선후기 상례의 미시적 연구─정재 류치명의 상례일기 〈고종록〉을 중심으로」, 《실천민속학연구》12(2008.8):237~275.

김석형, 「이조초기 국역편성의 기저」, 《진단학보》14(1941):159~208.

김선경, 「조선후기 산송과 산림 소유권의 실태」, 《동방학지》77~79(1993):497~535.

김성우, 「16세기 사족층의 관직독점과 반상제의 대두」, 《한국사연구》106(1999.9):121~162.

_____, 「18~19세기 〈지배양반〉 되기의 다양한 조건들」, 《대동문화연구》49(2005):169~195.

_____, 「조선시대 지역개발과 지배 엘리트층의 거주지 선택전략─경상도 대구부를 중심으로」, 「인구사적 측면에서 본 한·불 엘리트」, Proceedings of the International Conference at Sungkyunkwan University, Academy of East Asian Studies, Oct. 2007.

_____, 「조선중기 국가와 사족」, 서울: 역사비평사, 2001.

김성준, 「태종의 외척 제거에 대하여―민씨 형제의 옥」, 《역사학보》 17~18(1962.6):571~623.

김시황, 「의성김씨 화여세계」, 《한국의 철학》 21(1993.12):83~102.

김언종, 「학봉선생의 예학」, 『학봉의 학문과 구국활동』, pp. 127~199, 서울: 학봉 김성일선생 순국사백주
　　　년 논문집, 1993.

김용덕, 「안동좌수고」, 《진단학보》 46~47(1979):177~184.

_____, 「정여립 연구」, 《한국학보》 4(1976 가을):40~83.

_____, 「향규 연구」, 《한국사연구》 54(1986):27~57.

_____, 「향음례고. 성종대의 향약에 대하여」, 《동방학지》 46~48(1985):75~83.

_____, 『향청 연구』, 서울: 한국연구원, 1978.

김용만, 「조선시대 장례원 연구서설」, 《교남사학》 3(1987.12):111~140.

_____, 『조선시대 사노비 연구』, 서울: 집문당, 1997.

김용선, 「고려 문벌의 구성요건과 가계」, 《한국사연구》 93(1996.6):1~25.

_____, 「고려 음서제도의 연구」, 박사학위논문, 서강대학교, 1985; 서울: 일조각, 1991.

_____, 「고려 지배층의 매장지에 대한 고찰」, 《동아연구》 17(1989.2):255~279.

김용섭, 「조선후기의 대구 부인동동약과 사회문제」, 《동방학지》 46~48(1985.6):125~151.

_____, 『조선후기 농업사 연구』 2책, 서울: 일조각, 1970; 증보판 2책, 서울: 일조각, 1990.

김용직, 『안동하회마을』, 권부문 사진, 미술문고 59, 서울: 열화당, 1981.

김우림, 「서울―경기 지역의 조선시대 사대부 묘제 연구」, 박사학위논문, 고려대학교, 2007.

김인걸, 「조선후기 재지사족의 〈거향관〉 변화」, 《역사와 현실》 11(1994):156~183.

_____, 「조선후기 향안의 성격변화와 재지사족」, 『김철준박사 화갑기념 사학논총』, pp. 525~560, 서울:
　　　지식산업사, 1983.

_____, 「조선후기 향촌 사회변동에 관한 연구―18~19세기 〈향권〉 담당층의 변화를 중심으로」, 박사학
　　　위논문, 서울대학교, 1991.

김준형 외 편, 『지역사 연구의 이론과 실제』, 서울: 국사편찬위원회, 2001.

김준형, 「18세기 이정법의 전개―촌락의 기능 강화와 관련하여」, 《진단학보》 58(1984.12):69~96.

_____, 『조선후기 단성 사족층연구』, 서울: 아세아문화사, 2000.

김창현, 『조선초기 문과급제자 연구』, 서울: 일조각, 1999.

김충열, 「남명 조식선생의 생애와 학문정신」, 『남명 조식』, 오이환 편, pp. 49~78, 서울: 예문서원, 2002.

김태영, 『조선전기 토지제도사 연구』, 서울: 지식산업사, 1983.

김택규, 『동족부락의 생활구조 연구』, [대구]: 청구대학 신라가야문화연구원, 1964.

_____, 『씨족부락의 구조 연구』, 서울: 일조각, 1981.

김필동, 「조선후기 지방 이서집단의 조직구조」, 《한국학보》 28(1982 가을):79~116; 29(1982 겨

울):87~116.

김하수, 「17세기 영남하파 연구」, 박사학위논문, 한국학중앙연구원, 2007.

_____, 「갈암 이현일 연구−정치활동을 중심으로」, 《조선시대사학보》 4(1998.3):85~125.

_____, 「황산계를 통해 본 조선후기 재지사족의 결합양상」, 《고문서연구》 16~17(2000.6):291~338.

김현목, 「조선중기 잡과 입격자의 신분과 성격−16세기 잡과단회방목의 분석」, 《역사학보》 139(1993.9):35~66.

김현영, 「17세기 안동지방의 악적〈인리제관속기과〉에 대하여」, 《고문서연구》 1(1991.10):75~113.

_____, 「17세기 연기지방의 향규와 향촌사회구조」, 《한국학보》 61(1990 가을):135~156.

_____, 「17세기 영남학파의 정치적 분화」, 《조선시대사학보》 40(2007.3):215~280.

_____, 「17세기 후반 남원 향안의 작성과 파치」, 《한국사론》 21(1991):109~143.

_____, 「조선시기〈사족지배체제론〉의 새로운 전망−16세기 경상도 성주지방을 소재로 하여」, 《한국문화》 23(1999.6):147~184.

_____, 「조선후기 사족의 촌락지배−남원 둔덕방을 중심으로」, 《한국문화》 12(1991.12),: 249~320.

_____, 「호남지방 고문서를 통해 본 조선시대의 가족과 친족」, 『호남지방 고문서 기초연구』, 정구복 외, pp. 243~299, 성남: 한국정신문화연구원, 1999.

_____, 『조선시대의 양반과 향촌사회』, 서울: 집문당, 1999.

김호일, 「17세기〈용성향안〉의 입록기준 및 절차에 대하여」, 『조선후기 향약 연구』, pp. 31~65.

_____, 「조선후기 향안에 대한 일고찰−용성향안을 중심으로」, 《한국사학》 9(1987):221~270.

김호태, 「풍산유씨 문중묘제 현장조사」, 《안동문화연구》 10(1996.12):41~58.

김훈식, 「고려후기의 효행록 보급」, 《한국사연구》 73(1991.6):21~48.


『남명 조식』, 오이환 편, 서울: 예문서원, 2002.

『남명학 관련 문집 해제』, 남명학연구소 편 3책, [대구]: 경상대학교, 2006~2008.

남연숙, 「조선후기 향반의 거주지 이동과 사회지위의 지속성−밀양 못안골 창령성씨 가문을 중심으로」, 《한국사연구》 83(1993.12):57~86; 84(1994.3):47~81.

노명호, 「산음장적을 통해 본 17세기초 촌락의 혈연양상」, 《한국사론》 5(1977):305~434.


도현철, 『고려 말 사대부의 정치사상연구』, 서울: 일조각, 1999.


류창규, 「고려 말, 조선 초 재지품관의 유형과 그 지위」, 《전남사학》 17(2001.12):23~55.


『맛질의 농민들−한국근세 촌락생활사』, 안병직·이영훈 편, 서울: 일조각, 2001.

문숙자, 「안동주촌의 진성이씨가와 그 소장 고문서의 성격」, 『고문서집성: 안동주촌 진성이씨편』, pp. 3~14.

_____, 「의자녀와 본족간의 재산상속분쟁–1584년 학봉 김성일의 나주목 판례 분석」, 《고문서연구》 8(1996.3):41~68.

_____, 「재령이씨 영해파 가문의 분재기 분석」, 《청계사학》 9(1992.12):69~137.

_____, 「조선전기 무자녀망처재산의 상속을 둘러싼 소송사례」, 《고문서연구》 5(1994.5):39~60.

_____, 「조선후기 서원노비의 신분적 성격–도산서원 고문서를 통한 검토」, 《퇴계학연구》 11 (1997.11) :71~87.

_____, 「조선후기 제사승계 방식의 선택과 의미—형망제급을 선택한 청주정씨가의 사례」, 《사학연구》 77(2005.3):203~233.

_____, 「퇴계학파의 경제적 기반–재산형성과 소유규모를 중심으로」, 《정신문화연구》 85(2001 가 을):75~96.

_____, 『조선시대 재산상속과 가족』, 서울: 경인문화사, 2004.

문옥표 외, 『조선양반의 생활세계–의성김씨천전파 고문서자료를 중심으로』, 서울: 백산서당, 2004.

문옥표, 「예서에 나타난 유교식 관혼상제례의 의미분석」, 『한국 인류학의 성과와 전망–송현 이광규교수 정년기념논총』, pp. 181~201, 1998.

미야지마 히로시宮嶋博史, 「〈안동권씨 성화보〉를 통해서 본 한국 족보의 구조적 특성」, 《대동문화연구》 62(2008.6):201~241.

_____, 「조선시대의 신분, 신분제 개념에 대하여」, 《동방문화연구》 42(2003.6):289~308.

민병하, 「조선서원의 경제구조」, 《대동문화연구》 5(1968.8):75~96.

민선희, 「조선후기 동래의 향반사회와 무청」, 《역사학보》 139(1993):95~148.

민현구, 「고려에서 조선으로의 왕조 교체를 어떻게 평가할 것인가」, 한국사시민강좌 40(2007):124~143.

_____, 「신돈의 집권과 그 정치적 성격」, 《역사학보》 38(1968.8):46~88; 40(1968.12):53~119.

_____, 「조인규와 그의 가문(상)」, 《진단학보》 42(1976):17~28.

_____, 「조인규와 그의 가문(중)」, 《진단학보》 43(1977):5~32.

_____, 『고려정치사론—통일국가의 확립과 독립왕국의 시련』, 서울: 고려대학교 출판부, 2004.

_____, 『조선초기의 군사제도와 정치』, 서울: 한국연구원, 1983.


박경자, 『고려시대 향리 연구』, 서울: 국학자료원, 2001.

박경하, 「18세기 주현향약의 성격–김홍득의 〈향약조목〉을 중심으로」, 『조선후기 향약 연구』, pp. 169~184.

박광용, 「탕평론과 정국의 변화」, 《한국사론》 10(1985.2): 177~271.

박노욱, 「조선시대 고문서상의 용어검토-토지, 노비문기를 중심으로」, 《동방학지》 68(1990. 10): 75~121.

박병호, 『한국법제사고-근세의 법과사회』, 서울: 법문사, 1974.

박순, 「조선중기 사족의 향촌지배권 확립-16~17세기 이족 배제를 중심으로」, 『조선후기 향약 연구』, pp. 67~95.

_____, 「조선후기 해남지방 동계의 일연구」, 《한국사론》 21(1991): 69~108.

박용운, 「고려후기 권문의 용례와 그 성격에 대한 재검토」, 《한국사학보》 14(2003): 41~75.

_____, 『고려사회와 문벌귀족가문』, 서울: 경인문화사, 2003.

_____, 『고려시대 음서제와 과거제 연구』, 서울: 일지사, 1990.

_____, 『고려시대사』 2책, 서울: 일지사, 1985.

박은경, 「고려의 사심관과 조선 초의 유향소에 대하여」, 《역사학보》 168(2000. 12): 1~26.

_____, 「고려후기 지방품관세력에 관한 연구」, 《한국사연구》 44(1984. 3): 47~73.

_____, 「고려후기 향리층의 변동-〈세종실록〉 지리지 속성 분석을 중심으로」, 《진단학보》 64(1987. 12): 95~111.

박익환, 「선초 유향소의 치폐경위 재고」, 『수촌 박영석교수 화갑기념』 1, pp. 769~785.

_____, 「조선전기 안동지방의 향규와 향규약고」, 《동국사학》 19~20(1986): 115~162.

_____, 「조선조 경상도 향촌자치 조직변천」, 《한국사연구》 104(1999. 3): 145~179.

_____, 「조선향촌자치사회사-유향소와 향규, 향촌자치규약을 중심으로」, 서울: 삼영사, 1995.

박종기, 『고려시대 부곡제 연구』, 서울: 서울대학교 출판부, 1990.

박종천, 『다산 정약용의 의례이론』, 서울: 신구문화사, 2008.

박주, 「조선 숙종조의 사우 남설에 대한 고찰」, 《한국사론》 6(1980. 12): 171~249.

박진우, 「조선초기 면리제와 촌락지배의 강화」, 《한국사론》 20(1988. 11): 117~200.

박현순, 「15~16세기 예안현 사족층의 성장과 향촌사회의 재편」, 《조선시대사학보》 26(2003. 9): 115~46.

_____, 「16세기 사대부가의 친족질서-이황 집안을 중심으로」, 《한국사연구》 107(1999. 12): 77~106.

_____, 「17~18세기 예안현 사족사회와 향안, 원생안, 교생안」, 《고문서연구》 30(2007. 2): 57~92.

박홍갑, 「조선초기 문과급제자의 분관과 진출」, 《사학연구》 50(1995. 12): 181~216.

배상현, 「조선조 기호학파의 예학사상에 관한 연구」, 서울: 고려대학교 민족문화연구소, 1996.

배재홍, 「조선시대 천첩자녀의 종량과 서얼신분 귀속」, 《조선사연구》 3(1994: 33~58.

_____, 「조선후기 가계계승에서 서얼의 지위」, 《경상사학》 7~8(1992. 10): 1~38.

_____, 「조선후기 서얼 과거합격자의 성분과 관력」, 《조선사연구》 2(1993): 183~221.

_____, 「조선후기 향촌사회에서 서얼의 존재양태와 향전」, 《경북사학》 15(1992. 8): 39~67.

_____, 「조선후기의 서얼허통」, 《경북사학》 10(1987.8):97~149.

_____, 「조선후기의 서얼허통과 신분지위의 변동」, 박사학위논문, 경북대학교, 1994.

백승종, 「16세기 조선의 사림정치와 김인후-비정치적 일상의 정치성」, 《진단학보》 92(2001.12): 93~129.

_____, 「18~19세기 전라도에서의 신흥세력의 대두-태인현 고현내면의 서류」, 『이기백선생 고희기념』 2, pp. 1339~1367.

_____, 「1893년 전라도 태인현 양인농민들의 조세부담」, 《진단학보》 75(1993.6):57~89.

_____, 『한국사회사연구』, 서울: 일조각, 1996.

『빛을 남긴 안동권씨』, 권영한 편, 안동: 시온출판사, 2005.

『뿌리 깊은 안동권씨』, 권영한 편, 서울: 전원문화사, 1999.


『서원』, 이상해 글, 안장헌 사진, 파주: 열화당, 2004.

서정문, 「〈퇴계집〉의 초간과 월천·서애 시비」, 《북악사론》 3(1993.12):215~265.

서주석, 「안동지방 씨족정착과정」, 《안동문화연구》 6(1992.6):6~10.

_____, 「안묘당 소고」, 《안동문화연구》 10(1996.12):1~8.

_____, 「우리 고장의 생원·진사·문과급제자는 얼마나 되는가」, 《안동문화연구》 9(1995.12):3~56.

설석규, 「16세기 퇴계학파의 분화와 유운룡의 역할」, 《조선사연구》 9(2000):63~101.

_____, 「광해조 유소동향과 대북정권이 사회적 기반」, 《조선사연구》 2(1993):65~136.

_____, 「현종7년 영남유림의 의례소 봉입전말」, 《사학연구》 50(1995.12):277~332.

_____, 『조선시대 유생상소와 공론정치』, 서울: 선인, 2002.

성봉현, 「고성이씨 〈선세외가족보〉와 〈팔고조도〉 검토」, 《고문서연구》 24(2004.2):205~236.

손정목, 『조선시대 도시사회연구』, 서울: 일지사, 1977.

송웅섭, 「중종대 기묘사림의 구성과 출신배경」, 《한국사론》 45(2001.6):135~192.

송정현, 『조선사회와 임진의병 연구』, 서울: 학연문화사, 1998.

송준호, 「신분제를 통하여 본 조선후기사회의 성격의 일면」, 《역사학보》 133(1992.3):1~62.

_____, 「조선시대의 과거와 양반 및 양인」, 《역사학보》 69(1976):101~135.

_____, 「조선시대의 문과에 관한 연구」, Conference on traditional Korean society, sponsored by Social Science Research Council, New York, in Yusŏng, Korea. Sept. 1975.

_____, 「조선후기의 과거제도」, 《국사관논총》 63(1995):37~191.

_____, 「향청사례등록의 해제」, 《안동문화연구》 3(1989.2):133~140.

_____, 『이조 생원진사시의 연구』, 서울: 대한민국국회도서관, 1970.

_____, 『조선사회사연구』, 서울: 일조각, 1987.

송찬식, 「이조후기 수공업에 관한 연구」, 서울: 한국문화연구소, 1973.

「수촌 박영석교수 화갑기념, 한국사학논총」2책, 서울: 탐구당, 1992.

신병주, 「남명학파와 화담학파 연구」, 서울: 일지사, 2000.

「14세기 고려의 정치와 사회」, 14세기 고려사회 성격연구반 편, 서울: 민음사, 1994.

안병걸, 「가람 이현일—경세의 뜻을 품은 큰 선비」, 안동: 한국국학진흥원, 2002.

안병욱, 「19세기 임술민란에 있어서의 '향회'와 '요호'」, 《한국사론》14(1986.2):181~205.

안병직·이영훈 편, 「맛질의 농민들」, 서울: 일조각, 2001.

안승준, 「1554년 재경사족의 농업경영문서—안씨치가법제」, 《서지학보》8(1992.12):37~48.

_____, 「조선시대 사노비 추쇄와 그 실제—영주 인동장씨 소장 고문서를 중심으로」, 《고문서연구》
        8(1996.3):1~39.

안진오, 「호남유학의 탐구」, 서울: 이회문화사, 1996.

양만정, 「순창지방의 양반가문에 대한 고찰」, 「송준호교수 정년기념논총」, pp. 333~362, 전주: 간행위원
        회, 1987.

_____, 「일유재 장태수의 충절과 생애」, 《전라문화연구》15(2003):37~50.

_____, 「조선시대의 호남출신 문과급제자에 대한 고찰」, 《전라문화연구》11(1999.12):27~73.

_____, 「정년퇴임기념 현곡 양만정 향토사 논문집」, 전주: 간행위원회, 1994.

양영조, 「고려시대 천자수모법에 대한 재검토」, 《청계사학》6(1989.12):1~35.

_____, 「여말·선초 양천교혼과 그 소생에 대한 연구」, 《청계사학》3(1986.12):3~52.

「양좌동연구」, 영남대학교 인문과학연구소 편, 경산: 영남대학교 출판부, 1990.

오병무, 「전북지역의 폐서원지에 관한 연구」, 「훼철서원조사보고」4, 1993, pp. 141~208.

오석원, 「역동 우탁 사상의 연구」, 「우탁선생의 사상과 역동서원의 역사」, 안동문화연구소 편, pp. 3~36,
        안동: 안동 대학교, 1992.

오성, 「고려 광종대의 과거합격자」, 「고려 광종연구」, 이기백 편, pp. 31~46, 서울: 일조각, 1981.

오수창, 「인조대 정치세력의 동향」, 《한국사론》13(1985):49~119.

_____, 「조선후기 평안도 사회발전 연구」, 서울: 일조각, 2002.

오영교, 「조선후기 오가작통제도의 구조와 전개」, 《동방학지》73(1991.12):71~130.

_____, 「조선후기 향촌지배정책 연구」, 서울: 혜안, 2001.

와그너, 에드워드, 「이조 사림문제에 관한 재검토」, 《전북사학》4(1980.4):163~173.

우인수, 「17세기 산림의 진출과 기능」, 《역사교육논집》5(1983.11):143~177.

_____, 「조선후기 산림세력연구」, 서울: 일조각, 1999.

「우탁선생의 사상과 역동서원의 역사」, 안동문화연구소 편, 안동: 안동대학교, 1992.

『운장각』, 안동: 운장각건립추진위원회, 1987.

유권종, 「조선시대 퇴계학파의 예학사상에 관한 철학적 고찰」, 《퇴계학보》102(1999.6):27~72.

유미림, 『조선후기의 정치사상』, 서울: 지식산업사, 2002.

유봉학, 「18~9세기 경·향 학계의 분기와 경화사족」, 《국사관논총》22(1991):111~136.

유영익, 『갑오경장연구』, 서울: 일조각, 1990.

윤사순, 「한훤당선생의 선비정신」, 『한훤당의 생애와 사상』, 배종호 편, pp. 111~124. 서울: 한훤당선생
     기념사업사, 1980.

_____, 『조선시대 성리학의 연구』, 서울: 고려대학교 민족문화연구원, 1998.

윤훈표, 「고려시대 명예와 수치심의 사회적 배경과 기준−지배층의 관직과 사생활을 중심으로」, 《동방학
     지》135(2006.9):47~90.

윤희면, 『조선후기 향교연구』, 서울: 일조각, 1990.

은기수, 「가계계승의 다양성과 '종족전략'」, 문옥표 외, 『조선양반의 생활세계』, pp. 103~137.

_____, 「의성김씨가 가족의 변화−호구단자 기록의 해제를 중심으로」, 문옥표 외, 『조선양반의 생활세
     계』, pp. 139~206.

이경식, 『조선전기 토지제도 연구』, 서울: 일조각, 1986.

이기동, 『신라 골품사회와 화랑도』, 서울: 한국연구원, 1980.

이기백·노용필·박정주·오영섭, 『최승로 상서문 연구』, 서울: 일조각, 1993.

_____, 『고려 귀족사회의 형성』, 서울: 일조각, 1990.

_____, 『신라 정치사회사 연구』, 서울: 일조각, 1974.

_____, 『한국사신론』, 서울: 일조각, 1990(1967).

『이기백선생 고희기념 한국사학논총』2책, 서울: 일조각, 1994.

이동희, 「조선초기 관인층 연구−고려와 조선 지배세력간의 관계규명의 일환으로」, 《국사관논총》
     72(1996):1~50.

이만열, 「고려 경원이씨 가문의 전개과정」, 《한국학보》21(1980 겨울):2~29.

이문현, 「16세기의 별급관행−황신가의 사례를 중심으로」, 《고문서연구》14(1998.12), : 33~68.

이범직, 『한국 중세 예사상 연구−오례를 중심으로』, 서울: 일조각, 1991.

이병휴, 「16세기 전반기의 정국과 충재 권벌의 대응」, 『이기백선생 고희기념』2, pp. 1089~1115, 서울:
     일조각, 1994.

_____, 「조선초기 영남·기호 사림의 접촉과 그 추이−사림파의 성분과 관련하여」, 《한국사연구》
     26(1979.10):63~115.

_____, 『조선전기기호사림파연구』, 서울: 일조각, 1984.

이상배, 『조선후기 정치와 괘서』, 서울: 국학자료원, 1999.

이상백, 「서얼금고시말」, 《동방학지》1(1954):159~329.

_____, 「정도전론-무인란 설원을 중심으로」, 『조선문화사연구논고』, pp. 249~339. 서울: 을유문화사, 1948.

_____, 『이조건국의 연구-이조의 건국과 전제개혁문제』, 서울: 을유문화사, 1949.

_____, 『한국사, 근세전기편』, 진단학회 편, 서울: 을유문화사, 1962.

이상은, 「학봉선생의 학문사상의 경향」, 『학봉의 학문과 구국활동』, pp. 75~96. 서울: 학봉 김성일선생 순 국4백주년 기념논문집, 1993.

이상현, 「월천 조목의 도산서원 종향논의-17세기 영남사족 동향의 일단」, 《북악사론》8(2001: 37~93.

이성무, 「선초의 성균관 연구」, 《역사학보》35~36(1967.12):219~268.

_____, 「조선초기의 향리」, 《한국사연구》5(1970):65~96.

_____, 『조선 양반사회 연구』, 서울: 일조각, 1995.

_____, 『조선초기 양반 연구』, 서울: 일조각, 1980.

_____, 『한국의 과거제도』[개정증보판], 서울: 집문당, 1994.

이성임, 「16세기 조선 양반관료의 사환과 그에 따른 수입-유희춘의 〈미암일기〉를 중심으로」, 《역사학 보》145(1995.3):91~143.

이세영, 「18~19세기 양반토호의 지주경영」, 《한국문화》6(1985.12):75~119.

이수건, 「17~18세기 안동지방 유림의 정치·사회적 기능」, 《대구사학》30(1986.11), : 163~237.

_____, 「고려시대 〈읍사〉 연구」, 《국사관논총》3(1989):59~102.

_____, 「고문서를 통해 본 조선조 사회사의 일연구-경북지방 재지사족을 중심으로」, 《한국사학》 9(1987):5~89.

_____, 「서애 유성룡의 학문과 학파」, 《한국의철학》23(1995.12):1~14.

_____, 「여말선초 토성이족의 성장과 분화-안동권씨를 중심으로」, 『이기백선생 고희기념』1, pp. 957~983.

_____, 「조선시대 신분사 관련 자료의 비판-성관, 가계, 인물 관련 위조자료와 위서를 중심으로」, 《고문 서연구》14(1998.12):1~32.

_____, 「조선전기 성관체계와 족보의 편찬체제」, 『수촌 박영석교수 화갑기념』1, pp. 739~767.

_____, 「퇴계 이황 가문의 재산유래와 그 소유형태」, 《역사교육논집》13~14(1990.2):652~666.

_____, 「회재 이언적 가문의 사회·경제적 기반」, 《민족문화논총》12(1991):21~70.

_____, 『영남사림파의 형성』, 경산: 영남대학교 민속문화연구소, 1979.

_____, 『영남학파의 형성과 전개』, 서울: 일조각, 1995.

_____, 『조선시대 지방행정사』, 서울: 민음사, 1989.

_____, 『한국의 성씨와 족보』, 서울: 서울대학교 출판부, 2003.

_____, 『한국중세사회사연구』, 서울: 일조각, 1985.

이수건·이수환·정진영·김용만, 「조선후기 경주지역 재지사족의 향촌지배」, 《민족문화논총》 15(1994):59~150.

이수환, 「17~18세기 안동 병산서원의 사회·경제적 기반」, 《교남사학》 3(1987):159~199.

_____, 「서원의 정치·사회적 고찰」, 《교남사학》 1(1985.12):239~274.

_____, 『조선후기 서원 연구』, 서울: 일조각, 2001.

이순근, 「신라시대 성씨취득과 그 의미」, 《한국사론》 6(1980.12):3~65.

이순형, 『한국의 명문 종가』, 서울: 서울대학교 출판부, 2000.

이영춘, 『조선후기 왕위계승 연구』, 서울: 집문당, 1998.

이영화, 「조선초기 불교의례의 성격」, 《청계사학》 10(1993.12):3~49.

이영훈, 「〈태조 사급 방우 토지문서〉 고」, 《고문서연구》 1(1991.10):1~17.

_____, 「고문서를 통해 본 조선전기 노비의 경제적 성격」, 《한국사학》 9(1987),: 91~172.

_____, 「양안의 성격에 관한 재검토-경상도 예천군 경자양안의 사례분석」, 《경제사학》 8(1984):159.

_____, 「조선시대 사회경제사 연구의 최근 동향과 고문서의 의의」, 《정신문화연구》 46(1992):7~49.

_____, 「조선시대의 사회경제사 연구에 있어서 몇 가지 기초적 난제들」, 《국사관논총》 37(1992): 111~133.

_____, 「조선시대의 주호·협호관계 재론」, 《고문서연구》 25(2004.8):1~32.

_____, 「조선전호고」, 《역사학보》 142(1994.6):77~127.

_____, 「한국사에 있어서 근대로의 이행과 특질」, 《경제사학》 21(1996.12):75~115.

_____, 「한국사에 있어서 노비제의 추이와 성격」, 『노비·농노·노예-예속민의 비교사』, 역사학회 편, pp. 304~422, 서울: 일조각, 1998.

_____, 「호남 고문서에 나타난 장기추세와 중기파동」, 『호남지방 고문서 기초연구』, 정구복 외 편, pp. 301~50, 성남: 한국정신문화연구원, 1999.

_____, 『조선후기사회경제사』, 서울: 한길사, 1988.

이영훈·안성준, 「1528년 안동부 부북 주촌호적단편」, 《고문서연구》 8(1996.3):129~143.

이영훈·양동휴, 「조선노비제와 미국흑인노예제: 비교적 고찰」, 《경제논집》 37.2~3(1998.9):293~36.

이우성, 「퇴계선생과 서원창설운동-이조 성리학의 토착화와 아카데미즘」, 《퇴계학보》 19(1978):203~210.

_____, 「한국유학사상 퇴계학파의 형성과 그 전개」, 《퇴계학보》 26(1979):8~12.

이이화, 「조선조 당론의 전개과정과 그 계보」, 《한국사학》 8(1986):45~92.

이재룡, 「조선전기 토호의 실태와 성격」, 《국사관논총》 68(1996):1~23.

_____, 『조선초기 사회구조 연구』, 서울: 일조각, 1984.

이재수, 「16~17세기 노비의 전답소유와 매매실태」, 《조선사연구》 9(2000):135~186.

_____, 「16세기 전답매매의 실태–경북지방 전답매매 명문을 중심으로」, 《역사교육논집》 9(1986.12):51~103.

이정우, 「17~18세기 재지 노·소론의 분쟁과 서원건립의 성격–충청도 논산지방 광산김씨와 파평윤씨를 중심으로」, 《진단학보》 88(1999.12):209~229.

_____, 「17~18세기 초 청주지방 사족동향과 서원향전」, 《조선시대사학보》 11(1999.12):97~139.

_____, 「조선후기 재지사족의 동향과 유림의 향촌지배–전라도 금산군 서원·향교의 치폐와 고문서류의 작성을 중심으로」, 《조선시대사학보》 7(1998.12):177~208.

이정호, 「고려후기 안동권씨 가문의 경제적 기반: 권중시–권수평 계열을 중심으로」, 《한국사학보》 21(2005.11):333~366.

이종범, 「1728년 무신란의 성격」, 『조선시대 정치사의 재조명』, 이태진 편, 서울: 범조사, 1985.

이종욱, 「신라시대의 혈족 집단과 상속」, 『한국친족제도연구』, pp. 1~35, 서울: 일조각, 1992.

_____, 『신라골품제연구』, 서울: 일조각, 1999.

이종일, 「16~17세기의 서얼소통 논의에 대하여」, 《동국사학》 19~20(1986.12):163~190.

_____, 「18~19세기의 서얼소통운동에 대하여」, 《한국사연구》 58(1987.10):23~82.

_____, 「조선후기 사서족의 신분구조변동에 관한 사례 연구–대구부 하북면 하서면을 중심으로」, 『하석 김창수교수 화갑기념 사학논총』, pp. 377~405, 서울: 간행위원회, 1992.

_____, 「조선후기의 몰락양반에 관하여–대구장적상의 행주은씨를 중심으로」, 『수촌 박영석교수 화갑기념』 1, pp. 919~945.

_____, 「조선후기의 적서신분변동에 대하여–능성구씨 좌정승공파의 적서시비를 중심으로」, 《한국사연구》 65(1989.6):77~117.

이준구, 「조선후기 신분구조 이해의 제문제 검토」, 《대구사학》 34(1988.6):1~28.

_____, 「조선후기 양반신분 이동에 관한 연구(상)」, 《역사학보》 96(1982.12:139~184.

_____, 「조선후기의 유학과 그 지위」, 《민족문화논총》 12(1991):71~107.

_____, 『조선후기 신분직역변동 연구』, 서울: 일조각, 1993.

이준형, 『조선후기 단성 사족층연구–사회변화와 사족층의 대응양상을 중심으로』, 서울: 아세아문화사, 2000.

이창걸, 「조선중기 지배엘리트의 충원에 관한 실증적 연구」, 박사학위논문, 고려대학교, 1993.

이춘희, 『이조 서원문고 목록』, 서울: 대한민국 국회도서관, 1969.

_____, 『조선조의 교육문고에 관한 연구』, 서울: 경인문화사, 1984.

이태진, 「'소빙기'(1500~1750)의 천체현상적 원인–〈조선왕조실록〉의 관련기록 분석」, 《국사관논총》 72(1996):89~126.

_____, 「15세기 후반기의 〈겨족〉과 명족의식-〈동국여지승람〉 인물조의 분석을 통하여」, 《한국사론》 3(1976.8: 229~319.

_____, 「18세기 남인의 정치적 쇠퇴와 영남지방」, 《민족문화논총》 11(1990):195~205.

_____, 「사림파의 유향소 복립운동」, 『한국사회사연구』, pp. 125~185.

_____, 「서얼차대고-선초 첩자 〈한품서용〉제의 성립과정을 중심으로」, 《역사학보》 17(1965.4): 65~104.

_____, 「조선후기 양반사회의 변화-신분제와 향촌사회 운영구조에 대한 연구를 중심으로」, 『한국사회 발전사론』, 주보돈 외 편, pp. 129~226, 서울: 일조각, 1992.

_____ 편, 『조선시대 정치사의 재조명-사화당쟁편』, 서울: 범조사, 1985.

_____, 『한국사회사연구-농업기술 발달과 사회변동』, 서울: 지식산업사, 1986.

이해준, 「17~8세기 서원의 당파적 성격-전남지역사례를중심으로」, 『창해 박병국교수 정년기념 사학논 총』, pp. 365~380, 서울: 사학논총, 1994.

_____, 「광산김씨 분암 '영사암' 자료의 성격-충남논산지역 광산김씨 사례」, 《고문서연구》 25(2004.8):139~170.

_____, 「마을의 형성과 변천」, 『한국향촌민속지 I -경상북도편』, pp. 3~24. 성남: 한국정신문화연구원, 1992.

_____, 「조선후기 '문중화' 경향과 친족조직의 변질」, 《역사와 현실》 48(2003.6):169~190.

_____, 「조선후기 문중서원 발달의 추이-전남지역 조사사례를 중심으로」, 『택와 허선도선생 정년기념 한국사학논총』, pp. 559~581, 서울: 일조각, 1992.

_____, 「조선후기 문중서원의 개념과 성격문제」, 『이수건교수 정년기념, 한국중세사논총』, pp. 543~562, 서울: 간행위원회, 2000.

_____, 「조선후기 호서지방 한 양반가의 노비소유실태: 공주중호·경주이가 소전 호구단자분석」, 《호서 사학》 8~9(1980.12):65~90.

_____, 「지방사 연구에 있어서 고문서자료의 활용」, 《정신문화연구》 46(1992):51~69.

_____, 『조선시기 촌락사회사』, 서울: 민족문화사, 1996.

_____, 『조선후기 문중서원 연구』, 서울: 경인문화사, 2008.

이헌창, 『한국경제통사』, 서울: 법문사, 1999.

이혜옥, 「고려시대의 가와 가의식」, 《동방학지》 129(2005.3):1~48.

이호철, 「농장제에서 병작제로의 이행-조선시대 농업생산관계론의 재검토」, 《농업경제연구》 38.2(1997.12):157~186.

_____, 「조선전기 농업의 전통과 변화」, 《농업사연구》 3.1(2004.6):25~48.

_____, 『농업경제사연구』, 대구: 경북대학교 출판부, 1992.

_____, 『조선전기 농업경제사』, 서울: 한길사, 1986.

이홍두, 『조신시대 신분변동 연구』, 서울: 혜안, 1999.

이훈상, 「조선후기 경상도 향리세계에 있어서 안동 이족들의 득세와 향리지식인의 동향」, 《고고역사학지》 3(1987):171~234.

_____, 「조선후기 읍치 사회의 구조와 제의―향리집단의 정체성 혼란과 읍치제의의 유희화」, 《역사학보》 147(1995.9):47~94.

_____, 「조선후기 이서집단과 무임집단의 조직운영과 그 특성―전라도 남원의 각종 선생안」, 《한국학논집》 17(1990):179~194.

_____, 「조선후기 지방이서조직의 비교사적 고찰」, 《진단학보》 90(2000.12):85~120.

_____, 『조선후기의 향리』, 서울: 일조각, 1990.

이희권, 「세종실록지리지의 성씨조 연구」, 《역사학보》 149(1996.3):35~68.

_____, 「조선후기 지방 통치제도 연구」, 《국사관논총》 22(1991):73~110.

_____, 『조선후기 지방통치행정 연구』, 서울: 집문당, 1999.

_____, 『약파만록』, 1764, 규장각 도서.

이희환, 「남원의 광주이씨를 통해서 본 조선말기 사족의 차별화」, 《한국사연구》 99~100(1997.12): 251~74.

임돈희, 『조상제례』, 서울: 대원사, 1990.

임재해, 『안동하회마을』, 서울: 대원사, 1992.


장철수, 「유교상례의 초혼에 대하여―유교의 영혼관 연구서설」, 『의민 이두현박사 회갑기념논문집』, pp. 394~418, 서울: 학연사, 1984.

전경목, 「18세기 노―주 분쟁의 한 사례연구―조선후기 변화된 사회상과 관련하여」, 《고문서연구》 26(2005.2):143~171.

_____, 「19세기 말에 작성된 남원 둔덕방의 호적중초와 그 성격」, 《고문서연구》 3(1992.12):35~55.

_____, 「삼계강사에 소장되어 있는 동계안과 고문서를 통해서 본 조선후기 남원부 둔덕방의 몇 가지 모습들」, 《전주사학》 2(1993.12):55~96.

_____, 「일기에 나타나는 조선시대 사대부의 일상생활―오희문의 〈쇄미록〉을 중심으로」, 《정신문화연구》 65(1996):45~71.

_____, 「조선후기 교생의 신분에 관한 재검토」, 『송준호 교수 정년기념논총』, pp. 213~252, 전주: 간행위원회, 1987.

_____, 「조선후기 산송 연구」, 박사학위논문, 전북대학교, 1996.

_____, 『고문서를 통해 본 우반동과 우반김씨의 역사』, 전주: 신아출판사, 2001.

『전라문화의 맥과 전북인물』, 전주: 전북대학교 전라문화연구소, 1990.

전우철, 「조선후기 향촌사회에 있어서의 이서계층연구−단성호적의 분석을 통한 사례연구」, 《진단학보》 60(1985.12):57~78.

전형택, 「〈동국여지승람〉 전라도 인물조의 분석을 통해본 조선초기의 지배세력」, 《역사학연구》 10(1981.12):105~131.

_____, 『조선후기 노비신분 연구』, 서울: 일조각, 1989.

정경희, 「16세기 후반~17세기 초반 퇴계학파의 예학−정구의 예학을 중심으로」, 《한국학보》 101(2000 겨울):92~120.

정구복 외, 『조선시대 연구사』, 성남: 한국정신문화연구원, 1999.

정구복, 「1744년 안동 고성이씨가의 〈가제정식〉−소종계의 창립문서」, 《고문서연구》 13(1998.6): 61~95.

_____, 「고문서를 통해 본 조선조 양반의 의식−광산김씨 오천고문서를 중심으로」, 《한국사학》 10(1989):121~167.

_____, 「김무의 분재기(1429)에 관한 연구」, 《고문서연구》 1(1991.10):19~73.

_____, 『고문서와 양반사회』, 서울: 일조각, 2002.

정구선, 『조선시대 천거제도연구』, 서울: 초록배, 1996.

정길자, 「고려귀족의 조립식 석관과 그 선각화 연구」, 《역사학보》 108(1985.12):1~50.

정두희, 「조선건국초기 통치체제의 성립과정과 그 역사적 의미」, 《한국사연구》 67(1989):53~75.

_____, 「조선전기 지배세력의 형성과 변천−그 연구사적인 성과와 과제」, 『한국사회발전사론』, pp. 89~128.

_____, 「조선전기」, 《역사학보》 104(1984.12):201~224.

정두희, Edward J. Shultz 편, 『한국사에 있어서 지방과 중앙』, 서울: 서강대학교 출판부, 2003.

정두희, 『조광조. 실천적 지식인의 삶 이상과 현실 사이에서』, 서울: 아카넷, 2000.

_____, 『조선시대의 대간 연구』, 서울: 일조각, 1994.

_____, 『조선초기 정치지배세력 연구』, 서울: 일조각, 1983.

정만조 외, 『조선시대 경기북부지역 집성촌과 사족』, 서울: 국민대학교 출판부, 2004.

정만조, 「영조14년의 안동 김상헌 서원건립시비−탕평하 노−소론 분쟁의 일단」, 《한국학연구》 1(1982): 49~83.

_____, 「조선중기 유학의 계보와 붕당정치의 전개 I」, 《조선시대사연구》 17(2001.6):85~110.

_____, 「조선후기 향촌교학진흥론에 대한 검토−지방관의 흥학책을 중심으로」, 《한국학논총》 10(1987):127~52.

_____, 「퇴계 이황의 서원론−그의 교화론과 관련하여」, 『한우근박사 정년기념 사학논총』, pp.

371~391. 서울: 지식산업사, 1981.

_____, 『조선시대 서원연구』, 서울: 집문당, 1997.

정명섭, 「경북지역의 서원건축」, 『훼철서원조사보고』 4(1993):257~281.

정석종, 「숙종대 갑술환국과 정변참여계층분석」, 『조선시대 정치사의 재조명』, 이태진 편, pp. 131~70, 서울: 범조사, 1985.

_____, 『조선후기 사회변동 연구』, 서울: 일조각, 1983.

정순목, 「서원의 교육문화적 성격」, 《한국사론》 8(1985):115~136.

_____, 『한국서원교육제도연구』, 영남대학교 민속문화연구소, 1980.

정승모, 「서원·사우 및 향교조직과 지역사회체계」, 《태동고전연구》 3(1987):149~192; 5(1989):137~179.

정승모, 「통혼권과 지역사회본계 연구」, 《한국문화인류학》 15(1983.12):121~137.

정옥자, 「17세기 사상계의 재편과 예론」, 《한국문화》 10(1989.12):211~239.

_____, 『우리가 정말 알아야 할 우리 선비』, 서울: 현암사, 2002.

정진영, 「16세기 안동지방의 동계」, 《교남사학》 1(1985.12):217~37.

_____, 「16세기 향촌문제와 재지사족의 대응—〈예안향약〉을 중심으로」, 《민족문화논총》 7(1986): 85~112.

_____, 「18~19세기 사족의 촌락지배와 그 해체과정—대구 부인동 동약의 분쟁을 중심으로」, 『조선후기 향약 연구』, pp. 185~236.

_____, 「18~19세기 호적대장 〈호구〉 기록의 검토」, 《대동문화연구》 39(2001.12):97~124.

_____, 「18세기 호적대장 〈호구〉 기록의 검토—〈족보〉·〈동안〉류와의 비교」, 『이수건교수 정년기념, 한국중세사논총』, pp. 735~768. 서울: 간행위원회, 2000.

_____, 「사빈지」, 《안동문화연구》 4(1990.1):139~232.

_____, 「안동지역의 임란의병」, 《안동문화연구》 4(1990.1):25~44.

_____, 「예안 역동서원의 연구」, 《안동문화연구》 3(1989.2):25~41.

_____, 「조선전기 안동부 재지사족의 향촌지배」, 《대구사학》 27(1985):51~88.

_____, 「조선후기 국가의 촌락지배와 그 한계」, 《교남사학》 6(1994):81~108.

_____, 「조선후기 향촌 양반사회의 지속성과 변화상 I —안동향안의 작성과정을 중심으로」, 《대동문화연구》 35(1999.1):253~283.

_____, 「조선후기 향촌 양반사회의 지속성과 변화상 II —안동향안의 입록인물 검토」, 《대동문화연구》 38(2001.6):247~284.

_____, 『조선시대 향촌사회사』, 서울: 한길사, 1998.

정청주, 『신라말 고려초 호족 연구』, 서울: 일조각, 1996.

정현재, 「조선초기의 노비에 대한 일고찰―노비인구 문제를 중심으로」, 《경상사학》4~5(1989.6):
    49~87.

정훈, 「조선시대 남원지역 문과급제자에 대한 고찰」, 《전북사학》29(2006.10):5~30.

조강희, 「문중조직의 연속과 변화―상주지역 한 문중의 사례를 중심으로」, 《한국문화인류학》
    21(1989):401~418.

_____, 「영남지방의 혼반연구―진성이씨 퇴계파 종손을 중심으로 한 추적조사」, 《민족문화논총》
    6(1984):79~121.

_____, 『영남지방 양반가문의 혼인관계』, 서울: 경진문화사, 2006.

조광, 「조선시대 향촌 지배구조의 이해―호장선생안·상조문선생안·강무당선생안」, 《진단학보》
    50(1980):189~257.

『조선시대 생활사』2책, 한국고문서학회 편, 서울: 역사비평사, 2000.

『조선시대 영남서원자료―현황 및 해제』, 이수건 외 편, 서울: 국사편찬위원회, 1999.

『조선유학의 학파들』, 한국사상사연구회 편, 서울: 예문서원, 1996.

『조선은 지방을 어떻게 지배했는가』, 한국역사연구회 조선시기 사회사연구반 편, 서울: 아카넷, 2000.

『조선제사상속법론서설』(영인본), 경성: 조선총독부 중추원, 1939.

『조선후기 양반가의 생활상』, 안동: 한국국학진흥원, 2004.

『조선후기 향약 연구』, 향촌사회사연구회 편, 서울: 민음사, 1990.

주승택 외, 『천혜의땅 의연한 삶, 가일마을』, 서울: 민속원, 2007.

지승종, 『조선전기 노비신분 연구』, 서울: 일조각, 1995.

지승종·김준형, 「사회변동과 양반가문의 대응―산청군 단성면 강누리 안동권씨 가문의 경우」, 《경남문화
    연구》19(1997):217~294.

『지역사 연구의 이론과 실제』, 《한국사론》32(2001).


차문섭, 「임란이후의 양역과 균역법의 성립」, 《사학연구》10(1961.4):115~30; 11(1961.6):83~146.

_____, 『조선시대 군제 연구』, 서울: 단국대학교 출판부, 1977.

차미희, 「16세기 문과급제자 배출의 증가」, 《조선시대학보》6(1998.9):29~59.

차장섭, 「사관을 통해 본 조선전기 사림파」, 《경북사학》8(1985.9):1~39.

_____, 「조선후기의 문벌」, 《조선사연구》2(1993):223~272.

_____, 『조선후기 벌열 연구』, 서울: 일조각, 1997.

채상식, 「18~19세기 동족·특수부락의 실태」, (부산대학교)《인문논총》26(1984.12):427~52.

최선혜, 「조선초기 유향소와 국가 지배체제의 정비」, 《조선시대사학보》22(2002.9):5~26.

_____, 「조선초기 유향품관 연구」, 박사학위논문, 서강대학교, 1998.

최순희, 「권대운 제동생 화회성문」, 《문화재》 13(1980):31~43.

_____, 「재령이씨 영해파 문기7─조선시대 상속제도 자료 논구」, 《서지학보》 4(1991):25~61; 5(1992):57~101.

_____, 「조선시대 전─민 매매의 실상: 도산서원 소장 문기(명문)을 중심으로」, 『중재 장충식박사 회갑기념논총(역사학편)』, pp. 267~280. 서울: 단국대학교 출판부, 1992.

_____, 「조선조 상속제도─광산김씨 예안파 분재기를 중심으로」, 《서지학보》 2(1990.9):43~74.

최승희, 「조선시대 양반의 대가제」, 《진단학보》 60(1985.12):1~32.

_____, 「조선후기 〈유학〉·〈학생〉의 신분사적 의미」, 《국사관논총》 1(1989.12):85~118.

_____, 「조선후기 신분변동의 사례연구─용궁현 대구백씨가 고문서의 분석」, pp. 821~850, 『변태섭박사 화갑기념 사학논총』, 서울: 삼영사, 1985.

_____, 「조선후기 양반의 사환과 가세변동─선산 무반가 노상추의 사례를 중심으로」, 《한국사론》 19(1988.8):355~384.

_____, 「조선후기 향리 신분이동 여부고 2─초계변씨 향리가문 고문서에 의한 사례연구」, 《한국문화》 4(1983.12):39~68.

_____, 「조선후기 향리 신분이동 여부고」, 『김철준박사 화갑기념 사학논총』, pp. 487~524, 서울: 지식산업사, 1983.

_____, 「조선초기 언관·언론 연구」(1976). 서울: 서울대학교 출판부, 1984(재판).

_____, 「조선후기 사회신분사 연구」, 서울: 지식산업사, 2003.

_____, 「한국고문서 연구」, 성남: 한국정신문화연구원, 1981. 서울: 지식산업사, 1999(개정판).

최영희, 「임란의병의 성격」, 《사학연구》 8(1960.11):1~35.

_____, 「임란왜란중의 사회동태─의병을 중심으로」, 서울: 한국연구원, 1975.

최이돈, 「조선중기 사림 정치구조 연구」, 서울: 일조각, 1994.

최인기, 「졸재 유원지의 〈전사문〉의 농업기술에 대하여─17세기 말 집약농법의 치달점과 성력농법의 단서」, 《조선시대사학보》 22(2002.9):75~126.

최재석, 「17세기 초의 동성혼─산음장적의 분석」, 《진단학보》 46~47(1979):163~74.

_____, 「고려시대의 상제」, 『동양학논총』, pp. 145~171, 남사 정재각박사 고희기념회 편, 서울: 고려원, 1984.

_____, 「농촌의 반상관계와 그 변동과정」, 《진단학보》 34(1972):149~186.

_____, 「조선시대의 문중의 형성」, 《한국학보》 32(1983):2~44.

_____, 「한국 가족제도사 연구」, 서울: 일지사, 1983.

_____, 「한국 농촌사회 연구」, 서울: 일지사, 1975.

최진옥, 「조선시대 서울의 사족 연구」, 《조선시대사학보》 6(1998.9):1~28.

_____, 「조선전기 서울 사족을 통해 본 중앙정치세력의 동향」, 《조선시대사학보》 27(2003.12):67~97.

_____, 「중종조 향약성립에 관한 연구」, 《한국사학》 6(1985):43~66.

_____, 『조선시대 생원진사 연구』, 서울: 집문당, 1998.

최호, 「18세기 초 상주지방 사족의 경제적 지위-상주양안을 중심으로」, 《한국사론》 21(1991):145~176.

최호, 「조선후기 밀양의 사족과 향약」, 『조선후기 향약 연구』, pp. 145~68.


『퇴계학맥의 지역적 전개』, 퇴계연구소 편, 서울: 보고사, 2004.


『파평윤씨 모자 미라, 종합연구 논문집』 2책, 서울: 고려대학교 박물관, 2003.


『한국사회발전사론』, 주보돈외 편, 서울: 일조각, 1992.

『한국중세 사회해체기의 제문제』, 근대사연구회편 2책, 서울: 도서출판 한울, 1987.

『한국지방사 연구의 현황과 과제』, 한국사연구회 편, 서울: 경인문화사, 2000.

『한국친족제도연구』, 역사학회 편, 서울: 일조각, 1992.

한기범, 「17세기 서얼의 종법적 지위-〈예문답서〉의 분석을 중심으로」, 《국사관논총》 81(1998):111~142.

한명기, 「광해군대의 대북세력과 정국의 동향」, 《한국사론》 20(1988.11):269~342.

한문종, 「전북지방의 서원·사우에 대한 시고-〈전북원우록〉을 중심으로」, 《전북문화논총》 3(1989.12):157~186.

한상권, 「16-17세기 향약의 기구와 성격」, 《진단학보》 58(1984.12):17~68.

한영국, 「조선왕조 호적의 기초적 연구」, 《한국사론》 6(1985):191~398.

_____, 「조선중엽의 노비결혼양태」, 《역사학보》 75~76(1977.12):177~197.

_____, 「조선후기 어느 사족가문의 자녀생산과 수명」, 『택와 허선도선생 정년기념, 한국사학논총』, pp. 533~558, 서울: 일조각, 1992.

한영우, 「여말선초 한량과 그 지위」, 《한국사연구》 4(1969):33~75.

_____, 「조선시대 중인의 신분·계급적 성격」, 《한국문화》 9(1988.11):179~209.

_____, 『정도전사상의 연구』, 1973; 개정판, 서울: 서울대학교 출판부, 1983.

_____, 『조선 수성기 제갈량-양성지』, 서울: 지식산업사, 2008.

_____, 『조선시대 신분사 연구』, 서울: 집문당, 1997.

_____, 『조선전기 사회경제연구』, 서울: 을유문화사, 1983.

한우근, 『성호 이익 연구』, 서울: 서울대학교 출판부, 1980.

『한훤당의 생애와 사상』, 배종호·강주진 편, 서울: 한훤당선생사업사, 1980.

『향리의 역사서 〈연조귀감〉과 그 속편을 편찬한 상주의 향리 지식인 이명구 가문과 그들의 문서』, 이훈상

편, 서울: 서강대학교 인문과학연구소, 1992.

허권수, 『남명 조식』, 서울: 지식산업사, 2006.

_____, 『조선후기 남인과 서인의 학문적 대립』, 서울: 법인문화사, 1993.

허홍식, 『고려 과거제도사 연구』, 서울: 일조각, 1981.

_____, 『고려 불교사 연구』, 서울: 일조각, 1986.

현상윤, 『조선유학사』, 서울: 민중서관, 1960.

本田洋, 「신분계층적 문화전통과 근대 지역사회—남원 이족의 사례를 중심으로」, 『한국인의 원류를 찾아서: 퇴계 탄신 500주년 계명 한국학 국제학술대회 보고서』, pp. 414~434, 대구: 계명대학교, 2001.

홍승기, 『고려 사회사 연구』, 서울: 일조각, 2001.

_____, 『고려시대 노비연구』, 서울: 한국연구원, 1981.

황운용, 『고려 벌족에 관한 연구』, 대구: 친학사, 1978.

황패강, 『임진왜란과 실기문학』, 서울: 일지사, 1992.

『훼철서원조사보고』, 향토사연구총서 4, 한국향토사연구전국협의회 편, 발행지/발행자 미상, 1993.

히라키 마코토, 『조선후기 노비제 연구』, 서울: 지식산업사, 1982.


## 영문 논저

Ahn, Juhn-young, "The Merit of Not Making Merit: Buddhism and the Late Koryo Fiscal Crisis," *Seoul Journal of Korean Studies* 23.1(June 2010):23-50.

_____, "This Way of Ours: Buddhist Memorial Temples and the Search for Values during the Late Koryo Dynasty," 《한국불교학》 54(2009):35~82.

Armstrong, Charles K., *Korean Society: Civil Society*, Democracy, and the State, London: Routledge, 2002.

Balandier, Georges, *Political Anthropology*, London: Allen Lane, Penguin Press, 1970.

Barnes, Gina L., *State Formation in Korea: Historical and Archaeological Perspectives*, Richmond, England: Curzon Press, 2001.

Beattie, Hilary J., *Land and Lineage in China: A Study of T'ung-ch'eng County, Anhwei, in the Ming and Ch'ing Dynasties*, Cambridge: Cambridge University Press, 1979.

Bell, Catherine, *Ritual Theory, Ritual Practice*, New York: Oxford University Press, 1992.

Berkowitz, Alan J., *Patterns of Disengagement: The Practice and Portrayal of Reclusion in Early Medieval China*, Stanford: Stanford University Press, 2000.

Biot, Edouard, *Le Tcheou-li ou Rites des Tcheou*, 2 vols., Paris: Imprimerie Nationale, 1851.

Birnbaum, Raoul, "The Deathbed Image of Master Hongyi," in *The Buddhist Dead: Practices, Discourses, Representations*, edited by Bryan J. Cuevas and Jacqueline Stone, pp. 175-207, Honolulu: University of Hawai'i Press, 2007.

Bloch, Maurice, *How We Think They Think*, Boulder, CO: Westview Press, 1998.

Bol, Peter K., "Chu Hsi's Redefinition of Literati Learning," in *Neo-Confucian Education: The Formative Stage*, edited by Wm. Theodore de Bary and John Chaffee, pp. 151-187, Berkeley: University of California Press, 1989. →김영민 옮김, 『역사 속의 성리학』, 예문서원, 2010.

_____, "Examinations and Orthodoxies: 1070 and 1313 Compared," in *Culture and State in Chinese History*, edited by Theodore Huters, R. Bin Wong, and Pauline Yu, Stanford: Stanford University Press, 1997.

_____, "Local History and Family in Past and Present," in *The New and the Multiple: Sung Senses of the Past*, edited by Thomas H. C. Lee, pp. 307-348. Hong Kong: Chinese University Press, 2004.

_____, "Neo-Confucianism and Local Society, Twelfth to Sixteenth Century: A Case Study," in Smith and Glahn, *The Song-Yuan-Ming Transition in Chinese History*, pp. 241-283.

_____, *Neo-Confucianism in History*, Cambridge, MA: Harvard University Asia Center, 2008.

_____, "The Rise of Local History: History, Geography, and Culture in Southern Sung and Yuan Wuzhou," *Harvard Journal of Asiatic Studies* 61.1(2001):37-76.

_____, "*This Culture of Ours*": *Intellectual Transitions in T'ang and Sung China*, Stanford: Stanford University Press, 1992. → 심의영 옮김, 『중국 지식인들과 정체성』, 북스토리, 2008.

Bourdieu, Pierre, *Distinction: A Social Critique of the Judgement of Taste*, Translated by Richard Nice, London: Routledge, 1989.

_____, *In Other Words: Essays towards a Reflexive Sociology*, Stanford: Stanford University Press, 1990.

_____, *The Logic of Practice*, translated by Richard Nice, Cambridge, England: Polity Press, 1990.

Breuker, Remco E., "When Truth Is Everywhere: The Formation of Plural Identities in Medieval Korea, 918-1170," Ph.D. diss., Leiden University, 2006.

Brockmeyer, Norbert, *Antike Sklaverei*, Darmstadt: Wissenschaftliche Buchgesellschaft, 1979.

Brook, Timothy, "Family Continuity and Cultural Hegemony: The Gentry of Ningbo, 1368-1911," in *Chinese Local Elites and Patterns of Dominance*, edited by Joseph W. Esherick and Mary B. Rankin, pp. 27-50, Berkeley: University of California Press, 1990.

Brown, Philip C., *Central Authority and Local Autonomy in the Formation of Early Modern Japan: The Case of Kaga Domain*, Stanford: Stanford University Press, 1993.

Buswell, Robert E., Jr., ed., *Religions of Korea in Practice*, Princeton: Princeton University Press, 2006.

Cannadine, David, *Aspects of Aristocray: Grandeur and Decline in Modern Britain*, London: Penguin Books, 1995.

Certeau, Michel de, *The Pratice of Everyday Life*, translated by Steven Rendall, Berkeley: University of California Press, 1984.

Chan, Hok-lam, and Wm. Theodore de Bary, eds., *Yüan Thought*, New York: Columbia University Press, 1982.

Chan, Wing-tsit, "Chu Hsi and Yüan Neo-Confucianism," in Chan and de Bary, *Yüan Thought*, pp. 197-231.

Cho, Hwisang, "The Community of Letters: The T'oegye School and the Political Culture of Choson Korea," Ph.D. diss., Columbia University, 2010.

Choe, Ching Young, "Kim Yuk(1580–1658) and the Taedongbop Reform," *Journal of Asian Studies* 23.1(Nov. 1963):21-35.

_____, *The Rule of the Taewon'gun, 1864-1873*: Restoration in Yi Korea, East Asian Research Center, Harvard University, 1972.

Chow, Kai-wing, *The Rise of Confucian Ritualism in Late Imperial China: Ethics, Classics, and Lineage Discourse*, Stanford: Stanford University Press, 1994.

Ch'ü, Tung-tsu. *Law and Society in Traditional China*, The Hague: Mouton, 1965.

Chung, Chae-sik, "Chong To-jon: 'Architect' of Yi Dynasty Government and Ideology," in *The Rise of Neo-Confucianism in Korea*, edited by Wm. Theodore de Bary and JaHyun Kim Haboush, pp. 59-88, New York: Columbia University Press, 1985.

Clark, Donald N., "Choson's Founding Fathers: A Study of Merit Subjects in the Early Yi Dynasty," *Korean Studies* 6(1982):17-40.

_____, "Sino-Korean Tributary Relations under the Ming," in *The Cambridge History of China*, edited by Denis Twitchett and Frederick W. Mote, vol. 8.2: 272-300, New York: Cambridge University Press, 1998.

Cohen, Myron L., "Lineage Organization in North China," in *Kinship, Contract, Community, and State: Anthropological Perspectives on China*, pp. 165-94, Stanford: Stanford University Press, 2005.

_____, "Souls and Salvation: Conflicting Themes in Chinese Popular Religion," in *Death Ritual in Late Imperial and Modern China*, edited by James L. Watson and Evelyn S. Rawski, pp. 180-202, Berkeley: University of California Press, 1988.

Dardess, John W., *Confucianism and Autocracy: Professional Elites in the Founding of the Ming Dynasty*, Berkeley: University of California Press, 1983.

de Bary, Wm. Theodore, *Neo—Confucian Orthodoxy and the Learning of the Mind—and—Heart*, New York: Columbia University Press, 1981.

Deuchler, Martina, *The Confucian Transformation of Korea: A Study of Society and Ideology*, Harvard-Yenching Institute Monograph, Cambridge, MA: Harvard-Yenching Institute, 1992. → 이훈상 옮김,「한국의 유교화 과정」, 너머북스, 2013.

_____, "Despoilers of the Way, Insulters of the Sages: Controversies over the Classics in Seventeenth-Century Korea," in *Culture and the State in Late Choson Korea*, edited by JaHyun Kim Haboush and Martina Deuchler, pp. 91-133, Cambridge, MA: Harvard University Asia Center, 1999.

_____, "The Flow of Ideas and Institutions: James Palais, His Critics and Friends," *Seoul Journal of Korean Studies*, 21.2(Dec. 2008):313-22.

_____, "'Heaven Does Not Discriminate': A Study of Secondary Sons in Choson Korea," *Journal of Korean Studies* 6(1988-89):121-63.

_____, "The Practice of Confucianism: Ritual and Order in Choson Dynasty Korea," in *Rethinking Confucianism*, edited by Benjamin A. Elman, John B. Duncan, and Herman Ooms, pp. 292-334, UCLA Asia Pacific Monograph Series, Los Angeles: University of California, Los Angeles, 2002.

_____, "Propagating Female Virtues in Choson Korea," in *Women and Confucian Cultures in Pre—modern China, Korea, and Japan*, edited by Dorothy Ko, JaHyun Kim Haboush, and Joan R. Piggott, pp. 142-69, Berkeley: University of California Press, 2003.

_____, "Reject the False and Uphold the Straight: Attitudes toward Heterodox Thought in Early Yi Korea." in *The Rise of Neo—Confucianism in Korea*, edited by Wm. Theodore de Bary and JaHyun Kim Haboush, pp. 375-410, New York: Columbia University Press, 1985.

_____, "Self-Cultivation for the Governance of Men: The Beginning of Neo-Confucian Orthodoxy in Yi Korea," *Asiatische Studien* 34.2(1980):9-39.

Duara, Prasenjit, *Culture, Power, and the State: Rural North China, 1900-1942*, Stanford: Stanford University Press, 1988.

_____, *Rescuing History from the Nation: Questioning Narratives of Modern China*, Chicago: University of Chicago Press, 1995.

Duncan, John B, "Confucianism in the Late Koryo and Early Choson," *Korean Studies* 18(1994):76-102.

_____, "Examinations and Orthodoxy in Choson Dynasty Korea," in *Rethinking Confucianism*, edited by Benjamin A. Elman, John B. Duncan, and Herman Ooms, pp. 65-94, UCLA Asia Pacific

Monograph Series, Los Angeles: University of California, Los Angeles, 2002.

_____, *The Origins of the Chosŏn Dynasty*, Seattle: University of Washington Press, 2000. → 김범 옮김, 『조선 왕조의 기원』, 너머북스, 2013.

_____, "The Problematic Modernity of Confucianism: The Question of "Civil Society" in Choson Korea," in *Korean Society: Civil Society, Democracy, and the State*, edited by Charles K. Armstrong, pp. 36~56, London: Routledge, 2002.


Ebrey, Patricia B., trans., *Chu Hsi's Family Rituals: A Twelfth~Century Chinese Manual for the Performance of Cappings, Weddings, Funerals, and Ancestral Rites*, Princeton: Princeton University Press, 1991.

_____, *Confucianism and Family Rituals in Imperial China: A Social History of Writing about Rites*, Princeton: Princeton University Press, 1991.

Ebrey, Patricia B., and Peter N. Gregory, eds., *Religion and Society in T'ang and Sung China*, Honolulu: University of Hawai'i Press, 1993.

Elisonas, Jurgis, "The Inseparable Trinity: Japan's Relations with China and Korea," in *Early Modern Japan*, edited by John W. Hall and James McClain, vol. 4 of The Cambridge History of Japan, pp. 235~300, Cambridge: Cambridge University Press, 1991.

Elman, Benjamin A., *A Cultural History of Civil Examinations in Late Imperial China*, Berkeley: University of California Press, 2000.

Elman, Benjamin A., and Martin Kern, eds., *Statecraft and Classical Learning: The Rituals of Zhou in East Asian History*, Leiden: Brill, 2010.

Endicott-West, Elisabeth, *Mongolian Rule in China. Local Administration in the Yuan Dynasty*, Cambridge, MA: Council on East Asian Studies, Harvard University, 1989.

*Epistolary Korea: Letters in the Communicative Space of the Choson, 1392-1910*, edited by JaHyun Kim Haboush, New York: Columbia University Press, 2010.


Faure, David, *Emperor and Ancestors: State and Lineage in South China*, Stanford: Stanford University Press, 2007.

_____, "The Lineage as a Cultural Invention: The Case of the Pearl River Delta," *Modern China* 15.1(Jan. 1989):4~36.

_____, *The Structure of Chinese Rural Society: Lineage and Village in the Eastern New Territories, Hong Kong*, Hong Kong: Oxford University Press, 1986.

Faure, David, and Helen F. Siu, eds., *Down to Earth: The Territorial Bond in South China*, Stanford:

Stanford University Press, 1995.

Faure, David, and Tao Tao Liu, eds., *Town and Country in China: Identity and Perception*, Houndmills, England: Palgrave, 2002.

Fortes, Meyer, *Kinship and the Social Order: The Legacy of Lewis Henry Morgan*, London: Routledge and Kegan Paul, 1969.

Fried, Morton H., *The Evolution of Political Society: An Essay in Political Anthropology*, New York: Random House, 1967.

Glahn, Richard von, *The Sinister Way: The Divine and the Demonic in Chinese Religious Culture*, Berkeley: University of California Press, 2004.

Haboush, JaHyun Kim, *A Heritage of Kings: One Man's Monarchy in the Confucian World*, New York: Columbia University Press, 1988. 2017년 너머북스에서 이 책의 개정판인 *The Confucian Kingship in Korea*(2001)를 『왕이라는 유산』(김백철·김기연 옮김)으로 펴냈다.

_____, "Academies and Civil Society in Choson Korea," in *La société civile face à l'État*, edited by Léon Vandermeersch, pp. 381~90, Paris: École Française d'Extrême Orient, 1994.

_____, "Constructing the Center: The Ritual Controversy and the Search for a New Identity in Seventeenth-Century Korea," in *Culture and the State in Late Choson Korea*, edited by JaHyun Kim Haboush and Martina Deuchler, pp. 46~90, Cambridge, MA: Harvard University Asia Center, 1999.

Haley, John Owen, *Authority without Power: Law and the Japanese Paradox*, New York: Oxford University Press, 1991.

Huters, Theodore, R. Bin Wong, and Pauline Yu, eds., *Culture and the State in Chinese History: Conventions, Accomodations, and Critiques*, Stanford: Stanford University Press, 1997.

Hwang, Kyung Moon, *Beyond Birth: Social Status in the Emergence of Modern Korea*, Cambridge, MA: Harvard University Asia Center, 2004.

Hymes, Robert P., *Statesmen and Gentlemen: The Elite of Fu-chou, Chiang-hsi in Northern and Southern Sung*, Cambridge: Cambridge University Press, 1986.

Janelli, Roger L., and Dawnhee Yim Janelli, *Ancestor Worship and Korean Society*, Stanford: Stanford University Press, 1982.

Kalton, Michael C., "Korean Neo-Confucian Thought," unpublished paper.

Kalton, Michael C. et al. trans., *The Four—Seven Debate: An Annotated Translation of the Most Famous Controversy in Korean Neo—Confucian Thought*, Albany: State University of New York Press, 1994.

_____, trans., ed., and comm., *To Become a Sage: The Ten Diagrams on Sage Learning by Yi T'oegye*. New York: Columbia University Press, 1988.

Kang, Hugh W., "Institutional Borrowing: The Case of the Chinese Civil Service Examination System in Early Koryo," *Journal of Asian Studies* 34.1(Nov. 1974):109-25.

_____, "The Development of the Korean Ruling Class from Late Silla to Early Koryo," Ph.D. diss., University of Washington, 1964.

_____, "The First Succession Struggle of Koryo, in 945: A Reinterpretation," *Journal of Asian Studies* 36.3(May 1977):413-28.

Karlsson, Anders, "Famine, Finance and Political Power: Crop Failure and Land-Tax Exemptions in Late Eighteenth-Century Choson Korea," *Journal of the Economic and Social History of the Orient* 48.4(2005):52-92.

_____, *The Hong Kyongnae Rebellion 1811-1812: Conflict between Central Power and Local Society in 19th—Century Korea*, Stockholm: Institute of Oriental Languages, Stockholm University, 2000.

Kawashima, Fujiya, "A Scholar of the Mountain-Grove(*sallim*) in the Eighteenth-Century Korean Society and State: A Case of Pak P'il-ju(1680-1748)," 《동방학지》66(1990.6):135-178.

_____, "A Study of the Hyangan: Kin Groups and Aristocratic Localism in the Seventeenth and Eighteenth-Century Korean Countryside," *Journal of Korean Studies* 5(1984):3-38.

_____, "A Yangban Organization in the Countryside: The Tansong Hyangan of Mid-Choson Dynasty Korea," *Journal of Korean Studies* 8(1992):3-35.

_____, "Clan Structure and Political Power in Yi Dynasty Korea: A Case Study of the Munhwa Yu Clan," Ph.D. diss., Harvard University, 1972.

_____, "The Andong Hyngan in the Mid-Choson Dynasty: 1589-1647," paper presented at the NEH Conference on Confucianism and the Late Choson Dynasty Korea, Los Angeles, January 5-8, 1992.

_____, "The Local Gentry Association in Mid-Yi Dynasty Korea: A Preliminary Study of the Ch'angnyong Hyangan, 1600–1839," *Journal of Korean Studies* 2(1980):113–137.

_____, "The Local Yangban in Andong: Village Bureau Heads and Their Deputies in Late Choson Dynasty Korea," in *Korean Studies: Its Tasks and Perspectives*, pp. 209-252, papers of the 5th International Conference on Korean Studies, Academy of Korean Studies, 1988.

_____, *What Is Yangban? A Legacy for Modern Korea*, IMKS Special Lecture Series no. 7, Seoul: Institute for Modern Korean Studies, Yonsei University, 2002.

Kelleher, M. Theresa, "Back to Basics: Chu Hsi's *Elementary Learning*(*Hsiao−hsüeh*)," in Neo-Confucian Education: The Formative State, edited by Wm. Theodore de Bary and John W. Chaffee, pp. 219-51, Berkeley: University of California Press, 1989.

Kim, Ellen J., "The Enduring Institution: A Case Study of Slavery in Traditional Korea," B.A. thesis, Harvard University, 1991.

Kim, Hongnam, "Exploring Eighteenth-Century Court Arts," in *Korean Arts of the Eighteenth Century: Splendor and Simplicity*, pp. 35-57, New York: Asia Society Galleries, 1993.

Kim, Sun Joo, *Marginality and Subversion in Korea: The Hong Kyongnae Rebellion of 1812*, Seattle: University of Washington Press, 2007.

_____, ed., *The Northern Region of Korea: History, Identity, and Culture*, A Center for Korea Studies Publication, Seattle: University of Washington Press, 2010.

Koo, Hagen, "Center−Periphery Relations and Civil Society in Korea,"「한국사에 있어서 지방과 중앙」, 정두희, Edward J. Shultz 편, pp. 245~60, 서울: 서강대학교 출판부, 2003.

Kwon, Yon−Ung, "The Royal Lecture of Early Yi Korea (1)," *Journal of Social Sciences and Humanities* 50(Dec. 1979):55~107.


Langlois, John D., Jr., "Law, Statecraft, and *The Spring and Autumn Annals* in Yüan Political Thought," in Chan and de Bary, Yüan Thought, pp. 89~152.

Lau, D. C., *Mencius*, Harmondsworth, England: Penguin Books, 1970.

Lee, Kwang−Kyu, "Ancestor Worship and Kinship Structure in Korea," in *Religion and Ritual in Korean Society*, edited by Laurel Kendall and Griffin Dix, pp. 56~70, Korea Research Monograph 12, Berkeley: Institute of East Asian Studies, University of California, 1987.

_____, "Confucian Tradition in the Contemporary Korean Family," in *The Psycho−Cultural Dynamics of the Confucian Family: Past and Present*, edited by Walter H. Slote, pp. 3~18, Seoul: International Cultural Society of Korea, 1986.

Lee, Peter H., ed., *A History of Korean Literature*, Cambridge, England: Cambridge University Press, 2003.

Levi, Giovanni, "On Microhistory," in *New Perspectives on Historical Writing*, edited by Peter Burke, pp. 93~113, Cambridge, England: Polity Press, 1991.

Li, Bozhong, "Was There a 'Fourteenth−Century Turning Point'? Population, Land, Technology, and Farm Management," in Smith and Glahn, *The Song−Yuan−Ming Transition in Chinese History*, pp.

135~75.

Mann, Susan, *Local Merchants and the Chinese Bureaucracy, 1750~1950*. Stanford: Stanford University Press, 1987.

McDermott, Joseph P., "Emperor, Elites, and Commoners: The Community Pact Ritual of the Late Ming," in *State and Court Ritual in China*, edited by Joseph P. McDermott, pp. 299~351. Cambridge: Cambridge University Press, 1999.

Meskill, John., *Ch'oe Pu's Diary: A Record of Drifting across the Sea*, Tucson: University of Arizona Press, 1965.

Min, Jung, "The Shadow of Anonymity: The Depiction of Northerners in Eighteenth-Century 'Hearsay Accounts' (*kimun*)," in The Northern Region of Korea-History, Identity, and Culture, edited by Sun Joo Kim, pp. 93~115, Center for Korea Studies Publication, Seattle: University of Washington Press, 2010.

Mote, Frederick W., "Confucian Eremitism in the Yüan Period," in *The Confucian Persuasion*, edited by Arthur F. Wright, pp. 202~240. Stanford: Stanford University Press, 1960.

Nicholas, Ralph W., "Factions: A Comparative Analysis," in *Political Systems and the Distribution of Power*, edited by Michael Banton, A.S.A. Monographs 2, London: Tavistock Publications, 1965.

Pai, Hyung Il, *Constructing "Korean" Origins: A Critical Review of Archaeology, Historiography, and Racial Myth in Korean State-Formation Theories*, Cambridge, MA: Harvard University Asia Center, 2000.

Palais, James B., *Confucian Statecraft and Korean Institutions: Yu Hyongwon and the Late Choson Dynasty*. Seattle: University of Washington Press, 1996. → 김범 옮김, 「유교적 경세론과 조선의 제도들 1, 2」, 산처럼, 2008.

_____, "Confucianism and the Aristocratic/Bureaucratic Balance in Korea." *Harvard Journal of Asiatic Studies* 44.2(1984):427~68.

_____, *Politics and Policy in Traditional Korea*. Cambridge, MA: Harvard University Press, 1975. → 이훈상 옮김, 「전통한국의 정치와 정책」, 신원문화사, 1993.

_____, Review of Yi Song-mu, *Choson ch'ogi yangban yon'gu*. Journal of Korean Studies 3(1981):191~212.

_____, "Slave Society," in *Views on Korean Social History*, edited by Institute for Modern Korean Studies, pp. 3~47. 서울: 연세대학교, 1998.

Park, Eugene Y., *Between Dreams and Reality: The Military Examination in Late Choson Korea, 1600~1894*, Cambridge, MA: Harvard University Asia Center, 2007.

_____, "Military Examinations in Late Choson, 1700 – 1863: Elite Substratification and Non-elite Accomodation," *Korean Studies* 25.1(2001):1~50.

_____, "Military Examinations in Sixteenth-century Korea: Political Upheaval, Social Change, and Security Crisis," *Journal of Asian History* 35.1(2001):1~57.

Park, Ki-Joo, and Donghyu Yang, "The Standard of Living in Choson in the 17th to the 19th Centuries," paper presented at a conference at Stanford University, Oct. 2005.

Passin, Herbert, "The Paekchong of Korea," *Monumenta Nipponica* 12(1956):195~240.

Patterson, Orlando, *Slavery and Social Death: A Comparative Study*, Cambridge, MA: Harvard University Press, 1982.

Peterson, Mark, *Korean Adoption and Inheritance: Case Studies in the Creation of a Classic Confucian Society*, Ithaca, NY: East Asian Program, Cornell University, 1996. → 김혜정 옮김, 「유교사회의 창출」, 일조각, 2000.

Provine, Robert C., *Essays on Sino-Korean Musicology: Early Sources for Korean Ritual Music*, 서울: 일지사, 1988.

Pye, Lucian W., *Asian Power and Politics: The Cultural Dimensions of Authority*. Cambridge, MA: Harvard University Press, 1985.


Rankin, Mary Backus, "The Origins of a Chinese Public Sphere: Local Elites and Community Affairs in the Late Imperial Period," *Études chinoises* 9.2(Autumn 1990):13~60.

*Reflections on Things at Hand: The Neo-Confucian Anthology Compiled by Chu Hsi and Lü Tsu-ch'ien*, translated with notes by Wing-tsit Chan, New York: Columbia University Press, 1967.

Robinson, David M., *Empire's Twilight: Northeast Asia under the Mongols*. Cambridge, MA: Harvard University Asia Center, 2009.

Rowe, William T., "The Public Sphere in Modern China," *Modern China* 16.3(July 1999):309~29.


Sewell, William H. Jr., *Logics of History: Social Theory and Social Transformation*. Chicago: University of Chicago Press, 2005.

Shima, Mutsuhiko, "In Quest of Social Recognition: A Retrospective View on the Development of Korean Lineage Organization," *Harvard Journal of Asiatic Studies* 50.1(June 1990):87~129.

Shima, Mutsuhiko, and Roger L. Janelli, eds., *The Anthropology of Korea: East Asian Perspectives*, Osaka: National Museum of Ethnology, 1998.

Shin, Susan S., "Land Tenure and the Agrarian Economy in Yi Dynasty Korea: 1600 – 1800," Ph.D. diss., Harvard University, 1973.

_____, "Some Aspects of Landlord−Tenant Relations in Yi Dynasty Korea," *Occasional Papers on Korea* 3(June 1975):49-88.

Shultz, Edward J., *Generals and Scholars: Military Rule in Medieval Korea*. Honolulu: University of Hawai'i Press, 2000. → 김범 옮김, 『무신과 문신: 한국 중세의 무신 정권』, 글항아리, 2014.

Skinner, G. William, *Marketing and Social Structure in Rural China*, Ann Arbor: Association for Asian Studies, 2001. → 양필승 옮김, 『중국의 전통시장』, 신서원, 2000.

Smith, Paul J., and Richard von Glahn, eds., *The Song−Yuan−Ming Transition in Chinese History*, Cambridge, MA: Harvard University Asia Center, 2003.

Sohn, Pow-key, "Social History of the Early Yi Dynasty, 1392–1592: With Emphasis on the Functional Aspects of Governmental Structure," Ph.D. diss., University of California at Berkeley, 1963.

Song June-ho, "Dynamics of Elite Lineage Structure and Continuity in the Confucian Society of Traditional Korea," in *The Psycho−Cultural Dynamics of the Confucian Family: Past and Present*, edited by Walter H. Slote, pp. 145-163, Seoul: International Cultural Society of Korea, 1986.

_____, "The Yangban Lineages of Namwon." Paper presented at the conference "Social Changes in Korean History," sponsored by Chintan Society and International Cultural Society of Korea, Puyo, Aug. 1982.

Song, Sunhee, "Kinship and Lineage in Korean Village Society," Ph.D. diss., Indiana University, 1982.

*Sourcebook of Korean Civilization*, 2 vols., edited by Peter H. Lee, New York: Columbia University Press, 1993.

Steele, John, *The I−li or Book of Etiquette and Ceremonial*, translated from the Chinese with introduction, notes and plans, London: Probstain, 1917.

Szonyi, Michael, *Practicing Kinship: Lineage and Descent in Late Imperial China*, Stanford: Stanford University Press, 2002.


Tillman, Hoyt, *Confucian Discourse and Chu Hsi's Ascendency*, Honolulu: University of Hawai'i Press, 1992.

Tilly, Charles, *Durable Inequality*, Chicago: University of Chicago Press, 1997.

Thompson, E. P., "Class and Class Struggle," in *Class*, edited by Patrick Joyce, pp. 133-42, Oxford: Oxford University Press, 1995.


Vermeersch, Sem, "Funerary Practices in Koryo: The Buddhist Legacy," unpublished paper.

_____, *The Power of the Buddhas: The Politics of Buddhism During the Koryo Dynasty* (918-1392), Cambridge, MA: Harvard University Asia Center, 2008.

Wagner, Edward W., "Kinship and Power in Yi Korea: A Critique of the *Sarim* Theory," paper presented to the Ninth International Academic Seminar on Neo-Confucianism, Kyungpuk National University, Taegu, Oct. 1981.

———, "The Korean Chokpo as a Historical Source," in *Studies in Asian Genealogy*, edited by Spencer J. Palmer, pp. 141–52, Provo, UT: Brigham Young University Press, 1972.

———, "The Ladder of Success in Yi Dynasty Korea," *Occasional Papers on Korea* 1(April 1974):1–8.

———, *The Literati Purges: Political Conflict in Early Yi Korea*, Cambridge, MA: East Asian Research Center, Harvard University, 1974.

———, "Two Early Genealogies and Women's Status in Early Yi Dynasty Korea," in *Korean Women: View from the Inner Room*, edited by Laurel Kendall and Mark Peterson, pp. 23–32, New Haven, CT: East Rock Press, 1983.

Wagner-Song Munkwa Project. Unpublished statistics of all *munkwa* passers in the Choson dynasty, compiled by Edward W. Wagner and Song June-ho. Courtesy of Prof. Wagner.

Walraven, Boudewijn, "Buddhist Accomodation and Appropriation and the Limits of Confucianization," *Journal of Korean Religions* 3.1(April 2012):105–16.

Walton, Linda, *Academies and Society in Southern Song China*, Honolulu: University of Hawai'i Press, 1999.

———, "Charitable Estates as an Aspect of Statecraft in Southern Sung China," in *Ordering the World: Approaches to State and Society in Sung Dynasty China*, edited by Robert P. Hymes and Conrad Schirokauer, pp. 255–79, Berkeley: University of California Press, 1993.

Watson, James L. ed., *Asian and African Systems of Slavery*, Berkeley: University of California Press, 1980.

———, "Of Flesh and Bones: The Management of Death Pollution in Cantonese Society," in *Death and the Regeneration of Life*, edited by Maurice Bloch and Jonathan Parry, pp. 155–86, Cambridge: Cambridge University Press, 1982.

———, "Transactions in People: The Chinese Market in Slaves, Servants, and Heirs," in Watson, *Asian and African Systems of Slavery*, pp. 223–50.

———, "Yangbanization in Comparative Perspective: The View from South China," in *The Anthropology of Korea: East Asian Perspectives*, edited by Mutsuhiko Shima and Roger L. Janelli, pp. 213–27, Osaka: National Museum of Ethnology, 1989.

Watson, Rubie S., *Inequality among Brothers: Class and Kinship in South China,* Cambridge: Cambridge University Press, 1985.

Wigen, Kären, "Culture, Power, and Place: The New Landscapes of East Asian Regionalism," *American*

*Historical Review* 104.4(Oct. 1999):1183~1201.

Zheng, Zhenman, *Family Lineage Organization and Social Change in Ming and Qing Fujian*, Honolulu: University of Hawaii Press, 2001.

## 일문 논저

Kawashima, Fujiya, 「文化柳氏にみられる氏族の移動とその性格－儒敎的官僚體制と血統集團」, 《朝鮮學報》70(1974):43~74.

田川孝三, 「鄕案に就いて」, 『山本博士 還曆記念東洋史論叢』, pp. 269~289, 東京: 山川出版社, 1972.
_____, 「李朝の鄕規に就いて」 1部, 《朝鮮學報》76(1975.7):35~72; 2部, ibid., 78(1976.1):45~88; 3部, ibid., 81(1976.10):179~210.

前間恭作, 「庶孼考」, 《朝鮮學報》5(1953):1~27.
諸橋轍次, 『大漢和辭典』, 東京: 大修館書店, 1955.
民事慣習回答彙集』, 京城: 朝鮮總督府 中樞院, 1933.
宮嶋博史, 『兩班: 李朝社會の特權階層』, 東京: 中央公論社, 1995.

四方博, 「李朝時代鄕約の歷史と性格」, 京城: 京城帝國大學, 法學會論集 14.4(1943):421~496.
_____, 「李朝人口に關する身分階級別的觀察」, 『朝鮮經濟の硏究』3(1938):363~482.
周藤吉之, 「高麗末期より朝鮮初期に至る奴婢の硏究」, 《歷史學硏究》9(1939).
_____, 「麗末鮮初に於ける農場に就いて」, 《靑丘學叢》17(1935.8):1~80.
_____, 「鮮初に於ける京在所と 留鄕所とに就いて」, 『加藤[繁]博士 還曆記念 東洋史集說』, pp. 447~464, 東京: 富山房, 1942.
申奭鎬, 「屛虎是非に就いて」, 《靑丘學叢》1(1930.8):85~104; 3(1931.2:79~97.

善生永助, 『朝鮮の聚落』3책, 京城: 朝鮮總督府, 1933~1935.
『朝鮮圖書解題』, 京城: 朝鮮總督府, 1919.
吉田光男, 「士族と兩班のおいで－歷史の時間, 文化の時間」, 《韓國朝鮮の文化と社會》1(2002.10):9~26.
今村鞆, 『朝鮮の姓名 氏族に關する硏究調査』, 京城: 朝鮮總督府 中樞院, 1934.

服部民夫, 『韓國: ネットワークと政治文化』, 東京: 東京大學出版會, 1992.

本田洋, 「韓國の地方邑における〈鄕紳〉集團と文化傳統: 植民地期南原邑の都市化と在地勢力の動向, 《アジア・アフリカ言語文化研究》58(1999.9):119~202.

_____, 「吏族と身分傳統の形成－南原地域の事例から」, 《韓國・朝鮮の文化と社會》3(2004):23~72.

## 감사의 말

*Under the Ancestors' Eyes*의 한글 번역본이 나온다니 반갑고 기쁘다. 양도 방대하고 내용도 어려운 이 책의 번역을 2년 남짓한 기간에 끝낸 옮긴이 김우영 선생과 문옥표 교수의 노고에 찬사를 보내며, 그들에게 진심으로 감사하는 바이다. 재정적 지원 요청에 친절하게 응해준 한국학중앙연구원의 전임 원장 이배용, 이기동 두 분께도 심심한 감사를 드리고 싶다. 이 든든한 지원이 없었다면, 번역은 이루어지기 힘들었을 것이다.

일찌감치 이 번역 프로젝트에 착수하여 하버드대학의 아시아센터와 실무를 협의한 너머북스의 이재민 대표에게도 진심 어린 감사를 표하는 바이다. 나의 최신작이 지금 한국인 독자들에게 소개되는 것은 이재민 대표의 선견과 열정 덕분이다. 그의 기대가 풍족하게 보상받게 되기를 바란다.

2018년 10월
마르티나 도이힐러

# 찾아보기